Comitê Científico Internacional da UNESCO para Redação da História Geral da África

HISTÓRIA GERAL DA ÁFRICA · VI

África do século XIX à década de 1880

Coleção História Geral da África da UNESCO

Volume I   Metodologia e pré-história da África
            (Editor J. Ki-Zerbo)

Volume II   África antiga
            (Editor G. Mokhtar)

Volume III África do século VII ao XI
            (Editor M. El Fasi)
            (Editor Assistente I. Hrbek)

Volume IV   África do século XII ao XVI
            (Editor D. T. Niane)

Volume V   África do século XVI ao XVIII
            (Editor B. A. Ogot)

Volume VI   África do século XIX à década de 1880
            (Editor J. F. A. Ajayi)

Volume VII África sob dominação colonial, 1880-1935
            (Editor A. A. Boahen)

Volume VIII África desde 1935
            (Editor A. A. Mazrui)
            (Editor Assistente C. Wondji)

Os autores são responsáveis pela escolha e apresentação dos fatos contidos neste livro, bem como pelas opiniões nele expressas, que não são necessariamente as da UNESCO, nem comprometem a Organização. As indicações de nomes e apresentação do material ao longo deste livro não implicam a manifestação de qualquer opinião por parte da UNESCO a respeito da condição jurídica de qualquer país, território, cidade, região ou de suas autoridades, tampouco da delimitação de suas fronteiras ou limites.

Comitê Científico Internacional da UNESCO para Redação da História Geral da África

HISTÓRIA GERAL DA ÁFRICA • VI

África do século XIX à decada de 1880

EDITOR J. F. ADE AJAYI

2ª edição

Organização
das Nações Unidas
para a Educação,
a Ciência e a Cultura

Título original: General History of Africa, VI: Africa in the nineteenth century until the 1880s. Paris: UNESCO; Berkeley, CA: University of California Press; London: Heinemann Educational Publishers Ltd., 1989.

Primeira edição publicada pela United Nations Educational, Scientific and Cultural Organization (UNESCO), 7, Place de Fontenoy, 75352, Paris 07 SP, França.

A presente tradução foi feita sob a responsabilidade do Ministério da Educação do Brasil e do Centro de Estudos Afro-Brasileiros da Universidade Federal de São Carlos.

As denominações empregadas e a apresentação do material no decorrer desta obra não implicam a expressão de qualquer opinião que seja da parte da UNESCO no que se refere à condição legal de qualquer país, território, cidade ou área, ou de suas autoridades, ou a delimitação de suas fronteiras ou divisas.

O autor é responsável pela escolha e apresentação dos fatos contidos neste livro, assim como pelas opiniões expressas, as quais não são necessariamente compartilhadas pela UNESCO, nem são de sua responsabilidade.

© UNESCO 2010 (versão em português com revisão ortográfica e revisão técnica)
© by Cortez Editora para a edição comercial brasileira de 2011
A presente edição foi publicada pela Cortez Editora em acordo com a UNESCO

Coordenação geral da edição e atualização: Valter Roberto Silvério
Tradutores: David Yann Chaigne, João Bortolanza, Luana Antunes Costa, Luís Hernan de Almeida Prado Mendoza, Milton Coelho, Sieni Maria Campos
Revisão técnica: Kabengele Munanga
Preparação de texto: Eduardo Roque dos Reis Falcão
Revisão e atualização ortográfica: Ilunga Kabengele

Dados Internacionais de Catalogação na Publicação (CIP)
(Câmara Brasileira do Livro, SP, Brasil)

África do século XIX à década de 1880 / editor J. F. Ade Ajayi ; [tradução MEC – Centro de Estudos Afro-Brasileiros da Universidade Federal de São Carlos]. – 2. ed. – São Paulo : Cortez ; Brasília : UNESCO, 2011. – (Coleção história geral da África ; vol. 6)

Título original: Africa from the nineteenth century until the 1880s.
"Acima do título: Comitê Científico Internacional da UNESCO para Redação da História Geral da África".
Bibliografia
ISBN: 978-85-249-1813-1

1. África – Civilização 2. África – História 3. Civilização antiga I. Ajayi, J. F. Ade. II. Série.

11-07633   CDD-960

Índices para catálogo sistemático:
1. África : História   960

Projeto gráfico e diagramação: Marcia Marques / Casa de Ideias; Edson Fogaça e Paulo Selveira / UNESCO no Brasil

Organização das Nações Unidas para a Educação, a Ciência e a Cultura (UNESCO)
Representação no Brasil
SAUS, Quadra 5, Bloco H, Lote 6, Ed. CNPq/IBICT/UNESCO, 9º andar
70070-912 – Brasília – DF – Brasil
Tel.: (55 61) 2106-3500
Fax: (55 61) 3322-4261
Site: www.unesco.org/brasilia
E-mail: grupoeditorial@unesco.org.br

CORTEZ EDITORA
Rua Monte Alegre, 1074 – Perdizes
05014-001 – São Paulo-SP - Brasil
Tel.: (55 11) 3864-0111 Fax: (55 11) 3864-4290
Site: www.cortezeditora.com.br
E-mail: cortez@cortezeditora.com.br

Impresso no Brasil – setembro de 2011

SUMÁRIO

Apresentação VII
Nota dos Tradutores IX
Cronologia XI
Lista de Figuras XIII
Prefácio XIX
Apresentação do Projeto XXV

Capítulo 1   África no início do século XIX: problemas e perspectivas 1
Capítulo 2   A África e a economia-mundo 27
Capítulo 3   Tendências e processos novos na África do século XIX 47
Capítulo 4   A abolição do tráfico de escravos 77
Capítulo 5   O Mfecane e a emergência de novos Estados africanos 105
Capítulo 6   O impacto do Mfecane sobre a colônia do Cabo 147
Capítulo 7   Os britânicos, os bôeres e os africanos na África do
                Sul 1850-1880 169
Capítulo 8   Os países da bacia do Zambeze 211
Capítulo 9   O litoral e o interior da África Oriental de 1800
                a 1845 249
Capítulo 10   O litoral e o interior da África Oriental de 1845
                 a 1880 275

Capítulo 11	Povos e Estados da região dos Grandes Lagos	317
Capítulo 12	A bacia do Congo e Angola	343
Capítulo 13	O renascimento do Egito (1805-1881)	377
Capítulo 14	O Sudão no século XIX	411
Capítulo 15	A Etiópia e a Somália	435
Capítulo 16	Madagascar, 1800-1880	477
Capítulo 17	Novos desenvolvimentos no Magreb: Argélia, Tunísia e Líbia	517
Capítulo 18	O Marrocos do início do século XIX até 1880	549
Capítulo 19	Novas formas de intervenção europeia no Magreb	571
Capítulo 20	O Saara no século XIX	591
Capítulo 21	As revoluções islâmicas do século XIX na África do Oeste	619
Capítulo 22	O califado de Sokoto e o Borno	641
Capítulo 23	O Macina e o Império Torodbe (Tucolor) até 1878	699
Capítulo 24	Estados e povos da Senegâmbia e da Alta Guiné	741
Capítulo 25	Estados e povos do Arco do Níger e do Volta	771
Capítulo 26	Daomé, país iorubá, Borgu (Borgou) e Benim no século XIX	813
Capítulo 27	O delta do Níger e Camarões	843
Capítulo 28	A diáspora africana	875
Capítulo 29	Conclusão: a África às vésperas da conquista europeia	905

Membros do Comitê Científico Internacional para a Redação de uma História Geral da África 931
Dados biográficos dos autores do volume VI 933
Abreviações e listas de periódicos 939
Referências bibliográficas 941
Índice remissivo 1001

APRESENTAÇÃO

A Cortez Editora e a Representação da UNESCO no Brasil apresentam a Coleção da História Geral da África em português.

São oito volumes, ricamente ilustrados, escritos por especialistas e com impressionante magnitude cronológica e temática em seus textos.

O leitor encontrará o continente africano com suas singularidades, abordado da pré-história à história mais contemporânea, em um amplo panorama que traz à luz as muitas civilizações africanas. Constitui-se, assim, um cenário que excede a produção histórica e historiográfica e se abre ao debate antropológico e às construções geopolíticas decisivas para se compreender o mundo que fizemos.

A África ofereceu e continua oferecendo rica contribuição para a história mundial. De modo particular, o Brasil não tem como saber sobre sua própria identidade sem mergulhar profundamente nas águas culturais desse continente, que está inscrito definitivamente na genealogia dos brasileiros e no coração daquilo que as mais representativas escolas sociológicas denominam "brasilidade".

Para além disso, a coleção *História Geral da África* enseja uma oportunidade especial para conhecer em profundidade o continente africano. E o leitor pode obter, dos esforços de pesquisa nela concentrados, uma visão renovada da preciosa contribuição que a África, em sua complexidade, representa para a humanidade como um todo.

Esta *História Geral da África* começou a ser escrita em 1964, processo que foi finalizado mais de trinta anos depois, com o primeiro volume originalmente publicado em 1980 e o oitavo em 1999. Em pouco tempo, tornou-se referência mundial sobre a cultura e a história africanas. Mobilizou cerca de 350 especialistas sob a coordenação de um comitê científico internacional composto por 39 intelectuais, a maioria deles africanos.

O legado cultural, tecnológico, humano, simbólico e econômico proveniente da África é parte constitutiva do continente americano. Não há como negar que tal legado abriga em seu bojo o papel civilizatório desempenhado pelas populações negras na formação de muitos países, sobretudo na formação do Brasil.

A Cortez Editora neste momento também se associa ao compromisso da UNESCO de, à luz da Declaração Universal dos Direitos Humanos firmada em 1948, empreender os melhores esforços para combater a desigualdade em qualquer uma de suas manifestações.

Por isso, esta Coleção também é, à sua maneira, um projeto de prevenção e combate a discriminações étnicas e raciais nos termos da Convenção Internacional sobre a Eliminação de todas as Formas de Discriminação Racial, assinada em 1965.

A Cortez Editora e a UNESCO têm na busca por um mundo mais justo, fraterno e democrático um dos pilares de suas estruturas e, mais ainda, uma das razões da cooperação que ora se consolida entre ambas.

Assim, a coleção *História Geral da África* em sua inestimável riqueza educativa vem somar-se aos esforços da Cortez Editora e da Representação da UNESCO no Brasil no sentido de contribuir para que o exercício de cidadania gerado pela aprovação da Lei 10.639/2003 possa se apoiar em um material com qualidade reconhecida internacionalmente. E Lei tornou obrigatório o ensino da história e da cultura africana e afro-brasileira no currículo da educação básica no Brasil.

Temos a oportunidade de favorecer o desenvolvimento educacional do país tendo como premissa a valorização da diversidade étnica e racial de seu povo e, com base nesse processo de redescoberta, reconhecer definitivamente as diferenças socioculturais que formaram e formam o Brasil, um país continental irmão do continente africano.

José Xavier Cortez
Cortez Editora

NOTA DOS TRADUTORES

A Conferência de Durban ocorreu em 2001 em um contexto mundial diferente daquele que motivou as duas primeiras conferências organizadas pela ONU sobre o tema da discriminação racial e do racismo: em 1978 e 1983 em Genebra, na Suíça, o alvo da condenação era o *apartheid.*

A conferência de Durban em 2001 tratou de um amplo leque de temas, entre os quais vale destacar a avaliação dos avanços na luta contra o racismo, na luta contra a discriminação racial e as formas correlatas de discriminação; a avaliação dos obstáculos que impedem esse avanço em seus diversos contextos; bem como a sugestão de medidas de combate às expressões de racismo e intolerâncias.

Após Durban, no caso brasileiro, um dos aspectos para o equacionamento da questão social na agenda do governo federal é a implementação de políticas públicas para a eliminação das desvantagens raciais, de que o grupo afrodescendente padece, e, ao mesmo tempo, a possibilidade de cumprir parte importante das recomendações da conferência para os Estados Nacionais e organismos internacionais.

No que se refere à educação, o diagnóstico realizado em novembro de 2007, a partir de uma parceria entre a UNESCO do Brasil e a Secretaria de Educação Continuada, Alfabetização e Diversidade do Ministério da Educação (SECAD/MEC), constatou que existia um amplo consenso entre os diferentes participantes, que concordavam, no tocante a Lei 10.639-2003, em relação ao seu baixo grau de institucionalização e sua desigual aplicação no território nacional. Entre os fatores assinalados para a explicação da pouca institucionalização da lei estava a falta de materiais de referência e didáticos voltados à História de África.

Por outra parte, no que diz respeito aos manuais e estudos disponíveis sobre a História da África, havia um certo consenso em afirmar que durante muito tempo, e ainda hoje, a maior parte deles apresenta uma imagem racializada e eurocêntrica do continente africano, desfigurando e desumanizando especialmente sua história, uma história quase inexistente para muitos até a chegada dos europeus e do colonialismo no século XIX.

Rompendo com essa visão, a *História Geral da África* publicada pela UNESCO é uma obra coletiva cujo objetivo é a melhor compreensão das sociedades e culturas africanas e demonstrar a importância das contribuições da África para a história do mundo. Ela nasceu da demanda feita à UNESCO pelas novas nações africanas recém-independentes, que viam a importância de contar com uma história da África que oferecesse uma visão abrangente e completa do continente, para além das leituras e compreensões convencionais. Em 1964, a UNESCO assumiu o compromisso da preparação e publicação da *História Geral da África*. Uma das suas características mais relevantes é que ela permite compreender a evolução histórica dos povos africanos em sua relação com os outros povos. Contudo, até os dias de hoje, o uso da *História Geral da África* tem se limitado sobretudo a um grupo restrito de historiadores e especialistas e tem sido menos usada pelos professores/as e estudantes. No caso brasileiro, um dos motivos desta limitação era a ausência de uma tradução do conjunto dos volumes que compõem a obra em língua portuguesa.

A Universidade Federal de São Carlos, por meio do Núcleo de Estudos Afrobrasileiros (NEAB/UFSCar) e seus parceiros, ao concluir o trabalho de tradução e atualização ortográfica do conjunto dos volumes, agradece o apoio da Secretaria de Educação Continuada, Alfabetização e Diversidade (SECAD), do Ministério da Educação (MEC) e da UNESCO por terem propiciado as condições para que um conjunto cada vez maior de brasileiros possa conhecer e ter orgulho de compartilhar com outros povos do continente americano o legado do continente africano para nossa formação social e cultural.

CRONOLOGIA

Na apresentação das datas da pré-história convencionou-se adotar dois tipos de notação, com base nos seguintes critérios:

- Tomando como ponto de partida a época atual, isto é, datas B.P. (*before present*), tendo como referência o ano de + 1950; nesse caso, as datas são todas negativas em relação a + 1950.
- Usando como referencial o início da Era Cristã; nesse caso, as datas são simplesmente precedidas dos sinais - ou +. No que diz respeito aos séculos, as menções "antes de Cristo" e "depois de Cristo" são substituídas por "antes da Era Cristã", "da Era Cristã".

Exemplos:

(i) 2300 B.P. = -350

(ii) 2900 a.C. = -2900
    1800 d.C. = +1800

(iii) século V a.C. = século V antes da Era Cristã
    século III d.C. = século III da Era Cristã

LISTA DE FIGURAS

Figura 1.1 Dança cerimonial em Mbelebele, campo militar zulu, em 1836 22
Figura 3.1 As missões cristãs e o islã, 1800-1860 54
Figura 3.2 Igreja da missão da Church of Scotland em Blantyre (Malaui) 56
Figura 3.3 Tiyo Soga 58
Figura 3.4 Escola da vila Charlotte, Serra Leoa, cerca de 1885 61
Figura 4.1 Mapa da costa ocidental da África 86
Figura 4.2 Um grupo de mulheres oromas a bordo do HMS Daphne depois de sua libertação de um veleiro leste-africano 102
Figura 4.3 Escravos libertados no domínio da Missão das universidades em Mbweni, perto de Zanzibar – pagamento dos salários 102
Figura 6.1 Bonecas à venda no Cabo no início do século XIX, representando um homem e uma mulher san 152
Figura 7.1 Mapa da África do Sul indicando os Estados e os povos, 1850-1880 172
Figura 7.2 Membros de um comando bôer, por volta de 1880 206
Figura 8.1 Mapa étnico e político da África Central, 1800-1880 214
Figura 8.2 *Jumbe de Khota Khota* 222
Figura 8.3 Mercadores árabes da região norte do lago Malaui 224
Figura 8.4 Um *Ruga-ruga* (caçador de escravos) 228
Figura 8.5 Os shangana de Soshangane chegam a Shapanga para recolher o imposto anual devido pelos portugueses 237
Figura 8.6 Tocador de tambor e dançarinos na corte de Sipopa, rei dos lozi, 1875 ... 241
Figura 8.7 Sipopa, um dos chefes da rebelião lozi contra os kololo em 1864 241

Figura 9.1 O litoral e o interior: povos e principais rotas comerciais, 1800-1850 251
Figura 9.2 O litoral setentrional e o interior: as rotas comerciais, 1850 256
Figura 9.3 Extração em prensas do óleo de gergelim em Mogadíscio, 1847 257
Figura 9.4 Saʿīd ibn Sultan, sultão de Zanzibar (1804-1856) 259
Figura 10.1 O Oceano Índico no século XIX 277
Figura 10.2 O comércio na África Oriental no século XIX 282
Figura 10.3 Penteados e cortes de cabelos nyamwezi 285
Figura 10.4 Mercadores nyamwezi na estrada 285
Figura 10.5 Mirambo em 1882 ou 1883 295
Figura 10.6 A região dos Grandes Lagos, 1840-1884 297
Figura 10.7 Itinerário das migrações em direção ao Norte dos nguni de Zwangendaba, dos maseko nguni e dos msene 300
Figura 10.8 Os massai e seus vizinhos, 1840-1884 304
Figura 11.1 A região dos Grandes Lagos 319
Figura 11.2 O Buganda em 1875: a capital do kabaka 322
Figura 11.3 O kabaka Mutesa, rodeado de chefes e dignitários 322
Figura 11.4 A casa do Tesouro e os ornamentos reais do *rumanyika*, rei do Karagwe 326
Figura 11.5 Batalha naval no Lago Vitória entre os Baganda e o povo das Ilhas Buvuma, 1875 329
Figura 11.6 Circuitos comerciais da região dos Grandes Lagos 331
Figura 12.1 A África Central do Oeste no século XIX 344
Figura 12.2 Uma aldeia da província de Manyema, a Nordeste do Império Luba 346
Figura 12.3 Tambores reais do reino kuba, no século XIX 351
Figura 12.4 Munza, rei dos mangbetu, em 1870 356
Figura 12.5 Kazembe em 1831 356
Figura 12.6 A África Central do Oeste: espaços comerciais por volta de 1880 358
Figura 12.7 Mulher da aristocracia kimbundu com sua escrava, nos anos 1850 359
Figura 12.8 Guerreiro kimbundo e mulher da aristocracia, nos anos 1850 359
Figura 12.9 Chifre de elefante esculpido, da metade do século XIX 360
Figura 12.10 Uma caravana de mercadores ovimbundo durante um pouso 363
Figura 12.11 Estátua chokwe representando Chibinda Ilunga, o lendário fundador do Império lunda 367
Figura 12.12 O *mwant yav* Mbumba 372
Figura 13.1 O Império egípcio de Muhammad ʿAlī (1804-1849) 380
Figura 13.2 Muhammad ʿAlī 383
Figura 13.3 Ibrāhīm, filho de Muhammad ʿAli e seu general-em-chefe 384
Figura 13.4 O shaykh Rifāʿ al-Tahtāwī 389
Figura 13.5 A chegada do primeiro trem ligando o Cairo a Suez, 14 de dezembro de 1858 395
Figura 13.6 O bombardeio de Alexandria, julho de 1882 407

Lista de Figuras   XV

Figura 14.1   O Sudão sob o domínio turco, 1820-1881 412
Figura 14.2   Sennar em 1821: a capital do antigo sultanato dos funj 415
Figura 14.3   Um acampamento de caçadores de escravos turco-egípcios no Cordofão 415
Figura 14.4   Navios mercantes de Cartum sobre um afluente do Bahr al Ghazal ao
              Norte das terras dinka 422
Figura 14.5   A zeriba de um mercador em Mvolo, com um estabelecimento dinka fora
              de seus muros 422
Figura 14.6   Uma vila shilluk após um ataque de caçadores de escravos 424
Figura 14.7   Um músico zande 426
Figura 14.8   O reforço da administração e a modernização turco-egípcias 433
Figura 15.1   A Etiópia no início do século XIX 437
Figura 15.2   Dajazmach Webé do Tigre 440
Figura 15.3   O rei Sahla Sellasé de Shoa 443
Figura 15.4   O emir Ahmad ibn Muhammad do Harar, 1794-1821 451
Figura 15.5   O imperador Teodoro inspecionando o canteiro de obras de uma estrada 454
Figura 15.6   O grande canhão "Sebastopol" do imperador Teodoro 458
Figura 15.7   Eclesiásticos etíopes durante a década de 1840 459
Figura 15.8   Uma interpretação moderna da cena do suicídio do imperador Teodoro em
              frente a sir Robert Napier 466
Figura 15.9   O imperador Johannès IV 469
Figura 16.1   Madagascar e seus vizinhos 479
Figura 16.2   Vista de Antananarivo nos anos 1850 480
Figura 16.3   Madagascar, 1800-1880 483
Figura 16.4   A expansão do reino merina, 1810-1840 488
Figura 16.5   Adrianampoinimerina, morto em 1810 491
Figura 16.6   O rei Radama I, 1810-1828 491
Figura 16.7   A rainha Ranavalona I, 1828-1861 491
Figura 16.8   O rei Radama II, 1861-1863 491
Figura 16.9   A rainha Rasoherina, 1863-1868 491
Figura 16.10 A rainha Ranavalona II, 1868-1883. 491
Figura 16.11 O palácio da rainha em Antananarivo, começado em 1839 por Jean
              Laborde a pedido da rainha Ranavalona I 495
Figura 16.12 O palanquim da rainha Rasoherina diante de uma palhota venerada 507
Figura 16.13 Acampamento de Ranavalona II 511
Figura 16.14 Fundição e forjamento do ferro em Madagascar, nos anos 1850 512
Figura 16.15 Mulheres escravas tirando água e pilando arroz em Madagascar 515
Figura 17.1   Interior da mesquita de Ketchawa (erguida em 1794), em Argel 520
Figura 17.2   Uma escola corânica em Argel, 1830 522
Figura 17.3   Membros do nizāmī [exército] tunisiano com uniformes de estilo europeu 539
Figura 17.4   O túmulo de Muhammad ben ʿAlī al-Sanūsi, fundador da Sanūsiyya 544

Figura 17.5	Mulheres da alta sociedade argelina servidas por uma escrava negra	546
Figura 18.1	O sultão 'Abd al-Rahmān (1822-1859) em 1832	550
Figura 18.2	As regiões históricas do Marrocos no século XIX	552
Figura 18.3	O sultão Hasan I (1873-1894)	560
Figura 18.4	Rial de prata cunhado em Paris em 1881 para Hasan I	563
Figura 19.1	'Abd al-Kādir	579
Figura 19.2	Soldados de 'Abd al-Kādir: a infantaria	580
Figura 19.3	Soldados de 'Abd al-Kādir: a cavalaria	580
Figura 19.4	A guerra franco-marroquina: a batalha de Isly, 1844	581
Figura 19.5	A submissão de 'Abd al-Kādir	582
Figura 20.1	O comércio nos confins do deserto	605
Figura 20.2	A kasba [citadela] de Murzuk, no Fezzān, em 1869	606
Figura 20.3	A sociedade oasiana: mulheres no mercado de Murzuk, 1869	608
Figura 20.4	Os minaretes da mesquita de Agadès	609
Figura 20.5	Artigos de marroquinaria tuaregue à venda em Tomboctou nos anos 1850	614
Figura 22.1	O califado de Sokoto, o Borno e os seus vizinhos	643
Figura 22.2	Carta de Muhammad Bello, califa de Sokoto, 1817-1837	648
Figura 22.3	Artigos do artesanato huassa colecionados por Gustav Nachtigal, em 1870	682
Figura 22.4	O xeque Muhammad al-Amīn al-Kānemi	685
Figura 22.5	Um dos lanceiros kanembu do xeque al-Kanēmi	689
Figura 22.6	Blusa bordada de uma mulher do Borno, feita nos anos 1870	694
Figura 23.1	As páginas iniciais de al-Idtirar, supostamente o único livro escrito por Seku Ahmadu	702
Figura 23.2	O Macina em seu apogeu, 1830	705
Figura 23.3	Ruínas de uma torre de defesa do tatá [fortaleza] de Hamdallahi	707
Figura 23.4	Sepultura de Seku Ahmadu em Hamdallahi	709
Figura 23.5	Império Torodbe em seu apogeu	717
Figura 23.6	De Dinguiraye a Hamdallahi	727
Figura 23.7	Entrada do palácio de Ahmadu, em Ségou-Sikoro	736
Figura 23.8	*Ahmadu* recebendo a corte do seu palácio	740
Figura 24.1	Estados e povos da Senegâmbia e da Alta Guiné	743
Figura 24.2	Chefes da região costeira de Mandinka na Gâmbia em 1805	748
Figura 24.3	Vista de Timbo, capital de Futa Djalon, c. 1815	753
Figura 24.4	*Barqueiros kru*	761
Figura 24.5	*Casas kru*	761
Figura 25.1	Povos e cidades da África Ocidental mencionados no texto	773
Figura 25.2	A banqueta de ouro dos ashanti	774
Figura 25.3	A corte das finanças, Kumashi, 1817	781
Figura 25.4	O primeiro dia da festa anual do Odwira, em Kumashi, 1817n Murray, Londres	782

Lista de Figuras XVII

Figura 25.5   Personagens mascarados mossi, provavelmente "sacerdotes da terra" representando a autoridade aborígene, no início do século XIX 786
Figura 25.6   Mogho Naaba Sanem festejado pelos seus sujeitos em 1888 786
Figura 25.7   Tipos de casa bambara, 1887 795
Figura 25.8   Um mercador ambulante mossi, 1888 801
Figura 25.9   Mapa de Kintampo, cidade comercial do interior da Costa do Ouro 802
Figura 25.10 Salaga em 1888. 803
Figura 25.11 Uma oficina de carpintaria da missão de Balê, em Christiansborg (Accra)... 810
Figura 26.1   Escultura representando um guerreiro sobre os ombros de um babalaô 815
Figura 26.2   O país iorubá-aja e o antigo Império Oyo (início do século XIX) 817
Figura 26.3   A porta da cidade iorubá de Ipara, no país ijebu, aproximadamente em 1855 819
Figura 26.4   Vista de Ibadan, em 1854, em primeiro plano as instalações da Church Missionary Society 822
Figura 26.5   Altar no recinto do rei, Benin 829
Figura 26.6   Vista da cidade de Benin na época da invasão britânica, 1897 830
Figura 26.8   Estátua de um homem em pé, braço direito levantado e esquerdo dobrado, considerada uma representação simbólica do rei Ghezo (1818-1858) 838
Figura 26.9   O rei Glélé (1858-1889), simbolicamente sob a forma de um leão 838
Figura 27.1   O delta do Níger e Camarões no século XIX 844
Figura 27.2   Uma localidade itsekiri no rio Benin, nos anos 1890 846
Figura 27.3   Nana Olomu de Itsekiri 847
Figura 27.4   O rei Jaja de Opobo 852
Figura 27.5   A casa do rei Bell, na década de 1840 865
Figura 27.6   Ouassengo, comerciante de Ogoué, empunhando presas de elefante, acompanhado das suas mulheres 870
Figura 27.7   *Antchuwe Kowe Rapontchombo* (o "rei Denis"), soberano das margens do Ogoué, com a sua grande mulher   871
Figura 28.1   Figura masculina de tipo negroide suportando nas costas o peso de um cris indonésio preso à cintura, provavelmente proveniente da região do atual Vietnã e datado, é verossímil, do século XVII 878
Figura 28.2   O tráfico de escravos da África do leste nos anos 1850, visto por sir Richard Burton 880
Figura 28.3   Serviçal negra e eunuco negro com a criança do seu mestre na Índia Oriental, no século XIX 885
Figura 28.4   Toussaint Louverture, líder da revolução de Santo-Domingo e patrono da independência do Haiti 902

PREFÁCIO

por *M. Amadou - Mahtar M'Bow,*
Diretor Geral da UNESCO (1974-1987)

Durante muito tempo, mitos e preconceitos de toda espécie esconderam do mundo a real história da África. As sociedades africanas passavam por sociedades que não podiam ter história. Apesar de importantes trabalhos efetuados desde as primeiras décadas do século XX por pioneiros como Leo Frobenius, Maurice Delafosse e Arturo Labriola, um grande número de especialistas não-africanos, ligados a certos postulados, sustentavam que essas sociedades não podiam ser objeto de um estudo científico, notadamente por falta de fontes e documentos escritos.

Se a *Ilíada* e a *Odisséia* podiam ser devidamente consideradas como fontes essenciais da história da Grécia antiga, em contrapartida, negava-se todo valor à tradição oral africana, essa memória dos povos que fornece, em suas vidas, a trama de tantos acontecimentos marcantes. Ao escrever a história de grande parte da África, recorria-se somente a fontes externas à África, oferecendo uma visão não do que poderia ser o percurso dos povos africanos, mas daquilo que se pensava que ele deveria ser. Tomando freqüentemente a "Idade Média" europeia como ponto de referência, os modos de produção, as relações sociais tanto quanto as instituições políticas não eram percebidos senão em referência ao passado da Europa.

Com efeito, havia uma recusa a considerar o povo africano como o criador de culturas originais que floresceram e se perpetuaram, através dos séculos, por vias que lhes são próprias e que o historiador só pode apreender renunciando a certos preconceitos e renovando seu método.

Da mesma forma, o continente africano quase nunca era considerado como uma entidade histórica. Em contrário, enfatizava-se tudo o que pudesse reforçar a ideia de uma cisão que teria existido, desde sempre, entre uma "África branca" e uma "África negra" que se ignoravam reciprocamente. Apresentava-se frequentemente o Saara como um espaço impenetrável que tornaria impossíveis misturas entre etnias e povos, bem como trocas de bens, crenças, hábitos e ideias entre as sociedades constituídas de um lado e de outro do deserto. Traçavam-se fronteiras intransponíveis entre as civilizações do antigo Egito e da Núbia e aquelas dos povos subsaarianos.

Certamente, a história da África norte-saariana esteve antes ligada àquela da bacia mediterrânea, muito mais que a história da África Subsaariana mas, nos dias atuais, é amplamente reconhecido que as civilizações do continente africano, pela sua variedade lingüística e cultural, formam em graus variados as vertentes históricas de um conjunto de povos e sociedades, unidos por laços seculares.

Um outro fenômeno que grandes danos causou ao estudo objetivo do passado africano foi o aparecimento, com o tráfico negreiro e a colonização, de estereótipos raciais criadores de desprezo e incompreensão, tão profundamente consolidados que corromperam inclusive os próprios conceitos da historiografia. Desde que foram empregadas as noções de "brancos" e "negros", para nomear genericamente os colonizadores, considerados superiores, e os colonizados, os africanos foram levados a lutar contra uma dupla servidão, econômica e psicológica. Marcado pela pigmentação de sua pele, transformado em uma mercadoria, entre outras, e condenado ao trabalho forçado, o africano passou a simbolizar, na consciência de seus dominadores, uma essência racial imaginária e ilusoriamente inferior àquela do *negro*. Este processo de falsa identificação depreciou a história dos povos africanos, no espírito de muitos, rebaixando-a a uma etno-história em cuja apreciação das realidades históricas e culturais não podia ser senão falseada.

A situação evoluiu muito desde o fim da Segunda Guerra Mundial, em particular, desde que os países da África, tendo alcançado sua independência, começaram a participar ativamente da vida da comunidade internacional e dos intercâmbios a ela inerentes. Historiadores, em número crescente, esforçaram-se em abordar o estudo da África com mais rigor, objetividade e abertura de espírito, empregando – obviamente com as devidas precauções – fontes africanas originais. No exercício de seu direito à iniciativa histórica, os próprios africanos sentiram profundamente a necessidade de restabelecer, em bases sólidas, a historicidade de suas sociedades.

É nesse contexto que emerge a importância da *História Geral da África*, em oito volumes, cuja publicação a Unesco começou.

Os especialistas de numerosos países que se empenharam nessa obra, preocuparam-se, primeiramente, em estabelecer-lhe os fundamentos teóricos e metodológicos. Eles tiveram o cuidado em questionar as simplificações abusivas criadas por uma concepção linear e limitativa da história universal, bem como em restabelecer a verdade dos fatos sempre que necessário e possível. Eles esforçaram-se para extrair os dados históricos que permitissem melhor acompanhar a evolução dos diferentes povos africanos em sua especificidade sociocultural.

Nessa tarefa imensa, complexa e árdua em vista da diversidade de fontes e da dispersão dos documentos, a UNESCO procedeu por etapas. A primeira fase (1965-1969) consistiu em trabalhos de documentação e de planificação da obra. Atividades operacionais foram conduzidas *in loco*, através de pesquisas de campo: campanhas de coleta da tradição oral, criação de centros regionais de documentação para a tradição oral, coleta de manuscritos inéditos em árabe e ajami (línguas africanas escritas em caracteres árabes), compilação de inventários de arquivos e preparação de um *Guia das fontes da história da África*, publicado posteriormente, em nove volumes, a partir dos arquivos e bibliotecas dos países da Europa. Por outro lado, foram organizados encontros, entre especialistas africanos e de outros continentes, durante os quais discutiu-se questões metodológicas e traçou-se as grandes linhas do projeto, após atencioso exame das fontes disponíveis.

Uma segunda etapa (1969 a 1971) foi consagrada ao detalhamento e à articulação do conjunto da obra. Durante esse período, realizaram-se reuniões internacionais de especialistas em Paris (1969) e Addis-Abeba (1970), com o propósito de examinar e detalhar os problemas relativos à redação e à publicação da obra: apresentação em oito volumes, edição principal em inglês, francês e árabe, assim como traduções para línguas africanas, tais como o kiswahili, o hawsa, o peul, o yoruba ou o lingala. Igualmente estão previstas traduções para o alemão, russo, português, espanhol e chinês[1], além de edições resumidas, destinadas a um público mais amplo, tanto africano quanto internacional.

A terceira e última fase constituiu-se na redação e na publicação do trabalho. Ela começou pela nomeação de um Comitê Científico Internacional de trinta e

---

1   O volume I foi publicado em inglês, árabe, chinês, coreano, espanhol, francês, hawsa, italiano, kiswahili, peul e português; o volume II em inglês, árabe, chinês, coreano, espanhol, francês, hawsa, italiano, kiswahili, peul e português; o volume III em inglês, árabe, espanhol e francês; o volume IV em inglês, árabe, chinês, espanhol, francês e português; o volume V em inglês e árabe; o volume VI em inglês, árabe e francês; o volume VII em inglês, árabe, chinês, espanhol, francês e português; o VIII em inglês e francês.

nove membros, composto por africanos e não-africanos, na respectiva proporção de dois terços e um terço, a quem incumbiu-se a responsabilidade intelectual pela obra.

Interdisciplinar, o método seguido caracterizou-se tanto pela pluralidade de abordagens teóricas quanto de fontes. Dentre essas últimas, é preciso citar primeiramente a arqueologia, detentora de grande parte das chaves da história das culturas e das civilizações africanas. Graças a ela, admite-se, nos dias atuais, reconhecer que a África foi, com toda probabilidade, o berço da humanidade, palco de uma das primeiras revoluções tecnológicas da história, ocorrida no período Neolítico. A arqueologia igualmente mostrou que, na África, especificamente no Egito, desenvolveu-se uma das antigas civilizações mais brilhantes do mundo. Outra fonte digna de nota é a tradição oral que, até recentemente desconhecida, aparece hoje como uma preciosa fonte para a reconstituição da história da África, permitindo seguir o percurso de seus diferentes povos no tempo e no espaço, compreender, a partir de seu interior, a visão africana do mundo, e apreender os traços originais dos valores que fundam as culturas e as instituições do continente.

Saber-se-á reconhecer o mérito do Comitê Científico Internacional encarregado dessa *História geral da África*, de seu relator, bem como de seus coordenadores e autores dos diferentes volumes e capítulos, por terem lançado uma luz original sobre o passado da África, abraçado em sua totalidade, evitando todo dogmatismo no estudo de questões essenciais, tais como: o tráfico negreiro, essa "sangria sem fim", responsável por umas das deportações mais cruéis da história dos povos e que despojou o continente de uma parte de suas forças vivas, no momento em que esse último desempenhava um papel determinante no progresso econômico e comercial da Europa; a colonização, com todas suas conseqüências nos âmbitos demográfico, econômico, psicológico e cultural; as relações entre a África ao sul do Saara e o mundo árabe; o processo de descolonização e de construção nacional, mobilizador da razão e da paixão de pessoas ainda vivas e muitas vezes em plena atividade. Todas essas questões foram abordadas com grande preocupação quanto à honestidade e ao rigor científico, o que constitui um mérito não desprezível da presente obra. Ao fazer o balanço de nossos conhecimentos sobre a África, propondo diversas perspectivas sobre as culturas africanas e oferecendo uma nova leitura da história, a História geral da África tem a indiscutível vantagem de destacar tanto as luzes quanto as sombras, sem dissimular as divergências de opinião entre os estudiosos.

Ao demonstrar a insuficiência dos enfoques metodológicos amiúde utilizados na pesquisa sobre a África, essa nova publicação convida à renovação e ao aprofundamento de uma dupla problemática, da historiografia e da identidade cultural, unidas por laços de reciprocidade. Ela inaugura a via, como todo trabalho histórico de valor, a múltiplas novas pesquisas.

É assim que, em estreita colaboração com a UNESCO, o Comitê Científico Internacional decidiu empreender estudos complementares com o intuito de aprofundar algumas questões que permitirão uma visão mais clara sobre certos aspectos do passado da África. Esses trabalhos publicados na coleção da UNESCO, História geral da África: estudos e documentos, virão a constituir, de modo útil, um suplemento à presente obra[2]. Igualmente, tal esforço desdobrar-se-á na elaboração de publicações versando sobre a história nacional ou sub-regional.

Essa *História geral da África* coloca simultaneamente em foco a unidade histórica da África e suas relações com os outros continentes, especialmente com as Américas e o Caribe. Por muito tempo, as expressões da criatividade dos afro-descendentes nas Américas haviam sido isoladas por certos historiadores em um agregado heteróclito de *africanismos*; essa visão, obviamente, não corresponde àquela dos autores da presente obra. Aqui, a resistência dos escravos deportados para a América, o fato tocante ao *marronage* [fuga ou clandestinidade] político e cultural, a participação constante e massiva dos afrodescendentes nas lutas da primeira independência americana, bem como nos movimentos nacionais de libertação, esses fatos são justamente apreciados pelo que eles realmente foram: vigorosas afirmações de identidade que contribuíram para forjar o conceito universal de humanidade. É hoje evidente que a herança africana marcou, mais ou menos segundo as regiões, as maneiras de sentir, pensar, sonhar e agir de certas nações do hemisfério ocidental. Do sul dos Estados-Unidos ao norte do Brasil, passando pelo Caribe e pela costa do Pacífico, as contribuições culturais herdadas da África são visíveis por toda parte; em certos casos, inclusive, elas constituem os fundamentos essenciais da identidade cultural de alguns dos elementos mais importantes da população.

---

2   Doze números dessa série foram publicados; eles tratam respectivamente sobre: n. 1 – O povoamento do Egito antigo e a decodificação da escrita meroítica; n. 2 – O tráfico negreiro do século XV ao século XIX; n. 3 – Relações históricas através do Oceano Índico; n. 4 – A historiografia da África meridional; n. 5 – A descolonização da África: África meridional e Chifre da África [Nordeste da África]; n. 6 – Etnonímias e toponímias; n. 7 – As relações históricas e socioculturais entre a África e o mundo árabe; n. 8 – A metodologia da história da África contemporânea; n. 9 – O processo de educação e a historiografia na África; n. 10 – A África e a Segunda Guerra Mundial; n. 11 – Líbya Antiqua; n. 12 – O papel dos movimentos estudantis africanos na evolução política e social da África de 1900 a 1975.

Igualmente, essa obra faz aparecerem nitidamente as relações da África com o sul da Ásia através do Oceano Índico, além de evidenciar as contribuições africanas junto a outras civilizações em seu jogo de trocas mútuas.

Estou convencido que os esforços dos povos da África para conquistar ou reforçar sua independência, assegurar seu desenvolvimento e consolidar suas especificidades culturais devem enraizar-se em uma consciência histórica renovada, intensamente vivida e assumida de geração em geração.

Minha formação pessoal, a experiência adquirida como professor e, desde os primórdios da independência, como presidente da primeira comissão criada com vistas à reforma dos programas de ensino de história e de geografia de certos países da África Ocidental e Central, ensinaram-me o quanto era necessário, para a educação da juventude e para a informação do público, uma obra de história elaborada por pesquisadores que conhecessem desde o seu interior os problemas e as esperanças da África, pensadores capazes de considerar o continente em sua totalidade.

Por todas essas razões, a UNESCO zelará para que essa *História Geral da África* seja amplamente difundida, em numerosos idiomas, e constitua base da elaboração de livros infantis, manuais escolares e emissões televisivas ou radiofônicas. Dessa forma, jovens, escolares, estudantes e adultos, da África e de outras partes, poderão ter uma melhor visão do passado do continente africano e dos fatores que o explicam, além de lhes oferecer uma compreensão mais precisa acerca de seu patrimônio cultural e de sua contribuição ao progresso geral da humanidade. Essa obra deveria então contribuir para favorecer a cooperação internacional e reforçar a solidariedade entre os povos em suas aspirações por justiça, progresso e paz. Pelo menos, esse é o voto que manifesto muito sinceramente.

Resta-me ainda expressar minha profunda gratidão aos membros do Comitê Científico Internacional, ao redator, aos coordenadores dos diferentes volumes, aos autores e a todos aqueles que colaboraram para a realização desta prodigiosa empreitada. O trabalho por eles efetuado e a contribuição por eles trazida mostram com clareza o quanto homens vindos de diversos horizontes, conquanto animados por uma mesma vontade e igual entusiasmo a serviço da verdade de todos os homens, podem fazer, no quadro internacional oferecido pela UNESCO, para lograr êxito em um projeto de tamanho valor científico e cultural. Meu reconhecimento igualmente estende-se às organizações e aos governos que, graças a suas generosas doações, permitiram à UNESCO publicar essa obra em diferentes línguas e assegurar-lhe a difusão universal que ela merece, em prol da comunidade internacional em sua totalidade.

APRESENTAÇÃO DO PROJETO

pelo Professor *Bethwell Allan Ogot*
Presidente do Comitê Científico Internacional
para a redação de uma História Geral da África

A Conferência Geral da UNESCO, em sua décima sexta sessão, solicitou ao Diretor-geral que empreendesse a redação de uma História Geral da África. Esse considerável trabalho foi confiado a um Comitê Científico Internacional criado pelo Conselho Executivo em 1970.

Segundo os termos dos estatutos adotados pelo Conselho Executivo da UNESCO, em 1971, esse Comitê compõe-se de trinta e nove membros responsáveis (dentre os quais dois terços africanos e um terço de não-africanos), nomeados pelo Diretor-geral da UNESCO por um período correspondente à duração do mandato do Comitê.

A primeira tarefa do Comitê consistiu em definir as principais características da obra. Ele definiu-as em sua primeira sessão, nos seguintes termos:

- Em que pese visar a maior qualidade científica possível, a *História Geral da África* não busca a exaustão e se pretende uma obra de síntese que evitará o dogmatismo. Sob muitos aspectos, ela constitui uma exposição dos problemas indicadores do atual estádio dos conhecimentos e das grandes correntes de pensamento e pesquisa, não hesitando em assinalar, em tais circunstâncias, as divergências de opinião. Ela assim preparará o caminho para posteriores publicações.
- A África é aqui considerada como um todo. O objetivo é mostrar as relações históricas entre as diferentes partes do continente, muito amiúde

subdividido, nas obras publicadas até o momento. Os laços históricos da África com os outros continentes recebem a atenção merecida e são analisados sob o ângulo dos intercâmbios mútuos e das influências multilaterais, de forma a fazer ressurgir, oportunamente, a contribuição da África para o desenvolvimento da humanidade.

- A *História Geral da África* consiste, antes de tudo, em uma história das ideias e das civilizações, das sociedades e das instituições. Ela fundamenta-se sobre uma grande diversidade de fontes, aqui compreendidas a tradição oral e a expressão artística.
- A *História Geral da África* é aqui essencialmente examinada de seu interior. Obra erudita, ela também é, em larga medida, o fiel reflexo da maneira através da qual os autores africanos vêem sua própria civilização. Embora elaborada em âmbito internacional e recorrendo a todos os dados científicos atuais, a *História* será igualmente um elemento capital para o reconhecimento do patrimônio cultural africano, evidenciando os fatores que contribuem à unidade do continente. Essa vontade em examinar os fatos de seu interior constitui o ineditismo da obra e poderá, além de suas qualidades científicas, conferir-lhe um grande valor de atualidade. Ao evidenciar a verdadeira face da África, a *História* poderia, em uma época dominada por rivalidades econômicas e técnicas, propor uma concepção particular dos valores humanos.

O Comitê decidiu apresentar a obra, dedicada ao estudo sobre mais de 3 milhões de anos de história da África, em oito volumes, cada qual compreendendo aproximadamente oitocentas páginas de texto com ilustrações (fotos, mapas e desenhos tracejados).

Para cada volume designou-se um coordenador principal, assistido, quando necessário, por um ou dois codiretores assistentes.

Os coordenadores dos volumes são escolhidos, tanto entre os membros do Comitê quanto fora dele, em meio a especialistas externos ao organismo, todos eleitos por esse último, pela maioria de dois terços. Eles encarregam-se da elaboração dos volumes, em conformidade com as decisões e segundo os planos decididos pelo Comitê. São eles os responsáveis, no plano científico, perante o Comitê ou, entre duas sessões do Comitê, perante o Conselho Executivo, pelo conteúdo dos volumes, pela redação final dos textos ou ilustrações e, de uma maneira geral, por todos os aspectos científicos e técnicos da *História*. É o Conselho Executivo quem aprova, em última instância, o original definitivo. Uma vez considerado pronto para a edição, o texto é remetido ao Diretor-Geral da UNESCO. A direção da obra cabe, dessa forma, ao Comitê ou ao Conselho Executivo, nesse caso responsável no ínterim entre duas sessões do Comitê.

Cada volume compreende por volta de 30 capítulos. Cada qual redigido por um autor principal, assistido por um ou dois colaboradores, caso necessário.

Os autores são escolhidos pelo Comitê em função de seu *curriculum vitae*. A preferência é concedida aos autores africanos, sob reserva de sua adequação aos títulos requeridos. Além disso, o Comitê zela, tanto quanto possível, para que todas as regiões da África, bem como outras regiões que tenham mantido relações históricas ou culturais com o continente, estejam de forma equitativa representadas no quadro dos autores.

Após aprovação pelo coordenador do volume, os textos dos diferentes capítulos são enviados a todos os membros do Comitê para submissão à sua crítica.

Ademais e finalmente, o texto do coordenador do volume é submetido ao exame de um comitê de leitura, designado no seio do Comitê Científico Internacional, em função de suas competências; cabe a esse comitê realizar uma profunda análise tanto do conteúdo quanto da forma dos capítulos.

Ao Conselho Executivo cabe aprovar, em última instância, os originais.

Tal procedimento, aparentemente longo e complexo, revelou-se necessário, pois permite assegurar o máximo de rigor científico à *História Geral da África*. Com efeito, houve ocasiões nas quais o Conselho Executivo rejeitou originais, solicitou reestruturações importantes ou, inclusive, confiou a redação de um capítulo a um novo autor. Eventualmente, especialistas de uma questão ou período específicos da história foram consultados para a finalização definitiva de um volume.

Primeiramente, uma edição principal da obra em inglês, francês e árabe será publicada, posteriormente haverá uma edição em forma de brochura, nesses mesmos idiomas.

Uma versão resumida em inglês e francês servirá como base para a tradução em línguas africanas. O Comitê Científico Internacional determinou quais os idiomas africanos para os quais serão realizadas as primeiras traduções: o kiswahili e o haussa.

Tanto quanto possível, pretende-se igualmente assegurar a publicação da *História Geral da África* em vários idiomas de grande difusão internacional (dentre os quais, entre outros: alemão, chinês, italiano, japonês, português, russo, etc.).

Trata-se, portanto, como se pode constatar, de uma empreitada gigantesca que constitui um ingente desafio para os historiadores da África e para a comunidade científica em geral, bem como para a UNESCO que lhe oferece sua chancela. Com efeito, pode-se facilmente imaginar a complexidade de uma tarefa tal qual a redação de uma história da África que cobre no espaço, todo um continente e, no tempo, os quatro últimos milhões de anos, respeitando, todavia, as mais elevadas normas científicas e convocando, como é necessário, estudiosos pertencentes a todo um leque de países, culturas, ideologias e tradições históricas. Trata-se de um empreendimento continental, internacional e interdisciplinar, de grande envergadura.

Em conclusão, obrigo-me a sublinhar a importância dessa obra para a África e para todo o mundo. No momento em que os povos da África lutam para se unir e para, em conjunto, melhor forjar seus respectivos destinos, um conhecimento adequado sobre o passado da África, uma tomada de consciência no tocante aos elos que unem os Africanos entre si e a África aos demais continentes, tudo isso deveria facilitar, em grande medida, a compreensão mútua entre os povos da Terra e, além disso, propiciar sobretudo o conhecimento de um patrimônio cultural cuja riqueza consiste em um bem de toda a Humanidade.

Bethwell Allan Ogot
Em 8 de agosto de 1979
Presidente do Comitê Científico Internacional
para a redação de uma História Geral da África

CAPÍTULO 1

África no início do século XIX: problemas e perspectivas

J. F. Ade. Ajayi

O presente volume pretende apresentar de forma geral a história da África no século XIX, ou seja, antes da corrida maciça dos europeus e da colonização. É, em grande parte, sobre o assim chamado[1] "século pré-colonial" que versa o esforço desempenhado após a Segunda Guerra Mundial para renovar a interpretação da história da África, esforço este de que a *História geral da África*, publicada pela UNESCO, representa, sem dúvida, o ápice. A partir do momento em que se admitiu o fato de as mudanças ocorridas na África não remontarem à época colonial, despertou-se um considerável interesse no que concerne ao século que precede à colonização. Os historiadores consagraram vários trabalhos aos acontecimentos revolucionários do século XIX, tais como as reformas de Muhammad 'Ali no Egito, a reunificação da Etiópia sob os imperadores Tewodros e Menelik, o Mfecane dos Estados sotho-nguni na África Central e Austral, ou as *jihad* da África Ocidental. Tais acontecimentos, assim como outros de importância comparável, serão estudados nos próximos capítulos. Contudo, os traços gerais do século XIX, bem como o significado global deste século na história da África, permanecem controversos.

Em grande parte da África, o século XIX é mais bem conhecido e estudado do que os períodos anteriores. Isso se deve à abundância e à confiabilidade rela-

---

1   P. D. Curtin, S. Feierman, L. Thompson e J. Vansina, 1978, p. 362.

tiva das fontes orais, assim como às novas fontes representadas pelos documentos escritos decorrentes da intensificação da atividade dos europeus na África: relatos de viajantes, de missionários, de comerciantes, de agentes diplomáticos e outros representantes dos países europeus que penetraram, em muitos casos pela primeira vez, em diversas regiões do interior do continente. Houve uma tendência, como no caso da tradição oral, para situar neste século privilegiado todas as mudanças importantes sofridas pela África antes da colonização. Felizmente, a dinâmica da evolução da África no decorrer dos precedentes períodos já foi analisada nos outros volumes da presente *História*, permitindo assim refutar o "mito" de uma África estática. Porém, o corolário desse mito subsistiu: acredita-se ainda que as mudanças ocorridas no século XIX seriam necessariamente diferentes das mudanças anteriores, podendo apenas ser explicadas por fatores antes desconhecidos. Portanto, é importante estudar aqui em que medida as mudanças do século XIX prolongariam as do século XVIII, e em que medida novos fatores, ligados à intensificação da atividade dos europeus e à crescente integração da África ao sistema econômico mundial, poderiam explicá-las.

A tendência para explicar, exageradamente ou exclusivamente, as mudanças ocorridas na África durante o "século pré-colonial" em função da intensificação da atividade dos europeus coloca o segundo problema característico do estudo deste período. A crescente integração da África ao sistema econômico mundial é muitas vezes considerada, não somente como um elemento importante, mas antes como o principal acontecimento da história da África no século XIX. Em vez de ser considerado como um prenúncio, o século XIX aparece então como o início do período colonial. Conforme a asserção do falecido professor Dike em *Trade and Politics*, segundo a qual "a história moderna da África Ocidental é, em grande medida, a história de cinco séculos de comércio com os europeus"[2], considerou-se por muito tempo que o crescimento do comércio com os europeus, a organização das rotas comerciais e o desenvolvimento (em mercados que se multiplicavam na própria África) das trocas, destinadas a alimentar o comércio externo, eram os principais, senão os únicos, fatores de mudança na história da África oitocentista. Destarte, atribui-se a transformação do Egito ao choque causado pela chegada

---

2 K. O. Dike, 1956, p. 1. Tal asserção era claramente exagerada, até mesmo em relação à própria posição de Dike em seu estudo do Delta do Níger no século XIX, pois neste são destacados os fatores internos de mudança. S. I. Mudenge (1974, p. 373) critica assim a tese de *Trade and Politics*: "Uma vez estabelecida a existência de relações comerciais com o estrangeiro, quando se trata de expor as consequências destas, Dike negligencia o estudo do efeito real desse comércio sobre o sistema político, assim como de suas relações com a produção e o consumo internos em cada Estado; ao contrário, ele concentra todos seus esforços na descrição das rotas comerciais, dos mercados e dos produtos trocados."

de Bonaparte, em vez de considerar o complexo conjunto de fatores internos que haviam originado, já no século XVIII, um movimento nacional em torno do albanês Muhammad 'Ali. Ao se apoiar no renascimento egípcio, Muhammad 'Ali, impedira o poder otomano de assentar de novo seu domínio direto sobre o Egito. Da mesma forma, vê-se no Mfecane não um produto da própria dinâmica da sociedade nguni do Norte, mas antes uma vaga reação à presença dos europeus, reação esta que teria dado origem a pressões sobre a fronteira ocidental do Cabo ou ao desejo de comerciar com os portugueses na baía de Delagoa. No início do século XIX, a notável conjunção desses acontecimentos com as *jihad* da África Ocidental e o despertar da Etiópia exigem uma explicação global[3]. Mas, em vez de buscar essa explicação na dinâmica das sociedades africanas, os historiadores acreditam poder encontrá-la na industrialização da Europa e na influência da economia mundial sobre a África.

É, portanto, necessário, neste capítulo de introdução, concentrar nossa atenção no que realmente era a África no início do século XIX e destacar as características e as tendências gerais deste período, a natureza e a importância dos elementos subsistentes do passado, as inovações e outros elementos novos, e, por fim, as tendências para o futuro. É apenas ao abordar logo esse problema que poderemos entender, no fim do presente volume, o que foi a evolução da África no século XIX e em que medida devemos considerar a presença dos europeus como "uma condição prévia e necessária ao desenvolvimento técnico, cultural e moral das sociedades africanas"[4], ou, pelo contrário, como a principal causa de subdesenvolvimento da África.

A demografia e os movimentos populacionais[5]

No início do século XIX, os principais grupos linguísticos e culturais que compunham a população da África haviam se estabelecido há muito tempo

---

3   Ver a tentativa de I. Hrbek em 1965 (publicada em 1968): "É surpreendente o número de acontecimentos de grande alcance ocorridos na África entre 1805 e 1820; ainda que não tenham ligações entre eles, constituem um movimento distinto na história da África." Ele cita as *jihad* dos fulbe da África Ocidental, o levante dos zulus e o do Buganda, a fundação do Egito moderno por Muhammad 'Ali, a expansão do Imerina em Madagascar, o levante dos omani em Zanzibar e a abolição do tráfico de escravos. Ver I. Hrbek, 1968, p. 47-48. Os historiadores, que almejam doravante por uma síntese aplicável a todo o continente, acreditam, muitas vezes de forma simplificadora, que a explicação global reside na integração progressiva da África à economia global.

4   T. Hodgkin, 1976, p. 7, a respeito do ponto de vista daqueles que ele chama "os sábios administradores imperialistas".

5   Essa seção inspira-se em grande parte de dois capítulos da presente *História*, escritos respectivamente por J. Vansina (cap. 3, vol. V) e J. C. Caldwell (cap. 18, vol. VII).

nos diferentes territórios dos quais reivindicavam a posse. Na maior parte do continente, essa partilha havia se findado antes do século XVII. No século XIX, os diferentes grupos, após terem assentado suas posições, haviam alcançado uma certa estabilidade. Nos séculos XVII e XVIII, foi apenas no Chifre da África e na África Oriental (com exceção do centro da região dos Grandes Lagos), bem como em Madagascar, que importantes migrações ocorreram rumo a regiões relativamente pouco povoadas. Mesmo nessas regiões, as populações haviam atingido, no início do século XIX, uma estabilidade que implica o domínio do espaço.

Entenderemos aqui por migração o deslocamento extraordinário de um grande número de pessoas em vastos territórios e durante um longo período. Os deslocamentos regulares efetuados, a fim de garantir sua sobrevivência, por criadores de animais transumantes, por cultivadores praticantes de culturas alternadas, por caçadores e aqueles que vivem da colheita, que percorriam determinados territórios à procura de caça, de mel ou até de palmeiras das quais comiam as frutas, por pescadores que seguiam as migrações sazonais dos peixes, por mercadores e artesãos especializados, como os ferreiros, que exerciam sua atividade em colônias longínquas, todos esses deslocamentos ainda ocorriam, mas geralmente não implicavam uma mudança definitiva e não apresentavam o caráter de uma migração, no sentido que demos à palavra. Todavia, a pressão demográfica ligada ao tipo de uso das terras, muitas vezes resultante de um crescimento populacional normal durante um período de relativa prosperidade, ou a imigração provocada por vários fatores – guerra, desmoronamento dos sistemas políticos, seca prolongada, epidemia ou outra catástrofe natural – podiam acarretar processos de expansão progressiva. Ocorreu um grande número dessas expansões no século XIX. Algumas, como a dos fang na zona das florestas equatoriais, desencadearam-se em função de movimentos anteriores ao século XIX; outras, como a dos chokwe de Angola, foram provocadas pela modificação das relações comerciais no século XIX. Os movimentos populacionais de maior amplitude eram ligados ao declínio ou ao avanço dos sistemas estatais. Limitavam-se a uma região, como aquele que se seguiu à queda do Antigo Oyo na parte ioruba da Nigéria Ocidental, ou se estendiam em toda uma parte do continente, como aquele dos nguni do Norte que, na África austral, se seguiu ao Mfecane. As populações em movimento muitas vezes tiveram que ocupar e cultivar terras que, até então, haviam sido consideradas de qualidade inferior, e, por conseguinte, desenvolver culturas e técnicas agrícolas adequadas a seu novo meio.

Estima-se habitualmente em 100 milhões de habitantes a população total da África no início do século XIX. Este número é arbitrário, pelo menos em parte, e resulta de uma extrapolação fundada nos poucos dados demográficos relativos ao período posterior a 1950. Tal estimativa pode se revelar muito diferente do número real. Porém, do ponto de vista histórico, as questões essenciais referem-se menos ao número exato da população do que às tendências demográficas e às suas relações com os sistemas econômicos, a atividade agrícola e a repartição geográfica da população em relação aos recursos do solo.

Em virtude da organização da agricultura, do grau de desenvolvimento das técnicas e da higiene, bem como da forte mortalidade infantil causada pelas doenças, os demógrafos supõem geralmente que a população total não podia aumentar muito. O crescimento anual teria se situado habitualmente na faixa dos 0,5% (ao passo que alcança atualmente entre 2,5 e 3,5%), ou seja, cada ano, o número dos nascimentos teria ultrapassado o dos óbitos de 50 por mil habitantes. A população teria assim duplicado em um milênio. Na África do Norte, visto que a população permanecia estável e que se praticava uma agricultura intensiva, e a irrigação nas regiões férteis, principalmente nos oásis, a população aumentava regularmente durante os períodos de prosperidade. Entretanto, tudo indica que esse crescimento não compensava as secas e as epidemias, de modo que a população podia dificilmente permanecer estável. Nas pastagens do Sudão, da África Central e Austral, as populações transformavam constantemente suas técnicas. Elas associavam a criação ao cultivo do solo ou praticavam diversos tipos de agricultura mista, capazes de garantir a subsistência da crescente população. Os habitantes das regiões mais arborizadas também desenvolveram tipos de agricultura permitindo o crescimento demográfico. No século XVIII, a população atingia uma forte densidade em regiões como a Baixa Casamansa, o país dos igbo no Sudeste da Nigéria, as pastagens de Camarões e a região dos Grandes Lagos da África Oriental. Contudo, acrescentando-se às catástrofes naturais, o tráfico de escravos e as guerras mortíferas por ele acarretadas causaram perdas demográficas de grande escala e, notadamente, a diminuição, durante um longo período, do número de mulheres em idade de procriar. Tais perdas fizeram com que a população total da África diminuísse nos séculos XVII e XVIII. Esse despovoamento, desigualmente repartido, atingiu de forma mais ampla aqueles que eram menos capazes de se defender, então concentrados no oeste e no centro-oeste da África.

Ainda não se analisaram todos os efeitos desse despovoamento. As hipóteses a seu respeito continuam a alimentar uma viva controvérsia[6]. Considera-se hoje

---

6 Ver J. E. Inikori (org.), 1982a e 1982b, p. 29-36.

que o crescimento rápido da população, associado a recursos escassos e a uma produtividade limitada, é uma das principais características do subdesenvolvimento[7]. Porém, isso apenas se verifica no caso de economias interdependentes. No caso das economias relativamente independentes do início do século XIX, foi sobretudo o subpovoamento que constituiu um fator de subdesenvolvimento. Tudo indica que algumas comunidades africanas, ao compará-las com suas vizinhas, tiraram proveito do tráfico de escravos. Conseguiram conservar sua capacidade de resistência ao explorar a fraqueza de outras comunidades. Assim fizeram durar sua prosperidade o tempo suficiente para implementar sólidos sistemas econômicos, nos quais o crescimento demográfico aumentava a produtividade e garantia o desenvolvimento. É, contudo, provável que essas mesmas comunidades tenham sofrido do empobrecimento de suas vizinhas e da insegurança que reinava em suas fronteiras. Nenhuma sociedade ou economia poderia ter escapado do traumatismo e do desalento geralmente causados pelas consideráveis perdas demográficas acarretadas pelo tráfico de escravos e as guerras correlatas[8]. O tráfico parece fornecer a melhor explicação pelo fato de a África, entre todos os continentes, ter tido as mais instáveis e frágeis estruturas políticas e econômicas do século XIX. As fronteiras dos Estados e os centros administrativos deslocaram-se aparentemente ao ritmo de uma constante flutuação. Se considerarmos os métodos e as técnicas em uso na época, os agricultores não teriam tirado o melhor proveito da maioria das terras.

O século XIX não alterou de vez a situação demográfica em seu conjunto. A campanha em favor da abolição do tráfico só produziu seus efeitos de forma demorada. De início, o processo de abolição resultou menos na redução da exportação de escravos do que na concentração do tráfico em um número reduzido de portos. Lenta no início, a queda nas exportações tomou, após 1850, proporções consideráveis. Porém, o tráfico rumo a Zanzibar e ao Oceano Índico aumentava à medida que diminuía o das Américas. Ademais, o crescimento das exportações que substituíram o tráfico fez com que, na própria África, se precisasse de um número muito maior de escravos para conseguir marfim, para recoltar o óleo de palma, os amendoins, o mel, os cravos-da-índia e, mais tarde, a borracha e o algodão, bem como para transportar todos esses produtos. O século XIX assistiu, portanto, ao crescimento considerável do tráfico interno e do trabalho servil, o que teve desastrosas consequências sobre os procedimentos de exploração. Alguns historiadores afirmam que a população diminuiu

---

7   L. Valensi, 1977, p. 286.
8   J. E. Inikori, 1982*b*, p. 51-60.

pela metade, no período de uma geração, em determinadas regiões de Angola antes de 1830, e da África Central e Oriental pouco após 1880. Entretanto, a abolição da escravidão permitiu parar com a deportação maciça dos africanos. Tudo indica que, no começo do século XIX e pela primeira vez desde o século XVII, a população tendeu a crescer no conjunto do continente[9]. Esse movimento acentuou-se entre 1850 e 1880, depois declinou um pouco no início da colonização, antes de prosseguir, lentamente de início e depois em um ritmo mais acelerado, a partir dos anos 1930. Esse crescimento demográfico do início do século XIX, devido a fatores tanto internos quanto externos, foi, por si mesmo, um importante fator de mudança, particularmente em regiões que, como a África Oriental e Austral setecentista, não foram atingidas, ou muito pouco, pelo tráfico de escravos.

O crescente interesse dos europeus pela África

Quaisquer que sejam as dúvidas a respeito do número da população da África no início do século XIX ou das consequências do crescimento demográfico da época, há um elemento do qual temos certeza: os europeus mostraram, então, pela África um crescente interesse, cuja importância como fator de mudança na história da África foi certamente exagerada.

Tal interesse levou de início os europeus a empreenderem, aproximadamente a partir do fim do século XVIII, expedições visando recolher informações mais precisas sobre as principais características geográficas do continente africano: fontes dos rios, situação das montanhas e dos lagos, repartição da população. Buscava-se também saber quais eram os maiores Estados, os mais importantes mercados e as principais produções agrícolas e industriais. A Revolução Francesa, as guerras napoleônicas e os esforços dos países coligados – notadamente da Inglaterra, enquanto principal potência marítima – para conter a expansão francesa tiveram repercussões sobre a África. Os franceses, para os quais o Egito representava a porta do Extremo Oriente, ocuparam Alexandria e Cairo. Os ingleses tomaram a colônia holandesa do Cabo. Em seguida, ao tomar amplitude, o movimento em prol da abolição da escravidão permitiu à Inglaterra, cuja supremacia marítima se afirmava cada vez mais, intervir na África o quanto queria, sob o pretexto de uma missão a cumprir. Em 1807, o Governo inglês proibiu o tráfico de escravos aos mercadores ingleses e fez da

---

9 UNESCO, *História Geral da África*, vol. VII, cap. 18; ver também J. C. Caldwell, 1977, p. 9.

cidade de Freetown, fundada por escravos alforriados, uma colônia da Coroa e a base de uma campanha naval dirigida contra o tráfico ao largo da África Ocidental. Os franceses foram expulsos do Egito, mas, aproveitando-se da fraqueza do Império Otomano, continuaram a buscar vantagens, entre outras comerciais, na África do Norte, onde a luta contra os piratas magrebinos servia de desculpa para seus empreendimentos. Após sua derrota, os franceses tiveram que aderir ao movimento abolicionista, e isso foi mais uma razão para eles se interessarem nos portos e nas feitorias da África Ocidental. No século XIX, o abolicionismo, as missões e a busca por produtos – cujo comércio era mais honorável do que o dos escravos – tornaram-se, portanto, elementos importantes da situação política da África.

Convém não exagerar, nem a potência dos europeus na África no início do século XIX, nem o ritmo com o qual adquiriram "posses" ou penetraram no interior do continente antes de 1850. Os portugueses pretendiam dominar os territórios que vão de Angola a Moçambique. No interior das terras, haviam fundado postos militares e *prazos* (explorações agrícolas), e dominavam intermitentemente a região que se estendia de Loje, a Sul do Cuanza, até Casanga (Kasanga), a Leste, além de suas feitorias situadas na costa, entre Ambriz e Moçâmedes. Em Moçambique, a dominação portuguesa limitava-se, em 1800, à Ilha de Moçambique. Nessa ilha, os mercadores brasileiros e mulatos desempenhavam um papel mais importante do que os administradores portugueses. A crescente demanda por escravos do fim do século XVIII e do início do XIX levou-os a abandonarem o sistema dos *prazos*. A segurança das rotas comerciais era principalmente garantida pelos pombeiros. Porém, esses mulatos descalços, que vendiam produtos brasileiros, não poderiam ter exercido seu comércio caso este não tivesse sido tolerado pelos chefes e mercadores africanos[10]. Após 1815, os franceses haviam restabelecido suas feitorias da Senegâmbia, notadamente em Saint-Louis e Gorée. No Waalo, eles tentaram fundar, sem sucesso, uma exploração agrícola defendida por um posto militar em Bakel. Na África do Norte, tomaram Argel em 1830. Vinte anos foram necessários para derrotar a resistência dos argelinos liderados pelo emir ʿAbd Al-Kādir (Abd El-Kader). Na colônia inglesa formada por Freetown e pelas aldeias de agricultores vizinhas, a aculturação dos escravos alforriados deu origem à cultura "crioula". A crescente prosperidade dessa colônia e a emigração de seus habitantes para Bathurst, Badagri, Lagos, e mais adiante, estendeu sobre a costa a influência

---

10 A. F. Isaacman, 1976, p. 8-11.

dos mercadores e dos missionários ingleses que, em um ou dois lugares como Abeokuta, começaram a penetrar no interior do continente por volta de 1850. Na Costa do Ouro, os ingleses, ainda submetidos à concorrência dos comerciantes dinamarqueses e holandeses, opuseram-se aos esforços de dominação dos ashanti, notadamente ao explorar o temor que estes últimos inspiravam aos fanti, incentivando-os a unirem-se sob a proteção da Inglaterra. Na África austral, ainda que os fazendeiros ingleses não tivessem conseguido se implantar em Natal, a colônia do Cabo estendeu-se consideravelmente graças à secessão dos *trekboers* rebeldes que avançaram para o interior do continente, obrigando assim os ingleses a segui-los, ainda que fosse apenas para impedir seu extermínio pelos exércitos dos novos Estados africanos. Dessa forma, os ingleses pareciam ser os árbitros da situação e os verdadeiros senhores da região. Mas a África do Sul permaneceu, até meados do século XIX, uma colônia dividida e povoada por fazendeiros pobres, muitas vezes à mercê de seus vizinhos africanos, os quais não eram menos divididos.

Foram feitas várias tentativas no intuito de repetir o sucesso dos ingleses em Freetown: os americanos fundaram uma colônia na Libéria e os franceses em Libreville. O crescente interesse dos ingleses e dos franceses sobre a Índia e o Oceano Índico – Aden, Ilha Maurício, Madagascar e o novo sultanato de Zanzibar – começou a ter repercussões na África. Contudo, é preciso lembrar que os europeus e os americanos chegavam à África pelo mar, concentrando-se assim nas costas. Penetraram pouco no interior do continente antes de 1850, enquanto os principais acontecimentos do início do século XIX na África, tais como o Renascimento Etíope, o Mfecane ou as *jihad* da África Ocidental, surgiram todos, com exceção da reforma de Muhammad 'Ali, no interior do continente.

A presença dos missionários contribuiu muito para o notável sucesso dos ingleses em Freetown. Respondendo às exigências da situação e após terem superado as hesitações inspiradas por sua fé pietista, missionários de cultura alemã, oriundos de Brema e, sobretudo, de Basileia, participaram da valorização dessa colônia britânica. Da mesma maneira que os missionários ingleses, eles entenderam que a exploração das fazendas, o estudo dos idiomas autóctones, o ensino, a construção e o comércio ofereciam maiores possibilidades de ação do que a predicação. Foi construído um certo número de missões, e alguns missionários de primeiro plano desempenharam, a título individual, um papel importante nos conflitos raciais. Porém, o sucesso de Freetown nunca foi igualado. Surgiram diversas organizações encarregadas da propagação do cristianismo. O ensino básico e os estudos linguísticos inaugurados pelos primeiros missionários apenas frutificariam mais tarde. Na África, as missões cristãs constituíram um fator de mudança mais importante na segunda metade do século XIX do que na primeira. Em 1850, Livingstone só efetuava sua primeira expedição missionária. A Congregação dos Padres do Espírito Santo foi fundada em 1847, a dos Padres Brancos em 1863.

Na primeira metade do século XIX, a atividade dos comerciantes europeus ampliou-se de forma muito mais rápida e alcançou territórios muito maiores do que a influência dos missionários. Isso se deveu em grande parte ao fato de esse comércio ser a continuação do tráfico de escravos que ocorreu antes do século XIX. Os primeiros a praticarem o comércio legítimo foram os negociantes, que haviam antes praticado o tráfico, ou que permaneciam negreiros. Tal fato merece ser destacado, já que as estruturas das novas relações comerciais eram muito semelhantes àquelas do tráfico. A moeda desempenhou um papel cada vez maior após 1850, mas, na primeira metade do século, o comércio do óleo de palma, dos amendoins, do marfim e dos cravos-da-índia, baseava-se no tráfico interno e no crédito: era preciso, após ter pagado adiantado em gêneros aos mercadores africanos, tomar medidas para proteger o investimento e garantir a entrega dos bens assim adquiridos. Os negociantes europeus permaneciam na costa, onde comerciantes africanos do interior traziam-lhes mercadorias. Da mesma forma, intermediários africanos, inclusive pombeiros ou comerciantes árabes e suaílis, traziam para a costa produtos negociados no interior em troca de mercadorias compradas a prazo no litoral. Enquanto duraram essas formas de organização, as trocas comerciais permaneceram estruturadas da mesma forma que nos séculos anteriores. A colheita das frutas da palmeira, da goma arábica e do mel, e até a caça aos elefantes, empregavam um maior número de africanos do que a captura de escravos e sua venda aos europeus. Por outro lado, nas principais regiões de comércio – na costa ou a proximidade das rotas comerciais –, as populações africanas modificaram progressivamente a composição de suas classes dirigentes e a maneira pela qual seus membros eram escolhidos. Os acontecimentos do século XIX favoreceram, em especial, a chegada ao poder de alguns grupos de guerreiros. Os descendentes de escravos alforriados consagravam-se muitas vezes ao comércio: o número e a importância desses comerciantes crioulos cresceram nos anos 1870. Não devemos, contudo exagerar a rapidez e a amplitude da mobilidade social. Os chefes tradicionais não renunciaram facilmente a seus privilégios. Pelo contrário, em todo lugar onde era possível, eles assentaram sua posição ao se apoiar em guerreiros, ou mesmo em mercadores europeus ou crioulos. Os guerreiros ou mercadores crioulos desejosos de tomar parte nos privilégios do chefe deviam respeitar as estruturas existentes a reger a competição política. Eles deviam recrutar uma importante comitiva, composta principalmente de escravos e clientes, e adquirir as riquezas cuja distribuição lhes permitiriam ascender ao poder. Assim, uma vez que a diversificação dos produtos trocados não acarretou nenhuma transformação do sistema de relações comerciais, não ocorreu, pelo menos durante a primeira metade do século XIX, a revolução econômica e social que se podia esperar.

O comércio europeu crescia rapidamente[11]. Porém, tal expansão só foi possível em virtude do sistema já existente das relações comerciais locais e regionais. Desse fato decorre um certo número de consequências que cabe destacar aqui. A primeira foi o fato de o comércio local e regional depender muito menos das impulsões vindas do exterior que da dinâmica interna das comunidades africanas e, em especial, de seus sistemas de produção agrícola, artesanal e industrial. Outra consequência, pelo menos no início, consistiu no fato de o comércio externo ocupar, na vida da maioria das populações africanas, um lugar muito menos importante do que o comércio interno. A importância do comércio externo não foi, contudo, negligenciável, já que o controle desse comércio foi, talvez, em certos casos, um fator decisivo de superioridade. É difícil estabelecer em que medida o desenvolvimento do comércio exterior contribuiu para o enriquecimento de alguns chefes africanos, ou permitiu-lhes obter produtos essenciais que não poderiam ter conseguido de outra forma. Dentre esses produtos, os mais importantes para a maioria dos Estados africanos eram as armas de fogo. Os esforços dos europeus para controlar, em seu próprio interesse, o comércio das armas de fogo fizeram com que um grande número de chefes atribuísse ao comércio exterior – que era um dos meios para adquirir essa mercadoria – uma importância que, na realidade, não era tão grande, pois a posse de fuzis nem sempre bastava para garantir a superioridade militar.

Outro problema colocado pelo desenvolvimento do comércio exterior é o de suas repercussões, não somente no que diz respeito ao comércio local e regional, como também no que tange à agricultura. Qualquer seja a importância atribuída por determinados chefes ao comércio exterior, se considerarmos a atividade das populações africanas em seu conjunto, é certo que tal comércio não influenciou verdadeiramente a agricultura, ao menos durante a primeira metade do século XIX. A agricultura empregava uma grande maioria da população, ela provia as necessidades básicas, como a de comer, de se vestir e de se alojar, e seus produtos eram amplamente usados nas fabricações artesanais e industriais. Por isso é

---

11 Encontra-se um resumo útil, embora verse sobre o conjunto do século pré-colonial, em P. D. Curtin *e al.*, 1978, particularmente nas páginas 369 e 376 e no capítulo 14, p. 419-443.

inconcebível que se possa atribuir-lhe menos importância do que ao comércio em geral e ao comércio exterior em particular.

Os sistemas de produção agrícola

Convém destacar o fato de, no início do século XIX, a economia de todas as comunidades africanas fundar-se na produção de alimentos por meio de uma ou mais atividades: cultivo do solo, criação de animais, pesca e caça. Todas as outras atividades – comércio, política, religião, produção artesanal e industrial, construção, exploração de minas – eram secundárias em relação à agricultura, e sem esta, não poderiam ter existido[12]. Além de a agricultura ocupar, nesta época, um lugar central na vida econômica da imensa maioria dos africanos, os diversos sistemas de produção agrícola permitem, em grande medida, compreender a estrutura das relações sociais e políticas no seio das comunidades, as relações das comunidades entre si, e sua atitude frente ao comércio exterior. É, portanto, de se surpreender que os historiadores tenham concentrado toda sua atenção no comércio exterior[13], sem indagar sobre esses sistemas que fundamentavam as sociedades africanas.

A maioria das pesquisas que podem ser consultadas sobre a agricultura na África no século XIX considera-a do ponto de vista das economias coloniais. Norteadas por preocupações teóricas e ideológicas, tais pesquisas procuram mais participar de uma discussão sobre o subdesenvolvimento do que entender a evolução da agricultura africana oitocentista. Veem nos diferentes sistemas de produção agrícola a base uniforme de uma "economia natural" e, no advento do mercantilismo, o prelúdio do capitalismo periférico, característico do período colonial. Poucas pesquisas baseiam-se em dados empíricos para mostrar o funcionamento e o desenvolvimento de determinadas comunidades agrícolas do século XIX. Ademais, não permitem considerar, independentemente do ponto de vista acima referido, as diferentes regiões da África, e ainda menos fazer uma síntese aplicável a todo o continente. Podemos, contudo, graças às informações nelas contidas, submeter a um novo exame as principais características da agricultura, enquanto fundamento das sociedades africanas, e os fatores que a modificaram.

---

12   D. Beach, 1977, p. 40, a respeito dos shona.
13   Ver P. J. Shea, 1978, p. 94: "O comércio e a produção são, evidentemente, ligados, mas estimo que seja preciso se interessar, em primeiro lugar, pela produção."

O estudo de algumas comunidades rurais da Tunísia, entre 1750 e 1850[14], trouxe à tona algumas características, essencialmente aplicáveis às regiões submetidas à influência otomana, mas também encontradas nas demais regiões da África: o regime fundiário; o sistema familiar de produção e de troca; as pressões exercidas pelo governo central que, em troca dos impostos que arrecadava, protegia seus súditos, mas não garantia quase nenhum serviço público; e o constante perigo que representavam, para a saúde, as epidemias de peste, de cólera e de varíola. O autor desse estudo escolheu considerar o período que se estende de 1750 a 1850 para destacar a continuidade dos fatos nele compreendidos, bem como para mostrar claramente que a fraqueza da economia tunisiana remontava mais ao século XVIII do que ao XIX e, portanto, que não se podia atribuí-la à intervenção dos europeus. Por enquanto, deixaremos de lado esse problema e o fato de existir, no Magreb e no Egito, sem falar do resto da África, uma grande variedade de formas sociais e políticas. As principais características da situação tunisiana não menos merecem ser examinadas, no quadro de uma apresentação geral dos problemas africanos.

O regime fundiário das comunidades tunisianas do início do século XIX era submetido à lei islâmica. Contudo permitia, tanto em teoria como em prática, um grande leque de interpretações por parte do governo central, dos *kā'id* ou das famílias interessadas. Em função da prática da agricultura intensiva característica dos "oásis", as terras tinham um valor econômico superior ao resto da África. Portanto, era maior a tentação de trocá-las por dinheiro. Porém, o elemento essencial consiste no fato de, no início do século XIX, a propriedade privada do solo geralmente não ser reconhecida, o que constituía uma diferença fundamental em relação ao sistema feudal da Europa. Na Tunísia, bem como em outras partes da África, a terra pertencia à comunidade ou ao rei, na medida em que este último estava encarregado dos interesses daquela. No nível local, o *kā'id*, ou qualquer outro representante competente da autoridade, atribuía aos agricultores o uso das terras. Tal direito de atribuição gerava, por vezes, algumas rivalidades. Comunidades vizinhas, mesmo quando pagavam um tributo ou impostos ao mesmo suserano, disputavam-se às vezes o direito de explorar diretamente as terras ou de distribuí-las entre os agricultores. Todavia, o princípio fundamental era a impossibilidade de compra ou venda do solo. No século XIX, a evolução tornou-se mais rápida, principalmente com a chegada dos europeus. A separação dos campos por cercas e o desenvolvimento das explorações agrícolas contribu-

---

14 L. Valensi, 1977.

íram para a generalização do comércio das terras. Por vezes, o governo central, ao mesmo tempo em que mantinha, em teoria, o fundamento jurídico do regime fundiário, buscou tirar proveito do valor econômico do solo. Da mesma forma, as famílias que sofriam dificuldades financeiras procuravam às vezes garantir um empréstimo ao ceder a seus credores, ao menos temporariamente, uma porção de terreno. Essas práticas apenas modificaram progressivamente o sistema de produção agrícola herdado do século XVIII, e raramente alteraram de forma significativa o fundamento teórico do regime fundiário.

Destacaremos mais uma vez a diversidade, do ponto de vista dos modos de produção agrícola, apresentada pelas diferentes áreas ecológicas da África, quer se trate dos sistemas de propriedade e de sucessão, das ferramentas básicas, dos tipos de culturas, do uso do solo, da divisão das tarefas entre homens e mulheres, ou ainda, da especialização das diferentes comunidades no que concerne à escolha das culturas, às técnicas agrícolas ou à criação de animais. Porém, existe outra característica da situação tunisiana que se pode aplicar ao conjunto da África. Essa característica evidencia o erro que consiste em falar, a respeito da agricultura africana, de uma "economia de subsistência" ou de uma "economia natural". Essas expressões têm como origem a ideia falsa, segundo a qual as comunidades rurais da África eram comunidades estáticas formadas por "tribos independentes ou quase"[15]. Já que se recolheram fatos refutando a hipótese do isolamento das comunidades, alguns defensores do conceito de agricultura de subsistência, ao mesmo tempo em que reconhecem a importância predominante da circulação dos bens e dos serviços, tentam doravante dar à subsistência uma definição baseada em uma concepção ideológica. Eles sustentam que os agricultores africanos praticavam uma agricultura de subsistência, mas que não eram camponeses, já que, mesmo ao praticar trocas, a busca do lucro não era seu principal objetivo. Eles definem os camponeses como "pequenos produtores agrícolas que garantem a sua subsistência ao *vender* uma parte de sua safra e de seu rebanho". Ademais, eles consideram que o surgimento do campesinato resulta necessariamente da formação de novos mercados e da busca do lucro[16]. A história da Tunísia mostra muito bem que na África do início do século XIX, os sistemas de produção agrícola eram organizados de tal maneira que as comunidades não podiam ser independentes. A diversidade dos solos, das tradições familiares, das preferências

---

15   E. P. Scott, 1978, em particular as páginas 449 e 453, cujas notas relatam a longa controvérsia baseada na oposição entre agricultura de subsistência e troca, e entre o caráter "formal" e o caráter "real" das trocas.

16   R. Palmer e N. Parsons, 1977*b*, p. 2-5.

individuais e das técnicas, tinha como efeito a diversidade das culturas. O cultivo do solo, a fabricação artesanal e a criação de animais, formavam combinações cuja variedade incitava as famílias a satisfazer suas necessidades básicas, trocando entre si suas produções. Cada família cedia parte de seu excedente em troca do que ela necessitava, mas não produzia, e conservava o restante em previsão de uma seca ou de outra catástrofe.

No início do século XIX, não existiam, em nenhuma região da África, inclusive nas mais afastadas, comunidades que pudessem ser consideradas totalmente autossuficientes ou independentes. Em sua pesquisa sobre o reinado de Womunafu no Bunafu, D. W. Cohen mostrou que mesmo uma pequena comunidade isolada dispunha de bens e de serviços que apenas especialistas podiam lhe oferecer[17]. O Bunafu era uma região afastada do norte do Busoga que, segundo Cohen, nunca até então fora submetida a algum tipo de poder administrativo. Um certo número de chefes acompanhados por suas famílias e seus partidários, ali se havia estabelecido no fim do século XVIII e no início do XIX. Tal penetração era ligada às últimas fases das migrações dos luo. Estes, oriundos das fontes do Nilo, viram se juntar a eles grupos expulsos das margens setentrionais do Lago Vitória e de pequenos Estados, como Luuka, pela expansão do reino do Buganda. Esses migrantes evitavam os Estados já constituídos e procuravam regiões pouco povoadas. Suas casas eram espalhadas em vez de serem agrupadas em aldeias. Não havia verdadeiras feiras onde trocar seus produtos de forma regular. Os casamentos, os ritos e outras formas de relações sociais fizeram com que nascesse entre eles o sentimento de constituir uma comunidade. Após um período de luta pelo poder, um dos pretendentes conseguiu impor sua autoridade a todo o grupo, mas, em termos de vida social, cada família permanecia organizada em torno de suas terras. Como afirma Cohen:

> a dispersão dos domínios [...] favorecia o surgimento e a preservação de tradições heróicas, cujo tema central era o arroteamento dos territórios, fundando assim a perenidade do poder e dos direitos dos descendentes do arroteador sobre tal território. O princípio estabelecido consistia no fato de cada ontem ser o senhor de seu domínio, da mesma forma que o rei era o senhor de seu reino. O domínio era um mundo fechado, que fosse ou não circundado por uma cerca; dentro dos limites de seu domínio, cada homem era soberano[18].

---

17   D. W. Cohen, 1977, p. 48; ver também mapa 11.2 abaixo.
18   Ibid., p. 43.

Não é necessário mostrar, de forma detalhada, como e sob que forma um poder supremo se destacou a partir das tradições rivais, relativas aos fundadores das diferentes famílias do Bunafu. O que é preciso sublinhar é o fato de, no século XIX, os domínios serem as unidades do sistema de propriedade fundiária e de produção. Porém, mesmo no Bunafu, apesar das cercas que os circundavam e da distância que os separavam uns dos outros, os domínios não eram autossuficientes. Em um período de duas gerações teceram-se relações sociais e culturais, formando assim uma rede em que os bens e os serviços circulavam com uma notória facilidade. Recém-chegados, como o *mukama* Womunafu e seus companheiros, introduziram técnicas, conhecimentos e produtos novos. A demanda por determinados produtos, notadamente usados na agricultura, como o sal, a olaria e os objetos de ferro, dava por vezes origem à organização de uma feira, onde os habitantes traziam, a fim de trocá-los por esses produtos, tecidos de casca de árvore, peles ou animais vivos. Outros levavam diretamente o excedente de sua produção a pescadores ou a artesãos especializados, como os forjadores ou os oleiros. Os bens e os serviços circulavam também sob a forma de pagamentos para determinados ritos, ou na ocasião dos casamentos e de outros acontecimentos da vida social, sem falar dos saques, roubos e sequestros. O estudo de Cohen apresenta-nos, como ele mesmo diz, "uma série de quadros da vida econômica de uma região que, no início do século XIX, ainda não era submetida a qualquer poder administrativo. Essa economia não era 'canalizada' pelo comércio internacional ou inter-regional, mas baseava-se em uma rede de circulação, de distribuição e redistribuição especialmente densa e extensa"[19].

Até mesmo no Bunafu, as mudanças do século XIX acarretaram obrigações e possibilidades novas. À medida que as famílias cresciam, as culturas se estendiam a terras antes negligenciadas. Tentaram-se novas culturas de que se desconfiava até então; algumas dentre elas tomariam mais tarde uma grande importância. O "horizonte econômico" das comunidades crescia à medida que o comércio estreitava os laços das aldeias com os portos da costa e os mercados ultramarinos. O desenvolvimento das relações comerciais provocou mudanças sociais e políticas. Tais relações tenderam a reforçar a posição dos chefes, que podiam enriquecer mais rapidamente com a taxação do comércio do sal, do ferro e do cobre – sem falar do marfim, da cera de abelha e do óleo de palma – que com a arrecadação de tributos sob a forma de produtos agrícolas e de trabalho obrigatório. Porém, os chefes podiam dificilmente apropriar-se de todos os benefícios do comércio.

---

19 *Ibid.*, p. 47-48.

A fim de buscar fortuna, um grande número de indivíduos deixou o lugar de residência imposto a eles pela tradição, aumentando assim a mobilidade social. Essas lentas mudanças não constituíam verdadeiras novidades, mas resultavam, antes, da acentuação de uma tendência e da generalização de um comportamento que já se podia observar no século XVIII. Não devemos, portanto, exagerar o efeito do comércio exterior. Como o mostra J. -L. Vellut, a história da África no século XIX não se reduz à maneira pela qual o continente enfrentou as flutuações da economia mundial; trata-se também da história da lenta diversificação dos recursos naturais explorados pelos africanos[20]. É imprescindível destacar esse fator interno, ao mesmo tempo influenciado por fatores externos e na base da reação suscitada por estes. Como indicado por Cohen no capítulo sobre a região dos Grandes Lagos – até agora considerada pelos historiadores como um conjunto de Estados centralizados reagindo a forças externas – essa região, "no século XIX, não era apenas um conjunto de Estados, pequenos e grandes, mas também um mundo em que o indivíduo e a família não cessavam, de mil maneiras, e por vezes insensivelmente, de mudar de atitude frente à autoridade do Estado, à participação social, à produção e ao comércio"[21].

É interessante comparar, no início do século XIX, a organização da agricultura nos arredores da antiga cidade de Kano, no norte da Nigéria, com aquela que prevalecia no Bunafu, essa região do norte do Busoga ainda não submetida à autoridade administrativa. As feiras ocupavam um lugar maior na economia do Kano, pois essa cidade tornara-se, desde muito, um dos centros do comércio local, regional e internacional, graças a suas atividades manufatureiras: fabricação e tingimento dos tecidos e curtição. Entretanto, seria um erro concentrar nossa atenção nas correntes determinadas pelas feiras e pelas rotas comerciais, em vez de interessarmo-nos na rede de relações sociais e culturais de que dependiam tais rotas e feiras. O soberano, a classe dirigente e os mercadores de Kano desempenhavam um papel considerável na vida econômica dessa cidade fortificada, também influenciada pelo islã. Todavia, tanto em Kano quanto no Bunafu e nas comunidades rurais da Tunísia, a produção agrícola, quer se tratasse das culturas de base ou das diversas espécies de algodão e de plantas tintureiras, dependia essencialmente dos plebeus dos domínios rurais, que constituíam a base do sistema de produção. Como o apontou Abdullahi Mahadi, em uma pesquisa recente, na região de Kano, o *maigida*, ou seja, o chefe de um domínio, agia "como o governador de uma cidade". O pessoal de sua casa recebia dele comida

---

20 J.-L. Vellut, cap. 12 abaixo.
21 D. W. Cohen, cap. 11 abaixo.

e vestimentas; ele presidia os acontecimentos de sua vida social; cada ano, ele determinava a extensão das terras a serem cultivadas, assim como o tipo de culturas que receberiam; ele decidia quanto tempo seria empregado no trabalho da exploração coletiva (*gandu*) e nas explorações individuais (*gayauna*). O trabalho não era nitidamente dividido por gênero. Todo mundo participava da semeadura: os homens cavavam buracos no solo para ali depositar as sementes, ao passo que mulheres e crianças as recobriam de terra. Os adultos dos dois sexos cuidavam da capina enquanto as crianças guardavam os carneiros, as cabras e outros animais domésticos. As mulheres juntavam no meio do campo os feixes colhidos pelos homens. Além da rede de relações sociais e culturais que, em alguns casos, implicavam o trabalho em comum e a troca dos produtos, havia o que era chamado de *gayya* (trabalho comunitário), realizado pelos habitantes de uma aldeia de forma voluntária – mas um bom cidadão devia participar conscienciosamente – quando um excedente de mão de obra era requisitado para a semeadura, a colheita, a construção de uma casa ou outra atividade dessa importância[22].

Como mencionado acima, no que diz respeito ao controle da economia e da vida das comunidades reais, o Estado, encarnado pelo emir e seus representantes oficiais, desempenhava em Kano um papel mais ativo do que no Bunafu. A esse respeito, a situação de Kano assemelhava-se à da Tunísia. O emir era considerado o dono do solo. Ele podia também regulamentar a aquisição, o uso e a alienação das terras. Ele tinha o poder de proibir o uso da terra àqueles de seus súditos que haviam voluntariamente desobedecido, falharam no cumprimento de suas obrigações tributárias, ou cometiam, de forma corriqueira, ações contrárias aos interesses da sociedade, tal como o roubo. Ao mesmo tempo, o emir tinha o dever de garantir a seus súditos leais a posse de suas terras, de tal forma que os chefes de domínios acreditavam geralmente ser o dono delas. Mas nem por isso acreditavam que a posse garantida pelo emir pudesse outorgar-lhes o direito de alienação, ainda que fosse geralmente permitido alugar ou sublocar suas terras. Apoiando-se nessa concepção segundo a qual o emir era o dono do solo, soberanos empreendedores incitaram vários grupos, notadamente oriundos do Borno, de Azben ou do Nupe e que podiam introduzir em Kano diversas técnicas agrícolas ou industriais, a instalarem-se em diferentes partes do reino, onde substituíram as populações autóctones geralmente incitadas a deixar a região que habitavam. O rei outorgava domínios aos chefes, aos principais dignitários e mercadores. Estes ali empregavam seus escravos e clientes para o cultivo

---

22   A. Mahadi, 1982, especialmente o cap. 6, "*Agricultural and Livestock Production*".

do solo, a criação de animais e a produção industrial. Outros trabalhadores foram recrutados por meio do sistema que instituía o trabalho voluntário, o *gayya*.

O êxito obtido pela *jihad* no início do século XIX trouxe importantes mudanças à política econômica de Kano. Provocou notadamente a aplicação do sistema jurídico do islã – a *shari'a* – ao regime fundiário. Os califas deram mais importância às diversas medidas destinadas a promover a prosperidade industrial e comercial. É de destacar que essa política se fundamentava na organização da agricultura vigente no século XVIII. Como o afirma Mahadi, "o sistema fundiário anterior ao século XIX não sofreu alterações essenciais. O aspecto da continuidade primava sobre o da mudança"[23]. A *shari'a*, ao reconhecer o direito do emir de distribuir terras, fazia do solo um possível objeto de comércio que "Kano continuava a considerar ilegal". O mais notável efeito da aplicação da *shari'a* ao regime fundiário teria sido o de favorecer, por meio da herança, a divisão do *gandu* (domínio explorado coletivamente por uma linhagem) em lotes pertencentes, cada um, a uma família, e, por conseguinte, de reduzir a extensão dos lotes, que constituíam, para os plebeus, a base da produção agrícola. Ao mesmo tempo, a notória expansão da agricultura extensiva praticada pela classe dirigente e os principais negociantes agravou a escassez de terras, particularmente a proximidade de Kano e das outras cidades, o que levou os pequenos agricultores a estabelecerem-se em regiões mais afastadas, a abandonarem a agricultura para a fabricação artesanal e industrial, ou a submeterem-se totalmente aos grandes proprietários, juntando-se a sua clientela.

As estruturas do poder

Os exemplos de Kano e do Bunafu mostram, sob duas formas diferentes, a influência que a estrutura política podia ter sobre o desenvolvimento da agricultura na África do início do século XIX. No primeiro caso, o sistema político era centralizado e amplamente estruturado. No outro, um poder mais difuso exercia-se de maneira informal. Não retomaremos aqui a distinção, outrora proposta pelos antropólogos, entre as sociedades "com Estado" e as sociedades "sem Estado". Os habitantes do Bunafu tinham a impressão de viver sob a autoridade de um governo. Quando das lutas em torno do surgimento de um novo sistema político no Bunafu, os imigrantes, que haviam fugido de sistemas políticos hierarquizados e fortemente estruturados, inspiraram-se na lembrança que guardavam de tais sistemas. Outros continuavam a acreditar nos poderes do

---

23   *Ibid.*, p. 566-567.

mukama, esse chefe carismático eleito e habitado pela divindade, ou na influência dos fogos, ritualmente acesos na casa real, sobre a fecundidade das mulheres e a fertilidade do solo. Vellut mostrou que era preciso substituir a distinção baseada na presença ou na ausência de um Estado por uma distinção entre

> dois modelos de poder: o dos reinos, hierarquizado, definido e tributário, ou, no outro extremo, o do governo por comitês de anciãos ou de autoridades locais, mais igualitário e informal. Esses dois modelos eram complementares e, na prática, existia uma grande variedade de situações intermediárias, hesitações e compromissos diversos. As exigências do meio e das atividades econômicas, bem como das circunstâncias históricas e até mesmo de pessoas, favoreceram um tipo de organização aproximando-se ou do modelo realista (com suas qualidades de ordem, de segurança), ou do ideal democrático, mais flexível, menos coercivo[24].

É preciso acrescentar que o sistema estatal não foi sempre aquele que garantiu a ordem da forma mais eficiente. Transcendendo o sistema de linhagens característico das sociedades descentralizadas, diversas instituições que haviam se desenvolvido nas áreas religiosas, judiciária e econômica puderam, graças a seu caráter global, cumprir a função de enquadramento, necessária à preservação da ordem, ou substituir o Estado em decomposição[25]. Podemos citar, por exemplo, o *poro* e associações similares na Alta Guiné ou as diversas "sociedades secretas" de Camarões e do Gabão, na bacia do Cross e na zona da floresta equatorial. No caso dos aro, a influência de um grupo de oráculos, amplamente difundida nas colônias aro e por "sociedades secretas" locais, forneceu a base judiciária e econômica da unificação de uma grande parte do país igbo. As mudanças econômicas do século XIX agiram nas estruturas do poder, não somente ao modificar a estrutura dos Estados, como também ao reforçar, em vários casos, as estruturas não políticas que já abrangiam o conjunto da sociedade.

Os acontecimentos advindos no início do século XIX revelam uma tendência à centralização dos sistemas políticos e à consolidação da autoridade real. Ao passo que se desagregavam os impérios por demais extensos, como o dos lunda, o Antigo Oyo e o Império Mossi do *mogho naaba*, foram substituídos por novos Estados, menores e submissos a regimes mais autoritários. Muhammad 'Ali fortaleceu seu poder no Egito, o que enfraqueceu ainda mais o Império Otomano. Ele sonhava com a substituição dele por um império afro--árabe, mas tal projeto, apesar dos esforços de seu filho, nunca se concretizou.

---

24   J.-L. Vellut, cap. 12 abaixo.
25   J. N. Oriji, 1982.

'Uthmān dan Fodio conseguiu transformar o califado de Sokoto em um grande império, mas o verdadeiro poder político foi delegado aos emires. O Mfecane provocou uma reação em cadeia que resultou na constituição de um conjunto de pequenos reinos centralizados, não somente na África austral, como também na África Central e mesmo Oriental. Em sua análise das causas do Mfecane, L. D. Ngcongco mostra a que ponto o sistema de produção agrícola do Nguni do Norte era centralizado, e como a sociedade nguni, sob o impulso do Estado, se adaptou às exigências impostas pela transformação desse sistema.

Os cultivadores nguni do norte haviam progressivamente desenvolvido um sistema de exploração mista. Eles viviam em moradias dispersas e não em aldeias como os sotho-tswana. O chefe da linhagem paterna morava geralmente na propriedade familiar, com duas ou três mulheres acomodadas, cada uma com seus filhos, em uma casa separada. Os homens cuidavam do rebanho e caçavam, enquanto as mulheres se dedicavam às culturas. O sistema de uso do solo permitia ao rebanho ter acesso, alternadamente, aos *pastos doces* e aos *pastos amargos*:

> Na primavera e no início do verão, os pastores nguni podiam levar seu rebanho para pastar no 'cume' das altas terras e, a partir de meados do verão, eles desciam de volta com seus animais até o fundo dos vales cobertos de ervas tenras. A diversidade do clima permitira também a esses agricultores escolher os terrenos os mais apropriados à cultura do sorgo, do milhete ou do milho[26].

O milho introduzido no século XVIII substituíra-se, no início do século XIX, às culturas tradicionais como base da alimentação. Esses fatores parecem ter acarretado uma relativa prosperidade e um crescimento demográfico que, ao agravar a concorrência em torno da posse das terras, provocaram, por sua vez, novas tensões sociais e políticas. Os chefes, fossem eles soberanos ou tributários, formavam uma hierarquia. Seus grandes domínios participavam das atividades comunitárias, fossem elas rituais, culturais ou militares. Ao que tudo indica, os soberanos dos nguni do norte tomaram emprestado dos sotho-tswana seus rituais de iniciação centralizados. Ademais, eles usaram esses rituais para recrutar jovens dos dois sexos como mão de obra comunitária e, mais tarde, para formar tropas de jovens guerreiros que, por vezes, passavam até dez anos no domínio real antes de voltarem a suas casas, casarem e retomarem o trabalho da terra. Tal sistema permitia limitar o crescimento demográfico e regular os movimentos populacionais. As atividades militares dessas tropas tomaram amplitude à medida que a concorrência pela apropriação do solo degenerava em verdadeiras guerras.

---

26   L. D. Ngcongco, cap. 5 abaixo.

FIGURA 1.1 Dança cerimonial em Mbelebele, campo militar zulu, em 1836. [Fonte: J. D. Omer-Cooper, *The Zulu aftermath*, 1966, Longman, London (o original encontra-se em A. F. Gardiner, *Narrative of a journey to the Zoolu country*, 1836, London). Ilustração: Longman, © Slide Centre Ltd, Ilminster.]

Os impulsos internos

O Mfecane, considerado uma das principais causas das grandes mudanças na África do século XIX, explica-se em primeiro lugar pela maneira com que o desenvolvimento social e econômico se adaptou, antes do século XIX, à evolução histórica. O exame minucioso dos dados de que dispomos atualmente desmentiu todas as tentativas de explicação global ligando o Mfecane à presença dos europeus no Cabo, à crescente influência da economia pastoril capitalista praticada pelos *trekboers*, ou à atração pelo comércio estabelecido pelos portugueses na baía de Delagoa. Os impulsos na base do Mfecane vinham principalmente da própria África. Isso também se verifica no que diz respeito a outros grandes acontecimentos do início do século XIX, tais como as reformas de Muhammad 'Ali e as *jihad* da África Ocidental.

O movimento nacional que levou Muhammad 'Ali ao poder e do qual este último, graças a sua habilidade, soube permanecer o inspirador e dirigente, foi muitas vezes atribuído ao abalo causado pela "missão egípcia" de Bonaparte. Trata-se, contudo, de uma concepção errônea, como o mostra A. Abdel-Malek em seu capítulo intitulado "O renascimento do Egito (1805-1881)": "O século XVIII egípcio aparece como um laboratório do que seria o Egito renascente[27]" O sentimento nacional sustentado pela elite egípcia nas grandes cidades, em especial Cairo e Alexandria, e pelos shaykh e os 'ulamā nos centros islâmicos como al-Azhar, deu origem às revoltas de outubro de 1798 e de abril de 1800, enfraquecendo a posição dos franceses e provocando sua partida. O mesmo movimento derrotou a tentativa dos mamelucos pró-otomanos para restabelecer seu domínio sobre o Egito. Portanto, foi o sentimento nacional egípcio que permitiu as reformas de Muhammad 'Ali e explica a vontade deste último e de seu filho de dar ao Egito um governo verdadeiramente nacional, independente tanto do sultão otomano, quanto dos europeus, e capaz de administrar um império afro-árabe.

Essa vontade de renovação e de reforma manifestou-se também junto aos diferentes soberanos que tomaram parte da aventura do Mfecane, ou que tentaram restaurar o Império da Etiópia, ou entre os shaykh do Sudão Central e Ocidental, que tiraram das tradições do islã os princípios de uma reforma social e política. Em grande parte graças aos escritos que deixaram os combatentes da *jihad* e os viajantes europeus, temos um conhecimento suficiente do conjunto

---

27   A. Abdel-Malek, cap. 13 abaixo.

de forças e ideias que provocaram essa série de movimentos revolucionários, iniciada, no século XVIII, no Futa Toro, no Futa Djalon e no Bondu para terminar, no século XIX, em Sokoto, no Macina e em Dinguiraye. É, portanto, inútil tentar avaliar o lugar ocupado pela economia europeia neste conjunto de forças e ideias: mercantilismo na época do tráfico negreiro, ou capitalismo na época da abolição da escravidão e das viagens de descoberta. A *jihad* recebeu seu impulso dos próprios africanos. Os soberanos que tomaram parte da *jihad* esforçaram-se para desenvolver a produção agrícola, tanto nas explorações familiares tradicionais, quanto nos grandes domínios explorados por escravos ou por clientes. Também incentivaram a indústria e o comércio. Melhoraram as rotas comerciais e a segurança dos comerciantes. A imensa maioria das mercadorias que circulava ao longo dessas rotas era destinada ao comércio local e regional, mas os chefes da *jihad* também criaram rotas para os mercadores que atravessavam o Saara e para os peregrinos que iam ao Sudão Oriental, ao vale do Nilo e a Meca. É cada vez mais evidente que, mesmo antes da retomada oitocentista do comércio com os europeus, essas medidas relativas ao comércio interno implantaram rotas comerciais que atravessavam todo o continente[28]. Claro, os europeus rapidamente tomaram conhecimento do resultado dessas medidas, das quais se apressaram em tirar proveito. Pelo fato de não disporem de documentos igualmente numerosos a respeito das regiões situadas mais ao Sul, os historiadores caíram com mais frequência na tentação de superestimar a influência que teve sobre a economia do Antigo Oyo a participação desse Estado no tráfico negreiro, no século XVIII, por intermédio da região dos egba e de Porto-Novo[29]. Até agora, contudo, essas hipóteses sobre as consequências da abolição da escravatura não conseguiram explicar a derrocada das bases econômicas, políticas, religiosas e sociais do império, nem as numerosas tentativas feitas no século XIX no intuito de alicerçar novas estruturas em diversas ideias políticas e religiosas. É mais provável que, como nos Estados onde foi travada a *jihad*, essa derrocada tenha como causas fundamentais o descontentamento dos súditos e seu desejo de reformas; as causas secundárias, por sua vez, foram a penetração do pensamento muçulmano e a *jihad* de Sokoto, mais do que o tráfico ou sua abolição. As guerras, as migrações, a exploração de regiões até então

---

28   Ver por exemplo P. D. Curtin *et al.*, 1978, cap. 14.
29   R. Law, 1977, em particular nas p. 217-236, recapitula todos os documentos disponíveis, mas ele tem tendência a exagerar a influência do comércio em geral, e do tráfico em particular, sobre a economia do Antigo Oyo. Ver na página 255: "É provável que o desmoronamento do tráfico nos anos 1790 tenha reduzido consideravelmente a renda dos alafin, e Awole, para enfrentar a situação, teria talvez aumentando os impostos dentro do reino."

deixadas de lado, como os charcos costeiros, o desenvolvimento das cidades e de novos mercados, o gosto pelas experiências e reformas foram consequências da queda do império que criaram possibilidades que os europeus se limitaram a explorar.

É, portanto, o desejo de renovação que explica que, no século XIX, e apesar da desconfiança que as intenções dos europeus lhes inspiravam, tantos soberanos africanos – do Egito e da Tunísia, de Madagascar e de Lesoto, de Abeokuta como da região dos fanti – tenham corrido o risco de acolher comerciantes, aventureiros ou missionários vindos da Europa: esperavam que a importação das técnicas europeias ajudasse a desenvolver seus países. O Egito não foi o único país da África a ter uma sensação de renascimento. Pode-se realmente dizer que o século XIX foi, para a África, "a era do progresso"[30]. Mas a aspiração ao progresso, que de fato dominou essa época, tinha sua origem na própria África. Os soberanos africanos tentaram tirar partido da atividade crescente dos europeus, mas, vítimas dessa atividade, acabaram vendo frustrada sua esperança de renovação.

Conclusão

No início do século XIX, surgiram novos fatores de mudança na história da África, sendo o principal deles o maior desejo de os europeus terem não apenas de fazer comércio na África, mas também intervir na vida social e econômica das populações africanas. Esse desejo se traduzia em diversas preocupações: os europeus queriam conhecer melhor as populações e os recursos do interior, eliminar o tráfico negreiro, desenvolver a exportação de certas culturas; os missionários procuravam impor aos africanos a maneira de viver dos cristãos; os comerciantes empenhavam-se em estender sua atividade ao interior do continente. Tudo isso abria novas possibilidade e novas dificuldades econômicas. Os centros do novo comércio nem sempre coincidiam com os do antigo. Os diferentes Estados e, dentro dos Estados, os diferentes grupos de interesses disputavam as fontes de riqueza e o comércio dos produtos agora essenciais, como as armas de fogo. A importância quantitativa dessas novas relações comerciais e, mais ainda, o estímulo que elas representaram para as trocas já existentes, foram fontes de

---

30   É o título (*"Africa's age of improvement"*), dado por A. Hopkins, em 1980, a sua aula inaugural, que, contudo, versava mais sobre os objetivos gerais da história econômica da África do que sobre as tendências características do século XIX.

expansão considerável das atividades comerciais. Contudo, uma vez mais é preciso frisar que o comércio praticado no século XIX era o prolongamento do que existia antes; que os homens que o inauguraram e as estruturas que o sustentaram eram os mesmos da época do tráfico negreiro; que esse comércio se baseava, em grande medida, no tráfico interno e no trabalho dos escravos; e, portanto, nos sistemas políticos, na rede de rotas comerciais, nas relações sociais e econômicas e, antes de tudo, no sistema de produção agrícola preexistentes. Não se deve traçar uma imagem deformada da evolução da África no início do século XIX, fazendo remontar a essa época a influência preponderante que os europeus só terão mais tarde sobre os processos de transformação. No início do século XIX, as tradições herdadas do século XVIII e as mudanças próprias à África tiveram muito mais importância do que as mudanças vindas de fora.

CAPÍTULO 2

A África e a economia-mundo

Immanuel Wallerstein

Estruturas comerciais: dos "produtos de luxo" aos "gêneros de primeiras necessidades"

A grande transformação das relações econômicas da África com o resto do mundo não foi o produto da partilha do continente no fim do século XIX. Ao contrário, a partilha da África foi uma consequencia da transformação das relações econômicas desse continente com o resto do mundo e, em particular, com a Europa: processo que começou por volta de 1750, resultando na grande empreitada europeia de colonização dos últimos decênios do século XIX.

Há tempos, vastas regiões da África encontravam-se sulcadas por rotas comerciais que se prolongavam frequentemente para além do continente, atravessando o Oceano Índico, o Mediterrâneo e o Oceano Atlântico[1]. Podemos dizer que estas relações comerciais extracontinentais correspondiam mais ou menos ao "comércio à longa distância" praticado, há milênios, na Ásia e na Europa, e no quadro do qual se trocava aquilo que convém chamar produtos de luxo, ou seja, produtos que rendiam muito por um baixo volume. A produção de tais gêneros destinados às trocas ocupava apenas uma pequena fração da

---

[1] A. G. Hopkins (1973, pág. VI) faz alusão aos "grupos de entidades econômicas interdependentes que estabeleciam relações comerciais regulares, muito extensas e antigas".

mão de obra das regiões de origem, e provavelmente representava apenas uma pequena parcela de seus rendimentos. Consequentemente, o comércio "de luxo" era um comércio "do supérfluo", já que era possível interrompê-lo ou findá-lo sem para isso reorganizar, na base, os processos de produção das regiões de origem. Portanto, no que diz respeito às duas regiões cujos produtos eram objeto de tal troca, não se pode dizer que elas se situavam em um mesmo sistema de divisão do trabalho[2].

Parece que, na zona do Oceano Índico, as estruturas não evoluíram muito entre 1500 e 1800. A intrusão dos portugueses nessa zona marítima, seguida de outros europeus, modificou um pouco a identidade dos protagonistas deste comércio, mas quase não alterou sua natureza e amplitude. Mesmo no que concerne aos homens, as mudanças foram menos importantes do que, em geral, se acredita. Parece que, ainda em 1750, Moçambique, cujo litoral fora colonizado pelos portugueses, contava dentre seus mercadores com mais naturais da Índia e do Guzerate do que residentes portugueses. Parece que as mudanças importantes intervieram somente na segunda metade do século XVIII, com a queda do Império Mogol, o advento da Índia britânica, bem como o avanço dos árabes omanis na costa suaíli[3].

Era de praxe a distinção tradicional entre a produção agrícola não comercializada e o comércio de produtos (de luxo) não agrícola com os países longínquos, mesmo onde se haviam estabelecido pequenas comunidades agrícolas de europeus, tais como os *prazeros*, no vale do Zambeze, ou os bôeres, na costa do Cabo.

Entretanto, havia uma zona onde a situação econômica era sensivelmente diferente: as regiões da África Ocidental e Central, que começaram a participar do tráfico de escravos. Evidentemente, o tráfico foi tanto uma consequencia quanto um elemento chave da edificação da economia-mundo capitalista, iniciada aproximadamente em 1450, com a Europa em sua base. Desde o século XVII, a região do Caribe, em amplo sentido, fazia parte deste conjunto na condição de zona de produção anexa, cujas plantações (não somente de cana-de-açúcar, mas também, de tabaco, algodão etc.), em pleno desenvolvimento, dependeram cada vez mais da mão de obra dos escravos "capturados" na África Ocidental e Central, transportados através do Atlântico.

É preciso considerar este comércio de escravos de longa distância como um comércio de luxo ou de "produtos de primeiras necessidades"? Pode-se dizer

---

2   Em obras anteriores, tive a oportunidade de explicar porque o comércio exterior da África antes de 1750 pode ser considerado como um comércio "de luxo". Ver I. Wallerstein, 1973 e 1976.

3   Ver E. Alpers, 1975.

que ele concerne à "produção" de mão de obra a serviço da economia-mundo capitalista? E devem-se considerar tais regiões de "produção" como zonas anexas deste sistema capitalista? Estas questões são bem complexas. Para respondê-las em termos quantitativos, observa-se um movimento ascendente do tráfico de escravos, entre 1450 e 1800, e um aumento muito sensível em torno de 1650. Em 1750, os efetivos triplicaram em relação a 1650[4].

A partir de uma certa época, os negreiros, evidentemente, não se contentavam mais em buscar indivíduos para vender como escravos, mas esforçavam-se para assegurar fontes regulares de abastecimento. É por isso que a África Ocidental e Central foi insensivelmente levada a adotar seu sistema de produção e sua política em função dessas relações econômicas, doravante permanentes. É difícil saber a partir de qual época (1650? 1700? 1750?) esta adaptação pode ser considerada relativamente bem estabelecida. Pessoalmente, estou mais inclinado para uma data mais tardia[5]. Mas, como veremos, é certo que a própria transformação deste negócio "de luxo", o tráfico de escravos, em um comércio "de primeira necessidade" abalou sua viabilidade *econômica*: de fato, os custos de reprodução deveriam, desde então, estar integrados nos cálculos de rentabilidade, em termos de remuneração dos serviços de mão de obra na economia-mundo capitalista, pois em toda troca de "produtos de primeira necessidade", os custos de produção compreendem os "custos de oportunidade".

Enquanto a África se encontrava "fora" da economia-mundo, o "custo" de um escravo para seu senhor era a soma dos custos de compra, de sustentação e de vigia do escravo (calculada proporcionalmente à duração de sua vida), dividida pelo trabalho total produzido pelo escravo durante sua existência. O "benefício" para a economia-mundo era basicamente a diferença entre a mais-valia produzida pelo escravo e seu "custo". A partir do momento em que a África se encaminhou para "o interior" da economia-mundo, ou seja, que ela produziu, em

---

4   Dados calculados figuram em P. Curtin (1969, quadros 33, 34, 65, 67 e figura 26). Se os números mencionados por P. Curtin têm sido muito discutidos, por outro lado, a evolução da curva de crescimento proposta por ele não é muito questionada. Ver o debate entre J. Inikori (1976) e P. Curtin (1976); ver também o resumo das provas científicas, bem como a nova síntese de P. Lovejoy (1982). P. Lovejoy aponta algumas modificações fundamentais na curva. Lembremos que, traçando uma só curva para toda a África, não se levava em conta as nuanças geográficas. A costa angolana foi largamente integrada desde o século XVI, ao passo que o Golfo de Benin, a Costa do Ouro e o Golfo de Biafra só foram integrados por volta de 1650, 1700 e 1740, respectivamente. A costa de Serra Leoa, integrada muito cedo, apenas se tornou uma importante zona de exportação por volta da metade do século XVIII. Quanto à África do Sudeste, só se tornou uma grande fonte de exportação no século XIX.

5   S. Daget (1980) explica que, a partir de 1650, o comércio de escravos implicou a "produção" de escravos; é por isso que, distinguindo-se ao mesmo tempo do comércio de luxo e dos produtos de base, as relações comerciais da época 1650-1800 apresentavam-se como um compromisso entre estas duas noções.

seu solo, gêneros que fizeram parte da divisão do trabalho da economia-mundo, alguém que era escravo não podia ser outra coisa, por exemplo, um produtor livre ou um assalariado. Portanto, se o "custo" do escravo talvez permanecesse o mesmo para o seu senhor, o "benefício", do ponto de vista da economia-mundo, devia ser recalculado. O primeiro termo da equação devia levar em conta a acumulação "de substituição", resultando de uma possível outra utilização do indivíduo. Talvez o escravo tivesse produzido uma mais-valia ainda mais forte se ele não tivesse sido escravo. Ademais, e isto é fundamental, o segundo termo também mudava, pois os anos de reprodução, que outrora, comumente, não eram levados em conta nos cálculos, agora passaram a constar deles. A acumulação líquida, resultado dos anos de escravidão, encontrava-se agora reduzida, ao passo que continuaria a mesma, caso o escravo não fosse escravo. Consequentemente, do ponto de vista do processo de acumulação no conjunto da economia-mundo, o cálculo era menos favorável ao sistema de escravidão.

Entretanto, o desenvolvimento futuro da África deveria ser menos afetado por estas modificações econômicas do tráfico de escravos do que por um processo muito mais profundo, o qual se desenrolava na complexa economia-mundo capitalista. O primeiro movimento de expansão econômica e geográfica da economia-mundo capitalista a longo prazo ocorrera entre 1450 e 1600-1650. Pode-se dizer que nesta época, a África não se integrava a esse processo histórico. Entre 1600-1650 e 1730-1750, a economia-mundo capitalista conheceu um período de relativa estagnação, retomando seu fôlego e reunindo suas forças. Isso foi particularmente nítido nas regiões geográficas que tinham participado do movimento expansionista do século XVI. Mas, nesta época, nenhuma região da África aderira a esse sistema (com as reservas já feitas, no que concerne à evolução da estrutura do tráfico de escravos)[6].

A expansão capitalista

Entretanto, por volta de 1730-1750, por razões inerentes ao seu funcionamento, a economia-mundo capitalista retomou sua expansão econômica e geográfica. No curso dos cem anos que se seguiram, ela absorveria, em sua rede de produção, cinco grandes zonas geográficas que, até então, haviam permanecido à margem de seu sistema: a Rússia, o Império Otomano, a Índia, as zonas "lon-

---

6 Para uma análise detalhada da economia-mundo capitalista no período 1450-1750, ver I. Wallerstein, 1974, 1980.

gínquas" do continente americano (o Canadá, a parte ocidental da América do Norte, a ponta meridional da América do Sul), bem como a África (do Norte, do Oeste e do Sul). É da integração dessa última zona que tratamos aqui.

Para a economia-mundo capitalista centrada em torno da Europa, as cinco zonas mencionadas acima apresentavam características comuns: todas elas tinham uma posição geográfica periférica; todas estavam em contato com a Europa através de seu comércio "de luxo" com as terras longínquas; todas eram, potencialmente, produtoras de matérias-primas e podiam recorrer a uma mão de obra pouco dispendiosa.

Entretanto, essas cinco zonas também apresentavam características fortemente diversas. Seus sistemas ecológicos eram muito diferentes uns dos outro, e, no que tange à inclusão de tais zonas na economia-mundo, existia uma grande variedade, tanto na natureza dos produtos, quanto nos custos de produção correlatos. Os sistemas políticos também eram muito diversos. De um lado, havia os grandes impérios do mundo (Império Russo e Império Otomano), os quais agrupavam domínios muito vastos em uma superestrutura política única e muito burocrática. No outro extremo, havia os territórios "longínquos" das duas Américas – economias não agrícolas, pouco povoadas, sem relações umas com as outras, e dotadas de múltiplas estruturas políticas, frequentemente acéfalas. No primeiro caso, o processo de integração à economia-mundo foi obra de "integradores", sabendo se adaptar aos sistemas políticos existentes e encontrar os meios de transformá-los em estruturas estatais, contidas no sistema interestatal e por ele delimitadas. No segundo caso, o processo de integração passava pela criação de novas estruturas (frequentemente de tipo colonial), capazes de organizar a produção e de participar do sistema interestatal. Aproximadamente falando, podemos dizer que, no primeiro caso, as estruturas dos Estados existentes foram enfraquecidas, ao passo que, no segundo, assistiu-se ao surgimento de novas estruturas, mais fortes. Contudo, em ambos os casos, as estruturas políticas, resultantes desta transformação, foram aquelas das zonas periféricas, estruturas "fracas" em relação às "fortes" estruturas estatais das regiões-mães da economia-mundo capitalista.

O processo de integração da África não participou de nenhum dos dois extremos. As estruturas políticas existentes eram múltiplas. Algumas eram relativamente fortes e burocráticas, ao passo que outras eram praticamente acéfalas. A África não constituía, de forma alguma, o que é chamado de "uma economia", mesmo se frequentemente podemos falar de "economias" regionais que, muitas vezes, ultrapassavam o quadro de entidades políticas singulares. Do ponto de vista dos "integradores", certas estruturas políticas existentes deveriam estar enfraquecidas (por exemplo, o Império Russo, o Otomano e o Mogol), ao passo que, em outros casos, foi preciso criar poderes políticos novos e fortes o suficiente para assegurar o bom funcionamento dos processos econômicos transformados. Enfim, sabe-se que sistemas políticos coloniais completamente novos foram criados quase em toda parte, mais frequentemente, após um certo prazo.

A integração de um novo elemento na economia-mundo passa basicamente por duas fases. Primeiramente, pela fase fundamental: a transformação de uma parte relativamente importante dos processos de produção que deveriam doravante fazer parte do conjunto integrado dos processos de produção, segundo os quais opera a divisão do trabalho na sociedade da economia-mundo. Em segundo lugar, a transformação das estruturas políticas, resultando na constituição de "Estados" submissos às regras e aos mecanismos do sistema interestatal; tais Estados eram fortes o suficiente para facilitar uma circulação relativamente fluída dos fatores de produção no interior da economia-mundo, mas não tinham a potência necessária para se oporem a ela, salvo por certos meios restritos e por tempos limitados. Estamos convencidos de que tal processo de integração se desenrolou a partir de 1750 (até aproximadamente 1900), para a África do Norte, a África do oeste e a África do Sul, ao passo que a África do leste apenas começou sua integração por volta de 1850, ou até mesmo 1875[7].

Essa integração da África não nasceu de um dia para outro. Foi um processo lento e regular, tanto que qualquer observador pudesse constatar uma permanência dos velhos esquemas de produção agrícola e a predominância deles em termos estatísticos. As normas e os valores tradicionais permaneceram, à primeira vista, relativamente imutáveis, o que podia evidentemente incitar a subestimação da importância da evolução em curso. Não obstante, destacamos quatro mudanças: uma parte da produção logo se viu orientada sistematicamente para os mercados da economia-mundo capitalista; tratava-se de "produtos de primeira necessidade" para a economia-mundo; essa produção exigia o recrutamento (ou a requisição) de trabalhadores, o que tendeu à implementação de novas estruturas de fornecimento de mão de obra; por fim, tal produção beneficiava, geralmente, àqueles que a dominavam no plano local, atraindo assim novos interessados. Tal

---

7 É preciso fazer uma distinção entre "integração" e "assimilação periférica". No primeiro caso, é reforçado o desenvolvimento do capitalismo, alargando-o; no segundo, ele é desenvolvido em profundidade. A integração sempre precede a assimilação periférica. Esta segunda fase começou em 1875/1900 para a maior parte da África do Norte, do Oeste e do Sul, e, talvez, somente por volta de 1920 para a África do leste. O processo está sempre em curso. Quando sustentamos que antes do século XX a África não fazia parte da economia-mundo, queremos dizer que a assimilação periférica ainda não era efetiva. Em uma obra publicada em 1982, T. K. Hopkins e I. Wallerstein explicam, brevemente, a distinção e as relações entre esses dois processos.

processo foi simplesmente ativado pela integração, mas o fato é que onde existe a quádrupla combinação da produção orientada para um mercado-mundo, da produção de artigos de primeira necessidade, da reestruturação da mão de obra e do lucro, dispomos da base econômica indispensável à integração, com todas as consequencias políticas acarretadas por tal processo. Convém sublinhar que a integração da África na economia-mundo não é a consequencia de uma livre escolha. Nenhuma região escolheu essa opção. A integração foi um processo exógeno que se chocou com resistências. Ora, a resistência oposta pela África produziu alguns efeitos: ela retardou, depois diminuiu o próprio processo da integração. Mas houve um momento em que o equilíbrio das forças foi desfavorável aos oponentes. Isto não foi o fim da ação de origem local. As lutas pelo poder continuaram, mais ou menos segundo as vias preexistentes, porém obedecendo a novos imperativos sistemáticos e geralmente diferentes daqueles que estavam em vigor antes da integração. A ação local não conheceu trégua na África, tampouco em qualquer outra parte.

Dado que, até então, o comércio "intercontinental" da África consistia principalmente no tráfico de escravos, e que a integração foi acompanhada da abolição do tráfico, a integração frequentemente tem sido considerada como a passagem do comércio de escravos ao comércio "legítimo". Contudo, recorrer a expressões ideológicas da época pode induzir-nos ao erro. Para se convencer disso, basta considerar a África do Norte ou a África do Sul, sem falar das regiões exteriores ao continente africano que foram integradas à economia-mundo na mesma época. A diminuição do tráfico de escravos, qualquer que fosse a sua importância, se situava no segundo plano em relação à necessidade, geralmente experimentada pela economia-mundo capitalista, de encontrar novas regiões de *produção* a baixo custo, no quadro do desenvolvimento geral de sua atividade econômica e de sua taxa de acumulação.

A integração do Egito e do Magreb

Este processo é mais fácil de ser discernido se não basearmos a análise, como de costume, no estudo da costa ocidental da África. Tomemos, portanto, o caso do Egito. Antes de 1730, a produção egípcia se inscrevia no esquema da divisão do trabalho no Império-mundo Otomano. O Egito era, ao mesmo tempo, um dos celeiros deste sistema histórico e uma placa giratória desta vasta rede intercontinental de comércio de produtos de luxo. Na segunda metade do século XVIII, as contradições internas do sistema egípcio, aliadas à diminuição da demanda dos artigos de exportação anteriores, provocaram uma crise da fiscalidade da estrutura estatal e um aumento dos impostos, ocasionando, por sua vez, um movimento de resistência dos camponeses, que se manifestou através de um abandono das terras. Ora, na mesma época, a economia-mundo capitalista buscava precisamente incluir a produção egípcia em sua rede. Tal processo foi concretizado, no fim do século XVIII, pela ativa rivalidade militar que levou a França e a Inglaterra à luta – ambas desejando se impor na região. A resposta egípcia se deu pela ascensão ao poder de Muhammad 'Alī, que tentou "modernizar" o país.

Do ponto de vista econômico, esse esforço de "modernização" se apoiava na produção de um gênero agrícola, devendo servir de artigo de exportação de base. Por diversas razões ligadas às condições ecológicas e às estruturas políticas da economia-mundo capitalista, o Egito tinha mais interesse em optar pelo algodão de fibras longas do que pelo trigo. Entretanto, a produção de algodão em grande escala necessitava de uma modificação não só do sistema de irrigação, mas ainda da organização social das relações de produção. Muhammad 'Alī estabeleceu o monopólio do Estado no comércio, com arrecadação direta das taxas por funcionários assalariados. Seguiu-se uma regulamentação, cada vez mais estrita, dos métodos de produção dos agricultores, e o recrutamento forçado de pessoal para os trabalhos de infraestrutura e para o serviço militar. Tal sistema foi posteriormente substituído pelo trabalho de corveia nas grandes propriedades privadas, que representavam 45% da superfície das terras aráveis em 1844, ao passo que este número não passava dos 10% em 1818. O processo foi ainda reforçado após a morte de Muhammad 'Alī, com a expropriação dos camponeses que acabou desencadeando, com o apoio destes, a grande revolta dos 'Urābī, em 1881-1882. Tal revolta contribuiu, entre outros, para precipitar o estabelecimento do regime colonial britânico. A transformação integral do processo de produção teve por consequencia o surgimento de uma importante camada de trabalhadores rurais sem-terras, o estabelecimento de um controle direto das atividades agrícolas e um sensível aumento do tempo de trabalho exigido dos camponeses[8].

As coisas ocorreram diferentemente no Magreb. Por um lado, podemos dizer que houve um constante esforço para integrar o Magreb (em particular, o Marrocos) na economia-mundo capitalista, desde suas origens, ou seja, desde o final do século XV[9]. Por outro lado, parece que a região não tinha conhecido grandes mudanças nas relações de produção até a metade do século XIX, ou mesmo mais tarde. Entre 1450 e 1830, uma boa parte (mas não a totalidade)

---

8   Para mais precisões, ver A. R. Richards, 1977.
9   Ver A. Laroui, 1975, p. 29-33 e D. Seddon, 1978, p. 66.

das relações entre o Magreb e a Europa, através do Mediterrâneo, era condicionada pela atividade dos corsários; essa, do ponto de vista econômico, pode ser assimilada, de alguma forma, ao comércio de luxo com os países longínquos, mediante ambiguidades análogas àquelas que apresentavam o tráfico de escravos setecentista na África Ocidental. Todavia, contrariamente ao tráfico de escravos, as expedições corsárias começaram a desaparecer no século XVIII, cedendo espaço a trocas comerciais mais regulares, em particular no Marrocos e na Tunísia[10]. Desde a segunda metade do século XVIII, o Marrocos cultivava gêneros industriais e alimentícios, os quais eram exportados para a Europa junto a produtos de origem animal e minerais. Essas atividades foram consideravelmente estendidas após 1820[11]. A maior resistência da Argélia a tal integração econômica explica, na verdade, sua conquista relativamente precoce, sobrevinda em uma época em que a dominação política da Europa sobre a África ainda não se encontrava generalizada.

O modelo da África Ocidental

O papel primordial do comércio transaariano na vida econômica do Magreb está entre os fatores que permitiu a esse último manter, durante muito tempo, relações mal definidas com a economia-mundo, a meio caminho entre a integração e a independência. A região serviu de zona de passagem e de intermediário para aquilo que, na verdade, era uma ligação comercial indireta e distante entre Sahel e a Europa. Foi precisamente em função disso que o Magreb não se viu obrigado a fundar em seu próprio território novos centros de produção dedicados à exportação. As opiniões divergem quanto à relativa importância do tráfico comercial transaariano entre 1750 e 1880[12]. Mas é certo que, com a colonização sobrevinda no fim do século XIX, estas antigas rotas comerciais perderam sua importância econômica, e o Magreb se viu privado da "cobertura" que lhe assegurava seu papel de entreposto.

---

10 A. Laroui estima que a evolução da Tunísia no século XVIII é comparável ao desenvolvimento empreendido mais tarde pelo Egito. "A Tunísia deu os primeiros passos; mas, no século seguinte, ela se inspiraria no despotismo iluminado de Méhémet Ali". 1975. p. 43.

11 Ver D. Seddon, 1978, p. 69-71.

12 Segundo A. A. Boahen, 1964, p. 131, esse comércio apenas representava, no século XIX, "uma parte de seu valor inicial"; ao passo que C. Newbury, 1966, afirma que, longe de declinar, ele não cessou de aumentar até 1875.

Há tempos, os historiadores se interessam pelo avanço do que chamamos de comércio "legítimo" na África Ocidental oitocentista, cujo aspecto mais importante não é nem o aumento quantitativo das trocas nem as variações de sua composição, mas a resultante transformação das estruturas de produção, bem como as consequencias dessas mudanças nas relações de produção. Este processo começou antes das medidas tomadas pelos britânicos para abolir o tráfico de escravos, pois a própria política abolicionista é uma consequencia da expansão da economia-mundo capitalista; é indubitável que a abolição da escravidão tenha precipitado o processo de transformação das estruturas de produção na África Ocidental[13].

Inúmeras provas escritas permitem-nos afirmar que o novo produto por excelência, e, de algum modo, aquele que mais teve sucesso, foi o óleo de palma, originário do Delta do Níger. Primeiramente ligado ao tráfico de escravos[14], tal produção prosperou até 1861, ano que assistiu ao fim de seu avanço, o seu declínio definitivo ocorrendo no final do século[15]. O comércio de óleo de palma também se desenvolveu na Costa do Ouro, ainda que de forma um pouco menos espetacular[16], e no Daomé, onde o tráfico de escravos alcançara tamanha amplitude que podemos falar da integração efetiva da população local pelo tráfico[17].

---

13 C. Chamberlin, 1979, p. 420-421, contesta o termo "comércio legítimo", porque, além de seu eurocentrismo, "ele sugere que a abolição está na origem da conversão das exportações de escravos em exportações de produtos, ao passo que, na verdade, essa transformação é simultaneamente anterior e posterior às disposições abolicionistas britânicas de 1807". Ele adere à ideia de que as necessidades da Europa de matérias-primas desempenharam um papel, e insiste nas "exigências extraordinárias" que faziam pesar, na produção, o volume das exportações do óleo de palma, da madeira e do látex. Numerosos produtores começaram a prospectar vastas regiões em busca de novos produtos.

14 Ver A. J. H. Latham, 1978. Ver também C. Coquery-Vidrovitch e H. Moniot, 1974, p. 108: "Diferentemente das nações europeias, comércio negreiro e comércio legítimo não representavam, para os africanos, duas atividades contraditórias. Ao contrário, sua complementaridade nos anos 1860 facilitou a evolução".

15 Ver A. G. Hopkins, 1973, p. 133.

16 Ver A. A. Boahen, 1975, p. 91. Quanto à supremacia da Nigéria sobre a Costa do Ouro no que tange à produção do óleo de palma, ver S. D. Neumark, 1954, p. 60.

17 Ver I. A. Akinjogbin, 1967, p. 141: "A partir de 1767, a vida nacional do Daomé dependia basicamente das consequências, a longo prazo, da restauração econômica de Tegbessou. Ao fundar a economia do Daomé no tráfico de escravos, Tegbessou tanto colocara o reino à mercê dos fatores externos que os daomeanos não puderam controlá-lo nem mesmo influenciá-lo". Ver também D. Ronem, 1971 e J. Inikori, 1977.
A passagem do tráfico de escravos ao comércio de óleo de palma reforçou a influência dos mercadores particulares em relação aos mercadores do rei (R. Law, 1977) e estimulou a atividade comercial no norte da savana, como nos caso dos ashanti (J. F. Munro, 1976, p. 46). Mas, na realidade, essa transição ocasionou mudanças mais decisivas no nível da produção do que no nível das trocas. "A coleta, o transporte e a armazenamento de produtos, tais como o óleo de palma e o amendoim, assim como a divisão dos produtos importados e sua repartição entre inúmeros pequenos produtores, exigiam mais mão de obra do que o tráfico de escravos [...]" (J. Munro, 1976, p. 47).

O amendoim também foi um importante novo produto. Destinado à exportação, primeiramente foi cultivado na costa da Alta Guiné, nos anos 1830, depois, se expandiu para o Oeste até a Senegâmbia[18]. A terceira grande produção foi a do látex, cujo comércio começou muito mais tarde, em parte para compensar a baixa demanda do óleo de palma[19]. Por sua vez, o fim do tráfico de escravos e o desenvolvimento da agricultura de rendimento que lhe foi decorrente no litoral, ou próximo às costas, estimularam a economia no centro do Sudão (gado, potassa, produtos agrícolas, artigos de couro)[20].

O fato é que algumas tentativas de novas culturas comerciais malograram. Notadamente, parece que a intervenção direta dos europeus produziu efeitos nefastos na produtividade, como ilustram o fracasso da colonização agrícola do Waalo, entre 1819 e 1831[21], e, mais tarde, as diversas tentativas feitas no Senegal, no sul da Costa do Ouro e na Nigéria[22]. Isso não significa que os europeus começavam a se estabelecer mais solidamente na cena africana: antes, a importante mudança era que, ao comprar lotes de artigos dos traficantes que penetravam no interior e organizar o envio de tais produtos para o além-mar, eles suplantavam, nos portos, os mercadores africanos que desempenhavam o papel de intermediários[23].

Para adaptar a produção às novas exportações, foi necessário, evidentemente, renovar as importações. Durante todo o século XIX, assistiu-se à multiplicação das importações de produtos manufaturados provenientes da Europa, e, sobretudo, da Grã-Bretanha. Assim, a África, cujos tecidos de algodão já eram os primeiros produtos de importação no século XVIII, multiplicou por cinquenta o volume de suas importações entre 1815 e 1850, e, depois, por sete, até 1891[24].

---

18 G. E. Brooks, 1975, destaca a rapidez com que os cultivadores africanos responderam à forte demanda europeia (em particular, francesa). Ver também B. Mouser, 1973, 1975.

19 Ver R. E. Dumett, 1971.

20 Ver P. E. Lovejoy, 1974, p. 571-572: "O crescimento econômico encetado após 1750 prosseguiu durante todo o século XIX [...]. O século que precedeu o regime colonial foi uma época de relativa prosperidade". P. Lovejoy observou que o volume das mercadorias a granel, transitando entre a zona costeira (inclusive os gêneros reexportados da Europa) e o Sudão Central, era largamente superior àquilo que geralmente pensamos.

21 Ver B. Barry, 1972, p. 237-258.

22 Ver J. F. A. Ajayi e B. O. Oloruntimehin, 1976, p. 211. Segundo A. G. Hopkins, 1973, p. 138: "Os promotores (destas experiências) encontraram-se impossibilitados de lutar contra a concorrência dos mercados internacionais, parcialmente em razão dos custos proibitivos da mão de obra africana livre".

23 Ver C. Chamberlin, 1979, p. 423. No que concerne à repartição dos papéis nas relações comerciais internas, G. I. Jones destaca, a propósito da região do Delta do Níger, que "os comerciantes europeus, de bom ou mau grado, tiveram que se adequar às estruturas comerciais africanas" (1963, p. 82).

24 Ver C. W. Newbury, 1972. Ver também A. G. Hopkins, 1973, p. 129.

Os fabricantes da África Ocidental adaptaram-se a esse afluxo maciço, como o fizeram os povos de outras regiões ao se integrarem à economia-mundo. Uma parte das manufaturas locais foi convertida, as outras se especializaram para lutar contra esta nova concorrência e se refugiaram em uma produção destinada a mercados mais restritos[25].

A África austral

Na África austral, a integração seguiu um processo diferente: de um lado, porque a região não exportava escravos, de outro, em razão do estabelecimento de uma colônia de brancos. Embora os bôeres estabelecidos no Cabo no século XVIII fossem europeus vivendo em uma colônia europeia, devemos considerar que poucos fizeram parte integrante da economia-mundo capitalista[26].

As modificações estruturais que seguiram às guerras napoleônicas foram, evidentemente, uma consequência regional da nova hegemonia adquirida pela Grã-Bretanha na economia-mundo. Mas este movimento político pode ser considerado como o prosseguimento lógico do lento processo de avanço e de expansão da economia-mundo. Os britânicos consagraram pouco tempo à adaptação dos processos de produção que teria permitido uma rápida integração da região. Aumentaram consideravelmente o tráfico marítimo, enviaram novos colonos da Grã-Bretanha e desenvolveram a criação em escala industrial de carneiro em tamanhas proporções que, por volta de 1845, a colônia do Cabo

---

25 Ver J. E. Flint, 1974, p. 388-389 e E. Reynolds, 1974*a*, p. 70.

26 M. F. Katzen sublinha os numerosos esforços empregados pelas autoridades holandesas a partir de Van Riebeeck a fim de implantar uma produção orientada para a exportação: "As únicas exportações saindo do Cabo, antes de 1778, consistiam em alguns produtos da caça (marfim, peles, plumas de avestruz etc.), mais o trigo, o vinho e a aguardente, no século XVIII" (1969, p. 193). Aliás, esses últimos produtos eram exportados em quantidades muito pequenas: "A única produção comercial de vinho se situava a dois ou três dias do Cabo, os cereais eram cultivados ainda um pouco mais longe [...]. A VOC (*Vereenigde Oost--Indische Compagnie*, Companhia Holandesa das Índias Orientais) considerava o Cabo, antes de tudo, como um posto de abastecimento que devia ser explorado da forma mais econômica possível", p. 202. Sobre o período precedente a 1806, J. F. Munro fez uma distinção entre a zona que se estende no raio de 80 a 100 quilômetros em torno da cidade do Cabo, "que produzia trigo e vinho para o mercado de exportação" (1975, p. 56) e "as outras zonas agrícolas de subsistência que, devido à colônia de tendência pastoral a leste do Cabo, estabeleceram frágeis ligações comerciais com o tráfico marítimo do Cabo [...]".
A. Atmore e S. Marks afirmaram que, mesmo na África do Sul do século XIX, "sem a contínua contribuição de técnicas provenientes da metrópole ou do enclave metropolitano do Cabo", os africânderes "teriam podido se misturar à população majoritária das diferentes sociedades africanas presentes, como fizeram os *prazeros* portugueses no vale do Zambeze ou, ainda, os mestiços griqua no rio Orange" (1974, p. 110). Mas, é precisamente aí que reside o problema. No século XIX, de bom ou mau grado, eles foram integrados à economia-mundo e reagiram em função desta realidade.

havia se tornado um importante centro de produção da economia-mundo[27]. Mais tarde, o Natal se tornaria uma região produtora de açúcar, cujas plantações empregavam trabalhadores indianos engajados a longo prazo.

No século XVIII, os agricultores brancos obrigaram os khoi-khoi e os mestiços ("*coloured*") a trabalharem, mais frequentemente, como escravos. Depois, os britânicos declararam oficialmente a emancipação dos escravos. A expansão e a evolução econômica provocaram então o Grand Trek dos bôeres, tendo os britânicos permanecido basicamente como testemunhas à parte, ao passo que as populações nguni e zulu entravam em ação[28]. Houve, então, uma luta incitada pela possessão das terras e pelo domínio da mão de obra empregada a uma produção destinada ao mercado mundial. Na colônia do Cabo, camponeses africanos implantaram uma agricultura desenvolvida paralelamente às explorações dos cultivadores brancos, os quais empregavam meeiros africanos[29].

Não podemos fazer nenhuma aproximação entre os acontecimentos acima descritos e a situação da região angolana, que, entretanto, matinha ligações mais antigas com a Europa. Nesse caso, o tráfico de escravos e o comércio de marfim se desenvolveram rapidamente, ocasionando incursões cada vez mais profundas no continente e enfraquecendo diversas estruturas políticas existentes[30]. Após a abolição da escravidão, tentou-se criar plantações para os colonos brancos. Estas conheceram um breve momento de prosperidade graças ao êxito do algodão nos anos 1860; mas tais plantações acabaram malogrando, como muitas das outras tentativas deste gênero na África Ocidental[31]. Nenhum produto africano foi então objeto de uma importante cultura de rendimento.

A tardia integração da África Oriental

A costa oriental da África também permaneceu relativamente à margem da economia-mundo capitalista. Foi através do Oceano Índico que ela estabeleceu suas primeiras relações com o exterior. A Índia e, em menor medida, a

---

27 Ver J. F. Munro, 1976, p. 56-60.

28 Até então, os colonos brancos apenas haviam exercido fortes pressões políticas e econômicas nas sociedades nguni, no Zuurveld, nos anos 1780 e 1790 (C. Bundy, 1979, p. 20).

29 Ver C. Bundy, 1979, p. 44 e seg.

30 Ver D. Birmingham, 1976, p. 267-269, e J.-L. Vellut, 1975, p. 134-135. J.-L. Vellut explica assim o fato de o interior ter se tornado mais dependente da economia-mundo. Ver também W. G. Clarence-Smith e R. Moorsom, 1975.

31 Ver J. F. Munro, 1976, p. 51-52; W. G. Clarence-Smith, 1979*a*, p. 14-15.

Ásia do Sudoeste encontravam-se então em curso de integração ao sistema da economia-mundo capitalista. Se o tráfico de escravos prosperou nessa região no século XIX, foi precisamente porque a África Oriental ainda se encontrava fora do sistema. Entretanto, ele constituiu aí, como precedentemente na África Central e Ocidental, uma força dinâmica de ruptura e um fator de reconstrução. A ilha de Zanzibar foi integrada à economia-mundo graças ao seu lugar preponderante, na metade do século XIX, no mercado mundial do cravo-da-índia; integração que passou pela criação de um sistema de *plantation*[32]. A Ilha Maurício foi coberta de plantações de cana-de-açúcar, ao passo que em Madagascar se desenvolvia a rizicultura e a criação de bovinos, a fins de exportação para a Ilha Maurício[33]. Contudo, finalmente foi a luta pela conquista da África e suas consequencias na África Oriental que precipitariam as mudanças que também ocorriam em outras partes da África.

A transformação das estruturas de produção teria sido impossível independentemente de uma transformação das estruturas políticas facilitadora das mutações econômicas e de sua legitimação. Mas em qual nível se situaria o encadeamento? A propósito da importância do período de 1805-1820 na história da África, I. Hrbek observava recentemente a simultaneidade dos seguintes acontecimentos: a *jihad* de 'Uthmān dan Fodio, a Oeste do Sudão (bem como outras revoluções islâmicas); o êxito do povo zulu sob o reino de Shaka; o declínio do Bunyoro e a expansão do Buganda na região interlacustre; as revoluções fula, a Oeste do Sudão; a campanha de modernização de Muhammad 'Ali, no Egito; a unificação do Imerina em Madagascar, sob o reino de Radama I, e o crescimento da hegemonia omani na época de Sayyid Sa'īd. Hrbek destaca que "todos esses fenômenos ocorreram em zonas contíguas, e emanam de influências e de fatores externos[34]".

As implicações da integração

É preciso parar de superestimar o papel dos fatores externos na criação dos Estados africanos. De fato, as forças internas constituem o motor da evolução política, ao passo que o processo lógico de desenvolvimento explica a maior

---

32 Ver F. Cooper, 1977, p. 47-79.

33 Na verdade, foi porque a Grã-Bretanha possuía interesse em assegurar uma tal produção adaptada às necessidades da ilha Maurício que os britânicos apoiaram, pelo tratado de 1817, a independência de Madagascar contra os intentos da França. Ver P. M. Mutibwa, 1972, p. 39.

34 I. Hrbek, 1968, p. 48. Ver A. Wilson, 1972, a respeito da expansão do Império Luba Iomani nesta época.

parte dos fenômenos secundários. Além disso, houve Estados, constituídos nessa época, que estavam demasiadamente distanciados da economia-mundo (por exemplo, o Rozwi) [35]. Enfim, é claro, se considerarmos os Estados da África Ocidental, que não há necessariamente relações entre a participação de uma região no tráfico de escravos e a criação de um Estado. Se os dois fenômenos são concomitantes no Daomé e no Oyo, por outro lado, Benin é o exemplo da criação de um Estado forte sem participação no tráfico de escravos, ao passo que o Delta do Níger nos fornece um exemplo inverso[36].

A questão se situa em um outro nível: de fato, a participação na economia-mundo implicava a existência de estruturas políticas capazes de assegurar o funcionamento da economia, em termos de comércio, de produção, de mão de obra. Pressões exercidas do exterior visavam impor tais estruturas[37]. Quando as estruturas vigentes bastavam para desempenhar o papel esperado, de qualquer modo que fosse, pouca pressão era exercida para impor a mudança. Contudo, a participação na economia-mundo reforçava a importância econômica de certos agentes internos capazes de criar estruturas políticas adequadas; e foram eles que pressionaram para obter as modificações de estrutura[38]. Tal situação engendrou uma gama de desordens que pouco beneficiava aos Estados participantes da economia-mundo. Estes últimos, por sua vez, esforçaram-se para impor uma estabilização política ao criar Estados que participassem do sistema interestatal e, portanto, que aceitassem as pressões correlatas[39]. Sabe-se que esse processo tendeu, finalmente, em grande parte da África, à criação dos Estados coloniais.

---

35 Ver S. I. Mudenge, 1974.
36 A. G. Hopkins fala disso em uma obra publicada em 1973, p. 105-106. A.G. Hopkins,1973, pp. 105-6, trata disso.
37 W. K. Hancock, 1942, p. 163, adotando o ponto de vista de um estrangeiro que queria fazer com que os africanos participassem da economia-mundo, é favorável a esta tese. Ele constata que simples pressões econômicas se revelaram insuficientes: "O problema político era praticamente insolúvel. Os comerciantes europeus, na África Ocidental, compreenderam logo que suas atividades – apesar de uma participação muito espontânea dos africanos – exigiam o apoio de uma paz que a sociedade africana, assaz fraca, não podia garantir." Fraca demais para estabelecer a paz, talvez, mas também, em outros momentos, forte demais para permitir que se estabelecesse.
38 É a própria essência da obra clássica de K. O. Dike: "As mudanças radicais trazidas pela abolição no setor econômico imediatamente repercutiram no campo social e político", 1956, p. 11. Ver C. Chamberlin, 1979, p. 430. Ver também a análise da política interna do Daomé proposta por J. C. Yoder, 1974. A. G. Hopkins fala de uma "crise da aristocracia na África Ocidental do século XIX [...], nascida da contradição entre as relações de produção passadas e presentes", 1973, p. 143, ou seja, da passagem do tráfico de escravos à cultura de rendimento. Ele mostra que as estruturas políticas sobreviveram, mais ou menos facilmente, à crise.
39 P. Ehrensaft, 1972, refere-se às várias intervenções sucessivas dos britânicos na África Ocidental. A. S. Kanya-Forster, 1969, cap. 2, faz o mesmo em relação à França. B. M. Magubane, 1979, cap. 2, descreve a situação na África do Sul.

Do ponto de vista político e econômico, a abolição da escravidão foi um acontecimento capital nessa evolução. De fato, a abolição do tráfico e da escravidão nas plantações emana diretamente do funcionamento da economia-mundo capitalista, tal como o próprio fenômeno do tráfico e da escravidão. Não tenho a intenção de reiniciar aqui o debate sobre a importância do papel dos abolicionistas, como grupo de pressão, nesse processo. Certamente, eles existiram e participaram dessa evolução. Mas a simples constatação da existência e do papel de tal grupo de pressão não explica o processo; ele é apenas um aspecto que também deve ser explicado.

Para que o trabalho dos escravos nas plantações fosse economicamente viável, era preciso manter os custos abaixo de um certo nível, o qual era fortemente condicionado pelo fato de os escravos serem majoritariamente recrutados por outros meios que a reprodução da população. Já indicamos que o próprio fato do aumento do número de escravos "recrutados" modificou progressivamente o caráter econômico do tráfico de escravos na África Ocidental, aumentando os "custos de oportunidade" desse tráfico e modificando, então, a taxa mundial de acumulação.

Esse fenômeno geral se manifestava paralelamente a um problema mais especificamente britânico. A produtividade das plantações de cana-de-açúcar das Antilhas britânicas não parou de cair no século XVIII[40]. Logo, a Índia ofereceu à Grã-Bretanha uma vasta zona de produção, permitindo-a paliar essa situação[41]. Entretanto, tratava-se de uma região onde a produção agrícola já era densa e a prática da escravidão arriscava ser economicamente dispendiosa

---

40 Ver W. A. Green, 1974, p. 247: "A política da Grã-Bretanha na África do oeste, antes de 1850, foi largamente ditada pelas necessidades das Índias Ocidentais". E. Williams (1966, p. 149-150) e D. H. Porter (1970, p. 142-143) sustentam que a superprodução de açúcar foi um elemento chave em favor da abolição da escravidão. Por outro lado, R. Anstey se mostra cético, 1975, p. 386.

41 E. Williams (1966, p. 183-188) explica a relação entre os abolicionistas e a produção açucareira das Índias Orientais. Em 1791, após a crise provocada pela revolução em São Domingos, a produção açucareira das Índias desempenhou um papel de primeiro plano na política britânica. Grandes quantidades dessa produção foram vendidas entre 1794 e 1800 (J. P. Marshall, 1968, p. 88-89). Depois, os grupos de pressão das Índias Ocidentais conseguiram restabelecer elevadas tarifas alfandegárias, e as importações provenientes da Índia diminuíram. Mas a opinião geral era que, na ausência de tarifas alfandegárias, "apesar de um frete mais elevado, as Índias Orientais podiam vender mais barato do que as Índias Ocidentais" (C. N. Parkinson, 1937, p. 85). A explicação é simples: dado que os "grandes financiadores possuíam interesses nos dois lados" (ibid, p. 86), as decisões parlamentares constituíam um compromisso: o grupo de pressão das Índias Ocidentais perdeu a batalha da abolição, mas ganhou a das tarifas alfandegárias das Índias Orientais. Quando se procedeu a uma igualdade dos direitos, em 1836, as exportações de açúcar de Bengala conheceram um aumento vertiginoso (K. N. Chaudhuri, 1966, quadro I, p. 347).
É necessário mencionar uma zona de produção açucareira situada na África: a Ilha Maurício. Exonerada pelos ingleses em 1826, a produção açucareira logo conquistou toda a ilha. A escravidão foi abolida teoricamente em 1835 e os escravos foram substituídos por uma mão de obra contratual indiana. Um comércio de escravos continuou a prosperar ilegalmente. Contudo, tais escravos eram originários da África Oriental. Ver B. Benedict, 1965, p. 12-19; E. A. Alpers, 1975, p. 214.

demais (se se quisesse reduzir a população autóctone à escravidão), além de ser muito difícil politicamente, caso se optasse pela importação de escravos. Consequentemente, desde então, o tráfico de escravos parecia, de imediato, menos útil para a produção açucareira e para as outras culturas praticadas nas zonas de influência britânica, e, até mesmo contraindicado se houvesse a intenção de encorajar as culturas comerciais na África Ocidental. Ora, a Grã-Bretanha, graças à sua supremacia sobre o mundo nesta época, encontrava-se em uma situação político-militar que lhe permitia executar a abolição da escravidão[42].

Compreendemos, então, que os interesses de todos os capitalistas da economia-mundo se encontravam condizentes com aqueles, mais particulares, da subclasse dos capitalistas britânicos, a fim de criar um clima político favorável ao abolicionismo[43]. Claro, esse processo se chocou com a oposição de um grupo de capitalistas menores que era afetado negativamente por essa mudança. Ademais, essa política foi aplicada com uma grande flexibilidade. Nas plantações não britânicas, que simplesmente representavam fontes de abastecimento para fabricantes britânicos, a Grã-Bretanha tendia a "fechar os olhos" para a escravidão. Tal foi o caso do sul dos Estados Unidos da América, ou ainda, de Cuba e do Brasil que, durante quase todo o século XIX, continuaram a adquirir escravos na zona onde o tráfico ainda era permitido, "ao sul da linha" onde, como vimos, os aspectos econômicos da escravidão permaneceram diferentes[44].

Dissemos que até a época da partilha, o século XIX fora a era do "império informal" ou do "imperialismo do livre-câmbio". Robinson e Gallagher resumem a situação nestes termos: "Quando possível por vias oficiosas, mas, quando necessário, por anexações oficiais, os britânicos não cessaram de consolidar sua

---

42 Isso não significa que os esforços da Grã-Bretanha foram imediatamente coroados com sucesso, nem que a campanha foi conduzida com vigor desde o início. S. Daget (1979, p. 436) constata que "a repressão inglesa [da escravidão] pouco importunou a economia do tráfico de escravos realizado pelos franceses" antes de 1831. J. F. Munro (1976, p. 43) afirma que o comércio de escravos no Atlântico só se tornou "negligenciável" por volta de 1850.

43 Ver B. K. Drake, 1976, p. 86-87. É preciso não negligenciar o papel desempenhado pela "cooperação" dos africanos no comércio de escravos. C. Coquery-Vidrovitch e H. Moniot (1974, p. 311) nos lembram que "o tráfico 'legítimo' triunfou, é certo, porque a Europa nele encontrava sólidas garantias, mas, também, porque as estruturas mercantis de numerosos Estados africanos eram adequadas. Em outras palavras, o segundo parceiro do comércio atlântico, o africano, se não desempenhava um papel decisivo, não deixava de ser ativo, se adaptava, tirava proveito do mercado, em suma, comportava-se como interlocutor responsável".

44 Ver A. G. Hopkins, 1973, p. 113; D. Eltis, 1979, p. 297. Segundo os números citados por P. Curtin para o Brasil, a maior parte dos escravos era originária de Moçambique e Angola. Parece que isso é verdade também para Cuba, 1969, p. 240, 247. Ademais, podemos dizer que a abolição não teve nenhuma incidência sobre o tráfico de escravos transaariano, o qual participava basicamente de um comércio "de luxo". Ver R. A. Austen, 1979.

supremacia"⁴⁵. Invoca-se com demasiada facilidade o livre-câmbio. Lembremos que os comerciantes são favoráveis ao livre-câmbio quando a concorrência os favorece no mercado, e que eles procuram limitar o livre-câmbio desde que essa situação se inverta. Por isso, certos historiadores, constatando a diminuição do papel das companhias de carta na África Ocidental setecentista, falaram de um avanço do livre-câmbio. Disseram-nos, entretanto, que o desmantelamento dos monopólios das companhias de carta foi um processo progressivo; por conseguinte, a adoção do sistema de livre-câmbio teve um caráter muito limitado e emanou basicamente de "motivos práticos de ordem comercial", ou seja, do fato de tal sistema comportar menos encargos gerais e se adaptar melhor às exigências do tráfico de escravos em pleno avanço⁴⁶. Quanto ao século XIX, durante o qual o sistema de livre-câmbio é ainda mais generalizado, dissemos que, sob a pressão ideológica da noção de "comércio legítimo", essa época conhecera, na verdade, uma séria limitação do livre-câmbio⁴⁷.

Se a Grã-Bretanha pôde tornar-se a campeã da doutrina do livre-câmbio na África, foi em virtude de sua hegemonia no mundo, nesses "felizes dias" em que os produtos britânicos triunfavam face à concorrência de todos os seus rivais, e em que sua frota lhe garantia uma "liberdade de acesso aos mercados do mundo todo, tal como ela jamais conhecera, e não mais conheceria depois"⁴⁸. Os mercados ingleses tiravam vantagem sobre todos os seus concorrentes: os bôeres da África do Sul⁴⁹, os mercadores africanos da África do oeste⁵⁰ e os franceses⁵¹.

---

45   J. Gallagher e R. Robinson, 1970, p. 145.
46   A. G. Hopkins, 1973, p. 93-94.
47   Ver D. D. Laitin, 1982.
48   J. Galbraith, 1970, p. 34-35.
49   A. Atmore e S. Marks tecem o seguinte comentário a propósito da África do Sul do século XIX: "Enquanto durou o monopólio britânico na região – e, na metade do século, ninguém pareceu sonhar em contestá-lo – e enquanto os territórios continuaram subdesenvolvidos e controlados por meios não oficiais, não se via a necessidade de estabelecer um império regulamentar". 1974, p. 120.
     J. Gallagher e R. Robinson nos lembram que um tal império não inexistia totalmente. De fato, a anexação de Natal em 1843 fechou aos bôeres o acesso à baía de Delagoa, em 1860 e 1868, bem como à baía de Santa Lúcia, em 1861 e 1866. Após, houve o fracasso da tentativa de união das duas repúblicas bôeres, em 1860. Em meados do século, essas diferentes medidas mantiveram as repúblicas bôeres em um estado de "dependência em relação aos portos britânicos" (1970, p. 45).
50   É verdade que nesta época os "grupos de comerciantes da África Ocidental serviram [primeiramente] de intermediários econômicos e políticos à Europa e, em particular, à Grã-Bretanha" (S. B. Kaplow, 1978, p. 20). Mas esta posição muito influente foi constantemente enfraquecida (cf., por exemplo, E. Reynolds, 1974b e 1975). Até a derrocada do preço do cauri deveria ser considerada como a derrocada de uma certa independência financeira para a classe comerciante da África Ocidental (ver O. A. Nwani, 1975; A. G. Hopkins, 1970).
51   "A história do *Exclusif* (campanha conduzida pela França para tentar manter o comércio da África Ocidental em um sistema mercantil) é a história de sua lenta agonia" (B. Schnapper, 1959, p. 151). Segundo B. Schnapper, a Grã-Bretanha tinha duas vantagens fundamentais em relação à França: por um lado, ela dispunha de capitais superiores, por outro, vendia seus produtos têxteis mais barato.

A Grã-Bretanha conservou essa vantagem enquanto possível e seu declínio foi independente dos acontecimentos sobrevindos na margem da economia-mundo; simplesmente, ele emerge da melhoria da qualidade dos produtos concorrentes manufaturados no estrangeiro: França, Alemanha, Estados Unidos. Foi a depressão de 1873 que provocou o desafio político lançado à hegemonia britânica, na África e no mundo todo[52]. Em 1879, a estrutura do império africano, efetivamente, não se matinha de pé, e, em 1900, o continente encontra-se colonizado quase que integralmente[53].

Conclusão

Portanto, pensamos que o processo de integração da África (do Norte, do Oeste e do Sul) em um sistema histórico particular, a economia-mundo capitalista, remonta a 1750. Assim, a partilha do continente constitui não o início, mas o resultado desse processo. Entretanto, seria justo afirmar que "o papel do comércio, em geral, e o tráfico de escravos, em particular, [...] foi sobremaneira exagerado"[54] ou, sustentar, no mesmo espírito, que o desenvolvimento das culturas de rendimento na África Ocidental não constituiu uma revolução social, porque ocorreu primeiramente no quadro das estruturas políticas, econômicas e sociais existentes, as quais "se revelaram capazes de seguir as variações da demanda do comércio costeiro [na época do comércio 'legítimo'], mais por adaptação do que por revolução[55]"?

---

52   Não é por acaso que o protecionismo francês no Senegal data de 1873 (ver C. W. Newbury, 1968, p. 345).

53   Eu estudei essa questão (I. Wallerstein, 1970, p. 403): "Para atacar a hegemonia econômica da Grã-Bretanha no mundo, as outras grandes potências em curso de industrialização compreenderam que era necessário abrir suas indústrias a mercados mais vastos e a novos acessos às matérias-primas. Foi assim que começou a corrida em direção à África, e, uma vez que o movimento foi encetado, uma alternativa se impunha à Grã-Bretanha: participar ou perder a vantagem".
Certamente, a Grã-Bretanha já conhecera fracassos, principalmente em consequência da política seguida por ela antes de 1880. Referindo-se aos anos 1860, R. Olaniyan constata que a política hesitante da Grã-Bretanha em matéria de proteção lhe valeu fracassos pungentes (1974, p. 37), mas que as primeiras "perdas" não foram severas o bastante para ocasionar uma verdadeira conversão da política britânica.

54   J. F. Ajayi e R. S. Smith (1964, p. 124). Ver também R. A. Austen (1970); para um argumento contrário, ver A. G. Hopkins (1973, p. 124).

55   J. F. Ajayi e B. O. Oloruntimehin, 1976, p. 214. Esta tese de modificações econômicas e de ausência de transformações sociais é curiosamente contradita no mesmo volume por A. C. Unomah e J. B. Webster, que sustentam o contrário: eles insistem nas transformações da vida social das populações da África Oriental, 1976, p. 208. Ver também C. Coquery-Vidrovitch (1971, p. 121), que sublinha o fato de as maiores transformações observadas no Daomé – mão de obra assalariada e propriedade privada – não datarem apenas do regime colonial.

Não é falso dizer que uma boa parte, se não a maioria dos sistemas africanos, "adaptou-se" às novas exigências. Alguns simplesmente desapareceram em função disso, e quase todos acabaram sendo submetidos ao regime colonial. Porém, a adaptação é a tese e não a antítese. Era isso que se esperava: nem mais, nem menos. Essa adaptação da atividade a um novo quadro social apresenta-se como a consequencia da integração da África, em dada época, em um sistema histórico particular: a economia-mundo capitalista.

CAPÍTULO 3

Tendências e processos novos na África do século XIX

Albert Adu Boahen

As oito primeiras décadas do século XIX viram o desenvolvimento de um grande número de novas tendências e processos, se não por suas originalidades, pelo menos pela rapidez com a qual se impuseram, por sua amplitude e suas influências. De fato, é esta característica tríplice que torna este período particularmente revolucionário e o apresenta como marco do fim da África antiga e o nascimento da África moderna. Tentaremos, neste capítulo, analisar essas novas tendências e processos, avaliar as suas influências e determinar o curso que teria a História se não houvesse acontecido intervenção colonial europeia alguma, nas últimas décadas desse século e posteriormente.

Novas tendências demográficas

A primeira dessas tendências foi de ordem demográfica. A África conheceu no século XIX as mudanças socioeconômicas mais radicais de toda a sua história, mais precisamente, a abolição e o desaparecimento do tráfico de escravos. No final do período que tratamos e por razões que são lembradas em outros capítulos do presente volume, o tráfico de escravos passa a pertencer definitivamente ao passado. Se a abolição não provocou mudança súbita na taxa de crescimento da população, não há dúvida que, principalmente durante as três últimas décadas do período em consideração, esta taxa teve a tendência de crescer progressivamente em vez de diminuir como acontecera até então.

Este crescimento populacional não foi, contudo, o único fenômeno notável. Ainda mais espetacular foi a redistribuição demográfica sob a forma de migrações e movimentos no interior do continente. As migrações internas dramáticas dos nguni, na África austral e Central, dos chokwe, na África Central, dos azande, na África Oriental, dos fang na África Equatorial e dos iorubás, na África Ocidental, não são mais do que exemplos típicos. Como se verá mais adiante, as migrações do nguni levaram este ramo dos povos bantu, a partir da região de Natal, a diferentes partes do Sul, do centro e do Leste do continente. Se, frequentemente, foram a causa de devastações, destruições e de sofrimentos indescritíveis, estas incursões tiveram também resultados positivos. Os nguni venceram e assimilaram outros povos. Assim surgiram novas nações, tais como as dos ndebele e dos sotho. A adoção de sistemas e conceitos militares e políticos aperfeiçoados pelos zulu permitiram-lhes criar novos reinos, tais como Gaza, Suázi, Ndebele, Sotho e Pedi. Estes últimos eram, como escreveu Omer-Cooper, "militaristas, altamente centralizados e administrados muito mais sob a autoridade do rei, pelos induna de origem popular, do que pelos membros da família real"[1]. Além disso, a presença dos nguni encorajou alguns dos povos invadidos a se organizarem em Estados. Foi, deste modo, que os holoholo, habitantes da margem oriental do lago Tanganica, utilizaram as táticas militares dos nguni para criar um poderoso reino. Do mesmo modo, os hehe, da margem sul do Tanganica, até então divididos em mais de trinta chefias independentes, se reagruparam após as incursões dos nguni e, tendo adotado a organização militar, as armas e as táticas de guerra destes últimos, conseguiram subjugar os povos vizinhos, tais como os sanga e os bena, e criar um grande reino hehe.

Na África Ocidental, por razões essencialmente políticas, os iorubás deixaram, por assim dizer, em massa, as vastas pradarias ao Norte da Iorubalândia para se espalharem em direção às florestas do Sul. Estes movimentos levaram a formação de novas comunidades, tais como a de Ibadan, Abeokuta, Oyo, Iwo, Modakeke e Sagamu. Os iorubás, como os nguni, se lançaram em diferentes experiências políticas e constitucionais visando resolver os problemas políticos e ecológicos colocados por seu novo ambiente. Destas tentativas nasceram "a ditadura militar de Ijaye, o republicanismo de Ibadan, o federalismo de Abeokuta e o confederalismo dos ekiti parapo"[2]. O mapa das etnias do Sudoeste da Nigéria,

---

1 J. D. Omer-Cooper, 1976a, p. 350-351.
2 O. Ikime (org.), 1980, p. 307.

tal como se apresenta hoje, resulta destes movimentos populacionais. Foi igualmente no século XIX que os fang e os grupos étnicos que lhes eram aparentados, os bulu, os beti e os pahouin, empreenderam as suas grandes migrações, deixando as savanas do Sul do atual Camarões para ocupar as zonas das florestas até o interior do país e as regiões litorâneas do Gabão[3].

Revoluções Islâmicas

Muito mais revolucionárias ainda foram as tendências novas que surgiram no plano social e estas foram mais particularmente verdadeiras no campo religioso. Como se sabe, a difusão do islamismo na África, a partir da Arábia, teve início no século VII. Contudo, este processo consolidou-se, exceto no Norte da África e no vale do Nilo, somente nos últimos anos do século XVIII de modo esporádico, e com algumas exceções (por exemplo, os almorávidas), pacífico, tendo se dado, sobretudo, através do comércio. A partir da primeira década do século XIX, esta propagação ao contrário tomou um rumo fortemente conquistador e dinâmico, particularmente no Norte e no oeste da África. O seguinte exemplo ilustra bem a rapidez e a amplitude deste fenômeno: a região das savanas do Oeste, que forma o que se conhece como Sudão Ocidental, teve somente duas importantes *jihad* durante o decorrer do século XVIII, um no Futa Djalon, durante a década de 1720, e o outro no Futa Toro, durante a década de 1770, enquanto, durante o período que estudamos, existiram ao menos quatro *jihad* de grande envergadura e diversas outras de menor importância. As mais importantes foram liderados respectivamente por 'Uthmān dan Fodio nos estados haussas em 1804, Amadou Lobbo (Ahmad Lobbo) ou Cheikou Amadou (Seku Ahmadu) no Macina em 1818, al-Hadjdj 'Umar na região dos bambaras em 1852 e Samori Touré na década de 1870[4].

Um dos aspectos fascinantes das três primeiras revoluções islâmicas é o fato de que foram todas lideradas pelos torodbe (ramo clerical dos fulbes (Peul)), povo que encontramos disseminado por todo o Sudão Ocidental. Daí terem elas sido iniciadas então, por estes últimos, em resposta à crise causada nesta região pela opressão política, injustiça social e pela cobrança de impostos ilegais por um lado e, por outro, pelo declínio e pelo enfraquecimento do islamismo. Os objetivos visados pelos instigadores destas guerras santas eram "tornar o islamismo

---

3   P. D. Curtin, S. Feierman, L. Thompson e J. Vansina, 1978, p. 423-424.
4   M. Hiskett, 1976, p 125-168; ver também os capítulos 20, 21 e 24 do presente volume.

não só um conjunto de crenças individuais, mas um direito coletivo"; varrer os vestígios dos costumes tradicionais para criar um império teocrático onde prevaleceriam as leis e práticas islamitas[5]. De todas as rebeliões organizadas, a partir da década de 1840, pelos *juula* (dyula, jula, dioula), comerciantes islamizados e instruídos, oriundos da etnia soninke, a campanha conduzida por Samori Touré durante a década de 1870 foi a que conheceu o maior sucesso e tomou maior amplitude. As atividades de Samori Touré serão descritas com mais detalhes no capítulo 24. Contentaremo-nos em observar aqui que ele era bem menos instruído e menos fanático do que os instigadores das *jihad* precedentes. Até cerca de 1885, Samori buscou contudo converter a população ao islã, utilizando esta religião como um fator importante de integração.

Estas revoluções ou *jihad* islâmicas tiveram, no plano político e social, consequências de porte considerável. Politicamente, abriram o caminho para a criação de impérios imensos, como o Império de Sokoto que, durante a década de 1820, se estendia sobre toda a antiga região setentrional e parte da região ocidental da Nigéria e cuja história, durante este século, será exposta num capítulo ulterior; o Império do Macina que dominou a região do Arco do Níger até ser vencido pelo al-Hadjdj 'Umar cujo império ia das nascentes do Senegal e do Gâmbia até Tombuctu; enfim, o vasto Império de Samori Touré se estendia desde o Norte das atuais Serra Leoa e Guiné até Bamako e englobava o famoso centro comercial e islâmico juula de Kankan[6]. Estas revoluções levaram ao desaparecimento das antigas elites reinantes haussas e soninke em proveito de uma nova elite composta essencialmente por clérigos fulbe e juula. Deste modo, elas se traduziram em uma transferência fundamental da realidade do poder político no Sudão Ocidental. A *jihad* liderada por 'Uthman dan Fodio provocou, entre outros, o renascimento e a consolidação do velho reino do Borno, isto graças essencialmente às ações do xeique Muhammad al-Kanēmi, muçulmano kanambu fervoroso, a quem os dirigentes do Borno solicitaram ajuda para resistirem aos exércitos de 'Uthman dan Fodio e do seu filho Bello.

As consequências destas revoluções foram ainda mais profundas no plano social. Em primeiro lugar, a ação educadora e o proselitismo dos instigadores destas *jihad*, bem como dos seus adeptos e seus chefes militares, os quais, em sua maioria, eram muçulmanos letrados, tiveram como efeito não só a purificação do islamismo, como também a difusão desta religião urbana nas zonas rurais. Além disso, ao passo que os chefes das duas primeiras *jihad* pertenciam à con-

---

5 J. F. A. Ajayi, 1965, p. 1; ver também M. Last, 1974.
6 Ver o capítulo 24 do presente volume, bem como P. D. Curtin *et al*, 1978, p. 388-390.

fraria Qadiriyya, al-Hadjdj 'Umar se dizia da confraria Tijaniyya, relativamente recente, que atraía sobremaneira as pessoas simples. Deste modo, al-Hadjdj 'Umar conseguiu reunir inúmeros adeptos e, neste sentido, é significativo que os adeptos da Tijaniyya sejam hoje mais numerosos na África Ocidental do que aqueles da Qadiriyya. Em terceiro lugar, tendo os chefes das três *jihad* dado importância à educação e aos estudos, o nível de instrução e a taxa de alfabetização das populações mulçumanas elevaram-se consideravelmente durante o século XIX. Enfim, estas *jihad* deram lugar, em toda a região sudanesa, a um sentimento de solidariedade islâmica que permanece até os dias atuais.

Em conclusão, convém dizer que os instigadores das *jihad* e os seus porta-bandeiras não conseguiram estabelecer totalmente no Sudão Ocidental um califado verdadeiro administrado de acordo com a *shari'a*. Faltou-lhes compor com certas instituições e realidades sociopolíticas já existentes. Tampouco viram surgir, ao final das suas campanhas, uma cultura e sociedade islâmica uniforme e isenta de quaisquer influências, mas uma cultura fulbe-haussa no país haussa e uma cultura fulbe-mande na região do Arco do Níger. Estas eram, de todos os modos, fortemente impregnadas dos princípios islâmicos e dos ensinamentos dos pais fundadores.

O islamismo ganhou igualmente terreno em outras partes da África, especialmente na atual Líbia, na Cirenaica e no Leste do Saara, e depois, mais tarde, nas regiões setentrionais do Sudão atual, onde foi propagado pelos sanūsi e mahdistas; enfim, no interior da África Oriental e sobretudo no Buganda, na sequência dos contatos estabelecidos com os comerciantes árabes e suaílis[7].

Atividades missionárias cristãs

Não menos revolucionária e durável em seus efeitos foi, à mesma época, uma outra cruzada religiosa que atingiu outras partes da África, a saber: a campanha empreendida pelos missionários cristãos. Ainda que as primeiras tentativas de se implantar o cristianismo nas regiões que se estendiam ao Sul do Sudão Ocidental remontem à época das explorações portuguesas do século XV, mal se encontravam traços desta religião na África ao final do século XVIII. Todavia, isto se alteraria radicalmente a partir dos últimos anos daquele século, mais particularmente durante as primeiras cinco décadas do século XIX. Sob o efeito principalmente do despertar, na Europa, do espírito missionário, devido essen-

---

7   R. O. Collins e R. L. Tignor, 1967, p. 16-18; A. A. Boahen, 1964, p. 110-117.

cialmente à obra de John Wesley e pelo aparecimento dos ideais antiescravocratas e humanitários inspirados pelo radicalismo e pelas revoluções americanas e francesas, os esforços realizados para implantar e propagar o cristianismo tiveram o mesmo dinamismo, senão a mesma forma conquistadora, que a onda islâmica que se alastrou no Sudão Ocidental. Desta vez, não foram utilizados o alcorão e a espada, mas a Bíblia, o arado e o comércio. A ação dos chefes, do clérigo e dos porta-bandeiras das *jihad* seriam substituídas pela de um grande número de sociedades missionárias, fundadas e baseadas na Europa e na América, e por seus representantes na África. Deste modo, no inicio de 1800 somente três sociedades missionárias trabalhavam em toda a África Ocidental, a saber: a *Society for the Propagation of the Gospel* (SPG) (Sociedade para a Propagação do Evangelho), a *Wesleyan Missionary Society* (WMS) (Sociedade Missionária Wesleyana) e a *Glasgow and Scottish Missionary Society* (Sociedade Missionária Escocesa de Glasgow). Em 1840, apenas quarenta anos mais tarde, elas já eram mais de quinze. As mais importantes eram a *Church Missionary Society* (CMS) (Sociedade Missionária da Igreja), a Missão da Alemanha do Norte ou a Missão de Bremen, a Missão Evangélica de Basileia, fundada na Suíça, a *United Presbiterian Church of Scotland* (Igreja Presbiteriana Unida da Escócia), e a Sociedade das Missões Estrangeiras fundada na França. Durante as três décadas seguintes, mais de uma dezena de novas congregações de origem americana vieram engrossar esta lista.

Na África Oriental e Central, em 1850, havia somente uma congregação missionária, a *Church Missionary Society*. Em 1873, no momento da morte de Livingstone, contavam-se mais duas novas. Uma era a *Universities Mission to Central Africa* (UMCA) (Missão das Universidades para a África Central), criada em 1857 para fundar «núcleos de cristianismo e de civilização que propagassem a religião verdadeira, a agricultura e o comércio legítimo", em resposta ao apelo apaixonado feito, neste mesmo ano, por Livingstone à opinião pública britânica em um discurso pronunciado na Universidade de Cambridge; e a segunda era a Congregação dos Padres do Espírito Santo, ordem católica fundada na França em 1868[8]. São as viagens, bem como as circunstâncias e o impacto da morte de Livingstone, que deram o impulso decisivo para a onda religiosa que sacudiu a África Oriental e Central. Em apenas quatro anos, quatro novas missões foram criadas, a *Livingstone Mission* criada pela *Free Church of Scotland* (Igreja Livre da Escócia), em 1875; a Blantyre Mission foi criada no ano

---

8   R. Oliver, 1965, p. 13.

seguinte pela Igreja oficial da Escócia, com intuito de evangelizar o atual Malaui; a *London Missionary Society* (LMS) (Sociedade Missionária de Londres) que, na sequência a uma carta publicada pelo *Daily Telegraph*, na qual o explorador e jornalista Stanley convidava as missões a se encontrarem no Buganda, estender o seu trabalho a partir da África do Sul até a atual Tanzânia; por fim, a missão católica dos Padres Brancos, implantando-se neste país dois anos após a *Church Missionary Society*[9]. Deste modo, a evangelização da África Oriental e Central no final do século XVIII encontrava-se a bom caminho.

Mas a amplitude e o sucesso das atividades missionárias foram ainda maiores na África austral. Ao final das guerras napoleônicas, havia não mais que duas sociedades em atividade em toda a região: a Missão Morave, que entrou na província do Cabo uma primeira vez em 1737, retirando-se apenas seis anos mais tarde e só regressando em 1792, e a *London Missionary Society*, que surgiu na região em 1799[10]. Mas, a partir de 1816, um grande número de sociedades da Grã-Bretanha, da Europa continental e dos Estados Unidos, tanto protestantes como católicas, penetraram não somente na província do Cabo, mas também na região de Natal e do Transvaal. Por volta de 1860, elas haviam avançado para o Norte até as regiões que são agora o Botsuana, o Lesoto, o Sudoeste africano e a Zâmbia. Elas compreendiam a *Wesleyan Missionary Society*; a *Glasgow Missionary Society*; a *Church Missionary Society*; a sociedade missionária norueguesa; a *United Presbyterian Mission*; a Sociedade de Berlin; a Sociedade do Reno; a Missão Evangélica de Paris; a *USA Mission to Zululand and Mossega*; a Sociedade Missionária de Hamburgo; e a *Swiss Free Church* (Igreja Livre Suíça)[11].

Uma diferença importante entre a empreitada missionária na África austral e aquela que teve lugar, por exemplo, na África Ocidental, se deve à participação direta e ativa que os missionários tiveram, na primeira destas regiões, nas questões políticas e, sobretudo, nas relações estreitas que se instalaram entre alguns missionários e alguns reis africanos. Desde o início, missionários como Van der Kamp e John Philip participaram ativamente da política local; enquanto Lobengula, Lewanika e Cetshwayo tornaram-se grandes amigos de Moffat, Coillard e Colenso, respectivamente[12].

---

9 A. J. Wills, 1964, p. 82-97; R. Oliver, 1965, p. 1-48; N. R. Bennett, 1968, p. 231-235.
10 E. Roux, 1964, p. 25-26; E. A. Walker, 1957, p 92-93, 144-146, 173-175.
11 E. A. Walker, 1957, p. 133, 144-146, 178; E. Roux, 1964, p. 24-31; C.P. Groves, 1954, vol.2, p. 118-161; D. Denoon, 1973, p. 26-29, 67-90; H.W. Langsworthy, 1972, p. 82, 105, 115.
12 D. Denoon, 1973, p. 96-97; C. P. Groves, 1954, p. 252, 274; E. Roux, 1964, p. 25-32.

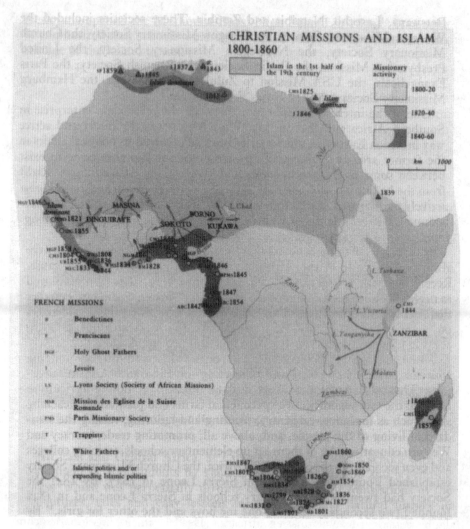

FIGURA 3.1   As missões cristãs e o islã, 1800-1860. [Fonte: J. F. Ade. Ajayi e M. Crowder (orgs.), *Historical Atlas of Africa*, 1985, Londres, Longman.]

No início, acreditou-se que os missionários na África austral estivessem sempre do lado dos africanos e sistematicamente defendessem sua causa. Mas trabalhos recentes mostraram que eles eram "frequentemente empregados como negociadores entre as autoridades coloniais e as autoridades africanas, muito mais como diplomatas do que como evangelizadores"[13], e que, se os coloni-

---

13   D. Denoon, 1964, p. 65.

zadores os consideravam como perigosamente pró-africanos, muitos chefes africanos viam neles (a título muito justo) agentes perigosos dos colonizadores e do imperialismo.

Estas sociedades missionárias não se limitaram a construir igrejas, a converter a população e a traduzir a Bíblia para as línguas africanas. Elas consagraram também muito tempo a desenvolver a agricultura criando plantações experimentais; a ensinar profissões como pedreiro, carpinteiro, gráficos e alfaiates; a elevar o nível de vida da população e, sobretudo, a promover o comércio, a alfabetização e o ensino do tipo ocidental. Todas criaram escolas primárias, escolas técnicas e mesmo escolas secundárias. Na África Ocidental, a *Church Missionary Society* criou o Colégio Fourah Bay em 1827. Em 1841, ela já administrava vinte e uma escolas primárias em Serra Leoa e, em 1842, fundou duas escolas secundárias: uma para rapazes e outra para moças[14]. Em 1846, os Wesleyanos tinham também quatro escolas para moças e vinte escolas para rapazes na Costa do Ouro e, em 1876, abriram a sua primeira escola secundária, a *Wesleyan High School*, atualmente denominada Mfantsipin School. A *Church Missionary Society* criou também uma escola secundária, em 1859, em Lagos, enquanto os Wesleyanos abriam a *Methodist Boy's High School* em 1879[15]. Precisa-se sublinhar que estas escolas não foram construídas somente no litoral, sendo que algumas dentre elas foram em cidades do interior.

Tratando-se da África Oriental e Central, havia, em 1890, em Livingstone uma escola que acolhia 400 alunos, além da missão dispor de uma oficina e uma prensa tipográfica que "não cessava de produzir cartilhas de alfabetização e coletâneas das Sagradas Escrituras, de tabuadas, e de cursos elementares de geografia e história natural traduzidos para nyanja, tonga, nguni, nyakiusa, e nkonde"[16]. Em 1835, o recenseamento da missão Livingstone registrava 4.000 alunos em suas escolas de Madagascar, e, em 1894, 137.000 crianças merina dos altos planaltos da Grande Ilha estavam matriculadas nas escolas protestantes: ou seja, segundo Curtin e seus colaboradores, uma proporção do número estimativo da população daquela região "semelhante àquela que se registrava na Europa Ocidental na mesma época"[17].

Na África austral, prestava-se uma atenção muito superior ao ensino do que em outras regiões da África, em parte graças às subvenções dos governos do

---

14 A. A. Boahen, 1966, p. 118-123.
15 J. F. A. Ajayi, 1965, p. 152-156.
16 R. Oliver, 1965, p. 62.
17 P. D. Curtin *et al*, 1978, p. 414.

FIGURA 3.2   Igreja da missão da Church of Scotland em Blantyre (Malaui). [Fonte: H. H. Johnston, British Central Africa, 1897, Greenwood Press, London. Foto reproduzida com autorização do Conselho de administração da Biblioteca da Universidade de Cambridge.]

Cabo e de Natal. Em 1870, os missionários haviam registrado, segundo parece, um sucesso muito maior no campo pedagógico do que em matéria de evangelização[18]. Haviam criado não somente numerosas escolas primárias ou de vilarejos, mas, também, desde a década de 1840, escolas normais e de ensino secundário. A *Glasgow Missionary Society*, por exemplo, criou a Lovedale, em Natal, em julho de 1841, um seminário ao qual estava anexado um departamento técnico que ensinava as profissões de pedreiro, de carpinteiro, fabricantes de carroças e ferreiros e, a partir de 1861, de gráfico e de encadernador[19]. Em 1877, os católicos haviam já fundado, em Natal, um convento das Irmãs da Sagrada Família com uma pensão, uma escola primária e um asilo e um outro convento no estado livre D`Orange. Em 1868, os missionários franceses criaram uma escola normal em Amanzimtote e, na metade da década de 1860, um pequeno seminário para

---

18   M. Wilson e L. Thompson, 1969, p. 335, 385.
19   C. P. Groves, 1954, vol. II, p. 135-136; M. Wilson e L. Thompson, 1969, p. 261-262, 335.

moças em Inanda, na província do Natal; em 1880, os anglicanos fundaram o St. Albans College em terras zulus[20].

A influência daquela campanha de cristianização foi, sem dúvida, ainda mais profunda do que a das cruzadas islâmicas.

É sobre o modo de vida dos africanos convertidos que suas repercussões foram ainda mais evidentes. Estes últimos, além de terem aprendido outras profissões, tinham um mínimo de atenção à saúde; ao mesmo tempo, os estilos tradicionais de arquitetura melhoram e o trajar de roupas ocidentais se expandiu[21]. Por outro lado, ao condenar a poligamia, as crenças de seus ancestrais e de seus deuses, e o curandeirismo, os missionários enfraqueceram as bases tradicionais das sociedades africanas e das suas relações familiares.

Uma outra consequência da propagação desta nova fé foi o aparecimento de um pluralismo religioso e, portanto, a divisão das sociedades africanas em grupos rivais e concorrentes. Primeiro, as sociedades africanas dividiram-se entre convertidos e não convertidos, ou como eram chamados na África do Sul, entre «vermelhos» e «pessoas educadas»[22]. Da mesma forma que os fiéis e seguidores do islamismo dividiram-se pela existência de confrarias rivais da Qadiriyya e da Tijaniyya, o cristianismo cristalizou as «pessoas educadas» em católicos, metodistas, anglicanos, luteranos, congregacionistas e presbiterianos. Se em diversas partes da África este esfacelamento não foi causa de tensão ou de animosidade social importante, o mesmo não se deu em outras partes da África como Bugamba e Madagascar, como veremos mais adiante na sequência deste volume.

O aparecimento de uma elite educada à moda ocidental

A consequência mais importante, no plano social, da revolução feita pelos missionários foi, todavia, o aparecimento de uma elite instruída. A ação educadora das sociedades missionárias, a partir da década de 1850, tal como a evocamos, traria o aparecimento, primeiro no litoral, e depois, em regiões sempre mais afastadas, de uma classe de africanos que, em sua maioria, estudou em inglês ou francês.

As regiões onde esse fenômeno foi mais marcante são inegavelmente a África do Sul e a África Ocidental.

---

20   C. P. Groves, 1954, vol. II, p. 261-265.
21   M. Wilson e L. Thompson, 1969, p. 266-267.
22   *Ibid.*, p. 265; M. Wilson, 1971, p. 74-75.

FIGURA 3.3   Tiyo Soga [Fonte: C. Saunders, *Black Leaders in African History*, 1978, Heinemann, London (O original encontra-se em Tiyo Soga, *A page of South African Mission work*, 1877, 1ª edição), John Aitken Chalmers.]

Segundo Leo Kuper, nada menos do que 3.448 africanos haviam passado pela única *Lovedale Missionary Institution* entre 1841, data da sua fundação, e dezembro de 1896. Entre estes, "mais de setecentos tinham uma profissão, em sua maioria de professores; mas contavam-se oito auxiliares de justiça, dois escrivães, um médico e dois redatores-chefes ou jornalistas; quase cem eram secretários ou tradutores; cerca de cento e setenta artesãos; e mais de seiscentos trabalhadores agrícolas ou lavradores[23]. Não se pode esquecer que a Lovedale não era a única instituição desta natureza; havia outras no Cabo e no Natal. Entre os ex-alunos destas instituições, dentre os quais um número grande, como se verá mais adiante, teria um papel de primeiro plano no movimento religioso de massa que se espalharia entre os bantos nas décadas de 1880 e, principalmente, na de 1890. Tiyo Soga foi o primeiro Xhosa a ser ordenado ministro da *Free Church of Scotland* em 1856; Nehemiah Tile estudou teologia na *Healdtown Institution*; Kenyane era um eclesiástico banto do Cabo; citemos também James M. Divane, nascido em 1841, e ordenado em 1881, e Mangena M. Mokone[24]. O mais jovem, mas também aquele que deveria exercer provavelmente a maior influência, foi John T. Javabu. Nascido em 1859, ele frequentou a *Healdtown Institution* (como Nehemiah Tile), tornando-se professor diplomado em 1875, sendo o primeiro africano a passar no exame de bacharelato em 1883 e fundou o primeiro jornal em língua banta (*Imvo Zabantsundu*); ele teve um papel importante na política do Cabo entre 1890 e 1910[25].

Todavia, em relação ao conjunto da população negra da África do Sul, a elite educada à ocidental, permanecia, em 1880, numericamente insignificante. Ainda mais ínfimo era o número desta na África Oriental e Central na mesma época. No Tanganica, por exemplo, o primeiro padre africano da UMCA, Cecil Majaliwa, só foi ordenado em 1890, o segundo só foi em 1894 e o terceiro em 1898[26]. No Quênia, foi necessário esperar pelas primeiras décadas do século XX para que uma elite, ainda que pouco importante, composta por homens como John Owale, R. Omulo, J. Okwiri, Harry Thuku, James Beauttah, Hesse Kariuku, John Muchuchu, sem mencionar Jomo Kenyatta, começasse a ter um papel ativo na política local[27]. Se foi assim, é bem certo que as atividades de ensino dos missionários somente se deslancharam após o período aqui considerado. Na

---

23 L. Kuper, 1971, p. 433-434.
24 E. Roux, 1964, p. 78-80; E. A. Walker, 1957, p. 521-522.
25 E. Roux, 1964, p. 53-77; E. A. Walker, 1957, p 394-395, 536.
26 J. Iliffe, 1979, p. 216-219.
27 B. A. Ogot e J. A. Kieran (org.), 1968, p. 266-270.

África Ocidental, ao contrário, e em primeiro lugar, em Serra Leoa, constituiu-se, desde 1880, uma elite instruída relativamente numerosa. Com efeito, são os crioulos, como se passou a chamar as pessoas instruídas deste país, que serviram de ponta de lança da ação missionária e educadora em outras regiões da África Ocidental. Três personagens são particularmente exemplares: James Africanus Horton, nascido em 1835, que estudou medicina na Grã-Bretanha entre 1853 e 1859, engajando-se como cirurgião auxiliar de estado maior dos serviços médicos do exército britânico na África Ocidental; Samuel Ajayi Crowther que foi um dos primeiros diplomados do *Fourah Bay College* e o primeiro africano a ser nomeado bispo da igreja anglicana; e finalmente, James Johnson, intelectual e evangelizador ardoroso[28]. É preciso mencionar também Broughton Davies que se formou em medicina em 1859 e Samuel Lewis, advogado, o primeiro africano a ser condecorado com o titulo de cavaleiro pela rainha da Inglaterra[29]. A Libéria formou igualmente um número notável de intelectuais, devendo ser citado, entre eles, Edward Blyden, nascido nas Antilhas.

Na Nigéria e na Costa do Ouro, seu número era um pouco maior. Na Nigéria contava-se, dentre esta elite, pessoas como Essien Ukpabio; T. B. Vincent, mais tarde conhecido sob o nome de Mojola Agbebi; H. E. Macaulay, G. W. Johnson, R. B. Blaize e J. A. Otunba Payne[30]. Na Costa do Ouro, durante as décadas de 1870 e 1880, ela era composta por J. A. Solomon, E. J. Fynn, J. P. Brown, J. de Graft Hayford, A. W. Parker, T. Laing, J. H. Brew e John Mensah Sarbah[31].

Além disso, ainda que na África Ocidental e, até certo ponto, nas regiões de Moçambique e Angola sob domínio português, uma fração desta elite instruída tenha escolhido profissões tais como funcionário, professor, catequista e padre ou agente da Igreja – segundo o último censo, os Wesleyanos contavam, em 1885, com 15 padres, 43 catequizadores, 259 pregadores e 79 professores de origem africana na Costa do Ouro[32] –, a maioria estabeleceu-se no comércio por conta própria, obtendo crédito junto a empresas estrangeiras e comerciantes locais. São estes últimos "a burguesia de amanhã", segundo Susan Kaplow[33], que na Costa do Ouro, em Serra Leoa e na Nigéria estenderiam, como se verá adiante, uma rede de comércio varejista cada vez mais longe em terras interioranas durante o

---

28 E. A. Ayandele, 1966, p. 185-196; J. F. A. Ajayi, 1969.
29 C. M. Fyle, 1981, p. 74-76.
30 E. A. Ayandele, 1966, p. 58-59, 192-200.
31 F. L. Bartels, 1965, p. 72-100.
32 M. McCarthy, 1983, p. 110-111.
33 S. B. Kaplow, 1977, p. 313-333.

FIGURA 3.4   Escola da vila Charlotte, Serra Leoa, cerca de 1885. [Fonte: A.T. Porter, Creoledom, 1963, Oxford University Press, Oxford. © Domínio público, com autorização da *Foreign and Commonwealth Office Library*.]

período em estudo. Como indicado em um relatório proveniente da Costa do Ouro, em 1850, os mais jovens iam para o interior do país, instalando-se como comerciantes e empregados "provocando um acréscimo importante na demanda junto aos fabricantes da Grã-Bretanha e desenvolvendo amplamente o comércio e a civilização entre as populações indígenas[34]". Uma evolução social semelhante ocorreu em Madagascar e na África Oriental e Central. Deste modo, ao final do século, a pirâmide social africana contava com um novo escalão, uma elite instruída dentre a qual alguns exerceram as profissões de médico, padre, professor, catequizador e empregado, enquanto outros formaram a classe dos burgueses de amanhã, ou dos chefes de empresas, como alguns preferem chamá-los, composta por negociantes e mercadores instruídos.

---

34   Citado em M. McCarthy, 1983, p. 126.

O Etiopianismo

O aparecimento desta elite instruída na África teve duas consequências excepcionais e interessantes: O nascimento do etiopianismo, movimento nacionalista africano político e religioso e a revolução intelectual sobre a qual irrompeu, particularmente na África do Sul e na África Ocidental. É preciso sublinhar que, até a década de 1850, os africanos instruídos que exerciam profissões intelectuais eram tratados e vistos pelos brancos como iguais e eram remunerados de acordo com as suas qualificações e experiência. Uma grande parte da elite instruída africana acreditava sinceramente que a África somente poderia ser civilizada se adotasse o saber, a técnica e a religião dos europeus. Mas foi então que "surgiu na Europa e na América, a tese pseudocientífica que interpretava a sociedade em termos de categorias raciais imutáveis nas quais era atribuída ao negro uma classificação muito inferior[35]". Estas ideias racistas foram difundidas amplamente durante a segunda metade do século, graças aos trabalhos de homens como J. A. Gobineau, Richard Burton e Winwood Reade. Elas seriam adotadas pela maioria dos missionários e administradores europeus na África que passaram a exercer, tanto nas Igrejas como no governo, uma discriminação em relação aos africanos instruídos com vantagem para os brancos. É essencialmente desta discriminação racial, assim como do sentimento de humilhação e da indignação por ela provocada, que nasceu o movimento nacionalista político e religioso que se intitulou etiopianismo, tirado de um versículo da bíblia: "A Etiópia terá as mãos voltadas para Deus."[36] Tomando como exemplo a independência manifestada, no início do século, por ex-escravos da Nova-Escócia instalados em Serra Leoa, esse movimento visava a instituição de igrejas cristãs dirigidas pelos próprios africanos e mantendo as tradições e culturas africanas. Nascido na África do Sul, provavelmente no início da década de 1860, ele se desenvolveu plenamente na década de 1880: as primeiras igrejas separatistas independentes etíopes ou africanas foram fundadas na África do Sul em 1884, pelo ministro wesleyano tembu Nehemiah Tile; e, em 1888, na África Ocidental por um grupo de personalidades da igreja nigeriana da *Southern Baptist Mission* (americana)[37]. É importante observar que, se Tile desejava "adaptar a mensagem da Igreja à herança dos tembu" – acrescentando: " do mesmo modo que a rainha

---

35 J. A. Horton, 1969, p. xvii; P. D. Curtin, 1964, p. 28-57; R. July, 1967, p. 212-213.
36 G. Shepperson e T. Price, 1958, p. 72-74.
37 *Ibid.*, p. 72-74; G. Shepperson, 1968, p. 249-263; E. Roux, 1964, p. 77-80; B. G. Sundkler, 1961, p. 38-47; D. B. Barret, 1968, p. 18-24; T. Hodgkin, 1956, p. 98-114.

da Inglaterra é chefe da Igreja inglesa, o chefe supremo dos tembu deveria ser o *summus episcopus* da nova organização religiosa"[38] –, T. B. Vincent, que mais tarde se tornaria, sob o nome de Mojola Agbebi, um dos chefes do primeiro movimento separatista da Nigéria, declarou em 1889:

> para que o cristianismo se torne verdadeiramente uma religião africana, é necessário que seja irrigada por mãos indígenas, podada por machado indígena e nutrida por terra indígena [...] Seríamos amaldiçoados se pretendêssemos ficar indefinidamente pendurados na aba dos mestres estrangeiros, recusando o crescimento.

Ele pretendia também inculcar a seus convertidos "a individualidade da raça, a independência da congregação, a autonomia financeira e política, a conservação dos nomes indígenas, dos trajes indígenas, os costumes e hábitos úteis indígenas e a utilização da língua natal para o culto"[39]. Da África do Sul, o etiopianismo ganhou toda a África Oriental e Central, onde exerceu uma forte influência entre 1880 e 1920.

Na África Ocidental, contudo, a elite instruída não se contentou com uma ação política. Ela também passou a refutar e denunciar as teses e práticas racistas através de uma série de artigos, brochuras, livros e discursos que deram vida ao segundo dos fenômenos excepcionais evocados acima, ou seja, à revolução intelectual e, com ela, à consciência racial africana, ao pan-africanismo e à personalidade africana.

Os pioneiros deste movimento na África Ocidental foram sem dúvida James Africanus Horton (1835-1883), e Edward Wilmot Blyden (1832-1912). Entre as obras de Horton sobre os tópicos em questão encontram-se *Political economy of British Western Africa with the requirements of the several colonies and settlements: An African view of the Negro place in Nature* (1865) (A economia política da África Ocidental britânica e as exigências das diversas colônias e assentamentos: uma visão africana sobre o lugar do Negro na Natureza); *Western African countries and peoples: a vindication of the African race* (1868) (Países e povos da África Ocidental: uma defesa da raça africana) e *Letters on the political conditions of the Gold Coast* (1870) (Cartas sobre as condições políticas da Costa do Ouro). Em sua segunda obra, Horton refuta a ideia de uma inferioridade intrínseca da raça negra; segundo ele, a distância existente entre o grau de civilização de brancos e negros resulta "totalmente de circunstâncias externas". Aos que apresentavam a hipótese da inferioridade da raça negra e concluíam que esta, mais cedo ou

---

38 *Apud* T. Hodgkin, 1956, p. 100.
39 *Apud* E. A. Ayandele, 1966, p. 200.

mais tarde, seria varrida da face da terra pela potência dos brancos, Horton respondia:

> Nós constatamos que, por todos os lugares onde os membros da raça africana foram transplantados, eles se multiplicaram, qualquer que tenha sido o jugo destruidor e pesado que tenham sofrido, podemos deduzir sem grande risco de erro que o povo africano é um povo indestrutível e persistente, e que as extravagâncias daqueles que previam seu desaparecimento são destinadas ao esquecimento da mesma forma que o escravismo americano, hoje moribundo[40].

Refutando, enfim, o postulado segundo o qual os negros seriam incapazes de atingir o progresso, ele escreveu: "Os africanos não são incapazes de progredir; com a assistência de homens bons e capazes, eles estão, ao contrário, destinados a figurar nos tempos futuros e a ter um papel proeminente na história do mundo civilizado"[41].

No prefácio das suas *Letters on the political conditions of the Gold Coast* (1870), Horton escreveu novamente: "Roma não foi feita em um dia. O mais orgulhoso império da Europa já foi antes mais bárbaro que o são hoje as principais tribos habitantes da costa ocidental da África; ora, o que já foi feito pode ser realizado novamente; isso é uma verdade irrefutável. Se, portanto, a civilização europeia conseguiu atingir o apogeu que conhece nos dias atuais no cabo de uma evolução gradual, a África, fortalecida pela garantia oferecida pela civilização do Norte, conseguirá, ela também, uma grandeza idêntica"[42].

Horton não se contentou em condenar o racismo; ele foi um dos primeiros a defender o pan-africanismo. Como mostrou Shepperson, esse ideal nasceu nele enquanto estudava na Grã-Bretanha em reação contra as teorias racistas pseudocientíficas. Foi então que adicionou Africanus aos seus outros dois nomes, James Beale; desde então, ele simplesmente assinou a maioria dos seus escritos como Africanus Horton.[43] Por fim, convém observar que Horton se interessava, além dos problemas raciais e culturais, igualmente pela independência política. Com efeito, em sua obra *West African countries and peoples*, ele tenta não somente "refutar numerosas teorias e afirmações antropológicas falaciosas e contrárias aos interesses da raça negra", mas também a definir as "condições necessárias para

---

40 J. A. Horton, 1969, p.69; ver também R. July, 1967, p. 110-129; encontra-se uma biografia completa de J. A. Horton em C. Fyfe, 1972.
41 J. A. Horton, 1969, p. IX-X.
42 *Ibid.*, p. I.
43 *Ibid.*, Introdução, p. XVII

alcançar a autonomia recomendada pela Comissão da Câmara dos Comuns em 1865".⁴⁴

Contemporâneo a Horton, Edward Wilmot Blyden (1832-1912) foi ainda mais prolífico, mais radical e tão conhecido quanto ele.⁴⁵ Nascido em St. Thomas, Antilhas, ele muito cedo, entretanto, imigrou para a Libéria onde realizou os seus estudos e residiu durante toda a sua vida, ocupando as funções de professor universitário e diplomata até a sua morte aos oitenta anos de idade. Ele publicou um grande número de livros e de brochuras, pronunciou diversos discursos na Europa e nos Estados Unidos condenando sem descanso as teorias racistas então em voga. Entre as suas obras publicadas durante o período analisado aqui, figuram *African colonization* (1862) (A colonização africana); *Vindication of the Negro race* (1857) (Em defesa da raça negra); *A voice from bleeding Africa on behalf of her exiled children* (1856) (Uma voz da África sangrenta em nome dos seus filhos exilados); *Hope for Africa* (1861) (Esperança para a África); *From West Africa to Palestine* (1873) (Da África Ocidental até a Palestina); e *Christianity, Islam and the Negro race* (1877) (Cristianismo, Islã e a raça negra). Em suas obras, ele defendia a palavra de ordem "África para os Africanos" e se tornou um defensor do pan-africanismo, da personalidade africana, do islamismo e da poligamia – mais adequada, segundo ele, à identidade africana; ele enfatizou a necessidade de preservar a pureza e a integridade da raça negra e, deste modo, condenou os casamentos inter-raciais; lutou em prol do etiopianismo e, acima de tudo, pregou o orgulho de ser negro. Deste modo, em um artigo publicado em 1874, ele fez apologia aos mande e fulbe que eram muçulmanos e que desenvolviam a ideia de uma ordem nacional e social sem intervenção positiva ou negativa dos estrangeiros. Blyden concluiu:

> Durante séculos, a raça africana participou da construção da civilização humana da forma mais humilde e subalterna. Entretanto, o curso da história produziu este fato interessante em que uma carreira se abre a este povo e a nenhum outro. Uma tarefa particular lhe foi reservada, tanto em terras de servidão como nas terras de seus pais, que nenhum outro povo pode realizar. Quando considero suas perspectivas e privilégios atuais – e o trabalho duro, o sofrimento nobre e os êxitos que lhe são prometidos –, prefiro pertencer a esta raça a ter nascido grego na época de Alexandre, romano à época de Augusto ou ser anglo-saxão no século XIX.⁴⁶

---

44 *Ibid.*, Prefácio, p.VII.
45 Para maiores detalhes, ver H. L. Lynch, 1967; J. S. Coleman, 1958, p. 106-107, 175-176, 183-184; R. July, 1967, p. 208-233.
46 Citado em H. S. Wilson, 1969, p. 239-240.

Foi o mesmo Blyden que, em seu famoso discurso de maio de 1880 diante da *American Colonization Society*, deu ressonância à formula "A Etiópia terá as mãos voltadas para Deus" e incorporou os etíopes à comunidade africana; foi ele o primeiro a utilizar as expressão "personalidade africana" em uma conferência pronunciada em 19 de maio de 1893, em Freetown, descrevendo a raça africana como " uma grande raça – grande por sua vitalidade, por sua resistência e suas chances de perpetuidade". Ele acrescentou:

> É triste pensar que existem africanos, principalmente aqueles que tiveram as vantagens de uma formação estrangeira, que permanecem cegos diante das realidades fundamentais da natureza humana, a ponto de dizerem: 'Livremo-nos de todo sentimento de se pertencer a uma raça. Livremo-nos de nossa personalidade africana e, se possível, fundirmo-nos numa nova raça' [...] Pregai esta doutrina o quanto quiserdes, ninguém os seguirá. Ninguém pode seguir-vos, por que uma vez abandonada a sua personalidade, serão desnudados de si mesmos [...] É o dever de todo homem, qualquer que seja a sua raça, lutar pela sua individualidade – para preservá-la e desenvolvê-la [...]. Deste modo, honrai e amai a vossa raça. Se deixardes de ser vós mesmos, se renunciardes a vossa personalidade, não restará nada a deixar neste mundo[47].

Uma outra figura que marcou a revolução intelectual daquela época foi, sem dúvida alguma, James Johnson, este entusiástico evangelizador crioulo de origem iorubá. Como Horton, ele nasceu em Serra Leoa e realizou os seus estudos na escola secundária de Freetown e no *Fourah Bay College* e, depois, ensinou nesta última instituição entre 1860-1863. Em seguida, entrou na *Church Missionary Society* que, em 1874, o enviou à Nigéria onde, num primeiro momento, ficou responsável pela célebre *Breadfruit Church* de Lagos. Em 1876, ele foi nomeado diretor geral de todas as missões da *Church Missionary Society* instaladas em território iorubá, isto até 1880 quando ele foi demitido das suas funções só por ser da "raça negra".[48] James Johnson, em seus sermões, em suas cartas e em seus artigos, tornou-se não só um defensor do nacionalismo nigeriano, mas também do etiopianismo, doutrina que jamais, na África Ocidental, teve o caráter antigovernamental e separatista que teve na África austral e Central, mas que se tornou a expressão das aspirações africanas, vangloriando e exaltando os sucessos da raça negra e, ao mesmo tempo, uma arma na luta pela conquista do poder e de posições no seio da Igreja e na função pública.

---

47 *Ibid.*, p. 249-250.
48 E. A. Ayandele, 1966, p. 195-196; R. July, 1967, p. 197-207.

Como Blyden, mas diferentemente de Crowther, James Johnson defendeu, em seus sermões e em suas obras, a palavra de ordem "África para os Africanos", popularizando simultaneamente o conceito do etiopianismo[49]. Ao contrário de seu contemporâneo Crowther, ele foi também um partidário e um defensor apaixonado de uma evangelização da África pelos africanos e condenou com vigor a tese, então em voga, da inferioridade da raça negra. Ele desejava o aparecimento de uma igreja africana independente que poria fim a todo sectarismo e uniria todos os cristãos da África, "reagrupando todos em uma única comunidade africana"[50]. Os ministros daquela igreja, insistia ele, deveriam ser em todos os níveis africanos porque, de acordo com ele, "os missionários europeus não saberiam fazer suas as ambições e o modo de pensar próprios da raça africana". Ele considerava também que a presença dos europeus entravaria o progresso desta raça ao destruir "a superioridade física, a independência viril, a coragem e a bravura, a audácia e a autonomia, além da vontade de enfrentar dificuldades", todas as qualidades que possuem os africanos que jamais tiveram contato com os europeus[51]. Aos que, em 1881, o acusaram de ser hostil aos brancos, Johnson respondeu:

> Para os missionários atuais, o africano que comprova a sua independência de espírito e enuncia claramente as suas convicções comete um crime grave.
>
> Não se lhe reconhece este direito: ele deve ver sempre com outros olhos que não os seus e professar outras opiniões que não as suas; não deve manifestar sentimento patriótico algum; é preciso desnudar-lhe de sua humanidade e os últimos vestígios de seu orgulho racial e dilapidar a sua individualidade e personalidade a fim de poder coexistir em paz com os missionários e obter a graça de ser recomendado favoravelmente à sociedade[52].

Como se surpreender que tais opiniões tenham amedrontado os missionários europeus a ponto de, em 1880, terem manobrado para substituir em sua função, no coração dos territórios iorubás, aquele que as professava?

A mesma fermentação intelectual se manifestou em outras partes da África, notadamente em Angola e, como se verá mais adiante, no Egito e em outros

---

49 E. A. Ayandele, 1966, p. 187.
50 *Ibid.*, p. 187.
51 *Apud* E. A. Ayandele, *ibid.*, p. 191.
52 *Apud* E. A. Ayandele, *ibid.*, p. 191.

Estados berberes, como testemunham os escritos de letrados egípcios, a exemplo de Shaykh Rifā'a al-Tahtāwi (1801-1873)[53].

As concepções destes africanos instruídos, o saber e a cultura dos quais seus escritos são testemunho, a sutileza de seus argumentos e a força do seu raciocínio, enfim, o simples volume de seus artigos, de suas publicações e de sua correspondência evidenciam que se produziu uma verdadeira revolução intelectual, particularmente na África Ocidental, mas de um modo geral sobre todo o continente, revolução que não somente deu vida ao etiopianismo e ao pan-africanismo e defendeu a personalidade e a independência africanas nas instâncias da Igreja e do Estado, mas também devolveu o seu orgulho e a sua confiança à raça negra.

Novas tendências políticas

Além dessas comoções demográficas e religiosas, outras duas grandes orientações se desenharam na África durante o período em estudo: uma no campo político e outra no campo comercial. No plano político, as principais tendências novas que caracterizam este período são a concentração e a consolidação cada vez maior das nações africanas, a sua modernização ou a sua renascença, certas iniciativas e experiências constitucionais, a integração às antigas estruturas políticas de uma parte da nova elite instruída e, finalmente, a confrontação entre africanos e europeus.

Se for verdade que um certo número de antigos impérios, como os reinos Ashanti e Oyo na África Ocidental ou o Império Luba na África Central se esfacelaram naquela época, não é menos verdadeiro que a tendência à unificação e a consolidação das nações constituiu o fenômeno político mais interessante e mais característico deste período da história africana. O Império de Sokoto, o Império de Macina, o de al-Hadjdj Umar e, sobretudo, o de Samori Touré são incontestavelmente exemplos típicos das tendências centralizadoras na política africana no século XIX. Como já vimos, as migrações dos nguni chegaram a um resultado semelhante. Os casos da Etiópia, de Madagascar e do Buganda são também característicos.

No início do século XIX, tanto a Etiópia como Madagascar encontravam-se divididos em estados rivais e independentes. Mas, como se verá mais adiante[54],

---

53   Ver A. A. Boahen (org.), 1987, capítulo 21; e capítulo 13 do presente volume.
54   Ver os capítulos 15 e 16 do presente volume.

a Etiópia foi unificada antes do final do século, essencialmente graças às conquistas militares empreendidas por um dos Estados do centro, o Reino de Shoá, em que o *rás* Menelik II se fez proclamar *negus* do Império Etíope em 1889. Na mesma época, e seguindo os mesmos métodos, o reino central merina de Madagascar subjugou e absorveu, sob a liderança esclarecida do rei Adrianampoinimerina (1782-1810) e de seu sucessor, a quase totalidade dos Estados do Norte, Leste e centro da ilha. Após estas conquistas, os estados centralizados de ambos países tentaram impor a sua língua e sua cultura aos reinos subjugados, a fim de construir verdadeiros Estados-nações, processo que, como veremos, continuou por várias décadas do século seguinte.

As campanhas humanitárias, abolicionistas e racistas que marcaram esta época fizeram surgir, na África Ocidental, dois Estados inteiramente novos, Serra Leoa e Libéria, criados respectivamente em 1787 e em 1820, ao passo que Libreville foi fundada na África Equatorial. Ao final do século, os dois primeiros Estados tinham, do mesmo modo, conseguido não só absorver um certo número de reinos independentes situados no longínquo interior, mas também haviam formado verdadeiras nações tendo cada uma a sua língua e cultura própria, o inglês-liberiano e o crioulo. Serra Leoa registrou certamente, neste aspecto, sucessos mais vistosos que a Libéria, já que a cultura e a civilização que se desenvolveram ali não foram importadas, mas realizavam a síntese de elementos próprios aos africanos com outros, trazidos pelos negros da Nova Escócia e da América no cadinho comum que era o ambiente de Freetown e de seus arredores.[55] Produtos desta cultura dinâmica, os crioulos foram aqueles que, como já vimos, tiveram um papel decisivo na renovação religiosa e intelectual da África Ocidental. O mesmo processo de expansão e centralização se observa no Egito, bem como nas regiões dos Grandes Lagos onde, por motivos essencialmente comerciais, para poder controlar os meios de produção e de troca, o Buganda, o Burundi e o Bunyoro ampliaram seu poder e sua influência.

Além desta tendência à centralização, o século XIX viu se desenvolver um outro fenômeno interessante, totalmente novo, ou seja, a modernização ou, como diriam alguns, o renascimento da África. Uma das características marcantes dos contatos que tiveram lugar nesta época entre africanos e europeus – contatos que remontam ao século XV – é que, graças essencialmente aos esforços dos exploradores, dos comerciantes e dos missionários, estes contatos que, até então, eram limitados só ao litoral, se expandiram gradualmente em direção ao interior.

---

55   Para maiores detalhes, ver L. Spitzer, 1974, A. Porter, 1963.

Sob os efeitos da revolução industrial, esta penetração permitiu a introdução não somente de armas de fogo e de pólvora, mas da estrada de ferro, do telégrafo, de equipamentos agrícolas e de mineração, de gráficas, do ensino técnico e, sobretudo, de capital. Estas inovações criaram certamente possibilidades novas, mas constituíram também outros desafios e ameaças: alguns dos fenômenos mais novos e mais notáveis deste período da história africana são precisamente devidos às iniciativas e reações dos dirigentes africanos e de seus conselheiros diante de tais desafios e ameaças. Parece que, na maioria dos casos, a atitude dos africanos não era de imitar cegamente ou de adotar sem discriminação estes aportes do estrangeiro, mas acima de tudo de adaptá-los e tentar uma síntese das duas civilizações. Os exemplos desta modernização da África formam legiões[56]. O Egito construiu a sua primeira gráfica em Būlak, em 1822; a primeira prensa tipográfica de Luanda, então nas mãos dos portugueses, começou a funcionar em 1841; as primeiras explorações mineiras modernas na Argélia foram inauguradas em 1845 e as da Costa do Ouro o foram durante a década de 1870. Alguns países, como a Etiópia e a Tunísia, lançaram programas de obras públicas; a maioria dos Estados berberes, bem como o Egito, reformaram os seus sistemas monetários. Outros ainda, como o Egito de Mohammad 'Ali, criaram um grande número de indústrias têxteis e de fiação de algodão, de serrarias, de fábricas de vidro, bem como uma fábrica de papel.

Todavia, é no plano militar que a modernização teve os seus efeitos mais profundos e mais notáveis. Perante o avanço incessante dos europeus, diversos Estados africanos, em particular certos países da África setentrional e Ocidental, modernizaram os seus exércitos no plano da organização, da formação, dos equipamentos e do recrutamento. Como se verá mais adiante, o Marrocos, por exemplo, criou em Fez uma escola de engenharia destinada a formar artilheiros, topógrafos, cartógrafos, além de enviar militares para estudar no exterior. Na época do *bey* Ahmad, a Tunísia não se contentou em reorganizar o seu exército segundo o modelo ocidental e em adotar as técnicas e os métodos correspondentes, mas criou igualmente fábricas modernas para a produção de canhões e de outros equipamentos militares de ponta. Sob os reinados de Téwodros e de Menelik, a Etiópia aboliu o seu exército feudal, no qual o soldo era desconhecido, substituindo-o por um exército profissional bem equipado; do mesmo modo, criou fábricas de canhões e de morteiros. Samori Touré, por fim, reformou e modernizou também o seu exército e o dotou com algumas das mais modernas

---

56 Ver os capítulos 13, 15, 16 e 17 do presente volume.

armas da época. São estas reformas que permitiram a Touré e a Menelik resistirem tanto tempo às potências imperialistas durante as duas últimas décadas do século. Todavia, como mostrarão certos capítulos, esta modernização só foi possível graças aos empréstimos tomados a taxas elevadas, principalmente na Europa; isto é que preparou o terreno ou forneceu o pretexto para as conquistas imperialistas do final do século.

O mesmo processo de modernização manifestou-se no campo institucional. Deste modo, constata-se que, devido ao desenvolvimento notável da elite instruída e dos *ulamā* que, naturalmente, começaram a querer se associar à administração do país, muitos Estados da África lançaram-se em diversas experiências políticas e constitucionais. De fato, é possível igualmente interpretar as *jihad* fulbe da primeira metade do século XIX como uma reação política violenta às tensões entre a nova elite letrada dos *ulamā* e a elite reinante tradicional e ver nas rebeliões dos juula da segunda metade do século, de acordo com Person, uma revolta da classe dos comerciantes instruídos contra a elite conservadora no poder[57]. Em outras regiões da África, particularmente na costa ocidental, estas tensões não provocaram nem cruzadas nem explosões de violência, mas encontraram uma solução constitucional. De fato, a elite instruída não procurou, no século XIX, substituir a velha aristocracia no comando das diferentes nações, como o faria nas décadas de 1820 e 1830, mas tentou chegar a um compromisso e cooperar com ela dentro do quadro do sistema existente. Nós já mencionamos as tentativas constitucionais que se seguiram às migrações dos iorubás. Todavia, não há exemplo melhor desta tendência que a constituição da Confederação fanti da Costa do Ouro, redigida em 1874. Os artigos 4, 5 e 6 desta constituição foram redigidos como a seguir[58]:

> Serão eleitos um presidente, um vice-presidente, um secretário, um subsecretário, um tesoureiro e um tesoureiro-adjunto;
> O presidente será eleito pelo colégio de reis e proclamado rei-presidente de toda a Confederação fanti;
> O vice-presidente, o secretário, o subsecretário, o tesoureiro e o tesoureiro-adjunto que comporão o Gabinete serão pessoas instruídas e de condição elevada.

Os objetivos da Confederação fanti, tais como os define o texto da constituição, não são menos consideráveis e significativos: trata-se de assegurar relações amigáveis entre os soberanos e chefes do Fanti, além de sua aliança ofensiva e

---

57 Ver o capítulo 24 do presente volume.
58 Encontra-se o texto completo em H. S. Wilson, 1969, p. 213-218.

defensiva contra o inimigo comum; de construir "uma rede rodoviária sólida e importante em todos os distritos do interior que compõem a Confederação", devendo as estradas "ter 15 pés de largura e ser margeadas por calhas suficientemente profundas em cada lado"; de criar escolas para a educação de todas as crianças da Confederação, além de "assegurar os serviços de mestres competentes". Outros objetivos buscados: "promover atividades agrícolas e industriais; introduzir novas plantas que poderão no futuro se tornar objeto de um comércio lucrativo para o país", enfim, desenvolver e favorecer a exploração das minas e de outros recursos do país. Uma importância especial foi dada à educação das crianças dos dois sexos, como testemunha o artigo 22: "Escolas técnicas serão anexadas às diferentes escolas nacionais e terão por missão expressa educar e formar os alunos nas profissões de carpinteiro, pedreiro, serrador, marceneiro, agricultor, ferreiro, arquiteto e empreendedor de construção etc."

Os objetivos da Confederação foram fixados de forma verdadeiramente surpreendente pelo seu caráter progressista e moderno, enquanto o espírito no qual a Constituição foi redigida – busca por uma relação harmoniosa entre a elite instruída e as autoridades tradicionais – é, em si, revolucionário. Se uma chance tivesse sido dada a estes esforços e projetos audaciosos, fortemente inspirados nos trabalhos de Africanus Horton, de se realizarem, a história, não somente da Costa do Ouro, mas provavelmente de toda a África Ocidental britânica, teria seguido um curso diferente. Mas, por motivos que serão expostos adiante, os britânicos tinham, desde 1873, posto um fim a esta audaciosa e notável iniciativa.[59]

Uma experiência constitucional análoga levou à criação do *Egba United Board of Management* (Conselho Unido de Administração dos egba), fundado em Abeokuta. De acordo com Africanus Horton, ele era encarregado expressamente "de dirigir o governo autóctone, de expandir a civilização e de promover a propagação do cristianismo, bem como de proteger os direitos de propriedade dos comerciantes europeus e dos súditos britânicos"[60]. Citemos, por fim, a Constituição do reino dos grebo que, como observa Person mais adiante, foi edificada sobre o modelo da Constituição da Confederação fanti.

Todos estes exemplos o mostram claramente: mudanças fundamentais intervieram tanto no campo político como nos planos religioso e demográfico; e inúmeras questões cruciais hoje – relações entre a elite instruída e as autoridades tradicionais, problemas de desenvolvimento socioeconômico, a noção de

---

59   Ver o capítulo 25 do presente volume.
60   J. A. Horton, 1969, p. 151-153.

independência política e a concepção e a prática do pan-africanismo, ou ainda a discriminação racial – têm sua origem no período estudado neste volume.

Novas tendências econômicas

No campo econômico assim como em outros, novas tendências surgiram no século XIX. A mudança mais radical, como se sabe, foi a abolição e o desaparecimento do tráfico de escravos que foi substituído pelas exportações agrícolas, qualificadas abusivamente, mas de maneira tipicamente eurocêntrica, como comércio "legítimo". Por mais radicais que tenham sido seus efeitos, essa mudança foi bastante lenta. De fato, será visto que, na África Ocidental e Central, este tráfico desumano estendeu-se e intensificou-se durante as seis primeiras décadas do século XIX[61]. Foi preciso esperar até os derradeiros anos do século para que as exportações agrícolas substituíssem totalmente o tráfico de escravos.

Por mais conhecida que seja esta mudança, seu verdadeiro significado escapou a inúmeros historiadores. Não se trata da passagem de um comércio "ilegítimo" para um comércio "legítimo", mas sim de uma transferência fundamental de renda de uma elite aristocrática reinante para o povo. O tráfico de escravos, a principal fonte de renda dos reis, dos chefes militares e de seus conselheiros, só a eles enriquecia. Mas, assim que foi substituído por um comércio baseado em produtos naturais como o óleo de palma, o amendoim, o algodão, a borracha, o mel, a cera de abelha, a noz-de-cola etc., que o povo e, principalmente, os habitantes das zonas rurais desta vez puderam cultivar e colher em estado natural, uma redistribuição progressiva da renda se seguiu, conduzindo à criação de uma nova classe de ricos, não somente nos centros urbanos e mercados, como nas áreas rurais. É desta época que data o aparecimento do capitalismo rural que se pode observar nos dias atuais.

O desenvolvimento desta agricultura de exportação teve como outra consequência a integração progressiva na economia capitalista mundial não somente do comércio exterior da África, mas também de sua economia interna e de sua economia rural. Infelizmente, esta mudança fundamental no modo de produção não foi acompanhada em nenhuma parte da África pela evolução correspondente dos meios de produção. Em outras palavras, a passagem para a agricultura de exportação não se traduziu por uma mutação tecnológica dos meios de produção

---

61 Ver o capítulo 4 do presente volume.

ou do tratamento industrial dos produtos antes da sua exportação. Deste modo, a África encontrou-se incapaz de desenvolver, durante este período, uma economia que pudesse fazer frente à economia capitalista e industrializada da Europa; daí a tragédia que deveria se abater sobre ela durante as décadas seguintes.

A realização da unificação comercial da África é uma outra mudança econômica notável que sobreveio no século XIX, mas com frequência negligenciada pelos historiadores.

Apesar da existência de longa data de rotas comerciais atravessando o Saara e o Dārfūr para chegar ao vale do Nilo, não havia até o início do século XIX nenhuma rota comercial transcontinental ligando a África Central à África Oriental ou à do Norte. É somente no século XIX, e somente após a terceira década, que a África Central, a Oriental e a do Norte foram ligadas por toda uma rede de grandes rotas comerciais, graças aos esforços dos árabes, dos suaílis, dos yao, dos nyamwesi e dos kamba na África Oriental, dos árabes do Egito e do Sudão, dos tio, dos ovimbundu e dos chokwe na África Central. Além de permitirem a unificação comercial do continente, a multiplicação dos contatos entre as regiões africanas e um crescimento considerável de empresários, de intermediários e de comerciantes africanos, estas infraestruturas tiveram como efeito a abertura progressiva do interior africano às influências e aos produtos manufaturados europeus árabes/suaílis, abertura esta que acarretou as consequências trágicas que acabamos de invocar e que serão analisadas em detalhe no próximo volume.

Conclusão

Resta-nos perguntar sucintamente o que teria ocorrido se não houvesse acontecido o episódio colonial. Não é necessário ser profeta ou adivinho para compreender que, sem a intervenção colonial, a maioria das novas orientações teriam se fixado. No plano político, teríamos assistido uma centralização crescente do poder, desembocando, a longo prazo, no desenvolvimento natural de um número maior de Estados-nações e de entidades políticas do que aquele criado pela ocupação europeia e o retalhamento correlato da África. As tentativas constitucionais, tais como a Confederação fanti e o *Egba United Board* teriam sido, sem dúvida, coroadas de sucesso, e a cooperação entre as elites instruídas e as aristocracias tradicionais reinantes, a qual permanece problemática, provavelmente teria se tornado uma realidade bem estabelecida. No campo social, a propagação do cristianismo e aquela do islamismo seriam perseguidas, como foi efetivamente o caso durante o período colonial. Todavia, longe de se desacelerar, a difusão do ensinamento ocidental e a criação de escolas técnicas e politécnicas teriam se desenvolvido num ritmo acelerado, como assim o sugerem o programa da Confederação fanti e as reformas na educação, adotadas pelo Egito no século XIX. Mais ainda, a abertura dos grandes eixos comerciais através do continente teria permitido o desenvolvimento de contatos e da comunicação entre regiões da África, que teriam, deste modo, evoluído rumo a uma maior autonomia. Enfim, o sentimento de identidade racial, o pan-africanismo e as palavras de ordem do etiopianismo e aquela da "África para africanos" teriam ganhado força, realizando a unidade espiritual e ideológica do continente, se não sua unidade política. Infelizmente, o episódio colonial veio aniquilar todas estas esperanças tão construtivas como fascinantes.

Tudo que foi dito atesta que o século XIX foi, como evidenciado, um período notavelmente dinâmico e revolucionário que viu se desenvolver inúmeras tendências e processos novos, cujos efeitos marcam o fim da África antiga e o advento da África moderna. Outrossim, durante este período, os africanos deram incontestáveis provas de sua capacidade de enfrentar desafios novos, de tomar iniciativas, de adotar e adaptar técnicas e ideias novas e de responder às transformações do seu ambiente. Não é menos claro que as realizações notáveis dos africanos nos campos político e social e, mais particularmente no campo intelectual, superam em muito o sucesso registrado em questões econômicas. No final do século, a maioria dos Estados africanos gozava de sua autonomia e de sua soberania, enquanto, no campo das realizações intelectuais e de trabalhos universitários, os africanos mostraram-se muito acima das expectativas de seus detratores europeus. Infelizmente, estes incontestáveis sucessos sociais, intelectuais e políticos ficaram longe de serem acompanhados de sucessos tecnológicos e econômicos equivalentes. Os africanos não puderam, também, lançar as bases econômicas e tecnológicas que lhes teriam permitido resistir à violenta tempestade imperialista que, desde o final do século, devastaria o continente. Tal foi a causa fundamental da tragédia que viveu, então, a África, dividida, conquistada e entregue ao domínio colonial.

CAPÍTULO 4

A abolição do tráfico de escravos

Serge Daget

Este capítulo não procura medir a profundidade de cada uma das inovações que o século XIX levou à África. Não pretende mostrar o tráfico de escravos em toda a extensão do fenômeno. Por exemplo, não faz senão rápidas alusões aos tráficos transaariano e árabe, que merecem análises particulares de seus eminentes especialistas. Mostra em grandes linhas as dificuldades encontradas pelas nações do mundo ocidental para abolir o tráfico de escravos negros, principalmente para as explorações escravagistas do lado americano do Atlântico. Esquematiza ainda as condições do fim virtual do tráfico e indica algumas consequências resultantes. Numerosas pesquisas devem ainda ser empreendidas para chegar a um conhecimento melhor do fenômeno em seu conjunto. A tradição oral deveria, nesse caso, ser preponderante.

Nunca a participação africana nesse tráfico foi geral. Certos povos do interior o ignoravam. Sociedades costeiras destruíam os navios e saqueavam os equipamentos dos navios negreiros. Para outras, o tráfico agitava as estruturas socioeconômicas e políticas. Outras ainda se fortaleciam com uma gestão autoritária e exclusiva do sistema. Então, os interesses negros e brancos coincidiam num tráfico florescente. Produtores e distribuidores africanos de mão de obra exportável prosperavam graças a este ramo da economia e ao comércio exterior da costa. Durante o século XVIII, foram comercializados cerca de 7 milhões de indivíduos contra aproximadamente 300 milhões de piastras (libras) em mercadorias específicas no "comércio da Guiné", das quais talvez 80 milhões em armas de fogo. No mesmo período, o tráfico transaariano deportava mais de 700.000 pessoas, e o comércio pelo Oceano Índico ao redor de 200.000. Na outra extremidade da travessia atlântica, os negociantes negreiros trocavam os 6 milhões de africanos sobreviventes – 40% de mulheres e crianças – pelo produto do trabalho dos escravos, que era vendido cada vez melhor do lado europeu do oceano. Lá, entretanto, alguns intelectuais cujas sensibilidade e moral se chocavam com tais práticas condenavam o consumo de um açúcar tingido pelo sangue dos "esquecidos de todo o universo". Eles clamavam pela abolição do tráfico.

A ideologia abolicionista não é de inspiração africana. Ela visava todos os meios negreiros e escravagistas do mundo atlântico antes de se interessar pelos efeitos dos tráficos transaariano ou árabe. Suas manifestações provinham de uma filosofia moral, cujo poder de mobilização real era muito fraco. Entretanto, depois de meio século, as bandeiras das forças antinegreiras e da "civilização" da África serviram de pretexto oficial às pressões ocidentais cada vez mais fortes no litoral Oeste africano. Por volta de 1860, o Ocidente instalou em definitivo uma presença até então pontual, subordinada, às vezes proibida. O Norte e o leste da África conheceram situações quase semelhantes, a partir de 1830 até o fim do século.

O ímpeto abolicionista do Ocidente

Ao longo do século XVIII, apurando a definição do direito universal ao bem--estar e à liberdade, antropólogos, filósofos e teólogos voltaram-se para o caso do africano e de sua condição no mundo. Sua reflexão levou-os a modificar as noções ordinariamente admitidas até então sobre o negro da África e o escravo americano: de bruto e animal de carga, eles transformaram-no em um ser moral e social. Sua fórmula, "o negro é um homem", recusava implicitamente o consenso sobre a honradez, a legitimidade e a utilidade da venda de negros. Suas análises humanitaristas desembocaram na exigência abolicionista. Seu balanço do tráfico era inteiramente negativo.

O tráfico manchava de sangue os Estados que o encorajavam ou o subsidiavam. Matava dezenas de milhares de brancos e centenas de milhares de negros. Retirava de sua terra produtores-consumidores que, reduzidos à escravidão americana, não representavam mais nada. Impediu a diversificação da atividade comercial na costa. Perpetrou a barbárie no continente negro – opinião que tinha como base unicamente as observações dos ocidentais dotados de um "saber" sobre a África, os negreiros. Ao denunciar um flagelo, o abolicionista não pretendia converter imediatamente traficantes negros ou escravagistas brancos. Propôs um programa de regeneração da África através da cristianização, da civilização, do comércio natural e fixou etapas racionais para sua execução: reverter a opinião pública do mundo cristão; levar os governos "civilizados" a tomar posições oficiais; abolir legalmente o tráfico no Atlântico.

Na França, a *Grande Enciclopédia* e a obra do abade Raynal, revista por Diderot, ensinou aos burgueses revolucionários a aversão à escravatura. Esta corrente de ideias nobres e profanas apoiava indiretamente o ideal da Sociedade Francesa dos Amigos dos Negros, que teria sido financiada pela Inglaterra. Os revolucionários não sentiam nem a realidade negreira nem a necessidade de levar a opinião pública a apoiar sua nova ideologia. Pelo contrário, na Inglaterra, a sensibilização do povo para a filantropia se fazia pela explicação teológica que brotava de uma profunda renovação evangélica. Após terem proibido o comércio de escravos entre eles, os quacres americanos persuadiram os quacres britânicos a juntarem-se ao movimento abolicionista inglês[1]. Ao mesmo tempo, uma campanha intensa tinha sido realizada nos meios políticos. Vanguarda e porta-voz destas forças conjuntas, a Seita de Clapham levava anualmente suas reivindicações à Câmara dos Comuns por intermédio de William Wilberforce. O combate contra os numerosos obstáculos acumulados pelos escravagistas e pelos negreiros durou vinte anos. Aos 25 de março de 1807, a Inglaterra aboliu o tráfico. Foi a segunda abolição oficial, depois da Dinamarca em 1802. Os Estados Unidos generalizaram as decisões individuais dos quacres em 1808. Essa defesa dos interesses humanitários pelos poderes políticos tinha tido por campeã a Grã-Bretanha, nação cujos negreiros haviam importado cerca de 1.600.000 africanos em suas colônias americanas ao longo do século precedente.

A hagiografia, segundo a qual a revolução humanitária abriu uma "das mais nobres páginas" da história inglesa, foi abalada, em 1944, por uma tese fundada no materialismo histórico. Segundo Eric Williams, a abolição servia poderosamente aos interesses econômicos da Inglaterra industrial nascente[2]. Com certeza, esta abordagem fértil não negava inteiramente o papel da filosofia moral nem o de um humanitarismo ideal e triunfante. Mas fez aparecer severas contradições entre o pensamento teórico e a realidade prática: entre os principais dirigentes do movimento abolicionista figuravam numerosos banqueiros (o caso vale também para a Sociedade Francesa dos Amigos dos Negros), ou seja,

---

1 R. Anstey, 1975, cap. 9.
2 E. Williams, 1944.

a abolição do tráfico servia aos interesses do capital. Mais tarde, as ideias teóricas revelar-se-iam impotentes para dominar o fluxo bem real de escravos para explorações escravagistas em pleno desenvolvimento, em Cuba e no Brasil; e as forças ditas humanitárias não conseguiriam dominar a equalização dos direitos sobre o açúcar, cuja consequência eventual, numa época em que a mecanização das plantações estava ainda bem longe de ser efetuada, seria o aumento da demanda de mão de obra negra. O principal mérito da interessante tese de Eric Williams foi talvez o de ter dado um impulso às novas pesquisas, enquanto o debate econômico prosseguia. Seymour Drescher mostrou assim que a abolição era um "econocídio", e Roger Anstey, que a fé e a benevolência estavam na origem da filantropia inglesa[3]. Os historiadores divergem talvez menos na crítica dos fatores políticos da abolição.

Proposições de abolição coletiva, lançadas pela Inglaterra em 1787, depois em 1807, haviam fracassado. Em 1810, Portugal fez vagas promessas em troca de aberturas para o mercado britânico. Um mundo desmoronou com o fim das guerras napoleônicas. A paz de 1815 devolveu o Mediterrâneo, o Oceano Índico e o Atlântico ao comércio marítimo, e os reabriu ao tráfico negreiro. No Congresso de Viena, buscando uma condenação explícita do tráfico, a diplomacia inglesa obteve uma declaração platônica e temporizadora, retomada em Verona. A partir de 1841, esta aparência de moral abolicionista oficial autorizou daí por diante todas as estratégias combinadas do Foreign Office e do Almirantado nos negócios negreiros mundiais. Em três pontos, Londres propôs às nações um procedimento pretensamente radical contra o tráfico internacional: legislações internas proibindo o tráfico negreiro aos nacionais; tratados bilaterais conferindo às marinhas de guerra o direito recíproco de visitar e prender no mar os navios de comércio de cada nação contratante pega no tráfico ilegal; e colaboração nas comissões mistas habilitadas a condenar os negreiros presos e a libertar os negros encontrados a bordo. Tais disposições funcionariam também no Oceano Índico, especialmente entre Maurício e Bourbon (a atual Ilha da Reunião).

Este projeto agradou a um público de perfil liberal ou filantrópico. Por outro lado, nenhuma economia nacional podia negligenciar a clientela ou as fabricações inglesas. Ademais, para os governos novos ou em dificuldade que buscavam a aprovação ou a passividade de Londres, um gesto abolicionista equivalia a um verdadeiro gesto de cooperação. Inversamente, o projeto inglês só podia suscitar a resistência dos interesses que a supressão do tráfico pela força lesaria.

---

3   S. Drescher, 1976, p. 427; R. Anstey, 1975, cap. 1 e 2.

Resistência dos Estados, em nome de sua soberania nacional: direito de visita e comissões mistas pressupunham um abandono parcial desta soberania. Resistência dos clássicos "interesses superiores", a fim de fazer frente ao "maquiavelismo" e às ambições hegemônicas que repousavam sobre a preponderância absoluta da *Royal Navy*. Resistência à ruína das marinhas, das colônias, dos comércios nacionais. Portugal, Espanha, Estados Unidos e França consumiam e distribuíam algodão, açúcar, café e tabaco de produção escravagista ligada à importação de africanos no Brasil, em Cuba, nos Estados do Sul dos Estados Unidos e nas Antilhas. Diretamente envolvido, o empreendedor marítimo drenava os investimentos e oferecia emprego aos pequenos setores econômicos locais que tiravam proveito do tráfico.

Sempre escravagistas nas colônias menores, a Dinamarca, a Holanda e a Suécia subscreveram à repressão recíproca[4]. Substancialmente indenizados, Portugal e Espanha aceitaram-na em 1817. Mas Portugal conservou um tráfico essencialmente lícito no Sul do Equador, que não se atenuaria senão em 1842, sob a ameaça de severas sanções militares inglesas. A Espanha reforçou sua legislação antinegreira e suas convenções com Londres; mas Cuba continuou o tráfico até 1866, ano da terceira lei abolicionista espanhola: Cortes Gerais, o Conselho de Estado e a Tesouraria cederam à chantagem para a fidelidade ou para a secessão dos plantadores da Ilha[5]. A chantagem dos ingleses para o reconhecimento jurídico do Brasil obrigou o novo império ao tratado repressivo de 1826. Mas o tráfico brasileiro cresceu até 1850. No ano seguinte, ele cessou, mas somente por que a *Royal Navy* violou as águas territoriais do Brasil para purgá-las dos negreiros: o café dependia do mercado britânico; os fazendeiros se arruinaram para reembolsar suas dívidas aos mercadores de escravos; e a população branca temia um superpovoamento negro[6].

Às pressões inglesas, os Estados politicamente mais fortes responderam de modo diferente. Sedenta de prestígio, a França adquiriu sua autonomia por um simulacro de legislação e de cruzeiros de repressão, inofensivo, fosse na metrópole ou na costa. Entre 1815 e 1830, o tráfico ilegal francês mobilizou 729 expedições negreiras para as costas Oeste e leste da África. Mas quando se tornou evidente que tais operações não constavam mais do balanço social e financeiro dos portos, o governo assinou uma convenção de visita recíproca. Outra razão foi o fato de a monarquia oriunda da revolução de 1830 ter tido interesse em se

---

4   S. E. Green-Pedersen, 1975; E. Ekman, 1975; P. C. Emmer, J. Mettas e J.-C. Nardin (org.), 1976.
5   A. F. Corwin, 1967.
6   L. Bethell, 1970, cap. 11 e 12.

reconciliar com a Inglaterra[7]. Esta mudança de atitude levou à adesão de muitos pequenos Estados às convenções de 1831-1833. A Grã-Bretanha aproveitou-se para renovar suas tentativas de internacionalização. Estendeu a repressão naval a todo Atlântico e ao Oceano Índico. Uma cláusula de "equipamento" permitiu a captura de navios manifestamente armados para o tráfico, mesmo vazios de carregamentos humanos. Os negreiros dos Estados Unidos permaneceram invulneráveis. Durante quarenta anos, a diplomacia norte-americana escapou a qualquer compromisso sério. Em 1820, o tráfico foi legalmente assimilado à pirataria; em 1842, acrescentou-se o compromisso da "verificação do pavilhão", que preservou os norte-americanos da repressão inglesa; cruzeiros repressivos de "80 canhões" salvaguardaram a dignidade nacional, embora fossem medidas formais. Nos anos 1840, os plantadores sulistas reclamaram a reabertura legal do tráfico. Todavia, tomaram suas próprias medidas ao criarem escravos para venda interna em ranchos especializados[8]. Durante a Guerra Civil, a Administração Lincoln admitiu o direito de visita, suspenso desde 1820. Cessou então o tráfico norte-americano.

Assim, durante meio século, a multidão dos textos acumulados provou sobretudo a inanidade dos compromissos assumidos. Nesta avalanche verbal, a África e os africanos são muito raramente mencionados, como se não existissem. O tráfico ilegal era proveitoso aos empreendedores marítimos, cujos benefícios eram mais importantes do que na época do tráfico legal e protegido[9]. As explorações escravagistas estocavam mão de obra.

Os plantadores resistiam à abolição por razões diferentes. Impermeável às ideias difundidas pelos organismos abolicionistas, sua psicologia apela invariavelmente aos estereótipos raciais e aos postulados civilizadores. A abolição não ajudaria "a raça escrava e embrutecida a sair de sua sorte[10]". O prestígio social ligado à posse de escravos e os hábitos demográficos ligados à ausência de imigração branca contribuíram para a justificação do sistema. A resistência se explicou sobretudo pela contradição percebida entre o crescimento da demanda ocidental em produtos do trabalho dos escravos e a interdição ocidental de importar os escravos julgados indispensáveis para aumentar a oferta destes produtos. A exportação de café brasileiro decuplicou entre 1817 e 1835, e triplicou de novo até 1850. A exportação de açúcar cubano quadruplicou entre 1830

---

7   S. Daget, 1983.
8   E. D. Genovese, 1968, p. 131-132.
9   P. E. Leveen, 1971, p. 27, tabela 3; R. Anstey, 1976, comunicação pessoal.
10 Citado em S. Daget, 1973.

e 1864[11]. Em 1846, as medidas inglesas de livre comércio pareciam atribuir uma preferência à produção escravagista, uniformizando os direitos de entrada dos diversos açúcares no mercado britânico. Os historiadores não chegaram a um acordo quanto à incidência dessa iniciativa no recrudescimento do tráfico negreiro[12]. Mas em Cuba, onde o tráfico estava regredindo, a importação dos negros novos (*bozales*) ultrapassou em 67%, nos anos 1851-1860, a dos anos 1821-1830. Durante os cinco anos de uniformização dos direitos na Inglaterra, a introdução dos negros no Brasil aumentou 84% com relação aos cinco anos precedentes, 1841-1845[13]. Além disso, o explorador americano rentabilizava a importação de mão de obra nova enquanto seu preço de compra era inferior a 600 dólares por cabeça. Isto até 1860[14].

A repressão

Os navios de guerra não agiam somente na costa africana. Desde 1816, na Conferência de Londres, proposições francesas contra o tráfico dito "berbere" tinham sido rechaçadas: aliás, elas não representavam senão uma tentativa para tornar menos urgente a repressão militar no Atlântico. Mas em 1823, a França adotou uma disposição proibindo a seus navios o transporte de escravos pelo Mediterrâneo. Esta decisão inscrevia-se em um contexto político que não tinha muito a ver com o tráfico: guerra da Espanha, libertação dos Gregos, apoio ao Egito de Muhammad 'Alī – enfim, tentativa de domínio deste mar fechado, antes mesmo da intervenção direta francesa na Argélia. Momentaneamente a Inglaterra havia sido ultrapassada. Entretanto, as operações dos navios não tiveram resultados visíveis. A repressão militar era mais séria em algumas águas do Oceano Índico, principalmente entre a ilha Maurício, Madagascar e a Reunião. Lá, navios ingleses capturavam navios franceses; e é verossímil que alguns negreiros ingleses de Maurício tenham ido procurar escravos em Madagascar, onde o chefe Jean-René exercia seu domínio sobre Tamatave. Em caso de tomada "internacional", regularizava-se o assunto restituindo o navio, mas não os africanos que ele transportava. Em caso de apreensão por um navio nacional,

---

11 L. Bethell, 1970, p. 73, nota 4 e p. 284; F.W. Knight, 1970, p. 44.
12 F.W. Knight (1970, p.55) não acredita na incidência da medida, contrariamente a P. E. Leveen, 1971, p. 78-80; H. Temperley, 1972, p. 164; D. R. Murray. 1971, p. 146.
13 D. R. Murray. 1971, p. 141-147. Ver H. S. Klein, 1976; L. Bethell, 1970, p. 388-395.
14 P. E. Leveen, 1971, p.10, 72ss; F. W. Knight, 1970, p. 29; A. F. Corwin, 1967, p. 135-144.

havia adjudicação judiciária, o que não significava que os negros a bordo eram libertados. Na maior parte das vezes, eles incorporavam as plantações – enquanto as autoridades aduaneiras fechavam os olhos a essas operações.

Nas águas americanas, os franceses capturaram alguns negreiros nacionais e os levaram a julgamento em Guadalupe e em Martinica. Os escravos "capturados" eram escoltados para Caiena sob a ordem de Paris que era obcecada pela ideia de colonizar a Guiana. Quando medidas de repressão foram previstas nos tratados bilaterais, foram os navios negreiros – não os homens – que foram julgados perante as comissões mistas instauradas pelos acordos. Sua eficácia do lado americano do Atlântico dependia da mentalidade dominante nas explorações escravagistas. Em Cuba, apenas 45 negreiros foram condenados pela Comissão hispano-britânica, dos 714 conhecidos entre 1819 e 1845. Um prêmio pela captura destinado aos integrantes da marinha espanhola local levou à apreensão de 50 navios nos dez últimos anos do tráfico. Os resultados das comissões do Suriname e do Brasil não foram melhores[15]. Um navio a cada cinco foi capturado nas águas americanas. Entretanto, por volta de 1840, cerca de 70 embarcações de guerra de diversas nacionalidades foram expedidas para a repressão.

O efetivo foi bem menor na costa ocidental africana. Os cruzeiros holandeses, portugueses e americanos eram episódicos. Os cruzadores americanos eram muitas vezes comandados por sulistas. Baseados no Cabo Verde, estavam distante do tráfico. Esta situação que prevaleceu no momento do nascimento da Libéria não mudou até 1842. O acordo concluído com os ingleses exigiu a presença de quatro ou cinco navios – mas isto permaneceu teórico. Entre 1839 e 1859, dois negreiros americanos foram apreendidos com sua carga. Sete capturas aconteceram em 1860; os escravos que se achavam a bordo dos navios apreendidos foram povoar a Libéria.

Duas forças marítimas operaram permanentemente. Em 1818, a França estabeleceu seu cruzeiro, que permaneceu independente até 1831. Partindo de Gorée, que não era mais um centro de distribuição negreiro desde 1823-1824, mas que se tornou o quartel geral das operações de repressão francesas, entre três e sete navios de guerra inspecionavam alguns negreiros, sem jamais reprimir nos quatro primeiros anos. A incerteza reinava sobre as intenções reais do governo. Londres acusava os franceses de subtrair-se a seu dever e a toda obrigação moral. Os abolicionistas franceses acusavam o ministério de conluio com os interesses negreiros. Em 1825, a marinha reagiu decidindo pela atribuição de um prêmio

---

15   D. R. Murray, 1971; P. C. Emmer, 1976, p. 245-251; L. Bethell, 1970, p. 200-213.

de 100 francos por escravo "apreendido". Cerca de trinta negreiros capturados no mar passaram pela justiça, elevando a uma centena o número de condenados. Teoricamente, isto deveria ter salvado alguns milhares de africanos da escravidão americana. Mas, na realidade, quando não foram enviados a Caiena, foram "empregados" no Senegal para as obras públicas da colônia. As convenções de 1831-1833 foram pouco a pouco minadas pelas rivalidades e pelo orgulho nacional dos parceiros[16]. A Marinha francesa procurava assegurar um equilíbrio entre o número de seus cruzadores e os da *Royal Navy*. Havia entre três e seis em 1838, e quatorze de cada lado em 1843-1844. Em 1845, como consequência indireta do tratado anglo-americano, as convenções francesas foram emendadas, e o número de embarcações destinadas à repressão foi fixado em vinte e seis de cada lado. Desde então, contando com os cinco cruzadores americanos e os seis navios portugueses nas costas do Congo, uma verdadeira força naval parecia direcionada contra o tráfico. Em 1849, a França não cumpriu com algumas obrigações que não podia assumir. Durante sete anos, o segundo Império favoreceu os "contratos livres" de mão de obra africana. Foi um tráfico mascarado que a Inglaterra e a Holanda praticaram por sua conta. O cruzeiro francês em quase nada interferiu, mas fez tremular sua bandeira ao longo da costa, o que era talvez seu principal objetivo.

O Almirantado britânico encarregou-se da polícia humanitária, mas o fez sem entusiasmo. Os meios materiais progrediram, passando de 3 a 26 navios, mal adaptados a esta missão especial. Pesados, incapazes de subir os rios, destacavam botes, vulneráveis aos ataques das feitorias negreiras e dos barcos que os esperavam. Lentos, eles eram ultrapassados no mar pelos brigues rápidos e leves, antes de sê-lo pelos clíperes americanos. Na falta de vapores, no início, a administração colonial da Serra Leoa comprou alguns navios condenados, destinando-os à repressão por suas qualidades náuticas. A esquadra estacionava e abastecia-se na colônia, nos fortes da Costa de Ouro e fazia escala na ilha da Ascensão. As ofertas de compra de Fernando Pó à Espanha, a fim de melhor reprimir o tráfico no golfo de Biafra, não obtiveram êxito.

A eficácia dependia dos homens. Embebida no espírito metropolitano, a consciência abolicionista do marinheiro inglês era inegável. Era igualmente válido para seu complexo de poder. A serviço da humanidade, conduzia a *Royal Navy* a nem sempre obedecer às ordens do Almirantado e a desprezar o direito marítimo internacional. Ilegalmente, a *Royal Navy* visitou e prendeu franceses

---

16   S. Daget, 1981.

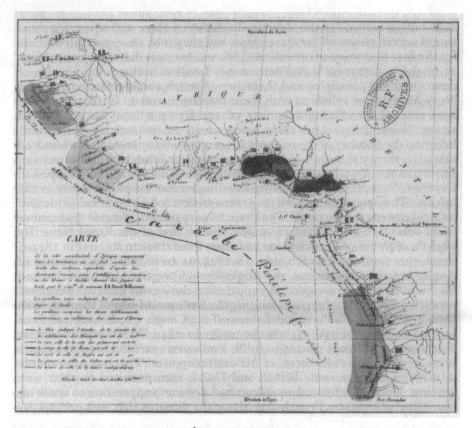

FIGURA 4.1 "Mapa da costa ocidental da África, compreendendo todos os territórios onde ainda se faz o tráfico dos escravos, reproduzido de acordo com documentos recentes para a inteligência dos cruzadores ou dos bloqueios a estabelecer nos focos do tráfico pelo comandante barco E. Bouët-Willaumez" (*Mémoires et documents Afrique*, 30, p. 415). [Fonte: documento de arquivos do Ministério dos Assuntos Exteriores, Paris. Publicado com a amável autorização de S. E. o Ministro dos Assuntos Exteriores da República Francesa.]

e americanos antes dos acordos bilaterais, acarretando medidas de protesto e de reparação diplomáticos. Um prêmio pelas capturas, muito elevado no início, fez com que os marinheiros da Inglaterra fossem acusados de se preocuparem antes pelo proveito garantido pela captura de um navio que pelo estado dos africanos amontoados a bordo. Com efeito, a mortalidade era severa entre a apreensão e a liberação em Serra Leoa, em Santa Helena ou em Maurício. Os marinheiros também morriam de doença ou em serviço. Houve combates mortíferos entre cruzadores e negreiros[17].

---

17   C. Lloyd, 1968; S. Daget, 1975.

Estes últimos utilizavam com habilidade a incoerência das condições internacionais da repressão. Na costa, muito bem informados sobre os movimentos dos cruzadores, os negreiros evitavam-nos, talvez quatro a cada cinco vezes. Içando falsos pavilhões e empregando falsos documentos de bordo comprados nas Antilhas, agiam como piratas. Apesar das leis, até então não sofriam sanções. Abandonaram seus disfarces no momento do reforço dos acordos repressivos: os documentos franceses não mais os protegiam, depois de 1831; e os portugueses, depois de 1842. Mas a manutenção da soberania americana salvaguardou eficazmente o tráfico com pavilhão dos Estados Unidos até 1862.

A resposta a estes estratagemas foi a escalada da violência. Os comandantes de cruzadores e os governantes locais das implantações ocidentais chegaram a empregar espontaneamente a força militar. Praticaram "expedições punitivas"[18] em terra, especialmente onde o poder africano parecia desorganizado. Na zona de influência americana da Libéria, o governador, reverendo Jehudi Ashmun, atuou contra as feitorias do cabo Mount. Perto da Serra Leoa, em 1825, a campanha do governador Turner expurgou por um tempo as ilhas da península – sobretudo, estabeleceu definitivamente uma longa faixa costeira sob domínio inglês. Foram operações de comando repetidas no rio Gallinas, depois no rio Sherbro e no rio Pongo. No Sul do equador, foi o bombardeamento sistemático dos negreiros nas águas "portuguesas" de Cabinda e Ambriz. As expedições acabaram com o incêndio dos *barracons*, das aldeias dos empreendedores africanos, reconstruídas rapidamente um pouco mais distante. Os escravos presos eram libertados e enviados para a Serra Leoa, para a Gâmbia ou para Maurício por causa do prêmio. Alguns ali se estabeleceram. Muitos foram alistados nas tropas coloniais negras. A outros foram propostos contratos livres como trabalhadores nas Antilhas[19].

Extirpando o mal "pela raiz"[20], estas operações foram tidas como decisivas na França e na Inglaterra. Introduziram duas modalidades novas: de um lado, a assinatura de "tratados" com os chefes locais, na costa, que se comprometeram a suprimir o tráfico nos territórios sob seu controle (tratados mais ditados que discutidos, mais impostos que desejados); por outro lado, a repressão através do bloqueio duradouro de grandes centros de exportação, e isso constituiu o início de uma política de diplomacia armada e intervencionista. A década 1841-1850

---

18 C. Lloyd, 1968, p. 93-100.
19 C. Fyfe, 1962; J. U. J. Asiegbu, 1969.
20 C. Lloyd, 1968; P. J. Staudenraus, 1961; C. Fyfe, 1962, *loc. cit.*

foi decisiva para a costa oeste africana que, até então, permanecera o principal foco do tráfico.

Esta década foi também importante no que concerne ao tráfico transaariano. Apesar dos esforços do cônsul abolicionista Warrington, a Inglaterra continuava ainda indiferente ao tráfico em direção à África setentrional. Em teoria, todas as partes que a compunham estavam sob a dependência dos Turcos de Constantinopla, com exceção do Marrocos. Na verdade, há muito tempo, as frações consideravam insignificante a suserania dos Kāramānlī, e agiam de modo autônomo. Um primeiro fator foi, em 1830, a conquista militar francesa, transformada em colonização a partir de 1842, que abalou a Regência de Argel. Foi uma colonização de povoamento branco que pouco desejava escravos. Encontrando-se entre pressões francesas e britânicas, a Regência vizinha de Tunis, aboliu o tráfico entre 1840 e 1842. A Leste, a Regência de Trípoli encontrou mais dificuldades, porque precisava receber a concordância dos chefes do interior, alguns dos quais eram poderosos distribuidores de escravos provenientes do Borno ou de Sokoto. Mas em 1842, o _shaykh_ 'Abdul-Djalīl, que de Murzuk dominava o Fezzān, consentiu a abolição do tráfico, mas foi assassinado. A Turquia restabelecera sua suserania direta sobre Trípoli e a Cirenaica desde 1835; e doravante precisava contar com ela para realizar uma abolição efetiva do tráfico. O sultão de Constantinopla proibiu o tráfico em 1857; mas este não se interrompeu de fato em lugar nenhum, nem mesmo em um Egito já fortemente ocidentalizado.

Em 1870, o viajante alemão Georg Schweinfurth, que chegava "do coração da África", se perguntava que "proteção [...] a abolição do tráfico podia receber do Kediva"[21]. O Marrocos, por fim, apresentava uma situação excepcional. Dos países do Magreb, ele era a única nação que os Europeus consideravam uma potência real: a ele não pensavam em impor ou mesmo sugerir uma atitude que fosse. As tentativas diplomáticas e as persuasões humanitárias fracassaram até 1887. Mesmo quando o tráfico pelo Oceano Atlântico começava a dar sinais de decréscimo, ainda existiam, no quadro do tráfico transaariano, eixos sólidos para a exportação e a distribuição de escravos: para o Marrocos, onde, em meados do século XIX, entre 3.500 e 4.000 africanos negros eram importados anualmente, e ainda 500 por ano nos anos 1880[22]; para o Mar Vermelho e para o Oriente Próximo, como o estudaremos mais adiante. Contra esse tráfico transaariano,

---

21 G. Schweinfurth, 1873, cap. IX; A. A. Boahen, 1964; J.-L. Miège, 1961-1963, vol. III; F. Renault e S. Daget, 1980.

22 J.-L. Miège, 1961-1963; F. Renault e S. Daget, 1980.

totalmente nas mãos dos africanos, por se tratar de um tráfico inteiramente interno à África, não havia qualquer meio ocidental de repressão.

Os abolicionistas sustentavam que, se não tivesse havido compradores de escravos, não teria havido vendedores. Invertendo a ordem dos termos, os escravagistas afirmavam que sem oferta africana de escravos, não haveria demanda ocidental; sua boa consciência, fundavam-na em uma tácita cumplicidade da própria África.

As reações africanas

Entre 1787 e 1807, fase pré-abolicionista ocidental, mais de um milhão de africanos foram deportados para as Américas. A este número acrescentam-se uma mortalidade aproximada de 15%, na travessia do Atlântico, e o número desconhecido de mortes provocadas pelos deslocamentos para a costa e durante as operações locais de produção de cativos pelos africanos "pescadores de homens"[23].

A abolição estava longe de perturbar de imediato a vitalidade do mercado de exportação ao longo da costa. A indecisão abolicionista deixou a Portugal e ao Brasil o lazer de traficar ilegalmente ao Sul do equador, e o lucro era tão alto quanto no século XVIII. Combatido seriamente após 1842, o tráfico não desapareceu das costas de Loango antes dos anos 1900[24]. Ao Norte do equador, a abolição imposta aos estabelecimentos europeus suprimiu postos de tráfico tradicionais, na Senegâmbia, em Serra Leoa, na Libéria e na Costa do Ouro. Mas o efeito real quase não passou da periferia da implantação onde a autoridade política era fraca. Às vezes ainda negreiros continuavam operando nestas paragens. Porém, desapareceram progressivamente. A produção e a distribuição de mão de obra exportável estavam doravante nas mãos dos africanos.

Nas fronteiras da Serra Leoa, a geomorfologia favorecia ativas feitorias negreiras inglesas e espanholas, ou pertencentes a mulatos, nos rios Nuñez e Pongo, no Noroeste, e no rio Gallinas, no Sudeste. As regiões produtoras, às vezes separadas umas das outras por 400 ou 500 quilômetros, estavam geralmente situadas próximas à costa. As transações eram pessoais, entre dirigentes, caravaneiros, agentes e feitores. Em Daomé, ao contrário, o tráfico era um dos suportes do poder político, que delegava a gestão dele a seus mais importantes

---

23   R. Thomas e R. Bean, 1974.
24   G. Dupré e A. Massala, 1975, p. 1468.

parceiros. Devedor ao mulato Francisco Félix da Souza, Ghezo fixou-o, em 1818, como *chacha*, "chefe dos brancos", conselheiro econômico e administrador do tráfico em Uidá. Este cargo sobreviveria à morte do primeiro *chacha*, em 1849, e o filho de Ghezo o herdaria. Tratava-se de uma gestão em grande escala: estocagem das mercadorias ocidentais, liquidação das dívidas e créditos, embarque rápido de cargas previamente preparadas, arrecadação das taxas, filtragem dos estrangeiros brancos e divertimento da clientela. Estas funções econômicas eram capazes de adaptar-se a outros tipos de produção. A do tráfico, que pertencia aos chefes de guerra, era assegurada por expedições militares anuais, nem sempre vitoriosas, contra os países vizinhos, e sobretudo os iorubás. Provinha igualmente do Sudão Central que distribuía também cativos para o Norte e para o Egito, dirigindo sua carga pelos confins do Estado: bom portador, o indivíduo devotado à exportação era conservado e integrado à equipe ordinária de transporte[25]. Mais a Leste, de Badagri às fronteiras do reino do Benin, os tumultos internos do povo iorubá sobrecarregaram um mercado ligado com Uidá. Poderes locais, negreiros negros e brancos das lagunas atendiam as fortes demandas portuguesas e brasileiras, que ali encontravam a maior parte de seus recursos antes de se adaptarem à nova realidade[26].

A Leste do Cabo Formosa, nas margens do delta do Níger, de Nun ao Velho Calabar, os notáveis mecanismos adotados no último terço do século XVIII continuavam administrando o tráfico negreiro, mas já se aplicavam a outras atividades comerciais exploradas simultaneamente. As forças religiosas e sociopolíticas locais, o oráculo Arochuku, as "Casas de Canoas" e a sociedade *ekpe* mantinham um mercado que representava a metade do tráfico negreiro ao Norte do equador, cerca de 200.000 unidades. A produção chegava de Sokoto, da Bénoué, do Nupe, do Noroeste camaronês e das regiões interiores do delta, onde era conseguida com métodos clássicos, guerra ou rapto, pagamento de dívidas ou tributo de proteção, expurgação social da comunidade, simples compra nos mercados e simples brindes. Uma sucessão de negociantes ou as redes habituais de escoamento encaminhavam-na para os pontos de distribuição[27]. Lá, métodos bem corriqueiros também presidiam às transações. O preço unitário das cargas era previamente fixado na moeda de cálculo local, a barra de cobre, equivalente a certa quantidade de mercadorias – não diferente daquela dos períodos anteriores. Em 1825 e em 1829, homens e mulheres valiam 67 barras; e o preço

---

25 C. Coquery-Vidrovitch, 1971, p. 109-111; P. Manning, 1979; M. Adamu, 1979.
26 P. Verger, 1968, cap. XI e XII.
27 K. O. Dike, 1956; P. D. Curtin, 1969, p. 254-255; M. Adamu, 1979.

podia baixar até a 45 ou 50. Quando do desembarque da carga, o preço de cada indivíduo era de 33 dólares espanhóis, sendo 8 a 10% o valor da comissão dos distribuidores. Em Duke Town, a cidade de Duke Ephraïm, no Antigo Calabar, chefes de outras casas mais ou menos rivais, Egbo Eyo, Tom Honesty, Ogan Henshaw, contribuíam para completar os carregamentos de escravos ou comestíveis. 40.000 inhames se pagavam com 2.000 barras, valor de 40 indivíduos. Por volta de 1830, a maior parte do tráfico se realizaria em Bonny[28].

A estimativa do tráfico negreiro ao longo dos sessenta anos da era abolicionista pertence ao domínio dos valores aproximados. De 1807 a 1867, entre o Senegal e Moçambique, 4.000 navios europeus ou americanos realizaram por volta de 5.000 expedições negreiras, deslocando 1 milhão de toneladas métricas de carga. Mercadorias com o valor de cerca de 60 milhões de piastras ou dólares foram negociadas por um total de 1.900.000 africanos, efetivamente embarcados nos entrepostos de exportação. 80% desse total teria sido embarcado no Sul do equador.[29] Do começo do século aos anos de 1880, o tráfico transaariano, de um lado e o tráfico árabe, de outro, exportavam em torno de 1.200.000 africanos negros no que se refere ao primeiro e 800.000 no que diz respeito ao segundo[30], indivíduos capturados no imenso arco compreendido entre o país Bambara, no Oeste e Sul de Moçambique.

Cliometristas, sociólogos e historiadores admitem que o tráfico foi uma catástrofe global para a África. A observação científica juntar-se-ia assim ao sentimento popular. Mas o propósito merece uma explicação. A ideologia humanitária era ocidental. É provável que não tenha havido o menor sentido no espírito dos distribuidores africanos da época – salvo raríssimas exceções. O que não quer dizer que eles fossem visceralmente incapazes de não mais praticar o tráfico, como os escravagista ocidentais o pretendiam. A permanência da oferta africana de mão de obra exportável deve ser analisada em termos de racionalidade econômica. Distribuidor negro e exportador branco não mudavam nada em uma atividade pagadora, aproveitável às duas partes interessadas, que não visavam outra coisa além do ganho. Assim foi no estágio elementar. A constante oferta se explicava pelo bom funcionamento de um sistema integrado. Se havia resistência africana, era contra o desmoronamento desse sistema. Inicialmente arruinaria os interesses constantes dos distribuidores não preparados[31], sem falar

---

28 S. Daget, 1983, ver, entre outros, os navios *Le Charles*, 1825, e *Le Jules*, 1829.
29 P. D. Curtin, 1969, tabelas 76 e 77.
30 R. A. Austen, 1979, tabelas 2.8 e 2.9.
31 G. N. Uzoigwe, 1973, p. 201.

das repercussões que viriam a seguir sobre o organismo social e político próximo ou distante. Em resumo, enquanto o movimento de trocas entre o interior e a costa e o comércio externo desta não ofereciam alternativa decisiva ao tráfico, a "resistência" dos negreiros africanos à sua supressão era severamente determinada pela *necessidade* de evitar um caos comercial[32]. A suposta cumplicidade dos distribuidores africanos não era senão uma resposta adaptada à realidade econômica imediata. Isto explica, aliás, a tendência à queda dos preços de venda de mão de obra exportável como defesa do mercado contra as crescentes pressões das forças repressivas. Estas teriam, portanto, sua parte em um balanço negativo. Tal argumentação precisa ser equilibrada quanto à deportação dos africanos para o Norte ou para o Leste. Se o interesse econômico dos captores e distribuidores de escravos permanecia evidente, concebe-se dificilmente que os países arruinados tenham recebido qualquer compensação econômica. Certas personalidades poderosas instalaram seu poder, Tippu Tip ou Rābah, por exemplo. Mas, se existiu de sua parte uma contribuição positiva para as regiões que eles controlavam, o estudo desse aporte será da competência dos especialistas.

Serra Leoa e Libéria

Um cliometrista acha que a repressão salvou 657.000 pessoas da escravidão americana[33]. Outro especialista estima que este número é por demais elevado, e o reduz a 40.000 indivíduos para o período que vai de 1821 a 1843[34]. As opiniões não são muito mais precisas quanto ao total de navios negreiros apreendidos pelas forças repressivas. Entre 1.000 e 1.200 embarcações, cerca de um quarto das expedições prováveis para o tráfico ilegal constituiriam uma avaliação razoável[35]. As cortes de vice-almirantado britânicas, os tribunais franceses, os cruzeiros americanos e, sobretudo, as comissões mistas (tornadas sem objetivo, seriam dissolvidas entre 1867 e 1870) liberaram por volta de 160.000 africanos.

Considerados "escravos", isto é, bens móveis, sua libertação não era automática: exigia um julgamento das autoridades marítimas ou coloniais, ou das comissões, para livrá-los da condição de escravos. Arrancados de suas raízes, alguns milhares de libertos viviam uma vida precária e ameaçada no cerne das

---

32 *Ibidem*, B. O. Oloruntimehin (1972*b*, p. 40) diz: "uma verdadeira crise de adaptação".
33 P. E. Leveen, 1971, p. 75.
34 D. Eltis, 1978.
35 C. Lloyd, 1968, apêndice A; S. Daget, 1983.

explorações escravagistas do Brasil e de Cuba, o que colocou o problema de sua integração socioeconômica[36]. Algumas centenas encontraram uma condição ambígua nos estabelecimentos franceses da Guiana, do Senegal e do Gabão. Outras adquiriram uma real existência política, como na Libéria ou em Serra Leoa. Em Freetown, os 94.329 homens, mulheres e crianças recenseados nos registros do Departamento dos Africanos Libertados[37] deram as primeiras respostas positivas e originais às questões da supressão do tráfico.

Em 1808, a Coroa britânica se encarregava de Serra Leoa, para encobrir o fracasso do estabelecimento filantrópico fundamentado vinte anos antes sobre os critérios do abolicionismo: cristianização, civilização e comércio. Em três fluxos de povoamento voluntário, proveniente da Inglaterra, da Nova Escócia e da Jamaica, 2.089 ex-escravos e fugitivos colonizaram o Nordeste da península. Estes estrangeiros não mantinham boas relações com seus vizinhos africanos. Os franceses devastaram suas plantações. Alguns ambicionaram o poder pessoal. As condições climáticas e sanitárias dizimaram os colonos. De modo especial, a companhia comercial de tutela revelou-se impotente de manter suas promessas sobre o direito e a extensão da propriedade do solo. Em 1802, a descendência dos pioneiros estava reduzida a 1.406 pessoas. A função repressiva e humanitária que lhe foi atribuída em 1808 salvou a colônia. Em 1811, a população era de 4.000 indivíduos. Após vinte anos de colonização oficial, 21.000 africanos viviam nos vilarejos das montanhas ou em Freetown. Em 1850, a cidade contava com 16.950 habitantes, o interior cerca de 40.000. Havia 89 brancos. Nesta época, recém-chegados inseriram-se na terceira geração de homens livres, praticamente autônomos.

A primeira geração passou pelos obstáculos de uma criação total. Entre 1816 e 1823, o impulso veio do governador Charles MacCharthy, administrador-construtor de alma missionária. O crescimento contínuo da população e sua sede de criar raízes levaram a melhor organizar a instalação. Sede do governo colonial e de um vice-almirantado, centro de abastecimento da frota naval e terra de libertação oficial pelas comissões mistas, Freetown e o interior gozaram da injeção mais ou menos regular de subsídios. MacCharthy reorganizou os primeiros vilarejos e criou novos, onde, adotados, os que chegavam se adaptavam entre irmãos. Às concepções europeias de comunidades-modelo mal definidas os africanos opuseram seus valores, seu modo de vida e suas atividades tradicionais. Na cidade, terras e construções adquiriram preço e o artesanato e

---

36 A. F. Corwin, 1967, p. 166; F. W. Knight, 1970, p. 29; L. Bethell, 1970, p. 380-383.
37 R. Meyer-Heiselberg, 1967; J. U. J. Asiegbu, 1969, apêndice VII.

o comércio permitiram êxitos individuais. Por volta de 1828, personalidades empreendedoras adquiriram os meios de entrar no novo tipo de economia da costa. A colônia abriu-se ao comércio externo em 1831. Governantes e créditos ingleses tornaram-se medíocres: os próprios serra-leoneses assumiram seu destino, mesmo mantendo-se no quadro de uma situação colonial. Nestes balbucios, a contribuição ocidental, em que se inscrevia a dos missionários, tinha sido essencial.

As elites sociais e políticas inglesas financiavam as igrejas e as associações de culto. Estas não estavam nada preparadas na experiência abolicionista e missionária. Serra Leoa tornou-se terra de treinamento. Além da propagação do cristianismo e da civilização, as missões tinham que combater o tráfico, especialmente no rio Pongo. Mas os negreiros locais, suspeitando que estes personagens espionavam a serviço do governo colonial, queimaram a *Church Missionary Society*, que abandonou o território. Na colônia propriamente dita, onde a autoridade política era sensível a sua missão humanitária, os missionários não eram insensíveis à política. McCarthy confiou-lhes a superintendência das aldeias de escravos libertos. No seio do poder administrativo, apesar das fortes rivalidades de pessoas ou de doutrinas, a cooperação de personalidades poderosas com a autoridade governamental produziu resultados sólidos a longo prazo. Escolas foram abertas, nas quais por intermédio do inglês que evoluía para um crioulo nacional, um sem-número de grupos étnicos diferentes interpenetraram-se. Se o sincretismo religioso não se realizou, pelo menos o cristianismo, a religião tradicional africana e o Islã coexistiam estreitamente.

A segunda geração resolveu as dificuldades de crescimento. Os africanos libertos ascenderam ao poder interno, em concorrência, e depois junto aos fundadores e seus descendentes. Nos primeiros tempos, nem o entendimento nem a fusão eram perfeitos. Os velhos tentavam impor uma clivagem social e cultural. Durante as duas primeiras décadas de forte repressão do tráfico, a situação complicou-se com a chegada anual de 2.000 pessoas. Por mais que pesassem as perdas devidas à mortalidade, todas estas pessoas não foram integradas. Algumas delas foram recrutadas pelo exército britânico. Um décimo emigrou à força para a Gâmbia. Um programa oficial de emigração para as Antilhas permitia, em teoria, a liberdade de decisão e garantia a repatriação. Mas, pelo dirigismo, evocava os antigos horrores. Os africanos libertos preferiam as dificuldades da mata ou a segurança da aldeia tradicional. Em sentido inverso, ajudados pelos missionários, alguns milhares retornaram a suas regiões de origem, principalmente nos países iorubás, onde manifestaram experiência e competência adquiridas.

Do ponto de vista econômico, não se podia esperar um "*boom*" espetacular. Entretanto, desde 1827, um processo de desenvolvimento encetou-se. Ligou-se primeiramente à produção de gêneros alimentícios, sobretudo arroz; mas visava igualmente à produção de culturas de exportação e a exploração das riquezas locais existentes: entre as primeiras, açúcar, gengibre e índigo; entre as segundas, café e madeiras exóticas. Uma variedade local de café tinha sido reconhecida desde o começo do povoamento e transformada em cultura. Em 1835, tornou--se um argumento econômico para reforçar os meios de pôr fim ao tráfico em volta do rio Nuñez ou do rio Gallinnas: em Londres, em apenas dezoito meses, uma casa de comércio tinha recebido cerca de 65 toneladas; o que provava que era preciso proteger a cultura e a exploração. Estabelecimentos serra-leoneses para a exportação de madeiras exóticas, em particular uma variedade de intule, começavam a enriquecer. Lá ainda, o principal interesse residia na criação de um substituto econômico válido para o tráfico de escravos: em 1824, cinquenta navios ocidentais carregaram, no estuário de Serra Leoa, 200.000 dólares em madeira[38]. Condições favoráveis conjugavam-se para criar uma riqueza (ainda não se podia falar de um capital) no interior da colônia. Suas embarcações começavam a cortar as águas da costa do Oeste africano até o golfo de Biafra. Os navios estrangeiros encontravam, a partir de agora, no estuário, uma escala segura para este comércio legítimo tão desejado pelos abolicionistas. Todavia, convém não exagerar o alcance de tal "encetamento": demonstrava simplesmente que a experiência era viável, com um mínimo de suporte administrativo da metrópole europeia.

Em uma palavra, em 1853, quando o governo britânico fez dos serra-leoneses súditos da Coroa, reconheceu implicitamente que uma formidável mistura de culturas fundiu-se em uma sociedade crioula viável. Uma nação "civilizada" construiu-se, não segundo um modelo utópico europeu, mas pelo dinamismo de seu próprio gênio[39]. A evidente contribuição dos abolicionistas ingleses não ocultou a qualidade das soluções africanas.

A experiência liberiana foi pouco diferente. No que tange ao direito, o estabelecimento da *American Colonization Society* no cabo Mesurade, em 1821, era empreendimento privado. O governo federal dos Estados Unidos não se envolveu, mas estabeleceu um escritório, não colonial e temporário, cujos agentes

---

38 *Public records* do Fourah Bay College, Freetown, e *British parliamentary papers, Correspondence returns*, África Ocidental, 1812-1874, p. 135-146; C. Fife, 1962, ver *"timber"*.

39 C. Fyfe, 1962; J.Peterson, 1969; J. U. J. Asiegbu, 1969; J. F. A. Ajayi, 1969, cap. 2; S. Jakobsson, 1972, primeira parte.

recebiam a investidura da sociedade. Confiava ao estabelecimento os africanos libertos pelo cruzeiro, contribuindo assim para o povoamento. A criação da Libéria resultou de aspirações filantrópicas e civilizadoras, mas também da preocupação de diminuir, mesmo nos Estados Unidos, a expansão da população negra, considerada perigosa.

Um punhado de colonos defendeu sua implantação contra a resistência dos poderes autóctones. Estes discutiram tanto o contrato de cessão das terras e a soberania, quanto à pretensão dos estrangeiros negros em reduzir a atividade dominante do comércio exterior local, o tráfico negreiro. A esta resistência, o reverendo Jehudi Ashmun opôs a de 450 colonos, dos quais 200 eram africanos libertos. A ação defensiva fez durar o estabelecimento. Em 1824, recebeu o nome de Libéria, tendo por centro Monróvia. Elaborado na América, um estatuto político foi administrado pelo governador local, segundo seu entendimento. Aos navios que se apresentavam, americanos ou não, Ashmun impunha o comércio "legítimo" do marfim, da madeira, das peles e do óleo, trocados por mercadorias ocidentais clássicas. Em 1826, o comércio tornar-se-ia oficialmente beneficiário, mas pode-se duvidar disso. Em 1830, além de 260 africanos libertos, o estabelecimento compreendia 1.160 colonos, provenientes em sua maior parte das plantações sulistas, escravos emancipados por seus proprietários para fins propagandísticos e pioneiros. Os negros americanos nascidos livres não eram tão numerosos: chegariam mais tarde. A política americana da sociedade mãe era ambígua: para os americanos do Norte, valorizava a vantagem evangélica alcançada com a repatriação; para os sulistas, fazia vislumbrar uma purificação de sua sociedade, desembaraçando-se dos negros.

Os fatores do êxito eram de três ordens. Outras sociedades de colonização procederam da sociedade-mãe e fundaram três estabelecimentos, em Bassa Cove, em Sinoé e no cabo das Palmas – este chamado Maryland na Libéria, sendo incorporado ao território nacional somente em 1856. A gestão continuou autônoma, subordinando as sociedades americanas aos estabelecimentos, e não no sentido inverso. A população mostrou-se corajosa em um meio hostil tanto ecologicamente quanto politicamente. As terras não eram excelentes e, além disso, eram trabalhadas com métodos arcaicos. Faltavam negócios e capital, e o trabalho livre era caro. Mas havia engenheiros que sabiam edificar construções duradouras. As instalações na zona costeira caçaram os negreiros e fizeram cessar o tráfico. Alcançou-se o objetivo filantrópico e colonizador. O segundo fator é o do valor individual dos dirigentes. Educados na religião e na cultura anglo-saxônicas, bem adaptados ao meio escolhido, mas realistas, acabaram formando um embrião de consciência nacional. A Constituição trazida dos

Estados Unidos por Thomas Buchanan em 1839 foi reformada para adaptar-se ao caso particular da Libéria. John B. Russwurm, governador do Maryland de 1836 a 1851, fez nascer esta terra onde o racismo não podia existir. J. J. Roberts, governador da Libéria, em 1841, e em seguida presidente de 1847 a 1856, agiu como homem de Estado. As superestruturas estavam em condições de uma independência de fato.

Uma contestação inglesa da existência jurídica do país acaba levando à independência de direito. Comerciantes e marinheiros britânicos recusaram os atributos da soberania manifestada por Monróvia: controle da atividade econômica, taxação e bandeira nacional. O litígio de origem econômica recebeu uma resposta da diplomacia internacional, quando os Estados Unidos deixaram clara para a Grã-Bretanha a natureza de suas relações com os estabelecimentos. A Libéria não foi uma colônia americana, mesmo tendo o apoio dos Estados Unidos. O desafio do governador Roberts foi de levar os colonos a superarem sua pusilanimidade e a provarem sua maturidade política. Uma simples, mas peremptória declaração de independência inscreveu a Libéria entre os poderes soberanos, no dia 26 de julho de 1847. Tinha nascido a primeira república africana, cuja Constituição, ao estabelecer os três poderes, legislativo, executivo e judiciário, outorgou nacionalidade unicamente aos cidadãos de raça negra. Em 1860, 6.000 deles eram escravos emancipados, 5.700 escravos libertados pela marinha americana, 4.500 eram nascidos livres nos Estados Unidos e 1.000 tinham comprado sua liberdade. A República tinha ainda que se firmar em seu próprio solo, combater o sistema francês de recrutamento de "engajados livres", defender suas fronteiras, e estender-se[40]. Isso, porém, já era o futuro.

No que se refere a este período, parece que não se pode falar de um relativo desenvolvimento econômico da Libéria comparável ao da Serra Leoa. O francês Édouard Bouët-Willaumez, comandante da esquadra de repressão do tráfico, passou várias vezes ao longo da costa liberiana e ficou impressionado com a pobreza de seus habitantes[41]. Este juízo de ordem econômica contrasta com o julgamento qualitativo pronunciado na mesma época pelo americano Horatio Bridge, segundo o qual a Libéria podia ser considerada como "o paraíso do homem negro"[42]. Cada uma dessas opiniões vinha marcada pela personalidade do homem que a proferia: juízos de brancos cada vez mais marcados pela mentalidade colonizadora. Contudo, em termos de significado histórico, seria provavelmente irracional, e certa-

---

40 P. J. Staudenraus, 1961; J.-C. Nardin, 1965, p. 96-144.
41 E. Bouët-Willaumez, 1846, cap. 4, p. 90-92.
42 H. Bridge, 1845, cap. 20.

mente anacrônico, apresentar as experiências da Serra Leoa e da Libéria no século XIX como elementos precursores dos movimentos de libertação do século XX. A própria ideia de se poderem criar novas nações africanas numa costa assolada por duzentos e cinquenta anos de um tráfico negreiro sem freios, bem como a realização desta ideia, constituíram acontecimentos que merecem ser destacados.

Ponto de partida de condições diferentes, as experiências da Serra Leoa e da Libéria não foram suficientes para as novas gerações abolicionistas. Opunham-se quanto aos métodos e quanto às prioridades a serem adotados para desmantelar a escravidão americana ou o tráfico africano. O fracasso de uma colonização filantrópica no Níger, patrocinada por T. F. Buxton em 1841, provocou críticas ao insucesso abolicionista e uma denúncia da falência global da repressão. Combates de retaguarda, na contracorrente, pois, apesar das repugnâncias oficiais, a ideia de sociedades de colonização avançava nos meios privados. A costa do Norte do equador, particularmente, estava francamente aberta às inovações.

A proteção do novo comércio

Os cruzeiros marítimos eram muito menos atraídos pela ação repressiva do que pela missão de proteger o comércio "legítimo" dos nacionais. Desde as primeiras décadas do século XIX, a costa atendia as demandas americanas, francesas e inglesas de produtos naturais da África. Tais compras cresciam. Em 1838, o francês Bouët-Willaumez, futuro governador do Senegal, precursor da colonização, comandou uma exploração sistemática das possibilidades comerciais entre o Senegal e o Gabão. Ainda que de fraco rendimento, o comércio não negreiro desenvolveu-se paralelamente – não em concorrência – ao tráfico. A concorrência existia entre as nações ocidentais que definiam uma repartição "informal" das zonas de influência econômica, tolerada pelos dirigentes africanos. A França predominava no Norte da Serra Leoa, em alguns pontos da Costa do Marfim e do Gabão, onde ela instalou Libreville[43], no modelo de Freetown. Americanos e europeus chegaram à costa, tolerados no que, de fato, constituía um domínio econômico inglês. Assistia-se a alvorada das mudanças. A modernidade que nascia por meio das revoluções tecnológicas e industriais, na Inglaterra e na França, avançando sobre outras nações, criava necessidades novas. Visto da costa, a principal foi aquela dos corpos graxos, como lubrificante

---

43 B. Schnapper, 1961; H. Brunschwig, 1963, especialmente o cap. 7, p. 19; E. M'Bokolo, 1981; H. Deschamps, 1965.

de máquinas, matéria-prima do sabão e dos meios de iluminação. O oleaginoso africano passou a fazer parte do mercado ocidental.

A costa tinha sempre exportado o óleo de palma, mas em quantidades ínfimas. A importação da Inglaterra passou de 982 toneladas em 1814 a 21.000 toneladas em 1844, permaneceu estável por uma década e dobrou em seguida por volta de 1870. A França importava em média 4.000 toneladas anuais entre 1847 e 1856; 2.000 toneladas na década seguinte. Compensava com a importação média anual de 8.000 toneladas de amendoim do Senegal e da Senegâmbia, mais 25.000 toneladas de nozes de "touloucouna", para a fabricação do sabão de Marselha: em 1870, tudo isso representava 35 milhões de francos- ouro. O que por muito tempo constituiu um ideal abstrato e utópico – uma alternativa ao tráfico dos escravos e um substituto do homem como valor de troca – materializou-se enfim. Ainda restava a necessidade de criar uma produção em escala industrial: atingiu-se em um período tão breve quanto o que foi preciso às produções cubanas ou brasileiras para atingir o pleno rendimento em café e em açúcar. As grandes zonas produtoras evocavam aquelas das mais altas exportações de homens, do Daomé[44] aos rios do delta do Níger e do Camarões. Uma das condições fundamentais da conversão residiu na mobilização da mão de obra nas terras de colonização interiorana. Seu modo de produção foi certamente escravagista, mas na ordem social e econômica africana. Na verdade, o desenvolvimento real desta novidade econômica não interrompeu imediatamente a economia institucionalizada: tráfico de escravos e de óleo coexistiam. Um sistema de troca mais vasto irradiava para o interior. Na costa, aliás, os agentes habituais do comércio ocidental sempre detiveram os meios comerciais. Sabendo comprar, repartiram o crédito, expandiram os instrumentos de pagamento clássicos introduziram a moeda metálica. A ampliação do número de concorrente na atividade econômica acarretou deslocamentos forçados, solapando os equilíbrios internos[45]. A mudança econômica foi acelerada por outros fatores desnaturantes, religiosos e culturais, raramente muito distanciados do político, mas que contribuíram para o desaparecimento do tráfico.

Um pequeno número de homens e mulheres das missões católicas e protestantes se tornaram agentes importantes da penetração ocidental. No Senegal, prefeitura apostólica que sobreviveu após a reocupação francesa de 1817, a madre Javouhey definiu a função primeira do apostolado: formar um clero africano. A educação dispensada aos filhos dos cristãos e a alguns africanos não cristãos fracassou diante da escola corânica. O Islamismo cresceu ao longo do século.

---

44   C. Coquery-Vidrovitch, 1971.
45   K. O. Dike, 1956; K. K. Nair, 1972, cap. 2.

Em 1844, educado na experiência liberiana, Monsenhor Bessieux instalou no Gabão a missão do Sagrado Coração de Maria. Qualificando as crenças locais de "ridículas invenções", lutou, batizou, porém ensinou pouco, mais motivado pela conversão que pelo convertido. O êxito ficou para a missão americana do reverendo Wilson. Em Dakar, na República Lebu, os laços pessoais e o respeito à cultura – aplicação do lema "ser negro com os negros"[46] – não fizeram esquecer a espiritualidade inadequada da missão que a separou do mundo real. Desprovido de soluções práticas, o missionário tinha consciência de sua pequenez face ao islamismo fortemente africanizado e difundido. Buscou a formação de elites, mesmo que fosse ao desarraigá-los e aliená-los de sua cultura. Em Grand-Bassam, a autoridade africana recusou a missão. Em Uidá, o vicariato apostólico confiado às Missões africanas de Lyon foi erguido em 1868. Sua primeira escola funcionou em 1873, com a de Porto Novo, já sob tutela francesa.

As ideias de Buxton fermentaram através das missões protestantes. *In loco*, o sucesso da Serra Leoa e dos africanos libertados forneceu-lhes propagandistas eficazes. Alguns eram profissionais, como Samuel Ajayi Crowther, que, capturado aos quinze anos e libertado, se tornaria pastor, bispo e construtor de nação. Outros praticavam o comércio legítimo. A maioria, migrando para suas regiões de origem, guiava os missionários, abrindo-lhes o caminho. Estes se instalaram no litoral, entre a Costa do Ouro e o Camarões, exceto no reino do Benin, no seio de nações em que o sentimento religioso era forte, mas politicamente sujeitas a "crises de ajuste". Chegaram a Badagri, em 1842, a Uidá em 1843 e em Calabar em 1845. No interior o posto de vanguarda era a grande cidade de Abeokuta, no novo país Egba.

Ao contrário das missões católicas, as missões protestantes buscavam a influência temporal. A cristianização era concebida como um todo, que incluía educação e cultura, função socioeconômica e opção política. Expandiu o inglês falado e escrito e o cálculo em meios preparados há muito tempo. As técnicas de arquitetura, a imprensa e a medicina foram ensinadas por especialistas vindos da Serra Leoa. O saber pertencia ao povo que frequentava a missão. O benefício da participação criou privilegiados. Verificaram os modelos inculcados na experiência superior dos chefes locais, que não foram unânimes em aprová-los. Alguns, entretanto, exibiam um ocidentalismo de fachada através da vestimenta, da habitação, do alimento, da bebida e do modo de vida. O objetivo sociopolítico era criar uma classe média, para destacar uma elite. Formada nos esquemas ocidentais, esta classe deveria

---

46 *Apud* P. Brasseur, 1975*a*, p. 264, nota 22; 1975*b*, p. 415-446.

normalizar e estender a dupla corrente do comércio, advinda da costa ou a ela destinada. A difusão da civilização seria um resultado anexo, que o comércio de óleo por si, limitado às transações costeiras, foi incapaz de atingir[47].

Desse modo, bem ancoradas no mundo, as missões protestantes assumiram um papel reformador que compreendia a ingerência nas estratégias políticas e militares. Os missionários de Abeokuta pediram à Inglaterra o estabelecimento de uma estrada até o mar, a fim de acelerar as trocas – e a entrega do material bélico. Apelaram para a assistência técnica dos militares ingleses contra os daomeanos. Em Calabar, sua influência nas cidades-Estados obteve, por contrato, o fim das tradições locais. Poderosas, as missões não condenaram a intromissão concorrente da administração ocidental, que elas contrabalançaram aliando-se ou opondo-se ao comércio estabelecido. Por volta de 1850, um movimento irreversível engajou missões, comércio e administração política em um processo de protocolonização efetiva. A introdução de cônsules com fins expansionistas avançou *pari passu* com os bloqueios militares e os protetorados. Para a diplomacia internacional, os pretextos eram sempre a supressão radical e definitiva do tráfico de escravos. Os meios humanitários tornaram-se instrumentos de poder econômico, militar e político.

Conclusão

Podemos já estabelecer uma espécie de cronologia do desaparecimento do tráfico, tendo em mente que, em nenhum lugar, este desaparecimento foi absolutamente definitivo durante este período.

O tráfico cessara desde 1824 no Senegal e em Gorée, quartel general da base naval francesa antiescravagista. A influência e os progressos em Serra Leoa tornavam-se benéficos nesta região por volta de 1830; entretanto, operações esporádicas continuavam nos rios Pongo e Nuñez até os anos de 1866-1867. Em 1848-1850, a Libéria independente pedia o concurso de navios de guerra franceses contra os negreiros internacionais, e recusava-se a alimentar por muito tempo o sistema de tráfico dissimulado sob o nome de engajamentos livres. A Costa do Marfim e a Costa do Ouro pouco tinham sofrido com o tráfico ilegal durante todo este período; pesquisadores marfinenses mostraram que, se subsistiam correntes de tráfico, elas não se destinavam aos navios da costa, mas à satisfação das necessidades domésticas regionais ou inter-regionais – os documentos

---

47   J. F. A. Ajayi, 1969; K. K. Nair, 1972.

FIGURA 4.2   Um grupo de mulheres oromas a bordo do HMS Daphne depois de sua libertação de um veleiro leste-africano. [Fonte: G. L. Sullivan, *Dhow chasing in Zanzibar waters*, 1873, Frank Cass Publishers, London. Reproduzido com a autorização do Conselho de Administração da Biblioteca da Universidade de Cambridge. © Frank Cass Publishers.]

FIGURA 4.3   Escravos libertados no domínio da Missão das universidades em Mbweni, perto de Zanzibar – pagamento dos salários. [Fonte: S. Miers, *Britain and the ending of the slave trade*, 1975, Londres, Longman. © The Illustrated London News Picture Library.]

de arquivo confirmam esta situação. Mais a Leste, de Uidá a Lagos, a situação era mais confusa. Operações de tráfico, ou operações de engajamentos "livres", ainda aconteciam nos anos 1853-1855, e até 1860. Em certos casos, os africanos eram embarcados em navios a vapor de grande capacidade – cita-se o caso do Nordaqui que deportou 1.600 escravos, o que nunca havia acontecido. Entretanto, os esforços diplomáticos e as políticas coercitivas da França e da Inglaterra levaram a uma forte restrição ao tráfico de escravos. Do Benin ao Gabão prevalecia uma política de tratados e de ocupação do solo, cuja consequência era entravar seriamente o escoamento de escravos. O tratado anglo-português de 1842, inaugurando finalmente a visita de navios negreiros ao Sul do equador, tinha efeitos análogos do Congo até a colônia portuguesa de Angola. Contudo, não foi senão gradualmente, em um ritmo diferente de acordo com o setor da costa, que o tráfico desapareceu quase por completo entre 1860 e 1870.

Em 1867, o almirante francês Fleuriot de Langle, em missão de inspeção, se disse positivamente impressionado pelo que tinha visto, "com algumas poucas exceções". Aliás, sua constatação destacou a gravidade da renovação do tráfico na costa oriental da África. Nos anos 1860-1870, entre 30.000 e 35.000 escravos chegaram aos portos que dependiam de Zanzibar; parte foi retida aí para trabalhar nas plantações de cravos-da-índia. O restante foi expedido para a Somália e para Oman, que recebia, por volta de 1870, 13.000 escravos por ano, parte dos quais partia rumo ao Golfo Pérsico e à Pérsia, à Mesopotâmia ou ao Beluquistão e às Índias[48]. Em 1873, um tratado entre a Inglaterra e o sultão de Zanzibar introduziu o direito de visita, com a possibilidade de captura dos veleiros árabes. Mas isto não teria grande efeito – não mais do que teria tido o tratado anglo-português de 1842 sobre o comércio de escravos de Moçambique para Comores e Madagascar. Nestas costas imensas, nestes vastos territórios, o tráfico de escravos não desapareceu de fato, senão com o estabelecimento das administrações coloniais, diz François Renault[49], isto é, muito depois do fim do tráfico atlântico. Pode-se provavelmente explicar este atraso pelo fato de o mundo abolicionista ocidental não haver sido realmente sensibilizado com os efeitos do tráfico árabe, antes que Livingstone os descobrisse ao longo de suas explorações. É preciso acrescentar a isso o tempo necessário para as tomadas de consciência.

Assim, antinômica aos tópicos nacionais ou privados dos escravagistas ocidentais, a teoria abolicionista introduziu os processos mentais de identificação

---

48 F. Renault e S. Daget, 1980; R. Coupland, 1939.
49 F. Renault e S. Daget, 1980, p.43-69.

do escravo africano com o homem e da abertura da África ao mundo. Atingiu seus objetivos por volta de 1870: salvo exceções, o tráfico atlântico terminou. Ora, este resultado não era obra unilateral de ocidentais por muito tempo refratários e ainda pouco convencidos do interesse dos meios postos a serviço da moral universal. De outra maneira, o esforço foi absolutamente o mesmo para os africanos do interior e da costa. Em um difícil contexto interior, eles assumiram, ao mesmo tempo, a resistência à desintegração econômica e a integração rápida à inovação. A resposta africana – extremamente rápida – à hipótese abolicionista resultou de uma extraordinária faculdade de adaptação. Temporariamente, o produto foi tão positivo quanto o das decisões ocidentais. Quanto à nova abordagem dos ocidentais, procedeu da incapacidade de o homem branco supor a existência de outros valores fora os seus. Seu interesse pela civilização africana foi o de um cientista por uma amostra de laboratório. Sua boa consciência, consequência de um século de combate abolicionista, levou o Ocidente a impor seus valores – inclusive à força, se preciso fosse. Não foi de todo negativo. Mudanças se verificaram, apareceram rachaduras na estrutura, de modo que esta se deslocou ou se afundou, abrindo o caminho do futuro.

CAPÍTULO 5

O Mfecane e a emergência de novos Estados africanos

Leonard D. Ngcongco

Sabemos como sociedades de migrantes de língua banta, criadores de gado e cultivadores, familiarizados com o trabalho do ferro e seus usos, se estabeleceram em diversas regiões da África austral, ao Sul do Limpopo, entre a metade e o final do primeiro milênio da era cristã[1]. A penetração das regiões situadas ao Sul do Limpopo pelo ramo sotho-tswana dos bantos do Sul não ultrapassou, em geral, os limites do planalto, estendendo-se a Oeste do eixo formado pelos montes Lebombo e pela cordilheira do Drakensberg; por sua vez, os grupos de língua nguni, estabeleceram-se na zona estreita entre essas montanhas e o Oceano Índico.

No início do século XIX, nesta região do Sul do Limpopo, havia dez a quinze séculos que essas comunidades de língua banta estavam desenvolvendo uma próspera civilização da Idade do Ferro, caracterizada por conglomerados de pequenos Estados organizados sob a dominação política de linhagens e dinastias reais. De modo geral, tais Estados eram povoados por camponeses que sabiam fundir e utilizar o ferro, também eram produtores de gêneros agrícolas (sobretudo de sorgo e milhete), sendo poucos os caçadores, e, além disso, praticavam o escambo e o comércio à longa distância[2].

---

1   D. W. Phillipson, 1969; R. R. Inskeep, 1969, p. 31-39.
2   M. Wilson, 1969*a*; R. J. Mason, 1973; L. D. Ngcongco, 1982*b*.

Os primeiros decênios do século XIX foram marcados por uma poderosa revolução social e política, que, simultaneamente, teve por efeito a destruição e a reedificação da organização dos Estados na África austral de língua banta, bem como a transformação das condições de existências de numerosas comunidades nos territórios que vão dos confins da Zululândia (Natal) até o Sul da Tanzânia. Esta revolução, denominada Mfecane (esmagamento) na língua nguni, também é conhecida sob o nome de Difaqane (golpe de martelo) em sotho-tswana.

Durante o Mfecane, vários Estados antigos foram vencidos, conquistados e anexados a outros. Alguns Estados foram arrancados de seus territórios tradicionais e forçados a se implantar alhures. Muitos se encontraram, então, empobrecidos e enfraquecidos. Em certos casos, as antigas dinastias reinantes foram suplantadas, ao passo que, em outros lugares, as populações de aldeias inteiras eram aniquiladas ou capturadas. Entretanto, essa mesma revolução assistiu ao avanço de vastos reinos centralizados em diversas partes da África austral. Ela também assistiu ao nascimento de "impérios" e de reinos servidos por organizações militares e burocráticas de um novo tipo[3].

Por outro lado, o Mfecane teve como efeito a despovoação de consideráveis porções do território da África austral, o que facilitou, em seguida, a apropriação da terra africana pelas comunidades migrantes de colonos brancos. Não somente estes colonos bôeres colocaram as mãos nas partes mais ricas do solo africano, mas também, lançaram-se imediatamente em campanhas sistemáticas de roubos de rebanhos e organizaram a escravidão dos africanos recorrendo àquilo que, por eufemismo, chamavam de "aprendizagem".

De um outro ponto de vista, o Mfecane teve repercussões profundas no interior dos próprios Estados africanos, estimulou o espírito inventivo dos chefes políticos africanos e os obrigou a se adaptarem, tanto no plano da tática militar quanto no que concerne à organização política e à administração dos negócios. Sob alguns aspectos, o Mfecane pode incontestavelmente ser considerado um acontecimento desastroso, mas, por outro lado, podemos ver nele um conjunto de circunstâncias cujo caráter positivo e criador se faria sentir por gerações. Certos Estados aos quais ele deu nascimento sobreviveram até nossos dias e agora fazem parte da comunidade internacional. Se considerarmos a amplitude do fenômeno, o número de reinos e a diversidade dos povos cujo futuro foi transformado pelos redemoinhos da grande onda do Mfecane, e se percebermos bem o caráter fundamental e a qualidade das mudanças que ele

---

3   T. R. H. Davenport, 1978, p. 56; D. Denoon, 1973, p. 23-24, 32-33; J. D. Omer-Cooper, 1966, cap. 12.

produziu no modo de vida e de organização da maioria dos grupos tocados por ele, somos obrigados a admitir que o Mfecane, até uma época recente, foi um acontecimento negligenciado pela historiografia da África austral; e diremos com o J. D. Omer-Cooper que, "em comparação, o Grand Trek pode ser considerado como peripécia"[4].

O presente capítulo analisa a natureza da revolução surgida entre os nguni e tornada célebre pelas campanhas militares e pelas transformações sociopolíticas conduzidas pelo rei zulu Shaka. Essas, de diversas maneiras, foram levadas adiante por alguns dos antigos generais do rei e por outros contemporâneos, em um vasto território do Sul e, até mesmo, do Leste africano. A fim de compreender bem a trama desta grande revolução, primeiramente, é essencial examinar de perto as características físicas do meio no Norte da região nguni; observar como as sociedades adaptaram-se às mudanças que lá intervieram, como suas próprias atividades contribuiu para transformar o meio em quem viveram, meio esse que, por sua vez, estimulou a reação delas. Importa também observar a maneira com que os chefes de certos Estados nguni garantiram o domínio dos processos de produção e de reprodução, a fim de poderem dispor do excedente de forças vivas, indispensável ao poder do rei e à independência do Estado.

Os países e os métodos de cultivo dos nguni do Norte

Após séculos de implantação e de prática agrícola, os cultivadores das comunidades nguni do Norte estavam bem adaptados ao meio físico das regiões nas quais haviam se estabelecido.

O território ocupado pelos nguni do Norte (ou protozulu) pode ser aproximativamente definido como a região delimitada por três cursos de água: a Norte, o Pongolo; a Sul, o Tugela, e a Oeste, o vale do Búfalo (Mzinyathi)[5]. Trata-se de uma região de relevo elevado, na qual vários cursos de água entalharam profundos vales. Os principais rios são o Tugela, o Mhlatuze, o Mfolozi, o Mkuze e o Pongolo, que, junto com seus afluentes, penetram nas terras altas. Entre os leitos destes cursos de água, a elevação do terreno atinge frequentemente 1.000 metros acima do vale[6]. Tais vales fluviais penetram profundamente rumo ao Oeste, no interior do país.

---

4   J. D. Omer-Cooper, 1966, p. 4.
5   J. Guy, 1980.
6   *Ibid.*

As variações de altitude, em razão deste relevo cortado, fazem com que as precipitações e as temperaturas variem consideravelmente de um lugar a outro. Da mesma forma, a vegetação é muito diversa; isso ocasiona o surgimento de "uma certa quantidade de tipos de vegetação que se imbricam uns nos outros pela extensão do país"[7]. A chegada e o estabelecimento de cultivadores e de criadores na região provocaram efeitos na vegetação natural.

Em uma obra tratando dos efeitos da instalação do homem no meio físico em toda a África austral, o ecologista J. P. H. Acocks indica que a vegetação da maior parte do território compreendida entre o Drakensberg e o Oceano Índico, em outros tempos, era provavelmente constituída de florestas e de matas, ao passo que as terras baixas dos vales eram cobertas pela savana[8]. Desde os primeiros tempos de sua instalação na região, os camponeses nguni protozulu, agindo com abates e queimadas, devastaram a floresta e modificaram consideravelmente as formas naturais da vegetação. Durante um século e meio, o fogo, a enxada o machado dos camponeses nguni empurraram os limites da floresta até os cumes das altas cadeias de montanhas, e a selva apenas se manteve nos declives mais úmidos que bordejavam os cursos de água[9]. Estes métodos permitiram aos agricultores aumentar, para benefício próprio, as superfícies cobertas pela savana e por outras vegetações do mesmo tipo.

J. Guy afirma que, no local onde a mata foi destruída, gramíneas se propagaram a partir do fundo dos vales irrigados, ao passo que a diminuição dos setores arborizados após as queimadas regulares favorecia a cobertura ervosa[10]. Séculos de manipulação da vegetação finalmente produziram um conjunto complexo de modificações que tenderam a entrelaçamentos de pastos de tipo pastos doces (*sourveld*) e pastos amargos (*weetveld*), cujo desenho é determinado principalmente pelo volume das precipitações e a topografia locais[11].

Nas zonas de fortes precipitações a erva tende a ser do tipo *sourveld*. Trata-se de uma variedade cujo valor nutritivo e sabor são mais elevados, logo após as primeiras chuvas de primavera e no início do verão. Mas, essas qualidades vão decrescendo à medida que a erva amadurece. Portanto, o *sourveld* constitui geralmente bons pastos aproximadamente por quatro meses, após o que começa a perder tanto o sabor quanto o valor nutritivo. O *sweetveld* é mais caracterís-

---

7   *Ibid.*
8   J. P. H. Acocks, 1953.
9   J. Guy, 1977.
10 *Ibid.*, p. 4.
11 *Ibid.*

tico das zonas secas, nas quais encontramo-lo geralmente associado a árvores dispersas em savanas, onde forma o tapete vegetal. Ele é esparso e frágil, porém conserva suas qualidades nutritivas e seu sabor durante toda a estação seca. Logo, o *sweetveld* desempenha um papel particularmente importante como pasto de inverno. Entre os dois extremos do *sweetveld* e do *sourveld*, encontramos zonas mistas onde se misturam dois tipos de vegetação; elas podem servir de pastagem, de seis a oito meses por ano[12].

Outras regiões da África austral, tais como aquelas habitadas pelas comunidades sotho-tswana, no atual Highveld do Transvaal, também eram cobertas de grandes extensões de *sweetveld*. Mas faltava-lhes uma rede de cursos de água como aquela dos países nguni do Norte, graças a qual as partes pouco irrigadas da região apresentavam um caráter paradoxal, pois eram secas e, entretanto, amplamente ricas em água[13]. Ademais, as zonas de *sweetveld*, que formam os pastos do Highveld, eram frequentemente infestadas de moscas tsé-tsé, propagando a doença do sono entre os homens e os animais.

É preciso acrescentar que os camponeses que viviam no Highveld nos tempos pré-coloniais não se beneficiavam com uma alternância de *sweetveld* e de *sourveld*, como a que caracterizava os declives montanhosos da região nguni do Norte. Os modos de ocupação dos solos adotados pelos sotho-tswana, com suas aldeias separadas, suas terras aráveis e seus currais, eram bem adaptados à existência de espaços disponíveis, muito mais vastos e mais abertos do que aqueles dos quais dispunham os nguni do Norte. Parece que as sociedades sotho-tswana, embora formadas por criadores e cultivadores, não tiveram que suportar o peso de populações de densidades comparáveis àquelas que acabaram tornando-se um fardo para os destinos dos grandes Estados nguni do Norte. A estrutura de *habitat* agrupado, própria de tais sociedades, – contrastando com o *habitat* disperso dos nguni –, deveu-se mais à aglomeração de comunidades inteiras perto de fontes de águas raras e esparsas do que a uma pressão demográfica.

Enquanto pudesse ser mantido um delicado equilíbrio entre o crescimento da população e dos rebanhos, de um lado, e as possibilidades de acessos aos diversos tipos de pastos, de outro, a estabilidade da região parece não ter sido realmente ameaçada. Porém, por volta do final do século XVIII, a capacidade dos homens de aumentar os recursos em terras de cultura e de pasto atingiu um limite. O inchaço da população, acrescido sensivelmente pela adoção do milho

---

12 J. Guy, 1980, p. 7.
13 *Ibid*.

como uma das principais culturas da região, sem dúvida exerceu uma enorme pressão nos acessos à terra e aos recursos conexos[14].

Embora a estreiteza do corredor compreendido entre o escarpamento do Drakensberg e o Oceano Índico tivesse sempre limitado estritamente as possibilidades de expansão das comunidades que viviam nesse território, as chefias nguni do Norte gozavam de um certo número de vantagens próprias da região. Durante séculos, essas populações tiraram proveito de um meio físico favorável, aprendendo a explorá-lo com habilidade. Na primavera e no início do verão, os pastores nguni podiam conduzir seus rebanhos para pastar no *sourveld* das terras altas e, a partir da metade do verão, eles desciam com seus animais até o fundo dos vales atapetados de ervas tenras. A diversidade do clima também permitiu a tais agricultores escolher as terras mais apropriadas à cultura do sorgo, do milhete ou do milho. Hoje sabemos que o milho foi introduzido na região no século XVIII, e que rapidamente ele substituiu outras culturas de subsistência tradicionais como alimento de base. Em uma zona de chuvas abundantes, o surgimento do milho como gênero alimentício de base talvez tenha estimulado o crescimento natural da população e, por consequência, aumentado a pressão sobre as terras. Sem dúvida, isso contribuiu com o aumento da instabilidade e da violência quando os inúmeros pequenos Estados da região começaram realmente a rivalizar e a lutar pela posse de recursos em vias de diminuição.

Também é provável que esta evolução das condições de existência, no território povoado pelos nguni do Norte, tenha sido fortemente amplificada por uma terrível fome, da qual ainda se fala, sob o nome de Madlathule. Parece que essa causou estragos entre o último decênio do século XVIII e o primeiro do XIX[15]. Conta-se que, nesses tempos difíceis, o país era percorrido por bandos de esfomeados que pilhavam as reservas de víveres. É incerta a época exata da fome Madlathule, mas a situamos aproximadamente no mesmo momento em que uma outra fome caiu sobre o país sotho, dando lugar, diz-se, a uma onda de canibalismo.

A estrutura da sociedade nguni do Norte

Hoje, não há mais dúvidas que os modos de cultura e de produção dos zulus estão na origem de um aumento regular da população dessa região. Nada parece indicar que, de fato, o crescimento da população tenha sido devido a um afluxo

---

14 S. Marks, 1967*a*; M. Gluckman, 1963, p. 166.
15 J. Guy, 1980, p. 9, 15; A. T. Bryant, 1929, p. 63-88.

massivo de imigrantes na região. Portanto, a população provavelmente aumentou em função de um crescimento natural que não foi moderado por nenhuma expansão do território ou de outros recursos importantes. Logo se tornou cada vez mais difícil para as comunidades continuar as práticas ancestrais que consistiam em deslocar os rebanhos de um pasto a outro, ou converter a floresta em savana; por isso, algumas comunidades decidiram se apropriar, pela força, das terras e dos pastos anteriormente detidos por outras.

Certos chefes destes pequenos Estados tinham começado a adotar estratégias visando a lhes assegurar o domínio da produção e da reprodução. Para compreender bem tal processo, é preciso considerar atentamente a estrutura da sociedade nguni da época pré-colonial. A sociedade estava dividida em milhares de explorações familiares, cada uma sob a autoridade patriarcal de um chefe de família. Geralmente, cada chefe tinha duas ou três mulheres, segundo sua classe social. Cada uma das mulheres vivia com seus filhos em sua própria casa e produzia, com suas crianças, o alimento necessário para sua subsistência. Habitualmente, havia uma divisão do trabalho segundo o sexo; os homens se ocupavam da produção animal e caçavam, enquanto as mulheres se encarregavam sobretudo das culturas.

Os estabelecimentos reais – podia existir vários deles em cada Estado – eram organizados diferentemente. Além das atividades normais de produção que empregavam os membros de cada casa, bem como seus parentes e seus criados, os diferentes estabelecimentos reais comportavam também acantonamentos militares, sobretudo a partir do fim do século XVIII. Os regimentos de homens recrutados em diferentes regiões do país tinham aí seus quartéis e trabalhavam a serviço do rei, inclusive na agricultura. As mulheres arregimentadas não tinham acantonamentos nessas aldeias militares, mas residiam na casa de seus pais. Até que o rei lhes desse permissão, nem os homens nem as mulheres arregimentados tinham o direito de se casar, podendo ficar até dez anos em um regimento antes de serem liberados para o casamento. Notadamente, essa regra tinha por efeito permitir aos reis dos Estados nguni do Norte agir, simultaneamente, sobre os índices de produção e de reprodução.

Não se sabe muito bem em qual época esse sistema entrou em vigor entre os nguni do Norte. Atualmente, a origem destas mudanças é situada mais frequentemente sob o reinado de Dingiswayo, rei dos mthethwa, e o aperfeiçoamento delas situa-se sob o reinado de Shaka, rei dos zulus[16]. Durante séculos, antes

---

16 Ver S. Marks, 1967*b*, p. 532, no que concerne à tese segundo a qual o processo de edificação do Estado começou mais cedo entre os hlubi, os ngwane e os nolwande.

de essas mutações serem instauradas, tendia-se a tratar a iniciação como uma questão coletiva e política mais entre os sotho-tswana do que entre os nguni. É provável que essa mudança tenha sido ligada a importantes transformações na vida socioeconômica dos nguni. Também é possível que, na época em que começou a expansão dos Estados maiores, esses tenham incorporado enclaves de populações sotho, e que os chefes nguni tenham emprestado dessas populações certas práticas coletivas ligadas à iniciação, adaptando-as para fins de dominação política.

Se examinarmos atentamente os fatores ecológicos junto à natureza da organização social e da produção entre os nguni do Norte, seremos levados a concluir que, a partir do último quarto do século XVIII e durante os primeiros decênios do XIX, a explosão demográfica atiçou a luta pela posse de recursos em vias de diminuição, produto dos esforços de várias gerações. Max Gluckman foi o primeiro a ter claramente analisado o fator que constitui a explosão demográfica; e vários outros o tem seguido[17]. Hoje, parece indiscutível que o aumento populacional e seu cortejo de penúrias, notadamente de terras, muito contribuíram com o clima de violência que se estabeleceu no Norte do país nguni nos primeiros anos do século XIX.

Outras explicações foram dadas a respeito da revolução conhecida sob os nomes de Mfecane ou de Difaqane. Algumas parecem muito sustentáveis e mesmo plausíveis aos olhos do leitor crítico: outras, pelo contrário, parecem bem arriscadas e, manifestamente, brotadas da imaginação. Segundo uma dessas teses, por exemplo, a reorganização interna e as reformas militares que estruturaram as fundações dos grandes Estados nacionais, como aqueles dos mthethwa e dos zulus, teriam ocorrido pelo fato de os fundadores – em particular, Dingiswayo – terem deliberadamente imitado os europeus, que eles teriam observado ao longo das peregrinações que precederam sua ascensão ao poder[18]. Essa asserção, grosseiramente racista, não merece outro comentário além do julgamento de um crítico que atribuiu aos propagadores deste tipo de ideias a vontade de "se enfeitar com os reflexos da glória das vitórias zulu"[19]; impressão confirmada, diz

---

17 M. Gluckman, 1963, p. 166; J. D. Omer-Cooper, 1966, cap. 1 e 2 *passim*.

18 H. Fynn, em um artigo redigido aproximadamente em 1939, emitiu primeiro a discutível opinião, segundo a qual as inovações de Dingiswayo foram provavelmente o fruto de sua associação com os brancos e, particularmente, com um certo Dr. Cowan (1888, vol. I, p. 62-63). Mais tarde, A. T. Bryant (1929, p. 94) destacou essa hipótese sem fundamento em termos, lembrando a "hipótese camítica", hoje totalmente desacreditada. Tais autores deram o tom a toda uma linha de êmulos pouco escrupulosos que retomaram, por conta própria, esta ideia falsa, como se se tratasse de um fato estabelecido.

19 D. Denoon, 1973, p. 19.

ele, pelo fato de tais declarações não se apoiarem em nenhuma espécie de prova material. Ademais, observamos que não há praticamente nenhum ponto em comum entre os Estados organizados por Dingiswayo e Shaka e os territórios da região que, na mesma época, encontravam-se sob administração europeia.

Um outro fator sugerido para explicar as origens do Mfecane foi o impulso para o Leste, encetado de forma progressiva, mas determinado pelos imigrantes bôeres do século XVIII, em busca de terras para colonizar (*trekboers*) a partir do Oeste da região do Cabo, e a barreira imposta em consequência do avanço, em sentido contrário, dos pastores nguni do Sul. Segundo os defensores dessa tese, tal corrente migratória de criadores bôeres criou as condições para uma carência de terras, bloqueando a via de expansão natural dos pastores nguni do Sul; nesse momento, engendrou-se uma crise que repercutiu até os nguni do Norte[20]. Não há dúvida que a pressão demográfica desempenhou um papel importante entre os nguni em geral, e, nesse sentido, o argumento é convincente; não obstante, ligando-o à migração dos *trekboers* saídos do Cabo rumo ao Leste, não é explicado por que a revolução social desenrolada por estas pressões demográficas não ocorreu entre os Estados xhosa ou nguni do Sul, que estavam diretamente bloqueados pelo avanço dos *trekboers*. Formulada nestes termos, a questão da pressão demográfica suscita uma outra. Seria preciso provar de forma convincente que, até o impulso bôer ter atingido o rio Great Fish, por volta da metade do século XVIII, o problema da superpopulação entre os nguni do Norte (aqueles que estavam fixados no Norte do Tugela) podia ser, ou foi, frequentemente resolvido com a partida de grupos que migraram em busca de uma terra acolhedora, em direção ao Sul, ao atravessarem as zonas povoadas por comunidades nguni de língua xhosa e se fixarem entre esses ou em territórios situados mais ao Sul. Nesse sentido, a barreira física do Drakensberg teria constituído um obstáculo menos dissuasivo do que a massa densamente povoada das comunidades de língua xhosa, estabelecidas no Sul da região hoje chamada Natal[21].

Outra explicação interessante e importante: os grandes Estados das regiões nguni do Norte queriam garantir o domínio do comércio – sobretudo o do marfim –, com o porto sob o controle português da baía de Delagoa, na costa leste. A hipótese foi colocada pela primeira vez por Mônica Wilson e recebeu o apoio de Allan Smith[22]. Bem antes do final do século XVIII, Estados, como os dos ndwadwe-hlubi e dos ngwane, participavam do comércio com os por-

---

20 R. Oliver e J. D. Fage, 1962, p. 163.
21 J. D. Omer-Cooper, 1966, p. 169.
22 M. Wilson, 1958, p.172; A. K. Smith, 1969.

tugueses, sobretudo através de intermediários tsonga. Quando de sua ascensão ao trono dos mthethwa, Dingiswayo criou, de fato, uma rota do comércio de marfim com a baía de Delagoa, conquistando, nesse momento, vários clãs para abrir o acesso ao porto do Oceano Índico[23]. Dingiswayo teria sido imitado por Zwide e Sobhuza, que também tentaram uma abertura em toda a extensão do Pongolo, a fim de estabelecerem uma ligação comercial com a baía de Delagoa[24]. Alguns historiadores colocaram em dúvida a importância do fator comercial na condição de estimulador da expansão dos Estados, mas o debate continua em aberto.

Em todo caso, é difícil levar muito a sério as explicações fundadas basicamente na personalidade ou nas qualidades individuais dos chefes da revolução. É bem mais instrutivo tentar compreender porque chefes como Dingiswayo, Shaka, Mzilikazi e outros subiram ao poder e brilharam na mesma época e na mesma grande região. Uma reflexão deste tipo pode nos ajudar a evitar mitificar o papel de um ou outro dos principais atores desta grande tragédia humana e a ver neles, de forma mais razoável, o produto de um meio socioeconômico particular.

Portanto, por volta do final do século XVIII e, sobretudo, durante os primeiros anos do XIX, um conjunto de fatores, centrados principalmente na falta de terras cada vez mais sensível em razão do crescimento demográfico, esteve na origem de uma agitação que tendeu, mais tarde, a uma explosão de violência na maioria dos Estados nguni do Norte. Mudanças revolucionárias intervieram progressivamente no tecido social e cultural de sociedades inteiras. Sob a pressão da guerra que perturbava as condições de vida em toda a região, os Estados foram obrigados, um após o outro, a modificar ou abandonar práticas consagradas pelo tempo, tal como a lida com rebanhos, baseada em um empréstimo, ou cerimônias tradicionais, como a iniciação associada à circuncisão; costumes cuja perpetuação arriscava comprometer a capacidade de reagir com eficácia às exigências de uma situação em rápida evolução. Por exemplo, a iniciação dos meninos, que comportava a circuncisão e períodos de vida reclusa, podendo chegar até seis meses, arriscava, nesses momentos críticos, impedir a conscrição de centenas de jovens para o serviço militar. Assim, as mudanças e as adaptações trazidas aos costumes sociais e às práticas tradicionais conduziram, na ordem militar, a inovações técnicas e a uma modernização da organização. Dentre os

---

23   A. T. Bryant, 1929, p. 97; A. K. Smith, 1969, p. 182-183.
24   A. T. Bryant, 1929; A. K. Smith, 1969, p. 185.

maiores inovadores e modernizadores deste período, é preciso citar Zwide, rei dos ndwandwe; Dingiswayo, rei dos mthethwa, e Shaka, rei dos zulus[25].

Em virtude das guerras conduzidas por estes numerosos Estados nguni, das migrações que elas provocaram, das anexações e das incorporações diversas que resultaram delas, três poderosos grupos se destacariam, dominando assim a região. O primeiro, o dos ngwane-dlamini (chamados, em seguida, de swazi) comandados por Sobhuza, estava estabelecido nas margens do Pongolo. O Pongolo, o Mfolozi e o Oceano Índico delimitavam o território do segundo grande grupo, a confederação ndwandwe, a qual reinava o rei Zwide. A Oeste dessa última encontravam-se chefias mais modestas como a dos khumalo. O terceiro grande grupo, a confederação mthethwa, colocada sob a autoridade de Dingiswayo, ocupava aproximadamente, mais ao Sul, o triângulo compreendido entre o Oceano Índico e os cursos inferiores do Mfolozi e do Mhlatuze[26].

Os chefes desses três grandes Estados, na verdade, eram monarcas supremos que recolhiam tributo em um conglomerado de pequenos Estados, chefias e clãs. Os Estados vassalos gozavam, em geral, de uma autonomia considerável para os assuntos da vida cotidiana, reconhecendo a autoridade suprema do suserano nos campos tão importantes quanto os rituais das primícias, as cerimônias de iniciação, o pagamento do tributo e a condução da guerra.

A luta pela supremacia opôs, primeiramente, os ngwane-dlamini de Sobhuza aos ndwandwe de zwide. A disputa era pela posse das terras férteis do vale do Pongolo, para o cultivo do milho. O Estado ndwandwe, que adquiriu muita importância por volta da metade do século XVIII, no princípio, fazia parte de um aglomerado de chefias nguni-embo que havia emigrado para o Sul, deixando o reino de Thembe no interior da baía de Delagoa, aproximadamente no final do século XVII. Associados a outros grupos oriundos dos nguni-embo, tais como os ngwane, os dlamini e os hlubi, eles finalmente se fixaram no vale do Pongolo na época em que seu chefe era Langa II, ou talvez seu predecessor, Xaba. Os ndwandwe se estabeleceram principalmente nos contrafortes do Ema-Gudu, que domina o Sul do vale do Pongolo. Foi a partir de seu novo domínio que os chefes ndwandwe empreenderam a extensão de seu poder político, submetendo, uma após outra, várias chefias de menor importância, estabelecidas na vizinhança. Estes pequenos Estados compreendiam algumas comunidades ngwane e ntungwa do vale do Pongolo, bem como um grupo de clãs khumalo sob a autoridade de Mashobane. Foi aí também, quando seu Estado se solidificou e

---

25 J. D. Omer-Cooper, 1966, p. 27; J. Bird, 1888, vol. I.
26 A. T. Bryant, 1929, p. 160.

prosperou, que eles tomaram o nome de ndwandwe, a fim de se distinguirem de outros nguni-embo, dentre os quais alguns tinham se estabelecido na margem norte do Pongolo, e outros, a Oeste da chefia ndwandwe[27].

A autoridade política dos soberanos ndwandwe cresceu enormemente à medida que impunham sua suserania a um número crescente de pequenos Estados. Sob o reinado de Langa II e de seu filho Zwide, as fronteiras do Estado estendiam-se ao Norte até duas margens do Pongolo e, ao Sul, até o vale do Mfolozi Negro; a Oeste, atingiam os acessos da floresta de Ngome e, a Leste, a baía de Santa Lúcia, no Oceano Índico[28]. Os soberanos ndwandwe foram, portanto, os primeiros chefes nguni a congregar um grande número de pequenas chefias para constituir um grande Estado. Ao explorar habilmente os costumes e as práticas antigas e organizá-los de forma a serem a novos propósitos e sem hesitar em empregar, se fosse preciso, toda a força das armas, os chefes nwandwe conseguiram criar, na zona de confluência do Usutu e do Pongolo, uma poderosa confederação que recolhia tributo em inúmeras pequenas chefias da região. Zwide subiu ao trono por volta de 1790. Seu poder atingiu o apogeu aproximadamente na mesma época que Dingiswayo, rei da confederação dos mthethwa, vizinha e rival dos ndwandwe[29]. A honra de ter erguido o essencial da poderosa confederação ndwandwe recai sobre ele. Entretanto, é preciso reconhecer que Zwide construiu sobre as fundações edificadas por seu pai e seu avô, e que ele explorou instituições, costumes e práticas que vigoravam em toda região, mesmo entre os sotho-tswana que viviam a Oeste do Drakensberg.

Como vários outros Estados nguni da região, o reino ndwandwe apoiava-se muito no desdobramento de regimentos militares, recrutados na ocasião do rito tradicional de iniciação dos meninos e meninas, pertencentes, aproximadamente, à mesma faixa etária. Para os meninos, o antigo rito de iniciação era acompanhado da circuncisão. Parece que, dentre os primeiros chefes nguni, Zwide e seus predecessores foram os primeiros a perceberem o uso político que se podia fazer da prática sotho-tswana de coordenar e organizar a circuncisão, e os ritos conexos de iniciação, em escala da comunidade ou da chefia e não no nível das famílias. Em seguida, foi fácil ampliar o princípio. Os chefes vassalos podiam continuar reinando sobre seus próprios súditos, mas não podiam mais organizar e presidir suas próprias cerimônias de iniciação como no passado. Doravante, essas cerimônias eram organizadas a partir do centro, e os jovens de todas as

---

27 *Ibid.*, p. 158-161.
28 *Ibid.*, p. 160.
29 *Ibid.*

comunidades estabelecidas no território ndwandwe eram alistados como membros de regimentos nacionais correspondentes a sua faixa etária[30]. Obviamente, tal disposição facilitava o uso posterior desses regimentos para fins militares.

Além do uso que fizeram desses regimentos de recrutas para amalgamar as diferentes partes de seu Estado "nacional", os reis ndwandwe teriam recorrido amplamente às influências mágico-religiosas para reforçar sua própria autoridade e contribuir para criar o mito do monarca todo-poderoso e invencível. Além da tradicional cerimônia anual das primícias, Zwide, em particular, cercou-se dos serviços de um impressionante areópago de feiticeiros e de mágicos reais, cujo renome servia para repercutir o temor ao seu poder pelas inúmeras chefias das redondezas. Zwide também recorreu a casamentos diplomáticos para nutrir relações com certos Estados da região ou para torná-los mais serenos. Foi assim que ele ofereceu a mão de sua irmã Ntombazana ao rei mthethwa Dingiswayo. Talvez fossem considerações da mesma ordem que finalmente o levaram a aceitar que uma de suas filhas, Thandile, esposasse Sobhuza, rei dos ngwane (swazi), que a chamavam de Lazidze, a filha de Zwide.

Entretanto, Zwide não tinha a menor intenção de deixar que tais casamentos travassem seus objetivos expansionistas. Isso foi bem evidenciado quando Sobhuza fez valer seus direitos à utilização das férteis terras aráveis do vale do Pongolo. Zwide respondeu atacando a capital de Sobhuza, na fronteira meridional da atual Suazilândia[31]. O exército ndwandwe venceu uma série de confrontos e expulsou os partidários de Sobhuza do vale do Pongolo, rechaçando-os para o Norte. Foi aí, no meio do maciço montanhoso, hoje localizado no território da Suazilândia, que Sobhuza (conhecido também pelo nome de Somhlolo) edificou as fundações da nação swazi.

Os swazi

O grupo original ngwane era formado de um aglomerado de clãs nguni--embo e de alguns grupos de origem nguni-ntungwa, mais alguns clãs tsonga conduzidos por elementos da linhagem real dos dlamini. Esses clãs uniram-se para constituir o substrato da sociedade ngwane no distrito de Shiselweni e

---

30 J. D. Omer-Cooper, 1966.
31 J. S. M. Matsebula, 1972, p. 15-16; H. Kuper, 1947, p. 13; J. D. Omer-Cooper, 1966, p. 29-49; A. T. Bryant, 1964.

seriam conhecidos pelo nome de *bemdzabuko*, ou verdadeiro Swazi[32]. Na parte central da atual Suazilândia, Sobhuza colocou sob sua autoridade política vários outros clãs estabelecidos na vizinhança. Tratava-se, na sua maioria, de pessoas de origem sotho (pedi), que haviam se misturado a pequenas comunidades de nguni-embo e de ntungwa. As comunidades sotho que Sobhuza integrou a seu reino possuíam um sistema bastante evoluído de regimentos constituídos por faixas etárias. Para distinguir estes novos swazi daqueles que vieram do Sul, eram geralmente chamados de *emakhandzambili* [aqueles que foram encontrados][33].

Antes mesmo de ser expulso do vale do Pongolo, o povo de Sobhuza tinha, como o de Dingiswayo, adotado o sistema de faixas etárias. Isso facilitou muito a integração das novas comunidades do centro da Suazilândia. Como nas comunidades sotho, as faixas etárias swazi apenas funcionavam sob a forma de regimentos militares em tempos de guerra. Os jovens dos clãs conquistados foram incorporados ao sistema de iniciação ngwane e enviados para o combate lado a lado com seus conquistadores nos mesmos regimentos[34], ao passo que os chefes dessas comunidades sotho, longe de serem eliminados, obtiveram uma larga autonomia para a gestão dos negócios locais. Sem dúvida, os clãs sotho ocuparam, no início, uma posição sensivelmente inferior na sociedade ngwane; mas à medida que o tempo passava e que sua lealdade para com o Estado não era mais colocada em dúvida, eles obtiveram o mesmo tratamento que os membros nguni do Estado swazi.

Não somente Sobhuza aliviou o jugo da sujeição dos clãs sotho dominados por ele, outorgando a seus chefes uma boa margem de autonomia local e concedendo aos jovens sotho uma grande mobilidade no seio do exército swazi, mas também procurou consolidar sua própria posição e garantir a segurança de seu novo reino mantendo relações amigáveis com seus vizinhos. Embora Zwide o tivesse expulsado de seu antigo feudo e o perseguido até a atual Suazilândia, Sobhuza conservou relações amigáveis com os ndwandwe e quis consolidar essa amizade esposando uma das filhas de Zwide, para fazer dela sua *nkosikati* (primeira esposa). A fim de cair nas graças de Shaka, o zulu, Sobhuza lhe enviou um tributo em meninas, dentre as quais, princesas de sangue real. Apesar de Shaka ter matado algumas dessas mulheres quando elas engravidaram, Sobhuza

---

32 J. S. M Matsebula, 1972; H. Kuper, 1947, p. 14.
33 *Ibid.*
34 H. Kuper, 1947, p. 15-17; H. Beemer, 1937.

continuou com sua política de conciliação³⁵. Isso valeu a seu reino a relativa permanência ao abrigo das exações dos regimentos de Shaka.

Sobhuza morreu em 1840. Seu filho Mswati (Mswazi) sucedeu-lhe e foi nesse momento que o povo ngwane-dlamini tomou o nome de swazi. Como antes fizera seu pai, Mswati teve que defender o novo Estado contra as sucessivas invasões vindas do Sul, sem contar as revoltas que explodiram no interior. Mswati, que era relativamente jovem quando da morte de seu pai, primeiro teve que enfrentar várias tentativas que visavam a desapossá-lo do poder. A primeira foi a rebelião de Fokoti, que contou com numerosos apoios no Sul da Suazilândia. Mas Mswati foi salvo graças ao apoio dos regimentos reais de Malunge.

Após a rebelião de Fokoti, Mswati se incumbiu do dever de reforçar sua posição com medidas tais como uma maior centralização dos regimentos constituídos por faixas etárias, a criação de uma rede mais estendida de aldeias reais e a reorganização da cerimônia do *incwala* (primícias) no sentido de um reforço das prerrogativas reais. Todavia, tais reformas não impediram que um outro filho de Sobhuza, o regente Malambule, se rebelasse em 1846, pouco após Mswati ter se submetido ao rito da circuncisão. Missionários brancos estavam implicados na revolta, bem como agentes do imperialismo zulu. Por fim, Mswati foi obrigado a estabelecer uma aliança com os bôeres do Transvaal para abafar o perigo de invasão representado pelas forças zulu de Mpande. O tratado que permitiu livrar os swazi das garras do dragão zulu foi assinado em 26 de julho de 1846³⁶.

Uma personagem chave na derrota da insurreição de Malambule foi um outro irmão de Mswati, Somcuba (Somquba). Seu *status* privilegiado de primogênito de Sobhuza foi ainda reforçado pelo papel que ele desempenhou na repressão da insurreição de Malambule, bem como na negociação do tratado de 1846 com os bôeres de Ohrigstad. Entretanto, por volta de 1849, Somcuba insurgiu-se, por sua vez, contra a autoridade de Mswati e até mesmo tentaria fundar um Estado rival através de "um amálgama de pequenos clãs pai e sotho, na região do rio Crocodile"³⁷, e usurpar as prerrogativas reais praticando suas próprias cerimônias de *incwala*. Em 1856, as campanhas conduzidas por Mswati contra o rebelde e os bôeres de Lydenburg que o apoiavam levaram à morte de Somcuba, com um novo tratado de cessão com os bôeres de Lydenburg e à restauração de condições normais de existência na região³⁸.

---

35 J. D. Omer-Cooper, 1966, p. 50.
36 J. S. M. Matsebula, 1972; A. T. Bryant, 1929, p. 325-328; H. Kuper, 1947, p. 19-20.
37 J. A. I. Agar-Hamilton, 1928, p. 60-61; H. Kuper, 1947, p. 20.
38 H. Kuper, 1947; G. M. Theal, 1891, vol. IV, p. 456.

A política interna de Mswati foi mais feliz que suas aventuras estrangeiras. Ele se lançou em uma política de casamentos diplomáticos com princesas escolhidas entre numerosas linhagens das comunidades recentemente integradas à sociedade swazi. Paralelamente, oferecia esposas de sangue real aos chefes dos diversos clãs e linhagens. O povo rapidamente tomou tais práticas como modelo e, graças a numerosos casamentos cruzados, grandes mudanças foram introduzidas na sociedade swazi, cujas divisões étnicas logo desapareceram[39].

Os mthethwa

A evicção dos ngwane-dlamini do vale do Pongolo colocou frente a frente, no país nguni do Norte, dois reis e seus povos: Zwide, o ndwandwe, e Dingiswayo, o mthethwa. Zwide tornou-se rei dos ndwandwe por volta de 1790. É a ele que podemos atribuir a edificação de um grande Estado ndwandwe, cuja potência apoiava-se na arrecadação do tributo imposto aos Estados vassalos; na utilização de um exército formado de regimentos constituídos por faixas etárias; no mito de um poder real sagrado, organizado em torno do *incwala*, cerimônia anual das primícias, e no domínio das rotas comerciais em direção à baía de Delagoa.

O reino mthethwa tornou-se célebre sob o reinado de Dingiswayo, filho de Jobe e neto de Kayi (geralmente considerado como o fundador do reino mthethwa)[40]. Como no caso dos Estados ndwandwe, ngwane e, mais tarde, dos zulus, a potência do Estado mthethwa repousava sobre a arrecadação do tributo, as razias aos rebanhos e sobre um exército formado de regimentos de recrutas incorporados por faixas etárias. Os mthethwa também mantinham relações comerciais com a baía de Delagoa.

Como já vimos, regimentos constituídos por faixas etárias estavam geralmente estacionados em todos os principais Estados nguni da região, e a maioria desses Estados parece ter sido influenciada pelos pedi e por outros grupos sotho da vizinhança[41]. Entretanto, Dingiswayo parece ter aplicado sua seriedade e sua imaginação habituais à reorganização daquilo que era uma prática generalizada na região. Ele colocou um fim ao rito da circuncisão que acompanhava habitualmente a formação das faixas etárias, a fim de suprimir os períodos de vida reclusa que tais ritos exigiam. Adotou para seu exército a formação chamada de "peitoral

---

39 H. Beemer, 1937.
40 T. Shepstone, 1988, vol. I, p. 160-164; A. T. Bryant, 1929, p. 95.
41 J. D. Omer-Cooper, 1969, p. 211-213.

e cornos". Ele também fez aliança com o reino de Maputo, na baía de Delagoa. Assim, mais tarde, quando conquistou e incorporou o Estado de Qwabe, diz-se que foi ajudado por soldados armados de mosquetes vindos do reino aliado de Maputo, e não, como disse Fynn, por uma companhia de soldados enviados pelos portugueses[42]. O reino mthethwa de Dingiswayo arrecadava tributos junto a mais de trinta chefias da região, dentre as quais se encontrava uma pequena chefia comandada por Senzangakhona: o Estado zulu. Mais tarde Shaka, o filho de Senzangakhona, tornou-se general do exército de Dingiswayo.

Os zulus

A expansão dos mthethwa de Dingiswayo foi represada por Zwide e seus regimentos ndwandwe. Várias guerras foram travadas pelos exércitos rivais. Em 1818, Dingiswayo foi capturado por Zwide e morto. Em razão do caráter pessoal do reinado de Dingiswayo, sua morte criou um vazio à frente dos mthethwa. Shaka, que rápido subiu na estima de Dingiswayo (e tinha se tornado, com a ajuda desse, o chefe da pequena chefia zulu), logo se engolfou na brecha: tomou o lugar de Dingiswayo à frente da confederação das chefias mthethwa. Na verdade, ele acabou herdando o "império" mthethwa. Mas tal como Bismarck arquitetou para que a Alemanha fosse absorvida pela Prússia, Shaka "incorporou" o império mthethwa ao Estado zulu, de forma que os mthethwa, a partir de então, passaram a fazer parte da nação zulu. Ele autorizou da mesma forma a manutenção do sistema de governo tradicional dos mthethwa, sob a condução de um filho menor de Dingiswayo e de um regente submetido à figura do monarca zulu, ou seja, a ele mesmo[43]. No que concerne aos outros grupos, parece que Shaka mais impôs uma integração total do que uma simples suserania.

No tempo em que ele era apenas chefe do Estado zulu, vassalo de Dingiswayo, Shaka já havia começado a reorganizar seu exército segundo um processo de racionalização das instituições sociais para fins militares, que doravante seria conduzido até sua conclusão lógica. Além disso, ele revolucionou as próprias técnicas militares. Os longos dardos foram substituídos por uma azagaia curta de lâmina larga, muito mais eficaz no combate corpo a corpo desde que o inimigo tivesse perdido seus próprios dardos. Os combatentes zulus se protegiam, a partir de

---

42 A. K. Smith, 1969, p. 184.
43 A. T. Bryant, 1929, p. 158-167, 202-203; E. A. Ritter, 1955, p. 113-116.

então, com altos escudos e não portavam mais sandálias, a fim de ganharem velocidade e mobilidade. Como Dingiswayo antes dele, Shaka mantinha em alerta um exército permanente de regimentos constituídos de homens de menos de quarenta anos, porém, contrariamente a Dingiswayo, acantonava tais regimentos em casernas onde permaneciam a cargo do Estado. Os homens eram sujeitados ao celibato até que fossem liberados de suas obrigações militares. Vivendo na caserna, os regimentos de Shaka eram bem treinados, eficazes e sempre prontos para entrar em ação[44].

O exército de Shaka dominava várias táticas militares, das quais a dos "cornos da vaca" era apenas a mais espetacular. O treinamento dos soldados tornava os guerreiros endurecidos e impiedosos com o inimigo. Diferentemente de Sobhuza ou de Dingiswayo, Shaka com frequência aniquilava as elites dirigentes dos povos conquistados e se esforçava para incorporar completamente os grupos capturados ao sistema zulu, colocando à sua frente membros da família real zulu a fim de substituir os chefes eliminados. Quando se tratava de grupos muito numerosos, seus chefes eram por vezes mantidos no lugar e continuavam a exercer localmente sua autoridade sobre o seu próprio povo.

Durante as guerras decisivas pela dominação do que se tornaria a Zululândia, Shaka regulou e aperfeiçoou algumas das técnicas e das táticas, as quais foram aludidas anteriormente. Levado pela ambição de se tornar senhor de todos os grupos que viviam no território dos nguni do Norte, ele entrou em conflito direto com os ndwandwe de Zwide. Este último fora vencido por Shaka no curso de duas batalhas sucessivas em 1819 e 1820[45].

A vitória de Shaka sobre o exército ndwandwe em Mhlatuze não só foi um desastre militar para o próprio Zwide, mas marcou também o desabamento do Estado ndwandwe, confederação flexível que fora criada pela subordinação sistemática de numerosos pequenos Estados dos vales do Mkuze e do Pongolo. Tomados pelo pânico, elementos da população do Estado ndwandwe fugiram para o Norte, conduzidos pelos antigos generais de Zwide, e encontraram refúgio no Moçambique atual. Os chefes desses grupos residuais eram Soshangane, Zwangendaba e Nqaba. Quanto à massa do povo ndwandwe, a partir de então, completamente submissa, acabou formando, sob a autoridade de Sikunyane, um Estado vassalo do soberano zulu[46].

---

44   J. D. Omer-Cooper, 1966, p. 35-37.
45   L. Thompson, 1969a, p. 344; E. A. Ritter, 1955, p. 129-149.
46   J. D. Omer-Cooper, 1966, p. 57-58; H Fynn in J. Bird, 1888, Vol. I, pp. 86-90.

O reino de Gaza

Soshangane foi o primeiro dos generais de Zwide a se retirar, seguido de um pequeno grupo de fiéis, e a se estabelecer no país tsonga, não longe da baía de Delagoa, onde parece ter vencido e sujeitado tranquilamente vários pequenos grupos, tais como os manyika, os ndau e os chopi, por ele incorporados aos seus partidários. Em Moçambique, os partidários de Soshangane, geralmente, eram denominados shangana, segundo seu nome. Foi aí que ele tentou fundar seu próprio reino, chamado Gaza. Em todas as direções, enviou seus regimentos em expedições para capturar gado, jovens (homens e mulheres) e grãos. Solidamente estabelecida, a potência econômica do reino de Gaza tinha por base o controle do comércio entre o interior e os estabelecimentos costeiros dos portugueses na baía de Delagoa[47]. Este comércio já estava florescendo antes da formação do reino de Gaza. De fato, a baía de Delagoa, feitoria portuguesa, já atraía os navios mercantes de outras nações estrangeiras, notadamente, ingleses e austríacos[48]. A baía de Delagoa servia, sobretudo, de escoadouro do marfim e de outros produtos exportados do reino de Nyaka e dos Estados thembe e maputo[49].

O novo reino de Gaza assegurou, pois, o controle de um comércio que alcançava uma boa parte de Natal e atingia, muito provavelmente, os limites orientais da colônia do Cabo[50]. Mas o reino de Gaza contava demasiadamente com suas expedições militares e com a guerra. A partir de sua capital, Chaimaite, no Médio Sabi, os regimentos de Soshangane combatiam as chefias das redondezas e perseguiam os Estados shona do Leste. A maioria desses ataques foi dirigida contra os povos do Sul de Moçambique, notadamente, os tsonga[51]. Houve um reforço do elemento nguni na sociedade gaza em 1826, no momento em que os homens de Soshangane juntaram-se aos ndwandwe derrotados, vindos do Norte da Zululândia, após a derrota de Sikunyane, o filho de Zwide, vencido por Shaka[52].

As comunidades tsonga submetidas foram incorporadas a uma estrutura correspondente às formas características do Estado zulu. Gaza estendia-se do Zambeze inferior até o Sul do Limpopo. A autoridade do rei apoiava-se em um

---

47 A. T. Bryant, 1929, p. 313; J. D. Omer-Cooper, 1966, cap. 4.
48 A. K. Smith, 1969, p. 176-177.
49 S. Marks, 1967b.
50 A. K. Smith, 1969, p. 169.
51 J. Stevenson-Hamilton, 1929, p. 169.
52 J. D. Omer-Cooper, 1966, p. 57.

exército organizado em regimentos alistados por faixas etárias e utilizando as técnicas de combate do exército zulu. O núcleo de origem dos nguni oriundos do Sul formava uma espécie de classe social superior designada pelo nome de "ba-nguni", ao passo que os cidadãos incorporados recentemente eram chamados "ba-tshangane". Contrariamente a vários de outros fundadores de Estados oriundos do Mfecane, Soshangane não utilizou seus regimentos constituídos por grupos etários para unificar as comunidades sujeitadas e o núcleo nguni. Segundo J. D. Omer-Cooper, os homens de grupos vassalos eram formados em regimentos distintos daqueles dos nguni, mas colocados sob o comando de oficiais "ba-nguni". Ele aponta também que se considerava que tais regimentos pudessem ser sacrificados e que, no campo de batalha, eram sempre engajados na linha de frente[53].

Os ndebele

Mzilikazi, o fundador do Estado ndebele, era filho de Mashobane, chefe de um pequeno principado khumalo estabelecido nas margens do Mfolozi Negro, que pagava um tributo a Zwide, o monarca ndwandwe. Nascido em 1796, Mzilikazi tornou-se o chefe de seu povo em 1818, quando Zwide encomendou a morte de Mashobane, sob a suspeita de traição. Na condição de filho da primeira esposa de Mashobane (filha de Zwide), Mzilikazi, o herdeiro oficial, foi devidamente instalado por Zwide à frente da chefia khumalo.

Pouco tempo após a vitória de Shaka sobre Zwide na batalha do Mfolozi Branco, Mzilikazi traiu seu avô Zwide e fez aliança com Shaka. Enviado por este último em expedição contra um grupo sotho vizinho, em 1822, Mzilikazi desafiou Shaka recusando-se a lhe entregar o gado capturado. Tendo então reunido seus khumalo no cume da colina de Ntumbane, ele rechaçou um regimento zulu que fora enviado para puni-lo. Um segundo regimento conseguiu desalojá-lo de sua fortaleza, tida como impenetrável, e infligiu uma punição severa aos regimentos khumalo. Mzilikazi escapou pelas montanhas do Drakensberg, à frente de um pequeno grupo de aproximadamente 200 homens, mulheres e crianças. Segundo a descrição de um autor:

> Tendo perdido uma grande parte de mulheres, crianças e gado, e apoiado somente por algumas centenas de soldados a pé, dotados de armas de punho, Mzilikazi

---

53 J. Stevenson-Hamilton, 1929, p. 169.

encontrava-se no limiar de uma odisseia que o levaria a percorrer mais de 2.500 quilômetros em vinte anos, por muitas regiões desconhecidas.

Mzilikazi conseguiu escapar dos regimentos zulus que o perseguiam, abrindo caminho através de vários pequenos grupos sotho do Highveld. Quando de sua travessia do Vaal, capturou gado, homens, mulheres e crianças. Sua tropa também aumentou com os grupos isolados nguni que, antes deles, atravessaram o Drakensberg para viverem entre as comunidades sotho do Highveld. Em 1824, ele se estabeleceu nas ribanceiras do Olifants, em uma região habitada principalmente pelos pedi, grupo sotho-tswana que, até 1820, fora chefiado por Thulare. Seu estabelecimento foi chamado de Ekupumleni. As campanhas militares que Mzilikazi empreendeu contra os pedi e outros grupos sotho, fixados principalmente no Norte e no Leste do que hoje é o Transvaal, tiveram como efeito não só o enorme aumento do efetivo de seus rebanhos, mas também a multiplicação do número de seus vassalos: ele recolheu habitantes de regiões conquistadas, além de refugiados que fugiam de Shaka. No Highveld do Transvaal, habitado sobretudo por comunidades sotho-tswana, os nguni de Mzilikazi foram designados sob o nome de ndebele. Por volta de 1825, os regimentos ndebele combateram as comunidades sotho-tswana em todo o Highveld e atacaram a Oeste, até o Botsuana Oriental. No espaço de dois ou três anos, o reino de Mzilikazi se tornou o mais poderoso e o mais rico do Highveld.

A notícia da fortuna de Mzilikazi se propagou e atraiu bandos de aventureiros e saqueadores, como aqueles comandados por Moletsane, o taung (cuja base encontrava-se no Vaal), ou Jan Bloem, cujos cavaleiros mestiços, equipados com armas de fogo, perseguiam, há algum tempo, vários Estados africanos da região de Trans-Orangia. Eles atacaram os enormes currais de Mzilikazi, perto do Vaal, dividindo entre eles parte dos imensos rebanhos desse último[54]. Essa situação, agravada pelos ocasionais ataques dos regimentos zulu e a ameaça de um possível ataque da parte de Zwangendaba e de Nqaba[55] – ambos antigos generais de Zwide –, incitou Mzilikazi a deslocar sua capital, em 1827, para estabelecê-la nos declives setentrionais dos montes Magaliesberg, perto da fonte do rio Odi (Crocodile), ou seja, no coração do país kwena e kgatla, lugar que constitui agora a província do Tranvaal. Foi aí, não distante da atual Pretória, que Mzilikazi instalou seu novo quartel general, Mhlahlandlela, a partir do qual, durante cinco a sete anos, seus regimentos lançaram ataques sistemáticos contra

---

54 J. D. Omer-Cooper, 1966, cap. 9 *passim*.
55 *Ibid.*

os Estados kwena e kgatla do centro do Transvaal. Os regimentos de Mzilikazi partiram em expedições para o Norte, para além do Limpopo; para o Sul, além do Vaal e para o Oeste até os acessos do deserto de Kalahari. Em Mhlahlandlela, Mzilikazi construiu as fundações de uma nação bem organizada em torno de sua capital e das duas aglomerações satélites de Gabeni e Nkungwini. Entretanto, a perseguição continuava. Os koranna, armados e comandados por Jan Bloem, reforçados por alguns regimentos sotho-tswana, atacaram seus rebanhos em 1828, apoderando-se de milhares de cabeças de gado e massacrando muitas outras. Os regimentos de Mzilikazi, que operavam alhures, lançaram-se, rapidamente, na perseguição dos saqueadores, os quais se dirigiam para o Sul. Esses, no momento em que deixavam o território ndebele, foram pegos, mortos, em sua maioria, e muitas cabeças de gado foram recuperadas. Um ano mais tarde, um ataque análogo conduzido contra seus currais por um forte partido griqua e sotho, comandado por Barend Barends, foi igualmente rechaçado. Mas Mzilikazi ainda vivia com medo de um ataque zulu. Em 1832, ele levantou acampamento e partiu para o Oeste a fim de se estabelecer em Mosega, no Marico (Madikwe). Desta nova base, atacou a maioria dos grupos tswana do Transvaal Ocidental e aqueles que povoavam o atual Botsuana, até o dia em que foi derrotado e expulso de Mosega por uma força composta de bôeres, tswana e griqua, em 1837[56].

Mzilikazi iria estabelecer seus quartéis em Bulawayo. Seus regimentos impuseram facilmente sua autoridade às chefias kalanga e shona instaladas na região. A potência dos Estados shona tinha sido minada pelas batalhas contra os nguni de Zwangendaba e Nqaba. A partir de Bulawayo, os regimentos ndebele lançavam frequentes ataques contra os shona para capturar o gado. Muitas chefias shona se submeteram e tornaram-se Estados vassalos, pagando tributo, ao passo que outras resistiram bravamente. Certos grupos shona, em particular os que viviam a Leste do Sabi e do Hunyani, nunca se submeteram verdadeiramente à autoridade dos ndebele. Por outro lado, as chefias kalanga estavam muito dispersas para resistirem, e seus habitantes foram incorporados à sociedade ndebele. Alguns foram obrigados a emigrar para o Sul e para o sudoeste, e se estabeleceram no atual Botsuana.

Em seu novo domínio, Mzilikazi se sentia menos ameaçado por inimigos poderosos. Desde então, esforçou-se menos nas expedições militares do que na consolidação de seu reino. Mas, como o Estado ndebele era basicamente um

---

56   L. D. Ngcongco, 1982*a*, pp.161-71.

Estado militarista e expansionista, ele precisava garantir uma massa regular de tributos sob a forma de gado, grãos, utensílios, armas de ferro, adornos individuais, artigos de couro; ou ainda, sob a forma de mão de obra e de serviços. Os regimentos continuaram, portanto, com suas expedições para o Norte e Leste, contra as comunidades de língua shona e, também, contra alguns Estados sotho--tswana do Sul. Certos tswana, como os bakaa, foram poupados e encarregados de vigiar o rebanho de Mzilikazi[57]. Entretanto, em 1842, o rei ngwato Sekgoma desafiou um regimento de invasores ndebele. No ano seguinte, os arrecadadores de tributos de Mzilikazi foram mortos pelos ngwato[58]. Teria seu ardor militar se abrandado ou teria ele considerado que não era necessário reagir imediatamente? Surpreendentemente ele esperou vinte anos antes de punir os ngwato por esse insulto.

Em todo caso, Mzilikazi se mostrou mais ávido por vingança após sua derrota no Zambeze, diante dos kololo de Sebetwane, em 1839. Enviou contra eles duas expedições, uma em 1845, e outra cinco anos mais tarde. Mas, como ambas foram um desastre, ele renunciou a qualquer nova empreitada ao encontro de um inimigo tão temível. Por outro lado, em 1847, os ndebele foram surpreendidos pela incursão de um comando bôer, sob as ordens de Hendrik Potgieter e apoiado por auxiliares pedi. A expedição foi um fracasso total. Tal como fizera contra os bandos griqua e koranna, uma vintena de anos atrás, Mzilikazi destacou um regimento para perseguir o comando que tinha conseguido roubar milhares de cabeças de gado ndebele. O regimento de elite zwangendaba apanhou os saqueadores em seu acampamento, massacrou os guardas pedi e retomou a posse do gado.

A partir de 1850, um decênio inteiro passou sem que Mzilikazi se lançasse em uma guerra importante. Querendo nutrir boas relações com os europeus, ele assinou com os bôeres, em 1852, um tratado que lhes permitia caçar em seu território. Também, por três vezes, recebeu a visita do missionário Robert Moffat – em 1854, 1857 e 1860[59]. Tais visitas prepararam a entrada dos europeus no reino ndebele. Moffat obteve de Mzilikazi a permissão para os missionários desenvolverem suas atividades em seu país[60]. A partir deste momento, os europeus começaram a penetrar em número crescente no reino ndebele. Eram caçadores, mercadores e missionários, todos precursores de Cécil J. Rhodes e

---

57   A. Sillery, 1952, p. 118.
58   R. K. Rasmussen, 1977, p. 35; A. Sillery (1952, p. 118) data esse incidente de 1838.
59   R. Moffat, 1945, vol. I, p. 225.
60   J. D. Omer-Cooper, 1966, p. 153.

da *British South Africa Company*[61]. O movimento se acentuou a partir de 1867, quando os europeus tomaram conhecimento da existência das antigas minas de ouro de Tati, no país kalanga[62]. Nesta época, Mzilikazi já estava muito doente. Ele morreu no início do mês de setembro de 1868.

O reino ndebele era um Estado militarista. Seu estabelecimento na região que hoje corresponde ao atual Zimbábue marcou o desabrochamento de um sistema político que lentamente tinha amadurecido no Transvaal. Para construir seu reino, Mzilikazi retomou certos traços do Império Zulu, do qual o seu próprio principado khumalo fora apenas um elemento menor. Ele utilizou regimentos constituídos por faixas etárias como principal instrumento para integrar as populações conquistadas e para amalgamar as camadas sociais que, pouco a pouco, se constituíram na sociedade ndebele, no Norte do Limpopo.

Após 1840, eram três o número de tais camadas sociais. A primeira era constituída pelos grupos de parentes dos primeiros companheiros de Mzilikazi, originários da região de Natal-Zululândia e dos que se juntaram a eles no Sul do Vaal. Eram chamados de zansi. O segundo grupo, pela ordem decrescente de prestígio, era composto de pessoas que foram incorporadas ao longo das peregrinações no Norte do Vaal. Eram chamados de e-nhla. Por fim, a base da hierarquia era ocupada pelo grupo dos hole, constituído pelas populações conquistadas no Norte do Limpopo[63]. O prestígio que se atrelou à posição social dos zansi incitava os outros grupos a se esforçar para imitar os modos de vida dos primeiros, falar sua língua e adotar sua cultura. Os casamentos entre pessoas de classes sociais diferentes não eram vistos com bons olhos[64]. Entretanto, os indivíduos que conseguiam se exprimir com destreza em sindebele e que se distinguiam na guerra escapavam ao ostracismo social e até podiam ascender na hierarquia militar. O sistema dos regimentos constituídos por faixas etárias tinha como efeito a mistura dessas classes sociais e a facilitação de uma integração mais rápida dos jovens dos países conquistados. Ele permitia impregnar tais jovens dos costumes ndebele, da língua sindebele e da fidelidade a Mzilikazi.

Em virtude de sua posição, o rei desempenhou um papel capital no dispositivo que ligava estes diferentes grupos de sujeitos entre si. Notadamente, isso aparecia na cerimônia anual do *incwala*. Mais do que qualquer outro rito, tal cerimônia evidenciava o papel primordial da figura do rei na vida da nação.

---

61 *Ibid.*, p. 152.
62 L. Thompson, 1969*b*, p. 446.
63 A. J. B. Hughes, 1956.
64 *Ibid.*

Segundo a análise feita por um antropólogo, a cerimônia das primícias ritualizava a função real e servia para proteger toda a comunidade, "apaziguando as forças maléficas que poderiam prejudicar o seu chefe e consolidando, ao redor dele, a unidade política da nação"[65]. A cerimônia reunia todos os súditos do rei e ocorria na capital[66]. Em princípio, sendo o proprietário de todo o gado do reino ndebele, Mzilikazi podia conceder ou recusar a seus súditos os meios de contrair casamento. Além de ser o guardião do rebanho nacional, também o era de todas as jovens capturadas. Em outros termos, era senhor, ao mesmo tempo, da capacidade de produção econômica e do potencial de reprodução biológica de seus súditos. Ele próprio ligou-se, pelo casamento, a um grande número de seus súditos.

Dado que o reino ndebele era um Estado fundado na conquista, a organização de seu numeroso exército recortava, em parte, a organização política e administrativa do Estado e até mesmo tendia a tomar a frente desta última. Este exército de aproximadamente 20.000 homens, nos últimos anos do reinado de Mzilikazi, foi dividido em regimentos, sendo cada um deles comandado por um *induna*. Os próprios *induna* eram controlados por quatro *induna* divisionários, todos subordinados a Mizilikazi, que reinava no cume da pirâmide.

Quase todos os homens adultos faziam parte do exército e pertenciam, por consequência, a um regimento. Tais regimentos estabeleciam-se em cidades guarnição. Os militares casados eram autorizados a viver na cidade guarnição com suas mulheres e seus servos. Constituíam uma espécie de força de reserva que poderia ser chamada ao combate, em caso de urgência. Os filhos eram alistados no mesmo regimento de seus pais. Assim, em vez de serem os jovens de todas as comunidades do Estado incorporados a um mesmo regimento (como era o caso entre os sotho-tswana), o pertencimento a uma cidade guarnição tornava-se hereditário. Por vezes, quando o aumento da população o requeria, Mzilikazi escolhia jovens em diversas cidades guarnição para formar um novo regimento, sob o comando de seu próprio *induna*, o qual recebia a autorização de construir uma nova cidade. Cada cidade guarnição encontrava-se sob a dupla responsabilidade do *induna* de seu regimento e de uma das esposas de Mzilikazi.

Se o sistema regimentar funcionava desta maneira visando à integração dos jovens, nem todos os habitantes dos países conquistados viviam em cidades guarnição. Havia no reino ndebele aldeias ordinárias cujos habitantes continu-

---

65 H. Kuper, citado em T. R. H. Davenport, 1978, p. 45.
66 R. K. Rasmussen, 1977.

avam vivendo segundo seus costumes. Contudo, tais aldeias encontravam-se, em geral, ligadas às cidades guarnição.

Enfim, no reino ndebele, o próprio Mzilikazi concentrava sobre sua pessoa a totalidade do poder político. Nomeava todos os *induna* e todos os chefes de aldeia, e recebia deles relatórios detalhados. Mzilikazi, frequentemente ia às diferentes cidades guarnições e fazia visitas inopinadas de inspeção nas cidades-satélites. Em um intervalo de tempo relativamente curto, ele chegou a edificar um reino solidamente implantado, no qual os povos conquistados – dentre os quais alguns eram associados ao Estado, porém sem fazer realmente parte dele – adotaram a língua e a cultura ndebele. Inversamente, os ndebele tornaram-se adeptos da religião shona mwari/mlimo, cujos sacerdotes pronunciavam oráculos e praticavam o espiritismo[67].

Os sotho

O reino de Lesoto é outro Estado que nasceu da efervescência do Mfecane, constituindo-se a partir de uma constelação de pequenas comunidades autônomas de língua sotho, as quais se encontravam largamente dispersas pelas planícies que se estendiam a Norte e a Oeste da cadeia do Drakensberg. A maioria destas comunidades compreendia vários clãs e linhagens pertencentes aos grupos kwena e fokeng das sociedades sotho-tswana.

As guerras mortíferas lançadas pelas campanhas dos hlubi e dos ngwane contra essas comunidades de língua sotho do Highveld de Trans-Orangia forneceram a Moshoeshoe uma boa oportunidade para exercer seus talentos de chefe e de organizador. Moshoeshoe era o filho do chefe relativamente obscuro do pequeno clã mokoteli, ramo menor de uma das chefias kwena da região. A tradição atribui certas realizações de Moshoeshoe à tutela e à influência de um eminente "rei filósofo" do mundo sotho, Mohlomi, rei dos monaheng, um outro ramo da confederação kwena das chefias do Highveld. Os Estados de língua sotho de Trans-Orangia dispensava um imenso respeito a Mohlomi devido a sua sabedoria e a sua reputação de fazedor de chuva. As frequentes viagens feitas por este último a tais Estados e os numerosos casamentos diplomáticos contraídos por ele com filhas de chefes teriam, segundo alguns, preparado o terreno para a unificação desses Estados concluída mais tarde por Moshoeshoe[68].

---

67   *Ibid.*; A. J. Wills, 1967, p. 155.
68   J. D. Omer-Cooper, 1966, p. 99; D. F. Ellenberger e J. MacGregor, 1912.

Entretanto, não seria preciso exagerar a influência do sábio Mohlomi sobre o caráter e os êxitos de Moshoeshoe. Este era dotado de incontestáveis qualidades de chefe. Primeiramente, após ter se destacado por suas iniciativas entre os camaradas de sua mesma idade durante a iniciação, ele provou amplamente essas qualidades no momento em que as incursões dos hlubi e dos ngwane provocaram o desabamento geral da maioria das chefias sotho de Trans-Orangia[69]. No início de sua carreira, Moshoeshoe tomou consciência das possibilidades defensivas que ofereciam as montanhas tabulares. Portanto, ele transformou uma dessas montanhas, o monte Bhuta-Bhute, em fortaleza para si próprio, sua família e alguns companheiros, e fortificou os estreitos desfiladeiros, dando acesso ao cume, com muros de pedras e postes de guarda situados em pontos estratégicos[70].

A partir dessa base, Moshoeshoe pôde lançar ataques contra alguns de seus vizinhos, bem como defender os seus contra os tlookwa de Mma-Nthatisi, vencido por ele na "batalha dos potes". Em 1824, quando os tlookwa voltaram e sitiaram demoradamente o monte Butha-Bhute, quase venceram a obstinada resistência de Moshoeshoe e dos seus. No fim de suas forças e de suas vidas, foram salvos pelo surgimento de um exército ngwane[71], que atacou os tlookwa, forçando-os a abandonarem o sítio. Mais tarde, durante este ano, Moshoeshoe movimentou-se para o Sul com os seus, por uma região infestada de canibais[72], para se estabelecer em uma nova montanha que havia sido previamente marcada por seus exploradores. Essa nova fortaleza de montanha, Thaba Bosiu, encontrava-se acima do curso do Pequeno Caledon e era mais fácil de ser defendida. Moshoeshoe, seu pai e alguns de seus companheiros próximos construíram suas moradias no cume plano dessa montanha tabular de cerca de 500 hectares, coberto de ervas de boa qualidade e amplamente provido de água devido às fontes perenes[73]. Um trabalho considerável foi concluído para fortificar os diversos acessos de Thaba Bosiu[74].

Sentindo-se seguro em sua montanha quase impenetrável, Moshoshoe se viu no dever de construir uma nova nação a partir do que restava dos vários povos reduzidos em migalhas. Rapidamente ele derrotou None, o chefe dos bamant-

---

69 L. Thompson, 1969*b*, p. 399.
70 J. D. Omer-Cooper, 1966, p. 100-101.
71 *Ibid.*, p. 101.
72 D. F. Ellenberger e J. MacGregor, 1912, p. 146.
73 L. Thompson, 1969*b*, p. 399.
74 G. Tylden, 1950, p. 5; D. F. Ellenberger e J. MacGregor, 1912, p. 147.

sane, que estava instalado nas terras ao redor de Thaba Bosiu. Nesse intervalo de tempo, vários grupos sotho e nguni juntaram-se a Moshoeshoe e se colocaram sob a sua proteção. Ele colocou alguns desses grupos sob a responsabilidade de seus irmãos e, mais tarde, também sob a de seus filhos. No que concerne aos grupos mais importantes como os phuting de Moorosi, os taung de Moletsane e os rolong de Moroka, ele tolerou a sobrevivência do poder local exercido pelos chefes tradicionais, com a condição de que eles reconhecessem sua autoridade de chefe supremo.

Para afastar a ameaça de seus poderosos e perigosos vizinhos, Moshoshoe recorreu à tática que consistia no cultivo da amizade, enviando-lhes um tributo. Assim, ele se protegeu dos ataques dos ngwane-ama, pagando regularmente um tributo a Matiwane. Na mesma época, enviou a Shaka um tributo de plumas de grou-azul. Finalmente, os sotho começaram seriamente a se inquietar com o risco de ver os ngwane ficarem indefinidamente na vizinhança. Devido à instigação de Moshoeshoe, os ngwane foram, pois, atacados por um exército zulu em 1827 e rudemente prejudicados sem, entretanto, serem expulsos da região de Trans-Orangia. A título de represálias, os ngwane de Matiwane atacaram Moshoeshoe em seu bastião montanhoso de Tabha Bosiu em julho de 1827, mas foram derrotados e rechaçados[75]. A derrota dos ngwane de Matiwane, que eram muito temidos, propagou a reputação de Moshoeshoe ao longe. A maioria dos ngwane se dirigiu para o atual Transkei e foi vencida em Mbolompo. Novos grupos de povos dizimados afluíam junto aos pés de Moshoeshoe. Sua vitória sobre os ngwane demonstrara a sabedoria da escolha de Thaba Bosiu como capital.

Para acrescentar a sua reputação, Moshoeshoe lançou suas tropas em uma operação conjunta com os taung de Moletsane contra os thembu, para se apossar do gado desses últimos. Um vitorioso contra-ataque também permitiu a Moshoeshoe rechaçar uma invasão dos regimentos de Sikonyela e, no momento certo, colocar um fim nas perseguições dos tlookwa. A capital que Moshoeshoe havia edificado nas alturas teve a oportunidade de demonstrar sua potência quando regimentos ndebele penetraram em Trans-Orangia para uma expedição punitiva contra Moletsane e seus taung[76]. O exército ndebele penetrou no Lesoto e tentou pegar de surpresa Thaba Bosiu, mas foi rechaçado e forçado a se retirar. Como diplomata experiente, Moshoeshoe despachou, para o exército em retirada, uma pequena tropa de animais de corte como presente e garantia de paz,

---

75   J. D. Omer-Cooper, 1966, p. 102.
76   E. Casalis, 1861, p. 22-24; L. Thompson, 1969*b*, p. 400.

declarando-se convencido de que era a fome que os impulsionara a atacar. Os ndebele partiram cheios de respeito para com o grande rei da montanha e nunca mais voltaram a atacá-lo[77]. A notícia do sucesso da tática defensiva utilizada por Moshoeshoe contra um inimigo tão temível quanto os ndebele se propagou em todo o mundo sotho, aumentando imensamente o prestígio desse rei. Tal sucesso também foi uma límpida ilustração de sua estratégia defensiva, consistindo em combater, se necessário, seus poderosos inimigos e em se reconciliar com eles sempre que possível[78].

Depois disso, afastado o perigo ndebele, o reino de Moshoeshoe teve que enfrentar um novo flagelo, sob a forma de uma série de ataques conduzidos contra as aldeias sotho por bandos de cavaleiros armados. Estes bandidos griqua e koranna tinham lançado seu primeiro ataque contra os shoto no início de 1830. Seus assaltos se multiplicaram e tornaram-se cada vez mais alarmantes. O perpétuo estado de guerra na Trans-Orangia tinha enfraquecido e empobrecido a maioria dos Estados da região. O reino de Moshoeshoe era uma notável exceção, em particular pelo fato de os sotho possuírem numerosos rebanhos. Os saqueadores griqua e koranna lançavam-se sobre as aldeias e os rebanhos com a velocidade de um relâmpago. Atacavam em pequenas esquadras, mas, deslocando-se a cavalo, tinham uma grande mobilidade como vantagem. Também estavam armados de mosquetes cujo alcance era maior do que qualquer espécie de arma de arremesso. Bons atiradores, eles eram especialistas no ataque surpresa. Os sotho responderam preparando contra-emboscadas e incursões noturnas contra seus acampamentos, matando os homens e apossando-se dos cavalos e dos fuzis. No final de certo tempo, os sotho começaram a criar uma raça de cavalo local, o "pônei sotho", e se transformaram em "uma nação de fuzileiros montados"[79]. Este foi um grande passo na defesa da nação em vias de edificação.

Através de um griqua cristão, Adam Krotz, Moshoeshoe entrou em contato com missionários brancos. Em 1833, ele enviou gado à missão de Philippolis "para comprar missionário". Sua demanda coincidiu com a chegada de um pequeno grupo de missionários franceses cujas esperanças em trabalhar entre os hurutshe foram contrariadas pelas notícias concernentes aos repetidos ataques conduzidos por Mzilikazi contra eles e outros povos tswana das cercanias[80]. Estes missionários franceses foram persuadidos que era a Providência que os

---

77 J. D. Omer-Cooper, 1966, p. 103; L. Thompson, 1969b, p. 400.
78 G. Tylden, 1950, p. 8-10; L. Thompson, 1969b, p. 400.
79 J. D. Omer-Cooper, 1966, p. 104.
80 Ibid.

instruía a começar antes seu apostolado entre os sotho de Moshoeshoe. Esse os instalou em Makhoarane, batizada pelos missionários de Morija. Pouco depois, outras missões foram abertas em Beersheba e Mekuatling. A introdução de missionários no reino sotho fazia parte de um plano defensivo. Esperava-se que eles ajudassem Moshoeshoe a defender seu reino cercando-o dos melhores conselheiros, ajudando-o a obter armas de fogo e a entrar em contato com poderosos Estados brancos, com os quais Moshoeshoe pensava poder nutrir ligações de amizade e aliança.

A técnica utilizada por Moshoeshoe para edificar uma nação não tardou a dar frutos: vários grupos expulsos da região em que viviam pelos transtornos do Mfecane aglomeraram-se a seu reino. Os tlaping, conduzidos por Lepui, vieram estabelecer-se junto aos missionários franceses na missão de Béthulie. Em 1836, os taung de Moletsane foram viver em Beersheba, antes de partirem novamente, dois anos mais tarde, para Mekuatling; em 1833, os rolong de Moroka foram autorizados a se estabelecer em Thaba Nchu com seus missionários wesleyanos. Em seguida, imigrantes thembu, fugindo dos rigores da sexta guerra cafre, colocaram-se sob a proteção de Moshoeshoe.

A invasão dos bôeres no território ocupado pelos sotho, que progredia ao longo dos anos 1830, atingiu o seu apogeu após 1836, ano do êxodo bôer, chamado comumente de "Grande Trek". Seguiram-se numerosos choques entre os intrusos bôeres e os camponeses sotho desapossados. Certos conflitos estouraram em razão da posse da terra, outros foram causados pelas reivindicações relativas ao gado roubado e pelos litígios por questões de trabalho. Diante da frequência e da violência crescente desses conflitos, o Governo britânico se viu obrigado a intervir, mas, após duas infrutíferas tentativas de resolução[81], acabou abandonando a batalha, e reconheceu uma república bôer independente no coração do país de Moshoeshoe. Aumentando com uma afronta a injustiça cometida, a Convenção de Bloemfontein, pela qual a Grã-Bretanha legitimava a expropriação do território sotho em benefício dos bôeres, compreendia entre suas disposições um artigo que interditava a venda de armas e de munições aos sotho e a outros Estados negros, ao passo que os bôeres tinham toda liberdade para se armar.

Nessas condições não é de se surpreender que o Estado livre de Orange tenha se lançado em uma política estrangeira agressivamente expansionista que

---

81 As tentativas em questão foram o Sistema dos Tratados (*Treaty System*) de 1843-1845, no quadro do qual um tratado foi assinado com Moshoeshoe, em 1845, e a criação em 1848 de um enclave bôer sob administração britânica denominado *Orange River Sovereignty*.

ameaçava acabar com toda a obra de Moshoeshoe e, até mesmo, aniquilar o reino do Lesoto, em seu esforço frenético para abrir um acesso para o mar, até *Port Saint Johns*[82]. Lesoto teve que conduzir duas guerras, em 1858 e 1865, contra o Estado livre de Orange, antes que seus destinos passassem aos cuidados, em nome do Governo britânico, do governador Wodehouse.

O requerimento feito por Moshoeshoe, diante à anexação de seu país pelo governo de Sua Majestade britânica, era uma ação defensiva que visava preservar a nação, que ele tanto trabalhara para criar, e impedir a incorporação de seu reino à república bôer do Estado livre de Orange. Quando Moshoeshoe morreu, em março de 1870, ele havia não só salvado seu reino da desintegração, mas também, lançado as bases de um Estado independente que sobreviveu até os nossos dias.

Os kololo

Os kololo eram fokeng do ramo patsa. Antes do desencadeamento do Mfecane, eles viviam nos acessos do maciço de Kurutlele, na margem esquerda do Vet (Tikoane), tendo por vizinhos os taung de Moletsane[83]. Um ataque súbito lançado contra eles pelos tlookwa de Mma-Nthatisi e a captura da maior parte de seus rebanhos transformaram tais fokeng patsa em desenraizados. Reduzidos à miséria, eles procuraram fugir atravessando o Vaal e foram acrescidos por um grupo mais abastado de fokeng, aumentando, assim, seu número[84]. Numerosas pequenas comunidades sotho, fugindo das guerras dos hlubi e dos ngwane, com efeito, atravessaram o Vaal e abandonaram a região de Trans-Orangia. Sebetwane, um príncipe da casa patsa, assumiu o comando do conjunto do grupo fokeng.

Ele e seus companheiros erraram por muito tempo em busca de um novo território e de gado para substituir seus rebanhos perdidos. Suas peregrinações os conduziram ao Oeste, em direção ao país dos tlaping. Nessa região, encontraram dois outros grupos de desenraizados reduzidos à errância, os phuting e os hlakoana. Após uma primeira escaramuça entre os fokeng e os phuting, os três grupos decidiram reunir suas forças para lançar um ataque conjunto contra

---

82 G. Tylden, 1950; D. F. Ellenberger e J. MacGregor, 1912, p. 306.
83 E. W. Smith, 1956, p. 50.
84 Este grupo de fokeng outrora havia sido atacado pelos taung de Moletsane e despojado de seus rebanhos, ver D. F. Ellenberger e J. McGregor, 1912.

Dithakong, a capital tlaping, aos 26 de junho de 1823[85]. Robert Moffat, um agente da *London Missionary Society*, que residia em Kuruman entre os tlaping, obteve ajuda de capitães griqua fiéis aos missionários de Griquatown e de outros chefes mestiços estabelecidos em aglomerações vizinhas. Uma força de uma centena de cavaleiros armados de fuzis foi rapidamente reunida e enviada como reforço para defender Dithakong.

No dia da batalha, os invasores sofreram uma grande derrota, foram rechaçados, passando por perdas sangrentas e impelidos à fuga pelos fuzis dos cavaleiros griqua[86]. Após a desastrosa derrota de Dithakong, a horda heterogênea se dissociou. Os phuthing e os hlakoana se dirigiam para o Leste[87], enquanto Sebetwane conduzia seus partidários, rebatizados makololo, para o Norte, pelo país dos rolong.

Nestas campanhas contra os diversos elementos do povo rolong, diz-se que Sebetwane se aliou ao velho bandido, Moletsane, chefe dos taung[88]. Eles conduziram suas incursões até o país hurutshe, onde saquearam e destruíram a capital Kaditshwene (Kureechane), dispersaram seus habitantes e assassinaram o regente Diutlwileng. Em seguida, os dois aliados combateram os kgatla-kgafela perto da confluência do Api e do Crocodile[89]; mas sua atividade belicosa nessa região lhes valeu o ataque do exército de Mzilikazi, provavelmente porque eles haviam invadido aquilo que os ndebele consideravam o seu próprio palco de operações[90]. Então, Sebetwane e Molestane se separaram; este último foi para o Sul, rumo a Matlwase (Makassie)[91].

Nessas circunstâncias, os makololo lançaram-se ao ataque em Borithe contra a fração mais importante do reino dividido dos kwena, na qual reinava Moruakgomo. (Os kwena estavam, de fato, enfraquecidos pelas lutas de sucessão que os haviam dividido em três partes)[92]. Depois disso, Sebetwane se voltou para os ngwaketse, formadores do mais poderoso Estado tswana da região. Ele os venceu em Iosabanyana, em 1824, em uma batalha na qual foi morto o velho guerreiro dos ngwaketse, o rei Makaba II. Sebetwane voltou-se, mais uma vez,

---

85 J. D. Omer-Cooper, 1966, p. 94; E. W. Smith, 1956, p. 52-53.
86 R. Moffat e M. Moffat, 1951, p. 87-88, 91-97.
87 S. Broadbent, 1865, p. 128-133.
88 J. D. Omer-Cooper, 1966.
89 *Ibid.*, p. 116; D. F. Ellenberger e J. MacGregor, 1912, p. 308.
90 D. Livingstone, 1857, p. 85.
91 S. Broadbent, 1865, p. 128-133.
92 A. Sillery, 1954.

aos kwena, derrotou os últimos núcleos de resistência constituídos pelas fortalezas do Dithejwane e capturou numerosas cabeças de gado. Estabeleceu-se, então, em Dithubaruba, a antiga capital kwena, que, ao que parece, deveria ser uma estadia, se não permanente, pelo menos prolongada. Mas, no ano seguinte, em 1826, um ataque surpresa executado com maestria pelo rei ngwaketse, Sebego, filho do falecido rei Makaba II, venceu a resistência de Sebetwane, desalojou-o das colinas do Dithejwane, onde numerosos mortos e quase todo o gado dos kololo foram abandonados por Sebego[93].

Mais uma vez, Sebetwane e seus kololo reduzidos à miséria tiveram que retomar a estrada. Subindo ao Norte, chocaram-se, por duas vezes, com os ngwato de Kgari, os venceram e roubaram quase todo o gado. Porém, querendo chegar ao lago Ngami, perderam-se no deserto e lá deixaram uma grande parte do gado dos ngwato[94]. Entretanto, uma vez que chegaram ao país tawana, próximo do lago Ngami, não tiveram problemas em vencer os habitantes e desapossá-los de seus rebanhos[95].

Sebetwane, então, empreendeu a travessia do deserto do Kalahari para alcançar a costa oeste. Vencido pelos rigores do deserto e pela resistência obstinada de seus habitantes[96], ele se viu obrigado a voltar para o lago Ngami. Impelido para o Norte, novamente engajou o combate contra os tawana, alcançou a vitória, apoderou-se da nova cidade e tomou posse do governo. Em seguida, os tawana tiveram que retornar ao seu território de origem, perto do lago Ngami[97]. No término de uma difícil viagem, eles se estabeleceram perto da confluência do Zambeze e do Kafue. Logo que se instalaram, tiveram que rechaçar as incursões de regimentos nguni, sendo que uma delas era comandada por Nqaba, o chefe dos nguni-msene. As outras duas foram realizadas pelos ndebele de Mizilikazi, que também estavam em busca de um porto seguro ao longo do Zambeze.

Sebetwane e seus kololo conseguiram rechaçar todas estas incursões, mas, a voz da experiência os incitou a se estabelecerem mais a Oeste, no planalto do Kafue. Tal como no caso dos kwena, no país dos tswana, o triunfo de Sebetwane sobre os lozi foi facilitado pela guerra civil que destruiu esse reino, após um litígio de sucessão. Sebetwane se tornou o senhor da maior parte dos lozi,

---

93 A. G. Bain, 1949, p. 51-71.
94 D. Livingstone, 1857, p. 85.
95 J. D. Omer-Cooper, 1966, p. 119; D. F. Ellenberger e J. MacGregor, 1912, p. 310.
96 D. Livingstone, 1857, p. 163-173.
97 J. D. Omer-Cooper, 1966, p. 119.

exceto de um pequeno grupo que fugiu, exilando-se sob o comando de alguns membros da família real[98].

Conseguindo se livrar da ameaça dos ndebele, Sebetwane se viu no dever de consolidar seu novo reino. As proezas militares realizadas por ele ao rechaçar as invasões dos nguni e, em particular, aquelas dos ndebele, aumentaram enormemente seu prestígio; aos olhos de numerosas comunidades da região, ele se tornou o chefe que, a partir de então, merecia ser seguido.

O reinado de Sebetwane trouxe prosperidade ao Estado kololo. Ele liderou com imaginação e vigor a tarefa de edificar uma unidade nacional, mostrando o caminho da unidade ao escolher esposas entre os lozi e outros povos conquistados e ao encorajar seus companheiros kololo mais próximos a fazerem o mesmo. Sebetwane gostava de repetir que todos os súditos de seu reino eram filhos do rei. Ele manteve em suas funções numerosos chefes lozi e substituiu os príncipes que haviam fugido por funcionários lozi. Alguns chefes lozi foram cooptados no conselho de Sebetwane, que os consultava regularmente[99].

Sebetwane não impôs a iniciação por grupos etários nem aos lozi nem aos outros povos conquistados por ele. Por outro lado, quis que a língua kololo fosse falada em todo o reino. Respeitou o sistema político lozi e não o substituiu, antes, permitiu-lhe, o quanto possível, coexistir com o novo sistema kololo até que os dois, interpenetrando-se, acabassem fusionando. Não obstante, no plano político e social, os kololo constituíam a aristocracia reinante. Sebetwane inaugurou um sistema original de administração local, no qual as cidades foram reagrupadas em um quadro de "províncias" ou, no mínimo, de "distritos". Funcionários kololo eram colocados à frente dessas unidades administrativas e encarregados, entre outros deveres, da coleta do tributo junto aos súditos do rei. Esse último apropriava-se de uma parte desse tributo e distribuía o restante. Em cada aldeia, Sebetwane colocou pelo menos duas famílias kololo como senhores da terra[100].

Contrariamente à tradição e à religião lozi, que exigiam que o rei vivesse separado do povo, Sebetwane quis se colocar ao acesso de todos os seus súditos, independente do *status* social, político ou econômico deles. Deste modo, ele não só parecia ser o pai de todo o seu povo, mas, além disso, mudou fundamentalmente o caráter da monarquia lozi. Quando de sua morte, em julho de 1851, a maioria de seus súditos, inclusive os lozi, chegaram a se considerar kololo. Sekeletu sucedeu-o no trono.

---

98   *Ibid.*, p. 121.
99   D. E. Needham, 1974.
100 *Ibid.*

Os membros da família real lozi que, como Masiku e Sipopa, haviam fugido, subindo o rio Leambye no momento em que Sebetwane conquistara o Estado lozi, limitavam-se a manter aí uma espécie de governo no exílio, fazendo o máximo para manter a chama do "nacionalismo" lozi. Entretanto, o implacável jugo do reinado de Sekeletu, consequentemente, atiçou o fogo escondido sob as cinzas, transformando-o logo em uma furiosa fogueira. A morte do rei dos kololo, em 1864, e a crueldade ainda maior de seus sucessores deram início à rebelião lozi. A fim de marchar contra os kololo, Sipopa liderou um exército, cujas fileiras foram engrossadas por numerosos habitantes da planície e do planalto toka. Os kololo foram vencidos e sua dominação caiu por terra. Houve, então, a restauração da dinastia lozi[101].

Ao longo de suas viagens até Angola e de sua descida do Zambeze, Livingstone havia recrutado carregadores kololo. Quando, em 1860, novamente passou pelo país natal deles, levou a maioria dos kololo consigo, exceto uma quinzena que ele deixou no vale do Shire, onde estes se casaram e queriam construir sua sede. Tais jovens possuíam fuzis, também tinham adquirido uma grande experiência nos métodos de organização militar e política dos kololo e, em geral, mostravam-se muito orgulhosos dos êxitos do Estado kololo. Organizaram os povos manganja do vale do Shire em várias aldeias cercadas de paliçadas, das quais eles se instituíram os chefes. Nesta época, os manganja eram vítimas de razias cruéis e devastadoras da parte dos mercadores de escravos. Estas chefias kololo defenderam os manganja contra os traficantes de escravos nguni, yao e portugueses. Mais tarde, as aldeias foram agrupadas em dois reinos cujos soberanos eram Molokwa e Kasisi, os mais capazes desses chefes, que nomearam outros chefes kololo nos pontos estratégicos do vale, acolheram bem a missão de Livingstone e cooperaram com ela. Os kololo acabaram mantendo relações cordiais com os yao, mas os nguni continuaram criando-lhes dificuldades. Estes chefes kololo do vale do Shire conservaram sua influência, apesar dos violentos assédios dos nguni, até o momento em que ocorreu a partilha colonial, nos anos 1890.

Os Estados nguni trans-zambezianos

Após a derrota dos ndwandwe na batalha de Mhlatuze, os cacos desta confederação foram dispersos em todas as direções. Zwangendaba e Nqaba (Nxaba)

---

101 J. D. Omer-Cooper, 1966, p. 124.

conduziram os nguni que os seguiam ao Sul de Moçambique, não longe da baía de Delagoa, onde Soshangane os havia precedido e estava estabelecendo o seu reino. No final de uma luta a três pela supremacia, Soshangane, sucessivamente, tomou a frente de Zwangendaba e de Nqaba, forçando-os a abandonar a região. Depois, ele consolidou a organização de seu reino à custa dos autóctones tsonga.

Zwangenbaba, seguido de seus nguni-jere, atravessou o Limpopo e avançou pelo país rozwi, atacando a maioria dos Estados shona da região e destruindo, pelo caminho, o Império Changamire. Perto da atual localidade de Bulawayo, em Thaba Zika Mambo, os regimentos de Zwangendaba atacaram o exército rozwi, os desafiaram ao combate e mataram o último dos mambo, Chirisamhuru. Então, Zwangendaba levou consigo seus regimentos para o outro lado Zambeze, no país Nsenga. Aos 20 de novembro de 1835, atravessaram o rio perto do Zumbo[102].

Progredindo para o Norte, a Oeste do lago Malaui, os nguni de Zwangendaba lançaram-se em numerosas batalhas contra as comunidades chewa e tumbuka, fazendo muitos prisioneiros e detendo-se alguns anos aqui e ali, antes de partirem novamente. Prosseguiram sua marcha rumo ao Norte, até atingirem Mapupo, no planalto de Fipa, situado entre a extremidade norte do lago Malaui e a ponta sul do lago Tanganica[103]. Os efetivos de sua tropa encontravam-se enormemente reforçados pela junção dos numerosos recrutas, fornecidos por todos aqueles que foram vencidos durante sua longa marcha.

Após a morte de Zwangendaba, por volta de 1848, seus nguni se dividiram em várias facções que se lançaram, cada uma por si, em campanhas de invasão dirigidas contra vários Estados da região. Seu palco de operações se estendia do Norte até as ribanceiras meridionais do Lago Vitória e do Leste até o Oceano Índico. A partir de Moçambique, Nqaba conduziu seus nguni-msene à região correspondente ao atual Zimbábue, onde, a exemplo dos nguni-jere que os haviam precedido, semearam a confusão e a desordem, guerreando sucessivamente contra diversos grupos da região. Uma breve escaramuça opôs os jere de Zwengendaba aos msene de Nqaba. Esses últimos levaram vantagem, após o que, partiram para o Oeste, rumo ao país dos lozi. Aí, lançaram-se na batalha contra os kololo de Sebetwane, mas foram vencidos, dispersados e seu chefe foi morto[104].

---

102 R. Gray, 1965; L. Thompson, 1969a, p. 347; D. R. Hunt, 1931, p. 284.
103 J. D. Omer-Cooper, 1966, p. 123-124.
104 E. W. Smith, 1956, p. 71.

Os nguni-maseko, sob o comando de seu chefe Ngwane, também emigraram de Moçambique para o Zimbábue, atravessando o Zambeze, entre Sena e Tete, em 1839. Atravessando o Sul do Malaui e contornando a extremidade meridional do lago Malaui, os maseko penetraram o sudeste tanzaniano. Foi aí, no distrito de Songea, que eles fundaram um poderoso Estado dirigido por Mputa, o sucessor de Ngwane[105].

Conclusão

Retrospectivamente, o Mfecane aparece, de forma clara, como o resultado de mudanças sociopolíticas radicais intervindas na maioria dos Estados nguni do Norte. Ele foi ativado pela conjunção de uma explosão demográfica e de uma carestia de terras, bem como pelas mutações fitoclimáticas que romperam o delicado equilíbrio ecológico existente entre os pastos de *sweetveld* e de *sourveld*, aliás, aos quais uma população humana e de rebanhos bovinos em constante crescimento impunha uma carga crescente. Parece que essa situação crítica foi exacerbada pela seca Madlathule que certamente levou ao seu apogeu a luta intensa na qual se lançaram os habitantes da região por recursos em rápida diminuição. Além disso, certos índices parecem indicar que o comércio recente das mercadorias importadas pela baía de Delagoa, na conjectura, desempenhou um papel suscitando rivalidades que, talvez, tiveram um peso maior do que aquele até então admitido pelos historiadores.

Não obstante, é evidente que as grandes mudanças que perturbaram, de forma tão eficaz, a organização política e militar destes Estados nguni procederam de um dinamismo estritamente interno. A revolução zulu não foi, certamente, o resultado da transplantação ou da adaptação em bloco a condições locais de ideias emprestadas do exterior. Mas os Estados zulus da geração seguinte – Swazi, Gaza, Ndebele e os diversos reinos nguni – apresentavam, todos eles, as mesmas características básicas, aquelas da organização revolucionária do Estado zulu, a saber, uma formidável máquina de guerra baseada no sistema dos regimentos constituídos por faixas etárias. Em todos estes novos Estados, o sistema regimentar tornou-se a instituição central, ou principal, utilizada para unir entidades étnicas heterogêneas.

Os reinos de tipo sotho, como o de Moshoeshoe e, em menor grau, o de Sebetwane, mantendo a circuncisão por faixas etárias no seio dos grupos funda-

---

105 J. D. Omer-Cooper, 1966, p. 73.

dores ou de seu núcleo original, não expandiram o sistema e não o impuseram às comunidades recentemente incorporadas, visando cimentar a unidade do Estado-nação. Eles se dedicaram mais a procedimentos, como os casamentos diplomáticos ou a um enquadramento de tipo proconsular (assegurado seja pelos chefes tradicionais dos Estados incorporados, seja por membros das famílias reais conquistadoras), que permitia manter uma autonomia local considerável e incorporar, em grande medida, os mecanismos de consulta, tanto individual e direto quanto através de um conselho.

A revolução do Mfecane deu à luz a novos Estados no Sul, no centro e no leste da África. O reino zulu emergiu das cinzas das confederações mthethwa e ndwandwe, bem como dos destroços de numerosas chefias nguni pré-Mfecane da região Zululândia-Natal. O reino zulu sobrevive hoje como base mutilada e consideravelmente reduzida de um dos bantustões da África do Sul. Os reinos da Suazilândia e do Lesoto, oriundos das entidades pré-coloniais criadas respectivamente por Sobhuza e Moshoeshoe, têm sobrevivido até os nossos dias. Ilhotas de salubridade em um mar de racismo sistemático, hoje eles são membros respeitados da comunidade internacional. O reino ndebele de Mzilikazi subsistiu apenas por um espaço de meio século, antes de ser tragado pela onda de colonização que, através das companhias de carta britânicas, inundou regiões inteiras da África austral e Oriental, em um poderoso movimento que constituiu o apogeu do colonialismo europeu. O reino kololo de Sebetwane revelou-se não ser muito mais do que uma criação pessoal, que se desintegrou rapidamente nas mãos de sucessores de menor envergadura. Ele não sobreviveu muito tempo após a morte de seu fundador.

Se o Mfecane fez surgir novos Estados, também ocasionou o desaparecimento de uma multidão de pequenos reinos; temporariamente, apenas para alguns deles (como o Estado tawana de Moremi I e o reino luyi (lozi)); para sempre, para outros como os reinos hlubi, ngwane, mthethwa, ndwandwe, zizi bhele, e ainda outros. Estados e chefias foram reduzidos a migalhas e enfraquecidos pelo Mfecane, de forma considerável. Foi esse, em particular, o caso dos Estados tswana. Um pequeno número de Estados localizados no coração da zona de turbulência do Mfecane saiu incólume da tormenta e, poderíamos dizer, até mesmo reforçados, como, por exemplo, os dos pedi, dos tlaping e dos tlharo.

Parecia possível dividir os Estados do Mfecane em várias categorias. Houve os Estados no militarismo ofensivo de caráter agressivo, representados pelos reinos zulus, ndebele e gaza. Os diversos Estados nguni da região trans-zambeziana podem igualmente ser alocados nessa categoria. Tais Estados, que utilizavam o aparelho militar para conquistar e dominar os outros, tendiam também a fazer uso da espada ou do fuzil para garantir a fidelidade dos Estados dominados. Sua política expansionista ou imperialista exigia que eles mantivessem em alerta exércitos profissionais, ou semiprofissionais, acantonados em "casernas" ou aldeias de guarnição. Os regimentos deviam partir regularmente em expedições para coletar o tributo e as taxas em regiões periféricas do reino. Esses exércitos eram formados a partir de regimentos constituídos por faixas etárias que, no caso dos zulus e dos ndebele, representavam o principal instrumento de integração dos jovens dos povos dominados. O Estado gaza, por sua vez, incorporava também jovens dos territórios conquistados, mas, em regimentos distintos daqueles dos jovens nguni, mesmo se seus comandantes fossem recrutados entre o grupo dos conquistadores. A instituição regimentar não contribuiu, pois, no Estado gaza, com a unificação nacional. Em razão da flagrante discriminação da qual eles eram vítimas, os "ba-Tshangane" (nome dado aos tsonga dominados) não foram assimilados no Estado gaza. Este fator, mais do que qualquer outro, explica a fragilidade das conquistas sobre as quais repousava o Estado gaza e permite-nos compreender como ele desmoronou sob os golpes dos portugueses. Os Estados formados de territórios conquistados tendiam a ter mais administradores plebeus e militares do que membros das famílias reais. No Estado ndebele, os comandantes de regimento não só eram responsáveis por esse último, mas, com uma das esposas de Mzilikazi, representavam o rei em sua cidade guarnição.

Entre os Estados do Mfecane que edificaram nações de caráter defensivo, podemos citar os reinos do Lesoto, dos swazi e, em certa medida, dos kololo. Nesses Estados, a iniciação por grupos etários era praticada, mas não explorada como instrumento de incorporação dos jovens das comunidades conquistadas. Esses Estados não eram fundamentalmente militaristas ou expansionistas. Quando empreendiam campanhas militares, o faziam seja para se defenderem, seja impelidos pela necessidade de definir ou delimitar suas fronteiras geográficas, ou para obterem gado. Os fundadores destes Estados atrelaram a maior importância ao estabelecimento de posições sólidas e fáceis para defender. Moshoeshoe construiu sua capital sobre uma montanha tabular (ghobosheane), Sobhuza estabeleceu a sua em uma região montanhosa inacessível e Sebetwane escolheu a pantanosa planície do Kafue, com suas perigosas ilhas, cuja aproximação se revelou muito desastrosa para os inimigos não advertidos.

Estes reinos defensivos não possuíam exércitos sob alerta. A iniciação das faixas etárias servia para formar unidades militares em tempos de guerra. Os reis não hesitavam em esposar mulheres dentre seus súditos, a fim de forjar ligações mais estreitas, em particular, com as famílias predominantes, tanto no grupo fundador quanto nas comunidades recentemente incorporadas. Cabeças de gado eram emprestadas (sistema *mafisa*) aos súditos, ou até mesmo, a chefias inteiras que se desejava favorecer. Para administrar a suscetibilidade dos elementos heterogêneos que o compunham, o Estado os consultava frequentemente e concedia-lhes uma larga margem de autonomia local. Tais Estados também atraíam missionários e fizeram grandes esforços para obterem fuzis e munições para fins de defesa. Mesmo os Estados conquistadores acabaram admitindo missionários entre eles.

Em todos os Estados do Mfecane, a linha de parentesco era a matriz social sobre a qual se forjava, definitivamente, o Estado. Da mesma forma ocorria com a instituição da realeza. Tanto os Estados conquistadores quanto os defensivos exploravam a cerimônia das primícias como um ritual que servia para reforçar a monarquia. Mas, durante o Mfecane, a evolução do sistema estatal africano reduziu progressivamente a importância das ligações de parentesco em benefício das noções de serviço, funcionalismo e territorialidade. Certos Estados, como aquele dos kololo, fizeram com que uma mesma língua fosse falada no conjunto do reino; outros, como o Estado ndebele, não impuseram a língua, mas a faculdade de expressão na língua dos chefes podia ser a chave para o acesso ao poder. Mesmo depois que o reino kololo oficialmente deixou de existir, a língua e a cultura dos kololo permaneceram. Deste modo, no Estado ndebele muitos kalanga e shona tornaram-se ndebele aculturados.

É preciso notar que as numerosas guerras do período do Mfecane reduziram consideravelmente o número das populações africanas, em particular, nas regiões de Natal e do Estado livre de Orange. De um lado, o Mfecane enfraqueceu muitos Estados africanos e reduziu sua capacidade de enfrentar ou resistir a um segundo Mfecane ainda mais destruidor que o primeiro, aquele que os fazendeiros bôeres desencadeariam, a partir de então, invadindo impunemente os territórios africanos a fim de se apossarem não só das terras, mas também do gado e das crianças.

Ademais, o Mfecane teve por efeito uma redistribuição das populações na África austral. Provocou fortes concentrações em certos lugares, deixando "espaços vazios" em outros. Também engendrou uma plêiade de notáveis chefes, tais como Shaka, Mzilikazi, Sobhuza, Zwangendaba e Sebetwane. Como bem observou Omer-Cooper, tais homens

> provaram não só coragem, qualidades de chefe e talento militar, mas ainda uma capacidade de pensamento e de ação originais, de aptidão a imaginar ou adotar instituições e técnicas novas a fim de resolver problemas novos;

qualidades que lhes conferiram uma estatura de homens de Estado, capazes de ir além de uma estreita visão tribal. Eles provaram que os bantos não se furtavam às circunstâncias e que a educação tribal tradicional tinha um efeito muito menos paralisante no desenvolvimento da personalidade humana do que alguns têm suposto[106].

---

106 *Ibid.*, p. 180.

CAPÍTULO 6

O impacto do Mfecane sobre a colônia do Cabo

Elleck K. Mashingaidze

O progresso da nação zulu sob a liderança de Shaka, durante o primeiro quarto do século XIX, foi seguido de grandes guerras e de turbulências na África do Sul. Os povos mais afetados foram os nguni e os grupos de língua sotho, os quais ainda chamam este período de destruição de *mfecane* (esmagamento ou fragmentação, em nguni) ou *lifaqane/difaqane* (em sotho)[1]. Este movimento expandiu-se rapidamente na região até a margem meridional do Lago Vitória. A importância de tal movimento para a história posterior da África do Sul pode ser comparada à influência, na história do Sudão Ocidental durante o mesmo período, da difusão do espírito reformista entre os fulbe e das *jihad* que a acompanharam. Como as *jihad* fulbe, o Mfecane transformou as mais meridionais das sociedades africanas como nenhum outro movimento o fizera desde o início da idade do ferro. Este capítulo analisará qual foi o seu impacto sobre a colônia do Cabo[2].

A zona de atuação original do Mfecane não foi no Cabo, mas no país dos nguni, no atual Natal. É necessário notar que, embora o início do Mfecane pareça ter-se dado por um acontecimento súbito, a fermentação que provocou a sua eclosão constituiu um longo processo de incubação de várias gerações. Este processo

---

1 W. G. A. Mears, 1970, p. 5.
2 Eis os autores que estudaram o Mfecane em seu conjunto: J. D. Omer-Cooper, 1966, 1969; L. Thompson, 1969*b*; W. F. Lye, 1967.

implicou, também, na transformação dos nguni – povos agrícolas e pastoris – de pequenas comunidades clânicas em Estados mais amplos. A aparição destes Estados parece ter sido o resultado da necessidade de enfrentar a carência crescente de pastagens e de terras. Ao final do século XVIII, este processo levou à constituição de inúmeras chefias ndwandwe, ngwane, mthethwa e outros, lideradas por poderosos chefes militares. A fim de proteger seus povos e de defender seus interesses, estes chefes estenderam o seu controle sobre os mais fracos dos territórios vizinhos. Além disso, por volta de 1780, as pequenas chefias dificilmente conseguiam manter a sua independência e uma identidade distinta.

A colônia do Cabo nas vésperas do Mfecane

Antes de analisar a situação da colônia do Cabo na véspera do Mfecane, é preciso defini-la, apresentar um quadro sucinto da distribuição da sua população e das relações entre os diferentes grupos e dizer, por fim, uma palavra sobre sua situação econômica.

Definir a colônia do Cabo é difícil na medida em que as suas fronteiras nunca foram fixas. A fronteira oriental, em particular, era conhecida por ser móvel e incerta[3]. Por exemplo, até 1771 era formada, *grosso modo*, pelo rio Gamtoos e oito anos mais tarde, 1779, havia mudado para o rio Great Fish, sendo ali estabelecida às vésperas do Mfecane. O Great Fish constituía, deste modo, a linha de separação entre os brancos ao Sul e a Oeste e os negros a Leste e ao Norte. A maioria dos africanos era chamada coletivamente pelo nome de nguni do Cabo[4], ou às vezes pelo nome de nguni do Sul[5] e habitava as terras situadas entre o Keiskamma e o Umzimkulu. Os nguni do Cabo dividiam-se em três categorias: os xhosa, os tembu e os mpondo[6]. A classificação mais ampla de Derricourt inclui, entre os grupos principais, os mpondomisi e os bomvana[7]. Os vizinhos dos nguni do Cabo eram os khoisan – os quais viviam a Oeste do rio Kei.

Neste capítulo, a colônia do Cabo será definida de maneira a incluir o território habitado pelos brancos, bem como aquele habitado pelos africanos a Oeste

---

3 Foi descrita alhures como a "fronteira móvel". Ver W. M. Freund, 1974.
4 J. J. Van Warmelo, 1935, p. 60.
5 Os nomes "nguni do Cabo" e "nguni do Sul" são de fato geográficos e aplicam-se aos povos da língua nguni que viviam ao Sul do *Umzimkulu*. Os povos da língua nguni e habitantes ao Norte deste curso d'água são chamados de "nguni de Natal" ou simplesmente de "nguni do Norte".
6 J. J. Van Warmelo, 1935, p. 60.
7 R. Derricourt, 1974.

do rio Great Fish até o Umzimkulu. Esta definição se justifica pelas estruturas socioeconômicas e pela natureza das novas relações que se instauraram após o Mfecane e que são, nós o veremos, a sua consequência.

No conjunto, as relações entre os diversos povos que falam o nguni eram relativamente pacíficas. Podemos dizer o mesmo para aquela entre os nguni e os seus vizinhos khoisan. Isto não significa, contudo, que não houvesse conflitos entre os dois grupos ou entre os próprios nguni. Por exemplo, os embates entre nguni e khoisan eram frequentes, em particular na zona compreendida entre o curso superior do Kei e o Amathole, no Noroeste do Transkei[8]. Estes conflitos eram geralmente provocados pelos ataques dos San contra o rebanho, ataques que levavam a expedições de represálias dos nguni. Todavia, estes conflitos – seja entre os nguni e os khoisan, seja entre as chefias nguni – eram geralmente localizados e muito confinados.

O que se chamava de fronteira oriental do Cabo constituía, contudo, uma zona de tensão entre negros e brancos, chegando com frequência a conflitos abertos devidos a vários fatores. Em primeiro lugar, é necessário lembrar que, há séculos, as comunidades que falavam o nguni moveram-se lentamente para o Sul do continente a partir de Natal. Do outro lado, a expansão branca na África do Sul que seguiu a direção oposta começara em 1652 quando Jan van Riebeeck fundou uma colônia holandesa no Cabo. Os dois movimentos deveriam fatalmente se colidir em algum momento. Eles se opuseram naquilo que a historiografia sul-africana chama "as guerras cafres".

Em segundo lugar, o Great Fish, ainda que reconhecido pelo governo do Cabo como a linha de fronteira, era frequentemente cruzado por aqueles que ele deveria separar e manter distanciados. Os colonos e, mais especialmente, os pecuaristas violavam este limite na busca de mais pastagens. Quanto aos africanos, eles nunca tiveram a intenção de reconhecer esta fronteira e, menos ainda, de respeitá-la, já que, quando foi instituída pelo governo do Cabo, inúmeras comunidades xhosa estavam estabelecidas a Oeste do Great Fish. A região fronteiriça era, assim, considerada por inúmeros xhosa como parte integrante de suas terras ancestrais, das quais eles haviam sido privados pela expansão contínua da colônia. Esta é a razão pela qual vários dentre eles continuaram a pastorear e levar o rebanho a beber água ao longo do Great Fish, desafiando, assim, as autoridades do Cabo. Os caçadores xhosa caçavam sempre a Oeste do rio.

---

8   *Ibid.*, p. 49.

A terceira razão pela qual a linha de fronteira ao Leste permanecia uma zona de tensão e de violência entre brancos e negros era o fato de os dois grupos étnicos perseguirem atividades econômicas semelhantes, como a pecuária e a agricultura, as quais constituíam as atividades essenciais de cada lado da fronteira. A isto se juntou a existência de sistemas fundiários totalmente opostos.

Enfim, no século XVIII e no início do século XIX, a expansão para o sudoeste dos nguni foi provocada por um dilema real cuja origem deve ser procurada entre os acontecimentos que se produziram no Norte do seu território. Estes acontecimentos impediram os nguni do Cabo de se dirigirem rumo ao Nordeste.

Na medida em que os xhosa formavam a vanguarda da expansão dos nguni do Cabo para o Oeste e o Sul, eles pagaram o preço da guerra entre brancos e negros na fronteira. Esta é a razão pela qual este grupo não é somente aquele sobre o qual mais se tenha escrito, mas permanece também o grupo de nguni do Cabo o mais vilipendiado e o mais odiado na historiografia colonial desta região[9].

Como já dissemos, os xhosa não reconheciam o Great Fish como fronteira e o cruzavam para pastorear as suas manadas. Estas "violações" fronteiriças eram, às vezes, acompanhadas de roubos de gado, aos quais os colonos do Cabo replicavam frequentemente com ataques de represália nas terras do xhosa sob o pretexto de recuperar os seus bens. Era, entretanto, frequente que as atividades dos comandos ultrapassassem os objetivos fixados.

É portanto evidente que as relações entre negros e brancos na região não eram pacíficas às vésperas do Mfecane. Nós analisaremos neste contexto a situação da colônia às vésperas deste movimento.

A situação e as perspectivas econômicas

Quando a colônia do Cabo, durante os anos de 1822-1823, soube da existência das turbulências em Natal, no vale do Caledon e no Highveld, inúmeros colonos só se encontravam lá no máximo há dois anos. Entre eles se encontravam ingleses levados para o Cabo em 1820 para aumentarem uma população ainda esparsa e essencialmente holandesa. A maioria destes colonos – aproximadamente 5.000 – tinha sido enviada ao distrito de Albany onde exploravam quase 100 acres cada. Ainda que talvez não intencional, um dos objetivos prin-

---

[9] De fato, as guerras da fronteira oriental do Cabo são geralmente chamadas as "guerras cafres" nos livros de história sul-africanos. Os xhosa eram considerados "selvagens que só temiam a força e o castigo" (C. W. De Kiewiet, 1968, p. 51). Os xhosa eram considerados incorrigíveis ladrões de rebanho que deviam ser combatidos (E. A. Walker, 1957, p. 116-119).

cipais do povoamento de Albany, para o governador Somerset, era fazer com que os colonos participassem da defesa e da estabilização da fronteira oriental de triste reputação.

As perspectivas econômicas da colônia do Cabo nunca tinham sido muito brilhantes. A perigosa situação militar da fronteira somente agravava os problemas econômicos. A situação dos colonos em 1820 era pior do que aquela dos fazendeiros holandeses dos antigos distritos da colônia. A agricultura, tida como principal atividade econômica de Albany e fonte essencial de subsistência, apresentava, em 1823, todos os sinais de desmoronamento. Em primeiro lugar, vários fazendeiros estavam pouco qualificados para o trabalho ao qual tinham sido destinados na África. Reclamava-se comumente do pequeno tamanho dos lotes de terra. Depois, em 1822, houve inundações que destruíram todas as lavouras. Em 1823, inúmeros fazendeiros haviam abandonado as suas terras e os que haviam permanecido tinham perdido o entusiasmo e estavam desanimados. As poucas poupanças trazidas da Inglaterra diminuíam rapidamente; inúmeros fazendeiros estavam pesadamente endividados com o governo ou beiravam a miséria. O alcoolismo aumentava rapidamente, já que mais de um homem arruinado tentava esquecer os seus dissabores na bebida[10].

Em 1823, somente restava um terço dos fazendeiros de Albany em suas terras. Eles tinham que enfrentar problemas imensos e o futuro agrícola do distrito parecia muito incerto. Como já assinalamos, os outros fazendeiros tinham abandonado suas terras: alguns tinham optado por outras formas de emprego nos centros urbanos; outros se tornaram comerciantes; e a maioria se tornou pecuarista.

Os fazendeiros dos assentamentos mais antigos, assim como os Albany, enfrentavam um problema ainda mais grave: a ausência de mão de obra. Mesmo a este respeito, a situação dos colonos em 1820 era pior do que aquela dos colonos holandeses. Ao passo que estes últimos podiam empregar os xhosa, os khoisan, ou até escravos, os colonos de 1820 não tinham o direito de recorrerem a este tipo de mão de obra[11]. Os fazendeiros do "Anglostão", como Buttler chama o distrito de Albany, deveriam empregar a mão de obra livre, vinda da Grã-Bretanha. Mas a maioria dos trabalhadores agrícolas enviados da Inglaterra fugiu de seus senhores ao chegar à África do Sul para os centros urbanos onde as perspectivas lhes pareciam melhores. Esforços desesperados foram feitos para incentivar novamente a imigração para a colônia. Entre os que responderam a

---

10 G. Butler, 1974, p. 176; E. A. Walker, 1957, p. 157.
11 E. A. Walker, 1957, p. 157.

FIGURA 6.1 Bonecas à venda no Cabo no início do século XIX, representando um homem e uma mulher san. [Fonte: J. Vansina, *Art history in Africa*, 1984, Londres, Longman. © Staatl. Museum für Völkerkunde, Munique.]

este apelo – em sua maioria, irlandeses –, somente alguns poucos punhados deles chegaram aos distritos da fronteira oriental. Muitos compraram a sua liberdade ao chegarem ao Cabo e partiram para fazer carreira em outros lugares. Nestas condições, os novos colonos foram obrigados a contar consigo mesmos, suas mulheres e filhos para realizar "as tarefas mais baixas", normalmente executadas unicamente pelos trabalhadores agrícolas e escravos[12]. Todas estas dificuldades foram ainda agravadas pela obrigação dos fazendeiros e dos homens mais vigorosos de se dirigirem para a fronteira oriental a fim de defendê-la.

Para diminuir as dificuldades financeiras dos colonos em penúria, algumas pessoas criaram uma organização destinada a coletar fundos. Esta Sociedade para o alívio dos colonos em penúria coletou efetivamente recursos, de modo que, em 1824 ela pôde ajudar alguns fazendeiros e fornecer-lhes o capital, do qual tinham muita necessidade. Mas nenhuma ajuda financeira poderia eliminar as duas dificuldades crônicas que oprimiam a colônia: a ausência de mão de obra e a situação móvel da fronteira oriental. Estes problemas ainda não haviam sido resolvidos quando, cerca de 1822-1823, os efeitos do Mfecane atingiram a colônia do Cabo através de Orange e Natal.

O Mfecane

Os detalhes dos acontecimentos ocorridos no Norte do território nguni, no vale do Caledon e no Highveld, não nos dizem respeito aqui.[13] Queremos somente analisar como estes acontecimentos acabaram por afetar a região nguni do Cabo e a própria colônia. Tentaremos precisar quais foram as novas formas sociais, as novas relações entre os diferentes grupos da região e as novas formas socioeconômicas que o Mfecane suscitou.

Como já vimos, o movimento se iniciou em Natal, entre os grupos do Norte que falavam a língua nguni. As causas exatas do Mfecane não são conhecidas. Parece, todavia, que a população desta região aumentara muito em poucas gerações. Esta tendência tinha levado a uma superpopulação, tendo em vista os métodos agrícolas à época. Como resposta a este problema, novas formas de organização política foram implementadas. Nas últimas décadas do século XVIII, um certo número de chefias poderosas apareceu – as mais conhecidas foram as dos ndwandwe, ngwane e mthethwa. Nas duas primeiras décadas do

---

12   G. Butler, 1974, p. 178; G. M. Theal, 1891, p. 238-239.
13   Estes detalhes são o tema do capítulo 5 deste volume. Ver também a nota 2 neste capítulo.

século XIX, todas estas chefias – inclusive a dos zulus – tinham se transformado em poderosos Estados militares liderados por chefes semimonárquicos: respectivamente, Zwide, Sobhuza, Dingiswayo e Shaka.

Se este novo sistema de estado não tivesse sido acompanhado de uma revolução dos métodos e das estratégias militares, a tensão e os violentos conflitos abertos que caracterizavam as relações entre os Estados meridionais nguni a partir de cerca de 1815 certamente não teriam conduzido a guerras de grande escala. É possível também que, sem a eficácia da estratégia militar empregada mais tarde pelos diversos exércitos nguni do Norte – e, em particular, os zulus – os acontecimentos não tivessem afetado as regiões situadas além das terras nguni do Norte.

Pelo que se sabe, o primeiro grande conflito aberto começou em 1815 entre os ndwandwe de Zwide e os ngwane de Sobhuza. Os ngwane foram vencidos e obrigados a cruzar o Pongolo, região onde eles estabeleceram as fronteiras da nação swazi. De acordo com J. D. Omer-Cooper, este conflito marcou o início do Mfecane. Com a partida de Sobhuza, o conflito entre Zwide e Dingiswayo tornou-se quase inevitável. De fato, no fim de 1817, o conflito entre os ndwandwe e os mthethwar teve lugar. Dingiswayo, o rei dos mthethwa foi morto durante esta guerra, deixando o seu povo desmoralizado, disperso e privado de chefe.

Se uma nova potência não tivesse surgido sob o patrocínio de Dingiswayo, após a queda deste, os ndwandwe teriam obtido uma vitória total e o domínio de todo o território situado entre o Tugela e o Pongolo. Tratava-se de Shaka, o filho de Senzangakhona, o chefe de um grupo zulu, até então muito insignificante. Em sua juventude, Shaka formara-se em um dos regimentos mthethwa de Dingiswayo. Graças a sua inteligência e a sua capacidade de iniciativa, ele foi rapidamente promovido aos altos escalões do exército. Quando do conflito entre os Ndwandwe e os Mthethwa, Shaka não era somente um oficial superior do exército mthethwa: ele sucedera a seu pai como chefe de um pequeno grupo zulu até então colocado sob o comando dos mthethwa. Quando Zwide matou Disginswayo, Shaka e seus zulus constituíram o único centro de resistência séria contra ele e os ndwandwe. Shaka se preparou para um confronto decisivo com Zwide fazendo passar para o seu controle diversas chefias, entre elas os mthetwa desmoralizados. Ele aperfeiçoou também os seus novos métodos de guerra e arrolou para o seu exército todos os jovens com idade para a escola de iniciação. Esta foi abolida e substituída por centros de treinamento para a juventude.

A famosa guerra entre os ndwandwe de Zwide e Shaka aconteceu em 1818 e Zwide foi completamente derrotado após uma série de campanhas. J. D. Omer--Cooper muito justamente descreveu a derrota dos ndwandwe como um marco na carreira de Shaka e na história do Mfecane[14]. Sem encontrar oposição séria nas terras nguni do Norte, Shaka prosseguiu as suas campanhas para edificar seu Estado militar zulu. Seu principal meio de expansão foi a conquista e a integração das chefias vencidas à nação zulu. Inúmeras chefias menores foram também subjugadas. Mas um grupo ainda maior se formou para evitar o domínio de Shaka fugindo da região de Natal. Nos anos que se seguiram à morte de Zwide, em 1818, numerosas chefias vencidas e dispersas, famílias ou indivíduos desterrados fugiram para o Oeste, do Drakensberg ao Highweld, o que deslanchou uma onda de migrações à medida que as terras eram devastadas e as lavouras destruídas. Outros nguni do Norte se locomoveram para o Sul pelo Tugela e o Umzimkulu. Em 1822-1823, este movimento migratório de pessoas perdidas, esfomeadas e miseráveis que vinham do Nordeste chegara às terras dos mpondo e dos tembu, semeando o terror e a destruição por todo lugar onde passavam os grupos de fugitivos. Em 1823, as terras mpondo foram particularmente perturbadas com a chegada dos imigrantes nguni do Norte. Os tembu do Norte se instalaram por lá, com seu chefe Ngoza, um pouco antes de retornar às terras zulus. Na *No Man's Land* (Terra de ninguém), a Oeste das terras dos mpondo, se encontravam os bhele de Mdingi, aos quais se juntaram mais tarde os wushe e os bhaca, comandados por Madikane. Depois, aconteceu a invasão zulu às terras mpondo em 1823-1824. Embora Faku, muito sabiamente, tenha impedido o seu povo de atacar os zulus, os invasores levaram consigo uma grande parte do rebanho mpondo.

Quando as novas dos acontecimentos chegaram ao Cabo – onde os refugiados nguni do Norte, os vagabundos e os invasores tornaram-se conhecidos pelo nome de fetcane –, a colônia já havia sido ocupada em sua porção setentrional pelos grupos de fugitivos. Diferentemente dos fetcane, os refugiados que chegavam à colônia tinham perdido toda coesão e toda identidade. Como os primeiros, eles eram miseráveis, desmoralizados, esfomeados e dispersos. Os mantatees[15] ou bechuana, como eram geralmente chamados, tinham fugido do

---

14 J. D. Omer-Cooper, 1966, p. 33.

15 As expressões "Mantatees" (escrita também "Mantatis") e "Fetcane", tal como as utilizaram os colonos brancos, os escritores e os funcionários do governo do Cabo, exigem algumas explicações resumidas. Na boca destas pessoas, estas expressões se aplicavam aos agentes do Mfecane. A expressão "Mantatees", tal como a emprega, por exemplo, Robert Moffat, se refere coletivamente a grupos como os gatunos phuting, hlakoana e fokeng, os quais invadiram a capital tlaping de Dithakong em 1823. Denominar estes grupos deste modo pode levar ao equívoco, na medida em que não tinham elo algum com Mma-Nthatisi, a qual era a chefe dos Tlookwa. Mais tarde, esta expressão foi de novo empregada de maneira errônea para designar os refugiados tswana e sotho que afluíam na colônia, vindo do Orange e do Caledon – particularmente após Dithakong. "Fetcane" ou "Mfecane", por outro lado, quando eram aplicados a estas pessoas, se referiam aos invasores nguni do Norte, isto é, aos zulus e aos ngwane de Matiwane. Ver J. D. Omer-Cooper, 1966, p. 93-96; W. G. A. Mears, 1970, p. 5-13; L. Thompson, 1969b, p. 393; G. Butler, 1974, p. 182; R. H. Dugmore, 1958, p. 44.

vale do Caledon e da Trans-Orangia após as invasões ngwane e hlubi, e os efeitos devastadores das operações tlookwa, dirigidas por uma mulher, Mma-Nthatisi. Alguns vinham também de locais do Norte, tão distantes quanto o Vaal, expulsos pelos invasores do Mfecane. Inúmeros refugiados tswana tinham deixado as suas regiões do Botswana após o ataque da capital tlaping de Dithakong pelos phuting, pelos hlakoana e os fokengs em 1823.

Os refugiados se acumularam em distritos como Graaff-Reinet e Albany. Eles não constituíam uma ameaça militar, já que estavam desarmados e sem chefias. Tudo o que buscavam era um pouco de ajuda e proteção.

A reação inicial do Cabo (1823-1828)

A reação inicial do governo colonial do Cabo e dos colonos em relação ao afluxo de refugiados deve ser compreendida e analisada à luz das duas necessidades mais prementes da colônia às vésperas do Mfecane: garantir a segurança da fronteira e obter mão de obra a baixo custo. A escassez de mão de obra, em particular, tinha forçado inúmeros fazendeiros a escolherem outras formas de trabalho e a abandonar a agricultura.

Tornou-se evidente muito rapidamente para os fazendeiros inquietos e um pouco assustados dos distritos de Graaff-Reinet e de Albany que as centenas de mantatees e de bechuana (tswana) que atravessaram o Orange não iriam sequer criar problemas de segurança. Os seus portes amáveis e quase tímidos, o fato de que a maioria dentre eles perdera todo elo e toda coesão de grupo, levaram os colonos a pensarem que os refugiados sotho e tswana poderiam se tornar "serventes dóceis e devotados"[16], satisfazendo, assim, uma das necessidades mais urgentes da colônia. Este juízo se revelou acertado já que a colônia do Cabo lucrou finalmente com os efeitos destruidores do Mfecane. De fato, o governador decidiu, em 1823, que os refugiados deveriam servir como trabalhadores agrícolas para os colonos que os solicitassem, durante um período de, pelo menos, sete anos[17]. Os fazendeiros dos distritos de Graaff-Reinet e de Albany aprovaram esta decisão na medida em que lhes faltava mão de obra.

As opiniões da época quanto à qualidade dos trabalhadores sotho e tswana não são unânimes. Em 1834, um naturalista e explorador sul-africano, o Dr.

---

16 Ver, por exemplo, as representações (e as legendas que as acompanham) dos dois supostos "Mantatees", em G. Butler, 1974, p. 228 e também p. 181-182.

17 G. M. Theal, 1891, p. 240; G. Butler, 1974, p. 182; W. F. Lye (org.), 1975, p. 20.

Andrew Smith, constatou que alguns fazendeiros achavam os seus empregados "lentos" e muitos dentre eles "extremamente ávidos, até mesmo desonestos e todos muito preguiçosos"[18]. Por outro lado, um outro explorador, George Thompson, observou que "a repartição de algumas centenas de refugiados mantatees nas famílias mais honradas, como domésticos e pastores" revelou-se "uma grande vantagem"[19]. O ponto de vista de Thompson não difere, contudo, das opiniões e observações de Andrew Smith, segundo as quais, apesar do que diziam os fazendeiros a respeito dos seus empregados, a presença dos sotho e dos tswana na colônia era "desejável na medida em que eles [...] supriam a falta de pessoal, devido ao fato que os hotentotes tinham preferido, nos anos anteriores, outras vocações do que o serviço dos fazendeiros"[20]. De fato, a maioria dos khoi do Cabo mudou-se para os centros urbanos onde vivia sob a proteção das missões cristãs a fim de evitar a humilhação de trabalhar para aqueles que lhes haviam tomado as suas terras ancestrais.

É impossível dar o número exato de refugiados tswana e sotho que encontraram asilo na colônia do Cabo. Poderia tratar-se de várias centenas, talvez de milhares de homens. Além disso, este afluxo durou enquanto persistiram os distúrbios no interior, e só no fim de 1828, alguns refugiados tswana e sotho começaram a retornar para casa. O número dos que retornaram cresceu na metade da década de 1830, uma vez que a paz e a estabilidade estavam restabelecidas por chefes como Moshoeshoe, o fundador da nação sotho[21]. Durante os primeiros cinco anos do Mfecane, parece que outros refugiados penetraram o território da colônia. George Thompson teria estimado em mais de mil o número de refugiados tswana e sotho na colônia em 1826[22]. Isto aconteceu três anos após a chegada da primeira onda dos desterrados.

Qualquer que tenha sido o número destes refugiados, vários pontos são indiscutíveis. Em primeiro lugar, como já sublinhamos, os problemas dos povos de Natal, do vale do Caledon, do Orange e do Highveld foram – ironicamente – uma benção para a colônia do Cabo. Isto forneceu mão de obra barata a uma comunidade agrícola que a falta de pessoal ameaçava arruinar. A chegada desta força de trabalho deu um novo impulso na agricultura nos setores orientais da colônia. Em segundo lugar, pode-se dizer que, em Albany e Graaff-Reinet, o

---

18 W. F. Lye (org.), 1975, p. 21.
19 Citado em G. Butler, 1974, p. 182.
20 W. F. Lye (org.), 1975, p. 21.
21 W. F. Lye, 1969, p. 203.
22 *Ibid.*, p. 202-203, citando G. Thompson.

período "inteiramente branco" da colonização – durante o qual os fazendeiros europeus, suas mulheres e seus filhos deviam executar as tarefas as mais "baixas" – acabou com a chegada dos trabalhadores africanos. Diz-se que esta mudança, ocorreu antes do fim da década de 1820[23]. Contribuiu para minar um dos princípios fundamentais que tinham presidido a criação do "Anglostão" ou Albany, e segundo o qual os colonos brancos apenas podiam contar com suas próprias forças para sobreviverem. A partir deste momento, a importância da mão de obra negra no desenvolvimento econômico da colônia destacou-se nitidamente.

O terceiro ponto indiscutível relaciona-se ao afluxo dos tswana e dos sotho na colônia. Este afluxo permitiu encontrar uma mão de obra barata, o que minou um dos princípios dos colonos de Albany e de Graaff-Reinet, o da agricultura intensiva. Em parte devido aos fazendeiros que exigiam mais terras, em parte devido à disponibilidade de uma mão de obra barata, as fazendas de 40 hectares se transformaram em propriedades mais vastas por volta de 1825[24].

Por seu lado, os tswana e os sotho lucraram igualmente com a sua estadia temporária na colônia. De um lado, lhes foi permitido estabelecerem moradias nas terras de seus empregadores. De outro, segundo os termos do seu "aprendizado", eles eram pagos em cabeças de gado e em outros produtos[25]. Deste modo, muitos puderam adquirir bens pessoais que podiam levar para seu país.

A presença dos sotho e dos tswana na colônia não resolveu, contudo, a outra necessidade dos colonos. Ela não mudou em nada a natureza das relações entre estes e os seus vizinhos, os nguni do Sul. Tensões, conflitos fronteiriços, roubos de gado, e represálias: tudo continuou como o fora no passado.

Este quadro das relações entre brancos e negros na colônia deve, contudo, ser equilibrado para que o leitor não tenha a impressão de uma ausência total do intercâmbio pacífico. Apesar das disputas e escaramuças relacionadas aos direitos de caça e de pastagens, existia um desejo mútuo de promoção das relações comerciais, pois cada grupo possuía produtos que o outro não tinha. Por exemplo, os xhosa dispunham de marfim, chifres, couros, bois e borracha, produtos muito procurados pelos comerciantes coloniais. Por sua vez, eles tinham necessidade de cobre, contas, botões, pólvora e álcool – em particular, a aguardente –, coisas que só os comerciantes poderiam lhes fornecer. Assim, apesar das hostilidades entre africanos e colonos, existia um sistema de troca. Nenhuma forma de controle militar ou jurídico poderia acabar com ele. De

---

23 G. Butler, 1974, p. 181.
24 As fazendas foram aumentadas em 1825, de acordo com G. M. Theal, 1981, p. 239.
25 W. F. Lye (org.), 1975.

fato, apesar dos embates entre brancos e negros na fronteira oriental, as trocas comerciais prosseguiram a despeito da política oficial do governo. O controle estrito exercido na fronteira pelas autoridades só incentivava a cooperação entre brancos e negros em um sistema de contrabando.

E foi por que este contrabando prosperou que o governador, sir Rufane Donkin, decidiu em 1821 regularizar as trocas entre a colônia e os xhosa[26]. Tratava-se de instituir uma feira regular – até mesmo várias – à beira do Keiskamma. De início oposto a este projeto, o governador aceitou em seguida a realidade da situação e uma feira foi criada em Fort Willshire. Ela acontecia, de início, anualmente, e desenvolvendo-se rapidamente, chegou a quatro vezes ao ano, depois se tornou mensal e, em 1824, semanal[27]. Os comerciantes da colônia e os comerciantes xhosa iam aos milhares para trocar os seus produtos. Os negociantes africanos – homens e mulheres - chegavam a Willshire de regiões tão longínquas quanto aquela situada entre o Keiskamma e o Kei[28]. Traziam chifres, marfim, couros, borracha e bois e levavam contas, botões, fios de cobre, aguardente e toda uma gama de produtos europeus.

A feira de Willshire era também um local de encontro. O dia da feira era a ocasião para brancos e negros tentarem se comunicar. Ao comerciar, cada um tentava se fazer entender pelo outro falando em sua língua. Como diz Dugmore, "falava-se um cafre bizarro [...] e um inglês e um holandês não menos bizarros"[29].

Todavia, o mercado de Willshire permaneceu uma fachada – talvez necessária. Ele não podia esconder a realidade profunda das relações entre brancos e negros. Com efeito, é preciso sublinhar que Willshire era antes de tudo um posto de defesa fronteiriço, localizado numa frente violenta onde tudo testemunhava a existência do conflito. O dia da feira era realizado em uma atmosfera militar: a multidão matizada, branca, morena e negra, era atravessada pelos uniformes vermelhos, verdes e azuis dos regimentos de linha, de fuzileiros e artilheiros, como observou Dugmore.

O comércio florescente que se estabelecera entre negros e brancos não podia fazer que os xhosas se esquecessem que as suas terras ancestrais encontravam-se no momento nas mãos dos colonos brancos. Assim, mesmo que negros e bran-

---

26 G. Butler, 1974, p. 197.
27 G. M. Theal, 1891, p. 237.
28 R. H. Dugmore, 1958.
29 Quando das duras negociações comerciais, os comerciantes ingleses e holandeses tentavam se expressar em xhosa, enquanto que os comerciantes xhosa tentavam se expressar nas duas línguas europeias.

cos comerciassem em Willshire sob o olhar atento das autoridades, em terras xhosa o tráfico de armas de fogo entre contrabandistas brancos e compradores xhosa era florescente. Estes últimos compravam fuzis para se preparar para o grande confronto que, segundo eles, não tardaria a acontecer. A guerra explodiu efetivamente em 1834-1835; esta não foi a última e nem a primeira. Outros fatos lembram a realidade violenta das relações entre os xhosa e os colonos: ao mesmo tempo em que as transações comerciais se realizavam em Willshire e no país xhosa, viajantes brancos solitários e jovens pastores europeus vigiando o rebanho de seus pais foram assassinados por xhosa descontentes[30].

A ameaça externa e a reação orquestrada por brancos e negros

É evidente, então, que, até 1828, os acontecimentos do Mfecane não tinham ameaçado seriamente a estabilidade e o equilíbrio das relações entre brancos e negros do Cabo. Como já vimos, os refugiados tswana e sotho que afluíram na parte branca da colônia foram rapidamente integrados à sua vida econômica. No Nordeste, os mpondo de Faku tinham, quase por si mesmos, impedido os regimentos de Shaka de avançar além das terras mpondo.

Esta situação mudou, entretanto, em 1828. Um outro tipo de refugiado fez de repente a sua aparição nas regiões da colônia que se estendiam a Leste do Kei. Diferente dos sotho e dos tswana, estes refugiados semearam o terror entre os tembu e os xhosa de Hintsa. Eram igualmente diferentes, pois, ao contrário dos sotho e dos tswana, eles haviam mantido quase intacta a sua coesão política, sua lealdade pelos seus e suas capacidades militares. Tratava-se dos ngwane, comandados por Matiwane, um guerreiro experiente que já aterrorizara vários Estados – inclusive aquele dos sotho de Moshoeshoe.

Os ngwane, os quais naquele momento incluíam elementos hlubi, atravessaram o Orange vindo do Lesoto e penetraram as terras dos tembu entre janeiro e fevereiro de 1828. A sua chegada coincidiu com a dos regimentos de Shaka em terras mpondo, criando um sentimento de inquietude entre os colonos, os tembu e os xhosa. Deste modo, toda a zona desde os distritos orientais até o Umzimvubu no Nordeste estava cheia de rumores relativos ao "Fetcane"

---

30 Por exemplo, os filhos de Garbett e Sloman, as vítimas de Clay Pitt, o partido irlandês etc. encontravam-se entre as vítimas da cólera xhosa.

ou "Mfecane"[31], como se chamavam os regimentos zulus[32]. Os regimentos de Shaka em terras mpondo tentaram avançar mais ao Sul para abrir a via para o Cabo. Shaka queria, realmente, estabelecer relações diplomáticas com a colônia. Embora estivessem decididos a combater todos os Estados nguni do Sul que se encontrassem em seu caminho, os zulus receberam a ordem muito estrita de evitarem confrontos com os ingleses.

Voltemos aos ngwane. Desde que penetraram em terras tembu, encontraram-se face a face com uma coluna avançada das forças da colônia que acreditou que estes fossem zulus. Seguiram-se escaramuças, cujas consequências eram incertas. Os colonos se prepararam para uma batalha maior e mais decisiva. O governador Somerset, Hintsa, o chefe dos gcaleka, e Vusani, o chefe tembu, cooperaram para este fim. Uma força composta por tropas britânicas, colonos, regimentos xhosa e tembu foi colocada em prontidão para a batalha final que aconteceu em Mbolompo. Os ngwane foram completamente derrotados e muitos dentre eles foram mortos. Alguns dos sobreviventes se juntaram aos tembu e aos xhosa, aumentando a população mfengu nesta zona. Outros recuaram em direção ao Lesoto com Matiwane e Moshoeshoe permitiu-lhes se estabelecerem. Entretanto, a saudade do país empurrou Matiwane e seus partidários de volta a Natal. É lá que foi morto por Dingane que havia sucedido a Shaka como chefe dos zulus.

A derrota decisiva dos ngwane em Mbolompo conduziu à eliminação de um dos agentes mais poderosos e mais destruidores do Mfecane. Assim, após Mbolompo, a colônia e as regiões tembu e xhosa não sofreram mais ameaças externas sérias. Esta ação orquestrada contra os ngwane de Matiwane significou a formação de uma aliança temporária entre os ingleses, os xhosa e os tembu. Isto exigira, naturalmente, a suspensão das hostilidades entre britânicos e os xhosa.

Mas, enquanto a ação orquestrada dos xhosa e dos tembu pode ser explicada, o engajamento britânico não é tão fácil de compreender. Quais considerações os nortearam? O território inglês não corria o risco de ser invadido pelos ngwane. Além disso, mesmo se eles ainda tivessem a impressão de que os invasores das terras tembu fossem os zulus de Shaka, este último nunca dera o menor motivo para se acreditar numa invasão de sua parte. Temeriam eles, talvez, que os distúrbios contínuos em terras tembu chegassem à região xhosa, forçando-os a fugir em direção Oeste para

---

31 Ver nota 15 neste capítulo.
32 Os rumores relativos à presença dos zulus não eram desprovidos de fundamento, já que um regimento zulu avançava em direção ao Sul através das terras mpondo.

o distrito oriental, semeando deste modo a inquietude entre os fazendeiros? Ou, como já foi sugerido por outros, seria o engajamento britânico calculado e motivado por considerações diplomáticas, muito mais do que pela crença de uma invasão? Tal ponto de vista significaria que o governo e os círculos da colônia pensavam que a ajuda militar fornecida aos xhosa e ao tembus faria com que os primeiros se esquecessem do fato de que as suas terras ancestrais estavam nas mãos de europeus e contribuiria, assim, a desenvolver relações pacíficas entre brancos e negros.

Quaisquer que tenham sido as razões do engajamento britânico na campanha "Fetcane" de 1828, um ponto importante deve ser mencionado. O combate a Matiwane forneceu um exemplo de um caso onde brancos e negros enterraram o machado da guerra para enfrentarem um inimigo comum. Podemos somente concluir que, a despeito da tensão e dos conflitos abertos que caracterizavam as relações entre xhosa e colonos, reinava no Cabo uma certa estabilidade, um certo equilíbrio; brancos e negros se sentiram ameaçados em 1828 e se esforçaram em defender-se.

Os Mfengu

Um dos resultados mais importantes e mais duráveis do Mfecane foi o aparecimento de novas unidades sociais, de novos Estados políticos, quando as vítimas dispersas e desalojadas pelos distúrbios se reagruparam, com frequência em novas regiões e em meios diferentes. Na maioria dos casos, os novos grupos eram constituídos de elementos diversos que, graças às qualidades de liderança de alguns indivíduos, foram reagrupados no seio de entidades políticas identificáveis. Os swazi, os gaza e os ndebele são bons exemplos de tais entidades. Inúmeros sobreviventes das guerras juntaram-se a estes chefes para reforçar os quadros destes novos Estados ou foram absorvidos pelos grupos políticos já existentes. Eis como Moshoeshoe, por exemplo, edificou uma grande nação sotho.

Ainda mais numerosos foram os refugiados que restaram sem chefes, errantes e miseráveis; às vezes recebidos por alguns dirigentes, nunca foram totalmente assimilados pelas comunidades que os acolhiam[33]. Este foi o caso de vários elementos originários de Natal que penetraram na região nguni do Cabo. Eles chegavam em grupos mais ou menos grandes ou, às vezes, isoladamente. Alguns vinham do Norte das terras nguni, outros da região do vale do Caledon. Como eram famintos e miseráveis, viviam da mendicância, *ukufenguza*, expressão da

---

33 Ver o testemunho ocular de um dos participantes, Bertram Bowker (1810-1907), em G. Butler, 1974, p. 252-254. E também R. H. Dugmore, 1958, p. 44; J. D. Omer-Cooper, 1966, p. 92.

qual deriva aquela de *amamfengu* (*Fingo*). Parece que este nome lhes foi dado pelos seus anfitriões tembu, xhosa e mpondo. É, deste modo, aplicado coletivamente aos refugiados ou aos emigrantes da porção setentrional do território nguni e, essencialmente, mas não exclusivamente, aos hlubi, bhele, ngwane e zizi, aos quais deu-se asilo na região do Cabo após terem sido deslocados e dispersos pelo Mfecane[34]. Estes fugitivos começaram a refluir em direção ao Cabo quase no início das guerras que se desenrolaram na porção setentrional do território nguni; o seu número não parou de crescer entre 1822 e 1828. A derrota dos ngwane de Matiwane, em 1828, forçou um grande número de sobreviventes a se juntarem à população mfengu da região nguni do Cabo.

A reação dos chefes tembu, xhosa e mpondo às solicitações dos refugiados foi positiva. Eles os receberam como pessoas, humanamente, e os proveram de terras, alimentos e gado. De acordo com o costume, os chefes que os recebiam conservavam a propriedade do gado, mas os mfengu podiam consumir o leite das vacas e utilizar os animais para as suas tarefas domésticas.

Como a maioria dos mfengu era muito trabalhadora, muitos puderam se estabelecer rapidamente e até mesmo adquirir bens. Eles produziam alimentos suficientes para a sua subsistência e até excedentes para o mercado. Os mfengu eram, entre outros, especializados na lavoura do tabaco, o qual trocavam por gado. Participaram também no comércio da fronteira com os colonos e se mostraram excelentes negociantes[35].

Se, de uma maneira geral, os mfengu que viviam em terras tembu e mpondo pareciam estar felizes e serem, em grande medida, integrados às comunidades que os acolhiam, os mfengu da região xhosa continuaram a sentirem-se excluídos. É por isso que não puderam se integrar à comunidade xhosa. É verdade que aprenderam rapidamente a falar – ainda que com um sotaque – a língua dos seus anfitriões, mas, como continuavam a serem considerados, tanto por eles mesmos como pelos xhosa, um grupo separado e dominado, nenhuma integração total foi possível.

Esta falha provocou relações hostis entre as duas comunidades e contribuiu para tencionar as relações dos ingleses e dos xhosa, já difíceis. Como já dissemos, no início, as relações dos xhosa e dos mfengu eram calorosas – o que teria permitido a integração destes últimos. Entretanto, começaram a se degradar e os mfengu se puseram a buscar outras soluções e uma situação mais favorável. O

---

[34] Esta definição não inclui geralmente os imigrantes voluntários de Natal que se instalaram no território dos nguni do Cabo após o Mfecane. Ver também J. J. Van Warmelo, 1935, p. 65.

[35] J. Ayliff e J. Whiteside, 1962, p. 20.

que provocou tal degradação? Não se sabe exatamente, mas é claro que a falha no processo de integração foi explorada por forças externas que buscaram exacerbar e perpetuar todas as diferenças culturais, políticas e econômicas existentes entre os dois povos. Os fatores externos mais importantes da divisão foram a *Wesleyan Methodist Missionary Society* (Sociedade Missionária Metodista Wesleyana), os colonos brancos e o governo da colônia do Cabo.

A *Wesleyan Methodist Missionary Society* trabalhava entre os xhosa de Gcaleka desde julho de 1827, quando Hintsa permitiu que William Shaw instalasse uma missão nesta zona. Após as negociações, uma missão foi estabelecida em Butterworth, perto da capital de Hintsa, por W. J. Shrewsbury. Ainda que a presença da missão não entusiasmasse Hintsa, este a protegeu e ajudou Shrewsbury e sua esposa. Ele autorizou também os mfengu a assistirem os serviços religiosos[36].

O aparecimento dos missionários wesleyanos nesta época interferiria com o processo de assimilação e de integração dos mfengu em terras xhosa. As atitudes de vários missionários com relação às reclamações dos mfengu – reais ou imaginárias – se revelaram cruciais. Os mfengu sentiam-se excluídos, politicamente oprimidos e economicamente explorados pelos seus anfitriões xhosa. É esta relação "chefe/súdito" entre os xhosa e os mfengu que foi transformada abusivamente em relação "senhor/escravo" por John Ayliff, o sucessor de Shrewsbury e, mais tarde, retomada pelos funcionários do governo do Cabo. O mito da escravidão – ligado àquele no qual o Mfecane tinha completamente aniquilado o poder militar dos mfengu – teve, segundo R. A. Moyer[37], alguns efeitos sobre as relações entre os dois grupos. Primeiro, apresentavam-se os mfengu como seres dignos de piedade que mereciam a simpatia do governo do Cabo, dos missionários e dos filantropos. Em seguida, na medida em que se exagerava a impotência militar dos mfengu e o fato de os xhosa os "oprimirem", os dois mitos levaram os missionários e as autoridades do Cabo a pensar que eles eram obrigados a defender os direitos dos mfengu e de "livrá-los" da "tutela" xhosa. Enfim, os dois mitos parecem ter sido rapidamente assimilados pelos próprios mfengu que continuaram a se sentir muito diferentes dos xhosa. É a razão pela qual começaram a ver os missionários, os colonos e o governo do Cabo como libertadores e tiveram a tendência de identificar os seus próprios interesses, aspirações, esperanças, temores e ansiedades com aqueles destes grupos externos.

As forças externas, das quais falamos, tinham boas razões para incentivar o desenvolvimento destes mitos. Quanto mais os mfengu se consideravam opri-

---

36   *Ibidem*, p. 20.
37   R. A. Moyer, 1974.

midos e explorados, mais eles dependiam dos missionários para a defesa da sua causa. Esperava-se que, em recompensa pela ajuda destes últimos, fossem mais receptivos aos ensinamentos cristãos. Quanto mais os mfengu se consideravam explorados economicamente pelos xhosa, mais fácil era recrutá-los como mão de obra agrícola barata.

Mais grave ainda: considerando-se diferentes dos xhosa e identificando seus temores e seus interesses com os dos colonos britânicos, os mfengu foram levados a se distanciarem dos xhosa e se juntarem à colônia na primeira oportunidade. Esta oportunidade foi finalmente fornecida pela sexta guerra fronteiriça (1834--1835), quando os mfengu tiveram que decidir sobre a posição a ser adotada numa guerra que, para começar, eles consideravam como um conflito entre os ingleses e os xhosa. Na ocasião de uma reunião realizada logo após o início das hostilidades, eles decidiram, de um lado, que nenhum mfengu participaria da invasão da colônia e, de outro lado, que na medida do possível eles defenderiam e protegeriam os missionários e os comerciantes. Por fim, eles tiveram o papel de mensageiros britânicos ao encaminhar as mensagens que John Ayliff dirigia ao comandante do exército inglês para o manter informado dos movimentos e das intenções das forças xhosa.

De fato, do início da guerra em dezembro de 1834, até maio, de 1835 – quando deixaram as terras xhosa e foram se instalar nos territórios controlados pelos britânicos –, os mfengu realizaram uma tarefa de espionagem considerável. Não somente encaminharam as mensagens de Ayliff e do comandante do exército, como também informaram o primeiro das atividades dos xhosa Gaika e Gcaleka. Ayliff, em Butterworth, transmitia estas informações ao juiz-comissário civil de Grahamstown. Os mensageiros mfengu percorriam regularmente os 250 kilometros que separavam Grahamstown do território xhosa[38]. Ainda que a maioria destas missões de ligação fosse realizada à noite, Hintsa, o chefe dos Gcalekas, as descobriu muito rapidamente e decidiu acabar com esta traição.

Durante as semanas que se seguiram ao início das hostilidades, inúmeros centros brancos isolados foram destruídos pelos xhosa que mataram, igualmente, fazendeiros e comerciantes. O governador, Benjamin D'Urban, teve que ir até a zona de conflito para organizar a defesa da colônia. Foi, então, ao acampar perto de Butterworth que Ayliff e seus protegidos mfengu lhe solicitaram que fossem declarados como "súditos britânicos" para os "livrar" da "tutela" xhosa. Esta solicitação recebeu uma resposta positiva em 3 de maio de 1835 e os mfengu – 16.000

---

38   J. Ayliff e J. Whiteside, 1962, p. 23-24.

homens, mulheres e crianças, com as suas 15.000 cabeças de gado e milhares de cabras, tudo pertencendo aos chefes xhosa – deixaram as terras xhosa escoltados por tropas britânicas[39]. O trajeto começou em 9 de maio e colocou efetivamente um fim ao processo de assimilação e de integração que tinha se desenvolvido após a chegada dos mfengu no território xhosa. A viagem terminou em 14 de maio, quando o último homem e o último animal atravessaram o Keiskamma e tocaram a "terra prometida", o distrito de Peddie, que o governador D'Urban havia reservado aos mfengu. Após a entrega oficial das terras aos oito chefes mfengu, cada homem teve que jurar ser fiel a Deus e leal ao rei da Inglaterra; que cooperaria com os missionários enviando-lhes seus filhos. Os mfengu não deveriam esquecer a "tutela" da qual o governo do Cabo e os missionários os haviam "livrado".

A evacuação dos mfengu da região xhosa se deu em meio à sexta guerra fronteiriça e, como já sublinhamos, ela se fez sob algumas condições. Por exemplo, os mfengu deveriam ajudar os ingleses contra os xhosa – o que fizeram imediatamente após a sua chegada em seu novo território. Quase 500 mfengu se juntaram ao exército britânico e contribuíram muito amplamente para expulsar os xhosa do vale do Búfalo. Eles se encarregaram igualmente de vigiar todas as passagens que levavam à colônia e de recuperar o gado roubado pelos xhosa.

Uma outra condição de sua "libertação" foi que fornecessem a mão de obra barata para a colônia: ideia muito bem acolhida no Cabo, tendo em vista que nesta época inúmeros tswana e sotho retornavam para casa após terem concluído seu "aprendizado" – e por que a paz regressava às suas próprias terras[40]. No tocante a cooperação com os missionários, os mfengu desejavam que estes educassem os seus filhos e vários adultos assistiam aos serviços religiosos.

Sobretudo, a evacuação dos mfengu foi calculada de modo a enfraquecer os xhosa quando dos futuros conflitos com os brancos. A região onde os mfengu foram instalados tinha sido escolhida por que ela constituía uma zona tampão entre os xhosa e a colônia britânica.

Conclusão

O Mfecane trouxe mudanças militares, políticas, sociais, econômicas e até mesmo, culturais entre os povos de diversas partes da África que ele afetou. A amplidão de sua influência dependia muito de fatores como, por exemplo, a

---

39   *Ibid.*, p. 28-29.
40   Ver nota 17 neste capítulo.

natureza dos agentes do movimento e seus objetivos, bem como de fatores locais, tais como as condições militares, políticas e sociais.

Como já vimos, três tipos de agentes do Mfecane penetraram na zona definida como a colônia do Cabo. Trata-se, primeiramente, dos refugiados miseráveis e esfomeados – sotho, tswana e nguni do Norte – que vinha procurar alimento, ajuda e proteção. A maioria dos tswana e dos sotho foi empregada pelos fazendeiros europeus; quanto aos nguni do Norte, os quais vinham de Natal, foram acolhidos pelos chefes xhosa, tembu e mpondo. Houve em seguida os regimentos zulus de Shaka, que invadiram o território mpondo, mas não puderam ir além devido à resistência mpondo. Enfim, havia povos tão fortes e destruidores quanto os zulus, como os tembu setentrionais de Ngoza e os ngwane de Matiwane. Os tembu de Ngoza penetraram as terras mpondo em 1822-1823, mas, como os zulus que os seguiram, eles não ultrapassaram o Umzimkulu devido à resistência mpondo.

As únicas forças realmente perigosas que parecem ter avançado mais ao Sul foram os ngwane de Matiwane, os quais provocaram uma grande inquietação na região situada entre o Umzimvubu e o Gamtoos quando invadiram as terras tembu a partir do Lesoto. Por serem confundidos com os zulus de Shaka e porque pareciam ameaçar a estabilidade e o equilíbrio da colônia – apesar dos embates fronteiriços entre xhosa e europeus –, eles foram combatidos por uma força conjunta inglesa, xhosa e tembu. O impacto militar da invasão ngwane foi, de todos os modos, muito limitado, já que tal invasão foi rápida e eficazmente impedida por esta força conjunta. Quanto à aliança entre ingleses, xhosa e tembu, destinada a defender interesses comuns contra uma ameaça externa, foi igualmente muito breve já que acabou com o desaparecimento da ameaça ngwane.

Parece, entretanto, que a influência econômica, social e cultural do Mfecane fora maior e mais duradoura do que suas consequências militares ou políticas. Isto é ainda mais interessante porque os grupos que exerceram mais impacto nestes campos foram os mais fracos: os grupos de miseráveis e mendigos formados pelos tswana, sotho e mfengu, os quais eram militarmente inofensivos. Como já visto, é graças à chegada dos refugiados tswana e sotho, em 1823, que as comunidades agrícolas de Graaff-Reinet e Albany escaparam da catástrofe provocada pela carência de mão de obra barata. A presença desta força de trabalho minou igualmente os princípios nos quais a agricultura colonial havia sido originalmente baseada: a autossubsistência e a lavoura intensiva. A chegada dos mfengu no distrito de Peddie, em 1835, iria assegurar aos fazendeiros uma fonte inesgotável de mão de obra barata.

Devido à sua origem – as terras nguni do Norte – e do mesmo modo pelo seu número, os mfengu constituíam potencialmente uma força política, social e cultural. Mas a sua influência política sobre os seus anfitriões nguni foi enfraquecida pela sua partida, em 1835, da região xhosa. Como súditos britânicos, eles participaram das guerras que os ingleses travavam contras os xhosa. Todos os acordos concluídos no final destas guerras só diziam respeito aos ingleses, e não aos mfengu. Por exemplo, a participação e o sacrifício dos mfengu nas guerras de 1834-1835, 1846 e 1851-1853 contra os xhosa foram tão importantes quanto os dos soldados da colônia; mas estas guerras permaneceram um assunto anglo-xhosa no qual os mfengu não ocupavam mais do que uma posição secundária.

A influência cultural dos mfengu sobre os nguni do Cabo e sobre os colonos brancos não é fácil de mensurar. Ademais, os nguni do Cabo e os nguni de Natal eram bastante semelhantes culturalmente. Existe, contudo, um campo no qual a influência mfengu foi importante. Como aceitaram o cristianismo, a educação, a agricultura e o trabalho europeus bem antes do nguni do Cabo, os mfengu tiveram um papel essencial como agentes da modernização em outras comunidades africanas do Cabo. Foram eles que forneceram os primeiros professores africanos, os primeiros padres, os primeiros representantes agrícolas e os primeiros secretários.

CAPÍTULO 7

Os britânicos, os bôeres e os africanos na África do Sul 1850-1880

Ngwabi Bhebe

Entre 1850 e 1880, quando se falava da África do Sul, tratava-se ainda de uma simples expressão geográfica sem significado político que designava um território dividido em colônias britânicas, repúblicas bôeres e Estados africanos. Até a década de 1870, a Grã-Bretanha, que buscava a supremacia sobre o subcontinente, hesitava em realizar as suas ambições de ter o controle político do conjunto da região. Na região, eram numerosos os funcionários britânicos que exortavam o seu governo a dar este passo, enfatizando que o melhor meio de servir aos interesses nacionais, tratando equitativamente os diversos povos da África do Sul, era colocar toda a região sob a administração britânica. O governo era criticado devido às despesas que isto traria. Com efeito, seria preciso conquistar um grande número de Estados africanos; vencer as repúblicas bôeres bravamente apegadas à sua independência; persuadir as colônias britânicas a se associarem a estes Estados e, por fim, custear a administração do país, então muito pobre. A partir de 1870, todavia, com o surgimento do "novo imperialismo" europeu, a descoberta das jazidas de diamantes e de ouro e a expansão concomitante dos seus investimentos na região, os britânicos mudaram de opinião e agiram energicamente na afirmação da sua hegemonia sobre todo o subcontinente. Por volta de 1880, inúmeras comunidades africanas haviam sido conquistadas e anexadas, concedendo proteção a umas e humilhando, pela força das armas, a mais rebelde e mais poderosa entre elas, a dos zulus. O desejo de dominar com mais firmeza as sociedades sul-africanas fez, da mesma maneira, com que os britânicos entrassem em guerra com os bôeres. No final destas guerras e com os acordos que delas advieram e que previam fosse uma anexação pura e simples, fosse um certo grau de soberania, a Grã-Bretanha pôde, a partir de 1991, reivindicar com justiça, diante das outras potências europeias, a posse de algo mais do que uma simples zona de influência na África do Sul. Do ponto de vista da própria África do Sul, este período viu as colônias britânicas terem acesso a um certo grau de autonomia, os bôeres consolidarem sua unidade e os africanos perderem progressivamente as suas terras e sua soberania em proveito destes e daqueles.

Os britânicos se retiram do interior

No início da segunda metade do século, os britânicos se retiraram do interior da África do Sul. Sir Harry Smith, enérgico e presunçoso governador e alto-comissário, iniciou as suas funções em 1847, tinha em pouco tempo, desde a sua chegada, expandido de modo muito espetacular a zona dominada pelos britânicos. Convencido das virtudes pacíficas e estabilizadoras da ordem britânica, bem como da necessidade de levar aos africanos "os benefícios" da civilização industrial e da cultura britânica, ele anexou o país xhosa entre o Keiskamma e o Kei, denominando-o de Cafraria britânica e a totalidade do território habitado pelos bôeres e africanos situado entre o Vaal e Orange que se deu o nome de colônia do rio Orange. Smith imaginava que a administração destas novas conquistas seria financiada com receita local e que não representaria, consequentemente, um peso financeiro para os britânicos. A sequência dos acontecimentos mostraria o seu erro. Sua política provocou guerras que custaram muito caro financeiramente, em vidas humanas e destruição. De fato, os bôeres não aceitaram serem anexados, ao passo que os africanos rejeitavam as medidas "civilizadoras" e se rebelavam para recuperar as terras confiscadas e a soberania perdida.

Os primeiros a iniciar a resistência armada foram os bôeres sob a liderança de Andries Pretorius. Em 1848, ele reuniu uma tropa de 12.000 homens e expulsou da colônia do rio Orange o residente britânico (o major Harry Warden) e seus colaboradores. Mas os bôeres foram incapazes de usufruir de sua vitória. Não tardaram a se dispersar, deixando Pretorius com poucos homens, facilmente derrotados por Smith em 29 de agosto de 1848.

Tendo Smith restabelecido a tutela britânica e apoiado por uma pequena força militar, retornou apressadamente ao Cabo, deixando a Warden a tarefa delicada e temível de delimitar os territórios da colônia do rio Orange, reivindicados por grupos rivais. As partes presentes eram o poderoso reino de Moshoeshoe, os Estados mais modestos dos taung de Moletsane, dos tlookwa de Sikonyela, dos rolong de Moroka e, por fim, os bôeres, os kora e os griqua. A população do reino de Moshoeshoe cresceu muito rapidamente com o afluxo dos refugiados fugindo das exigências dos invasores bôeres. Moshoeshoe precisava, para o seu povo, da maior parte das terras do vale do Caledon, desde a sua nascente até a confluência com o rio Orange. Ao se espalharem, deste modo, sobre as terras férteis e aráveis que se estendiam além das fronteiras setentrional e ocidental do seu país, as populações sobre as quais reinava Moshoeshoe entraram em conflito violento com os seus vizinhos que igualmente desejam estas terras. Os britânicos tentaram mediar estes conflitos traçando as fronteiras. Mas Warden agravou a situação, já que as suas fronteiras favoreciam os bôeres e os Estados menores, em detrimento dos sotho de Moshoeshoe. Ademais, o simples fato de anunciar que as fronteiras seriam traçadas provocou uma competição intensa entre todos os grupos populacionais para a ocupação das terras, o que levaria ao recrudescimento dos saques ao rebanho.

Toda esta crise deixou Moshoeshoe numa situação difícil, já que este só sobreviveria abstendo-se de tomar uma posição. Ele não desejava colidir de frente com os poderosos britânicos que doravante impunham sua lei aos bôeres. Na eventualidade de uma guerra com seus vizinhos brancos, Moshoeshoe gostaria de poder contar com o apoio deles. Mas os britânicos o incomodavam. Ele já havia acolhido favoravelmente a chegada deles na região, esperando que pudessem dissuadir os bôeres de tomarem as suas terras. Infelizmente, os bôeres as tomaram em conivência com os britânicos. O seu povo tinha a impressão de que ele colaborava com os britânicos ao ceder-lhes porções do país, sendo por isso muito criticado. Nestas condições, ele não podia efetivamente impedir os seus súditos de violarem as fronteiras de Warden. Sobrava-lhe desaprovar aqueles que não respeitavam tais fronteiras e, ao mesmo tempo, aproveitar todas as ocasiões para protestar junto às autoridades britânicas contra estas fronteiras iníquas. Mas seus súditos não faziam o menor caso de suas reprimendas. Instalavam-se onde desejavam e continuavam, por vingança ou mesmo sem serem provocados, a atacar os rebanhos dos Estados vizinhos.

Warden, o residente britânico, tampouco podia conseguir a paz na região. Suas forças militares eram insuficientes e ele preferiu ignorar as reivindicações territoriais de Moshoeshoe. Ao dar uma fronteira aos tlookwa, ele exacerbou o nacionalismo dos sotho de Moshoeshoe que somente esperavam uma ocasião propícia para aniquilarem os tlookwa e recuperarem as terras que estes últimos

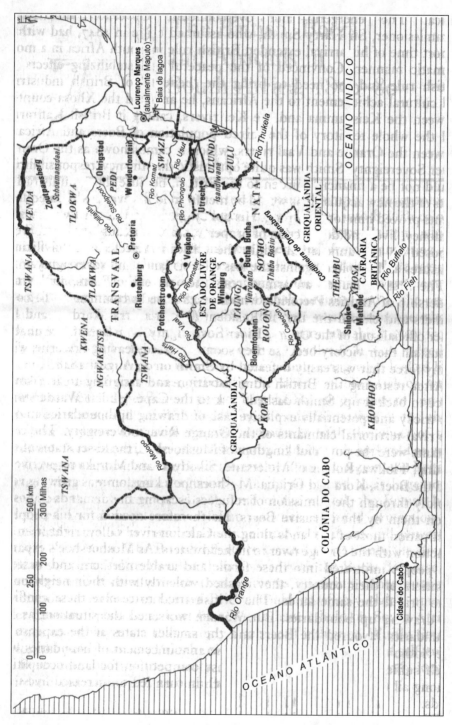

FIGURA 7.1 Mapa da África do Sul indicando os Estados e os povos, 1850-1880 (segundo N. M. Bhebe).

haviam conquistado durante a época em que o reino de Moshoeshoe era ainda mais frágil. Warden impôs até mesmo aos taung de Moletsane uma fronteira que eles nunca haviam solicitado, já que sabiam que as terras ocupadas por eles pertenciam a Moshoeshoe. Este e seu povo tampouco podiam tolerar que invasores recentes, como os kora de Taaibosch, fossem generosamente providos com terras por Warden. Aliás, este último buscava enfraquecer o reino de Moshoeshoe e assegurar o apoio dos pequenos Estados, a fim de compensar a fragilidade militar dos britânicos na região[1].

Efetivamente, quando a guerra irrompeu na sequência de toda uma serie de ataques e contra-ataques entre os taung e tlookwa, Warden conseguiu reunir uma tropa bastante importante composta por alguns bôeres que o apoiavam, griqua, rolong e kora. Ele também socorreu os tlookwa, dispersou o exército taung nas colinas de Viervoet e completou a sua vitória apropriando-se de 3.468 bovinos e de um certo número de ovinos. O temível Moshoeshoe entrou no conflito ao lado dos seus aliados, os taung de Moletsane e, juntos, infligiram uma derrota arrasadora a Warden e a seus aliados africanos. Deste modo, em junho de 1851 ruiu a administração britânica na colônia do rio Orange[2].

Warden obteve não mais do que uma ajuda mínima dos bôeres da região e dos britânicos da colônia do Cabo. Os bôeres solicitaram assistência àqueles entre os seus que tinham se estabelecido na outra margem do rio Vaal, ou buscaram conseguir um acordo pacífico com os vencedores, Moshoeshoe e Moletsane. Na colônia do Cabo, as forças britânicas eram monopolizadas pela guerra contra os xhosa, que iniciara em dezembro de 1850. De fato, foram estas duas guerras na frente oriental e na colônia do rio Orange que obrigaram os britânicos a abandonarem a política expansionista de Smith na África do Sul.

A guerra de 1850-1853 entre britânicos e xhosa foi provocada pelos esforços que Smith empregou para privar os xhosa de sua independência. Em 1848, ele se apoderou de vastos territórios xhosa ao anexar à colônia do Cabo a região compreendida entre o Great Fish e o Keiskamma, depois proclamando colônia britânica da Cafraria o território compreendido entre o Keiskamma e o Kei. Inúmeros xhosa foram impedidos de se estabelecerem em suas antigas terras, a Oeste do Keiskamma, que haviam sido repartidas entre os mfengu lealistas e os agricultores brancos. Na própria Cafraria, os xhosa foram divididos entre diferentes "reservas"; os poderes de seus chefes foram fortemente limitados pelo fato que tiveram de se submeter ao controle dos magistrados brancos.

---

[1] P. Sanders, 1975, p. 149-150 e p. 159.
[2] *Ibid.*, capítulo 14.

Costumes tais como o da *labola* (dote), e as acusações de feitiçaria foram postos fora da lei como contrários ao direito britânico. Ademais, os magistrados brancos pouco sabiam das leis em vigor no Cabo e, absolutamente, nada do sistema jurídico xhosa; assim, eles se deixavam guiar por seus sentimentos pessoais para solucionar os litígios xhosa que lhes eram apresentados. Os quinhentos membros da polícia africana, na qual se apoiavam os magistrados, não tinham recebido formação alguma e eram tão orgulhosos em executar as ordens dos brancos que tratavam os seus compatriotas com arrogância. Todos estes ressentimentos levariam os xhosa a tentarem se desvencilhar do domínio britânico.

Smith ateou fogo à pólvora ao tratar o chefe supremo deles com desenvoltura, sem levar em conta o apego da população a seus dirigentes e suas instituições. Ele convocou o chefe, Sandile, para uma reunião em King William`s Town. Sandile se recusou a comparecer, pois, alguns anos antes, os britânicos o haviam detido traiçoeiramente quando ele atendeu a uma convocação semelhante. Smith depôs Sandile e tentou substituí-lo por sua própria mãe, associada a um chefe branco; mas ambos foram rejeitados pelos xhosa. Smith colocou Sandile na ilegalidade e tentou prendê-lo. Em dezembro de 1850, os xhosa não mais suportaram as ingerências do governador em suas vidas e começaram a atacar as forças e as instalações militares britânicas na região. Eles liquidaram vários postos militares.

A causa de Sandile foi amplamente sustentada por seus vizinhos africanos. A Leste do Kei, ele recebeu o apoio moral dos súditos do chefe Sarili. Vários membros da polícia africana e dos *Cape Coloured Mounted Riflemen* (Policia Montada da Colônia do Cabo, constituída por mestiços armados com fuzis) desertaram e juntaram-se às suas tropas. Os khoi-khoi e alguns tembu combateram também ao lado de Sandile. Muitos fazendeiros brancos e africanos que haviam se colocado ao lado dos britânicos foram mortos, o seu gado capturado e as suas propriedades destruídas. Smith só pôde se apoiar nos aliados africanos porque os fazendeiros brancos da colônia do Cabo não estavam dispostos a entrarem em guerra. Mesmo com os reforços recebidos do governo britânico em março de 1852, Smith não conseguiu conter a sublevação dos xhosa. A guerra só chegou ao final com o seu sucessor, Sir George Cathcart, que se assegurou do apoio dos fazendeiros brancos do Cabo ao prometer-lhes uma parte do rebanho espoliado. De fato, quando os xhosa foram vencidos, em outubro de 1852, os súditos de Sandile, bem como os de Sarili, que viviam a Leste do Kei e tinham, sobretudo, dado um apoio moral aos seus irmãos do

Oeste, perderam rebanhos enormes, confiscados como presas de guerra pelos britânicos[3].

O custo da guerra contra os xhosa e a desorganização total da administração britânica na colônia do rio Orange induziram os britânicos a renunciarem à política radical de Smith. Eles nomearam dois comissários, o major William Hogge e Charles Owen, que foram encarregados de preparar a saída ao Norte do Orange. Para enfrentar a situação na colônia sem serem incomodados pelos bôeres estabelecidos ao Norte do Vaal, os comissários os compraram ao assegurar-lhes a sua independência. Andries Pretorius conseguiu, a despeito da dispersão dos bôeres do Transvaal e de suas divisões em facções rivais, constituir uma delegação que, com dificuldade, conseguiu se entender com os britânicos e concluíram a Convenção de *Sand River*, em 17 de janeiro de 1852.

Nos termos desta convenção, os britânicos reconheciam a independência do Transvaal e denunciaram unilateralmente todo tratado de aliança com Estados africanos situados ao Norte do Vaal. O Transvaal comprometia-se a não intervir nas questões das colônias britânicas, a não praticar a escravidão e nem comerciar escravos. Além disso, os britânicos e os bôeres do Transvaal excluíram de comum acordo, as sociedades africanas dos dois lados do Vaal, dos seus mercados de armas de fogo e munições, enquanto os bôeres teriam livre acesso aos mercados britânicos de armas[4]. Mesmo que os africanos pudessem comprar alguns fuzis, recorrendo a meios clandestinos e aos comerciantes britânicos "sem escrúpulos", o embargo anglo-bôer de armas impediu efetivamente aos Estados africanos de constituírem estoques de armas importantes e de adquirir materiais militares mais modernos disponíveis no mercado britânico e em outros mercados europeus. Em resumo, graças a tal acordo, os brancos garantiam para si a superioridade militar sobre os africanos e tornaram tecnicamente inevitáveis as suas conquistas posteriores.

Uma vez resolvido o problema do Transvaal, os comissários abordaram o da colônia do rio Orange. Cathcart, o novo alto-comissário, queria restabelecer o prestígio militar britânico, singularmente manchado aos olhos africanos, infligindo uma derrota eloquente a Moshoeshoe. À frente de importantes forças de infantaria e de cavalaria, ele encontrou-se com este último em Platberg em 15 de dezembro de 1852 e deu-lhe um ultimato ao qual era impossível se submeter. Moshoeshoe deveria entregar, num prazo de três dias, 1.000 cavalos e 10.000 bovinos, para compensar as perdas materiais tidas pelos bôeres durante

---

3   E. A. Walker, 1957, p. 250-254; C. Brownlee, 1896, p. 306-319; M. Wilson, 1969*b*, p. 256.
4   E. A. Walker, 1957, p. 252-253; L. Thompson, 1969*b*, p. 420-421.

a guerra lançada por Warden e financiar a cara expedição de Cathcart. Como Moshoeshoe, incapaz de responder tão rapidamente as exigências, solicitou um prazo suplementar, Cathcart não se importou com as suas explicações e ordenou a invasão do território que constitui atualmente o Lesoto. Mas ele enfrentou uma resistência forte da infantaria e cavalaria sotho e preferiu retirar-se, quando Moshoeshoe manifestou uma atitude diplomática de submissão, através de uma carta de 20 de dezembro de 1852. Moshoeshoe suplicava ao alto-comissário que se desse por satisfeito com um botim de mais de 5.000 bovinos que as suas tropas haviam conseguido capturar. Ele se considerava suficientemente punido e verdadeiramente muito impressionado com a potência britânica; ele solicitava, assim, humildemente a paz. Ele trataria igualmente, no futuro, de evitar que os seus súditos causassem problemas. No dia seguinte ao recebimento daquela carta, o alto-comissário e as suas tropas abaladas (38 mortos e 15 feridos) apressaram-se a se retirar deste perigoso reino[5].

As vicissitudes de Cathcart reforçaram a convicção dos britânicos de que a região não poderia ser preservada senão a custos altos. Sir George Clerk foi, assim, enviado para conseguir retirar com segurança os britânicos da zona situada ao Norte do Orange. Tendo sabido da eminência da partida deles, Moshoeshoe preparou o terreno para a longa luta com os bôeres que o esperava irremediavelmente, aniquilando os seus aliados potenciais, os tlookwa, os griqua e os kora que viviam a Noroeste do seu reino. Todos os sotho do Sul, os quais viviam às margens de seu reino, já estavam sob seu domínio, exceto a chefia de Moroka, cuja população se reduzira a pouco mais de mil almas apenas durante a guerra precedente.

Nesse meio-tempo, Clerk conseguiu, não sem algumas dificuldades, reunir os bôeres dispostos a negociar a independência com ele e, em 23 de fevereiro de 1854, concluiu a Convenção de Bloemfontein, cujos termos eram mais ou menos semelhantes às disposições da de Sand River. Ela conferia aos bôeres uma independência total. Os britânicos renunciavam a toda aliança com os chefes africanos ao Norte do Orange, exceto com Adam Kok. O tratado com o próprio Adam Kok, pelo qual estava limitada a quantidade de terras que os bôeres poderiam comprar dentro de seu país, foi ao final das contas modificado de maneira a permitir aos brancos comprarem todas as terras. Clerk se recusava, também, a deixar-se levar por Moshoeshoe em qualquer discussão relativa à fronteira entre o território que, em breve, se chamaria de Estado livre de Orange

---

5   P. Sanders, 1975, p. 185-193; E. A. Walker, 1957, p. 254-255; L. Thompsom, 1969*b*, p. 421-422.

e seu reino⁶. Ao se retirarem, os britânicos abriram então a via para o monopólio das terras de Adam Kok pelos fazendeiros brancos e aos conflitos territoriais entre os bôeres e os sotho.

Com relação à fronteira oriental da colônia do Cabo, a preocupação primordial de Cathcart era impedir os xhosa de perturbarem a paz. Após a guerra de 1850-1853, ele considerou uma grande parte dos xhosa de Sandile, dos tembu e dos khoi-khoi como rebeldes e, consequentemente, confiscou as suas terras a Oeste do Keiskamma, nos vales do White Kei e do Kat, nos contrafortes do Mathole e ao redor dos postos militares britânicos. As terras confiscadas foram vendidas aos fazendeiros brancos ou doadas aos "lealistas" mfengu. Ele esperava neutralizar suficientemente a região, de modo que ela constituísse um tampão entre o Leste, predominante negro, e a colônia branca do Cabo, a Oeste. Cathcart modificou também os aspectos políticos da ação de Smith. Ao passo que este reduzira fortemente os poderes dos chefes xhosa, Cathcart os deixou exercer uma jurisdição ilimitada dentro das "reservas" superpovoadas e reduziu o papel dos magistrados britânicos ao de "simples diplomatas sem poder"⁷.

Em 1854, assim que Cathcart deixou a África do Sul, os britânicos se retiraram do interior, deixando bôeres e africanos frente a frente. Mesmo a Cafraria britânica que decidiram preservar não era considerada por eles mesmos como uma colônia "normal" a ser desenvolvida no interesse dos seus habitantes e no da Grã-Bretanha, mas, sobretudo, como um elemento do sistema de defesa da colônia do Cabo, onde só parecem dignos de atenção os meios indispensáveis para responder aos imperativos logísticos. A Grã-Bretanha simplesmente não estava disposta a fazer mais do que o necessário para permanecer em possessão da sua base naval do Cabo. Este objetivo parecia possível de ser atingido preservando-se a colônia do Cabo e de Natal, de modo a interditar aos bôeres, frágeis e desunidos, qualquer via de acesso independente ao mar. O custo das duas colônias brancas, para a pátria mãe, deveria ser mantido no nível mais baixo possível, outorgando-lhes um certo grau de autonomia, a fim de que aceitassem pagar pela maior parte dos custos necessários para assegurar a sua administração e sua defesa. Uma constituição assegurando à colônia do Cabo instituições parlamentares foi, então, promulgada em 1853. Quanto a Natal, o qual fora inicialmente anexado em 1845 como distrito da colônia do Cabo, foi desassociado desta e dotado do seu próprio conselho legislativo em 1856.

---

6   P. Sanders, 1975, p. 200-201.
7   E. A. Walker, 1957, p. 286.

A colônia do Cabo e o Natal antes de 1870

A necessidade de economizar não foi certamente a única razão que motivou o governo britânico a conceder, em 1853, instituições representativas à colônia do Cabo[8]. A constituição do Cabo foi promulgada no momento em que os britânicos abandonavam o sistema mercantilista, adotando o livre comércio. Na Grã-Bretanha, as escolas de Manchester e de Wakefield que tinham um papel preponderante nas discussões relativas à política colonial, preconizavam ambas, por razões opostas, que um estatuto de autonomia fosse concedido às colônias. Lorde Grey, o Secretário das colônias que em 1846 se engajou no processo em prol de conferir autonomia à colônia do Cabo, era, de fato, um adepto do livre comércio. Além disso, os próprios colonos tiveram um papel ativo neste sentido: durante décadas, eles enviaram várias petições ao governo britânico reclamando instituições representativas; a criação, em 1834, de um Conselho legislativo composto do governador, de funcionários e civis notáveis a serem designados não os satisfez. Diversos fatores – as pressões dos colonos, a doutrina do livre comércio, a necessidade de economizar – convergiram para forçar os britânicos a concederem à colônia do Cabo um certo grau de autonomia.

A constituição de 1853 foi concebida de maneira a proteger os interesses da minoria dos ricos comerciantes ingleses, embora permitisse uma participação política limitada da maioria – bôeres, mestiços e africanos, em sua maioria pobres –, ligando o direito ao voto e a elegibilidade das duas câmaras do Parlamento à riqueza. Somente os ricos podiam ser eleitos para a Câmara alta, já que, para ser elegível, era necessário ser súdito britânico, ser eleitor e dispor de bens não hipotecados com um valor de 2.000 libras ou de bens hipotecados com valor de 4.000 libras. O direito ao voto e à elegibilidade para a Câmara baixa foi concedido a todos os súditos britânicos do sexo masculino que possuíssem bens com valor de 25 libras ou recebessem uma renda anual de 50 libras. Este dispositivo permitiu a um pequeno número de bôeres e de mestiços votar. Mas, ao tornar o inglês a língua oficial do Parlamento, a Constituição eliminou cerca de 70% dos bôeres rurais que, até a década de 1870, mal falavam esta língua[9].

Duas questões dominaram os debates do Parlamento do Cabo: a solicitação da partição da colônia e os conflitos entre o executivo e o legislativo. Os distritos orientais, anglófonos em sua maioria, queriam separar-se dos distritos

---

8 S. Trapido, 1964; E. A. Walker, 1957, p. 233-245; T. R. H. Davenport, 1969, p. 321-324; C. F. J. Muller (org.), 1974, p. 183-184.
9 F. A. Van Jaarsveld, 1975, p. 154-157.

ocidentais onde o holandês era a língua principal, por temer serem dominados. A Constituição suscitava conflitos ao tentar combinar autocracia e democracia. Em vez de ministros responsáveis, ela previa que os departamentos fossem chefiados por burocratas nomeados pelo secretário das colônias e dependentes do governador. Este definia as políticas sobre as quais as duas câmaras se pronunciariam em seguida, após debate. O bom funcionamento de tal constituição dependia da personalidade do governador e da situação econômica da colônia. O mandato de Sir George Grey coincidiu com um período de relativa prosperidade econômica (1854-1862), e suas relações com os parlamentares do Cabo foram facilitadas por seu tato. Portanto, nunca colidiu seriamente com as duas câmaras, o que nunca aconteceu com o seu sucessor, Sir Philip Wodehouse (1862-1872). Autoritário, dogmático, totalmente indiferente aos sentimentos separatistas dos orientais, ele teve que enfrentar facções açuladas e as câmaras, geralmente hostis, que estavam prontas a fazer-lhe oposição com a única arma a sua disposição: a recusa de votar impostos novos. Seus problemas foram ainda agravados pela depressão econômica da década de 1860, o que causou déficits orçamentários consideráveis. As frequentes crises constitucionais do Cabo foram apenas parcialmente resolvidas com entrada em vigor, em 1872, de um sistema de governo responsável. Mesmo assim, as prerrogativas e as funções do governador continuaram a causar conflitos entre este e o gabinete.

Foi na época de Sir George Grey e de seu sucessor que os xhosa da Cafraria (região do Ciskei) acabaram por perder a sua independência. Sir Grey, em particular, exerceu pressões enormes sobre os xhosa do Ciskei com sua política pretensamente civilizadora. Ele criou o que se pode chamar de "um tabuleiro de brancos e negros" ao implantar colonos brancos entre os xhosa. Ele reduziu os poderes dos chefes xhosa ao permitir-lhes atuar somente nas questões civis e confiando todo o resto aos magistrados brancos. Foram atribuídos salários para que pudessem renunciar às multas, as quais foram, a partir de então, arrecadadas pelos funcionários britânicos. Um imposto sobre as casas foi criado para contribuir com o financiamento da administração da colônia. A população foi obrigada a trabalhar nos canteiros de obras públicas por uma remuneração módica. O trabalho obrigatório, as exigências financeiras e a pressão demográfica causada pela instalação de um grande número de colonos brancos levaram os xhosa que não tinham nenhum outro recurso, a tentarem se libertar seguindo as receitas de uma doutrina milenarista. Embora o peso do imperialismo caísse em primeiro lugar sobre os ombros dos xhosa de Sandile e de seus vizinhos tembu, os xhosa de Sarili, a Leste do Kei (no atual Transkei), encontraram-se expostos a uma enorme pressão demográfica provocada pelo afluxo contínuo de refugiados que buscavam voluntariamente fugir da exploração e opressão diretas dos britânicos, ou que foram expulsos do Oeste sob o pretexto de rebelião.

É no período de 1856-1857 que os povos xhosa e tembu efetivaram a sua ação. Em março de 1856, uma jovem chamada Nongqause, que estava aparentemente sob a tutela religiosa de Mhlakaza, um dos conselheiros de Sarili, profetizou que, se o povo matasse todo o rebanho, destruísse as reservas de grãos e não plantasse lavoura alguma naquele ano, aconteceria um tornado que varreria os opressores ingleses e os jogaria no mar. Além disso, os heróis nacionais ressuscitariam e trariam imensos rebanhos, enormes quantidades de grão e até mesmo produtos fabricados pelo homem branco. Os xhosa e os tembu assim o fizeram. Na data prevista, nada aconteceu. Muitos morreram de fome, em 1857, nas duas margens do Kei. Um grande número de xhosa do Ciskei migrou para a colônia do Cabo na busca de um emprego entre os brancos porque não tinha outro meio de sobreviver. Este episódio é de difícil compreensão. Tentou-se, em vão, explicá-lo por meio de fatores ocultos. E. A. Walker estava convencido que Moshoeshoe, o qual desejava a retirada dos britânicos do Estado livre de Orange onde ele encontrava-se em luta contra os bôeres, sugeriu aos xhosa esta ação suicida de modo que o desespero os rebelasse contra os britânicos[10]. Alguns pensam que se tratara de um complô urdido por um branco para os xhosa se autodestruírem. Não se dispõe de provas que deem suporte a nenhuma destas teses. Monica Wilson talvez tenha razão ao interpretar o massacre dos xhosa de seu próprio rebanho como um movimento milenarista análogo aos que marcaram a história da Europa, da América e de outras partes da África. Esta foi, nos que diz ela, uma ação pela qual o povo buscava se livrar de um domínio estrangeiro e recuperar as terras que tinham sido monopolizadas pelos colonos brancos[11].

Grey soube tirar proveitos destes acontecimentos e do subsequente enfraquecimento dos xhosa e tembu. Ele confiscou vastas extensões de terra de um grande número de chefes de Sandile que ele supunha fomentar a rebelião contra os britânicos. Os chefes desapossados e os súditos de Sarili foram então expulsos para a outra margem do Mbashe, de modo a deixar uma zona vazia, percorrida pela polícia britânica, entre o Kei e o Mbashe. Ele incitou, igualmente, os imigrantes brancos a se instalarem nas terras confiscadas. A população negra e branca foi administrada como um distrito separado, tendo o seu próprio vice--governador. Em 1865, Wodehouse concluiu que o Ciskei era muito pobre e de

---

10 E. A. Walker, 1957, p. 289.
11 M. Wilson, 1969*b*, p. 256-260. Ver também C. Brownlee, 1896, p. 135-170.

administração muita cara para se constituir em uma colônia distinta. Por isso foi integrado à colônia do Cabo.

Os brancos de Natal fizeram também, antes de 1870, progressos no plano constitucional. Alguns anos após a sua anexação, numerosos bôeres cruzaram o Drakensberg para chegarem ao planalto, protestando, deste modo, contra o não reconhecimento pelos britânicos de suas reivindicações territoriais, contra a política africana da Grã-Bretanha e contra as novas disposições políticas que os excluíam completamente de qualquer participação. Ao mesmo tempo, Natal contava com uma importante população africana composta, em boa parte, de exilados de volta à região de onde eles haviam sido expulsos durante o Mfecane.

Em primeiro lugar, a frágil administração colonial de Natal teve que responder à questão de como governar os africanos. As soluções foram levadas pela comissão de 1846 e aperfeiçoadas por Theophilus Shepstone, agente diplomático e secretário das relações africanas (1853-1875). A comissão recomendou a criação de reservas ou de zonas onde os africanos poderiam se estabelecer. Em 1860, as terras, totalizando de 810.000 hectares, haviam sido delimitadas neste sentido, mas elas situavam-se, em sua maioria, em regiões acidentadas, áridas e selvagens que não eram apropriadas para a agricultura. A comissão fez outras recomendações relacionadas, em particular à educação dos africanos, à administração de cada um dos territórios que lhes foram reservados por um funcionário branco apoiado por uma força policial formada por brancos e negros, além da substituição do direito africano pelo direito romano holandês. Algumas destas recomendações jamais foram implementadas, por falta de créditos. Deste modo, a educação dos africanos continuou a ser amplamente, se não exclusivamente, confiada aos missionários que dispunham de meios financeiros e materiais insuficientes. Quanto à administração, ela foi assegurada por Shepstone.

Falando correntemente as línguas nguni e tendo vivido entre os xhosa, Shepstone conseguiu estabelecer algumas relações funcionais com as comunidades africanas. Todos os africanos vivendo nas reservas foram colocados sob a responsabilidade dos chefes principais e ordinários, ainda que fosse necessário criar esta segunda categoria de chefes onde antes não havia. As leis africanas foram mantidas, exceto aquelas relativas à feitiçaria. Para financiar a sua administração, Shepstone instituiu um imposto sobre as moradias, pagável em dinheiro ou em rebanho que poderia ser vendido aos fazendeiros brancos para conseguir dinheiro. Esta administração foi constantemente exposta à hostilidade dos colonos brancos que lhe reprovavam por haver assegurado a autonomia financeira aos africanos, evitando, deste modo, que eles se tornassem trabalhadores agrícolas nas fazendas e plantações. Mas não era porque ele os amava que Shepstone manteve os africanos nas reservas. Ele compreendeu, simplesmente, que ao tentar fazer deles, à força, trabalhadores agrícolas, eles suscitaria uma resistência que a administração colonial de Natal, relativamente frágil, não poderia enfrentar. Os colonos descontentes parecem haver esquecido a contribuição dos africanos às receitas dos proprietários de terras que viviam de aluguéis desembolsados por mais da metade dos negros assentados como "meeiros" nas explorações dos brancos; esqueceram também das receitas geradas para a colônia pelo imposto sobre as casas. De fato, Shepstone havia estruturado uma administração de baixo custo que permitia à sociedade colonial branca explorar os africanos e seus recursos naturais num clima de paz e de segurança relativo[12].

A sociedade branca era principalmente de origem britânica. Após o vazio deixado pela emigração dos bôeres, a população branca foi acrescida regularmente com a chegada de britânicos que fugiam dos problemas sociais provocados na Grã-Bretanha pela crise econômica de 1847-1851. Cerca de 5.000 colonos brancos, financiados por especuladores, deixaram nesta época a Grã-Bretanha por Natal. Em 1870, os brancos eram 18.000. O crescimento do número de colonos brancos ia junto com algumas mudanças constitucionais. Em 1856, Natal tornou-se uma colônia distinta com um Conselho legislativo. O direito de votar era atribuído, sem distinção de cor, a todo súdito britânico do sexo masculino que possuísse um mínimo de bens/recursos de um valor de 50 libras ou alugando tais bens de um valor de 50 libras por um aluguel anual de 10 libras. Mas os brancos fizeram com que os africanos não pudessem satisfazer as condições necessárias para votar. Uma lei, promulgada em 1865, permitia aos africanos que soubessem ler e escrever e que possuíssem algum bem solicitarem ao vice-governador a isenção das disposições do direito costumeiro africano. O vice-governador podia rejeitar a solicitação, mesmo se o africano preenchesse as condições necessárias. Além do mais, para ter o direito de votar, o africano isento devia provar que residia há mais de sete anos em Natal e apresentar uma solicitação apoiada por três eleitores brancos e avalizada por um juiz ou por um outro funcionário branco tido como aceitável. Mesmo assim, o vice-governador poderia rejeitar a solicitação. Consequentemente, até 1903-1905, somente três africanos puderam obter o direito de votar em Natal e na Zululândia[13].

Do ponto de vista econômico, Natal tornou-se dependente da indústria açucareira que exigia mão de obra abundante. Os esforços empregados para

---

12 E. H. Brookes, 1974, p. 41-57; J. Guy, 1980, p. 41-44.
13 E. H. Brookes, 1974, p. 55-57; E. H. Brookes e C. de B. Webb, 1965, p. 75-77.

obrigar os africanos a fornecerem esta força de trabalho foram em vão, devido às condições de trabalho medíocres e aos baixos salários oferecidos pelos plantadores. Estes últimos, com a ajuda do seu governador, recorreram à importação de mão de obra indiana. O sistema era o seguinte: após ter trabalhado dez anos em Natal, o trabalhador indiano podia escolher entre retornar a Índia, com a viagem paga, ou se instalar definitivamente em Natal em terras que lhe eram atribuídas. Os primeiros trabalhadores indianos chegaram em 1860. Por volta de 1870, eles eram 6.000 em Natal, dos quais muitos escolheram permanecer na África do Sul. Graças a esta mão de obra, a indústria açucareira do Natal foi implantada solidamente e se desenvolveu a ponto de fornecer, entre 1861 e 1871, o produto de exportação mais importante da colônia.

Assim, fica claro que, no início da década de 1870, o poder, tanto em Natal quanto na colônia do Cabo, concentrou-se pouco a pouco nas mãos dos colonos brancos graças a um sistema de disposições constitucionais. Na colônia do Cabo, onde vivia uma maioria de brancos não anglófonos, a Constituição foi além dos únicos critérios dos recursos financeiros para que o poder permanecesse nas mãos dos ingleses. Quanto aos africanos, tanto em Natal quanto no Cabo, foram amontoados nas reservas onde eram submetidos ao imposto, a fim de obrigá-los a se engajar como trabalhadores nas empresas dos brancos e assegurar o financiamento da sua própria administração. Além dos próprios obstáculos financeiros, os colonizadores procuraram sistematicamente transformar os africanos em proletários, recorrendo para isto a diversos meios: educação com orientação técnica; ruptura da sua coesão social ao despojar os chefes de seus poderes; aplicação das leis europeias; limitação das terras postas à sua disposição e, sobretudo, às atividades missionárias cristãs.

As repúblicas bôeres antes de 1870

Enquanto entre 1850 e 1860 as duas colônias britânicas progrediram constitucionalmente e estabeleceram, com ajuda da potência imperial britânica, os mecanismos apropriados para garantir a supremacia política branca, para privar os negros de seus recursos econômicos e explorá-los, os bôeres se esforçaram também para alcançar a unidade interna e subjugar as comunidades africanas do interior. Quando os britânicos se retiraram da margem norte do rio Orange, os bôeres estavam divididos em diversos grupos. A principal destas divisões seguia o curso do Vaal e por isso surgiram as duas repúblicas bôeres: o Estado livre de Orange ao Sul e o Transvaal (República Sul-africana) ao Norte.

Em 1854, quando foi assinada a Convenção de Bloemfontein, é provável que um grande número de habitantes do Estado livre de Orange tenha desejado a independência, mas apenas um pequeno número dentre eles estava preparado. Além da pobreza, ignorância, fragilidade militar e a ausência de infraestrutura administrativa, o Estado livre temia o seu poderoso vizinho, o reino sotho de Moshoeshoe, com o qual não tinha fronteiras definidas. Além disso, permaneceu fundamentalmente dividido, durante diversas décadas, entre os partidários da fusão com a colônia do Cabo, ao Sul, e aqueles que desejavam integrar-se à república irmã, ao Norte. Ele se expôs deste modo a frequentes ingerências de seus dois vizinhos.

Foram principalmente os Trekboers e os Voortrekkers que se enfrentaram nesta questão. Os primeiros foram os bôeres que tinham atravessado o Orange em busca de terras, antes do Grande Trek. Eles, em sua maioria, tinham se fixado ao Sul do território que se tornaria o Estado livre de Orange. Todas as vezes que se encontravam em guerra com seus vizinhos africanos, tendiam a se voltar para o Sul para obter ajuda. Foram reforçados pelos britânicos – comerciantes e especuladores fundiários – que se estabeleceram em Bloemfontei durante o breve período de anexação. Eram chamados de "lealistas" ou "reanexionistas". Os bôeres que viviam no Nordeste da república, principalmente no distrito de Wimburg e de sua periferia, eram muito diferentes deste grupo. Eram produtos do Grande Trek, homens e mulheres que tinham deixado a colônia do Cabo por se ressentirem diante do governo britânico. Estes Voortrekkers, "fiéis *maatschappijers*" ou ainda patriotas republicanos, de acordo com os diversos nomes que lhes foram dados, foram sempre partidários da independência completa com relação aos britânicos. Quando se encontraram em dificuldade, foi ao Transvaal que solicitaram ajuda[14]. Esta divisão contribui para explicar o fato de Sir George Grey, o governador e alto-comissário federalista, haver facilmente incitado o Estado livre de Orange, em 1858, a pensar sobre a ideia da fusão com a colônia do Cabo; o fato de os habitantes do Estado livre terem elegido como presidente do Transvaal Marthinus Wessel Pretorius (1860-1863); e o fato de este Estado ter permanecido neutro durante a guerra anglo-bôer de 1880-1881. A despeito de todas estas fragilidades, o Estado livre de Orange conseguiu apresentar algumas características de um Estado bem antes do Transvaal. O próprio comitê, o qual tinha negociado a independência com os britânicos, tomou as medidas necessárias para a formação do primeiro governo e produziu uma constituição

---

14 F. A. Van Jaarsveld, 1961, p. 29.

inspirada na dos Estados Unidos. O regime tinha um presidente, detentor do poder executivo e um *Volksraad* (corpo legislativo). Os bôeres não buscavam disfarçar o seu racismo ao tornar o direito ao voto dependente de critérios materiais difíceis de serem satisfeitos, como aquele praticado pelos britânicos em suas colônias: os negros não eram cidadãos e não podiam votar. Somente os brancos após seis meses de residência tornavam-se cidadãos e todo branco que se inscrevesse no serviço militar poderia votar[15].

O primeiro presidente, Josias P. Hoffmann, não permaneceu muito tempo no poder já que os bôeres concluíram que ele tinha muito boas relações com Moshoeshoe e com os colonos ingleses. Ele teve que se retirar. Johannes Nicolaas Boshof, que tinha grande experiência administrativa e era partidário da independência total da república, foi eleito para sucedê-lo. Ele criou um sólido quadro de funcionários e organizou as finanças públicas em bases sólidas[16]. A sua gestão tampouco foi um período de menor instabilidade, em virtude das contestações de fronteiras com o Lesoto e das tensões entre os *maatschappijers* e os lealistas que levaram à intervenção de Sir George Grey e de Pretorius. Em outubro de 1855, Sir George Grey conseguiu organizar um encontro entre Moshoeshoe e Boshof para que assinassem um acordo enunciando os procedimentos para a resolução de litígios entre seus povos. Nenhuma fronteira foi fixada, e Moshoeshoe declarou mais tarde que ele havia apenas assinado o tratado por respeito a Sir George Grey[17]. Deste modo, nada fez para impedir disputas entre seus súditos e os bôeres. Sempre às voltas com problemas fronteiriços, Boshof teve que enfrentar Pretorius, que desejava unir as duas repúblicas bôeres. Persuadido erroneamente de que a maioria dos habitantes do Estado livre de Orange desejava a fusão com os seus irmãos do Norte e afirmando ter herdado de seu pai, Andries Pretorius, a qualidade de dirigente do Estado livre, ele entrou em Bloemfontein em 22 de fevereiro de 1857; no dia seguinte, anunciou que tinha a intenção de tomar a direção do Estado e declarou o governo de Boshof fora da lei. Rejeitando as suas pretensões, o governo de Boshof o expulsou e acusou os seus partidários de revolta. Este incidente provocou, nas duas margens do Vaal, a mobilização de grupos armados que, em 25 de maio, chegaram cada qual em uma das margens do rio Rhenoster. Pretorius tinha contado que inúmeros *maatschappijers* abandonariam Boshof e se juntariam ao seu exército. Ele ficou surpreso em ver que as defecções em seu favor não eram numerosas e que ele se

---

15 L. Thompson, 1969*b*, p. 429-430; C. F. J. Muller, 1975, p. 233-235.
16 C. F. J. Muller, 1975, p. 255.
17 G. M. Theal, 1900, p. 16-18.

encontrava, além disso, ameaçado em sua retaguarda por um novo inimigo, mais perigoso: Stephannus Schöeman, o comandante do *Zoutpansberg* que, como ele, buscava ser o principal dirigente do Transvaal e que tinha concluído uma aliança com o Estado livre. Temendo ser completamente aniquilado, Pretorius aceitou, em 1° de junho de 1857, assinar um acordo no qual as duas repúblicas reconheciam mutuamente a sua autonomia[18]. Este episódio, todavia, revelou claramente que os bôeres estavam profundamente divididos.

O acordo não aliviou as tensões existentes entre as três facções que tinham se constituído no Estado livre de Orange. A saber: os lealistas, favoráveis à reunificação com a colônia do Cabo, os partidários de Boshof, favoráveis à independência do Estado livre de Orange e os unionistas, que desejavam a incorporação ao Transvaal. As tensões exarcebaram-se de tal modo que Boshof foi, por tática, obrigado a renunciar em fevereiro de 1858, e assim que ele retirou a sua renúncia, vários membros do *Volksraad* deixaram as suas cadeiras em sinal de protesto. A estes conflitos internos juntaram-se as querelas de fronteiras cada vez mais frequentes com o Lesoto. Boshof decidiu acabar com a situação invadindo o Lesoto em março de 1858. Ao se dirigir para Thaba Bosiu, a fortaleza de Moshoeshoe, os comandos bôeres deixaram sua retaguarda sem defesa, e esta foi atacada pelo exército de Lesoto. Abandonando a luta, voltaram para casa para defender suas famílias e os seus bens. Antes mesmo de esta invasão do Lesoto, empreendida sem muita convicção, evidenciar a fragilidade militar do Estado livre de Orange, Boshof já tinha consciência de tal fraqueza e solicitara ajuda militar de Pretorius e de Sir George Grey[19]. Em resposta, Grey organizou um encontro entre Moshoeshoe e Boshof em 29 de setembro de 1858, eles assinaram o tratado de *Aliwal North* que confirmava as fronteiras de Warden[20].

Pretorius, ao contrário, viu nisso uma ocasião para tentar novamente unificar as duas repúblicas bôeres. O Transvaal indicou claramente que não poderia ajudar o Estado Livre de Orange caso esse se deixasse absorver. A perspectiva de unificação das duas repúblicas alarmou Grey que sonhava já com uma federação reagrupando as repúblicas, individualmente, com as colônias britânicas. Desde 1857, Grey chegara à conclusão que a Grã-Bretanha tinha cometido um erro ao se retirar do interior da África do Sul. Ele começou a exigir a suspensão das convenções e o restabelecimento da autoridade britânica no seio de uma forma de federação. Ele temia que, fragmentados como estavam, os brancos fossem

---

18 *Ibid.*, p. 40-45.
19 *Ibid.*, p. 50-60; P. Sanders, 1975, p. 203-236; L. Thompson, 1969*b*, p. 432.
20 P. Sanders, 1975, p. 233-241.

enfraquecidos em relação aos Estados africanos de toda a região. Ele receava que as repúblicas bôeres se unissem e mantivessem relações com potências estrangeiras, ameaçando assim as colônias e importantes bases navais britânicas. Além disso, Grey pensava que os inúmeros conflitos entre bôeres e estados africanos constituíam um perigo potencial para as colônias britânicas, que certamente teriam que se envolver. Por conseguinte, Grey empenhou-se em conter as veleidades de unificação dos bôeres informando-lhes que, caso se unissem, a Grã-Bretanha se consideraria livre de suas obrigações baseadas nas convenções, que ela negociaria, alianças com os Estados africanos e iria mesmo vender-lhes armas. Os habitantes do Transvaal, para salvaguardar a independência de sua região, renunciaram a transpor o Vaal, deixando Grey encorajar o Estado livre a tomar medidas para se unir com a colônia do Cabo. Mas, em junho de 1859, quando tentava incitar o Parlamento do Cabo a discutir a oferta de união feita pelo Estado livre, o governo britânico o excluiu da África do Sul.

O fracasso do projeto de federação desprestigiou Boshof e seus partidários, que tinham apoiado com entusiasmo as tentativas de reunificação. O presidente renunciou. Aquilo reforçou os unionistas que elegeram Pretorius à presidência. Mas o desejo de unidade do Estado livre de Orange não tinha equivalência no Transvaal, onde dominava o temor de uma denúncia da Convenção de *Sand River* e de uma reanexação pelos britânicos. O *Volksraad* do Transvaal forçou Pretorius a renunciar à presidência desta república, mas ele continuou por três anos ainda a trabalhar pela causa da unidade por intermédio de seus partidários do Transvaal. Em 1863, tendo fracassado mesmo no Estado livre de Orange, ele se retirou do território de sua república.

O fracasso das tentativas de unificação com o Cabo ou o Transvaal incitou a população do Estado livre a se encarregar do destino nacional, Johannes Henricus Brand, jurista e parlamentar experiente do Cabo, foi eleito presidente. Ele permaneceria neste cargo por vinte e cinco anos. Mas antes de tratar das relações do Estado livre com os seus vizinhos sob a presidência de Brand, é conveniente examinar a maneira pela qual o Transvaal se transformou em Estado.

O Transvaal demorou muito mais que o Estado livre de Orange para alcançar este estágio. Ao Norte do Vaal, os bôeres eram muito dispersos. Eles estavam divididos também por divergências religiosas. M. W. Pretorius, que sucedeu seu pai em 1853 e, como vimos, não cessou de combater pela unificação das duas repúblicas situadas em ambos lados do Vaal, foi também o grande defensor da unificação do Transvaal. Ele lutou contra diversos grupos separatistas, notadamente os *Zoutpansbergers* estabelecidos no Norte, ao redor da vila de Schoemansdaal; os *Lydenburgers* e W. F. Joubert a Leste; e os bôeres do distrito de Utrecht, ao longo do Búfalo. O grupo mais importante era o do próprio Pretorius na região de *Potchefstroom-Marico-Rustenburg*.

Uma certa forma de unidade foi estabelecida em 1849 com a adoção dos trinta e três artigos de 1844 como constituição[21]. Os artigos não eram mais do que regras e leis gerais regendo a administração da justiça e a eleição dos membros do *Volksraad*. A sua deficiência mais grave era a ausência de distinção entre as funções legislativas e executivas, de modo que o *Volksraad* esforçava-se em exercer ambas. Além disso, como não havia capital, o *Volksraad* se reunia em diferentes vilarejos onde o *quorum* nunca era alcançado, de modo que precisou cooptar, no local, pessoas que não eram membros dele. Pretorius se esforçou pela adoção de uma verdadeira constituição prevendo um legislativo e um executivo. Sobre este ponto, ele se opôs aos *Lydenburgers*, que desconfiavam extremamente de toda concentração do poder executivo nas mãos de um só homem, por exemplo, o presidente, por temor que ele fosse tentado a tornar-se um autocrata.

Estas divergências foram agravadas pelas disputas religiosas. Para romper completamente seus laços com o Cabo, Pretorius pressionou a comunidade de Potchefstroom para se retirar do sínodo da *Nederduitse Gereformeerde Kerk* do Cabo (Igreja Reformada da Holanda). A comunidade de Potchefstroom constituiu, deste modo, uma Igreja independente, a *Nederduitse Herewormde Kerk* (NHK), cujos pastores deveriam ser recrutados na Holanda. Os Lynderburgers mantiveram os seus laços com a colônia do Cabo, enquanto uma cisão da NHK produziu uma nova congregação, a *Gereformeerde Kerk van Suid-Africa*, que se caracterizou pela recusa de cantar os cânticos na igreja.

Apesar de todas estas diferenças, em janeiro de 1857, foi apresentado um projeto de constituição prevendo um presidente, um poder legislativo, um poder judiciário e um exército. O *Volksraad*, que era dominado pelos partidários de Pretorius, elegeu este para presidente e Johannes Schöeman, o dirigente do *Zoutpansberg*, para chefe do exército. Schöeman rejeitou a constituição e recusou as funções militares que lhe foram ofertadas. Ele formou um comando para atacar os partidários de Pretorius no distrito de Rustenburg. As duas partes concordaram em constituir um comitê encarregado de emendar a Constituição a fim de levar em conta os votos dos *Zoutpansbergers*, e a guerra foi evitada. Uma vez que a Constituição foi adotada, em 1858, Pretorius e Schöeman tornaram-se, respectivamente, presidente e comandante-em-chefe; em 1860, os Lydenburgers foram persuadidos a se integrarem à república.

---

21   G. M. Theal, 1900, p. 413-417, para a tradução inglesa dos artigos.

Entretanto, como já vimos, Pretorius, ao aceitar a presidência do Estado livre de Orange, lançou a república nascente ao caos. Temendo colocar em risco a independência do Transvaal, o *Volksraad* exigiu que Pretorius escolhesse entre as duas presidências; ele renunciou à do Transvaal. Todavia, ele continuou a intervir nos assuntos daquela república, através de Schöemann e da população de *Potchefstroom*, que era a mais determinada a apoiá-lo. Criaram uma comissão em que os poderes e as funções fizessem concorrência com o *Volksraad*. Este último nomeou, por sua vez, seu presidente e seu comandante-em-chefe, e os dois governos declararam um e outro ser o da república. A paz somente chegou ao Transvaal em 1864, quando Pretorius renunciou as suas funções no Estado livre de Orange e foi reeleito presidente do Transvaal. Ele governou até o momento em que, na década de 1870, foi obrigado a renunciar por ter defendido mal as reivindicações da república em relação aos campos diamantíferos.

A relação entre os bôeres e os africanos antes de 1870

No Transvaal como no Estado livre de Orange, inúmeras comunidades africanas haviam sido ou destruídas e absorvidas pelos Estados efêmeros oriundos do Mcfane, como o reino ndebele de Mzilikazi, ou forçadas a se refugiar em regiões de difícil acesso e facilmente defensáveis. A partir de então, os chefes engenhosos, como Moshoeshoe, conseguiram reunir ao seu redor inúmeros refugiados e constituir nações poderosas, na década de 1840, após a expulsão dos ndebele da região pelos bôeres. Estes Estados, como já vimos no caso do Lesoto, eram suficientemente fortes para enfrentar ao mesmo tempo os invasores bôeres e os britânicos.

Após a expulsão dos ndebele, vários grupos pequenos que eram submissos a Mzilikazi, mas não tinham sido totalmente incorporados à sua nação, bem como outros que se subtraíram aos ndebele colocando-se fora das áreas de suas frequentes escaramuças, recuperaram os territórios onde viviam antes. Um grande número destas populações foi subjugado pelos bôeres e incorporado aos seus Estados antes que pudessem se dotar de meios necessários para se defender. Foram os africanos que sofreram a exploração econômica direta dos bôeres, nos próprios termos das leis promulgadas por estes últimos em matéria de cidadania, de trabalho etc. A Constituição do Transvaal, por exemplo, rejeitou toda noção de igualdade entre negros e brancos. Para excluir toda possibilidade de resistência real dos africanos, os povos incorporados se viram interditados da posse de armas de fogo ou de cavalos e obrigados a trazer consigo, permanentemente, um passe livre fornecido pelos seus empregadores ou por representantes dos poderes públicos. Cada fazendeiro tinha o direito de manter em suas terras um certo número de famílias africanas que lhe forneciam, regularmente, mão de obra gratuita. "No tocante aos indígenas, vivendo na zona europeia sob a proteção direta dos bôeres, o trabalho regular seria considerado como um serviço prestado a título de retribuição pelas terras que lhes foram atribuídas[22]".

Os africanos que não viviam nas fazendas eram subordinados aos chefes, e as áreas dos chefes eram estabelecidas em sítios ou reservas que lhes eram atribuídos. Estes sítios eram muito dispersos e cada um era localizado o mais perto possível de uma zona cultivada pelos brancos. Estas disposições visavam dividir os africanos de forma a impedir qualquer risco de rebelião orquestrada e de modo que cada fazendeiro branco tivesse facilmente acesso a um reservatório de mão de obra negra. Cada chefe pagava um imposto em rebanho e em mão de obra. De fato, uma das tarefas importantes dos *landdrosts* (magistrados) e dos *fieldcornets* (comandantes dos postos militares) consistia em requisitar trabalhadores dirigindo-se aos chefes dos seus distritos e em reparti-los entre os fazendeiros brancos sob contratos de um ano. Os chefes deviam também fornecer homens aos bôeres para lhes servirem como apoiá-los em tempos de guerra.

O Transvaal praticou um outro sistema contestado de aprendizado semelhante ao em vigor na colônia do Cabo. As crianças africanas capturadas durante as guerras eram distribuídas aos fazendeiros para os quais eles trabalhavam até a idade de vinte e cinco anos se fossem meninos e até os vinte e um anos se fossem meninas. Em troca de favores ou de uma quantia ínfima de dinheiro, os pais africanos incorporados foram de início persuadidos e depois forçados a oferecer seus filhos aos fazendeiros, que os criavam como aprendizes. Não era raro que os bôeres organizassem incursões contra os Estados africanos vizinhos com o único fim de capturar crianças. Embora a venda destas crianças entre os fazendeiros fosse proibida pelas leis do Transvaal, todo este dispositivo se assemelhava à escravidão e foi denunciado como tal pelos missionários e comerciantes[23].

Os bôeres tinham a pretensão de serem os donos legítimos do Transvaal e de seu povo, pois tinham conquistado esta região e expulsado os ndebele. Eles consideravam, assim, terem o direito de exigir a submissão e os serviços de todos os africanos ao Sul do Limpopo. Suscitaram deste modo uma resistência ferrenha dos tswana a Oeste, dos sotho e dos venda ao Norte e dos pedi a Leste. Os

---

22 W. Kistner, 1952, p.213.
23 L. Thompson, 1969*b*, p. 435-437; para o sistema colonial do Cabo, durante as suas primeiras décadas, ver A. Atmore e S. Marks, 1974, p. 116.

kwena de Sechele ao redor de Dimawe e os ngwaketse do chefe Gaseitsiwe, ao redor de Kenye, por exemplo, compraram fuzis dos missionários e dos comerciantes e os utilizam na resistência aos bôeres. Assim, puderam preservar a sua independência, de modo que seus territórios serviram de via de passagem aos missionários e aos comerciantes desejosos de chegarem ao Norte, já que não estavam autorizados a passar pelo Transvaal.

No Leste, os pedi resistiram à pressão militar dos bôeres de Ohrigstad e de Lydenburg até 1857, data em que uma fronteira foi traçada entre as duas comunidades ao longo do rio Steelport. Entretanto, os pedi não demoraram a perceber a importância e a eficácia dos fuzis, particularmente quando se entrincheiravam em suas fortalezas do monte Lulu. Antes de 1860, já se esforçavam em constituir estoques importantes de armas de fogo, comprando-as dos comerciantes. A fim de pagá-las, foram trabalhar em Natal, na colônia do Cabo e na Griqualand Ocidental, quando da abertura das minas de diamantes[24].

Ao Norte, foram os venda, os ndebele do Transvaal e os sotho que resistiram à expansão dos bôeres. Em 1854, por exemplo, homens do chefe sotho Makapane, a Leste dos montes Watberg, mataram doze brancos pertencentes a um grupo de caçadores liderados pelo comandante bôer Hermanus Potgieter. Tais brancos tinham tratado o chefe Makapane com arrogância, aparentemente "ao exigir que bois e carneiros a serem abatidos lhes fossem doados e ao forçar os negros a dar-lhes diversas crianças como escravos"[25]. Quaisquer que tenham sido as razões exatas de suas mortes, está claro que Makapane não queria os brancos em suas terras, talvez porque temia que estes lhe fizessem concorrência na caça ao marfim. A execução dos caçadores brancos deu o sinal para um ataque generalizado contra os estabelecimentos brancos ao Sul do Zoutpansberg. Todas as comunidades bôeres da região e mesmo aquelas mais ao Sul, até Potchefstroom e Rustenburg, colocaram as suas famílias em abrigo nos *laagers*. Um comando bôer com mais de 500 homens foi arregimentado em todos os distritos do Transvaal, exceto em Lydenburg, invadindo o território Makapane sob o comando conjunto de H. Potgieter e do presidente Pretorius. Avisados da aproximação dos invasores, os sotho se refugiaram em uma gruta aos arredores e se prepararam para atirar no inimigo. Não podendo desalojá-los, os bôeres bloquearam a entrada da gruta com paus e pedras, montando guarda durante vinte e cinco dias para que ninguém pudesse escapar. Calcula-se em 900 o número de súditos

---

24 P. Delius, 1980.
25 G. M. Theal, 1900, p. 27.

de Makapane mortos tentando fugir e em mais do dobro deste número os que morreram de fome e sede dentro da gruta[26].

Os bôeres se retiraram, convencidos de que o massacre seria suficiente para dissuadir os sotho e os venda do Norte de continuarem a resistência. Todavia, uma outra rebelião se deu em 1859, um pouco mais longe ao Norte, em torno da vila bôer de Schoemansdaal. A administração bôer deste vilarejo tratava muito duramente os africanos locais, apoiando rebeldes, aumentando os tributos e lançando contra chefias, que não a provocavam de forma alguma, expedições armadas destinadas a capturar escravos. Os africanos foram vencidos, mas a administração bôer perdeu na sequência o seu controle sobre os negros.

Em 1860, os venda do Zoutpansberg tinham aprendido a usar as armas de fogo para a guerra e para a caça. Seu país, cheio de elefantes, era ponto frequente de encontro de caçadores e comerciantes brancos. Muitos dentre os venda colocavam-se a serviço dos caçadores e tornaram-se especialistas no manuseio e na manutenção dos fuzis. Quando os caçadores, ao seguirem os elefantes, avançavam até o vale do Limpopo, o qual era infestado pelas moscas tsé-tsé, eram obrigados a abandonarem seus cavalos e seguirem a pé. Eram então os africanos que caçavam com os fuzis que os comerciantes brancos lhes emprestavam. Eram chamados de *swart-skuts* (atiradores negros). Muitos destes fuzis não foram entregues aos seus proprietários brancos, mas serviram, de fato, para caçar os colonos bôeres de Schoemansdaal. Um dos dirigentes da rebelião de 1867, o chefe venda Makhado, era também um antigo *swart-skut*. A revolta de 1867 teve tal sucesso que os bôeres abandonaram o distrito do Zoutpansberg[27].

Durante este tempo, os bôeres do Estado livre de Orange tinham, sobretudo, que enfrentar os sotho do Sul, sobre os quais reinava Moshoeshoe, os rolong de Moroka e os griqua de Adam Kok. Este último deixou de ser um problema em 1861, ano em que vendeu os seus direitos territoriais ao Estado livre de Orange, emigrou para a *No Man's Land*, e fundou a Griqualand Oriental. Moroka permaneceu também um fiel cliente do Estado livre de Orange.

Os sotho de Moshoeshoe permaneceram determinados a resistir à expansão dos bôeres. Embora o rei tenha assinado o tratado de Aliwal North em 1858, aceitando assim a fronteira traçada por Warden, ele não tinha intenção alguma de impô-lo ao seu povo, que continuou a violá-lo. A partir de 1860, todavia, os bôeres tornaram-se mais poderosos do que os sotho. O rei estava velho e não

---

26   *Ibid.*, p. 23-31.
27   L. Thompson, 1969*b*, p. 440-442; R. Wagner, 1980, p. 330-336.

tinha controle algum sobre seus filhos, os quais disputavam sua sucessão. O Estado livre estava, ao contrário, cada vez mais forte. A economia tornava-se tão florescente que os fazendeiros faziam de tudo para melhorar o seu rebanho, cujos produtos eram facilmente vendidos em Natal e na colônia do Cabo. A população estava em expansão graças à chegada de imigrantes vindos das colônias. A partir de 1863, os cidadãos do Estado livre eram, também, muito ligados à sua independência, de modo que o presidente Brand podia contar com o seu zelo patriótico para entrar numa guerra de longa duração. Também, quando a guerra de 1865 irrompeu, após inúmeras violações de fronteiras cometidas por ambos os lados, os bôeres puderam sustentar uma campanha impiedosa contra o Lesoto; e foram, ao contrário, os sotho que deram os sinais de desunião. Molapo, o filho de Moshoeshoe, o qual governava o Norte do país, concluiu um tratado de paz bilateral com os bôeres. Esta falta de unidade forçou Moshoeshoe a assinar, em 1866, o tratado de Thaba Bosiu, nos termos do qual ele teve de ceder muitas de suas terras aráveis ao Estado livre de Orange. Mas Moshoeshoe buscava, assim, somente ganhar tempo, a fim de reorganizar o seu povo; uma outra guerra irrompeu em 1867. Ela se arrastou até que os ingleses interviessem.

Desde 1861, Moshoeshoe solicitara a proteção dos britânicos. Ele reiterou sua solicitação em 1865 por intermédio do governador e alto-comissário, Sir Philip Wodehouse. Este, partidário de uma expansão britânica na África do Sul, viu na anexação do Lesoto um passo à direção certa. Enquanto se punha a dissuadir o governo branco de concordar com a solicitação de Moshoeshoe, ele tomou medidas para cortar o fornecimento de armas para os bôeres, de modo que o Estado livre de Orange não pudesse se apoderar do Lesoto. Em 12 de março de 1868, tendo sido autorizado pelo governo britânico a conquistar o Lesoto, ele o anexou como colônia da Coroa.

A expansão britânica na África do Sul, 1870-1880

A anexação do Lesoto representava uma mudança em relação à política britânica de retirada das regiões situadas ao Norte do Orange. Esta mudança tornou-se mais aparente ainda com a recusa de aceitar a expansão territorial do Transvaal, em 1868, e a anexação da Griqualand Ocidental, em 1871. A expansão britânica coincidiu com a época em que os recursos minerais foram descobertos na África austral. Em 1867, um diamante foi retirado em Hope Town, na colônia do Cabo, e, no ano seguinte, a exploração dos garimpos aluviais e eluviais começou ao longo do Vaal, em direção a sua confluência com o

Orange. Ainda em 1868, um caçador de elefantes chamado Henry Hartley e um geólogo chamado Carl Mauch marcaram as jazidas de ouro entre as terras dos ndebele e a dos ngwato, bem como na Mashonaland. Embora as descobertas de ouro se revelassem, em sua maioria, ilusórias, elas suscitaram inicialmente um interesse forte, tanto na África do Sul como na Grã-Bretanha; quanto à exploração do diamante, rapidamente ocupou um lugar de proeminência na economia sul-africana.

O presidente Pretorius, cujo Estado parecia padecer de uma pobreza crônica, pensara em remediá-la expandindo o seu território de modo a englobar a maior parte das jazidas minerais conhecidas e assegurar uma saída para o mar. Em abril de 1868, ele anunciou que a sua república se estendia ao Norte e a Oeste até o Lago Ngami e a Leste até uma parcela do litoral ao Sul da baía de Delagoa. Os portugueses detentores, perto desta baía, da pequena vila de Maputo, pressionaram o governo a se opor à expansão bôer e se juntaram aos missionários e comerciantes britânicos – os quais temiam não mais poder atingir a África Central – para protestar com veemência junto a Pretorius que, em 1869, havia renunciado às suas ambições territoriais.

Entretanto, a descoberta dos diamantes levava o Transvaal, o Estado Livre de Orange, a Griqualand Ocidental de Waterboer, os rolong e os tlaping a disputarem os territórios. O Transvaal e o Estado livre de Orange reivindicavam ambos a zona compreendida entre o Harts e o Vaal; o presidente Brand retirou-se em favor do presidente do Transvaal, Pretorius. Este último e os Estados africanos submeteram as suas divergências à arbitragem do vice-governador de Natal, Robert Keate, o qual deu razão aos africanos. Brand, por sua vez, exigiu uma arbitragem dos seus conflitos territoriais com a Griqualand Ocidental, mas os britânicos se recusaram, com medo de que a sua posição de potência preponderante na África do Sul fosse colocada em questão. Waterboer decidiu, então, se colocar sob a proteção dos britânicos que anexaram não só a Griqualand Ocidental, como também os demais campos diamantíferos, em 27 de outubro de 1871.

A declaração tornando o Lesoto um protetorado que, segundo Brand, interveio no momento oportuno para impedir os bôeres de conquistar e absorver este país, assim como os limites impostos à expansão do Transvaal e a tomada dos campos diamantíferos causaram aos bôeres um desgosto tal que, durante muitos anos, recusaram qualquer cooperação com os britânicos. Estas medidas reforçaram igualmente sua resistência a todas as tentativas dos britânicos de estabelecerem sua hegemonia pela força. O período de expansão britânica na África austral, que começou então, já foi objeto de inúmeras discussões entre os historiadores. Shula Marks e Antony Atmore[28], em particular, criaram um inventário sucinto das interpretações que são normalmente dadas e depois apresentaram algumas ideias novas, as quais por sua vez suscitaram novas pesquisas[29].

Os dois historiadores dizem que os autores que se baseiam amplamente nos "arquivos oficiais", como Robinson, Gallagher etc., reconhecem, em termos gerais, a importância dos fatores econômicos para explicar o imperialismo britânico nas últimas décadas do século XIX, "mas se abstêm de aludir a toda análise econômica mais profunda e mais precisa dos acontecimentos que descrevem, seja na África do Sul ou alhures". Em vez disso, os historiadores que se colocam na "perspectiva oficial" consideram, no final das contas, que a expansão britânica interveio quando os responsáveis políticos foram levados ao interior da África (inclusive a África do Sul) para enfrentar "crises ou a situações de emergências" na "fronteira" ou na "periferia" de suas colônias ou de sua zona de influência. Eles esquecem, observam Atmore e Marks, de realizar uma análise exaustiva destas crises que, em definitivo, tinham um papel tão decisivo na formação do império britânico. Com efeito, quando se estudam estas crises, percebe-se que elas foram, na realidade, "ligadas ao colapso das autoridades indígenas sob o peso das exigências de uma Grã-Bretanha cada vez mais industrializada". No início do século XIX, estas pressões foram exercidas principalmente na frente oriental da África do Sul onde os agentes oficiosos da Grã-Bretanha industrial – missionários, comerciantes e administradores – mostraram-se ativos. Mas no final do século, quando os recursos minerais do interior foram descobertos, o apetite da Grã-Bretanha industrial voltou-se rapidamente para esta região, e tanto os Estados africanos quanto as repúblicas bôeres foram vítimas desta ganância. Deste modo, embora a importância estratégica do Cabo na rota marítima da Índia restasse, no final do século XIX, um dos fatores que influenciava a política imperial da Grã-Bretanha na África do Sul, foram os seus interesses econômicos crescentes que mais pesaram.

As empresas britânicas deviam desde já dispor de uma abundante mão de obra africana que era impossível de se obter de países independentes e economicamente autônomos. Os reinos deveriam, então, ser desmantelados e os seus povos transformados em proletários. A industrialização rápida da África do Sul passou também pela subordinação dos Estados brancos já que as colônias, como

---

28   A. Atmore e S. Marks, 1974; ver também C. de B. Webb, 1981, onde uma distinção é feita entre as interpretações "radicais" de Marks e Atmore e aquelas dos "conservadores" e dos "liberais".

29   Ver, por exemplo, as contribuições reunidas e a introdução muito esclarecedora em S. Marks e A. Atmore (org.), 1980.

as repúblicas bôeres, eram incapazes de "desempenhar eficientemente o papel de colaboradores". Isto resultou numa situação extremamente "complexa e confusa". A Grã-Bretanha buscava, entre outras coisas, se assegurar que seus interesses seriam bem cuidados ao implantar na África do Sul uma confederação a ela subordinada. Os historiadores que se colocam na "perspectiva oficial", da qual C. F. Goodfellow[30] se tornaria o mais típico representante, explicaram a gênesis e as modalidades da política de confederação – que terminou com a anexação do Transvaal, o que levou à queda do reino zulu e a destruição do Estado pedi – pela personalidade do secretário britânico para as colônias, Lorde Carnarvon, e do governador e alto-comissário, Sir Bartle Frere. Atmore e Marks mostram que se esta análise pode efetivamente ser correta, as possibilidades oferecidas pela política de confederação correspondiam particularmente bem aos interesses e às exigências socioeconômicas da Grã-Bretanha na África do Sul.

É possível, consequentemente, que o Transvaal tenha sido anexado para liberar a mão de obra africana bloqueada pelos *pass laws* (leis dos passes) de 1873 e 1874, a fim de que ela pudesse afluir livremente às minas de diamantes e aos canteiros de construção da estrada de ferro na colônia do Cabo. Ademais, o Transvaal obstruía a livre circulação da mão de obra africana ao permitir aos especuladores imobiliários – britânicos e colonos – viverem da receita dos aluguéis que lhes eram pagos pelos meeiros africanos instalados em suas terras. Estes meeiros não tinham a menor intenção de vender os seus serviços aos proprietários das minas ou a outros empregadores brancos, pois tinham terras o suficiente para sustentarem suas necessidades e pagarem seus impostos, vendendo os produtos excedentes. Esta é a razão pela qual o Transvaal, bem como o reino zulu, cujo sistema militar imobilizara os trabalhadores potenciais, estavam condenados a desaparecer.

Deste modo, Norman Etherington[31] confirma a teoria de Marks e Atmore, ao mostrar que, após a descoberta dos diamantes, a mão de obra africana fora drenada de toda a sub-região, compreendidos também os territórios que constituem hoje Moçambique e o Zimbábue, e que o Transvaal, o Estado livre de Orange e o reino zulu faziam obstrução à sua livre passagem. Além disso, Shepstone, a principal fonte de informação dos homens que conceberam e executaram a política britânica durante a década de 1870, não se preocupou somente em buscar a mão de obra para os capitalistas britânicos; ele considerou, de maneira geral, que, para resolver este problema, era necessário criar uma federação dos

---

30   C. F. Goodfellow, 1966.
31   N. A. Etherington, 1979.

Estados brancos executando uma política africana comum. Está claro, consequentemente, que alguns historiadores negligenciaram, ao falar do imperialismo britânico na África do Sul, a importância econômica crescente da região para a Grã-Bretanha, situação que se tornou, contudo, manifesta por volta de 1870, com a descoberta dos diamantes e as primeiras indicações referentes às jazidas de ouro; e bastante evidentes na década de 1880 quando começou a extração do ouro do Witwatersrand.

Entre 1871 e 1874, entretanto, a Grã-Bretanha tentou construir uma federação dos Estados sul africanos e garantir, assim, pela persuasão, seus interesses na África do Sul. Quando concedeu à colônia do Cabo uma certa autonomia, sob a forma de um governo responsável, era com esperança de que a colônia tomasse o controle do reservatório de mão de obra do Lesoto e dos territórios ricos em diamantes da Griqualand Ocidental, adquirindo deste modo a condição de Estado mais poderoso da região e atraindo para ela o restante dos estabelecimentos brancos. Tamanha foi a decepção dos ingleses quando o Cabo aceitou anexar o Lesoto mas recusou a oferta da Griqualand Ocidental, já que a sua importante população bôer simpatizava com as repúblicas que não tinham renunciado às suas reivindicações sobre os campos diamantíferos. Na metade de 1873, Lorde Kimberley, secretário das colônias, reconheceu que as disputas relacionadas às minas de diamantes eram um obstáculo à criação de uma confederação sul-africana e cessou suas pressões neste sentido[32].

Lorde Carnarvon, sucessor de Kimberley em fevereiro de 1874, ressuscitou a política de federação e a lançou oficialmente em 4 de maio de 1875. Ela apareceu como o único antídoto aos males que envenenavam a África do Sul e que eram ilustrados pela situação na Griqualand Ocidental, onde a mão de obra era desesperadamente insuficiente, as despesas britânicas de defesa e de administração elevadas, a algazarra dos litígios territoriais ensurdecedores e os fuzis fáceis de serem obtidos pelos africanos, que os usavam prontamente contra os brancos para defenderem a sua independência. Depois, houve a questão não resolvida da rebelião de Langalibalele, diante da qual o comportamento dos brancos de Natal colocou em evidência a inquietante fragilidade dos Estados brancos isolados ao enfrentar africanos com fácil acesso a armas de fogo.

Em 1873, o chefe hlubi Langalibalele recusou-se a declarar as armas de fogo que seus súditos haviam comprado, muitas vezes trabalhando nas minas de diamantes. O governo de Natal interpretou essa recusa como um ato de

---

32 C. W. De Kiewiet, 1937, cap. 2; C. F. Goodfellow, 1966, cap. 3.

rebelião. Shepstone e o vice-governador formaram um exército para invadir o seu reino, mas o chefe hlubi fugiu para o Lesoto, onde foi traído por Molapo, o chefe sotho, e entregue aos seus inimigos. Durante o único encontro que aconteceu entre os hlubi e seus vizinhos, os soldados de Natal debandaram-se e alguns dentre eles foram mortos. Mas, por fim, o governo do Natal tratou os hlubi de uma maneira que demonstrou uma grande covardia e um espírito muito vingativo. Antes mesmo que o chefe Langalibalele fosse preso, o governo tomou medidas cujo rigor era desproporcional à ofensa cometida. Sua chefia foi riscada do mapa, seu rebanho e seus cavalos apreendidos, suas terras confiscadas e seus súditos distribuídos aos fazendeiros como trabalhadores ligados por contrato. Finalmente, o chefe foi julgado sumariamente e declarado culpado; condenado ao desterro perpétuo, ele foi encarcerado em Robson Island.

Para o governo britânico, o qual não era insensível aos argumentos do bispo anglicano John William Colenso, o único defensor determinado do chefe hlubi, não tinha dúvidas de que a injustiça sofrida pelos hlubi resultava do terror irracional que os negros inspiraram nos brancos. Verdadeiros ou falsos, os rumores, segundo os quais Langalibalele teria entrado em contato com os sotho, os ndebele e os zulus antes da rebelião, fizeram surgir o fantasma de uma revolta geral dos africanos contra os brancos divididos da África do Sul. Influenciado por conselheiros como Shepstone, Lorde Carnarvon via na criação de uma federação a única solução possível para o "terrível imbróglio" sul africano[33].

Como primeira medida, Lorde Carnarvon se assegurou dos serviços de Sir Garnet Wolseley, de volta de Kumasi após ter vencido os ashanti, para enfrentar os problemas do Natal. Wolseley foi instruído a assumir o controle das questões africanas em nome da Coroa e para adiar o momento em que os brancos poderiam dotar-se de uma federação sul-africana[34]. Desejando atingir o seu objetivo por meios pacíficos, Carnarvon se fez conciliador para com os bôeres, deixando entrever uma resolução possível para os litígios relativos aos campos diamantíferos. Em 1875, ele propôs uma conferência das colônias e das repúblicas onde seriam analisadas questões secundárias tais como a definição de uma política africana comum e os meios de dissipar os mal-entendidos territoriais, à espera que fosse abordada a questão mais importante, aquela da criação de uma confederação. O secretário cometeu o erro de sugerir o nome dos delegados e cometeu um grave erro de avaliação ao adotar uma atitude que parecia confirmar a divisão da colônia do Cabo, já que convidou o separatista John Paterson,

---

33 E. H. Brookes e C. de B. Webb, 1965, p. 113-120; N. A. Etherington, 1979, p. 246-247; 1981, p. 34-37.
34 C. F. Goodfellow, 1966, p. 62.

chefe da oposição, como representante dos Orientais e o primeiro ministro John Charles Molteno como representante dos Ocidentais. Resultou que a colônia do Cabo e as repúblicas, as quais ainda não tinham se conformado com a perda dos campos diamantíferos, recusaram-se a participar. Somente Natal e a Griqualand Ocidental aceitaram.

Após este fiasco, Carnarvon convocou uma outra conferência em Londres, em agosto de 1876. Foi, de novo, uma derrota. O presidente do Estado livre de Orange, Brand, negociou uma solução para as suas reivindicações sobre os campos diamantíferos e obteve 90.000 libras a título de compensação; mas ele recusou imediatamente se deixar conduzir para discussões relacionadas ao projeto de federação. Pronto para se eriçar à menor suspeita de intervencionismo das autoridades britânicas, e fortemente apegado ao estatuto de governo responsável concedido aos dirigentes da colônia, o primeiro ministro Molteno, o qual se encontrava em Londres neste momento, recusou também participar da conferência, dizendo que não recebera mandato do seu governo nesse sentido. Somente a Griqualand e o Natal estiveram representados, de modo que nada pode ser feito. Esta segunda derrota "feriu o patriotismo e amor-próprio de Carnarvon e esgotou a sua paciência"[35]. Ele decidiu recorrer a medidas mais enérgicas para unir a África do Sul.

O seu primeiro objetivo foi o Transvaal. A ocasião de agir foi-lhe dada em setembro de 1876, quando recebeu um telegrama do alto-comissário que descrevia, em termos exageradamente enegrecidos, as dificuldades do Transvaal em relação aos pedi de Sekhukhune[36]. O Transvaal havia entrado em guerra com os pedi, em maio de 1876, por várias razões. Há cerca de quinze anos, a população pedi crescia rapidamente e este Estado tornou-se cada vez mais poderoso. Um grande número de comunidades africanas vizinhas, desejosas de fugirem das exigências de mão de obra e dos impostos exigidos pelos bôeres, estava integrado ao reino pedi; outras tinham sido forçadas a fazê-lo. Como já indicamos, os pedi se empenharam muito ativamente em constituir um estoque de armas de fogo. O crescimento da população pedi privou os bôeres de um reservatório de mão de obra desde que, ao tentar expandir seu território, os pedi penetraram em regiões contestadas onde se chocaram com os Lydenburgers. A situação tornou-se crítica quando o príncipe pedi, Johannes Dinkwanyane, impediu um bôer de ocupar um terreno e, simultâneamente, um contingente pedi forçou residentes africanos de uma missão berlinense a evacuar o local. Burgers, presidente do

---

35 *Ibid.*, p. 110.
36 *Ibid.*, p. 114.

Transvaal, que buscava empréstimo para construir uma estrada de ferro até o mar, quis subjugar os turbulentos pedis para reforçar a confiança dos investidores em sua república. Ele tampouco podia ignorar que os Lydenburgers reclamavam uma ação enérgica contra os seus "difíceis" vizinhos pedi. É por esta razão que ele levou a república à guerra[37].

Com a ajuda dos swazi, Burgers lançou um ataque triplo contra a fortaleza de Sekhukhune sobre o monte Lulu. Os Lydenburgers e os swazi atacaram a partir do Leste, e o seu primeiro objetivo era a praça forte do príncipe Dinkwanyane; a tropa de Burgers veio prontamente do Oeste; as duas formações deviam finalmente convergir com uma terceira para o bastião de Sekhukhune. Vendo que os bôeres não pareciam tão motivados, deixando-os enfrentar a maioria dos combates e sofrer pesadas perdas, os swazi abandonaram a luta. Desde que partiram, o moral dos bôeres não demorou a cair no nível mais baixo e antes de terem conseguido lançar um ataque qualquer contra a fortaleza de Sekhukhune, eles começaram a desertar. O seu patriotismo padecia do fato de ter-se nutrido de vários ressentimentos contra Burgers; além de acusarem-no de herético, eles criticavam a sua política nos campos da educação e economia. Além disso, os bôeres dos distritos ocidentais estavam menos motivados do que os Lydenburgers a combaterem os pedi. De fato, as pressões e a resistência destes não lhes diziam diretamente respeito e, aparentemente, não haveria nenhum ganho pessoal a tirar da guerra[38].

Após a retirada de Burgers, os bôeres da região continuaram a hostilizar Sekhukhune. Como era época do plantio, este último aceitou negociar uma trégua. Philip Bonner salienta, corretamente, que não houve vencedores nem vencidos nesta guerra na qual "ocorrera um impasse, já que nenhum dos dois lados conseguiu marcar um ponto decisivo"[39]. Somente em 1879, os britânicos e os seus aliados swazi conseguiram vencer o reino dos pedi e capturar o rei Sekhukhune[40].

Os britânicos, todavia, viram no fiasco dos bôeres de 1876 uma derrota total que anunciava a derrocada eminente do Transvaal. Carnarvon nomeou Shepstone como comissário especial para o Transvaal e, em 9 de outubro de 1876, deu-lhe um mandato para assumir a direção da república, com ou sem o consentimento do seu *Volksraad*. Diversos motivos foram apresentados para

---

37 P. Bonner, 1983, p. 137-140.
38 *Ibid.*, p. 143.
39 *Ibid.*, p. 144.
40 L. Thompson, 1971a, p. 282.

explicar a anexação do Transvaal. Sabia-se que este país dissimulava as jazidas minerais que o tornava, virtualmente, a região mais rica da África do Sul. Ele impedia a livre circulação de mão de obra a partir do seu território e das regiões vizinhas. Ameaçava construir uma estrada de ferro que o ligaria à baía de Delagoa, de modo a não mais depender dos portos comerciais britânicos e a contestar a supremacia da Grã-Bretanha ao manter relações com potências estrangeiras. Carnarvon supunha também que, com a anexação do Transvaal, o Estado livre de Orange encontrar-se-ia cercado e, então, forçado a aceitar um acordo. A tomada do Transvaal por Shepstone, em 12 de abril de 1877, ainda que efetuada desastrosamente e contra a vontade dos bôeres, foi relativamente simples, porque a república estava em falência e seu presidente impopular[41]. Depois da anexação, Carnarvon nomeou Sir Bartle Frere para o cargo de governador e alto-comissário a fim de "levar a cabo seu plano de confederação"[42].

A tarefa de Frere estava longe de ser fácil. A colônia do Cabo recusava-se em assumir a frente do movimento de confederação, estimando que os esforços dos britânicos para encorajá-la a fazê-lo constituíam uma ingerência contrária à condição que lhe havia sido concedida. O Estado livre de Orange também estava bem pouco disposto a se deixar levar pela força para a união. Quando, em 1878, Frere convidou os seus dirigentes para uma conferência para examinar o problema, o presidente Brand respondeu que a situação da república era tão satisfatória, sob todos os pontos de vista, que não podia imaginar a perda de sua independência. O Transvaal poderia ter sido obrigado a se unir com os outros Estados devido aos acordos de anexação. Mas a administração de Shepstone não soube conciliar os bôeres, de modo que só sonhavam em recuperar a sua independência. Ademais, o próprio Shepstone se deixou a tal ponto levar nas escaramuças de fronteiras entre o Transvaal e a Zululândia que, em 1878, quando foi convidado a dar a sua opinião sobre a confederação, ele respondeu que "não tinha tido tempo de pensar suficientemente para dar uma opinião" e exigiu que o deixassem "respirar um pouco"[43]. Somente Natal estava disposto a analisar o problema. Neste meio tempo, Carnarvon foi obrigado, em janeiro de 1878, a apresentar a sua demissão por causa de uma questão que não tinha relação nenhuma com a África do Sul, ao passo que a federação que ele desejou criar ainda não era mais do que um sonho.

---

41 C. F. J. Muller (org.), 1974, p. 263-264.
42 C. F. Goodfellow, 1966, p. 123.
43 *Ibid.*, p. 147.

Frere era exatamente o homem talhado para servir da melhor forma possível aos interesses britânicos na África austral. Ele queria impor uma confederação sul-africana baseada "em um governo autônomo europeu, bem como na sujeição e civilização dos africanos"[44]. "A sujeição e a civilização dos africanos" significavam essencialmente a transformação das sociedades africanas em reservatórios de mão de obra para as empresas britânicas e coloniais, e em mercados para os produtos da metrópole, ao passo que o "governo autônomo europeu" garantiria a segurança dos investimentos britânicos. Frere decidiu que convinha tratar primeiro do aspecto africano da confederação, que ele pretendia estender pela totalidade do subcontinente, de modo que os territórios dos tswana, xhosa, zulus, ndebele e shona deviam ser anexados sob a forma de protetorados ou pela conquista.

A Zululândia era particularmente adequada para uma primeira ofensiva, sendo que seus conflitos fronteiriços com o Transvaal podiam permitir a construção de um *casus belli*. O território contestado interessava totalmente a Frere e, de fato, ao ministério das colônias, porque englobava de uma só vez Natal, Zululândia e Transvaal, sem falar de Shepstone, para o qual ele sempre foi o elemento essencial em suas visões grandiosas. Sua história remontava à década de 1850. Em 1856, Cetshwayo aproximou-se do trono zulu ao aniquilar um possível rival – Mbulazi – e sua facção. Ele governou junto a Mpande até a morte deste último em 1872. Mas ele temia ainda um outro filho de Mpande, Mkungu, o qual vivia em Natal sob a proteção do bispo Colenso e de Shepstone. Seus temores parecem ter-se materializado na década de 1860 quando se espalharam os boatos de invasão possível da Zululândia por Natal. Estes rumores chegaram aos ouvidos de alguns habitantes do Transvaal que deles se aproveitaram. Em 1861, os bôeres do Transvaal enviaram a Cetshwayo mensagens nas quais pretendiam confirmar os rumores e lhe ofereciam garantir a sua posição e a sua coroação posterior em troca de terras na zona que iria ser mais tarde objeto de litígio. Cetshwayo fez promessas que ele não pretendia cumprir.

Shepstone, que buscava desde a década de 1850 fundar um reino negro dotado de uma administração branca capaz de se autofinanciar e ao abrigo de qualquer ingerência da parte dos colonos, viu uma possibilidade de realizar esta ambição no território contestado. Imediatamente após ter tomado conhecimento das comunicações entre bôeres e zulus, ele se apressou a encontrar-se com Cetshwayo e, em nome do governo de Natal, confirmou-lhe a sua posição

---

[44] *Ibid.*, p. 155.

de herdeiro presuntivo ao trono zulu. Mas a partir de então, os bôeres criaram fazendas no território objeto de contestações, o qual eles chamaram de distrito de Utrecht. Os zulus se abstiveram de expulsá-los pela força, mas voltaram-se para o governo britânico para solicitar assumir o distrito de Utrecht, o qual se tornaria uma zona tampão entre o seu país e o Transvaal.

Durante anos, Shepstone pressionou o governo britânico para aceitar a proposta dos zulus, argumentando que o território serviria para fixar o excedente da população negra de Natal e impediria o Transvaal de atingir o mar através da Zululândia. A ideia de Shepstone tornou-se ainda mais pertinente após 1870, quando Natal, a colônia do Cabo e a Griqualand Ocidental padeciam da escassez de mão de obra. Não demorou muito para se descobrir que as vias de migração da mão de obra passavam pelo Transvaal, pela Zululândia e pelo território litigioso. Como os dois Estados entravavam a circulação nestas rotas, um reino talhado para Shepstone entre estes Estados ofereceria o corredor mais seguro. Enquanto Shepstone tinha em vista o seu Estado negro, ele apoiou as reivindicações territoriais de Cetshwayo contra o Transvaal em função da necessidade de cooperação com o rei zulu. Precisamente por esta razão que ele esteve presente no coroamento de Cetshwayo em 1873.

Além disso, Shepstone estava firmemente convencido que, se a Grã-Bretanha desejava colocar sob o seu controle todos os Estados africanos da África austral, ela devia começar por exercer um controle e uma influência sobre o reino zulu. Mas quando assumiu o poder no Transvaal, ele mudou de lado e pôs-se a apoiar as reivindicações territoriais dos bôeres por uma razão perfeitamente simples: "Ele só tinha que, de agora em diante, dar apoio às reivindicações do Transvaal para assegurar o seu corredor sem ter que dar nada em troca"[45]. O único perigo para o seu objetivo e, para dizer a verdade para a paz em todo o subcontinente, era o reino zulu, o qual era necessário destruir. Frere e o Ministério das colônias, que compartilhavam a visão de Shepstone nesta questão desde 1874, deram o seu consentimento.

Quando Shepstone embarcou rumo a Natal em 1878, ele não buscava solucionar o litígio territorial, mas se servir da questão para impor uma guerra contra Cetshwayo. A comissão criada em 26 de fevereiro de 1878 por Sir Henry Bulwer, o vice-governador do Natal, tinha recomendado uma fronteira favorável aos zulus. Mas o modo com o qual Frere propôs executar a recomendação foi calculado pra provocar vigorosas objeções por parte dos zulus: previa, com efeito,

---

45   N. A. Etherington, 1981, p. 41.

que os fazendeiros bôeres estabelecidos no lado zulu da fronteira não seriam expulsos.

A segunda questão que Frere teve que abordar foi a do chefe Sirayo. Os filhos de Sirayo perseguiram duas esposas do chefe em Natal, em 28 de julho de 1878, e as levaram para a Zululândia onde foram julgadas e executadas. O governo de Natal protestou junto a Cetshwayo contra a violação da fronteira por alguns de seus súditos e exigiu que os filhos de Sirayo fossem conduzidos a Natal para serem julgados. Cetshwayo enviou 50 libras a título de multa e apresentou as suas desculpas pela conduta irrefletida e irresponsável dos jovens. Frere lidou com a questão, em dezembro de 1878, exigiu que Cetshwayo entregasse 500 cabeças de gado por ter ofendido o governo de Natal e enviasse os filhos de Sirayo. Quando a guerra estourou, Cetshwayo ainda se esforçava para reunir o gado exigido.

Então, em setembro de 1878, dois brancos de Natal se perderam na Zululândia e foram maltratados pelos guardas da fronteira zulu, sem, todavia, serem feridos. Frere inflou desmesuradamente o incidente, declarando que era "um insulto e uma ofensa muito séria e que deviam ser severamente punidos."[46]. Ele alegou também que Cetshwayo aterrorizara os missionários para expulsá-los de seu reino e que ele devia deixar que os missionários retornassem às suas missões sem serem molestados. De fato, os missionários tinham provavelmente partido aconselhados por Shepstone, o qual sabia ser eminente a guerra e que já tinha agido deste modo em 1877[47].

Em 11 de dezembro de 1878, o ultimato completo foi enviado aos representantes dos zulus. Exigia o desmantelamento do exército zulu, a aceitação de um residente britânico, a reinstalação de todos os missionários e o pagamento de multas por diversas violações alegadas das fronteiras de Natal e dos direitos de sua população[48]. Estas exigências não poderiam simplesmente ser satisfeitas dentro dos vinte a trinta dias prescritos. No fim do prazo, em 10 de janeiro de 1879, as forças britânicas, comandadas pelo general Lorde Chelmsford, invadiram o reino zulu.

O exército de Chelmsford era composto de 15.000 soldados, dos quais muitos eram africanos recrutados em Natal – as forças de Cetshwayo somavam, sem dúvida, 45.000 homens. Mas os britânicos tinham as suas armas de fogo, particularmente eficazes já que os atiradores se escondiam em trincheiras, atrás das

---

46   E. H. Brookes e C. de B. Webb, 1965, p. 133.
47   N. A. Etherington, 1981, p. 42.
48   E. H. Brookes e C. de B. Webb, 1965, p. 134.

carroças ou dos sacos de areia. Os zulus, por sua vez, só tinham lanças, escudos e um número limitado de fuzis, os quais eles ainda não dominavam completamente por não fazerem parte de suas técnicas e treinos militares. Os escudos eram ineficazes contra as balas. As lanças faziam estragos no corpo a corpo, mas o exército britânico não deixava os zulus chegarem a usá-las já que atirava neles de longe. O resultado foi que, em quase todas as batalhas, os zulus sofreram perdas enormes ao tentarem se aproximar dos seus inimigos. Só em Isandhlwana, em 22 de janeiro de 1879, os zulus atacaram uma coluna britânica em terreno aberto e a derrotaram. Os combates terminaram em 7 de julho de 1879 com a vitória de Chelmsford sobre os zulus em Ulundi. Cetshwayo foi perseguido, capturado em agosto e deportado para o Cabo para ser aprisionado.

Como sustenta Jeff Guy, não é a batalha de Ulundi que levou à destruição do reino zulu, mas as medidas tomadas no plano político por Sir Garnet Wolseley, o qual foi nomeado alto-comissário para a África do Sudeste com autoridade suprema, tanto civil como militar, em Natal, no Transvaal e na Zululândia, e sucedeu Lorde Chelmsford, em 4 de julho de 1879. Ele não anexou a Zululândia, mas retalhou-a em treze chefias independentes. Alguns dos novos chefes não puderam praticamente exercer o poder em razão da resistência que lhes opunham inúmeras pessoas que ocupavam, antes da guerra, posições de destaque e afastadas da redistribuição das funções políticas. Os novos chefes recorreram à violência. As perdas de vidas humanas foram consideráveis e as desordens se generalizaram. A guerra civil que explodiu durou vários anos[49].

Contudo, nenhum dos objetivos que se esperava alcançar graças à guerra contra os zulus foi alcançado. Devia, principalmente, contribuir para limpar o terreno tendo em vista a incorporação dos Estados africanos em uma federação, mas ela terminou com um resultado inverso. Frere, o qual era o instigador e a alma local de toda a empreitada, foi, já vimos, substituído por Wolseley, que tinha a missão de trazer a paz, mesmo em detrimento do projeto de federação. Além disso, a guerra zulu foi seguida pela guerra anglo-bôer de 1880-1881 e por aquela entre o Cabo e o Lesoto, as quais deram o golpe derradeiro a esse projeto.

Os bôeres do Transvaal não aceitaram a perda da sua independência e, durante três anos, tentaram, por todos os meios pacíficos que dispunham, persuadir os britânicos a se retirarem. Cada derrota reforçava a sua vontade de retomar o poder dos britânicos. Em 1877, enviaram uma delegação a Londres

---

49   J. Guy, 1980, cap. 3, 4 e 5; 1981.

FIGURA 7.2 Membros de um comando bôer, por volta de 1880. [© National Army Museum, Londres]

para protestar contra a anexação. Lorde Carnarvon recusou inflexivelmente encarar a possibilidade de rever a medida de anexação, mas se declarou pronto para discutir modalidades de uma autonomia dos bôeres no seio de uma confederação sul-africana. Paul Kruger, o membro mais importante da delegação, solicitou que os bôeres pudessem decidir por referendo a forma de governo que desejariam, sob a tutela da coroa britânica, mas recusou-se de se associar no que quer que fosse ao projeto da confederação[50]. No final de 1877, quando os delegados fizeram o relato de sua missão infrutuosa, diante de um comício popular em Pretoria, diversos bôeres exigiram uma resistência armada. Mas os dirigentes pareciam convencidos de que, se um referendo mostrasse de maneira conclusiva que os bôeres se opunham à anexação, Carnarvon lhes concederia a

---

50 C. F. Goodfellow, 1966, p. 141-144.

independência. Um referendo oficial foi organizado e, por uma grande maioria, os bôeres rejeitaram a autoridade britânica.

Uma segunda delegação partiu para Londres a fim de apresentar em detalhe o ponto de vista dos bôeres ao novo secretário das colônias, Sir Michael Hicks Beach, que sucedera Lorde Carnarvon. Ele recusou também a renunciar ao Transvaal. Quando a delegação fez o seu relato diante de uma multidão numerosa, os clamores exigindo uma guerra de libertação ecoaram ainda mais fortes do que antes. Os dirigentes pretendiam, contudo, esgotar todos os meios pacíficos de obterem a independência. Antes de se dispersarem, eles enviaram um emissário para conferenciar com Frere, o qual estava em Natal, e, ao mesmo tempo, fizeram o juramento solene de lutar até a morte pela restauração de sua república. Frere veio ao Transvaal e encontrou-se com os bôeres; ele repetiu que poderiam obter a autonomia e uma ajuda econômica sob a égide da coroa britânica, mas nada mais. Ele aceitou transmitir ao governo britânico uma nova petição que, também, permaneceu sem efeito.

Ademais, em março de 1879, Shepstone foi substituído por Owen Lanyon, o qual tinha só um conhecimento limitado do Transvaal, e Frere por Wolseley, um militar que não acreditava na diplomacia, mas na força bruta. As medidas que tomaram, um e outro, só fizeram crescer a determinação dos bôeres em tentarem reconquistar a sua independência pela força. Em 15 de dezembro de 1879, um grande comício no qual participaram mais de 6.000 bôeres foi realizado em Wonderfontein; nele resolveu-se abandonar os meios pacíficos de buscar obter a independência, rejeitar a condição de súditos britânicos e montar, no mais breve intervalo, um governo republicano. Wolseley prendeu os homens que ele pensava serem os mentores e só os soltou sob fiança. Nesta altura, todavia, os bôeres começaram a ter confiança no novo governo liberal da Grã-Bretanha, cujo chefe, Gladstone, tinha, na época que estava na oposição, falado com simpatia do Transvaal e da necessidade de lhe conceder a sua independência. Mas quando eles lhe solicitaram o cumprimento de suas promessas, ele respondeu, como os seus antecessores, que não poderiam contar com outra coisa que não fosse a autonomia no seio de uma confederação.

Em dezembro de 1880, os bôeres exasperados reinstituíram unilateralmente o seu governo republicano, com sede durante algum tempo na nova capital, Heidelberg. O governo provisório era dirigido por Paul Kruger, Piet Joubert e M. W. Pretorius. A guerra explodiu em 16 de dezembro, no dia em que Lanyon se recusou a renunciar pacificamente a administração do Transvaal. Esta prosseguiu até 27 de fevereiro de 1881, dia em que os bôeres conseguiram uma vitória decisiva contra os britânicos em Majuba Hill.

O acordo de paz foi assinado em Pretoria, em agosto de 1881. Por esta convenção, se os britânicos renunciassem ao seu objetivo supremo de uma federação reunindo o Transvaal, as outras colônias e o Estado livre de Orange, obteriam em contrapartida o controle da mão de obra africana, já que disporiam, em Pretoria, de um residente encarregado de supervisionar a administração africana dos bôeres. Em segundo lugar, a supremacia imperial britânica no Transvaal estava garantida pelo fato de que os britânicos controlariam as relações exteriores da república e que teriam o direito, em tempos de guerra, de empregar e movimentar livremente as suas tropas e seus equipamentos militares no Transvaal. Os bôeres obteriam a autonomia que lhes serviria de trampolim para acederem a um grau maior de liberdade. Novas negociações chegaram, em 27 de fevereiro de 1884, à Convenção de Londres, nos termos da qual os britânicos renunciavam a todo controle sobre os africanos, mas conservavam o das relações da república com o estrangeiro[51].

Ao mesmo tempo em que as tropas imperiais lutavam para reprimir a rebelião bôer, as tropas coloniais do Cabo travavam contra os sotho uma guerra que se iniciara em 13 de dezembro de 1880. Tanto quanto a guerra dos bôeres, o conflito armado com o Lesoto estava intimamente ligado aos esforços dos britânicos de criarem uma confederação sul-africana. O governo colonial e os funcionários britânicos do Cabo desejavam dar um primeiro passo neste sentido ao desarmar os Estados africanos. A recusa dos sotho ao desarmamento unilateral provocou a guerra contra o Cabo em 1880-1881.

Desde 1872, o Lesoto estava submisso à administração colonial do Cabo. Dentro dos esforços desenvolvidos para promover a união da África do Sul, Gordon Sprigg, o primeiro ministro do Cabo, que tinha substituído Molteno, tinha, em conluio com Frere, feito votar pelo parlamento do Cabo, em 1878, a lei relativa à preservação da paz (*Peace Preservation Bill*). Esta lei possibilitava o governo ordenar aos africanos da colônia do Cabo a entregarem as suas armas de fogo em troca de uma indenização. Ela não se aplicaria, na origem, ao Lesoto, mas Sprigg, que sabia que os seus habitantes detinham muitos fuzis, decidiu estender tal lei a este reino.

Para os sotho, os fuzis tinham um grande significado social, político e econômico. Tinham sido comprados graças ao dinheiro ganho nas minas de diamantes e representavam, consequentemente, um enorme investimento em trabalho. Os sotho se apegavam também aos seus fuzis porque era muito claro para eles,

---

51 C. F. J. Muller (org.), 1974, p. 264-272; C. F. Goodfellow, 1966, p. 198-213; L. Thompson, 1971*b*; F. A. Van Jaarsveld, 1961, cap. 7.

dado a longa história de sua luta com o Estado livre de Orange, que poderiam servir um dia para defender o seu reino. Além disso, a posse de um fuzil marcou entre eles a passagem da infância para a idade adulta. Suspeitavam também que o governo do Cabo não confiava inteiramente neles e que tentaria fragilizá-los a fim de reduzi-los, na sequência, à escravidão. Outras medidas contribuíram, também, a mover os sotho para a resistência armada. Em 1879, a colônia do Cabo propôs atribuir o distrito de Quthing a fazendeiros brancos para punir seu chefe sotho Moorosi, o qual tinha se rebelado recentemente, embora tal espoliação fosse absolutamente contrária à promessa de não alienar nenhuma parte de seu país, promessa esta que tinha sido feita pelos britânicos a Moshoeshoe. Além disso, o governo do Cabo anunciou igualmente um aumento de impostos sobre as casas, o qual passaria a uma libra. Esta decisão era totalmente inaceitável para os sotho, já que um montante de 12.000 libras tinha sido recentemente cobrado do Lesoto e afetado a colônia do Cabo.

Os sotho tentaram alcançar um acordo com a colônia do Cabo por meios pacíficos. Protestaram junto a Sprigg quando, por duas vezes, ele viajou ao seu país para discutir com eles estas questões; eles encaminharam petições ao governador e à rainha da Inglaterra; enviaram emissários ao Cabo para fazer pressão sobre os parlamentares. Tudo em vão.

Durante este período, o poder no Lesoto passou das mãos do rei, chamado de agora em diante chefe supremo, Litsie, para as dos chefes. O rei tornara-se muito velho e, ainda que tenha se oposto ao desarmamento e às outras medidas de ordem colonial tomadas pelo Cabo, ele temia enormemente as consequências nefastas de uma resistência armada que expulsasse os britânicos e expusesse o reino aos riscos de um ataque do Estado livre de Orange. Ele se distanciou então da corrente popular que reclamava a luta armada e ordenou que fossem organizadas manifestações pacíficas. Mas a maioria apoiava os chefes Lertholi, Masonha e Joel que pregavam a oposição pela violência às medidas tomadas pelo governo do Cabo e incentivavam o povo a desobedecer aos magistrados e a castigar aqueles que obedeciam à administração colonial, destruindo e confiscando seus bens.

Em 13 de setembro de 1880, as tropas do Cabo entraram no Lesoto. A guerra iniciada deste modo durou sete meses. Para o governo do Cabo, as despesas militares aumentaram vertiginosamente e atingiram o nível inaceitável de 3 milhões de libras. Sir Hercules Robinson, o novo governador e alto-comissário, mostrou-se extremamente desejoso em alcançar a paz com os sotho. Estes últimos, após sete meses, estavam igualmente cansados da guerra, de modo que solicitaram a paz. O momento era favorável a uma arbitragem do governador, o que foi feito em 29 de abril de 1981. Embora os sotho ainda pudessem em princípio entregar seus fuzis e receber uma indenização, eles podiam conservá-los na prática sob a condição de solicitar permissão. Uma anistia total foi oferecida, mas uma multa de 5.000 cabeças de gado devia ser paga pelos "rebeldes" para indenizar os "lealistas" e os comerciantes pelas perdas materiais que sofridas durante a guerra. Feitas as contas, então, os sotho tinham ganhado a guerra já que a haviam lutado para manter seus fuzis. O prestígio e o poder dos chefes que obtiveram este resultado cresceram enormemente à custa do rei que hesitou num momento em que o país tinha necessidade de dirigentes combativos e intratáveis. Além disso, o governador do Cabo decidiu colocar a sua nova política em execução através da intermediação dos chefes. Isto foi para eles, deste modo, uma vitória dupla[52].

A vitória do Lesoto, a não anexação do reino zulu e a conquista da autonomia no Transvaal marcaram o fim dos esforços empregados pela Grã-Bretanha para obrigar a região a se federalizar. Ela se contentaria, no momento, a manter um controle parcial sobre as diversas partes da África do Sul, principalmente graças aos residentes instalados no local para acompanharem constantemente a evolução da situação. A Grã-Bretanha tentaria de novo impor muito mais firmemente sua autoridade após a descoberta do ouro, na metade da década. Do ponto de vista dos africanos, a Grã-Bretanha tinha feito muito para reduzir a sua independência. A Leste, o Ciskei, com sua numerosa população xhosa, mfengu e khoi-khoi, era firmemente controlado pela colônia do Cabo. O mesmo ocorria com os sotho, ainda que estes gozassem de uma grande margem de autonomia interna. A Griqualand Ocidental tinha também perdido sua soberania. Os zulus e os pedi estavam na via da autodestruição. A captura de Sekhukhune e a sua substituição por seu rival, Mampuru, garantiram que o reino fosse destroçado por lutas intestinas e, consequentemente, subordinado ao Transvaal.

---

52 S. Burman, 1981, cap. 9-12.

CAPÍTULO 8

Os países da bacia do Zambeze

Allen F. Isaacman

Este estudo[1] é dedicado ao exame das grandes mudanças intervindas ao longo dos três primeiros quartos do século XIX na África Central, território que hoje agrupa o Malaui, Moçambique e a Zâmbia. Ele concerne, em particular, à região do vale do Zambeze, importante zona de trocas econômicas e culturais, cadinho onde se forjou grande número dos principais Estados ligados à história dos povos shona e lunda. Em vez da história dos principais reinos pré-coloniais, é a região em seu conjunto que aqui será estudada, sendo concedida uma atenção muito particular para as mudanças provocadas, no século XIX, pela integração progressiva da região à economia capitalista mundial e pela diáspora nguni--sotho. A conjunção desses diversos elementos modificou o mapa político da África Central e acelerou o surgimento de grandes transformações econômicas e sociais. Ainda que a tônica incida aqui sobre esses fatores externos à região, de forma alguma as sociedades autóctones foram estáticas; a configuração interna de cada uma delas condicionou, ao mesmo tempo, o modo inicial de interação com os mercadores e os invasores estrangeiros, e a direção em que, finalmente, as mudanças foram operadas. Uma pincelada sobre a África Central no fim do século XVIII serve de introdução ao presente estudo, a fim de situarmos, em

---

1   Este capítulo, encomendado em 1975, foi concluído no início do ano de 1976 e atualizado em 1981. Eu gostaria de agradecer a Barbara Isaacman, James Johnson e Paul Lovejoy, pelas críticas muito pertinentes, formuladas por eles sobre uma primeira versão deste manuscrito.

suas verdadeiras perspectivas, os acontecimentos que se seguiram. Da mesma forma, este capítulo termina com uma breve descrição da região, na véspera da "corrida" europeia (*scramble*), pois as mudanças ocorridas no século XIX deram um outro aspecto à resistência oposta, mais tarde, pela África Central ao imperialismo europeu.

A África Central na véspera do século XIX

Apesar do impacto determinante que tiveram na África Central, podemos considerar as perturbações econômicas, sobrevindas no século XIX, e as invasões nguni-sotho, comumente chamadas Mfecane, como pertencendo a um esquema mais abrangente de transformações políticas e econômicas anteriores ao século XIX[2]. Ao longo dos séculos precedentes, as migrações, a formação de Estados e a implementação de vastas redes comerciais modificaram a fisionomia das sociedades da África Central. O que distinguiu o século XIX dos séculos precedentes não foi a mudança em si, mas o ritmo relativamente rápido em que ela se deu e a extensão de suas consequências.

Bem antes do século XIX, o vale do Zambeze e as regiões vizinhas conheceram uma grande revolução política. Por ondas sucessivas, grupos de imigrados shona e lunda tinham estabelecido sua preeminência sobre a maior parte do território, anteriormente ocupado por sociedades rurais de dimensões relativamente reduzidas. Enquanto, em zonas periféricas, os tonga, no Sul de Moçambique, ou os tumbuka e os tonga ribeirinhos do Lago Niassa (atual Lago Malaui) tinham conseguido manter sua autonomia, a maioria das sociedades autóctones haviam caído sob a influência dos Estados shona ou lunda.

É provável que a formação dos primeiros Estados tenha se iniciado na região situada no Sul do Zambeze. No início do século XVI, os imigrados de línguas shona vindos do atual Zimbábue impuseram sua dominação sobre a região que se estendia rumo ao Sul, das margens do Zambeze até o Rio Sabi. À frente deste poderoso reino encontrava-se o Mwene Mutapa (Monomotapa); dele o Império dos shona extraiu o seu nome. Ainda que as guerras civis que se seguiram tenham reduzido o poder do Mwene Mutapa e oferecido a vários chefes provinciais a possibilidade de fazer secessão e de criar reinos autônomos, a hegemonia shona se manteve em toda a região. Os mais potentes desses Estados shona

---

2   J. D. Omer-Cooper, 1966, por exemplo, sustenta que esses acontecimentos criaram uma ruptura na história da África Central.

independentes – Báruè, Manica, Uteve e Changamire –continuaram a dominar efetivamente a parte meridional do Moçambique Central, até o século XIX. No interior dessa zona, a única incursão estrangeira se produziu na margem sul do Zambeze, onde os portugueses, bem como colonos e mercadores de Goa, estabeleceram os *prazos da coroa* (domínios garantidos para a coroa) que foram nominalmente ligados ao império colonial de Lisboa[3] (ver Figura 8.1).

A expansão dos povos do Catanga, parentes dos lunda, começou um pouco mais tarde e, nos primeiros decênios do século XIX, ainda não se tinha findado. Dois séculos mais cedo, os lozi, primeiros emigrados lunda, tinham se estabelecido nas férteis planícies de inundação do Zambeze. Depois deles, logo se instalaram colonos que criaram os reinos de Kalonga e de Undi, situados no atual Malaui e, a Oeste, os ancestrais dos Estados Fala, Senga e Bemba. Por volta de 1740, os últimos dos principais imigrantes lunda, os mwata kazembe, fixaram-se na região do Luapula. Durante o resto do século, os lunda consolidaram sua autoridade sobre os territórios adquiridos e estenderam suas fronteiras, graças às suas atividades diplomáticas e militares. Aproximadamente em 1800, alguns Estados ligados aos lunda, como Undi, Kalonga e Lozi, tinham atingido o apogeu, ao passo que outros, como o Bemba, ainda se encontravam em curso de expansão[4].

Com algumas pequenas diferenças, a estrutura dos Estados shona e lunda estava fundada em princípios similares. No cume, encontrava-se um rei, tido como possuidor de qualidades sagradas, sejam inerentes à realeza, sejam adquiridas pelos ritos de investidura. A estreita relação mantida pelo soberano com o sobrenatural, santificada pelos sacerdotes do culto e pelos médiuns, assegurava a saúde e o bem-estar dos seus súditos, bem como a fertilidade da terra. A inter-relação entre a instituição real e a fertilidade reforçava a posição do soberano como proprietário simbólico e guardião espiritual da terra. Portanto, o direito de distribuir a terra cabia somente a ele, direito que constituía o fundamento da autoridade exercida pelo rei sobre seus vassalos e seus outros súditos, sustentando, assim, um ciclo de trocas recíprocas. Para cumprir as obrigações para com o rei, resultantes da dívida contraída por eles ao utilizarem sua terra, e para poder aproveitar de suas qualidades reais, os súditos deviam fornecer certos impostos, bem como serviços e tributos fixados anteriormente, os quais variavam de um reino ao outro. Ademais, nos dois reinos, a maior presa de um elefante morto

---

3 Para uma análise mais detalhada dos *prazos* do Zambeze, ver A. F. Isaacman, 1972*a*, e M. D. D. Newitt, 1973*a*.
4 Para um resumo da expansão lunda, ver a obra de H. W. Langworthy, 1972, p. 16-27.

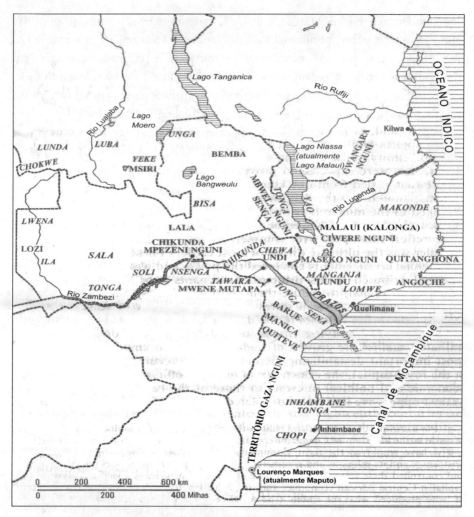

FIGURA 8.1   Mapa étnico e político da África Central, 1800-1880 (segundo A. F. Isaacman).

ia sistematicamente para o monarca, na qualidade de proprietário da terra. Em algumas sociedades, como as de Manica, dos lunda de Kazembe e de Undi, ao monarca se reservava também, em princípio, o monopólio do comércio, ao passo que, no reino de Changamire, em última instância, ele era o proprietário de quase todo o gado[5]. Estes tributos e diversas ordenações alicerçavam o

---

5   Para uma análise crítica da tese "comércio e política" e para uma análise da importância do gado no reino de Changamire, ver S. I. Mudenge, 1974.

poder e a riqueza do monarca, que redistribuía uma parte dessa última com seus principais tenentes, a fim de garantir a lealdade deles. Nesse sentido, os Estados pré-coloniais da África Central organizavam a circulação dos magros recursos existentes, os quais passavam das classes dominadas à classe dominante[6].

Apesar destes rituais e destas instituições unificadoras, um certo número de fatores opôs-se ao desenvolvimento de reinos muito centralizados. Dentre os principais fatores de instabilidade figuraram as crises de sucessão crônicas na capital real; a repugnância dos dignitários distanciados da capital para subordinar seus interesses econômicos e políticos aos da autoridade central; as revoltas contra chefes opressores que violavam "o reinado da lei"; a falta de homogeneidade étnica e cultural e a ausência de um exército permanente para controlar as vastas extensões do reino. Tal situação caracterizou-se por conflitos e secessões de caráter ao mesmo tempo irregular e crônico. Assim, os Estados Shona de Báruè, Manica, Uteve e Changamire apenas afirmaram sua independência frente ao Mwene Mutapa para experimentar os mesmos problemas em seus próprios territórios[7]. O mesmo ocorreu na região setentrional do Zambeze, em particular, nos reinos de Kalonga, Undi e Lundu, do atual Malaui[8]. Entretanto, a fragilidade de vários desses Estados não deve mascarar a solidez das redes comunitárias e das ligações mais locais que podiam fornecer auxílio e assistência nos momentos difíceis[9].

Do mesmo modo que profundas mudanças políticas ocorreram também antes do século XIX, complexas redes comerciais estavam em operação por toda a África Central, bem antes da expansão que marcaria o século XIX. Apesar da tendência dos historiadores e dos antropólogos para qualificar as

---

6   Neste capítulo, emprego a expressão "classe dominante" para me referir à aristocracia que se apropriava dos excedentes e aos seus aliados religiosos e comerciais que governavam os Estados da África Central e controlavam seus magros recursos. A ausência de uma análise histórica das economias pré-capitalistas da África Central e, em particular, a falta de uma reconstituição detalhada de "quem produzia o que para quem" (as relações sociais de produção, em termos marxistas) tornam impossível definir com exatidão a estrutura de classe dos Estados estudados por nós. Antes de poder empreender uma análise global, será preciso estudar muito precisamente as diversas entidades políticas da região, a fim de determinar como as classes dominantes puderam manter e reproduzir seu acesso aos recursos limitados, e como elas puderam controlar e explorar a mão de obra. Trata-se também de precisar em qual medida tais processos contribuíram para formar os interesses de classe e a consciência de classe, em geral. Os trabalhos de C. Coquery-Vidrovitch (1972), de C. Meillassoux (1974), de E. Terray (1972) e de M. Godelier (1975), mesmo se não estivermos inteiramente de acordo com eles, representam uma importante contribuição para a análise da formação das classes sociais.

7   A. F. Isaacman, 1973; S. I. Mudenge, 1974; H. H. K. Bhila, 1972, e D. Beach, 1980.

8   H. W. Langworthy, 1971; K. M. Phiri, 1975, p. 78-80.

9   Também havia desigualdades no seio do sistema de parentesco. Os anciões tendiam a monopolizar os recursos limitados, à custa dos homens e das mulheres mais jovens. Ver Meillassoux, 1981.

sociedades autóctones de "sociedades de subsistência", o comércio de produtos de base, tais como o ferro, o sal, as vestimentas e os grãos, era característico das economias locais e completava o setor agrícola local[10]. Deste modo, ainda que a maior parte dos sena tenha sido majoritariamente formada de agricultores, um pequeno grupo de tecelões exportava regularmente seus tecidos a algumas centenas de quilômetros, para a região do Zumbo e para o país dos chewa, onde tais produtos eram muito procurados[11]. Outrossim, durante o século XVIII, os mercadores bisa praticaram comércio do ferro em grande escala[12]; os chewa de Kasungo utilizavam seus excedentes de sal para obter enxadas tumbuka[13], e a economia nacional dos lozi repousava sobre a troca de gado, peixes e de diversos artigos manufaturados e agrícolas, entre diferentes regiões do reino[14]. Já que a troca dos excedentes é, desde então, algo comprovado, resta estudar mais qual era a natureza do sistema de produção que permitia tais excedentes.

Este tipo de comércio local e inter-regional, sustentado por uma pequena atividade mineira e manufatureira, contribuiu com o nascimento e com a manutenção de um fluxo de trocas entre o interior do país e o litoral. Embora nossas informações sejam fragmentárias, é claro que, ao logo dos séculos XVII e XVIII, uma rede internacional edificada sobre uma justaposição de correntes comerciais entre grupos vizinhos, alimentou com mercadorias os portos do Oceano Índico, dominados pelos grandes negociantes muçulmanos e indianos. Entre os produtos mais importantes figuravam o marfim do vale do Luangwa e do território adjacente, pertencente ao reino Undi, o ouro das minas a Norte de Tete e das minas dos reinos de Manica e de Changamire, bem como o cobre da região de Kafue[15]. Tal comércio parece ter sido de amplitude relativamente limitada e mais ou menos irregular até os dois últimos decênios do século XVIII. O avanço para o Leste dos lunda do Kazembe e a aliança comercial entre estes e o reino de Bisa, o desenvolvimento das atividades dos mercadores yao da costa e a expansão das atividades comerciais chikunda dos *prazos* do Zambeze tenderam a elevar consideravelmente o nível das exportações para os entrepostos

---

10   K. M. Phiri, 1975, p. 109-137; A. D. Roberts, 1970*a*.
11   A. F. Isaacman, 1972*a*, p. 73.
12   A. D. Roberts, 1970*a*, p. 723.
13   K. M. Phiri, 1975, p. 111.
14   G. L. Caplan, 1970, p. 6-7.
15   A. D. Roberts, 1970*a*, p. 717; S. I. Mudenge, 1974, p. 384-390; A. F. Isaacman, 1972*a*, p. 75-85; H. H. K. Bhila, 1972.

do Oceano Índico. Esses três grupos adquiriram uma quantidade substancial de marfim e de escravos, preparando, assim, a integração progressiva da região ao mercado mundial, que repousava quase totalmente na troca destes dois gêneros por produtos europeus manufaturados[16].

A transformação dos sistemas políticos e econômicos frequentemente engendrou mudanças paralelas na composição social e étnica das sociedades centro-africanas. A migração de povos estrangeiros aparentados aos shona e aos lunda ocasionou frequentes casamentos entre membros dos diferentes grupos étnicos, e até mesmo esteve na origem do surgimento de agrupamentos completamente novos, como os sena, os tonga do Zambeze e os goba[17]. De uma forma geral, os imigrantes conseguiram impor à população local suas instituições de base e seus valores. Assim, a difusão, em grande parte da região setentrional do Zambeze, do modo lunda de organização social fundado na realeza perpétua e em uma ordem de sucessão ao trono, modificou a estrutura fundamental da instituição real e teve profundas repercussões sobre seu modo de transmissão[18]. Em toda parte do Sul do Zambeze, a propagação do culto mwari dos shona e a crença nos espíritos dos ancestrais da nação (*mhondoro*), na qual tal culto se apoiava, também tiveram uma importância comparável. A introdução simultânea da língua shona e do sistema simbólico ligado à propagação do culto mwari modificaria radicalmente a cosmologia dos autóctones[19]. Entretanto, a mudança de cultura não ocorreu em um único sentido. Ainda que tal problema necessitasse de um estudo aprofundado, está claro que os conquistadores shona, da mesma forma que os conquistadores lunda, adotaram certos elementos culturais das sociedades autóctones, criando assim, na maioria dos casos, novas formas sincréticas. Os cultos makewana e mbona dos chewa e dos lundu parecem representar essa forma híbrida[20], tal como a distinção entre chefe do território e chefe político, que foi uma característica da dominação exercida pelos lunda do Kazembe sobre os shila[21].

Por volta do fim do século XVIII, a África Central saía de uma fase dinâmica de sua história. As migrações e as conquistas dos séculos precedentes haviam modificado o mapa político e cultural da região, ao passo que a importância das

---

16 E. A. Alpers, 1975, p. 172-208; A. D. Roberts, 1970*a*, p. 727-728; K. M. Phiri, 1975, p. 109-126.
17 A. F. Isaacman, 1972*a*, p. 4; C. S. Lancaster, 1974.
18 Para mais detalhes sobre a realeza perpétua e a ordem de sucessão, ver J. Vansina, 1966, p. 82.
19 Ver D. P. Abraham, 1966; T. O. Ranger, 1973.
20 T. O. Ranger, 1973; M. Schoffeleers, 1972*a*; 1972*b*; H. W. Langworthy, 1971.
21 I. Cunnison, 1959, p. 180-184.

trocas comerciais tinha aumentado consideravelmente. Tais mudanças, por sua vez, frequentemente provocaram tensões entre os conquistadores e as populações conquistadas, bem como entre os diferentes grupos econômicos que disputavam os magros recursos da região. Foi assim que, apesar de uma certa tendência à centralização política, a situação continuou relativamente instável e pôde ser explorada pelos mercadores estrangeiros ou por uma nova onda de imigrantes conquistadores.

O comércio de escravos e a integração da África Central na economia capitalista mundial

A penetração comercial sem precedente ocorrida no século XIX, a partir da costa oriental africana, provocou a entrada da maior parte da África Central na economia capitalista mundial. Tal como na África Ocidental, o comércio de escravos desempenhou um papel determinante no processo graças ao qual a região, em particular aquela situada a Norte do Zambeze, se integrou à periferia do sistema internacional de trocas. Não obstante algumas semelhanças de base, houve contudo importantes diferenças. Em vez de ser destinada ao Novo Mundo, a maioria dos cativos era exportada para as plantações do Oceano Índico, para Madagascar e para o Oriente Médio: o importantíssimo papel do comércio de marfim e o fato de as grandes mudanças que acompanharam a integração no mercado mundial terem se desenrolado em um lapso de tempo muito mais curto, também distinguem a África Central da África Oriental. Deste modo, a violência que acompanhava o tráfico de escravos era provavelmente mais marcada na África Central, o que se traduzia por uma fragmentação da sociedade e uma desorganização sem precedentes da economia rural. Sem dúvida, certas sociedades comerciantes da África Central, ou pelo menos suas classes dominantes, tiraram proveito, por pouco tempo, de sua participação do mercado de escravos e de marfim. Mas, por fim, elas se encontraram em uma situação de subordinação e de dependência em relação ao sistema comercial internacional, cujos centros de decisão estavam fora da África[22].

Na primeira metade do século XIX, vários fatores concorreram para a ascensão do comércio de escravos. Após o ressurgimento da economia de *plantation* no Nordeste do Brasil e o desenvolvimento das plantações de cana-de-açúcar

---

22 Ver o capítulo 2 do presente volume; ver também I. Wallerstein, 1976; E. A. Alpers, 1975, p. 264-267.

em Cuba, um número considerável de negreiros das Antilhas e da América Latina começou a frequentar os portos de Moçambique, onde os cativos eram, em geral, mais baratos do que na África Central, e onde a presença limitada das forças navais britânicas era menos intimidadora[23]. Na mesma época, os franceses, que exploravam a Ilha Bourbon (atual Ilha da Reunião), as Seychelles e as Mascarenhas, bem como a elite dirigente de Madagascar, adquiriram um maior número de escravos. Entretanto, o estímulo mais importante foi o desenvolvimento, no início do século, de plantações de craveiros nas ilhas de Zanzibar e de Pemba[24].

A situação da África Central era ideal para satisfazer esta demanda crescente por mão de obra escrava. As redes de comércio estabelecidas pelos povos bisa, yao e chikunda já ligavam o interior das terras aos mercados costeiros de Kilwa, da Ilha de Moçambique e de Quelimane. Ainda que o marfim fosse, no início, o produto mais procurado, os mercadores do interior do país sempre forneceram a tais entrepostos internacionais escravos em pequeno número, porém de forma muito regular. Eles eram empregados no carregamento do marfim, o que permitia aumentar o número de escravos sem perturbar o comércio de presas de elefante. Ao contrário, as exportações de marfim também conheceram um importante avanço à medida que os mercadores africanos tentaram satisfazer, ao mesmo tempo, a demanda dos novos mercados da Grã-Bretanha, dos Estados Unidos e a de seus tradicionais clientes da Ásia[25].

Quando a demanda de mão de obra barata e de marfim subiu, os mercadores yao, bisa e chikunda estenderam seus impérios comerciais. Os yao penetraram primeiramente na região do lago Niassa durante a primeira metade do século e, após 1850, no vale do Shire, em busca de novos mercados junto aos manganja e aos chewa. Ao mesmo tempo, estabeleceram relações comerciais com o porto de Ibo, no Oceano Índico, que se tornou um grande centro de exportação. Os chikunda, inicialmente a serviço dos *prazeiros* afro-portugueses e afro-goeses, estenderam suas relações comerciais da região situada logo ao Norte do Zambeze até o vale do Luangwa e, ao Sul, até o atual Zimbábue, ao passo que os bisa intensificavam seu comércio no território situado entre os vales do Shire e do Luapula. Estes três grupos continuaram também a privilegiar o comér-

---

23 E. A. Alpers, 1967, p. 4-12; A. F. Isaacman, 1972*a*, p. 85-94; K. M. Phiri, 1975, p. 130.
24 K. M. Phiri, 1975, p. 130; E. A. Alpers, 1975, p. 209-218; A. M. H. Sheriff, 1971.
25 R. W. Beachey, 1967.

cio de marfim e, entre os bisa, o marfim permaneceu o principal produto de exportação[26].

Na metade do século XIX, a África Central tinha se tornado uma grande fornecedora de escravos. As exportações anuais de Quelimane para o Brasil, por exemplo, aumentaram de 400%, entre 1800 e 1835[27]. Os novos portos de Ibo, na Ilha de Moçambique, e de Kilwa fizeram brilhantes negócios; e o ressurgimento do sultanato de Angoche, após 1844, estava diretamente ligado a sua entrada no tráfico de escravos; mesmo os portos do Moçambique Meridional, Inhambane e Lourenço Marques, praticamente desconhecidos pelos negreiros europeus, tornaram-se entrepostos secundários, porém importantes[28]. Zanzibar permaneceu sendo o principal centro para onde eram levados os cativos; as importações anuais passaram de 10.000 por ano em 1810 para 50.000 em 1850[29]. Esse aumento seguiu-se de um crescimento proporcional das exportações de marfim[30].

A preeminência econômica dos yao, dos chikunda e dos bisa não tardou a ser contestada, como permite supor a entrada de Angoche no comércio de escravos. Inúmeros mercadores, tanto africanos quanto estrangeiros, tornaram-se rapidamente seus concorrentes no negócio de escravos e de marfim. Os chefes e os mercadores macua da costa começaram, ao mesmo tempo, a explorar o interior, muito povoado, e a impedir os seus rivais yao de passar com suas caravanas pelo território macua para ganhar a Ilha de Moçambique. Na metade do século XIX, tiveram a oportunidade de substituir os yao como principais fornecedores de escravos para a Ilha de Moçambique[31]. Os mercadores de escravos árabes e suaílis, que, com frequência, dependiam diretamente da economia de *plantation* de Zanzibar, também se tornaram comerciantes muito ativos. Em alguns casos, eles estabeleceram comunidades permanentes no interior das terras, como Jumbe o fez em Khota Khota, no Lago Malaui. Entretanto, com mais frequência, os negociantes da costa equipavam caravanas que eram enviadas aos grandes mercados no interior das terras, onde os escravos e o marfim eram facilmente acessíveis. Foi da atual Tanzânia que vieram os comerciantes nyamwezi, cujo

---

26 K. M. Phiri, 1975, p. 117-130; E. A. Alpers, 1975, p. 209-233; A. D. Roberts, 1973, p. 189-193; Y. B. Abdallah, 1973, p. 29-31.
27 A. F. Isaacman, 1972a, p. 92.
28 E. A. Alpers, 1967, p. 10-12; M. D. D. Newitt, 1973b; P. Harries, 1981.
29 E. A. Alpers, 1967, p. 10-12.
30 R. W. Beachey, 1967; K. M. Phiri, 1975, p. 117-126; E. A. Alpers, 1975, p. 234.
31 E. A. Alpers, 1975, p. 219-229.

mais importante, Msiri, impôs sua dominação comercial e política em toda a parte oriental do reino Lunda[32]. Na metade do século, rumores sobre as possibilidades de lucros chegaram até Angola e incitaram os comerciantes mambari a estabelecer relações comerciais com os lozi e seus suseranos kololo[33]. Resumindo, o aumento da demanda internacional de mão de obra servil fez com que uma grande parte do Zambeze Setentrional se tornasse uma reserva humana onde a principal atividade era a "produção" de escravos.

O aumento da concorrência entre comerciantes, assim como o monopólio do armamento moderno detido por eles, modificaram de forma radical a natureza do tráfico de escravos após 1840. Ao passo que, até então, a maioria dos escravos provavelmente havia sido comprada por vias comerciais legais, o ataque e a conquista tornar-se-iam doravante o principal modo de aquisição. Conforme suas tradições, os chikunda, por exemplo, na primeira fase do comércio de escravos, podiam comprar escravos nsenga, chewa e tonga, dentre os quais muitos eram, a princípio, criminosos, foras-da-lei ou estrangeiros. Entretanto, passaram a recorrer a métodos coercitivos para responder à demanda das regiões costeiras[34]. Do mesmo modo, mercadores itinerantes yao aproveitaram-se de seu acesso a tecidos baratos e a enxadas de ferro, a fim de adquirirem uma posição comercial de primeiro plano. Contudo, durante a segunda metade do século, pressões externas incitaram-nos a exercer uma influência militar no vale do Shire para assegurar sua hegemonia econômica[35]. A participação do povo macua no comércio de escravos sofreu uma transformação análoga, ao passo que a força sempre fizera parte da estratégia árabe-suaíli[36].

Para assegurar um constante fornecimento de cativos e de marfim, um certo número de grupos de comerciantes obteve Estados de tamanho considerável, através de suas conquistas. Embora fossem diferentes nos detalhes, estas comunidades apresentavam traços comuns que modelaram sua evolução histórica. Todos os suseranos estrangeiros contavam largamente com as armas europeias para impor sua hegemonia e manter sua preeminência. Tais armas aperfeiçoadas eram obtidas em troca de cativos, em uma versão atualizada do ciclo fuzil--escravo. Uma vez solidamente implantadas, as classes dirigentes estrangeiras alargavam as fronteiras de seu império; suas forças podiam ser mais ou menos

---

32 J. Vansina, 1966, p. 227-231.
33 E. Flint, 1970.
34 A. F. Isaacman, 1976, p. 24-25.
35 K. M. Phiri, 1975, p. 147-150; E. A. Alpers, 1969.
36 E. A. Alpers, 1975, p. 219-228; K. M. Phiri, 1975, p. 139-145; H. W. Langworthy, s. d.

FIGURA 8.2 *Jumbe de Khota Khota.* [Fonte: H. H. Johnston, *British Central Africa*, 1897, Methuen and Co, London, p. 92. Foto reproduzida com a autorização do Conselho de Administração da Biblioteca da Universidade de Cambridge.]

potentes, mas, por outro lado, a coerção era o mecanismo privilegiado do crescimento territorial. As novas aquisições forneceram fontes suplementares de escravos e de marfim, utilizados para aumentar o tamanho dos arsenais, tornando assim possível uma nova expansão. Ainda que politicamente independentes, tais Estados conquistados por estrangeiros representavam uma extensão indireta ou secundária da potência econômica e militar europeia para o interior do país.

Esse tipo de penetração comercial, de conquista e de formação de Estados se reproduziu ao longo do Zambeze e no vale adjacente do Luangwa. Após 1840, um grande número de chefias chewa, tonga, tawara, nsenga e soli foi absorvido à força pelos Estados dos senhores da guerra afro-portugueses e afro-goeses, bem como de seus vassalos chikunda. Os mais importantes foram Massangano, Makanga e os Estados zumbo de Kanyemba e de Matakenya[37]. Um fenômeno semelhante se produziu no Norte, em ritmo acelerado, atingindo seu ponto culminante nos anos 1870. Como o indicamos mais acima, chefes mercadores yao, como Mataka, Makanjila e Mpona, impuseram sua hegemonia sobre a maior parte do vale do Shire; comerciantes árabes estabeleceram encraves políticos na região do lago Niassa; e Msiri, o chefe dos yeke, apoderou-se do controle das províncias ocidentais do reino lunda de Kazembe[38]. Em suma, o comércio de escravos, em uma região imensa, conduziu ao poder novas classes dirigentes, cuja autoridade repousava sobre a exploração e a intimidação da população local.

Mesmo quando os negreiros não se impunham como suseranos políticos, suas razias, assim como sua capacidade de explorar as cisões existentes no interior de inúmeras comunidades da África Central, frequentemente abalavam a autoridade da aristocracia local. Ao burlar o monopólio real do comércio, os mercadores árabes e suaílis adquiriram um poder local no reino lunda de Kazembe. Em 1872, eles intervieram diretamente na política lunda, ajudando no assassinato de Kazembe Muonga Sunkutu e na escolha de um sucessor mais dócil[39]. Do mesmo modo, as incursões dos chikunda e dos suaílis, conjugadas às alianças comerciais feitas por estes últimos com chefias distantes, minaram a posição do Reino Undi ao longo do século XIX e, por fim, provocaram sua queda por volta de 1880[40]. Outros mercadores estrangeiros precipitaram um confronto armado entre o chefe senga, Kambamo, e Tembu, seu inimigo jurado,

---

37   A. F. Isaacman, 1976, p. 22-48.
38   J. Vansina, 1966, p. 227-231; E. A. Alpers, 1969, p. 413-416; H. W. Langworthy, s. d., p. 14-18; K. M. Phiri, 1975, p. 140-145; Y. B. Abdallah, 1973, p. 40-60.
39   I. Cunnison, 1966, p. 235-236; A. D. Roberts, 1973, p. 199.
40   H. W. Langworthy, 1971, p. 18-21.

FIGURA 8.3 Mercadores árabes da região norte do lago Malaui. [Fonte: H. H. Johnston, *British Central Africa*, 1897, p. 93, Methuen and Co, London. Foto reproduzida com a autorização do Conselho de Administração da Biblioteca da Universidade de Cambridge.]

a fim de obterem mais escravos para a exportação[41]. No Sul, bandos chikunda alcançaram uma situação econômica e política de primeiro plano, graças à forma com a qual souberam explorar suas qualidades militares, aliando-se às facções vitoriosas das sociedades senga e sala[42].

A influência dos mercadores de escravos no destino político da aristocracia autóctone não era uniforme. Em alguns casos, a classe dominante encontrou-se reforçada por suas ligações econômicas e militares com os negreiros. Tal foi o caso das relações entre os chefes bemba e os mercadores árabes e suaílis.

---

41 H. W. Langworthy, s. d., p. 20-21.
42 B. Stefaniszyn e H. de Santana, 1960, p. 364; W. V. Brelsford, 1956, p. 58.

Os bemba, à frente dos quais se encontrava Chilesche Chipela, findavam uma fase de expansão territorial e de centralização política quando os mercadores estrangeiros penetraram entre eles, por volta de 1860. Como consequência, o reino bemba foi bem mais unificado e poderoso do que a maioria das sociedades da África Central. Sua situação geográfica, um pouco à parte das grandes rotas comerciais, impediu a formação, no seio do reino, de uma larga comunidade mercante, podendo eventualmente apresentar riscos de sedição. Também é importante o fato de nada ter incitado os comerciantes árabes e suaílis a adotarem uma atitude hostil para com os bemba, pois que não havia rivalidade econômica entre eles. A maior parte das riquezas das famílias reais bemba era composta de escravos e de marfim que provinham de razias e de tributos, e eles estavam felizes em trocá-los por tecidos e outras mercadorias importadas, fornecidas pelos mercadores costeiros. Essa complementaridade econômica favoreceu o estabelecimento de relações harmoniosas e, ao mesmo tempo, consolidou a situação interna da elite dirigente bemba, que se servia das mercadorias estrangeiras para recrutar novos partidários e reforçar suas ligações com os chefes subordinados. A forte demanda por escravos e marfim provocou, de 1860 a 1880, uma nova fase de expansão durante a qual forças bemba se apoderaram da maior parte do Nordeste da atual Zâmbia. Foi assim que, graças às ligações mantidas com mercadores estrangeiros, os bemba alcançaram um poder regional sem precedente, acumulando riquezas consideráveis[43].

Como os bemba, um certo número de chefes e de mercadores locais fez alianças com os negreiros, que se revelariam extremamente benéficas a eles. Ao longo dos anos 1870, Mwaze Kasungo, o chefe chewa cujo território abarcava parte da rota comercial Niassa-Catanga, abastecia as caravanas árabes de gêneros alimentícios, recebendo fuzis em troca. Tais armas permitiram-lhe, em seguida, resistir às invasões dos nguni mbwela[44]. A proteção, outorgada pelos árabes e pelos suaílis aos chefes senga, importantes fornecedores de marfim, também se explicava por considerações econômicas[45]. Fatores da mesma ordem contribuíram para justificar as alianças dos chikunda com os ambo contra os bemba, e a ajuda que eles concederam aos nsenga contra os soli, na década que precedeu a "corrida"[46]. Em todos esses casos, mostra-se claro que a estratégia dos estran-

---

43 A. D. Roberts, 1973, p. 164-214.
44 K. M. Phiri, 1975, p. 143-145; H. W. Langworthy, s. d., p. 12-13.
45 H. W. Langworthy, s. d., p. 18-21.
46 W. V. Brelsford, 1956, p. 64; B. Stefaniszyn e H. de Santana, 1960, p. 64; K. M. Phiri, 1975, p. 150.

geiros era impedir a expansão de um rival comercial ou político, a fim de manter suas próprias zonas de influência.

Por uma estranha ironia do destino, os chefes e os mercadores que buscavam um excedente de cativos foram, às vezes, vítimas das perturbações sociais e políticas provocadas pelo tráfico de escravos. Em várias ocasiões, eles abusaram de sua autoridade e reduziram os seus súditos ou seus vizinhos à escravidão, para manter o afluxo de riqueza e de armas sobre os quais repousava o seu poder. A elite macua adotou esse tipo de estratégia suicida. Até os anos 1850, os macua foram os principais exportadores de escravos para a Ilha de Moçambique. Suas atividades predatórias provocaram indiretamente uma vasta migração das sociedades vitimadas por eles. Confrontados com uma diminuição de suas reservas de mão de obra, os chefes macua começaram a lançar ataques uns contra os outros e a reduzir os seus próprios súditos à escravidão, para continuarem se enriquecendo por meio desse tráfico, do qual se tornaram totalmente dependentes. No espaço de duas décadas, os macua encontraram-se gravemente divididos, o que, em seguida, os tornaria uma presa fácil para os invasores portugueses[47]. Movida pela ganância, a comunidade afro-portuguesa dos *prazeros* sofreu dessa mesma visão estreita, precipitando assim o desabamento do sistema dos *prazos*. Os *prazeros*, tal como os chefes macua, violaram sua carta histórica e, quando não mais puderam conseguir cativos no interior do país, começaram a reduzir as pessoas que viviam em suas terras à escravidão. Como reação a esse abuso, a população autóctone se revoltou e expulsou os *prazeros* da região ou fugiu para o interior, privando, assim, o proprietário do domínio de sua tradicional fonte de renda. Nos dois casos, isso tendeu, por volta de 1830, à destruição da maioria dos *prazos* e aqueles que conseguiram sobreviver conheceram períodos de fome que enfraqueceram tanto as populações autóctones que elas não puderam opor nenhuma resistência às invasões nguni das décadas seguintes. Cinquenta anos mais tarde, os gwemba, os nsenga e os tawara levantaram-se contra os seus suseranos *mestizo* (afro-portugueses e afro-asiáticos) e chikunda, que os haviam reduzido à escravidão e exportado para a costa[48].

A região sob domínio shona, que se estendia da margem sul do Zambeze ao interior de Inhambane, tornou-se uma zona secundária de fornecimento de escravos, e o mesmo ocorreu à região da baía de Delagoa. Apenas pequenos encraves de implantação comercial estrangeira eram encontrados no interior

---

47   E. A. Alpers, 1975, p. 225.
48   A. F. Isaacman, 1972*a*, p. 114-123.

dessa larga zona, notadamente nas zonas conquistadas pelos chikunda, ao longo das margens meridionais do Zambeze, ao passo que traficantes portugueses e africanos, que tinham interesses comerciais nos portos de Inhambane e de Lourenço Marques, efetuavam ataques ocasionais. Tais atividades, que precederam o século XIX, eram esporádicas e somente eram praticadas em uma escala muito reduzida[49].

Um conjunto de fatores demográficos, comerciais e políticos explica a recusa ou a incapacidade dos mercadores de escravos de explorarem esta parte meridional do vale do Zambeze. A menor densidade de população significava que, potencialmente, havia menos recursos em escravos do que na região setentrional, facilmente acessada pelos traficantes. Ademais, os Estados shona tinham amplos recursos em ouro e marfim, exportados por eles em troca de produtos europeus. Assim, o único meio de os mercadores estrangeiros conseguirem cativos em número considerável era recorrer à força; e os poderosos Estados shona tinham a possibilidade de rechaçar a maior parte das incursões. A derrota infligida pelo exército de Mwene Mutapa a uma armada portuguesa, em 1807, assim como os repetidos ataques de Báruè e Manica contra os europeus, mostraram bem em favor de quem pendia o equilíbrio das forças. Os gaza nguni, que impuseram sua hegemonia sobre grande parte da região meridional após 1830, participaram do tráfico internacional de escravos. Mas, após 1850, quando a esquadrilha naval britânica encarregada de lutar contra o tráfico interditou as rotas dos portos de Lourenço Marques e de Inhambane aos navios, esse comércio tornou-se cada vez mais difícil e, finalmente, deixou de ser rentável. No espaço de dez anos, a aristocracia gaza e os mercadores regionais abandonaram o tráfico marítimo, preferindo utilizar seus escravos no local[50].

Embora as pesquisas neste domínio devam prosseguir, *a priori*, tudo indica que uma evolução semelhante ocorreu em muitos lugares da África Central. Uma das consequências do declínio da demanda internacional de escravos, na segunda metade do século XIX, foi a transformação do destino dos cativos: de gêneros destinados à exportação, tornaram-se trabalhadores forçados. Conhecemos vários exemplos de escravos destinados à exportação que foram integrados à produção local. A mão de obra escrava desempenhou um grande papel entre os gaza, os macua, os lozi, os gwemba, os maconde e os chikunda, entre outros. Nos dois últimos casos, o fato de recorrerem aos cativos permitiu aos homens livres recolher o cautchu, a cera e o marfim para a exportação além-mar. A aris-

---

49 *Ibid.*, p. 89-92; A. K. Smith, 1969, p. 176-177; A. Lobato, 1948, p. 7-8; P. Harries, 1981, p. 312-318.
50 P. Harries, 1981, p. 312-318.

FIGURA 8.4 Um *Ruga-ruga* (caçador de escravos). [Fonte: H. H. Johnston, *British Central Africa*, 1897, p. 421, Methuen and Co, London. Ilustração reproduzida com a autorização do Conselho de Administração da Biblioteca da Universidade de Cambridge.]

tocracia lozi também empregou escravos para cavar canais e fossas, o que lhe permitiu transformar solos pantanosos em terras cultiváveis. No último quarto do século, estima-se que um quarto da população lozi era constituído de escravos. Deste modo, o dinamismo da economia nguni deveu-se à possibilidade de obter excedentes, graças a um vasto estoque de cativos[51].

Todavia, mesmo levando em conta as variações locais, vemos se desenhar um movimento geral de desagregação econômica devido ao tráfico de escravos. A brutal transformação de uma grande parte da economia rural, a exportação de um grande número dos membros mais produtivos das sociedades locais, a introdução involuntária de doenças extremamente contagiosas e a crescente dependência da economia da África Central em relação ao sistema de troca mundial aceleraram o processo de subdesenvolvimento. Claro, esse processo foi acompanhado da difusão de novas culturas, como o tabaco, o milho, o arroz e a mandioca; da introdução de inovações técnicas modestas, como as peças chikunda, os celeiros, as armas; e da expansão de algumas indústrias locais. Porém, esses são desenvolvimentos pouco importantes se comparados ao atraso econômico que a região, em seu todo, conheceu[52].

Não é muito necessário se deter sobre a amplitude, sem precedentes, das destruições que acompanharam os ataques e as atividades expansionistas dos negreiros: campos devastados, aldeias inteiras destruídas, cujos sobreviventes, no mais das vezes, eram obrigados a fugir para se estabelecerem em lugares inacessíveis e improdutivos. Um viajante do século XIX conta o efeito dos ataques conduzidos pelos yao contra os manganja, nos anos 1860:

> Um certo número de manganja partiu com eles. Em toda parte, viram os traços aflitivos da guerra: aldeias queimadas, hortas abandonadas, as ricas terras da redondeza transformando-se rapidamente em desertos. Por volta do meio-dia, encontraram um importante bando de ajaua (yao) que voltava de um ataque vitorioso. Ao longe, víamos a fumaça das aldeias que queimavam. Uma longa fila de cativos carregava

---

51 L. Gann, 1972, p. 188-192; E. Flint, 1970, p. 73-79; P. Harries, 1981; W. G. Clarence-Smith, 1979*b*, p. 219-234; P. D. Curtin, S. Feierman, L. Thompson e J. Vansina, 1978, p. 403; T. I. Matthews, 1981, p. 23-24. Assim, enquanto a escravidão havia caracterizado inúmeras sociedades da África Central antes do tráfico, diversos indícios mostram que a aristocracia cada vez mais tendia a adquirir cativos para obter os excedentes que lhe permitiam manter sua privilegiada posição. Na medida em que os escravos constituíam uma mão de obra forçada, tornavam-se, a partir de então, bens móveis: o que implica uma mudança na natureza da própria escravidão, pois que, inicialmente, era mais acentuada a função reprodutora dos escravos e o papel deles na extensão da rede de parentesco.

52 G. W. Hartwig e K. D. Patterson (org.), 1978; A. D. Roberts, 1970*a*, p. 734-736; B. Reynolds, 1968, p. 17 e 59; J. Vansina, 1978.

o espólio e ouvíamos suas queixas elevando-se acima dos clamores triunfantes das mulheres ajaua, que saíam para acolher os visitantes que retornavam[53].

As incursões dos chikunda nos territórios chewa, tonga e nsenga, e, em direção ao Norte, até o território dos lunda de Kazembe, bem como os ataques dos árabes-suaílis contra a população da região do lago Malaui, produziram as mesmas desordens e as mesmas ruínas[54]. Nos casos mais extremos, regiões inteiras foram despovoadas. Um funcionário britânico escrevia em 1861: "Um árabe que recentemente voltou do lago Niassa me contou que havia viajado durante dezessete dias pelas terras, onde só havia cidades e aldeias em ruínas [...] e nenhuma alma viva"[55].

Tal perda de grande número dos membros mais produtivos da sociedade agravou a desorganização da sociedade rural. Embora disponhamos de indicações de valor desigual, as informações que temos sobre as regiões do vale do Zambeze, do vale do Shire e do Lago Malaui levam a pensar que períodos de fome regularmente ocorriam[56]. Portanto, escravos eram frequentemente trocados por alimentos, aumentando ainda mais o êxodo das populações. De todo modo, a instabilidade da situação e a ameaça de outros ataques impediam a recuperação da economia rural.

Também a fome e a pressão psicológica tornavam as populações desenraizadas e subalimentadas, vulneráveis às doenças infecciosas transmitidas pelos mercadores da costa. Doenças como a varíola e o cólera, correntes nas comunidades do Oceano Índico, tiveram, na África Central, um efeito devastador nas populações que não tinham nenhuma imunidade natural para delas se protegerem. Epidemias de varíola e de cólera assolaram grandes regiões da África Central, da atual fronteira da Tanzânia e do Malaui até o Moçambique Meridional. Aproximadamente no final dos anos 1850, um explorador europeu observou: "A epidemia mais perigosa é a [...] da varíola, que, às vezes, cai como uma tempestade sobre o país"[57]. Há registros de epidemias de varíola em Moçambique, em 1834, 1836 e 1862; no interior, assinalam-se também outras epidemias no período de 1850 a 1880[58]. A doença do sono, provavelmente ligada às mudanças sobrevindas na África Central após o arroteamento das

---

53 H. Rowley, 1867, p. 112-113.
54 F. Selous, 1893, p. 48.
55 *Apud* R. Coupland, 1939, p. 140.
56 A. F. Isaacman, 1972*a*, p. 114-124; E. A. Alpers, 1967, p. 20.
57 *Apud* em G. W. Hartwig, 1978, p. 26.
58 *Ibid.*; J. R. Dias, 1981; G. Liesegang, s. d.

florestas e a exterminação da caça, atingiu igualmente grande parte da zona que estudamos aqui[59].

A taxa elevada de mortalidade e de doença, por sua vez, reduziu a produtividade rural, contribuindo, assim, com o aumento da desnutrição e das doenças. A tendência das comunidades sobreviventes a se instalarem em aldeias superpovoadas, cujos solos mostravam-se impróprios para nutri-las, agravou ainda mais esse problema. Aliás, as epidemias tiveram dois outros efeitos negativos. Em um primeiro momento, elas intensificaram as desordens sociais e as acusações de feitiçaria. Ademais, as classes privilegiadas, em um certo número de sociedades, tentaram compensar a queda demográfica buscando outros cativos – aumentando, assim, na mesma proporção, o comércio local de escravos[60].

Certamente poderíamos sustentar que as sociedades comerciantes, ou pelo menos, a aristocracia e os mercadores, melhoraram sua situação à custa dos vizinhos mais fracos: contudo, as informações de que dispomos levam a pensar, ao contrário, que essa melhora foi de curta duração e que tais sociedades tornaram-se excessivamente dependentes da economia do mundo capitalista. Na melhor das hipóteses, os grandes Estados comerciais perderam sua independência econômica. Para conservar suas posições preeminentes, era-lhes preciso esperar que a demanda de marfim e escravos vinda das costas se mantivesse, apesar das pressões sempre mais fortes dos britânicos. Também dependiam da possibilidade de obter essas duas mercadorias em quantidade suficiente. Nos casos extremos, como o dos macua, a incapacidade de preservar o fornecimento de escravos levou a um conflito interno e à autodestruição. Mais frequentemente, a concorrência pela mão de obra servil suscitava uma hostilidade violenta entre comunidades comerciantes e no interior de cada uma delas. Inúmeros foram os exemplos de guerras entre bandos chikunda, chefes yao e grupos de comerciantes suaílis[61]. Em virtude de sua dependência em relação às armas europeias e aos intermediários estrangeiros, as comunidades autóctones de comerciantes eram, com frequência, muito vulneráveis. Os portugueses, por exemplo, aproveitavam de seu papel de fornecedores de armas para forçar os bandos chikunda a aceitarem, em parte, a autoridade de Lisboa em seu território[62]. Do mesmo modo, os senga contaram tanto com seus aliados árabes, que colocaram sua soberania em

---

59 J. R. Dias, 1981.
60 G. W. Hartwig, 1978, p. 25-31.
61 A. F. Isaacman, 1976, p. 37-38; Y. B. Abdallah, 1973, p. 52-54; K. M. Phiri, 1975, p. 144-146; E. A. Alpers, 1969, p. 413-414.
62 A. F. Isaacman, 1976, p. 31-35.

risco⁶³. Mesmo os poderosos bemba não escaparam à pressão dos comerciantes árabes e suaílis⁶⁴.

Além disso, com a abolição do comércio de escravos, as classes ou as camadas sociais, às quais pertenciam aqueles que se beneficiavam com tal negócio – a aristocracia, os mercadores, os chefes de guerra e os proprietários de terras –, buscavam desesperadamente novos gêneros, como a cera, o café, o amendoim ou os óleos vegetais. Podiam obter tais produtos de seus súditos ou adquiri-los pelo comércio, a fim de garantirem um abastecimento regular de produtos de consumo e de equipamento militar europeu, indispensáveis à manutenção de sua privilegiada posição. Em certas regiões, esse comércio permitiu aos mercadores itinerantes o acúmulo de capital e aos camponeses, o desenvolvimento da agricultura. À medida que essas camadas e estas classes sociais conseguiram efetuar a transição, puderam simplesmente perpetuar ou estender sua posição dependente, em uma economia mundial sobre a qual elas não tinham nenhum controle.

Se olharmos de um ponto de vista ligeiramente diferente, podemos dizer que o valor desigual das mercadorias trocadas reflete a precariedade da África Central no seio do sistema comercial internacional. Como Alpers notou: "Embora o marfim tivesse um baixo valor aos olhos das sociedades africanas, essas últimas obtinham em troca mercadorias cujo valor não igualava em nada àquele outorgado ao marfim pelos mercadores capitalistas das Índias, da Europa e da América" ⁶⁵. A diferença era particularmente clara na venda dos escravos. Para compensar as perdas de mão de obra que sofriam, as sociedades da África Central recebiam mercadorias perecíveis de baixo custo e armas, que de forma alguma equilibravam a rarefação dessa mão de obra. Deste modo, quando os africanos caçavam o elefante para obter o marfim, esgotavam um recurso limitado e não recebiam os bens de equipamento que poderiam ter-lhes permitido desenvolver a base produtiva de suas sociedades. Segundo algumas pesquisas recentes, eles não só alteravam a sua economia, como também destruíam o meio ecológico.

À medida que a região empobrecia, as disparidades de riqueza e de *status* social eram cada vez mais pronunciadas. Embora ainda falte conduzir pesquisas mais detalhadas para podermos determinar a natureza dos sistemas de produção e de divisão dos excedentes nas sociedades da África Central, é claro que a aristocracia, frequentemente aliada à classe dos mercadores ou a uma parte dela,

---

63   H. W. Langworthy, s. d., p. 20-21.
64   A. D. Roberts, 1973, p. 268.
65   E. A. Alpers, 1975, p. 266.

era o principal beneficiário desse processo. O surgimento de poderosos chefes yao, makanjila e mataka, bem como os esforços desesperados da elite macua para continuar no poder, testemunharam a acentuação das diferenciações sociais e políticas no interior dessas sociedades[66]. Um fenômeno análogo se produziu nos sultanatos de Angoche e de Quitanghona, e nos Estados conquistados pelos chikunda e pelos árabes-suaílis, onde, apesar de uma crescente oposição popular e de revoltas periódicas, uma pequena elite política e comerciante se impôs. A frequência do descontentamento popular durante a segunda metade do século XIX leva-nos a pensar que os antagonismos de classes aumentaram; foi o que mostraram os levantamentos de escravos entre os lozi e nos *prazos*[67].

Alhures, interesses comerciais independentes da elite dirigente chegaram a dominar o comércio e a arruinar a posição das autoridades políticas. Os melhores exemplos que podemos fornecer dessa transferência de poder são, talvez, aqueles dos Estados setentrionais de Undi e de Kazembe. Nos dois casos, alianças realizadas entre mercadores locais e comerciantes estrangeiros facilitaram o desrespeito ao monopólio real e enfraqueceram consideravelmente a posição dos diversos dirigentes nacionais[68]. O mesmo fenômeno se produziu no reino vizinho de Cassange (Kassanga). Aí, as famílias matriarcais locais conseguiram controlar o comércio de escravos à custa da família real, o que rapidamente conduziu à fragmentação do reino[69].

Uma consequência imprevista da revolução comercial foi o grande número de empréstimos culturais entre as diversas sociedades. As mudanças variaram de forma sensível em função de vários fatores, tais como a natureza e a duração dos contatos mantidos entre os grupos de comerciantes e a população autóctone. Nos casos em que a interação foi bastante importante, surgiram três grandes tipos de influência cultural. Em alguns casos, bandos isolados de mercadores e de saqueadores foram completamente assimilados às comunidades locais, tal como os caçadores chikunda que se integraram às comunidades nsenga, ambo e aos tonga do vale[70]. Alhures, ao contrário, foram os estrangeiros que profundamente imprimiram sua marca na cultura autóctone. Os súditos chewa de Khota Khota, por exemplo, integraram certos aspectos do islã à sua religião, adotaram nomes suaílis, puseram-se a falar kiswahili e viram o seu sistema social

---

66 Y. B. Abdallah, 1973, p. 40-60; E. A. Alpers, 1975, p. 228-229.
67 N. Hafkin, 1973, p. 253-280, p. 311-359; A. F. Isaacman, 1976, p. 23-30; K. M. Phiri, 1975, p. 140-146.
68 H. W. Langworthy, 1971, p. 18-21; I. Cunnison, 1966, p. 235-236; J. Vansina, 1966, p. 227-231.
69 J. C. Miller, 1973, p. 23-26.
70 W. V. Brelsford, 1956, p. 60-62.

se modificar profundamente[71]. Da mesma forma, inúmeros comerciantes yao, ao mantiverem contatos com os árabes, converteram-se ao islã e adotaram os modelos culturais das zonas costeiras. A sua participação nas atividades comerciais com terras longínquas também provocou o desenvolvimento de centros urbanos, o surgimento de rituais e de interdições destinados a garantir a fidelidade das mulheres yao quando seus maridos estavam no interior[72]. Nesse sentido, supõe-se que mudanças também ocorreram no momento em que as sociedades modificaram suas estruturas internas para se adaptarem a um novo meio. Além desses dois tipos de influência cultural, sabemos que a instabilidade da situação facilitou a formação de novos grupos étnicos e culturais. Vários bandos chikunda abandonaram o decadente sistema dos *prazos*, aproximadamente na metade do século, e organizaram comunidades autônomas no vale do Luangwa. Atraindo adeptos vindos de grupos étnicos díspares, desenvolveram uma cultura que adotou diversas instituições e valores dos shona e dos povos do Malaui[73]. Um fenômeno análogo se produziu na região que atualmente constitui a parte oriental da República Democrática do Congo, onde os manyema, após terem sido um bando heterogêneo de traficantes de escravos, acabaram formando um grupo social e cultural homogêneo[74].

O impacto das invasões nguni e kololo

Como a integração progressiva da África Central no sistema capitalista mundial, as invasões nguni e sotho, que começaram nos anos 1820, representaram a continuação dos processos políticos em curso, porém, sob novas formas e em uma escala sem precedente[75]. A diáspora dos povos da África austral insere-se no quadro mais abrangente das migrações e da formação de Estados que, há vários séculos, haviam se iniciado. Em alguns casos, os imigrantes estabeleceram seu domínio sobre grupos que conseguiram permanecer fora da esfera de influência dos Estados shona e lunda. A dominação exercida pelos gaza nguni

---

71 K. M. Phiri, 1975, p. 140-146; H. W. Langworthy, s. d., p. 23; M. E. Page, 1974.
72 E. A. Alpers, 1972; 1969, p. 417-420.
73 A. F. Isaacman, 1972*b*, p. 454-461.
74 M. E. Page, 1974.
75 Os trabalhos de P. Bonner, J. Guy, D. Hedges e H. Slater indicaram que o processo de construção estatal do século XIX, associado à expansão dos nguni e dos sotho, teve como antecedentes as transformações políticas e a consolidação do poder dos chefes e dos anciões no período precedente. Ver S. Marks e A. Atmore (org.), 1980; D. Hedges, 1978.

sobre os tonga do Sul de Moçambique ilustra esse fenômeno. Frequentemente, os invasores impuseram sua hegemonia aos reinos existentes. De qualquer modo, os Estados novamente conquistados compreendiam grande parte dos territórios que atualmente formam Moçambique, o Malaui e a Zâmbia, e estavam organizados em torno de um conjunto, único em seu gênero, de instituições políticas e militares centralizadas.

Três ondas de imigração espalharam-se pela África Central por volta da metade do século XIX. A primeira era constituída dos partidários nguni de Soshangane, senhor do Império Gaza Nguni que se estendia do Norte do Moçambique Austral até o rio Zambeze e a Oeste, até o atual Zimbábue. A vitória de Soshangane sobre seu inimigo jurado, Zwangendaba, em 1831, obrigou este último a emigrar para além do médio Zambeze, estabelecendo-se definitivamente em Mapupo, entre o Lago Malaui e o Lago Tanganica. Quase na mesma época, os imigrantes kololo de origem sotho, conduzidos por seu chefe Sebetwane, emigraram, passando pelo território dos twana e pela região do médio Zambeze, antes de se estabelecerem entre os lozi, aos quais impuseram seu domínio.

Não obstante, ainda que estudados aqui separadamente, esses grupos de imigrantes apresentavam traços comuns. Todos abandonaram a terra de seus ancestrais pelas mesmas razões: todos enfrentaram os mesmos problemas em sua fuga para o Norte e se beneficiaram das armas e da estratégia militar que haviam emprestado, diretamente ou indiretamente, dos zulus. Todos esses grupos foram atingidos pelas atividades expansionistas de seus vizinhos – os gaza e os wangendaba sofreram as de Shaka, e os kololo, os ataques dos tlookwa – e encontraram-se ameaçados de perderem seu rebanho e de serem aniquilados. Como tais conflitos reduziram consideravelmente os seus efetivos, foram obrigados a incorporar em suas fileiras um grande número de estrangeiros, para que pudessem se tornar uma verdadeira força militar e política. A adoção da zagaia curta zulu e o desenvolvimento de uma técnica de guerra mais evoluída lhes permitiram adquirir cativos mais facilmente e multiplicar suas conquistas, mesmo sendo contestada tal dominação. Também puderam se apoderar de grandes rebanhos, que, nas sociedades nguni e sotho, revestiam uma importância tanto social e religiosa quanto econômica. Assim, em termos de expansão e de aquisição de riquezas, o acesso a novas armas era tão capital para os nguni e os sotho que para os chikunda, os yao e os árabes-suaílis, traficantes de escravos.

Temendo um ataque dos zulus, Soshangane e os gaza nguni que o seguiam deslocaram-se para o Norte, deixando a região setentrional da Tugela para se dirigir à baía de Delagoa, em 1821. Lá, eles apenas encontraram uma fraca resistência da parte dos chopi, organizados em chefias relativamente pequenas, e dos portugueses, que apenas mantinham uma presença simbólica no porto de Lourenço Marques. No espaço de um ou dois anos, os gaza nguni estenderam o seu domínio até o interior de Inhambane, ao passo que suas fileiras aumentavam graças à chegada de outros nguni, descendentes dos ndwandwe, que foram derrotados por Shaka em 1826.

Apesar dessas vitórias iniciais, Soshangane teve que enfrentar um certo número de ameaças. Delas, as maiores foram os ataques dos zulus, cujo exército encontrava-se estacionado relativamente perto. Após os afrontamentos militares de 1828, Soshangane deslocou o coração de seu reino até o médio Sabi, a salvo do exército de Shaka. Tal deslocamento provocou um confronto direto com os nguni de Zwangendaba que, em 1831, foram várias vezes derrotados.

Essas vitórias permitiram a Soshangane consolidar suas possessões meridionais e estender suas fronteiras. Destacamentos gaza marcharam então para o Oeste, penetrando no atual Zimbábue, onde Soshangane estabeleceu sua capital em Chaimaite, e para o Norte, em direção ao vale do Zambeze. Em meados dos anos 1830, os exércitos gaza efetuaram ataques nos reinos shona de Manica, Uteve e Báruè, tal como nos *prazos* que haviam sobrevivido ao longo do Zambeze. Em vez de tentar incorporar esta vasta região ao seu império, o chefe gaza contentou-se em espoliar os Estados shona e em arrecadar um tributo junto aos *prazeros* e às autoridades portuguesas residentes nas vilas de Sena e Tete[76].

O coração do império de Soshangane compreendia o Sul de Moçambique e as regiões adjacentes no Oeste. Lá, os povos sujeitados eram tratados duramente, obrigados a pagar impostos elevados e a fornecer jovens recrutas aos regimentos que Soshangane recrutava por faixa etária. Diferentemente da estratégia dos nguni de Zwangendaba, nenhum esforço foi feito para integrar os recrutas tonga e chopi à sociedade gaza. Em vez de atenuar as diferenças culturais e étnicas, como era feito em outras sociedades nguni, os regimentos recrutados por faixa etária, nos quais reinava uma segregação étnica (eles eram comandados por oficiais nguni), simbolizavam a inferioridade da população local. Conflitos entre a maioria oprimida e a elite nguni estouravam periodicamente. Várias chefias tonga, por exemplo, tentaram encontrar sua liberdade emigrando para fora da esfera dominada pelos gaza; chefes chopi e tonga fizeram, separadamente, alianças com os portugueses, de cujo poder eles esperavam uma ajuda determinante.

---

76   G. Liesegang, 1967, p. 47-50; J. D. Omer-Cooper, 1966, p. 59-60; M. D. D. Newitt, 1973, p. 223-224; A. F. Isaacman, 1972*a*, p. 122-123.

FIGURA 8.5   Os shangana de Soshangane chegam a Shapanga para recolher o imposto anual devido pelos portugueses. [Fonte: J. D. Omer-Cooper, *The zulu aftermath*, 1966, Longman, London. (Publicado inicialmente em D. e C. Livingstone, *Narrative of an expedition to the Zambezi*, 1865, John Murray Publishers, London.) Ilustração reproduzida com a autorização do Conselho de Administração da Biblioteca da Universidade de Cambridge.]

Entre os nguni, era comum acreditar que seus súditos desforrariam enfeitiçando Soshangane ou procurando causar a sua morte[77].

No momento em que os gaza impuseram sua hegemonia, Zwangendaba e seus partidários iniciaram um movimento migratório que durou vinte anos, em busca de uma pátria de seu interesse. Ao longo desse período, disputaram com os gaza a dominação da região da baía de Delagoa, desferiram o golpe final no já dividido Império Changamire, estabeleceram-se temporariamente entre os nsenga e pilharam a margem ocidental do Lago Malaui, antes de se instalar definitivamente em Mapupo. Em cada etapa de sua migração, assimilavam novos adeptos. O problema da mão de obra era sentido particularmente porque o grupo inicial, que compreendia trezentas pessoas, era uma unidade política e militar pouco viável; e um grande número de mulheres e crianças foi morto na ocasião do conflito com Soshangane. Em primeiro lugar, tal como os gaza, eles procuraram aumentar o número de seus partidários, assimilando indivíduos e grupos dispersos de origem nguni, assegurando assim que a cultura e a língua

---

77   J. D. Omer-Cooper, 1966.

dominantes permanecessem. Entretanto, como se distanciavam sempre mais dos territórios nguni, Zwangendaba percebeu que para assegurar a sobrevivência de seu grupo relativamente restrito, era-lhe necessário assimilar estrangeiros.

Foi assim que, contrariamente aos zulu e aos gaza nguni, Zwangendaba e seus conselheiros incorporaram em suas fileiras uma multidão de povos díspares. Os isolados eram incorporados a famílias nguni, com as quais estabeleciam relações de quase parentesco. Tais relações tendiam a fazer esquecer seu estatuto de cativos. Em uma certa idade, os jovens adotados eram alistados em regimentos nguni organizados por faixas etárias, que constituíam importantes instituições de socialização. Os recrutas nascidos de pais estrangeiros que se destacavam no combate podiam adquirir uma parte importante do espólio, além de um posto e estatuto elevados. Portanto, a rápida expansão dos nguni sob Zwangendaba ofereceu inúmeras possibilidades e facilitou a ascensão social de um grande número de estrangeiros que, simultaneamente, adotaram a cultura nguni e mudaram suas alianças[78]. O fato de a grande maioria dos nguni – por volta de 90% – que se estabeleceu em Mapupo nos anos 1840 ter sido, no início, de ascendência estrangeira prova o sucesso da política de assimilação praticada por Zwangendaba[79].

Paralelamente a tal assimilação, foi criada uma estrutura política altamente centralizada, capaz de administrar a comunidade em expansão. Mudou a concepção da realeza entre os nguni, passando da concepção de uma realeza fundada na ancianidade e de autoridade limitada, em um conjunto bastante frouxo de aldeias aliadas, a uma realeza em que o chefe era a personificação do Estado e a autoridade suprema. Os regimentos organizados por faixas etárias tornaram-se, simultaneamente, o exército do rei; os chefes militares tornaram-se meros executores nomeados por Zwangendaba e responsáveis perante ele. Dado que os regimentos estavam organizados por faixas etárias e não em uma base territorial, os chefes provinciais não dispunham da capacidade militar suficiente para fazer secessão. Quando Zwangendaba morreu, o Estado nguni havia se tornado uma potência importante da África Central[80].

A morte de Zwangendaba marcou o fim da fase de expansão e do desenvolvimento nguni. A querela de sucessão que se seguiu foi particularmente acirrada e tendeu ao esfacelamento do reino em alguns fragmentos de grandes dimensões e em muitos outros menores. As veleidades de expansão de cada um deles foram

---

78 T. Spear, 1972, p. 9-13; J. D. Omer-Cooper, 1966, p. 64-72.
79 T. Spear, 1972, p. 11.
80 *Ibid.*, p. 9-13; J. D. Omer-Cooper, 1966, p. 64-72.

seriamente freadas, por um lado, pelos poderosos Estados autóctones, como aqueles dos bemba, dos lunda e dos fipa, em direção ao Norte e, por outro lado, pela crescente presença de destacamentos bem armados de árabes-suaílis, yao e chikunda.

Todavia, elegendo por fim as comunidades mais fracas do Sul como alvo, dois dos reinos sucessores de Zwangendaba foram capazes de ocupar importantes territórios em 1870. Os mpenzeni nguni aproveitaram da fraqueza das chefias nsenga, que ainda não tinham se recuperado completamente dos ataques de Zwangendaba, para impor sua autoridade no Sudoeste do planalto do Malaui – zona isenta da mosca tsé-tsé –, onde se encontra atualmente Fort Jameson (Chipata). Os mbwela estabeleceram-se no território que antes pertencera aos tumbuka, tonga e henga. Nos dois casos, outros regimentos que, em seguida, se juntaram aos Estados recém-criados, engrossaram suas fileiras. Enquanto os mpezeni faziam novos recrutamentos, um antigo escravo de ascendência nsenga, Ciwere Ndhlou, que havia se tornado um oficial muito conhecido, declarou sua independência e organizou um reino independente, no atual distrito de Dowa. Ciwere Ndhlou deu seu nome a esse reino. Além desses três ramos, os gwangara, outro ramo oriundo do então Estado de Zwangendaba, invadiram a Tanzânia, onde derrotaram os maseko nguni. Estes fugiram para o Sul, atravessaram o Rovuma e, no final dos anos 1860, se estabeleceram nos planaltos da cadeia de montanhas Kirk[81].

Em linhas gerais, a migração dos kololo foi semelhante à dos nguni de Zwangendaba. Fugindo para o Norte a partir de Dithakong, os kololo se chocaram com um certo número de inimigos, dentre os quais os tswana e os ndebele, que muitas vezes os derrotaram. A contínua ameaça dos ndebele convenceu Sebetwane a atravessar o Zambeze e a se dirigir para o Oeste; ele alcançou a fronteira do reino lozi em torno de 1835.

Não obstante seu poder aparente, os lozi eram particularmente vulneráveis. A morte de Mulambwa, que reinou durante quase cinquenta anos, não só criou um vazio político, mas também provocou uma luta intensa no coração do reino. Ademais, a hostilidade para com os lozi era particularmente viva nas províncias distantes, entre os povos dominados que estavam pouco propensos a defender o regime estrangeiro e autoritário dos lozi de uma invasão exterior. Por isso, os kololo apenas encontraram a oposição de um só ramo da família real e, em menos de quatro anos, eles conseguiram se apoderar do vasto reino lozi[82].

---

81 T. Spear, 1972, p. 15-19; J. D. Omer-Cooper, 1966, p. 72-85; J. K. Rennie, 1966, p. 303-306.
82 J. D. Omer-Cooper, 1966, p. 120-122; M. Mainga, 1973, p. 65-68.

Sendo os lozi mais numerosos do que os kololo e seus súditos, uma vez no poder, os kololo confrontaram-se com o delicado problema da assimilação dos primeiros à sociedade sotho e, assim, da manutenção de sua posição dominante. O fato de cada povo ignorar a língua do outro e a extrema diversidade de seus sistemas culturais complica esse processo de integração social e política. A fim de realizar a união dos diferentes elementos de seu reino, Sebetwane aliou-se, pelo casamento, a grandes famílias locais; por todo o Estado, encorajou a população a adotar o kololo como língua nacional; recusou aos seus partidários kololo o estatuto de minoria dominante; poupou a vida dos membros da família real lozi e declarou publicamente que "todos eram filhos do rei". Tais gestos simbólicos acompanharam-se de políticas específicas que associaram os lozi ao governo de Sebetwane e garantiram a um certo número de dirigentes locais a manutenção de seus postos na nova administração territorial[83].

Logo no início, a política de assimilação de Sebetwane conheceu um sucesso considerável. O kololo tornou-se rapidamente a *língua franca* na maior parte do reino; e os lozi, que viviam nas planícies de inundação ao longo do Zambeze, começaram a adotar a nomenclatura kololo. Provaram sua fidelidade ao defender a comunidade contra os diversos ataques dos naba nguni e dos ndebele. A vitória sobre os ndebele garantiu a tranquilidade na fronteira sudoeste e permitiu a Sebetwane consagrar todos os seus esforços à consolidação do reino e à aquisição de armas junto aos comerciantes angolanos, a fim de reforçar a capacidade militar do Estado[84].

Contudo, vários fatores acabaram pondo em xeque essa estratégia de assimilação. Em 1863, a morte de Sebetwane provocou uma luta acirrada pela sucessão ao trono, dividindo a comunidade kololo. Tal conflito mostrou a fragilidade da comunidade, que já se encontrava menos numerosa em razão dos danos causados pela malária. Em uma posição relativamente fraca, o novo rei Sekelutu adotou, entretanto, o oposto da política conciliadora de seu pai e impôs um regime autoritário antilozi. Ele expulsou os lozi da administração, colocou um fim nas alianças locais e deixou seus subordinados se transformarem em uma minoria dominante. Como era de se prever, os lozi se revoltaram em 1864, sob a direção de membros da família real no exílio. Em algumas semanas, eles libertaram sua pátria e mataram praticamente todos os homens kololo[85].

---

83   G. Caplan, 1970, p. 10-11; J. D. Omer-Cooper, 1966, p. 123-124.
84   G. Caplan, 1970, p. 12-13.
85   *Ibid.*; M. Mainga, 1973, p. 105-128.

FIGURA 8.6 Tocador de tambor e dançarinos na corte de Sipopa, rei dos lozi, 1875. [Fonte: E. C. Tabler, *Trade and travel in early Borotseland*, 1963. Chatto and Windus, London. (Publicado inicialmente em E. Holub, *Seven years in South Africa*, vol. 2, 1881, Samson, Low, Marston, Searle and Ribbington, Londres.) Ilustrações reproduzidas com a autorização do Conselho de Administração da Biblioteca da Universidade de Cambridge.]

FIGURA 8.7 Sipopa, um dos chefes da rebelião lozi contra os kololo em 1864, e rei dos lozi até 1876. [Fonte: E. C. Tabler, *Trade and travel in early Borotseland*, 1963. Chatto and Windus, London. (Publicado inicialmente em E. Holub, *Seven years in South Africa*, vol. 2, 1881.) Ilustrações reproduzidas com a autorização do Conselho de Administração da Biblioteca da Universidade de Cambridge.]

Esse levantamento popular não eliminou totalmente a influência kololo do vale do Zambeze. Alguns anos mais cedo, um pequeno grupo de kololo acompanhara David Livingstone em sua descida pelo Zambeze, em direção ao Leste, e estabelecera-se entre os manganja. Logo, sua inflexível oposição ao tráfico de escravos, assim como sua reputação de soldados, tornou-nos populares. Com a ajuda das armas europeias fornecidas por Livingstone, os kololo rechaçaram os ataques que os yao e os árabes da costa efetuavam a fim de capturarem escravos, para o alívio de seus hospedeiros manganja[86].

Sob a direção de Maluka e Ramukkan, os kololo não tardaram a desempenhar um papel mais ativo na política da região do Shire. Com a ajuda de seus aliados manganja, derrotaram muitos dos grandes chefes, bem como o *lundu* regente, Tsagonja, então senhor de todo o território manganja. Este processo de conquista e de incorporação durou vários anos, porém, em 1870, eles implementaram um Estado kololo dividido em seis regiões, cada uma dirigida por um chefe que gozava de uma grande autonomia. Nos dois decênios seguintes, os kololo continuaram sendo a força dominante no vale do Shire, cuja posição apresentava um interesse estratégico[87].

Tal transtorno no mapa político da África Central constitui o resultado mais importante da diáspora nguni-sotho. Os imigrantes formaram vários reinos que dominaram uma importante parte da região. Ao longo desse processo, não só incorporaram um grande número de comunidades locais, como também causaram prejuízos irreparáveis a vários grandes Estados, notadamente aos Estados rozwi, undi e lundu. A organização dos Estados nguni e, em menor medida, dos Estados kololo representava uma mudança notável em relação às formas políticas precedentes. As novas comunidades eram menores, de densidade mais elevada, e notavelmente mais centralizadas. Aquilo que os distinguia muito particularmente era a instituição do regimento por faixas etárias, que sustentava o poder real e facilitava a expansão nguni e a incorporação de povos díspares.

Apesar de suas importantes aquisições territoriais, os invasores sul-africanos sofreram um certo número de derrotas militares. Os mpezeni nguni, por exemplo, passaram quase dez anos tentando derrotar os bemba[88]. Seu fracasso refletia a incapacidade mais geral dos descendentes nguni de penetrar os territórios dos poderosos Estados do Norte do lago Malaui e do Rovuma. À exceção dos gwangara, os diferentes ramos do povo nguni foram obrigados a se retirar em

---

86   W. H. J. Rangley, 1959; A. F. Isaacman, 1976, p. 23.
87   A. F. Isaacman, 1976, p. 23; E. Mandala, 1977.
88   H. W. Langworthy, 1972, p. 92.

direção ao Sul, onde encontraram uma oposição espantosamente tenaz. A chefia chewa de Mwaze Kazungo, assim como os senga, rechaçou as invasões nguni, ao longo dos anos 1860 e 1870. No Sul do Zambeze, periódicas incursões gaza chocaram-se com uma contínua resistência do povo báruè, os quais conseguiram rechaçá-los e conservar sua independência[89].

Mesmo no interior das regiões conquistadas, a hegemonia dos invasores sempre foi contestada. Ao longo dos anos 1870, os tonga das margens do lago, os tumbuka e os henga se revoltaram contra os mbwela nguni, que eram vistos como estrangeiros intrusos. O Estado gaza sofreu também levantamentos populares dos súditos tonga e chopi, dentre os quais alguns chegaram a se aliar aos portugueses para tentar adquirir sua independência. Foram os lozi que organizaram a mais sucedida insurreição: expulsaram os kololo e libertaram sua pátria[90].

As profundas transformações sociais e culturais ocorridas em toda a região estavam inextricavelmente ligadas ao processo de formação do Estado nguni. Apesar da incorporação de milhares de cativos e dos povos dominados, as grandes linhas e o ritmo de aculturação de milhares de cativos variaram consideravelmente de um grupo vassalo a outro. De forma geral, o processo de assimilação foi mais rápido durante a fase expansiva da migração do que durante a última fase de sedentarização, quando os imigrantes já perderam seu poder e prestígio, sendo o espólio mais limitado e a população autóctone mais numerosa. Assim, os nguni de Zwangendaba viram suas fileiras aumentarem em progressão geométrica, durante todo o tempo que durou sua migração para o Norte, através das fragmentadas comunidades encontradas por eles. Porém, o seu sucesso foi muito menos evidente quando eles se dividiram em diferentes clãs autônomos, uma vez estabelecidos em suas novas pátrias. Um fenômeno análogo se produziu entre os kololo.

O modo de aculturação dependia também das diferentes maneiras com que as culturas tinham entrado em contato umas com as outras. Em um extremo, havia o caso dos nguni de Zwangendaba: a população dominada adotou a cultura e a identidade dos invasores estrangeiros. No outro, o caso dos imigrantes kololo: estabeleceram a supremacia sobre os manganja, mas foram totalmente absorvidos pela sociedade vassala[91]. Entre esses dois polos, encontramos os exemplos mais comuns de influência recíproca, conduzindo, em certos casos,

---

89   A. F. Isaacman, 1976, p. 8-9, p. 49.
90   T. Spear, 1972, p. 28; J. K. Rennie, 1966, p. 310-311; G. Caplan, 1970, p. 10-12; D. L. Wheeler, 1968, p. 587.
91   W. H. J. Rangley, 1959, p. 59-98; A. F. Isaacman, 1976.

à formação de culturas sincréticas. Mesmo vencidos, os kololo exerceram uma influência sobre os lozi, os quais adotaram a língua e as principais instituições governamentais dos primeiros[92]. Por outro lado, no interior do reino mpenzeni, todos os elementos políticos da nova sociedade eram de origem sul-africana, ao passo que os elementos culturais não políticos, como a herança da terra, a arte da guerra, a excisão feminina e a língua, eram fortemente influenciados pela tradição nacional nsenga[93]. Tal dicotomia não tem nada de surpreendente, pois o reino mpenzeni obedecia a instituições políticas e militares destinadas a assegurar a preeminência dos nguni. Fatores de ordem espacial e demográfico parecem ter determinado, no início, a extensão dos empréstimos culturais no interior do Estado mbwela nguni. No coração do reino, onde os nguni eram mais numerosos, os tonga e os tumbuka adotaram a maior parte dos aspectos da cultura estrangeira. Porém, quanto mais se avançava para as províncias distantes, mais estes empréstimos diminuíam. Este esquema geral se complicou um pouco devido à adoção, pelos nguni, do tumbuka como língua nacional e ao renascimento cultural tumbuka que se seguiu, o que faz pensar que vários povos dominados apenas abraçaram superficialmente a cultura nguni[94].

Ainda que as obras consagradas a este assunto silenciem, manifestamente, a influência que o Mfecane exerceu sobre a estratificação da sociedade, indicações fragmentárias levam a pensar que novas classes se desenvolveram no seio do reino. Durante a fase de expansão, uma elite militar se constituiu, composta de comandantes de regimento e de seus principais oficiais. Sua potência repousava sobretudo nos tributos e no espólio que eles adquiriam, notadamente os rebanhos e os cativos, dos quais uma parte era distribuída aos seus partidários. De um ponto de vista econômico, sua posição dominante assemelhava-se estreitamente à da aristocracia que, ao se apropriar dos excedentes, governava os Estados vizinhos conquistados e detinha o comércio de marfim e de escravos.

Quando os nguni se estabeleceram no Norte do Zambeze, as possibilidades de espólio tornaram-se mais raras. Enquanto sua elite militar continuava arrecadando um tributo das populações submetidas, eles começaram a explorar os seus escravos a fim de assegurar uma fonte contínua de riqueza. Parece que estas sociedades, em vez de incorporar os cativos e os estrangeiros e de lhes oferecer possibilidades de promoção social, os reduziram a um estado permanente de servidão. As elites mbwela, maseko e mpezeni todas conservaram quantidades

---

92 G. Caplan, 1976, p. 11.
93 J. A. Barnes, 1951, p. 2-18; T. Spear, 1972, p. 23-26.
94 T. Spear, 1972, p. 29-32; H. L. Vail, 1972, p. 161-162.

consideráveis de escravos (*abafo*) para trabalharem em seus campos. Outros escravos eram empregados como caçadores e ferreiros para seus senhores[95]. O fato de haver coincidência entre etnia e classe social permite pensar que a resistência oposta aos nguni não deve ser analisada simplesmente em termos de conflito entre etnias.

A princípio, os imigrantes nguni e sotho apenas desempenharam um papel indireto no comércio de escravos. Se suas campanhas militares favoreceram, sem dúvida alguma, a pilhagem dos árabes e dos suaílis, por outro lado, nada indica que eles tenham concluído uma aliança comercial com os negreiros. De todos os grandes chefes nguni e kololo, somente Mpenzeni, Soshangane, Sebetwane e o chefe maseko Chikuse exportaram escravos; nesses quatro casos, as transações continuaram limitadas e esporádicas[96]. De uma maneira geral, escolheram utilizar os cativos entre eles e, por isso mesmo, reforçar sua posição política e econômica em vez de vender escravos a qualquer comunidade comerciante. Todavia, suas atividades de predadores provocaram consideráveis perturbações em numerosas sociedades da África Central. Para as comunidades do Norte do Zambeze que mais sofreram com as incursões dos negreiros, os ataques nguni agravaram os problemas de estagnação rural e o processo de subdesenvolvimento.

A África Central às vésperas da "corrida"

Durante os três primeiros quartos do século XIX, a África Central sofreu grandes transformações. As manifestações dessa profunda mutação foram o surgimento de novos grupos étnicos, a intensificação das trocas culturais e o aumento da importância que as novas oposições de classes tomaram. A integração da maior parte da região na economia mundial impediu a expansão rural e aumentou a dependência econômica. Ao mesmo tempo, a ambição territorial dos negreiros e de seus homólogos nguni e kololo provocou uma reorganização profunda do poder político na região. Resumindo, na véspera da "corrida", a situação na África Central estava extremamente instável. Ademais, o processo de fragmentação política crescente, os particularismos étnicos e regionais, bem como as querelas internas que refletiam, em parte, antagonismos de classes mais profundos, comprometiam seriamente a capacidade da maioria das sociedades africanas de resistir ao imperialismo europeu.

---

95 K. M. Phiri, 1975, p. 154-156.
96 E. Flint, 1970, p. 73-79; H. W. Langworthy, s. d., p. 34-37.

Em 1875, havia pouquíssimos poderes regionais autóctones. Em certa medida, este vazio político era o reflexo da recusa ou da incapacidade de inúmeras sociedades da África Central para organizar ou para manter um sistema político centralizado. Um grande número de Estados lunda e shona sofreu também um processo de fracionamento político. No Norte do Zambeze, o comércio dos escravos reforçou as rivalidades internas nos reinos lunda de Kazembe, Undi, Kalonga e Lundu, e tornou-os vulneráveis às atividades sediciosas e aos ataques dos traficantes de escravos e de seus homólogos nguni. No Sul, além dos ataques devastadores dos nguni de Zwangendaba e dos gaza, clivagens no seio das elites shona enfraqueceram muito sensivelmente as potências regionais. Atribui-se geralmente às incursões de Zwangendaba a destruição do reino Rozwi de Changamire, profundamente dividido, ao passo que, por volta de 1875, a divisão do Estado de Báruè em duas facções rivais, conjugada aos ataques devastadores dos gaza, permitiu a Gouveia, um aventureiro de Goa, usurpar temporariamente o trono de Báruè[97].

O sucesso de Gouveia se inscreveu em um processo mais geral, permitindo aos invasores yao, árabes-suaílis, chikunda e nguni tirarem proveito da ausência de potência regional para conquistar Estados. Esses novos Estados militares eram indiscutivelmente mais fortes que as comunidades vencidas por eles, mas os povos dominados os viam como intrusos estrangeiros e detestavam seu regime autoritário. Isso obrigou os dirigentes a reforçar suas práticas coercitivas, levando assim a uma crescente hostilidade e à multiplicação das insurreições. As revoltas dos tonga das margens do lago, dos tumbuka e dos henga contra os mbwela nguni, e as dos tonga e dos chpi contra os gaza também foram provas da hostilidade crescente dos oprimidos. Um mesmo espírito de desconfiança impeliu os tawara e os tonga a desafiarem regularmente os afro-portugueses e sues aliados chikunda, que haviam obtido vastas possessões territoriais na margem sul do Zambeze. A elite suaíli que governava os sultanatos costeiros de Angoche e de Quitanghona encontrou a mesma oposição. Tal animosidade não permitiu a formação de uma frente de resistência unida. Pelo contrário, vários povos dominados recusaram-se a ajudar a elite estrangeira; de fato, alguns chegaram a cooperar com os europeus, os quais eram vistos como "libertadores"[98].

O estado de dependência em relação às armas e aos mercados europeus no qual se encontravam os Estados negreiros comprometeu ainda mais sua autonomia. A princípio, eles foram especialmente vulneráveis às pressões exteriores,

---

97   A. F. Isaacman, 1976, p. 48-52.
98   A. Dachs, 1972, p. 288-289; J. T. Botelho, 1921, p. 469-504.

como o faz pensar a diligência dos afro-portugueses e dos chikunda para servir como agentes do imperialismo de Lisboa. Finalmente, a evolução da economia capitalista do mundo provocou a oposição à participação desses Estados no tráfico negreiro e, juntando-se às ambições imperiais crescentes dos europeus, criou as condições de um conflito acirrado.

Embora a maior parte das sociedades da África Central tivesse se tornado mais vulnerável à medida que o século avançava, houve alguns casos em que a ameaça exterior e a anexação estrangeira temporária reforçaram as capacidades políticas e militares. Após 1850, cm parte como consequência das incursões nguni, o reino bemba levou a cabo um duplo processo de centralização política e de expansão territorial. Na véspera da "corrida", o reino havia atingido seu apogeu e, se não fosse a morte inoportuna de Mwanba III, ele poderia ter se tornado um adversário tão temível pelos invasores europeus quanto o fora pelos nguni[99]. Outrossim, o reino lozi liberto foi, sob o reinado de Lewanika, muito mais forte e bem mais organizado do que havia sido durante o período pré-kololo[100]. O ressurgimento do reino de Mwene Mutapa durante a segunda metade do século XIX também mostra que uma situação instável podia permitir a um Estado, cujo poder se atrofiara, recuperar sua preeminência[101]. Contudo, tais exemplos são a exceção e não a regra. No total, as mudanças ocorridas ao longo do século XIX favoreceriam as futuras atividades imperialistas dos europeus.

---

99 A. D. Roberts, 1973, p. 217.
100 M. M. Bull, 1972.
101 T. O. Ranger, 1963, p. 1-3.

CAPÍTULO 9

O litoral e o interior da África Oriental de 1800 a 1845

Ahmed Idha Salim

As comunidades litorâneas por volta de 1800

Durante o período estudado, mudanças e acontecimentos muito importantes, provocados em grande parte pelo advento da hegemonia dos árabes omanianos, influíram no contexto político e socioeconômico das populações litorâneas e do interior do leste africano. Para melhor se apreciar a sua natureza e a extensão, é preciso ver qual era a estrutura política e econômica destas populações em torno de 1800.

Um dos fatores mais notáveis no plano político é a grande autonomia que gozavam as comunidades litorâneas sob a autoridade de seus dirigentes locais. Após terem contribuído para a expulsão dos portugueses ao Sul do Rovuma em 1728, os omanianos não instalaram imediatamente uma verdadeira autoridade sobre o litoral. No início do século XIX, a presença omaniana era visível apenas em três grandes centros: Mombaça, Zanzibar e Kilwa. Mesmo em Mombaça, a família omaniana dos Mazrui tornara-se suficientemente autônoma para desafiar abertamente a dinastia dos busa'idi que reinava em Mascate. Ela conseguiu manter esta autonomia com a ajuda dos *shaykh* suaílis das Ithnaashara Taifa (Doze Nações) divididas em duas federações: as Thelaatha Taifa (Três Nações) e as Tissa Taifa (Nove Nações). Os chefes destes grupos suaílis participaram ativamente da administração de Mombaça. Em 1857, ou seja, vinte anos após a queda dos Mazrui, Richard Francis Burton viria a evocar aquela participação[1].

Em 1799, um governador omaniano (*wālī*), parente do dirigente (*imān*) de Mascate, foi nomeado em Zanzibar para suceder um eunuco etíope e escravo alforriado, de nome Yākūt, o qual possuía vastos territórios em Omã. No início, o chefe local, o *mwenyi mkuu*, com as insígnias do seu poder (dois tambores e duas *siwa* – presas de elefante), colaborou com o governador omaniano na administração do seu povo[2]. Uma de suas funções mais importantes consistia na coleta dos impostos gravados pelos omanianos sobre os autóctones hadimu e tumbatu que viviam da agricultura, da pesca e de outras atividades marinhas. À medida que Zanzibar se tornava, segundo o desejo dos omanianos, o centro de decisões e de desenvolvimento econômico do litoral leste africano, o *mwenyi mkuu* viu-se privado cada vez mais de seu poder político, enquanto o seu povo perdia cada vez mais territórios para os colonos omanianos que se instalavam progressivamente nas terras férteis situadas ao Norte e a Leste da cidade de Zanzibar.

Quando, em torno de 1780, o irmão do *imām* de Mascate tentou se utilizar de Kilwa Kisiwani, então dirigida por um sultão autóctone shīrāzī, como ponto de partida para uma rebelião contra o seu irmão, este decidiu, em 1785, organizar uma expedição na ilha onde manteve subsequentemente uma pequena guarnição para evitar qualquer nova subversão. Esta presença omaniana na ilha visava também tirar proveito econômico do comércio de escravos que os franceses já haviam estabelecido. O sultão local continuou durante algum tempo ainda a manter o seu título e a beneficiar-se de um quinto dos direitos alfandegários. Ele era auxiliado nesta função pelos notáveis da própria ilha e por aqueles das vilas do interior, até o longínquo cabo Delgado no Sul, onde o sultão de Kilwa gozava de uma vaga suserania[3]. O declínio econômico de Kilwa Kisiwani foi acelerado pela criação no continente da colônia de Kilwa Kivinje, a qual começou a monopolizar quase completamente o comércio de escravos e de marfim no início do século XIX.

Por volta de 1800, o resto do litoral leste africano era governado, como muitas ilhas vizinhas, por grandes famílias suaílis. No arquipélago de Mafia e em suas três principais vilas – Kisimani, Chole e Kua –, inúmeras destas famílias, dentre elas a de Shatri, exerciam um poder real. A simpatia da população pela resis-

---

1 R. F. Burton, 1872, p. 40.
2 J. M. Gray, 1962, p. 160, lembra que observadores americanos mencionam a presença do "rei" e dos "príncipes" de Zanzibar ao lado do governador omaniano.
3 E. A. Alpers, 1975, p. 190-191.

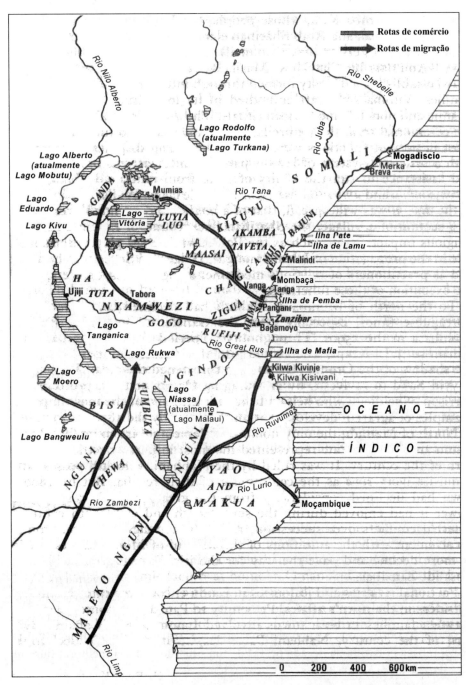

FIGURA 9.1　O litoral e o interior: povos e principais rotas comerciais, 1800-1850 (de acordo com A. I. Salim).

tência de Kilwa Kisiwani contra o domínio dos omanianos, durante o último quarto do século XVIII, não levou, como foi o caso em Kilwa, à instalação de uma guarnição.

Da mesma forma, em 1800, o litoral entre Kilwa e Mombaça não conhecia ainda a presença dos omanianos. Uma administração tradicional, exercida pelos chefes locais – *jumbe* ou *diwani* –, predominava ainda nas aglomerações como Sadani, Pangani, Mtangata, Tanga, Vanga e Vumba Kuu. O *jumbe* ou o *diwani*, portando as insígnias de seu poder – as *siwa* (presas) os tambores e o guarda-sol –, exercia as funções ligadas à resolução de litígio, julgamento, imposição de multas, com a ajuda de seus subordinados, o *shaha*, o *mwenyi mkuu* e o *amiri*, os quais pertenciam aos clãs locais importantes. Os procedimentos administrativos e judiciários repousavam sobre uma mistura de direito costumeiro e direito islâmico.

Na área litorânea compreendida entre Kilwa e Mombaça, a aglomeração mais populosa era Vumba Kuu, entre Vanga e Gasi, no litoral sul do atual Quênia. É lá que se cria o reino de Vumba Kuu, onde a população, os vumba, era composta por uma mistura de elementos shīrāzī, africanos e árabes xarifitas. Seus dirigentes tinham adotado o título de *diwani* (do persa *divan*, "conselho"). Após 1700 reinava a dinastia dos Ba-'Alawi, fundada por Sayyid Abū Bakr ibn Shaykh al-Masila Ba-'Alawī, originário do Hadramout, que se manteve graças aos casamentos com famílias autóctones. As cerimônias de investidura dos vumba englobavam um ritual islâmico e um ritual africano não islâmico. As insígnias de poder do *diwani* eram as *siwa*, o guarda-sol, os tamancos de madeira e o turbante. Lá também, as principais funções do *diwani* eram de ordem judiciária – resolução de litígios de acordo com um sistema sincrético de direito islâmico e direito costumeiro. Ele era também auxiliado, na direção dos assuntos do Estado, por notáveis – *shaha*, *waziri*, *mwenyi mkuu* e *amiri* – escolhidos dentre os clãs importantes. Ao passo que o poder do *diwani* se estendia por um território muito vasto, o do *jumbe* não ia além da vila ou de uma parte desta. A origem xarifita do *diwani* deixou traços na religião, da mesma forma que a dinastia Ba-'Alawi teve um papel proeminente na propagação do islã entre os digo e os segeju; contudo, nos dois casos, os dirigentes praticavam a medicina religiosa baseada no uso de fetiches, amuletos etc., na execução de suas funções[4].

Ao Norte de Mombaça, Malindi tinha consideravelmente decaído depois da ocupação portuguesa, particularmente após a partida da família dirigente para Mombaça por volta da década de 1590. Sua situação não iria melhorar durante

---

4   A. I. Salim, 1973, p. 29-30; ver também, o estudo detalhado de W. F. McKay, 1975.

o período estudado. Krapf, o qual a visitara em 1848, a descreveu como vivendo no medo de ser invadida pelos oromos (Galla)[5]. Foi Sayyid Saʻīd quem reerguera Malindi ao favorecer a implantação de uma colônia omaniana protegida por uma guarnição. Esta colônia faria de Malindi, durante a década de 1870, um dos exemplos mais impressionantes de desenvolvimento agrícola.

Ao Norte de Malindi, as únicas aglomerações de alguma importância encontravam-se no arquipélago de Lamu, sendo Pate a mais florescente no início do século. Era governada pelos Nabhāni, os quais também possuíam, como principal atributo de seus poderes, as elegantes *siwa* de marfim. Em 1800, todavia, a cidade perdera a prosperidade e a pujança que conhecera durante os séculos XVII e XVIII[6]. Os conflitos internos de sucessão, as rivalidades com a ilha vizinha de Lamu e o apoio dos Mazrui de Mombaça às pretensões dela iriam acentuar ainda mais seu declínio e abrir o caminho para sua dominação pelos busaʻidi de Zanzibar.

Em Lamu, as rivalidades entre facções e as brigas intestinas encorajaram a ingerência externa nos assuntos da cidade. A proximidade de Lamu e de Pate, além das relações entre as famílias das duas cidades, terminou na intrusão da primeira nos assuntos da segunda. No início do século, Nabhāni Pate considerava ainda, apesar do seu declínio econômico, que Lamu lhe era subordinada, o que as grandes família de Lamu não viam deste modo. É esta relação difícil que os levou a tomar partidos opostos no conflito de maior envergadura opondo os Mazrui de Mombaça e os busaʻidi. Como se verá mais adiante, este conflito terminará pelo domínio de Zanzibar sobre as duas cidades. Quanto à outra aglomeração da ilha de Pate, Siyu, foi graças ao espírito de independência do seu chefe, Bwana Mataka, que ela conseguiu manter a sua independência além do período estudado.

As terras situadas bem defronte ao arquipélago de Lamu, ao Sul das regiões habitadas pelos Somalis, foram colonizadas pelo povo bajuni que não reconhecia outra autoridade que aquela de seus próprios chefes e nunca se submeteu verdadeiramente ao domínio de Zanzibar, mesmo após o período considerado. Suas atividades econômicas eram essencialmente marítimas. A pesca, a fabricação de postes em madeira de mangue, a colheita e venda de moluscos, carapaças de tartarugas e âmbar cinza completavam o comércio de gado que mantinha com seus vizinhos somalis e oromos[7]. Quando, consequentemente, o tráfico de

---

5   J. L. Krapf, 1860, p. 152.
6   Ver W. Hichens (org.), 1939; J. de Vere Allen (org.), 1977, para maiores detalhes.
7   J. L. Krapf, 1860, p. 114.

escravos se desenvolveu no litoral, os bajuni participaram dele enviando escravos para os portos próximos do Benadir.

Durante o período estudado, o litoral do Benadir teve uma grande autonomia e contava com centros como Mogadíscio, Merka, Brava (Barawa) e Warsheikh, governados por _shaykh_ somalis locais que aceitaram de bom grado que os árabes e indianos tivessem relações comerciais com a população. Todavia, após a instauração do sultanato de Omã em Zanzibar, os portos do Benadir mantiveram uma grande autonomia política[8]. Somente em 1842 que Sayyid Sa'īd nomeou um representante em Mogadíscio, por solicitação dos chefes somalis que preferiam desenvolver seus laços econômicos com ele, beneficiando-se, até certo ponto, de sua proteção contra as incursões de saques no interior das terras somalis, do que se submeter a Zanzibar. Era uma relação satisfatória para ambas partes. De fato Sa'īd exigia simplesmente que seu representante em Mogadíscio vigiasse a movimentação comercial e controlasse a coleta dos impostos[9]. Isto quer dizer que suas ambições eram de ordem econômica e não política.

O Sultanato de Omã

A expansão e o desenvolvimento do sultanato de Omã no litoral da África Oriental foram o resultado das ambições essencialmente econômicas de Sayyid Sa'īd que, a justo título, se considerava antes de tudo um príncipe mercador. Certos acontecimentos políticos e econômicos que tiveram lugar tanto em Omã quanto no exterior; no litoral leste africano, também contribuíram. Com efeito, Omã conheceu um período de grande prosperidade no final do século XVIII. Navegando sob a bandeira neutra, os omanianos aproveitaram-se das guerras napoleônicas para monopolizar uma boa parte do transporte marítimo no Oceano Índico, o que, aliás, provocou recriminações dos comerciantes ingleses que reclamavam por serem suplantados pela marinha mercante de Omã. Por volta de 1800, o sultão ibn Ahmad assinou acordos comerciais que lhe permitiram estabelecer contatos lucrativos com um número grande de regiões litorâneas do Oceano Índico – Etiópia, Shirāz, Sind e Batavia (Jacarta) –, enquanto seus representantes, na costa leste africana, lhe enviavam somas avaliadas em 40.000 dólares Maria-Teresa por ano, em 1802[10].

---

8   Ver C. Guillain, 1856, vol. 2, p. 527-530.
9   _Ibid._
10 C. S. Nicholls, 1971, p. 99. Esta obra foi particularmente útil para rastrear a ascensão da potência omaniana sobre o litoral leste da África.

Quando Sa'īd ibn Sultan sucedeu seu pai como *imām* em 1806, ele teve a sabedoria de continuar sua política de neutralidade em relação à Inglaterra e à França. Em 1807, ele assinou um tratado comercial com a Ilha de França (atual Ilha Maurício). A Grã-Bretanha, consciente da importância estratégica de Mascate, sentiu-se obrigada a aceitar esta neutralidade e ajudou Sa'īd a manter a ordem em seu país, apoiando-o em sua luta contra os elementos perturbadores, tais como os gawassim e os wahhabitas. A estabilidade interior deu a Sa'īd o tempo para se voltar com mais confiança em direção ao litoral do leste da África.

As razões que o levaram a se interessar pelo litoral foram de ordem política e econômica. Convencido da importância do potencial econômico do litoral, ele quis também tirar proveito político dos conflitos entre as dinastias locais e impedir os objetivos expansionistas dos europeus na região. Foi o medo de ver os franceses conseguindo expandir a sua área de influência que moveu os omanianos a instalarem um governador em Kilwa em 1785. Em 1801, Pate tinha convidado os britânicos a construírem um forte para protegê-la dos franceses, prometendo-lhes em troca a metade da produção da ilha[11]. Este acontecimento, seguido dos relatórios indicando a passagem de navios britânicos pela ilha, talvez tenha convencido Sa'īd da necessidade de afirmar a sua presença e a sua influência sobre o litoral.

As empreitadas políticas e militares realizadas subsequentemente são mais conhecidas. Sa'īd decidiu imiscuir-se nos conflitos políticos suaílis, em particular naqueles em que os Mazrui estivessem implicados. Com efeito, a crise de sucessão que surgira em Pate levara à intervenção dos Mazrui. Em 1811, um sultão que lhes era leal governava Pate, enquanto os Mazrui retinham o seu rival refém em Mombaça e seus partidários encontravam refúgio em Lamu. As condições estavam reunidas para um confronto entre Lamu e Pate, esta última sendo apoiada pelos Mazrui. Foi durante os anos de 1812-1813 que teve lugar uma das mais célebres batalhas da história suaíli, a de Shela, durante a qual as forças conjuntas dos soldados de Pate e dos Mazrui desembarcaram na vila de Shela, na ilha de Lamu, com a intenção de controlar aquela ilha. Os invasores sofreram uma derrota total e a esperança de Pate de colocar Lamu sob o seu jugo foi definitivamente aniquilada.

O medo de represálias forçou Lamu a solicitar ajuda e proteção à Sa'īd. Este as concedeu, ao colocar na ilha um governador busa'idi e ao estacionar uma

---

11 *Ibidem*, p. 120-121. O Conselho britânico de Bombaim enviara o comandante T. Smee para se informar sobre as possibilidades econômicas da África Oriental.

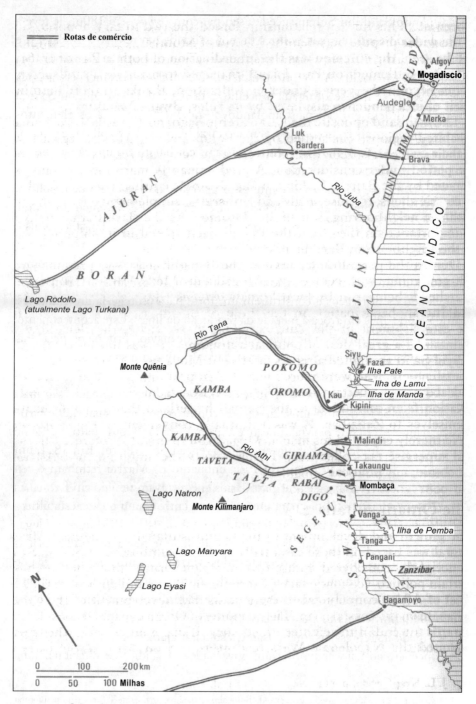

FIGURA 9.2   O litoral setentrional e o interior: as rotas comerciais, 1850 (de acordo com A. I. Salim).

FIGURA 9.3   Extração em prensas do óleo de gergelim em Mogadíscio, 1847. [Fonte: E. Cerulli, Somália, *scritti vari editi ed inediti*, Istituto Poligrafico e Zecca dello Stato, Roma, 1975, vol. I, pl. XI. © Istituto Poligrafico e Zecca dello Stato. Ilustração reproduzida com a autorização do Conselho de Administração da Biblioteca da Universidade de Cambridge.]

guarnição não somente para enfrentar as ameaças de Pate e dos Mazrui, mas também para impedir que estes últimos aumentassem sua influência e tentassem, deste modo, diminuir a influência busaʻidi nascente; os Mazrui reinavam então em Mombaça e controlavam Pemba e Pate, enquanto os busaʻidi somente tinham Zanzibar e Kilwa.

Mantendo-se, até então, na defensiva, Saʻīd decidiu passar para a ofensiva a fim de reduzir a influência e o poder dos Mazrui e, em consequência, afirmar os seus. Ele criou em Pate uma facção cujo chefe se tornou sultão com a morte do seu predecessor pró-Mazrui. Quando este sultão pró-busa'idi morreu, por sua vez, em 1822, Saʻīd e o governador que ele havia nomeado em Lamu combateram os Mazrui e o seu novo candidato, Fumoluti. Eles conseguiram estabelecer um sultão favorável aos busaʻidi deixando em Pate uma guarnição para proteger os interesses deles na ilha. Consequentemente, em 1822, Saʻīd tinha conseguido reverter a situação política em seu favor nos dois pontos que eram, à época, os mais importantes do arquipélago de Lamu: Lamu e Pate. No mesmo ano, ele desafiou os Mazrui em Pemba. Com a solicitação de uma facção de Pemba hostil aos Mazrui que tinham enviado dois representantes a Mascate para solicitar o seu apoio, os busaʿidi se aproveitaram da ausência do governador Mazrui em Mombaça para se apoderar de Pemba em 1823. Os Mazrui não mais conseguiram reconquistar a ilha.

No espaço de dez anos, tendo voltado a sua atenção para o litoral suaíli, Saʿīd havia assegurado, para si e para os seus sucessores, uma posição dominante: de modo que os antigos rivais, os Mazrui, sentiram-se extremamente vulneráveis. Isto os levou a negociar com um oficial da marinha britânica, Owen, o qual declarou, em 1824, o estabelecimento de um protetorado britânico em Mombaça.

A reação do governo britânico diante da iniciativa de Owen foi um pouco ambígua. Com efeito, não desaprovou a declaração de protetorado, mas tampouco a acolheu com entusiasmo: as relações entre o Omã e a Grã-Bretanha não o incentivavam nesse sentido. Owen tinha esperado e acreditado que Mombaça pudesse servir de base na luta contra o tráfico de escravos, ao passo que a Grã-Bretanha, por seu lado, desejava reduzi-lo com a intermediação de Saʿīd, com quem havia assinado neste intuito o tratado de Moresby em 1822. O apoio que Owen prestava agora aos rivais de Saʿīd, os Mazrui, colocou os britânicos em uma situação diplomática delicada.

O protetorado seria efêmero. Teve fim em 1826 não somente porque o governo britânico decidiu finalmente que era com Saʿīd com quem trabalharia, mas também porque os próprios Mazrui decepcionaram-se. Eles não apreciavam a ingerência dos oficiais britânicos em seus assuntos e tampouco estavam felizes por terem de compartilhar com eles os direitos alfandegários e de serem obrigados a limitar as suas importações de escravos. E, bem entendido, os britânicos nada fizeram para ajudá-los a reconquistar suas posses perdidas.

Embora o protetorado tenha acabado em 1826, só dez anos mais tarde Saʿīd conseguiu subjugar os Mazrui. Em 1828, os soldados dos busaʿidi chegaram a ocupar o Fort Jesus; mas, após alguns meses, a guarnição de Saʿīd foi sitiada e obrigada a se retirar. Duas outras expedições – em 1829 e 1833 – fracassaram, em grande parte devido o apoio dado aos Mazrui por dois outros grupos suaílis das Três e das Nove Nações. Saʿīd conseguiu finalmente os seus objetivos nas mesmas condições que em Pate e em Pemba, ou seja, quando as dissensões internas estouraram. Duas facções se criaram entre os Mazrui. O popular e hábil Salim ibn Aḥmād morreu em 1835. Seu sucessor se alienou da simpatia dos *shaykh* das Três Nações e a intervenção de Saʿīd foi novamente solicitada por um grupo descontente. Desta vez, sua expedição (em 1837) não encontrou

FIGURA 9.4 Sa'īd ibn Sultan, sultão de Zanzibar (1804-1856). [Fonte: N. R. Bennet e G. E. Brooks (org.), *New England merchants in Africa: a history through documents, 1802-1865*, Boston, Boston University Press, 1965. © Peabody Museum of Salem. Foto: Mark Sexton.]

oposição alguma. Os Mazrui se renderam e Sa'īd apropriou-se do objeto da sua cobiça: Mombaça. Como em outros lugares, o reconhecimento da suserania dos busa'idi foi acompanhado de uma ampla autonomia. Deste modo, em Mombaça, o governador de Sa'īd dividia a responsabilidade da administração com os *shaykh* das Três e das Nove Nações.

As relações comerciais entre o litoral e o interior

No momento em que Mombaça caiu em suas mãos, Saʻīd já parecia decidido a transferir sua capital de Omã para Zanzibar. Esta seria, sob todos os pontos de vista, uma decisão capital para ele e para todo o litoral. Tendo, efetivamente, um excelente porto e um solo extremamente fértil, Zanzibar encontrava-se também bem localizada no plano estratégico já que ela era defronte a costa dos Mrima, a qual se tornara a principal saída para as mercadorias mais importantes provenientes do interior, ou seja, marfim e escravos. Este comércio lucrativo permitira ao sultão encher seus cofres, antes mesmo da sua decisão de tornar Zanzibar sua capital. Seu *wālī* (governador) já tomara iniciativas para garantir a proeminência da ilha ao obrigar todos os mercadores a negociar somente com esta, sem passar pelos Mrima[12].

"Zanzibar eclipsou rapidamente todas as outras cidades litorâneas pelo seu desenvolvimento econômico e político. Em pouco tempo, Sāyyīd Saʻīd construíra, graças ao seu instinto aguçado para negócios, sua antevisão e a sua atitude liberal, o maior entreposto da costa ocidental do Oceano Índico. Tornou-se também o mercado mais importante do litoral leste africano, no que concerne ao marfim, aos escravos, ao cravo, à resina, aos moluscos e aos produtos agrícolas, bem como o maior importador de bens manufaturados da Índia, da América e da Europa, como tecido de algodão, contas, arame, correntes, mosquetes, pólvora, porcelana, olaria, vidraçaria, facas e machados. A assinatura de acordos comerciais e consulares com a América (1837), a Grã-Bretanha (1839), a França (1844) e, mais tarde, com alguns estados alemães, trouxe ao sultão um reconhecimento internacional que veio consolidar ainda mais a sua posição[13]." De todos os objetos de comércio mencionados acima, o marfim e os escravos foram os mais lucrativos para o sultanato de Omã, graças ao impulso da demanda exterior e, no caso dos escravos, da demanda local. No decorrer das três ou quatro primeiras décadas do século XIX, o envio de marfim e de escravos com destinação ao litoral emprestava às redes comerciais estabelecidas com este fim pelos povos do interior e, em particular, os yao. Alpers[14] ressalta a importância que revestia o marfim no comércio de Zanzibar no início do século. Era predominante no comércio de longa distância da África Oriental e Central, e constituía a principal ocupação da maioria dos yao. Atraídos pelos preços elevados do marfim em

---

12 *Ibid.*, p. 80-81.
13 A. I. Salim, 1973, p. 15-16.
14 E. A. Alpers, 1973, p. 175-185.

Zanzibar, foi na direção deste litoral, e principalmente em Kilwa Kivinje, que os yao expediam seu marfim, de preferência, com destino ao litoral moçambicano.

É necessário distinguir Kilwa Kisiwani, a cidade localizada na ilha do mesmo nome, de Kilwa Kivinje, da qual se utilizaram então os yao para o seu comércio de marfim. Kilwa Kisiwani tinha perdido muito da sua pujança durante a década de 1830, devido às dissensões internas e a um meio hostil. Ao contrário, a vila de Kilwa Kivinje, localizada no continente a 27 quilômetros ao Norte, tornara-se o principal centro de negócio. A partir de 1819, um governador omaniano fora nomeado ali para estimular e explorar o comércio. Alpers considera a ascensão de Kilwa Kivinje como o símbolo da integração econômica entre o litoral e o interior. Segundo ele, o desenvolvimento e a prosperidade da cidade são devidos tanto ao dinamismo de Zanzibar e à sua atividade comercial, quanto ao desejo dos povos do interior de transitar aí suas mercadorias: "Kilwa Kivinje deve principalmente a importância que ocupa no comércio da África Oriental às iniciativas de pessoas do interior como Mwinyi Mkwinda, o aventureiro yao masaninga que aí se instalou no fim do século XVIII[15]."

Foram, portanto, os africanos que iniciaram o comércio das caravanas entre o litoral e o interior. Os bisa ocupavam-se, assim como os yao, do transporte entre a região do lago Nyasa e o litoral. Segundo Alpers, a concorrência entre os yao e os bisa era tão viva que os primeiros se especializaram no tráfico de escravos para sobreviver, e os bisa diminuíram o preço do marfim para melhor vendê-lo em Kilwa. Na primeira metade do século XIX, o comércio de marfim era provavelmente tão importante, se não mais, que o dos escravos. Tanto os bisa quanto os yao levavam o marfim e os escravos a Kilwa, de onde eram enviados a Zanzibar. Em 1850, Kilwa Kivinje tornara-se a cidade mais importante do litoral entre Moçambique e Zanzibar e o centro de exportação não somente de marfim e de escravos, mas também de outros produtos como o arroz, resina, tabaco etc. Entretanto, foi, sobretudo, graças aos dois primeiros que a cidade obteve, na época, sua importância econômica.

Os escravos pertenciam aos povos do interior, tais como os yao, os bisa, os makua e os ngindu, os quais, com frequência, eram os próprios traficantes de escravos. A captura da maioria dos escravos se dava por ocasião das guerras ou de incursões que não eram necessariamente realizadas com este fim. Os prisioneiros eram então trocados por mercadorias originárias do litoral como os tecidos, por exemplo. Os povos do interior conservavam alguns deles para uso pessoal e

---

15   *Ibid.*, p. 236.

muitos escravos passavam por diversos senhores antes de chegarem ao litoral[16]. Segundo Alpers, os escravos viajavam em grupos até o litoral ou até um dos centros de caravanas do interior de um chefe yao, como Mponda, Makanjila e Mataka, de onde partiam, uma vez agrupados, em direção ao litoral.

Na região do lago Nyasa, o comércio estava nas mãos dos yao, dos bisa e de outros grupos, enquanto que mais ao Norte era praticado pelos nyamwesi, pelos kamba (akamba) e pelos miji kenda. As mercadorias estrangeiras tinham penetrado o interior da Tanzânia desde o século XVIII, dado os intercâmbios regionais. Este fenômeno incentivou a caça ao elefante, cujo marfim era trocado por mercadorias estrangeiras. Atravessando o Ugogo, os sumbwa e os nyamwezi estabeleceram assim contatos com o litoral por volta de 1800[17]. Estes contatos levaram à construção de uma rede comercial entre o Unyamwezi e o litoral e à abertura de novas rotas para as caravanas entre o litoral e o interior.

Foi em 1824 que a primeira caravana não africana chegou ao Unyamwezi. Em 1831, Lief bin Saʿīd que era meio árabe e meio zyamwezi, chegou até o Lago Tanganica; ele enviou sua própria caravana em direção ao interior em 1837. Em 1841, uma caravana árabe chegou a Kazembe após ter atravessado o lago Tanganica. No final do período estudado – 1845 – os negociantes do litoral tinham chegado até Buganda, onde o *kabaka* deu-lhe boa acolhida por razões não somente comerciais, mas também militares: porque os fuzis que poderia comprar deles seriam úteis nos conflitos com seus vizinhos. Este impulso para o interior foi principalmente motivado pela alta do preço do marfim e dos escravos[18].

Mais ao Norte, o aumento da demanda por marfim e por outros produtos do litoral causou o desenvolvimento do comércio regional dos miji kenda com os kamba, no início do século XIX. Àquela época, os miji kenda já tinham construído uma rede de intercâmbios com os suaílis, os watta, os vangas e os oromos nos mercados fronteiriços. No continente, no mercado digo de Mtawe, ao Sul de Mombaça, os digo e os suaílis trocavam sorgo, gergelim, coco e outros produtos por vestimentas, peixes, arames e contas. Os shambaa forneciam-lhes tabaco que eles revendiam aos giriama. Por volta das décadas de 1830-1840, as caravanas compostas por vumba e digo, partindo de Vanga chegaram a Taveta, Chagga, Samburu e mesmo, em seguida, ao Lago Vitória.

---

16   *Ibid.*, p. 240-241.
17   J. Iliffe, 1979, p. 41.
18   *Ibid.*, p. 42, observar que, em Surat (costa ocidental da Índia), os preços do marfim dobraram entre 1804 e 1808; em Zanzibar, entre a década de 1820 e a década de 1890.

Os giriama implantaram seu próprio sistema de trocas, penetrando progressivamente no interior com os kamba, no final do século XVIII. Tornaram-se, antes mesmo daquele período, os principais fornecedores de marfim no litoral. Conseguiam este através da caça e da troca com os watta e os oromo. O desenvolvimento da demanda por este produto e o início do esgotamento das fontes locais de fornecimento, por volta do final do século XVIII, incitaram os giriamas a voltarem-se para o interior e a organizarem, pela primeira vez, caravanas em direção a Kitui onde viviam os kamba. Os rabai atuavam como intermediários em suas trocas com os suaílis. Eles monopolizaram praticamente o comércio das caravanas com os kamba até a década de 1830, já que estes últimos começaram a suplantá-los com suas próprias caravanas.

Os efeitos socioeconômicos do desenvolvimento comercial

A expansão dos kamba que ocorreu no início do século XIX, a partir das altas terras férteis do Mbooni em direção às terras mais baixas e menos férteis como as do Kitui, forçou-os a uma adaptação socioeconômica. Para sobreviver nas áreas menos férteis, tiveram que praticar a caça, a criação de animais e a troca. Foi então que surgiu a prática conhecida sob o nome de *kuthuua* (busca por alimento) que os levou inevitavelmente a fazer trocas com os povos vizinhos, tais como os kikuyu, os embu e os massai. Com a chegada dos giriama, a rede comercial dos kamba na região estendeu-se até o litoral. Por volta de 1820, os kamba criaram suas próprias caravanas em direção ao litoral, que agrupava cada vez mais habitantes à medida que se confirmavam as possibilidades comerciais. No Norte do interior leste africano, suas caravanas dominaram o comércio de caravanas durante as décadas de 1830, 1840 e 1850, após o que – como aconteceu no interior meridional (Tanganica) – elas foram suplantadas pelas caravanas árabes e suaílis, mais importantes e mais bem armadas, que penetraram decididamente no interior a partir do final da década de 1850. Estas relações comerciais entre o litoral e o interior teriam repercussões capitais. Elas tiveram, por exemplo, como efeito perturbar o *habitat* tradicional dos miji kenda que viviam em vilarejos fechados ou fortificados, os *kaya*. Após 1830, movidos pelo desejo de tentar a sorte nos negócios, inúmeros digo, giriama, rabai e duruma deixaram suas *kaya* para se estabelecerem em áreas vizinhas.

Esta dispersão, causada pela busca por atividades comerciais e por melhores pastagens, contribuiu não somente para desorganizar a vida coletiva nos *kaya*, mas também para sabotar a autoridade dos anciãos. A vida se ordenou em torno de unidades mais restritas – subdivisão de clãs ou de linhagem. Pelo fato de o fenômeno da dispersão dificultar cada vez mais a organização de cerimônias de iniciação nos *kaya*, a distinção de acordo com o grupo etário desapareceu também. Surgiram entre os miji kenda e os kamba indivíduos ricos que se serviam da fortuna adquirida com o comércio para criar uma clientela e adquirir influência.

Temos o exemplo do giriama chamado Ngonyo que, incentivado por seu pai, manteve relações comerciais com os suaílis, os oromos, os watta e os kamba, e construiu uma vila importante juntando os elementos díspares que constituíam a sua clientela, o que lhe permitiu, mais tarde, se fazer reconhecer como chefe pelos britânicos. Outro exemplo: o do chefe digo, Mwakikonge, o qual conseguiu o monopólio do comércio com os vumba e aproveitou-se da riqueza assim obtida para fazer alianças pessoais, constituir uma clientela e mesmo uma corte em Dzombo, adotando o título de *kubo*.

Os kamba contavam também com personagens importantes (*andu anene*), cujos poder e influência se apoiavam em uma fortuna adquirida através do comércio. O exemplo mais notável é aquele de Kivui Mwenda, o qual construiu sua potência com o comércio de caravanas entre o litoral e as terras kamba, durante as décadas de 1820 e 1830[19]. O tamanho das caravanas cresceu à medida que o comércio se desenvolvia. As de Kivui contavam com aproximadamente 300 homens. Sua rede de aliados englobava os kitui kamba, os embu e os miji kenda, e estendia-se até Mombaça, cujo governador era um de seus parceiros comerciais.

Ao Norte, além do litoral ocupado pelos suaílis e pelos miji kenda, já existia, desde as primeiras décadas do século XIX, uma rede similar, solidamente estabelecida, de relações comerciais entre o interior e o litoral. Bem no início do século, Lamu, ao suplantar Pate, tornou-se o porto de comércio mais importante do arquipélago de Lamu. Naquela época, os habitantes de Lamu já tinham criado no continente um verdadeiro sistema agrícola, conhecido pelo nome de "sistema konde"[20]. Na mesma época, negociantes do arquipélago aventuraram-se pelo interior a partir de centros como Kau e Kipini, no rio Ozi, até o rio Tana, para trocar com os pokomo e os oromos gado, marfim e produtos agrícolas.

Uma importante malha comercial ligava as cidades do Benadir no litoral somali – Brava, Merka e Mogadíscio – com o interior. Durante o século XIX, os portos do Benadir fizeram contatos com outros centros do Sul da Etiópia e do Norte do atual Quênia, até o Lago Rodolfo (atual Lago Turkana). Luk

---

19 Para detalhes mais amplos, ver R. Cummings, 1975; a respeito dos miji kenda, consultar T. Spear, 1974.
20 Ver M. Ylvisaker, 1975 e 1983.

(Lugh) e Bardera, sobre o Juba, constituíam centros nevrálgicos desta importante malha de rotas de caravanas. Os comerciantes somalis e boran levavam até estas cidades o marfim, o gado e, ocasionalmente, escravos que eram imediatamente enviados para os mercados próximos do litoral, tais como Afgoi, nas proximidades de Mogadíscio e Audegle, próximo de Merka, para chegar enfim aos portos do Benadir. Outros grupos somalis, tais como os bimale, os geledi e os tunni, supriam os portos de produtos agrícolas provenientes do vale fértil de Webbe Shebele e, do mesmo modo, atuavam como agentes dos comerciantes somalis no interior.

Estas relações comerciais, baseadas na malha das caravanas que ligava cada porção do litoral leste africano às suas terras interioranas, exerceriam progressivamente efeitos socioculturais; este fenômeno, já detectável ao final do período estudado (1845), desenvolver-se-ia mais sensivelmente durante a segunda metade do século. Já evocamos o aumento do individualismo e o surgimento de um pequeno número de indivíduos que amontoava fortunas (mesmo que de modo efêmero), influência e prestígio fora do contexto social tradicional. Ainda mais difundida era a prática que consistia em se casar com estrangeiras. Este fenômeno tornou-se perceptível, por exemplo, entre os digo e os rabai durante o século XIX, em consequência de suas relações comerciais. Deste modo, elos baseados na fraternidade sanguínea foram criados entre os miji kenda, os oromos, os kamba e os suaílis. Por outro lado, as interações entre estes grupos, no Leste do Quênia, favoreceram a adoção de novas práticas rituais; durante o século XIX, "novos métodos de vidência, de ação sobre as chuvas e possessão espiritual se expandiram pelo Leste do Quênia, as práticas culturais individuais se misturaram aos esquemas regionais"[21].

A dinâmica das mudanças socioeconômicas produz transformações culturais nas cidades litorâneas e entre certos grupos do interior. O desenvolvimento do comércio de caravanas era acompanhado por um crescimento e uma diversificação étnica da população destas cidades que viram afluírem árabes, africanos vindo do Norte e, mais ainda, escravos. O crescimento do número de escravos nas plantações e de escravos domésticos, bem como a generalização concomitante da prática do concubinato, favoreceram a interação e a integração étnicas e culturais afro-árabes e afro-suaílis, inclusive no seio da aristocracia dirigente e mesmo no palácio do sultão. A maioria das esposas de Sa'īd eram africanas e seus filhos falavam kiswahili muito mais do que árabe. Todos os sultões

---

21   T. Spear, 1981, p. 131.

que sucederam Saʻīd durante o século XIX nasceram de uma escrava. Como o observariam vários visitantes estrangeiros, a preservação da identidade árabe tornou-se então mais difícil.

Com o tempo, sensíveis diferenças culturais apareceram entre o omaniano ou o árabe iemenita "puro" e seu homólogo sedentário, suailizado ou africanizado, das cidades suaílis. Os primeiros foram designados sob o nome *Mmanga* ou *M-Shihiri*. O estabelecimento da suserania dos busaʻidi e o afluxo de novos grupos vindos do Norte e do Iêmen contribuíram na explosão de antigas estratificações sociais, por exemplo, em Lamu, e favoreceram a emergência de novas estruturas[22]. Por volta de 1850, entre os 150.000 habitantes de Zanzibar, aproximadamente 60.000 eram escravos[23]. Os Mazrui, expulsos de Mombaça em 1837, estabeleceram-se em Gasi, ao Sul de sua antiga praça forte e em Takaungu, ao Norte, e criaram relações estreitas respectivamente com os digo e os giriama. Muitos foram iniciados no clã dos anciões, entre os giriama. Ngonyo tornou-se aliado de um grande número dentre eles. Os escravos eram importados de Zanzibar e do Mrima. Os Mazrui fizeram de Gasi e de Takaungu suas novas bases política e econômica, ao se aliarem aos digo e aos giriama para atingirem este objetivo.

Mudanças aconteceram paralelamente no interior, onde diversos grupos conheceram um fenômeno de "mudança de escala", devido aos seus contatos com o comércio de caravanas e a sua participação neste comércio. Eles começaram a imitar ou adotar a cultura das regiões litorâneas. Assim, o porte da túnica suaíli, *kanzu*, se desenvolveu até o Buganda; o chefe yao Mataka, já mencionado, tinha orgulho de seus esforços para transformar sua região de acordo com o modelo litorâneo. Ele reconstruiu sua capital no estilo do litoral, ornamentando-a com mangueiras[24]. Outros dirigentes africanos o imitariam subsequentemente, como o filho de Kimweri, Semboja, o chefe dos mazinde que se vestia à moda árabe e elogiava a cozinha suaíli, o chefe haya, o *rumanyika* de Karagwe, cujo palácio era decorado com objetos de luxo trazidos do litoral pelas caravanas e, principalmente, pássaros embalsamados, espelhos e relógios.

Durante a primeira metade do século XIX, o islã começou a se implantar no interior. Não apenas fazia adeptos entre as famílias dirigentes, mas também, pela primeira vez, começava a penetrar nas áreas rurais. Foi muito bem acolhido, perto do litoral, entre os digo e os segeju. Entre os outros grupos miji kenda,

---

22 Ver A. el-Zein, 1974, e A. H. Prins, 1971.
23 J. Iliffe, 1979, p. 42.
24 *Ibid.*, p. 78.

não exerceria influência sensível antes do último quarto do século. Propagou-se entre os baganda pouco após a chegada do negociante missionário árabe Ahmad ibn Ibrāhīm, em 1844[25]. Quando os missionários cristãos chegaram ao Buganda, na década de 1870, o *kabaka* Mutesa já observava os ritos islâmicos tais como o jejum, e inúmeras mesquitas já haviam sido construídas. Também nesta época a influência do islã fazia-se sentir, ainda que numa escala mais modesta, em Bonde, em Uzigua e no planalto Makonde.

Uma vez aceito, o islã passou a ter uma forma sincrética. Por outro lado, algumas sociedades introduziram elementos islâmicos em suas religiões tradicionais, ou incorporaram práticas, personagens e espíritos do litoral em seus ritos religiosos. Deste modo, alguns espíritos kamba tinham nomes suaílis; o nome do sultão de Zanzibar, Bargha<u>sh</u>, era mencionado nos ritos sukuma[26].

O kiswahili se espalhou mais do que o islã no interior, em particular no Tanganica. Por volta da década de 1850, Richard Burton constatou que ele era muito falado pelos sagara e pelos gogo e que, na quase totalidade das etnias do interior, encontrava-se alguém capaz de falá-lo[27].

Além desta influência cultural do litoral sobre o interior – que manteve contudo um caráter limitado durante a primeira metade do século XIX –, houve também fenômenos de interação cultural entre os grupos do interior. Por outro lado, convém observar que alguns destes grupos, em particular aqueles que eram distantes das rotas de caravanas, opuseram uma grande resistência aos comerciantes do litoral e a sua cultura. De fato, as mutações que surgiram no interior tiveram pouca, ou nenhuma, relação com o comércio de caravanas. Inúmeras sociedades do interior não consideravam o comércio com o litoral como necessário para sua vida econômica.

Deste modo, durante a primeira metade do século XIX, os kikuyu continuaram sua expansão na região fértil e arborizada dos altos planaltos centrais do atual Quênia. A abundância de alimento fez crescer a população e favoreceu a troca de produtos excedentes com os povos vizinhos, tais como os kamba. As mesmas relações existiam, até certo ponto, com os massai que contribuíram para confinar os kikuyu nas áreas de florestas, as quais foram derrubadas progressivamente em resposta às necessidades de espaço e de alimento para a população em expansão. Os kikuyu, assim como os kamba, não tinham um sistema político centralizado. As famílias estabelecidas sobre as diferentes áreas de

---

25 Ver A. Oded, 1974, e A. B. Kasozi, 1974.
26 J. Iliffe, 1979, p. 79.
27 *Ibid.*, p. 79

colinas e postas sob a autoridade de um chefe eram geralmente independentes umas das outras. Havia, contudo relações entre vários grupos, e alguns chefes tentaram impor pela força sua autoridade sobre outros grupos. As atividades comerciais dos kikuyu permaneceram mais concentradas e nunca atingiram o litoral. Mesmo quando as caravanas suaíli-árabes penetraram pelo interior, durante a segunda metade do século XIX, os kikuyu não tentaram de modo algum estabelecer com elas laços comerciais importantes.

Em 1800, a potência legendária dos massai estava consideravelmente fragilizada. Este grupo de nilotas da planície havia atingido os limites da sua expansão. Era também dividido em dois, entre os pastores que ocupavam as planícies do vale do Rift estendendo-se do centro do Tanganica até o do Quênia, e um número menor de agricultores, os iloikop ou kwavi, os quais habitavam a área que separa o monte Kilimanjaro dos altos planaltos do Quênia. A história dos massai durante o período estudado é dominada, por um lado, pela luta que travaram estes dois grupos e, por outro, pelas guerras civis provocadas por vários *laibon* (líder ritualista) que buscavam tomar o poder.

Estes conflitos levaram à dispersão dos massai pelo interior, o que contribuiu muito para impedir os comerciantes árabes e suaílis de entrarem mais cedo no interior. As incursões dos kwavi aconteceram nos arredores de Mombaça. Em 1837, uma escaramuça entre os kwavi e um grupo árabe-suaíli teve lugar fora da cidade. Nessa ocasião, estes últimos tiveram pesadas perdas. Autores da época, como o missionário J. L. Krapf, falam da ameaça contínua que os kwavi representavam para os miji kenda, o que explica a natureza defensiva do sistema dos *kaya*.

A Oeste do vale do Rift, povos vieram se estabelecer na região dos Grandes Lagos. Tratava-se de grupos bantos, como os luyia, os baganda, os basoga etc., e nilotas, como os luo, os acholi e outros. A primeira metade do século XIX apareceu como um período de deslocamentos, de estabelecimentos e de movimentos incessantes de povos nesta região, assim como aquele da cristalização de diversos sistemas políticos no seio de diferentes grupos, conferindo-lhes uma identidade própria. É, por exemplo, o caso dos buganda que se dotaram de um sistema de governo centralizado, dirigido por um chefe (o *kabaka*) portando as insígnias de suas funções – tambor, tamboretes e lanças – e seu colégio de conselheiros, o *lukiko*. No século XIX, o Buganda, dominado até então pelo reino de Bunyoro, afirmou sua potência e seu expansionismo.

Por outro lado, os grupos de língua banta que viviam nas margens orientais do lago Vitória não criaram governos centralizados (exceto o reino de Wanga). Cada clã constituía sua própria entidade política e social. Os anciãos escolhiam entre eles o sábio encarregado da administração dos negócios, ao qual era conferido o título de *omwami, omukali* ou *omukasa*[28]. O reino de Wanga, que, no século XIX, já tinha um rei ritual, o *nabongo*, não passava, na origem, de uma modesta chefia. Atribui-se a expansão deste Estado à habilidade de seus dirigentes que permitiu ter vantagem clara sobre seus vizinhos e, com o tempo, dominá-los em grande parte. O reino estabeleceria relações com os mercadores do litoral quando estes penetraram mais profundamente pelo interior na segunda metade do século XIX. O *nabongo* Mumia esperava utilizá-los para revigorar o seu reino em declínio, em troca da concessão de uma base comercial.

Durante a primeira metade do século XIX, ocorreu também um evento histórico importante: a invasão do Tanganica interior pelos nguni, a qual produziu profundas repercussões políticas. Esta invasão, bem como o comércio de caravanas, teria efeitos tanto positivos como negativos sobre as sociedades do interior. No plano político, estes dois processos favoreceram a formação de Estados ou sua consolidação em algumas regiões, e sua desintegração em outras. Mas todos estes fenômenos ocorreram na segunda metade do século XIX, ou seja, após o período analisado aqui.

O comércio internacional dos omanianos

O estudo mostrou que as sociedades do interior reagiram de modo muito diversificado aos contatos com o comércio de caravanas e que as consequências sociais, políticas e econômicas destes contatos foram muito variadas. De uma maneira geral, durante o período estudado, o interior foi muito mais influenciado pelo litoral no Tanganica do que no Quênia.

É conveniente agora evocar diversos desenvolvimentos importantes que aconteceram no litoral durante aquele período. Sa'īd ibn Sultan tomou uma decisão importante e de uma grande alçada no plano econômico: incentivar os indianos ao comércio e a se estabelecerem na região. As relações comerciais entre a Ásia e o litoral leste africano eram anteriores ao século XIX, mas a presença asiática era pouco visível em Zanzibar ou no litoral do continente. Sa'īd, que admirava o dom para os negócios dos asiáticos e sua competência neste campo, considerou que eles poderiam contribuir utilmente no desenvolvimento comercial e na valorização de seu império. Em 1804, a cobrança dos direitos alfandegários em Zanzibar foi concedida a um mercador asiático. Em 1811, um

---

28   G. S. Were, 1968, p. 195.

número considerável de indianos estabelecera-se na capital e, a partir daquele momento, eles começaram a ter um papel importante – logo preponderante – como agentes alfandegários, corretores, financiadores, agiotas e atacadistas. Se a instalação de um número crescente de asiáticos em Zanzibar e, logo depois, em certas cidades do continente não lhes trouxe influência política, ela lhes assegurou uma posição econômica preponderante e desigual. Jairam Sewji, por exemplo, enriqueceu consideravelmente entre 1834 e 1853, período durante o qual a cobrança dos direitos alfandegários lhe foi concedida, do mesmo modo que Taria Topan após ele. Ainda que suas próprias receitas crescessem à medida que aumentavam os direitos alfandegários, os sultões de Zanzibar permaneciam constantemente endividados em relação aos asiáticos encarregados da cobrança. Por outro lado, os capitais e as mercadorias dos asiáticos tornaram-se indispensáveis para as caravanas árabes e suaílis. Inevitavelmente, os intermediários e financiadores asiáticos apropriaram-se de uma parte muito mais considerável dos lucros do comércio de caravanas.

Uma outra iniciativa de Sa'īd digna de menção, a qual constitui um marco na história econômica da região, é a introdução em Zanzibar da lavoura do cravo-da-índia que permitiu à ilha dominar quase totalmente, por volta de 1850, o mercado internacional deste produto[29]. Isto marcou o início da economia de *plantation* que completaria o comércio das mercadorias transportadas, por barcos e caravanas, pelos povos do litoral. Sa'īd havia notado muito cedo a fertilidade das terras do litoral e, em particular, das de Zanzibar. Eis uma das razões da transferência de sua capital para a ilha. Antes da introdução do cravo, o único produto exportado por Zanzibar era o coco, enquanto Pemba exportava tradicionalmente o arroz. As primeiras mudas de cravo foram trazidas da Ilha de Reunião por um árabe omaniano, Sāleh ibn Haramil al-Abry, que as teria plantado ou ofertado ao sultão. Foi Sa'īd quem desenvolveu a lavoura deste produto e tornou-se, inicialmente, o seu principal exportador. Com cerca de quarenta e cinco plantações mantidas pela mão de obra servil, ele produzia dois terços das 8.000 frasilas (uma frasila corresponde ao redor de 16 quilogramas) exportadas de Zanzibar em 1840. Bombaim, grande consumidora de cravos-da-índia, importava desta ilha 29.000 dólares em 1837-1838. "Cinco anos mais tarde, as importações provenientes de Zanzibar atingiram a soma de 97.000 dólares, distanciando-se das dos demais países[30]."

---

29 Nenhum documento sobre a história de Zanzibar pode omitir a menção da produção de cravos-da-índia. F. Cooper (1977) oferece um bom estudo sobre esta lavoura em Zanzibar e em Pemba.

30 F. Cooper, 1977, p. 51.

Durante os dez últimos anos estudados (1835-1845), os árabes omanianos de Zanzibar desenvolveram a lavoura do cravo-da-índia a ponto de negligenciarem as lavouras de outros produtos, como o cujo e o arroz. Alguns antigos mercadores de caravanas passaram a cultivar o cravo, de modo que, por volta da década de 1840, as grandes famílias omanianas de Zanzibar e de Pemba passaram todas para esta lavoura. A indústria do cravo estimulou fortemente o tráfico de escravos, já que havia necessidade de uma mão de obra abundante durante a época da florada e da colheita. Outrossim, impulsionou a aquisição de terras, feita de vários modos: ocupação das terras desocupadas nas duas ilhas; arrendamento simbólico de terras das populações locais; compra e, à medida que se previa uma maior rentabilidade, expropriação. Foi deste modo que os árabes omanianos adquiriram suas plantações de cravo-da-índia ao Norte e a Oeste de Zanzibar, ao passo que seus habitantes wahadimu eram reduzidos à agricultura de subsistência e a pequenas lavouras comerciais nas partes Sul e Leste da ilha[31]. Em Pemba, ao contrário, suas plantações encontravam-se no meio das explorações dos habitantes wapemba que cultivavam também o cravo, mas em escala menor. Relações melhores se estabeleceram entre os dois grupos em Pemba, já que os arranjos em vigor eram de natureza a limitar os conflitos fundiários.

Os tratados comerciais assinados por Sa'īd com os Estados Unidos da América, a Grã-Bretanha, a França e alguns Estados alemães contribuíram em grande medida para favorecer o desenvolvimento do "império" comercial de Zanzibar na África Oriental. Em particular, as relações com os Estados Unidos estimularam notavelmente esta expansão. O tratado assinado em 1833, enquanto Sa'īd estava ocupado com seus planos de desenvolvimento econômico da ilha lhe forneceu o mercado do qual necessitava. O estadunidenses se beneficiaram de condições muito favoráveis: direito de 5% sobre as mercadorias norte-americanas importadas na África Oriental, e isenção com relação às mercadorias compradas pelos estadunidenses. Após a assinatura do tratado, o movimento de navios norte-americanos nas águas do leste africano aumentou sensivelmente. Levavam para os Estados Unidos mercadorias como marfim, resina e, quando a lavoura se desenvolveu, grandes quantidades de cravo-da-índia. Em contrapartida, chegavam a Zanzibar com açúcar, contas, artigos de cobre, fuzis, pólvora e tecidos de algodão que se tornaram célebres na África Oriental sob o nome de "*merekani*" (americanos). O montante das vendas norte-americanas passou de 100.000

---

31   *Ibidem*, p. 58, acrescenta: "esta injusta repartição étnica das terras é a origem de muitas das tensões que se produziram durante o século XIX".

dólares em 1838 a 550.000 dólares quando da morte de Sa'īd em 1852. Tal progressão se deveu principalmente aos tecidos de algodão[32].

Suplantando a Grã-Bretanha, os Estados Unidos se tornaram a primeira potência comercial ocidental nas águas da África Oriental. Foi precisamente este temor de serem desalojados pelos estadunidenses que incentivou os britânicos a assinarem um tratado análogo com Sa'īd, em 1839. Apesar disso, os interesses comerciais britânicos – excetuando-se aqueles dos súditos britânicos de origem asiática – e a parte da Grã-Bretanha no comércio da África Oriental declinaram no decorrer do período estudado. Apesar de suas reticências iniciais, Sa'īd assinou um tratado com os franceses em 1844. Os britânicos haviam atiçado a desconfiança de Sa'īd quanto às intenções dos franceses. Após o estabelecimento de um consulado francês em Zanzibar em 1844, a rivalidade franco-britânica continuou intermitente, de modo que Sa'īd teve que usar toda sua sagacidade para preservar uma posição neutra ou para explorar aquela rivalidade em seu proveito. Entretanto, sua necessidade do apoio militar britânico em Omã contribuiu para aumentar o papel político destes últimos. Deste modo, Atkins Hamerton, o cônsul britânico, veio a exercer uma influência não negligenciável e mesmo às vezes algum poder sobre o sultão-*imām* dos busa'idi. Após ter se encontrado com Hamerton em 1851, o cônsul americano Ward observou que os britânicos visavam a controlar o litoral leste africano num futuro próximo. Para os britânicos, esta influência política compensava em muito seu declínio comercial na África Oriental[33].

Foi Hamerton quem, em 1845, após dois anos de negociações, persuadiu Sa'īd a assinar um tratado interditando a exportação de escravos fora dos territórios leste-africanos controlados pelo sultão. O desenvolvimento das lavouras de cravo-da-índia e a exportação de escravos tinham gerado uma intensificação no tráfico na África Oriental. As estimativas do tráfico de "carregamentos humanos" transportados durante o século XIX nunca foram muito confiáveis. Os especialistas tiveram subsequentemente a tendência a considerar como exagerados os números levantados à época pelos visitantes, oficiais da marinha, missionários e exploradores europeus, mas suas próprias estimativas são divergentes. E. A. Alpers[34] contesta o número de 20.000 escravos por ano dado por C. S. Nicholls. Ele indica que A. M. H. Sheriff[35] está abaixo da verdade

---

32 C. S. Nicholls, 1971, p. 332.
33 *Ibid.*, p. 187.
34 F. Cooper, 1977, p. 43; E. A. Alpers, 1973, p. 185-193.
35 A. M. H. Sheriff, 1971.

quando fornece o número de 2.500 escravos por ano durante a década de 1830 (estimativa baseada no número de escravos importados por Mascate, Kharaq e Basra), já que ele subestima a importância dos escravos domésticos levando em conta somente aqueles que trabalhavam nas plantações de tamareiras do Golfo Pérsico. F. Cooper, por sua vez, não fornece nenhum número. Ele se contenta em observar que a exportação de escravos de Zanzibar em direção ao Golfo era uma atividade muito lucrativa durante a primeira metade do século XIX. É evidente que o acordo concluído por Hamerton não concorreu para diminuir a demanda local e exterior por escravos.

Afinal, pode-se dizer que Sa'īd tomou uma série de iniciativas econômicas e comerciais que contribuíram não apenas para tornar Zanzibar uma das feitorias mais importantes do litoral leste africano – Zanzibar importava produtos manufaturados da Índia, da Europa e dos Estados Unidos da América e exportava cravo-da-índia, marfim, escravos, chifres de rinocerontes, resina e outros produtos –, mas também de introduzir a economia da África do leste na mudança do sistema capitalista ocidental. Aquilo permitiu o enriquecimento dos comerciantes asiáticos, europeus e americanos em detrimento das sociedades autóctones, gerando assim o seu subdesenvolvimento.

Neste sistema capitalista mercantilista, a exploração dos recursos humanos e materiais das sociedades do Leste africano revestiu-se na forma de uma troca desigual que se estabeleceu duravelmente entre, por um lado, os mercadores estrangeiros parasitas estabelecidos em Zanzibar e, por outro lado, os povos do litoral e do interior.

Os lucros substanciais assim obtidos eram transferidos para a Europa, América e Índia e não eram praticamente investidos no desenvolvimento material ou técnico da África Oriental. Os artigos importados, os quais eram trocados pelos produtos do Leste africano, tais como o marfim, eram artigos de consumo de baixo custo que não serviriam para a formação de capital. A importação de alguns destes artigos prejudicava as indústrias locais: a indústria têxtil de Lamu e dos portos do Benadir foi duramente atingida pela importação de tecidos de algodão asiáticos, a princípio, e, em seguida, americanos.

Por outro lado, a exportação de escravos, as lutas entre os grupos e as incursões que as acompanharam reduziram os recursos em mão de obra no interior do Tanganica, contribuindo para agravar o subdesenvolvimento da região[36] e para "levar inelutavelmente a um impasse"[37].

Conclusão

Durante o período estudado (1800-1845), a região litorânea e o interior da África Oriental se compunham de cidades-Estados e de sociedades do interior, praticamente independentes umas das outras no plano político, as quais praticavam o comércio regional e local e mesmo, no caso das populações litorâneas, o comércio transoceânico.

Quando os busa'idi impuseram o seu domínio, a maioria das cidades litorâneas prestava formalmente obediência a Zanzibar, mas, de fato, os chefes locais conservavam um poder real. Este período viu o desenvolvimento do comércio de caravanas de longa distância, sob o impulso de grupos africanos do interior, tais como os yao e os nyamwezi. Contudo, o desenvolvimento da demanda de escravos, marfim e outros produtos incentivou muito as caravanas árabes e suaílis a seguirem para o interior.

O comércio de caravanas teria influência social, econômica e cultural sobre inúmeras sociedades do interior, ainda que algumas tenham se mantido totalmente à parte. O islã e, mais ainda, o kiswahili se espalharam pelo interior. Os missionários cristãos somente vieram depois de 1845. Por outro lado, independentemente do comércio de caravanas, outros acontecimentos importantes ocorreram no interior, em particular a invasão dos nguni, a qual teria grandes consequências, contribuindo notadamente a formar alguns Estados e a desintegrar outros.

Enfim, a criação e o desenvolvimento do império comercial de Zanzibar levaram a uma troca muito desigual entre os representantes do capitalismo oriental e ocidental – os mercadores asiáticos, europeus e americanos – e as populações autóctones do litoral e do interior, obtendo o primeiro grupo vantagens desproporcionais do comércio internacional que impulsionava, desenvolvia e controlava. Este fenômeno, por sua vez, conduziu ao subdesenvolvimento da África Oriental.

---

36 Existe um grande número de obras sobre esta questão; ver, por exemplo, W. Rodney, 1972; J. Iliffe, 1979, p. 66-77; R. Gray e D. Birmingham (org.), 1970; B. Swai, 1984; A. M. H. Sheriff, 1974 e T. Spear, 1981.
37 *Apud* J. Iliffe (1979) de A. D. Roberts, 1970*b*.

CAPÍTULO 10

O litoral e o interior da África Oriental de 1845 a 1880

Isaria N. Kimambo

No capítulo anterior vimos como no primeiro quarto do século XIX a maioria das sociedades do interior leste africano se desenvolveu independentemente umas das outras. Estas não são certamente sociedades estagnadas como alguns antropólogos tendem a nos fazer crer. Estados mais ou menos importantes foram constituídos na área que se estende da região dos Grandes Lagos à Tanzânia Ocidental, Central e do Nordeste. Comunidades com vocação pastoril e agrícola fixaram-se nas áreas montanhosas e no Vale do Rift (Vale da Grande Fenda). Estas sociedades estavam, em sua maioria, em vias de transformação. Grupos continuaram a emigrar para regiões ainda desabitadas, menos propícias para a agricultura, enquanto a influência das migrações mais recentes, como as dos luo e dos massai, não havia ainda sido totalmente absorvida por seus vizinhos. Somente a região próxima do litoral e as ilhas de Zanzibar e Pemba faziam parte do sistema econômico internacional. No início da década de 1840, a África Oriental foi palco de duas invasões distintas: a invasão comercial, a qual integraria o interior no sistema econômico internacional, e a invasão nguni vinda da África austral, a qual provocou vários movimentos e transformações nas sociedades existentes. Dois outros fatores importantes marcaram este período: a luta entre os grupos massai e a pressão crescente dos interesses europeus na África Oriental. Este capítulo se propõe a analisar resumidamente estes fatores no período que vai de 1845 a 1884.

A penetração omaniana e a expansão comercial

O deslocamento dos interesses políticos e comerciais omanianos de Omã para Zanzibar e Pemba e, mais indiretamente, para as cidades litorâneas, foi estudado no capítulo precedente. É também no início do século XIX que remontam as causas profundas do desenvolvimento de um império comercial que conseguiu penetrar no coração da África Oriental. A partir de 1840, o tráfico de marfim e de escravos expandiu-se rapidamente e levou o interior para a malha comercial já estabelecida no litoral.

Tem-se a tendência de estabelecer uma correlação entre o marfim e os escravos, dado que, na maioria dos casos, vinham da mesma região, e os escravos podiam ser usados para o transporte de marfim. Mas esta correlação é superficial e foi sobreestimada. É, todavia, evidente que, para o comércio de longo curso, tanto o marfim como os escravos fossem trocados por outras mercadorias, tais como tecidos, arames e contas.

Uma correlação bem mais importante está no fato de que estes dois produtos estavam ligados a um sistema comercial internacional que iria reduzir a África Oriental a um papel subalterno e influenciar o seu desenvolvimento antes mesmo da instauração do regime colonial. Deste modo, a África Oriental encontrou-se engajada no sistema econômico capitalista bem antes do início do colonialismo.

O aparecimento de um sistema econômico baseado em plantações – primeiro as das Ilhas Maurício e Reunião, sob o domínio francês, mas, sobretudo, as de cravos-da-índia de Zanzibar e Pemba – provocou o desenvolvimento do comércio de escravos no interior da África Oriental. Quando Sayyid Sa'īd deslocou seus interesses comerciais de Zanzibar para a África Oriental, o tráfico de escravos com destino à ilha Maurício já tinha sido freado pela intervenção dos britânicos que se apoderaram da ilha em 1810. Mas Sayyid Sa'īd incentivou o desenvolvimento de plantações de cravo-da-índia e de coqueirais em Zanzibar e Pemba. Quando ele transferiu sua capital para Zanzibar, pouco depois de 1840, a lavoura do cravo-da-índia já se constituía na principal atividade econômica, da qual o trabalho servil era o motor. Este quadro favoreceu o aparecimento de uma classe de proprietários de terras, constituída primeiro e principalmente por árabes; depois, a partir de 1860, também por shīrāzī e indianos. Estima-se normalmente que, a partir de 1860, as ilhas de Zanzibar e Pemba tenham recebido perto de 10.000 escravos por ano – sem contar aqueles destinados para o suprimento dos mercados estrangeiros (sobretudo árabes). Pode-se estabelecer que, na década de 1860, o mercado de Zanzibar não recebia menos de 70.000 escravos por ano,

FIGURA 10.1   O Oceano Índico no século XIX. [Fonte: extraído de P.D. Curtin, S. Feierman, L. Thompson e J. Vansina, *African History*, 1978, p. 394.]

e que o tráfico mais intenso iniciara após 1840[1]. Embora tais números possam ser fortemente exagerados, eles indicam, contudo, que o comércio de escravos se desenvolvera de modo considerável desde a metade do século XIX.

O segundo produto comercial proveniente da África Oriental era o marfim. No capítulo anterior, vimos como o mercado de marfim começara a se desenvolver nas primeiras décadas do século XIX, desenvolvimento este devido à demanda crescente de um ocidente industrializado que o mercado tradicional indiano não mais satisfazia. Antes, a Europa e os Estados Unidos da América obtinham este produto na África Ocidental. Mas a demanda pelo marfim africano cresceu quando foi percebido que era de uma qualidade superior (menos duro), mais apropriado para a fabricação de artigos de luxo, tais como pentes, bolas de bilhar e teclas de piano, os quais eram procurados pelas classes mais abastadas da sociedade. Todos os esforços empregados pelos britânicos para exercer um controle direto sobre este mercado, a partir da África Oriental, fracassaram, já que os mercadores indianos encontravam-se bem estabelecidos na região e porque eles enviavam o marfim para Bombaim e, de lá, reexportavam-no para a Europa. Somente alguns poucos americanos conseguiram pouco a pouco se tornar os primeiros mercadores ocidentais de Zanzibar, permanecendo contudo amplamente dependentes de seus concorrentes indianos.

É óbvio que as condições de troca, nestes dois comércios particulares, eram muito vantajosas para aqueles que as praticavam. Grandes rotas comerciais surgiram a partir das cidades litorâneas (Kilwa, Bagamoyo, Pangani, Tanga e Mombaça) até diversos pontos do interior, de modo que, depois de 1870, a maior parte da região correspondente hoje à Tanzânia, ao Quênia, ao Uganda, à parte oriental da República Democrática do Congo, ao Norte da Zâmbia, ao Malaui e ao Moçambique Setentrional, formava um imenso interior ligado a Zanzibar através destas cidades litorâneas e por isso mesmo integrado, em graus diversos, à malha comercial internacional.

É tentador ver neste desenvolvimento do comércio de longo curso apenas um episódio infeliz do qual os africanos foram vítimas impotentes. É certo que o tráfico, o qual avilta o ser humano, deixou nas sociedades da África Oriental sequelas pessoais e morais particularmente funestas. Bem maior, contudo, foi a influência do comércio em seu conjunto sobre o desenvolvimento efetivo das sociedades consideradas. Os africanos, neste caso, não foram meros expectadores. Mostraremos através de alguns exemplos que, em muitos casos, eles próprios

---

[1] E. A. Alpers, 1967, p. 11; 1974, p. 236.

tomaram a iniciativa de estabelecerem relações comerciais com o litoral. É, contudo, difícil avaliar na medida justa a incidência econômica geral desta invasão comercial sobre as sociedades africanas. É mais fácil reconhecer os aportes tangíveis da penetração litorânea nos territórios do interior, sob a forma, por exemplo, de espécies novas – o milho e o arroz –, ou seus efeitos culturais, representados pela expansão do islã e, de maneira ainda mais significativa, pelos progressos da língua suaíli. Mas quais foram os efeitos econômicos?

Philip D. Curtin, avaliando os efeitos de um comércio do mesmo gênero, mas na região da Senegâmbia, concluiu: "Os dados são suficientemente precisos para que se possa afirmar de maneira geral que, apesar da probabilidade de movimentos inversos marcantes durante os tempos de guerra, as condições de troca modificaram-se consideravelmente em favor da Senegâmbia durante quase dois séculos. Mesmo que as estimativas representassem quer a metade, quer o dobro, dos números reais, esta melhoria do conjunto traduziu-se, entre 1680 e 1830, em uma multiplicação de cinco a vinte vezes das vantagens recebidas. Para se tomar uma estimativa média, ao final do período considerado, os senegambianos receberam dez vezes mais do que lhes fora dado cento e cinquenta anos antes pelo mesmo volume de bens exportados[2]."

Infelizmente, não existem dados comparáveis para a África Oriental. R. Coupland, a partir de estatísticas relativas a Zanzibar e a alguns centros litorâneos, pôde demonstrar, por exemplo, que o lucro anual de Kilwa atingiu 120.000 libras em 1876; e que de 1869 a 1876, as receitas alfandegárias de Zanzibar passaram de 65.000 libras a mais de 100.000 libras por ano[3]. Isto parece indicar que caberia, ao menos no caso de Zanzibar, um estudo análogo ao da Senegâmbia. Mas é provável que não nos ensinasse grande coisa sobre as numerosas sociedades do interior que participavam das atividades comerciais. Sabe-se que, em 1870, a economia de *plantation*, baseada em uma mão de obra servil, tinha começado a se estender no litoral e no interior da região, ao longo das rotas de caravanas, a fim de, sobretudo, produzir gêneros (cereais) necessários à alimentação das camadas mais ricas e das classes trabalhadoras de Zanzibar e de Pemba, e de prover as necessidades das grandes caravanas que penetravam pelo interior ou do qual retornavam[4]. O quadro permanece, entretanto, incompleto. Porém, mesmo que conseguíssemos completá-lo, demonstrar que o produtor africano obtinha naquele momento mais do que ele recebia antes, não mudaria

---

2 P. D. Curtin, 1975, p. 340.
3 R. Coupland, 1939, p. 227, 319 e 320; ver também J. M. Gray, 1963, p. 241.
4 A. Smith, 1963, p. 296.

o caráter de exploração do sistema comercial capitalista internacional da época. De fato, os comerciantes do litoral e seus aliados africanos não passavam de intermediários dos negociantes europeus, que ficavam com a maior parte dos lucros. O produtor africano era explorado não somente pelos intermediários, mas também pelos comerciantes europeus. A situação se apresenta ainda mais dramática se pensarmos que seres humanos eram o objeto deste comércio! Pode--se acrescentar que, ligados assim ao sistema econômico mundial, em condições pouco vantajosas para eles, os africanos do Leste consagraram sua energia não para buscarem o desenvolvimento de suas economias em seu proveito, mas sim para fornecerem matérias-primas e mão de obra trocadas por produtos manufaturados estrangeiros (artigos de luxo, em sua maioria), úteis somente a algumas camadas da sociedade. Às vezes, este comércio produziu o efeito de fazer desaparecer as indústrias locais que produziam artigos análogos ou de frear seu desenvolvimento. Tal foi a sorte da indústria do tapa, na região do Lago Vitória, e a da tecelagem a mão no Sudoeste da Tanzânia.

Este agrupamento do vasto interior leste africano ao litoral não resultou apenas na abertura de novas rotas comerciais do litoral para o interior, nem tampouco da penetração árabe e suaíli no continente. Ela se deu igualmente pela transformação e adaptação das malhas comerciais existentes. Para maior clareza, nós dividiremos as grandes rotas do comércio de longo curso segundo quatro eixos principais: o de Kilwa para o interior; o da Tanzânia Central; o do vale do Pangani e o de Mombaça para o interior.

O eixo Kilwa-interior

O eixo comercial que ligava Kilwa ao interior foi provavelmente o primeiro a se formar sob o efeito da demanda por mão de obra servil destinada às ilhas sob domínio francês, no final do século XVIII. Os contatos entre a região do Lago Nyasa (atual Lago Malaui) e Kilwa eram relativamente fáceis, uma vez que a região que os viajantes deviam atravessar era muito fértil e habitada. Era dominada pelos yao que asseguravam o encaminhamento de marfim, cera e escravos até Kilwa. Eles continuaram a ter um papel importante neste comércio até a época de seu apogeu no século XIX e sua preponderância na segunda metade do século foi uma consequência direta. Como já observamos, a situação geográfica deles lhes era favorável. Entretanto, a consequência mais marcante deste comércio regional foi de ordem social. Até então, o povo yao compunha--se de pequenos grupos estabelecidos ao redor do lago Nyasa, unidos por um elo muito frouxo sob a frágil autoridade dos chefes locais. Mas na metade do século XIX, eles se reuniram em coletividades mais importantes e seus chefes começaram a se impor. Tem-se insistido muito sobre a invasão nguni como fator desta evolução. Mas, como se verá aqui, ela aconteceu em uma época em que a sociedade já tinha claramente começado a se estratificar sob a influência do comércio. Quando os mercadores árabes tentaram penetrar pelo interior desta rota, os chefes yao eram demasiadamente fortes para eles. Também, com a exceção de pequenos enclaves como Khota Khota e Karong no Malaui atual, os árabes nunca detiveram o controle do comércio. Eles eram em geral clientes dos poderosos chefes yao aos quais eles forneciam armas de fogo e outras mercadorias e com os quais eles dividiam os benefícios[5].

O eixo da Tanzânia Central

Os nyamwezi dominavam essa rota. Desde o início do século XIX, suas caravanas asseguravam a maior parte das trocas comerciais da região. Enquanto o comércio, sob a instigação de Sayyid Sa'īd, ganhava terreno, os mercadores árabes acentuavam sua penetração pelo interior. Ela foi facilitada pelo sistema de financiamento estabelecido por Sayyid Sa'īd com a ajuda de seus funcionários indianos. Ele havia confiado a direção geral dos negócios ao diretor da alfândega de Zanzibar, um indiano, que lhe pagava uma renda anual. Este último, por seu lado, apoiado pela comunidade indiana que compunha a base da população das outras cidades litorâneas (Kilwa, Bagamoyo, Pangani, Tanga, Mombaça etc.), adiantava aos chefes de caravanas o dinheiro necessário para suas expedições pelo interior. Se no interior de Kilwa os árabes eram clientes dos chefes yao, no eixo central, ao contrário, estabeleceram centros para agrupamento de marfim e escravos. A maioria das caravanas partia de Bagamoyo ou de Sadani, atravessava as regiões ocupadas pelos zaramo, kami, sagara, luguru e gogo para chegar às terras dos nyamwezi e além, nos territórios dos ujiji, nas margens do Lago Tanganica.

Algumas destas caravanas penetravam mais longe ainda, até o interior da atual República Democrática do Congo, ou para o Norte até o Karagwe e o Buganda. Uma outra rota partia em direção ao Sul para chegar à região do Lago Nyasa onde ela ligava a rota que convergia para Kilwa.

Duas feitorias árabes acabaram por se tornar colônias importantes: Unyanyembe, perto da atual Tabora, em terras nyamwezi e Ujiji, à beira do Lago Tanganica. Elas diferenciavam-se num ponto essencial: em Unyanyembe, os árabes formavam uma espécie de enclave em terras nyamwezi, ao passo que,

---

5   *Ibidem*, p. 286.

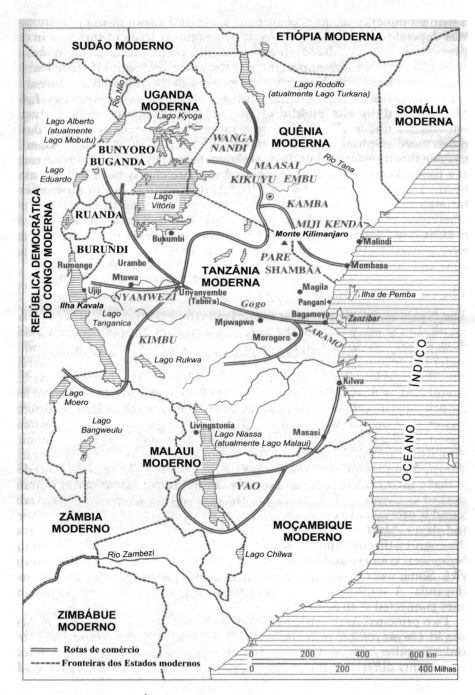

FIGURA 10.2   O comércio na África Oriental no século XIX. [Fonte: adaptado de P. D. Curtin, S. Feierman, L. Thompson e J. Vansina, *African History*, 1978, p. 399.]

em Ujiji, eles estavam mais ou menos integrados ao Estado Ha[6]. No primeiro, onde eram independentes, eles enfrentaram a concorrência dos mercadores nyamwezi que, com frequência, não eram outros que os chefes de vários principados da região. Os nyamwezi deram a estes mercadores, fossem eles árabes ou nyamwezi, o nome de *bandewa*[7]. Todos estes grupos esforçavam-se em tirar lucro do comércio de longo curso, daí os embates constantes entre os chefes nyamwezi e os mercadores árabes – daí também as lutas intestinas entre os soberanos de diferentes Estados nyamwezi; lutas que levaram a reajustes políticos e sociais de graves consequências para o povo nyamwezi.

Os árabes de Ujiji, por sua vez, utilizaram a seu favor a organização política ha, na qual Ujiji fazia parte de um Estado ha bem mais vasto no qual o centro estava longe da cidade de Ujiji. Os árabes tinham então fincado o pé numa área periférica do Estado e puderam facilmente se integrar, para um ganho maior das duas comunidades.

O eixo do vale do Pangani

Diferentemente dos eixos comerciais do centro e do Sul, a rota que passava pelo vale do Pangani não era controlada por grupo algum em particular. Na origem, de 1836 até cerca de 1860 (quando morreu Kimwere ye Nyumbai, o grande chefe do reino shambaa), os zigula tiveram contudo um papel preponderante no desenvolvimento comercial desta área. Mas, ao redor de 1836, ocorreu uma terrível fome[8] que obrigou inúmeros zigula a se venderem como escravos para sobreviver. Conta-se que alguns deles, levados para a Somália pelos traficantes brava (barawa), preservaram ali sua língua até o século 20[9]. A maioria, entretanto, foi enviada a Zanzibar onde trabalhou como escravos nas plantações. Alguns conseguiram retornar para suas terras; relata-se a história de um grupo que, tendo conseguido escapar, voltou são e salvo às terras zigula:

> De acordo com um plano bem orquestrado, um grupo importante de conspiradores reuniu-se numa noite de lua cheia em uma das plantações. De lá, eles conseguiram chegar ao litoral ao Norte do porto de Zanzibar. Ao amanhecer, eles subiram a

---

6 Ver N. R. Bennett, 1974, p. 213-221.
7 Ver A. C. Unomah, 1972.
8 R. F. Burton, 1860, vol. I, p. 125. Em 1860, Burton escreveu que a fome castigou duramente "há cerca de vinte anos". J. L. Krapf (1860, p. 256-257) falou de uma fome semelhante em Mombaça na mesma época.
9 S. Feierman, 1974, p. 137.

bordo de vários barcos, pegaram de surpresa e mataram ou subjugaram as tripulações, levantaram âncora, içaram velas e fizeram a travessia de Zanzibar até o continente[10].

Esta experiência mostrou-lhes todas as vantagens que se podia tirar do comércio de escravos e de marfim. Foram eles que o introduziram no vale do Pangani. A capital do rei Kimweri, localizada nos montes Shambaa, encontrava-se longe das planícies. Por isso, ainda que seu reino, baseado na autoridade política dos chefes territoriais e no sistema de tributos, tenha sido estável, tardou a lucrar com este novo comércio. Após sua morte, seu filho Semboja que reinou na borda ocidental do território zigula, soube tirar proveito da situação e transferiu sua capital para a região das planícies, em Mazinde.

Mas nem Semboja nem os mercadores zigula tinham totalmente explorado a rota que ligava o vale do Pangani ao interior do continente. A maioria dos centros comerciais estava localizada numa área limitada, formada pelas planícies do Usambara e do Pare. Todavia, alguns mercadores aventuraram-se além. Kisabengo, por exemplo, fundou um Estado na proximidade do atual Morogoro.

Somente os comerciantes árabes e suaílis do litoral se arriscariam pelo interior até as terras chagga, no maciço do Kilimanjaro, e continuaram além até o Quênia. Nos montes Pare existiam vários pequenos Estados, mas, como o dos shambaa, estavam todos nas montanhas, longe da rota das caravanas.

Os comerciantes do litoral que penetraram no vale do Pangani precisaram, em sua maioria, criar contatos diretos com cada um dos soberanos ou com seus vassalos para poder estabelecer centros comerciais. Isto provocou rivalidades entre os soberanos de vários pequenos Estados localizados nos montes Pare e Kilimanjaro, assim como entre estes soberanos e seus vassalos. Veremos mais adiante quais foram as repercussões sociopolíticas desta situação.

O eixo Mombaça-interior

O interior de Mombaça era dominado pelos kamba, mas, depois de 1880, o controle da rota principal passou para os mercadores árabes e suaílis. Depois de ter atravessado as terras kamba, esta rota seguia para as regiões montanhosas do Quênia e prosseguia além na direção das margens do Lago Vitória e da Uganda. Uma outra rota que ia em direção ao Kilimanjaro encontrava-se com

---

10 J. M. Gray, 1962, p. 141.

O litoral e o interior da África Oriental de 1845 a 1880

FIGURA 10.3   Penteados e cortes de cabelos nyamwezi. [Fonte: R. F. Burton, *The Lake Region of Central Africa*, 1860, vol. II, Longman, Green, Longman and Roberts, Londres. © Royal Geographical Society, Londres.]

FIGURA 10.4   Mercadores nyamwezi na estrada. [Fonte: R. F. Burton, *The Lake Region of Central Africa*, 1860, vol. II, Longman, Green, Longman and Roberts, Londres. © Royal Geographical Society, Londres.]

a do vale do Pangani. Ela era, parece-nos, como a do Pangani, sob o controle dos comerciantes do litoral.

Quase todos os autores estão de acordo com J. L. Krapf por remontar o início do comércio continental kamba à fome de 1836[11]. Mas, como já mostrado neste volume, a preponderância comercial deste povo não se firmou da noite para o dia. Os testemunhos que dispomos permitem supor que os kamba tinham utilizado uma malha comercial regional durante mais de um século antes da data geralmente admitida[12]. Esta data, contudo, marcou a segunda fase da sua atividade comercial, a de seu acesso à malha do comércio internacional da época: começaram então a trocar as presas de elefante e outras matérias-primas locais por mercadorias importadas. Krapf, o qual fez várias viagens às terras kamba em 1848-1849, deixou-nos um testemunho sobre estas trocas: "os suaílis forneciam aos wakamba tecidos de algodão (americano), lona azul, contas de vidro, cobre, sal, vitríolo azul (zinco) etc., e recebiam em troca, essencialmente, gado e marfim"[13]. Desde 1840, havia então, como o atestam os documentos, caravanas kamba que se dirigiam a cada semana para as vilas litorâneas. O marfim, do qual elas estavam carregadas, podia pesar entre 300 e 400 frasilas[14]. Segundo Krapf, elas continham cada uma de 300 a 400 pessoas[15]. Na metade do século XIX, grupos de mercadores kamba iam não somente até seus vizinhos, os kikuyu, mas também até regiões localizadas bem além do monte Quênia: Mau, Gusii, Lago Baringo e as terras samburu.

No final do século XIX, é provável que os comerciantes árabes e suaílis tenham se tornado os donos da rota comercial que atravessava as terras kamba[16]. Tendo penetrado em território massai pela rota do Kilimanjaro em uma época em que a pujança massai era muito enfraquecida devido às guerras e às epidemias, eles exerciam o seu domínio sobre as áreas de onde provinha o marfim. Parece que à época, o tráfico de escravos (que não tinha sido muito importante sob os kamba) tomara, de repente, uma dimensão nova. As tradições kamba descrevem este período como o mais conturbado da sua história; a fome foi ocasião de conflitos entre linhagens dos quais lucraram os mais ambiciosos ao

---

11 Ver, por exemplo, K. G. Lindblom, 1920, p. 339-340; D. A. Low, 1963, p. 314.
12 I. N. Kimambo, 1974, p. 207.
13 J. L. Krapf, 1860, p. 248.
14 C. Guillain, 1856, vol. II, p. 211. Segundo o dicionário suaíli-inglês de Charles Rechenbach, uma frasila equivalia mais ou menos a 16 quilos ou 35 libras.
15 J. L. Krapf, 1860, p. 248.
16 J. Thompson, 1885, p. 272-275.

vender os mais fracos aos árabes[17]. É então a justo título que as tradições kamba estabelecem uma relação histórica entre o declínio do comércio de mercadorias, no qual eles, os kamba, tinham desempenhado um papel expressivo e a expansão do sistema baseado na exploração dos homens em que se destacaram os mercadores árabes e suaílis.

O impacto do comércio de longo curso sobre as sociedades da África Oriental

Depois deste apanhado retrospectivo, é possível analisar uma a uma as consequências, na vida das sociedades leste-africanas, do surgimento do comércio de longo curso. Antes de tudo, é preciso se dar conta que nem todas as sociedades da África Oriental tinham contato direto com a malha comercial. A atividade mercantil exigia centros estáveis, os quais, é claro, eram mais frequentemente nas capitais ou nas áreas protegidas por soberanos poderosos. É esta a razão pela qual os efeitos positivos do comércio, no século XIX, foram mais sensíveis nas sociedades centralizadas. As sociedades não centralizadas eram frequentemente mais vulneráveis. Elas podiam ser facilmente saqueadas por aquelas que eram organizadas em uma escala maior. As sociedades pastoris foram quase sempre exceção durante este período. As de língua massai estavam engajadas em guerras intestinas e em conflitos com outras sociedades pastoris e, como veremos mais adiante, elas formavam uma área tampão contra os ataques dos traficantes de escravos em uma grande parte do Quênia e da Tanzânia setentrional.

Em resumo, pode-se dizer que o comércio de longo curso sacudiu as bases materiais de todas estas sociedades. Embora seja admitido que a mestria do ritual constituía o fundamento principal da autoridade nestas sociedades africanas, reconhece-se, também, que os Estados puderam se organizar numa grande escala onde a base material era bastante sólida para assegurar a manutenção de uma burocracia militar e de Estado. Pôde-se ainda constatar que houve uma ligação entre o tamanho dos Estados centralizados, em várias regiões da África Oriental, e a pujança econômica proporcionada pelo meio geográfico. Os grandes Estados da região dos Grandes Lagos conseguiram se manter graças aos excedentes alimentícios que lhes garantiam uma economia agrícola estável, baseada na cultura da banana, de cereais e na criação de gado. Quanto mais longe do Lago Vitória, em direção sul, mais as precipitações são fracas e, então, a economia pode apenas comportar Estados de dimensões reduzidas. São em geral mais

---

17 Ver K. A. Jackson, 1972.

vastos nas regiões montanhosas, como no Usambara e no Pare e, em uma certa medida, no Kilimanjaro. Em alguns dos grandes reinos da região dos Grandes Lagos, os soberanos acrescentaram seu poder ao equiparem-se para o comércio de longo curso que asseguraria a prosperidade ao seu reino[18]. Seu arsenal tradicional enriqueceu-se com fuzis e passaram a usar mercadorias importadas, tais como tecidos e contas de vidro, como moeda complementar para remunerar os serviços que lhes eram prestados, além dos alimentos recebidos como tributo. Mas o gosto pelos artigos importados agravou também os riscos de instabilidade na medida em que podiam incentivar os vassalos a se lançarem em empreitadas pessoais e através delas enfraquecer o reino. Eis a razão pela qual tantos reis se esforçaram em ter o controle sobre o comércio de longo curso.

Foi nos pequenos Estados que o aparecimento das mercadorias importadas trouxe as mais espetaculares desordens. Constituíam uma grande parte da Tanzânia e, num grau menor, do Quênia Ocidental. Os soberanos tradicionais, capazes de controlar o comércio, puderam assim acumular muitos objetos importados para equipar poderosos exércitos e estenderem seu controle administrativo. Por outro lado, os Estados mais fracos eram saqueados por traficantes de escravos ou então incorporados a conjuntos de territórios mais importantes. Deste modo, o impacto político do comércio foi algumas vezes positivo – quando permitiu a alguns soberanos constituírem vastos reinos onde antes existiam apenas pequenos Estados – e, algumas vezes, negativo – quando incentivou a rebelião, arruinando assim a coesão dos Estados existentes. No geral, este último caso foi o mais frequente. Inútil falar sobre as atrocidades do tráfico. Mas mesmo o poder baseado no acúmulo de objetos importados se revelou ilusório, já que a maioria destes últimos eram artigos de luxo – contas, braceletes e outros ornamentos. Somente o tecido apresentava alguma utilidade, embora concorresse com os artesanatos locais que terminaram por desaparecer. Pior ainda, o comércio dos artigos de luxo e a situação de violência criada pela necessidade de saquear as comunidades vizinhas para continuar a sustentá-lo levaram ao abandono da agricultura de subsistência. Mesmo que o colonialismo não tivesse aparecido, a nova estrutura teria tido dificuldades em se manter. De fato, raros foram os grandes Estados constituídos durante este período que permaneceram intactos até 1890.

Convém, para tornar preciso este quadro, analisar mais de perto o que se passou nas três regiões por onde circulavam as caravanas. A propósito dos kamba,

---

18   Ruanda e Burundi são exceções. Ver a nota de rodapé 31.

vimos como a sua pujança comercial começou, ela também, a declinar quando as incursões dos mercadores de escravos tornaram-se sistemáticas. Os kamba formavam uma sociedade não centralizada. Entre eles, o comércio de longo curso encorajava, parece-nos, a transposição em escala maior das instituições tradicionais tendo por base os laços de parentesco, os grupos etários no seio de cada vila e as organizações de defesa. Mas isto não foi suficiente para formar uma estrutura de estado centralizado. No Quênia, foi só na região ocidental que o comércio com o litoral permitiu fundar um regime político extenso e centralizado: o reino de Wanga, entre os luyia.

Antes que Shiundu, o qual se tornaria um de seus maiores reis, subisse ao trono na metade do século XIX, o reino de Wanga não passava de um pequeno reino incessantemente assediado pelos povos pastores vizinhos. Mas seria Shiundu que teria posto um fim a esta instabilidade e, em 1882, data na qual seu filho Mumia o sucedeu, o reino se estendia além de suas fronteiras anteriores. O professor G. S. Were explicou a formação deste vasto império pelos imperativos estratégicos dos britânicos que buscavam fazê-lo um instrumento do seu colonialismo, mas ele reconheceu que "a influência e a autoridade real" dos wanga se estenderam, ao menos, a duas regiões vizinhas – Kisa e Buholo[19]. Dois fatores, naquele momento, ajudaram os soberanos wanga a imporem sua autoridade: a utilização de mercenários massai e a presença dos comerciantes suaílis na capital. O primeiro foi consequência das guerras entre os massai, tratadas mais adiante neste estudo; enquanto que o segundo foi o resultado da infiltração comercial que se fez, ao início, pelas rotas do Buganda e do Busoga, depois pelas do Kilimanjaro e das terras kamba.

Shiundu e seu filho Mumia deram boa acolhida aos mercadores das cidades litorâneas que vieram à sua capital. Eles puderam se prover, por seu intermédio, dos fuzis de que tinham necessidade para armar seus soldados. A partir da capital Wanga, podiam-se organizar ataques aos territórios vizinhos. Em 1883, Joseph Thompson descreveu nestes termos uma destas expedições, ocorrida cinco anos antes: "Os mercadores tinham perdido vários de seus homens, dos quais alguns tinham sido assassinados. Para se vingar, eles resolveram, cinco anos antes da nossa chegada, dar uma lição nos autóctones". Neste sentido, eles formaram uma caravana com cerca de 1.500 homens estacionados em Kwa-Sundu (rebatizada depois como Mumia) e se colocaram a caminho. Divididos em várias colunas, eles invadiram o território por vários lados e o atravessaram destruindo tudo em

---
19 G. S. Were, 1967, p. 125.

sua passagem e matando milhares de homens e mulheres. Cometeram as piores atrocidades: estriparam mulheres grávidas, acenderam grandes fogueiras onde jogaram as crianças, enquanto se apoderaram dos adolescentes dos dois sexos para reduzi-los à escravidão[20].

A maioria dos outros povos do centro-norte do interior leste-africano foi menos atingida pelo comércio internacional. Eles tinham menos contatos, diretos ou mesmo indiretos, com os estrangeiros do litoral. De fato, em muitos casos, eles recusaram-se a acolhê-los, embora estivessem dispostos a lhes vender alimentos nos locais de parada das caravanas. Esta atitude se compreende melhor se for lembrado que toda esta região fora longamente agitada pelas guerras entre os massai, as quais tinham ensinado aos chefes, para protegerem suas estruturas sociais, a desconfiarem mais dos estrangeiros.

O impacto do comércio internacional no vale do Pangani foi essencialmente destrutivo. Anteriormente, um certo número de Estados fora criado na região. Dois dentre eles tornaram-se bastante importantes: o reino Shambaa, o qual foi governado na metade do século XIX por Kimwere e o de Gweno, menos conhecido, ao Norte do monte Pare. Outros Estados menores estavam disseminados sobre as vertentes meridionais dos montes Pare bem como nas encostas do Kilimanjaro. Mas todos estavam localizados nas áreas montanhosas, enquanto as caravanas passavam pelas planícies ao longo do Pangani. Os chefes destes Estados estavam, então, mal localizados para vigiar os mercadores vindos das cidades litorâneas e monopolizar o negócio das mercadorias importadas, enquanto seus vassalos, mais próximos da rota das caravanas, podiam atrair facilmente os mercadores árabes e suaílis para seu território, antes que atingissem as capitais. A consequência desta situação não se fez esperar. Os vassalos, ajudados pelos mercadores, reuniram tropas bem armadas e se sublevaram contra a capital. Esta situação gerou conflitos internos e externos. A maioria destes Estados se esfacelou, restando apenas Estados muito pequenos.

O reino Shambaa, o qual englobava todo os territórios dos montes Usambara até o litoral, estava ameaçado muito antes da morte de Kimwere, na década de 1860. Um de seus filhos, Semboja, que reinava na parte ocidental, tinha transferido sua capital para Mazinde, nas planícies. Isto lhe permitiu negociar diretamente com os mercadores que entravam pelo interior; pôde assim se tornar uma potência militar superior à dos outros chefes regionais. Foi ele, após a morte de Kimwere, o incumbido de realizar a sucessão. Compreendendo que

---

20   J. Thompson, 1885, p. 306.

a capital tradicional havia perdido toda a importância, ele não quis assumir o trono de seu pai. Desde a década de 1870 até a época da invasão colonial, na década de 1890, Usumbara conheceu um período de violência, deslanchada pela fraqueza do poder central. A maioria das regiões periféricas tornara-se, então, independente.

O mesmo fenômeno se produziu nos Estados do Pare. Em 1880, o reino de Gweno tinha explodido, substituído por vários principados, dos quais os menores, ao Sul do Pare, continuaram a se dividir. Na região do Kilimanjaro, ao contrário, o estado de guerra incessante que opunha os diversos Estados levou-os a se unirem momentaneamente, a ponto de que se pudesse crer que todos os Estados chagga iriam se federalizar sob a égide de um soberano único. Mas este início de unificação não durou muito. Na década de 1880, dois principados poderosos se impuseram na escala regional: Kibosho, sob o reinado de Sina, e Moshi, sob o de Rindi ou de Mandara. Os mercadores do litoral tinham-lhe acesso. Seus soberanos se esforçavam em atrair estes estrangeiros para sua capital e tirar proveito de sua presença e das mercadorias que traziam (sobretudo os fuzis) para aumentar o seu poderio. Um ou outro destes Estados chagga foi forte o suficiente para dominar os outros. Mas os reagrupamentos deste tipo foram sempre efêmeros.

O único povo do vale do Pangani que parecia lucrar com o comércio com o litoral foi o dos zigula, do qual já foi falado. Os zigula nunca foram súditos do reino Shambaa. Graças ao controle que exerciam sobre o comércio com o litoral, vários Estados zigula manifestaram uma tendência à hegemonia política sem precedentes, de modo que, por volta da metade do século XIX, acabaram por dominar toda a região compreendida entre o Pangani e Bagamoyo. Vários soberanos adquiriram um poder considerável e foram capazes de fundar novos Estados. Alguns dentre eles não tardaram a desaparecer, mas aquele fundado por Kisabengo, ao redor de Morogoro, sobreviveu à invasão alemã. Burton nos conta como Kisabengo se proclamou chefe de um grupo de escravos, os quais tinham fugido do litoral[21]. Ao fazê-lo, ele provocou a cólera do sultão de Zanzibar e teve que ir mais para o interior para se por a salvo. Em Morogoro, ele foi recebido por um dos chefes rituais dos luguru. Ele estabeleceu sua capital, a qual fortificou, próxima da rota das caravanas e obrigava aquelas que seguiam em direção a Tabora a lhe pagar um direito de passagem elevado. Staley relata que, em 1871, a capital do rei Kisabengo que tinha vários milhares de habitantes era

---

21   R. F. Burton, 1860, vol. I, p. 85 e 88.

cercada de altas muralhas de pedras sobrepostas com torres de vigia e na qual se entrava por portões de madeira finamente esculpidos[22].

Na Tanzânia Ocidental, rivalidades opunham também os chefes africanos de numerosos pequenos Estados, nos quais os árabes se fixaram. Por outro lado, os chefes africanos que tinham se aliado competiam com os mercadores árabes. Em terra manyema, do outro lado do lago Tanganica, existia um enclave onde os árabes predominavam – caso único –, já que, na Tanzânia Ocidental, eles eram muito frágeis para suplantar os chefes africanos. Somente no fim da década de 1880, quando se sentiram ameaçados pelos colonizadores europeus, é que alguns árabes começaram a pensar, eles também, em dar a sua pujança uma base territorial[23].

Os soberanos africanos esforçaram-se em participar dos benefícios do comércio de longo curso fornecendo escravos e marfim aos mercadores: ou – para aqueles que podiam controlar o território atravessado pelas caravanas – taxando-os pesadamente. Com este intuito, eles aumentaram seus poderes reunindo ao seu redor grupos de partidários armados (os fuzis e as munições vinham dos estoques que as trocas comerciais lhes permitiram acumular). As lutas incessantes para assegurar o controle do comércio foram as causas da instabilidade social, agravada também pelos movimentos de populações consecutivos à invasão dos nguni (povo igualmente chamado de ngoni em certas publicações), a qual se deu nesta mesma época. A instabilidade que resultou multiplicou a massa de indivíduos prontos a seguirem os chefes empreendedores. Na Tanzânia Ocidental, chamava-se a estes mercenários de *ruga-ruga*. Eram recrutados essencialmente entre os prisioneiros de guerra, escravos fugitivos, carregadores que tinham abandonado as caravanas, excluídos e jovens com idade do serviço militar. A coesão destes exércitos heterogêneos mantinha-se devido a "um certo espírito de corpo junto a uma disciplina de ferro, intimamente calcada no modelo dos grupos de combate nguni"[24].

Foi com o apoio deles que vários chefes tradicionais da Tanzânia Ocidental criaram novos feudos. Alguns dentre eles se aventuraram fora de seus domínios e fundaram impérios. Na década de 1850, por exemplo, Ngalengwa (chamado mais tarde de Msiri), filho de um chefe sumbwa, seguiu a estrada utilizada pelos mercadores de cobre até Katanga onde ele construiu um império poderoso[25].

---

22 H. M. Stanley, 1872, p. 115-116.
23 A. D. Roberts, 1969, p. 73; N. R. Bennett, 1974, p. 218.
24 *Ibid.*, p. 74.
25 Para informações sobre o império de Msiri, ver J. Vansina, 1966, p. 227-235. Para fontes mais antigas, ver F. S. Arnot, 1889, e A. Verbeken, 1956.

No próprio Unyanyembe, rivalidades dividiam os membros da família reinante, rivalidades exacerbadas pelo apoio dos árabes a um ou outro pretendente ao trono, jogando uns contra outros. Na década de 1860, os árabes conseguiram destronar Mnwa Sele e substituí-lo por Mkasiwa. O irmão de Mnwa Sele, Simba, deixou então Unyanyembe para estabelecer seu reino entre os konongo, ao Sudoeste de Tabora. Um outro membro da família reinante de Unyanyembe, chamado Nyungu ya Mawe, deixou sua terra em 1874 para fundar um reino bem organizado em terras kimbu, no Sudoeste dos territórios nyamwezi. Além desses reis que deixaram suas fronteiras tradicionais para subjugarem alguns pequenos Estados e reagrupá-los em seguida, pode-se citar o caso dos Estados que se ampliavam sob o impulso de soberanos cujo poder aumentara. O caso de Mirambo é o mais marcante neste aspecto, mas houve vários outros. Mtinginya de Usongo, no Nordeste de Unyamwezi, era um chefe hereditário que estendeu seu poder e seu reino ao explorar a rota comercial que ia para o Karagwe e o Buganda. O próprio Isike, sucessor de Mkasiwa em Unyanyembe, tornou-se poderoso o bastante para opor uma resistência forte aos árabes e, mais tarde, aos alemães.

Para ilustrar a que pontos as condições e as perspectivas novas tumultuaram as estruturas do poder nyamwezi, nós analisaremos sucintamente dois dos maiores Estados constituídos durante este período: o de Mirambo e o Nyungu ya Mawe. Os dois "impérios" apresentavam diferenças estruturais marcantes, ainda que fossem ambos nascidos nas circunstâncias evocadas acima. Mirambo era soberano do pequeno Estado de Uyowa, a Oeste de Tabora. Supõe-se que, em sua juventude, tenha sido capturado pelos nguni quando estes invadiram a Tanzânia Ocidental. Quando da sua captura, teria tido a ideia de criar uma força armada imitando a dos nguni. Na década de 1860, com a ajuda de um pequeno grupo de guerreiros, ele submeteu alguns Estados limítrofes do Uyowa. Entre 1870 e sua morte, em 1884, realizou numerosas campanhas com as quais aumentou consideravelmente seu território. Como mostrou Jan Vansina, o seu Estado se estendia "até o Buha e o Burundi, até o Vinza e o Tongwe a Oeste, até o Pimbwe e o Konongo ao Sul, até o Nyaturu, o Iramba e o Sukuma a Leste, e até o Sukuma e o Sumbwa ao Norte".[26]

Ele se tornara o senhor da rota comercial que ligava Tabora e Ujiji e, em 1876, impôs um pedágio aos árabes de Tabora que a utilizassem. Relata-se também que, desejando controlar a rota do Buganda, ele enviou em 1876 e

---

26 J. Vansina, 1966, p. 75.

em 1881 embaixadores a Mutesa, soberano do Buganda. Estabeleceu também relações diretas com o litoral a fim de obter diretamente armas de fogo quando os árabes tentaram privá-los dela. Rapidamente reconheceu que podia aumentar seu poder: acolheu calorosamente os missionários em sua capital e procurou criar uma relação com o cônsul britânico em Zanzibar.

Foi calcando sua potência militar sobre o sistema tradicional que Mirambo conseguiu manter seu "império". Ele exigiu dos soberanos vencidos o reconhecimento de sua supremacia e o envio, de tempos em tempos, a título de tributo, de marfim e jovens para seu exército. Quando um soberano tradicional se mostrava recalcitrante, ele o destronava e o substituía por um membro mais dócil da mesma família; quando uma província conquistada estava localizada na proximidade de um reino poderoso, mantinha ali uma guarnição composta de homens de confiança. Mas sua estratégia mais eficaz para garantir sua autoridade consistia em intimidar seus vizinhos e seus súditos pelas incessantes movimentações de tropas.

O "império" de Nyungu ya Mawe era mais unificado que o de Mirambo. Como este último, ele recorreu aos *ruga-ruga* para subjugar os kimbu. Entre 1870 e 1880, ele fez campanha a partir de sua base de Kiwele e se tornou senhor da rota comercial que ligava Tabora ao litoral, bem como da do Sul que ligava Tabora a Ufipa e ao Lago Tanganica. Nos Estados conquistados, Nyungu colocou seus próprios funcionários, os *vatwale*, que dependiam diretamente dele. Neste "império", eram eles e não mais os chefes tradicionais que dirigiam os negócios. Eles tinham como missão ajuntar todo o marfim do reino para enviá-lo a Nyungu. Cada um deles era responsável por um território que reagrupava vários Estados tradicionais. Foi deste modo que cerca de trinta Estados kimbu tradicionais chegaram a ser governados por não mais de seis ou sete *vatwale*[27].

Mirambo e Nyungu ya Mawe foram contemporâneos. Ambos fundaram seu Estado graças aos tumultos do final do século XIX. Morreram em 1884. O "império" de Nyungu lhe sobreviveu graças às estruturas novas criadas por ele, até o dia em que foi desmembrado pelos colonialistas. Ao contrário, o "império" de Mirambo, na ausência de um sucessor capaz de preservar o poderio militar necessário à sua coesão, desmantelou-se e os pequenos Estados originais retomaram sua independência.

Em nossas análises das consequências da penetração do comércio de longo curso, deixamos deliberadamente de lado duas grandes regiões. A primeira, no

---

27   A. Shorter, 1969, p. 19.

Figura 10.5 Mirambo em 1882 ou 1883. [Fonte: N. R. Bennett, *Mirambo of Tanganyika, 1840-1884*, 1981, Oxford University Press, New York. © National Museums of Tanzania, Dar es-Salaam.]

interior, é a dos Grandes Lagos, a qual é o tópico do capítulo 11. Contentar-nos-emos em assinalar aqui que, por volta da metade do século XIX, esta região contava com numerosos reinos de tamanhos variáveis: alguns eram vastos e poderosos, outros pequenos e fracos. Mas todos eram parceiros de um comércio regional cujas rotas ligavam a maioria das grandes capitais. Foi, então, nesta malha regional que o comércio internacional procedente do litoral foi absorvido. Durante a segunda metade do século XIX, os mais poderosos entre estes reinos foram provavelmente o Buganda, o Bunyoro e o Burundi. Mas havia muitos outros menos poderosos, como o Busoga, o Toro, os Estados de Ankole[28] (Nkore, Buhweju e Bunyaruguru), o Karagwe, os Estados do Buhaya e o Buzinza.

Os comerciantes do litoral haviam atingido o Buganda em 1844[29]. Na década de 1850, R. F. Burton observava que alguns comerciantes do litoral tinham se instalado ali cerca de dez anos antes; na década de 1860, H. M. Stanley relatou que alguns desses comerciantes tinham se fixado na região há vinte anos, algumas vezes sem nunca retornar ao litoral[30]. Deste modo, o Buganda teria sido o primeiro centro comercial da região. Em pouco tempo, contudo, os comerciantes do litoral chegaram às outras capitais. Houve duas exceções: o Ruanda e o Burundi, nos quais os soberanos puderam manter afastados os comerciantes do litoral e souberam habilmente se defender dos fuzis de seus adversários[31]. Os soberanos do Bunyoro se esforçavam, ao contrário, em atrair os comerciantes para sua capital. Na década de 1870, Kabarega, rei do Bunyoro, tentou concorrer com o Buganda e entrar diretamente em conexão com Zanzibar, tentando atrair "aqueles de Cartum" (os comerciantes que subiam o Nilo), cujas incursões se multiplicaram nas sociedades não centralizadas das regiões fronteiriças setentrionais do seu reino[32]. Parece que foi o Buganda de Mutesa (1856-1884) que tirou o melhor proveito deste comércio com o litoral. Um governo centralizado dotado de uma administração disciplinada estava já estabelecido no país. Mas o comércio de armas, do qual Mutesa tinha feito o seu domínio reservado, reforçou ainda mais esta centralização. O Buganda deu a impressão de se interessar então mais pelo comércio internacional do que pelas trocas regionais. As expedições de Mutesa contra o Busoga a Leste e con-

---

28 O Ankole é uma criação colonial. Esta entidade se compunha em outros tempos de vários Estados.
29 J. M. Gray, 1947, p. 80-82.
30 R. F. Burton, 1860, vol. I, p. 173; H. M. Stanley, 1878, vol. I, p. 455.
31 A melhor fonte de informação sobre o Burundi na segunda metade do século XIX é provavelmente hoje a obra de R. Botte, 1982. Encontra-se também uma descrição geral do Burundi em E. Mworoha, 1977, p. 133-209, e 1980. Sobre o Ruanda, a obra de A. Kagame, 1963, é uma versão melhorada daquela de 1961.
32 D. A. Low, 1963, p. 337.

O litoral e o interior da África Oriental de 1845 a 1880 297

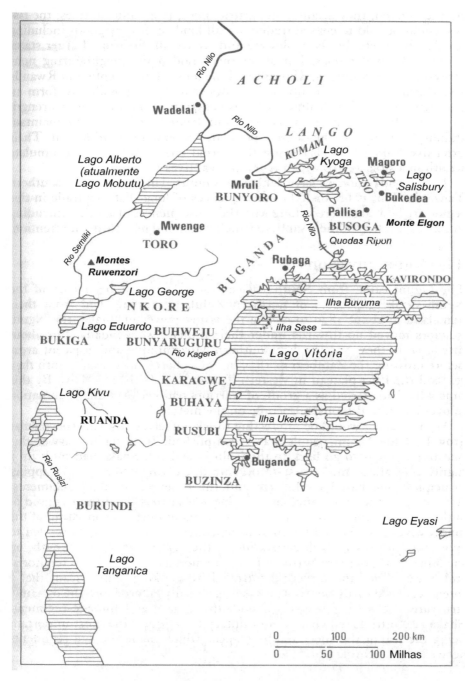

FIGURA 10.6 A região dos Grandes Lagos, 1840-1884. [Fonte: adaptado de R. Oliver e G. Mathew (org.), *History of East Africa*, 1963, vol. I, p. 299.]

tra seus vizinhos do Oeste e do Sul (o Bunyoro, o Toro, o Nkore, o Buhaya e o Buzinza) permitiram a seu reino ter o controle sobre o comércio. Mutesa tentou também reduzir o Karagwe e o Buzinza para que as caravanas da costa pudessem chegar à sua capital sem obstáculos.

Não há dúvida de que os reinos mais importantes da região dos Grandes Lagos se fortaleceram consideravelmente graças às relações que tinham estabelecido com os comerciantes do litoral. Em particular, a aquisição de armas de fogo aumentava seu poder para atacar os outros. Cada incursão enriquecia sua capital em gado, enxadas, marfim e cativos; estes dois últimos bens podiam ser vendidos aos comerciantes em troca de objetos de luxo de todos os tipos: têxteis, braceletes, contas, vasilhames, mas, sobretudo, armas de fogo. Os Estados mais extensos podiam se apoderar dos menores, mas todos atacavam seus vizinhos não centralizados, os quais foram os que mais sofreram. A exceção de Ruanda e do Burundi (já evocada) mostra-nos que era possível impedir esta erupção do comércio com uma outra estratégia. Estes Estados não deviam sua potência à aquisição de armas de fogo, mas à sua aptidão para manter a estabilidade e a unidade numa região montanhosa de densa população. As numerosas guerras e expedições lançadas durante este período permitiram-lhes acumular riquezas em um contexto em que o marfim e os cativos não despertavam interesse.

A segunda região da qual não tratamos é a Tanzânia meridional. Com efeito, as repercussões do comércio de longo curso devem, no seu caso, ser consideradas ao mesmo tempo em que as consequências de outra causa de perturbação, a invasão nguni, que estudaremos agora.

A invasão nguni

Os nguni vieram da África do Sul e pertenciam ao grupo linguístico nguni das terras zulus setentrionais. Por volta de 1820, guerreiros nguni desejosos de subtrair-se à crescente autoridade de Shaka resolveram deixar sua pátria e emigrar em direção ao Norte, sob a liderança de seu chefe Zwangendaba. Durante aproximadamente quinze anos, eles erraram pelo Sul de Moçambique e regiões vizinhas, depois cruzaram o Zambeze em 1835. Continuaram sua progressão em direção ao Norte até o dia em que, pouco depois de 1840, atingiram o planalto de Fipa, na Tanzânia Ocidental. Naquela data, o bando de guerreiros fugitivos tinha se tornado uma nação em marcha, fortemente armada que contava com mais de cem mil pessoas[33].

---

33   Para mais detalhes, ver J. D. Omer-Cooper, 1966 e 1969, e P. H. Gulliver, 1955.

Pode ser interessante, aqui, perguntar como um crescimento tão espetacular foi possível. Para responder a esta pergunta, é preciso voltar e ver o que era então o Estado zulu, sua pátria de origem. Shaka havia criado um Estado militar, fortemente centralizado e baseado em uma dupla estrutura: a linhagem e o serviço armado. No topo da pirâmide hierárquica havia o rei, abaixo dele os segmentos de linhagem compostos por suas esposas, seus filhos e seus protegidos. A cada geração, estes segmentos, à medida que aumentavam, tendiam também a se ramificar e a se multiplicar. De outro lado, os jovens eram alistados nos regimentos correspondentes ao seu grupo etário. Este exército não levava em conta nem a origem territorial nem os laços de sangue, e estava sob a autoridade direta do rei. Estrangeiros podiam sem problema integrar-se à dinâmica social graças a estas duas estruturas. Shaka implementou várias inovações no campo militar, no qual a mais importante foi a adoção de uma lança curta e aguçada que fez dos regimentos, organizados por grupos etários, unidades de combate extremamente eficazes.

Tendo herdado este sistema social dinâmico, os nguni puderam juntar os povos diversos que encontravam em sua progressão para o Norte. A superioridade de sua organização militar lhes permitiu sobreviver atacando as populações das quais eles atravessavam os territórios. Embora saqueadores por força das circunstâncias, quando encontravam um meio propício, fixavam-se por vários anos. Mais eles avançavam, mais suas tropas eram numerosas, aumentadas por prisioneiros de guerra que se integravam a este novo corpo social. No início, a cada cativo era atribuído um lugar neste ou naquele regimento; depois era incorporado o mais rápido possível a um regimento em que a distinção entre os "verdadeiros" nguni e os outros tendia a desaparecer. Na época em que atingiram o planalto de Fipa, a entidade nacional nguni se compunha majoritariamente de prisioneiros assimilados: tonga de Moçambique, shona do Zimbábue, senga, chewa e tumbuka da região situada ao Norte do Zambeze, correspondente a Zâmbia e ao Malaui.

Foi no planalto de Fipa que Zwangendaba, o qual havia guiado seu povo nesta marcha heróica, morreu por volta de 1848. Disputou-se logo sua sucessão e, finalmente, o particularismo venceu. A nação se dividiu em cinco reinos. Cada um conduziu sua própria política e se assentou em um território determinado. Numerosos historiadores explicaram esta ruptura da nação nguni pelo fato que Zwangendaba, no fim de sua vida, não era mais tão hábil em manter a unidade do seu povo. Mas deve-se, do mesmo modo, levar em conta o enorme crescimento demográfico – uma verdadeira "bola de neve" – que tinha multiplicado a

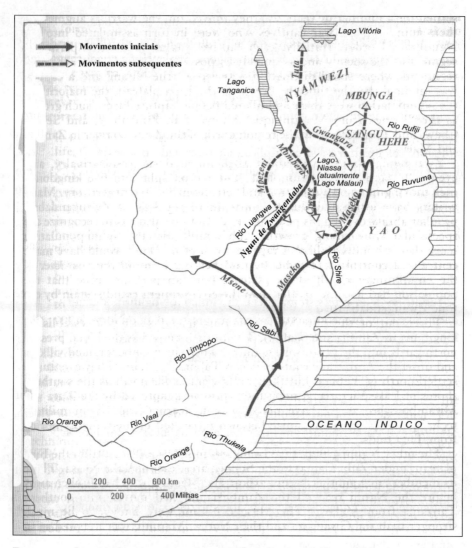

FIGURA 10.7   Itinerário das migrações em direção ao Norte dos nguni de Zwangendaba, dos maseko nguni e dos msene. [Fonte: extraído de J. D. Omer-Cooper, *The Zulu aftermath*, 1966, p. 66.]

população nguni em mais de cem[34]. Tal explosão apenas tornaria mais difícil o exercício de um poder centralizado. De outro lado, pode-se pensar que os nguni se tornaram tão numerosos que o ambiente que lhes oferecia o planalto de Fipa não mais os comportava no momento da morte de Zwangendaba.

---

34   A. M. H. Sheriff, 1980, p. 33.

Três dos cinco grupos nguni se dirigiram em direção ao Sul e fundaram reinos na Zâmbia e no Malaui. O quarto grupo, o dos tuta, continuou sua progressão para o Norte, em território nyamwezi; saquearam as vilas e cortaram a rota comercial árabe entre Tabora e Ujiji. Terminaram por se fixar ao Norte de Tabora, mas continuaram seus ataques ainda mais ao Norte até as margens meridionais do lago Vitória. Mirambo foi, dentre inúmeros nyamwezi, capturado pelos tuta; ele conseguiu fugir após ter adquirido a técnica militar dos nguni que ele utilizou para formar um exército com aqueles que conseguiram escapar das incursões dos tuta.

Outro grupo nguni, aquele dos gwangara, partiu do Sudeste do planalto de Fipa sob o comando de Zulu Gama, se dirigiu para a região de Songea, a Leste do Lago Nyasa. Lá, ele se juntou com um outro grupo nguni, o dos maseko que tinha se separado dos outros antes que os nguni atingissem o Zambeze e que, do Malaui, haviam penetrado na Tanzânia meridional. Os maseko nguni eram tidos como mais poderosos que os gwangara; seu chefe, Maputo, foi aceito como chefe supremo dos dois grupos. Mas esta aliança teve curta duração já que rivalidades explodiram entre eles, o que degenerou rapidamente em uma verdadeira guerra. Os gwangara derrotaram os maseko nguni e rechaçaram-nos para o Sul, para a outra margem do Rovuma. Os ndendeule, um grupo absorvido, tentaram recriar ali um Estado, mas foram vencidos pelos gwangara e se engajaram então no vale do Kilombero onde fundaram o reino Mbunga, na década de 1860.

Quanto aos gwangara, eles se dividiram em dois Estados, o de Msope constituído sob a autoridade de Chipeta e o de Nielu, sob aquela de Mtakano Chabruma. Um ocupou a região que se estende ao Norte de Songea, enquanto o outro foi implantado mais ao Sul. A maioria dos autores deu muita importância aos ataques perpetrados por estes dois reinos que instigaram o terror, até a chegada dos alemães, em toda a região compreendida entre o lago Nyasa e o litoral. Mas A. M. H. Sherif mostrou recentemente que esta interpretação poderia ser falaciosa:

> é provável que se os nguni tivessem continuado a viver de saques "como uma nuvem de gafanhotos obrigados a irem cada vez mais longe, pelo fato de destruírem seus meios de subsistência", eles não teriam jamais podido se fixar. Uma vez estabelecidos na região de Songea, foram forçados a modificar as estruturas da sua economia e realizar uma exploração mais racional dos recursos agrícolas locais. Era-lhes mais lucrativo empregar a força de trabalho dos autóctones, enquanto que eles mesmos se ocupavam de suas imensas manadas. A agricultura confiada aos vencidos de modo permanente, iria necessariamente modificar sua condição social no sentido de uma

assimilação, menos completa, entretanto, do que aquela dos prisioneiros no decorrer da migração comum. Ataques tinham ainda lugar na periferia do Estado nguni, mas menos sistematicamente, de modo que as ocasiões eram mais raras para os súditos fazerem cativos e se elevarem socialmente[35].

A invasão nguni terminou então no advento de Estados nguni no solo tanzaniano. Os dois reinos nguni permaneceram como poderosos Estados até o período colonial. Seu papel na guerra que opôs os maji-maji contra os alemães pertence à epopeia da resistência às primeiras tentativas de colonização na Tanzânia. A segunda consequência da invasão nguni foi a introdução de técnicas de combate adotadas por inúmeras comunidades tanzanianas. Acreditou-se por um momento que era a necessidade de se defender das incursões nguni que levara povos como os hehe e os sango a se inspirarem na arte militar de seus agressores e a criar conjuntos políticos centralizados. Mas as pesquisas mais aprofundadas[36] demonstraram que esta suposição estava errada porque o processo de centralização, no que diz respeito a estes dois povos, havia começado antes da invasão nguni. A verdade é que as técnicas militares nguni reforçaram as sociedades que as adotaram e lhes permitiram enfrentar melhor os acasos daquela época conturbada, inclusive aqueles provocados pelo tráfico de escravos. Alguns utilizaram estas técnicas não somente para se defender contra as incursões nguni e dos traficantes de escravos, mas ainda para criar grandes Estados. É o que fez Mirambo do qual já falamos. É isto que fizeram igualmente os sango e os hehe na área meridional.

Os sango foram os primeiros a assimilar as técnicas militares nguni. Nas décadas de 1860 e 1870, sob a liderança de seu chefe Merere, eles estenderam seu domínio sobre a maior parte das terras altas meridionais. Mas, a partir de 1875, foram desalojados pelos hehe, os quais tinham aprendido as técnicas militares nguni no contato com os sango. Merere deixou a maior parte do território sango para Mwinyigumba, chefe dos hehe. Estes foram capazes de travar guerras prolongadas contra os nguni gwangara, entre 1878 e 1881, guerras das quais nem um nem outro saiu vitorioso. Doravante, os hehe, governados pelo filho de Mwinyigumba, Mkwawa, conservariam sua supremacia. Estes foram os que, na Tanzânia, opuseram aos alemães a resistência militar mais feroz.

A Tanzânia Meridional conheceu então numerosos abalos políticos e sociais na segunda metade do século XIX. Alguns foram provocados, no início, pelo

---

35 *Ibid.*, p. 34.
36 A. Redmayne, 1968a, p. 426; 1968b.

surgimento do comércio de longo curso, e depois exacerbados pela invasão nguni. A partir de 1880, época da invasão colonial, esta região onde, até a metade do século, viviam sobretudo sociedades organizadas unicamente com base na linhagem, compreendia alguns dos mais poderosos reinos africanos, os dos nguni, dos hehe e dos sango.

Os Massai

Foi dito, no início deste capítulo, que os massai tinham profundamente marcado a história do Nordeste da África Oriental na segunda metade do século XIX. Não é preciso buscar a razão em um expansionismo que, aliás, declinara desde o fim do século XVIII[37]. Suas tentativas de penetração na direção sul, nas primeiras décadas do século XIX, seriam aniquiladas contra o muro de proteção gogo e hehe[38]. Na metade do século XIX, aqueles dentre os massai que eram pastores ocupavam as pastagens do Vale do Rift, entre a Tanzânia Central e o Quênia Central, enquanto que outros grupos (Iloikop ou Kwavi), os quais eram agricultores, ocupavam as regiões vizinhas a Leste, entre o Kilimanjaro e as terras altas do Quênia, a Oeste.

O que aconteceu então naquele momento? É preciso pesquisar a explicação do fenômeno na longa série de guerras civis que estouraram na metade do século. Não se conhecem ainda as causas, mas podem-se mencionar vários fatores que contribuíram para criar uma situação nova. De acordo com alguns autores, já que nenhuma ocasião se apresentou permitindo a este povo belicoso estender sua influência, eles teriam, "na ausência de inimigos, voltado a sua agressividade contra si[39]." Mas a imagem belicosa dos massai é desmentida pela análise detalhada de sua sociedade, como se verá aqui. É então ao se interessar pelas guerras civis que se poderão isolar estes fatores.

Até uma data recente, o que sabíamos destas guerras civis vinham do estudo realizado por A. H. Jacobs entre os massai na primeira metade da década de 1960[40]. Segundo seus trabalhos, estas lutas foram em realidade enfrentamentos entre pastores e agricultores (iloikop). Os dois grupos falavam a mesma língua, o massai; mas os iloikop, além de simples pastores, também praticavam a agri-

---

37 E. A. Alpers, 1974, p. 241.
38 J. Thomson, 1885, p. 414.
39 E. A. Alpers, 1974, p. 241.
40 A. H. Jacobs, 1965.

Figura 10.8 Os massai e seus vizinhos, 1840-1884. [Fonte: extraído de R. Oliver e G. Mathew (org.), *History of East Africa*, 1963, vol. I, p. 298].

cultura. Aos olhos dos massai que eram somente pastores, os oloikop tinham decaído depois que adotaram este novo modo de vida. Desde a primeira metade do século, os massai pastores formavam um grupo mais estreitamente unido do que os outros graças ao seu *oloiboni*, cuja função ritual tinha alcançado uma grande importância. Era uma personalidade importante que se podia consultar a respeito de tudo. Aparte aquilo, não existia nenhuma organização política unificada, nem entre os pastores massai tampouco entre os iloikop. De acordo com as interpretações de Jacobs, as tradições massai fazem pensar que foi a modificação da função ritual que marcou o começo da discórdia entre os dois grupos. Antes da ascensão de Subet, o qual parece ter sido o primeiro *oloiboni* a ter um papel político importante, o conselheiro dos massai pastores em questões rituais podia ser também consultado, em princípio, pelos iloikop. Mas durante o período em que Subet exerceu sua influência (quase toda a primeira metade do século XVIII e até em 1864, data na qual Mbatian o sucedeu), pensa-se que os iloikop tiveram seus próprios *oloiboni*.

Um estudo posterior de John L. Berntsen[41] mostrou que a divisão entre os massai pastores e os massai agricultores nunca foi permanente. Segundo ele, fazer da história dos massai uma mera rivalidade entre pastores e agricultores "leva a instransponíveis contradições. Todos os massai eram pastores antes de uma batalha ou de uma campanha de ataques; a perda de seu rebanho ou a impossibilidade de acessar suas pastagens no Vale do Rift (grande fenda) obrigou alguns grupos a recorrerem a outras fontes que a criação de gado para completar seus meios de subsistência[42]." Dito de outra maneira, a sociedade massai no século XIX era muito mais complexa do que o haviam indicado os trabalhos anteriores, deste modo, alguns grupos reconhecidos como iloikop em um certo período podiam se tornar pastores em um outro, dependendo de sua capacidade de reconstituir seu rebanho e oferecer-lhes novamente ricas pastagens. Contudo, após as guerras do século XIX, os grupos massai mais numerosos foram expulsos do Vale do Rift e continuaram sua vida semipastoril durante o período colonial[43]. Para evitar qualquer confusão, consideramos estas guerras sob o ângulo das alianças que tinham por objetivo o domínio do rebanho e das pastagens indispensáveis à vida pastoril.

As causas do conflito, sem dúvida, foram diversas. A primeira série de guerras aconteceu no planalto ocupado pelos uasin gishu, iniciada talvez por um

---

41   J. L. Berntsen, 1979.
42   *Ibid.*, p. 49.
43   Os arusha são um bom exemplo. Ver P. H. Gulliver, 1963.

desacordo relativo ao tópico das pastagens. Os pastores massai do Vale do Rift poderiam ter desejado se apropriarem das pastagens do planalto que eram utilizadas pelos uasin gishu, os quais eram também massai. Estes receberam o apoio de outros grupos de língua massai vivendo no planalto. Finalmente, os uasin gishu foram expulsos do planalto e rechaçados para outras regiões. Já se viu como alguns deles serviram para reforçar o reino wanga antes da chegada dos mercadores da costa.

A segunda série de guerras iniciou-se após a célebre fome de 1836, a qual afetou numerosas regiões da África Oriental. Parece que muitos dos ataques eram realizados apenas com o objetivo de reconstituir os rebanhos aniquilados pela seca. Conflitos explodiram então em toda a extensão do território massai. No Sul, os massai do Vale do Rift fizeram incursões contra os grupos instalados mais ao Leste, na direção do Pangani. Eles conseguiram expulsar aqueles de Kabaya, de Shambarai e de Naberera, obrigando-os a passar pelo o Leste do Pangani, até as planícies do Kilimanjaro e Taveta. Foi nesta mesma época, provavelmente, que os arusha se instalaram nas encostas do monte Meru. Ao Norte, os laikipia foram atacados. Mas o grosso do conflito se desenrolou de 1860 a 1864 entre os purko e os losegalai, os quais viviam numa região que se estende do lago Nakuru à vertente abrupta do Mau. Alguns dos losegalai refugiaram-se em território kipsigi e nandi. De acordo com algumas tradições recolhidas por Jacobs[44], foram estes refugiados massai que transmitiram aos nandi a instituição do *oloiboni*, denominado entre eles de *orkoiyot*; aquela seria a origem de seu poderio no momento em que a de seus vizinhos massai estavam em declínio.

O fim desta segunda série de guerras foi um marco na história dos massai que perderam definitivamente o controle quase exclusivo do planalto de Uasin Gishu; e o anúncio do crescimento de outros grupos nilóticos, como os nandi e os kipsigi. Este desaparecimento da presença massai no planalto permitiu então aos mercadores do litoral de seguirem as rotas do Quênia que tinham evitado até então.

A última série de conflitos entre massai teve igualmente como palco os planaltos setentrionais. Mbatian sucedera Subet como chefe ritual, em meados da década de 1860[45]. Numerosas alianças se formaram: primeiramente, a dos pastores purko e kisongo; depois a dos laikipia e de alguns grupos iloikop, os

---

44 A. H. Jacobs, 1965.
45 A. H. Jacobs (1965) estima, segundo a cronologia das gerações, que Subet morrera em 1864. Por sua vez, D. A. Low (1963, p. 306), baseado em algumas fontes, situa a sucessão de Mbatian em 1866.

quais haviam sido expulsos das boas pastagens e forçados a serem, ao mesmo tempo, semiagricultores e pastores. Desde 1884, as comunidades pastoris tinham assumido o controle e os iloikop haviam sido dispersados por todos os lados.

Esta longa sequência de guerras teve então por consequência a eliminação dos poderosos grupos massai que evacuaram notadamente os planaltos setentrionais. Os sobreviventes se dispersaram para muito longe: do pé do Kilimanjaro a Taveta e às planícies do Pare e do Usambara no vale do Pangani, de Arusha à parte meridional da estepe massai que se estendia até o litoral. São eles que a literatura existente sobre os massai designa sob o nome de iloikop ou kwavi. A maioria daqueles que terminaram seu exílio ao Norte e a Oeste foram assimilados por outros grupos.

A vitória dos pastores massai não deve, contudo, criar ilusão. É certo que, após as guerras que evocamos, seu território se encontrou, ele também, amputado. Haviam abandonado as regiões localizadas a Leste do Kilimanjaro, assim como os planaltos de Uasin Gishu e de Laikipia. O Vale do Rift, as planícies e os altos planaltos permaneceram, no conjunto, sob seu controle, mas com uma população muito reduzida. Enfim, outra consequência funesta de todas estas guerras, foram as doenças, atacando homens e animais, e que infestaram toda a região e solaparam seu poder. Nas vastas regiões que tinham percorrido quando dos seus ataques, os massai haviam entrado em contato com inúmeras populações, favorecendo deste modo o contágio e a propagação de novas doenças. Em 1869, por exemplo, o cólera, que haviam contraído dos samburu, os dizimou[46]. Mas foi em 1880 que se abateu sobre eles a pior peste, quando uma terrível epidemia de varíola eclodiu no mesmo momento em que seus rebanhos morriam de pleuropneumonia. No final das contas, foram todas estas epidemias, muito mais do que as guerras, que derrubaram o célebre poderio massai, de modo que à época em que o colonialismo impôs sua lei, ele era não mais do que uma lembrança.

Pressões europeias

Entre 1845 e 1884, a pressão europeia na África Oriental procurara quatro objetivos estreitamente ligados: a abolição do comércio de escravos, a propagação do cristianismo, a exploração geográfica e a instauração de um "comércio legítimo". Eles estavam ligados na medida em que demonstravam todos

---

46   D. A. Low, 1963, p. 308.

a vontade de expansão do capitalismo europeu, este por sua vez oriundo da revolução industrial: novos meios de produção tornaram o trabalho escravo menos rentável, e seu comércio inspirava somente a reprovação. Seu pretenso espírito humanitário já tinha levado os países ocidentais a abolirem o tráfico transatlântico e, nas décadas de 1840, começaram a preocupar-se em por um fim ao da África Oriental. Por outro lado, o movimento evangélico que andava junto com a corrente humanitária, interessou-se também, em meados do século XIX, pela África Oriental. De fato, a exploração geográfica, estimulada pela curiosidade científica e o evangelismo, abria perspectivas promissoras à nobre ambição daqueles que – missionários ou "comerciantes legítimos" – desejavam suprimir os horrores do tráfico praticado pelos árabes.

O "comércio legítimo" era aquele de mercadorias outras que seres humanos. Viu-se, entretanto, como o marfim tornara-se um dos produtos essenciais do qual vivia o comércio internacional na África Oriental. Depois que Sayyid Saʿīd transferiu sua capital de Omã para Zanzibar, as potências ocidentais da época – Grã-Bretanha, Estados Unidos da América e França – abriram missões comerciais em Zanzibar. A quase totalidade do marfim continuava a transitar por Bombaim antes de ser encaminhada para a Europa, pois os indianos permaneceram como os principais comerciantes na África Oriental. Todavia, este comércio, olhando-o de mais perto, já fazia praticamente parte do sistema imperialista ocidental dominado pelos britânicos, seja diretamente desde Zanzibar, seja por Bombaim[47]. O volume dos negócios realizados pelas empresas americanas e alemãs (Hamburgo), especializadas umas em tecidos de algodão barato e outras em quinquilharias, era menor do que aquele dos mercadores indianos[48]. A estrutura deste mercado permaneceria inalterada até o final do período em questão.

O governo britânico quis abolir o tráfico de escravos. Antes de 1840, os britânicos tinham tentado – em vão – impedi-lo fora da região submetida à autoridade do sultão de Omã. O coronel Atkins Hamerton, que, em 1841, fora nomeado cônsul da Grã-Bretanha em Zanzibar, esforçou-se por anos em alcançar um novo acordo com o sultão de Zanzibar que tinha transferido sua capital de Omã para Zanzibar em 1840. Foi somente em 1845 que foi enfim assinado o Tratado Hamerton, com o intuito de interditar o tráfico fora das possessões do sultão. Mas mesmo se os britânicos tivessem os meios de fazer com que o respeitassem, teria tido apenas um efeito muito limitado já que a

---

47 R. Robinson e J. Gallagher, 1961, p. 51.
48 R. Oliver, 1952, p. 1-2.

soberania do sultão se estendia da África Oriental até a península Arábica. E como, além disso, o sultão não desejava que este tráfico cessasse, não era nada fácil impor-lhe as limitações conveniadas. Sayyd Saʻīd morreu em 1856; seu império se dividiu em dois, e a parte leste africana coube a Sayyid Majid. Este não estava disposto a aceitar a abolição do tráfico; ele teve a ideia, para melhor controlá-lo, de construir uma nova capital no litoral, denominada "Porto da Paz" (*Dar es Salaam*). Ela ainda estava em construção quando ele morreu em 1870. Os esforços empreendidos para abolir o tráfico permaneceram sem efeito até 1873. Nesta data, os britânicos, depois de terem acentuado suas pressões diplomáticas e suas ameaças, conseguiram obter de Sayyid Bargha<u>sh</u>, sucessor de Majid, um decreto abolindo o tráfico de escravos pelo mar.

Por que teria sido tão difícil obter esta decisão do sultão? A resposta é evidente, considerando-se a expansão da economia de *plantation* em Zanzibar e em Pemba. Ela baseava-se no trabalho escravo. Por isso, qualquer restrição a seu recrutamento só podia frear o crescimento da economia. Sabe-se que esse tipo de agricultura continuou a estender-se depois do decreto de 1873[49]. Com o tráfico de escravos ainda lícito no litoral, os comerciantes podiam encaminhar os escravos a grandes distâncias ao longo do litoral, entre Kilwa e Mombaça ou mesmo Malindi, e os fazer passar contrabandeados para Zanzibar e, sobretudo, para Pemba, em pequenos barcos e em travessias noturnas para evitar as patrulhas britânicas. Apesar da interdição deste comércio no continente em 1876, nem o sultão nem os britânicos tinham os meios de fazer efetivamente valer os decretos. As plantações de cravo-da-índia nas ilhas, haviam aumentado a necessidade de víveres do continente, sobretudo de cereais. É deste modo que se viu aparecer ao longo do litoral, de Pangani a Malindi, lavouras de cereais cultivadas por escravos. Era, então, impossível à época distinguir entre os escravos destinados a venda e aqueles destinados ao trabalho nestas plantações[50]. Para agravar a situação, este período foi testemunho de conflitos internos em muitos lugares do interior, os quais refletiram no mercado um grande número de cativos. Os traficantes encontravam facilmente o meio de evitar as tropas do sultão e as patrulhas da marinha britânica. Criou-se, de Pangani a Mombaça, uma série de entrepostos clandestinos, de onde pequenos barcos podiam navegar à noite e chegar a Pemba sem chamar a atenção. É, então, evidente que o tráfico de

---

49 F. Cooper (1977, p. 54) assinala que, em 1877, pouco mais de mil omanianos emigraram de Omã para Zanzibar.
50 *Ibid.*, p. 126.

escravos permaneceu uma atividade comercial de primeiro plano durante uma boa parte do período colonial.

As missões comerciais europeias e as patrulhas navais encarregadas de vigiar os traficantes de escravos não se aventuravam fora da área litorânea e de Zanzibar. Embora os europeus tivessem sem dúvida, por intermédio dos mercadores árabes, ouvido falar das regiões situadas no interior das terras, estas hes permaneciam desconhecidas. Mas os acontecimentos, pouco a pouco, atraíram a atenção dos espíritos humanitários e dos evangelizadores sobre a África Oriental. Até 1856, eles interessaram-se, sobretudo, pelo problema do tráfico transatlântico. Mas quando começou a se saber mais sobre as atrocidades do tráfico na África Oriental, foi para este lado, cada vez mais, que se voltou o interesse geral dos europeus.

As viagens de David Livingstone na África Central e Oriental haviam contribuído, mais do que qualquer outra coisa, para iniciar o processo. Em 1856, ele tinha, pela segunda vez, atravessado a África Central: de Angola ao delta do Zambeze. Antes dele, a *Church Missioinary Society* (CMS) tinha enviado três missionários alemães para empreender a evangelização da África Oriental. Johann Ludwig Krapf chegou a Mombaça em 1844, logo seguido por J. Rebmann em 1846, depois por J. J. Erhardt em 1849. Eles abriram uma missão em Rabai, perto de Mombaça. Em 1856, Rebmann tinha atravessado a planície Nyika até o Kilimanjaro, foi assim o primeiro europeu a avistá-lo. Quanto a Krapf, ele tinha ido mais longe em direção sul para visitar o reino shambaa de Kimveri. Na sequência, ele voltou-se para o Norte até as terras kamba onde foi o primeiro europeu a ver o monte Quênia. Erhardt e Krapf foram igualmente para o Sul, até a embocadura do Rovuma; mais tarde, depois de passar algum tempo em Tanga, Erhardt estava pronto para publicar um mapa da África Oriental que continha um grande número de informações sobre o interior do continente. Ele havia recolhido muito material enquanto ele residiu no litoral, notadamente sobre os Grandes Lagos que ele representava como um mar interior. Sua carta seria "a primeira fonte de inspiração de Burton e de Speke quando de sua expedição em 1858"[51].

Estes primeiros missionários tinham feito uma obra de pioneiros; o total de informações que reuniram revelou-se muito útil para aqueles que vieram depois deles. A opinião pública, entretanto, permanecia ignorante de todas estas descobertas. Para cativar sua imaginação, foi preciso esperar Livingstone, o qual, *em*

---

51 R. Oliver, 1952, p. 7.

seus escritos e discursos, manchava incansavelmente o tráfico praticado pelos árabes. Penetrado pela ideologia capitalista da época que exaltava as virtudes do livre-câmbio, ele defendia o comércio, capaz, de acordo com ele, de ligar a imensidão do continente africano à Europa cristã; o que livraria os africanos da pobreza e das humilhações da escravidão. Por isso, em suas viagens, ele buscava antes de tudo os rios navegáveis que eram, para retomar sua própria expressão, "vias de penetração para o comércio e para o cristianismo"[52]. A publicação em 1857 de *Viagens Missionárias e Pesquisas na África do Sul*[53] e seus esforços pessoais acabaram por convencer alguns membros da Igreja Anglicana a fundar a Universities Mission to Central Africa (UMCA). Esta fez o possível para por em prática as ideias de Livingstone. Seus missionários esforçaram-se em penetrar na região do Zambeze; mas apenas constataram que as embocaduras deste rio e do Rovuma não eram navegáveis. Depois disso, a missão se instalou em Zanzibar para se consagrar aos escravos libertos.

O problema destes últimos suscitava o interesse de todas as sociedades missionárias da África Oriental. Entre 1858 e 1873, a CMS, a UMCA e os padres do Espírito Santo ocuparam-se dos ex-cativos. A CMS continuou a trabalhar em Rabai, perto de Mombaça, onde escravos libertos tinham sido enviados de Bombaim para ajudar Rebmann. A UMCA se fixou em Zanzibar, enquanto os padres do Espírito Santo obravam em Bagamoyo. Nenhuma destas sociedades havia atingido o objetivo definido por Livingstone: abrir o interior do continente ao comércio e ao cristianismo. Todavia, o trabalho estava iniciado. Enquanto as missões se implantavam primeiro no litoral, outros europeus, inspirando-se nas experiências dos missionários, empreendiam a exploração das regiões interiores da África Oriental. Em 1858, Burton e Speke partiram em busca do "mar de Unyamwezi"[54], assinalado por Erhardt. Eles atingiram o Lago Tanganica e Speke também fez o reconhecimento da margem meridional do Lago Vitória. Em 1862, Speke partiu novamente, em companhia de Grant, para explorar o Lago Vitória e localizou a nascente do Nilo. Ao descer o Nilo Branco, eles encontraram Samuel Baker que subia o rio desde o mar. Mais tarde, o próprio Livingstone entraria, mais uma vez, no coração da África e faria novas descobertas. Estas explorações suscitaram um renovar da paixão missionária. A constatação da existência dos Grandes Lagos relançou imediatamente o projeto de Livingstone. Todas as sociedades missionárias britânicas que funcionavam na

---

52   *Ibid.*, p. 27.
53   D. Livingstone, 1857.
54   R. Oliver, 1952, p. 27.

África Oriental desejavam que barcos a vapor circulassem por estas vias navegáveis do interior. Ao revelarem a extensão e a natureza do tráfico praticado pelos árabes, estas explorações tinham excitado os ânimos. Percebia-se que o interior do continente não era tão inacessível como Krapf o pensara em relação ao Quênia, ou como os missionários da UMCA tinham acreditado ao explorarem o Baixo Shire. Não havia mais dúvidas quanto à existência de rotas por onde as caravanas se enfronhavam por todo o interior e por onde no retorno traziam os escravos até o litoral. Mas mais marcante ainda foi a revelação do quanto este comércio afetava a vida dos africanos.

Depois da morte de Livingstone, as sociedades missionárias britânicas redobraram o zelo. Livingstone teve direito a um funeral nacional na abadia de Westminster; esta cerimônia pública teve um grande impacto: ela inspirou os pregadores e despertou a paixão do grande público pela obra missionária. A *Scottish Free Church* enviou, por sua vez, missões à África Central. A primeira, em 1875, penetrou nas regiões do Zambeze e do Shire e se estabeleceu em Blantyre, no Lago Nyasa. As outras sociedades missionárias, as quais tinham já começado as obras no litoral, rapidamente se expandiram. Em 1875, a UMCA estabeleceu uma base em Magila, no interior do continente – em uma região que fazia parte do reino shambaa de Kimweri –, e no ano seguinte em Masasi, na Tanzânia Meridional. Ao mesmo tempo, H. M. Stanley, jornalista anglo-americano, aventureiro e explorador, o qual tinha já feito uma primeira viagem para se encontrar com Livingstone, empreendeu uma segunda viagem para levar a exploração ainda mais longe. Em 1875, o *Daily Telegraph* publicou uma carta sua na qual ele sinalizava o Buganda à atenção das sociedades missionárias. Vários fiéis ofereceram imediatamente os recursos necessários para o financiamento de novas missões. Em consequência, a CMS estendeu sua influência além de Freretown, em Rabai, perto de Mombaça e estabeleceu uma nova missão em Mpwapwa, no centro da Tanzânia em 1876. De lá, ela pôde chegar no ano seguinte à capital de Mutesa. A *London Missionary Society*, à qual tinha pertencido Livingstone, decidiu rapidamente seguir os passos deste último e, encorajada por uma proposta efetiva de financiamento, resolveu ir até o lago Tanganica, à margem do qual Livingstone passou os últimos anos de sua vida. A partir de 1877, estabeleceram-se várias missões nos arredores do lago Tanganica: em Ujiji, em Urambo, na ilha de Kavala e em Mtowa. Infelizmente, tiveram logo que cessar toda a atividade: os missionários tinham problemas para suportar o clima, e os interesses políticos alemães opunham-se às suas atividades. A *London Missionary Society* restabeleceu-se finalmente na Rodésia, dentro da esfera de influência britânica.

Diferentemente dos protestantes, os missionários católicos receberam seu incentivo, na mesma época, da visão e da energia de um único homem, Monsenhor Lavigerie, nomeado Arcebispo de Argel em 1867. Um ano depois, ele fundou a sociedade dos Missionários de Nossa Senhora da África, conhecida mais tarde sob o nome de Padres Brancos. Esta sociedade, segundo ele, deveria ser na África Central o pendão religioso da Associação Internacional Africana, no interior dos mesmos limites geográficos, entre o paralelo 10° de latitude norte e o paralelo 20° de latitude sul, e estabelecer suas bases na proximidade daquelas da organização laica, a fim que as duas pudessem mutuamente prestar assistência[55]. O primeiro estabelecimento dos Missionários de Nossa Senhora da África na África Oriental foi aberto em Tabora, em 1878. Os padres do Espírito Santo, os quais os tinham precedido em dez anos ao se instalarem em Bagamoyo, esforçavam-se, sobretudo, em criar colônias de escravos libertos, muito mais do que multiplicar o número de suas missões. No momento então que os Padres Brancos se espalharam pelo interior, os padres do Espírito Santo não tinham ultrapassado Morogoro, onde eles haviam criado uma missão "em Mhond, a uma centena de milhas em direção ao interior"[56].

A partir de Tabora, alguns padres Brancos se dirigiram para o Norte para criar uma missão em Bukumbi, na margem sul do lago Vitória, e de lá, logo ganharam o Buganda. Quando de sua chegada à corte do rei Mutesa, eles constataram que Alexander M. Mackay, missionário da CMS os tinha precedido em vários meses, que os muçulmanos "estavam estabelecidos no país há vários anos e que um certo número de chefes tinham abraçado o islã"[57]. Este encontro marcou o início das rivalidades religiosas entre, de um lado, muçulmanos e cristãos, e de outro, protestantes e católicos. Mutesa soube arbitrar estes antagonismos jogando um grupo contra o outro, mas após sua morte, em 1884, eles influenciariam profundamente a vida da corte.

Outro grupo de Padres Brancos, ainda a partir de Tabora, se dirigiu para o Oeste e abriu uma missão em Ujiji, em 1879, de onde ganhou Romonge, no Burundi, a 120 quilômetros, mais ou menos, ao Sul da atual Bujumbura; mas a missão foi abandonada em 1881 depois do massacre de três missionários. "Os Padres Brancos não puderam retornar à missão durante quase cinquenta anos"[58]. Em 1885, abriram duas outras, próximas daquelas que haviam sido

---

55   *Ibid.*, p. 46-47.
56   J. M. Gray, 1963, p. 244.
57   G. D. Kittler, 1961, p. 161.
58   *Ibid.*, p. 157.

fundadas pela Associação Internacional Africana depois da decisão tomada pelo rei belga, Leopoldo II, de se ocupar, prioritariamente, do Estado independente do Congo.

Até 1884, a influência europeia na África Oriental exerceu-se primeiro e antes de tudo pela intervenção das sociedades missionárias. O comércio, mesmo nas regiões onde se encontrava organizado, aparecia apenas como um prolongamento da obra missionária. Dois exemplos o mostram bem: aquele, em primeiro lugar, da *Livingstonia Central African Trading Company*. Esta companhia, a qual trabalhava em conexão com as missões escocesas da região do lago Nyasa, parecia ter por função essencial abastecer aquela de Blantyre pela vias navegáveis onde cruzavam seus barcos a vapor e, no retorno, transportar o marfim que vendia a preços muito inferiores aos praticados pelos comerciantes árabes que utilizavam a mão de obra servil. O segundo exemplo nos é fornecido pela *Scottish Free Church*. Um dos seus membros, William Mackinnon, proprietário da *British India Steam Navigation Company*, tinha inaugurado, em 1872, uma linha marítima passando por Zanzibar. Alguns anos mais tarde, ele obteve do sultão de Zanzibar a autorização de construir rotas que ligariam o litoral ao Lago Nyasa e ao Lago Vitória. Embora este projeto nunca tenha sido realizado, ele foi o germe do qual nasceria, quando da divisão da África, a mais imperialista de todas as organizações, a British East Africa Company.

Durante o período estudado aqui, os missionários faziam ainda obras de pioneiros. Na aparência, o trabalho deles parecia ter tido poucos efeitos sobre as sociedades africanas, mas, olhando mais de perto, percebe-se que sua influência foi considerável. As sociedades missionárias implantadas na África Oriental eram então mais poderosas, já que não estavam sujeitas aos obstáculos impostos mais tarde pelos governos coloniais. Como diz Roland Oliver:

> As missões tornaram-se uma potência na região e não somente de ordem espiritual. No Buganda como em Zanzibar, as autoridades políticas locais eram suficientemente eficientes para estender sua tutela sobre os estrangeiros. Alhures, mesmo os missionários que partiam com apenas algumas dúzias de carregadores e buscavam se instalar em uma vila indígena iriam instituir o que, de fato, era um pequeno Estado independente[59].

As primeiras missões eram também modeladas pelo esforço que faziam para criar colônias de escravos libertos. Que estas colônias fossem no litoral (como em Freretown ou em Bugamoyo) ou no interior (como em Masasi, Blantyre,

---

59 R. Oliver, 1952, p. 50.

Mpwapwa, Tabora ou Ujiji), elas buscavam se estabelecer, sobretudo, perto das rotas das caravanas de escravos e em tornar os cativos libertos o núcleo das colônias missionárias, em conformidade com a sua intenção de combater o tráfico de escravos praticado pelos árabes. De fato, estas missões se se transformaram em Estados teocráticos e atraíram até mesmo os exilados políticos, escravos fugitivos e aqueles que não tinham encontrado lugar nas sociedades onde elas estavam implantadas[60]. É, deste modo, que enfraqueceram ainda mais as sociedades já submetidas às pressões econômicas da época e reduziram, portanto, sua capacidade de se opor à instauração do regime colonial. De uma maneira mais geral, pode-se dizer que as sociedades missionárias foram igualmente as pioneiras deste regime. A maioria dos trezentos europeus instalados no continente antes de 1884 tinha, pelas suas atividades, relação com os missionários[61]. Mesmo quando as missões europeias estavam sob a autoridade efetiva de um chefe local, sua simples existência, sem falar em sua influência cultural, abria o caminho para as pretensões coloniais do período da partilha da África.

Nesta época, a África Oriental fazia parte, como já foi dito, de um vasto império britânico que ainda não tinha este nome. Ora, perto do final do período estudado aqui, o acesso da Alemanha ao posto de grande potência ocidental não fez mais do que exasperar as rivalidades existentes. Estas se traduziam, fora da África Oriental, em diversas tensões. Quando Leopoldo II, em 1876, reuniu em Bruxelas uma conferência internacional "para discutir as modalidades de uma intervenção pacífica e orquestrada com o objetivo de desenvolver o comércio legítimo e de suprimir o de escravos"[62], as rivalidades já aparecem. Finalmente, a conferência internacional só conseguiu formar subcomissões nacionais enciumadas umas das outras. Leopoldo II se adiantou, então, e criou seu próprio império no Congo. A operação mais importante foi, em 1882, a ocupação do Egito pelos britânicos. Para justificá-la, alegaram a posição estratégica do Egito (com o canal de Suez e o Nilo) para a defesa dos seus interesses na Índia e, em grau menor, na África Oriental. Mas a reação internacional não se fez esperar. Ela desencadeou uma série de acontecimentos e, primeiramente, a anexação pela Alemanha de vários territórios: o Sudoeste africano em abril de 1884 e o Camarões em julho do mesmo ano. Na África Ocidental, a Alemanha e a França esboçaram uma aproximação para se oporem aos objetivos britânicos no Niger. O imperialismo espalhava-se por todos os lados. Quando Bismarck, em

---

60 *Ibid.*, p. 50.
61 *Ibid.*, p. 49.
62 J. E. Flint, 1963, p. 362.

novembro de 1884, organizou a Conferência de Berlim, o desmembramento da África já havia começado. Na África Oriental, Carl Peters havia desembarcado em Zanzibar em nome de sua *Gesellschaft für Deutsche Kolonisation* (Sociedade de colonização alemã) e tinha entrado no coração do interior para negociar tratados. Os britânicos nutriam ainda a esperança de que, ao consolidar a autoridade de Sayyid Bargha<u>sh</u> sobre o continente, eles poderiam salvaguardar seus interesses sem precisar recorrer à colonização.

CAPÍTULO 11

Povos e Estados da região dos Grandes Lagos

David W. Cohen

Na primeira metade do século XVIII, o *kabaka* Mawanda, rei do Buganda, tentou estender seu poder às ricas regiões situadas a Leste da zona central de seu reino. Empreendeu uma grande campanha militar e imediatamente obteve algum sucesso, colocando a seguir um de seus generais à frente da região de Kyaggwe para submetê-la ao governo de seu reino. Contudo, o governador de Kyaggwe encontrou alguns focos de resistência. Durante o mandato de seus sucessores, diversas áreas caíram sob a influência do Bunyoro, Estado vizinho situado a Noroeste do Buganda, cujo acesso à imensa floresta do Mabira, em Kyaggwe, foi assim cortado. No final do século XVIII, o território do Mabira, situado a menos de 45 quilômetros a Leste do centro da região ganda, tornara-se foco de concentração das forças de oposição aos monarcas do Buganda, lugar de exílio e refúgio. Para muitos súditos do reino e estrangeiros, os meandros obscuros do Mabira constituíam a promessa de uma inversão da situação.

No final do século XVIII, Kakungulu fugiu dos domínios de seu pai, o rei ganda Semakokiro, sobrinho-bisneto de Mawanda. Tendo conseguido refúgio e apoio no Mabira, Kakungulu criou, com ajuda de seus partidários, toda uma rede de alianças com diversos Estados fronteiriços do Buganda; a seguir, lançou uma série de ataques para conquistar o trono de seu pai. Kakungulu nunca conseguiu apoderar-se do trono, mas suas atividades contribuíram para o aumento da agitação em torno dos mais antigos territórios governados pelo Buganda; instigaram os chefes ganda a tomar medidas punitivas e a reunir sob sua autoridade as áreas de oposição do Leste e do Oeste; suas atividades talvez tenham, ainda, exacerbado a violência das relações entre o Buganda e os Estados vizinhos.

Kakungulu não foi o primeiro a tentar transformar um grupo de refugiados no Mabira em força insurgente. De fato, ao recorrer ao Mabira, só estava repetindo uma página do livro de táticas de seu próprio pai, Semakokiro. Cerca de trinta ou quarenta anos antes, Semakokiro tentara recuperar sua posição no Mabira, onde soubera obter um poderoso apoio. Seu exílio durara muito tempo.

Com o distanciamento proporcionado pelo tempo, esse lugar do Mabira onde Semakokiro organizou seu exílio nos parece ter sido um Estado em gestação. O processo de formação de um Estado baseado no Mabira foi interrompido pela própria eficácia com que Semakokiro granjeou apoio para seu projeto; acabou destituindo do poder seu irmão Junju e assim se tornou *kabaka* do povo ganda. A época mais antiga desse exílio de Kakungulu no Mabira e, antes dele, a de seu pai Semakokiro, fazem-nos pensar na comunidade forte, estável e muito numerosa que se organizou em torno do general e administrador ganda Semei Kakungulu em seu "exílio" em Uganda Oriental, no início do século XX[1]; ali encontramos esse caráter ao mesmo tempo tenso e complexo das relações entre os dirigentes e seus subordinados que caracterizava a vida política do reino de Buganda no final do século XIX, início do XX.

A história de Kakungulu e de Semakokiro no Mabira, às vésperas do século XIX, desperta no historiador várias imagens da vida extraordinariamente rica e complexa da região dos Grandes Lagos dessa época. A primeira é a de um Estado da região dos Lagos que, ainda em gestação, anexa terras e populações novas que coloca sob seu domínio e surge como um conjunto de instituições relativamente jovens. A segunda imagem mostra uma região em plena efervescência que vive com dificuldade a passagem do século XVIII para o XIX. Os soberanos enfrentavam uma oposição aguerrida tanto de dentro como de fora de seus reinos. Seus reinados podiam ser breves; eles tinham muito pouco tempo para estabelecer alianças e administrações eficazes, ao passo que seus irmãos ou filhos atiçavam a rebelião. A terceira imagem da região é a de feudos ou reinos que não constituíam entidades sociais e políticas fechadas. As fronteiras políticas eram muito permeáveis. A vida dos soberanos e a qualidade de vida dos cortesãos e dos súditos dependiam da natureza das relações entre Estados.

---

1 M. Twaddle, 1966, p.25-38.

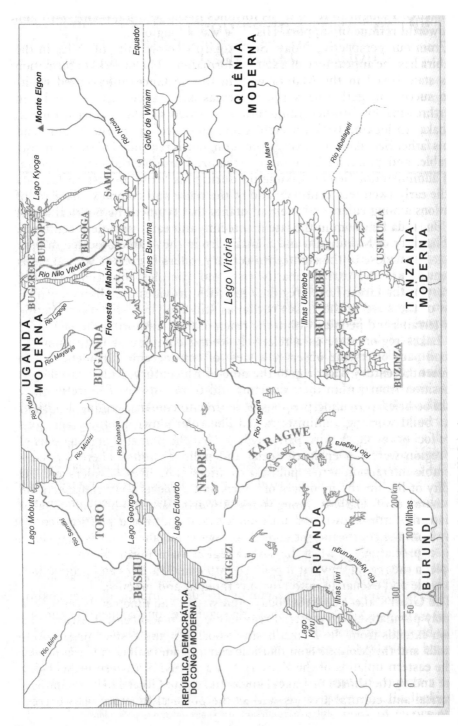

FIGURA 11.1 A região dos Grandes Lagos (segundo D. W. Cohen)

A quarta imagem, por fim, é a da vida social e política pouco conhecida e mal compreendida, distante das cortes e das capitais da região; ela nos dá uma ideia do papel do Estado da região dos Grandes Lagos na vida das populações, na vida privada e na produção, no comércio e nas trocas, no pensamento e na vida religiosa.

Hoje, como no século passado, essa região da África Oriental e Central hoje é ao mesmo tempo bem irrigada e densamente povoada. Estende-se da bacia do Kyoga (centro e norte de Uganda), das encostas do monte Elgon e do golfo de Winam, no Quênia Ocidental, aos planaltos orientais da bacia do Zaire e às margens do lago Tanganyika. A região dos Grandes Lagos é uma região histórica e cultural (bem como o ponto de convergência de duas grandes bacias hidrográficas) definida por uma família linguística que se reflete nas formas culturais e, em particular, nos grandes arranjos comuns da organização política anterior à época colonial. O Estado da região dos Grandes Lagos tinha uma cultura política, princípios estruturais e uma ideologia autoritária, determinadas características regionais, notadamente modelos sociais com "castas", classes e diversos arranjos pluriétnicos.

A ordem política

No início do século XIX, e, depois, sete ou oito décadas mais tarde, quando a pressão dos europeus começou a afetar diretamente o destino das pessoas e dos Estados, a região dos Grandes Lagos era um conglomerado de Estados com territórios e poder muito diversificados por trás de aparências bastante semelhantes. Os reinos da região dos Grandes Lagos apresentavam-se como domínios organizados em torno de um monarca cuja autoridade provinha de seus laços de parentesco com uma dinastia, e que se rodeava de uma corte e de conselheiros; a organização em si baseava-se em uma rede hierárquica de funcionários, artesãos e senhores.

Tradicionalmente centrados nos acontecimentos e funções políticas oficiais[2], os estudos sobre a região destacaram os atos de insurreição de Semakokiro e Kakungulu, bem como dos milhares de seguidores que compartilhavam suas vidas de exilados e rebeldes. A história de ambos e de seu exílio evidencia a existência de forças latentes de oposição à autoridade estabelecida e às capitais

---

2   Os antropólogos e historiadores interessaram-se, sobretudo, pela história política dos reinos da região; infelizmente, há poucos trabalhos sobre a história econômica anterior à época colonial.

da região, e permite que abandonemos os conceitos excessivamente rígidos da área política. Ao começar o século XIX, bem como antes e depois desse período, o Estado dos Grandes Lagos não era simplesmente a soma de um rei, uma corte e um país, nem a combinação de uma cultura política com uma ordem administrativa e uma organização estrutural. A história de Semakokiro e de Kakungulu é portadora de uma mensagem: o domínio do Estado se define de maneira essencial pelo conflito interno e externo.

A ordem política da região dos Grandes Lagos evoluiu consideravelmente durante o século XIX com o surgimento de duas tendências principais. A primeira foi o fortalecimento da coesão e do poder de determinados Estados por meio do aumento da mão de obra e do comércio, do desenvolvimento de instituições burocráticas, da eliminação dos fatores de divisão e, por fim, do controle e do domínio das influências e das forças novas que penetravam na região.

A segunda tendência foi a ascensão decisiva de três ou quatro Estados Buganda, Ruanda, Burundi e, por fim, o Bunyoro, que vivia o seu renascimento – em detrimento de outros Estados. Essas duas tendências estavam estreitamente ligadas. No século XIX, a prosperidade desses quatro grandes reinos baseava-se na reorganização da administração no sentido de uma maior centralização: o fim das velhas querelas intestinas por meio da eliminação da oposição e a organização de campanhas de arrecadação de tributos e de expansão, que solaparam os conflitos internos; a ampliação do reino por meio da conquista de novas regiões; a apropriação e incorporação de determinados setores da produção e do comércio da região, e a integração das forças e elementos novos que ali penetravam.

A mudança geral que o século XIX trouxe a esses grandes reinos é ilustrada notadamente pela duração do reinado dos soberanos do Buganda, de Ruanda, de Burundi e do Bunyoro. No Buganda, Kamanya reinou durante 30 a 35 anos a partir do início do século, e seus sucessores, Suna e depois Mutesa, durante 20 e 28 anos respectivamente. Como comparação, recordemos que onze *kabaka* ocuparam o trono do Buganda no século XVIII, e muitos deles foram assassinados ou derrubados. A "era dos príncipes" do século XVIII foi sucedida pela dos "longos reinos": Kamanya, Suna e Mutesa tiveram tempo de implantar um embrião de controle, de sufocar a oposição dos príncipes e das facções, e de começar a desenvolver os recursos do Estado.

Assiste-se à mesma evolução em Ruanda, onde uma "era de longos reinos" sucedeu-se aos reinos curtos da era anterior. Mwami Yuhi Gahindiro tomou o poder na última década do século XVIII e reinou durante mais de trinta anos. Seu sucessor, Mutara Rwogera, exerceu o poder durante cerca de trinta anos; a

Figura 11.2   O Buganda em 1875: a capital do kabaka. [Fonte: H. M. Stanley, Through the dark continent, 1878. vol. I, Sampson, Low, Marston, Low and Searle, Londres. Ilustração reproduzida com a autorização do Conselho de Administração da Biblioteca da Universidade de Cambridge.]

Figura 11.3   O kabaka Mutesa, rodeado de chefes e dignitários. [Fonte: H. M. Stanley, Through the dark continent, 1878. vol. I, Sampson, Low, Marston, Low and Searle, Londres. Ilustração reproduzida com a autorização do Conselho de Administração da Biblioteca da Universidade de Cambridge.]

seguir, Kigeri Rwabugiri permaneceu no trono durante quase quarenta anos até sua morte em 1895.

O Burundi só teve dois soberanos no século XIX: Ntare II Rugamba, que teria ascendido ao trono no final do século XVIII, e Mwezi II Gisabo, que reinou de meados do século XIX até sua morte em 1908. Acredita-se que quatro soberanos sucederam-se no trono de Burundi durante o século XVIII. No caso do Bunyoro, a longevidade dos monarcas é menos evidente no século XIX, embora Mukama Kabarega, que exerceu o poder de 1870 até sua destituição pelo Império Britânico em 1899, tenha encarnado a retomada do poder e da influência regional do Bunyoro durante a segunda metade do século.

Não se deve ignorar o efeito circular que os longos reinos do século XIX podem ter surtido. O tempo permitiu que soberanos, cortesãos e sua clientela assentassem o poder sobre bases mais firmes e duráveis, e implantassem administrações mais confiáveis. Com o tempo, soberanos e administrações conseguiram sistematizar a alocação de recompensas, remunerações e empregos, e demonstrar ao povo que, para seu futuro e sua segurança, era melhor trabalhar com o regime do que contra ele – o que, em compensação, deu aos soberanos, aos cortesãos e aos grandes homens do século XIX mais tempo e meios para consolidar seu poder e sua gestão. As coligações e as rotinas tinham mais chances de perpetuar-se de um reinado a outro, enquanto os soberanos permaneciam mais tempo no trono. No Estado dos Grandes Lagos, a legitimidade e a autoridade não repousavam apenas em um ritual de acesso: eram adquiridas com o tempo graças à construção progressiva de redes de relações sociais. A participação no Estado envolvia o jogo das instituições do casamento, dos serviços e da clientela; a exploração de novas terras; a implantação de novos circuitos de troca e o melhor abastecimento das capitais. Todos esses elementos exigiam tempo para serem desenvolvidos.

Durante a maior parte do século XIX, o Buganda, o Ruanda, o Burundi e o Bunyoro foram os Estados mais expansionistas da região, e foi essencialmente a evolução que experimentaram durante esse período que determinou sua configuração no século XX. No entanto, na região, no sentido mais amplo, existiam mais de duzentos outros feudos, quase todos dotados de instituições políticas análogas à dos grandes reinos. Alguns desses pequenos Estados transformaram-se politicamente no século XIX, aumentando o seu poder em sua esfera de influência imediata. Outros perderam o controle das forças centrífugas em ação dentro de suas fronteiras e tornaram-se dependentes de centros distantes. As capitais e as cortes dos grandes reinos começaram a atrair os dissidentes e insurgentes dos Estados vizinhos, aventureiros em busca da ajuda de seus anfitriões poderosos para derrubar o poder em seu país. Repetidas centenas de vezes, essas iniciativas contribuíram para o enfraquecimento dos pequenos Estados e para a expansão dos maiores.

A partir de 1850, a distinção entre grandes e pequenos Estados se – afirmou à medida que os primeiros monopolizaram os novos recursos vindos de fora mercadorias, sobretudo armas de fogo, comerciantes e aventureiros europeus, árabes e suaílis, missionários cristãos e muçulmanos. Os pequenos reinos da região dos Grandes Lagos acabaram parecendo-se cada vez mais com "jardins" cultivados por servos ou escravos para pagar o tributo cobrado pelos grandes reinos, ou simplesmente com campos de manobras para as diferentes forças de dentro ou de fora da região.

Produção e extração

Essa última observação nos afasta de um terreno que seja apenas político. Vê-se que, no século XIX, a principal preocupação do Estado era ao mesmo tempo a produção e as trocas, qualquer fosse o palco desse processo de acumulação, no contexto do antigo feudo ou além das fronteiras administrativas reais do Estado. O controle da produção e do comércio era o centro das preocupações de Estados como Ruanda, Buganda, Burundi e Bunyoro à medida que estes ampliavam seu território e estendiam sua esfera de influência.

Já nos referimos ao programa de expansão de Mawanda no Kyaggwe. Esse projeto, elaborado no século XVIII, visava às regiões de produção que escapavam ao controle do reino do Buganda. O Kyaggwe possuía fibra de casca de árvore, minério de ferro e artesãos capazes de trabalhar o ferro, além de ter acesso às terras férteis das ilhas do Norte do Lago Vitória. As Ilhas Buvuma, na costa do Kyaggwe, eram bastante ligadas às redes comerciais estabelecidas a Leste do Lago Vitória. A conjunção de forças de produção, materiais, técnicas e mão de obra, assim como o acesso aos circuitos comerciais regionais ou seu domínio, eram as principais preocupações dos Estados da região dos Grandes Lagos na época pré-colonial.

As taxas arrecadadas nas regiões sob administração regular e fora dos reinos enriqueciam as cortes e os regimes no poder. No século XIX, a percepção de tributos e a resistência contra as taxas cobradas pelo Estado criaram, entre as zonas de produção e as regiões de consumo, um tecido de relações conflituosas que se superpunha (às vezes desfigurando-as) às redes comerciais que cobriam a totalidade da região na época pré-colonial. No século XIX, o jogo das cobranças efetuadas pelo Estado e da resistência dos produtores e zonas de produção à prática coercitiva do tributo de Estado é particularmente evidente no âmbito da produção de alimentos, das trocas de gêneros alimentícios e de seu consumo. Nessa região, merecidamente famosa pela abundância de seus produtos, é, paradoxalmente, o controle do aprovisionamento em gêneros alimentícios que se torna o escolho das relações entre Estados, e das relações entre o Estado e os produtores[3].

Nos reinos sob administração regular do Estado, tanto a produção especializada como a não especializada forneciam gêneros alimentícios, bem como uma grande quantidade de outros produtos, às capitais e cortes. A arrecadação parece ter sido ora regular, ora irregular, conforme a época. O recebimento de mercadorias devia acontecer a cada estação; no entanto, em alguns casos específicos – por ocasião, por exemplo, de campanhas militares, de cerimônias e festas do rei, ou ainda em caso de fome –, coletavam-se mercadorias de forma especial para redistribuí-las por intermédio das cortes e das capitais.

No Buganda, parece ter sido criada uma espécie de fazenda do Estado gerenciada por funcionários nomeados que tinham de garantir o abastecimento das cortes de determinados chefes e do palácio do *kabaka*[4]. Em Ruanda, Nkore, Karagwe e Burundi, os rebanhos reais, que faziam parte das riquezas do Estado, forneciam carne, gorduras, leite e manteiga destinados às festas de senhores e funcionários, suas clientelas e famílias. Nesse caso, tratava-se de uma "produção gerenciada", isto é, organizada e regulada pelo Estado. As fazendas de Estado eram capazes de produzir quantidades consideráveis de alimentos e bebidas em prazos bastante reduzidos, o que faz supor que os níveis de produção eram elevados – assim podiam dar conta de altas demandas momentâneas – e que os organismos de abastecimento eram necessariamente dimensionados com capacidade ociosa[5].

Longe de limitar-se a esses setores especializados na produção de alimentos, os sistemas de arrecadação estendiam-se a outras áreas de atividades e à "percepção de tributos". Seria interessante considerar as atividades econômicas

---

3 Esse fenômeno é detalhadamente examinado no estudo de D. W. Cohen, 1983. Os dados incluídos no presente capítulo foram tirados desse estudo, apresentado em junho de 1981 em uma conferência organizada em Naivasha (Quênia) pela Universidade das Nações Unidas.

4 Esperamos para breve a publicação de um estudo sobre este assunto; apresenta o modo de abastecimento em suas linhas gerais após o exame de várias fontes.

5 J. Tosh (1980, p. 9) chamou a atenção sobre a produção de excedentes alimentares na África pré-colonial, refutando a tese segundo a qual os excedentes que serviam para alimentar os artesãos especializados, os caçadores, as caravanas de comerciantes e as cortes eram excedentes normais da produção de subsistência.

FIGURA 11.4   A casa do Tesouro e os ornamentos reais do *rumanyika*, rei do Karagwe. [Fonte: H. M. Stanley, *Through the dark continent*, 1878. vol. I, Sampson, Low, Marston, Low and Searle, Londres. Ilustração reproduzida com autorização do Conselho de Administração da Biblioteca da Universidade de Cambridge.]

do Estado como um *continuum*: de fato, a passagem progressiva da cobrança ocasional dos impostos a um sistema mais regular de arrecadação muitas vezes anunciava o início de um processo de integração das áreas fronteiriças e de zonas de produção totalmente novas aos Estados da região dos Grandes Lagos. Nesse *continuum*, há exemplos de taxações efetuadas no Busoga Central por agentes do Buganda[6]. Sem dúvida, essas práticas não faziam parte de um programa regularmente gerenciado; contudo, eram suficientemente correntes e bem organizadas para não precisarem da intervenção de forças armadas e para produzirem volumes consideráveis de gêneros alimentícios preparados – o que nos permite supor que havia uma notificação prévia, seguida de um trabalho de preparação. O Busoga Central taxava essencialmente a banana seca (em idioma lugosa: *mutere*), transportada sob forma de farinha ou de bolachas secas ao sol. Essa prática de arrecadação regular de impostos em uma determinada área teria obrigado as zonas taxadas a produzirem em proporções muitíssimo superiores às necessidades do consumo local. Esses "excedentes estratégicos" teriam dado aos

---

6   O tributo cobrado pelo Buganda é estudado em S. N. Kiwanuka, 1972, p. 139-153; J. Kasirye, 1959; F. P. B. Nayenga, 1976; D. W. Cohen, 1977.

primeiros viajantes europeus a impressão de que havia abundância ilimitada na região e autossuficiência dos pequenos produtores, bem como a impressão, mais conhecida, de pompa das cortes[7]. Mas esses observadores não teriam percebido a estrutura do "excedente estratégico": quem arcava com os verdadeiros custos de produção de todos os bens e serviços "recíprocos" que o Estado arrecadador de tributos oferecia às áreas taxadas eram os contribuintes. Além disso, esses "excedentes estratégicos" não constituíam uma garantia de segurança para os produtores, pois, no século XIX, o Estado-arrecadador da região dos Grandes Lagos tinha condições de mandar apreender os produtos se, por alguma razão, os produtores não os entregassem.

Outro exemplo: o da coleta do sal fino proveniente das fontes salinas do Lago George para as cortes dos reinos do Bunyoro e do Toro[8], que, mesmo distantes, não deixavam de exercer um controle vigilante (e às vezes protetor). Sempre nesse *continuum*, é preciso apontar a cobrança de tributos irregulares e inesperados em regiões mais longínquas[9]. Pode-se supor que esses tributos incluíam menos alimentos preparados, como o *mutere* ou outros alimentos e bebidas que exigiam muito trabalho de colheita e preparação. Nas regiões remotas, essas arrecadações eram realizadas como operações militares. Bandos armados, ou mesmo verdadeiras expedições, esquadrinhavam uma área, recolhiam tudo que pudesse ser taxado, principalmente gado e homens, mas também as reservas de objetos de ferro e tecidos de fibra de casca de árvore dos artesãos e comerciantes. Eram vastas operações de saqueio. Uma das expedições militares organizadas no Buganda penetrou até o Busoga, onde acampou por vários meses, enviando grupos de busca aqui e acolá. Dessa vez, o exército encarregado de arrecadar o tributo permaneceu tempo suficiente naquela área para obrigar a população a produzir e preparar alimentos e bebidas em tal quantidade que não se tratava mais de um butim propriamente dito. Os alimentos eram apreendidos pelo exército de ocupação tanto para sua própria subsistência como para a das cortes do Buganda. Neste caso em particular, é muito provável que o exército ganda não tenha permanecido tempo suficiente para incentivar, ou para impor, um aumento permanente da produção de gêneros alimentícios e outros na região ocupada. No entanto, permaneceu tempo suficiente para desmantelar boa parte das estruturas de produção do Busoga Central – que levará vários anos para

---

7 Ver, por exemplo, F. D. Lugard, 1893, vol. I, p. 366; H. H. Johnston, 1902, vol. I, p. 248; H. M. Stanley, 1878, vol.II, p. 142-143.
8 E. M. Kamuhangire, 1972*a*, 1972*b*
9 D. W. Cohen, 1977, p.73-80.

se reorganizar. Expedições similares foram organizadas a partir da região da capital de Ruanda no intuito de subtrair provisões preciosas e gado das regiões independentes do Norte e do Leste, inclusive em torno das margens ocidentais do Lago Kivu[10]. Acabaram aniquilando tanto a produção como as atividades de comercialização, e tiveram de ir ainda mais longe à procura de novas fontes de riquezas.

Essas expedições militares acarretaram, notadamente, o surgimento de rotas de passagem relativamente regulares em direção às regiões-alvo. Dois ou três Estados do Sudoeste do Busoga constituíam, antes de mais nada, postos de aprovisionamento das expedições do Buganda. Esses pequenos Estados podiam fornecer aos exércitos enormes quantidades de víveres em pouco tempo, e parecem ter-se abastecido nas áreas limítrofes. Por volta de 1860, as áreas situadas imediatamente ao Norte dessa rota de passagem foram abandonadas, pois tinham deixado de oferecer a capacidade de produção necessária para que os Estados encarregados de garantir o abastecimento da população e do reino o Buganda pudessem ali se aprovisionar[11]. Em algumas décadas, sob o efeito do tributo cobrado por grandes reinos como o Buganda, as regiões taxadas teriam se dividido em duas categorias: aquelas onde a demanda externa de gêneros alimentícios estimulava a produção e aquelas onde essa demanda enfraquecia ou destruía suas estruturas produtivas.

Segundo as fontes de que dispomos sobre o século XIX, esse sistema de tributação suscitou uma vigorosa resistência nas áreas de produção. Diversas regiões do Busoga Setentrional e Oriental se opuseram às poderosas expedições militares ganda, e às vezes conseguiram até repeli-las. No intuito de sugar ainda mais as ricas regiões do Leste, o Buganda procurou por todos os meios obter armas de fogo, participou ativamente dos conflitos locais e instalou príncipes vassalos no trono de vários Estados da região. Multiplicou as expedições militares, que precisavam ir cada vez mais longe à medida que ruíam os antigos Estados pagadores de tributos. H. M. Stanley testemunhou a resistência à derrama ganda nas Ilhas Buvuma, ocorrida quando ele se encontrava no Buganda em 1875[12]. Durante a maior parte do século XIX, os povos e Estados situados

---

10   D. S. Newbury 1975, p. 155-173; *anônimo, s.d.*; M. C. Newbury, 1975.
11   Faz-se breve alusão a este ponto em D. W. Cohen, 1977, p.116-117. Esta questão será retomada no estudo que o autor está preparando sobre o Busoga, 1700-1900.
12   H. M. Stanley, 1878, vol. II, p. 304-342.

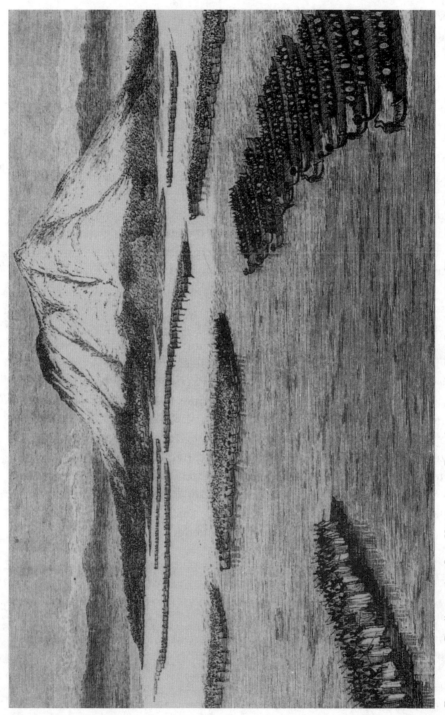

FIGURA 11.5 Batalha naval no Lago Vitória entre os Baganda e o povo das Ilhas Buvuma, 1875. [Fonte: H. M. Stanley, *Through the dark continent*, 1878. vol. I, Sampson, Low, Marston, Low and Searle, Londres. Ilustração reproduzida com a autorização do Conselho de Administração da Biblioteca da Universidade de Cambridge.]

nas fronteiras oeste e Noroeste de Ruanda se opuseram à arrecadação regular de tributos por esse Estado[13].

Coerção, violência e mercado

A resistência, no século XIX, contra as exigências aparentemente insaciáveis dos grandes Estados da região dos Grandes Lagos teve como consequência principal a queda da produtividade em praticamente todas as regiões taxadas, o que transferiu para as cortes reais o ônus dos excedentes da produção de alimentos. De fato, meios mais aperfeiçoados eram necessários para manter em um nível muito elevado os tributos arrecadados fora das zonas regulares de produção dos reinos. É claro que essa resistência acarretou um aumento da violência em toda a região, e parece ter desestabilizado as antigas práticas comerciais em vigor nas margens – e entre elas – dos lagos Vitória, Kyoga, Lutanzige e Kivu, bem como ao longo dos lagos salgados do Sudoeste de Uganda; os excedentes de produção dessas regiões geravam, há muito tempo, trocas organizadas[14]. No século XIX, a região aparece como teatro de uma concorrência acirrada entre dois sistemas regionais de troca de produtos alimentícios: um baseado no mercado, o outro, na força militar e na coerção política. No terceiro quartel do século XIX, foi essencialmente o segundo que se desenvolveu à custa do primeiro. Os soberanos e as cortes parecem ter desistido de depender dos mercados para seu aprovisionamento intrarregional.

No século XIX, as zonas de produção da região dos Grandes Lagos muitas vezes eram cobiçadas por dois ou três Estados arrecadadores de tributos, e assim se tornaram palco de rivalidades e conflitos intensos. O tributo sobre as salinas do Sudoeste da atual Uganda era reivindicado ao mesmo tempo pelo velho Estado do Bunyoro e pelo novo reino Toro. Portanto, a riqueza desses dois Estados, baseada no sal, conheceu altos e baixos periódicos durante todo o século[15].

---

13 Ver nota 10 acima.

14 Na época pré-colonial, a rede comercial da região dos Grandes Lagos abrangia três circuitos de trocas que se entrecruzavam: o circuito oriental, que começava nas Ilhas Buvuma e margeava o Lago Vitória pelo Leste e pelo Sul até Usukuma; o circuito Bunyoro-Kyoga, que se estende do Monte Elgon em direção às campinas de Uganda Ocidental; e o circuito do Kivu, que vai da orla da floresta da atual República Democrática do Congo, ao redor dos lagos do Rift ocidental, até o Burundi, Ruanda e as campinas a Oeste da atual Uganda (ver mapa 11.6). Sobre os circuitos de troca da região, ler os excelentes artigos de J. Tosh, 1970; A. D. Roberts, 1970*b*; C. M. Good, 1972; B. Turyahikayo-Rugyeme,1976; E. M. Kamuhangire, 1976; D. S. Newbury, 1980; J.-P. Chrétien, 1981.

15 E. M. Kamuhangire, 1972*b*.

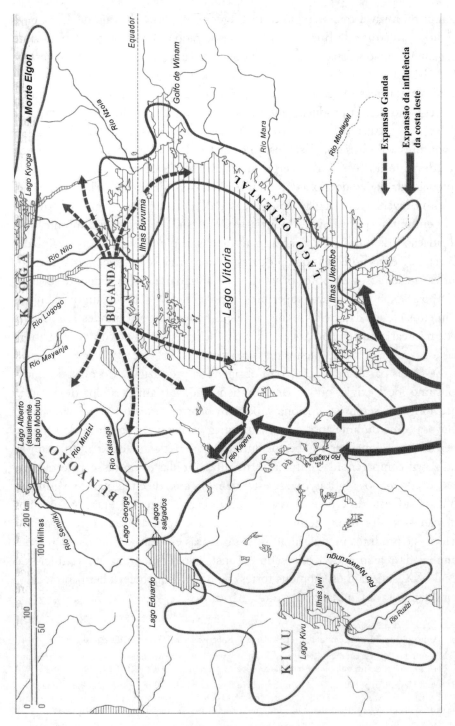

FIGURA 11.6 Circuitos comerciais da região dos Grandes Lagos (segundo D. W. Cohen).

É muito provável que as regiões do Bugerere, a Oeste do vale do Nilo, e do Budiope, ao Norte do Busoga, tenham despertado a cobiça tanto do Estado de Buganda como do Estado do Bunyoro, que procuravam apropriar-se dos cereais, dos tubérculos, do gado, das bananas e dos produtos elaborados nos quais aquelas regiões eram ricas. A resistência das regiões do Bugerere e do Budiope atrasou a integração de sua produção aos Estados do Buganda e do Bunyoro durante quase todo o século[16]. É ocioso dizer que a invasão simultânea das regiões produtoras por esses dois Estados foi o núcleo do conflito que os opôs durante grande parte do século. Em certas áreas, esse clima de rivalidade entre várias potências da região desejosas de garantir para si os "direitos ao tributo agrícola" suscitou diversas estratégias de alianças e de defesa entre os grupos tributários; em outras, por sua vez, traduzia-se simplesmente em uma diminuição da população e da produção nas áreas contestadas. Em outras, ainda, as rivalidades entre as diversas potências que procuraram apropriar-se dos recursos, e entre os cortesãos desejosos de obter privilégios de arrendamento, certamente levaram à imposição de taxas muito superiores às possibilidades de consumo[17]. Um dos primeiros efeitos da atividade dos europeus na região dos Grandes Lagos seria o de reforçar a capacidade das grandes potências regionais de cobrar seu tributo nas áreas afastadas, pelo menos no curto prazo.

Se certas partes da região eram obrigadas a produzir muito mais do que o consumo local exigia, outras, em compensação, sofriam períodos de escassez que, longe de serem excepcionais, podiam ocorrer tanto no início da estação chuvosa como durante anos de colheitas magras. Na parte ocidental do Quênia, mercados ocasionais eram abertos durante os períodos de crise[18]. Situavam-se nas zonas compreendidas entre as terras altas, úmidas e seguras, e as terras baixas, secas e menos seguras, que se estendem em arco de círculo entre o golfo de Winam, a Oeste do Quênia, e o Sul do Busoga; nessa região, eram organizados mercados ocasionais em tempos de crise para a troca de gado, cereais, peixes, verduras e produtos manufaturados. Essas trocas estavam nas mãos de grandes famílias da região onde o mercado era instalado. Foi assim que, no início do século XX, surgiram os "homens fortes" ou os "pseudochefes", bem conhecidos por quem estava familiarizado com a África.

---

16   A situação do Bugerere é muito significativa. A. F. Robertson a expõe com muito clareza, 1978, p. 45-47.

17   As intrigas de corte em reinos como o Buganda bem parecem ter contribuído para levar até áreas remotas as campanhas de arrecadação de tributos na época pré-colonial. Ver D. W. Cohen, 1983.

18   M. J. Hay, 1975, p. 100-101. Ver também o livro de L. D. Shiller sobre Gem e Kano no Quênia Ocidental, e *The Jolue before 1900*, livro de R. Herring. O autor do presente capítulo, trabalhando em Siaya, e Priscilla O. Were, trabalhando em Samia, reuniram provas que apoiam essas informações.

Nos arredores do golfo de Winam, a escassez de alimentos básicos era frequente, sobretudo nas terras situadas às margens do lago, que só tinham uma estação chuvosa e uma longuíssima estação seca. Pelo menos desde o século XVIII, as populações foram se deslocando de forma lenta e constante das margens do lago para as terras altas à procura de áreas mais seguras e mais produtivas, com duas estações chuvosas. Seu avanço só era freado pelos moradores já instalados nessas terras altas, pelos bandos que lá iam saquear periodicamente as riquezas e pelo fato de os migrantes estarem insuficientemente organizados para tirar proveito de novas terras nas regiões montanhosas. Essa migração ainda hoje continua. Ela acarreta modificações na produção e no regime alimentar das populações que se refugiam nas terras altas, uma concentração da população nessas áreas e o desenvolvimento das comunidades linguísticas do grupo luo. No século XX, essa região apresentava uma das maiores densidades populacionais da África rural; daí o esgotamento dos solos e dos recursos em madeira[19].

Os que não emigravam para as terras altas continuavam a sofrer com a escassez decorrente de um sistema agrícola precário. Os mercados ocasionais remediavam um pouco a situação, pois permitiam que a população trocasse o gado criado nas terras baixas por cereais e raízes alimentícias cujo cultivo prosperava mais nas terras altas. Dado que, nas terras baixas, o período de fome correspondia à época de lavrar a terra e semear no momento das primeiras chuvas, o que exigia mais mão de obra, esses mercados eram um meio de compensar bastante depressa os efeitos de uma estação seca prolongada ou de uma colheita fraca. Graças às trocas regionais, o gado criado pelos habitantes das terras baixas garantia a continuidade do trabalho agrícola e da alimentação. Para eles, era fonte de riquezas transformáveis.

As redes comerciais

Em Ruanda, remediava-se a precariedade da situação agrícola por meio de trocas entre diferentes áreas, etnias e classes[20]. A complementaridade entre produção e consumo das zonas onde havia excedentes e havia déficit ocasionou o surgimento de toda uma rede de comunicações, trocas e interações que reforçou

---

19 É preciso estudar de forma mais detalhada a situação social e econômica do Quênia Ocidental no século XX, em particular aspectos relativos a demografia, economia rural e problemas de higiene. Para a Tanzânia, ver H. Kjekshus, 1977.

20 H. L. Vis *e al.*, 1975.

os alicerces do Estado ruandês. Essas trocas regulares propiciaram a manutenção de economias locais especializadas, bem como de hábitos alimentares próprios às diferentes etnias ou classes, o que acentuou as segmentações sociais na parte ocidental da região dos Grandes Lagos.

O Estado de Ruanda arrecadava seu tributo em regiões mais longínquas, saqueando com frequência as regiões ricas do Norte, do Noroeste e do Oeste, algumas das quais foram submetidas a sua administração no transcurso do século XIX. Além disso, Ruanda participava de um sistema comercial centrado no Lago Kivu. Os comerciantes levavam aos mercados das margens do Lago Kivu e das Ilhas Ijwi as *butega*, pulseiras tecidas provenientes do Butembo, situado a Oeste do lago Kivu. Essas pulseiras do Butembo aos poucos foram sendo consideradas como moeda e, a partir da segunda metade do século XIX, foram amplamente utilizadas nas trocas da região do Kivu, enriquecendo os comerciantes de Ijwi e os fabricantes de pulseiras do Butembo enquanto, ao mesmo tempo, facilitavam as trocas de gado, gêneros alimentícios e outros produtos em toda a região, que abrangia o Kivu e Ruanda, onde talvez tenham incentivado a produção[21].

Parece que um circuito de troca que interligava as regiões situadas na margem oriental do Lago Vitória passou por processo análogo. Tudo leva a crer que, no início do século XIX, uma vasta rede de troca de gêneros alimentícios e outros produtos ali já funcionava há séculos. Essa rede interligava o litoral do Buganda, do Sul do Busoga e das Ilhas Buvuma, no Norte, ao interior do país (hoje o Quênia Ocidental) e às regiões de Buzinza, Usukuma e Unyamwezi, situadas ao Sul do lago (atual Tanzânia). O elemento determinante da configuração dessa rede parece ter sido a revolução agrícola realizada no Estado insular do Bukerebe, ao Sul do lago, no final do século XVIII ou começo do XIX[22]. De fato, o Estado do Bukerebe adotou vários cultivos novos, como o milho e a mandioca, e introduziu na região novas variedades de sorgo e milhete. Determinadas mudanças estruturais – inclusive a organização da mão de obra servil (oriunda do continente) – acarretaram um forte aumento da produção agrícola. O continente oferecia um mercado para os excedentes do Bukerebe, que também comercializava metais trabalhados do Buzinza e gado do Usukuma. As populações do Buzinza e do Usukuma contavam com a agricultura e o comércio do Bukerebe para paliar a frequente escassez de alimentos que as afligia. Parece que essa dependência às vezes levou os agricultores usukuma a acusarem os comerciantes bukerebe de tirar proveito de sua miséria, pura e simplesmente

---

21 D. S. Newbury, s. d.
22 G. W. Hartwig, 1976. p. 62-83. p. 104-111.

aumentando, em tempos de fome na região, os preços dos gêneros alimentícios que lhes forneciam[23].

Os comerciantes bukerebe eram os principais intermediários no Sul, mas os transportes e as trocas estavam nas mãos dos Basuba na parte mais setentrional dessa rede oriental do lago. Extraordinariamente engenhosos e corajosos, percorriam as águas do Lago Vitória transportando sal, escravos, banana secas, cereais, feijão, gado, peixe e ferro dos mercados bukerebe, no Sul, para os mercados busoga e buvuma, no Norte[24].

O monopólio das trocas que os Basuba elaboraram no século XIX nas vias setentrionais da rede oriental do lago lembra os monopólios criados pelos comerciantes bagabo e bashingo da região dos lagos salgados no que hoje é Uganda Ocidental[25]. Em ambos os casos, esses povos organizaram, no correr dos anos, uma diáspora da troca, muito bem estruturada, que lhes garantia o controle político global da produção e da comercialização de sal, sob a proteção e com autorização dos longínquos reinos de Nyoro e Toro. Nos dois casos, os monopólios comerciais eram desenvolvidos fora da área de influência dos Estados da região dos Grandes Lagos; não utilizavam nem o esquema nem as estruturas do Estado para implantar suas redes comerciais; e só lhes acontecia de obedecerem às exigências dos Estados limítrofes nas raras vezes em que suas áreas de produção, mercados ou frotas sofriam ataques.

As estruturas comerciais bukerebe – na parte sul do circuito oriental – eram tão interessantes para os outros comerciantes que os mercadores suaílis e árabes que operavam no Unyamwezi integraram-se a elas. Estimulando o comércio de escravos e de marfim na região, os recém-chegados acabaram empurrando para o Sul do lago os comerciantes bukerebe e seu sistema de troca baseado na produção de alimentos. Foi graças a esses movimentos em direção ao Sul que os comerciantes suaílis e árabes tiveram seus primeiros contatos com a região dos Grandes Lagos. Primeiro as mercadorias, depois os comerciantes, invadiram os mercados e os Estados da região, percorrendo as mesmas estradas estreitas que os vendedores de sal, a Oeste do Lago Vitória. Contudo, o mais importante talvez seja que com eles, o marfim e os escravos chegaram ao centro da região dos Grandes Lagos, onde serviriam de moeda de troca contra armas de fogo. Professores muçulmanos e cristãos, exploradores, aventureiros e funcionários

---

23   *Ibid.*, p. 107.
24   M. Kenny, 1979.
25   E. M. Kamuhangire, 1972*b*.

europeus depois trilharam o mesmo caminho, criando novas forças de mudança em toda a região dos Grandes Lagos.

Enquanto, no litoral leste, o tráfico subia para o Norte através das pradarias do Oeste, chegando às populações e capitais da margem setentrional do lago, navios buganda iam roendo pelas beiradas os monopólios basuba e bukerebe a Leste e ao Sul, abrindo assim caminho para relações ativas e diretas entre o coração da área buganda e os comerciantes árabes e suaílis da margem sul. Assim, o Bukerebe era repelido para o Sul por grupos vindos do Unyamwezi e da costa leste, e sua influência recuava no Norte e no Leste diante das iniciativas expansionistas do Buganda. A comparação do Buganda com o Bukerebe no século XIX evidencia um contraste interessante. Em ambas as regiões, houve, em um determinado momento, transformação da agricultura com vistas a garantir a produção de consideráveis excedentes de gêneros alimentícios. Porém, enquanto os excedentes do Bukerebe eram destinados às zonas onde a escassez era grande, mas que podiam proporcionar-lhe alimentos que o Bukerebe necessitava e não tinha como produzir, os do Buganda eram apenas instrumento de uma ação política e social. Não serviam de moeda de troca. A notável organização dos meios de transporte implantada pelo Bukerebe e pelo Basuba foi gravemente abalada pela intrusão dos Baganda no sistema; estes não procuraram criar novas estruturas comerciais: impuseram-se pela força.

No século XIX, havia outra ampla rede de trocas centrada na região do Bunyoro, que se estendia ao Norte e a Noroeste à região de Acholi e do Oeste do Nilo; a Leste, para além do Lago Kyoga, até o Monte Elgon; e a Sudoeste, à região dos lagos salgados, e até Kivu. O ferro e o sal parecem ter sido os elementos básicos desse sistema comercial, mas os gêneros alimentícios e o gado provavelmente tiveram uma função capital em sua elaboração e seu funcionamento. Ao Norte do Lago Kyoga, por exemplo, os Lango produziam excedentes alimentares intencionalmente, em particular gergelim, para fins comerciais[26]. No século XIX, essa produção era encaminhada para o Oeste, para Bunyoro, em troca de enxadas de ferro, que ajudavam a aumentar ainda mais a produção de gergelim na área de Lango. Um exame atento mostrou que essa superprodução muito provavelmente era combinada com toda uma série de inovações e aperfeiçoamentos em matéria de produção e utilização do solo e da mão de obra, bem como em termos de colheita, cultivos e semeaduras, no intuito de otimizar o rendimento[27]. De certa forma, tratava-se de uma revolução agrícola comparável,

---

26   J. Tosh, 1978.

27   Isso pressupõe uma revolução social no plano de cada entidade familiar ou coletiva para reestruturar as relações sociais no trabalho, a definição das tarefas e o ritmo de trabalho.

sob certos aspectos, à que ocorreu quase simultaneamente no Bukerebe e nas Ilhas Ijwi, do Lago Kivu[28].

Pode-se supor que as pessoas e os grupos que participavam das redes de troca da atual Uganda ocidental tenham visto no desejo dos Lango de aumentar a produção de gergelim para fins comerciais um meio para atingir três objetivos: primeiro, estimular o comércio do ferro com o leste, vencendo o concorrente de Samia – centro estabelecido à margem do Lago Vitória, perto da atual fronteira entre Quênia e Uganda – e, portanto, uma forma de estimular a produção de ferro no Bunyoro; segundo, criar laços mais estreitos entre o Bunyoro e o Lango, e talvez até laços de dependência baseados na desigualdade das trocas; terceiro, por fim, enriquecer com esse comércio, o que, na segunda metade do século XIX, atrairia para a região o marfim valioso, vindo das encostas noroeste do Monte Elgon.

Até aproximadamente 1875, as redes comerciais da atual Uganda Ocidental constituíram a base da influência do Bunyoro sobre uma ampla região, mesmo durante os períodos em que conflitos internos enfraqueciam o poder dos soberanos. Em áreas como o Busoga, a atividade comercial se transferiu dos antigos mercados do Lago Vitória para as feitorias recentemente criadas na bacia do Lago Kyoga, com ferro dos Nyoro substituindo o dos Samia nos mercados do Norte e do nordeste do Busoga. Novos estabelecimentos foram criados na bacia do Lago Kyoga, cuja produção alimentava o mercado nyoro. A expansão da rede do Kyoga completava o processo de emigração para o Norte, para o Busoga, e permitia que uma população acossada se afastasse da área onde o Buganda cobrava tributo. Mais tarde, essa rede de troca do Bunyoro – ou seja, a rede comercial ocidental que cobria a região do Kyoga – oporia uma forte resistência aos britânicos que pressionavam a população para fazê-la cultivar algodão.

No Oeste, as atividades comerciais do Lago Kyoga se somavam às trocas feitas através das campinas da atual Uganda Ocidental e se concentravam na produção de sal dos lagos do Sudoeste da atual Uganda. Funcionários do reino do Bunyoro, ou dos pequenos Estados que lhe pagavam tributo, arrecadavam os impostos sobre a produção, o transporte e a comercialização dos produtos, dos gêneros alimentícios e do gado, e depois os usavam para financiar seu próprio comércio[29]. Os soberanos do Bunyoro e do Toro cumpriram um papel ativo no sistema comercial da região ocidental dos Grandes Lagos sem desmontar as redes e trocas tradicionais. Alguns livros de história apresentam o Bunyoro

---

28 Ver G. W. Hartwig (1976) para o Bukerebe, e D. S. Newbury (s.d.) para Ijwi.
29 E. M. Kamuhangire, 1972*b*.

como reino de pastores e Estado guerreiro; no entanto, o Bunyoro parece ter-se integrado, em grande medida, ao mercado regional do qual dependia para abastecer suas cortes e para continuar a exercer seu controle e sua influência sobre regiões remotas. O Buganda do século XIX é mostrado, ao contrário, como exemplo típico do Estado guerreiro, ou do Estado arrecadador de tributos, que desenvolve dois processos, sem tentar conciliá-los: o de implantação de uma burocracia interna complexa, e o de estruturação dos mercados externos.

As atividades do Estado do Buganda tendiam a desfigurar ou arruinar as atividades comerciais no nível sub-regional em torno dos lagos, mas foi também nessa época que o Buganda começou a ter uma participação mais ativa no que poderíamos chamar de trocas internacionais na zona que vai das margens do Lago Vitória à costa leste da África. No entanto, isso talvez não baste para definir as diferenças que separam o Buganda e o Bunyoro em termos de mercados comerciais no século XIX. A diferença essencial entre eles reside sem dúvida na utilização que cada um faz das diversas possibilidades de que dispõe para passar à frente, em diferentes níveis, na atividade comercial da região. O Bunyoro participava das atividades dos mercados da região dos Grandes Lagos segundo modalidades que reforçavam e desenvolviam a organização comercial existente, ao passo que o Buganda procurava sistematicamente resolver pela via militar as suas crises de abastecimento em bens e serviços locais. Além disso, o Buganda entrou na rede comercial internacional que avançava constantemente, a partir da costa leste, em direção à região dos Grandes Lagos; recorreu a meios que ajudaram a reforçar e desenvolver, no interior de seu território, o sistema em vigor na costa leste, e acabou conseguindo, em grande medida, excluir o Bunyoro desse sistema de troca em "nível muito alto". Na verdade, durante a última década do século, o Buganda conseguiu fazer com que as forças ligadas ao mercado da costa leste se rebelassem contra o Bunyoro, arruinando definitivamente sua influência na região, e eliminando desta última o "fator setentrional", ou seja, os interesses anglo-egípcios e sudaneses.

Este sistema de troca de "alto nível" que funcionava da região dos Grandes Lagos até a costa da África Oriental gravitava em torno do comércio proveniente dos planaltos e para lá destinados: marfim e escravos trocados na costa por armas de fogo importadas por intermédio da rede comercial de Zanzibar. As armas de fogo eram entregues junto com alguns magros lotes de mercadorias essencialmente reservadas ao consumo da aristocracia: têxteis, pulseiras, louça e, mais tarde, livros. Durante a maior parte do século, a corte do Buganda conseguiu manter sob seu controle a distribuição desse tipo de importações, tanto dentro como fora do reino, reforçando deste modo seu domínio (e, assim, sua influência sobre todos os visitantes que ali se encontravam) sobre toda a vida social. Aspecto importante: o gosto passou por uma fase de "extroversão" durante o período imediatamente anterior à chegada dos europeus à região onde os Baganda procediam com sucesso – conscientemente em alguns casos, inconscientemente em outros – à integração de sua sociedade ao Império Britânico.

O aumento das desigualdades e das tensões

No último quartel do século XIX, os novos gostos e os imperativos de consumo emergentes entre as camadas inferiores da nobreza facilitariam a influência europeia na vida não apenas do Buganda, mas de quase todas as partes dessa vasta região. Durante meio século, as armas de fogo que haviam sido conseguidas asseguraram a dominação dos Estados mais poderosos sobre as áreas vassalas e, como em todo o resto da África, abriram caminho para uma concentração do poder político-militar nas mãos de uma parcela mais limitada da população. As desigualdades, particularmente flagrantes nas incursões para capturar escravos, mas importantes em todas as áreas, acentuaram-se em toda a região dos Grandes Lagos durante as últimas décadas do século. Assim, os europeus, quando começaram a chegar em grande número à região, viram seu apoio solicitado não apenas pelos centros detentores de crescente poder, mas também pelos fracos e pelos desvalidos.

Da mesma forma que havíamos observado, cá e lá, no final do século XVIII, diversas forças e correntes tentarem resistir aos soberanos dos Estados da região dos Grandes Lagos e procurarem derrubá-los, as duas ou três últimas décadas do século XIX assistiram ao surgimento de uma nova onda de resistência e conflitos. Durante o último terço do século, era evidente que a crescente concentração do poder e das engrenagens de comando nas capitais e cortes provinciais da região dos Grandes Lagos tornava-se cada vez mais insuportável para a população. A Leste e a Oeste do Buganda, pequenos Estados resistiram repetidamente às campanhas de arrecadação de tributos realizadas pelo Estado buganda. Em 1875, H. M. Stanley testemunhou o desastre em que culminou a campanha do Buganda contra as Ilhas Buvuma. No mesmo momento em que o Buganda conseguia colocar rapidamente a região visada de joelhos, alguns ali sabotavam a entrega regular dos tributos ao vencedor[30].

---

30 Essas operações são mencionadas em diversas fontes do Buganda e do Busoga.

No Bunyoro, em Ruanda e no Buganda, assim como nos pequenos Estados do Busoga, o povo se defendia contra as arbitrariedades cometidas pelas capitais e pelas cortes seja emigrando para áreas mais distantes das regiões habitualmente atingidas pelas campanhas de coleta, ou para zonas que ofereciam melhores possibilidades de acesso à terra, a funções oficiais ou ao poder, seja reunindo-se e fortificando as aldeias, como foi o caso na fronteira entre os atuais Quênia e Uganda.

Na região do Busoga, circulam milhares de relatos sobre pequenas migrações de gente do povo que deixa seu Estado para procurar refúgio ou novas condições de vida em outro lugar; alguns tiveram de mudar-se várias vezes de Estado durante sua vida. Esses relatos parecem indicar que, já nos anos 1820, a "busca de novas condições de vida" era concomitante com uma redefinição das relações do indivíduo e da família com o Estado no que diz respeito à terra, às funções administrativas e ao poder[31]. No contexto dessa considerável mobilidade das pessoas e dos pequenos grupos que caracterizava o Busoga do século XIX, a corte, como campo de possibilidades mais amplas, cumpria um papel privilegiado na vida dos habitantes dos diversos Estados, ou das populações que residiam fora de suas fronteiras reconhecidas; mas essa situação não permitia que o Estado afirmasse sua autoridade. Na verdade, durante todo o século XIX, os esforços feitos pela corte do Busoga no intuito de consolidar seu poder ou ampliar sua zona de influência foram minados pela facilidade com que numerosos indivíduos abandonavam seus laços clientelistas e suas terras e partiam em busca de melhores condições de vida. É possível que, durante esse período, e ligada a problemas desse tipo, uma noção evoluída do "Estado" ou "reino" tenha-se tornado um elemento importante do discurso popular. Essa atitude da coletividade em relação ao poder talvez tenha compensado, até certo ponto, o aumento do poder das capitais decorrente da monopolização das armas e do fato de as pessoas das cortes se armarem. Lá e cá, esse distanciamento do poder político central sem dúvida facilitou importantes modificações nas relações comerciais e nas atividades de produção; o fato é que, particularmente no âmbito local, a atividade econômica libertou-se muito do aparelho estatal.

Manifestadamente, no século XIX a resistência à autoridade política estabelecida muitas vezes acarretou, mesmo que apenas por algum tempo, um fortalecimento da autoridade dos centros religiosos e um endurecimento das relações entre poder político e poder religioso em diversos lugares da região dos Grandes

---

31 D. W. Cohen, 1986.

Lagos. Esse clima de oposição ou de luta entre diversas instâncias do poder é muito bem ilustrado pela história da criança possuída Womunafu, na região de Bunafu, no Busoga, em torno da qual se reuniu uma pequena comunidade. Em Bunafu, o domínio de Womunafu permaneceu durante várias décadas à margem do mundo político circundante ao qual se opunha. No entanto, as capitais políticas vizinhas compartilhavam, em grande medida, as ideias e instituições em que repousava a autoridade de Womunafu[32]. No Bushu, a Oeste, os conflitos entre as fontes religiosas e políticas do poder foram em grande parte resolvidos por meio da integração de elementos antagonistas em um conjunto de pequenos territórios sob autoridade ritual de chefes tradicionais[33]. Em Ruanda, no Bunyoro e no Sudoeste da atual Uganda, as ideias e as estruturas *kubandwa* há muito eram os esteios da oposição à autoridade das capitais políticas. Fechadas à ingerência do Estado e ferozmente opostas a seus princípios e atividades, as organizações *kubandwa* cumpriram um papel decisivo e às vezes tiveram poder suficiente para se oporem ao poder político de uma região e triunfar sobre ele. O mais importante de todos os movimentos *kubandwa* conhecidos girava em torno da deusa Nyabingi. Esse movimento nyabingi exprimia a oposição ao Estado ruandês, que estava institucionalizando sua influência para além do antigo centro de Ruanda, em particular em direção ao Norte e ao Oeste. Na fronteira entre as atuais República Democrática do Congo e Uganda, na região de Kigezi, assim como em algumas partes do Nkore, os adeptos de Nyabingi organizaram-se para se oporem à expansão do Estado ruandês em seus domínios. No final do século XIX, Nyabingi cristalizou a resistência à autoridade política em geral, bem como às atividades coloniais europeias tais como eram sentidas pelas populações da região[34].

Conclusão

No século XIX, a região dos Grandes Lagos apresentava-se menos como um cadinho de organizações estatais centralizadas do que como o palco de lutas e conflitos entre os interesses e as forças ali presentes, tanto dentro como fora de um determinado conjunto. Por um lado, os Estados rivalizavam-se para impor sua autoridade sobre as zonas agrícolas vassalas que lhes forneciam produtos tais

---

32   D. W. Cohen, 1977.
33   R. M. Packard, 1981.
34   I. Berger, 1981.

como sal, gado e ferro, e disputavam as vias de acesso às redes de distribuição e o domínio sobre as mesmas. Essa luta não opunha apenas os Estados entre si, mas fazia com que também se enfrentassem Estados e organizações ou empresas constituídas com base em modelos muito diferentes das estruturas estatais da região.

Por outro lado, os cidadãos comuns esforçavam-se, por meio de um jogo complexo de participação e oposição, para definir o espaço político, social e econômico que podia ser o de suas atividades e de sua segurança. Tanto para o indivíduo como para a família, o Estado da região dos Grandes Lagos apresentava-se mais como explorador do que como protetor. As populações reagiam em função de suas limitações e possibilidades, reorientando a produção e o comércio de forma a escapar das exigências do Estado; evacuando os territórios submetidos a excessivas pressões externas; aderindo às novas comunidades religiosas; procurando refúgios seguros; ou, ainda, apoiando tentativas de derrubada do poder constituído. No século XIX, a região dos Grandes Lagos não era só um conjunto de Estados, pequenos e grandes, mas também um mundo onde o indivíduo e a família mudavam incessantemente – de mil maneiras e às vezes de forma imperceptível – de atitude em relação à autoridade do Estado, à participação social, à produção e ao comércio.

O tempo transcorrido dificulta muito a observação precisa da vida cotidiana no século XIX na região dos Grandes Lagos. Contudo, as tendências à mudança e as forças de mudança – identificáveis na produção e no consumo, no comércio, nas relações entre Estados, e nas relações entre o povo e as cortes – geravam na vida cotidiana tensões que não podem ser ignoradas. Essas tensões penetraram no âmbito doméstico, desencadeando toda uma série de pressões e reviravoltas, muitas das quais seriam mais tarde interpretadas como consequências do colonialismo europeu.

CAPÍTULO 12

A bacia do Congo[1] e Angola

Jean-Luc Vellut

Os limites da região que aqui estudamos são grosseiramente desenhados pela costa atlântica a Oeste, pelo Lago Tanganica e pela linha de separação das águas Nilo-Zaire a Leste, pelas savanas de Ubangui a Norte, e por fim, a Sul, pelo planalto que marca a separação das bacias do Zaire e do Zambeze. O período do qual trataremos não pode ser limitado a um só tema: não obstante uma difundida opinião, não podemos apenas ligar o fundamental da história dos anos 1800-1880 ao problema do comércio de longa distância e das ligações com o estrangeiro (nessa época, a economia das sociedades da África Central permanecia mais centrada na produção do que nas trocas); também não podemos fazer do século XIX pré-colonial uma idade de violência generalizada, em razão do tráfico, das lutas intestinas etc.: o lugar comum de que a África fora dilacerada por incessantes "lutas tribais" negligencia o fato fundamental de que a massa de povos da região levava uma pacífica vida de produtores, através da melhora tenaz da agricultura, do ordenamento do meio e da exportação dos produtos das colheitas. Por fim, também não queremos reduzir a história do século XIX a uma história política, alocada sob o signo de reinos ou de construções estatais despóticas: se fosse preciso definir um traço político comum às sociedades da África Central por volta de 1800, mais o encontraríamos em uma

---

1 Neste capítulo foi adotado o nome de Rio Zaire correntemente utilizado nos documentos do século XIX.

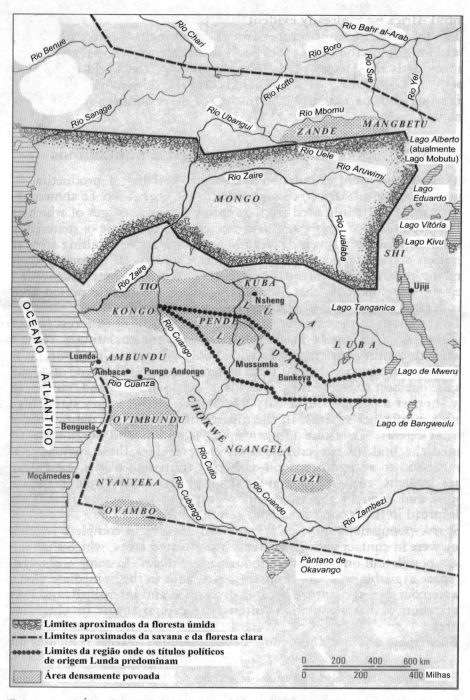

FIGURA 12.1　A África Central do Oeste no século XIX (segundo J.-L. Vellut).

busca, frequentemente questionada, de equilíbrios e de concessões entre poderes de diversas origens.

Na verdade, uma explanação da história da África Central do século XIX deve responder a várias exigências. Antes de tudo, deve-se evocar a vida concreta e as aspirações das sociedades desta vasta região, tal como ela se apresentava no século XIX. A tônica é então colocada sobre a continuidade entre os anos 1800 e o passado mais longínquo: as mudanças são perceptíveis, mas operam em um ritmo lento.

Entretanto, por outros aspectos, a história da África Central do século XIX é marcada por rupturas com o passado. De fato, nos anos 1800-1880, mais do que nunca, a região foi integrada à rede das trocas mundiais. O peso das conjunturas da economia mundial ou de alguns de seus setores particulares se fez sentir: em certas regiões, ele mudou a direção da história social e política, marcou o desenvolvimento do setor das trocas e abriu novas possibilidades de acumulação, mas, em outras regiões, freou a evolução. Logo distinguimos as primeiras artimanhas de um domínio europeu dos benefícios da economia das trocas no interior da África Central.

A explanação que se segue buscará, pois, levar em conta uma tripla evolução que conferiu aos anos 1800-1880 um cunho particular: história das mudanças sociais e políticas; história dos fluxos e refluxos da economia mundial, assim como foram sentidos na África Central; por fim, história lenta de uma civilização e, sobretudo, história da diversificação na exploração do meio.

Produção: modelo das populações dispersadas e modelo das populações densas

Nos anos 1800-1880, as sociedades da África Central, por sua distribuição, seu comportamento demográfico, seus sistemas de produção e, por fim, por suas aspirações, conservavam traços herdados de um passado milenar, dentre os quais alguns deles apresentam-se ainda hoje. Uma característica fundamental e muito antiga da vida material na África Central é a desproporção da distribuição dos homens no espaço: desproporção que se explica pelo jogo de múltiplos fatores geográficos, econômicos e sociais, bem como pelo contragolpe de acontecimentos históricos. Seria possível discernir as evoluções em curso durante o período que aqui nos interessa?

No Sul da floresta úmida, no conjunto maciço da floresta clara (*miombo* na República Democrática do Congo, *mato de panda* em Angola) que se estende até

FIGURA 12.2   Uma aldeia da província de Manyema, a Nordeste do Império Luba, nos anos 1870. [Fonte: V. L. Cameron, Across Africa, 1877, vol. I p. 352, Daldy, Isbister and Co, Londres. Ilustração reproduzida com a autorização do Conselho de Administração da Biblioteca da Universidade de Cambridge.]

o 16° ou 17° grau de latitude sul², a agricultura do século XIX fornecia apenas uma parte dos recursos alimentares, sendo a produção agrícola particularmente pouco intensiva. Esta forma de exploração era aquela que melhor convinha aos solos pobres da floresta clara, mas ela apenas atendia à sobrevivência de populações de baixa densidade, segundo nossos critérios do século XX (no máximo 8 habitantes por km²). No século XIX, os antigos cereais africanos (eleusine, milhete e sorgo) ainda formavam o básico das culturas em várias regiões. Complementando a agricultura, a colheita (plantas comestíveis, lagartas, mel, roedores etc.), a caça e a pesca ocupavam um lugar importante na alimentação: em pleno século XX, o conhecimento dos produtos da colheita ficou muito extenso nas sociedades da floresta clara.

Na maioria dos casos, as populações de baixa densidade não viveram isoladas. Elas estavam em contato com grupos mais densos, que derramavam seu excesso populacional nos territórios vizinhos. De fato, em certas regiões, em superfícies às vezes fortemente reduzidas (de proximidade imediata de cursos de água, por exemplo), a agricultura se diversificou e se intensificou, permitindo uma polarização da população, não raro, junto a capitais ou a centros senhoriais.

A longínqua origem destas zonas de povoamento mais intensivo se confunde com a expansão da agricultura na África Central. Graças à arqueologia ou, mais tarde, aos primeiros documentos escritos, certas zonas antigas podem ser identificadas: é o caso do povoamento no que, no século XIX, era uma região de senhores luba, no vale do Lualaba, ou ainda, na região conga. Em Angola, no que tange a um período mais recente, dispomos de algumas indicações de origem missionária ou fiscal. No início do século XIX, por exemplo, na base (muito aproximativa) do recrutamento das forças armadas, as autoridades de Luanda tinham estimado que os principais focos de densidade encontravam-se entre os ambundu, nas regiões de Golungo (60.000 habitantes) e de Ambaca (37.000 habitantes), e entre os ovimbundo do Bailundu (56.000 habitantes) e do Bié ("mais de 30.000")³. Na República Democrática do Congo, foi somente em pleno século XX que se delimitou o "corredor" das altas densidades, ao longo do 5° paralelo sul, na junção da floresta úmida e da savana⁴.

---

2   Estas florestas claras são resíduos de antigos clímax de floresta seca (muhulu). Elas são caracterizadas por uma grande proporção de espécies zambezianas. Ver os trabalhos de F. Malaisse e, notadamente, F. Malaisse *et al.*, 1972.

3   J. C. Feo Cardozo, 1825, p. 352 e seg. Estes números são muito incertos; por volta de 1850, L. Magyar fornecia uma estimativa muito diferente (1.220.000) da população ovimbundu. A localização dos principais focos de densidade nas regiões conhecidas é, entretanto, mais sólida.

4   Ver P. Gourou, 1955.

Apesar da falta de dados precisos, vários indícios levam a crer que o desenvolvimento das zonas densas foi determinado em um período relativamente recente que o século XIX se inscreveu, na verdade, na crista de um movimento de impulsão encetado somente há alguns séculos. A tecnologia do ferro, característica dos sistemas agrícolas bantos, se generalizou, verdadeiramente, apenas a partir do século XV. Na África Central, as fontes de história oral são unânimes ao designar os séculos XVII e XVIII como uma época de transição para as sociedades da savana e dos Grandes Lagos: colonização de novas terras, fundações dinásticas, multiplicação de títulos políticos etc. Enfim, todos os focos de densidade da região, no século XIX, tinham enriquecido sua agricultura pela introdução de variedades americanas. Tal inovação permitiu o aumento da produtividade, graças a uma utilização mais intensiva do solo arável (em várias zonas densas, colhia-se duas ou três vezes ao ano), graças também à introdução de plantas de alto rendimento (caso da mandioca).

A cronologia destas transformações não pode, evidentemente, ser seguida ao pé da letra: de acordo com as regiões, elas puderam se estender por mais de dois séculos (1600-1850), estimativa vaga que pode ser precisada por alguns marcos. Aproximadamente em 1800, sem dúvida, todas as variedades americanas (milho, mandioca, batata doce, feijão etc.) não haviam sido adotadas da mesma forma em todos os lugares, porém parece que nenhuma região as ignorou completamente. Aliás, ocorreu que as plantas americanas foram incorporadas a ponto de não mais serem percebidas como importações estrangeiras. Foi o caso da região conga. Dispomos, pelo baixo rio, do primeiro inventário sistemático de uma flora da África Central (expedição Tuckey, 1818), que confirma o uso difundido das variedades americanas. Na época colonial, um inventário detalhado da agricultura conga destacava que várias importações americanas (amendoim, batatas doce etc.) eram percebidas na cultura oral como sendo de origem local, bem como os inhames ou *voandzou*[5]. Entretanto, alhures, provérbios ou ritos lembram, ainda hoje, que o fundo agrícola africano precedeu os empréstimos americanos dos séculos XVIII e XIX: segundo um provérbio mongo, *bonkúfo áfókité ngámomá* ("a mandioca doce nunca se torna inhame"), ou seja, um estrangeiro nunca conhece os costumes e a língua como um autóctone[6].

---

[5] V. Drachoussoff, 1947.
[6] G. Hulstaert, 1976.

Demografia, sociedade e política das zonas densas

O desenvolvimento das sociedades agrícolas mais complexas teve importantes consequências para a demografia da África Central. Geralmente, estima-se que as sociedades em que a agricultura e a pecuária foram introduzidas progressivamente conservaram por muito tempo uma baixa taxa de crescimento (entre 0,05 e 0,10 % ao ano), bastante próxima da taxa conhecida pelas sociedades de caça e de colheita. Por outro lado, as sociedades com uma agricultura mais diversificada conheceram um crescimento claramente mais rápido, estimado entre 0,10 e 0,15%. Os números referentes a um meio natural difícil como o da África são desconhecidos, mas, sem dúvida, eles não se distanciam muito deste modelo. Estendida por mais de dois séculos, uma aceleração da taxa de crescimento desta ordem teria tido uma importância considerável sobre o número global da população da África Central[7].

Certamente, tais números parecem baixos em relação às taxas do século XX. Ocorre que a mortalidade permanecia alta nas sociedades africanas antigas. Em relação ao século XIX, os principais fatores de mortalidade são conhecidos, mas não é possível atribuir a cada um deles a dimensão de seu papel no conjunto.

Em primeiro lugar, fatores históricos e, sobretudo, o tráfico e a violência que o acompanhava. Enquanto a hemorragia do tráfico de homens para a América era reduzida de maneira decisiva a partir de 1850, o tráfico suaíli e árabe substituiu-o a Leste e a Norte da região em questão. Podemos avançar números de perdas globais para o conjunto da África Central[8], mas, sem dúvida, permanecerá impossível situar tais perdas geograficamente, tanto mais que os movimentos contínuos dos grupos e dos indivíduos disseminaram, em larga escala, o impacto do tráfico.

Em seguida, intervieram fatores ecológicos e epidêmicos. Sem dúvida, o século XIX assistiu aos primeiros passos de um progresso medicinal na África Central: melhor conhecimento das endemias, maior utilização da quinina e da vacinação. Entretanto, tais progressos permaneceram limitados aos meios atin-

---

7   O estudo da história da demografia africana encontra-se ainda no início: provisoriamente, limita-se a adotar as taxas de crescimento *plausíveis*, a partir de quadros de natalidade e de mortalidade estabelecidos por sociedades que dispõem de tipos análogos de economia ou de organização social. Para a região conga, no século XVII, um historiador sugere uma taxa de crescimento situada por volta de 0,20% ao ano e provavelmente menor para os séculos XVIII e XIX (?): J. Thornton, 1977.

8   Na região aqui estudada, o tráfico suaíli afetou o Manyema e a bacia do Lomani. Para o conjunto da África Central e Oriental, certos autores estimam em 1,75 milhões o número total de escravos saídos da África, entre 1800 e 1870, pelos escravagistas suaílis. J. D. Fage, 1975.

gidos pelos comerciantes de Angola ou da costa suaíli. No total, estas mudanças ficaram demasiadamente restritas para fazer com que as grandes endemias ou as ondas epidêmicas batessem em retirada[9].

No século XIX, o crescimento era, pois, ainda lento, porém, sem dúvida, mais marcado que antes, pois se desenvolveu a partir da base, relativamente elevada, atingida pela população da região. Como antigamente, o excedente populacional foi absorvido por deslocamentos ou colonizações na savana ou na floresta clara, segundo um modo de expansão que deixou profundos traços na memória coletiva (tradições de "migrações"); ou absorvidos, também, pelas regiões praticantes de uma agricultura mais diversificada e capazes, desde então, de "capitalizar seus excedentes demográficos", segundo a expressão de P. Gourou. Aqui, uma ocupação mais sedentária conseguiu vencer definitivamente a hostilidade dos meios que já tinham sido progressivamente ordenados ao longo dos anos, e que doravante se tornariam favoráveis à ocupação humana[10].

Esta história material e a história política e social da região esclarecem-se mutuamente, sem que haja determinismo em um único sentido. Em certos casos, uma zona de densidade desenvolveu-se servindo de suporte a organizações políticas hierarquizadas. Esse foi o caso de duas densas regiões, Mangbetu e Zande, no Nordeste da República Democrática do Congo. No vale do Mbomou e até o Uele, no Sul, a região zande conhecia no século XIX uma densidade relativamente forte, apesar de guerras mortíferas (nos anos 1870, G. Schweinfurth estimava a densidade em 40 habitantes por km^2). O sistema agrário dos zande era mais antigo que o poder militar dos avungara, que só tinham começado a unificar a região a partir do final do século XVIII. Mas, sob o regime deles, o termo "zande" tornou-se sinônimo de agricultores-súditos: estes desenvolveram uma agricultura de alta produtividade, capaz de nutrir uma população que crescia rapidamente, à medida que as razias e o comércio de escravos, praticados pela aristocracia guerreira, acumulavam os cativos e os dependentes.

Nas regiões das colinas, a Oeste e a Leste do lago Kivu, o século XIX foi uma época de colonização de novas terras: observamos isso entre os shi, tal como no Burundi e em Ruanda. Notadamente, a agricultura shi conservava algumas

---

9 Nosso conhecimento das epidemias permanece fragmentário: somente a epidemia de varíola de 1864--1865 foi relativamente bem documentada. Ela se propagou a partir de Luanda, no Golungo, no Bié, no país congo e até a Namíbia; podendo ter causado até 25.000 mortes em um ano (D. Wheeler, 1964, p. 351-362). Na ocasião de sua viagem à *mussumba* (capital do Império Lunda), em 1885-1886, Carvalho reuniu dados sobre a varíola nesta região. Segundo ele, a doença assolava sobretudo após as guerras e devido ao hábito de deixarem os corpos sem sepultura.

10 P. Gourou, 1971, p. 89-90.

FIGURA 12.3 Tambores reais do reino kuba, no século XIX. [Fonte: J. Vansina, *Art history in Africa*, 1984, Longman, Londres. © Institut des Musées nationaux du Zaïre (INMZ), n° 73.381.1, n° 73.381.2, 70.8.2 (da esquerda para a direita).]

variedades das antigas agriculturas praticadas na região: eleusine, sorgo, taro. Entretanto, no século XIX ou mais tarde, ela absorveu culturas americanas: um inventário da agricultura shi do século XX revelou trinta e duas variedades de feijões e quatro variedades de batatas doce, conhecidas antes do período colonial[11]. O século XIX também foi o período de desenvolvimento dos senhorios ou de pequenos Estados entre os shi. P. Gourou e J. Vansina observaram, em outros contextos (Ruanda e Kuba), que os fatores políticos puderam encorajar, simultaneamente, uma aceleração do crescimento demográfico e uma intensificação da produção: mostrava-se necessária uma agricultura de produtividade mais alta para nutrir os clientes, dependentes e cativos que se concentravam nas

---

11 J. B. Cuypers, 1970.

capitais ou nos domínios dos senhores. Este fator político pode ter ocorrido entre os shi do século XIX.

O movimento não foi, pois, em um único sentido: a expansão demográfica, possibilitada pela produção de excedentes em crescimento, por sua vez, reclamava uma nova expansão da produção. Por vezes, essa foi concluída à custa de uma erosão dos poderes políticos. Na parte ocidental da República Democrática do Congo, conhecemos vários exemplos de regiões que, no século XIX, se tornaram reservatórios alimentados por uma importante imigração, porém, enquanto o poder dos chefes se enfraquecia, prevaleceu a acumulação em benefício dos notáveis de clãs, de linhagens ou mesmo de indivíduos empreendedores. O crescimento demográfico foi então acompanhado de profundas transformações sociais.

Foi assim que, a Oeste do território luba propriamente dito (ou seja, da região entre os rios Bushimaie e Lubilash), uma marcha pioneira se desenvolveu no século XIX. Os imigrantes eram indivíduos, pequenos grupos, linhagens: eles não apagaram todos os traços dos ocupantes mais antigos, mas onde antes havia uma grande diversidade de pertences clânicos, progressivamente, no século XIX, se desenvolveu uma solidariedade de civilização, de língua e de organização política (basicamente de pequenos senhorios). Um sentimento étnico nasceu desta experiência histórica partilhada, em que o crescimento da população e da agricultura, mas, também, o encorajamento dado à empreitada individual, desempenharam um papel fundamental. Na mesma época, a partir dos pequenos focos de população densa do alto Tshikapa e do alto Kasai, numerosos jovens chokwe começaram a abandonar as aldeias (e o poder onipresente dos chefes) para penetrar na floresta clara, caçar os elefantes, instalar colmeias e colher o mel e a cera. Graças ao domínio das lavouras, satisfazendo-se com solos pobres (a mandioca, em particular), as mulheres que acompanhavam esses jovens puderam cultivar os campos. Frequentemente, elas eram originárias dos pequenos centros lunda, ao longo dos afluentes do Luembe, do Tshikapa etc.

A assimilação das mulheres lunda no seio da sociedade chokwe ilustra um fenômeno propagado em todo o "cinto matrilinear": os descendentes de mulheres cativas não reforçavam o clã de sua mãe (isso é o privilégio de um nascimento livre), mas sim aquele de seu pai. Em toda parte, são numerosos esses descendentes de escravas: entre os congos, são os *bana ba nzo* (crianças da casa); entre os chokwe, os *ana a tshihunda* (crianças da aldeia); entre os pende do Kwilu, chegaram a constituir a maioria dos membros de clãs ricos e poderosos[12]. As

---

12 A assimilação dos dependentes é estudada por L. de Sousberghe, 1961.

genealogias revelam que o processo de assimilação dos cativos era mais difundido no século XIX.

Conquista dos solos pobres

Os fatores políticos, bem como as aspirações sociais, ajudam, pois, a compreender que as zonas de densidade, às vezes, atraíram a imigração ou, inversamente, desempenharam o papel de focos de emigração, facilitando, assim, o povoamento das zonas marginais ou pouco ocupadas. A conquista dos solos relativamente pobres foi, aliás, uma das grandes vitórias da agricultura africana do século XIX. Combinada com a criação de animais domésticos, ela permitiu a consolidação da ocupação humana, notadamente, nas difíceis regiões do Sul de Angola.

Este meio se apresenta como uma região árida e arenosa, marcada por um regime irregular de chuvas. As sociedades do Sul de Angola encontravam-se divididas em uma grande diversidade de povos, distintos uns dos outros por suas terras e pela importância variável atribuída por eles à agricultura e à pecuária, respectivamente. A solidariedade étnica firmada entre os povos da região se explica por uma experiência histórica comum: experiência política sob a forma de Estados que se desenvolveram a partir do final do século XVIII e, também, experiência econômica, ditada pelas semelhanças do meio. De fato, acabamos por dar o mesmo nome, ovambo, a estes povos cujos mais numerosos eram os kwanyama[13], seguidos de longe pelos ndongo, kwambi etc. Todos viviam na bacia do Cuvelai, em um território limitado pelo Cunene e pelo Cubango (Okavango). Foram as cheias do Cuvelai e a inundação das savanas ervosas que permitiram aos ovambo vencer a seca e dar às partes ocupadas da região este aspecto de jardim, descrito pelos viajantes do século XIX: os ovambo praticavam a irrigação e, graças à pecuária, o adubo dos campos.

Tal como em outras regiões densas, a passagem para uma agricultura mais intensiva foi facilitada pela absorção de imigrantes e, notadamente, de cativos que sofreram as razias no Sul das terras altas ovimbundo. Embora certas plantas americanas (amendoim, feijões, um pouco de milho) fossem conhecidas, as variedades americanas não haviam penetrado aqui tão profundamente quanto no centro de Angola. O milhete e o sorgo permaneceram como culturas de base, resistindo à seca. O poder estava estreitamente ligado ao sistema de produção:

---

13   Em 1845, o primeiro viajante letrado da região, B. J. Brochado, estimava seu número em 120.000.

"fazedor de chuva", o rei era também responsável pela divisão das terras e pela organização dos trabalhos de represamento do rio e dos outros trabalhos de irrigação[14].

No término desta evolução, podemos afirmar que as antigas desigualdades na divisão do povoamento acentuaram-se provavelmente no século XIX. A existência de um excedente, possibilitado pelo aumento da produção agrícola, conduziu a um crescimento demográfico bastante rápido em certas zonas, como o Ovambo, o Ovimbundo, o Luba ou, na República Democrática do Congo, toda a zona situada em torno do 5° paralelo sul etc. Isso resultou no surgimento de movimentos migratórios em outras regiões, fenômenos ainda reforçados pelas diversas influências dos fatores econômicos e sociais. Em alguns casos, os fatores econômicos encorajaram o avanço da colheita, notadamente a extração do marfim e a recolha da cera pelos chokwe e, portanto, a dispersão pela floresta. Em outros casos, como isso se produziu frequentemente nos vales, tais fatores favoreceram o reagrupamento de uma população heteróclita em centros comerciais e aglomerações. Isso nos leva a examinar, após a produção, a influência que o comércio e as trocas mundiais exerceram na África Central.

A África Central nos fluxos e refluxos da economia mundial do século XIX

No curso dos séculos em que vimos o estabelecimento progressivo de um sistema no qual a agricultura, a pecuária, a pesca e a colheita formavam a base das atividades de produção, sempre existiu na África Central um setor de trocas, ocupando um lugar mais ou menos importante segundo as circunstâncias históricas. Em regra geral, a dificuldade e o custo dos transportes, por muito tempo, limitaram as trocas a alguns produtos preciosos – sal, ferro, bens de prestígio (cobre, estofos de ráfia etc.) –, ao passo que os produtos agrícolas geralmente não eram transportados por grandes distâncias.

O avanço de uma economia mercantil mundial, a partir do século XVI, pesou progressivamente na organização da vida econômica em regiões cada vez mais estendidas da África Central: ainda desse ponto de vista, o século XIX se inscreve em uma continuidade, a de relações mercantis desiguais, com o capitalismo comercial. Entretanto, a partir dos anos 1850, uma profunda mudança foi ence-

---

14 O trabalho fundamental, no que tange à região, continua sendo aquele de C. Estermann, 1956-1961. Para um bom apontamento sobre a questão, no século XIX, ver W. G. Clarence-Smith e R. Moorsom, 1975.

tada. O comércio de homens, pouco a pouco, deixou de constituir o básico das "exportações" da África Central para o resto do mundo. Na verdade, assistimos a um aumento das trocas, tendo por objeto os grandes produtos da economia de colheita: marfim, cera, copal, óleo, café etc. A progressão desta economia comercial é inegável: o valor do movimento comercial dos portos angolanos foi multiplicado por sete entre 1844 e 1881; o faturamento em espécies do ramo de Luanda do Banco Nacional Ultramarino foi multiplicado por dez entre 1865 e 1876. Entretanto, no início dos anos 1870, o valor dos produtos de colheita exportados ainda atingia apenas o dobro das exportações de escravos nos anos 1820[15].

A amplitude destas exportações de produtos africanos para os mercados mundiais dependia do estado das redes de comunicação e de troca no interior do continente. Essas redes, suas convenções comerciais e suas moedas de troca ocasionaram, por sua vez, o surgimento de grandes espaços econômicos no mapa da África Central do século XIX, novas "fronteiras" que recobriam e remodelavam os antigos espaços políticos e econômicos da região.

Esses novos espaços foram dominados pelas exigências dos centros que moviam a economia mundial no século XIX: cada um desses espaços dominados possuía suas tradições históricas, suas características políticas e sociais, mas partilhava com os outros esse traço comum que transformava aspectos importantes da antiga organização econômica africana, e a unia, de maneira mais ou menos frouxa, à economia mundial.

Espaços econômicos e redes comerciais

Distinguimos quatro grandes espaços econômicos na África Central dos anos 1800-1880. Dois dentre eles foram caracterizados pelo papel importante que comerciantes muçulmanos neles desempenharam. No Nordeste da região em foco, encontramos os postos avançados de comerciantes do Cairo, do Mar Vermelho e de Cartum, que drenaram o Bahr al Ghazal e a região a Sul do Uele. Tal rede se desenvolveu a partir das expedições comerciais e militares que o paxá do Egito, Muhammad 'Alī, havia lançado no Sudão e em Darfur. Por volta de 1850, a penetração egípcia atingiu o Bahr al Ghazal: aí, os comerciantes egípcios, coptas e europeus adotaram as técnicas desenvolvidas, desde o século

---

15   As estatísticas econômicas de Angola do século XIX estão dispersas em numerosas publicações. Para alguns dados de base, ver R. J. Hammond, 1966, notadamente p. 73-74, e a bibliografia dessa obra.

FIGURA 12.4 Munza, rei dos mangbetu, em 1870. [Fonte: G. Schweinfurth, *The heart of Africa*, 1873, Sampson, Low, Marston, Low and Searl, Londres, vol. I, frontispício. Ilustração reproduzida com a autorização do Conselho de Administração da Biblioteca da Universidade de Cambridge.]

FIGURA 12.5 Kazembe em 1831. [Fonte: A. C. P. Gamitto (trad. I. Cunnison), *King Kazembe*, 1960, Atica, Lisboa. Ilustração reproduzida com a autorização do Conselho de Administração da Biblioteca da Universidade de Cambridge.]

XVIII, pelas colunas dos sultões de Darfur. Eles construíram *zeriba*, postos fortificados avançados ou simples barricadas de plantas espinhosas, que lhes serviam de pontos de apoio durante as operações de escambo ou durante as razias. Um viajante europeu, G. Schweinfurth, acompanhou alguns destes comerciantes durante a década de 1870 e deixou uma documentação preciosa sobre os reinos xande e mangbetu, no momento de seus primeiros contatos regulares com o comércio sudanês.

Dentre os traços característicos da rede sudanesa, é preciso assinalar partilhas de influência entre monopólios de Estado e comércio privado, o uso metódico na força, graças, em particular, ao recrutamento de mercenários locais, e uma política de desenvolvimento de plantações comerciais (de algodão, por exemplo):

esses objetivos e métodos estiveram dentre as fontes de inspiração do rei dos belgas, Leopoldo II, quando ele tentou forjar para si um império comercial na bacia do Zaire.

Desde os anos 1860, grandes extensões da África Central eram incorporadas em uma rede comercial que tinha suas bases nos portos e entrepostos da costa suaíli do Oceano Índico: Zanzibar, Bagamoyo etc. Os itinerários suaílis penetraram a região a Leste do Lomami por dois grandes feixes de pistas: um "corredor" atravessava o Unyanyembe, no centro da atual Tanzânia, e atravessava o Lago Tanganica, notadamente a partir de Ujiji. Uma outra via atingia a região do Luapula-Moero a partir do Lago Malaui, ou ainda, da região sudoeste da Tanzânia.

Por muito tempo, a rede suaíli se distinguiu por pequenas caravanas que residiam na corte de chefes influentes (o chefe lunda Kazembe, por exemplo). Entretanto, nos anos 1870, assistiu-se ao nascimento de principados comerciantes: o mais célebre foi o de Tippu Tip, estabelecido desde 1875 em Kasongo, e que dominou o comércio de longa distância no Sankuru e no "império" luba. Foi graças à zona suaíli que esta rede se tornaria o primeiro ponto de apoio para a penetração colonial na parte oriental da África Central.

As duas outras redes que se estendiam pela África Central estavam ancoradas nos postos avançados mercantis europeus da costa atlântica, fossem centros portugueses (Luanda, Benguela, Moçâmedes), fossem feitorias holandesas, francesas, inglesas etc., no baixo rio e ao longo da costa norte de Angola. Esta última região era basicamente alimentada pelo comércio congo, fundado em sociedades do Kwango-Kwilu, onde se difundiu um kikongo veicular – o kituba – largamente empregado.

O comércio fluvial se desenvolveu na segunda metade do século XIX, suplantando os antigos itinerários do comércio por vias terrestres. Os ribeirinhos, particularmente da confluência Oubangui-Zaire, ou do próprio Zaire, na altura da linha do equador, dominaram sem divisão o comércio por vias fluviais, pois eram os únicos a possuir e a utilizar pirogas. Estes diferentes grupos difundiram sua língua, o babangi, que se tornou a língua franca da região do equador e foi mais tarde adotada pelos colonizadores da região. Eles estabeleceram centros comerciais (Lukolela, por exemplo), desceram o rio até os mercados tio do Pool e subiram pelos rios do interior, obtendo marfim e escravos (sobretudo mongo) e introduzindo nas regiões da floresta úmida grandes produtos do tráfico, até então desconhecidos: fuzis, anéis de cobre, novas variedades de cultura etc. Vimos que o tráfico encorajou a formação de pequenos centros de povoação de cativos, refugiados etc., reunidos em torno de um centro comercial nas margens

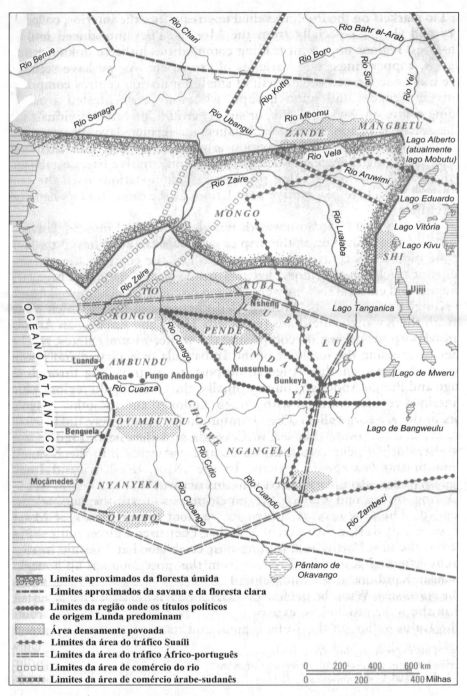

FIGURA 12.6 A África Central do Oeste: espaços comerciais por volta de 1880 (segundo J.-L. Vellut).

Figura 12.7   Mulher da aristocracia kimbundu com sua escrava, nos anos 1850.

Figura 12.8   Guerreiro kimbundo e mulher da aristocracia, nos anos 1850. [Fonte: L. Magyar, Reisen in Südafrika in den Jahren 1849 bis 1857, 1859, Pest e Leipzig, vol. I. Ilustrações reproduzidas com a autorização do Conselho de Administração da Biblioteca da Universidade de Cambridge.]

do rio ou, simplesmente, junto a indivíduos enriquecidos pelo comércio[16]: Foi o caso de Ngaliema, antigo escravo enriquecido, que dominou a região do Pool por volta de 1880. Quando da ocupação colonial, os postos do Estado, feitorias e missões recorreram aos mesmos procedimentos e criaram aglomerações de cativos, segundo aquelas dos antigos pirogueiros.

A rede luso-africana era a mais antiga e a mais complexa na África Central[17]. Podemos seguir, ao longo do século XIX, as variações do mapa de seus itinerários. Na primeira parte do século, os principais feixes de pistas ou "corredores" chegavam a Luanda e a Benguela. Três grandes regiões econômicas e culturais encontravam-se ancoradas nas vias de acesso conduzindo a Luanda: a zona conga e sua rede "mubire" (vili), pelo intermédio dos senhores do Kwango (notadamente, holo) e de Encoge, posto fortificado angolano; a zona dos Estados

---

16   A expressão "grande comércio do rio" deve-se a G. Sautter, que forneceu um primeiro esboço. Trabalhos mais recentes: J. Vansina, 1973; R. Tonnoir, 1970; e o comentário de B. Jewsiewicki, *L'administration coloniale et la tradition*; a propósito de Giribuma, ver R. Tonnoir, 1974. Ver também G. Hulstaert, 1976.

17   J.-L. Vellut, 1972.

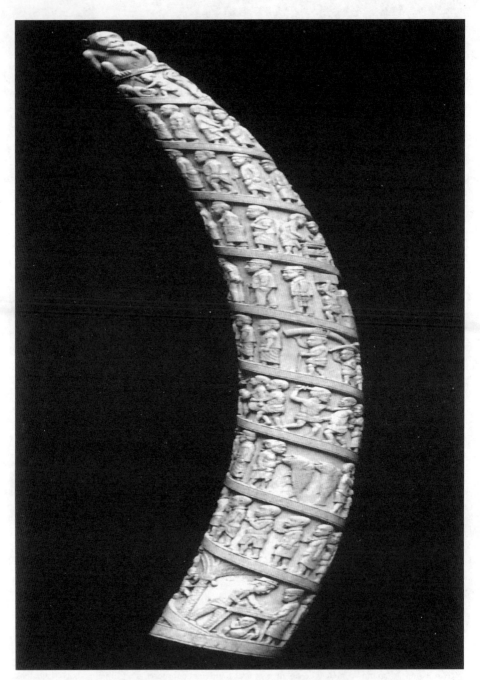

Figura 12.9 Chifre de elefante esculpido, da metade do século XIX, proveniente da costa de Loango, no Congo/Angola, representando cenas do comércio e dos europeus. [Fonte: J. Vansina, *Art history in Africa*, 1974, Longman, Londres. © The Walters Art Gallery, Baltimore.]

lunda ocidentais, fosse através dos imbangala de Cassange e de um outro posto avançado angolano, Ambaca, fosse ainda pela região songo e pungo andongo; e, por fim, a região ovimbundo, em regulares relações com Pungo Andongo e com os outros postos angolanos do vale do Kwanza. Uma outra via ligava as altas terras ovimbundu à costa: tratava-se dos itinerários que conduziam a Caconda e Benguela. Por este "corredor", os comerciantes penetravam no Sul e no Leste, nas regiões nyaneka, nkumbi e ganguela. Nos anos 1840, os reinos luyi e lunda foram igualmente incorporados a esta rede.

No curso da segunda metade do século XIX, a rede ganhou uma nova amplitude. Os habitantes da região de Ambaca, ou *ambaquistas*, começaram a frequentar a *mussumba* do *Mwant yav*, sobretudo sob o reinado de Muteba. Eles recorriam a uma via direta, evitando Cassange, a partir do novo posto português de Malanje (1857). Os comerciantes deste posto logo estabeleceram uma estalagem perto de um senhorio lunda, Kimbundu, a meio caminho da via da *mussumba*. Com o declínio do comércio tributário lunda e na esteira da expansão chokwe, os *ambaquistas* abriram itinerários rumo ao vale Lulua, na região luba, e alcançaram os mercados da periferia kuba. Nessa localidade, abriram concorrência com as caravanas ovimbundo que, na década de 1870, contornaram o Estado lunda da Kalagne e comerciaram com os Estados luba, comprando escravos que, em seguida, seriam negociados por eles junto aos kuba, grandes fornecedores de marfim.

Podemos estabelecer uma hierarquia dos centros comerciais dos grandes espaços econômicos desenhados pela economia do tráfico, segundo a complexidade e a diversidade das funções ocupadas por eles no seio da economia dominante: créditos aos comerciantes, armazenagem, condicionamento, armamento de expedições comerciais etc. Luanda, seguida por Benguela e, na segunda metade do século, Moçâmedes concentravam as operações mais complexas e eram a sede das principais firmas comerciais. A Luanda do século XIX possuía traços arquitetônicos e instituições características das cidades portuguesas dos trópicos, no Brasil, na África ou na Índia. Mas era também uma cidade original onde o elemento português era frequentemente dominado pela cultura crioula e africana. Ali, as fortunas eram feitas e desfeitas rapidamente. Um visitante dos anos 1840 descreveu o baile do governador, no qual se encontrava uma mulher, enfeitada com ouro e joias, vinda a Luanda como escrava, um homem que estava na costa como prisioneiro, a bordo de um navio negreiro, e um outro cuja infância fora passada nas ruelas dos subúrbios populosos de Lisboa[18].

---

18 O médico alemão G. Tams, que visitou Luanda em 1841, citado por A. Stamm, 1972.

Aproximadamente em 1850, entre os postos angolanos do interior, nada alcançava a importância de Luanda com seus 6 a 10 mil habitantes. Nos "corredores" do interior, destacavam-se várias estalagens principais, nas quais eram feitas as rupturas de carga, onde eram recrutados novos carregadores e onde era organizada uma importante parte do crédito etc. Era nesses pequenos centros que se reagrupavam a maioria dos raros europeus e mestiços praticando o comércio no interior. No interior de Luanda, Dondo era o principal centro de comércio com a margem esquerda do Kwanza, mas que ganhou importância durante os ciclos do café e da borracha, e Pungo Andongo: esse último ponto ocupava uma posição chave, ponto de partida dos comerciantes para a região dos senhorios lunda e ponto de convergência das vias terrestres entre Benguela e Luanda[19]. No Sul, Caconda, ocupava uma posição semelhante, orientada desta vez para os povos do Sul das altas terras ovimbundu, bem como para o Bié. Esse último reino era um importante centro secundário da rede, onde os carregadores eram substituídos, as mercadorias compradas e os créditos negociados. Encontrava-se aí uma colônia luso-africana de uma centena de pessoas, cuja maioria era de origem africana ou mestiça (mbundu de Golungo, *ambaquistas*, "mambari" do Bié etc.).

Enfim, nesta rede de comércio tributário, alguns centros (tais como a *mussumba*, Bunkeya, as capitais dos pequenos senhorios ou os mercados das sociedades não centralizadas) constituíam os pontos finais do sistema e eram sede de intensas transações.

Tal sistema era caracterizado pelos contrastes que aumentavam entre as zonas monopolizadoras das operações rentáveis – centralização de importantes quantidades de produtos, manutenção, comercialização – e aquelas onde as possibilidades de acumulação eram mais reduzidas. As regiões privilegiadas apresentavam um aspecto bem diferente das outras: as armas, os estofos e os escravos domésticos eram numerosos nas primeiras, raros entre as outras. Veremos que os esforços portugueses para monopolizar os benefícios da rede, eliminando os "intermediários" africanos, corresponderam com os períodos de recessão econômica. Por outro lado, durante os períodos de crescimento comercial, o essencial do comércio do interior era conduzido pelos africanos.

Ao longo do século XIX, a rede teve que se adaptar a alguns grandes ciclos comerciais. Até os anos 1840, assistimos ao nítido domínio do ciclo dos escravos e da atividade comercial luso-africana correlata. Na verdade, este período foi o

---

19   J. C. Feo Cardozo, 1825, p. 355.

FIGURA 12.10 Uma caravana de mercadores ovimbundu durante um pouso. [Fonte: F. S. Arnot, *Bihe and Garengaze*, 1893, J. E. Hawkins and Co. Ltd. Foto reproduzida com a autorização do Conselho de Administração da Biblioteca da Universidade de Cambridge.]

mais desastroso da história do tráfico angolano. O número de escravos exportados anualmente dos portos da África Central (da costa do Loango até o Sul de Angola), nos anos 1780-1830, é estimado em um total que oscila entre 15 e 20 mil. O principal importador era o Brasil e o principal fornecedor, Angola. No século XIX, foi a mão de obra servil angolana que permitiu a expansão da economia cafeeira do Rio de Janeiro e de São Paulo.

No conjunto, o tráfico atlântico, mesmo clandestino, extinguiu-se ao longo dos anos 1850, salvo, entretanto, na região do baixo rio, onde ele subsistiu fora do controle português até o desaparecimento dos últimos mercados escravagistas da América Latina, por volta do fim dos anos 1860.

Durante o resto do século XIX, as exportações de Angola se limitaram a alguns produtos agrícolas (café, açúcar) ou, sobretudo, de caça e de colheita, principalmente a cera e o marfim. Todavia, no último terço do século, o café de colheita, o copal, o óleo de palma e, logo, a borracha das ervas vieram diversificar o inventário das exportações dos produtos de colheita.

Mudando as condições da acumulação de riquezas, o desenvolvimento dos grandes espaços econômicos africanos também acarretou um agravamento da opressão social. Da mesma forma que na região do rio, ou nas zonas árabe ou suaíli, a zona luso-africana provocou o desenvolvimento de um setor de produção escravagista. Certamente, as economias tributáveis da savana conheciam a existência de um setor parecido: os campos dos principais títulos políticos da *mussumba*, por exemplo, eram cultivados por uma mão de obra servil. Entretanto, no século XIX, a acumulação de cativos por certos grupos privilegiados caminhava frequentemente lado a lado com o avanço de um setor de trocas, mais ligado ao mercado que ao tributo. Vimos o papel desempenhado pelos "escravos domésticos" na expansão demográfica e agrícola de certas sociedades da região (Congo, Ovimbundo, Ovambo etc.).

Na sociedade colonial angolana, da mesma forma, o setor escravagista estava ligado à economia capitalista mercantil e ganhou uma importância assaz considerável na segunda metade do século XIX. Apesar de certas nuances jurídicas – a escravidão foi formalmente suprimida em Angola em 1878 –, foi principalmente o setor escravista que esteve na base do avanço da produção de algodão, de café de plantação e, sobretudo, de cana-de-açúcar: no fim do nosso período, foi a cana-de-açúcar angolana, destilada, que forneceu a cachaça indispensável às trocas do sertão[20]. Nas regiões situadas a Sul das altas terras ovimbundu, foi ainda a mão de obra servil que alimentou o mercado de trabalho suscitado pelos primeiros passos da implantação branca.

O imperialismo português em Angola

No século XIX, a existência de grandes espaços comerciais na África Central e a natureza de suas ligações com a economia mundial são a chave da história do imperialismo nesta região. De fato, neste período, não se tratava ainda de imperialismo financeiro, ao menos na África Central, mas de novas formas de imperialismo comercial. Ao longo do século XIX, distinguem-se algumas grandes fases de expansão e de contração das possessões portuguesas em Angola: tais movimentos mostram claramente as hesitações dos governantes portugueses da colônia entre dois modelos de hegemonia sobre as economias comerciais africanas. Fosse porque este novo imperialismo português se apresentou como uma dominação puramente comercial, com uma ocupação administrativa e militar reduzida no mínimo, e com um único objetivo declarado, aquele de fazer circular os bens, em colaboração com um setor mercantil africano ativo e ampliado.

---

20 No original francês, a palavra é grafada em língua portuguesa: "sertão". (N.T.)

Fosse porque se tratava de inserir as colônias da África no espaço econômico de Portugal, protegendo o comércio nacional, mas também, e sobretudo, fornecendo um mercado às primeiras indústrias portuguesas. Desta vez, a questão era desenvolver a ocupação, reduzir o papel dos intermediários africanos e encorajar os mercadores coloniais, diversificar a produção das matérias-primas da colônia, assegurar um mercado às novas manufaturas da metrópole, sobretudo graças a uma política de unificação política e administrativa entre Portugal e suas "províncias" da África. Foi no mesmo contexto de assimilação que se inscreveu a tendência de apoio aos "colonos brancos" no Sul de Angola.

Ao longo do século XIX, estas duas tendências, ou para a contração, ou, do contrário, para a expansão territorial, se sucederam em um movimento pendular. Ocorre que elas estiveram ligadas às conjecturas econômicas e às transformações estruturais da economia portuguesa. Por certo, os acontecimentos desempenharam seu papel (as derrotas militares infligidas pelos africanos aos portugueses ajudam a compreender o refluxo da ocupação colonial nos anos 1862-1872). As personalidades desempenharam também um papel importante: um tal governador associou-se a uma política agressiva e de ocupação máxima, outro se associou ao recuo aos postos costeiros. Todavia, tais fatores só ganham sentido quando inseridos no contexto dos movimentos da economia mundial, sobretudo tais como afetaram a economia portuguesa: o imperialismo português não escapou às regras comuns de expansão colonial do século XIX[21].

Foi assim que a determinação dos protecionistas, preocupados em unir Portugal e suas colônias em um espaço econômico independente das grandes potências industriais, se traduziu nas primeiras tentativas de colonização branca no Sul de Angola (e, primeiramente, na costa, em Moçâmedes, e no país nyancka, em Huíla). Ainda foi o espírito de conquista que dominou os anos 1850, os quais assistiram aos esforços tenazes da parte dos portugueses para ocupar o terreno e eliminar a concorrência comercial africana, sobretudo aquela dos imbangala e dos congos. Somente em 1860 se principiou uma inversão, ao passo que um período de forte avanço comercial encetara alguns anos antes. Uma política de retirada portuguesa se generalizou então: durante os anos 1862-1875, assistimos a um refluxo, pontuado por derrotas militares resignadas dos portugueses (em Cassange, em 1862, contra os dembo, em 1871-1872). No início dos anos 1870, o recuo foi geral: a Angola colonial retirou-se no litoral, ao passo que,

---

21   Esta opinião não é aceita por D. L. Wheerler e R. Pélissier, 1971, p. 51-83; tais autores dão uma explicação puramente política dos fluxos e refluxos da penetração portuguesa em Angola. Esta mesma linha é adotada por R. J. Hammond, 1969.

no sertão, o comércio se africanizou rapidamente. Assim, Silva Porto, o grande sertanejo[22] do Bié, perdeu toda sua fortuna nesta época, vítima da concorrência dos comerciantes ovimbundu. Angola conhecia, neste momento, um rápido crescimento comercial: entre 1867 e 1873, a tonelagem na descida do Kwanza, desde Dondo, foi multiplicada por sete.

Mas, logo, a colônia portuguesa se engajou em uma nova fase de expansão territorial. Desde 1873, entrava-se em um período de contração econômica mundial e a concorrência começava a se tornar agressiva entre as potências estrangeiras desejosas de obter uma parte do "bolo africano"[23]. Mesmo em Angola, este período foi inaugurado com uma recessão profunda em razão de uma seca prolongada e de uma crise do crédito (1874-1876). Entretanto, foi também o momento dos primeiros trabalhos para a construção da estrada de ferro de Luanda, rumo ao interior, e das tentativas para conter, através de acordos diplomáticos, as ameaças representadas pelos recém-chegados à África Central. Foi também o momento das primeiras expedições de "exploradores" portugueses, lançadas na esteira dos viajantes alemães, ingleses etc., e realizadas em Luanda e no interior. A história da África Central se aproximava de uma etapa decisiva.

Poder e sociedade na África Central (aproximadamente 1800-1880)

Na África Central do século XIX, a história política e social se inscreveu, a princípio, em uma tradição antiga. Por mais tempo que a documentação oral e escrita permita remontar, vemos que as sociedades da região hesitaram entre dois modelos de poder: aquele, hierarquizado, definido e tributário, dos reinos ou, no outro extremo, aquele, mais igualitário e mais informal, do governo pelos conselhos de anciões ou de notáveis[24].

Esses dois modelos eram complementares e, na prática, existia uma grande variedade de situações intermediárias, hesitações e compromissos diversos. As exigências do meio e das atividades econômicas, tal como certas circunstâncias históricas e mesmo de pessoas, favoreceram um tipo de organização

---

22 No original francês, a palavra é grafada em língua portuguesa: "sertanejo". (N.T.)
23 A expressão é de Leopoldo II e foi citada notadamente por J. Stengers, 1962, p. 490.
24 Para sólidas análises da noção de poder em duas sociedades das savanas do Oeste, os congos e os tio, ver os respectivos estudos de W. McGaffey, 1970, e J. Vansina, 1973.

Figura 12.11 Estátua chokwe representando Chibinda Ilunga, o lendário fundador do Império lunda. Obra datando provavelmente do século XIX. [Fonte: J. Vansina, *Art history in Africa*, 1984, Longman, Londres. ⊠ Museum für Völkerkunde, Berlim.]

aproximando-se, quer do modelo real (com suas qualidades de ordem e de segurança), quer do ideal democrático, mais flexível e menos constrangedor.

Na época que nos interessa aqui, encontravam-se na África Central alguns exemplos de sistemas administrativos caracterizados por uma hierarquia estável e permanente, e capazes de reagrupar uma população assaz numerosa em centros ou capitais. Tais casos não foram, entretanto, os mais comuns, pois apenas uma conjunção de vários fatores podia permitir a ascensão de um título político e a constituição de um Estado. Fundamento material da organização do Estado, a economia de caráter tributável supunha a existência de um setor agrícola bastante desenvolvido. Entretanto, a agricultura apenas oferecia possibilidades bastante reduzidas de acumulação. As taxas impostas sobre a produção do sal, do cobre e do ferro favoreceram contudo um nível de apropriação mais elevado. O mesmo vale para o tributo arrecadado na ocasião das guerras e das razias. Por fim, o tributo era recolhido sobre o setor das trocas: o poder dos chefes se apoiava assim sobre a existência de mercados, de redes de troca e de comunicação que permitiam a imposição de monopólios ou de diversas formas de taxação e outros pedágios.

O crescimento ou a regressão de um ou outro destes setores ajuda-nos a compreender o avanço ou, pelo contrário, a erosão do poder dos Estados ou senhorios no século XIX, como também nas épocas anteriores. O que distinguiu o século XIX foi o fato de uma grande mobilidade social ter permitido um acesso rápido a papéis outrora reservados aos chefes, ou simplesmente ter favorecido o empreendimento de certos indivíduos, quer no seio dos poderes monarquistas, quer através dos clãs e das linhagens. Monopólios e tributos não conseguiram controlar as trocas em expansão: durante o século XIX, o avanço do comércio ocorreu frequentemente em detrimento do poder material das aristocracias baseadas nos títulos políticos.

Todavia, além destes aspectos materiais, o poder também possuía aspectos rituais, representados pelas insígnias ou pelos feitiços contra os inimigos interiores e exteriores. Qual foi a evolução dos poderes rituais e místicos em um período marcado pelas rápidas reviravoltas no domínio militar e econômico? Enquanto esta história não for escrita, a compreensão da história da região continuará parcial e dominada por uma problemática insensível às profundas aspirações das antigas sociedades da África Central.

Sociedades Estatais

Antigos reinos sobreviveram às tormentas do século XIX. O mesmo ocorreu com o Estado lunda de Kalagne. Esse Estado alcançou seu apogeu na primeira metade do século XIX, antes de entrar em um período de declínio a partir dos anos 1870. No princípio, Kalagne tinha sido associado a uma zona de população densa que não ultrapassava muito um território situado a Leste do Lulua, entre os 8º e 9º graus de latitude sul e os 23º e 24º graus de longitude leste. Primeiramente concentrada ao longo dos cursos de água, em particular do Kalagne, a população lunda enviou emigrantes às regiões vizinhas durante os séculos XVIII e XIX; tais emigrações tenderam, em seguida, a formar entidades políticas, mas elas se explicam também pela vontade de escapar às requisições de cativos ordenadas pelos chefes. No início do século XIX, isso esteve notadamente na origem do povoamento lunda no Sul do estado de Kalagne, nas regiões chokwe e luval.

O principal título lunda era aquele de *Mwant yav*. Tal título era originário do vale do Kalagne e, a partir do século XVIII ou mais tarde, esteve no cerne de uma rede política na qual se reuniam, segundo a linguagem simbólica do parentesco perpétuo, numerosos senhorios lunda, entre o Kwango a Oeste e o Luapula a Leste.

Dentre os reinados importantes da dinastia de Kalagne, é necessário destacar, no século XIX, de Nawej (por volta de 1820-1852). Seu reinado assistiu a um reforço do poder do *Mwant yav*: Nawej era temido por suas vinganças e pelos tributos obrigatórios que cobrava dos senhores indóceis, fosse pela força das armas, fosse também pela utilização sem escrúpulo dos serviços dos feiticeiros. No que concerne à caça, Nawej sempre preferiu o uso de arcos e flechas. Entretanto, foi sob seu reinado que os guerreiros lunda começaram a usar as armas de fogo provenientes de Angola (lazarinas). Convidados por Nawej, os caçadores chokwe começaram a frequentar o território lunda, servindo-se de armas de fogo e, pouco a pouco, empurrando os elefantes para o Norte. Certos chokwe visitaram a capital por volta de 1840, levando armas de fogo e pólvora, e alguns se estabeleceram no país lunda. Nawej se esforçou para manter uma boa relação entre os dois povos, porém em vão, pois as rivalidades entre títulos lunda e chokwe não tardaram a se manifestar.

Os imbangala de Cassange haviam começado a frequentar a *mussumba* desde o início da dinastia dos *Mwant yav*. Entretanto, o reino de Nawej ficou marcado pelo avanço do comércio de longa distância, sempre com os imbangala, mas logo também com os ovimbundu e os "mambari". Falava-se ainda, no fim do século XIX, das caravanas enviadas por conta da rica comerciante de Luanda, Dona Ana Joaquina (Na Andembo); a lembrança das caravanas reais despachadas por Nawej a Luanda, à casa de Dona Ana ou ao *jaga* de Cassange, também permanecia viva.

Contudo, Nawej gozava de uma má reputação entre os comerciantes, que o acusavam de atrasar interminavelmente o pagamento de seus créditos. Qualquer pretexto lhe servia para proceder à apreensão de bens. Seus descendentes diretos eram muito numerosos e, logo, os pretendentes ao trono murmuraram que Nawej tinha usufruído muito do Estado e que a hora dos mais jovens havia chegado. Apanhado por uma doença, ele morreu sufocado por seu irmão Mulaj, o qual lhe furtou o bracelete – insígnia do poder (*lukano*) – e foi reconhecido como *mwant yav*. Os anos seguintes foram dominados por lutas intestinas, provisoriamente abrandadas pelo longo reinado de Muteba (por volta de 1857--1873): estes anos pacíficos viram as grandes caravanas residirem, durante a estação das chuvas, na *mussumba* e serem bem tratadas pelo *mwant yav*.

A partir do reinado do *mwant yav* Muteba, a *mussumba* abrigou colônias de viajantes mbundu: o fundador da primeira colônia destes *ambaquistas* foi Lourenço Bezerra, conhecido entre os lunda sob a alcunha de Lufuma (aproximadamente em 1850-1883). Originário de Golungo, ele se fixou na *mussumba* por volta de 1850 e passou uma trintena de anos na corte do *mwant yav*, aproveitando-se, por muito tempo, das boas disposições de Muteba para com os comerciantes angolanos. A colônia de Lufuma se instalou, em 1869, nos acessos imediatos de Luambata, a nova *mussumba* de Muteba, e introduziu a agricultura e a pecuária mbundu na região. O próprio *mwant yav* seguia de perto a lavoura destes campos, que aliavam aportes brasileiros e portugueses (arroz, tabaco, milho etc.) aos produtos africanos. Os angolanos de Luambata também se tornaram artesãos (ferreiro, tecelões, oleiros, escribas etc.). A colônia praticava o comércio tributário, paralelamente àquele dos notáveis lunda: nenhuma transação podia acontecer sem a intervenção de Lufuma. Esse, com o passar dos anos, havia formado uma clientela de cativos, escravos alforriados etc., que, em 1882, o acompanharam na ocasião de seu retorno definitivo à região de Malanje. Nos anos 1850-1880, a colônia foi, assim, um ponto de apoio fundamental do comércio regido pelos títulos aristocráticos da corte lunda e por empreendedores angolanos, ancorados no país por numerosas ligações matrimoniais e praticando o comércio tributário, bem conhecido na região. De fato, Lufuma tinha se tornado um título lunda, como o mostra o papel que desempenhou na vida da corte: por exemplo, foi ele o organizador dos funerais da *lukonkesh* do *mwant yav* Muteba.

Nos anos 1870, a expansão chokwe continuou: fugindo de suas aldeias e de seus chefes sob pretexto de feitiçaria, ligados à economia da colheita, buscando cera, marfim e, em seguida, borracha, incorporando cativos, mulheres e jovens às linhagens patrilineares, logo os chokwe foram potentes o suficiente para eclipsar o poder dos chefes lunda da região, entre os rios Tshikapa e Kasai. Nesta região, as aldeias e os senhorios lunda se dispersaram: foi um período de decadência para o antigo poder aristocrático lunda. Tal corrente foi reforçada pelas dissensões no seio da *mussumba*; um chefe importante, Shanam, fez uma aliança com os chokwe e conquistou o poder graças a eles. O reinado deste *mwant yav* (que ganhou o nome de Mbumba) foi sangrento. Ele continuou a utilizar os chokwe a fim de impor uma ameaça aos vassalos lunda. Após sua morte (1883), os chokwe quiseram vingá-lo. Seus guerreiros conseguiram obter o *lukano* para Mushidi, filho de Mbumba criado por uma família adotiva chokwe.

Senhorios: os poderes fragmentados

Não obstante as profundas transformações sociais que a região lunda-chokwe conheceu no último quarto do século XIX, as aristocracias lunda não se apagaram por completo. Alhures, Estados se fragmentaram de diversas formas, fosse porque antigos Estados centralizados tinham se transformado em redes de senhorios unidos informalmente uns aos outros, mas sem serem submetidos a um centro comum; fosse, ainda, porque a descentralização tinha sido muito estendida, ou mesmo porque se encaminhava para o desaparecimento do poder dos chefes.

O Sul das altas terras ovimbundu, em Angola, pode ser ligado à categoria das redes de grandes senhorios. Este planalto era dominado por um grupo cultural que se reuniu sob a denominação nyaneka-nkumbi, ele mesmo dividido em vários grupos étnicos: nyaneka, otylenge, nkumbi etc. No século XIX, alguns senhorios da região representavam os vestígios de antigos reinos. Era o caso de Mwila, reino nyaneka que, no século XVIII, dominava toda a região da Huíla e que se deslocou, aproximadamente na metade do século XIX. De fato, nesse momento, Jau se separou de Mwila para, por sua vez, logo se fragmentar. No século XVIII, Mwila estabelecera relações com Caconda e com a Angola portuguesa. A região era a mais povoada do país nyaneka e os portugueses tentaram várias vezes instalar ali colonos brancos, nos anos 1840, a preço de numerosos afrontamentos militares. Os senhorios nyaneka (sobretudo Mwila e, mais tarde, Ngambwe) tornaram-se centros comerciais para a cera, o marfim e o gado, servindo todo o Sul de Angola, ao longo da segunda metade do século XIX. Embora o setor mercantil tivesse desempenhado um papel na fragmentação política da região, as razias e rapinas diversas forneceram, com frequência, a oportunidade imediata para a ascensão de aventureiros ou de recém-chegados. A partir dos anos 1840, a região foi, de fato, percorrida em todos os sentidos, às vezes de armas nas mãos, por comerciantes e chefes de guerra que estabeleceram pequenas fortalezas para sua clientela de cativos (serviçais), refugiados, aventureiros etc; lá, atrás das cercas de espinhos, homens e animais encontravam-se a abrigo da violência.

Pela vasta região que se estendia entre o Lomani, o Lualaba e a margem ocidental do Lago Tanganica, o "império" luba também teve uma imagem de

Figura 12.12   O *mwant yav* Mbumba. [Fonte: P. Pogge, Im Reiche des Mvata Jamvo, 1880, Berlim. Ilustração reproduzida com a autorização do Conselho de Administração da Biblioteca da Universidade de Cambridge.]

fragmentação. Durante seu período de máxima expansão, durante a primeira metade do século XIX, o poder militar mais prestigioso do Estado luba (aquele do *mulopwe*, com sua capital, *kitenta*, e sua corte) foi exercido em numerosos senhorios que, em sua maioria, já participavam da noção luba do poder (o *bulopwe*), privilégio dos chefes possuidores do sangue real dos fundadores (Kongolo e Kalala Ilunga).

Esta construção se revelou efêmera e fortemente submissa às flutuações da fortuna militar dos diferentes títulos políticos. Sob o reinado do *mulopwe* Kasongo Kalombo (por volta de 1870-1880), esta instituição política começou a se pulverizar sob a pressão, sobretudo das caravanas de comerciantes provenientes da zona suaíli ou de Angola. A penetração comercial só fez atiçar as dissensões entre os próprios chefes políticos e entre estes e os chefes das linhagens, possuidores de terras e domínios. No fim do nosso período, senhorios e Estados luba gozavam de uma autonomia quase completa[25].

Aventureiros, comerciantes, condottieri: os novos poderes

O poder do *bulopwe* é um dos mais antigos e mais prestigiosos da história das sociedades da savana. Alhures nesta região, assistiu-se a proliferação, no século XIX, de títulos de chefes e o surgimento de novas formas de poder, fosse porque o papel do chefe tinha caído em desuso (por exemplo, entre certos grupos congos ou mbundu), fosse porque o desenvolvimento das trocas tinha ocasionado uma polarização em torno de grupos ou de indivíduos empreendedores. Há exemplos disso em todas as sociedades da África Central, dotadas ou não de um chefe. Assim, na floresta úmida da bacia central, comerciantes conseguiram acumular escravos, armas, cobre etc.: tratava-se, geralmente, de pirogueiros, ribeirinhos enriquecidos pelo comércio do tráfico. Deste modo, a história do reino de Msiri começou por expedições comerciais.

Por volta da metade do século XIX, viajantes sumbwa, originários da atual Tanzânia, vieram tratar com os chefes lunda, luba, aushi, e outros, do vale do Luapula e das regiões vizinhas. Esses comerciantes foram atraídos pelo marfim, abundante na região, e pelo cobre, tratado a Oeste do reino de Kazembe. Ngalengwa Mwenda, o filho de um destes viajantes, que tinha acompanhado seu pai em suas expedições, veio se instalar, por volta de 1855, no país do chefe Katanga, um dos principais centros produtores de cobre, onde se encontrava uma importante aglomeração para a região[26]. Foi a época em que expedições comerciais árabes, suaílis, nyamwezi e ovimbundu se multiplicaram na região, tendo por objetivo o desenvolvimento do comércio do cobre, do marfim e de escravos.

---

25 Administradores coloniais defensores das teorias da administração indireta, preocupados em "reconstituir", em pleno século XX, supostos impérios desaparecidos, tiveram a tendência de superestimar o grau de centralização existente nos Estados luba. Para os últimos apontamentos sobre a questão, ver A. Wilson, 1972.

26 Um viajante árabe, Sa'īd ibn Habīb, descreveu este centro na metade do século: a população era mais numerosa que na capital de Kazembe; os víveres comercializados abundavam; o algodão local era fiado para a fabricação de vestimentas. Citado por F. Bontinck, 1974, p. 12.

Sem dúvida, Mwenda foi o mais célebre destes comerciantes que souberam tirar proveito das divisões no interior dos clãs reinantes e puderam se apoiar em tropas suficientemente numerosas e bem armadas para se estabelecer em uma região, atrair uma população em uma capital e assentar seu poder sobre uma rede de clientela formada por homens de confiança, companheiros de aventura, parentes, títulos políticos locais, ou simplesmente, indivíduos empreendedores de qualquer origem. Após sua instalação junto a Katanga, Mwenda começou a prestar serviços a facções políticas opostas. Beneficiando-se da ajuda de comerciantes ovimbundu, ele se intrometeu nas querelas entre chefes sanga, luba, lunda e outros da região. Seus maiores sucessos provieram de sua participação nas lutas entre pretendentes ao trono de Kazembe. Ainda neste momento, as armas do Bié desempenharam um importante papel e facilitaram sua ascensão.

Em 1880, ele conseguiu criar seu próprio Estado, tomou o título e as insígnias de *mwami*, que eram conhecidos em sua região de origem, e estabeleceu sua capital em Bunkeya, no vale da Lufira. Na época, os chefes da região eram mais frequentemente associados ao poder do *mwant yav* (lunda) ou do *mulopwe* (luba). Mwenda conseguiu incorporar um grande número deles em seu império e fazê-los aceitar suas insígnias (*kilungu*). Bunkeya tornou-se um centro importante, frequentado por todos aqueles que buscavam fortuna junto a Mwenda. Este foi, desde então, conhecido sob o nome de Msiri, que parece ter uma origem local, derivado de *mushidi* (significando "terra" em sanga e em luba), o proprietário da terra.

Dentre as mulheres mais próximas de Msiri, durante um certo tempo, consta uma jovem suaíli das cercanias de Pweto e duas mestiças de angola: isso simboliza o papel desempenhado pelo reino de Msiri nas redes comerciais. Chamado Garanganja pelos angolanos e Katanga pelos suaílis, esse reino se tornou a placa giratória do comércio da África Central, de Zanzibar a Benguela, do país luba aos postos avançados portugueses de Moçambique, ou árabes do lago Malaui.

Chefe temido, filho de sua época, Msiri soube se mostrar munificente, mas também, implacável; nisso, ele respondia ao estereótipo do chefe ou do aristocrata. Por vezes, ele foi cruel. Aliás, foi a execução de uma de suas mulheres, Masengo, que forneceu o pretexto da longa revolta dos sanga contra o Estado yeke. Essa revolta chegou ao fim somente após a morte de Msiri[27] e graças às armas do poder colonial.

---

27 Msiri morreu violentamente pela mão de um europeu, aos 20 de dezembro de 1891. O assassino pereceu também, executado em seguida por um dos filhos de Msiri. Os principais testemunhos sobre a vida em Bunkeya antes da conquista colonial são aqueles de Ivens e de Arnot; F. A. Oliveira Martins (org.), 1952, p. 366-383; F. S. Arnot, 1889.

Conclusão

Seria possível avançar algumas conclusões no término desta rápida explanação? A história econômica da África Central do século XIX parece propor um princípio de resposta. De fato, as condições de acumulação de riquezas e de dependentes mudaram, no século XIX, graças à constituição de zonas de densidade mais marcadas, graças a progressos na produtividade agrícola e mesmo artesanal, graças também ao avanço de certos setores da vida econômica. Isso vale também para o setor de trocas, em perpétuo movimento, segundo as conjunturas e os grandes produtos trocados. Em várias sociedades, este setor contribuiu fortemente para encetar os primeiros passos de uma estratificação social.

Certamente, apesar da existência, muito difundida na época, de diversas formas de servidão, seria temerário falar de "classes sociais". As diferenças sociais em via de se aprofundar muito tomaram o rosto familiar de antigas instituições políticas, ou de solidariedade étnica ou de clã, o que nos permite utilizar o conceito de "classe". Uma função antiga, a de chefe político, mostrou-se particularmente maleável às novas circunstâncias. Já na história mais antiga da região, a função de chefe prestava-se à dominação dos grupos ou de indivíduos, entre os quais se encontravam visionários, novos-ricos e simples aventureiros. No decorrer do século XIX, esta tendência se acentuou, seja porque os antigos títulos políticos se tornaram cada vez mais baseados na economia de trocas, seja porque foram captados pelos novos-ricos, ou ainda, porque novos títulos tinham sido criados.

Assim, a instituição dos chefes no século XIX continuou a se inscrever numa longa tradição. No entanto, a época deu-lhe características originais: em particular, a função de chefe parece ter conhecido uma instabilidade que não era específica da história antiga. O século XIX teria sido a época das fortunas políticas rapidamente construídas e também tão rapidamente desfeitas. A mudança foi precipitada demais, e a história autônoma da região muito brutalmente interrompida no fim do século para permitir o nascimento de grandes Estados. Muitas vezes, o Estado, tal como se desenvolveu no século XIX, na África Central, ignorou as hierarquias complexas, as divisões regionais: apresentou-se como uma rede de senhorios, rede "horizontal" em vez de hierarquia territorial "vertical".

A história política dos anos 1800-1880 deixaria uma impressão enganosa, se se considerar apenas o tema da fragmentação do Centro da África. De fato, a política não estava naquela época no coração da organização do espaço[28], pois é preciso considerar o progresso de vastos espaços econômicos que muito ultrapassaram as fronteiras das solidariedades étnicas ou das organizações políticas.

Os grandes traços da história social e econômica da África Central do século XIX começam a declinar: a história, tal como foi vivida e sentida pelas sociedades da época, a história de suas aspirações e da mudança das mentalidades constituem vastos domínios ainda não explorados e questionamentos que a África de hoje tem o dever de dirigir ao seu passado para melhor esclarecer o seu presente[29].

---

28 J. Vansina, 1976, p. 1-31.
29 A inspiração deste estudo deve muito aos anos de trabalho comum com Bogumil Jewsiewicki, que foi professor na Universidade Nacional do ex-Zaire.

CAPÍTULO 13

O renascimento do Egito (1805-1881)

Anouar Abdel-Malek

O impacto da Europa: aculturação ou renascimento?

Logo após a segunda guerra mundial, os trabalhos da escola egípcia de história e sociologia histórica sustentada por certos trabalhos inovadores realizados pelo Ocidente evidenciam que, de um lado, o século XVIII egípcio não é feito apenas de silêncio e omissão após três séculos de alienação sob o domínio otomano¹; do outro, que é na ação direta tanto das massas populares do Cairo e de Alexandria quanto das elites tradicionais da época, os *'ulamã'*, *shaykh* e notáveis das cidades, aos quais se deve atribuir a eleição de Muhammad 'Alī à dignidade de *wālī* (Vice-Rei) em 1805². Desde então, esta data – a restauração do Estado moderno e autônomo egípcio – marcaria o acesso do Egito à modernidade; e não como o deseja a historiografia colonial tradicional, a "expedição do Egito" – invasão militar realizada por Bonaparte, logo após as guerras da Itália, por iniciativa do Diretório, de 1798 – 1801. Esta foi uma grande empreitada na luta contra o império britânico.

---

1   M. al-Sharqāwī, 1958; P. Gran, 1979.
2   Ver essencialmente os trabalhos de A. R. al-Rāfe'ī, 1951; L. Bréhier, 1901; A. A. Mustafa, 1965; M. Sabry, 1930; M. S. Ghurbāl, 1928; A. F. S. Wahidah, 1950; H. H. Dodwell, 1931.

Ela expulsará – diz Bonaparte – os ingleses de todas as possessões do Oriente onde ela possa alcançar; e principalmente destruirá todos os entrepostos do mar Vermelho [...]. Considerando a infame traição através da qual a Inglaterra tornou-se senhora do cabo da Boa Esperança dificultando muito o acesso às Índias para os barcos da República por esta rota usual, é necessário para as forças republicanas uma outra rota para chegar lá.

Esta empreitada foi acompanhada também da prospecção do Egito, escala obrigatória no caminho do Oriente, pela "missão científica" que representava o conhecimento do Iluminismo, do enciclopedismo e dos pensadores da escola politécnica, atuantes na França e na Europa. *A descrição do Egito*, em vinte volumes, resume sua imponente obra[3].

O século XVIII egípcio aparece como o laboratório do que será o Egito renascente. Primeiramente, a unidade nacional, ou seja, a redução dos diferentes feudos mantidos pelos mamelucos tanto no delta como no Baixo Egito, foi tentada por 'Alī Bey al-Kabīr. As premissas do *aggiornamento* (atualização) do islã fundamental, empreendidas pelo shaykh Hassan al-'Attār; a concentração nas cidades, e não somente no Cairo, da mais-valia das terras, que um grupo de comerciantes e letrados com vocação hegemônica desejavam colocar a serviço do que chamar-se-ia mais tarde de um "projeto nacional". Para a expedição francesa, tal prospecção revelar-se-ia verdadeiramente única e permitiria, mais tarde, apoiar as posições francesas no Levante, após a conquista da África do Norte, como também aparecer para grandes setores da África Subsaariana como a porta-bandeira da Europa das revoluções. Os historiadores egípcios da época, principalmente 'Abd al-Rahmān al-Djabartī e Niqōlā al-Turk, discordam totalmente: "A ocupação francesa melhorou a situação moral da classe baixa, dos revendedores, carregadores, artesãos, carroceiros, cavalariços, proxenetas e prostitutas[4]": em suma, a escória da população beneficiava-se da liberdade recém-adquirida; mas a elite e a classe média vivenciaram todo tipo de problemas, já que as importações e as exportações estavam suspensas.

Assim, entende-se as duas revoltas do Cairo: a primeira, de 21 a 24 de outubro de 1798, com seus prolongamentos nas cidades e na área rural, em torno dos shaykh e notáveis do Cairo: dois mil mortos, dez shaykh decapitados, a suspensão do *Dīwān* consultivo; a segunda, bem mais dura, de 20 de março a 21 de abril de 1800, conduzida pelos paxás ainda ligados à Porta e pelos

---

[3] J. C. Herold, 1962, forneceu uma brilhante e interessante descrição a comparar com a obra de 'Abd al-Rahmān al-Djabartī (1754-1825), o historiógrafo exemplar daquela época.

[4] N. al-Turk, 1950, p. 45.

shaykh de al-Azhar, que provocou uma repressão generalizada muito dura. O grupo centrista, anunciador da tendência geral do movimento nacional, liderado particularmente pelos _shaykh_ Khalīl al-Bakrī, 'Abdullāh al-Sharkāwe e 'Abd al-Raḥmān al-Djabartī, em sua mensagem de conciliação ao general Menou, insiste na amizade necessária das "duas nações". As batalhas das Pirâmides e de Aboukir, a evacuação das tropas expedicionárias francesas em 1801 dariam enfim ao movimento nacional egípcio, em formação, a ocasião de se cristalizar, isto é de se dotar de um centro de poder social, no início autônomo no quadro do Império Otomano, mas cuja vontade de independência nacional marcaria com seu fulgor o século XIX em todo o Oriente, no Mediterrâneo e na África, como também a ordem do mundo e dos impérios da época.

Da evacuação francesa à nomeação de Muhammad 'Alī como _wālī_, o país retomou a sua condição de província otomana. A segunda revolta do Cairo, a qual levou ao enfraquecimento decisivo das posições francesas, reforçou a direção nacional de tendência otomana e mameluca. 'Umar Makram, cuja autoridade aumentou, não pôde, contudo, alterar a natureza do poder em benefício da nova classe política egípcia – '_ulamā'_, notáveis e comerciantes –, já que as armas estavam nas mãos dos senhores de ontem; que o projeto dos Irmãos Independentes estava enterrado com a morte do seu chefe, o general Ya'kūb, no barco que o transportava para a Europa e que foi neutralizada a possível alternativa dos _shaykh_ do _Dīwān_, presos entre escolhas difíceis, em plena tormenta, na hora da intriga e dos complôs. A condição do Egito em 1805, era a de uma _wilāya_, um província do Império Otomano. A situação geopolítica do país limitava estreitamente sua margem de manobra. Todavia, o essencial já estava a postos: um poder de Estado, baseado em uma força militar, certamente reduzida, porém eficaz, e, sobretudo, sobre uma verdadeira delegação, um consenso nacional dos notáveis, '_ulamā'_, e dos comerciantes da época, apoiados pelo povo das cidades e das grandes aglomerações províncíais.

Trataria-se, desde logo, de manobrar dentro dos limites estreitos da geopolítica, isto é, de compreender o "espírito do local topográfico" como demonstrou magnificamente Djamāl Hamdān em sua obra monumental sobre _A personalidade do Egito_.

A Formação do Estado nacional moderno independente egípcio e o império sob Muhammad 'Alī e Īsmā'īl.

A legião copta do general Ya'kūb (1800-1801) e a proclamação pelos seus partidários, os Irmãos Independentes, da própria noção de um "Egito indepen-

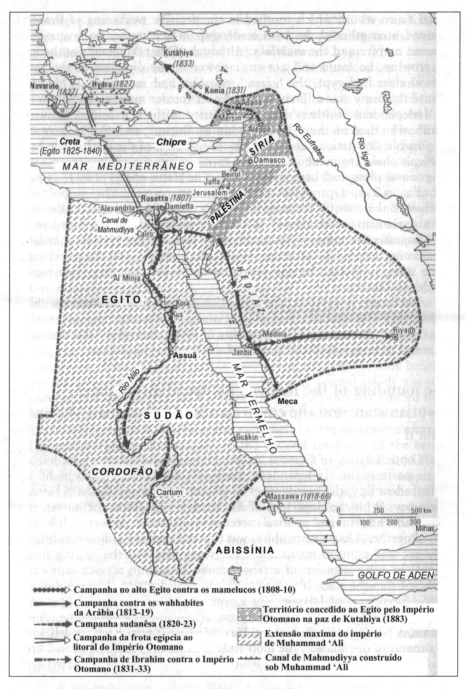

FIGURA 13.1 O Império egípcio de Muhammad 'Alī (1804-1849). Por razões técnicas, este mapa não inclui a região do Lago Vitória, nem a Somália. (Segundo A. Abdel-Malek.)

dente" se apoiaram na França, perante à supremacia britânica e, consequentemente, desmoronaram com a partida da expedição francesa. Outro seria o projeto e o curso político de Muhammad 'Alī. Tratava-se essencialmente de dotar o Egito com instituições militares, políticas, econômicas e culturais que fariam dele o centro motor da reconstituição do Império islâmico, em vez e no lugar da Turquia senescente. De início, o projeto compreendeu os dois círculos da identidade egípcia: egípcia e islâmica. Durante as campanhas de Muhammad 'Alī e de Ibrāhīm, tornar-se-ia mais preciso: o Egito apareceria como islâmico, árabe e africano.

Todavia, o homem que soube tomar o poder, levado pelos '*ulamā*', a multidão e seus fiéis albaneses, mediu a importância do terreno por ele dominado, ainda que de forma pouco estabelecida. A Inglaterra apoiava o partido mameluco, sob a liderança de Muhammad al-Alfī Bcy e, a partir de 1806, incentivou a Porta a demitir Muhammad 'Alī. Em 1807, a Inglaterra tentou a invasão direta do Egito; a vitória egípcia de Rāshid (Roseta), em 31 de março, repeliu o ataque. Muhammad `Alī, que se apoiava então, muitas vezes, nos notáveis, principalmente em 'Umar Makram, decidiu destruir pela força o poder dos mamelucos no Alto Egito, ainda mais por serem aliados dos ingleses: de junho de 1808 a agosto de 1810, ele subjugou o Alto Egito. Em 1° de março de 1811, o massacre da Cidadela acabou por eliminar os líderes das tropas rebeldes que eram um obstáculo à unidade do poder, como também aos planos do novo Vice-Rei.

Os dados geopolíticos fundamentais foram constantes até a queda de Napoleão; a partir de 1815, o peso específico da Inglaterra aumentou e novos países entraram na arena, notadamente a Áustria de Metternich. Foi o momento em que Muhammad `Alī, uma vez reduzido o poder dos mamelucos, empreendeu a construção do império e da grande obra de regeneração no interior.

Que visão Muhammad `Alī tinha da independência? E, neste quadro, qual era o papel que ele dava à autonomia no seio do império? Em 28 de novembro de 1810, Muhammad `Alī teve um encontro secreto com o consul da França, Drovetti, e solicitou-lhe ajudar o Egito a se separar do Império Otomano. Simultaneamente, em 25 de novembro, ele pediu a Istambul o reconhecimento do Egito, simples província (*wilāya-eyālet*), na condição de *odjak*, gozando da mesma liberdade que Argel à época. Lançou então seu exército na Arábia (1813-1819), depois no Sudão (1820-1823), tendo como objetivo mais amplo a ocupação da Abissínia. A Inglaterra, que ele bajulou e tentou trazer para a sua causa, se voltou contra ele, já que penetrou em três áreas de influência – o Mar Vermelho, o Golfo Pérsico e a Abissínia – indispensáveis para assegurar a rota das Índias. Na realidade, tudo não se resumia a isso: "do Golfo Pérsico ao deserto da Líbia, do Sudão ao Mediterrâneo, de uma parte à outra do Mar Vermelho, estendendo-se por cinco milhões de quilômetros quadrados: dez vezes a França, a metade da Europa; um império napoleônico ou faraônico." E isto concomitante ao declínio do poderio otomano. Desde então, a "questão egípcia" deu lugar à "questão do Oriente", "graças à existência de uma grande força civilizadora no Norte da África"[5].

O primeiro choque se deu na Grécia insular (Hidra e Spezzia), em 1827. A poderosa frota de Muhammad ʿAlī e o exército de seu filho Ibrāhīm concentraram-se para socorrer o Império Otomano. Negociações se deram em Alexandria entre o coronel Cradock, enviado especial de Londres, e Muhammad ʿAlī e seus adjuntos: o tópico não era outro que a independência, a partir da posição de força egípcia em relação à Porta. Muhammad ʿAlī, como bom estrategista, tentou evitar o confronto armado, na undécima hora; a obstinação do sultão conduziu diretamente à destruição da frota egípcia, tropa de batalha da frota otomana, em Navarin (20 de outubro de 1827). Muhammad ʿAlī, diante da defecção da França, até então amiga, se voltou para o Império Otomano. Em 12 de dezembro, enviou à Porta um plano de regeneração digno de um estadista:

> Sem dúvida que a necessidade da restauração se faça sentir de uma maneira aguda, em todos os países islâmicos. Sem dúvida que a nossa nação, em sua apatia atual, viva como os rebanhos. Deixe então de lado, por piedade, o egoísmo, a precipitação e o excesso de zelo e reflita um pouco sobre o estado de desamparo e de miséria em que se encontram atualmente as nações mulçumanas. Voltemo-nos à sabedoria e façamos uma paz que seja antes uma trégua [...]. Valeria mil vezes mais viver e servir, desta maneira, nossa pátria e nossa religião [...]. É hora de colocar-me, assim como meu filho, a serviço do Estado e da religião[6].

Conhece-se a sequência: a recusa da Porta; a ampliação dos objetivos do Vice-Rei no mundo árabe, sob a influência de Ibrāhīm; a guerra entre a Turquia e o Egito, marcada pelas brilhantes vitórias de Ibrāhīm em Koniah, Kutāhiya e Nasībīn; a intervenção das potências, decididas a abater Muhammad ʿAlī. De 1831 a 1840, o avanço de Muhammad ʿAlī bateu às portas de Istambul; a Santa Aliança de todas as potências europeias salvaria o governo do sultão para melhor derrubar o único Estado islâmico e oriental capaz de enfrentar a expansão colo-

---

5   E. Driault, 1925.
6   Carta ao Cheijh Effendī, 12 de dezembro de 1827, citada em M. Sabry, 1930, p. 153-155.

O renascimento do Egito (1805-1881)

Figura 13.2 Muhammad 'Alī (quadro de sir David Wilkie). [© The Tate Gallery, Londres]

FIGURA 13.3   Ibrāhīm, filho de Muhammad 'Ali e seu general-em-chefe. [Fonte: A. R. al-Rife'ï, *Asr Muhammad Aly*, 1930, Cairo, Dar al-Nahda al-Misriyyah; 4ª edição, 1982, O Cairo, Dar el-Maaref. © Juiz Helmy Shahin.]

nial europeia, de um lado, e de se encarregar da regeneração das províncias do império, de sua modernização e de seu renascimento nacional, do outro.

A parada imposta a Ibrāhīm pelo seu pai em Kutāhiya às portas de Istambul, endureceu sua posição. Em uma carta a seu pai, às vésperas das negociações, ele diz alto e claro:

> parece-me que a *independência* deva ser colocada em primeiro plano entre os pontos a serem discutidos e arranjados com os dois negociadores; é para mim uma questão vital acima de todas as demais. Reivindicar a cessão das três regiões de Anatólia, Alaīa e Cilícia, além da ilha de Chipre. Anexar, enfim, ao Egito, se possível, a Tunísia e a Tripolitânia. Estas devem constituir o mínimo de nossas reivindicações das quais não se deve desistir a preço algum; nossos interesses essenciais o exigem. Primeiro,

devemos ser firmes e inabaláveis no que tange à independência a fim de consolidar nossa situação e assegurarmos o futuro. Pois, sem a independência, todos os nossos esforços seriam em vão e permaneceríamos sob o jugo desta potência pérfida que nos oprime sem cessar com exigências ridículas e requisições de dinheiro. Doravante, é necessário liberarmo-nos destas cargas insuportáveis e encontrar nossa única saudação na independência[7].

Duas vias, dois cursos diferentes se ofereceram então ao Egito para atingir a condição de nação independente; a autonomia no seio do Império Turco, visionado por Muhammad 'Alī, a qual frisava pela independência, e a visão de Ibrāhīm cujo objetivo não era menos do que a independência completa, o Egito sendo a cabeça e o coração do Império árabe.

Nesta grande ação impulsionada pelo Vice-Rei e seu filho, a visão de Ibrāhīm tornou-se diferente. No contato com os soldados-*fallāhin* (camponeses), cuja língua nacional, o árabe, era a mesma daquela das províncias do Oriente Próximo que eles conquistaram e liberaram ao mesmo tempo, Ibrāhīm tomou consciência do caráter árabe do Egito islâmico e, acima de tudo, da imperiosa necessidade de forjar o instrumento do seu renascimento, isto é, o exército baseado na tecnologia avançada, dentro da moldura árabe. Quando de sua chegada a São João D'Acre, em 1831: "Meu objetivo [...] é duplo: primeiro, preservar a honra do Egito eterno e lhe restituir sua glória passada"; antes do ataque de Homs, ele ameaçou retalhar em pedaços o exército otomano "a fim de que isto sirva ainda mais para elevar a posição do Egito, tornar seu destino mais eminente, e dar valor a seu posto e honra"; Durante o sítio de Acre, Ibrāhīm disse ainda ao príncipe Pückler-Muskau: "é impossível para qualquer exército no mundo mostrar mais espírito de perseverança ou de bravura do que o meu, e toda vez que um caso de indecisão ou de covardia foi assinalado no exército, era invariavelmente do lado dos oficiais turcos: eu não conheço tais exemplos entre os árabes." Enfim, a seu pai: "Eis já vinte anos que vivo com estes homens e posso afirmar que se existir trezentos turcos em mil conhecidos por sua lealdade, existem setecentos entre os egípcios. A menos que tema sua mania de revolução, de tempos em tempos, contra o governo estabelecido"[8]. O elemento árabe interveio ativamente durante o período ascendente deste processo, mas desapareceu com Ibrāhīm depois de 1840.

---

7   Carta de 3 de fevereiro de 1833, citada em M. Sabry, 1930, p. 227-228. G. Khanki, 1948, dá a data de 20 de janeiro de 1833.
8   Citado pelo príncipe H. Pückler-Muskau em M. Sabry, 1930, p. 469-471.

Após 'Abbās I (1849-1854), consentindo com tudo exceto com o governo da Europa, Ismāʻīl colocou o problema nacional em termos de independência e de soberania. Tratava-se de reduzir, pela negociação, a dependência do país em relação à Turquia; de reconstituir em seguida um Estado autônomo e estável, dotado de instituições independentes que seriam estabelecidas posteriormente. Em um primeiro momento, Ismāʻīl obteve os *firmān* (decretos) de 27 de maio e de 15 de junho de 1866, depois aquele de 8 de junho de 1867. Os dois primeiros estabeleceram no Egito a hereditariedade direta do trono de pai para filho, segundo o direito primogênito; segundo o "mesmo modo de sucessão da maioria das dinastias europeias", e "em ruptura completa com as tradições do mundo islâmico"[9].

O *firmān* de 8 de junho de 1867 criou, para Ismāʻīl e seus sucessores, um título novo, o de quediva, para melhor distingui-lo dos outros Vice-Reis; outorgou ao quediva do Egito o direito de promulgação de *tanzīmāt*, portarias para a administração do país, e de convenções com países estrangeiros (alfândega, correio, transportes, polícia dos estrangeiros etc.), exceto a dar-lhes o caráter de tratados internacionais; de fato, um verdadeiro direito de negociação econômica. O ponto culminante foi atingido com o *firmān* de 8 de junho de 1873: o Egito – pela primeira vez designado como "Estado" e não mais como "província" – foi assegurado da continuidade do poder do quediva nas mesmas condições.

A reconstituição do Império egípcio respondia, segundo M. Sabry, de um lado, à "ideia de formar um grande Estado independente" e de "adquirir pela força do dinheiro" o que Muhammad ʻAlī tentou em vão obter pela força; do outro lado, à necessidade de "descobrir na expansão africana esta perspectiva de grandeza e de liberdade que lhe permite recuperar seu sentimento nacional e desenvolver algumas de suas capacidades que dormiam". "Ismāʻīl pensava que, ao se servir de novos corpos de oficiais do exército egípcio para expandir o Egito até o equador, ele conseguiria, de algum modo, criar para sua independência um refúgio último e inacessível no coração do continente". A expansão até o coração do continente africano não encontrou resistência, no início pelo menos, por parte da Turquia nem da Grã-Bretanha.

Uma esquadra de guerra, de poder médio após a entrega dos couraçados à Turquia, e uma marinha mercante que assegurava todas as necessidade do comércio egípcio; dezoito fortes; um bom serviço telefônico e telegráfico; o

---

9   Textos citados em A. Sammarco, 1935, vol. 4, p. 196-197.

esboço de uma ferrovia que devia chegar a Cartum e a Suākin – elementos estes que completariam a infraestrutura do novo império. O Sudão, mas também a Somália, o Harar, a província equatorial, o Bunyoro e o Buganda se abriram à civilização europeia pelo viés da progressão militar egípcia; a imprensa liberal da Europa abundava em elogios; a acolhida das populações parecia, no essencial, cheia de benevolência. Todavia, o fracasso veio a coroar esta obra que atingiu seu apogeu entre 1872 e 1879.

Ismāʿīl cedeu no plano do comando militar – crendo assim que a Grã--Bretanha toleraria sua empreitada africana – e nada fez comparável àquilo que Muhammad ʿAlī tinha executado em termos econômicos e, sobretudo, industriais. O exército, bem organizado mas comandado por estrangeiros, não dispunha mais, depois do Tratado de Londres, de uma infraestrutura industrial pujante. O Egito não estava mais em condições de assegurar sua independência e seu desenvolvimento econômico moderno. Contudo, "é preciso que os povos das regiões da nascente do Nilo sejam hoje amigos e aliados de Sua Alteza o Quediva" – a palavra de ordem de Ismāʿīl, sob diversas formas, não parou de ecoar até os nossos dias[10].

Paralelamente à execução deste grande projeto nacional, o movimento representativo, depois constitucionalista, implantou-se e empenhou-se plenamente sob Ismāʿīl. Já em 5 de outubro de 1798, Bonaparte convocou uma assembleia geral dos notáveis, que levava o nome de *al-Dīwān al-ʿām*. Com MuhammadʿAlī, ainda que a implantação de diversas instituições próprias de um Estado do tipo moderno comandasse a ação do país inteiro, a ideia central era aquela da eficiência, a noção de ordem muito mais do que aquela de delegação. Um novo organismo consultivo, *Madjlis al-mushāwara*, foi criado em 1829: 156 membros – dos quais 23 altos funcionários e *ʿulamāʾ*; 24 *maʾmūr* de província, 99 notáveis e shaykh provínciais – colocados sob a presidência de Ibrāhīm.

Uma assembleia especial, *al-Madjlis al-ʿumūmī*, foi criada em 1847 em Alexandria para cuidar dos problemas daquela cidade. Em 1832, a Síria foi dotada de um conselho de grandes notáveis, composto por 22 pessoas[11].

Em 1834, a primeira edição da obra do shaykh Rifāʿa al-Tahtāwī, *Takhlīs al-ibrīz ilā Talkhīs Bārīz*, obra de reflexão sobre as contribuições da Revolução

---

10 M. Sabry, 1933, p. 383-389; A. R. al-Rāfeʿī, 1948, p. 104-196; R. Robinson e J. Gallagher, 1961, p. 2-3, p. 122-133, p. 159.

11 Sobre a evolução do constitucionalismo no Egito, ver G. Douin, 1933-1941, p. 298-301; P. Ravisse, 1896, p. 9; A. R. al-Rāfeʿī, 1948a, p. 81-84; J. M. Landau, 1953, p. 9; D. M. Wallace, 1883, p. 209-213; J. C. McCoan, 1887, p. 115; G. Baer, 1961, p. 127, nota 37; barão de Malortie, 1882, p. 214.

Francesa, marcaria o nascimento e a cristalização do pensamento político e social egípcio. A contribuição aos tópicos da "pátria" e da "nação" era considerável. O essencial versava sobre as duas noções de "liberdade" e de "secularismo", ambas vistas sob o seu duplo aspecto teórico e prático. Achava-se uma síntese muito justa entre a contribuição de toda a história da civilização egípcia, particularmente a contribuição dos coptas, depois do islã, em particular do califa ʻUmar, de um lado, e os ensinamentos da Revolução Francesa, do outro, que permitiu concluir que somente a outorga de uma constituição ou de uma carta, baseada no contrato social e não outorgada pelo soberano constituiria o fundamento de uma sociedade civilizada[12]. Sob ʻAbbās I, Tahtāwi foi exilado no Sudão. Saʻīd criou uma espécie de conselho de Estado com nove membros, a título consultivo. A retomada do movimento constitucionalista pareceu iniciar em agosto de 1864.

Dois textos – *al-Lā'iha al-'asāsiyya* (a condição fundamental) e *al-Lā'iha al-nizāmiyya* (a lei especificando as atribuições da assembleia de delegados) promulgados em 22 de outubro de 1866 e reunidos em um "regulamento", criaram o *Madjlis shūrā al-nuwwāb* (conselho consultivo, assembleia de deputados). O artigo primeiro do primeiro documento definia a natureza da nova assembleia: "A Assembleia terá por missão deliberar sobre os interesses superiores do país; ela deverá igualmente se pronunciar sobre os projetos que o governo crerá depender de suas atribuições e sobre os quais ele dará sua opinião, a qual será submetida à aprovação de Sua Alteza o Vice-Rei".

A preponderância dos notáveis das vilas na Assembleia – em detrimento dos intelectuais que haviam retornado após a conclusão dos estudos no exterior – acompanhou-se de uma extensão sensível e crescente da sua nomeação aos cargos administrativos, indo mesmo até o de *mudīr*. O apoio dado por estes notáveis a Ismāʻīl durante os últimos anos de seu reinado e depois à revolução do exército, permitiu ver neles os representantes da massa mais representativa da classe política da época, os elementos da burguesia autóctone em formação, aqueles que, no final, dominavam o essencial do país.

O ano de 1875 foi o ponto de virada: o quediva Ismāʻīl, diante da penetração crescente das potências europeias, logo após a escavação do istmo de Suez, lançou-se em uma luta que lhe custaria o poder e o conduziria ao exílio em 1879.

---

12   R. al-Tahtāwī, 1834.

Economia, sociedade e cultura: a dialética da modernidade e da tradição

Em direção a uma economia autárquica

O primeiro ponto a sublinhar é que Muhammad `Alī criou uma economia nacional em vez de uma simples economia local, como era o caso na maioria dos países orientais desta época. A existência de um centro unificado de decisão nacional em matéria de política econômica decorreu, muito naturalmente, da especifici-

FIGURA 13.4   O shaykh Rifã 'al-Tahtāwī [Fonte: A. R. al-Rāfe'ī, *Asr Muhammad Aly*, 1930, Cairo, Dar al-Nahda al-Misriyyah; 4ª edição, 1982, Cairo, Dar el-Maaref. © Juiz Helmy Shahin.]

dade histórica milenar do Egito. A economia autárquica desejada por Muhammad 'Alī serviria ao seu propósito de fundar um Estado nacional egípcio moderno no coração do seu império. Apesar da interrupção de 1840, Ismā'īl poderia retomar a via de Muhammad 'Alī. A pressão, depois a penetração do grande capital internacional, enfim a ocupação do Egito em 1882 acresceriam a este primeiro fator dois outros de importância: de um lado, a criação de um mercado nacional unificado, particularmente graças às grandes obras empreendidas por Ismā'īl; depois, de outro lado, a integração econômica egípcia no circuito da economia internacional pelo viés de empréstimos e, sobretudo, pela monocultura do algodão.

A obra de Muhammad 'Alī merece uma análise mais atenta. Único entre os dirigentes dos Estados do Oriente islâmico da época, Muhammad 'Alī considerava a economia como o fundamento da política – a razão pela qual este sutil oficial albanês alçou o posto de estadista. O Estado que ele tentava edificar, na ocorrência, estava concebido no início, em 1805, como uma formação étnica centrada em torno de um exército poderoso e eficaz, apoiando-se ele próprio em uma economia moderna e autárquica[13].

De 1818 a 1830, ele criou as grandes unidades industriais: as fábricas de armas e de canhões da Cidadela, que atingiu seu apogeu em 1828 sob Adham Bey; a fábrica de canhões do Arsenal; a fábrica de fuzis de al-Hūd al-Marsūd (1821), as cinco fábricas de pólvora produzindo 15.874 *kantār* (1 *kantār* = 45 quilos) em 1833; o arsenal marítimo de Alexandria, criado por Lefébure de Cerisy em 1829, o qual substituiu um mestre artesão genial, Hadjdj 'Umar; depois a doca seca construída por Mougel, em 1844. De toda esta infraestrutura, o marechal Marmon e Clot Bay seriam os observadores admiradores e surpresos. No plano da indústria "civil", trinta fábricas de fiação e tecelagem de algodão foram criadas, tanto no Baixo Egito como no Alto Egito; as fábricas do Cairo forneciam às provínciais as máquinas, as ferramentas, as peças sobressalentes, os materiais de construção e os técnicos para a manutenção das instalações.

A produção era suficiente para as necessidades do país e permitia, ao mesmo tempo, substituir as importações por produções locais e obter lucros da ordem de 100% para o Tesouro Público. Três fábricas de tecelagem de lã foram fundadas em Būlāk, Damanhūr e Fuwwa, assim como uma grande fábrica de seda em

---

13 Ver A. Abdel-Malek, 1969, p. 23, 32, 65, 108; e para estudos mais detalhados: A. R. al-Rāfe'ī, 1951; G. Baer, 1962; R. al-Barāwī e M. H. Eleish, 1944; A. Linant de Bellefonds, 1872-1873; J. Bowring, 1840; F. Djirdjis, 1958; M. F. Lehītā, 1944; G. Michailidis, 1950; H. Thiers, 1867; F. de Lesseps, 1869; M. K. Moursy, 1914; H. A. B. Rivlin, 1961; J. Tagher, 1949; M. Fahmy, 1954; A. E. Crouchlye, 1938; A. A. A. al-Gritly, 1948; A. Abdel-Malek, 1962; H. Khallaf, 1962; C. P. Issawi, 1966; M. S. Ghurbāl, 1944; A. A. Hattāb, 1935.

Khurunfish (1816) e numerosas fábricas de linho através do país; três refinarias de açúcar; dezessete fábricas de índigo; duas grandes fábricas de vidro; o curtume de Rosette (1827) e a fábrica de papel do Cairo (1834); seis fábricas de salitre instaladas por um francês, Haïm. O ponto fraco já era o que frearia a industrialização um século mais tarde: falta de minerais essenciais, o ferro e o carvão, e a dificuldade de obter uma força motriz suficiente.

"O nosso objetivo não é de obter lucros, mas de dotar a população de uma formação industrial", disse ele a Bowring, o qual defendia a causa de um Egito agrícola. A historiografia egípcia recente começa a tomar consciência desta dimensão da obra do fundador da dinastia que sobreviveu até a sua derrubada em 26 de julho de 1952.

O Tratado de Londres, acordado entre as potências europeias e a Turquia em 15 de julho de 1840, permitiria a redução deste imenso impulso de edificação econômica independente graças às disposições que condenariam o Império Otomano à decadência: foi o fim do monopólio, criado por Muhammad 'Alī, a abertura do Egito à penetração dos capitais estrangeiros, o início da escavação do istmo de Suez que resultou, diretamente, na ocupação militar de 1882. Esta integração se realizaria pela distorção imposta externamente à economia egípcia. O fato de depender da monocultura do algodão teve manifestadamente efeitos nefastos para o conjunto da vida econômica: a integração foi, aqui, a submissão às cotações mundiais e às vicissitudes da conjuntura mundial, das quais o Egito permaneceu alijado, por haver sido privado, depois de 1879, de seu poder soberano de decisão.

Um outro tipo de distorção ligava-se ao fato de que o Baixo Egito era privilegiado em detrimento do Alto Egito. O delta englobava, é verdade, o essencial da superfície cultivável e sustentava as grandes cidades. As cidades eram o centro do processo de modernização econômica, social, política e cultural. A classe dirigente autóctone – aquela dos grandes latifundiários –, oriunda do desenvolvimento do setor capitalista a partir da instauração da propriedade privada da terra, atuava, de um lado, nas cidades e nas áreas rurais; do outro lado, no país e no estrangeiro que monopolizava o comércio exterior e, mais particularmente, as compras de algodão.

Esta simbiose no topo, por assim dizer, criou elos orgânicos profundos entre o interior do país e as cidades. A circulação de alguns grupos se fez no sentido da área rural para o centro urbano. O interior, aqui, é uma expressão que pode também se aplicar ao Sul e ao Alto Egito, já que, se Alexandria, voltada para a Europa, tinha um papel econômico capital – sobretudo após Sa'īd até o final do século –, o Cairo se situava em pleno coração do país e controlava o delta, onde se criava o essencial da riqueza do país e onde vivia a maioria da população.

A agricultura e a utilização dos solos

A própria agricultura ocupou, muito naturalmente, o primeiro lugar nas reformas econômicas. No final do século XVIII, todas as terras, exceto as *wakf*, se encontravam repartidas entre os *multazim*, cuja tarefa principal era "coletar e enviar a receita devida por sua vila ou suas vilas ao Tesouro, central ou provincial". Todavia, H. A. R. Gibb e H. Bowen observam a extensão dos direitos de usufruto progressivamente adquirido pelos *multazim*, o mais frequente em benefício de sua família, ao ponto em que "a propriedade do Estado tornou-se não mais do que uma farsa". Uma farsa que impediu a constituição do Estado moderno e centralizado com o qual sonhava Muhammad ʻAlī. Desde então, a única coisa que ele podia fazer era por um fim na divisão e na dispersão das receitas tiradas da terra. Com efeito, os dois milhões de *faddān* (1 faddān = 0,56 hectares) que constituíam a superfície cultivável do Egito, em 1805, se repartiam em seis categorias: as terras *ab ʻādiyya*, *shflik* ou *jiflik*, isto é, 200.000 *faddān* distribuídos por Muhammad ʻAlī aos membros de sua família, aos dignitários e aos comandantes militares, terras isentas de impostos; as terras dos mamelucos, na Cidadela (1811), em seguida, sua liquidação no Alto Egito (1812) para convertê-las em terras *awsiya*, 100.000 *faddān* dados em compensação aos mamelucos, a fim de não privar suas família de todos os recursos; as terras dos *shaykh*, ou *masmūh al-mashāyekh wal-masāteb* – 4% da superfície cultivável de cada vila, em um total de 154.000 *faddān* dados aos *ʻulamā'* que ocupavam igualmente as funções de *multazim*; as terras *rizka*, 6.000 *faddān* isentos de impostos dados de presente aos especialistas estrangeiros trabalhando no Egito; as terras *athar*, as quais permaneciam disponíveis foram dadas aos *fallāhin*; finalmente, as terras dos *ʻerbān*, nas quais Muhammad ʻAlī desejava que os beduínos se fixassem. Dada esta política de repartição das terras, o Vice-Rei apareceu a seus contemporâneos "como o agressor dos direitos adquiridos, o destruidor das casas prósperas, o homem que toma o que está nas mãos de outrem e lhe tira os seus meios de subsistência". Entretanto, segundo Shafik Ghurbāl, tratava-se de "um meio de sair do caos, da pobreza, da fome e de caminhar rumo à ordem, à abundância, à riqueza e à força".

A situação, considerada no único plano da propriedade agrária, aparece mais complexa. Com efeito, a tendência geral era para a ordem – a da economia egípcia sendo, de uma maneira geral, à época, estatal e autárquica. Contudo, é exagerado sustentar, como o fez Muhammad Kāmel Mursī, que a terra foi logo registrada individualmente no nome dos *fallāhīn* e, se o essencial permaneceu propriedade do Estado, Ibrāhīm 'Amer viu, mais justamente, neste sistema uma forma de transição:

> o regime de propriedade agrária e o sistema social que a ele se sobrepunha no Egito, antes de Muhammad 'Alī, eram aqueles de um 'feudalismo oriental', no qual as bases, diferentes daquelas do feudalismo europeu, eram a ausência da propriedade privada [de terras] e o centralismo do poder do Estado no campo da agricultura. Havia contudo alguns pontos de semelhança com o feudalismo europeu.

Depois, tendo analisado a diferenciação dos tipos de propriedades agrárias, ele concluiu que "o regime de exploração agrícola da época de Muhammad 'Alī era um regime temporário, de transição entre o feudalismo e o capitalismo"[14]. Um outro especialista destacaria este segundo aspecto: "o desenvolvimento das grandes propriedades privadas, característico do Egito moderno, tem sua origem no período de Muhammad 'Alī. A base de sua fundação, contudo, não é o desejo de criar uma nova classe de proprietários de terras, mas de facilitar a administração e a coleta dos impostos em benefício do governo e da nova classe dirigente". Voltaremos ao assunto.

Outros fatos merecem ser sublinhados. Foi Muhammad 'Alī que diversificou as lavouras e, sobretudo, intensificou a lavoura de algodão, desde 1821, sob o conselho de Jumel, o qual deu seu nome a uma nova variedade de algodão de fibra longa. Esta, bem como o algodão do tipo americano "*Sea Island*", forneceu ao Estado, detentor do monopólio sobre o comércio exterior, receitas apreciáveis, já que a colheita de 1845 atingiu 424.995 *kantār*, produzidos em 212.473 *faddān*, isto é um aumento de 400% em vinte anos; um máximo de 80.000 *kantār* foram para as fiações egípcias; restando por volta de 344.995 *kantār* para a exportação. Os especialistas concordam em louvar a política de modernização agrícola do Vice-Rei: "além de tudo, ele forneceu o capital indispensável para transformar a economia agrícola egípcia, de uma economia de subsistência para uma economia de lavouras comerciais e o fez sem sacrificar a produção de cereais sobre a qual a economia agrícola egípcia baseara-se desde sempre"[15].

---

14 Ibrāhīm 'Amer explica a diferença entre o feudalismo oriental e o feudalismo europeu pela "ausência da propriedade privada sob a forma de terra e o controle central do Estado sobre a propriedade agrária".

15 H. A. B. Rivlin, 1961, p. 169-170.

De si, o Vice-Rei dizia, antes de tudo, ser "um agricultor e um mercador". Pode-se ver aí um cálculo, já que o soberano do Egito se dirigia geralmente nestes termos a observadores estrangeiros. Mas então um agricultor no sentido dos faraós, senhores daquela "sociedade hidráulica" da qual o Egito foi o exemplo mais compacto e mais marcante em todas as eras. Mandou escavar, através do trabalho escravo, trinta e seis canais e drenos, particularmente o célebre canal Mahmūdiyya, aterrou o Phar'awniyya, inutilizável, fez com que construíssem quinze pontes e vinte e três barragens sobre o Nilo, dentre as quais a grande barragem do Delta, *al-kanātir al-khayriyya*, além de numerosas obras de reparação. O essencial do esforço concentrou-se, de longe, no Baixo Egito. Todavia, a obra empreendida parece ter diminuído no fim do reinado, embora a comissão nomeada em 1838 tenha indicado, em seu relatório de julho, que se tratava de alcançar o objetivo, colossal para a época, de irrigar 3.800.000 *faddān*, Muhammad hesitou em construir novas barragens, isto é, em consagrar uma parte importante do seu potencial humano e material em uma obra interna, no momento em que se definia a ofensiva econômica, política e militar das potências europeias[16].

Não é por acaso que caberia aos britânicos a execução do projeto gigantesco de Muhammad 'Alī, após a ocupação do Egito. Tecnicamente, podemos concluir que "as obras de Muhammad 'Alī em matéria de irrigação aparecem como menos impressionantes quando comparadas àquelas dos grandes períodos da história egípcia". Contudo, os observadores perspicazes da época não se enganaram: não se tratava somente de modernização ou do desenvolvimento do território, mas de assegurar a "independência do Egito em relação aos outros países", como bem o entendeu John Bowring, comissário da Inglaterra no Egito.

A primeira etapa (1840-1879) foi aquela da transição de uma economia profundamente marcada pelo "feudalismo oriental" para uma economia capitalista retardatária, do tipo colonial predominantemente agrária dominada pelo Estado, retomando e ampliando a vontade de modernização de Muhammad 'Alī.

De fato, a política do monopólio, que abalou duramente os privilégios dos antigos feudos e concentrou a terra, entre outras coisas, nas mãos do Vice-Rei, preparou o caminho para a propriedade privada da terra através do usufruto. Em 1846, um decreto permitiu hipotecar as terras detidas em usufruto. Em 1854, as

---

16 Único entre os estrangeiros, o Dr. Clot Bey viu o problema, enquanto os contemporâneos e os pesquisadores atuais – particularmente Bowring e Rivlin – mantêm-se somente no plano técnico e não explicam este fenômeno.

Figura 13.5   A chegada do primeiro trem ligando o Cairo a Suez, 14 de dezembro de 1858. [© The Mansell Collection Ltd., Londres.]

transferências dos títulos de propriedades em usufruto deviam ser feitas diante dos tribunais. Foi, contudo, a lei de 5 de agosto de 1858, promulgada por Sa'īd que instituiu formalmente o direito de propriedade privada da terra, segundo diversas modalidades (cláusula 25); o direito à herança foi reconhecido em 1858. Várias medidas sucessivas, entre 1858 e 1871, assimilaram as terras *rizka, awsiha* e *ab'ādiyya* às terras kharādj concernidas pelas reformas. Em 1880, praticamente a maioria dos proprietários de terras detinha suas terras como propriedade plena. A superfície das terras cultivadas passou de 3.856.226 *faddān* em 1840 para 4.758.474 *faddān* em 1882 graças às grande obras de desenvolvimento e de infraestrutura empreendida essencialmente sob Ismā'īl.

Compreende-se melhor agora a eficácia dos empréstimos estrangeiros contratados por Ismā'īl, a fim de empreender as grandes obras, dentre as quais muitas tiveram um efeito sobre as regiões rurais. Desde então, 'Abbās iniciou o processo ao outorgar a George Stephenson, em 1851, um contrato para a construção da primeira ferrovia que devia ligar Alexandria ao Cairo. Sob Sa'īd, Kafr al-Zayyāt, Tantā e Suez foram ligadas à capital; deveu-se a ele igualmente a construção de uma grande doca seca em Suez, a limpeza do canal Mahmūdiyya. O Egito tornou-se assim o local de junção entre o Mediterrâneo e o Mar Vermelho.

A. E. Crouchley, baseando-se no relatório Beardsley, estima em 51.394.000 libras egípcias o montante das despesas assumidas por Ismā'īl para as grandes obras: 112 canais estendendo-se sobre 13.500 quilômetros – isto é, um trabalho de escavação que, comparado ao empreendido para o canal, é na proporção de 165 por 100; vários milhares de quilômetros de canais drenados; 430 pontes construídas; a transformação de Alexandria no melhor porto do Mediterrâneo; 15 faróis sobre os dois mares; 1.880 quilômetros de ferrovia; 5.200 quilômetros de linhas telegráficas, mais 2.000 quilômetros no Sudão; 64 refinarias de açúcar. Ele restabeleceu o serviços dos correios, após um período de caos sob Sa'īd; em 1874, o Egito assinou os acordos do I Congresso internacional dos Correios em Berna. A introdução de esgotos, a melhoria das ruas do Cairo e de Alexandria, o fornecimento de água potável e de iluminação em vários bairros, a modernização do Cairo no modelo de Paris – obras públicas estas que vieram a completar as grande obras de infraestrutura.

O primeiro grupo social rural a se constituir como classe foi aquele dos grandes proprietários rurais. Em um primeiro momento – de 23 de março de 1840 a 24 de dezembro de 1866 –, o regime dos *'uhda*, terras isentas de impostos dadas de início em usufruto e que se tornaram progressivamente propriedades de fato, se estendeu logo à família de Muhammad 'Alī e aos dignitários; o total era estimado em 1.200.000 *faddān*, dos quais 300.000 foram detidos pela família do Vice-Rei. O resto serviu para constituir a base das futuras grande propriedades: Salīm al-Salihdār Pacha recebeu as vilas de al-Balyāna e de Fadhara; a família al-Shawāribī detinha 4.000 *faddān* (em 7.000) em Kalyūb, no final do século; al-Sayyed Abāza Pacha recebeu por volta de vinte vilas na Sharkiyya e deteve ainda quinze, isto é 6.000 *faddān*, em sua morte, em 1876; Badrāwī Pacha possuía Samannūd, isto é cerca de 1.400 *faddān*. A passagem para a propriedade privada não foi objeto de nenhuma pesquisa precisa; parece que os sucessores de Muhammad 'Alī admitiram o fato contra o pagamento dos impostos devidos pelos *fallāhin* que trabalhavam nestas terras. Um segundo grupo de proprietários era aquele que recebeu as terras em pousio, *ab'adiyya*, cuja superfície atingia entre 750.000 e um milhão de *faddān* no final do reinado de Muhammad 'Alī, particularmente nas duas províncias de Gharbiyya e de Beheira: Muhammad Shārīf Pacha e Daramallī Pacha, ambos governadores ou ministros, foram os principais beneficiários. G. Baer assinala que foram contudo as terras *jiflik* – terras "dadas" pelo soberano – compostas principalmente de vilas abandonadas em razão da forte tributação e, deste modo, transferidas para a família real que constituiam o essencial da grande propriedade rural; do milhão de *faddān* que representavam, em 1878, a propriedade da família do quediva, as terras *jiflik* vinham em primeiro lugar; foi Ismā'īl que distribui a maioria das doações entre 1867 e 1876.

Dois decretos assinados por Sa'īd, em 30 de setembro e 11 de outubro de 1854, reagruparam todas as terras em duas categorias: *'ushūriyya* (que englobava os três tipos descritos acima, mais as terras *awsiya*, pouco importantes) e *kharādjiyya*, isto é as terras que restavam fora da estrutura das grandes explorações agrárias; com efeito, Y. Artin e Lorde Cromer assimilaram as terras *ushūriyya* às grandes propriedades; elas passaram de 636.177 *faddān* em 1863 para 1.423.087 em 1891, isto é uma alta de 14,5 a 28,8% das terras cultivadas, enquanto que as terras *kharādjiyya* oscilavam entre 3.759.125 e 3.543.529 *faddān* – isto é uma queda de 85,5 a 71,2% – durante o mesmo período.

A primeira estatística da propriedade rural, em 1894, indicava que 11.900 grandes proprietários (mais de 50 *faddān*) detinham 2.243.500 *faddān*, isto é, 44% do total. O milhão de *faddān* pertencente à família do quediva em 1878 era nitidamente superior aos 664.000 *faddān* de 1844; Ismāʿīl tomou posse das terras novas que repartiu em terras da Dāʾira al-Saniyya (503.699 faddān em 1880) e terras de domínio do Estado (425.729 *faddān* em 1878). Sabe-se que as terras do Domínio deveriam ser cedidas em 1878 para cobrir o empréstimo Rothschild, mas o quediva teve a precaução de distribuir uma grande parte aos seus próximos antes deste vencimento. Mais tarde, novas disposições permitiram a este grupo recomprar as terras do Estado. Deste modo,

> se o duplo papel do soberano egípcio como proprietário das terras do Estado e de suas próprias terras acaba no final do reinado de Ismāʿīl [...] o membro reinante da família (quediva, sultão ou rei) continua sendo praticamente o maior proprietário rural. Mas ele não dispõe mais em teoria – e, em grande medida, na prática – de uma vasta reserva de terras do Estado para aumentar suas propriedades pessoais [...]. Também, a família real, como um todo, e graças às suas *wakf*, assim como à sua grande riqueza que lhe permite comprar ainda mais terras, mantém o seu lugar proeminente que data do século XIX, entre os proprietários rurais do Egito.

Estes grandes proprietários eram recrutados, naturalmente, entre os altos dignitários do regime, os oficiais, alguns notáveis das vilas, alguns chefes beduínos, os *'ulamān'* e os coptas (ver o quadro abaixo). Para situar as outras classes sociais rurais, é interessante consultar a divisão dos proprietários por categorias. O traço mais marcante é o desmantelamento da propriedade, na virada do século. As causas são múltiplas: os efeitos da lei islâmicas sobre a herança, o crescimento demográfico intenso e a lei sobre a impenhorabilidade dos cinco *faddān* (dezembro de 1912). De fato, as pequenas propriedades provinham tanto do desmembramento, relativo, das grandes propriedades quanto das médias.

Divisão dos proprietários por categorias no Egito em 1894 e 1914

Categorias de proprietários	Número		Superfície	
	Cifra absoluta	% do total	Cifra absoluta	% do total
Ano	Grandes proprietários (+ de 50 faddān)			
1894	11.900	1,3	2.243.500	44,0
1914	12.480	0,8	2.396.940	43,9
	Proprietários Médios (de 5 a 10 faddān)			
1894	141.070	15,4	1.756.100	34,3
1914	132.600	8,5	1.638.000	30,0
	Pequenos proprietários (- de 5 faddān)			
1894	761.300	83,3	1.113.000	21,7
1914	1.414.920	91,7	1.425.060	26,1

Os dados coletados sobre a condição socioeconômica dos ʿumda e shaykh das vilas são preciosos. O fim da era do monopólio e o subsequente aparecimento da propriedade privada da terra sob Saʿīd reduziram sensivelmente a importância desta categoria de notáveis rurais, antes prepostos dos multazim e sempre representantes do poder central diante dos fallāhin. Ismāʿīl reforçou a autoridade deles: "este cargo recai sobre o proprietário rural mais importante", escreveu o correspondente do Times, D. Mackenzie Wallace; a enciclopédia de ʿAlī Mubārak Pacha confirma e fornece os nomes das famílias de ʿumda (al-Sharīf, al-Hawwārī, al-Gayyār, ʿAbdul-Hakk, Shiʿīr, al-ʿUkalī, Siyāgh, al-Wakīl, al-ʿItribī, al-Shirīʿī, etc). Estes eram os koulaks do Egito, sobre os quais o pró-consulado de Cromer hesitaria em fundar o seu poder nas áreas rurais. A importância do seu peso relativo nas áreas rurais, quando do recenseamento de 1894, procedia dos ganhos adquiridos sob Ismāʿīl: alocação das terras; empréstimos concedidos aos fallāhin pobres; arrendamento de suas próprias terras; transações comerciais com a cidade, entre outros.

O número de koulaks aumentou nas regiões rurais, do mesmo modo que aquele das famílias de fallāhin dispondo de menos de 3 faddān requeridos para sua subsistência, além de outras categorias de pessoas sem terras nem emprego. O processo de empobrecimento devia ainda se acelerar durante o período colonial. Enquanto ʿAbbas I apoiou os beduínos contra uma eventual aliança entre os _shaykh_ e os *fallāhin* e Sa'īd tentou reduzir o poder político dos notáveis das vilas, Ismā'īl, ao contrário, apoiou-se amplamente sobre eles; a primeira assembleia consultiva dos deputados de 1866 foi escolhida, em sua maioria, entre os _shaykh_; entre os 74-75 delegados que tomaram assento em 1866, 1870 e 1876, A. R. al-Rāfe'ī avaliou em 58-64 o número de *'umda*; outrossim, Ismā'īl nomeou um grande número destes para o cargo de *mudīr* (governador) contra a aristocracia turco-albanesa; naturalmente, estes homens apoiaram a revolução de 'Urābī em 1882 e juntaram-se aos *fallāhin* para defender a causa nacional.

Desenvolvimento cultural

A evolução cultural – das premissas, obviamente pouco exitosas, da aculturação à elaboração de uma verdadeira filosofia da cultura nacional – ocupa um lugar à parte. Uma vez mais, como demonstra toda a história do Egito em seus sete milênios, foi o Estado que formulou o projeto, formou os quadros e impulsionou a ação. No centro deste processo, a grande figura de Shaykh Rifā'a al-Tahtāwi (1801-1873) dominava a cena. Com ele, a Idade Média terminou no Egito como em outros centros do mundo árabe.

Uma nova era começava, aquela da reconquista da identidade, objetivo das civilizações da fase "nacionalitária". Ela se faria em um quadro nacional, com a ajuda do pensamento radical e da crítica dupla do patrimônio nacional e das contribuições estrangeiras, de modo que "a pátria seja o local de nossa felicidade comum, que construiremos pela liberdade, pelo pensamento e pela fábrica". Sua obra mestre, *Manāhedj al-albāb al-Missriyya fī mabāhedj al-ādāb al-'asriyya* (As vozes dos corações egípcios rumo às alegrias dos costumes contemporâneos), marcou, em 1869, a junção entre o pensamento nacional e a abertura para o socialismo:

> É o trabalho que dá o valor a todas as coisas, as quais não existem fora dele [...]. O trabalho é, então, o pivô da abundância; é através dele que o homem toma posse da utilização dos animais e de sua indústria espontânea, que ele produz a fim de que os membros de sua pátria usufruam [...]. Todas as virtudes que o crente deve demonstrar em relação ao seu irmão na fé são igualmente obrigatórias para todos os membros da pátria, em seus direitos recíprocos de uns para os outros, em razão da fraternidade patriótica que os uni sem falar da fraternidade religiosa. Todos aqueles reunidos por uma mesma pátria tem a obrigação moral de cooperar para melhorar a condição de sua pátria e a ordem nos campos da honra da pátria, de sua grandeza, de sua riqueza e sua prosperidade. Esta riqueza não pode ser obtida senão graças à

regularidade das relações sociais e à execução de empreitadas de utilidade pública. Estas serão repartidas igualmente entre os membros da pátria, a fim de que todos participem dos benefícios do orgulho nacional. Quando a injustiça, a covardia, a mentira e o desprezo desaparecerem, logo as virtudes e benefícios se espalharão entre eles e virá a hora da felicidade entre eles[17].

Instrumentos de vanguarda, as missões escolares na Europa, principalmente na França, seguida pela Inglaterra, pela Áustria, pela Itália, pelos Estados alemães e, mais tarde, pelos Estados Unidos da América, não assegurariam, em si só, a estrutura de um sistema pedagógico na escala de um país inteiro e de suas necessidades. Os esforços aparecem, em retrospectiva – e particularmente em comparação com a ação executada pela ocupação britânica –, como verdadeiramente imponentes. A diferenciação estabeleceu-se entre os dois tipos de ensino, clássico tradicional e moderno, em função do legado egípcio, de um lado, das exigências do Estado militar e do renascimento cultural, do outro. A rede de escolas especiais superiores – única no mundo não ocidental à época – que caracterizava o reinado de Muhammad 'Alī se duplicaria com a instituição de um verdadeiro sistema de ensino nacional, sob Ismā'īl, graças particularmente a 'Alī Mubārak, após um interlúdio que permitiria às missões religiosas europeias e americanas se implantarem, no momento da penetração imperialista, apesar de uma oposição tenaz da Igreja cópta. O conjunto destas iniciativas e desta reflexão dotaria o Egito, em meio século, de uma só vez de um sistema de ensino moderno e nacional, dos principais elementos de uma universidade de qualidade real, de uma rede diversificada de instituições científicas e de um programa pedagógico baseado nos valores humanistas, científicos e racionalistas modernos. Foi neste último campo que se encontraram, naturalmente, as dificuldades mais sérias, tanto é verdade que é mais fácil modificar as instituições do que remodelar as mentalidades.

A conjunção das missões escolares e da ascensão das novas elites do poder, assim como a emergência de novas camadas sociais, particularmente nas cidades, graças à ação política e militar do Estado, suscitariam um poderoso movimento de imprensa e editorial, no qual o impulso e o controle estatais – a partir da criação de um diário oficial *al-Wakā'i' al-Misriyya* (1828) – permitiriam contudo uma margem para iniciativas privadas (*al-Ahrām* foi criado em 1876).

É preciso notar que foi o Egito, a única entre todas as províncias do Império Otomano, que ofereceu asilo aos intelectuais, pensadores, escritores e editores

---

17   R. al-Tahtāwi, 1869.

perseguidos pela Porta, na realidade a terra de asilo privilegiado, em função de seu caráter oriental e islâmico, mas também organicamente interligado ao movimento da Europa moderna. Uma terra de asilo que mais era um ponto de encontros, de trabalho e de criação intelectuais, apoiado no único Estado moderno do Oriente dotado de uma infraestrutura material, técnica e econômica avançada. A luta empreendida pelo Egito depois do advento de Muhammad ʿAlī para fundar um Estado moderno, superar quatro séculos de decadência e dotar-se de uma economia avançada apoiada em um exército eficiente e poderoso – luta esta retomada, em condições infinitamente mais rigorosas, por Ismāʿīl – provocou uma fermentação de ideias e de movimentos sociais e políticos de grande intensidade: a imprensa árabe – egípcia e sírio-libanesa, oficial e privada – vivia então em um ambiente privilegiado de exaltação do sentimento nacional, propício à renovação cultural e ao cruzamento de ideias. Foi isso, nos parece, mais do que o único fato de ter sido o lugar de asilo preferido à época no seio do Império Otomano, que constituiu a contribuição fundamental do Egito ao progresso do ensino, da imprensa e da publicação – das luzes no mundo árabe islâmico de então – durante este período que apareceria, mais tarde, como tendo sido aquele da gestação da revolução e do renascimento nacionais. Bastarão alguns exemplos.

A historiografia adotou muito rapidamente o método científico, e seu campo de aplicação se ampliou do Egito às grandes experiências que abraçariam o mundo, particularmente o mundo moderno e hegemônico, aquela Europa de onde vinha o desafio. A transição de *'umma* para *watan* – da "comunidade de crentes" à "pátria" no sentido estrito – fez eco, no plano das ideias, à vontade política do Egito de se separar da Turquia e se tornar autônomo.

A elaboração da noção de independência não seguiu a mesma curva que aquela do conceito de pátria. A oscilação entre um autonomismo mais ou menos autocentrado e uma vontade de independência real, acrescida de ambições imperialistas, remete-nos à problemática específica do destacamento institucional da personalidade nacional egípcia, no âmbito geopolítico historicamente definido pela luta das potências rivais europeias pela partilha do mundo. Não se tratava apenas da imperfeição das ferramentas conceptuais e ideológicas – a qual não era menos real. A dificuldade estava em outro lugar: uma dialética de confronto bipolar direta não sendo possível, impuseram-se estratégias de tipo triangular ou pluriangular, cujos protagonistas eram sempre o Egito, a França e a Grã--Bretanha – aos quais se adicionava a Turquia. Por isso, o país buscaria doravante em si fontes de força e motivos de legitimidade.

A imitação do Ocidente era vista, com alegria, como uma operação de superfície – um espelho do ser possível, já que não podia se tratar de um possível atualizável: a vestimenta; o urbanismo; a música sob a forma de ópera, mas também de composições militares; o teatro, sobretudo; esboços de romance. Obviamente que os salões não poderiam mascarar o essencial, isto é o ressurgimento do Estado nacional. Eles não conseguiriam mais atenuar, nem que fosse por um momento, a voz do país profundo. Esta, tal como a expressam os ditados, os provérbios e os costumes, era impregnada por um sentimento de usurpação – não no imediato, mas através e no final de uma história milenar; porém, uma usurpação impensável, tão profundo era o enraizamento de cada um na gleba imemorial. A sensibilidade popular viria à tona através de moldes e de fórmulas expressando a necessidade de mediações viáveis.

Geopolítica e compradores

A dissolução do Estado de Muhammad 'Alī, a qual começou a partir do Tratado de Londres em 1840, foi o prelúdio da penetração do Egito pelo grande capital europeu, apoiado pelos compradores da época. À questão de saber se o reinado de 'Abbās I foi verdadeiramente aquele "do silêncio e do terror", Muhammad Sabry respondeu:

> é preciso reconhecer, entretanto, que a política vigilante e severa do Vice-Rei criou uma espécie de barreira contra a afluência europeia no Egito; que ela impediu, sobretudo graças aos regulamentos estabelecidos para limitar a liberdade de comércio interior, os europeus, gregos em sua maioria, de penetrar no interior do país e de deixar as duas grandes cidades, Alexandria e Cairo, para difundirem-se nas áreas rurais e comerciarem com os camponeses ignorantes. 'Abbās conseguiu deste modo deter o mal (a era consular) que se ampliaria como uma mancha de óleo sob o seu sucessor, já que nunca deixou de existir[18].

A concessão dada por Sa'īd (1854-1863) a seu amigo de infância Ferdinand de Lesseps pela abertura do canal de Suez, em 30 de novembro de 1854, oficialmente notificada pelo *firmān* de 19 de maio de 1855, marcou o início da penetração do Egito pelo grande capital europeu, então no ápice de sua expansão colonial. O impulso viria de Napoleão III em pessoa, que precipitaria a transformação da Sociedade de estudos do canal de Suez, criada em 27 de novembro de 1846, por três grupos de dez membros cada, representando a Grã-Bretanha, a França e a

---

18 M. Sabry, 1933.

Áustria – na Organização do conselho de administração da Companhia universal do canal de Suez, criado em 30 de novembro de 1854 "de modo que a sua organização entre os homens de negócios facilitasse a ação dos homens de Estado em suas negociações diplomáticas", como o indicou Napoleão III a Enfantin. Este último foi rapidamente descartado do negócio, em proveito exclusivo de Lesseps que não cessaria doravante de conduzir Saʻīd a todas as concessões, em nome da amizade. Lesseps o empurrou, sem descanso, na via dos empréstimos estrangeiros. Na morte de Saʻīd, em 18 de janeiro de 1863, o passivo do Egito se elevaria a 367 milhões de francos (14.313.000 libras egípcias), de acordo com a versão mais difundida, enquanto, segundo M. F. Lihītā, esse número teria alcançado 16.308.075 libras. Além disso, Saʻīd cedeu a preço irrisório o domínio de Wādī – 10.000 hectares, incluindo al-Tall al-Kabīr, chave do Egito –, quatro canais interiores entre o Nilo e o lago Timsāh, três imóveis e suas dependências, assim como entrepostos que se estendiam sobre 10.000 metros quadrados em Būlāk.

Desde o pronunciamento feito em 20 de janeiro de 1863, na Cidadela do Cairo, diante do corpo consular, Ismāʻīl declarou sua intenção de abolir o trabalho obrigatório. "Ninguém é mais a favor do canal do que eu" – disse ele um pouco mais tarde – "mas quero que o canal seja para o Egito e não o Egito para o canal." Simultaneamente, as grandes obras de desenvolvimento econômico no interior, as missões diplomáticas e as operações militares empreendidas no exterior (México, Creta, África), tanto por conta da Porta quanto para a instauração do Império egípcio na África, aumentariam as cifras dos empréstimos. Os números são eloquentes: à medida que o Egito se atolava, as condições tornavam-se mais draconianas. Ao todo, oito empréstimos, incluindo o de Saʻīd, escalonaram-se de 1862 a 1873; de fato, o empréstimo de 1868 não permitiu a recompra da dívida flutuante e desviou-se para as despesas de funcionamento, entre outras a da inauguração do canal. Ismāʻīl Saddīk imaginaria a lei dita *mukābala* (1871), a qual seria aplicada até 1877: contra o pagamento de uma soma correspondente a seis anuidades do imposto fundiário, os proprietários eram confirmados em seus direitos de propriedade e se beneficiavam de uma redução perpétua de 50% do dito imposto.

A bancarrota que ameaçava a Turquia, em 1874, reduziu a margem de manobra de Ismāʻīl. Para enfrentar o vencimento de 1° de dezembro de 1875, ele negociou a cessão das 177.642 ações do canal com os credores franceses primeiro, depois com a Grã-Bretanha. Em 25 de novembro, Disraeli apoiado pelos Rothschild, arrematou o lote – isto é, a toda parte do Egito na Companhia do canal – pela soma irrisória de 3.976.580 libras.

Os residentes estrangeiros – que passaram de 3.000 em 1836 a 112.568 em 1897 – agiriam de início como uma força de penetração, depois como auxiliares das tropas de ocupação após 1882. "Esta sociedade, de acordo com M. Sabry, era formada principalmente por delinquentes, falsários, ex-condenados da justiça, nababos e aventureiros de toda a sorte"; e, segundo D. S. Landes, ela "englobava uma mistura dos melhores e piores elementos do mundo europeu e mediterrâneo: banqueiros e agiotas; mercadores e ladrões; agentes de câmbio ingleses cheios de retidão e traficantes levantinos mercuriais; empregados zelosos da P.&O. (Peninsular & Oriental); prostitutas multicoloridas para a Praça dos Cônsules em Alexandria; eruditos devotados para os templos de Abydos e de Karnak; malfeitores e homens de confiança para as ruas do Cairo"[19].

O comércio atacadista de importação e exportação estava praticamente controlado pelos estrangeiros, particularmente os ingleses, os gregos, os italianos e os alemães (seis ou sete egípcios entre várias centenas de importadores em 1908); o comércio semiatacadista e varejista estava igualmente nas mãos dos estrangeiros, gregos, levantinos e judeus na maioria. As finanças e os bancos locais estavam, essencialmente, nas mãos dos judeus, aliados ou associados aos bancos europeus, os "neo-devoradores" – os Cattaui, Ménaché, Suarès, Sursock, Ada, Harari, Salvago, Aghion, Sinadino, Ismalun; eles negociavam com os gregos, os italianos, os sírios e, mais tarde, com os egípcios. Mediterrâneos e levantinos exerciam pequenas profissões, o comércio, o artesanato etc. Os súditos britânicos – dos quais a metade vinha de Chipre, de Malta e de outras colônias – eram ou militares ou funcionários públicos, ou engajados no comércio do algodão. Em 1897, a agricultura ocupava 64% da população ativa autóctone, contra 0,7% dos estrangeiros; na indústria e no comércio, ao contrário, encontravam-se 50% da população ativa estrangeira, contra 17% dos autóctones.

Em 1919, 1.488 proprietários estrangeiros possuíam mais de 50 *faddān*, isto é um total de 583.463 *faddān*, ou seja, uma média de 400 *faddān* por pessoa, contra uma média de 150 *faddān* para os grandes proprietários egípcios. A renda média anual dos estrangeiros *per capita* atingia 85 libras egípcias contra 9,5 libras para os egípcios, sem falar, obviamente, das sociedades estrangeiras em operação no país e dos empréstimos contratados no exterior. Em 1882, a criação dos tribunais mistos tentaria reduzir a margem de desordem financeira e administrativa.

---

19   D. S. Landes, 1958.

A revolução egípcia (1881-1882)

Ao longo de todo o século XIX e mais particularmente a partir da parada estratégica de 1840, a ascensão da burguesia egípcia deu-se em um contexto implacável, aquele dos imperialismos ascendentes. Ela aconteceu ao mesmo tempo que o estabelecimento de uma cultura verdadeiramente nacional, graças notadamente a R. al-Tahtāwī e A. Mubārak, acompanhada pela formação de um exército, então o mais poderoso da África, conduzido por politécnicos e cientistas acostumados à estratégia a longo prazo.

Nos últimos anos do reinado de Ismāʿīl, diretamente encorajado pelo quediva, o "grupo do Hilwān" (Sharīf, Ismāʿīl Rāgheb, ʿUmar Lutfī, Sultān Pacha, os coronéis Ahmad ʿUrābī, ʿAbdul'-Al Hilmī e ʿAlī Fahmī, Mahmūd Sāmī al-Bārūdī, Sulaymān Abāza, Hasan al- Shirīʿī, Mahmud Fahmī Pacha) como também as reuniões secretas dos oficiais do exército egípcio começaram a agir em 1876. Tal seria a origem do "Programa Nacional", apresentado à Assembleia, em 2 de abril de 1879, por sessenta parlamentares apoiados pelos grandes dignitários religiosos; tal seria também a origem do primeiro manifesto trazendo a assinatura do Partido Nacional, em 4 de novembro de 1879, como também do primeiro programa do Partido Nacional, conjuntamente redigido por Muhammad ʿAbduh e W. S. Blunt, em 18 de dezembro de 1881. A ação era então principalmente do tipo reivindicativo e constitucionalista. O Partido Nacional, entretanto, apoiava-se no exército, o último recurso. Sua ação era caracterizada por um gradualismo a partir do topo, o reconhecimento do papel do exército na revolução nacional e o quadro religioso, isto é islâmico, de ação política.

Diante do reagrupamento das forças nacionais em andamento, as potências europeias, desta vez lideradas pela Grã-Bretanha apoiada pela França, tendo como pretexto um sombrio complô que se traduziu em distúrbios e mortes em 11 de junho de 1882 em Alexandria, se reuniram em Constantinopla, em 23 de junho, para considerar de novo a "Questão Egípcia". Foi então tomada a decisão de intervir militarmente. A esquadra britânica comandada pelo almirante Seymour bombardeou Alexandria em 11 de julho de 1882, causando perdas consideráveis em vidas humanas e o incêndio da cidade em 12 de julho. Esta ação antecedeu a invasão militar que tinha por objetivo destruir a ponta-de-lança do movimento nacional, isto é, o exército. Com efeito, os oficiais em comando das três brigadas do exército, à frente de suas tropas, tinham apresentado em 9 de setembro de 1881 ao quediva Tawfīk, confinado em seu palácio de ʿAabdīn, as reivindicações do Partido nacional em nome de toda a nação. A invasão britânica se concluiu pela destruição do exército egípcio, particularmente durante a batalha de al-Tall al-Kābīr, em 13 de setembro de 1882 quando o brigadeiro-general Muhammad 'Obeyd morreu à frente de suas tropas, herói sem sepultura da derrota da revolução. Um grande número de paxás, em torno de Muhammad Sultān Pacha, aderiu ao invasor. Ahmad 'Urābī e seus companheiros foram excluídos do exército e exilados no Ceilão. A longa noite da ocupação começou, enquanto, por quase um ano ainda, os *fallāhin* nas áreas rurais continuaram a se mobilizar esporadicamente para manter viva a lenda de 'Urābī e de seus companheiros.

O período que vai da abdicação forçada de Ismā'īl (1879) à ocupação militar britânica foi dominado pela radicalização profunda e acelerada do movimento nacional egípcio e de sua ideologia em formação. O problema do renascimento foi percebido e as vezes posto em termos explícitos. A resistência à penetração econômica e política das potências europeias dominava a consciência nacional e determinava os temas e os modos de expressão. Com a ocupação militar iniciou-se um período que findaria, formalmente, com a evacuação de 1954 e, efetivamente, em 1956 com a reconquista de Suez. O período seguinte foi tão negro quanto foi descrito?

Primeiramente a renovação do pensamento islâmico. A reviravolta de 1840, e em seguida a ocupação que se preparia, desde 1879, não poderiam deixar de atiçar grandes massas, sensibilizadas pelo Islã. Mas onde pesquisar as causas do atraso, os motivos da decadência e as justificativas da fissura? Um grupo de pensadores, inseridos nos grupos sociais ligados aos setores tradicionais da economia e das instituições, ressentiu mais vivamente que os setores modernistas da economia da época a crueldade desta marginalização histórica. Seus teóricos, e principalmente Muhammad 'Adduh, se aplicaram em buscar no mais profundo da tradição nacional cultural mais marcante – a do islã – as razões e as chaves. A religião e a ideologia não eram mais, no século XIX, aquelas que Muhammad, *nabī al-'arabī* (o profeta árabe), tinha instituído. Tradições na maioria falsas; as escórias; a longa herança dos séculos de decadência e de dependência: o islã não era mais o mesmo. Doravante, convém ver nesta desnaturalização a fonte da decadência nacional e no retorno aos fundamentos dos princípios a via de todo futuro possível para um país islâmico. As reformas sugeridas não excluíam o uso da razão ou, mais exatamente, do bom senso, mas apenas no quadro da religião; pragmatismo que permitiu a abertura à contemporaneidade, mas já recusava, o processo de teorização; recusa de toda dialética social, em nome da unidade do *umma*; recusa do historicismo, o passado sendo privilegiado, por princípio – tais parecem ser, de um lado a inspiração profunda do pensamento teológico, do

FIGURA 13.6   O bombardeio de Alexandria, julho de 1882. [Fonte: A. R. al-Rāfeʻī, *Thawrat Arabi wal-Ihtelal al-Biritani*, 1937, Cairo, Dar al-Nahda al-Misriyyah. Fotografia original publicada no *The Graphic*, Londres, 1882.]

outro lado os traços essenciais da aplicação deste pensamento nos campos da política e do social desta renovação.

Os radicais estavam em outro lugar. Eles se enraízavam, contudo, no mesmo terreno, mas somente setorialmente, é verdade. O islã irrigava as duas tendências, e al-Azhar, com frequência, acolhia e formava, mas somente em um primeiro momento. Al-Tahtāwī, desta vez, anunciava mais do que dirigia. A direção do movimento nacional – o "grupo do Hilwān", que escolheu ʻUrābī como chefe – evoluiu a partir de teses liberais, pró-independência e constitucionalistas, muito aceitáveis para a época, em virtude de um pragmatismo prudente que a explosão revolucionária apenas desmentiria por um tempo. A frente das classes ascendentes, à época mal estruturadas ou em gestação, se dotou naturalmente de uma armadura ideológica eclética. Ecletismo – mas não síntese. As forças ascendentes da época, das quais 1952 marcaria a queda, não conseguiram ainda realizar a triagem crítica preliminar a toda síntese; o amálgama frentista foi preferido à análise; o unanimismo revolucionário a uma definição exata em termos de princípios e classes. Foi então, nos parece, que a ideologia do modernismo liberal tornou-se um slogan equivocado – a despeito de al-Tahtāwī.

No meio da grisalha do tempo, na noite da ocupação cujo peso, nesta primeira fase, foi particularmente sufocante, 'Abdullāh al-Nadīm (1843-1896) apareceu como uma figura legendária. Nele, tudo convergiria: o pensamento e a ação, a retórica e a eficácia, o classicismo e a modernidade. Sua contribuição principal estava, essencialmente, na implantação das teses e ideias nacionalitárias, até então privilégio das elites, nas massas profundas do povo das cidades e do campo. Jornalista, tribuno, organizador político, autor teatral, teórico e praticante eminente do árabe dialetal e historiador, ele foi o verdadeiro criador do populismo revolucionário que encontraria nas colunas de seus jornais sucessivos, *al-Tankīt wa'l-Tabkīt*, depois *al-Ta'ef*, como também na criação da Sociedade Benfeitora Islâmica, os meios de despertar a opinião pública. "Eu proclamo o amor dos soldados e a necessidade de se apoiar neles, eu apelei às massas a se unirem a eles." Eis o seu apelo de 20 de julho de 1882, no momento da revolução de 'Urābī:

> Habitantes do Egito! Os ingleses dizem que o Egito é a fortaleza dos países árabes e que aquele que penetrá-lo conquista através dele os países dos muçulmanos. Levantai-vos na defesa de vossa pátria, fortificai-vos, preservai a fortaleza dos países islâmicos, lutai na guerra santa e justa em nome de Alá a fim de preservar esta grande religião e afastar um inimigo que deseja penetrar com seus homens e sua cavalaria no país de Deus, na santa *Ka'ba*, através do vosso país, apoiando-se para fazer isso em vosso quediva que vendeu a nação a fim de agradar os ingleses e deu as terras do islã em troca da proteção que lhe dão os ingleses!

Após a derrota, o seu último jornal, *al-Ustādh* – o qual se desejava como o cadinho da radicalização da ideologia nacional, o local do retorno às raízes patrióticas na travessia da longa noite que conduziria em 1892 ao ressurgimento do movimento nacional em torno do Partido nacional – declarou:

> Em uma palavra, o remédio mais forte é a cauterização com fogo. A situação atingiu o seu pico. Se conseguirmos remendar este tecido rasgado, se nos apoiarmos uns aos outros, se unificarmos a palavra oriental, egípcia, síria, árabe e turca – então poderemos dizer a Europa: "Nós somos nós e vocês são vocês'. Mas, se permanecermos onde estamos – contradições, capitulação, apelo uns após os outros ao exterior –, então a Europa terá o direito de nos expulsar de nossos países até os cumes das montanhas e, após ter-nos cercado entre os animais selvagens, dizer-nos com razão: 'Se fôsseis semelhantes a nós, teríeis agido como nós."

Nove anos de clandestinidade, a primeira na história do movimento nacional egípcio e que faria escola, fizeram de Nadīm o porta-voz da massa dos *fallāhin*, este país profundo que ele trabalhou e irrigou com sua seiva. É preciso ler as lembranças publicadas, oitenta e quatro anos mais tarde, em 1966, por um dos raros sobreviventes dos *fallāhin* rebelados à época, al-Hādjdj 'Uthmān Shu'īb:

> O país não se calou; houve numerosas rebeliões; os sultões, os reis e os ingleses mataram-nas. Quanta juventude se foi sem resultado [...]. Depois veio Gamal. Ele vingou 'Urābī; ele vingou os *fallāhin*; ele expulsou o sultão e os ingleses. Uma única coisa me desagrada; a foto de 'Urābī: aonde estão suas mãos, seu porte alto? Onde está a sua espada?

Naquela noite de toda a ocupação, na grisalha, a abdicação e os compromissos, diante do terror que se abateu sobre o país desconcertado, Nadīm proclamou o advento do povo no timão da revolução portadora do amanhã.

O impacto do Egito: "a outra margem do rio"

Na hora do balanço, uma grande interrogação se impõe claramente: como explicar este renascimento em crise, a ruptura de uma escalada que permaneceu verdadeiramente fulgurante para a época, um processo travado, do qual o mundo árabe e a África mantiveram a nostalgia?

Trata-se, fundamentalmente, do peso do fato geopolítico sobre o conjunto de todo o processo, bem mais do que das razões internas, as quais tiveram igualmente um papel substancial. Com efeito, se aceitarmos a matriz dos dois círculos da dialética social – o círculo externo, exógeno, e o círculo interno, endógeno – claramente veremos que, no caso do Egito, local de todas as tormentas, na junção do Oriente e do Ocidente, ponto de encontro de três continentes (África, Ásia e Europa), foi o círculo externo – aquele da geopolítica – que comandou o conjunto. O século XIX egípcio foi, bem entendido, o ponto culminante das guerras que devastaram o litoral do Egito e da Síria, bem como o Magreb árabe e islâmico, desde o século XVIII; sendo 1882, aliás, a data exata na qual todos os países árabes e islâmicos da África do Norte e da Ásia Ocidental cessaram de ser formalmente independentes para se tornarem possessões militares diretas das grandes potências do Ocidente.

Mas há mais. Os golpes dados na primeira etapa do renascimento egípcio, desde as grandes batalhas navais do Mediterrâneo e o Tratado de Londres em 1840 até a ocupação militar em 1882, a penetração maciça dos capitais e dos colonos estrangeiros, o desmantelamento progressivo do movimento de independência e de edificação nacional não deixariam tempo para o Egito – e estamos aí no coração do círculo endógeno da dialética social – perfazer uma síntese do pensamento nacional que pudesse fazer frente à penetração estrangeira, estruturando, ao mesmo tempo, o projeto nacional de modo realista e adequado. As grandes tendências do pensamento egípcio – o modernismo liberal de um lado e o fundamentalismo islâmico do outro – tentariam executar sua junção apenas na metade do século XX. O século XIX permanece, por sua vez, como o do esboço, das aproximações inadequadas e da simbiose impossível. Daí a permeabilidade do terreno nacional em que o modernismo da aculturação se encontrou facilmente confundido com a modernidade nacional crítica, onde a "onda ocidental" pôde facilmente isolar os diferentes fatores constitutivos e as grandes formações do movimento nacional egípcio.

O impacto desta primeira etapa do renascimento egípcio repercutiria muito além de suas fronteiras. O Sudão, a Abissínia, o Chifre da África e a área dos Grandes Lagos da África Central experimentariam os ensinamentos do Egito renascente em luta contra o imperialismo. No Magreb, o renascimento do islã político e das grandes lutas populares e militares contra a penetração colonial inspiraram-se sem cessar nas diferentes dimensões do esforço egípcio. Foi o Tratado de Berlim que codificou a divisão da África em 1881. Ele o fez em grande parte para assegurar o desmembramento racional e desde então legalizado, do grande continente, cujo despertar ameaçou o que era então a ordem do mundo, o "concerto hegemônico das potências".

Ainda mais além, a obra de Muhammad'Alī serviria de lição, uma das lições principais, que a equipe estabelecida pelo imperador Meiji estudaria a fim de promover a restauração japonesa a partir de 1868. A situação geopolítica, neste caso, era inversa: protegido pelos continentes, os oceanos, até o surgimento do comandante Perry, o Japão permaneceu muito mais senhor da sua coesão nacional cultural e, desde então, pôde iniciar a obra de modernização longe da prensa de ferro e de fogo da geopolítica – até Hiroshima e Nagasaki. Lembraremos, aqui, o impacto da vitória japonesa de Tsushima (1905) sobre o despertar da consciência nacional e sobre o Partido Nacional de Mustafá Kamāl e Muhammad Farīd no Egito do início do século XX. Enquanto isso, entre o mundo árabe e o Japão, a reforma constitucional dos *Tanzīmāt*, na Turquia, inspirou-se diretamente e explicitamente nas reformas egípcias: últimos sobressaltos do califado otomano que seriam retomados e racionalizados pela *Ittihād wa Taraqqī* e os Jovens Turcos de Enver Pacha e Mustafá Kamāl (Ataturk).

Abriu-se a cortina para o renascimento nacional do Egito, certamente em crise, que seria, objetivamente, o elemento formador do ressurgimento da África e da Ásia, do Oriente moderno, de 1805 à Conferência de Bandoeng, em 1955.

CAPÍTULO 14

O Sudão no século XIX

Hassan Ahmed Ibrāhīm
com uma contribuição de *Bethwell A. Ogot*
sobre o Sudão Meridional

As migrações árabes com destino ao Sudão Oriental – correspondendo mais ou menos ao Sudão atual, menos a região meridional – começaram no século IX e atingiram seu apogeu no século XIV. Por meios pacíficos, os árabes penetraram progressivamente no país e propagaram sua cultura, sua religião e sua influência entre as sociedades cristãs e tradicionalistas[1]. No início do século XVI, o Sudão Oriental era essencialmente dominado por dois sultanatos muçulmanos: os sultanatos funj e fur. Enquanto os sultões fur, os quais descendiam de uma grande família sudanesa – os Kayras –, reinaram sobre Darfur até 1874, os sultões de Sennar capitularam frente aos turcos em 1821[2]. O sultanato dos funj foi dilacerado pelas rivalidades dinásticas, sobretudo entre os fundadores, os funj e os 'abdallāb, e, subsequentemente, entre os diversos grupos hostis hama<u>dj</u>, os quais presidiram seus destinos a partir da década de 1760. Todos estes antagonismos levaram, no início do século XIX, à desintegração final do sultanato em chefias frágeis e opostas umas às outras[3]. O caos e as guerras locais que se seguiram deram, em 1820-1821 ao vice-rei do Egito, Muhammād 'Alī, a ocasião que ele esperava impacientemente para agregar o Sudão às suas possessões. Deste modo,

---

1 Para um estudo mais detalhado desta questão, ver Y. F. Hasan, 1967.
2 P. M. Holt, 1973, p. 67.
3 Para maior precisão, ver *História Geral da África*, vol. V, cap. 7.

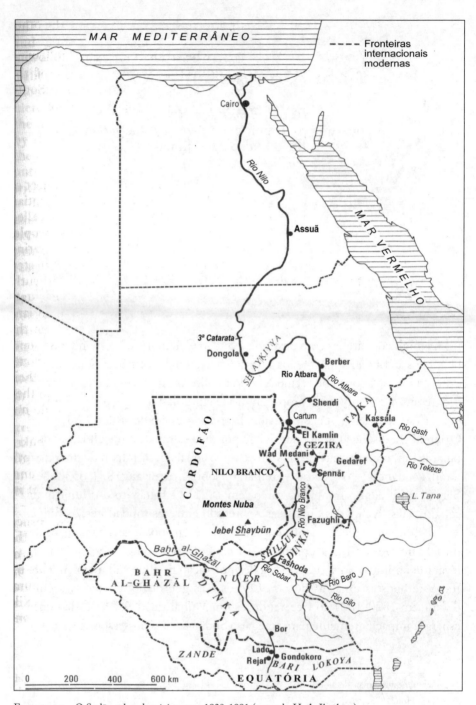

FIGURA 14.1 O Sudão sob o domínio turco, 1820-1881 (segundo H. A. Ibrāhīm)

começou o primeiro período de domínio colonial que o Sudão conheceu durante mais de sessenta anos.

Qualifica-se com frequência de "egípcia" este período colonial da história do Sudão. Contudo, se tivermos que qualificá-lo assim, este termo deve ser empregado com prudência. O Sudão não foi efetivamente conquistado ou governado pelos egípcios tais como os conhecemos hoje, mas por uma "entidade de língua turca cujos membros dominaram o Egito desde a época medieval". Salvo algumas exceções, os verdadeiros egípcios, isto é, os habitantes do baixo vale do Nilo, não foram nomeados para cargos políticos ou militares importantes nem no Egito nem no Sudão conquistado, acederam somente a cargos subalternos na administração e no exército. Esta é a razão pela qual os sudaneses, como os europeus, chamavam os dirigentes do país de "turcos", "porque o Sudão era egípcio somente porque era dependente da província otomana do Egito"[4]. Neste capítulo, nós adotaremos a expressão "Turkīyya" (turco) preferencialmente a "egípcio" ou ao neologismo atual, porém inoportuno, de "turco-egípcio".

Pode-se estudar o domínio turco no Sudão (1821-1885) sob as três seguintes grandes rubricas: a estratégia da conquista e a reação dos sudaneses do Norte; a resistência ao avanço imperial no Sul (1840-1880); o papel do novo regime na modernização do Sudão.

A estratégia da conquista e a reação dos sudaneses do Norte

A estratégia da invasão turca no Sudão foi tema de muitas controvérsias entre os historiadores. Segundo alguns historiadores egípcios, o objetivo principal de Muhammād 'Ali, quando empreendeu o que denominaram de "abertura" do Sudão, era o bem estar do país e de sua população. Segundo eles, Muhammād 'Alī sentia tanta comiseração pela degradação das condições de vida dos habitantes do sultanato funj que decidiu intervir pela força para tirá-los da miséria e para, subsequentemente, unir os sudaneses aos seus irmãos do Egito em um Estado poderoso que trabalharia a favor do "bem estar" dos dois povos[5]. Alguns historiadores egípcios chegaram a afirmar que Muhammād 'Alī empreendeu aquela invasão "por solicitação dos próprios sudaneses"[6], representados por

---

4 R. Hill, 1966, p. 1.
5 M. F. Shukri, 1948, p. 23.
6 M. A. al-Jābrī, s.d., p. 18.

alguns notáveis que o encontraram no Cairo e o pressionaram a intervir assim. Isto é o que fizeram efetivamente alguns dignitários sudaneses; mas é razoável pensar que seus motivos fossem estritamente pessoais o que se explica pelas rivalidades dinásticas que os opunham aos sultões funj. Não há então como supor que eles agiram como representantes do povo sudanês.

Um eminente historiador egípcio, já falecido, o professor Muḥammad Fu'ād Shukri, afirmou que a conquista de Muḥammād 'Alī estabelecera solidamente "os direitos legais e históricos" do Egito sobre o Sudão. A dissolução do sultanato funj, em 1820, e o desaparecimento da autoridade legítima de seu sultão fizeram do Sudão, segundo Shukri, "uma terra sem soberano"[7] – uma "terra de ninguém". Por isso, quando Muḥammād 'Alī impôs seu poder e estabeleceu um governo forte, o Egito se tornaria automaticamente, a partir de 1821, a autoridade soberana e incontestada no Sudão pelo direito de conquista[8]. Shukri afirma que uma das razões fundamentais da estadia de Muḥammād 'Alī no Sudão em 1838-1839[9] foi para propagar esta teoria a qual ele chamou de "teoria do vazio" e de se apoiar nela para "salvaguardar a unidade do vale do Nilo", isto é, para manter os dois elementos constitutivos, Egito e Sudão, sob um regime político único[10].

Esta reivindicação de soberania egípcia sobre o Sudão dominou a política egípcia e sudanesa até a década de 1950. Shukri parece ter tido motivos políticos para sustentar a tese dos partidários da unidade do vale do Nilo contra aquela dos partidários de um Sudão independente. Deve-se também agregar que o sultão de Sennar, o qual, em 1820, não passava de um mero fantoche, permanecera até aquela época como o soberano legítimo do país. Além disso, o Egito não podia reivindicar a soberania sobre o Sudão por direito de conquista já que a invasão fora empreendida em nome do sultão otomano e que o próprio Egito permaneceria, até 1914 pelo menos, uma província otomana. De todos os modos, o sultanato dos funj não poderia ser identificado com o Sudão.

"A hipótese do bem estar da população" colocada para explicar a invasão egípcia, foi questionada do mesmo modo por alguns historiadores sudaneses em trabalhos recentes[11]. Baseando-se em documentos de arquivos muito variados, estes trabalhos provam que Muḥammād 'Alī tinha como primeiro objetivo

---

7   M. F. Shukri, 1946, p. 18.
8   *Ibid.*, p. 38-39.
9   Para um trabalho sobre esta estadia, ver H. A. Ibrāhīm, 1980*a*, 1980*b*.
10 M. F. Shukri, 1958, p. 13.
11 Ver, por exemplo, H. A. Ibrāhīm, 1973, e B. K. Humayda, 1973.

FIGURA 14.2   Sennar em 1821: a capital do antigo sultanato dos funj, na época da invasão turco-egípcia. [Fonte: P. M. Holt e M. Daly, *History of the Sudan*, 1979, Weidenfeld and Nicolson, Londres. Ilustração: The National Trust, Kingston Lacy, Bankes MSS.]

FIGURA 14.3   Um acampamento de caçadores de escravos turco-egípcios no Cordofão. [Fonte: P. M. Holt e M. Daly, *History of the Sudan*, 1979, Weidenfeld and Nicolson, Londres. Ilustração: George Weidenfeld and Nicolson Ltd., Londres.]

explorar os recursos humanos e econômicos do Sudão a fim de realizar suas vastas ambições no Egito e no estrangeiro.

Desejoso de consolidar sua independência no Egito e de construir um império à custa do imperador otomano, Muhammād 'Alī criara, um pouco antes da conquista do Sudão, um exército poderoso e moderno. Muhammād 'Alī que começara por excluir, por várias razões, o recrutamento dos *fallāhin* (camponeses) egípcios[12], esperava recrutar 20 ou 30.000 sudaneses em seu *al-nizam al-djadīd* (nova organização). Ele tinha também necessidade de muitos dentre eles em suas numerosas empreitadas agrícolas e industriais do Egito. Não cessou então de intimar seus chefes de corpo no Sudão para intensificar as *ghazwa* (ataques para capturar escravos) e para enviar o máximo de africanos possível aos acampamentos especialmente arranjados para eles em Assuã. Ele sublinha em uma diretiva que é a justificativa mais importante das "dificuldades e despesas da conquista", e declara em uma outra que esta prática desumana responde ao "seu desejo mais vivo", quaisquer que sejam os meios utilizados para atingi-lo[13].

Até 1838, não passou sequer um ano sem que tenha tido ao menos uma, e às vezes várias, *ghazwa* aos negros nos montes Nuba e além de Fazughli; mas o número de negros suscetíveis de serem reduzidos à escravidão diminuía. A esperança que tinha Muhammad 'Alī de inchar as fileiras do exército negro de seus sonhos não era mais do que uma "utopia que não fora precedida de estudo algum aprofundado sobre o reservatório de escravos que constituía o Sudão"[14]. Ademais, os negros sudaneses opunham uma resistência feroz contra os ataques escravistas, alguns mesmo suicidavam-se para evitar a humilhação de uma vida na escravidão. Perdiam-se muitos dos cativos no caminho, enquanto que as febres, a disenteria, o frio e o banzo acabavam com um bom número de outros na própria Assuã. Diante deste revés radical, Muhammad 'Alī resolveu praticar em grande escala o recrutamento obrigatório dos *fallāhin*, e descobriu logo que estes "formavam uma das melhores infantarias regulares do Oriente Médio"[15].

Quando eram recrutados para seu serviço militar no próprio Sudão, os negros davam também provas de indiferença e de indisciplina. Alguns desertavam, enquanto outros pegavam em armas contra o governo. A mais importante destas rebeliões foi sem dúvida a de Medani, em 1844. Como reação às injustiças e humilhações, os soldados sudaneses conspiraram para se revoltar simultaneamente em quatro lugares: Cartum, Sennar, Kamlin e Medani. Mas os rebeldes de Medani insurgiram-se antes da data fixada, mataram alguns de seus oficiais

---

12 Sendo ele próprio um estrangeiro, Muhammād'Alī estimava talvez que um exército nacional colocaria sua posição no Egito em perigo. Pode-se, sem dúvida, explicar sua decisão pela repugnância dos *fallāhin* em fazer o serviço militar e pelo seu desejo de vê-los consagrar todos os seus esforços no desenvolvimento agrícola do Egito.
13 Citado em H. A. Ibrāhīm, 1980a, 1980b.
14 R. Hill, 1966, p. 25.
15 *Ibid.*, p. 7.

turcos e fugiram para Sennar para continuar a rebelião. Foi com grandes dificuldades que o governo reprimiu este levante[16].

Mais importante ainda foi o desejo de Muhammad 'Alī de explorar as riquezas minerais sudanesas, principalmente as jazidas auríferas. Quando tomou o poder em 1805, o Egito era uma das províncias mais pobres, senão a mais pobre, do império otomano. Daí a vontade de Muhammad 'Alī de encontrar uma fonte fácil de receitas para realizar suas aspirações no interior e no exterior. Obcecado desde a juventude até a velhice com a ilusão que se encontraria ouro em abundância no Sudão, ele utilizou esforços imensos para descobrir, particularmente na região de Fazughli e nos arredores do djabal Shaybūn. Não contente em insistir junto aos seus chefes de unidades sobre a urgência que revestiam os estudos mineralógicos sobre o ouro, Muhammad 'Alī enviou, em algumas ocasiões, especialistas ao Sudão; por exemplo, o austríaco Russeger e seu próprio engenheiro Boreani. Enfim, aos setenta anos, ele percorreu, em 1838-1839, toda a distância que separava o Cairo de Fazughli, para supervisionar as explorações; mas sua estadia de três semanas foi decepcionante. As atividades mineradoras do poder público não somente fracassaram, mas tinham também absorvido uma grande parte dos magros recursos do Tesouro egípcio.

Entretanto, os imperialistas turcos saíram-se melhor com o desenvolvimento da agricultura no Sudão. Eles enviaram especialistas agrônomos egípcios que melhoraram os sistemas de irrigação, ampliaram as lavouras existentes, introduziram outras novas e lutaram eficazmente contra parasitas e pragas, principalmente os acridianos. Eles nomearam veterinários para cuidar dos animais e fizeram vir do Egito curtidores qualificados para ensinar os sudaneses a conservar as peles e os couros. Também, a conquista garantiu uma maior segurança aos negociantes sudaneses do Norte e egípcios e permitiu a introdução posterior do comércio europeu[17].

Todavia, este desenvolvimento da agricultura e da pecuária não foi aparentemente posto a serviço da população sudanesa. Ao contrário, o governo se preocupou, sobretudo, em beneficiar o Egito. Durante todo seu reinado, Muhammad 'Alī impôs um monopólio restrito do Estado sobre quase toda a produção e exportação do país. Assim foram exportadas para o Egito quantidades consideráveis de produtos sudaneses, índigo, goma, marfim, etc. Também, durante todo o domínio turco, o Sudão foi para o Egito a fonte mais barata de produtos pecuários. Apesar das dificuldades encontradas para deslocar o rebanho ao longo

---

16   H. A. Ibrāhīm, 1973, p. 92-94.
17   R. Hill, 1966, p. 50.

do vale do Nilo, onde havia o perigo dos ladrões nômades e onde nada tinha sido organizado para alimentar e dar água aos animais, os bovinos chegavam regularmente a cada ano no Egito. O Sudão enviava do mesmo modo produtos de origem animal tais como couros e crinas[18].

Os sudaneses não foram submetidos regularmente a impostos sob o sultanato fudj, e a carga fiscal era então leve, em particular para os pobres. Entretanto, desejoso de mobilizar e explorar todos os recursos sudaneses, os administradores turcos ampliaram o sistema egípcio de tributação no Sudão, acrescentando as modificações necessárias. A introdução deste regime fiscal inteiramente novo desorganizou inevitavelmente a vida econômica da população. Os meios brutais empregados pelos bachi-bouzouk (*bāzbuk*) (soldados irregulares) para receber estes pesados impostos e a insistência manifestada com frequência pelas autoridades para que o pagamento fosse feito em dinheiro, já que as moedas apenas eram usadas correntemente entre os mercadores e entre a população urbana, agravaram ainda mais a situação.

A reação dos sudaneses foi imediata e, no mais das vezes, violenta. Alguns deixaram suas terras e seus *sākiya* (engenhos) e fugiram para as fronteiras da Abissínia ou para o Oeste, mas muitos outros se rebelaram, participando das revoltas camponesas, numerosas e díspares, que tiveram lugar em toda a Turkīyya, da qual a mais virulenta foi sem dúvida a revolta sudanesa de 1822.

Desprezando o sistema fiscal tradicional do Sudão, o intendente copta de finanças, Hana al-Tawīl, baixou em 1821 pesados impostos sobre as populações da Gezira e de Berber. Estas se rebelaram violentamente em fevereiro de 1822, atacando e matando membros de destacamentos isolados de soldados egípcios. De Shendī a Sennar, os habitantes fugiram aos milhares até a fronteira da Etiópia, no vale do Atbara e na região de Gedaref. Para evitar uma revolta em massa, Ismā'īl, filho de Muhammad 'Alī e comandante-em-chefe em Sennar, regressou precipitadamente de Fazughli na Gezira. Dando mostras do espírito de conciliação e aceitando uma revisão do sistema tributário, ele conseguiu provisoriamente restabelecer a calma. Mas ele mesmo cometeria logo um erro desastroso. Deixando o Sudão para voltar ao Egito, ele fez uma parada em Shendi e exigiu das populações dja'liyīn uma contribuição exorbitante: 30.000 dólares e 6.000 escravos a serem reunidos em dois dias[19]. Nimir, o *mak* (chefe) dos dja'liyīn locais, protestou demonstrando que seus administrados não tinham meios suficientes para pagar o que se exigia deles. Ismā'īl, cheio de arrogância,

---
18 H. A. Ibrāhīm, 1973, p. 135-154.
19 R. Hill, 1966, p. 16.

bateu no rosto de Nimir com seu cachimbo. Para se vingar desta humilhação, Nimir conspirou com seus homens para queimar vivos Ismā 'īl e todo o seu séquito em <u>Sh</u>endi no final de outubro de 1822. A revolta se estendeu subsequentemente a outras regiões, provocando pesadas perdas em vidas humanas e em bens[20]. Esta rebelião causada pelo desespero, mas sem líderes verdadeiros, foi, contudo, um aviso que fez os invasores compreenderem que a resistência ao seu domínio estava profundamente enraizada no coração de muitos sudaneses.

O sistema opressivo de tributação e de administração incentivou igualmente no Darfur um vasto movimento de resistência contra o efêmero domínio turco[21]. Desejoso, em restabelecer seu antigo poder, os sobreviventes da família Kayra juntaram-se aos fur para se oporem aos colonizadores. A mais popular e mais importante destas revoltas foi aquela do emir Hārūn, em 1877. Durante três anos, ele não cessou de assediar os invasores, e teria provavelmente conseguido acabar com seu domínio se não tivesse sido morto em 1880. Contudo, um de seus parentes, 'Abdullāh Dūd Banga, continuou a luta a partir de seu campo militar fortificado dos montes Nuba[22]. Diante desta resistência corajosa, os turcos foram incapazes de consolidar seu domínio, ao qual os habitantes do Darfur, em estreita colaboração com o Mahdī, colocaram fim em 1884.

O exército sudanês trouxe igualmente a sua contribuição à resistência aos primeiros colonizadores. Vários incidentes e rebeliões militares aconteceram em certas cidades do Norte: Medani, Sennar, al-'Obeyd, Suakin; mas uma revolta militar mais séria aconteceu em Kassala, em 1865. Furiosos por não terem recebido o soldo, os soldados do 4° regimento sudanês de Kassala se recusaram a obedecer às ordens de seus superiores turcos, atacaram e mataram alguns dentre eles, depois sitiaram a cidade durante vinte e seis dias. A revolta que provocou perdas em vidas humanas e estragos materiais minou seriamente a autoridade da administração turca em toda a província de Kassala. Esta foi talvez a crise mais séria que os imperialistas haviam confrontado no país em mais de trinta anos. Todavia, ao recorrer à esperteza e à diplomacia, o governo conseguiu finalmente apagar a revolta. Os soldados renderam suas armas depois de uma vaga promessa de anistia geral; mas os sobreviventes foram ou executados ou condenados a pesadas penas de prisão[23]. O quediva ordenou igualmente a redução para três

---

20 M. Shibayka, 1957, p. 33-35.
21 Ver abaixo, p. 7.
22 M. M. al-Hasan, s.d., p. 35-40.
23 N. Shuqayr, 1967, p. 545-553.

do número de regimentos sudaneses estacionados no Sudão e enviou o resto para o Egito.

A resistência às manobras imperialistas no Sul, 1821-1880

Até o início do domínio turco no Sudão, em 1821, os poderes políticos e econômicos dos Estados sudaneses muçulmanos do Norte e dos povos do Sudão Meridional eram comparáveis, senão equilibrados; mas o século XIX, principalmente a segunda metade, seria catastrófico para estes últimos. Este período foi marcado por importantes perdas materiais e por grandes humilhações e permaneceu como sinônimo de caos na memória popular do Sudão Meridional. Como escreveu o professor Francis Mading Deng, o qual é um dinka do Sudão Meridional, esta época permanece para as populações do Sul como aquela das "guerras de escravidão e de conquistas travadas contra elas por ondas de invasores, as quais não se distinguiam uma das outras, exceto pelos diferentes nomes que se davam: árabes, turcos, egípcios, ansar ou dongolawi[24]".

Quando Muhammad 'Alī invadiu o Sudão em 1821, ele dividiu o país em províncias e distritos, colocados sob a autoridade de oficiais egípcios e turcos que dependiam de um governador geral residente na cidade recém fundada de Cartum. Como já vimos acima, a principal função do regime estrangeiro era de impor tributos e se prover de escravos para aumentar as fileiras do exército egípcio. Expedições frequentes eram feitas ao longo do Nilo Branco para capturar escravos e, a partir de 1840, o tráfico de vidas humanas atingiu proporções gigantescas. Os exércitos privados dos traficantes de escravos estavam equipados com armas de fogo e imensas áreas de terras eram alugadas aos mercadores que podiam fazer investimentos muito rentáveis entre os povos do Sudão Meridional. A malha comercial implementada por Muhammad 'Alī apresentava algumas características notáveis. Os mercadores construíram fortes denominados de *zeriba*, inspirando-se naqueles que os sultões do Darfur construíam desde o século XVIII. Estes fortes serviam de base para suas operações de barganhas e para ataques escravistas lançados nas regiões vizinhas. Esta malha se caracterizou também pela divisão do poder entre os monopólios do Estado e os negociantes privados, pelo emprego sistemático da força, sobretudo graças aos mercenários recrutados localmente e por uma política de desenvolvimento de plantações comerciais, em especial o algodão. Por exemplo, os baggara eram obrigados a

---

24 F. M. Deng, 1978, p. 150.

pagar seus impostos em cabeças de gado ao governador do Cordofão. Aqueles que não podiam ou não desejavam pagá-los daquele modo tinham a possibilidade de fornecer escravos, conseguidos mediante a organização de ataques aos dinka.

Além disso, os mercadores europeus desejavam que o governo turco liberalizasse o mercado sudanês de marfim. Mais tarde, quando suas margens de lucro começaram a diminuir, eles decidiram pagar seus empregados árabes em escravos em vez de dinheiro; isto contribuiu para intensificar o tráfico de escravos. A cidade de Kaka, ao Norte do território shilluk, transformou-se rapidamente em um grande mercado de escravos, principalmente para os escravos vindo dos *zeriba* do Sul. A prosperidade de Kaka foi em parte devida à abolição do tráfico de escravos, em 1854, na parte do Sudão dominada pelos turcos. Kaka tornou-se o principal mercado de escravos da região do Nilo Branco e sua população de emigrados aumentou rapidamente. As atividades do saqueador Muhammad al-Khāyr, de origem dongolawi, que deixou Taqali em 1854 para se instalar em Kaka, talvez tenham facilitado também a transformação de Kaka em mercado de escravos[25]. Estima-se que, em 1860, 2.000 escravos eram vendidos, em média, a cada ano[26], e al-Khāyr e seus bandos de caçadores de escravos aterrorizavam as terras shilluk.

Os habitantes do Sul se recusaram a cooperar com eles e opuseram uma resistência ativa à presença destes em suas terras. As guerras que travaram contra eles são por demais numerosas e diversas para serem enumeradas aqui. Contentar-nos-emos em mencionar algumas a título de exemplos.

Os bari foram os primeiros a aproveitar todas as ocasiões para se levantarem contra os invasores. Em 1854, atacaram uma missão comercial francesa, mataram dois de seus membros e feriram vários outros. Pouco depois, uma outra batalha extremamente violenta aconteceu entre quatro a cinco mil bari e uma outra missão comercial liderada por Vaudeny, vice-cônsul da Sardenha. Vaudeny, seu adjunto turco e muitos de seus homens foram mortos. Os chefes bari que se mostraram, por menos que fosse, inclinados a colaborar com estes intrusos foram atacados igualmente. Tal foi notadamente o caso do chefe Nyagilo, do qual a autoridade foi minada e os bens destruídos. Ele fugiu para Gondokoro, mas foi perseguido e morto em 1859 por grupos de jovens bari armados[27].

---

25 R. Gray, 1970, p. 76-78.
26 J. Frost, 1974, p. 216.
27 R. Gray, 1970, p. 44.

FIGURA 14.4 Navios mercantes de Cartum sobre um afluente do Bahr al Ghazal ao Norte das terras dinka.
[Fonte: G. Schweinfurth, *The Heart of Africa*, 1873, Sampson, Low, Marston, Low and Searle, Londres. Ilustração reproduzida com autorização do Conselho de Administração da Biblioteca da Universidade de Cambridge.]

FIGURA 14.5 A zeriba de um mercador em Mvolo, com um estabelecimento dinka fora de seus muros.
[Fonte: G. Schweinfurth, *The Heart of Africa*, 1873, Sampson, Low, Marston, Low and Searle, Londres. Ilustração reproduzida com autorização do Conselho de Administração da Biblioteca da Universidade de Cambridge.]

Os negociantes foram rechaçados para o leste onde encontraram a hostilidade dos lokoya. Em 1860, depois de um ataque contra cinco estrangeiros, os negociantes enviaram uma força de 150 soldados dos quais 120 foram mortos e os outros seriamente feridos pelos lokoya[28].

Os shilluk do Norte opuseram a mesma resistência aos negociantes na região do Nilo Branco. Todavia, os imigrantes que chegavam ao Norte da região shilluk em geral, e a Kaka em particular, não eram todos mercadores. Muitos eram refugiados fugindo do domínio turco. No período compreendido entre 1840 e 1860, "um afluxo regular de refugiados vindos dos territórios turco-egípcios do Norte chegava ao território shilluk. Um grande número dentre eles era baggara de Salīm, mas havia também os descontentes que vinham da parte mulçumana do Sudão"[29]. As relações entre imigrantes e shilluk permaneceram amigáveis até o momento em que, em 1860, o *reth* (rei) perdeu o controle do sistema comercial que se desenvolvera em seu reino, mas era dominado por estrangeiros.

Em 1860, o *reth* Kwatker expulsou inúmeros mercadores árabes de seu reino. Muhammad Al-Khāyr retrucou atacando os shilluk com uma cavalaria de 200 baggara, mais de 1.000 homens armados de fuzis e treze barcos. Fachoda, a capital real, foi destruída. John e Kate Petherick, os quais se encontravam na região à época, nos deixaram um testemunho direto das consequências deste ataque. "Segundo eles, em 1862, a região shilluk, entre a ilha de Aba e a embocadura do Sobat, estava "completamente desorganizada" e" os shilluk, outrora poderosos haviam sido completamente dispersos"[30]. Kate Petherick observou em seu diário: "Atravessamos uma antiga vila shilluk em ruínas denominada Kaka; havia pelo menos 600 *tookuls* abandonados. O ano passado, os habitantes foram expulsos. Era um povo laborioso que cultivava muitos cereais"[31]. Mais tarde, testemunharam uma das expedições de al-khāyr que capturou 500 escravos e 12.000 cabeças de gado[32].

Os shilluk decidiram contra-atacar. Uma expedição de saqueadores de al-Khāyr foi repelida e aproximadamente setenta baggara foram mortos. Em 1863, os shilluk forçaram os mercadores a se retirar para o interior e al-Khāyr foi perseguido e morto. As relações entre os shilluk e o governador turco se

---

28 *Ibid.*, p. 56.
29 P. Mercer, 1971, p. 420.
30 J. e K. Petherick, 1869, vol. 1, p. 990.
31 *Ibid.*, p. 96.
32 *Ibid.*, p. 97.

Figura 14.6 Uma vila shilluk após um ataque de caçadores de escravos. [Fonte: J. e K. Petherick, *Travels in Central Africa*, 1869, Timsley Brothers, Londres. Ilustração reproduzida com autorização do Conselho de administração da Biblioteca da Universidade de Cambridge.]

deterioraram rapidamente. Os shilluk deviam pagar pesados impostos em gado e fornecer escravos para engrossar as fileiras da guarnição sudanesa.

Em 1868, este conflito endêmico tornara-se uma verdadeira guerra. Em novembro daquele ano, um corpo expedicionário de 2.000 soldados, encarregados de subjugarem os shilluk, encontrou uma resistência feroz e não obteve êxito algum. A administração decidiu impor um tributo anual de 15.000 libras aos shilluk e aos dinka, o que provocou um profundo ressentimento em todo o país. Como se aquilo não bastasse, o governo do quediva decidiu, em 1871, ampliar a lavoura do algodão no Sudão Meridional. Em 1874, 5.000 a 6.000 hectares de algodão, de cana-de-açúcar e de milho eram cultivados na região de Fachoda. Esta atividade agrícola trouxe para o governo estrangeiro 300.000 libras em impostos sobre o algodão naquele ano, exigindo o recurso ao trabalho forçado[33].

Os shilluk se rebelaram. Noventa soldados governamentais foram mortos e foi necessário enviar com urgência reforços de Cartum para acabar com a rebe-

---

33   J. Frost, 1974, para a maioria das informações contidas neste parágrafo.

lião; mas os shilluk estavam já decididos a lutar por sua liberdade. O *reth* Ajang recusou em colaborar e os árabes o assassinaram em 1874, depois tentaram governar sem rei. No ano seguinte, em outubro, milhares de shilluk atacaram os postos governamentais em Kaka e em Fachoda. Em Kaka somente quatorze soldados sobreviveram. Em 1876, novos reforços chegaram de Cartum equipados com fuzis Remington. Milhares de shilluk foram massacrados e, em abril, a área compreendida entre Kaka e Fachoda foi tida como "pacificada". Os shilluk foram desarmados e um grande número dentre eles foi engajado no exército e enviado para o Cairo. Cúmulo da afronta, Fachoda foi transformada em mercado de escravos onde as forças governamentais vendiam aos *djallāba* os escravos que capturavam, afim de juntar o montante do tributo anual de 12.500 libras. A população shilluk e seu rebanho bovino diminuíram rapidamente. Não é de se espantar que o dote, normalmente de vinte a trinta vacas, tenha diminuído para uma vaca entre 1860 e 1900.

Um grande número das populações do Sudão Meridional, fracas e sem defesa, não pôde opor mais do que uma resistência medíocre, senão vã, aos saqueadores negreiros; muitos homens foram reduzidos à escravidão ou mortos nos combates, "de modo que vários grupos desapareceram quase completamente como entidades políticas ou sociais"[34]. Os dinka e os nuer eram sem dúvida os mais capazes em se proteger dos ataques ao se retirarem com seu gado para pântanos inacessíveis. Habituados à guerra, infligiam com frequência sérias derrotas aos agressores.

Mais ao Sul, os zande puderam também, sob a liderança da orgulhosa e aristocrática dinastia Avungara, que havia fundado um Estado centralizado no século XVIII, opor-se aos assaltos dos negreiros. Um dos chefes zende, Ndoruma, conseguiu até mesmo conquistar uma *zeriba* (cercado) que o negreiro Abū Kurūn tinha instalado em suas terras. Subsequentemente, em 1870, infligiu uma derrota a uma força inimiga de 2.000 homens, matou Abū Kurūn e vários dos seus homens e confiscou uma centena de cargas de munições[35].

Nenhum dos dois sucessores imediatos de Muhammad ʿAlī, ʿAbbās e Saʿīd (1848-1863), quis rivalizar com ele em matéria de aventuras estrangeiras; mas o ambicioso quediva Ismāʿīl (1863-1879) "deu continuidade a uma política expansionista em todas as direções, mas sobretudo no alto vale do Nilo e, de lá, no vasto interior do Sudão Meridional"[36]. Ao submeter os comerciantes europeus

---

34 R. O. Collins, 1975, p. 18.
35 R. Gray, 1970, p. 64-65.
36 R. O. Collins, 1975, p. 19.

Figura 14.7 Um músico zande. [Fonte: G. Schweinfurth, *The Heart of Africa*, 1873, Sampson, Low, Marston, Low and Searle, Londres. Ilustração reproduzida com autorização do Conselho de administração da Biblioteca da Universidade de Cambridge.]

já enfraquecidos aos impostos e às medidas de discriminação, Ismāʻīl conseguiu pouco a pouco colocar o comércio nilótico sob o domínio dos turcos. Em 1867, os comerciantes europeus foram obrigados a deixar o Sudão e não tiveram mais, desde então, nenhum papel na vida comercial, a qual caiu nas mãos dos turcos e árabes vindos do Egito e do Sudão Setentrional. Liberado de toda influência europeia em escala local, Ismāʻīl subiu o Nilo para criar um império africano. A abolição da escravidão e do tráfico serviu de justificativa para esta expansão imperialista[37].

Esta tentativa de anexação da Equatória pelos turcos desenrolou-se sob o comando de dois oficiais britânicos: Samuel Baker (1869-1873) e Charles George Gordon (1874-1876 e 1877-1879). Sem hesitar em recorrer à violência e extremamente bem equipados, Baker e Gordon foram, apesar disto, incapazes de estender a administração turca na Equatória, além de alguns postos avançados esparsos. Ocupando o cargo de governador geral do Sudão (1877-1879), o próprio Gordon acabou por desistir em estender o domínio turco na Equatória. Seu sucessor, o alemão Edouard Carl Oscar Theodor Schnitzer (1840-1892), conhecido pelo nome de Amīn Pacha, herdou apenas uma presença turca enfraquecida e desorganizada, de modo que ele foi, subsequentemente, forçado a colocar um fim nela, e a se retirar para o litoral em 1889[38].

As tentativas de Baker em assegurar a participação dos africanos foram vãs, porque a tradição da resistência aos estrangeiros estava já profundamente enraizada no Sul. Logo após a sua chegada em Gondokoro, em 1874, Baker enfrentou a hostilidade declarada dos bari e de seu chefe Alloron. Recusaram-se a lhe vender trigo e destruíram as colheitas de seus homens. Os bari beliman e os lokoya, os quais eram, entretanto, rivais de Alloron, participaram nestas operações[39]. Os bari moogie mataram vinte e oito soldados, assediaram as caravanas que passavam em seu território, e seus vizinhos da margem ocidental, seguindo o exemplo deles, adotaram também uma atitude hostil.

Baker subiu o Nilo até Patiko, no Acholi, ao Norte de Uganda onde ele transformou todas as feitorias da região em postos governamentais e recrutou, nas forças governamentais, numerosos mercenários danakla (ou dongolawi como os chamava a população local, já que uma maioria deles era originária da região de Dongola) que estavam a serviço dos mercadores árabes. Era então difícil

---

37 Sobre a escravidão e o tráfico, ver M. F. Shukri, 1937; A. I. M. Alli, 1972 e B. K. Humayda, 1973, p. 254-316.
38 Sobre a carreira de Amīn Pacha, ver I. R. Smith, 1972.
39 R. Gray, 1970, p. 96.

para os autóctones distinguir os mercadores de Cartum do governo turco. Em seguida, Baker se dirigiu rapidamente para o Oeste, no Bunyoro onde ele esperava obter o apoio de Kabarega; mas foi uma vez mais decepcionado e diz-se até que Kabarega teria tramado o envenenamento de todo o corpo expedicionário. A custo de grandes dificuldades, Baker acabou se retirando para Patiko, em agosto de 1872[40].

Em 1873, Gordon foi promovido e nomeado governador geral da província de Equatória para consolidar as conquistas de Baker. Ele tinha por mandato construir fortes, abrir vias de comunicação para o Sul, estabelecer boas relações com as populações locais e administrá-las eficazmente e, por fim, regulamentar o comércio de escravos no Sudão Meridional[41].

Depois de submeterem-se em um primeiro momento, como tática, a Gordon, os bari moogie iniciaram novamente as hostilidades e, durante mais de uma semana, combates se desenrolaram nas duas margens. O ponto culminante foi uma batalha no curso da qual os moogie aniquilaram um destacamento de mais de quarenta homens juntamente com seu chefe, Linant de Bellefonds e deixaram apenas quatro sobreviventes. Se o rio não tivesse impedido os moogie de explorarem este sucesso, todas as forças de Gordon teriam, sem dúvida, sido destruídas[42].

A progressão de Gordon para o Sul, nos reinos equatoriais, sofreu também um revés. Longe de reconhecer a soberania turca sobre o seu reino, como Gordon tinha ingenuamente esperado, Mutesa do Buganda mobilizou um poderoso exército contra os invasores. Em Mutesa, Gordon encontrou "um dirigente africano que aliava a sabedoria política, hereditária de uma antiga dinastia solidamente estabelecida, a um sentido extremamente agudo do papel que a diplomacia e os estratagemas poderiam ter para salvaguardar a independência de seu país"[43]. Os enviados aparentemente amigáveis, mandados ao encontro de Gordon eram na realidade espiões que deviam dar informações sobre as forças e os movimentos do inimigo. Nūr Bey, encarregado por Gordon de anexar o Buganda, descobriu rapidamente que o estratagema de Mutesa o havia encurralado na capital Rubaga onde ele se encontrava completamente reduzido à impotência e dependente, por sua sobrevivência, da boa vontade de Mutesa. Em 1876, Gordon foi então obrigado a ordenar uma retirada imediata para o

---

40   S. W. Baker, 1879, p.272-273; R. Gray, 1975, p. 84-104; N. Shuqayr, 1967, p. 562.
41   Ver P. Crabites, 1933, p. 28-30.
42   R. Gray, 1975, p. 110-111.
43   *Ibid.*, p. 117.

Norte, em Lado. Subsequentemente, os dinka e os nuer, sob a direção de um profeta chamado Donluly, sitiaram a guarnição governamental de Bor. Em 1885, o chefe bari Bego exterminou esta guarnição, e atacou Lado e Rejaf[44]. Aquilo significou que o avanço turco em Equatória havia então virtualmente acabado; e isto em condições desastrosas.

Os turcos, em sua campanha colonial no Bahr al Ghazal, foram perturbados pelo maior negreiro da região, al-Zubayr Rahama Mansūr[45], um sudanês do Norte que tinha levantado um vasto império comercial. Ele repeliu uma expedição governamental e matou o chefe, em 1872. Posto diante deste fato, o quediva Ismā'īl reconheceu oficialmente al-Zubayr como governador do Bahr al Ghazal; mas o aventureiro al-Zubayr, além das fronteiras do Bahr al Ghazal, visava o Darfur, fonte ainda inexplorada de escravos. Tendo mobilizado o exército e a população fur, o sultão Ibrāhim opôs uma vigorosa resistência aos invasores; mas foi finalmente vencido e morto na batalha de Manwāshī, em 1874, e o Darfur foi, assim, anexado às possessões turcas[46].

Ainda que o quediva Ismā'īl tenha, subsequentemente, prendido al-Zubayr no Cairo e começado a tomar medidas para pôr fim a seu poder no Bahr al Ghazal, os negreiros árabes juntaram-se ao seu filho Sulaymān. Eles proclamaram sua intenção de conquistar totalmente o Sudão Meridional e de marchar logo após para Cartum. Acabaram, entretanto, sendo vencidos.

Todavia, os turcos foram incapazes de estabelecer verdadeiramente seu poder no Bahr al Ghazal. Este revés foi, em grande parte, imputável à resistência das populações africanas para as quais os turcos eram apenas novos colonizadores dos quais era preciso se desembaraçar de uma vez por todas. Em 1883, os chefes dinka cooperaram ativamente com as forças madistas para derrubar o regime turco no Bahr al Ghazal, sendo claramente entendido que estas os deixariam livres em suas terras[47].

A instauração da administração turca tinha efetivamente posto um fim nas grandes caçadas aos escravos no Sudão, principalmente na região meridional; mas os novos imperialistas não chegaram jamais a persuadir as populações africanas em aceitar seu domínio. De fato, eles tinham cada vez mais de recorrer à força para reprimir numerosas rebeliões que aconteceram contra este domínio. Mataram os chefes e massacraram as populações, tomando seu gado

---

44 Ibid., p. 161.
45 Para o relato que o próprio Zubayr fazia de sua carreira, ver N. Shuqayr, 1967, p. 568-599.
46 Ibid.
47 P. M. Holt, 1970, p. 78-80.

e destruindo suas colheitas. Seguindo o exemplo dos invasores precedentes, os turcos contribuíram para a desintegração da sociedade do Sudão Meridional, a qual continuou até que o movimento de resistência acabasse por atingir seu objetivo declarado, o qual era pôr um fim ao colonialismo turco nesta região da África.

Modernização e reação no Sudão no século XIX

A aventura turca no Sudão foi assim, em sua maior parte, um revés; entretanto, admite-se geralmente que a história do Sudão moderno começa com a conquista do país em 1820-1821. Naqueles anos, a derrota de Sennar e do Cordofão estabeleceu o núcleo do que se tornaria a República Democrática do Sudão. A instauração do domínio turco sobre o Sudão Setentrional e Central foi concluída, em 1841, pela conquista de al-Taka – a região do Khūr al-Kāsh e dos montes do Mar Vermelho[48]. É durante o reinado do quediva Ismā'īl que o Darfur, a Equatória, o Bahr al Ghazal e o litoral do Mar Vermelho foram integrados ao Sudão moderno. Na véspera da Mahdīyya, o Sudão formava, deste modo, um imenso território, estendendo-se da segunda catarata aos lagos equatoriais e do Mar Vermelho ao Darfur[49].

O regime turco não tinha apenas unificado o Sudão em suas fronteiras modernas; ele tinha também iniciado um processo de modernização. Por "modernização", entendemos "a adoção de métodos de organização político-econômica e de técnicas de produção, de transporte e de comunicação derivados daqueles empregados pelos Estados europeus e que modificaram substancialmente as estruturas da sociedade tradicional anterior"[50].

As três principais inovações técnicas da Turkīyya foram as armas de fogo, os barcos a vapor e o telégrafo elétrico introduzidos no Sudão durante o reinado do quediva Ismā'īl. Conhecidos no Sudão ao menos desde a segunda metade do século XVII, os fuzis não eram de uso corrente. A superioridade do armamento das tropas turcas foi um fator determinante no aniquilamento da resistência sudanesa. Os barcos a vapor foram logo usados no Nilo egípcio por volta de 1828, mas foi preciso esperar uma outra geração para vê-los navegar nas águas

---

48 *Ibid.*, p. 3.
49 Além do Sudão propriamente dito, o Sudão turco compreendia os distritos da Eritréia e da Somália.
50 P. M. Holt, 1973, p. 135.

sudanesas. Nas décadas de 1860 e 1870, uma frota importante estava em serviço, e tinha a manutenção assegurada em uma doca seca em Cartum[51].

As armas de fogo e os barcos a vapor tiveram um papel capital na expansão dos imperialistas turcos para o Sul. A princípio, tímida e hesitante, esta expansão foi logo consideravelmente facilitada por estas duas invenções, as quais permitiram aos colonizadores e aos seus colaboradores sudaneses transpor os dois principais obstáculos ao seu avanço na região do Nilo Branco, a saber, a resistência obstinada dos habitantes do Sul e a imensa barreira da região de Sudd que bloqueava ao mesmo tempo a aproximação ao Nilo equatorial e aquelas do Bahr al Ghazal.

A abertura do Sul oferecia possibilidades novas a um setor particular da sociedade do Norte, o qual seria conhecido, na sequência, sob o nome de al-Djallāba. Apenas alguns comerciantes do Norte tinham chegado ao Sul antes da conquista turca; mas, após esta, começaram a chegar em grande número, sobretudo após o alto Nilo e o Bahr al Ghazal terem se tornado mais acessíveis. De início, como domésticos ou como membros das escoltas armadas dos comerciantes estrangeiros, acederam progressivamente a responsabilidades e a poderes aumentados. Ao mesmo tempo em que aceleravam o processo de arabização e islamização do Sul, os djallāba que recorriam frequentemente à violência e tinham uma atitude depreciativa em relação aos habitantes do Sul suscitaram, sem dúvida alguma, a desconfiança e o medo que dominam ainda as relações entre o Norte e o Sul do país.

O imperialismo turco havia estabelecido no Sudão um novo regime administrativo, caracterizado pela opressão, pela corrupção e pela incompetência; os administradores turcos eram medíocres, mas, ao contrário dos diversos tipos de governo que o país já conhecera até então, era um sistema fortemente centralizado. No topo da administração encontrava-se normalmente um único governador geral que levava o título turco-persa de *hukundar* (pronunciado *hikimdar* na linguagem corrente)[52]. Mesmo durante os breves períodos em que o cargo de governador geral foi suprimido, como em 1843 e em 1882[53], as províncias sudanesas eram colocadas sob a autoridade direta de um serviço do Cairo. Atribuiu-se a alguns sudaneses, os quais colaboravam com o regime

---

51 R. Hill, 1965, p. 2-5.
52 P. M. Holt, 1970, p. 14.
53 Dando-se conta que a distância de Cartum em relação ao Cairo trazia o risco de criar tentações aos ambiciosos, os vice-reis fizeram estas tentativas de descentralização para impedir um acúmulo excessivo de poder e de influência nas mãos de um governador geral.

imperialista, cargos administrativos subalternos; mas fazendo-lhes claramente entender que não passavam de agentes do poder central que podia nomeá-los ou revogá-los a seu bel-prazer.

O exército, principalmente a infantaria regular (djihādiyya)[54], e o progresso das comunicações favoreceram muito a implantação do regime colonial. Os colonizadores não tinham construído muitas estradas ou ferrovias; mas os barcos a vapor e as ligações telegráficas facilitaram bastante a centralização. Graças a essas inovações, os administradores turcos conseguiram no conjunto manter a segurança pública, reprimir a agitação dos sudaneses e, sobretudo, submeter a população ao imposto.

Do mesmo modo, as mudanças devidas ao domínio imperialista exerceram uma grande influência sobre a vida religiosa da sociedade sudanesa do Norte. Os turcos e os sudaneses eram ambos fiéis ao islã; mas existia um imenso fosso entre o islã oficial sunita da administração turca e o islã personalizado do sufismo autóctone que se desenvolvera desde o período dos funj. No Sudão como no Egito e no império otomano em geral, o poder tinha como política criar um Estado laico onde as instituições islâmicas deviam ter um papel tão reduzido quanto possível. O sufismo sudanês, cuja influência já era muito forte entre administradores e administrados, não podia então deixar de sofrer violentos ataques. A administração imperial minou pouco a pouco o prestígio dos seus dirigentes que eram compostos por pregadores hereditários (fakīh) das ordens sufistas[55]. Ela conseguiu isto, sobretudo, incentivando o islã ortodoxo. Mantendo a hierarquia dos *kādī* e dos *muftī* e ao favorecer os estudos dos *'ulamā* sudaneses em al-Azhar, os colonizadores opuseram aos *fakīh* um grupo rival "mais ortodoxo, mais voltado para o estrangeiro e dependendo mais diretamente do governo". Ao fim do primeiro período imperial, o prestígio dos dirigentes religiosos tradicionais tinha então, por isso, "consideravelmente diminuído"[56]. Este foi, a bem dizer, um dos principais fatores que os incitaram a se voltar contra o governo imperial e a sustentar ativamente os esforços do Mahdī para derrubá-lo.

Um afluxo crescente de estrangeiros, europeus e americanos, acompanhou e contribuiu para favorecer o processo de modernização. Como muito poucos

---

54 Os habitantes do Sul e os nuba, os quais eram normalmente descendentes de escravos, foram recrutados para a *djihādiyya*. Ao lado destes, encontravam-se os irregulares shāikia que tinham em grande parte substituído os irregulares estrangeiros vindos ao Sudão no momento da conquista.

55 Durante o período dos funj, os fakīh foram um fator de estabilidade e de continuidade mais eficaz ainda do que os sultões e os outros dirigentes políticos.

56 P. M. Holt, 1973, p. 140.

FIGURA 14.8 O reforço da administração e a modernização turco-egípcias: o palácio du hukumdar em Cartum e um vapor no rio. [Fonte: P. M. Holt e M. Daly, *History of the Sudan*, 1979, Weidenfeld and Nicolson, Londres. Ilustração: © BBC Hulton Picture Library.]

europeus tinham chegado ao Sudão antes de 1820, a conquista turca abriu o país aos estrangeiros que vinham sob títulos diversos: viajantes, comerciantes, missionários, especialistas, consultores e funcionários.

A entrada rápida de funcionários ocidentais na administração, sobretudo durante os dez anos que antecederam à Mahdīyya, teve repercussões sobre a sociedade sudanesa, tanto no Norte de influência árabe como no Sul. Distanciados dos habitantes pela língua, costumes e religião, eles criaram com sua presença tensões com as massas sudanesas. Este recrutamento excessivo de europeus para os cargos pelos quais não eram normalmente qualificados tinha, por outro lado, provocado um tal ressentimento entre os sudaneses que estes manifestaram uma xenofobia generalizada[57]. A intenção declarada do Mahdī que era de liberar o país de todo domínio estrangeiro e cristão, encontrou então apoio espontâneo e entusiasta das multidões.

Conclusão

A expansão dos imperialistas turcos desejosos de explorar os recursos sudaneses, assim, como as inovações socioeconômicas e tecnológicas que eles tinham

---

57 Ver, por exemplo, P. Santi e R. Hill (org.), 1980, p. 145

introduzido, abalaram profundamente a sociedade sudanesa tradicional e suscitaram muito descontentamento. Esta situação engendrou múltiplos lavantes e revoltas. Algumas destas rebeliões constituíram um sério desafio para os colonizadores; mas nenhuma se beneficiou de um apoio popular suficientemente forte para poder derrubar o governo. No Sudão, como em outros lugares, o descontentamento não podia por si só criar uma situação revolucionária; seria necessário para isto ser acompanhado de uma ideologia revolucionária, de um exército revolucionário, e sobretudo ser dirigido por chefes revolucionários. Somente quando Mahdī trouxe estes elementos, em 1885, que os sudaneses se rebelaram em massa; a revolução madista pôs então um fim na Turkīyya, e deu lugar ao Sudão independente que foi imediatamente confrontado com o surgimento do imperialismo britânico. Tal era a situação, pelo menos, no Sudão Setentrional.

No Sul, todavia, os ataques para capturar escravos, as pilhagens e as rapinas continuavam sem descanso. O governo madista devastou o Sul para fornecer soldados para seu próprio exército. Amargas lembranças marcaram as memórias, desacreditando os árabes e o islã aos olhos dos africanos durante o período pós-madista. O que tinha sido uma estrutura de domínio socioeconômico, no vale do Nilo, tornou-se pouco a pouco uma estrutura de domínio racial que deu lugar a uma ideologia de resistência racial entre os africanos do Sudão Meridional.

CAPÍTULO 15

A Etiópia e a Somália

Robert K. P. Pankhurst
Com algumas notas sobre a história da Somália fornecidas por
L.V. Cassanelli

A situação da Etiópia nas primeiras décadas do século

A alvorada do século XIX viu a abertura de um dos períodos mais difíceis da história etíope. O Estado cristão, centralizado no passado, foi invadido em grande parte pelos oromos (galas)[1] e se encontrou em uma situação de dissolução avançada. Ainda que os imperadores conservassem uma soberania nominal e mantivessem uma aparência de unidade, eles não passavam de joguetes dos senhores feudais. Estes se tornaram praticamente independentes e estavam constantemente em escaramuças entre si. As lutas tomaram tal amplidão que várias províncias, inclusive o Bagemder, localização da capital, ficaram empobrecidas. Inúmeros camponeses, vítimas dos abusos dos soldados, fugiram de suas terras e se colocaram a serviço deste ou daquele senhor, enquanto outros se entregaram à pilhagem. A agricultura ficou negligenciada e as caravanas eram menores e menos frequentes do que no passado. A população de Gondar – a única aglomeração urbana com uma certa importância – decresceu muito e havia menos demanda pelos produtos artesanais; o declínio do patrocínio real

---

1 Este importante grupo étnico foi tradicionalmente designado por seus vizinhos amhara pelo nome de *galla*, nome igualmente utilizado nas fontes escritas do período que nos interessa, mas que às vezes foi empregado localmente com uma conotação pejorativa. Há alguns anos, prefere-se o nome autóctone *oromo*, o qual tende a ser preferido pelas gerações modernas cultas.

levou à redução de encomendas por obras de arte. A desorganização da vida econômica, política e social causou uma profunda impressão nos cronistas etíopes. Abandonando as bajulações tradicionais ao imperador, eles derramaram seus elogios sobre os senhores, mas sem conseguir impedir a saudade do antigo esplendor imperial. Um escriba, Abagaz Sa'una, escrevendo em ge'ez, a língua semítica literária tradicional, lamentava-se da usurpação do poder por arrivistas: os senhores "tornaram-se servos e os servos senhores". Observando que havia, naquele momento, quatro monarcas vivos privados de autoridade, ele exclamou que foram "dispersos como a poeira pelo vento. Infelicidade minha! Meu estômago está inquieto e meus intestinos rasgados porque sois maltratados, ó meus senhores. Que ganha com aquilo o reino, o qual foi decepado pelas mãos de servos?"[2].

O declínio da autoridade imperial e o triunfo do feudalismo regional levaram os historiadores etíopes a chamar aquela época de período dos *Masafent*[3], literalmente "juízes" – alusão a época do Livro dos Juízes onde "não havia o rei de Israel: cada homem fazia o que lhe parecia justo aos seus próprios olhos"[4].

Os altos planaltos cristãos

Os altos planaltos cristãos, núcleo do império, estavam agora divididos em três Estados independentes, Tigre, Amhara e Shoa, aos quais se somavam outras unidades políticas mais reduzidas.

O Tigre, centro do antigo reino axumita, era a região mais setentrional e a mais poderosa. A população, essencialmente cristã, mas com uma importante minoria mulçumana a Leste e ao Sul, falava uma língua semítica, o tigrinya. Os senhores da província, graças à proximidade do litoral, haviam enriquecido consideravelmente com os impostos sobre o comércio e, consequentemente, encontrava-se no Tigre muito mais armas de fogo do que em outras regiões.

A província era controlada, no início do século, por Ras Walda Sellasé (1795-1816) de Endarta, importante distrito que beirava os Afar, ou Danakil, a depressão da qual a Etiópia tirava o *amolé*, as barras de sal gema utilizadas para o consumo e como "moeda primitiva"[5]. Este chefe, outrora *balgada*, ou funcionário encarregado das caravanas de sal, era filho de um general de Ras Mika él

---

2 W. Blundell, 1922, p. 187-188, 191, 470-471, 477.
3 G. Guèbrè Sellasié, 1930-1932, vol. I, p. 204
4 Juges XXI, 25. Ver E. Ullendorff, 1960, p. 82.
5 R. K. P. Pankhurst, 1968, p. 460-464.

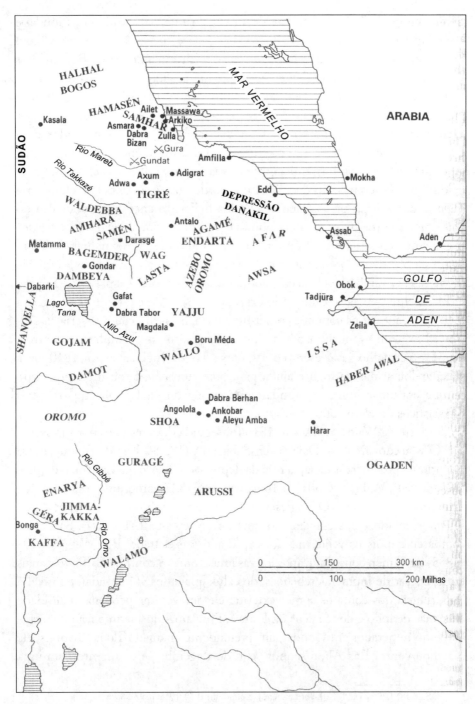

FIGURA 15.1   A Etiópia no início do século XIX (segundo R. K. P. Pankhurst).

Sehul, senhor do Tigre que tinha sido, no século anterior, o senhor de Gondar e um criador e destruidor de reis. Ras Walda Sellasé, quase tão poderoso como o antigo senhor de seu pai, dominava um vasto território indo das bordas dos altos planaltos (de onde se via o Mar Vermelho) até as altas montanhas de Samén, situadas a menos de cem quilômetros de Gondar. Walda Sellasé que governava segundo um costume há muito estabelecido, impressionou o viajante inglês, Henry Salt, o qual notou que o chefe se "distinguia [...] por sua intrepidez e sua firmeza". Ele acrescenta: "todos os crimes, todas as divergências, todas as brigas, sejam importantes ou insignificantes em sua natureza, lhe são referidas; todos os direitos de herança são decididos de acordo com sua vontade e ele trava a maioria das guerras pessoalmente"[6]. Walda Sellasé, o chefe mais poderoso do país, queria enfraquecer a tutela nominal do imperador yejju da dinastia dos oromos que controlava então o Amhara; ele tentou reunir os nobres do Tigre com este objetivo. Como senhor de uma região situada próxima do litoral, ele se interessava também pelo acesso ao mar e, graças a este, aos países da Europa tecnicamente mais avançados. Ele expressou o seu "desejo muito vivo", relata Salt, de incentivar os contatos com a Inglaterra, mas explicou que seria "inútil" "interferir" com os muçulmanos do litoral, enquanto estes detinham o controle do Mar Vermelho[7]. Ele escreveu a George III da Inglaterra, em 1810, para solicitar-lhe armas de fogo e ajuda para obter um *abuna* (ou metropolitano), porque era um costume profundamente enraizado na Etiópia importar tais eclesiásticos do clero copta do Egito.

A morte de Walda Sellasé em 1816 foi seguida de acres lutas por sua sucessão. O vencedor final foi Dajazmach Sabagadis (1822-1831) de Agamé, outra importante província situada na rota da depressão salina, o qual enviou o empregado de Salt, William Coffin, à Inglaterra em 1827 como uma solicitação de ajuda militar e técnica. Os ingleses enviaram um comboio de armas, mas este foi interceptado pelos egípcios no porto de Massaoua (Massawa). Sabagadis combateu depois os yejju, mas foi capturado e executado. Ras Webé (1839--1855) de Samén conseguiu, após longas lutas, tomar o controle do Tigre e, mais tarde, apesar de inúmeras rebeliões, dos altos planaltos até Gondar. Sensível à importância dos contatos com o exterior, ele obteve uma pequena quantidade de armas de fogo e de técnicos da França. Proclamando sua intenção de instalar como imperador em Gondar, um pretendente chamado Takia Giyorgis, ele marchou contra Ras 'Alī, o senhor yejju de Bagember, e o enfrentou em uma

---

6   H. Salt, 1814, p. 325-328-330. Ver também J. Kolmodin, 1912-1915, p. 97-98.

7   H. Salt, 1814, p. 383-384.

batalha perto da futura capital, Dabra Tabor, em 1842. Os atiradores de Webé ganharam a batalha, mas o chefe vitorioso foi capturado quando celebrava o seu sucesso militar. Ele foi solto após o pagamento de um resgate e retornou ao Tigre. Entrou novamente em conflito com Ras 'Alī em 1843 e 1844, mas, tendo que enfrentar uma revolta no Tigre e a tomada de Massaoua pelo Egito, teve que se submeter ao chefe yejju. Apesar dos reveses, ele permaneceu como um dos chefes mais poderosos e mais esclarecidos da Etiópia[8].

Amhara, a segunda divisão importante do império, estava situada ao Noroeste. Sua população, essencialmente cristã (ainda que englobando um número importante de muçulmanos) falava o amárico, a mais difundida das línguas semíticas da Etiópia. A região era centrada em torno da rica província de Bagemder, cujos senhores controlavam às vezes Dambeya e o Gojam ao Sul. Amhara devia em grande parte a sua importância ao fato de controlar a capital imperial, Gondar, situada longe do litoral. Entretanto, os senhores de Amhara dependiam, para seu abastecimento em armas de fogo, dos comboios que passavam pelo Sudão e pelo Tigre, cujos senhores não favoreciam o trânsito.

No início do século, Amhara era dirigida por Aligaz Gwangui (1788-1803), o irmão de 'Alī Gwangui, um muçulmano oromo yejju que tinha se convertido ao cristianismo por razões políticas, mas que era apoiado pelos muçulmanos. Aligaz foi sucedido por seu sobrinho Gugsa Mersa (1803-1825) que estabeleceu sua capital em Dabra Tabor, ampliando as suas possessões até o Leste de Gojam e tentou destruir o poder da nobreza proclamando a nacionalização de suas terras[9]. Nas décadas seguintes, o islã ganhou constantemente terreno. O filho de Gugsa, Ras Yeman, o sucedeu (1825-1828) e se colocou ao lado dos muçulmanos contra os cristãos, enquanto o sobrinho de Yeman, 'Alī Alula (1831-1853) repartiu o poder com sua mãe, a imperatriz Manan, uma mulçumana convertida ao cristianismo, da qual vários parentes próximos muçulmanos se tornaram governadores de província. A peregrinação ao túmulo do conquistador muçulmano Ahmad Gragn (século XVI) foi restabelecida em sua honra[10].

Ao Sul de Amhara, isolada pelo lago Tana e pela curva do Abbay (Nilo Azul), encontrava-se o Gojam, província virtualmente independente cuja população falava o amárico e era quase totalmente cristã. A região tinha sido unificada no final do século XVIII por Ras Haylu (morto em 1784-1785), cujos descenden-

---

8 Para uma breve história contemporânea do Tigre, ver M. Parkyns, 1854, vol. II, p. 88-120. Ver também C. Conti Rossini, 1947, e, a propósito de Webé, J. Kolmodin, 1912-1915, p. 110, 116-117, 119-120.
9 C. Conti Rossini, 1921; R. K. P. Pankhurst, 1968, p. 137.
10 J. S. Trimingham, 1952, p. 110-111.

Figura 15.2 Dajazmach Webé do Tigre [Fonte: T. Lefebvre, *Voyage en Abyssinie, 1845-1849*, Paris. Ilustração reproduzida por Sasor Publisher, Londres]

tes travaram entre si longas lutas. Seu filho, Ras Mared (morto em 1821), foi desafiado por Dajazmach Zawdé, um oromo de Damot que esposara sua irmã, e o conflito foi retomado por seus filhos e netos respectivos. Estas rivalidades favoreceram a dinastia dos yejju, já que os príncipes gojamés da província, como sublinha um especialista moderno, "não tinham o porte" dos yejju; estes últimos, por outro lado, nunca conseguiram expulsar os gojamé ou manter no poder homens impostos do exterior[11].

Shoa, a terceira maior divisão do império, estava situada no Sudeste. Seus altos planaltos centrais eram principalmente povoados por cristãos falantes do amárico, enquanto o Sul e o Oeste eram ocupados por oromos tradicionalistas e muçulmanos, com os afar muçulmanos ao Leste. A província tinha sido isolada pela expansão dos oromos, o que tinha permitido a seus senhores se tornarem independentes de seus suseranos de Gondar. O Shoa, ainda que ligado a esta cidade por uma rota comercial, tinha de fato relações econômicas mais importantes – pelos afar e as terras baixas da Somália – com os portos do golfo de Aden, Tadjūra e Zeila, bem como com a cidade-mercado de Harar. Foi por estas rotas que os dirigentes sucessivos do Shoa obtiveram uma quantidade reduzida, mas crescente, de armas de fogo, graças às quais subjugaram os oromos vizinhos, aos quais faltavam estas armas. Esta expansão deu a Shoa o controle do comércio com os territórios situados mais ao interior, ricos em ouro, marfim, café, especiarias e escravos.

Desde o final do século XVII, Shoa fora dirigida por sua própria dinastia[12]. O primeiro chefe do século XIX, Asfa Wassan (1775-1808), cujo nome significava literalmente "expandir a fronteira", instalou sua capital em Ankobar. Ele lutou duramente para conquistar as terras oromas, reorganizou o sistema tributário e acabou com os últimos elos de vassalagem com Gondar[13]. Seu filho, Wasan Sagad (1808-1813), o qual teve o alto título de *ras*, realizou posteriormente expedições contra os oromos e cooperou com Ras Walda Sellasé (Tigre) quando dos ataques contra Wallo e Yejju, mas ele seguiu uma política tolerante e, tentando cristianizar os oromos e lhes impor o amárico, nomeou alguns dentre eles a cargos no Estado; ele agiu do mesmo modo com os muçulmanos[14].

---

11   C. Conti Rossini, 1947; Takla Yasus (s.d.); Fantahun Birhane, 1973, p. 11.
12   H. Salt, 1814, p. 494-496. Ver também R. Perini, 1905, p. 210-211.
13   C. F. X. Rochet d'Héricourt, 1841, p. 212; 1846, p. 243; A. Cecchi, 1886-1887, vol. I, p. 242-243; Guèbrè Sellassié, 1930-1932, vol. I, p. 60-66.
14   C. F. X. Rochet d'Héricourt, 1841, p. 212; 1846, p. 243; A. Cecchi, 1886-1887, vol. I, p. 242-244; ; Guèbrè Sellassié, 1930-1932, vol. I, p. 67-69 ; sobre a história antiga de Shoa, ver também D. N. Levine, 1965, p. 21-38; V. Stitz, 1974, p. 64-126, 349-350.

O filho de Wasan Sagad, Sahla Sellasé (1813-1847), foi o primeiro potentado de Shoa a se dar o título de *negus*, ou rei; ele pretendia também dominar "Yefat, o povo galla e Gurage". Residindo alternadamente em Ankobar e em Angolola, cidade recentemente confiscada dos oromos, ele manteve uma atitude tolerante em relação aos oromos e aos muçulmanos, e realizou casamentos dinásticos com eles. Desenvolvendo um sistema que o enviado inglês, o capitão W. C. Harris, descreveu "como totalmente feudal"[15], ele obteve maiores quantidades de armas de fogo do que seus antecessores e invadiu as terras férteis do Sul e do Oeste, o que lhe permitiu atrair as caravanas de Enarya, Kaffa, Gojam, Damot e de outras regiões[16]. Sua necessidade por armas de fogo o levou a estabelecer relações com as potências estrangeiras. Em 1839, solicitou a um viajante francês, Rochet d'Héricourt, que obtivesse fuzis em Paris e escreveu para a Companhia Inglesa das Índias Orientais: "Deus me deu um bom e vasto reino, mas as artes e as ciências ainda não chegaram em meu país como já o fizeram no vosso. Eu vos rogo então de me assistir em particular enviando-me fuzis, canhões e outras coisas que não possuo em meu país[17]".

Sahla Selassé recebeu missões diplomáticas da França e da Inglaterra e assinou tratados de amizade e de comércio com os dois países, em 1841 e 1843. Harris que trouxe ao soberano uma doação de armas de fogo, citou sua reação: "Com alguns mosquetes a mais, eu terei vantagem sobre todos os meus inimigos[18]". Sob o seu reinado, Shoa conheceu uma paz que contrastou favoravelmente com a situação das províncias do Norte, destruídas pela guerra civil. Os camponeses de acordo com os san-simoenses franceses E. Combes e M. Tamasier, "não tem porque temer a pilhagem dos soldados" e se dedicaram "com uma energia redobrada no cultivo de suas terras, certos de realizar a colheita após haver semeado[19]". A morte de Sahla Sellasé, como aquela de vários de seus antecessores, foi entretanto seguida de uma grande rebelião oroma, dificilmente reprimida por seu filho Hayla Malakot, (1847-1855) monarca frágil cujo reinado conheceu inúmeras desordens[20].

---

15 W. C. Harris, 1844, vol. II, p. 177-178; ver também C. Johnston, 1844, vol. II, p. 18; A. Cecchi, 1886--1887, vol. I, p. 244; Guèbrè Sellassié, 1930-1932, vol. I, p. 70-77.

16 India Office Records, Londres, Bombay Secret Proceeding, 2060 G, parág. 23, vol. 3, p. 489.

17 C. W. Isenberg e J. L. Krapf, 1843, p. 251.

18 India Office Records, Londres, Bombay Secret Proceeding, vol. 3, p. 489; C. W. Harris, 1844.

19 E. Combes e M. Tamasier, 1838, vol. II, p. 346.

20 A. Cecchi, 1886-1887, vol. I, p. 250-256; Guèbrè Sellassié, 1930-1932, vol. I, p. 77-84.

A Etiópia e a Somália 443

Figura 15.3   O rei Sahla Sellasé de Shoa [Fonte: T. Lefebvre, *Voyage en Abyssinie, 1845-1849*, Paris, Ilustração reproduzida por Sasor Publisher, Londres.]

O porto de Massaoua

Nos confins do império, a região era igualmente dividida, e inúmeras áreas estavam dilaceradas por conflitos interétnicos. Massaoua, ilha situada ao largo do litoral do Mar Vermelho, recebia junto ao porto próximo de Arkiko (localizado no continente) a maioria do comércio da Etiópia Setentrional[21] e constituía uma unidade cultural distinta. Os habitantes, como aqueles da planície vizinha de Samhar, eram muçulmanos que falavam o tigrino, língua semítica aparentada ao ge'ez; os contatos com a Arábia tinham também ampliado o uso do árabe, mas a presença dos mercadores e soldados de numerosas raças produzia uma verdadeira Babel de idiomas. A área era o teatro de conflitos entre quatro poderes principais: primeiramente, o império otomano, o qual se apossou de Massaoua em 1557 e instalara uma guarnição cujos descendentes constituíam uma pequena, mas poderosa força de ocupação; em segundo lugar, o Egito, cujos dirigentes haviam usurpado ou adquirido a soberania sobre a cidade em nome do Estado otomano; em terceiro lugar, uma família aristocrática local, a qual descendia das tropas otomanas e dos autóctones, os belaw, e que vivia em Arkiko

---

21   R. K. P. Pankhurst, 1961, p. 339-346; 1968, p. 357-391.

e tinha como chefe, o *na'ib*, literalmente "representante". Oficialmente, este era apenas encarregado do litoral, mas exercia um domínio de fato sobre Massaoua que dependia dele pela água potável e por todo o seu comércio; em quarto lugar, os governadores do Tigre, os quais, considerando os portos como indispensáveis para o acesso ao mar, afirmavam seus direitos históricos sobre estes; mas, já que dominavam o comércio do interior, apenas empreenderam ações intermitentes para fazer valer estes direitos.

O controle efetivo dos portos, no início do século, era partilhado entre a guarnição turca e o *na'ib*, o qual, na ausência de um governador otomano, era considerado de fato o chefe de Massaoua e dizia que "a porta de Habash era sua"[22]. Tais pretensões eram muito mal vistas por Walda Sellasé do Tigre que expressou "um vivo descontentamento", enviou uma expedição militar contra o *na'ib*, e "cortaria todas as comunicações" se este último não o houvesse "apaziguado"[23]. Para pôr fim ao poder do *na'ib*, um nobre britânico, Lorde Valentia, defendeu a ideia da aquisição pelo seu governo de uma ilha na baía próxima de Zula, mas este plano não deu resultados[24].

O domínio do *na'ib* findou-se em 1813-1814 quando Muhammad 'Alī do Egito invadiu Massaoua em nome dos otomanos. Seu filho, o guerreiro Ibrāhīm, foi nomeado pela Grande Porta governador do Hedjāz e da Abissínia, mas a última parte do título – a qual expressava bem as ambições de Muhammad 'Alī – era uma ficção; o papel do Egito se limitava à ilha e, mesmo assim, quase simbolicamente. Em 1826, o *na'ib*, utilizando o seu controle sobre o abastecimento de água em Massaoua, forçou os intrusos a se retirarem e, apesar da manutenção de uma guarnição, dominou de novo a região[25]. A evacuação egípcia despertou o interesse dos etíopes. Sabagadis do Tigre solicitou ao rei da Inglaterra George IV para "se apossar do porto de Mussowa para nos dá-lo ou para mantê-lo para si[26]", mas o governo britânico recusou.

Muhammad 'Alī apossou-se de novo de Massaoua em 1833, mas teve que se retirar em 1841. Perto daquela época, Webé do Tigre enviou um embaixador ao rei da França Luís Felipe oferecendo-lhe a baía próxima de Amfilla em troca de armas de fogo e de um apoio para suas reivindicações sobre o litoral, mas os

---

22   G. Valentia, 1811, vol. III, p. 252.
23   *Ibid.*, vol. III, p. 40.
24   *Ibid.*, vol. III, p. 261-278.
25   R. K. P. Pankhurst, 1964*b*, p. 38-39.
26   Public Record Office, Kew, England, FO 1/2.

franceses se recusaram a cooperar nesta empreitada[27]. O *na'ib* tirou vantagem da derrota de Webé em Dabra Tabor, em 1842, para invadir o distrito de Hamasén, o que levou Webéa saquear a planície de Samhar em 1843-1844. Dois anos mais tarde, ele ofereceu Arkiko ao governo francês, mas sua proposta foi igualmente recusada. Muhammad 'Alī retomou o controle de Massaoua em 1846 e teve, por outro lado, que pagar aos turcos uma soma anual de 20.000 dólares Maria--Theresa. No ano seguinte, seus soldados ocuparam a ilha; pouco depois, eles atacaram Arkiko, queimaram-na totalmente e construíram um forte em terra firme. O *na'ib* tornou-se seu joguete. Decidido a estabelecer seu controle sobre toda a região, Muhammad 'Alī exigiu de todos os chefes litorâneos, até o porto somali de Berbera, que se submetessem a ele. Webé, furioso, enviou de novo um exército para a planície de Samhar em 1843. Seus homens saquearam Arkiko, mas não puderam se apossar de Massaoua e tiveram que se retirar. Webé dirigiu um apelo dramático à rainha Vitória, no qual afirmava que seus antecessores tinham anteriormente "governado todo o litoral do Mar Vermelho" e lhe pedia para impedir seus inimigos "de estabelecerem-se em terra firme"[28], mas os britânicos recusaram a apoiá-lo. Sua expedição, entretanto, expôs o interesse que o Tigre tinha sobre o litoral e revelou que uma outra intervenção seria provável se os egípcios tentassem invadir as terras do interior.

As terras baixas do Afar

No Sudeste de Massaoua, as terras baixas áridas eram ocupadas pelos afar, um povo nômade de língua cushítica dominado, no início do século, pelo sultanato de Awsa. Estabelecido um século antes, quando os asaimara, ou afar "vermelhos", se instalaram na planície fértil do Awsa, o sultanato era dirigido pelo sultão Ijdahis, cujos principais rivais eram os adoimara ou afar "brancos" ao Sul. Sua morte, em 1810, provocou uma confusão que permitiu aos adoimara saquearem Awsa e forçarem seu sucessor a partilhar o poder com eles. Sua força crescente foi reforçada pelo desenvolvimento de Shoa, cujo comércio em expansão levou à criação do porto de Tadjūra[29].

O litoral danakil adquiriu um interesse internacional após a ocupação de Aden pelos britânicos em 1839. No ano seguinte, um funcionário da Companhia Inglesa das Índias Orientais, o capitão Moresby, comprou do sultão de

---

27 T. Lefèbvre, 1845-1854, vol. I, p. 103-104; Public Record Office, Kew, England, FO 1/3
28 Grã-Bretanha, Câmara dos Comuns, 1868, p. 30.
29 M. Abir, 1968, p. 23-24. Ver também I. M. Lewis, 1955, p. 155-160.

Tadjūra por "dez sacos de arroz" uma ilha localizada ao largo do litoral. O chefe assinou igualmente um documento se comprometendo "a respeitar e a considerar todo o tempo o aviso amigável" dos britânicos e "de não concluir tratado algum ou aliança com alguma outra nação ou pessoa europeia" sem aprovação britânica[30]. Dois franceses, Combes e Broquand compraram, logo depois, agindo em nome de uma companhia francesa, a Sociedade Nanto-bordolesa, a vila litorânea de Edd do seu chefe local, pela soma de 1.800 dólares Maria-Theresa; logo após, perceberam que não poderia servir como porto, já que estava aberto aos ventos[31].

Os somalis e o chifre da África

Mais ao Leste, as terras baixas desertas que chegavam até o litoral do golfo de Aden eram habitadas pelos somalis muçulmanos que falavam uma outra língua cushítica e eram há muito tempo submetidos à influência árabe. Zeila, porto que acolhia o comércio de Shoa, de Ogaden e de Harar, dependia desde 1630 do porto árabe de Moka que os dirigentes haviam alugado a uma série de emires árabes cuja autoridade, mas apenas ultrapassava os limites da cidade[32]. O resto do litoral pertencia a somalis nômades que reivindicavam igualmente o controle de Berbera, porto praticamente deserto que renascia a cada inverno quando as caravanas do interior vinham trocar suas mercadorias por produtos importados pelos mercadores da Arábia, do golfo Pérsico e da Índia[33]. A feira era tão importante que um ditado popular afirmava: "aquele que comanda Berbera tem a barba de Harar em suas mãos"[34].

A importância do litoral setentrional da Somália foi bem compreendida por Muhammad 'Alī do Egito, o qual se apossou de Berbera em 1821, mas teve que abandoná-la devido à resistência local. Uma década mais tarde, os egípcios fizeram uma nova tentativa neste sentido, mas tiveram que se retirar em 1841; o governo de Zaila foi então comprado por um ambicioso mercador somali, Hadjdj 'Alī Shermerki. Desejando monopolizar o comércio da região, ele se apossou de Berbera e incentivou os grupos issa do interior a atacarem as caravanas que se dirigiam a Tadjūra. Seu crescente poder despertou, entretanto,

---

30 E. Hertslet, 1894, vol. I, p. 275; vol. II, p. 382.
31 P. V. Ferret e J. G. Galinier, 1847-1848, vol. II, p. 436-437; R. K. P. Pankhurst, 1966b, p. 203-218.
32 J. S. Trimingham, 1952, p. 97.
33 R. Burton, 1894, vol. I, p. 71-74; R. K. P. Pankhurst, 1968, p. 421-424.
34 R. Burton, 1894, vol. II, p. 28.

a inquietação do emir de Harar, o qual levou os somalis haber awal a se oporem à ocupação de Berbera. S̲h̲ermerki reagiu incitando outros somalis a cortar a rota de Berbera e a deporem o emir, mas os haber awal retiraram seus homens do porto em 1852. Ele tentou fazer um bloqueio, mas os ingleses de Aden o obrigaram a abandonar este projeto e ele foi preso pelas autoridades otomanas em Meca em 1855. Zeila foi então entregue a Abū Bakar, um afar mercador de escravos da região de Tad̲j̲ūra[35].

O litoral de Bender Ziada, no golfo de Aden, em Illig, no Oceano Índico, fazia parte do sultanato de Majerteyn, cuja existência remontava talvez ao século XV. O sultanato, habitado por seminômades, retirava o essencial de seus parcos recursos com a exportação de incenso e de madeiras aromáticas. Uma longa tradição de navegação, ao longo daquele litoral dilacerado, dava aos nômades da região uma outra fonte de renda. No século XIX, a autoridade do sultão sobre os clãs do interior era no máximo nominal. Em 1839, o sultão assinou em Aden, com os britânicos, um tratado lhe garantindo uma renda anual em troca de sua ajuda para proteger as vidas e os bens dos marinheiros britânicos que naufragassem ao largo do litoral[36].

Mais ao Sul, o Benadir, ou o litoral do Oceano Índico habitado pelos somalis, era no início do século um protetorado de Omã, o qual se tornou independente na década de 1820, após uma intervenção da Companhia Inglesa das Índias Orientais; logo depois, a área passou para o controle do sultão de Zanzibar, cujo representante residia no porto de Brava (Barawa).

O porto de Mogadíscio era praticamente autônomo, como C. Guillain observou, a autoridade dos sultões de Zanzibar, como aquela de seus agentes aduaneiros, se estabelecendo e desaparecendo com a monção[37]. O interior de Mogadíscio era controlado pelo clã dos geledi, cujos sultões tinham concluído alianças com inúmeros outros clãs da região, entre o Shebele e o Juba. Durante uma grande parte do século, o comércio de marfim entre Luk (Lugh), no alto Juba, e Mogadíscio era regido por estas alianças dos geledi; os sultões dos geledi recebiam também um tributo dos clãs de agricultores instalados no vale inferior do Shebele, até Brava no Sul. Somente o poderoso clã dos bimal, no interior de Merka, conseguira resistir à hegemonia dos geledis[38]. Os

---

35 *Ibid.*, vol. I, p. 11-15; M. Abir, 1968, p. 14-15.
36 I. M. Lewis, 1965, p. 38; M. Pirone, 1961, p. 66-68, 87-88.
37 C. Guillain, 1856, vol. III, p. 185-186 ; I. M. Lewis, 1965, p. 37-39.
38 Por duas vezes, em 1848 e novamente em 1878, os guerreiros bimal mataram os sultões geledi nos campos de batalha. C. Guillain, 1856, vol. III, p. 445-446; G. Revoil, 1885, p. 26-27.

sultões de Zanzibar, entretanto, deviam submeter-se à autoridade dos dirigentes geledi. No Benadir, o poder era então partilhado segundo um equilíbrio delicado; deste modo, quando o sultão de Zanzibar quis construir um porto em Mogadíscio em 1870, ele teve que obter o consentimento do sultão dos geledi, Ahmad Yūsuf[39].

Há um acontecimento maior cuja lembrança está muito viva na tradição oral dos somalis do Sul: o aparecimento da *jihad* de Bardera, movimento militante de reforma islâmica, oriundo da colônia religiosa de Bardera sobre o Juba, no final da década de 1830. Os membros deste movimento queriam impôr a sua versão de uma teocracia islâmica à população da Somália Meridional e conseguiram até mesmo conquistar a cidade de Brava, no litoral, em 1840. Em 1843, todavia, o sultão dos geledi, Yūsuf Muhammad, após ter reunido seus aliados estabelecidos entre os dois rios, liderou uma grande expedição contra os reformistas. A colônia de Bardera foi sitiada e aniquilada pelo fogo e o sultão Yūsuf tornou-se durante um tempo o dirigente mais poderoso da Somália Meridional[40]. Durante a segunda metade do século XIX, algumas ordens islâmicas – Qadiriyya, Ahmadiyya e Sālihiyya – começaram a penetrar pelo interior da Somália e colônias religiosas fixaram-se em todo o país[41]. Finalmente, a última grande migração somali, iniciada no começo do século, trouxe os nômades das planícies do Ogaden até além do Juba. Alguns destes nômades, os pastores, aderiram à *jihad* de Bardera e atravessaram o Juba onde colidiram com os oromos. Estes últimos foram finalmente empurrados em direção ao Tana onde os britânicos os encontraram quando eles criaram o protetorado da África Oriental[42].

O mercado de Harar

Além do litoral somali, nas terras altas, encontrava-se a cidade mulçumana fortificada de Harar, cujos habitantes falavam o adaré, língua semítica desconhecida alhures. A cidade constituíra, durante vários séculos, um Estado independente dirigido por um emir que exercia poderes tão ampliados que o viajante britânico Richard Burton exclamou: "o governo de Harar, é o emir"[43].

---

39 G. Revoil, 1885, p. 22 ; I. M. Lewis, 1965, p. 38 .
40 L. V. Cassanelli, 1982, p. 135-146.
41 L. V. Cassanelli, 1982, p. 194-197; E. Cerulli, 1957, vol. I, p. 187-195.
42 L. V. Cassanelli, 1982, p. 29-30.
43 R. Burton, 1894, vol. II, p. 20.

Entreposto do Shoa, do Arussi, do Guragé e do Ogaden, a cidade cunhava sua própria moeda e tinha um comércio florescente de café, de *chāt* (uma folha narcótica), de açafrão, de couros e de peles, de marfim e de escravos, sem falar dos têxteis e de outros produtos importados. Harar que possuía inúmeras mesquitas e mausoléus muçulmanos, era um centro de ensino alcorânico visitado pelos shaykh árabes; ela exercia uma forte influência religiosa e cultural sobre os vizinhos oromos qottu que falavam uma língua cushítica, como alguns somalis. Os dois grupos haviam realizado casamentos com a nobreza de Harar e, em alguns casos, seus dirigentes tinham procurado se fazer reconhecer pelos emires.

No início do século XIX, a cidade estava dilacerada por conflitos internos e submetida a uma forte pressão pelos oromos, mas seu perspicaz emir, Ahmad ibn Muhammad (1794 1821), derrotara seus inimigos. Sua morte foi, entretanto, seguida de brigas em sua própria família, em consequência da qual os oromos e, numa medida menor, os somalis se apossaram das terras próximas da cidade. Esta resistiu graças à pujança de suas muralhas, à sua artilharia e aos seus fuzis (um arsenal fortemente reduzido)[44].

A região de Guragé e Kaffa

Mais ao interior se encontrava a região de Guragé, cujos habitantes falavam uma língua semítica e se dividiam entre aqueles do Oeste, cristãos desde a Idade Média, e aqueles do Leste que tinham adotado o islã. Embora governada anteriormente por uma dinastia local, a região tinha passado, no início do século XIX, sob o domínio de sete clãs independentes, denominados os *sab'at beit*, "as sete casas"; a ausência de unidade entre eles os tornava uma presa fácil para os caçadores de escravos e favoreceu sua anexação por Sahla Sellasé do Shoa[45].

No Sudoeste da região etíope, nas terras altas férteis e arborizadas, estendia-se o antigo reino de Kaffa, Estado tradicionalista que falava sua própria língua, o katicho. Aquela região, fonte de exportação de produtos de valor – almíscar, marfim e escravos, sem falar do café que crescia naturalmente –, tinha sido em grande parte isolada do mundo externo pela expansão oroma; todavia, no século

---

44   E. Cerulli, 1942, p. 1-20 ; M. Abir, 1968, p. 10-11 ; S. Tedeschi, 1874, vol. I, p. 481-500 ; J. S. Trimingham, 1952, p. 110. Para uma descrição de Harar na metade do século, ver também R. Burton, 1894, vol. II, p. 13-29.
45   W. A. Shack, 1966, p. 16-17; P. Lebel, 1974, p. 104-105.

XVIII, ela fizera incursões nos territórios de seus vizinhos e, em 1820, seu rei, Hotti Gaotscho, dominava ao Norte e a Leste até os rios Gibbé e Omo[46].

Os Estados oromos

As regiões situadas ao Sul do Nilo Azul eram povoadas por oromos tradicionalistas que se encontravam, no início do século, em um estado de grande efervescência política. O antigo sistema igualitário do *gada*, o qual implicava um comando baseado na rotação dos grupos etários, estava ameaçado por chefes militares ricos e poderosos, frequentemente conhecidos pelo título de *abba dula* (pai da guerra). Estes chefes reclamavam a autoridade vitalícia e o direito de estabelecer dinastias. Nas primeiras décadas do século XIX, três monarquias oromas surgiram: Enarya (conhecida também pelo nome de Limmu), Goma e Guma, a Oeste[47]. Enarya, a monarquia mais poderosa, era dirigida por Bofu, um chefe de talento que, para reforçar seu poder, aceitou os conselhos dos mercadores muçulmanos e se converteu ao islã. Seu filho Ibsa, ou Abba Bagibo (1825-1861) o sucedeu e fez alianças dinásticas com as casas reais vizinhas; obteve também alguns fuzis de mecha do Gojam, o que lhe assegurou uma posição inexpugnável. Sob o seu longo reinado, o comércio, essencialmente de escravos, de ouro, de marfim e de almíscar, era florescente; o reino tornou-se rico e poderoso. Mas a expansão do Shoa logo ameaçou as rotas comerciais que iam para Harar e para os portos do golfo de Aden, e, após a morte de Abba Bagibo, o reino conheceu um declínio muito rápido.

Mais ao Sul, os reinos de Jimma-Kakka (chamado também de Jimma Abba Jifar) e de Gera, apareceram pouco depois da criação do reino de Enarya. Jimma-Kakka, a monarquia oroma mais duradoura, foi fundada por Abba Magal, um homem da região de Hirmata que realizou uma série de expedições vitoriosas. Estas foram continuadas por seus filhos; um dentre eles, Abba Jifar Sana, portava originalmente o título de *abba dula*. Após sua conversão ao islã em 1830, ele se proclamou *moti*, ou rei (1830-1855) e realizou numerosas inovações políticas e administrativas. Seu sucessor, Abba Reba (1855-1859), atraiu para si a hostilidade dos Estados oromos vizinhos que se uniram e o mataram no campo de batalha, em 1859. O Estado passou então para o controle do irmão de Abba Jifar Sana, Abba Boko (1859-1862), o qual prosseguiu com uma política em

---

46   J. F. Bieber, 1920-1923, vol. I, p. 89-90; A. Cecchi, 1886-1887, vol. II, p. 483-491; G. W. B. Huntingford, 1955, p. 104-105; A. Onneken, 1956.

47   Para uma crônica sobre Guma, ver E. Cerulli, 1922, p. 148-162.

FIGURA 15.4   O emir Ahmad ibn Muhammad do Harar, 1794-1821. [Fonte: R. Burton, *First Footsteps in East Africa*, 1894. Londres. Ilustração reproduzida por Sasor Publisher, Londres]

favor do islã e ordenou a construção de mesquitas em todas as suas províncias, ao passo que seu filho e sucessor, Abba Gommol (1862-1878) ampliou os limites do reino[48].

A área da qual trata este capítulo constituía-se então em uma verdadeira galáxia de entidades políticas, cada uma movendo-se em sua própria órbita, agindo sobre as outras e sendo afetada por aquelas. Cada dirigente vigiava de perto seus vizinhos, com os quais trocava presentes e boas maneiras, quando não travava guerra. Os casamentos dinásticos eram realizados sempre que possíveis, ainda que pudessem ultrapassar apenas ocasionalmente as barreiras criadas pelas religiões. O comércio, por sua vez, funcionava independentemente das distinções entre os credos e as rotas dos mercadores uniam as aglomerações tradicionalistas cristãs e mulçumanas. As comunidades étnicas e linguísticas permaneciam ainda muito separadas, porém, havia muita mestiçagem cultural. Tal era a situação, não somente nas montanhas etíopes e nas bordas do Mar Vermelho, mas também mais ao Sul, ao longo da fronteira entre os somalis e os oromos onde, na

---

48   A. Cecchi, 1886-1887, vol. II, p. 156-157, p. 238-240, p. 266-267, p.537-542; G. W. B. Huntingford, 1955, p. 20; M. Abir, 1965, p. 205-219;H. S. Lewis, 1965, p. 24-41, p. 44.

sequência, os viajantes do século XIX assinalaram a existência de comunidades de comerciantes bilíngues[49].

Os esforços de unificação do imperador Teodoro II

O estado de divisão da Etiópia na primeira metade do século XIX deu lugar, na segunda, a duas importantes tentativas de reunificação. A primeira é aquela de Dajazmach Kassa Heyku, o futuro imperador Teodoro (ou Tewodros) II da Etiópia, cujo reinado pôs fim à era dos *Masafent*.

Nascido por volta de 1820, Kassa era filho de um chefe de Qwara, localizado na fronteira do Sudão, cuja viúva, destituída, fora obrigada a vender *kosso*, o remédio etíope contra o verme solitária. Criado em um mosteiro, Kassa se fez mercenário e tornou-se senhor de Qwara tomando o título de *dajazmach*. A imperatriz Manan, a mãe de Ras 'Alī, o chefe yejju de Bagemder, tentou obter seu apoio casando-o com sua neta Tawabech, mas ele se revoltou, pilhou Dambeya e derrotou o comandante enviado contra "o filho da vendedora de kosso" (como era chamado de maneira pejorativa). Kassa ocupou Gondar em 1847, depois capturou a imperatriz e só a libertou quando Ras 'Alī o reconheceu como chefe da região fronteiriça ocidental. Este triunfo sobre os yejju, cuja política pró-mulçumana tinha chocado inúmeros cristãos amhara, encorajou Kassa em suas empreitadas. Em 1848, ele atacou os egípcios no Sudão e avançou até menos de cem quilômetros da cidade de Sennar, a qual não pôde capturar devido a potência das armas de fogo egípcias. Após a reconciliação, serviu o *ras* até 1852, quando 'Alī o convocou de novo. Kassa recusou a vir e se retirou em Qwara. O *ras* proclamou a entrega das terras de Kassa para Dajazmach Goshu Zawdé, o chefe do Gojam, o qual se pôs em campanha para aniquilar o arrivista. Kassa, contudo, venceu facilmente os gojame e tentou se reconciliar com 'Alī. Mas este último marchou com Dajazmach Webé (do Tigre) contra ele. Kassa arrasou seus exércitos em 1853 e incendiou a capital de 'Alī, Dabra Tabor; depois ele venceu o *ras* em Ayshal, perto do Gojam. Esta batalha marcou o fim da dinastia yejju, e pôs fim à era dos *Masafent*. Os únicos rivais restantes do chefe vitorioso, no Norte da Etiópia, eram os filhos de Goshu, Dajazmach Beru (do Gojam) e Webé (do Tigre). Kassa atacou e capturou o primeiro em 1854 e se deu em seguida o título de *negus*. No ano seguinte, ele marchou contra Webé

---

49   U. Ferrandi, 1903, nota 1, p. 316.

em Samén e o venceu em Darasgé, onde capturou quase 7.000 armas de fogo[50]. Coroou a si mesmo imperador e escolheu como nome Téwodros (Teodoro) – nome altamente simbólico já que uma profecia afirmava que um monarca deste nome teria um reinado justo, expulsaria o islã e se apossaria de Jerusalém[51].

A personalidade e as aspirações do novo imperador foram descritas de modo vivo por um observador britânico, o cônsul Plowden, o qual declarou que Teodoro acreditava ser um "monarca pré-destinado" e "era capaz de grandes coisas, boas ou ruins [...]. Ele é justo, escuta pessoalmente os mais pobres dos camponeses; acabou com o sistema de esposas com o próprio exemplo, ele [...] desencorajou a poligamia e o concubinato; interditou o comércio de escravos e pacificou todo o país"[52]. O cônsul descreveu Teodoro como um visionário e observou:

> Ele é convencido de ser pré-destinado a restaurar a glória do império etíope e a realizar grandes conquistas; com uma energia incansável, tanto mental como corporal, sua bravura pessoal e moral é sem limite. Sua moralidade é muito bem atestada pela severidade da qual faz prova em relação a seus soldados, mesmo quando estes, pressionados pela fome, se amotinam, e ele se encontra diante de uma multidão hostil; ela é atestada ainda pelo fato de ter imposto reformas em um país tão pouco habituado ao jugo [...] e de ter vencido o poderio dos grandes chefes feudais em um momento em que até o homem mais inferior teria buscado negociar com eles e considerá-los como um estribo para o império [...]. A tarefa árdua de pôr fim ao poder dos grandes chefes feudais – tarefa que só pôde ser realizada na Europa por toda uma linhagem de soberanos –, empreendeu-a ao acorrentar quase todos aqueles que eram perigosos. Colocou os soldados das diferentes províncias sob o comando de seus partidários mais fiéis, aos quais concedeu altos títulos, mas não o poder de julgar ou punir; deste modo, com efeito, criou generais em lugar de capitães feudais [...]. Com relação ao comércio, acabou com algumas práticas humilhantes e ordenou que os impostos só fossem cobrados em três locais em seus territórios [...]. Tentou desarmar o povo e criar um exército regular, equipado somente com fuzis; declarou que transformaria as espadas e as lanças em relhas de arado e foices e que venderia mais caro um boi de arado que o mais nobre cavalo de guerra [...]. Algumas de suas ideias são talvez imperfeitas, outras irrealizáveis, mas um homem que fez tanto e que se fixa em projetos tão vastos não pode ser considerado como um ser ordinário[53].

---

50 C. Conti Rossini, 1947, p. 392-396; S. Rubenson, 1966, p. 35-45.
51 A propósito da propicia sobre Teodoro, ver R. K. P. Pankhurst, 1974.
52 Grã-Bretanha, Câmara dos Comuns, 1868, p. 143-144.
53 Grã-Bretanha, 1868, p. 150-151.

FIGURA 15.5   O imperador Teodoro inspecionando o canteiro de obras de uma estrada. [Fonte: H. Rassam, *Narrative of a British Mission to Theodore, King of Abyssinia*, 1869, Londres. Ilustração reproduzida por Sasor Publisher, Londres]

Teodoro se mostrou um grande unificador, grande inovador e grande reformador[54]. Depois de sua coroação, ele marchou sobre Wallo e se apossou da fortaleza montanhosa e natural de Magdala, a qual se tornou mais tarde sua capital. No mesmo ano, conquistou Shoa, a última província cristã fora de seu controle e nomeou Hayla Mika'el, um irmão do rei Hayla Malakot recentemente falecido, como governador; quanto ao filho do rei, Menelik, ele levou como refém.

Compreendendo que não poderia controlar o país pela força, Teodoro decidiu reorganizar seu exército. Sua experiência com os egípcios, escreveu um viajante britânico, Henry Dufton, o havia convencido que "o modo de combate primitivo" devia ser "ultrapassado[55]". Ele pensou então em substituir os recrutas feudais não pagos que devastavam os campos, sem serem muito eficazes no campo de batalha, por um exército de soldados profissionais e bem equipados. A partir de 1853, relata-se que ele "disciplinara" seu exército[56] graças a ajuda de alguns turcos, bem como de um aventureiro inglês, John Bell[57]. Teodoro adotou a prática de dar aos seus soldados "somas em dinheiro" para habituá-los à ideia de um pagamento regular[58]; organizou seus homens em regimentos, misturando recrutas de diferentes províncias e "dando deste modo um duro golpe no sistema feudal no qual os homens se reuniam em torno do chefe de sua região natal[59]". Ele instalou celeiros para o exército e ordenou a seus soldados que comprassem seus alimentos em vez de extorqui-los dos camponeses, mas esta ordem foi difícil de se fazer respeitar[60].

Decidido a aumentar seu poder de fogo, Teodoro tentou, com a ajuda de mercadores estrangeiros, importar armas[61]; mas a coisa era difícil na medida em que os egípcios no Sudão e os turcos em Massaoua eram-lhe hostis; quanto aos senhores do Tigre, região que permanecia em grande parte fora de seu controle, tampouco lhe favoreciam o trânsito de armas. Teodoro teve então a ideia de solicitar aos missionários e aos artesãos estrangeiros que fabricassem armas de fogo. Em 1855, ele aceitou uma oferta feita por Samuel Gobat, o bispo protestante de Jerusalém, de enviar-lhe um grupo de trabalhadores missionários

---

54 Para diferentes retratos de Teodoro, ver A. d'Abbadie, 1868*a*, 1868*b*; T. Noldeke, 1892, p. 257-284; C. J. Jaenem, 1966, p. 25-56; D. Crummey, 1969, p. 457-469; M. Morgan, 1969, p. 245-269.
55 H. Dufton, 1867, p. 138.
56 Grã-Bretanha, Câmara dos Comuns, 1868, p. 76.
57 H. Dufton, 1867, p. 183-184.
58 Grã-Bretanha, Câmara dos Comuns, 1868, p. 150.
59 *Ibid.*, p. 166.
60 M. Moreno, 1942, p. 160-161.
61 H. M. Stanley, 1874, p. 273; R. K. P. Pankhurst, 1972, p. 92.

do Instituto Chrischona (localizado na Suíça, perto de Basileia). Quando estes últimos lhe deram bíblias, Teodoro declarou que "teria preferido um tonel de pólvora inglesa[62]". Mas compreendendo que se tratava de artesãos de valor, ele os tratou cordialmente e os instalou em Gagat, perto de Dabra Tabor, sua capital. A estes artesãos juntou-se um armeiro francês, além de um polonês que tinha desertado o exército russo[63]. Em 1861, Teodoro ordenou aos estrangeiros que fabricassem um canhão, morteiros e obuses[64]. No início, eles recusaram, mas o imperador insistiu e aprisionou seus servidores até que os patrões cedessem. "Em seu estado de perplexidade, eles só puderam prometer que tentariam". E, pouco tempo depois, Dabra Tabor viu as bombas de canhão "subir aos ares e explodirem com grandes barulhos que provocaram mil ecos nas colinas[65]".

Teodoro ofereceu aos artesãos vestimentas honoríficas, cavalos e mulas com arreios em ouro e em prata, mais mil dólares Maria-Teresa para cada um – depois ordenou a fabricação de armas ainda mais possantes. Finalmente, ele solicitou que construíssem um canhão capaz de atirar um obus de mil libras. Este canhão foi chamado de "Sebastopol", pesava sete toneladas e necessitava quinhentos homens para carregá-lo. O imperador declarou que o dia em que o fabricaram era um dos mais felizes de sua vida. Ele considerou igualmente "enviar à Inglaterra e à França alguns de seus súditos mais inteligentes para aprender as artes e as técnicas úteis[66]".

Consciente do fato que suas forças deveriam se movimentar com a maior rapidez possível, Teodoro solicitou a seus artesãos europeus que se ocupassem da construção de estradas[67]. O trabalho manual era impopular entre os soldados que desprezavam este tipo de tarefa; mas o imperador deu exemplo e, de acordo com um observador britânico, Henry Blanc, "ele se punha a trabalhar do alvorecer até tarde da noite; com suas próprias mãos, deslocava pedras, nivelava o solo e ajudava a entulhar barrancos. Ninguém podia parar o trabalho por muito tempo enquanto ele continuava". Esta tarefa "teria lançado ao desespero qualquer homem"; mas Teodoro "construiu pouco a pouco estradas que teriam a aprovação de um engenheiro europeu[68]". Estas estradas deviam ligar Dabra

---

62 C. T. Beke, 1867, p. 259.
63 H. Dufton, 1867, p. 81-83.
64 *Ibid.*, p. 83-84
65 *Ibid.*, p. 84-85.
66 *Ibid.*, p. 138.
67 Grã-Bretanha, Câmara dos Comuns, 1868, p. 189.
68 H. Blanc, 1868, p. 344.

Tabor a Gondar, Gojam e Magdala, em uma região extremamente montanhosa. Clements Markham, outro observador britânico, descreveu a estrada de Magdala como "um trabalho bem marcante, um verdadeiro monumento de resolução indomável e perseverante[69]".

Embora um homem de guerra, Teodoro se interessava muito na pacificação de seu país, devastado pelas guerras. Proclamou um édito em 1855, segundo o qual "cada um devia retornar à sua vocação legítima, o mercador a seu comércio e o camponês ao arado[70]". Ele procurou eliminar o banditismo. Um dia, ladrões vieram vê-lo, armados até os dentes, exigindo que confirmasse o direito deles de exercerem a profissão de seus pais. Sem suspeitar do que se tratava, ele perguntou qual era esta profissão e eles lhe responderam insolentemente: "ladrão de estradas". "Vossa profissão, lhes disse ele, é perigosa e a agricultura é mais rentável. Voltai para a planície e cultivai-a[...]. Eu vos darei eu mesmo bois e arados." Os ladrões se obstinaram a exercer sua atividade, ele marcou um outro encontro e quando recusaram de novo escutá-lo, ele os fez abater por seus soldados. Tal severidade, segundo o viajante francês Guillaume Lejean, trouxe a paz; as rotas comerciais, até então afligidas por roubos e pela guerra civil, tornaram-se tão seguras como aquelas da França ou da Alemanha[71]. Teodoro, desejando ter um império unido, procurou também eliminar as diferenças religiosas. Ele ordenou aos muçulmanos que se encontravam em seus territórios, observa Plowden, "a se converterem ao cristianismo em um prazo de um ano" e expulsou todos os católicos romanos[72]. Afirma-se que ele declarou que, se ele não "fizesse os oromos e os amhara comerem na mesma mesa", ele não mereceria mais o nome de cristão[73]. Após a morte da sua primeira esposa, para consolidar o seu controle sobre o Tigre, ele se casou com Terunash (ou Teruwarq), a filha do seu velho inimigo Dajazmach Webé[74].

O monarca reformador voltou igualmente a sua atenção para a Igreja, da qual ele aprisionou o chefe, Abuna Salama, em 1857. Teodoro tentou diminuir o número de padres, reduzir as terras pertencentes aos eclesiásticos e tornar os religiosos dependentes de salários pagos pelo Estado[75]. Estas medidas

---

69 C. R. Markham, 1869, p. 295-296.
70 G. Lejean, 1865, p. 63.
71 F. M. C. Mondon-Vidailhet, 1905, p. 23-24; G. Lejean, 1865, p. 63-64 e p. 67.
72 Grã-Bretanha, Câmara dos Comuns, 1868, p. 143. Ver também p. 172.
73 M. Moreno, 1964, p. 162.
74 S. Rubenson, 1966, p. 56.
75 R. K. P. Pankhurst, 1968, p. 143.

Figura 15.6 O grande canhão "Sebastopol" do imperador Teodoro. [Fonte: H. Rassam, *Narrative of a British Mission to Theodore, King of Abyssinia*, 1869, Londres. Ilustração reproduzida por Sasor Publisher, Londres.]

foram duramente combatidas pelo clérigo[76]. No longo prazo, a hostilidade dos padres, juntamente com aquela dos nobres provinciais, contribuiu para voltar uma grande parte da população contra ele; segundo o historiador sueco Sven Rubenson, isto foi "provavelmente a causa mais importante de seu fracasso[77]". A oposição das províncias revelou-se de fato impossível de derrubar. A primeira ameaça veio do Tigre onde um chefe dissidente, Agaw Negusé, tentou em 1856 obter a proteção da França e se declarou pronto para aceitar como *abuna* um católico romano para o bispado de Jacobis. Em 1859, Negusé cedeu o porto de Zula em troca de uma ajuda militar francesa[78]. Mas temendo ofender os ingleses, os franceses não ousaram assinar este acordo[79] e Negusé foi vencido em 1860.

---

76 H. Dufton, 1867, p. 140.
77 S. Rubenson, 1966, p.72.
78 S. Russel, 1884; J. Kolmodin, 1912-1915, p. 139-143, p. 145-146.
79 G. Douin, 1936-1941, vol. III, p. 248-249.

Figura 15.7   Eclesiásticos etíopes durante a década de 1840. [Fonte: W. C. Harris, *The Highlands of Aethiopia*, 1844, Longman, Londres.]

Os últimos anos do reinado de Teodoro conheceram, entretanto, sérias dificuldades. Houve continuadas rebeliões, particularmente aquela de Amadé Ba<u>sh</u>ir no Wallo, onde o imperador travou uma guerra excessiva; em Shoa, Bezabeh, um príncipe local, proclamou sua independência. Gojam passou para o controle de um nobre rebelde, Tedia Gwalu, enquanto um outro chefe, Tiso Gobasé apoderava-se de Gondar; Wagshum Gobasé, filho do antigo senhor de Lasta, se revoltou. Um outro acontecimento sério teve lugar: Menelik, herdeiro do trono de Shoa, fugiu de Magdala em 1865 e proclamou-se soberano independente. Confrontado com esta oposição crescente, Teodoro teve que recorrer à violência. Ele incendiou Gondar em 1864 e a saqueou, bem como a cidade vizinha de Dambeya em 1866, onde seus soldados destruíram a maioria das igrejas da velha capital. As cruzes de procissão, os manuscritos e outros objetos de valor foram levados para Dabra Tabor; inúmeros objetos em cobre e em prata foram fundidos para fabricar canhões. Centenas de pessoas foram executadas. Tal violência, a qual contrastava muito com outros traços de caráter mais humanos de Teodoro (como seu amor pelas crianças)[80], forçaram Markham a compará-lo com Pedro, o Grande, da Rússia[81].

---

80   H. Dufton, 1868, p. 106.
81   C. R. Markham, 1869, p. 293. Ver também D. Crummey, 1971, p. 107-125.

O conflito com a Grã-Bretanha

Os últimos anos do reinado de Teodoro foram assombrados por um estranho conflito com a Grã-Bretanha. Devendo enfrentar uma oposição crescente no interior do seu império, ele procurou uma assistência técnica da Europa e enviou cartas à rainha Vitória e ao imperador Napoleão III, em 1862, propondo-lhes o envio de embaixadores. A carta para a rainha Vitória, que marcou o início do conflito, declarava:

> Meus pais os imperadores tendo esquecido o nosso Criador, este entregou o reino deles aos galla e aos turcos. Mas Deus me criou, me tirou da poeira e restaurou este império para o meu reinado [...]. Graças ao Seu poder, expulsei os galla. Quanto aos turcos, eu disse-lhes de deixarem a terra de meus ancestrais. Eles recusaram. Eu vou, então, lutar contra eles.

Explicando que os turcos o haviam impedido de enviar um embaixador, ele declarou que desejava que a rainha fizesse de modo que este último pudesse viajar em segurança[82]. O cônsul Cameron, representante britânico, ao transmitir este apelo a Londres, relatou que seu autor havia-lhe solicitado a disponibilização de engenheiros e médicos da Inglaterra e observava que estes "não deveriam temer maus tratos", pois os missionários que trabalhavam para o monarca eram "tratados muito liberalmente[83]". As duas cartas chegaram a Londres em meados de fevereiro, mas não lhes foi dado importância alguma. Os britânicos não se dignaram a responder ao imperador, enquanto a carta de Cameron ficou sem resposta até o final de abril, data na qual o conde Russel, secretário britânico das relações exteriores, lhe enviou uma palavra pouco amável[84]. O governo inglês, como o destacaria Russel mais tarde, considerava que, dada "a pouca duração do poder dos reis abissínios", era desejável "se afastar o mais possível de todo engajamento na Abissínia, de toda aliança e de toda interferência britânica na Abissínia[85]".

À medida que o tempo passava e que sua carta permanecia sem resposta, Teodoro tornava-se impaciente. Estava irritado pelo fato de o governo britânico não mostrar interesse algum pela Etiópia, mesmo sabendo do apoio dos franceses ao rebelde Negusé; ele considerava que sua dignidade real sofrera uma afronta. Cameron agravou a situação ao visitar o lado egípcio da fronteira

---

82 Grã-Bretanha, Câmara dos Comuns, 1868, p. 225.
83 *Ibid.*, p. 223-224.
84 *Ibid.*, p. 229.
85 *Ibid.*, p. 396.

sudanesa e cumprimentar os funcionários egípcios: ele dava a impressão de se colocar ao lado de um inimigo que, naquela época, tentava invadir a Etiópia[86]. A carta de Russel a Cameron confirmou o receio do imperador, já que afirmava brutalmente: "não é desejável que os agentes de Sua Majestade se envolvam nos assuntos da Abissínia." O cônsul devia retornar a Massaoua e ali permanecer "à espera de outras informações[87]". O governo britânico parecia romper as relações diplomáticas com a Etiópia e decidia apoiar o Egito e os turcos em Massaoua. Pouco depois, Teodoro soube que um missionário, Henry Stern, publicara observações que lhe eram desfavoráveis, notadamente a respeito do fato de missionários terem sido julgados e condenados à reclusão. Pouco tempo depois, em novembro, o secretário de Cameron, Kerens, chegou com uma carta do conde Russel, lembrando ao cônsul que devia retornar a Massaoua e acrescentando que ele era cônsul apenas neste porto e não tinha "caráter representativo algum na Abissínia[88]".

A cólera de Teodoro explodiu quando Kerens lhe trouxe um presente: um tapete sobre no qual estavam representados um soldado com turbante atacando um leão, e, atrás dele, um europeu a cavalo. Teodoro estimou que o animal o representasse e que o soldado com turbante simbolizasse os egípcios e o cavaleiro designasse os franceses apoiando os egípcios. "Mas onde estão, exclamou Teodoro, os ingleses apoiando o Leão[89]?" Sua conclusão de que a Inglaterra o abandonava ao Egito nada tinha de gratuito, porque os britânicos desejavam manter relações amigáveis com o Egito, país que produzia 150 milhões de libras de algodão por ano[90], no momento em que a guerra civil americana tinha reduzido a produção mundial de algodão. Quando o chefe do convento etíope, o qual existia desde a Idade Média[91] em Jerusalém, lhe rendeu uma visita e lhe anunciou que os padres coptas egípcios tinham tentado se apossar do convento, mas que o representante britânico tinha-se mostrado pouco disposto a intervir em favor dos etíopes[92], Teodoro, furioso, reagiu, em janeiro de 1864, aprisionando Cameron e seu séquito.

---

86 C. T. Beke, 1867, p. 93-94.
87 Grã-Bretanha, Câmara dos Comuns, 1868, p. 229.
88 Ibid., p. 236-243.
89 C. T. Beke, 1867, p. 124-125.
90 Ibid., p. 35.
91 Para a história das relações da Etiópia com Jerusalém, ver E. Cerulli, 1957.
92 C. T. Beke, 1867, p. 129-134.

As notícias segundo as quais o cônsul não podia deixar a Etiópia tinham há muito alarmado o governo britânico. A carta do imperador, há muito esquecida, foi retirada dos arquivos e se redigiu uma resposta rápida. Esta foi confiada a Hormuzd Rassam, o residente-adjunto britânico em Aden que chegou com muito atraso ao imperador, em fevereiro de 1866. A posição de Teodoro, neste meio tempo, deteriorara-se seriamente. T. M. Flad relatava que "todo o país" estava "em um estado extremamente conturbado, os rebeldes surgiam de todos os lugares[93]". Cameron, quanto a ele, profetizava que "o Estado estava no ponto de se dissolver[94]". Teodoro acolheu contudo calorosamente Rassam[95] e soltou Cameron, Stern e os outros prisioneiros europeus, mas pouco tempo depois, ele prendeu Rassam e outros estrangeiros, aparentemente na esperança de forçar o governador britânico a ceder à sua requisição com relação aos trabalhadores estrangeiros. Ele enviou então Flad à Inglaterra, em abril, para obter dois armeiros e um oficial de artilharia, bem como outros técnicos; ele desejava igualmente um fole e uma máquina para fabricar a pólvora[96].

A detenção de Rassam e de seus colegas produziu primeiramente o efeito desejado por Teodoro. Em julho de 1866, o representante britânico no Egito observou que a libertação dos cativos dependia "muito" das "satisfações" que o imperador receberia[97] e, em agosto, o residente político britânico em Aden, o tenente-coronel Merewether, declarou que o governo devia concordar com as solicitações do monarca "francamente e muito liberalmente[98]". Tal raciocínio foi compreendido pelo governo britânico que aceitou a solicitação de Teodoro em menos de uma semana[99]. Alguns dias mais tarde, entretanto, a esposa de Flad avisou que Teodoro tinha aprisionado de novo os europeus. De fato, as relações com os estrangeiros haviam se degradado. Ao tentar arranjar a partida dos prisioneiros, Rassam provocara a cólera de Teodoro, cólera que tinha, em seguida, sido envenenada por um relatório segundo o qual uma companhia britânica assinara um contrato para construir uma ferrovia no Sudão, destinada à invasão da Etiópia. Teodoro ordenara então que se conduzissem os prisioneiros para a fortaleza de Magdala. Flad reagiu recomendando o governo inglês a abandonar

---

93 Grã-Bretanha, Câmara dos Comuns, 1868, p. 348.
94 *Ibid.*, p. 351.
95 H. Rassam, 1869, vol. II, p. 45.
96 Grã-Bretanha, Câmara dos Comuns, 1868, p. 478. Ver também H. Rassam, 1869, vol. II, p. 102-103.
97 Grã-Bretanha, Câmara dos Comuns, 1868, p. 484.
98 *Ibid.*, p. 492.
99 *Ibid.*, p. 503. Ver também R. K. P. Pankhurst, 1968, p. 217-235.

o seu plano de enviar os técnicos ao imperador "porque a libertação dos prisioneiros, eu o temo, não estaria garantida. É mais provável que ele procurasse obter outras coisas do governo inglês as quais este jamais poderia consentir [...]. Eu aconselho, pois, que o governo de Sua Majestade use uma linguagem mais enérgica[100]". A política do imperador, logo, tinha fracassado. "A prisão de M. Rassam, escrevia Merewether, constituía um ultraje e um insulto tão sérios para a Grã-Bretanha que o plano original tornara-se impossível[101]". Decidiu-se então que os artesãos iriam para Massaoua, mas não seriam enviados para o interior enquanto o prisioneiros não fossem soltos e não chegassem ao porto. O monarca, entretanto, declarou que não liberaria os prisioneiros enquanto os técnicos não chegassem à corte.

Teodoro não era mais o poderoso chefe que fora alguns anos antes; ele perdera o controle de quase todo o país, exceto de Bagemder, Waala, Dalanta e algumas outras regiões menores[102]. Sua posição, relatava Merewether em janeiro de 1867, "tornava-se extremamente desesperada", seu poder "diminuía rapidamente". A menos que ele desse "alguns brilhantes golpes dignos de sua carreira anterior, seu reinado chegaria rapidamente ao fim nos próximos meses[103]". Os britânicos, conscientes da força declinante de seu inimigo, decidiram, em julho, por uma intervenção militar. Uma tropa expedicionária vindo da Índia, liderada pelo comandante-em-chefe do exército de Bombaim, o tenente-coronel sir Robert Napier, desembarcou em Zula em outubro em vez do porto de Massaoua que teria sido uma escolha mais lógica, mas que teria sido defendido pelo império otomano. Teodoro, neste meio-tempo, fazia esforços desesperados para se preparar para a eminente prova de força. Abandonando Dabra Tabor, que ele incendiou, levou seus canhões para Magdala, praticamente o único local ainda sob seu controle onde ele podia enfrentar o inimigo.

As tropas britânicas, compostas de 12.000 homens, dos quais dois terços eram indianos e, em parte, equipada com fuzis que se carregavam pela culatra (armas que não tinham ainda sido empregadas em uma guerra), avançou para o interior do país sem encontrar oposição. Os invasores receberam, no Tigre, a cooperação de Dajazmach Kassa, o futuro imperador Johannès IV, ao passo que Wagshum Gobasé de Lasta e o rei Menelik de Shoa mostraram-lhes sua simpatia. A primeira batalha (e a única verdadeira) foi travada em Arogé, abaixo de

---

100 Grã-Bretanha, Câmara dos Comuns, 1868, p. 508.
101 *Ibid.*, p. 509-510.
102 S. Rubenson, 1966, p. 81.
103 Grã-Bretanha, Câmara dos Comuns, 1868, p. 550.

Magdala, na sexta-feira santa 10 de abril, dia de jejum na Etiópia. Os britânicos infligiram pesadas perdas aos homens de Teodoro, cuja artilharia pouco experiente não foi verdadeiramente utilizada[104]. Napier, que, contudo, não recebera instrução alguma relativa ao tratamento reservado ao imperador etíope, enviou-lhe um ultimato declarando que se ele se "submetesse à rainha da Inglaterra" e entregasse todos os europeus "naquele mesmo dia no campo britânico", lhe seria garantido um "tratamento honrável[105]". Recusando-se a aceitar tal humilhação, Teodoro replicou com uma carta muito orgulhosa que constituía seu último testamento. Dirigindo-se a seu povo, ele perguntava: "Fugireis sempre diante do inimigo quando eu, pelo poder que Deus me deu, não estou convosco para vos encorajar?" Dirigindo-se em seguida aos britânicos, ele declarou que seus concidadãos tinham-se afastado dele e o odiavam porque ele lhes impusera impostos e tentara lhes incutir a disciplina militar. A propósito do desfecho da batalha, ele exclamava:

> Meus partidários que me amavam, ficaram assustados com uma única bala e fugiram, apesar das minhas ordens [...]. Estimando ser um grande chefe, eu travei batalha convosco, mas, devido a falta de valor de minha artilharia, todos meus padeceres foram em vão. O povo, de meu país, ao me reprovar por ter abraçado a religião dos francos e ao dizer ter-me tornado um muçulmano, e de dez outras maneiras diferentes, provocou minha cólera contra si. Possa Deus trazer-lhes o bem independentemente do que eu lhes tenha feito de mal. Sua vontade será feita. Eu teria tentado, se Deus tivesse decretado, conquistar todo o universo; e meu desejo seria morrer se meu propósito não pudesse ser realizado. Desde o dia do meu nascimento até hoje, ninguém ousou levantar a mão contra mim [...]. Eu esperara, após ter submetido todos meus inimigos em Abissínia, conduzir meu exército a Jerusalém e liberá-la dos turcos. Um guerreiro como eu que fez ajoelharem-se homens vigorosos bem como crianças, não aceitará nunca ser deste modo tratado por outros[106].

Após ter escrito aquela memorável carta, Teodoro pegou sua pistola e quis atirar na própria cabeça, mas seus soldados lhe arrancaram a arma das mãos. Ele soltou então Rassam, Cameron e os missionários, mas manteve refém suas esposas e filhos bem como vários outros europeus. No dia seguinte, ele enviou a Napier uma proposta de paz, oferecendo-lhe 1.000 vacas e 500 carneiros e, ao

---

104 Para a história da guerra, ver também K. St. C. Wilkins, 1870; T. J. Holland e M. M. Hozier, 1870; H. M. Stanley, 1871; C. R. Markham, 1869; A. F. Sherpherd, 1868; H. M. Hozier, 1869; F. Myatt, 1970.
105 C. R. Markham, 1869, p. 327.
106 *Ibid.*, p. 330-331.

saber da aceitação deste presente, liberou os últimos reféns. Napier, considerando "a amplitude e a natureza" do presente de Teodoro, decidiu, contudo recusá-lo. O imperador, compreendendo que aquilo significava a continuação das hostilidades, tentou fugir, depois mudou de ideia e retornou a Magdala.

Embora os prisioneiros tivessem sido soltos e atingido o objetivo da expedição[107], os britânicos atacaram Magdala, em 13 de abril. O exército de Teodoro possuía 3.000 armas de fogo, carregadas pela boca, "muito boas" e 1.000 fuzis de mecha, sem falar nos 28 canhões e 9 morteiros em latão – estes últimos fabricados localmente "com belas inscrições em amárico[108]". Esta artilharia, segundo o capitão Mozie, era "bem superior" àquela dos ingleses, "e se os canhoneiros não tivessem desertado, teriam causado muitas perdas entre os assaltantes[109]". Teodoro compreendeu rapidamente que toda resistência era vã; afastou-se de seus partidários exclamando: "tudo acabou! Eu me matarei antes de cair nas mãos deles." Colocou sua pistola na boca e apertou o gatilho[110].

Os ingleses, uma vez cumprida a sua missão, se preparam para partir. Eles nunca tiveram a intenção de permanecer e tinham prometido se retirar desde que, a rusga com Teodoro, fosse resolvida. Somente com base em tal acordo os turcos lhes haviam permitido desembarcar e Kassa os tinha autorizado a atravessar o Tigre. Antes de partir, eles destruíram a fortaleza de Magdala e a maioria de seus canhões; levaram o jovem filho de Teodoro, Alamayehu, a pedido de sua mãe[111], e cerca de quatrocentos manuscritos, uma parte daqueles que o imperador tinha reunido para formar uma biblioteca[112]. O último ato da expedição consistiu em recompensar Kassa dando-lhe 12 canhões, 752 fuzis e munição – armamento que teria um papel importante na luta futura pelo poder.

O aparecimento da França em Obok e da Itália em Assab

A segunda metade do século XIX viu crescer o interesse da França pelo porto de Obok, o qual foi comprado em 1856, por M. Lambert, o cônsul francês

---

107 Ver R. K. P. Pankhurst, 1973*a*, p. 189-203; C. Jesman, 1966, p. 94-151.
108 C. R. Markham, 1869, p. 240.
109 H. M. Hozier, 1869, p. 240.
110 C. R. Markham, 1869, p. 352.
111 R. K. P. Pankhurst, 1973*b*, p. 17-42.
112 Lorde Amulree, 1970, p. 8-15.

Figura 15.8 Uma interpretação moderna da cena do suicídio do imperador Teodoro em frente a sir Robert Napier. [Fonte: pintura do Museum of the Institute of Ethiopean Studies, Addis Abeba.]

em Aden[113]. Isto não resultou em ocupação efetiva, mas um novo tratado foi assinado em 1862; quatro chefes afar cederam o território à França, por 10.000 dólares Maria-Theresa, engajando-se "conjuntamente e separadamente" a rejeitar toda abertura diplomática "sem haver recebido a aprovação de Sua Majestade o imperador dos franceses[114]". Embora redigido em termos grandiloquentes, este acordo não foi respeitado na prática. Um observador britânico, o cônsul Walker, relatou que o chefe principal "desapareceu após ter recebido o dinheiro e que seu sucessor não sustentou os direitos ou as pretensões da França de adquirir

---

113 P. Soleillet, 1887, p. 23.
114 E. Hertslet, 1894, vol. I, p. 269-270.

este local nem aqueles do chefe a se dispor dele". As poucas barracas construídas pelos franceses "foram jogadas no mar após a partida destes[115]".

O interesse dos europeus por esta região aumentou com a inauguração do canal de Suez em novembro de 1869. No mesmo mês, o missionário lazarista italiano Giuseppe Sapeto adquiriu o porto de Assab em nome do Ministério italiano da marinha e ofereceu por ele, a dois sultões afar, a soma de 6.000 dólares Maria-Theresa. Quando retornou em março do ano seguinte como representante da companhia marítima italiana Rubattino, ele percebeu que os vendedores não estavam satisfeitos com o preço. Um novo tratado foi então assinado com os dois chefes (aos quais se juntara um terceiro) e lhes foi pago uma soma suplementar de 8.100 dólares Maria-Theresa, enquanto persuadia-se um outro chefe a alugar uma ilha próxima, por dez anos, por meio de uma renda anual de 100 dólares, com o direito de aquisição por 2.000 rúpias (aproximadamente 1.000 dólares)[116]. Estes acordos fixaram as bases dos contatos que os italianos estabeleceriam com Shoa no final da década de 1870 e no início da década de 1880.

O Imperador Johannès e a formação da unidade etíope

A morte de Teodoro tinha deixado a Etiópia dividida e destituída de imperador. Três personalidades rivais detinham o poder em diferentes regiões. Menelik consagrara-se rei de Shoa, enquanto Ras Gobasé tornou-se senhor de Amhara, de Wag e de Lasta, foi coroado imperador e tomou o nome de Taka Giorgis em 1868. A terceira personalidade, Kassa do Tigre, era contudo a mais poderosa, em parte devido as armas recebidas dos britânicos. Em 1871, Gobasé pôs-se em campanha para se apossar de Adwa, a capital do Tigre, mas Kassa o venceu em julho e foi coroado imperador sob o nome de Johannès IV em Axum em janeiro de 1872[117].

O novo imperador, o qual realizaria uma unificação mais vasta e mais eficaz que Teodoro, alcançou este resultado ao adotar uma política mais conciliadora em relação à nobreza provincial[118] e ao se apresentar como o amigo e protetor

---

115 Grã-Bretanha, Câmara dos Comuns, 1868, p. 231-232.
116 Itália, Ministero degli Affari Esteri, 1906, vol. I, p. 25-28. Ver também G. Douin, 1936-1941, vol. III, segunda parte, p. 240-249.
117 W. Mc. E. Dye, 1880, p. 473. Ver também Zewde Gabre-Sellasie, 1975, p. 17-53.
118 G. Rohlfs, 1885, p. 58. Ver também Zewde Gabre-Sellasie, 1975, p. 16, p. 250-257.

do clero. Antes de sua coroação, conseguiu adquirir um *abuna* do Egito e fez em seguida contato com a comunidade etíope em Jerusalém, à qual ele enviou recursos dos quais ela tinha urgente necessidade. Fez construir inúmeras igrejas, notadamente em Adwa e Magdala, deu vastos territórios à Igreja na velha cidade de Axum e renovou a subvenção concedida ao monastério de Dabra Bizan que dominava o Mar Vermelho[119]. Tendo convertido sua própria esposa, Halima, mulçumana antes de se casar, ele tentou batizar em massa os muçulmanos[120], particularmente entre os oromos azebo e perseguiu os católicos romanos[121]. Desejando purificar as práticas religiosas, ele proibiu as práticas do curandeirismo e, em conformidade com a oposição mostrada pela Igreja etíope ao tabaco, proibiu o fumo e o rapé[122]. Por outro lado, tentou inovar no domínio militar, importou armas de fogo e empregou um oficial britânico, John Kirkham, para treinar os seus soldados[123].

Durante a primeira parte de seu reinado, Johannès teve que enfrentar uma forte pressão egípcia. O Egito era à época o Estado mais poderoso do continente africano e seu quediva, Ismāʿīl, que teria um destino infeliz, construía um império no Sudão e esperava poder anexar uma grande parte da Etiópia. A etapa do conflito começou quando, em maio de 1868, o sultão turco confiou uma vez mais Massaoua ao Egito. Após ter ocupado o porto, os egípcios se apossaram de Zula e acabaram com as importações de armas da Etiópia. Na primavera de 1872, Werber Munzinger, um aventureiro suíço a serviço dos egípcios se apossou de Bogos e de Halal, dois distritos etíopes localizados na fronteira sudanesa[124], e o chefe de Ailet, frente a Massawa, vendeu seu distrito ao governo egípcio. Diante destas usurpações, Johannès enviou Kirkham a Inglaterra em setembro com uma carta para a rainha Vitória, solicitando-lhe ajuda para lutar contra a expansão egípcia. Kirkham escreveu em seguida à rainha em nome do imperador para atrair sua atenção sobre a "injustiça" no fato que a Etiópia não tinha porto com o qual ela pudesse comunicar com as "potências cristãs da Europa"; ele acrescentou que se as potências europeias lhe assegurassem uma "janela sobre o Mar Vermelho", Johannès estava pronto para concluir "tratados de comércio

---

119 Zewde Gabre-Sellasie, 1975, p. 33-34; R. Perini, 1905, p. 85; L. Villari, 1938; G. W. B. Huntingford, 1965, p. 79; R. K. P. Pankhurst, 1966c, p. 100-101.
120 J. S. Trimingham, 1952, p. 122 ; Zewde Gabre-Sellasie, 1975, p. 94-100.
121 Sobre a política religiosa de Johannès, ver Gabira Madihin Kidana, 1972.
122 Mangestu Lamma, 1959, p. 52; A. B. Wylde, 1901, p. 44; R. K. P. Pankhurst, 1968, p. 5.
123 E. A. De Cosson, 1877, vol. II, p. 64.
124 A. B. Wylde, 1901, p. 22-23; G. Rohlfs, 1885, p. 43; G. Douin, 1936-1941, vol. III, segunda parte, p. 337-344.

FIGURA 15.9   O imperador Johannès IV. [Fonte: G. Rohlfs, *Meine Mission nach Abessinien*, 1882, Leipzig. Ilustração reproduzida por Sasor Publisher, Londres.]

muito liberais" com elas[125]. Mas estes apelos não tiveram maiores efeitos do que aqueles das épocas anteriores[126].

Johannès, desejoso em obter contatos mais estreitos com o exterior, nomeou um inglês, Henry King, cônsul em Londres[127], e entendendo a potência do movimento antiescravocrata, informou aos britânicos que ele tentaria eliminar o comércio de escravos executando os mercadores que o praticassem. A venda de escravos era há muito tempo proibida pelo código jurídico etíope, o *Fetha*

---

125   Public Record Office, Kew, FO 1/27, to Foreign Office, 13 May 1873.
126   G. Douin, 1936-1941, vol. III, segunda parte, p. 378-387, p. 403-409.
127   J. de Coursac, 1926, p. 107-118.

Nagast, mas esta injunção aplicava-se até então aos mercadores cristãos, não aos mercadores muçulmanos[128].

Os egípcios, uma vez estabelecidos no litoral Sul do Mar Vermelho, avançaram igualmente na área do golfo de Aden. Durante o inverno de 1873-1874, eles se apossaram temporariamente de Berbera, depois, no inverno seguinte, ocuparam a cidade de maneira permanente, bem como Zeila[129]. Eles invadiram também o interior e tomaram Harar em outubro. O emir Muhammad ibn 'Alī, alçado recentemente ao poder, foi incapaz de resistir[130]. Tendo adquirido um ponto de apoio ao Leste, os egípcios decidiram anexar a Etiópia do Norte até o rio Marab. Enviaram 2.500 homens, comandados por um nobre egípcio, Arekel Bey, um oficial dinamarquês, o coronel Arendrup, e um austríaco, o conde Zicky. Aquele exército era equipado com fuzis que eram carregados pela culatra e canhões de campanha. Johannès, ciente que os invasores tinham avançado até Asmara, ordenou que se fizesse uma chamada às armas em todo o reino[131]. Muitos homens se engajaram como voluntários em uma guerra que consideravam como uma cruzada contra uma invasão do islã. Johannès pôde então reunir quase 70.000 homens em armas. A batalha mais decisiva foi travada em Gundat, em 15 de novembro de 1875, quando o exército do imperador atacou os invasores e os aniquilou quase totalmente. Arekel e Arendrup foram mortos e Zicky mortalmente ferido, enquanto Johannès se apossou de 2.500 fuzis Remington, 14 peças de artilharia e 20.000 dólares Maria-Theresa. Os egípcios, neste meio tempo, tinham enviado uma outra coluna de Tadjūra; ela foi interceptada pelos afar locais que mataram seu comandante Munzinger, assim como muitos de seus homens[132].

Ismā'īl decidiu vingar-se destes desastres. Em fevereiro de 1876, um novo exército, muito mais numeroso (20.000 homens) e melhor equipado, comandado por Rātib Pacha, o filho do quediva Hassan Pacha, e um oficial americano, o general Loring, avançou no interior da Etiópia. Johannès reagiu solicitando uma vez mais aos cristãos que se unissem contra o inimigo de seu rei. Os egípcios, embora equipados com fuzis Remington e canhões de campanha Krupp, foram novamente escorraçados, já que quase 200.000 homens responderam ao apelo

---

128 P. Tzadua, 1968, p. 175-178.
129 G. Douin, 1936-1941, vol. III, segunda parte, p. 266-279; terceira parte, A, p. 547-555, p. 583-602.
130 *Ibid.*, vol. III, terceira parte, A, p. 602-607; J. S. Trimingham, 1952, p. 120-122.
131 W. Mc. E. Dye, 1880, p. 135.
132 A. B. Wylde, 1901, p. 23-25; G. Douin, 1936-1941, vol. III, segunda parte, p. 745-1075 ; Zewde Gabre Sellasie, 1975, p. 61-65.

do imperador. Os invasores não puderam enfrentar os etíopes que tiveram entre 7 e 9 de março, em Gura, uma vitória estrondosa. Poucos egípcios sobreviveram ao assalto das tropas do imperador. Deixaram para trás 16 canhões e 12.000 ou 13.000 fuzis Remington, bem como numerosa munição e provisão[133].

As vitórias etíopes, em Gundat e Gura, puseram fim aos sonhos imperialistas egípcios. Ismā'īl que perdera mais de 20.000 homens, bem como a maior parte de sua artilharia, além de outras armas, e cujo país enfrentava um desastre econômico, teve que abandonar seus objetivos expansionistas. Ele foi, logo depois, a bancarrota e foi deposto em junho de 1879. O descontentamento tinha, neste meio tempo, tomado seu exército, sobretudo devido à incapacidade e a arrogância dos comandantes turcos e circassianos, os quais haviam levado as tropas egípcias ao desastre. A derrota na Etiópia semeou então frutos amargos para o quediva e é significativo o fato de um dos coronéis de Massaoua, 'Urabı Pacha ter se tornado chefe da primeira revolta nacionalista egípcia.

A Etiópia, ainda que vitoriosa, tinha também sofrido com os combates. Em 1873, um viajante britânico, A. E. De Cosson, observava que o Hamasén tinha sido "despovoado" devido às devastações causadas pelos egípcios e que Asmara "estava quase deserta[134]". Johannès, por seu lado, procurou reduzir estes males, e, como o coronel William Dy, um americano a serviço do exército egípcio, o reconheceu, ele ordenou que, embora os cereais pudessem ser pegos por seus soldados, "o gado e as roupas deveriam ser poupados[135]". As campanhas de 1875-1876, seguidas pelas depredações cometidas por um chefe apoiado pelos egípcios, Ras Walda Mika'él, causaram entretanto inúmeras devastações[136]. Um observador britânico, A. B. Wylde, observou na sequência que Mika'él tinha "transformado o planalto de Hamasén, anteriormente chamado de planalto das mil aldeias [...], em um horrível deserto coberto de casas em ruínas onde sobreviviam camponeses meio mortos de fome[137]".

As vitórias sobre o Egito reergueram entretanto o prestígio e a força de Johannès, o qual, graças às munições de que se apossara, tornou-se o dirigente melhor armado de seu país desde a introdução de armas de fogo há três séculos. O fim das hostili-

---

133 A propósito da campanha egípcia, ver W. Mc. E. Dye, 1880, *passim*; G. B. Hill, 1881, p. 205-206; G. Rohlfs, 1885, p. 44-54; A. B. Wylde, 1901, p. 26-81; M. Chaîne, 1913, p. 8; J. de Coursac, 1926, p. 322--324 e *passim*; A. Bizzoni, 1897, p. 60-64 ; J. S. Trimingham, 1952, p. 121-122 ; Zewde Gabre-Sellasie, 1975, p. 59-63.

134 E. A. De Cosson, 1877, vol. I, p. 50.

135 W. Mc. E. Dye, 1880, p. 292.

136 *Ibid.*, p. 652.

137 A. B. Wylde, 1901, p. 28.

dades deixou-o livre para realizar a unificação para realizar a unificação do país. Ele marchou sobre o Wallo, ao Sul, a fim de acertar as contas com Menelik, o senhor de Shoa, o qual dependia das armas que passavam pelos territórios ocupados pelos egípcios. Menelik recusara-se a ajudar Johannès no conflito anterior e realizara uma expedição contra Bagemder e Gojam, isto é, na área de influência do imperador; na mesma época, ele tinha mantido uma correspondência amigável com o quediva[138].

A guerra entre os senhores do Tigre e do Shoa, as duas partes mais poderosas da Etiópia cristã, parecia eminente. Menelik pensou primeiramente em fazer a paz, mas, quando soube as duríssimas condições que Johannès exigia, mobilizou seus homens em janeiro de 1878. Entretanto a perspectiva de um conflito amedrontava muito ambos os lados, os quais estimavam que estes só beneficiaria seus inimigos comuns. Johannès, embora fosse o mais poderoso dos dois, carecia de munições e seria obrigado a operar em um território inimigo contra um exército cuja força não era negligenciável. O desfecho parecia incerto, mas o grande número de armas de fogo presente deixava prever pesadas perdas em ambos os campos. Inúmeros monges e o clero asseguraram a mediação entre os adversários e sublinharam aos dois monarcas que não era desejável derramar sangue cristão.

Johannès, convencido das vantagens de um compromisso, aceitou em fevereiro abrir negociações com Menelik. Um acordo foi concluído em março, negociado por um dos padres do imperador. Seus termos, ainda que jamais tenham sido publicados, parecem ter sido os seguinte[139]: Menelik renunciava ao título de imperador; Johannès reconhecia a independência de Menelik, o qual deveria lhe pagar um imposto; Johannès consentia em coroar Menelik rei de Shoa e de Wallo e aceitava o direito dos descendentes de Menelik a sucedê-lo como dirigentes destas províncias; cada dirigente se comprometia a vir em ajuda do outro em caso de necessidade; e Menelik aceitava fechar durante dois anos a rota de Zeila ao Shoa aos europeus.

Johannès coroou então seu antigo inimigo com pompa e esplendor. Este ato, de um lado, simbolilzava sua suserania *de jure*; do outro, ela era uma expressão de independência *de facto* de Menelik[140].

Os dois dirigentes se reencontraram em seguida em Boru Meda, no Wallo, para debater sobre as controvérsias religiosas da Igreja ortodoxa etíope, e sobre a

---

138 A propósito das sugestões segundo as quais Menelik conspirava realmente com os egípcios contra Johannès, ver H. G. Marcus, 1975, p. 38-43, e Zewde Gabre-Sellassie, 1975, p. 55-59, 61, 65, 260-262.

139 G. Massaia, 1892, vol. II, p. 5-23; A. Cecchi, 1886-1887, vol. I, p. 422-423; T. Waldmeier, 1886, p. 133--134; Guèbrè Sellassié, 1930-1932, vol. I, p. 138-148. No que diz respeito a um debate recente sobre o acordo Tigre-Shoa, ver Zewde Gabre-Sellasie, 1975, p. 93-94.

140 G. Messaia, 1892, vol. XI, p. 60.

oportunidade de converter os muçulmanos e os tradicionalistas, em particular na periferia do país, onde a lealdade da população era duvidosa. Eles concluíram que deveriam dar respectivamente três e cinco anos aos muçulmanos e aos tradicionalistas para se converterem ao cristianismo, e que todos os funcionários não cristãos deveriam ser batizados[141]. Os dois chefes principais de Wallo, o *imām* Muhammad 'Alī e o *imām* Abba Watta, foram então convertidos ao cristianismo e tomaram os nomes de Mika'él e de Hayla Maryam; foram-lhes dados os cargos de *ras* e de *dajazmach*[142]. Seus partidários, bem como muitos outros, foram igualmente convertidos e numerosas mesquitas e santuários pagãos foram destruídos. Mas um grande número destas conversões permaneceu puramente nominal. O missionário italiano Massala viu convertidos irem direto da igreja onde tinham sido batizados para a mesquita para anularem este batismo[143]; um grande número de chamados "cristãos de dia, muçulmanos de noite". Outros muçulmanos deixaram o país, embora, em certa áreas onde se recusava aos não cristãos o direito de possuir terras, o batismo permitiu aos muçulmanos adquirirem terras que poderiam conservar mesmo após seu retorno ao islã[144]. Um outro resultado do acordo de Boru Meda foi a expulsão dos missionários católicos romanos de Shoa, em 1879. Johannès opunha-se há muito tempo aos missionários, de qualquer lado que fossem[145]. Eles eram apreciados sobretudo por suas competências técnicas, mas Menelik compensou as desvantagens que podia apresentar sua partida empregando outros estrangeiros, dentre os quais um artesão suíço, Alfred Ilg, o qual serviu como técnico e como conselheiro diplomático[146].

O quediva Ismā'īl tinha no ínterim encarregado o coronel Charles Gordon, um oficial britânico a serviço do governador egípcio do Sudão, de realizar negociações de paz entre o Egito e Johannès. Gordon que reconhecia em seu diário que seu empregador tinha "roubado" territórios à Etiópia e tratado esta última "muito cruelmente e injustamente"[147], chegou a Dabra Tabor para uma vã missão[148] a fim de encontrar-se com Johannès em outubro de 1879. O

---

141 G. Rohlfs, 1885, p. 149-156; A. Opbel, 1887, p. 307; Guèbrè Sellassié, 1930-1932, vol. I, p. 145-156; Zwede Gabre-Sellasie, 1975, p. 95-96.
142 Guèbrè Sellassié, 1930-1932, vol. I, p. 155-156; J. S. Trimingham, 1952, p. 24, 122.
143 G. Messaia, 1892, vol. XI, p. 78.
144 Zewde Gabre-Sellasie, 1975, p. 97; R. Perini, 1905, p. 344; R. K. P. Pankhurst, 1968, p. 147.
145 G. Bianchi, 1886, p. 86. A propósito da atitude de Johannès em relação aos missionários, ver Zewde Gabre-Sellasie, 1975, p. 98-99.
146 C. Keller, 1918; W. Loepfe, 1974; R. K. P. Pankhurst, 1967, p. 29-42.
147 G. B. Hill, 1881, p. 403, 405, 406; ver também p. 304.
148 Zewde Gabre-Sellasie, 1975, p. 111-117.

imperador foi intransigente: ele exigia a "retrocessão" dos distritos fronteiriços de Bogos, Matamma e das terras de Shanqella, e queria um acesso ao mar[149]. Insistente sobre a justiça da sua causa, ele repreendeu ao inglês, como cristão, de servir a um governo muçulmano. Escreveu uma carta irritada ao quediva Tawfik, observando que o Egito tinha se comportado como um "ladrão", acrescentando: "quereis a paz, mas impedis aos mercadores abissínios de chegarem a Massawa. Haveis tomado terras que não são vossas[150]". Gordon, cujas instruções excluíam qualquer cessão de território, achou a entrevista embaraçosa. Irritado pela vigilância estreita à qual o imperador o havia submetido, ele acreditava não poder deixar o país; escreveu, mais tarde, nas memórias de um dos prisioneiros de Teodoro que tivera a chance de sair vivo. A propósito de Johannès, ele observou que o imperador falava "como o Antigo Testamento" e "se tornava cada vez mais louco[151]". Todavia, à sua própria irmã, ele ponderou: "Johannès é, muito curiosamente, como eu um fanático religioso. Ele tem uma missão; e ele a cumprirá. Esta missão consiste em cristianizar todos os muçulmanos[152]".

Johannès tinha, naquela época, sólidas realizações em seu ativo. Ele tinha parado a invasão do Egito e criado uma unidade muito maior do que aquela que existia durante a maior parte do reinado de Teodoro; permitira ao seu povo entrar em um período de paz sem precedentes. A. B. Wylde, observador perspicaz, observou que a Etiópia, após a derrota egípcia, "conheceu os benefícios da tranquilidade e das boas colheitas" e que "progredia a grandes passos[153]".

Pacífica e próspera no final do período que estudamos, a Etiópia conheceria grandes tribulações. A rebelião do Mahdī sudanês, Muhammad Ahmad, o qual anunciou sua missão em 1881, significava o aparecimento de um novo centro de poder dinâmico, o qual iria logo desfraldar sobre o Oeste do império e destruir Gondar. A tomada de Massaoua pelos italianos em 1885, a qual marcou o início da avalanche europeia sobre esta parte da África, foi seguida, em menos de meia década, por uma grande epidemia de peste bovina e pela fome: uma vez mais, o país inteiro foi lançado no declínio e na miséria.

---

149 *Ibid.*, p. 412-414.
150 *Ibid.*, p. 420.
151 *Ibid.*, p. 421-422, p. 424.
152 C. Gordon, 1902, p. 155.
153 A. B. Wylde, 1901, p. 30.

Visão global

Ainda que a frente da cena, no final daquele período, tenha sido ocupada por Johannès, senhor do Estado mais poderoso da área e o único a ser realmente envolvido nas relações internacionais, o território que ele dominava constitua apenas uma fração daquele do qual trata o presente capítulo. Seu império, fundado no Tigre, se estendia contudo, ao menos teoricamente, sobre todos os altos planaltos cristãos, o *ras* Adal Tasama (mais tarde, o rei Takla Haymanot) do Gojam e o rei (mais tarde, imperador) Menelik do Shoa, tendo sido ambos obrigados a reconhecer sua autoridade imperial. Os chefes muçulmanos do Wallo, agora convertidos oficialmente ao cristianismo, aceitavam também indiretamente sua suserania. Mais ao Leste, contudo, o sultanato muçulmano de Awsa era independente. As terras baixas no Noroeste e no nordeste do Tigre estavam sob o controle dos egípcios, pois Johannès, apesar de suas vitórias, não pôde nem os fazer recuar nem cumprir seu voto de obter um acesso ao mar. O domínio egípcio iria, entretanto, ter fim em menos de meia década; a região não deveria outrossim cair nas mãos dos senhores da Etiópia, mas naquelas de uma potência colonial, a Itália.

As terras do Oeste, do Sul e do Leste não estavam ainda integradas ao Estado etíope; ainda que Menelik tenha se apossado de algumas partes do Guragé, suas principais expedições remontavam a vários anos. No Sudoeste do país, existia ainda um enxame de pequenos Estados independentes. Eles incluíam o velho reino de Kaffa, Janjero e Walamo, assim como várias pequenas monarquias oromas: Jimma, cujo último rei e o mais famoso, Abba Jiffar II, acabava de ascender ao trono e Léka, onde um chefe local, Moroda, consolidava seu poder, sem falar de Limmu, Goma, Guma, Gera e de outras unidades políticas ainda mais reduzidas. Os oromos, bem como outros grupos do Sul, no Arussi, Borana e em outros lugares, levavam também uma existência política separada.

No Sudeste, Harar, anteriormente cidade-estado independente, estava ocupada pelo Egito. É verdade que logo esta supremacia teria fim e que Menelik se apossaria da cidade. Ao longo do golfo de Aden, os portos somalis eram também controlados pelos egípcios, cujo domínio seria logo substituído por aquele de três potências coloniais, a Grã-Bretanha, a Itália e a França. Os portos somalis restantes, sobre o litoral do atlântico, no Majerteyn ao Norte e no Benadir ao Sul, eram respectivamente dirigidos por Omã e Zanzibar. Por volta de 1870, um desacordo entre o sultão de Majerteyn, Oman Mahmūd, e seu sogro, Ysūf 'Alī, levaria à divisão do sultanato e à fundação, por Ysūf 'Alī do novo sultanato de

Hobya (Obbia), mais ao Sul[154]. No baixo vale do Shebele, o desenvolvimento de lavouras comerciais (cereais, gergelim, urzela e algodão) contribuiu para a prosperidade do sultanato geledi até a década de 1880[155]. Mas o domínio de Oman logo daria lugar àquele do colonialismo italiano. A influência estrangeira na Somália era entretanto limitada ao litoral. A maioria dos somalis, que viviam nas terras do interior, era – como um grande número de oromos – livre de todo domínio externo e vivia sob o controle de seus clãs locais.

---

154 M. Pirone, 1961, p. 88.
155 L. V. Cassanelli, 1982, p. 161-178.

CAPÍTULO 16

Madagascar, 1800-1880

Phares M. Mutibwa
com uma contribuição de
Faranirina V. Esoavelomandroso

A história de Madagascar entre 1800 e 1880 é caracterizada por dois grandes traços que fornecerão os eixos de nosso estudo. O primeiro trata da evolução política do país e da interação diplomática entre Madagascar e as potências estrangeiras, em particular, a Grã-Bretanha e a França. O segundo trata das mudanças ocorridas na organização social de Madagascar, notadamente nos campos religioso, administrativo e econômico. A evolução política concerne basicamente à consolidação da monarquia merina e à expansão de seu domínio sobre o resto da ilha. As relações diplomáticas desta monarquia com a França e a Grã-Bretanha tornaram-se a pedra angular do desenvolvimento do país. As mudanças introduzidas na administração e, sobretudo, na instauração da lei e da ordem, facilitaram o desenvolvimento econômico, fator fundamental nos esforços de Madagascar para se modernizar e resistir às potências estrangeiras. O fato de o país ter abraçado religiões estrangeiras é considerado como parte integrante deste processo de modernização.

Será necessário fazer aqui uma breve descrição do país e de seu povo. Existem aproximadamente dezoito grupos étnicos em Madagascar. O principal desses grupos tornou-se o mais importante do século XIX: trata-se do grupo dos merina, habitantes do planalto central da ilha. Este planalto central, chamado Imerina ("o país que se vê de longe"), constituía o foco do povo merina, junto aos quais uma classe de privilegiados controlava, antes da colonização francesa, a maior parte da ilha. É difícil dizer quantos habitantes havia em Madagascar durante o período que vamos estudar; segundo o cônsul da Grã-Bretanha em Madagascar, no ano de 1865, a população chegava a 5 milhões, dos quais cerca de 800.000 eram merina[1]. Todos os grupos malgaxes falavam a mesma língua e tinham, com algumas exceções, tradições e costumes religiosos análogos. Assim, apesar da existência de diferenças regionais, os malgaxes formavam, e ainda hoje formam, um só povo que se caracteriza por uma profunda unidade cultural e étnica[2].

Os dirigentes de Imerina se instalaram em Antananarivo e foi daí que uma linhagem de monarcas, competentes e frequentemente populares, dirigiu a maior parte da ilha. A expressão "governo do reino de Madagascar", tal como a empregamos aqui, se refere ao governo instalado em Antananarivo que, em 1880, controlava os dois terços da ilha, apesar das esporádicas rebeliões aqui e acolá. Isso porque, não obstante a importância histórica de cada província e região[3], o estudo da evolução política, social, econômica e administrativa de Madagascar se articula fundamentalmente em torno da história do planalto central, que constitui o grande polo de atividade e o coração da ilha.

A era de Adrianampoinimerina (1792-1810)

É difícil entender a história de Madagascar do século XIX sem examinar como Adrianampoinimerina, fundador do reino merina, chegou ao poder e consolidou sua posição no planalto central. Ele reunificou o reino merina e o estendeu. Além disso, reforçou a coesão nacional, fator fundamental de uma política expansionista.

Por volta de 1780, havia, em Imerina Central, somente três ou quatro pequenos reinos, que travavam lutas sangrentas entre si. Aproximadamente em 1785, Ramboasalama, o sobrinho do rei de Ambohimanga, um destes pequenos reinos, expulsou seu tio e se proclamou rei sob o nome de Adria-

---

1   Pakenham a Russell, 31 de janeiro de 1865; Foreign Office, Public Record Office, Londres (nota abreviada FO infra) 48/10.
2   H. Deschamps destaca que "é notável a unidade linguística malgaxe. De um lado ao outro da ilha, encontramos a mesma gramática, a mesma sintaxe e, no conjunto, as mesmas palavras". Ver H. Deschamps, 1951, p. 53.
3   O departamento de história da Universidade de Madagascar desenvolve estudos inovadores sobre a história das regiões; assim começamos a conhecer melhor a história interna de Madagascar.

FIGURA 16.1   Madagascar e seus vizinhos (segundo P. M. Mutibwa).

Figura 16.2 Vista de Antananarivo nos anos 1850. [Fonte: W. Ellis, *Three visits to Madagascar*, 1858, John Murray Publishers, Londres. Ilustração reproduzida com a autorização da British Library, Londres.]

nampoinimerina[4]. Ele começou, então, a consolidar sua posição em Imerina, utilizando tanto os meios militares, quanto às vias diplomáticas. Liquidou os reis de Antananarivo e de Ambohidratrimo que, embora tivessem selado a paz com Adrianampoinimerina, continuavam a desafiá-lo[5]. Em 1791 ou 1792, ele transferiu sua capital para Antananarivo e começou a edificar as estruturas políticas e sociais do novo reino. Esta cidade permaneceu, desde então, a capital de Imerina e de Madagascar.

A segunda parte do reinado de Adrianampoinimerina, pouco tempo depois de 1800, viu o reino se estender para além dos limites de Imerina: a longa e difícil tarefa da unificação dos 18 grupos étnicos de Madagascar começara. O novo rei esforçava-se para conquistar o restante da ilha e, em seu leito de morte, teria dito a Radama, seu filho e sucessor: "o mar é minha fronteira"[6].

---

4   Para um breve quadro do rei Adrianampoinimerina, ver H. Deschamps, 1967; ver também A. Délivré, 1974.

5   R. W. Rabemananjara, 1952, p. 32.

6   Literalmente: "o mar é o limite do meu campo de arroz". Ele associava a rizicultura à luta contra a fome e deu diretrizes para a valorização das planícies de Betsimitatatra.

De início, ele conquistou porções de territórios tradicionais merina, então ocupados por povos vizinhos, tais como os bezanozano e os sihanaka, a Leste[7]. Embora tivesse imposto sua suserania a estes povos, alguns deles, e particularmente os bezanozano, continuaram a resistir. Adrianampoinimerina empregou a força para consolidar seu poder em Imerina, mas também tentou apresentar-se frente a seus adversários como um chefe, cujo único desejo era a paz e a unidade.

Inicialmente, a expansão para o Sul teve como objetivo principal a proteção dos merina que para lá haviam emigrado. Os betsileo já haviam sido dominados pelos merina e as tropas destes pouco se esforçaram para avançar mais a Sul, até o maciço de Ankaratra e a região de Faratsiho[8]. Entretanto, no Oeste, Adrianampoinimerina encontrou – como seus sucessores – a obstinada resistência dos sakalava. De fato, as tentativas para dominá-los fracassaram totalmente. É verdade que, por vezes, o soberano merina chegou a estabelecer relações amigáveis com os sakalava mas, muito frequentemente, estes invadiram Imerina, impelindo suas incursões até Antananarivo ou quase. Os mais importantes reinos sakalava eram Menabe e Boina, os quais constituíam uma barreira intransponível para a expansão merina rumo ao Oeste. Entretanto, a oposição mais acirrada era a dos ambongo. Por outro lado, é importante sublinhar que a única solução de substituição dos chefes merina era a dinastia sakalava dos maroseranana, os quais haviam estendido sua hegemonia à parte ocidental da ilha, antes do século XIX, e feito alianças com certos reinos da parte oriental – notadamente o de Betsimisaraka[9]. Entretanto, quando de sua morte, em 1810, Adrianampoinimerina tinha feito de Imerina uma força importante de Madagascar.

O grande modernizador: o rei Radama I (1810-1828)

Na história de Madagascar, poucos dirigentes tornaram-se tão lendários quanto Radama I, o qual, aproximadamente aos dezoito anos de idade, sucedeu o pai em 1810. Ele é considerado como o "Napoleão" de Madagascar e era assim que ele próprio se considerava.

---

7   Ver J. Valette, 1971, p. 327 e seg.
8   *Ibid.*, p. 328. Ver também J. Rainihifina, 1975. Sobre as migrações merina rumo a Andrantsay e Voromahery (limite norte do país betsileo), ver D. Rasamuel, 1980; E. Fauroux, 1970; J. Y. Marchal, 1967, p. 241-280; J. Dez, 1967.
9   C. Guillain, 1845, p. 376.

Quando foi anunciada a morte de Adrianampoinimerina, alguns dos povos conquistados por ele revoltaram-se. A primeira tarefa de Radama foi, portanto, dominar os rebeldes e, notadamente, os bezanozano de Ambotomanga, dentre os quais muitos fugiram para o Leste. Embora Radama tivesse conseguido consolidar sua posição em Imerina, desejava sobretudo alcançar o mar, como seu pai havia-lhe pedido em seu leito de morte. Sem acesso direto ao mar, os merina se sentiam oprimidos por seus vizinhos, que chegaram a fazer incursões nas terras merina a fim de capturarem escravos. Cada vez mais ansiosos para comerciar diretamente com os europeus nos portos de Tamatave e de Majunga, e, sobretudo, com os ingleses das Ilhas Mascarenhas, os negociantes merina eram, entretanto, obrigados a passar por intermediários bezanozano, sihanaka e sakalava para trocar produtos artesanais e agrícolas – notadamente arroz e carne de boi – por sal e munições de origem europeia. Radama considerava a expansão territorial como parte da herança dos maroseranana, que ele havia dominado; porém, para ele, era sobretudo por devoção filial que deveria cumprir as últimas vontades de seus antepassados e realizar as predições dos adivinhos[10].

Radama dirigiu seus esforços ao Leste, para o porto de Tamatave, que se tornava cada vez mais importante. Contudo, a situação política da região vizinha de Betsimisaraka pedia uma intervenção. Com efeito, a confederação organizada no século XVIII por Ratsimilaho estourou em uma multidão de principados rivais, em guerra uns contra os outros e cujos *filoha* (chefes), vendo sua autoridade abalada por uma ameaça interna, convidaram Radama para restabelecer a ordem. Aproveitando este caos político, um mestiço, Jean René, se apossou de Tamatave em 1812[11]. Foi principalmente o desejo de Radama de estabelecer uma rota em direção a este porto oriental que o levou a entrar em contato, diplomaticamente, com Robert Townsend Farquhar, o governador da Ilha Maurício. Tal desejo coincidia com o de Farquhar e da Grã-Bretanha: controlar Madagascar ou, pelo menos, influenciar o que lá se passava, pois que Madagascar era a única fonte de gado e de arroz da Ilha Maurício e consumia também uma grande parte de seus produtos manufaturados. Ademais, Madagascar representava um interesse estratégico e político. Os britânicos queriam, em particular, garantir o apoio de seu chefe para abolir o tráfico de escravos, já que Madagascar constituía uma das principais fontes de escravos da região. Sir Robert queria, portanto, exercer um papel político ativo no país. Esta política, que coincidia com o desejo de Radama

---

10 H. Deschamps, 1960, p. 154. Ver também J. M. Filliot, 1974, p. 273.
11 R. Decary, 1939.

FIGURA 16.3 Madagascar, 1800-1880 (segundo P. M. Mutibwa).

de continuar sua expansão para o Leste, teve, como sublinhamos, "importantes consequências para o futuro de Madagascar"[12].

Após vários contatos amigáveis, Farquhar enviou uma missão diplomática dirigida pelo capitão Le Sage, que chegou a Antananarivo aos 21 de dezembro de 1816. Um tratado de amizade e de comércio foi finalmente assinado aos 4 de fevereiro de 1817, entre Radama e o capitão Le Sage. Mas o governador da Ilha Maurício não ficou satisfeito com tal tratado, pois nele não se mencionava o comércio de escravos, questão fundamental para Sir Robert. Portanto, o governador enviou uma outra missão à capital de Radama, desta vez conduzida por James Hastie, um antigo oficial das Índias, que tinha mais experiência em negociações com os dirigentes orientais[13]. James Hastie levou consigo um certo número de presentes para o rei, dentre os quais cavalos, um compasso, um mapa do mundo e um carrilhão, que impressionaram fortemente o jovem rei e ajudaram Hastie a ganhar sua amizade e sua confiança. Contudo, as negociações patinaram, pois os britânicos insistiam para que Radama declarasse ilegal o comércio de escravos em Madagascar. Quando o rei anunciou que, ao agir assim, ele cometeria um verdadeiro suicídio econômico, visto que o comércio de escravos era sua maior fonte de renda, Hastie logo teve uma resposta: em compensação, os britânicos pagariam ao chefe malgaxe uma soma anual de 1.000 dólares em ouro e 1.000 dólares em prata, fornecer-lhe-iam 100 barris de pólvora, 100 mosquetes ingleses com 100 pedras para fuzil, 400 uniformes de soldados, 12 espadas de sargentos, 600 peças de lençóis, um uniforme de cerimônia para ele e dois cavalos[14]. Para Radama, a oferta pareceu ainda mais honesta, já que o tratado o reconhecia rei de todo Madagascar. O tratado de amizade e de comércio anglo-malgaxe foi assinado em Tamatave, aos 23 de outubro de 1817. Em 1820, James Hastie, o sucedido negociador, foi nomeado residente britânico na capital malgaxe. Mas, enquanto Farquhar estava de folga na Inglaterra, seu sucessor, o Major General Gage John Hall, recusou pagar os subsídios estipulados pelo tratado. Isso levou a uma ruptura das relações entre os ingleses e a corte merina, o que permitiu aos franceses colocar um pé na capital

---

12 J. Valette, 1971, p. 331.

13 H. Deschamps, 1960, p. 154. O primeiro contato entre Radama I e as autoridades da ilha Maurício foi estabelecido no início de 1816, quando Sir Robert Farquhar enviou Jacques Chardenous, um antigo mercador de escravos francês instalado na ilha Maurício, a Antananarivo, para uma visita de cortesia ao rei e para reunir o máximo de informações possível sobre o país, sua população e seus recursos. Ver M. Brown, 1978, p. 137.

14 M. Brown, 1978, p. 143, nota 10. Sobre as fontes malgaxes, ver L. Munthe, C. Ravoajanahary e S. Ayache, 1976.

malgaxe, em uma época em que a potência inglesa era dominante[15]. Evidentemente, Radama ficou desconcertado pela recusa dos britânicos em respeitar as cláusulas do tratado de 1817; porém, logo foi persuadido a esquecer o passado para defender seus interesses a longo prazo que, no seu entendimento, exigiam manifestadamente uma aliança com a Grã-Bretanha. Portanto, ele aceitou as desculpas de Hastie pelos equívocos do general Hall (que foi chamado de volta a Londres) e renovou o tratado aos 11 de outubro de 1820. Em um documento separado, Radama permitiu também aos missionários ingleses trabalhar em Madagascar.

Conforme tal acordo, David Jones, da *London Missionary Society* (LMS), chegou a Antananarivo aos 3 de dezembro de 1820. Radama acolheu muito bem os missionários ingleses; eles trouxeram consigo a educação (mesmo ela estando ligada ao cristianismo) e, também, um auxílio técnico[16]. Radama escreveu para a LMS, pedindo-lhe que enviasse quantas missões ela pudesse, sob a condição que estas compreendessem não somente religiosos, mas também artesãos, tais como tecelões e carpinteiros[17]. Os missionários abriram sua primeira escola em Antananarivo aos 8 de dezembro de 1820, com três alunos, jovens sobrinhos do rei; graças aos enormes encorajamentos pessoais que Radama deu aos missionários, em 1829, a LMS podia se vangloriar de ter 23 escolas e aproximadamente 2.300 alunos. Os missionários utilizaram o alfabeto latino para transcrever o malgaxe e traduziram a Bíblia nesta língua.

Vários missionários, notadamente Jones, Bevan e Griffiths, destacaram-se nesta empreitada, com a colaboração de malgaxes convertidos. As missões interessaram-se, em particular, pela impressão e publicação de obras. Através das escolas, dos cursos de catecismo e da difusão de impressos, esta ação pedagógica não só fez prosélitos, mas também favoreceu a alfabetização, bem como a evolução da língua e da literatura malgaxes, forjando, assim, a unidade nacional de todos os insulares. Em 1827, mais de 4000 malgaxes sabiam ler e escrever em sua própria língua[18]. No campo da educação técnica, os missionários britânicos trouxeram também importantes contribuições. Eles enviaram certos jovens malgaxes, quer à Inglaterra, quer à Ilha Maurício, para lhes dar uma formação técnica; introduziram no país numerosas técnicas, como a marcenaria, a alvenaria,

---

15 M. Brown, 1978, p. 144.
16 V. Belrose-Huyghes, 1978*b*.
17 M. Brown, 1978, p. 155. Ver também V. Belrose-Huyghes, 1978*b*, e J. Valette, 1962. Sobre a influência estrangeira na arquitetura, ver V. Belrose-Huyghes, 1975.
18 H. Deschamps, 1960, p. 161 e seg.; V. Belrose-Huyghes, 1977; L. Munthe, 1969, p. 244; F. Raison, 1977.

o curtume, a arte da estanhadura e da tecelagem moderna. Um homem, James Cameron, desempenhou um papel particularmente importante neste campo: em 1826, ele chegou a Antananarivo e lá permaneceu até sua morte, em 1875, com exceção de alguns anos de exílio. Uma das razões do sucesso dos missionários foi a atividade desenvolvida por suas esposas, que facilitavam os contatos com as famílias malgaxes, em particular com as damas da aristocracia, às quais elas inculcavam os rudimentos do governo da casa e ofereciam diversos serviços, de costura por exemplo[19].

Porém, foi sobretudo para se dotar de um exército moderno e permanente, aos moldes britânico, que Radama necessitava de um auxílio técnico. Ele recrutou por volta de 15.000 homens equipados com bons fuzis ingleses da época das guerras napoleônicas e mesmo com algumas peças de artilharia leve. Estes homens foram treinados especialmente por instrutores ingleses, cujos principais foram Hastie e Brady. Consequentemente, o exército de Radama tornou-se bem melhor e mais eficaz do que aquele de seus adversários na ilha. Para manter o espírito profissional no exército, Radama I introduziu um sistema de patentes, repousando sobre um certo número de "méritos": um mérito para o soldado simples, dez para um general etc. O exército se transformou em um instrumento fundamental, não somente da conquista de outros territórios na ilha, como também, da manutenção da lei e da ordem nestes territórios conquistados.

A submissão dos povos costeiros do Leste começou em 1817, quando Radama desceu, à frente de 30.000 homens, rumo a Tamatave, obtendo no caminho a rendição dos bezanozano. Ele selou um pacto de paz com Jean René, o qual detinha a cidade, o que abriu o reino ao mundo exterior. Em 1823, Radama retornou a Tamatave com um exército ainda mais importante; conquistou dos betsimisaraka o reconhecimento de sua autoridade e atingiu diversos outros territórios na costa leste, como Foulpointe, a baía de Antongil, Vohemar e Antankara. No caminho de volta à capital, em 1824, ele atravessou o país tsimihety – onde, em Mandritasara, instalou um posto – e o país sihanaka, sendo que ambos reconheceram sua autoridade. Nesse ínterim, Jean René se tornou o agente de Radama em Tamatave, conduzindo uma campanha semelhante no Sul da cidade. Fort-Dauphin, no extremo sudeste da ilha, foi atingido em 1825, o que reforçou a pretensão de Radama de se apoderar de toda a costa leste de Madagascar[20].

---

19 V. Belrose-Huyghes, 1978*a*.
20 Para mais detalhes, ver H. Deschamps, 1960, p. 156-161, no qual este texto se inspira.

Foi no Oeste, no país sakalava, que Radama, tal como o seu predecessor, encontrou as maiores dificuldades. Em 1820, ele enviou um grande exército contra o rei de Menabe, sem obter sucesso. Em 1821, acompanhado por Hastie, Radama retornou a Menabe à frente de um exército de aproximadamente 70.000 soldados, dos quais, em torno de 1.000 eram profissionais. Porém, ele fracassou mais uma vez. Em 1822, após ter se preparado cuidadosamente, lançou uma nova expedição de 13.000 homens bem armados contra Menabe, podendo enfim conquistá-lo, e instalou alguns postos militares no país inimigo. Entretanto, essa vitória durou pouco, na medida em que, no Norte, os sakalava continuavam a desafiar a autoridade de Radama. Em 1824, o rei lançou uma ofensiva contra Boina, no Noroeste, e, desta vez, foi mais afortunado. O chefe de Boina, Adriantsoli, selou a paz e Radama pôde atingir a cidade norte ocidental de Majunga, onde um posto merina foi instalado. Porém, esta vitória foi também de curta duração.

Tais campanhas ilustram a força e as fraquezas do exército merina, engajado em uma luta cujo objetivo era a unidade nacional. No campo de batalha, geralmente, ele conseguia derrotar as tropas adversárias. Em seguida, precisava instalar a autoridade merina; o que Radama tinha costume de fazer ao implantar postos administrativos, com colonos merina (*voanjo*), em uma área fortificada (*rova*), construída aos moldes do palácio real e simbolizando a presença merina. Também com frequência, Radama conseguia alianças graças a casamentos arranjados – como sua própria união com Rosalimo, filha de Ramitraho, rei de Menabe[21]. Todavia, o exército tinha muitas dificuldades para se reabastecer quando se encontrava muito distanciado de Imerina. As regiões conquistadas deviam nutrir as tropas antes mesmo de os colonos terem produzido o suficiente, e isso, frequentemente, gerava revoltas. Depois que Radama virou as costas e voltou para Antananarivo, os sakalava de Boina e de Menabe insurgiram-se de novo.

Os sakalava estavam decididos a defender sua independência contra Antananarivo. Do mesmo modo, em Boina, o grupo de negociante antalaotra constituía um obstáculo suplementar para qualquer integração. Tais homens, de religião muçulmana, eram considerados estrangeiros pelos malgaxes[22]. Isso trouxe grandes problemas ao governo malgaxe, ainda mais pelo fato de os franceses estarem prontos a utilizar alguns chefes rebeldes sakalava para contestar a soberania dos chefes merina, em certos territórios do Oeste e do Noroeste da ilha.

---

21 C. Guillain, 1845.
22 G. Rantoandro, 1981; M. Rasoamiaramanana, 1981.

FIGURA 16.4 A expansão do reino merina, 1810-1840 (segundo P. M. Mutibwa).

Apesar destes malogros, as campanhas de Radama I haviam-lhe permitido estender a hegemonia merina sobre a maior parte da ilha. Em 1828, os dois terços da ilha encontravam-se sob o controle merina e apenas as planícies longínquas e desoladas dos antandroy e mahafaly, no sudoeste, e o país bara (onde havia somente um precário posto avançado merina em Ihosy), escapavam deste domínio. No território sakalava, como temos notado, Radama havia conquistado Menabe e Boina, e estabelecido alguns postos, mas os sakalava permaneciam, no conjunto, independentes da soberania merina, em particular na parte norte de Boina, Ambongo. Contudo, mesmo Radama não dominando toda a ilha, ninguém podia disputar com ele o título de rei de Madagascar[23]. Todas estas campanhas, entretanto, tinham exaurido o rei e ameaçado sua saúde, já comprometida pela bebida e por uma vida licenciosa. Aos 27 de julho de 1828, ele morreu com trinta e seis anos de idade, o que colocou um fim brutal a um reinado bem-sucedido.

Ranavalona I (1828-1861): reação ou estabilização?

A rainha Ranavalona I era a primeira esposa e prima de Radama I. Ela subiu ao trono graças ao apoio dos nobres e dos chefes do exército que Radama havia descartado de importantes postos[24]. O novo regime ia, pois, tentar deixar de lado as personalidades mais próximas do rei falecido e substituí-las por outras que não haviam aderido, nem participado da política de Radama. A rainha tinha como principais conselheiros Rainimahary e Adriamihaja; mas, os dois homens foram eliminados um após o outro. Finalmente, as personalidades mais importantes que dividiram o poder com a rainha foram Rainiharo e Rainijohary. O primeiro vinha do clã tsimiamboholahy e o segundo do clã tsimahafotsy, sendo que ambos ajudaram Adrianampoinimerina a fundar o reino merina no fim do século XVIII. Estes dois clãs, oriundos basicamente de plebeus, deram origem à classe média hova, que, ao apoiar a monarquia, pouco a pouco adquiriu tamanho poder econômico, administrativo e político, que se colocou em rivalidade com a monarquia, minando sua autoridade.

---

23 M. Brown, 1978, p. 150.
24 Ver S. Ayache, 1963 e A. Délivré, 1974, sobre o peso da tradição oral em sua investidura e o papel de Rainimahary, companheiro de Adrianampoinimerina. Houve algumas execuções, mas a rainha Ranavalona foi rapidamente aceita pelo povo.

A política de Ranavalona visou notadamente à salvaguarda da independência de Madagascar e, sobretudo, a preservação das instituições, das tradições e dos costumes nacionais da influência estrangeira. Isso significava, em termos de política estrangeira, distanciar-se da Inglaterra, principalmente do ponto de vista político e religioso. Em dezembro de 1828, o governo da rainha declarou a Robert Lyall, o novo residente britânico, que não reintroduziria o comércio de escravos, mas que não desejava manter o tratado e que não mais considerava a presença de Lyall na capital como algo necessário. O comércio entre Madagascar, a ilha Maurício e a Reunião foi proscrito. O general Brady, que fora naturalizado malgaxe e alçado a nobreza por Radama I, foi forçado a partir em 1829. As desilusões de Madagascar frente às potências estrangeiras reforçaram-se ainda quando, em 1829, Carlos X, o rei da França, ávido para aumentar seu prestígio em seu país, ordenou o bombardeamento e a ocupação de Tintingue e Tamatave, após uma série de mal entendidos com os malgaxes, a respeito da presença francesa em Tintingue, em frente à ilha Sainte Marie. Os malgaxes rechaçaram os invasores para Foulpointe. Este injustificado ataque foi desaprovado por Luís Filipe, o sucessor de Carlos X, mas ele deixou profundas chagas entre os malgaxes. As pretensões francesas para com Madagascar tornaram-se um dos traços permanentes das relações franco-malgaxe no século XIX. Por vezes, isso conduziu a uma reação pró-britânica e explica por que, a despeito da política de independência cultural, passaram-se ainda seis anos, antes da saída forçada dos missionários ingleses.

Os chefes malgaxes apreciavam o auxílio técnico oferecido pelos missionários britânicos, porém, antes de tudo, queriam uma educação laica, não religiosa. A rainha não teve, pois, uma atitude de rejeição absoluta, ainda que, à primeira vista, ela fosse menos entusiasta em relação ao cristianismo que seu predecessor. O grande assunto de preocupação dos novos dirigentes – que, em seguida, devia levá-los a combater a crescente influência do cristianismo – era o fato de esta religião colocar em perigo as tradições e as instituições malgaxes, em geral, e a monarquia, em particular. Os ritos cristãos concorriam com as cerimônias do culto real. Desencorajando a adoração dos *sampimoanja-kana* (*sampy*), divindades reais que garantiam a prosperidade do país, o cristianismo abalava as bases do poder real. Devido aos seus princípios igualitários, ele também entrava em conflito com a hierarquia tradicional das castas[25]. O cristianismo estava mudando as tradições do país e transformando os malgaxes em adoradores de Jesus Cristo,

---

25   M. Brown, 1977.

FIGURA 16.5   Adrianampoinimerina, morto em 1810.

FIGURA 16.6   O rei Radama I, 1810-1828.

FIGURA 16.7   A rainha Ranavalona I, 1828-1861.

FIGURA 16.8   O rei Radama II, 1861-1863.

FIGURA 16.9   A rainha Rasoherina, 1863-1868.

Figura 16.10   A rainha Ranavalona II, 1868-1883.

[Fonte: P. M. Mutbiwa, *The Malagasy and the Europeans*, 1974, Longman, Londres. Fotos: Direção da Imprensa e da Publicação, Ministério da Informação, Madagascar.]

considerado por eles como o ancestral dos brancos. Em 1830, havia cerca de 200 convertidos, prontos a morrer por sua fé; o governo não podia continuar indiferente a este "novo poder surgido no país"[26]. Quando os missionários recusaram conduzir sua ação educativa caso não lhes fosse permitido pregar sua religião, tornou-se inevitável a ruptura com a rainha. O batismo foi interditado em 1832. Três anos mais tarde, foi interditado a todos os súditos da rainha tornarem-se ou permanecerem cristãos. A difusão do cristianismo foi também proibida, mas esta interdição não se aplicava ao ensino laico. Explicando as razões de sua decisão, a rainha declarou aos missionários ingleses reunidos por ela em seu palácio, aos 26 de fevereiro de 1835, que: "Agradecendo-lhes pelos bons serviços que prestaram ao país, e deixando-os completamente livres para observar seus próprios costumes religiosos, ela não permitiria a seus súditos que abandonassem seus antigos costumes [...]. Ela permitiria o ensino das artes e das ciências, mas não o da religião"[27]. Os primeiros mártires, Rasalama e Raqarilahy-Adriamazok, morreram respectivamente em agosto de 1837 e fevereiro de 1838, e os missionários partiram para o exílio. Seguiu-se um período de terrível perseguição aos cristãos malgaxes, dos quais algumas centenas padeceram de uma morte violenta. Mas, longe de perder terreno, o cristianismo parece ter conhecido um novo despertar durante este período.

Ele se propagava em segredo: seus adeptos se reuniam clandestinamente em grutas (por exemplo, no Vonizongo, perto de Fihaonana, no Noroeste de Imerina) ou em casas particulares, mesmo em Antananarivo. Um grupo de cristãos fugiu para a Grã-Bretanha e, de lá, preparou seu retorno ao país como missionários. Os jesuítas, por sua vez, organizaram uma missão às Pequenas Ilhas (Nosy Be, Nosy Faly e Mayotte, no Noroeste, Sainte Marie, no Leste), de onde tentaram se infiltrar no país, notadamente pela baía de Faly, sendo obrigados a deixá-la em 1857. Certos autores descreveram este período como "o mais sombrio do reinado de Ranavalona"[28], valendo a essa última a alcunha de "rainha Maria de Madagascar", de "Messalina moderna" ou de "Nero feminino". Mas, mesmo nestas condições, a corte malgaxe queria evitar uma ruptura absoluta com a Inglaterra, temendo que a Grã-Bretanha e a França se aliassem contra ela.

Os chefes malgaxes sabiam bem que seu país tinha necessidade de uma abertura ao mundo exterior para se abastecer de produtos europeus manufaturados,

---

26 Ver W. E. Cousin, 1895, p. 83 e seg.
27 Citado por P. M. Mutibwa, 1974, p. 26-27.
28 M. Brown, 1978, p. 177; A. Boudou, 1940-1942; ver também P. Rabary, 1957; J. T. Hardyman, 1977.

em particular fuzis e munições. Eles queriam comprar produtos de luxo, como tecidos e álcool, e aumentar suas exportações – sobretudo de gado e de arroz – para a Ilha Maurício e a Ilha da Reunião, de forma a poder pagar as importações das quais necessitavam. Portanto, a rainha buscou o um *modus vivendi* junto aos europeus, permitindo o desenvolvimento a seu país, sem temores de conflito, nem de guerra, com os europeus. Para conseguir isso, Ranavalona e seus conselheiros decidiram, em 1836, enviar uma missão à França e à Inglaterra, a fim de discutir novos tratados de amizade e de comércio, fundados no respeito à cultura e à independência malgaxes, bem como no reconhecimento de Ranavalona I como rainha de Madagascar[29]. A missão malgaxe – a primeira a ser enviada à Europa – era constituída de seis funcionários e de dois secretários, além de ser dirigida por Adriantsitchaina[30]. A estada da missão em Paris não levou a resultado algum e ela voltou-se para Londres. O rei William IV concedeu-lhe uma audiência, tal como a rainha Adelaide, porém, as conversas com Lord Palmerson foram pouco satisfatórias. O governo britânico insistia na liberdade de comércio e de navegação, o que contradizia o desejo de Madagascar de controlar seu próprio comércio e de canalizá-lo nos portos dominados pelo governo central.

A impossibilidade de conseguir concluir tratados com a França ou com a Inglaterra aumentou a desconfiança dos malgaxes frente aos estrangeiros. Com efeito, tais medos estavam bem fundamentados. Em 1845, uma esquadra anglo--francesa atacou Tamatave, sob as ordens das autoridades britânicas da Ilha Maurício e das autoridades francesas da Reunião. O pretexto deste ataque foi a proclamação, em maio, de uma lei malgaxe que obrigava todos os estrangeiros a obedecerem às leis do país, o que significava, segundo os ingleses, que eles poderiam ser sujeitados a trabalhos públicos, reduzidos à escravidão e julgados por ordália (*tangena*). Esta agressão atordoou os malgaxes. Eles conseguiram rechaçá-la e as tropas anglo-francesas foram obrigadas a evacuar Tamatave, deixando para trás os cadáveres de seus homens caídos em combate, cujas cabeças foram cortadas pelos malgaxes e empaladas em estacas, como forma de aviso a eventuais invasores do reino. Embora os governos francês e britânico tivessem desaprovado o ataque, o mal já estava feito. A rainha Ranavalona reagiu expulsando todos os negociantes estrangeiros e interditando qualquer comércio

---

29 Porém, uma outra razão era que, nesta época, circulavam rumores segundo os quais a Inglaterra atacaria Madagascar a partir da baía de Islary, perto da baía de Saint Augustin, onde os malgaxes tinham avistado algumas embarcações inglesas. Ver R. E. P. Wastell, 1944, p. 25.

30 Para mais detalhes, ver J. Valette, 1960.

exterior, notadamente a exportação de arroz e de carne para a Ilha Maurício e a Ilha da Reunião. Todavia, o comércio com os Estados Unidos prosseguia.

Esta reação era tipicamente malgaxe: se a Europa não quisesse colaborar com a ilha, esta se encontrava pronta a contar com suas próprias forças e com suas próprias iniciativas. Se a rainha e a oligarquia, particularmente o clã dos andafiavaratra, puderam resistir tão abertamente aos estrangeiros, era porque, apesar de revoltas esporádicas, controlavam economicamente as províncias mais importantes, detendo, notadamente, o monopólio do comércio da carne de boi. Daí a vontade de continuar a promover a educação à ocidental e de criar indústrias para a produção dos bens necessitados pela ilha, mas que agora não podiam mais ser importados do exterior. Para a manutenção dos contatos comerciais com o exterior, a rainha empregou os serviços de um francês chamado De Lastelle, que se estabelecera em Tamatave, e de um norte-americano, William Marks, instalado em Majunga. Com o auxílio de De Lastelle, plantações de cana-de-açúcar foram introduzidas na costa oriental; foi estabelecida, em Mahela, uma fábrica produtora de açúcar e de rum[31]. A rainha engajou Jean Laborde, um aventureiro francês, que, em 1832, chegara em Antananarivo, "como uma espécie de chefe de obras". Primeiramente, ele criou uma fábrica em Ilafy, a dez quilômetros a Norte de Antananarivo, antes de se transferir para Mantasoa, bordejando a floresta oriental, região rica em cursos de água, mas pouco atraente para os trabalhadores malgaxes. Em Mantasoa, ele instalou, graças aos auxílios públicos, um complexo industrial que empregava aproximadamente 20.000 pessoas e produzia diferentes mercadorias – de fuzis e canhões a vidro e sabão. Talvez a mais importante e duradoura obra de Laborde tenha sido o palácio da rainha, feito com madeira – que existe até hoje – e, mais tarde, recoberto de pedra por Cameron. De Lastelle e Laborde tornaram-se cidadãos malgaxes e foram integrados à oligarquia reinante[32].

A rainha Ranavalona deu prosseguimento à expansão começada por Radama I e se esforçou para consolidar sua administração nos territórios conquistados. As necessidades de equipamento militar, notadamente, incitaram-na a prosseguir as trocas com o estrangeiro, a fim de obter munições, e a encorajar a fabricação de fuzis na usina de Laborde. A rainha também arrecadou impostos especiais, destinados a financiar o esforço de guerra. A cidade de Fianarantsoa foi criada em 1831, como capital regional, e a província de Betsileo foi reorganizada. Nos anos 1830 foram lançadas expedições de Fianarantsoa para o Sul, algumas sob

---

31   F. Nicol, 1940.
32   S. Ayache, 1977; O. Caillon-Fillet, 1978.

o comando de Rainiharo, que atravessaram os países bara, mahafaly e masikoro. Uma delas alcançou a baía de Saint Augustin em 1835[33]. No Oeste e no Norte, os sakalava e os antankara continuaram a resistir a autoridade do governo central. Quando as forças da rainha derrotaram os chefes sakalava, Tsiomako e Tsimiharo, estes últimos fugiram com seus partidários para as ilhas vizinhas de Nosy Be, Nosy Faly e Nosy Mitsio, de onde eles enviaram mensagens às autoridades francesas da Reunião, colocando seus territórios sob a proteção da França. Em 1841, o almirante de Hell, governador da Reunião, aceitou seus requerimentos e os tratados concluídos entre os franceses e os chefes rebeldes sakalava no exílio formaram a base das pretensões francesas nos territórios ocidentais de Madagascar[34].

FIGURA 16.11   O palácio da rainha em Antananarivo, começado em 1839 por Jean Laborde a pedido da rainha Ranavalona I. [Fonte: P. M. Mutibwa, *The Malagasy and the Europeans*, 1974, Longman, Londres. Foto: Direção de Imprensa e de Publicação, Ministério da Informação, Madagascar.]

Em 1852, com a morte de Rainiharo, o qual havia dirigido o governo desde os anos 1830, uma nova geração de homens mais jovens chegou ao poder. Essa geração era dirigida por Rainivoninahitriniony e seu jovem irmão Rainilaiarivony, os dois filhos de Rainiharo, que, respectivamente, se tornaram primeiro ministro e comandante-em-chefe do exército. Ademais, esta nova geração de

---

33   H. Deschamps, 1960, p. 170; S. Rakotomahandry, 1981; R. Decary, 1960.
34   C. Guillain, 1845; R. Decary, 1960.

dirigentes era apoiada por Rakoto Radama, filho da rainha Ranavalona I e príncipe herdeiro. Esses jovens, junto ao príncipe Rakoto, receberam uma certa educação dos missionários e eram mais abertos ao exterior do que o antigo grupo de Rainiharo e de seus associados. É verdade que Rainijohary, o homem que havia partilhado o poder com Rainiharo, encontrava-se sempre presente, ainda considerado como primeiro ministro, e se opunha a qualquer modificação da política do governo. Contudo, a presença do príncipe herdeiro, o qual chamava o engenheiro francês, Jean Laborde, de "meu pai", só podia levar a uma reorientação da política conduzida pela rainha. Em 1853, a proibição do comércio entre Madagascar, a Ilha Maurício e a Ilha da Reunião foi retirada, depois que os mercadores das duas ilhas – e mais particularmente os da Ilha Maurício – pagaram, em compensação, 15.000 dólares a Ranavalona. A rainha abriu as portas da ilha a certos estrangeiros. Em 1856, ela permitiu ao reverendo W. Ellis, da LMS, voltar a Antananarivo; esse trouxe cartas do governo inglês, afirmando sua amizade para com Madagascar. Dois clérigos católicos, os padres Finaz e Weber, foram clandestinamente introduzidos na capital: o primeiro como secretário de um francês, homem de negócios, chamado Lambert, e o segundo, como assistente do médico titular do irmão de Rainijohary[35].

Joseph Lambert chegara a Antananarivo em 1855. Era um negociante e cultivador da Ilha Maurício que havia fretado um navio para comerciar com Madagascar e que, naquele ano, havia prestado grandes serviços à rainha, ao reabastecer a guarnição de Fort Dauphin, bloqueada por rebeldes no Sudeste. Foi, portanto, bem acolhido pela corte. Graças à influência que Laborde exercia sobre Rakoto Radama, Lambert convenceu o príncipe de lhe outorgar uma carta, a qual conferia-lhe o direito de explorar os recursos minerais e agrícolas do país. Afirma-se também que o príncipe pediu à França que lhe concedesse um estatuto de protetorado. Mas o imperador Napoleão III estava demasiadamente preocupado com a guerra da Crimeia para assumir, em Madagascar, uma política que fatalmente o oporia à Inglaterra, sua aliada. Com efeito, o pedido do príncipe foi rejeitado por Paris.

Embora a rainha se mostrasse cada vez mais amigável com os estrangeiros, as esperanças dos franceses e dos ingleses repousavam sobre o príncipe herdeiro que, claramente, havia mostrado suas tendências pró-europeias. Em grande parte foi por esta razão que Lambert, na ocasião de seu retorno a Antananarivo em 1857, preparou um golpe de Estado. Para derrubar a velha

---

35 A. Boudou, 1940-1942.

rainha e colocar o príncipe no trono, ele obteve o apoio de Laborde, de De Lastelle, do clã de Rainiharo e de outros malgaxes modernistas, em particular entre as comunidades cristãs clandestinas, que tinham constituído uma rede de amizades e encontravam-se próximas do príncipe herdeiro. O complô foi descoberto antes de os conjurados haverem tido tempo de colocá-lo em execução, e Lambert e De Lastelle foram expulsos de Madagascar[36]. Isto fez ecoar por Madagascar, e também pela Europa, os rumores de que a França se preparava para invadir a ilha; rumores que mesmo em Londres foram levados a sério[37]. A rainha ficou magoada e decepcionada pela traição de seu filho e pela deslealdade dos dois franceses que ela considerava como seus próprios filhos. Velha e inquieta, Ranavalona viveu em um triste isolamento até sua morte, aos 18 de agosto de 1861, após ter designado Rakoto Radama como seu sucessor. Rainijohary e seus partidários "conservadores" tentaram colocar no trono Rambossalama, o sobrinho da rainha. Mas Rainivoninahitriniony e seu jovem irmão Rainilaiarivony apoiaram o herdeiro designado pela rainha, com o qual partilhavam as ideias progressistas, de tal forma que o príncipe herdeiro pôde ascender ao trono, sem obstáculos, sob o nome de Radama II. Rainivoninahitriniony permaneceu como primeiro ministro e Rainilaiarivony como comandante-em-chefe do exército. Sua família, os Andafiavaratra, passou a exercer, desde então, "uma forte influência sobre o governo, que duraria tanto tempo quanto a própria monarquia"[38].

O que podemos dizer do reinando da rainha Ranavalona I na história de Madagascar? Para os europeus, foi o reinado do terror, como escreveu um autor moderno[39]. Para muitos povos sujeitados, a hegemonia merina também surgiu como um regime de exploração e de tirania. Conhecemos as revoltas das populações do Sudeste e a repressão brutal provocadas por elas. Raombana, moderno historiador malgaxe, forneceu um quadro surpreendente da desolação que se seguiu. Povos como os antanosy emigraram para o Oeste, em direção ao vale do Onilahi, para escapar da autoridade merina. Porém, grandes progressos industriais foram realizados; a educação ganhou um real impulso e o processo de modernização, empreendido em numerosos campos, jamais fora interrompido. Ademais, para muitos de seus súditos, Ranavalona foi um símbolo do naciona-

---

36 A. Boudou, 1943.
37 Nota verbal de Cowley a Thouvenel, 19 de fevereiro de 1860, Ministério dos Assuntos Estrangeiros, arquivos (notado mais adiante, M.A.E.), Quai d'Orsay, Paris, Madagascar Series, tomo IV.
38 M. Brown, 1978, p. 189.
39 *Ibid.*, p. 188.

lismo malgaxe e um bastião contra as influências estrangeiras que ameaçavam a cultura e as tradições do país[40].

A política das portas abertas: o rei Radama II, 1861-1863

O breve reinado deste soberano, muito voltado à Europa, foi marcado, antes de tudo, por uma tentativa precipitada que visava derrubar a política do regime precedente, ao menos no que concerne às relações com o exterior – daí sua brevidade sem precedente.

Radama II ambicionava modernizar seu país ao atrair os mercadores estrangeiros, os investidores e os missionários para Madagascar. Com entusiasmo, ele permitiu o ensino do cristianismo; os missionários e os cristãos malgaxes no exílio foram chamados de volta. O rei fez voltar seus velhos amigos, Laborde e Lambert, bem como outros europeus. Por volta do fim do ano, ele enviou Lambert a Paris e a Londres em missão diplomática, para conseguir que as duas potências o reconhecessem como rei de Madagascar: tal reconhecimento era a condição para a instauração do livre comércio, proposto por ele, entre a ilha e o resto do mundo.

As duas potências europeias reagiram rapidamente. Elas aceitaram enviar missões de conciliação e nomear cônsules em Antananarivo. O governo inglês designou Conolly Pakenham para representá-lo em Madagascar e se engajou em respeitar a independência da ilha[41]. O governo francês nomeou cônsul Jean Laborde, o grande amigo de Radama, que vivia em Madagascar desde 1832, na esperança de tirar proveito de seu grande conhecimento do país e do prestígio que ele gozava na capital malgaxe. Os franceses também reconheceram Radama como rei de Madagascar, embora, em sua carta a Radama II, o imperador Napoleão III fizesse vagamente alusão aos "antigos direitos" que a França tinha sobre a ilha. Contudo, o governo francês explicou claramente a seu cônsul que não tinha a intenção de se apossar da ilha, nem de entrar em conflito com os ingleses a fim de obter privilégios particulares[42].

Missionários chegaram a Antananarivo pouco depois dos representantes diplomáticos europeus. A missão católica, dirigida pelo padre Jouen, chegou em

---

40 S. Ayache, 1975; Raombana, 1980; M. Brown, 1978, p. 168 e 188. Sobre a influência significativa dos missionários britânicos deste período, ver B. A. Gow, 1979.

41 Russel a Pakenham, 10 de maio de 1862, PROFO 48/9. Para mais detalhes ver P. M. Mutibwa, 1974, p. 58 e seg.

42 M.A.E., vol. V, Thouvenel a Laborde, 24 de abril de 1862, e cartas do imperador Napoleão III a Radama II, 22 de abril de 1862.

setembro de 1861, seguida, em abril de 1862, pelos missionários da LMS, conduzida pelo reverendo W. Ellis que, em 1856, visitara a capital. O fato de Ellis ser o portador de uma série de cartas do governo inglês para Radama convenceu os chefes malgaxes que a LMS era uma antena do governo britânico; o que explica, em parte, a grande influência que Ellis exerceu na capital malgaxe.

Os europeus aproveitaram desta reviravolta da situação para de novo negociar tratados de amizade e de comércio. O tratado com a França foi assinado aos 12 de setembro de 1862, e com a Inglaterra, aos 4 de dezembro de 1862. Todavia, eles suscitaram uma certa inquietação na nobreza malgaxe. Rainivoninahitriniony, o primeiro ministro, e seus colegas não estavam satisfeitos, já que estes tratados estipulavam, dentre outras coisas, que os estrangeiros podiam adquirir e possuir terras em Madagascar, o que era contrário às tradições malgaxes. Os tratados também isentavam os residentes estrangeiros do pagamento das taxas de exportação e de importação, que constituíam a principal fonte de renda dos funcionários malgaxes, aos quais o governo não pagava salário regular. Ademais, Radama ratificara, em setembro de 1862, a carta que ele havia outorgado a seu amigo Lambert em 1855, e que permitia a este último explorar os recursos minerais e agrícolas dos territórios do Noroeste da ilha. Uma outra concessão, concernente à região de Vohemar, foi conferida a um inglês da Ilha Maurício, Caldwell.

O conselho real se opôs unanimemente à assinatura destas convenções que davam tantos privilégios aos estrangeiros. Ademais, aos 28 de setembro de 1862, Comodoro Dupré, o negociador francês, persuadiu Radama a assinar um tratado secreto pelo qual o rei reconhecia os direitos da França sobre certas partes da ilha[43]. Embora o governo francês tivesse desaprovado esta convenção secreta, os ministros de Radama foram informados; daí o aumento de sua desconfiança em relação a um rei que parecia pronto a assinar documentos sem discernimento, mesmo quando esses ameaçavam a independência nacional.

Em dezembro de 1862, Radama parecia ter levado a cabo seu projeto da abertura do país à influência estrangeira. Mas estes dezesseis meses tinham constituído, para seus súditos, um período sem precedente. Ocorreram muitas coisas em pouquíssimo tempo e a população não pôde se acostumar a tão numerosas mudanças, que contrastavam tão fortemente com a política do antigo monarca. Os tratados e as cartas assinados por ele desapontaram os homens que o haviam ajudado a subir ao trono. A influência dos missionários e dos outros estrangeiros cresceu tão rápido que muitos funcionários influentes começaram

---

43 M.A.E., vol. V, Dupré a Drouyn de Lhuys, 23 de outubro de 1862.

a se inquietar. As novas orientações políticas provocavam tamanho descontentamento que, ao longo da epidemia de *ramanenjana*, dizia-se que os doentes estavam possuídos pelo espírito da falecida rainha. A situação tornou-se insustentável quando Radama decidiu descartar do poder Rainivoninahitriniony, o primeiro ministro, Rainilaiarivony, seu jovem irmão, e Rainijohary, isto é, os membros supremos dos dois clãs de Tsimiamboholahy e de Tsimahafotsy, que, como vimos, ajudaram Adrianampoinimerina a fundar o reino merina. O plano de Radama consistia em substituir esta oligarquia por seus amigos de outrora, chamados de *mena maso* ("olhos vermelhos", literalmente) e conduzidos por nobres de Vakinisinaony – região das antigas capitais merina –, que alegavam sua ancianidade e sua superioridade sobre os avaradrano de Antananarivo[44].

Radama parecia, sobretudo, confiar mais nos estrangeiros do que nos malgaxes para dirigir o país. A missão de reconhecimento que ele enviou a Europa não foi conduzida por funcionários malgaxes, como em 1836-1837, mas por Lambert, o aventureiro francês. Ele recorreu demais aos conselhos de Ellis e, quando da morte de Rahaniraka, em novembro de 1862, nomeou William Marks, um norte-americano, e Clément Labord, o filho do cônsul francês, secretários de Estado dos assuntos estrangeiros. Essa decisão, tal como aquela de se apoiar sobre os *mena maso*, deu a entender aos dois filhos de Rainiharo e a seus partidários (inclusive Rainijohary) que o rei se preparava para eliminá-los. Portanto, eles decidiram agir preventivamente. Quando Radama recusou livrar-se dos *mena maso* – e até mesmo, ameaçou punir aqueles que se opusessem a sua vontade –, o grupo do primeiro ministro decidiu descartá-lo do poder. Na aurora dos 12 de maio de 1863, Radama foi estrangulado com um lenço de seda, de forma a evitar derramar o sangue real, o que teria sido contrário à tradição malgaxe. Segundo o sucinto comentário de Mervyn Brown:

> A fraqueza de caráter foi a principal causa da queda de Radama. Sua bondade natural, sua inteligência incontestável e suas excelentes intenções não foram completadas pela autodisciplina, pela aplicação ou por um juízo seguro; ele se revelou incapaz de dominar a oposição que a brutal inversão de quase todas as escolhas políticas de sua mãe provocara em certos meios[45].

---

44 Sobre as origens étnicas dos partidários de Radama, ver S. Ellis, 1980.

45 M. Brown, 1978, p. 195. Pouco após a morte de Radama II, começaram a circular rumores de que o rei ainda estava vivo; tais rumores correram por mais de dois anos. Numerosos europeus, inclusive o reverendo W. Ellis, da LMS, e Laborde, o cônsul francês em Madagascar, acreditaram nisso e tentaram entrar em contato com o soberano deposto. Raymond Delval escreveu um estudo no qual, com efeito, foi demonstrado que Radama II sobreviveu e se refugiou na parte ocidental da ilha, onde, após uma frustrada tentativa de retomada do poder, ele viveu como uma pessoa comum até sua morte, no fim do século. Ver R. Delval, 1964.

A revisão da política de Madagascar: 1863-1868

O sucessor de Radama II foi sua esposa, Ravodozakandriana, que tomou o nome de Rasoherina. Ela era prima de primeiro grau de Radama I e, portanto, a sucessão continuou na linhagem de Adrianampoinimerina. Ela foi *convidada* – vale sublinhar este termo – a se tornar rainha pela oligarquia que havia derrubado seu marido e que, a partir de então, era a verdadeira autoridade no país. Importa destacar que Rainivoninahitriniony, Rainilaiarivony e seus associados não se opunham aos europeus, nem à modernização do país. Certamente, a fração "conservadora", dirigida por Rainijohary, ainda se fazia presente e incitava uma inversão completa da política de Radama II. Porém, o grupo pró-europeu do primeiro ministro era majoritário no Conselho real[46]. Aquilo que os novos dirigentes desaprovavam era a maneira com que Radama conduzira sua política pró-europeia. Eles estimavam que a modernização da ilha não devia se fazer à custa de suas tradições e de sua independência.

O novo governo permaneceu nas mãos de Rainivoninahitriniony até julho de 1844, data em que este foi substituído por Rainilaiarivony, seu jovem irmão, comandante-em-chefe do exército. Rainilaiarivony controlaria o país praticamente até o fim do século. O novo governo queria dar prosseguimento à política externa de Radama, mas com importantes modificações. As cartas de Lambert e de Caldwell, que ameaçavam a independência do país, foram revogadas. Os tratados com a França e a Inglaterra foram revistos, de tal maneira que os artigos ofensivos que autorizavam a posse de terras aos estrangeiros em Madagascar e os isentavam das taxas de exportação e de importação foram ab-rogados. No que concerne à política interna, o cristianismo continuaria sendo ensinado, mas os costumes do país, que interditavam aos estrangeiros a ida a certas cidades, como Ambohimanga, ou a pregação nesses locais, seriam, a partir de então, respeitados. Os estrangeiros que desejavam apoiar o desenvolvimento de Madagascar eram bem-vindos ao país. O governo malgaxe expediu cartas às autoridades francesas e britânicas da Reunião e da Ilha Maurício, a fim de explicar-lhes o que se passara em Madagascar e de definir sua política. Em novembro de 1863, uma missão foi enviada à Inglaterra e à França para explicar a nova política de Madagascar e obter a revisão dos tratados de 1862. Esta missão foi dirigida por Rainifiringia, acompanhado de Rainavidriandraina.

---

46   Este exame da linha política do Conselho da rainha era fundado no *compte rendu* que Jean Laborde fez a Drouyn de Lhuys, aos 25 de maio de 1865. M.A.E., vol. VII.

A Inglaterra e a França reagiram de maneira diferente à queda de Radama II. Lord John Russel, o secretário do Estado britânico dos assuntos estrangeiros, entendia as dificuldades em que se encontrava Madagascar em suas relações com os governos estrangeiros. Embora lamentasse o fato de o novo governo ter revogado um tratado internacional, ele aceitou o pedido de revisão do antigo tratado e recusou deixar-se arrastar em um conflito com Madagascar, em razão da supressão da carta de Caldwell[47]. O governo britânico acolheu, pois, calorosamente a missão malgaxe quando de sua chegada em Londres, em março de 1864. Foi acordado um novo projeto de tratado incorporando a maioria das propostas malgaxes, sob a condição de as negociações continuarem em Antananarivo, após a volta da missão a Madagascar. Quando, finalmente, estas negociações começaram, em 1865, surgiram dificuldades, pois os ingleses pediam que seus residentes pudessem possuir terras na ilha e que as taxas de exportação e de importação fossem de 5%, ao passo que os malgaxes reclamavam 10%. No entanto, o governo de Antananarivo foi inflexível nestes pontos e os ingleses acabaram aceitando todas as propostas malgaxes. A assinatura do tratado foi festejada em Antananarivo, aos 27 de junho de 1865.

A reação francesa foi diferente, já que os franceses não aderiram à política do novo regime. Eles estavam muito irritados por causa da queda de Radama II, que, em Paris e em Saint-Denis, foi atribuída à influência dos missionários britânicos e do reverendo William Ellis, em particular. O governo francês recusou, pois, a revogação do tratado de 1862 e da carta de Lambert, ambos ratificados pelo imperador Napoleão III. A carta de Lambert tinha sido preparada sob a proteção direta do imperador, e uma companhia já tinha sido formada para explorar as concessões. Para os franceses, por consequência, a aceitação da ab-rogação da carta e do tratado teria sido um duro golpe. Nestas condições, eles preferiram romper as relações diplomáticas em setembro de 1863[48].

Em Paris, intensas pressões foram exercidas sobre o governo francês para que o tratado e a carta fossem impostos à força. Entretanto, o governo recusou montar uma expedição contra Madagascar e aceitou considerar a revisão do tratado, *sob a condição* de Madagascar pagar uma indenização de 1.200.000 francos (240.000 dólares) pela ab-rogação da carta. Esta decisão foi comunicada aos emissários malgaxes, quando estes se encontravam ainda na Europa. Portanto, a visita a Paris,

---

47 Ver Codore a Drouyn de Lhuys, 28 de novembro de 1863, M.A.E., vol. VI e Russell a Cowley, 7 de junho de 1864, F.O. 48/6.

48 Ver Pakenham a Russell, 30 de setembro de 1863, PROFO 48/10, no qual a conduta do enviado especial francês em Madagascar, Comodoro Dupré, encontra-se bem discutida.

em julho de 1864, foi inútil. O imperador Napoleão recusou até mesmo recebê--los. Tudo o que obtiveram foi um sermão cordial, porém enérgico, de Drouyn de Lhuys: o ministro francês dos assuntos estrangeiros colocou a tônica sobre a necessidade de respeitar as convenções internacionais e fez saber, claramente, que, para seu governo, o rápido pagamento da indenização pedida era a condição *sine qua non* do restabelecimento das relações amigáveis entre os dois países.

De volta a Madagascar, os embaixadores informaram ao governo que, para os franceses, a ab-rogação da carta de Lambert e do tratado era um assunto grave. Preocupados em desfazer as obrigações impostas por estas duas convenções, os malgaxes aceitaram pagar a indenização, ainda mais porque o governo britânico parecia pouco inclinado a intervir em seu favor. A indenização foi, pois, paga em Tamatave, ao 1º de janeiro de 1866, e foram abertas negociações entre os dois países, visando à conclusao de um novo tratado. Todavia, em vez de simplesmente aderir a uma versão francesa do tratado anglo-malgaxe de junho de 1865, como o governo de Antananarivo esperava, os franceses continuaram exigindo que seus residentes tivessem o direito de adquirir e possuir terras na ilha; o que, naturalmente, foi recusado pelos malgaxes. O governo francês, em uma posição que julgava embaraçosa, pediu ao governo britânico que emendasse seu próprio tratado, de maneira que os residentes franceses e ingleses pudessem obter terras na ilha. Porém, as manobras francesas fracassaram, pois os britânicos recusaram-se a fazer uma emenda no tratado já ratificado. Finalmente, os franceses tiveram de aceitar o tratado anglo-malgaxe como base de um novo tratado franco-malgaxe, no qual foi estipulado que os residentes franceses não teriam o direito de adquirir, nem de possuir terras em Madagascar. Esse tratado foi assinado aos 8 de agosto de 1868, em Antananarivo.

Os cinco anos que se seguiram à morte de Radama II foram ricos em acontecimentos para Madagascar. A ilha conhecera grandes dificuldades com a França por causa da revogação das convenções assinadas por Radama II. Os malgaxes haviam aprendido uma coisa importante: enquanto a Grã-Bretanha continuava benevolente e pouco exigente, a França se mostrava hostil e pouco amigável. Em Antananarivo, temia-se até mesmo que os franceses invadissem a ilha. Quando da assinatura do tratado anglo-malgaxe em 1865, o governo de Antananarivo, segundo o cônsul francês, "agradeceu a todos os ingleses – ou seja, aos missionários da LMS, residentes na capital – por terem cordialmente se associado ao governo para obter as modificações requeridas por ele"[49]. Esta atitude foi con-

---

49 Laborde a Drouyn de Lhuys, 29 de junho de 1865, M.A.E., vol. VII.

siderada o selo da amizade anglo-malgaxe, que durou até o fim do século. Por outro lado, a política hostil da França produziu um sério corte nas relações entre os dois países. Os britânicos levavam vantagem sobre os franceses e, no contexto político da ilha, era um acontecimento importante na história de Madagascar.

Evolução interna, 1861-1880

Até então, nosso estudo sobre este período foi basicamente político e diplomático. Ele concerniu à evolução política do país, de 1800 aos anos 1880, bem como às relações diplomáticas da ilha com a França e a Inglaterra. É ainda mais necessário, agora, estudar a evolução administrativa e socioeconômica de Madagascar, já que os acontecimentos ocorridos nesses campos revelar-se-iam essenciais quando da luta de Madagascar por sua sobrevivência como Estado independente, durante o período da "investida" dos europeus.

Um dos acontecimentos mais importantes deste período, que teria um impacto enorme na história posterior, foi a conversão ao cristianismo, em fevereiro de 1869, da rainha Ranavalona II e de seu primeiro ministro, Rainilaiarivony (que também era seu esposo). O zelo com o qual os missionários trabalharam, após sua volta à ilha em 1861, mostrou claramente que uma revolução religiosa estava prestes a eclodir no país. Em 1863, já havia em torno de 5.000 cristãos na capital malgaxe, em uma população total de 60.000 almas. No fim de 1868, a LMS, por si só, reunia 10.546 membros e 153.000 adeptos em Madagascar[50]. Era preciso, desde então, contar com o grupo cristão, do qual um grande número de altos funcionários era membro. Não se podia mais empregar a perseguição para eliminar o cristianismo: utilizado nos anos 1830 e 1840, o método malograra. Em 1870, a perseguição aos cristãos teria colocado de lado o elemento mais influente da população. Os adeptos da LMS encontraram um chefe na pessoa de Rainimahavaro, ministro malgaxe dos assuntos estrangeiros e rival declarado de Rainilaiarivony, que também era pró-inglês. Para neutralizar Rainimaharavo e evitar uma revolução cristã radical, que poderia culminar na substituição da rainha Ranavalona II pelo príncipe Rasata, um protegido da LMS, a rainha e seu primeiro ministro decidiram se converter[51]. Isto não quer dizer, claro, que eles não acreditavam no cristianismo, mas isso explica porque e como esta conversão se produziu neste exato momento.

---

50   Ver a crônica da LMS e os relatórios da LMS dos anos 1860 e 1870.
51   D. Ralibera, 1977.

O fato de os chefes malgaxes terem abraçado o protestantismo – a religião dos ingleses –, em vez do catolicismo, foi importante, sob vários aspectos, para o futuro de Madagascar. Os malgaxes tendiam a considerar o protestantismo como a religião dos dirigentes e associavam-no ao poder, tanto que fora de Imerina e de Betsileo, o cristianismo só tinha adeptos nos postos fortificados dos colonos merina, onde o governador também era frequentemente um pouco evangelizador. Dentre os povos dominados, os católicos eram mais ativos no país betsileo, onde se desenvolveu uma espécie de cristianismo popular, paralelo à religião oficial. Em reação contra o poder, assistiu-se ao renascimento das religiões tradicionais, apesar da destruição pública dos *sampy* (ídolos) que acompanhava a propagação do cristianismo. No último quarto do século XIX, os sacerdotes mais eminentes do culto dos *sampy* tornaram-se os líderes da oposição à autoridade real[52].

A conversão dos dirigentes de Madagascar ao protestantismo ocorreu pouco após a conclusão do tratado franco-malgaxe de 1868, que, como vimos, fora precedida por conflitos e mesmo por ameaças de guerra da parte da França. Era a época em que os britânicos pareciam – e reivindicavam – ser os verdadeiros amigos e aliados de Madagascar, e em que os missionários ingleses não deixavam de sublinhar esta posição continuamente. Graças a homens como James Cameron, a LMS tornou-se uma importante assistência técnica para os malgaxes. Rainilaiarivony e seus colegas acreditavam que, ao abraçarem o credo da LMS, selariam ainda mais esta amizade. Com efeito, ao se converterem ao protestantismo, eles se aproximavam dos ingleses e podiam supor que estes estariam ao seu lado caso os problemas com a França se manifestassem novamente. Os franceses também viram nesta conversão dos malgaxes ao protestantismo um sinal do engajamento destes últimos ao lado dos britânicos; consideraram que a conversão da rainha marcava a rejeição à influência e à cultura francesas, além de uma mudança em favor dos ingleses.

Os missionários britânicos, uma vez vencida a guerra religiosa, exploraram as novas vantagens na capital a fim de estenderem suas atividades para todo o resto da grande ilha. Mesmo os católicos, que não tinham influência política direta em Antananarivo, fizeram proselitismo em outras partes do país[53]. Dissemos anteriormente que os católicos dominavam a evangelização do país betsileo. Logo chegaram outras missões e, no último quarto do século XIX, viu-se desenhar diversas zonas de influência – a *Norske Missionary Society*, no Vakimankaratra,

---

52   M. Esoavelomandroso, 1978*b*; S. Ellis, 1980.
53   A. Boudou, 1940-1942.

a *Society for the Propagation of the Gospel* (SPG), a Leste, e a FFMA (*Friends Foreign Mission Association*), a Oeste. Graças a suas próprias contribuições e à estreita aliança entre os missionários ingleses e o governo malgaxe, grandes progressos foram realizados nos campos da educação e da medicina. Já evocamos os progressos da alfabetização e a existência de uma literatura. Numerosos transtornos seguiram-se, notadamente o abandono do calendário lunar tradicional pelo calendário gregoriano, introduzido pelos missionários britânicos em 1864. A arquitetura também foi influenciada, sobretudo pela construção desenfreada de igrejas e de diversos monumentos aos mártires, que visava a fazer de Antananarivo uma cidade santa, suplantando Ambohimango[54]. Com efeito, foi em razão desses notáveis progressos, em particular no campo educacional, que os malgaxes conquistaram, durante este período, a admiração do "mundo civilizado". Isto, por sua vez, contribuiu para fomentar uma revolução social no país.

Os missionários britânicos tinham aberto as primeiras escolas, em Antananarivo, em 1820. Quando o cristianismo foi interditado e os missionários deixaram o país, os rapazes malgaxes, formados por eles, levaram adiante a educação laica. Quando os missionários retornaram, após 1861, o desenvolvimento da educação acelerou-se consideravelmente, a tal ponto que, em 1880, havia mais de 40.000 alunos nas escolas das missões e do governo. O primeiro ministro decretou que "todas as crianças de mais de sete anos deveriam ir à escola"[55]. Em 1881, o princípio da escolaridade obrigatória foi inscrito no Código de 305 artigos e, em 1882, agentes de inspeção pública começaram suas vistorias nas escolas de Imerina. As escolas secundárias foram criadas nos anos 1870, mas só se desenvolveram realmente após 1880. Numerosos rapazes, incluindo dois dos filhos do primeiro ministro, foram enviados ao estrangeiro para continuar seus estudos, notadamente à Inglaterra e à França. O desenvolvimento da educação foi facilitado pelo número elevado de gráficas fundadas pelas missões, que publicavam livros, revistas e jornais. Na medida em que o campo da educação era dominado pela influência dos missionários, não é surpreendente constatar que o ensino técnico encontrava-se atrasado em relação ao ensino literário; os missionários se interessavam mais pela criação de congregações do que pelas obras públicas. O nível de educação literária atingido por Madagascar é claramente atestado pela correspondência diplomática malgaxe da época, redigida em inglês e em francês.

---

54 F. Raison, 1970, 1977, 1979.
55 M. Brown, 1978, p. 212. Ver também B. A. Gow, 1979, capítulo 4, no qual o trabalho médico e educacional das missões inglesas encontra-se bem examinado.

FIGURA 16.12 O palanquim da rainha Rasoherina diante de uma palhota venerada, datando do reinado de Andrianampoinimerina. No plano de fundo, o templo protestante construído nos reinados de Rasoherina e de Ranavalona II. [Fonte: H. Deschamps, *Histoire de Madagascar*, 1960. Berger-Levrault. Paris. Foto reproduzida pela Biblioteca Nacional, Paris.]

Os primeiros serviços médicos foram criados na ilha com a inauguração, em 1862, pela LMS, de um posto médico em Antananarivo; três anos mais tarde, um hospital foi aberto em Analakely, no centro da capital. Em 1875, o governo malgaxe organizou seus próprios serviços médicos, com pessoal assalariado. Em 1880, Madagascar dispunha de seus primeiros médicos qualificados, o Dr. Adrianaly e o Dr. Rajaonah (um genro do primeiro ministro), que haviam passado nove anos estudando na Faculdade de Medicina de Edimburgo[56].

---

56   V. Ramanakasina, s.d.

No campo da evolução constitucional e administrativa de Madagascar, desde a época de Radama I, a mudança mais importante foi a substituição do monarca merina, como chefe do país, por uma oligarquia hova, dirigida pela família de Rainiharo. Tal movimento rumo a uma monarquia constitucional começou nos anos 1820, quando a rainha Ranavalona I foi obrigada a dividir o poder com Rainiharo e Rainijohary, dois homens pertencentes a importantes famílias hova, inicialmente modestas, que tinham alcançado poder e influência e que tinham ajudado Adrianampoinimerina a fundar o reino merina no fim do século XVIII. Tradicionalmente, o soberano de Imerina exercia um "poder pessoal", governava seu reino como bem queria e apenas consultava seus conselheiros se lhe era conveniente. Entretanto, após a morte de Radama I, o poder da monarquia merina foi cada vez mais enfraquecido pela escalada da classe média hova. Os hova desempenharam um papel determinante na fundação e consolidação do reino em expansão. Com o passar dos anos, eles aproveitaram esta posição para se enriquecer comercialmente e ocupar postos chaves no exército e na administração. Embora a classe dos andriana continuasse desempenhando um papel importante no país, o poder real, o exército e o governo encontravam-se, desde então, nas mãos dos hova. Porém, a mudança mais importante ocorreu após o assassinato do rei Radama II, em 1863, quando a nova rainha, Rasoherina, foi reconhecida oficialmente como monarca constitucional e quando o poder passou para as mãos da oligarquia hova, que havia derrubado o marido da rainha. Antes de sua coroação, Rasoherina, a pedido do primeiro ministro e de seus partidários, teve que "assinar uma série de artigos nos quais ela se comprometia, entre outras coisas, a não beber álcool, a não pronunciar condenação à morte sem a opinião dos membros do Conselho e a não promulgar nenhuma lei sem o aval do Conselho, que, nesse momento, era controlado por eles"[57]. Os poderes do governo eram, na verdade, partilhados inicialmente pelos dois irmãos, Rainivoninahitriony e Rainilaiarivony, que se tornaram, respectivamente, primeiro ministro e comandante-em-chefe do exército. Quando, em julho de 1864, o primeiro ministro Rainivoninahitriony foi derrubado e substituído por Rainilaiarivony, este último se tornou, simultaneamente, primeiro ministro e comandante-em-chefe do exército. Era a primeira vez que as duas funções eram exercidas por uma única pessoa[58]. Quando Rainilaiarivony esposou a nova rainha – embora ela tivesse mais de 50 anos e 15 a mais que ele –, o novo primeiro ministro tornou-se o homem mais poderoso do país. Rainilaiarivony tornou-se senhor e, de fato, rei

---

57   B. A. Gow, 1979, p. 41.
58   M. Brown, 1978, p. 199-200.

sem coroa de Madagascar. Ele ainda reforçou sua posição esposando também a rainha que sucedeu Rasoherina. O poder passou, pois, do soberano e do grupo dos andriana para o primeiro ministro, o chefe da oligarquia hova[59].

Para assegurar a ordem pública e o funcionamento dos órgãos administrativos do Estado, um Código de 101 artigos foi promulgado em 1868; a cada ano, outros artigos acrescentaram-se a ele, até ser atingido, em março de 1881, o número de 305. O fundamento geral deste Código era que os costumes e as tradições do país poderiam permanecer em vigor conquanto que não oferecessem obstáculo para o progresso. O Código de 101 artigos, que foi impresso e colocado em circulação, era severo em sua aplicação, mas representava uma melhora, sob diversos aspectos, dos antigos costumes. Ele reduzia "de 18 a 13 o número de delitos passíveis de pena de morte – sendo o primeiro o crime voluntário e os doze outros diversas formas de rebelião contra o Estado". Também abolia a noção de responsabilidade familiar, segundo a qual as mulheres e as crianças podiam ser punidas pelos crimes do marido e do pai. As leis não eram aplicadas da mesma maneira nas províncias, onde as punições, em geral, eram menos rigorosas. Em 1873, Ranavalona II havia até mesmo publicado um código especial de 118 artigos para o país betsileo[60]. Em 1876, o governo malgaxe criou três altas cortes (anteriormente existia apenas uma) que julgavam os diferentes tipos de delito, cada uma com treze juízes, dos quais onze eram funcionários do palácio. Nas aldeias, magistrados e chefes (*sakaizambohitra*) foram nomeados para exercer a justiça; de fato, a nível local, o *fokon'olona* foi reorganizado de tal maneira que os chefes de aldeia obtivessem mais responsabilidades. Eles deviam manter a ordem, garantir o respeito à lei e exercer a justiça. Porém, mesmo que se tratasse de assuntos levados diante dos tribunais de aldeia ou diante das três cortes de justiça da capital, a decisão final pertencia sempre ao primeiro ministro. Esta centralização, embora concentrasse todas as responsabilidades nas mãos de um único homem, permitia, entretanto, ao governo de Antananarivo saber o que se passava nas províncias.

Em março do mesmo ano, uma reorganização mais completa do aparelho governamental foi empreendida com a criação de um conselho de oito ministros, respectivamente responsáveis do interior, dos assuntos estrangeiros, da guerra, da justiça, da legislação, do comércio e da indústria, das finanças e da educação. A criação destes ministérios fazia parte do novo Código de 305 artigos, que se

---

59 P. M. Mutibwa, 1974, p. 88; M. Brown, 1978, p. 207.
60 Ver M. Brown, 1978, p. 214-215, inspiramo-nos largamente nesta obra para a análise que se segue; ver também E. Thébault, 1960.

tornou a base dos outros sistemas jurídicos de Madagascar introduzidos até o fim do século, e mesmo sob a dominação colonial. Tal Código marcava, como observou um especialista, "um passo à frente rumo a um sistema mais humano, mesmo se numerosas punições continuassem muito severas e se o Código conservasse um caráter basicamente malgaxe"[61]. Isto mostrava uma vez mais que os malgaxes queriam modernizar seu país e se juntar ao "concerto das nações".

O exército também conheceu profundas mudanças. As reformas que Radama I havia introduzido neste campo tinham sido abandonadas por seus sucessores. Mas, em 1872, o primeiro ministro novamente empreendeu a modernização do exército. Com a ajuda de um instrutor britânico, o governador começou a recrutar, a equipar e a formar um maior exército profissional. A fábrica de Jean Laborde, em Mantasoa, que produzia armas leves, tinha deixado de funcionar quando Laborde deixara o país. O governo pensou em importar armas da Europa, em particular da Inglaterra e dos Estados Unidos da América. Mas isso custava caro e à Madagascar faltavam dinheiro e reservas. Era preciso, pois, tentar fabricar localmente o armamento leve.

Em 1876, outras reformas foram introduzidas no exército. A partir desta data, os soldados foram submetidos a um exame médico anual; foi interditada a compra dos "méritos" e das isenções; os abusos do sistema dos ajudantes de ordens foram eliminados. Em 1879, o serviço militar obrigatório foi adotado por um período de cinco anos. Cada uma das seis províncias de Imerina teve que recrutar 5.000 homens, o que permitiu a criação de um potente exército profissional de 30.000 soldados. Nos anos 1870, expedições cuidadosamente preparadas foram lançadas para reprimir sublevações dos sakalava (principalmente de Menabe) e dos bara, no Sul. A expedição lançada contra os bara, em 1873, saiu vitoriosa: a região passou, enfim, para o controle do governo de Antananarivo. Mas, no final da década de 1870, tornou-se cada vez mais evidente que o papel do exército malgaxe não mais seria reprimir revoltas na ilha, mas sim, assegurar a defesa do país contra intervenções francesas.

Para realçar sua imagem no estrangeiro, Madagascar interditou o tráfico de álcool – notadamente do rum. Com efeito, em 1863, acreditando que o consumo de álcool explicava a conduta de Radama II, o novo governo havia decretado que o soberano não devia beber bebidas fortemente alcoolizadas. Costumes como o *tangena* (julgamento por ordália) foram abolidos no reinando de Radama II. O comércio de escravos continuou interditado em Madagascar, mas certos merca-

---

61 M. Brown, 1978, p. 216.

Figura 16.13   Acampamento de Ranavalona II, quando de seu retorno de Fianarantsoa, 1873. [Fonte: F. Raison-Jourde, *Les souverains de Madagascar*, 1983, Karthala, Paris. Foto: Fonds Grandidier du Musée des collections scientifiques, Tsimbazaza, Antananarivo.]

dores estrangeiros, geralmente ingleses e franceses, continuaram a transgredir essa lei, em particular na costa oeste da ilha. Em 1877, o governo malgaxe liberou também os makoa, ou *masombiky* (como os merina os chamavam), ou seja, todos os escravos ou descendentes de escravos trazidos da África para a ilha. Embora não abolisse a própria escravidão, o decreto de 1877, que significava uma grande perda econômica para os proprietários de cerca de 150.000 escravos libertos, constituía uma importante revolução social e mostrava que o país estava decidido a se modernizar[62].

O desenvolvimento econômico[63]

Anteriormente à integração de Madagascar no comércio internacional e, em particular, antes dos anos 1860, época em que os europeus começaram a chegar em grande número na ilha, os malgaxes possuíam uma "economia de subsistência". A maior parte da população se ocupava unicamente de agricultura para prover suas necessidades, e o arroz era o principal alimento, sobretudo no planalto central. Os malgaxes eram de tal forma especializados na cultura do arroz

---

62   Ver *Extracts from Report by Rear-Admiral W. Gore-Jones*, PRO, FO 48/34.
63   Ver P. M. Mutibwa, 1972. Tal artigo foi muito utilizado para a análise que se segue.

que, segundo um observador, "o caráter engenhoso e a habilidade dos malgaxes em nenhuma parte se mostrava melhor do que na cultura do arroz"[64]. Além da agricultura, a economia de Madagascar dependia da criação de gado, notadamente entre os sakalava, no Oeste, e entre os povos do Sul da ilha. Criavam-se também carneiros e porcos em Imerina e o peixe constituía um dos principais alimentos dos malgaxes. Os merina não puderam se tornar senhores do comércio na costa oeste; eles eram praticamente ausentes no Sul e se chocavam com a concorrência dos antalaotra no Noroeste. Na costa leste, todavia, eles conseguiram implementar uma eficaz rede comercial.

FIGURA 16.14 Fundição e forjamento do ferro em Madagascar, nos anos 1850. [Fonte: W. Ellis, *Three visits to Madagascar*, 1858, J. Murray Publishers, Londres. Ilustração reproduzida com a autorização da British Library.]

Duas indústrias encontravam-se muito desenvolvidas: de um lado, a fiação e a tecedura, do outro, as minas e a metalurgia (sobretudo o ferro). Os malgaxes fabricavam estofos e toda uma série de artigos de metal para uso próprio. Esta era a base da educação técnica que receberam dos europeus. Já mencionamos os produtos da fábrica de Laborde, em Mantasoa, a uma quarentena de quilômetros a Sudeste de Antananarivo. Alfred Grandidier, o famoso explorador francês de Madagascar no século XIX, ensina-nos que, em Mantasoa, "Laborde produzia aço puro, cimento, canhões e morteiros; toda espécie de armas e munições; artigos de curtume; vidros e cerâmicas; potes e pratos; tijolos e ladrilhos [...]; sabo-

---

64 Citado por P. M. Mutibwa, 1972; ver também H. Florent, 1979; M. Rasoamiaramanana, 1974, 1981; G. Rantoandro, 1981.

nete de todas as cores; velas, papel e tinta para escrever; potássio, alume comum e ácidos sulfúricos e, após 1843, chegou a criar bichos-da-seda chineses"[65].

Muitos destes produtos cessaram de ser fabricados quando Laborde deixou Madagascar, no fim dos anos 1850. Porém, certos homens com os quais ele havia trabalhado, puderam continuar a produzir alguns artigos necessários para sua subsistência. O que matou a indústria local foi a importação de materiais mais baratos (estofos, calçados e cerâmicas) da Europa e dos Estados Unidos da América.

A ascensão do rei Radama ao trono, em 1810, assistiu ao início da participação ativa de Madagascar no comércio internacional. O tráfico de escravos era um dos elementos majoritários do comércio, mas, após a conclusão do tratado anglo-malgaxe de 1843, este tráfico foi interditado e nunca mais foi retomado nas regiões onde a autoridade do governo malgaxe era real. Os escravos continuaram a ser importados da África para a costa oeste de Madagascar e para os territórios do Noroeste, sob a aparência de trabalhadores contratados. Este tráfico era quase que monopolizado pelos antalaotra e pelos indianos que, às vezes, se beneficiavam de uma cumplicidade de funcionários merina[66]. Por outro lado, nas regiões que escapavam praticamente ao controle das autoridades de Antananarivo, alguns escravos eram exportados para a Ilha da Reunião, Ilha Maurício, Estados Unidos da América e para as Antilhas. O arroz e o boi representavam outras importantes exportações, ao passo que diversos produtos (estofos, fuzis, rum e máquinas) eram importados. O governo tirava a metade de seus rendimentos aduaneiros do comércio da carne de boi. Além do comércio direto com a Europa e os Estados Unidos da América, Madagascar comerciava com a Grã-Bretanha pela Ilha Maurício, Zanzibar[67] e as Seicheles, e com a França pela Ilha da Reunião. O comércio malgaxe era absolutamente fundamental para a colônia francesa da Reunião, que obtinha da grande ilha quase todo o seu gado e seu arroz, sem falar dos escravos. Em parte, isto se devia ao fato de os colonos franceses da Reunião e dos pequenos negociantes de Marselha considerarem Madagascar como sua zona natural de influência.

O comércio internacional da ilha estava fundado nos tratados de amizade e de comércio. Mencionamos, mais acima, os tratados de 1862 com a Inglaterra e a França, que foram respectivamente modificados em 1865 e em 1868. O primeiro tratado com os Estados Unidos foi assinado em 1867, com a chegada de

---

65   Citado por P. M. Mutibwa, 1972.
66   M. Rasoamiaramanana, 1981*b*; G. Campbell, 1981.
67   H. Kellenbenz, 1981.

um cônsul americano em Antananarivo. O governo malgaxe também instalou embaixadas na Ilha Maurício, na Inglaterra e na França, para facilitar as trocas comerciais[68]. O primeiro ministro preferia nomear negociantes importantes das capitais estrangeiras como cônsules. Para Londres, ele escolheu M. Samuel Procter, que fazia negócios florescentes com Madagascar. Esta nomeação parece ter acontecido em 1862, quando Radama II encomendou aos Srs. Procter e Bros, de Londres, uniformes para os soldados malgaxes. Para Paris, foi nomeado cônsul geral, em 1876, um mercador francês bem conhecido e muito ligado a Madagascar, Sr. Hilarion Roux. Para a Ilha Maurício, o cônsul malgaxe foi Hippolyte Lemiere, um dos membros do Conselho Legislativo da ilha e um importante negociante[69]. Em 1881, para encorajar ainda mais o comércio, foi criado o ministério do comércio e da indústria, geralmente chamado ministério "para o encorajamento das artes industriais e das manufaturas".

No campo do comércio internacional, os dirigentes malgaxes estimularam, simultaneamente, as empresas privadas e as empresas do Estado. Os principais funcionários do governo, detentores de capital suficiente, criaram empresas e comerciaram frutuosamente com a Ilha Maurício, a Reunião e, até mesmo, com a Europa. Dentre os mais ativos encontrava-se Rainilaiarivony, o próprio primeiro ministro. O agente de Rainilaiarivony na Ilha Maurício era o cônsul Lemiere, com o qual ele possuía uma conta bancária pessoal destinada à compra de produtos de luxo – notadamente, vestimentas – da Ilha Maurício e da Europa. Entretanto, o papel dos indivíduos apenas completava aquele do Estado. Como já destacamos, foi o próprio governo que estabeleceu relações comerciais com as potências estrangeiras e os residentes estrangeiros, graças à assinatura de tratados, à criação de consulados e à outorga de concessões aos capitalistas estrangeiros, destinadas à exploração de recursos minerais e naturais do país. As tradições e a constituição malgaxes interditavam a concessão direta de terras aos estrangeiros, mas o governo consentia em arrendar terras, nas quais os estrangeiros podiam estabelecer plantações ou explorar recursos naturais. A primeira concessão foi outorgada a Joseph Lambert, um aventureiro francês, por Radama, em 1855, quando ele ainda era príncipe herdeiro; esta concessão, confirmada sob a forma de tratado em setembro de 1862, foi logo suprimida, mas o governo habituou-se a conceder outras, principalmente na década de 1880, para favorecer o desenvolvimento do país, tomando cuidado para evitar todas as condições que

---

68 Ver, por exemplo, Radama II a Lemiere, 25 de setembro de 1862, anexo, Stenenson a Newcastle, 1º de novembro de 1862, PRO,FO 167/443; citado também por P. M. Mutibwa, 1972.

69 P. M. Mutibwa, 1972.

FIGURA 16.15   Mulheres escravas tirando água e pilando arroz em Madagascar, nos anos 1850. [Fonte: W. Ellis, *Three visits to Madagascar*, 1858, J. Murray Publishers, Londres. Ilustração reproduzida com a autorização da British Library.]

pudessem ameaçar a independência do país. De fato, o Código dos 305 artigos, promulgado em março de 1881, interditava a venda de terras aos estrangeiros, cuja punição era a pena de morte.

Conclusão

Neste estudo, examinamos os esforços de modernização empregados pelos malgaxes para dar uma base firme ao desenvolvimento de seu país. Este processo começou com a ascensão do rei Radama I ao trono e foi consolidado na primeira metade do século XIX. O retorno dos estrangeiros, após 1861, o encorajamento do comércio exterior e as influências culturais estrangeiras inauguraram uma nova era para os malgaxes. O processo de modernização compreendia a conversão ao cristianismo e a instituição de uma série de reformas destinadas a mobilizar os recursos humanos e naturais do país, de maneira a atingir um grau superior de desenvolvimento nos campos político, social e econômico. Tais reformas, realizadas pelos dirigentes malgaxes, sobretudo a partir da ascensão ao trono de Radama II, em 1861, foram cruciais para a evolução de Madagascar. Insistiu-se em sustentar que a África foi colonizada porque era pobre e subdesenvolvida. Por isso, merece ser destacado que Madagascar, durante o período estudado, por sua vez, empreendeu importantes reformas que, como um almirante inglês observou em março de 1881, fizeram dos malgaxes "uma raça capaz de governar o país, tornando inútil qualquer intervenção de uma nação estrangeira"[70]. Entretanto, quando chegou o momento da investida "dos europeus", o desenvolvimento não protegeu Madagascar da ingerência estrangeira. Aos olhos de alguns, a modernidade havia enfraquecido o reino[71]; para outros, as reformas reforçaram a resistência sustentada pelos malgaxes.

---

70 PRO, FO, 48/34. *Extracts from Report of Rear-Admiral W. Gore-Jones.*
71 G. Jacob, 1977.

CAPÍTULO 17

Novos desenvolvimentos no Magreb: Argélia, Tunísia e Líbia

Mohamed H. Chérif

Graves desordens afetaram o Magreb ao longo do século XIX. O fato mais destacado foi o naufrágio dos Estados autônomos que o constituíam no início deste século, sob a pressão e em benefício das principais potências europeias: desde 1830, o regime argelino, baseado no dei, sucumbia sob o repetido assalto das forças francesas; a Líbia dos Kāramānlī caía novamente sob o domínio otomano direto, em 1835; a Tunísia, governada pelo bei encontrava-se, em 1881, sob o protetorado da França, aguardando que a Líbia fosse invadida pelos italianos em 1911 e que o Marrocos o fosse, por sua vez, pelos franceses e pelos espanhóis, em 1912. É muito evidente que tais acontecimentos políticos não resumem todas as transformações sofridas: eles coroam, ou precedem, profundas mudanças, no que tange à economia, à sociedade e mesmo à cultura que, sem exceção, atravessaram uma crise extrema ao longo do século XIX.

Foi nesta época que começaram a se afirmar o "desenvolvimento" de uns (dos países capitalistas europeus) e o "subdesenvolvimento" de outros (do Magreb, no nosso caso)[1]. Uma abundante literatura contemporânea ensina-nos que os dois fenômenos estão intimamente ligados. Desta forma, é inútil investigar as causas das dificuldades da África do Norte, no século XIX, em uma conjuntura puramente local e atribuí-las unilateralmente, como foi feito em uma certa

---

1   E. J. Hobsbawn, 1977; L. Valensi, 1978.

época, ao "arcaísmo", às "falhas" e ao "atraso secular" próprios das civilizações da África do Norte e, de um modo geral, não europeias.

No início do século XIX, o Magreb ainda conhecia um relativo equilíbrio, do qual estudaremos os fundamentos e avaliaremos as forças e fraquezas. Este equilíbrio foi brutalmente rompido, logo depois de 1815, desde que começou a ser exercida a expansão europeia, em uma África do Norte tão próxima e há tempos ligada à Europa por relações belicosas (a guerra de corso) ou pacíficas (comércio). Em diferentes momentos e seguindo modalidades diversas, dependendo das condições locais, o impacto europeu se fez sentir no Magreb e provocou aí, a curto prazo, diferentes situações segundo os países e, a longo prazo, os mesmos abalos e o mesmo resultado: o domínio colonial.

Na época, o espaço magrebino dividia-se entre um país juridicamente independente, o Marrocos dos alauitas e três regências que tinham o estatuto jurídico de províncias do Império Otomano, mas que, de fato, dispunham de uma quase total autonomia: o país de Argel, onde dominava um dei eletivo; o de Túnis onde reinava, desde 1705, a dinastia dos beis husseinitas; a regência de Trípoli, por fim, nas mãos da família dos Kāramānlī a partir de 1711. Quais traços comuns apresentavam os regimes das regências otomanas e a que tipos de sociedades impunham seu domínio?

O Ma<u>kh</u>zen no início do século XIX[2]

Em Argel, Túnis ou Trípoli, o Estado, ou aquilo que funcionava em seu lugar – o Ma<u>kh</u>zen, segundo a consagrada denominação –, se materializava por um aparelho político-militar mais ou menos sobreposto, marginal em relação ao corpo da sociedade que ele dominava. Os senhores do poder – turcos mais ou menos assimilados, segundo a situação de cada regência e os *shārīf*, no Marrocos – acreditavam possuir uma essência diferente daquela de seus súditos. Em seu círculo, os mais altos cargos eram frequentemente confiados aos *mamlūk*, antigos escravos de origem cristã, convertidos e convenientemente domados para os serviços da corte ou do exército. O pilar dos regimes era constituído por corpos militares estrangeiros, a saber, as milícias de janízaros turcos. O essencial dos meios de dominação da sociedade muçulmana era buscado fora do país ou do corpo social: as moedas fortes (piastras espanholas, em particular), atraídas pelo comércio marítimo ou pela guerra de corso; as armas "modernas" e seus especia-

---

2   A. Laroui, 1970, p. 244-267; M. H. Chérif, 1977.

listas para o exército; o papel para escrever e os números (manejados pelos contadores judeus) para a "administração". Tais meios, por mais rudimentares que pudessem parecer em comparação com seus equivalentes na Europa, gozavam de grande eficácia em sociedades nas quais eram pouco familiares. O Ma<u>kh</u>zen colocava-se em uma posição intermediária, entre a "modernidade" europeia ou turca e o "tradicionalismo" das sociedades internas, o que lhe permitia dominar estas últimas e explorá-las em seu benefício e, por um lado, em benefício dos notáveis citadinos e do capitalismo mercantil europeu; este último, com efeito, fornecia moedas, armas, papel etc., e obtinha produtos dos campos magrebinos. Esta exploração foi, em grande parte, responsável por manter as sociedades rurais interioranas em seu "arcaísmo", se não pelo seu declínio[3].

Também não faltavam apoios locais ao Ma<u>kh</u>zen pré-colonial: agrupamentos guerreiros (*ma<u>kh</u>zen*) a seu serviço; notáveis citadinos (fornecendo *ka'id* ou governadores; *lazzam* ou arrendatários dos direitos do Ma<u>kh</u>zen; *wakīl* ou administradores etc.); grandes famílias rurais em que eram recrutados os *<u>sh</u>ay<u>kh</u>* ou chefes das comunidades locais; homens de religião, fossem eles *'ulamā'* (letrados) nas cidades, *murābits* (santos) ou chefes de confrarias nas cidades e nos campos, representando aliados preciosos ao poder que, de alguma forma, legitimavam, e em favor do qual eles pregavam a obediência. A natureza do regime e, em definitivo, sua expectativa de duração dependiam da maior ou menor extensão destes apoios locais: em Argel, a preponderância dos janízaros turcos (pelo menos até 1817) e a dos deis de origem levantina freavam a evolução do poder rumo a uma certa integração, mesmo parcial, enquanto, em Túnis, os beis assimilavam-se ao país (continuando a se declararem "turcos"), desde a metade do século XVII, assim como o faziam os Kāramānlī em Trípoli, desde 1711.

A sociedade citadina

De uma forma geral, o mesmo tecido humano, caracterizado pela superioridade das solidariedades de famílias ou linhagens, e a mesma cultura muçulmana estendiam-se de uma ponta a outra do Magreb. Todavia, a sociedade citadina destacava-se mais na parte "tunisiana". Por sua vez, a *kabīla* era mais difundida na Líbia, a ruralidade preponderante no país de Argel e a montanha berbere mais influente no conjunto marroquino. Isto já é um indício da heterogeneidade do meio humano magrebino: daí podemos distinguir, *grosso modo*, os citadinos

---

3 Tais considerações encontram-se largamente desenvolvidas em M. H. Chérif, 1979*a*.

FIGURA 17.1 Interior da mesquita de Ketchawa (erguida em 1794), em Argel, em 1833. [Fonte: C. A. Julien, *Histoire de l'Algerie contemporaine. Conquête et colonisation*, 1964, PUF, Paris. Ilustração reproduzida com a autorização da Biblioteca Nacional, Paris.]

(*h'adhar*), os sedentários aldeões, os homens das *kabīla* e os montanheses, sobretudo berberes.

A cidade, como sabemos, é inseparável da cultura islâmica: daí a importância de seu papel no espaço magrebino de Rabat e Fez, a Oeste, até Benghazi e Trípoli, a Leste, passando por Tlemcen, Argel, Constantina, na regência de Argel, e por Túnis, Sousse e Kairouan, na regência de Túnis[4]. As cidades representavam no máximo 10 a 15 % da população magrebina, mas elas concentravam as atividades mais lucrativas e as funções mais importantes: comércio e artesanato (cujos certos setores frisavam o estágio capitalista, como a fabricação da *chechia*, o chapéu tradicional tunisiano, em Túnis[5]), magistério espiritual (cultura, ensino e justiça religiosa, totalmente fundados no texto escrito), exercício do poder político, administrativo e militar (o Makhzen representa a cidade e, depois, seu prolongamento nos campos). Portanto, a cidade diz respeito à economia monetária (em contraste com a economia de subsistência dominante nos campos), à civilização da escrita (ao passo que o campo é o reino da tradição oral) e à hierarquização dos homens (em oposição à organização por linhagens e, em princípio, igualitária da sociedade rural). Esses traços parecem-nos marcados o suficiente para distinguirmos fortemente a sociedade das cidades daquela dos campos, não obstante uma base familiar e agnatícia comum[6].

Gozando destes múltiplos trunfos, resta saber se a sociedade citadina encontrava-se suscetível a evoluir e, em seguida, a arrastar o resto do país para transformações radicais, a exemplo do que se desenrolava na Europa nesta época[7]. Isto recoloca o problema da "burguesia" citadina, de sua força ou, antes, de suas numerosas fraquezas: as técnicas e meios empregados permaneciam, no conjunto, "tradicionais", de fraco rendimento e de baixo nível; o domínio econômico da cidade sobre o campo era bem limitado (em razão da importância, aqui, da economia de subsistência e da resistência das coletividades rurais – sobretudo das *kabīla*); a concorrência do capitalismo mercantil europeu era severa no exterior e chegou até mesmo a assegurar e a controlar as relações, por

---

4   L. Valensi, 1969*a*, p. 50-61; P. Bourdieu, 1970, p. 54-57; J. Berque, 1978, p. 115-117, 221-230, 398-401, 434-440; R. Gallissot e L. Valensi, 1968; D. Sari, 1970, p. 3-12 e 32-56.

5   L. Valensi, 1969*b*.

6   L. Valensi, 1977, insiste sobre a homogeneidade do corpo social magrebino, caracterizado pela preponderância das relações agnatícias patrilineares. De nossa parte, somos sensíveis às diferenças entre as sociedades rurais e as sociedades citadinas, e temos destacado as especificidades dessas últimas várias vezes, particularmente em M. H. Chérif, 1979*b*, e notadamente p. 235-277.

7   R. Gallissot e L. Valensi, 1968, p. 58-60; L. Valensi, 1978, p. 574-586; A. Laroui, 1970, p. 244-267; J.-C. Vatin, 1974, p. 104-110.

FIGURA 17.2   Uma escola corânica em Argel, 1830. [Fonte: C. A. Julien, *Histoire de l'Algerie contemporaine. Conquête et colonisation*, 1964, PUF, Paris. Ilustração reproduzida com a autorização da Biblioteca Nacional, Paris.]

vias marítimas, entre os diversos países islâmicos. Esses múltiplos entraves, na realidade, interditaram um desenvolvimento autônomo à burguesia comerciante e artesanal. Esta também sofreu a tutela protetora – porém, paralisante – do Ma<u>kh</u>zen, desde que seus negócios ultrapassavam uma certa importância. No interior, o capital "burguês" foi investido de preferência no arrendamento (*lizma*) das taxas[8]; no exterior, a associação comercial com um grande personagem era de praxe: os judeus Bacri e Busnach com o dei de Argel, assim como Ha<u>djdj</u> Yūnis ibn Yūnis, da ilha de Djerba, com o primeiro ministro tunisiano, por volta de 1800. Contido o seu desenvolvimento, a "burguesia" citadina não podia fomentar a transformação do conjunto da sociedade.

A sociedade rural

Os contemporâneos distinguem claramente o citadino (*ḥ'a<u>dh</u>arī*) do homem do campo (*badawī*). Quais os fundamentos desta distinção? De um lado reinava a cultura escrita, elaborada, e do outro, a oralidade e a tradição repetitiva; no plano religioso, de um lado o *'ālim* (sábio) ensinava a lei, do outro, o marabuto operava e o "culto audiovisual" triunfava[9]. No plano material, a moeda e as atividades postuladas por ela animavam a vida das cidades, ao passo que a economia de subsistência e o fraco desenvolvimento demográfico e tecnológico das forças produtivas caracterizavam os campos. Do ponto de vista social, se, na cidade, a hierarquização, assim como a individualização, se faziam sentir, nos campos, por outro lado, a organização por linhagens, ou mais exatamente, patrilinear, dominava; os grupos humanos se definiam por sua ligação – mais mítica que real – a um ancestral epônimo ("filho de..."). A sociedade beduína apresentava-se formada de "segmentos" justapostos, aliados ou opostos, segundo certas regras ditadas menos pelas ligações de sangue do que pelo meio natural ou pela necessidade de equilíbrio do conjunto[10]. O princípio de linhagem implicava o igualitarismo teórico dos "irmãos" ou "primos", em certos casos inimigos, a apropriação coletiva do solo e a solidariedade no trabalho. A decisão pertencia a um *<u>sh</u>ay<u>kh</u>* (ou chefe, etimologicamente, "o velho"), "eleito" ou, mais exatamente, escolhido pelos chefes de família, em cada nível da subdivisão do grupo.

---

8   M. H. Chérif, n. d.
9   E. Gellner, 1969, p. 7-8.
10 E. Gellner e C. Micaud, 1973, p. 59-66.

Como interpretar esta organização beduína ou rural, esquematicamente descrita? Os segmentaristas veem nela apenas um simples modelo, sem bases materiais reais, uma pura reconstituição "estrutural" e mítica da realidade; tudo seria linhagem e discurso justificador genealógico, nas *khabīla*, nas aldeias e, talvez, até no núcleo das cidades[11]. Obviamente, esta interpretação foi objeto de críticas: acusaram-na de fazer pouco caso dos elementos materiais reais da organização social, preferindo as bases biológicas destes agrupamentos elementares à adaptação a um meio natural muito presente, e de analisar as comunidades rurais sem referência ao ambiente islâmico ou ao Ma<u>kh</u>zen, desconhecendo também o fator da evolução histórica etc.[12]

De nossa parte, limitamo-nos a constatar que se os traços "segmentares" eram bem marcados nos lugares retirados e entre as populações afastadas. Por outro lado, atenuavam-se ou desapareciam nos campos abertos às influências da cidade ou do mercado: as planícies circundantes das cidades (em um raio de uma dezena a uma trintena de quilômetros, segundo estimamos[13]), os oásis ligados ao grande tráfico e algumas regiões especializadas em um produto altamente comercializado (grãos das zonas do *mulk* [propriedade] cerealífero, óleos do Sahel tunisiano etc.). Aí, a influência da cidade se fez sentir na economia (dinheiro ou capital *in natura*), no regime fundiário (afirmação da propriedade regida pelo direito escrito) e nas relações sociais – implicando, em parte, subordinação e exploração (nestas zonas, a personagem do *<u>kh</u>ammās* [rendeiro] é familiar)[14]. Mesmo que a referência genealógica permanecesse fundamental e a pequena exploração familiar muito difundida nestes setores "abertos", estes não menos apresentam uma certa originalidade, em relação às regiões "tribais" ou montanhosas.

Extremamente diversas, fragilmente integradas e explorando uma tecnologia "tradicional" de baixo rendimento, as sociedades magrebinas e o Ma<u>kh</u>zen que as dominava, em parte, graças a meios importados, certamente apresentavam muitas fraquezas, mas conseguiram, apesar de tudo, manter um equilíbrio que, após 1815, seria irremediavelmente comprometido pelo retorno, em força, das frotas e dos aproveitadores europeus.

---

11   Ver *supra*, notas 6, 9 e 10.
12   A. Laroui, 1977, p. 174-178; L. Ben Salem, 1982.
13   M. H. Chérif, 1979*b*.
14   S. Bargaoui, 1982.

A ofensiva europeia

Em 1815, as guerras napoleônicas chegavam ao fim e tal ofensiva europeia, apoiada em forças, desde então, irresistíveis, se lançava ao Magreb e, logo, ao resto do mundo. Até 1850-1860, as exigências do mercado eram as mais imperativas, pois a produção crescia no ritmo da industrialização na Europa, os preços baixavam através do mesmo movimento e os termos de troca se deterioravam. Na severa conjuntura da época, a concorrência se exacerbava e a política europeia de expansão além-mar tornava-se mais agressiva[15]. Desde 1816, a frota inglesa de lorde Exmouth, seguida, em 1819, por aquela do almirante Freemantle, acompanhada desta vez pela divisão naval francesa do almirante Jurien, vinham declarar às potências "berberes" a interdição da guerra de corso, decidida pelo concerto das nações europeias. Porém, por trás deste nobre motivo, dissimulavam-se intenções mercantis, pois que os franceses reclamaram grandes vantagens comerciais para seus nacionais – sobretudo, provençais – e os ingleses, para seus clientes italianos e espanhóis – rivais dos franceses. Iniciava-se uma política promissora, cuja finalidade era a submissão dos países magrebinos às exigências, cada vez mais fortes, da economia e da política europeias[16]. As instruções dadas ao novo cônsul da França, enviado a Túnis à frente de uma esquadra, em 1824, destacavam "a necessidade de recolocar esta potência inferior (a regência) em relações convenientes à dignidade e aos interesses do reino (da França)"[17]. O comércio europeu, e sobretudo francês, extraiu os maiores benefícios desta "necessidade", pois que se desenvolveu rapidamente graças a um regime excepcionalmente vantajoso, cuja injustiça era revoltante: todas as combinações, mesmo as mais suspeitas, tinham de antemão seu sucesso garantido, graças ao apoio do interesseiro cônsul europeu. "Se não houvesse berberes, seria preciso criá-los", gritava um dos negociantes franceses estabelecido em Túnis[18]. Do mesmo modo, a "honra nacional" encontrava no Magreb satisfações ou compensações sem grandes esforços: sabe-se que a expedição de Argel, em 1830, foi decidida por um regime em apuros, ansioso por restaurar seu prestígio e consolidar suas posições na própria França.

---

15 R. Schnerb, 1957, p. 44-45; M. H. Chérif, 1970.
16 A. Laroui, 1970, p. 275 e seg.
17 Arquivos do Quai d'Orsay, Correspondência consular, Túnis, vol. 44: "Instruções ao Cônsul geral da França em Túnis, na data de 28 de novembro de 1823".
18 Ibid., vol. 48, carta de 10 de outubro de 1830 (Deliberações da "nação" francesa em Túnis).

Paralelamente ao comércio, desenvolveram-se negócios de toda ordem e, em particular, operações de empréstimo ou de usura. Um exemplo dentre outros: na falta de dinheiro, o bei de Túnis habituou-se a vender aos negociantes europeus, com recebimento adiantado, o óleo de seu país, cujo comércio ele monopolizava; em 1828, dado a má colheita, tais negociantes exigiram e obtiveram o reembolso de seus adiantamentos, segundo a cotação do óleo em Marselha[19]. Entretanto, os aborrecimentos do bei não haviam terminado. Nos anos 1830, o peso das dívidas – renovadas – recaiu, de um lado, sobre alguns grandes personagens, como o primeiro ministro, totalmente arruinado nesta ocasião, e, de outro, sobre os produtores de óleo do Sahel, que tiveram de pagar mais de 2 milhões de francos entre 1832 e 1845[20]. Com uma suprema sutileza, os negociantes obrigaram o bei a exigir de seus súditos o dinheiro, e não o óleo, como reembolso de seus adiantamentos, a fim de reservar para si os benefícios do comércio deste gênero: eles tomaram o lugar do bei na prática dos adiantamentos aos produtores antes da colheita, e desde 1838, um certo número destes, devedores inadimplentes, viu seus bens serem confiscados[21].

A engrenagem dos empréstimos entrava em funcionamento: em seguida, só se desenvolveria mais. Por volta de 1860, quando os capitais abundavam na Europa e a taxa de juros baixava, quando os Estados magrebinos – ainda independentes em sua maior parte – se engajavam rumo às "reformas", sugeridas pelos cônsules e conselheiros estrangeiros, a penetração europeia tomou um outro caminho: de mercante, tornou-se mais financeira. A Argélia se abriu às empresas capitalistas (a "colonização de luvas amarelas"[22] no domínio agrícola, os bancos, as empresas de obras públicas, as minas etc.)[23].

O fenômeno mais típico ocorreu na Tunísia, cujas finanças foram drasticamente reorganizadas e, logo, colocadas sob tutela europeia, no espaço de uma dezena de anos (entre 1859 e 1869, aproximadamente). Empurrado para a via da "modernização" e das grandes obras pelos cônsules francês e inglês da época, o governo do bei se lançou em despesas insensatas para pagar à Europa, a custos exorbitantes, um material militar ou naval obsoleto (por exemplo, canhões inutilizados de um velho modelo, em 1865), e para fazer com que concessionárias

---

19   M. H. Chérif, 1970, p. 741-742; K. Chater, 1984, p. 335-338.
20   Arquivos gerais do governo tunisiano, registros números 2348, 2349, 2433 etc., citados por I. Saâdoui, em uma dissertação sobre o comércio exterior tunisiano na primeira metade do século XIX, 1980.
21   *Ibid.* e L. Valensi, 1977, p. 343.
22   Os "colonos de luvas amarelas" eram legitimistas fiéis a Carlos X de França, que escolheram deixar a França para não viver sob o regime da Monarquia de Júlio. (N. T.)
23   A. Rey-Goldzeiguer, 1977, p. 583-606.

estrangeiras, a condições muito onerosas, efetuassem obras de utilidade duvidosa (reparo do aqueduto romano de Cartago, construção de hotéis consulares para os representantes das potências europeias, a partir de 1859 etc.)[24]. Fatalmente, o bei foi levado a se endividar cada vez mais, primeiro junto aos corretores e agentes financeiros locais – sobretudo judeus de Livorno, sob proteção europeia – que detinham, em 1862, cerca de 28 milhões de francos de crédito, subscritos pelo governo a taxas usurárias[25].

A partir de 1863, o bei apelou ao crédito exterior, em princípio menos oneroso que o crédito local, e empréstimos – autorizados pelo governo francês – foram lançados na praça de Paris. Porém, gordas comissões, propinas, intrigas, ou verdadeiras trapaças, em benefício de homens de negócios ludibriosos europeus (os banqueiros judeus de origem alemã, Erlanger e Oppenheim, o diretor do Banco de Desconto Pinard etc.) e de agentes pouco escrupulosos do bei (o primeiro ministro Musthafā Khaznadār) reduziram a um valor insignificante as somas emprestadas e realmente recebidas pelo *beylik*[26]. Estes empréstimos aumentaram rapidamente a dívida nacional: cerca de 100 milhões de francos no início de 1866, 160 em fevereiro de 1870, para receitas anuais do Estado da ordem de 10 a 15 milhões de francos[27].

Em confronto com uma conjuntura muito difícil (as más colheitas de 1866 a 1870, bem como a fome e a epidemia de 1867), o governo do bei logo entrou em falência: as potências francesa, inglesa e italiana impuseram ao bei uma comissão financeira internacional que passou a controlar todos os rendimentos do Estado tunisiano, a fim de assegurar o pagamento da dívida pública (5 de julho de 1869) em anuidades fixadas em 6 milhões e meio de francos[28]. O período de 1870 a 1881 foi marcado por uma certa trégua política na Tunísia, favorecida pelo sumiço da França após sua derrota, e pela honesta e esclarecida gerência de Khayr al-Dīn, primeiro ministro de 1873 a 1877. Mas a penetração capitalista continuou através dos organismos bancários: *The London Bank of Tunis*, associado aos *Baring, Glynn, Mills* etc., de 1873 a 1876; a *Société Marseillaise de Crédit*, sustentada pelo *Crédit Industriel* e associada aos irmãos Péreire, bem como ao Banco de Desconto, ao Banco dos Países Baixos etc., sobretudo de 1877 a 1881. Operando através de filiais ou em associação com certas empresas

---

24 A. Ibn Abī-Dhiyāf, 1963-1964, tomo IV; p. 261-264; J. Ganiage, 1959, p. 190-192.
25 J. Ganiage, 1959, p. 195.
26 Ver J. Ganiage, 1959, p. 203-216, e M. Bdira, 1978, p. 121-124.
27 J. Ganiage, 1959, p. 335-402.
28 *Ibid.*

industriais, como a *Société des Batignolles*, os consórcios capitalistas arrancaram vantajosas concessões de um bei desarmado: bancos privilegiados, vias ferroviárias, minas, portos e imensos domínios fundiários[29]. Por meio de sua intervenção nos trabalhos de infraestrutura e na produção, o capitalismo preparou a via para a colonização direta do país. Pelos interesses em jogo, ele convocou e justificou antecipadamente a intervenção política, a saber, a expedição militar que tendeu rapidamente ao estabelecimento do protetorado francês na Tunísia, aos 12 de maio de 1881.

Na Argélia, a penetração europeia tomou um rumo um pouco diferente, em razão da precoce conquista do país, em 1830. Além dos inevitáveis interesses do capitalismo mercantil e, depois, bancário, os colonos manifestaram seu apetite pelas terras argelinas e reclamaram-nas às autoridades. Estas lhes outorgaram as terras solicitadas por diversos meios: confiscações (sobretudo após as grandes revoltas, como aquela de 1871)[30]; acantonamento, do qual foram objeto e vítimas as comunidades rurais (a princípio, em virtude das ordens e das circulares militares dos anos 1840)[31]; encorajamentos à divisão das terras "coletivas" e à mobilização da propriedade (lei de 26 de janeiro de 1873, por exemplo)[32]. Um certo número de tentativas de proteção da propriedade local (comunal, em particular), como o senatus-consulto de 1863, não teve êxito face à pressão do meio "colonialista". Em 1882, a propriedade europeia já monopolizava cerca de 1.073.000 hectares (em 1890, 1.337.000), principalmente na zona do Tell[33]. Sem grandes esforços, podem-se adivinhar as consequências disto para a sociedade autóctone.

Os fatores da mudança

Sob diversas formas, direta ou indireta, mercantil ou financeira, a penetração europeia teve por efeito o rompimento do antigo equilíbrio do Magreb. Quais foram os principais agentes de transformação e segundo qual processo esta ocorreu? Qual foi o impacto da pressão europeia sobre as diferentes categorias da população?

---

29 *Ibid.*, p. 421-426, 463-471, 564-588, 600-608 e 640-661.
30 C. R. Ageron, 1968, vol. I, p. 24-36.
31 C. A. Julien, 1964; A. Rey-Goldzeiguer, 1977, p. 139.
32 C. R. Ageron, 1978, vol. I, p. 78-88.
33 *Ibid.*, p. 94-102.

O comércio marítimo, efetuado por negociantes europeus – ou, em raros casos, por seus agentes ou aliados locais – foi o primeiro destes fatores de mudança. Ele enfraqueceu gradualmente, até tomar seu lugar, o grande comércio tradicional caravaneiro, ou mesmo marítimo com o Oriente Médio[34], exceto o tráfico transaariano da Líbia, que retomou o vigor, por volta de1845, e manteve suas posições aproximadamente até 1880[35]. No próprio Magreb, os produtos industriais da Europa (têxteis, produtos metalúrgicos, material militar etc., até polainas) e os gêneros coloniais importados (açúcar, chá e café) ganharam muito rapidamente a rica clientela magrebina, seguida por categorias sociais mais amplas. As importações incharam muito mais rápido que as exportações, provocando uma hemorragia monetária de múltiplas consequências, notadamente no que concerne às reservas[36]. Em segundo lugar, o produto europeu manufaturado entrou em concorrência com o produto artesanal similar e acabou suplantando-o junto à clientela abastada do país ou do exterior: um caso típico foi o da *chechia* tunisiana (toca de lã vermelha), cujas exportações, até 1861-1862, chegaram a aproximadamente 3 milhões de francos por ano; em 1864-1865, apenas representavam a metade desta soma; depois, em 1869-1870, contavam 850.000 francos; para, enfim, em 1875-1876, cair para 250.000 francos por ano[37]. É verdade que a concorrência europeia prejudicava basicamente a produção artesanal de luxo e o grande comércio, mas o pequeno artesão, tal como o pequeno mercador, também eram lesados pela perda da clientela abastada, pela desordem monetária, pela fiscalização tentacular e, por fim, pela pauperização geral.

Este processo, bem como a monetarização da economia em benefício de uma minoria, foram responsáveis pelo uso generalizado do empréstimo ou, antes, da usura. Além do endividamento do *beylik* em Túnis, o qual já evocamos, a usura exerceu seus estragos até as partes mais remotas dos campos: a correspondência dos *khā'id* [governadores de províncias] tunisianos incidia regularmente sobre a questão dos créditos – sobretudo em favor dos negociantes europeus, mas também, de certos notáveis locais – não honrados. Nos registros notariais, conservados a partir de 1875 na Tunísia, abundam os empréstimos usurários contratados por humildes camponeses junto a agiotas locais– sobretudo judeus[38]. A situação foi provavelmente pior na Argélia, onde "infelizmente, é mais do que evidente

---

34 L. Valensi, 1969a, p. 70-83; N. Saïdouni, s.d., p. 39-40.
35 J.-L. Miège, 1975.
36 M. H. Chérif, 1970, p. 728-729; L. Valensi, 1978, p. 583.
37 P. Pennec, 1964, p. 257.
38 S. Bargaoui, 1983, p. 353-357.

que os progressos da usura [...] foram uma consequência da ocupação francesa", confessou o general Martimprey, subgovernador da Argélia, em 1860. As revoltas e as repressões que as seguiram, a desagregação das *kabīla* e das estruturas tradicionais, a introdução da economia monetária e dos aproveitadores de toda espécie até as partes mais remotas dos campos, tudo isso, acrescido dos danos provocados pelo clima e da avidez do fisco, favoreceu o desenvolvimento da usura, uma das "sete chagas" da Argélia colonial[39].

Ligada às dificuldades do Estado na Tunísia e no Marrocos, e à exploração colonial na Argélia, a fiscalidade, por sua vez, tornou-se pesada, devoradora. Sob os estímulos da necessidade, o bei da Tunísia estabeleceu, desde o início dos anos 1820, uma espécie de monopólio do comércio do óleo – principal produto de exportação.

Ele teve de renunciar ao monopólio através do tratado imposto pela França, logo após a tomada de Argel, em agosto de 1830. Contudo, ele introduziu novos monopólios e multiplicou as contribuições indiretas e os arrendamentos de impostos nos anos 1840[40]; fez uma atualização das taxas e da base tributável dos antigos impostos que pesavam sobre a produção, e instituiu um imposto de capitação (*i'āna* ou *majba*), em 1856[41]. A grande revolta tunisiana de 1864 foi provocada pela decisão de dobrar a taxa desta *majba*. Com alguns anos de atraso, o Marrocos conhecia as mesmas dificuldades financeiras que a Tunísia e recorreu aos mesmos desastrosos expedientes para enfrentá-las[42]. Na Argélia, os autóctones foram obrigados a pagarem os tradicionais "impostos árabes" e novos "impostos franceses" (lembremos, em particular, a aberrante tarifação comunal que fez Jules Ferry dizer, em 1892, que se tratava da "exploração do nativo a céu aberto"). Também tiveram que pagar impostos indiretos, o montante em dinheiro das diversas corveias, sem falar nas pesadas indenizações de guerra, em caso de revolta (aquela que se seguiu à insurreição de 1871 absorveu aproximadamente 70% do valor das terras dos cabilas[43]).

Na nova situação criada pelo abalo das estruturas econômicas e sociais, e pelo esgotamento das populações pela fiscalização e usura, as tradicionais crises ligadas ao clima – mais numerosas no século XIX que no XVIII, ao que parece

---

39   C. R. Ageron, 1968, vol. I, p. 370-372 e 383-386; A. Rey-Goldzeiguer, 1977, p. 171-172 e 484-485.
40   A. Ibn Abī-Dhiyāf, 1963-1964, vol. IV, p. 43-48, 55-56, 80-83, 144-156; L. C. Brown, 1974, p. 134-137 e 340-349; K. Chater, p. 553-560.
41   A. Ibn Abī-Dhiyāf, vol. IV, p. 203-208; J. Ganiage, 1959, p. 101-102.
42   J.-L. Miège, 1961-1963, vol. II, p. 225-243; G. Ayache, 1979, p. 97-138.
43   C. R. Ageron, 1968, vol. I, p. 249-265. Citação de Jules Ferry, p. 452.

– tomaram, desde então, proporções catastróficas. Aquelas de 1866-1869, na Tunísia e na Argélia, e de 1878-1881, no Marrocos, fizeram um corte na população e enfraqueceram, irremediavelmente, a economia e a sociedade local[44].

Os beneficiados da crise

Como alhures, aproveitadores se beneficiaram da situação que prevaleceu no Magreb da época. Primeiramente, a colônia europeia, contando na Argélia, aproximadamente 164.000 indivíduos em 1855, 245.000 em 1872 e 375.000 em 1882[45]. Na Tunísia, ela aumentou para cerca de 11.000 pessoas em 1856, 14.000 em 1870 e por volta de 19.000 em 1881[46]. Na Líbia, os efetivos continuaram fracos até os primeiros anos do século XX. Ainda que a maioria destes europeus da Argélia e da Tunísia tivesse uma condição modesta, eles também se encontravam em uma posição muito privilegiada em relação à maioria dos autóctones. Da mesma forma, uma minoria de judeus conseguiu se integrar, de uma forma ou de outra, nos circuitos capitalistas europeus e se beneficiou com o papel de intermediária entre tais circuitos e a massa dos autóctones[47]. Alguns muçulmanos, embora raros, chegaram a desempenhar este papel: agentes dos cônsules, corretores e, sobretudo, associados das casas de comércio europeias, que rapidamente buscaram se livrar da autoridade muçulmana para se colocarem sob a proteção dos cônsules europeus na Tunísia, Líbia e Marrocos[48]. Mais célebre foi o caso dos grandes servidores do Makhzen que exploraram suas funções para se enriquecer desmedidamente, favorecidos pelas turvas circunstâncias sofridas pelo país: assim, Musthafā Khaznadā, primeiro ministro tunisiano de 1837 a 1873, acumulou uma fortuna estimada, por baixo, em aproximadamente 25 milhões de francos, cuja maior parte foi depositada na França[49].

Nos campos, o poder colonial na Argélia e a autoridade enfraquecida do bei na Tunísia tiveram que se apoiar sobre certas autoridades, que exerceram uma espécie de poder "feudal" em detrimento de seus administrados, tais como

---

44 L. Valensi, 1977, p. 307 e 315; J. Poncet, 1954, p. 316-323; A. Rey-Goldzeiguer, 1977, p. 441-493.
45 C. R. Ageron, 1979, p. 118-119.
46 J. Ganiage, 1959, p. 44-45; A. Mahjoubi, 1977, p. 33, nota 84.
47 J. Ganiage, 1959, p.312-313; A. Laroui, 1977, p. 310-314.
48 Primeiros passos da questão da proteção "infiel" concedida a muçulmanos, relatados de uma maneira favorável à tal proteção em Ibn Abī-Dhiyāf, 1963-1964, vol. IV, p. 117-118; J. Ganiage, 1959, p. 181-182. Para o Marrocos, ver A. Laroui, 1977, p. 251-254 e 314-315; B. Brignon et al., 1967, p. 291 e 294.
49 J. Ganiage, 1959, p. 426-436.

Mukrānī, até sua revolta e morte em 1871, na Argélia[50], e 'Alī ibn Khalīfa, no Sudeste tunisiano, de 1840 a 1881 (antes de ele comandar a resistência contra a França nesta última data e antes de seu exílio na Líbia)[51]. Parece-nos ser da mesma ordem a ascensão de certas famílias religiosas que monopolizaram, hereditariamente, os altos cargos, fosse do islã letrado e quase oficial (sobretudo na Tunísia)[52], fosse do islã confrérico (na Argélia e no Marrocos)[53].

As vítimas da crise

As vítimas foram inúmeras a sofrer da conjunção dos múltiplos fatores já evocados: más colheitas, consequências da integração do Magreb ao mercado mundial, fiscalidade imoderada, aos quais se juntaram, no caso da Argélia, as devastações da guerra de conquista e os rigores da lei do vencedor, que implicou na monopolização de uma parte das melhores terras por uma minoria estrangeira. Disso resultou, sem tardar, a pauperização quase generalizada e a desorganização das estruturas tradicionais, conduzindo, inevitavelmente, à catástrofe econômica e demográfica, como foi o caso da crise de 1866-1869[54].

Quais foram as reações das vítimas? A princípio, a resignação "fatalista", denunciada à porfia por todos os observadores europeus das sociedades muçulmanas no século XIX: "A resignação é ainda mais forte que a cólera neste extraordinário islã", ou, antes, "nesta nova confederação dos mortos de fome", escreveu Masqueray, em 1892, a propósito dos muçulmanos da Argélia[55]. Destas disposições, como, anteriormente, da vontade de lutar, teriam aproveitado os monges maometanos locais e confrarias, raras barreiras de resistência em um mundo que partia à deriva[56]. Desde o princípio do século XIX, não sem relações com os graves acontecimentos que agitavam certas regiões do mundo desta época, e logo, o próprio Magreb, constata-se uma clara reativação da instituição confrérica: entre os plebeus darkāwa, em revolta contra a ordem turca nos primeiros anos do século XIX, entre os notáveis tijāniyya, inclinados à meditação

---

50 M. Lacheraf, 1978, p. 53-60; biografia de Mukrānī em A. Rey-Goldzeiguer, 1977, p. 775.
51 A. Kraiem, 1983, p. 145-158.
52 A. H. Green, 1978, p. 93-95. A tendência exclusivista das grandes famílias religiosas se acentuou a partir dos anos 1860 e depois, não sem relação com a crise do país e do regime.
53 Ver *infra*, notas 55 e 56 abaixo.
54 Ver *supra*, nota 43.
55 Citado por C. R. Ageron, 1968, vol. I., p. 128.
56 J. Berque, 1978, p. 423-429.

interna e ao compromisso com as autoridades (até mesmo francesas, após 1830), entre os kadirīyya e os rahmāniyya, que dirigiram, em um momento ou em outro, a luta contra o ocupante. O fenômeno foi particularmente bem observado e estudado na Argélia, onde o desmantelamento do islã letrado e citadino e, de uma forma geral, dos quadros tradicionais da sociedade teria uma vez mais feito refluir as massas muçulmanas para os *zāwiya* (santuários) e confrarias[57]. Parece-nos que, também na Tunísia do século XIX, estas últimas manifestaram uma nova vitalidade, após um longo período de relativa atonia, e que certos monges maometanos ou representantes de confrarias ganhavam um destaque particular na época[58]. Tal tendência era ainda mais clara no Marrocos, terra predileta dos *zāwiya* e das confrarias!

Na outra extremidade do Magreb, nos confins do Egito, foi fundada, em 1843, a *zāwiya* sanūsiyya, que, em cerca de sessenta anos, edificou uma verdadeira potência religiosa e política, não somente em Cirenaica, como também para muito além, no Sudão, no Saara e alhures: por volta de 1900, ela contava com até 146 filiais[59]. Embora faltassem estudos precisos sobre as relações entre a agressão europeia e o desenvolvimento marabuto e confrérico, não hesitamos em observar uma ligação de causa e efeito entre os dois fenômenos.

Outra consequência da penetração ou da conquista europeia: as revoltas se multiplicaram, ganhando cada vez mais amplitude no Magreb do século XIX. Forma elementar de resistência ou meio de sobrevivência, o ato individual de banditismo, de roubo, de incêndio ou de degradação das florestas tornou-se um fato cotidiano do campo, sobretudo nas épocas de crise (caso da Tunísia dos anos 1860)[60]. As revoltas locais também foram numerosas, não somente na Argélia, ocupada até 1881 (data da última grande insurreição das *kabīla* no Sul de Orã)[61], mas também no Marrocos e na Tunísia, onde voltaram à cena, desde 1815, após uma calmaria de mais de meio-século. Algumas, mais estendidas, mobilizaram vastas regiões, senão todo o país: levantes das *kabīla* e montanheses líbios contra os ocupantes otomanos, ao curso dos quais se ilustraram lendários heróis – Ghūma al-Mahhmūdī e 'Abdul-Djalīl – e exprimiram-se os

---

57 C. R. Ageron, 1968, vol. I, p. 293-301; Y. Turin, 1971, p. 110-115, 129-145.

58 L. C. Brown, 1974, p. 174-183; A. Ben Achour, 1977, p. 218-222; A. H. Green, 1978, p. 65-67 (ver notas 40, 41, 42, 43, 44 em particular).

59 E. E. Evans-Pritchard, 1949.

60 Informações abundantes sobre a turbulências dos campos na Correspondência dos *kā'id* (governadores de província), conservada nos Arquivos Gerais do Governo tunisiano; M. H. Chérif, 1980.

61 M. Lacheraf, 1978, p. 69-87; Atas do Colóquio ocorrido em Argel, em fevereiro de 1982, sobre o tema da resistência armada na Argélia ao longo do século XIX.

lineamentos de uma primeira consciência "árabe" na luta contra os turcos (por volta de 1835-1843)[62]; insurreição de todas as *kabīla* tunisianas, coligadas em 1864 quando o endividamento externo provocou um agravamento da fiscalidade; abrasamento da Kabilia e das regiões vizinhas na Argélia, em 1871, com a notícia do advento do regime civil – favorável aos colonos – e na ocasião da derrota da França frente à Prússia. Todas estas grandes sublevações fracassaram, tanto por causa do poder de fogo dos exércitos regulares, quanto em razão da divisão – estrutural – das *khabīla* insurgidas.

As tentativas de reformas empreendidas aqui e acolá para restaurar o equilíbrio comprometido revelaram-se completamente ineficazes: nós as estudaremos no quadro da situação dos diferentes países magrebinos.

A Argélia

Em datas variáveis, os países do Magreb caíram sob a dominação europeia direta: a Argélia, em 1830; a Tunísia, em 1881; a Líbia, em 1911 e o Marrocos, no ano seguinte. É evidente que esta diferença cronológica não resulta de simples acidentes históricos, mas, sim, da intensidade da resistência interna.

De todos os regimes magrebinos do início do século XIX, a regência de Argel conservara mais nitidamente seus caracteres alógenos, pelo menos na esfera de Argel e do governo central: este não deixava de ser o apanágio exclusivo dos turcos, que souberam manter, por muito mais tempo que em outro lugar, seus privilégios de "casta" dominante. A razão desta originalidade argelina seria encontrada na ruralidade mais acentuada do país em relação ao resto do Magreb: lá, a sociedade era mais dividida e mais segmentada que alhures; a classe "burguesa" (*baldī*), que poderia ter assimilado os conquistadores, era mais fraca; e a cultura citadina menos desenvolvida.

Poderíamos deduzir disso um certo imobilismo do regime político argelino? É pouco provável. Ao longo do século XVIII, uma espécie de oligarquia restrita, sempre turca, se consolidou em Argel, em detrimento da turbulenta milícia dos janízaros; ela recrutou o dei em seu seio e conferiu uma maior estabilidade às instituições centrais. O sentido da evolução era claro: recuo progressivo do elemento puramente militar e alógeno, em proveito da fração "política" da classe dirigente. Seu resultado foi a "revolução" de 'Alī Khūdja, que, em 1817, dominou

---

[62] Arquivos Gerais do Governo tunisiano, caixa 184, autos 1020-1023; ver, em particular, a carta de Ghūma ao bei de Túnis, datando de 10 dū l-ki'da 1271 (fim de julho de 1855), auto 1020.

a milícia e se apoiou em elementos locais *kologlu* (mestiços de turcos e árabes) e *zwāwa* (cabilas)[63]. Foi exatamente a evolução "tunisiana" ou "tripolitana", mas com um século de atraso. Nas províncias (*beylik*) do Leste ou do Oeste, as mudanças foram mais precoces: desde o século XVIII, os beis foram levados a contar com forças armadas basicamente "árabes" e a praticar uma hábil política de aliança com os notáveis locais[64]. Esta é uma das razões pelas quais a resistência à ocupação francesa nestas províncias foi mais longa e mais obstinada que em Argel e em sua região. Tais índices de evolução não impediram que o regime "argelino", em seu conjunto, conservasse, quase até o fim, seu caráter alógeno, gerador de contradições e de conflitos agudos. Graves levantamentos de origem religiosa – confrérica – sacudiram o Oeste do país, entre 1803 e 1805, e uma boa parte da Kabilia, em 1814-1815[65]. Uma espécie de reação "nacional" já se desenhava antes da conquista francesa; ela prefigurava a empreitada de 'Abd al-Kādir, logo após esta conquista.

A expedição de Argel foi decidida por razões de política interna francesa, mas não correspondia muito às exigências da economia e da sociedade da França da época: daí as flutuações e as contradições da política francesa logo após sua vitória. Pensou-se, em particular, na ocupação restrita de certas porções litorâneas em torno das principais cidades. Em função disso, o interior do país foi entregue a chefes importados (príncipes tunisianos foram propostos em 1830 e 1831), ou escolhidos após negociações com aqueles que detinham realmente o país: o bei Ahhmad de Constantina, em 1832, e, em seguida, o emir 'Abd Al-Khādir[66].

Ao contrário do seu rival de Constantina que perpetuou o sistema turco – ou *kologlu* –, aperfeiçoando-o, de 1830 a 1837[67], e dos marabutos milenaristas (Bū Ma'za, na região do Wādī Chelif, entre 1845 e 1847, o "sultão" de Wargla, um outro *mahdī* "político", no Sudeste argelino, em 1851-1853)[68], 'Abd Al-Khādir tentou fundar um verdadeiro Estado "nacional" e fazer eclodir uma certa "nacionalidade árabe" (segundo os seus próprios adversários)[69]. Nascido em 1808 em

---

63 P. Boyer, 1970*a*, p. 121-123; 1970*b*, p. 92.
64 P. Boyer, 1970*b*, p. 87-88; A. Laroui, 1970, p. 248-249.
65 P. Boyer, 1970*a*, p. 119-121; N. Saīdouni, s.d., p. 59-61.
66 No que concerne ao emir 'Abd Al-Kādir, dispomos de uma importante bibliografia; ver, por exemplo, M. Lacheraf, 1978; A. Sa'dallah, 1983, vol. II, p. 40-46; R. Gallissot, 1965; C. R. Ageron 1977, vol. I, p. 19-49.
67 A. Temini, 1978.
68 A. Rey, 1978.
69 Ver nota 65 acima.

uma família de marabutos, ele foi e permaneceu, antes de mais nada, um homem de estudos (*'ālim*) e um reformista, no sentido da época: ele pregou o retorno às fontes da fé, condição primeira da regeneração da *umma*. No estado de anarquia em que o país se encontrava mergulhado, chefes de *kabīla* e marabutos de Orã elegeram-no como chefe único da resistência, em novembro de 1832.

Por seu carisma pessoal, pela diplomacia ou pela força, 'Abd Al-Khādir conseguiu, no auge de sua potência, em 1839, unir ao seu redor as populações dos dois terços da Argélia. Por isso, na perspectiva de uma ocupação restrita, as autoridades francesas (Desmichels, em 1834; Bugeaud, em 1837) estabeleceram um acordo com ele e reconheceram sua autoridade no interior do país, em troca de sua aceitação da ocupação francesa nas regiões litorâneas. Estas autoridades francesas até mesmo prestaram-lhe ajuda, em certas ocasiões, contra seus adversários. Pouco a pouco, 'Abd Al-Kādir foi levado a conceber uma organização estatal, se não centralizada, pelo menos unificadora, inspirada, simultaneamente, nos princípios corânicos (fiscalidade, justiça) e nas realidades locais (adequação da organização "administrativa" e guerreira ao estado social do país). O que foi reconhecido pelo próprio Bugeaud, o vencedor de 'Abd Al-Khādir: "A organização do emir, baseada [...] em um perfeito conhecimento das localidades, das relações das tribos entre elas, dos interesses diversos, em uma palavra, em uma grande inteligência dos homens e das coisas, deveria, a meu ver, ser conservada". Este esboço de Estado "nacional", do mesmo modo que os sentimentos religiosos e patrióticos, intimamente ligados, aos quais fez apelo, explicam o vigor e a duração da resistência do "emir dos crentes" (de 1832 a 1847). Mas o fantástico distanciamento entre suas forças e as de seus adversários (Bugeaud mobilizou mais de cem mil soldados contra ele), a tática da terra queimada à qual recorreu este último e, sobretudo, o estado de divisão da sociedade argelina da época acabaram por vencer a resistência do indômito emir: encurralado em toda a Argélia, como no Marrocos, onde ele buscou refúgio, acabou se rendendo aos franceses no fim de 1847.

Depois de muitas hesitações e dificuldades, a sociedade e as instituições coloniais implementaram-se progressivamente. Colocada sob a alta autoridade de um governador geral, a Argélia foi dividida em "território civil", onde se instalaram os europeus e se desenvolveram as instituições francesas, e em "territórios militares", onde as populações muçulmanas foram submetidas aos poderes discricionários do exército. Sob o Segundo Império, ao mesmo tempo em que se desenvolvia a colonização capitalista, tentava-se consolidar o poder dos grandes chefes locais, a fim de buscar apoio junto a eles para a administração dos "territórios militares" (experiência do famoso "reino árabe"). Mas as boas intenções do imperador resultaram na catástrofe econômica – para a sociedade muçulmana – dos anos 1867-1869, e na debandada militar francesa de 1870[70].

Tal fato e, mais ainda, a ameaça da extensão do regime civil – equivalente ao triunfo dos colonos europeus – provocaram a grande insurreição da Kabilia e das regiões vizinhas, em 1871, conduzida por grandes "senhores feudais", como Mukrānī, e pelos quadros de certas confrarias (sobretudo os da Rahmāniyya). Violentamente aniquilada, seguiu-se à revolta a ruína material das populações concernentes (800.000 indivíduos que tiveram que pagar reparações equivalentes a mais de 70% do valor de suas terras)[71]. A partir daí começou o reinado do partido dos colonos, que correspondeu ao período mais sombrio da "noite colonial" para a população muçulmana: pauperizada, em boa parte desestruturada e aculturada, submissa a um severo regime de exceção, a sociedade autóctone podia, enfim, ser explorada a "céu aberto", em benefício da minoria europeia, praticamente a única representada nas instâncias comunais, departamentais e centrais. Os únicos que tomavam a defesa dos muçulmanos, antes de 1891, eram alguns simpatizantes da causa autóctone, agrupados basicamente na Sociedade para a Proteção dos Indígenas (fundada em 1881)[72].

A Tunísia

País mais aberto às influências externas e o mais centralizado do ponto de vista político, lhe foi possível, no início, tentar a experiência das reformas de inspiração ocidental e sofrer o mais agudo fracasso – com exceção da Argélia.

Uma "burguesia" relativamente ativa entretinha relações comerciais, em particular com o Oriente Médio, enquanto uma classe dirigente engajada no comércio exterior tratava principalmente com os negociantes europeus. A pressão desses diferentes interesses comerciais e o poder dos notáveis locais influíram rapidamente sobre o regime político, cujos caracteres militares e alógenos atenuaram-se progressivamente, à medida que se desenvolvia, desde antes do começo do século XVIII, uma espécie de "monarquia seminacional". Sem negar sua fidelidade otomana, nem renunciar à utilização dos janízaros e dos *mamlūk* (permanecendo, ambos, como pilares do edifício do bei), o regime multiplicou

---

70 A. Rey-Goldzeiguer, 1977, p. 545-547 e 686-688.
71 Ver *supra*, nota 29.
72 C. R. Ageron consagrou a esta época sua tese monumental (1968), abundantemente utilizada neste trabalho. A Sociedade para a Proteção dos Indígenas é citada no vol. I, p. 414 e seg.

suas alianças e apoios no país, de forma a ampliar seus fundamentos e assegurar a estabilidade, atingindo incontestavelmente seu apogeu na época de Hammūda Pacha, de 1782 a 1814[73].

Desde os dias que seguiram a instauração da paz na Europa, em 1815, as grandes potências cristãs exigiram e obtiveram facilmente do bei de Túnis a abolição da guerra de corso e a abertura de seu país ao comércio e às empresas dos naturais destas potências.

Já evocamos as nefastas consequências econômicas e financeiras desta abertura para o país tunisiano. Acrescentou-se a isso, ao longo dos anos 1830, a proximidade do perigo militar representado pelo Império Otomano, instalado em Trípoli desde 1835, e pela França, que entrara em Constantina em 1837. A exemplo de Muhammad 'Alī do Egito e de Mahmūd II da Turquia, o bei de Túnis, Ahmad (1837-1855), decidiu, por sua vez, contrair empréstimo da Europa. Aliás, ele fora empurrado para este caminho – por razões diferentes, mas também egoístas – pelo suserano otomano e pelos cônsules das grandes potências[74]. Ele logo empreendeu uma audaciosa política de reformas que, todavia, era precipitada, e que de nenhuma forma levou em conta as possibilidades humanas e financeiras do país. Um novo exército (*nizāmī*) foi organizado: emprestava do ocidente armas, técnicas, métodos e até detalhes do uniforme e da parada. Seus efetivos foram recrutados por meio do alistamento e seus quadros formados por uma "escola politécnica", aberta no Bardo nesta intenção. A fim de prover as necessidades deste exército, Ahmad Bey fundou manufaturas modernas de canhões, pólvoras, lençóis e sapatos. Diante dos problemas financeiros suscitados por estas novas criações, o bei empreendeu rapidamente a reformulação do antigo sistema fiscal e da organização administrativa; até mesmo um banco de emissão foi criado em um certo momento. Ultrapassando o quadro estritamente utilitário, o bei tomou certas decisões contrárias às tradições locais, se não aos ensinamentos do Alcorão: em 1846, um ano antes da Turquia e dois anos antes da França na Argélia, ele decretou a abolição da escravidão em suas províncias; primeiro chefe de Estado não europeu a ir a Europa, ele efetuou uma viagem oficial à França, em 1847. De outro lado, ele encetou uma certa "nacionalização" do Estado pela redução dos privilégios dos turcos, não só no seio do exército, mas até entre os *'ulamā'* (letrados do islã), cujos membros turcos e autóctones foram colocados em pé de igualdade; ele também fez claramente apelo ao "patriotismo dos filhos da terra".

---

73   M. H. Chérif, 1978.
74   A. Ibn Abī-Dhiyāf, 1963-1964, vol. IV. p. 9-182; L. C. Brown, 1974; K. Chater, 1984, p. 483-583.

FIGURA 17.3   Membros do nizāmī [exército] tunisiano com uniformes de estilo europeu. [Fonte: C. de Chassiron, *Aperçu pittoresque de la Régence de Tunis*, 1849. Imprimerie de Bénard, Paris. Ilustração reproduzida com a autorização da Biblioteca Nacional, Paris.]

Como vimos, o programa de reformas era ambicioso, porém não alcançou os resultados previstos: no seio do exército regular, o recrutamento, o treinamento, o equipamento e a disciplina deixaram a desejar; as manufaturas, em sua grande parte, em razão do grande custo das instalações, jamais puderam funcionar. Símbolo do fracasso da obra de Ahmad Bey, uma grande fragata, construída em uma doca seca de La Goulette, nunca pôde juntar-se ao mar, pois o canal de acesso era estreito demais. Pior ainda, estas custosas inovações esgotaram rapidamente as finanças do bei: daí o agravamento da fiscalidade, o apelo a expedientes ruinosos (setenta *arrendamentos* foram confiados ao pouco delicado, mas onipotente, Mahmūd ibn 'Ayyād, por exemplo) e, em definitivo, a impopularidade das reformas e do próprio regime[75].

É inútil demorarmo-nos sobre as razões do fracasso de Ahmad Bey, já que a mesma experiência modernizadora, engajada no Egito, na Turquia e, mais tarde,

---

75   *Ibid.*

no Marrocos, provocaria os mesmos resultados negativos. Digamos, em linhas gerais, que as reformas eram pouco adaptadas ao meio humano que elas deviam transformar: por outro lado, os países europeus avançados não tinham nenhum interesse no êxito de tais reformas, pois essas constituíam, antes de tudo, a oportunidade de frutíferos mercados para seus residentes e seus associados locais.

Quando da morte de Ahmad Bey, em 1855, o balanço de seu reinado era negativo. Se as reformas deram poucos resultados práticos (com exceção dos germes do Estado-nação e da constituição de um meio – de corte – favorável ao modernismo), elas haviam aumentado o risco de uma intervenção estrangeira e acentuado as fraquezas internas. Estas foram exploradas pelos cônsules e pelos aproveitadores europeus, bem como por seus aliados locais – judeus sob proteção estrangeira e grandes da corte, em sua maioria.

Por volta de 1856-1857, a pressão das potências europeias em prol de "reformas" se fazia mais viva. Reformas estas que deveriam preparar o terreno para o desenvolvimento de negócios propriamente capitalistas.

Sob a ameaça do exército, os cônsules ingleses e franceses fizeram com que Muhammad Bey, sucessor de Ahmad Bey, adotasse o Pacto Fundamental ou 'ahd al-amān, aos 10 de setembro de 1857: além da afirmação geral da segurança da vida e dos bens dos habitantes da regência, este texto outorgava, sobretudo, direitos e garantias às minorias não muçulmanas (dentre os quais os direitos à propriedade e ao livre exercício de qualquer função), além de proclamar a liberdade do comércio[76]. O Pacto só foi um preâmbulo para uma constituição mais detalhada, que seria rapidamente elaborada e aplicada, aos 24 de abril de 1861. Primeira de seu gênero no mundo arabo-muçulmano, ela estabelecia o princípio da separação dos poderes executivo, legislativo e judiciário, portanto, um regime constitucional. Por outro lado, Túnis foi dotada de um conselho municipal em 1858; ministérios e administrações foram reorganizados e uma gráfica foi criada – para publicar, notadamente, um hebdomadário[77].

Inadaptadas à sociedade e ao comportamento da época, além de ser de inspiração estrangeira, estas reformas, como supomos, conheceram a sorte daquelas que as precederam do tempo de Ahmad Bey. Elas foram acompanhadas de uma maior abertura do país às empresas europeias. As trocas externas tomaram um grande impulso; as importações do Estado tunisiano – asseguradas do lado francês pela casa Rothschild – se multiplicaram; os ingleses obtiveram a concessão de terras, o direito de estabelecer um banco preferencial, aquele de construir

---

76 A. Ibn Abī-Dhiyāf, 1963-1964, vol. IV, p. 240-244.
77 J. Ganiage, 1959, p. 76-88.

uma via ferroviária (empresas que periclitariam rapidamente). Os franceses se encarregavam do fornecimento de material militar e obtinham a adjudicação de importantes obras já evocadas[78]. As despesas da regência aumentavam perigosamente, ao passo que seus rendimentos se encontravam reduzidos pelo abandono dos monopólios (uma das cláusulas do Pacto Fundamental) e pelos privilégios concedidos aos europeus: logo caiu no endividamento. A fim de enfrentar as despesas correntes e o reembolso dos empréstimos, o bei decidiu dobrar a taxa do imposto de capitação, no final do ano de 1863.

Este foi o sinal da insurreição de 1864, que reagrupou praticamente todas as *kābīla* e uma parte dos camponeses sedentários, ligados contra o abuso fiscal e a funesta política de reformas. Durante três a quatro meses, os insurgidos mostraram uma bela disciplina em sua ação contra o *beylik* e seus agentes: mas, as promessas do bei e as intrigas de sua corte logo venceram a unidade e a determinação dos revoltados: uma após a outra, as *kābīla* depuseram as armas e as regiões sedentárias sofreram uma severa repressão, após o que elas não mais deveriam se reerguer[79].

Pelo fato de o país conhecer uma série de más colheitas, de 1866 a 1870, e mesmo um terrível período de fome, acompanhado de uma epidemia de cólera, em 1867, a situação financeira do *beylik* tornou-se ainda mais precária. A bancarrota era inevitável. Aos 5 de julho de 1869, uma comissão financeira internacional havia se instalado em Túnis, a fim de exercer seu controle sobre os rendimentos do *beylik* e de assegurar o reembolso da dívida pública (aproximadamente 6 milhões e meio de francos por ano)[80].

Medidas draconianas permitiram melhorar um pouco a situação, ainda mais porque a França, principal potência interessada na ocupação da Tunísia, perdera muito de seu prestígio após a derrota de 1870. Em 1873, o venal Mustafā Khaznadār, no governo desde 1837, foi descartado em benefício de Khayr al-Dīn, homem de Estado íntegro e clarividente[81]. Por medidas concretas e voluntariamente limitadas, ele tentou reanimar a vida econômica e, sobretudo, agrícola, melhor regulamentar e moralizar a administração, e promover um ensino moderno (deve-se a ele, em particular, a fundação do colégio Sādikī, que desempenharia um grande papel na vida cultural e, até mesmo, política da Tunísia colonizada). Por outro lado, ele se serviu de uma boa conjuntura agrícola,

---

78 Ver *supra*, nota 23.
79 J. Ganiage, 1959, p. 267-270; B. Slama, 1967.
80 Ver *supra*, nota 27.
81 V. M. Bayram, 1885, vol. II, p. 46-93; G. S. Van Kriecken, 1976, p. 161-272.

de 1873 a 1875. Porém, a volta das vacas magras e o restabelecimento do crédito francês na Tunísia, a partir de 1876, criaram-lhe cada vez mais dificuldades, até sua queda, em julho de 1877. Imediatamente, houve a volta à incompetência e à trama, além do retorno ao desastre: nada é mais sintomático desta triste época que o sucesso político do antigo favorito do bei, Mustafā ibn Ismāʿīl, o todo-poderoso, até a entrada das tropas francesas na Tunísia e a assinatura do tratado de protetorado, imposto ao bei aos 12 de maio de 1881[82].

A Líbia

Antes de 1880, a mais desértica e saariana parte do Magreb, a Líbia, província otomana, excitou menos as cobiças europeias e, portanto, preservou por muito tempo características e vida econômica próprias: a prova disso foi a vitalidade do comércio das caravanas, aproximadamente até 1903 (Trípoli) e mesmo até 1911 (Benghazi).

Por volta de 1800, a Líbia compreendia uma verdadeira cidade, Trípoli, algumas outras cidades costeiras, dentre as quais Benghazi e Darna, e alguns centros nos oásis (Ghadāmes, Murzuk e Awdjīla). Apenas um punhado de camponeses (*hawāra*) cultivava as poucas terras aráveis de Misrata, em Zwara, ao passo que a esmagadora maioria dos habitantes praticava o nomadismo pelo interior. Este era praticado, fosse pelos criadores de carneiro, em curtos percursos bastante regulares (*ʿurūba*), fosse pelos cameleiros, às vezes por vastos percursos muito irregulares (*bawādi*).

As coletividades mais potentes eram, paradoxalmente, aquelas que viviam mais distante no deserto. Em qualquer época, o governo do país, estabelecido em Trípoli, devia estabelecer um compromisso com as potências do deserto para que a paz reinasse. Na costa, até 1815, o grande comércio, o comércio regional, o artesanato e a guerra de corso alimentaram as cidades e sua burguesia de grandes famílias militares (*karāghla*), comerciantes (*tudjdjār*) ou letrados religiosos (*ʿulamāʾ*), que, desde 1710, formavam os pilares de sustentação da dinastia local kāramānli[83].

Após uma luta particularmente obstinada pelo poder, a dinastia se restabeleceu sob o reinado de Yūsuf Kāramānlī, a partir de 1794. Este reanimou o comércio transaariano e relançou a guerra de corso, o que levou a uma guerra

---

82   V. M. Bayram, 1885, vol. II, p. 97-115; J. Ganiage, 1959, p. 476-491.
83   A. Barbar, 1980, p. 33-43 e 96-121.

com os Estados Unidos da América, de 1801 a 1805[84]. Porém, Yūsuf triunfou. Por outro lado, a interdição da guerra de corso decretada pelas potências europeias em 1815 e a pressão naval que a acompanhou criaram dificuldades de tesouraria. A arrecadação de impostos que se seguiu gerou resistências que, finalmente, levariam à abdicação de Yūsuf, em 1832[85]. No início de seu reinado, duas coligações de nômades, dirigidas respectivamente pelos Mahamid (*'urūba*) e pelos Awlād Sulaymān (*bawādi*), contestaram a extensão do poder central em Tripolitânia, sobretudo após terem ocupado os centros de Fezzān, em 1804. Mas, graças aos meghara, dirigindo uma coligação de nômades aliados aos Kāramānlī, esta resistência foi quebrada desde 1812, e os futuros chefes das duas coligações, Ghūma e 'Abd al-Djalīl, foram levados a julgamento. Contudo, desde 1830, aproveitando a crise do poder, eles retomaram a frente dos Mahamid e dos Awlād Sulayman, tornaram-se independentes e, quando a dinastia desapareceu, em 1835, dominavam o Fezzān e a Tripolitânia até Benghazi[86].

A crise do poder foi resolvida pela retomada do controle direto da Líbia pela Porta. Esta transferência imediatamente favoreceu a burguesia, sobretudo *karāghla*, que se beneficiou notadamente de alívios fiscais, sendo que as novas autoridades necessitavam de seu apoio[87]. Os otomanos, com efeito, tiveram de lutar contra as coligações de nômades. As operações militares destes últimos revelar-se-iam vãs. Finalmente, os turcos conseguiram se aliar a um outro bloco nômade *'urūba*, aquele de Tarhuna e, sobretudo, a semear a discórdia e a desconfiança entre Ghūma e 'Abd al-Djalīl. Em 1842, os Awlād Sulaymān foram vencidos definitivamente e rechaçados para o Chade. Os Mahamid, por sua vez, enfraquecidos pela fome de 1856, foram dominados após a morte de Ghūma, em 1858[88]. Desde então, os otomanos governaram toda a Tripolitânia e parte do Fezzān. Neste intervalo, uma situação análoga se desenvolvia em Barka (Cirenaica), onde, em 1843, a Ordem da Sanūsiyya, fraternidade religiosa que visava conduzir os habitantes à verdadeira fé e converter os tubu, fora criada. A Ordem logo ocupou um posto privilegiado graças à grande rota de caravanas que conseguiu organizar de Barkha ao Wadaī e, sobretudo, à eficácia de sua arbitragem

---

84 K. Folayan, 1972.
85 E. Rossi, 1968, p. 259-294.
86 D. D. Cordell, 1972, p. 12-21; G. F. Lyon, 1821, p.54-56; G. Nachtigal, 1967, vol. I, p. 19-22.
87 A. Barbar, 1980, p. 25.
88 A. J. Cachia, 1975, p. 30-36; N. Slousch, 1908; D. D. Cordell, 1972, p. 21-27; E. Rossi, 1968, p. 297-312.

FIGURA 17.4   O túmulo de Muhammad ben 'Alī al-Sanūsi, fundador da Sanūsiyya. [Fonte: E. E. Evans-Pritchard, *The Sanusiya of Cyrenaica*, 1949, Oxford University Press, Oxford. © Oxford University Press.]

entre coletividades nômades. Desde 1856, os otomanos trataram com a Ordem, que serviu de intermediária entre os primeiros e a população nômade[89].

Por fim, tendo sido forçados a estabelecer sua autoridade direta ou indireta, os otomanos puderam, após 1860, começar a introduzir seus *tanzīmāt*. Contudo timidamente, pois sua autoridade continuava a ser contestada no Fezzān e em Ghāt pelos tuaregues, além de ser preciso poupar a burguesia urbana, de forma a garantir o apoio de pelo menos um de seus componentes para cada reforma. Progressivamente foram tomadas medidas para introduzir reformas judiciárias (a partir de 1865), escolas (1869), um governo municipal (1872), uma reorganização administrativa (1864, 1875), hospitais e um mercado central (1880). A partir de 1870, também foram criados centros de distribuição de alimentos para épocas de escassez. Houve terríveis períodos de fome em 1870-1871, 1881-1889, 1892, 1897, 1907, 1908 e 1910. Esta última medida foi a única que beneficiou à massa (*al-'āmma*). As outras reformas apenas beneficiaram à burguesia, sobretudo comerciante, e só fizeram agravar os encargos fiscais do povo.

---

89   A. Barbar, 1980, p. 121-127; D. D. Cordell, 1977; E. E. Evans-Pritchard, 1949; N. Ziadeh, 1958.

Seus efeitos sociais e econômicos continuaram, entretanto, assaz limitados. Não obstante a importação crescente de produtos europeus após 1850, a economia permanecia sadia. A indústria local resistia bem à concorrência e as exportações de alfa permitiam preservar o equilíbrio orçamental[90].

Contudo, a penúria de 1881 a 1889 foi o primeiro sinal de profundas mutações. As exportações diminuíram. Ademais, os cursos da alfa desmoronaram; as importações de víveres aumentaram e, a partir de 1892, a balança comercial se encontrou em *déficit*. Este tomou grandes proporções e tornou-se permanente após 1897, data a partir da qual as necessidades alimentares das massas se transformaram. O chá, o açúcar, a farinha e o tabaco importados eram consumidos em grandes quantidades. Em seguida, foram os rendimentos do comércio saariano que passaram a faltar. O tráfico do Bornu esgotou a partir de 1895 e o de Kano em 1903[91]. Também em Barkha, a Sanūsiyya encontrava-se em dificuldades. A partir de 1901, sua atividade militar no Chade a enfraqueceu. A Ordem tornou-se grande proprietária fundiária, desde 1902, para compensar as perdas previstas do tráfico transaariano, o que desuniu uma parte de seus partidários. Enfim, ela não se defendeu bem contra ordens concorrentes que faziam proselitismo nestas regiões. Por volta de 1911, os estabelecimentos da Sanūsiyya eram menos numerosos que em 1853[92]. Nestas circunstâncias, as ricas empresas europeias, instaladas em Trípoli e Benghazi, articularam seus esforços para ocupar um posto privilegiado. A sociedade encontrava-se em profunda mutação e antigos equilíbrios eram rompidos. Esta situação desembocou diretamente na tentativa de conquista italiana de 1911 e na guerra de 1911 a 1932[93].

O comércio transaariano

No início do século XIX, o comércio transaariano estava ainda florescendo, fosse no Oeste (de Tombuctu ao Tafilālet, e de Goulimine a Taoudeni) ou no centro (de Túnis e Trípoli a G̲h̲adāmes), e as exportações do Sudão sempre diziam respeito a escravos e ouro. No entanto, por volta dos anos 1840, as pistas ocidentais enfraqueceram, ao passo que as do Saara Central floresceram,

---

90 A. Barbar, 1980, p. 25-33, 54-63 e 71-80; A. J. Cachia, 1975, p. 36-42, 68-93 e 125-133; E. Rossi, 1968, p. 312-352.
91 A. Barbar, 1980, p. 139-144.
92 *Ibid.*, p. 128-131.
93 *Ibid.*, p. 139-182.

FIGURA 17.5 Mulheres da alta sociedade argelina servidas por uma escrava negra. [Fonte: quadro de Eugéne Delacroix no Louvre, *Femmes d'Alger dans leur appartement*. Reproduzido com a autorização dos Museus nacionais franceses.]

sobretudo no traçado Trípoli-Kano e Trípoli-Bornu. Ademais, uma nova ligação direta entre Wadaī e Barka, descoberta em 1809-1810, se tornou uma grande rota de caravanas após 1850[94]. Durante a segunda metade do século, a exportação de escravos diminuiu lentamente, ainda que, na rota de Bornu, se tivesse mantido por mais tempo, e que, na de Wadaī, este tráfico tivesse aumentado e permanecido em alta, mesmo depois de 1900[95]. As exportações de marfim, bastante estáveis, atingiram seu ápice por volta de 1877. Porém, em primeiro lugar, foi a exportação de plumas de avestruz, sobretudo de 1878 a 1883, e, em seguida, a dos couros (notadamente de peles de cabra) que tomaram o lugar do comércio de escravos. Acrescentaram-se a essas exportações os tecidos tingidos

---

94 Sobre esta questão, ver C. W. Newbury, 1966; J.-L. Miège, 1961-1963, vol. III, p. 371-447; M. Johnson, 1976*a*; D. D. Cordell, 1977*a*; S. Baier, 1977; S. Baier, 1974.
95 D. D. Cordell, 1977*a*, p. 35.

de índigo do país haussa, um pouco de ouro e alguns produtos diversos. De Norte a Sul importava-se sobretudo tecidos de algodão ingleses. Desde 1860, tais produtos representavam cerca de 70% do valor das importações. Vestimentas norte-africanas de lã da Tripolitânia, tecidos (lãs, tapetes) austro-húngaros, quinquilharias, medicamentos, objetos de culto, perfumes, joias, sedas, pérolas e, sobretudo, armas e munições completavam as importações. Além disso, era constante a demanda pelo sal do Saara, pelas tâmaras dos oásis e pelos cereais do Sahel[96].

O comércio apenas entrou em declínio quando a navegação no Atlântico e os transportes por vias terrestres (estradas de ferro) da África Ocidental puderam com ele competir de forma vantajosa. Os desenvolvimentos políticos desempenharam um papel, certamente de segundo plano, porém importante. As fortunas do Wadaī explicam a importância da rota Wadaī-Barka desde 1850. A partir de 1895, o tráfico Trípoli-Bornu sofreu as operações de Rābah e as perturbações causadas em parte pelas conquistas francesas na África Ocidental tiveram numerosas repercussões. Todavia, o comércio declinou irremediavelmente desde 1903, quando as caravanas se tornaram mais caras que a combinação trilho-navio[97]. No Leste, o isolamento do Wadaī e de Barka garantiu sua sobrevivência até 1911, mesmo após a retomada do Sudão pelos ingleses em 1898 – sem dúvida, por causa do bloqueio do Dārfūr. Portanto, foi depois de 1900 que se deslocou o mundo saariano tradicional, pouco antes da derradeira invasão dos últimos grandes territórios ainda não colonizados.

Conclusão

Com um maior ou menor grau de atraso e de violência, os diferentes países do Magreb sofreram o mesmo processo que os conduziu da autonomia à dependência. É, pois, inútil buscar a responsabilidade desta falha na esfera local, nos erros de tal dirigente ou na ausência de escrúpulos de tal agente europeu. Um fator único externo – a expansão capitalista ocidental – selou a sorte do Magreb, como o fez, aliás, no resto do mundo não europeu. Esta expansão representa um "movimento irreversível [que] leva as grandes nações à conquista das novas terras", a "manifestação imperiosa, a lei fatal de um estado econômico comum

---

96 Ver nota 93 e A. Barbar, 1980, p. 64-76.
97 A. Barbar, 1980, p. 140, fornece estimativas.

à Europa inteira", disse um dos promotores da colonização, Jules Ferry, aproximadamente em 1885[98].

Porém, talvez tenha sido em razão de certas condições locais, um acidente histórico, no caso da Argélia, que fortes diferenças ocorreram no desenrolar do processo de dependência e que divergências apareceram quanto a suas modalidades e a reações dos diferentes países do Magreb. Esmagada militarmente antes mesmo da metade do século, a Argélia sofreu a mais forte e traumatizante agressão para sua sociedade e sua cultura tradicionais. Penetrada progressivamente, no ritmo da evolução do próprio capitalismo, a Tunísia tentou reagir através de uma certa política de reformas de inspiração modernista: não obstante ineficaz ou ruinosa a curto prazo, esta política lançou germes fecundos para o futuro: nascimento de uma elite modernista, primeiros passos rumo à criação de um Estado-Nação etc. A Líbia, recolocada sob a autoridade direta da Turquia em 1835, ficou assim protegida, por muito mais tempo, das cobiças europeias, como também em razão de sua pobreza e de seu afastamento. Tais condições particulares, vividas pelos países magrebinos no século XIX, prolongar-se-ão na época colonial e mesmo para além dela? De nossa parte, não duvidamos disso.

---

[98] Citado por L. Bergeron, 1968, vol. VIII, p. 319.

CAPÍTULO 18

O Marrocos do início do século XIX até 1880

Abdallah Laroui

Após o reinado longo e glorioso de Mūlāy Ismāī'l (1672-1727), o Marrocos viveu um período de anarquia que arruinou sua economia, desequilibrou sua estrutura social e destruiu seu exército. O sultão Muhammad III (1757-1790) retomou pouco a pouco o controle da situação e edificou as bases do Marrocos "moderno" que seu filho Sulaymān (1792-1822) consolidou. Ele deu ao Makhzen (governo) um aspecto mais conforme com a *sharī 'a* (lei islâmica) e uma base mais claramente urbana. Administrou diretamente o Haouz e o Dir, regiões de agricultores e arboricultores sedentários, assim como o Gharb, região pantanosa favorável à agricultura extensiva e, indiretamente, por intermédio dos grandes *kā'id* (chefes de *kabīla*) e *shaykh* de *zāwiya* (mestres de confrarias religiosas), as terras montanhosas e desérticas, distinguindo deste modo um domínio de soberania e um outro, de suserania, que respectivamente eram chamados de *Bilād al-Makhzen* e *Bilād al-Sibā*, todavia em uma oposição por demais sistemática.

O Marrocos foi então reorganizado sobre uma base restrita. Alguns grupos que se aproveitavam dos privilégios do Makhzen foram descartados; eles naturalmente tentaram recuperar suas posições recorrendo à revolta, se necessário. A Europa do Congresso de Viena, consciente de sua jovem potência, fez sentir sua pressão, sobretudo após a tomada de Argel pelos franceses em 1830. O Makhzen teve que resolver dois problemas simultaneamente: reforçar-se para

FIGURA 18.1   O sultão 'Abd al-Rahmān (1822-1859) em 1832. [Fonte: quadro de Eugène Delacroix, museu de Toulouse. Fotografia: Jean Dieuzaide, Toulouse © Musée des Augustin, Toulouse.]

se opor ao perigo exterior, por um lado, e expandir sua base territorial e política, por outro. Esta dupla reforma teve que enfrentar as manobras coloniais e contradições internas. Por fim, o objetivo essencial, escapar ao controle estrangeiro, não foi atingido, apesar da forte personalidade do sultão 'Abd al-Rahmān (1822--1859), da inteligência de Muhammad IV (1859-1873) e do prestígio de Hasan

I (1873-1894), embora, em 1880, o Marrocos apresentasse ainda uma fachada de Estado estável. Mas o grande resultado daquele período, marcado pelo aumento da pressão europeia e por uma política de reformas ativa, foi, sem dúvida, a consolidação de um espírito comunitário marroquino, tradicionalista e sombrio, o qual deu ao Marrocos uma situação específica no Noroeste da África.

A estrutura político-social

O fato político notável no Marrocos do século XIX foi a *bay'a* (contrato de investidura), conscientemente calcada sobre aquela pela qual o profeta Muhammad (Maomé) fundou, em Medina, a primeira comunidade política islâmica, e a qual o Marrocos foi o único a manter em sua pureza original[1]. Contrato escrito, ligando o sultão e os diferentes grupos da população, e processo de legitimação da autoridade política que não tem mais a força como único fundamento, a *bay'a* consolidou, entre os marroquinos, o sentimento de pertencer a uma comunidade estatal intangível superando as peripécias políticas e militares. A cada mudança de reinado, os chefes do exército, os representantes das ordens urbanas, os *kā'id* e os *shaykh* de *zāwiya* enviavam à corte seus juramentos de fidelidade. Escritos mais ou menos sobre o mesmo modelo, estes juramentos definiam os direitos e deveres do sultão e da população. O dever do primeiro era duplo: defender o território[2] contra o inimigo externo e manter a paz no interior. Em contrapartida, a população lhe devia submissão completa enquanto ele não transgredisse as prescrições islâmicas e os direitos costumeiros, obedecendo as ordens do Makhzen, pagando os imposto legais, fornecendo os contingentes armados em tempos de paz e voluntariando-se em tempos de guerra. Aí está, aliás, a fórmula ritual da *bay'a* da população de Rabat, dirigida a 'Abd al-Rahmān:

> Prestamos juramento diante de Deus e de seus anjos de escutar e executar as ordens do imame no campo do que é lícito e de acordo com as nossas possibilidades [...],

---

1   A. Ibn Zaīdān, 1961-1962, vol. 1, p. 8-35.
2   Ao contrário de uma ideia pré-concebida, o território marroquino foi claramente definido a partir do século XVI. As guerras travadas pelos soberanos saaditas e alauitas contra os turcos de Argel levaram a uma fronteira reconhecida por ambas as partes. No Saara, a soberania xerifiana se estendia até o oásis no qual os habitantes sedentários tinham assinado a *bay'a* e nos limites das áreas de pastagens dos grupos nômades que também a haviam assinado. Durante o século XIX, as diligências dos sultões junto às potências europeias comprovam que o Makhzen tinha uma ideia precisa do território marroquino.

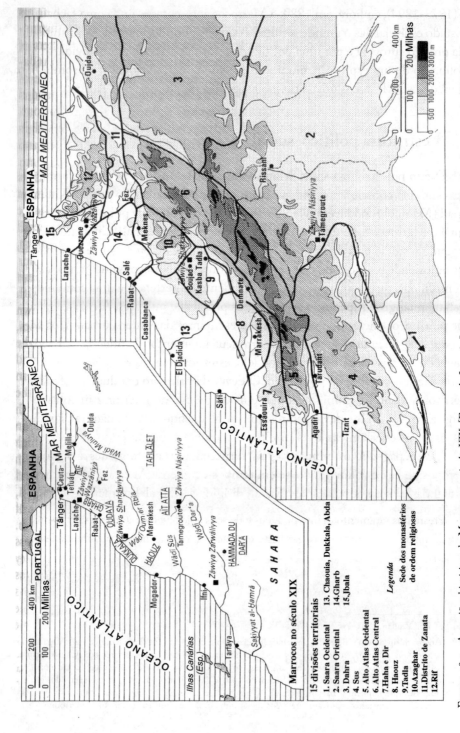

FIGURA 18.2 As regiões históricas do Marrocos no século XIX. [Fonte: A. Laroui, *Les origines sociales et culturelles du nationalisme marocain*, 1977, Maspero, Paris.]

negócio feito, nós obedecemos como Deus nos mandou, e o sultão respeita nossos direitos e aqueles de todos seus outros súditos como Deus o prescreveu[3].

Para cumprir seus deveres, o sultão dispunha de um Ma<u>kh</u>zen composto essencialmente de um exército e de uma burocracia.

Até a reforma militar posterior em 1844, o exército marroquino englobava três grupos de origem e eficácia diferentes: de um lado, os *bwa<u>kh</u>er* (clássico: *'abīd al-Bu<u>kh</u>ārī*), representavam algumas centenas de escravos-soldados que restaram dos 50.000 que formaram a guarda negra do Mūlāy Ismā'īl; de outro lado, o *gī<u>sh</u>* (clássico: *jaī<u>sh</u>*), cujo número total não ultrapassava 9.000, era composto de contingentes fornecidos por algumas comunidades (Cheraga, Oulad Jami', Oudaya, Cherarda) que exploravam em usufruto as terras da coroa e que estavam acantonados ao redor de Fez, no século XIX, assim como na periferia de Rabat e de Larache; em fim, os *nuaib* (clássico: *nawa'ib*, plural de *nā'iba*) eram os contingentes ocasionais que as outras comunidades, particularmente aquelas do Haouz e do Dir, forneciam ao apelo do soberano. Tal como o havia concebido Muhammad III, este exército era uma força de polícia destinada a manter a ordem interna. Esta é a razão pela qual, após a derrota do Isly diante da França, foram criados os *'askarī*, tropas treinadas à moda europeia[4].

A burocracia era composta por vizires e secretários da chancelaria (*kuttāb*), agrupados em escritórios denominados, no linguajar marroquino, de *banīka*. Ela continuou a tradição andaluza, mantida pelo ensino oferecido na Universidade da Karawiyyīn em Fez, e um sistema elaborado de cooptação. Vários vizires e secretários eram, assim, de origem andaluza. A partir da metade do século XIX apareceu um novo tipo de funcionários do Ma<u>kh</u>zen, na sequência das necessidades originadas pela ampliação das relações com a Europa. Tratava-se dos *'umanā* (plural de *amīn*, inspetor de alfândega) e dos *talaba* (plural de *tālib*, estudante avançado), menos versados em retórica e em história, mas mais familiarizados com as línguas europeias e com os problemas financeiros[5].

O Estado marroquino, o qual fora fundado sobre a ortodoxia islâmica, tinha legalmente como recursos as receitas da coroa, a *zakāt*, imposto calculado sobre o capital comercial e os produtos agrícolas, e que devia ser gasto com fins determinados e as taxas sobre o comércio exterior; todos os demais recursos fiscais, incluindo o dízimo (*'ushūr*), forma alterada do <u>kh</u>*arādj*, eram de uma legalidade

---

3   A. Ibn Zaīdān, 1929-1933, vol. V, p. 9-15.
4   J. Erckmann, 1885. Ver também o artigo *gī<u>sh</u>* na *Enciclopédia do Islã*, vol. II, p. 1079-1080.
5   A. Ibn Zaīdān, 1961-1962, vol. I, p. 46 e seguintes.

duvidosa⁶. O sultão, tendo as mãos atadas no campo fiscal, era obrigado a limitar suas despesas ao estrito mínimo. Muhammad III se contentava com as receitas da alfândega, da *zakāt* do Haouz e com as fazendas da Coroa (*'azīb*). Mantivera contudo uma taxa sobre os tecidos importados, o couro e o enxofre. Instituiu em seguida, após ter obtido a autorização de alguns *'ulamā'*, um direito de entrada e uma taxa sobre os mercados, bem como sobre os pesos e as medidas⁷. Os mercadores e artesãos suportaram-nas muito mal e obrigaram o sultão Sulaymān a suprimi-las. Para compensar as perdas do Tesouro, agravadas por sua decisão de desencorajar o comércio com a Europa, o soberano multiplicou viagens às áreas rurais para tirar o máximo da *zakāt* e do dízimo, o que não deixou de causar um vivo descontentamento entre as populações rurais. Seu sucessor, 'Abd al-Rahmān, teve que reinstituir, em 1850, uma taxa sobre os couros e depois uma outra sobre o gado vendido nos mercados. Em 1860, o Marrocos, derrotado pela Espanha, teve que pagar uma indenização de 100 milhões de francos, o que equivalia a vinte vezes o orçamento marroquino da época⁸. Uma reforma fiscal se impunha. Apesar do apelo urgente do sultão Muhammad IV, os *'ulamā'* se agarravam todavia ao ponto de vista ortodoxo⁹. O problema fiscal permaneceu no centro da história marroquina ao longo do século XIX e nunca foi resolvido de maneira satisfatória. A experiência fazia o Makhzen limitar suas responsabilidades para manter as despesas no nível dos recursos disponíveis, muito mais que aumentar estas para atingir os objetivos desejáveis. Ora, a pressão europeia fazia-se mais forte, e reformas globais tornavam-se cada vez mais urgentes; não era mais o caso de se contentar com o possível.

Entre o exército e a burocracia, de um lado, e as populações urbanas e rurais, do outro, se intercalavam as corporações intermediárias que, embora gozando de alguma autonomia, faziam parte do Makhzen num sentido mais amplo¹⁰. Porta-voz dos grupos sociais ou regionais, eles defendiam vigorosamente os direitos

---

6   O *kharādj* se justifica no direito islâmico pela conquista. Ora, a maioria dos *'ulamā'* estima que os habitantes do Marrocos abraçaram o islã livremente. Ver o artigo *darība* na *Enciclopédia do Islã*, vol. II, p. 147-150.

7   A. al-Nāsirī, 1954-1956, t. IX, p. 61. Estima-se que estas diferentes taxas rendiam 3 milhões de francos, o que era suficiente para pagar as despesas do exército e da burocracia.

8   J.-L. Miège, 1961-1963, vol. II, p. 362.

9   M. Dāwud, 1956-1970, vol. V, p. 97-99.

10 Existe uma diferença entre o Makhzen *stricto sensu* que é o governo e o Makhzen em um sentido mais amplo de elite política e religiosa do país. É este último sentido que se compreende quando se fala de makhzanīya e de famílias makhzen.

costumeiros em relação ao sultão; responsáveis diante deste, ele aplicavam as ordens do Makhzen levando em conta os usos locais.

A classe do clero era formada pelos *'ulamā'* professores, os *kādī*, os *muftī*, os *nādhir*, os *habū* (administradores das fundações pias) e os *muhtasib* (encarregados dos mercados). Esta administração, essencialmente urbana e aplicando estritamente as prescrições da *sharī'a*, estava teoricamente sob a supervisão do sultão-imame, mas gozava de uma autonomia inegável[11]. O soberano não podia reformar nem o conteúdo nem a forma do ensino, privilégio da Karawiyyīn; ele não podia ser indiferente à opinião dos outros *'ulamā'* quando da nomeação dos responsáveis aos cargos que acabam de ser mencionados; ele não podia nem desviar em seu proveito as receitas dos *habū* nem contradizer os decretos do *muhtasib*. Pelo fato de a *sharī'a*, verdadeira constituição da vida social, estar sob a guarda dos *'ulamā'*, qualquer tentativa de mudá-la abertamente estava excluída, mesmo da parte do sultão[12].

Os *shurafā'* (*shārīf*), descendentes diretos do profeta Muhammad, formavam uma espécie de aristocracia religiosa, espalhada por todas as cidades e áreas rurais do Marrocos. Por três vezes, sob os sultões Ismā'īl, Muhammad III e Sulaymān, os *shurafā'* foram recenseados, porque gozavam de um estatuto legal e de um prestígio social especiais[13]. Eles tinham o privilégio de serem julgados por seus *nakib* (síndicos). Como herdeiros do fundador do Estado islâmico, eles tinham um direito sobre o Tesouro público e, a este título, estavam isentos de várias taxas e recebiam numerosos presentes do sultão[14]. Como descendentes do enviado de Deus, eles eram acreditados, pela crença popular, donos de uma certa benção (*baraka*), adormecida a maior parte do tempo, mas podendo se transformar, em circunstâncias favoráveis, em poder sobrenatural. Daí seu papel de taumaturgos e de árbitros, serviços retribuídos, e aos quais o próprio sultão não deixava de recorrer em caso de necessidade.

Os *zāwiya*, agremiações sociais com fundamento religioso, tomaram no Marrocos do século XIX várias formas das quais duas eram da mais alta importância: de um lado, a *zāwiya*-confraria, tal como a Tijāniyya ou a Darkāwiyya, ligava através de uma série de grêmios urbanos e monastérios rurais os indivíduos sem distinção de condição social, riqueza, ocupação ou origem étnica, e tinha deste

---

11 Distinguem-se as obrigações da *sharī'a* daquelas do Makhzen. Ver M. b. Ja'afar al-Kattānī, 1899, vol. III, p. 5.
12 A. Ibn Zaīdān, 1961-1962, vol. II, p. 163-188.
13 E. Lévi-Provençal, 1922.
14 Al-Mahdī al-Wazzānī, 1900, vol. II, p. 92.

modo um papel primordial na integração horizontal; do outro lado, a *zāwiya*--principado, cujo chefe recebia uma delegação quase geral de autoridade sobre seu feudo, como a Wazzāniyya no Norte, a Sharkāwiyya no Tadla, a Nāsiriyya no Sudoeste e a Zarwāliyya no Anti-Atlas. Cada *zāwiya* tentava ser uma e outra ao mesmo tempo, e às vezes conseguia, como a Nāsiriyya; ela podia tomar uma outra forma, mas, de todos os modos, era uma escola de disciplina social e uma intermediária da autoridade do Makhzen, apesar de uma aparente independência[15]. Este papel se manifestava sobretudo nas cidades onde *zāwiya* e corporação (*hinta*) tinham os mesmos membros e buscavam os mesmos objetivos.

Os chefes de *kabīla* tinham uma condição extremamente variável. Para o Makhzen, a *kabīla* era uma noção essencialmente administrativa e fiscal, e se aplicava tanto a uma região (Dukkala) ou a um cantão montanhês (Beni Ouriaghel), como a uma confederação nômade (Aït Atta), ou a uma comunidade transplantada de soldados-pastores (Cherarda). Em cada caso, a autoridade era delegada a um *kā'id* nomeado por um *dahīr* (decreto) após a anuência de seus contribuintes. O *kā'id* era tanto representante do sultão como porta-voz de seus administrados, um de seus dois papéis dominando inevitavelmente de acordo com a distância do poder central e a riqueza das terras. Diante deste *kā'id* havia em todas as circunstâncias o *'āmel* (governador), o qual recebia os impostos e conduzia os contingentes armados. Em certos casos favoráveis, o mesmo homem podia acumular as duas funções, mas elas continuavam distintas. Formavam-se famílias de *kā'id* – duas por *kabīla*, uma apoiando o Makhzen, a outra os interesses locais – que, no poder ou na aposentadoria, faziam parte da elite administrativa do país[16].

Estas corporações intermediárias, urbanas e rurais, baseadas no indivíduo ou no grupo agnático, eram, em última análise, as engrenagens da administração sultânica. Os *'ulamā'*, ao defender a *sharī'a*, consolidavam a legitimidade do sultão-imame, pois o islã é antes de tudo uma comunidade política. Os *shurafā'* serviam de mediadores em caso de problemas, sérios ou passageiros, entre o poder central e os chefes locais. Os *shaykh* de *zāwiya* administravam em nome do sultão as regiões longínquas e pouco produtivas ou mantinham a paz nos territórios estratégicos[17]. No caso em que a *zāwiya* se opunha ao soberano por

---

15 E. Michaux-Bellaire, 1921.

16 O livro clássico de R. Montagne, 1930, deve ser lido com um espírito crítico, já que os próprios documentos do Makhzen nos obrigam a ter nuances sobre muitas ideias pré-concebidas sobre o conceito de *kabīla*.

17 A. G. P. Martin, 1923 (sobre o papel da *zāwiya wazzāniyya zāwiya* no Tūwāt). P. Durant, 1930, p. 65-77 (sobre o papel da *zāwiya sharkawiyya zāwiya* no Tadla).

razões políticas, este a destruía. Pode-se dizer o mesmo em relação aos chefes de *kabīla*. Uma grande autonomia lhes era reconhecida quando lutavam contra estrangeiros, como no Rīf, onde os espanhóis de Ceuta e Melilla eram constantemente sitiados ou também quando o seu território era montanhoso ou desértico; mas se reivindicassem uma independência total recusando as ordens do sultão ou negligenciando a aplicação da *sharī'a*, eles eram declarados em estado de *siba*, isto é culpáveis de ruptura injustificada do pacto da *bay'a*; eles podiam ser reduzidos pela força ou pela diplomacia, imediatamente ou a longo prazo, de acordo com meios militares dos quais o soberano dispunha; mas nunca a soberania do sultão e da *sharī'a* era abandonada[18].

O sistema sociopolítico marroquino, tal como o havia reorganizado Muhammad III, tinha revivido a tradição islâmica ortodoxa e reconhecido a autoridade das corporações intermediárias, limitando as ambições do poder central. Ele havia deste modo reforçado, na comunidade marroquina, a ideia de Estado, ao fazer com que cada grupo profissional, social ou étnico exprimisse suas reivindicações no interior do Makhzen. Entretanto, este sistema criava as suas próprias contradições; ele oscilava claramente entre os dois tipos ideais: um, sob a benção dos *'ulamā*'e dos mercadores, teria sido o reino da *sharī'a* e da administração direta; o outro, o qual teria sido mais ao gosto dos chefes locais, o sultão, símbolo da federação, não teria outra autoridade do que aquela que os chefes lhe teriam delegado. Este sistema era a consequência da mudança na relação de forças entre o Marrocos e a Europa, intervinda durante a era mercantilista. Antes que se estabilizasse, ele teve que enfrentar uma pressão europeia ainda mais forte; suas contradições vieram à luz após as derrotas militares que o Marrocos sofrera, primeiramente, contra a França em 1844, e, depois, contra a Espanha em 1860.

As reformas do Makhzen diante da ofensiva europeia

A política das potências coloniais com relação ao Marrocos será analisada em outro momento[19]. Recordemo-nos somente que até 1880 existia um consenso europeu para manter o status quo no império do Marrocos. Nem expansão territorial francesa a partir da Argélia ou espanhola a partir de Ceuta e Melilla,

---

18 As potências coloniais interpretaram a noção de *siba* de acordo com as exigências de sua política expansionista. Trata-se, agora, de compreendê-la em seu contexto original e não em relação ao direito europeu à época.

19 Ver o capítulo 19.

nem privilégio comercial para os produtos ingleses. Apesar de algumas concessões arrancadas pela França e pela Espanha após as guerras de 1844 e de 1859-1860, estes princípios foram reafirmados pela Conferência de Madrid de 1880 e vigoraram até o final do século XIX[20].

Entretanto, entre as reivindicações das potências europeias e a autoridade do sultão, havia uma contradição absoluta. Durante a conquista da Argélia, este último não podia manter uma posição de neutralidade como lhe havia aconselhado a Inglaterra e o simples bom senso, pois o direito público islâmico lhe obrigava a ajudar os muçulmanos vizinhos abandonados por seu soberano legítimo, na época o dirigente otomano[21]. Em 1859, os rifenhos destruíram uma edificação que os espanhóis de Ceuta tinham construído fora dos muros da cidade e rasgaram a bandeira que a sobrepunha. Madrid exigiu a entrega de doze homens que considerava como responsáveis. O sultão não podia se submeter, já que ele seria assim culpável de uma ruptura deliberada do juramento da *bay'a*[22]. Em matéria de comércio, o qual interessava especialmente a Inglaterra, o sultão não podia, com uma simples penada, liberar as exportações, conceder o direito de propriedade aos europeus ou obrigar os *kādī* a receberem o testemunho dos não muçulmanos, já que em todos estes pontos a interdição do *fikh* maliquita era clara[23].

O sultão encontrava-se deste modo em uma posição pouco invejável, dividido entre as exigências dos europeus e a oposição pontilhosa dos *'ulamā'*; para os primeiros, ele era um obscurantista, para os segundos um inovador. Daí a ambiguidade da reforma.

No século XIX, o Ma<u>kh</u>zen e os cônsules estavam de acordo em reforçar o exército e reorganizar a administração a fim de assegurar a todos a segurança, a ordem e a justiça. O problema todo era saber em que estrutura legal: a *<u>sh</u>arī'a* ou uma nova legislação de inspiração europeia? Esta contradição não seria

---

20 As tropas de Bugeaud atacaram o exército marroquino no Isly, perto de Oujda, em 14 de agosto de 1844; a marinha francesa bombardeou Mogador no dia 15, após ter já bombardeado Tanger no dia 6. O Tratado de Tanger, assinado em 19 de setembro, pôs fim à guerra, mas a Convenção de Lalla-Marnia de 18 de março de 1845 não resolveu o contencioso fronteiriço devido às ambições francesas no Saara. No outono de 1859, os espanhóis organizaram um exército europeu em Ceuta e, após algumas escaramuças em Cabo Negro, entraram em Tetuan em 6 de fevereiro de 1860. Pelo tratado de 20 de novembro de 1861, a Espanha obteve a ampliação dos limites de Ceuta e Millila, concessões comerciais e um porto de pesca ao Sul, localizado em 1883 em Ifni.

21 A. Tasūlī, s.d.

22 A. al-Nāsirī, 1954-1956, vol. IV, p. 84; J.-L. Miège, 1961-1963, vol. II, p. 360-362.

23 A. Tasūlī, s.d., capítulo 1, seção 4.

resolvida pacificamente. O Makhzen realizou uma reforma, porém limitada e, consequentemente, não satisfatória aos olhos dos europeus.

Muhammad IV assistiu às duas derrotas do Isly e de Tetouan, a primeira vez como príncipe herdeiro e comandante-chefe do exército, e a segunda como sultão. É por esta razão que ele tomou a iniciativa da reforma militar em 1845. Para abrir uma brecha no tradicionalismo reinante, ele incentivou um *'ālim* conhecido a compor uma obra justificando a reforma em uma base tradicionalista[24]. Ele apelou aos tunisianos que serviram o exército otomano para organizar em regimentos treinados no modelo europeu, chamados de *'askarī* e cujos efetivos, no início, não ultrapassavam 500 homens. Com a ajuda de renegados, entre os quais o mais conhecido era o francês de Saulty, o qual havia se dado o nome islâmico de 'Abd al-Rahmān al-'Alī, fundou em Fez uma escola de engenharia (*madrasat al-muhandisīn*), na qual foram formados agrimensores, topógrafos, cartógrafos e artilheiros. Com este intuito, ele mandou traduzir por um maltês e sob o seu controle direto tratados de geometria. Por intermédio de seu representante em Gibraltar, ele solicitou ao pacha do Egito que lhe enviasse um lote de livros científicos traduzidos das línguas europeias. O sultão 'Abd al-Rahmān deu liberdade ao seu filho, mas ele não assumiu a autoria desta obra reformadora, na qual ele não via o benefício imediato. Muhammad IV, uma vez sultão, teria dado sem dúvida um impulso mais vigoroso a esta reforma se a guerra de 1859-1860 não lhe tivesse criado problemas financeiros inextricáveis. Todavia, ele decidiu enviar um grupo de *bwakher* ao Egito para se aperfeiçoarem na arte da artilharia. A partir de 1870, missões iam regularmente a Gibraltar para seguirem estágios de dois anos cada um. Hasan I continuou a política de seu pai em condições mais favoráveis. Ele instituiu um modo de recrutamento regular: cada cidade imperial devia fornecer 500 recrutas, cada porto 200, cada região 2.000; isto permitiu reunir um exército de 25.000 soldados. Em 1877, ele solicitou à França que lhe enviasse oficiais instrutores para sua artilharia. Em 1880, 180 oficiais e suboficiais formaram sob a direção do comandante inglês Maclean, o regimento dos *harraba*. Mais tarde, Hasan I enviou outras missões militares à Bélgica, Alemanha e Itália. Com aquele exército reorganizado, ele pôde reafirmar sua soberania sobre os territórios longínquos, como o Sūs (Sousse) e o Tafilālet, os quais excitavam o apetite de diversas potências europeias[25].

John Drummond Hay foi o ministro de Sua Majestade britânica em Tanger de 1839 a 1886. Ele agiu com ardor tanto ao defender a soberania do sultão e a

---

24   M. Al-Kardūdī, s.d.
25   J.-L. Miège, 1961-1963, t. II, p. 208. Ver, sobretudo, M. Al-Mannūnī, 1973, p. 55.

Figura 18.3   O sultão Hasan I (1873-1894) [Fonte e fotografia: coleção Biblioteca geral e Arquivos, Rabat.]

integridade de suas possessões, quanto ao exigir deste a abertura do país ao comércio internacional[26]. Tirou vantagem de seu imenso prestígio junto ao sultão 'Abd al-Raḥmān para que aceitasse o tratado de amizade, de comércio e de navegação de 9 de dezembro de 1856, o qual impunha os seguintes princípios: liberdade de tráfego; fim de todo monopólio público ou privado; garantia da segurança dos bens e das pessoas; abertura de consulados em todo o país; isenção de qualquer taxa ou encargo, à exceção dos direitos alfandegários, de ancoragem e pilotagem para os comerciantes estrangeiros e seus associados marroquinos[27].

A abertura do Marrocos ao comércio europeu teve várias consequências funestas: a primeira foi uma crise monetária aguda. No século XVIII, o *dinār*, moeda de ouro, tinha completamente desaparecido; o sistema monetário marroquino tornou-se bimetálico, baseado na prata e no bronze. As moedas de prata correntes eram a peseta e o douro espanhóis, o franco e o ecu franceses; o douro e o ecu eram chamados de riais. As moedas de bronze fabricadas no Marrocos eram a *'ukia* (onça) e a *mūzūna*. O *miṯkāl* servia como unidade de cálculo. Ele valia 10 onças e a onça 4 *mūzūna*. Quanto mais as relações comerciais se desenvolviam com a Europa, mais a moeda de prata se tornava rara; e mais a de bronze, a mais comum, se desvalorizava. Na metade do século, ela tinha se reduzido a um quarto do seu valor original, com as consequências bem conhecidas de toda inflação: alta de preços, empobrecimento da população, dificuldades do Tesouro público e concentração de bens imóveis nas mãos de uma minoria. O Maḵẖzen tentou reagir tomando medidas autoritárias em 1852, 1862, 1869 e 1877, cada vez querendo voltar a uma paridade passada. O sultão só ganhava com essas revalorizações se ele se fizesse pagar em moeda de prata e se pudesse pagar suas dívidas tanto em riais quanto em onças. Ora, os mercadores estrangeiros faziam baixar os direitos alfandegários pagando-os em onças desvalorizadas, ao passo que o sultão devia pagar suas dívidas externas em piastras espanholas e em ecus franceses que comprava por um preço alto. As medidas monetárias acabavam por empobrecer ainda mais o Tesouro. No fim do nosso período, Ḥasan I decidiu cunhar uma nova moeda de prata (o rial hassani, equivalente a 5 francos) sem retirar contudo aquela de bronze; esta continuava a se desvalorizar (em 1881, o rial valia 14 *miṯkāl* em vez de 10), levando em sua queda as novas moedas[28].

---

26 J. D. Hay, 1896.
27 Ver o texto em P.-L. Rivière, 1924-1925, vol. I, p. 36-42.
28 J.-L. Miège, 1961-1963, t. II, p. 388-389, e t. III, p. 97-106 e p. 434-437. Ver também G. Ayache, 1958. No início do século, 10 onças valiam 5 pesetas; em 1845, 3 pesetas e um quarto; em 1874, uma única peseta. Números extraídos de al-Nāṣirī, 1954-1956, t. IX, p. 208.

As despesas do Makhzen não paravam de aumentar na sequência das reformas empreendidas e das numerosas dívidas e indenizações pagas aos Estados e comerciantes europeus. Uma reforma fiscal se impunha. Entretanto, o sultão não era livre de empreendê-la sem consultar os *'ulamā'*, já que se tratava de um problema de direito público. Estes últimos tinham, por várias vezes antes, declarado ilegais as taxas sobre as transações comerciais, designadas sob o nome geral de *mukūs* (plural de *maks*), quando elas não eram provisórias e gastas com fins precisos; todo imposto fundiário era também inaceitável aos olhos deles, já que os marroquinos eram totalmente proprietários de suas terras[29]. Em julho de 1860, Muhammad IV solicitou aos *'ulamā'* lhe indicar o meio de pagar a reparação de guerra que permitiria recuperar Tetuan, ocupada pelos espanhóis, e de impedir que outras cidades caíssem em suas mãos. Os *'ulamā'* permaneceram fiéis à sua opinião ortodoxa considerando que somente uma contribuição extraordinária, provisória, recaindo sobre todos os habitantes, isto é, não arrendada a terceiros, seria legal, ainda que o sultão tivesse tomado o cuidado de lhes explicar que as circunstâncias não o autorizavam a aplicar tal medida[30]. Este, desconsiderando estas objeções, instituiu taxas indiretas que deram lugar, entre a população urbana, a uma oposição surda e tenaz. Em 1873, quando da proclamação de seu sucessor, os artesãos exigiram a abolição destes *mukūs* antes de assinarem a *bay'a*; Hasan I teve que reprimir pela força a cidade recalcitrante. Mais tarde, ele instituiu, a título experimental, o *tartīb*, um imposto fundiário com taxa fixa, coletado por *'umanā'* (inspetores alfandegários) especializados. Sem solicitar o parecer dos *'ulamā'*, dos quais ele conhecia a opinião negativa, ele começou por recebê-lo no Haouz, a parte do reino mais bem administrada. Entretanto, ele o deixou rapidamente cair em desuso, por razões que não são ainda claras, mas que sem dúvida tinham a ver com a situação da opinião pública e a oposição de alguns chefes do exército. Por falta de meios financeiros, o Makhzen foi obrigado a limitar suas ambições reformistas, mantendo no nível mais baixo suas despesas correntes.

O número de comerciantes europeus instalados no Marrocos aumentou regularmente depois de 1856. Para responder às suas queixas, o Makhzen se lançou numa reforma administrativa. Em 1861, foi criada a corporação dos *'umanā'*. Recrutados entre os mercadores, os secretários de chancelaria e os notários, relativamente bem pagos, eles foram instalados nos oito portos abertos ao comércio estrangeiro; eles teriam ao seu lado os controladores espanhóis encarregados

---

29 Al-Mahdī al-Wazzānī, 1900, vol. III, p. 46-47.
30 M. Dāwud, 1956-1970, vol. V, p. 99-100.

FIGURA 18.4 Rial de prata cunhado em Paris em 1881 para Hasan I. [Fonte: A. Laroui, *Les origines sociales et culturelles du nationalisme marocain*, 1977, Maspero, Paris.]

de verificarem as receitas das alfândegas, das quais 60% serviriam para pagar a reparação de guerra. Estes *'umanā'*, entre os quais vários haviam feito fortuna no exterior (Gibraltar, Marselha, Manchester, Gênova), ajudaram a racionalizar a burocracia marroquina e foram muito influentes junto a Muhammad IV e Hasan I. Um outro grupo viu igualmente seu prestígio aumentar, o dos *talaba* que tinham sido enviados a Europa para realizarem estágios e aprenderem línguas estrangeiras. Entre 1874 e 1888, oito missões, compostas por 350 pessoas, foram para os principais países europeus. Estes jovens foram empregados, no seu regresso, no departamento da moeda da famosa *makina* de Fez (fábrica de armas montada por italianos), no serviço fiscal que foi reorganizado, em 1886, e no vizirato das relações externas (*wizārat al-bahr*)[31].

---

31 J.-L. Miège, 1961-1963, vol. IV, p. 397-408, e M. Mannūni, 1973.

Entretanto, o verdadeiro objetivo dos comerciantes europeus era limitar a competência do *kādī*[32]. Eles preferiam ser julgados pelo governador (*kā'id* ou *'āmel*) esperando a criação de um tribunal misto que utilizaria um código de inspiração ocidental. A França, sob o pretexto de ter tido um papel moderador junto à Espanha em 1860, obrigou Muhammad IV a aceitar a convenção de 19 de agosto de 1863, a qual concedia um privilégio jurídico tanto aos comerciantes estrangeiros como aos seus associados marroquinos. Em vez de serem julgados pelo *kādī*, eles o eram pelo governador, na presença do cônsul respectivo. Enquanto o número destes associados permanecia limitado (200 por *kabīla*, por volta de 1870), a situação, ofensiva ao sultão, era contudo suportável. Mas os cônsules não demoraram em dar a condição de *samsār* (intermediário comercial) a todos aqueles, judeus ou muçulmanos, que desejassem escapar da jurisdição do *kādī* e que podiam pagar pelo serviço[33]. O Makhzen, vendo sua autoridade minada por esta proteção irregular advinda de uma interpretação tendenciosa da convenção de 1863, não parou de protestar e acabou por ganhar o apoio da Inglaterra. Uma conferência internacional reunindo doze países, teve lugar em Madrid, em julho de 1880, para colocar um fim a esta prática. O número de protegidos foi bastante limitado: cada comerciante teve de se contentar com somente dois *samsār*, os únicos, junto com os membros de sua família vivendo sob o seu teto, que podiam se prevalecer da proteção estrangeira. Todavia, em contrapartida desta limitação, foi reafirmado o direito de propriedade aos europeus estabelecidos nos portos, o que o sultão não via de bom grado.

A pressão europeia teve, deste modo, como consequência, uma reforma do exército, da administração, da moeda e da fiscalidade marroquinas. Entretanto, esta reforma foi limitada tanto por obstáculos externos, quanto por dificuldades internas. Os europeus aceitavam medidas que garantissem sua segurança e incentivassem sua atividade comercial, mas não desejavam, especialmente os franceses e os espanhóis, que o Makhzen se reforçasse a ponto de poder se opor com sucesso aos seus objetivos[34]. Do outro lado, o sultão não estava livre para tocar no ensino e nas instituições judiciárias e religiosas, tendo em vista a doutrina intransigente dos *'ulamā'*. Esta restrição no campo da reforma, que aumentava ainda mais a parcimônia dos meios financeiros, teve um resultado surpreendente: em vez de consolidar sua independência, o sultão ligava-se pro-

---

32 "Para penetrar pacificamente no Marrocos, é necessário, previamente, desmuçulmanizá-lo" (G. Maura y Gamazo, 1911, p. 197).
33 J. D. Hay, 1896, p. 321-323.
34 J. Caillé, 1951, p. 121.

gressivamente à Europa a medida que se consagrava a reforma de seu país. Com efeito, mais as relações se desenvolviam com o exterior, maior era o número de comerciantes estrangeiros e mais havia incidentes que davam lugar a pesadas indenizações ou a concessões territoriais, ou ainda a uma perda de prestígio[35]. A população via um elo de causa e efeito entre a abertura à influência externa, as reformas empreendidas e seus crescentes problemas. A opinião pública estava cada vez mais irritada com os estrangeiros por razões econômicas, psicológicas e religiosas.

As reações da população

No Marrocos, a produção agrícola dependia e depende ainda das incertezas climáticas; ela teve entretanto que responder à demanda crescente dos exportadores europeus. Seguiu-se uma série de fomes que abateu duramente as populações urbanas e rurais em 1850, 1857, 1867 e, sobretudo, durante os terríveis anos de 1878 a 1881, durante os quais 12 a 15% dos habitantes das cidades, estima-se, viviam da caridade pública, enquanto 65.000 marroquinos tiveram que se expatriar[36]. Próximo às muralhas, começavam a se formar bairros de *nuala* que lembram as favelas do século XX. Muitos agricultores e pastores, incapazes de pagarem os impostos ou de quitarem as dívidas contraídas com os comerciantes europeus, deixaram suas terras; este despovoamento rural tocou ao redor de um terço das terras agrícolas no Sul do país e ao redor das cidades costeiras. O Ma<u>kh</u>zen sofria duplamente com as consequências negativas desta situação. De um lado, as receitas da *zakāt* diminuíam, do outro, os europeus exigiam que ele reembolsasse as dívidas privadas, sobretudo quando os devedores eram os *kā'id*. Além disso, os bens passavam ilegalmente, e a baixo preço, entre as mãos dos estrangeiros, por intermédio dos *samsār* e com a benção de *kādī* pouco escrupulosos; e, consequentemente, não pagavam mais impostos. O sultão tentou deter esta evolução desastrosa. Com uma série de medidas entre 1873 e 1883, ele proibiu aos europeus de irem aos mercados rurais; exigiu dos *kā'id* que separassem os seus bens das de seus contribuintes; limitou o número de *kādī* e de notários habilitados a autenticar os reconhecimentos de

---

[35] "A Turquia e o Egito tornaram-se, após as reformas, mais ricos, mas bem menos independentes", disse o sultão Muhammad IV ao ministro francês Tissot. Ver J. D. Hay, 1896, p. 288-289.
[36] J.-L. Miège, 1961-1963, vol. III, p. 367 e 444.

dívidas sob a cobertura dos quais se faziam as vendas[37]. Se os habitantes das áreas rurais empobreciam, os das cidades não se encontravam em uma situação melhor. Todos eram prejudicados pela alta dos preços dos produtos de primeira necessidade: grãos, lã e peles. Os produtos importados (tecidos, velas, fósforos, açúcar) tinham um bom preço, mas concorriam duramente com os artesãos que constituíam a coluna vertebral da economia urbana. Os funcionários do Makhzen, pagos por este último ou então pelos *habū*, ou ainda pelos próprios administrados, sofriam os malefícios da desvalorização monetária: entre 1845 e 1874, seus salários reduziram-se a um décimo de seu valor em termos reais[38]. Os únicos a escaparem deste empobrecimento generalizado foram os mercadores e os associados dos comerciantes europeus que podiam conseguir moedas de prata. O valor de seu capital aumentava automaticamente; eles compravam, a preço vil, inúmeros imóveis e bens fundiários, além de conceder empréstimos a taxas usurárias à população rural e aos próprios membros do Makhzen. Seu enriquecimento, ainda menos bem visto, já que sobressaía à pobreza reinante, era considerado como uma outra consequência negativa da abertura do país à atividade externa.

A população marroquina não era sensível somente a estes aspectos econômicos. Ela ressentia também, e talvez sobretudo, o declínio da autoridade do *kādī*, do sultão e, em última análise, do islã. Cada potência colonial dava muita importância ao respeito devido à sua bandeira. Se havia um assassinato de um de seus cidadãos, o cônsul não queria saber se houvera ou não provocação, vontade de matar ou não: ele exigia a execução do culpado (em caso de indecisão, de todos aqueles que assistiram ao incidente), uma indenização para a família da vítima, a destituição dos agentes que lhe pareciam faltar com o zelo, desculpas oficiais e a saudação à bandeira[39]. Em tais condições, os funcionários não sabiam mais qual atitude adotar. Se recusassem as exigências dos cônsules, prejudicando assim o sultão, eles sofreriam as consequências; se, por outro lado, aceitassem tais exigências, contrariamente ao uso que deixava a decisão nas mãos do poder central e uma revolta se desenrolasse, eles assumiriam também esta responsabilidade. Seu prestígio erodia-se continuamente em detrimento da ordem da qual os europeus pretendiam ter necessidade[40].

---

37   A. Ibn Zaïdān, 1961-1962, vol. I, p. 364-366, e vol. II, p. 48-51 e p. 129-131.
38   Ver nota 28.
39   G. Ayache, 1965, vol. 6.
40   A. Ibn Zaïdān, 1929-1933, vol. II, p. 374.

O *kādī* e o *muhtasib* sofriam particularmente com esta situação contrária à letra da sharī'a, daí sua oposição feroz a toda proteção. Com o apoio ativo da Inglaterra, o filantropo judeu inglês sir Moses Montefiore empreendeu uma missão ao Marrocos na sequência da qual o sultão Muhammad IV promulgou o *dahīr* de 5 de fevereiro de 1864, no qual ordenava aos administradores marroquinos que tratassem as questões dos judeus com celeridade e equidade, ameaçando-os de graves sanções se não obedecessem. "Desde que os judeus tiveram o *dahīr*, eles fizeram cópias que distribuíram em todas as cidades e se puseram de acordo para se tornarem autônomos de toda autoridade, sobretudo aqueles dos portos", relata o historiador al-Nāsirī[41]. Os *'ulamā'* viram, neste decreto, um golpe contra a sharī'a; a reação foi tão violenta que Muhammad IV teve que retroceder. Os protegidos muçulmanos suscitavam uma oposição ainda maior. Em inúmeras brochuras, quando das preces de sexta-feira nas mesquitas, os *'ulamā'* pressionavam o sultão a tomar contra eles severas represálias. "Se não – disse um dos *'ulamā'* – a dúvida se insinuaria entre os espíritos dos ignorantes que julgariam mal o islã e acreditariam que a religião dos infiéis lhe é superior[42]". Quando o sultão não seguiu o conselho deles por não querer criar dificuldades com as potências, eles clamaram pelo povo. O mesmo *'ālim* já citado disse neste sentido: "O dever de todo crente é abster-se de frequentar estes protegidos, de convidá-los, de compartilhar sua refeição e de se ligar a eles por amizade ou casamento[43]". Já que a maior parte destes protegidos muçulmanos eram ricos mercadores, a campanha dos *'ulamā'*, apoiada pela plebe das cidades, tomou os ares de um ataque da aristocracia religiosa contra a nova elite que aparecera em circunstâncias inéditas criadas pela abertura do país.

Se as reformas foram uma consequência da pressão estrangeira, elas deram lugar, por sua vez, a uma violenta xenofobia. A maioria das mudanças ocorridas na vida dos marroquinos era negativa; estes as ligaram muito naturalmente à presença dos europeus, cada dia mais invasora. "A razão da alta dos preços, da fome é a coexistência com os europeus", disse al-Nāsirī[44]. Cada um queria reduzir ao mínimo o contato com os estrangeiros; mais que isso, o ideal se tornou o retorno às condições de vida de outrora. Uma ideologia romântica de embelezamento do passado e de ressurreição da tradição (*ihyā'al-sunna*) ganhou todas as camadas da sociedade. Para reduzir o campo de atividade dos europeus, o sultão atrasava qualquer negociação, o que irritava os cônsules e

---

41   A. al-Nāsirī, 1954-1956, vol. IX, p. 114.
42   M. al-Mannūnī, 1973, p. 256.
43   *Ibid.*
44   A. al-Nāsirī, 1954-1956, vol. IX, p. 208.

os fazia denunciar um empecilho. "É preciso discutir, discutir e ainda discutir, que só resultará no bem", aconselhava Hasan I a um de seus representantes em Tanger[45]. O clero exigia a estrita aplicação da *sharī'a* em todos os campos da vida social e deu um sentido muito particular à palavra reforma. Não se tratava tanto, diziam os *'ulamā'*, de mudar as instituições, o que é de todos os modos impossível, mas de retornar à ética dos anciãos (*salaf*), daqueles que deram aos muçulmanos exemplos de grandeza e de justiça. À noção de *nidhām*, reorganização do exército, da burocracia e da vida cotidiana, eles opuseram a de *islāh*, a renovação moral e religiosa do indivíduo. É este movimento que foi chamado de salafismo (fundamentalismo islâmico)[46]. A plebe das cidades lembrava com nostalgia os bons e velhos tempos em que os produtos da terra e do artesanato eram baratos, e as necessidades dos indivíduos e do Makhzen limitadas. Contra os responsáveis, evidente aos seus olhos, destas dificuldades eles nutriam uma mistura de medo, admiração, desprezo e ódio. A xenofobia do povo, o salafismo dos *'ulamā'* e o conservadorismo do Makhzen expressavam um fato vivido: a decadência da antiga sociedade diante do capitalismo liberal do século XIX. A elite política e religiosa marroquina era então violentamente antiliberal.

"A liberdade, tal como a compreendem os europeus, é sem dúvida alguma uma inovação dos libertinos ateus, já que ela nega os direitos de Deus, dos pais e da própria natureza humana[47]". A dialética pela qual se modernizava a sociedade marroquina, suportando as influências e respondendo as investidas da Europa, não foi percebida pelos interessados como um fato positivo. Eles não viam nela a promessa de um futuro diferente; ressentiam somente o naufrágio de um passado que o tempo havia enfeitado em que o povo era próspero, os *'ulamā'* ouvidos, o Makhzen obedecido e o sultão independente.

Conclusão

Em 1880, a grave crise agrícola, iniciada cinco anos atrás, estava próxima do fim. O Makhzen terminava de pagar suas últimas parcelas da reparação de guerra à Espanha e do empréstimo contraído junto aos bancos ingleses. Os controladores espanhóis, cuja presença era uma constante fonte de fricções e uma dolorosa lembrança da derrota de 1860, não tardariam a deixar os portos marroquinos e

---

45 A. Ibn Zaīdān, 1929-1933, vol. II, p. 376.
46 Ver o artigo *islā* na *Enciclopédia do Islã*, vol. IV, p. 146-170.
47 A. al-Nāsirī, 1954-1956, vol. IX, p. 114-115.

os *mukūs* a serem abolidos[48]. A Conferência de Madrid, cuja primeira sessão terminou em 3 de julho de 1880 com a assinatura da convenção internacional sobre a proteção no Marrocos, parecia ser muito mais um sucesso para a Inglaterra e o Marrocos. A França, a qual não estava inteiramente refeita da derrota de 1870, não conseguira fazer prevalecer seus pontos de vista, apesar do apoio tático que lhe dava a Alemanha[49]. Esta, pouco depois, entrou com força no cenário marroquino para abrir uma brecha nos interesses comerciais ingleses e contrariar os objetivos políticos franceses. O território do Marrocos foi defendido contra a cobiça dos franceses no Tūwāt, dos ingleses em Tarfaya e dos espanhóis em Sakiyyat al-Hamra[50]. Em resumo, Hasan I, reinando sobre o que se chamava, às vezes, de califado do Oeste em oposição ao Império Otomano, representava a figura de um grande sultão, tanto no interior como no exterior do país.

As contradições sociais, advindas com a abertura à Europa, estavam em andamento; mas elas pareciam então controláveis. Com a benevolência de um país como a Inglaterra ou a ao menos da Alemanha, o Marrocos parecia estar no caminho de conseguir sua renovação. Esta foi em todos os casos a opinião dos marroquinos do século XX. O reinado de Hasan I, independentemente de seus resultados efetivos, tornou-se uma nova era de ouro. Julgou-se que as reformas empreendidas eram suficientes para dar à luz um Marrocos forte, moderno e independente, se não houvesse tido as manobras da França e da Espanha. O reformismo do Ma<u>kh</u>zen, o salafismo dos 'ulamā' e o sentimento antieuropeu das massas rurais se combinaram para engendrar a ideologia mobilizadora do nacionalismo do século XX.

Permanece a questão da avaliação objetiva dos resultados desta política reformadora. É preciso sublinhar que ela se deu inteiramente na estrutura legada por Muhammad III que, ele mesmo, teve que enfrentar uma brutal mudança na relação de forças entre o Marrocos e a Europa. Afinal, é do conhecimento aprofundado das circunstâncias que determinaram as escolhas de Muhammad III que depende todo julgamento racional sobre a evolução social do Marrocos no século XIX.

---

48   A. al-Nāsirī, op. cit., p. 147. Os direitos de entrada foram abolidos em dezembro de 1885. A população esperava impacientemente que as outras taxas o fossem também.
49   J.-L. Miège, 1961-1963, vol. III, p. 263-292.
50   J.-L. Miège, op. cit., p. 357. Ver também A. Ibn Zaīdān, 1929-1933, vol. II, p. 333-335.

CAPÍTULO 19

Novas formas de intervenção europeia no Magreb

Nicolay A. Ivanov

A expansão comercial e a luta pelo domínio das rotas internacionais de comércio figuravam entre as características essenciais do colonialismo europeu do século XVIII e do início do XIX. "A guerra santa" no mar, travada há muito pela Argélia, pela Tunísia, pela Tripolitânia e pelo Marrocos, preocupava muito os negociantes e os armadores europeus. No início do século XIX, a Europa continuava a temer os corsários do Magreb. Sempre que aparecia o pavilhão de Túnis ou de Trípoli, os veleiros napolitanos refugiavam-se perto da costa e suas tripulações fugiam. Os mercadores de Marselha, Livorno e outros polos do comércio marítimo europeu aproveitavam-se amplamente dessa situação para atrapalhar seus concorrentes, especialmente "Tunis-ach-chattra" (a Tunísia ladina), que apareceu na cena Mediterrânea no decorrer das guerras napoleônicas. Em 1800, os navios de Túnis apresentaram-se em Malta e, em 1809, em Livorno. O dei de Argel firmou acordos vantajosos para as vendas de trigo. As condições do comércio e da navegação marítima, fixadas pelos Estados do Magreb, provocaram um vivo descontentamento na Europa. A Argélia, a Tunísia e a Tripolitânia arrecadavam tributos e cobravam a passagem dos navios das potências amigas, apoiando-se em tratados de paz e de navegação marítima. Os atrasos de pagamento e outras violações dos tratados acarretaram inúmeros conflitos, envenenando cada vez mais as relações entre o Magreb e a Europa[1].

---

1 Para mais detalhes, consultar N. A. Ivanov, 1976, cap. 3 e cap. 4.

A burguesia dos Estados mediterrâneos da Europa apoiava os piratas malteses e napolitanos que perseguiam cruelmente os navios mercantes muçulmanos. Desde o fim das guerras napoleônicas, ela conseguiu organizar grandes expedições navais contra o Magreb. Sob o pretexto de lutar contra a pirataria, a Inglaterra, a França, a Holanda, a Áustria, e os Estados Unidos da América dirigiram suas esquadras rumo ao litoral da África do Norte. Em 1815, os navios americanos foram os primeiros a chegar a Argel. A esquadra anglo-holandesa, sob o comando de Lorde Exmouth e de Van Cappellen, chegou por sua vez no início de 1816. Depois das "sanções" contra Trípoli e Túnis, ela submeteu Argel a um bombardeio feroz (em 27 de agosto de 1816), arremessando na cidade 34.000 obuses. De novo, em 1819, viu-se chegar uma esquadra anglo-francesa na África do Norte, obrigando os regentes de Túnis, Argel e Trípoli a decretar o fim da pirataria. Em 1825, os ingleses mais uma vez bombardearam Argel. Em 20 de outubro de 1827, no decorrer da batalha de Navarin, o que sobrava das frotas tunisianas e argerianas, assim como navios egípcios e turcos, foram destruídos pela esquadra unida anglo-franco-russa. Em 1829, os austríacos queimaram os navios marroquinos que, sob as ordens de Mūlaāy 'Abd al-Rahmān, tentavam retomar a guerra santa. Os países do Magreb perderam a guerra no mar, abrindo assim o caminho para a impetuosa expansão do comércio dos Estados europeus. Após terem aniquilado a frota magrebina, estes se asseguraram do monopólio do pavilhão e se apossaram, de fato, do comércio de Túnis e Trípoli com a Europa.

O Marrocos e a Argélia tentavam, cada um por si, defender suas posições. Isso provocou a agravação ulterior de suas relações com as potências marítimas. A recusa do governo do dei de Argel em reservar direitos e privilégios particulares para os negociantes franceses, que reclamavam a instauração de um "estatuto de extraterritorialidade" na Argélia – especialmente a recusa do dei em reconhecer a competência exclusiva da França no solucionamento dos litígios pecuniários entre os dois países – levou ao famoso "golpe de leque" (em 30 de abril de 1827) e à declaração do bloqueio marítimo da Argélia. Quanto ao Marrocos, este decidiu desvencilhar-se do mundo exterior e fechou o país aos estrangeiros. Em 1822, havia apenas cinco portos marroquinos onde os europeus podiam entrar para firmar acordos comerciais cuidadosamente controlados.

A pressão europeia sobre a sociedade tradicional

O crescimento do comércio Europeu em Túnis e Trípoli, seu caráter usurário e os processos de inflação na economia destes países deram origem a seus problemas financeiros². Em 1824, o regente de Túnis contratou os primeiros empréstimos; o da Tripolitânia, oriundo da família Kāramānlī, apenas seguiu o exemplo. Alguns ministros desses países endividaram-se. Portanto, não é de se espantar que, por volta do final da década de 1820, Túnis e Trípoli tenham renunciado a qualquer resistência política à Europa. Já em 1827, não recusavam mais nada aos cônsules estrangeiros e, pouco a pouco, seguiram o curso da política destes. Os primeiros tratados desiguais impostos a esses Estados refletiam o caráter peculiar das relações de Túnis e Trípoli com as potências europeias. De acordo com o tratado franco-tunisiano de 8 de agosto de 1830, Túnis confirmava todos os tratados de paz, de comércio e de navegação marítima precedentes. Outrossim, Túnis reservava à França o direito da nação mais favorecida, renunciava a qualquer dádiva ou tributo reclamado antes aos países europeus, aceitava o princípio do livre comércio e ampliava os direitos de extraterritorialidade dos estrangeiros. Em 11 de agosto de 1830, firmava-se semelhante tratado entre a França e Trípoli.

Todos esses tratados reforçaram consideravelmente as posições francesas na África do Norte. A Tunísia transformou-se rapidamente em semivassalo da França. A maior rival desta última, a Inglaterra, estava seriamente preocupada e fez todo o possível para garantir o êxito da expedição turca de 1835 na Tripolitânia. No mês de maio, os turcos aproximaram-se do litoral de Trípoli e, após haverem destronado a dinastia dos Kāramānlī, em 1º de junho de 1835, decretaram o reestabelecimento do poder otomano. Em 1835-1836, as guarnições turcas estavam instaladas em diversos centros do litoral de Tripolitânia e Cirenaica. Entretanto, a conquista de algumas regiões interioranas encontrou sérias dificuldades. De 1835 a 1858, os turcos travaram uma luta acirrada contra as revoltas da população autóctone, em meio a qual surgiram eminentes líderes: a maior glória coube a Ghūma al-Mahmūdī, inimigo irredutível dos turcos que morreu em combate, em março de 1858.

À medida que subjulgavam o país, os turcos introduziram uma reforma administrativa e judiciária concebida segundo modelos europeus. O governador 'Uthmān Amīn Pacha (1842-1847) reorganizou a administração, a justiça, o sistema fiscal etc., de acordo com os princípios do *tanzīmāt*. Em 1851 foi fundado o tribunal misto de Trípoli, fazendo com que as posições dos estrangeiros se reforçassem imediatamente. Todas essas medidas, assim como as reformas que solapavam a sociedade tradicional, suscitavam a incompreensão e os protestos

---

2 M. H. Chérif, 1970, e E. Rossi, 1968, p.282 e seguintes.

da população autóctone, principalmente dos grupos nômades e dos camponeses. "Os turcos e os europeus – dizia Sīdī Muhammad al-Mahdī, filho do fundador da Sanūsiyya – são farinha do mesmo saco³."

Na Tunísia, as reformas foram empreendidas em 1830 e depois prosseguidas por Ahmad Bey (1837-1855), fervoroso admirador de Muhammad 'Ali. Com o intuito de superar o atraso militar e técnico, os regentes de Túnis desativaram a milícia dos janízaros e, ao importar máquinas e equipamentos da Europa, lançaram as bases de um exército regular e de uma indústria militar. A exemplo do Egito, foram introduzidos monopólios governamentais levando à estatização da economia. Um banco estatal foi criado em 1847 e uma moeda fiduciária posta em circulação. Em 1841, Ahmad Bey proibiu a venda de escravos e aboliu qualquer forma de escravidão na Tunísia. Em 1838 foram fundadas a Escola Militar e a Escola Politécnica. Os tunisianos começaram a estudar línguas estrangeiras, a estudar no exterior e a traduzir obras de autores europeus.

Desejosas de lisonjear os cônsules estrangeiros, as autoridades de Túnis e de Trípoli incentivavam a atividade dos missionários cristãos. Em Trípoli, os franciscanos abriram a primeira escola para rapazes em 1816 e para moças em 1846. Em 1845, o abade Bourgade criou na Tunísia o colégio Saint-Louis e algumas escolas primárias, assim como a gráfica árabe de Túnis. Em 1826 estrearam as primeiras apresentações do teatro de Livorno⁴. Em 1838 foi lançado o primeiro jornal tunisiano em italiano; muitos emigrantes italianos instalaram-se no país, inclusive refugiados políticos como Garibaldi (em 1835 e 1849).

Múltiplos contatos com os europeus contribuíram com o despertar intelectual do país e lançaram as bases da ocidentalização das elites. Influenciados pelo uniforme militar, os meios dirigentes de Túnis e Trípoli assimilaram as vestimentas, as maneiras e o estilo de vida europeus. Não sobrou nenhum rastro dos antigos preconceitos antieuropeus. Em 1845-1846, as autoridades tunisianas organizaram suntuosas recepções em honra do Duque de Mont Pensier e do Príncipe de Joinville, filho do Rei da França, Luís-Filipe. Em novembro de 1846, Ahmad Bey viajou para a França, rompendo assim com preconceitos seculares.

À diferença dos dirigentes, as massas populares, que carregavam em seus ombros todo o peso da construção dos palácios, das fábricas e dos quartéis, estavam descontentes com a ocidentalização e o crescimento da influência

---

3   E. Rossi, 1968, p. 327.
4   S. Pantucek, 1969, p.47. No que concerne às origens da arte teatral moderna nos países árabes, consultar T. A. Poutintseva, 1967, e J. M. Landau, 1958.

estrangeira. Elas consideravam os dirigentes renegados e continuavam fiéis ao modo de vida tradicional. Os dirigentes da Argélia e do Marrocos assumiram a mesma atitude, já que ambos os países se encontravam à margem das influências ocidentais que invadiram, à época, a maioria dos estados muçulmanos.

A conquista da Argélia

A inércia do governo custou caro à Argélia. Após ter feito tudo para envenenar as relações com a França, o dei Husayn não empreendeu nada para reforçar a defesa do país. Aos olhos dos patriotas argelinos, isso beirava a traição e significava a corrupção do regime[5].

A Argélia era totalmente despreparada para a guerra. Esperava-se o inimigo há três anos. Porém, quando navios franceses chegaram, em 14 de junho de 1830, à baía de Sīdī Farrudj (nos relatórios franceses: Sidi-Ferruch), a surpresa foi total. Os franceses conseguiram desembarcar um corpo expedicionário de 37.500 homens, sob o comando do general de Bourmont. Foi somente em 19 de junho de 1830 que a maior parte das tropas do dei (janízaros e *makhzen*), sob as ordens de Ibrāhīm Agha e reforçada pelas milícias de Kabilia – 40.000 homens no total –, atacou os franceses em Staoueli. Essa batalha terminou com a derrota total de Ibrāhīm Agha e revelou a imperfeição da organização militar e técnica do exército do dei, que apenas pôde opor aos franceses a coragem de seus soldados. A segunda tentativa para rechaçar o inimigo (a batalha de Sīdī Khalef, em 24 de junho) findou-se com outra derrota de Ibrāhīm Agha. Em 29 de junho, após ter tomado a parte alta de Bouzareah, os franceses iniciaram o sítio do forte chamado Sultão Calassi (o forte do Imperador), que assegurava a defesa de Argel em terra firme. Eles lançaram o ataque em 4 de julho.

> Foi um combate cruel entre a arte e o desespero – escreveu o coronel Bogdanovitch. Por fim a arte venceu: os sólidos muros do castelo desmoronaram; os canhões que o defendiam foram danificados; corajosos turcos faleceram sob a chuva de balas de canhões e de bombas; os últimos soldados da guarnição precipitaram-se rumo à cidade; mas, em vez da salvação que ali esperavam encontrar, eles caíram sob as balas dos canhões da Casbah, voltados contra eles sob a ordem do dei[6].

---

5   Tal estado de espírito pode ser encontrado na obra de M. ibn 'Abd al- Kādir, 1903. Os trechos mais característicos são sitados por A. Benachenhour, 1966, p.49.
6   M. N. Bogdanovitch, 1849, p.54.

Em 5 de julho de 1830, o dei assinou a ata de capitulação e a rendição de Argel. Foi-lhe permitido, assim como a todos os membros do *Dīwān* e aos janízaros, deixar o país com suas famílias e seus bens. A autoridade suprema passou para as mãos do comando francês. Porém, este último estava desprovido de qualquer estrutura administrativa e não tinha a menor ideia do que era preciso fazer. É muito curioso constatar que o conde de Bourmont, que recebeu o bastão de marechal pela derrota do exército do dei, ordenou a seus engenheiros a preparação de dois projetos simultâneos: o primeiro consistindo em alargar e aprofundar o porto de Argel, e o segundo em atulhá-lo! O governo Polignac deu início a negociações no intuito de submeter Argel à administração direta dos turcos[7]. Após a revolução de julho de 1830 surgiram planos de partilha do país: deixava-se aos franceses a cidade de Argel e um certo número de localidades do litoral, e as províncias de Orã e de Constantina passavam para os beis tunisianos. Os efetivos do exército de ocupação foram reduzidos a 9.300 homens. Todavia, os tratados com a Tunísia, assinados pelo general Clauzel em 18 de dezembro de 1830, não foram ratificados pelo governo francês. Os generais franceses continuavam assumindo todos os riscos de suas ações. Após terem obtido um certo aumento dos contingentes militares, eles ocuparam Orã (1831), Bône (1832) e Bougie (1834).

As indecisões do governo francês foram finalmente resolvidas em proveito da burguesia de Marselha e do exército de ocupação que, empolgado pelas vitórias fáceis, saqueava descaradamente o país e não queria renunciar aos "frutos da vitória".

O decreto de 22 de julho de 1834, para o estabelecimento de um governo geral das possessões francesas na África do Norte, significava a renúncia à evacuação de Argel. A concepção da "ocupação restrita" foi adotada oficialmente até 1840. Sua interpretação concreta dependeu totalmente da vontade e das disposições pessoais dos inúmeros generais franceses que governaram o país de 1830 a 1841. Na maioria dos casos, eles escolheram o sistema do "governo indireto", assinando tratados com chefes locais (paz, reconhecimento de vassalagem, liberdade do comércio e pagamento de tributos). Para estabelecer o contato com

---

7   Em 1830, após a derrota do exército do dei, a Porta insistiu em preservar a integridade territorial da Argélia, sob as ordens do sultão, e não reconheceu a conquista francesa. Entretanto, após ter perdido seu exército e sofrido um revés financeiro durante a guerra contra a Rússia, em 1828-1829, a Turquia não tinha condição de empreender nada, a não ser declarações de protesto. É preciso destacar que, ao buscar contatos com a Porta sobre a questão argeliana, o governo francês queria, em primeiro lugar, obter o consentimento da Rússia. Para as referências relativas aos documentos dos arquivos diplomáticos franceses, ver C.-R. Ageron, 1964, p. 9.

os comandantes franceses, organizaram-se "escritórios árabes", que se tornaram pouco a pouco o elo principal do "governo indireto". Foi apenas nas localidades do litoral, onde as guarnições francesas se instalaram de forma permanente, que o sistema da administração civil começou a se formar. Tal sistema reproduzia espontaneamente os princípios e as normas da vida administrativa da metrópole e, pouco a pouco, acabou sendo reconhecido pela lei. Em 1845, a totalidade do território da Argélia estava dividida em "território árabe", onde reinavam a *sharī'a* (lei alcorânica) e o sistema de "governo indireto", e em "território civil", onde estavam instituídas oficialmente a justiça e a administração francesas. Em particular, o decreto de 28 de setembro de 1847 aplicava ao "território civil" a lei de 1837 sobre os municípios.

A resistência na Argélia

A ocupação das regiões litorâneas não alterou as estruturas sociais da sociedade argeliana. Os chefes tradicionais, que muitas vezes eram os representantes da antiga elite dirigente, detinham, como antes, os poderes locais. A capitulação do dei e a confusão da antiga administração criaram um vazio político. Na Argélia começou o "tempo da anarquia" (1830-1834), durante o qual diversos centros e comunidades locais não reconheceram mais nenhum poder. Com a exceção de algumas camadas da população urbana abastecida e de alguns chefes políticos, o país era hostil à presença francesa. As massas da população, principalmente os camponeses e os nômades, estavam decididas a defender sua personalidade e sua independência. Contudo, a ausência de poder centralizado ou de um centro comum deu necessariamente um caráter local a esta luta, na qual predominavam, muitas vezes, formas passivas e não coordenadas de resistência. De início surgirams diversas fomas desta resistência, como o não reconhecimento da ocupação, a fidelidade ao islã, o bloqueio das cidades e das regiões ocupadas, assim como o ataque dos destacamentos franceses e dos postos fortificados, o assassinato de alguns europeus e a justiça sumária contra os traidores e os renegados, que se assemelhavam a um verdadeiro massacre.

À medida que a luta se organizava, dois principais centros de resistência se constituíram: a Leste e a Oeste do país. A Leste da Argélia, Ahmad Dey, antigo gorvernador de Constantina, pôs-se à frente da luta. Apoiou-se no que sobrava dos janízeros e nas comunidades *makhzen* do Leste da Argélia, seguiu as orientações da Porta e tentou reestabelecer o Estado dos deis. Proclamando-se sucessor do dei Husayn, pôs fim à desorganização da administração, consolidou o aparelho do Estado e reforçou o exército. No início, ele representou a principal ameaça para os franceses.

A Oeste do país, foi 'Abd al-Kādir, filho de um marabuto de origem xerifiana, que tomou a frente da luta; ele contava com o apoio do Marrocos. Em suas declarações, prometia pôr fim à anarquia, defender a *sharī'a* e travar a guerra santa contra os franceses. Em outubro de 1831, foi proclamado emir e se instalou na residência dos beis, em Mascara. Em 27 de novembro de 1832, a assembleia dos *'ulamā'* e dos representantes de grupos beduínos da Argélia Ocidental reconheceu-o como governador. A energia, a vontade e a coragem, assim como os sucessos na luta armada contra os franceses, particularmente a vitória da Macta (em 26 de junho de 1835), consolidaram a autoridade de 'Abd al-Kādir. Por duas vezes – Tratado Desmichels, em 27 de fevereiro de 1834, e Tratado da Tafna, em 30 de maio de 1837 –, os franceses reconheceram-no como único governador de toda a Argélia Central e Ocidental, com excessão das enclaves litorâneas. Defensor convencido do islã, fervoroso admirador de Muhammad 'Alī, poeta e pensador, 'Abd al-Kādir aspirava não somente regenerar a Argélia, como também reformá-la. Na luta acirrada contra os beis de Orã e do Titteri, antigos janízaros, contra os *kologlu* e as comunidades makhzen que estavam a seu serviço, mas também contra os partidários de Ahmad Bey e a confraria tijāniyya, cujo bastião era Kasr 'Ain-Mahdī, tomada em 1838, 'Abd al-Kādir criou o Estado unificado e centralizado dos xerifes árabes. Tal estado abrangia os dois terços do território da Argélia contemporânea. Nessas terras, 'Abd al-Kādir pôs fim à anarquia e à desordem e criou um sistema judiciário e administrativo bem organizado (sistema dos *khalifa*, *aghalik* e *kā'īd*), que impunha uma disciplina severa. Em 1838, ele empreendeu a formação de um exército regular que, dois anos mais tarde, contava com 10.000 homens. A exemplo de Muhammad 'Alī, ele estatizou a economia, estabeleceu o sistema dos monopólios e criou algumas fábricas de armas e fortalezas, no intuito de defender o país contra os elementos subversivos e o inimigo externo[8].

Nos primeiros tempos, os argelianos obtiveram algum êxito. Aproveitando-se habilmente da indecisão de Paris e da incapacidade dos generais franceses de opor uma estratégia à tática da guerrilha, os argelianos conseguiram, até 1837, impedir todas as tentativas dos franceses de entrar nas cidades cercadas. Algumas derrotas sofridas no Oeste (evacuação de Mascara, perda de Tlemcen, derrota ao Norte do Sikkak, em julho de 1836) foram compensadas pela esplêndida vitória

---

8   Uma análise detalhada das estruturas políticas e militares do Estado de 'Abd al-Kādir encontra-se no livro já citado de A. Benachenhour, 1966, p. 68 e seguintes.

FIGURA 19.1 'Abd al-Kādir [Fonte: quadro de Ange Tissier, Musée de Versailles. Foto: Photothèque, Groupe Presses de la Cité, Paris.]

dos 23-24 de novembro de 1836 em Constantina, onde as tropas de Ahmad Bey e os defensores da cidade, sob o comando de Ben Aissa, destroçaram as tropas do marechal Clauzel, que contavam com 7.400 homens. Contudo, o isolamento da resistência tornou essa vitória quase inútil. Após ter concluído o Tratado da Tafna, os franceses dominavam o Oeste e, em 1837, depois de uma cuidadosa preparação, lançaram uma campanha decisiva contra Ahmad Bey. Em 13 de outubro de 1837, Constantina foi tomada, o que constituiu a queda do baluarte da resistência organizada a Leste. Ahmad Bey refugiou-se nas montanhas, de onde assediou os franceses e o governo fantoche do Leste do país até 1848.

FIGURA 19.2   Soldados de 'Abd al-Kādir: a infantaria

FIGURA 19.3   Soldados de 'Abd al-Kādir: a cavalaria [Fonte: C. A. Julien, *Histoire de l'Algérie contemporaine. Conquête et colonisation*, 1964, PUF, Paris. Ilustrações reproduzidas com a autorização da Biblioteca Nacional da França, Paris.]

Após a queda de Constantina, o essencial da luta desenrolou-se a Oeste. Em resposta ao desfile de provocação das tropas francesas nas "Portas de ferro" (Bibān), 'Abd al-Kādir declarou a *jihad* e destruiu os arredores de Argel. Entretanto, foi obrigado a permanecer na defensiva depois de sua derrota do Wādī al-Alleug, em 31 de dezembro de 1839. Em 1840-1841, ele abandonou Mascara, Saida, Medea, Taza, Boghar, Bū Saāda e, finalmente, Takdempt. Em 1842, ele criou uma capital nômade apelidada de *Smala*. Seu desbaratamento diante das tropas do Duque de Aumale, em 15 de maio de 1843, provocou a desorganização de todo o mecanismo administrativo e militar por ele implantado. Retirou-se no Marrocos com um grupo de partidários. As promessas lisonjeiras, o ouro dos agentes franceses, a posição de alguns líderes religiosos, difundindo a *fatwā* dos *'ulamā'* de Kairuan e do Cairo, que reprovavam "a resistência absurda", e, finalmente, a crueldade inútil do emir, todos esses fatores não foram, contudo, as únicas causas da derrota de 'Abd al-Kādir. É preciso atribuir uma grande importância à "tática da terra queimada" aplicada pelo Marechal Bugeaud, que ordenou queimar as lavouras, levar os rebanhos e apoderar-se dos silos de grãos e dos pontos de acesso à agua.

FIGURA 19.4 A guerra franco-marroquina: a batalha de Isly, 1844. [Fonte: N. Barbour, *Morocco*, 1965, Thames and Hudson, Londres. Foto: Le Seuil, Paris.]

As tentativas de 'Abd al-Kādir para retomar a luta a partir de suas bases marroquinas levaram à guerra franco-marroquina. A catástrofe de Isly, em 14 de agosto de 1844, e o bombardeio de Tanger e de Mogador pela frota francesa forçaram Mūlāy 'Abd al-Rahmān a recusar seu apoio a 'Abd al-Kādir e a assinar a paz com a França. O sultão denunciou 'Abd al-Kādir como *kāfir* e chegou a dar início a hostilidades contra ele. Em 1845, a confraria taibiyya anunciou a chegada do Mahdī Muhammad ibn 'Abdullāh, mais conhecido como Bū Ma'za (o homem da cabra), e proclamou a *jihad*. Logo, a revolta ganhou a Dahra, o Ouarsenis e o Vale do Shelif. Simultaneamente apareceram nas estepes pequenos destacamentos móveis de 'Abd al-Kādir e de seus inimigos de longa data, os marabutos dergawa, eles também em luta contra os franceses. A repressão desta revolta mal organizada e isolada foi acompanhada por manifestações de crueldade excepcionais. Basta lembrar a ação do coronel Pélissier, que sufocou com fumaça centenas de argelianos refugiados nas cavernas das montanhas. Foi somente em 1847 que Bū Ma'za e, a seguir, 'Abd al-Kādir depuseram as armas e renderam-se aos vencedores.

FIGURA 19.5   A submissão de 'Abd al-Kādir. [Foto: Photothèque, Grupo Presses de la Cité, Paris.]

Em 1848-1849, os últimos focos de resistência foram aniquilados nos Aurés e no Mzāb, onde Ahmad Bey e o marabuto Bū Ziyan se encontravam à frente da luta. Em 1852, após duras batalhas, os franceses ocuparam Laghwāt e, em 1854, Tuggurt. Em 1856, uma delegação de tuaregues saarianos foi a Argel e declarou sua lealdade para com a França, prometendo-lhe o apoio dos tuaregues até Tombuctu. No Norte do país, os montanheses de Kabilia foram os últimos a se submeter. Desde 1851, liderados por Bū Baghla, eles resistiram obstinadamente às ambições dos franceses, que queriam conquistar as montanhas de Grande e Pequena Kabilia. Foi apenas em 1857, após uma luta acirrada contra as tropas do general Randon, que cessaram de resistir. O país inteiro passou sob o controle do comando francês e tornou-se um conglomerado de municípios franceses e de territórios vassalos sob a tutela dos "escritórios árabes".

A colonização e a sujeição financeira

A ameaça de uma revolta generalizada forçou o governo francês a renunciar à colonização das regiões interioranas da Argélia. As experiências de colonização de Bugeaud, assim como a expansão da imigração durante a Segunda República (1848-1851) e o Ministério da Argélia (1858-1860), chocaram-se com a firme resistência do exército, responsável pela segurança do país. A política de assimilação dos republicanos que, em 1848, proclamaram a Argélia como parte integrante da França e dividiram o "território civil" do país em departamentos, distritos e municípios, com administradores franceses a sua frente, não se desenvolveu durante o Segundo Império. Ademais, em 1852, Napoleão III ab-rogou a representação dos europeus da Argélia no parlamento francês e, em 1860, após uma visita à Argélia, condenou definitivamente a política de assimilação. O "romantismo" dos oficiais superou o "mercantilismo" dos colonos. Para contrabalançar a influência dos colonos, Napoleão III decidiu aliar-se aos chefes tradicionais (os "feudais"), declarando que a Argélia era um "reino árabe". O "território civil" era estritamente limitado (10.160 km^2 em 1866, isto é, 2,5% de todo o território da Argélia do Norte e 8% da população muçulmana). Além destes limites, todo o poder permaneceu nas mãos da hierarquia militar e administrativa muçulmana, agindo sob o controle dos "escritórios árabes". De acordo com a ideia de Napoleão III, os emigrados europeus deviam instalar-se unicamente nas cidades para cuidar do comércio e dos ofícios. Conforme o senatus-consulto de 1863, as terras eram reservadas às comunidades, que as possuíam segundo os princípios tradicionais[9]. Apenas os "excedentes" de terra

---

9 A característica das estruturas sociais tradicionais da sociedade argeliana pré-capitalista deu lugar a discussões acirradas. O debate dos historiadores soviéticos, quanto à natureza das sociedades pré-capitalistas na Ásia e na África, encontrou um prolongamento inesperado no decorrer das discussões a respeito do "modo de produção asiático", em 1962 em Paris, sob a égide do Centro de Estudos e de Pesquisas Marxistas. O artigo de Abd el-Kader Djeghloul, publicado na Argélia em *Les Archives nationales* (1975, n°3, p.57-80) e, depois, na França em *La pensée* (1976, p.61-81), retomou essa discussão. No decorrer dos colóquios internacionais de Kichinev (1973) e de Bucareste (1974), desenvolveu-se uma concepção,

eram repassados ao Estado e podiam ser emprestados a sociedades concessionárias e a particulares. No domínio da indústria e do comércio, o livre empreendedorismo privado era ilimitado. Os monopólios da época dos deis e de 'Abd al-Kādir foram totalmente abolidos. Ao modernizar a estrutura administrativa e judiciária herdada de 'Abd al-Kādir, os poderes reorganizaram a justiça muçulmana (em 1854). Essa reforma foi completada pela criação das câmaras mistas franco-muçulmanas e do Conselho superior de direito muçulmano. Os protagonistas do "reino árabe" prestaram atenção ao culto muçulmano, encorajaram a construção de mesquitas, a peregrinação para Meca etc. O senatus-consulto de 1865 deu aos argelianos o direito de ingressar no exército francês e na administração. Finalmente, em 1869, foi elaborado um projeto de constituição para a Argélia[10], prevendo a autonomia do país e a representação dos muçulmanos em todas as assembleias eleitas.

As reformas administrativas, judiciárias e econômicas realizadas na Tunísia e na Tripolitânia, em meados do século XIX, possuíam um conteúdo análogo. Na Tunísia, o grupo dos liberais, liderado por Khāyr al-Dīn Pacha (1826-1889) e apoiado pelas potências, conseguiu, em 9 de setembro de 1857, publicar o *'Ahd al-Amān* (o Pacto Fundamental) – manifesto das reformas reproduzindo os princípios essenciais dos *tanzīmāt*. Como consequência desse manifesto, os monopólios foram suprimidos, a liberdade do comércio privado estabelecida (outubro de 1857), o conselho municipal de Túnis constituído (1858) e o sistema administrativo e judiciário reorganizado (1860). Em 23 de abril de 1861, a Constituição foi promulgada: ela tornava os ministros responsáveis perante uma assembleia representativa, o Conselho Supremo. Na Tripolitânia, sob o governador Mahmūd Nedim Pacha, em 1865, foi realizada uma nova reforma administrativa e foram organizados tribuinais comerciais, civis e criminais.

Essas reformas criaram as condições necessárias para a empreitada privada na Argélia, na Tunísia e na Tripolitânia. A supressão das barreiras alfandegárias entre a Argélia e a França (1851) abriu os mercados desses países às mercadorias de além-mar. O grande capital, os bancos, as sociedades de concessão e as

---

a meu ver mais fecunda, do "feudalismo oriental". Partindo da teoria da "pluriestruturação social", R. G. Landa (1976, p.49-55, 109-120) propôs sua própria solução ao problema. O livro de M. M. Kovalevskii (edição de F. B. Miller, 1879) não perdeu sua importância no que diz respeito ao estudo da sociedade comunitária de Kabília. Pode-se encontrar uma análise das diferentes formas de contratos agrícolas em L. Milliot, 1911. Um dos livros mais abrangentes fazendo o balanço dos estudos sobre o problema, segundo as fontes francesas, é aquele de J. Ruedy, 1967.

10 Ver C.-R. Ageron, 1964, p.32-38; e 1972, p.60 e seguintes, onde o autor reavalia de maneira crítica alguns estereótipos tradicionais da historiografia francesa.

companhias fundiárias tinham o caminho livre. A partir de 1851, bancos foram criados na Argélia: *Banque d'Algérie* e, a seguir, *Société Coloniale de Crédit Agricole* (1863), assim como outros estabelecimentos. Na Tunísia, as primeiras tentativas feitas pelos ingleses para constituir o *Bank of Tunis* (1858) foram contrariadas pelos franceses. Somente em 1873 conseguiram fundar *The London Bank of Tunis*. Os franceses criaram a *Société Franco-tunisienne de Crédit* (1879). Na Tripolitânia, os primeiros bancos apareceram em 1880. Os bancos, as sociedades de consessão e as companhias eram estritamente ligados. Gozavam, na Argélia, dos favores das autoridades, em particular a gigante *Compagnie genevoise* (1853, 20.000 hectares) e a *Société générale algérienne* (1864, 100.000 hectares), entre outras. Na Tunísia, os ingleses obtiveram a primeira concessão (Djedeida: 7.000 hectares), em 1856. Os italianos, que organizaram, em 1870, a *Società anonima commerciale, industriale ed agricola per la Tunisia*, foram seguidos pelos franceses (domínio de Sīdī Tabet, em 1876). Eles começaram a extrair chumbo e a exportar alfa; experimentou-se a cultura do algodão, do tabaco, das batatas etc. Em 1857 na Argélia e em 1859 na Tunísia, decidiu-se construir estradas de ferro. As companhias estrangeiras modernizaram os portos, instalaram linhas telegráficas, construíram estradas e diques; a infraestruturação das cidades, principalmente no litoral, estava em andamento.

À infraestrutura econômica, que facilitava a "valorização" da África do Norte pelos capitais estrangeiros, acrescentou-se um tipo de infraestrutura cultural, ligada ao estudo dos recursos naturais e à formação de quadros europeanizados. Em 1857 foi aberto na Argélia o primeiro colégio franco-árabe e, em seguida, em 1865, a Escola Normal. Na Tunísia, além do colégio Saint-Louis, foi criado o colégio nacional Sādikī (1875) e os currículos da "Zitouna" foram modernizados. Em Trípoli, a primeira escola laica, onde eram ensinadas as línguas estrangeiras, foi aberta em 1858. Assistiu-se ao surgimento da imprensa árabe e dos jornais governamentais *al-Moubachir* na Argélia (1847), *Ar-Raid at-Tunisi* na Tunísia (1860) e *Tarābols al-Gharb* em Trípoli (1866)[11].

Ao passo que, na Argélia, a valorização do país pelos capitais europeus começou depois da ocupação, na Tunísia e na Tripolitânia, ela precedeu a conquista. A sujeição colonial desses países deu-se com a complacência, quiçá a cumplicidade, dos chefes locais. A modernização desses países, que pesava em seus orçamentos, foi realizada em grande parte por empréstimos estrangeiros. Estes foram concedidos com condições extremamente pesadas que levaram à espoliação por

---

11 A respeito dos primeiros jornais em árabe na África do Norte, ver F. Di Tarazi, 1913, e C. Sourian--Hoebrechts, 1969.

parte dos funcionários locais e dos fornecedores europeus. Afinal de contas, tais empréstimos acarretaram um crescimento exorbitante da dívida externa. Quando, em 1869, o endividamento da Tunísia ultrapassou em doze vezes suas receitas orçamentárias, o governo faliu e aprovou a instituição da Comissão Financeira Internacional, que tomou o controle das finanças do Estado. Embora conservasse os atributos da indepedência, a Tunísia transformou-se em uma semicolônia das potências europeias.

O Marrocos, que se opôs por mais tempo que os outros países norte-africanos à pressão estrangeira, submeteu-se finalmente à mesma sorte. O tratado anglo--marroquino de 1856 "abriu" o país aos capitais estrangeiros. A guerra hispano--marroquina[12] de 1859-1860 findou-se pelo penoso tratado de paz de Tetuão (26 de abril de 1860). A Espanha alargou suas enclaves, obteve uma enorme contribuição e, fato essencial, conseguiu estender os direitos e os privilégios do estatuto de extraterritorialidade do qual se beneficiavam seus cidadãos. Tratados análogos, que deram origem à sujeição colonial do país, foram firmados com a França (em 19 de agosto de 1863) e com outros Estados europeus.

A "descoberta" da Tunísia, da Tripolitânia e do Marrocos, assim como a conquista da Argélia, foram acompanhadas pelo estabelecimento, nesses países, de um grande número de estrangeiros (europeus e levantinos), que foram, de alguma forma, agentes do grande capital. Eles representavam firmas estrangeiras, cuidavam do comércio (não desprezavam o contrabando, a usura e outras práticas duvidosas), compravam casas, jardins e terrenos. Na Tunísia, em Trípoli e no Marrocos (a partir de 1856), eles gozavam de um estatuto de extraterritorialidade e apenas se submetiam aos cônsules de seu país[13].

Na Argélia, os colonos europeus encontravam-se em uma situação ainda mais privilegiada. No "território civil", eles tinham sua administração, sua justiça e suas leis, formando assim uma sociedade fechada hostil à população autóctone. A partir de 1856, o número de nascimentos ultrapassou aquele de óbitos. "São esses sinais, escreveu C. R. Ageron, que comprovam a fundação de uma colônia de povoamento[14]." Simultaneamente ao aumento do número de imigrantes cresciam suas intrigas. Os colonos pretendiam notadamente pôr fim ao "regime do sabre", "retomar" as terras "abandonadas" pelo senatus-consulto de 1863,

---

12 E. Szymanski, 1965, nota 2, p. 54-64. No que tange às consequências financeiras penosas da guerra, consultar G. Ayache, 1958.

13 No livro fundamental de J.-L Miège, 1963, pode-se encontrar uma excelente escolha de materiais a respeito dos privilégios dos europeus no Marrocos.

14 C. R. Ageron, 1964, p.28.

instituir em toda parte a propriedade privada das terras e generalizar o sistema da administração civil.

A resposta da sociedade tradicional

As omissões dos colonos, a onipotência dos homens de negócios estrangeiros e o próprio fato da penetração crescente dos imigrantes em todas as esferas da vida nacional suscitavam a irritação dos autócnes da África do Norte. Os liberais[15], como K͟hāyr al-Dīn, Husayn, Kabadu e Muhammad Bayram na Tunísia ou Koussantini na Algéria, que sofriam ao ver seu país na adversidade, mas entendiam, por outro lado, a necessidade das reformas, estavam isolados e incompreendidos pelo povo. "A política de civilização" de Napoleão III na Argélia, assim como as reformas na Tunísia e na Tripolitânia, chocaram-se com a incompreensão, e mesmo com a hostilidade, da maioria da população. Esta as interpretava como uma nova etapa da sujeição colonial, como a renúncia à s͟harī'a e à personalidade muçulmana. Essas reformas provocaram um ressentimento particular entre os marabutos e a população rural. Os camponeses e os nômades consideravam renegados os muçulmanos europeizados e não lhes davam confiança. A poesia popular[16] mostra que os simples muçulmanos choravam o encerramento da época do regime patriarcal, que eles eram estrangeiros ao "século da desonra" "sem fé nem lei" e que desprezavam as pessoas que, segundo o poeta Mohand-ou-Mhand (1845-1906), haviam sido leões e, agora, curvavam-se sob o jugo.

No início dos anos 1860, o apelo para uma luta acirrada contra os estrangeiros encontrou um amplo apoio entre o povo, em quase todos os países muçulmanos. Uma propaganda ativa em favor das ideias da *jihad* pan-islâmica foi empreendida. É desta época que data a potência da confraria sanūsiyya, que via no assassinato dos europeus um ato de grande devoção. Não é de se espantar que, nestas condições, qualquer dificuldade, ou mesmo incidente fortuito, tenha servido como pretexto para as ações das massas. As rebeliões, relativamente restritas dos Aurés (1859) e do Hodna (1860), assim como as desordens de Túnis (1862), anunciavam as grandes insurreições nacionais dos anos 1860 e do início dos anos 1870. Alastravam-se de forma rápida e confusa, tal um acesso de furor

---

15 Para as características e as peculiaridades do pensamento liberal árabe do século XIX, consultar A. Hourani, 1962.
16 Para materiais interessantes, refletindo a luta do povo argeliano na poesia, consultar A. Memmi, 1963.

do povo. Saques barbáros, assassinatos, destruição aparentemente absurda de postes telegráficos, de agências de correio e de tudo que era europeu testemunhavam a enorme força de um desejo escondido de vingança. Habitualmente, tais insurreições não eram verdadeiramente organizadas. Por vezes, havia chefes designados, mas não dirigentes absolutos. Apenas a participação das confrarias religiosas unia-os em uma guerra santa para o triunfo da fé.

A primeira insurreição deste tipo teve lugar na Tunísia: começou no mês de março de 1864 e se alastrou por todo o país. 'Alī ibn Guedahem, "o bei do povo", era o chefe desta insurreição, que teve como ideólogos os "irmãos" da confraria tijāniyya. O isolamento dos insurgentes que, segundo J. Ganiage, "não se decidiam a vencer"[17], permitiu ao governo do bei salvar a capital, destruir as *shartiya* (organimos insurrecionais eleitos e assegurando a gestão local) e, no mês de abril de 1865, abafar os últimos focos de resistência.

A insurreição dos Oueld Sīdī Shaykh, ligados à confraria religiosa dos Dergawa, teve um caráter análogo. O levante iniciou-se em abril de 1864, invadiu vastas extensões dos altos planaltos e, por volta do outono, ganhou a região de Orã, a Dahra e outras localidades da Argélia Ocidental. Porém, após terem chamado reforços de além-mar, os franceses conseguiram, em 1865, estraçalhar os destacamentos insurrecionais liderados pelo lendário Si Sliman.

O anúncio do regime civil, em 9 de março de 1870, e a queda do Segundo Império marcaram o início de uma grande insurreição na Argélia Oriental. As primeiras *shartiya* foram organizadas no outono de 1870, e os primeiros conflitos armados ocorreram no mês de janeiro de 1871. A insurreição alastrou-se por quase toda a região de Constantina, pela grande Kabilia e por algumas localidades do Oeste. Em 08 de abril de 1871, Shaykh al-Haddād, chefe da confraria rahmāniyya, declarou a *jihad*. O *bachagha* al-Makrani tornou-se o chefe militar da revolta e, após sua morte, seu irmão Bū Mezrag sucedeu-o. Foi apenas em janeiro de 1872 que os franceses se apossaram das bases da insurreição e se tornaram senhores da situação.

O abafamento dessas insurreições acompanhou-se de uma repressão maciça, de multas, de confiscações de terras e do desarmamento das comunidades. Não somente os colonos europeus não se solidarizaram com os insurgentes, como também alguns dentre eles participaram da luta armada contra os muçulmanos. Há de destacar que os imigrantes que lutavam para os ideais revolucionários democráticos e socialistas – o que mostrou claramente a Comuna de Argel de

---

17   J. Ganiage, 1959, p. 251.

1870-1871 – eram ao mesmo tempo hostis às aspirações nacionais dos muçulmanos da África do Norte.

Rumo à política imperialista

O esmagamento do movimento insurrecional dos anos 1860 e do início dos anos 1870 abriu o caminho a uma colonização doravante sem obstáculos da África do Norte. Ademais, as mudanças que ocorriam na Europa, especialmente a instauração do domínio do capital financeiro, estimularam a expansão colonial. Esta tomou, pouco a pouco, o caráter de uma luta meramente imperialista para a partilha do mundo e para a monopolização das fontes de matérias-primas e outros recursos naturais.

A "idade de ouro" da colonização começou na Argélia[18]. Em 24 de outubro de 1870, o governador geral militar foi substituído por um "governador civil dos três departamentos da Argélia". Em alguns anos, os colonos europeus transformaram-se em uma camada dominante privilegiada de "cidadãos", uma "minoria branca" gozando de todos os direitos civis e políticos. A população autóctone, qualificada de "súditos", era privada de direitos e submetida à regulamentação estabelecida na base do pretenso "código indígena" (decretos de 1874), instituindo o "regime do indigenato" (que duraria até 1936). A nova legislação fundiária (decreto de Ollivier de 1870 e, sobretudo, lei de 26 de julho de 1873) estabeleceu o princípio da propriedade privada e da livre transferência de terras aos colonos. Os investimentos de capitais franceses cresceram consideravelmente, assim como o comércio e outros laços econômicos com a metrópole.

Por volta do fim do século XIX, a situação da Tunísia era análoga. O destino do país foi decidido em 1878, no congresso de Berlim, onde, após um "grande jogo" diplomático, Bismarck "devolveu" a Tunísia à França[19]. Para preservar a independência da Tunísia, Khāyr al-Dīn, então primeiro ministro (1873-1877), invocou a ficção da soberania otomana, mas seus esforços não foram coroados de êxito. Em 24 de abril de 1881, as tropas francesas cruzaram a fronteira. Em 12 de maio de 1881, ameaçando depô-lo, os franceses impuseram ao bei o Tratado do Bardo e, em 8 de junho de 1883, após a repressão definitiva da resistência,

---

18 Ver C. R. Ageron, 1968, vol. I.

19 Diferentes aspectos da luta das grandes potências pela Tunísia são expostos de uma maneira detalhada no livro fundamental de J. Ganiage, 1959. Uma bibliografia mais ampla encontra-se nesta obra, p. 701--758.

a convenção de La Marsa, que lançaram as bases jurídicas do regime colonial do protetorado.

A Tripolitânia e o Marrocos conseguiram adiar a ocupação europeia. No que concerne a Tripolitânia, a Itália era o principal pretendente; ora, preocupada com a luta pela Tunísia até 1881, foi apenas no início dos anos 1880 que ela começou a manifestar suas pretensões[20]. Em 1884-1885, o Estado-Maior geral italiano elaborou planos de guerra. Entretanto, por falta de entendimento entre as potências imperialistas, houve de adiar sua realização[21]. Pelos mesmos motivos, o Marrocos conseguiu evitar a ocupação estrangeira até o final do século XIX. Todavia, suas tentativas para restringir os privilégios e a arbitrariedade dos estrangeiros fracassaram. A conferência das potências europeias e dos Estados Unidos da América, convocada em Madri em 1880, limitou mais uma vez a soberania do Marrocos e decretou que não se podiam fazer alterações na gestão do país sem o consentimento das potências.

No mundo muçulmano, a partilha e a ocupação da maior parte da África do Norte foram consideradas um novo atentado contra o islã. A luta dos combatentes norte-africanos pela fé encontrou apoio (na maioria das vezes meramente moral) em Istambul e nos outros países do Oriente[22]. Com base nestes acontecimentos, um novo procedimento foi desencadeado na Argélia e na Tunísia para impedir a colonização com as armas na mão: revoltas lideradas por ʿAlī ibn Khalīfa na Tunísia, em 1881-1883 e por Bū ʿAmāma na Argélia, em 1881. Porém, apesar da perseverança e do heroísmo dos insurgentes, essas revoltas não alcançaram seu objetivo. Afinal, já se tratava de combates de retaguarda, as últimas tentativas de uma sociedade tradicional para defender os caminhos de um desenvolvimento original, com base nas antigas estruturas morais e sociais, já solapadas no decorrer da conquista estrangeira e do desenvolvimento do capitalismo colonial.

---

20 Ver E. de Leone, 1960, p.301 e seguintes. A atmosfera geral da atividade italiana está descrita nas notas do viajante russo A. V. Elisseev, que visitou a Tripolitânia em 1884. Ver A. V. Elisseev 1896, p. 79.

21 No que tange aos principais traços da luta diplomática que precedeu a conquista da Líbia, consultar V. L. Loutskii, 1965, p. 269-272, e a tradução inglesa: V. Lutsky, 1969.

22 Alguns dados a respeito desse problema estão disponíveis em A. Martel, 1965, tomo I, p. 228 e seguintes. No que concerne às relações entre a Porta e a Sanūsiyya, ver N. A Ziadeh, 1958, p.61 e seguintes. No que diz respeito às tentativas de ʿAbd al-Hamīd II para coordenar e dirigir as manifestações antiestrangeiras nos países árabes, em particular no Egito, consultar H. Adali, 1968, p. 54 e seguintes.

CAPÍTULO 20

O Saara no século XIX

Stephen Baier[1]

Uma história do Saara deve levar em conta acontecimentos situados em dois níveis. Primeiramente, há o fenômeno do fluxo e refluxo característico da vida dos nômades saarianos e dos habitantes dos oásis: migrações sazonais alternativas com rebanhos, formação e dissolução de alianças, ascensão e queda de chefes, colaborações e represálias, epopeias de valentes guerreiros e nobres damas, vida e ocupação de mercadores, santos e sábios. Como pano de fundo destes eventos e fatos locais, desdobra-se o quadro bem mais vasto da evolução histórica. No século XIX, o Saara, malgrado o seu distanciamento, entrou progressivamente em contato com a economia mundial. Ao final do século, a penetração econômica europeia incidira sobre a vida de muita gente e, embora distante do seu final, a conquista europeia do deserto provocara mudanças fundamentais na natureza das relações estabelecidas entre o Saara e o mundo exterior.

Em ambos os níveis, a escassez de dados históricos cria dificuldades e convida a empreender indispensáveis pesquisas nos arquivos otomanos, franceses, italianos, egípcios e marroquinos, assim como em coleções privadas. No século XIX, o interesse dedicado pelos europeus ao deserto aumentou em virtude das potências europeias nele perceberem uma via comercial rumo ao Sudão. Nós igualmente podemos formular uma ideia acerca dos processos históricos com

---

[1] O autor gostaria de agradecer a Charles Stewart, que atenciosamente aceitou ler a primeira versão deste capítulo, à qual dedicou certo número de úteis sugestões.

a ajuda de dados provenientes de diferentes fontes europeias. Todos os relatórios escritos, tanto nas línguas europeias quanto em turco ou árabe, devem ser completados por relatos orais, os quais somente de modo fragmentado foram recolhidos. Se importantes pesquisas foram realizadas, por exemplo, em respeito aos tuaregues do centro saariano, não se dispõe, para outros grupos, senão de uma documentação histórica dentre as mais escassas. Em certas sociedades saarianas, a falta de dados genealógicos em profundidade e a ausência de escritos históricos árabes locais impõem ao historiador problemas que talvez não sejam jamais solucionados.

O presente capítulo examinará a história do Saara no século XIX, interessando-se particularmente pelos nômades cameleiros, habitantes do deserto que viviam dos seus rebanhos. Outrora, possuir camelos conferia aos proprietários uma temida potência militar: era-lhes possível lançar ataques-relâmpago contra os habitantes dos oásis e agricultores sedentários, para evadirem-se, em seguida, em total impunidade. Esta vantagem militar permitia-lhes praticar sequestros nas comunidades sedentárias, tal como procediam, muito amiúde, nos confins meridionais do deserto, ou seja, no Sahel, ou ainda impor o seu domínio sobre os agricultores sedentários dos oásis ou do Sahel, exigindo-lhes um tributo em troca da sua proteção. Embora capazes de subjugarem homens, destruírem palmeirais ou colheitas, pilharem reservas de cereais e desorganizarem o comércio, os nômades buscavam, com maior frequência, não aniquilar os agricultores, mas controlar a sua produção e dela se apropriar. São justamente e portanto os nômades que se encontram naturalmente no centro de grande parte da história econômica e social do Saara, além de terem igualmente desempenhado um papel essencial na evolução política, militar e religiosa do deserto.

Sociedade e meio ambiente

O nomadismo pastoril é, com toda evidência, uma total e perfeita adaptação ao ambiente árido do deserto. Entretanto, o quadro de simplicidade enganadora que evoca a palavra "deserto", definido em função dos baixos índices pluviométricos, esconde na realidade uma rica variedade de climas e relevos, os quais moldaram as sociedades do Saara.

Sob o risco da simplificação, pode-se dizer que o deserto está submetido a dois regimes pluviais, a sua parte meridional recebe precipitações no verão e a sua parte setentrional no inverno, havendo certa sobreposição dos dois regimes ao longo da costa atlântica. As chuvas são pouco abundantes e muito desigualmente distribuídas no tempo e no espaço, de modo que, nas regiões mais áridas do deserto, algumas localidades podem não receber água durante dez ou mais anos. O deserto é o mais seco em suas partes centrais, especialmente em direção ao Leste, nos atuais Egito e Líbia oriental. Três "corredores", com índices pluviométricos superiores à média, atravessam de Norte a Sul as regiões centrais secas do deserto: o primeiro une o Senegal ao Marrocos, proximamente à costa atlântica mais seca; o segundo liga a curva do Níger à Argélia; e o terceiro acompanha as terras altas, às margens do Mar Vermelho. A população está evidentemente concentrada nas partes do deserto relativamente mais bem regadas e as caravanas sempre evitaram, por via de regra, as regiões mais áridas do Egito e da Líbia. As precipitações aumentam com a altitude, até certo relevo, e a configuração das terras saarianas apresenta tanta diversidade quanto o clima. Após as chuvas, cursos d'água até então secos, os *wādī*, podem novamente fluir por centenas de quilômetros, em grandes superfícies apenas recobertas por uma fina camada de areia. Em alguns casos, a agricultura irrigada torna-se possível graças à proximidade do lençol freático. Nas zonas de dunas, denominadas *ergs*, a própria areia retém grande volume de umidade: as dunas absorvem quase toda a água da chuva, liberando pequeno volume no subsolo aos lençóis aquíferos. Em suplemento, a areia deixa muito lentamente escapar a sua umidade na atmosfera, uma vez que somente um lado dos montes está exposto ao vento[2].

Os pastores e os seus animais não podem viver no deserto senão movendo-se entre as localidades para explorarem as pastagens, esparsas e efêmeras. Entretanto, nos limites do deserto, o homem pode adaptar-se de diversas formas ao meio, contando em maior ou menor intensidade com a agricultura e compondo minuciosamente os seus rebanhos. No Sahel, os pastores nômades viviam mediante relações simbióticas com os agricultores sedentários e alguns nômades cameleiros dividiam o trabalho da sua família entre a cultura e a guarda dos animais. Outros privilegiavam as necessidades dos animais em detrimento de um melhor aproveitamento das plantações; após semearem o solo, eles partiam com os seus rebanhos em busca de pastagens, retornando posteriormente para colherem a baixa produção das suas plantações. Nas regiões centrais, secas, do deserto, os pastores nômades criavam diversas espécies de animais; mas eles sempre se dedicavam prioritariamente aos camelos, em virtude da sua adaptabilidade à seca. Para criar camelos em boas condições, era necessário oferecer-lhes diversos tipos de pastagem, impondo-lhes assim, periodicamente, o abandono

---

2 J. Dubief, 1973, pp. 125-130.

dos *ergs* e a ida em direção aos terrenos rochosos (*regs*). Esta necessidade, assim como a busca de pastagens, determinava a amplitude dos movimentos próprios aos nômades cameleiros[3]. Aqueles cujo território compreendia terrenos rochosos e arenosos contíguos, como os Chaamba, movimentavam-se mais restritamente, comparativamente àqueles que, como os Regibat, não dispunham dos dois tipos de solo; isso acontecia malgrado as similaridades de outra natureza que pudessem existir entre os seus respectivos territórios.

O ambiente árido encorajou, junto à maioria das populações nômades, a evolução de similares sistemas políticos descentralizados, os quais conciliam a necessidade de dispersão, para a busca de pastagens, e a imposição de agir em conjunto, frente a uma ameaça externa. Estas sociedades, descritas nas obras e publicações antropológicas como sistemas de linhagens segmentares, posicionam cada indivíduo em uma série de grupos genealógicos, de mais e mais amplos, sobrepondo uns aos outros e estendendo-se de tal modo que o ancestral escolhido como ponto de referência torna-se mais longínquo[4]. A genealogia pode ser aplicada na divisão de uma sociedade em um número x de segmentos máximos, dentre os quais, cada um é, por sua vez, dividido em um número y de segmentos e um número z de clãs, descendo para atingir, pelas escalas intermediárias, a família ampliada. As sociedades organizadas em linhagens podem resolver os conflitos internos sem recorrerem à autoridade central, caso o poder de segmentos situados em um nível apropriado da estrutura genealógica estiver em jogo, e é possível identificar na história destas sociedades muitos exemplos do funcionamento deste mecanismo. Porém, a história igualmente mostra que segmentos são capazes de se unirem para enfrentar uma ameaça externa e que necessidades militares podem inclusive produzir o que se assemelha a uma autoridade central. As populações sedentárias ou semissedentárias frequentemente assimilaram indivíduos estranhos à sua linhagem, imigrantes vindos ao seu território; do mesmo modo, a residência em um mesmo território é passível, nestas sociedades, de substituir o parentesco, como princípio de associação. As sociedades organizadas por linhagem podem, elas próprias, possuir chefes ou conselhos, em diversos níveis da estrutura segmentária ou distribuídos no seio desta última; homens ricos são capazes de atrair como partidários, indivíduos situados além dos limites do parentesco; ou alianças podem contradizer ou parcialmente contrabalançar a noção de parentesco como fator de fidelidade.

---

3   A. Cauneille, 1968, pp. 108-109.
4   D. M. Hart, 1967, 1970; E. Gellner, 1972, 1969, pp. 35-69; E. E. Evans-Pritchard, 1949, pp. 29-61.

Outro traço comum às populações saarianas era a estrutura hierarquizada, consequência da capacidade dos guerreiros em concentrarem riquezas, de modo a fortalecer o seu domínio. Era frequente a manutenção da autoridade sobre grupos de indivíduos livres, embora politicamente subordinados e descendentes de nômades assujeitados, por parte de famílias de guerreiros aristocráticos. Os indivíduos em situação nômade, escravos ou descendentes de escravos, trabalhavam como domésticos, pastores, artesãos, comerciantes ou agricultores.

Evolução das relações com o mundo externo

Os nômades do deserto viviam em um mundo que lhes era próprio, mas não demonstravam impermeabilidade frente às influências externas. Em primeiro lugar, eles eram de tal modo especializados na criação de animais que, para obterem grãos ou o que lhes fosse necessário, deviam contar não somente com a pilhagem e a imposição de tributos, mas, em suplemento, com as trocas comerciais pacíficas realizadas junto à coletividade sedentária. Em segundo lugar, a vantagem militar conferida pela sua mobilidade não se estendia além dos limites do deserto. As regiões mais férteis alimentavam populações mais numerosas; e estas zonas, mais densamente povoadas, podiam reunir suficiente número de defensores, a ponto de compensar a vantagem da qual os nômades, em menor número, beneficiavam-se em seu próprio domínio.

No início do século XIX, o tipo de interação entre os nômades e os Estados sedentários era muito diferente nas extremidades norte e sul do deserto. Na África do oeste e Central, um problema essencial para os chefes sedentários consistia em manter os nômades a uma respeitosa distância; postura que, na África do Norte e em certa medida, apresentava facilidades, em virtude da presença de barreiras naturais, tais como o Atlas e outras cadeias montanhosas. Ao Sul do deserto, a melhor estratégia equivalia a promover a participação dos nômades na economia das zonas férteis, conduzindo-os ao interesse pelo comércio nas fronteiras do deserto, assim como ao seu engajamento em favor do desenvolvimento urbano e da agricultura; ademais, era-lhes possível empregar contingentes de nômades em seus exércitos, a fim de combater outros Estados sedentários. Era igualmente prudente, seguindo o exemplo chinês, utilizar um grupo de nômades como mercenários para manter distante o adversário. Os mesmos princípios eram válidos ao Norte do deserto; contudo, no século XIX, as regências otomanas e os sultões do Marrocos demonstravam extrema habilidade em preservar o equilíbrio de forças entre os nômades e evitar os enfrentamentos diretos[5]. Uma importante diferença consistia em sua riqueza *vis-à-vis* dos Estados ao Sul do Saara que facilitava o exercício da autoridade por intermédio de grupos privilegiados, além de permitir aos governantes da África do Norte suster forças pouco numerosas, embora bem armadas e capazes de intervirem, quando necessário, nos conflitos nômades. Além do mais, os governos magrebinos gozavam de grande prestígio como chefes ou representantes, a um só tempo, espirituais e temporais de Estados muçulmanos; situação que permitia a sultões, bem como a governantes hábeis ou venerados, utilizarem a diplomacia para tirar o maior proveito possível dos seus pequenos contingentes armados.

O avanço dos otomanos na Cirenaica e na Tripolitânia, assim como dos franceses na Argélia, marcou um ponto de inflexão nas relações entre as sociedades saarianas e os estrangeiros. A penetração francesa e otomana em direção ao Sul, no deserto, teve lugar em ritmos equivalentes nos seus primórdios, sendo ditada por considerações estratégicas análogas: a aspiração ao controle e à taxação do comércio transaariano e o desejo de impedir a anexação das regiões situadas além daquelas sobre as quais os franceses e os otomanos já houvessem estabelecido o seu domínio, nas proximidades do Mediterrâneo. Em que pese a simultaneidade do seu avanço, as duas potências apresentavam um estilo assaz distinto[6]. Dispondo de meios inferiores, comparativamente aos franceses, os governantes otomanos agiam de modo muito mais prudente em suas relações com os nômades das regiões interioranas, nas fronteiras dos seus domínios na Tripolitânia e na Cirenaica. Graças ao seu conhecimento das estruturas políticas locais, eles eram capazes de explorar o caráter mutável das querelas, das guerras entre grupos e alianças. Eles se inspiravam em uma longa experiência adquirida pelo governo de sociedades segmentárias e pela preservação de relações diplomáticas com aquelas sociedades que eles não podiam governar; eles igualmente atribuíam-se a legitimidade e o estatuto de representantes do centro político do mundo muçulmano.

Em 1835, os otomanos assumiram o poder direto na Tripolitânia e na Cirenaica, destituindo a dinastia semiautônoma dos Kāramānlī: eles tentavam deste modo impedir a progressão da influência francesa exercida a partir do Egito. Uma série de incidentes ao longo das tentativas elaboradas pelos otomanos, com o objetivo de ampliar a sua autoridade no deserto, na Tripolitânia e na Cirenaica,

---

5   E. Gellner, 1978.
6   A. Martel, 1965, vol. 1, p. 101-132. Sobre o papel dos britânicos na interrupção da progressão francesa em direção a Ghadāmes, conferir: A. A. Boahen, 1964, pp. 132-212.

ilustra o caráter do seu governo. Em tese, um *kaymakam* residia em Djalo e tinha a missão de supervisionar a arrecadação dos impostos incidentes sobre os palmeirais de Djalo e de Awdjīla, além de lhe caber a manutenção da ordem no deserto circundante. Em 1869, o *kaymakam* passava, no entanto e desde então, o melhor do seu tempo em Benghazi, de tal modo que o coletor de impostos, que se dirigia ao oásis uma vez por ano, era finalmente o único representante oficial otomano no interior. Em troca do imposto por eles pago, os habitantes do oásis de Awdjīla requisitaram a proteção contra os nômades zuwaya, os quais entravavam o fluxo comercial transaariano e buscavam ampliar a sua autoridade no oásis. J. P. Mason reportou uma tradição oral, relatando a visita realizada por um oficial otomano à Awdjīla, com vistas a selar a paz com os zuwaya, os quais haviam aparentemente sido combatidos pelos otomanos. Em 1856, o *kaymakam* de Benghazi governava por intermédio do xeque dos bara'asa, grupo de beduínos por ele mantido com cinquenta soldados armados[7]. A influência do governo otomano jamais se estendeu sobremaneira no deserto cirenaico e, ao longo dos últimos decênios do século, a Sanūsiyya, uma *tarīka* (confraria) *Sūfī*, fundada nos anos 1840, tornou-se o efetivo governo do interior[8].

Embora limitada, a capacidade dos otomanos, de imporem a produção de tâmaras ou de se imiscuírem nos assuntos nômades, encontrou resistências. O governador otomano 'Alī Askar, ao chegar a Trípoli, em 1938, teve uma entrevista com três chefes da resistência no interior da Tripolitânia; e aquilo que ocorreu a um destes chefes, 'Abd al-Djalīl dos awlād sulaymān, grupo nômade do Fezzān e da Sirta, é instrutivo. O paxá começou a negociação com 'Abd al-Djalīl, reconhecendo-o como chefe legítimo dos seus domínios, em troca de uma promessa referente a não desorganizar o comércio entre Trípoli e as regiões interioranas. No entanto, 'Abd al-Djalīl revelou-se demasiado potente para os objetivos otomanos ao estabelecer contatos comerciais na Tunísia e no Egito, demonstrando assim ser-lhe possível ao menos ameaçar a prosperidade de Trípoli. 'Alī Askar utilizou contatos diplomáticos para descreditar 'Abd al-Djalīl aos olhos dos seus aliados, os quais reconheceram a ameaça representada pela concentração de poderes. Em três ocasiões críticas nas quais 'Abd al-Djalīl enfrentou as forças otomanas no campo de batalha, em 1840 e 1841, os seus antigos aliados, não satisfeitos em abandoná-lo, voltaram as suas armas contra ele. 'Abd al-Djalīl encontrou a morte durante o combate final e as suas forças

---

7 Para uma história geral da Tripolitânia, conferir L.-C. Féraud, 1927. Para a história de 'Awdjīla, conferir J. P. Mason, 1971, pp. 200-206, e na *Revue d'histoire maghrébine*, 1976, vol. 6, as pp. 180-188.
8 D. D. Cordell, 1977*a*; E. E. Evans-Pritchard, 1949.

foram, por assim dizer, aniquiladas; mas, os awlād sulaymān, vencidos, fugiram rumo ao Sul, seguindo a rota das caravanas entre Fezzān e Borno. Anteriormente, 'Abd al-Djalīl concluíra alianças matrimoniais com importantes famílias do Borno, operação cujo objetivo consistia em apoiar os planos de edificação de um império comercial que teria abrangido contatos com o reino do Sudão. Tirando proveito destas alianças, os awlād sulaymān sobreviventes ocuparam posições na fronteira entre o Borno e os territórios dos nômades, onde eles ajudaram o soberano do Borno a impedir as depredações dos tuaregues. Porém, em 1850, os awlād sulaymān foram duramente derrotados pelos seus inimigos nômades. Em duas ocasiões de uma mesma década, eles quase haviam sido aniquilados; entretanto, sobreviveram e tornaram-se inimigos e representaram a tragédia no tocante ao comércio, assim como para os nômades e agricultores vizinhos. Eles aumentaram a sua população, através da assimilação de escravos capturados durante *razzias* (incursões) e graças a um chamado dirigido aos seus antigos aliados *soff* da Sirta e do Fezzān[9].

As aventuras dos awlād sulaymān provam que, embora limitado, o poderio militar do paxá otomano de Trípoli podia promover a discórdia junto aos nômades; além de evidenciarem que, durante a aplicação das políticas segmentares e a reorientação das alianças *soff*, os otomanos demonstravam habilidade muito inferior. Os franceses, por sua vez, não possuíam esta vantagem, limitando-se quase exclusivamente à força das armas. Na Argélia, o primeiro obstáculo à expansão francesa foi o Estado formado por 'Abd al-Kādir; todavia, após terem-no vencido, em 1847, os franceses dirigiram as suas atenções para o deserto e, ao longo dos anos 1850, enquanto o general Randon era o governador da Argélia, eles dedicaram-se a restabelecer as relações comerciais entre a Argélia e o Sudão ocidental. Para assegurar a segurança do comércio que eles esperavam desenvolver, estabeleceram postos avançados em Géryville e Laghwāt (Laghouat), no ano 1852, em Ouargla, em ano 1853, e em Touggourt (Tuggurt), no ano 1854. No Oeste, a expansão militar ao Sul de Géryville foi contida pela revolta dos awlād sīdī shaykh, prolongada de modo intermitente durante quase vinte anos; além de sofrer outros reveses temporários em razão da guerra franco-prussiana de 1870 e de um importante levante nas montanhas de Kabylie, em 1871. Um renovado

---

9 Para um apanhado geral acerca da resistência no interior da Tripolitânia, conferir A. Martel, 1965, pp. 103-106; para uma detalhada história dos awlād aulaymān, sobre a qual se apoia a correlata exposição preposta, conferir D. D. Cordell, 1972, pp. 11-45. Neste caso, *soff* diz respeito a um pacto concluído entre os awlād sulaymān e outro grupo de beduínos; entretanto, as alianças *soff*, tal como as alianças *leff* no Marrocos, igualmente podem unir grupos no interior de uma *kabīla* e, eventualmente, substituírem em parte as relações de descendência ou oporem-se a elas.

interesse pelo comércio transaariano e planos inconsequentes de criação de uma estrada de ferro trans-saariana estimularam uma penetração mais profunda no deserto, durante os anos 1870. A parte meridional do deserto argelino permaneceu livre do domínio francês e a progressão ao Sul de Ouargla foi interrompida quando os tuaregues do Hoggar massacraram a segunda expedição Flatters, em 1881, demonstrando com isso que a ocupação das terras dos tuaregues podia revelar-se particularmente custosa. Após 1890, os franceses empreenderam, com a aprovação dos britânicos, uma política de conquista do Saara Central, cuja fase definitiva começaria pela ocupação de In Salāh, em 1899. A última demonstração de resistência relevante, em 1902, foi abafada com a derrota dos tuaregues do Hoggar. Durante estas operações finais, os franceses recorreram a um novo expediente, correspondente a recrutar nômades em massa, os quais seriam incorporados às tropas como combatentes irregulares, o que permitiria aos ocupantes combinar a mobilidade dos nômades e os seus conhecimentos territoriais com o muito superior poderio bélico do exército francês. Em 1902, na vitória por eles obtida contra os tuaregues do Hoggar, os franceses tiraram proveito da antiga animosidade existente entre chaambas e tuaregues. Ao longo da derradeira batalha, um único oficial francês comandava uma força integralmente composta por chaambas, bem treinados, fortemente armados e montados em seus melhores *méharis* (dromedário originário da Arábia)[10].

Diferentemente dos franceses, o governo central marroquino, malgrado uma reforma econômica introduzida no curso da segunda metade do século XIX, não possuía as condições para financiar uma força armada capaz de eficazmente dar cabo à ocupação do território compreendido entre as montanhas do Atlas e os limites setentrionais do Saara. Os marroquinos apresentavam a mesma incapacidade de enfrentar o exército francês que exercia pressão na fronteira com a Argélia e, por vezes, perseguia os grupos dissidentes em território marroquino. Os limites pré-saarianos do Marrocos pertenciam ao Bilād al-Sibā, igualmente conhecido como o país da dissidência: contudo, esta tradução não deve induzir a perder de vista os importantes laços econômicos, religiosos e sociais, existentes há muito tempo entre estas regiões e o Makhzen, território onde o sultão podia recolher impostos e exercer a sua autoridade. O Marrocos era beneficiado pela proteção tácita dos britânicos, os quais detinham o controle sobre o comércio exterior marroquino; portanto, os interesses britânicos no Marrocos contribuíram para retardar o estabelecimento da autoridade francesa. Entre os seus esfor-

---

10 A. Bernard, 1906, pp. 16-110; para a região fronteiriça entre a Argélia e o Marrocos, conferir R. E. Dunn, 1977, pp. 137-175; no tocante à vitória sobre os tuaregues, conferir J. Keenan, 1977, pp. 72-85.

ços, realizados com o objetivo de protegerem o seu território localizado além do Atlas, os sultões marroquinos conferiram a devida atenção ao fortalecimento dos laços políticos e diplomáticos existentes com o Sudeste. Embora não estivessem em condições de cobrarem impostos ou exercerem o seu poder frente aos grupos nômades do além-Atlas, os sultões do Marrocos estavam aptos a intervirem nas políticas locais, lançando o seu peso político em favor de uma fração ou outra, postando-se como mediadores em diferentes conflitos ou apoiando-se em seu prestígio junto a lideranças religiosas. A influência religiosa do sultão do Marrocos estendia-se até a curva do Níger; o xeque kunta Ahmad al-Bekkaay, chefe dos kādirīyya no Sudão, reconheceu Mūlāy 'Abd al-Rahmān como imã de todos os muçulmanos, mantendo relações diplomáticas com a Coroa marroquina[11].

A ocupação francesa do deserto argelino representava, na realidade, um fenômeno inteiramente novo. O seu caráter permanente em nada se assemelhava às ocasionais expedições do sultão marroquino no deserto, as quais tinham como principal meta estabelecer ou recompor laços com personalidades locais. Ela contrastava, viva e igualmente, com as raras visitas dos oficiais otomanos à Cirenaica e com a política otomana, cujo objetivo era permitir aos nômades resolverem por si mesmos as suas próprias divergências, salvo quando a intenção equivalia a fazer pender a balança, aquando de querelas entre grupos rivais. Pela primeira vez, nômades eram levados a lutarem contra um exército de ocupação equipado com moderno armamento e também possuidor de guias locais ou tropas irregulares, familiarizados com o deserto. O exército francês controlava os nômades por intermédio dos "*bureaux* árabes", cujo corpo operacional era composto por oficiais de elite, dentre os quais, alguns falantes de árabe. Estes oficiais recolhiam informações concernentes aos chefes e às confrarias islâmicas, eram responsáveis pela ordem legal e governavam com o apoio de líderes designados. Na realidade, embora seja plausível erroneamente superestimar o grau do domínio exercido pelos franceses no deserto, durante os primeiros anos, contudo, deve-se muito bem observar que a ocupação francesa deste território era, em seu gênero, muito mais perfeita, comparativamente ao que os Estados sedentários, da periferia do Saara, haviam ensaiado realizar até então. Igualmente, esta ocupação era muito custosa; sobretudo, se considerarmos a fraca produtividade das terras, por pouco que não inférteis, tanto no interior do deserto quanto nas suas regiões limítrofes. Historiadores estudaram o empobrecimento da população muçulmana, decorrente das suas perdas em terras e rebanhos, assim como as revoltas causadas pela

---

11　R. E. Dunn, 1972, pp. 106-107 e pp. 31-49, 137-175; E. Burke III, 1972, pp. 176-178, e 1976, pp. 1-40; J.-M. Abun-Nasr, 1975, pp. 284-303; sobre os kunta, conferir A. Zebadia, 1974, 1974, e A. A. Batran, 1974.

política francesa de estacionamento das suas tropas. Todavia, seria interessante avaliar os danos que as populações do Saara tiveram que suportar, contrariamente ao ocorrido com os argelinos em geral, devido à ocupação do deserto; no entanto, este estudo depende dos resultados de novas pesquisas[12].

Conquanto não seja possível oferecer uma completa descrição da resistência contra os franceses, ocorrida no Saara argelino, um esboço histórico desta reação poderia, notadamente, inspirar-se no quadro elaborado por Ross Dunn, em respeito à oposição empreendida frente à ocupação francesa, nos limites pré-saarianos do Marrocos. Na esfera conceitual, o autor convoca a observarmos a incerta natureza das alianças realizadas nestas sociedades nômades, bem como o caráter totalmente imprevisível da invasão francesa. Os franceses demonstravam capacidade na destruição das colheitas, dos palmeirais, dos equipamentos de irrigação e dos rebanhos. Em contrapartida, eles estabeleceram as bases para uma paz permanente, ditada pelos seus próprios condicionamentos, entretanto, ainda capaz de favorecer a expansão do comércio. Sobretudo, indica Dunn, a chegada dos franceses criou um novo fator de incerteza na vida dos nômades e habitantes dos oásis: "Em suma, a sua vinda acrescentou aos extremos caprichos da natureza uma série de novas incertezas econômicas. Como consequência, todas as tribos e todos os *qsar*, na realidade, todos os grupos, grandes ou pequenos, dividindo os mesmos interesses e recursos, eram obrigados a dosar a sua reação frente às forças francesas, considerando os subsequentes efeitos, positivos ou negativos, incidentes sobre o seu bem-estar econômico. A crise não produziu uma pausa, mas, ao contrário, gerou uma intensificação da luta travada para superar os rigores ambientais; os grupos cooperados, assim como os indivíduos, buscaram proteger os seus recursos vitais, zelando para evitarem a submissão incondicional ao exército em marcha[13]."

Dunn faz observar que a ideologia do parentesco podia servir de base para a unidade militar, frente a uma ameaça externa efêmera; todavia, ela se mostrava pouco eficaz "em determinadas circunstâncias, mediante as quais a sobrevivência dependia, essencialmente, da capacidade de grupos com recursos comuns em promoverem uma convergência entre as suas políticas e os seus interesses econômicos, aplicando em ordem dispersa táticas contraditórias de ataque, de compromisso e de fuga"[14]. Embora esta conclusão refira-se aos dawi mani,

---

12 C. R. Ageron, 1968, vol. 1, pp. 3-56, 239-265, 367-393, e vol. 2. pp. 737-858; A. Bernard e N. Lacroix, 1906, pp. 122-126.
13 R. E. Dunn, 1977, p. 225.
14 *Ibid.*

ela pode perfeitamente ser aplicada à história de numerosas outras sociedades saarianas.

A unidade na resistência era evidentemente possível, a despeito das incertezas ambientais e da divisão inerente à sociedade nômade, e a religião criava um contexto próprio à maioria dos movimentos de envergadura. No transcorrer normal da vida no deserto, a *tarika Sūfī*, com as suas *zāwiya* ou centros de saber que atraíam os fiéis e estudantes, desempenhava um real papel político, mantendo a ordem legal e agindo na qualidade de mediadora nas diferentes disputas entre facções, segmentos sociais ou populações inteiras. A necessidade de educação e arbitragem das disputas valia aos santos do sufismo, bem como aos chefes das confrarias, o respeito e a reputação de sábios, místicos e juristas. Em tempos de crise, era natural que as ordens religiosas e os seus mais influentes chefes fossem levados a desempenhar papéis de ordem política e militar. Anteriormente à conquista francesa, a Darkāwiyya canalizou a oposição ao domínio otomano, junto às cabildas e ao Sul do Oran. Igualmente, a resistência aos franceses cristalizou-se em torno dos chefes religiosos e das suas ordens, tal qual ocorrido no caso do movimento dirigido por 'Abd al-Kādir, da revolta dos awlād aīdī shaykh e da resistência organizada pela Sanūsiyya, na Líbia, no Tchade e no Níger, após 1900[15].

Em outro caso, circunstâncias econômicas excepcionais, resultantes da penetração francesa no deserto, ao longo dos anos 1850 e 1860, facilitaram a realização de uma ação unificada entre os tuaregues do Hoggar. Isolado dos mercados do Norte, o Hoggar transformou a sua base econômica. Em consequência de uma relativa estabilidade, sob a autoridade do amenukal al-Hadjdj Ahmad (1830-1877), foi possível estender a agricultura ao Hoggar, graças ao trabalho de camponeses assujeitados. O ataque da missão Flatters, em 1881, aconteceu durante um período de seca intensa, de 1880 a 1883. Posteriormente, enquanto os franceses ocupavam os oásis do Saara Central, os tuaregues do Hoggar reagiram, utilizando pastagens situadas ao Noroeste do Estado do atual Níger e praticando um comércio baseado em caravanas, junto às regiões limítrofes meridionais do deserto. Com carregamentos de sal, da sebkha, planície salícolas de Amadror, tâmaras e pequenas quantidades de tecidos em algodão britânicos importados, eles se dirigiam ao Damergou, região de agricultura sedentária situada no limite setentrional, ao Norte de Zinder, na rota comercial Trípoli-Kano. A unidade da confederação do Hoggar, facilitadora destas adaptações

---

15   C. R. Ageron, 1968, vol. 1, pp. 62-66; J.-M. Abun-Nasr, 1975, pp. 240-246; e B. G. Martin, 1976, pp. 36-67.

econômicas, sem dúvida alguma era o produto de um conflito com vizinhos. Ao longo dos anos 1870, os tuaregues do Hoggar posicionavam-se como adversários determinados dos tuaregues ajjer, ao Leste e ao Norte, estes últimos à época enriquecidos, em virtude das florescentes condições do comércio Trípoli-Kano; além de enfrentarem grupos hostis de tuaregues e m outras direções, especialmente os oulliminden, ao Sudoeste, e certos tuaregues do Aïr, ao Sudeste[16].

Uma completa exposição da resistência igualmente evidenciaria a mobilidade dos nômades cameleiros e a sua aptidão demonstrada ao movimentarem-se com os seus rebanhos, de um extremo a outro do Saara, durante tanto tempo quanto estivessem dispostos a levarem uma vida repleta de perigos e incertezas. Um exemplo desta situação foi a odisseia dos djeramna, ocorrida durante um período de cinquenta anos, na qual eles pela primeira vez enfrentaram os franceses, perto de Géryville, no ano 1881, em meio à revolta dos awlād sīdī shaykh, cuja insurreição fora desencadeada pela escassez de terras, pela notícia do massacre da expedição Flatters e pela retirada das tropas francesas, as quais haviam sido deslocadas com vistas a apoiarem aquelas engajadas na campanha da Tunísia. Quando Bū 'Amāma, líder da insurreição, foi abandonado pelos seus partidários, os djeramna partiram para juntar-se aos tuaregues do Hoggar. Em 1889, eles tomaram parte em uma incursão conduzida por chaambas na estrada Trípoli--Kano, ao Sul de Ghadāmes; pouco após, eles participaram de uma incursão no Feezān e outra suplementar no Sul da Tunísia. Quando a resistência dos tuaregues desmantelou-se, eles se retiraram nas terras altas da Tripolitânia, nas regiões limítrofes ao Sul da Tunísia e da Argélia; e, finalmente, as suas incursões tornaram-se um dos pontos controversos na rivalidade territorial entre franceses e turcos. Em 1925, eles por fim retornaram a Géryville, com o objetivo de ali estabelecerem a sua submissão, cerca de cinquenta anos após dali terem partido para a sua vida errante[17].

O comércio no deserto e os nômades

A revolução industrial acelerou os progressos da tecnologia militar europeia, na segunda metade do século XIX, com tamanha intensidade que as forças europeias, equipadas com o mais moderno armamento, encontraram, desde então e diante de si, adversários munidos de um poderio bélico ultrapassado. A

---

16 J. Keenan, 1977, pp. 63-85, 139-140, e 1972; J. Dubief, 1947, pp. 15-16; G. Gardel, 1961, pp. 126, 144-156.
17 P. Boyer, 1971.

Revolução Industrial não somente permitiu a conquista do deserto, mas, igualmente, transformou a vida econômica do Saara, na justa e progressiva medida em que a fabricação de produtos de baixo custo tornava possível uma nova fase de penetração econômica europeia. O comércio com a Europa existia desde bem antes; entretanto, o século XIX foi marcado por um fortíssimo crescimento em seu volume, provocando efeitos variáveis, segundo a estrutura das economias regionais saarianas. Assim sendo, a indústria marroquina do algodão, fornecedora para mercados situados além do Atlas, sucumbiu após 1860 à concorrência dos produtos em algodão, provenientes de Manchester; ao passo que a indústria lanígera do Sul tunisiano saía-se muito melhor e continuava com os seus produtos a alimentar os circuitos comerciais transaarianos[18]. Nos limites do Saara, diversos grupos começaram a exportar produtos primários, por exemplo, ao Norte da bacia do Senegal, crescentes exportações de goma arábica ofereceram um crescimento da potência e da influência de uma linhagem *zāwiya*, cujos membros especializavam-se em ciência islâmica e na mediação de conflitos, além de organizarem caravanas comerciais com destino às escalas do rio Senegal[19]. Na região situada ao Norte do califado de Sokoto, o crescimento, ocorrido durante os trinta últimos anos do século, das exportações de plumas de avestruz e peles de cabra curtidas, obrigou os dirigentes nômades a se adaptarem para suprir as necessidades comerciais geradas pela capacidade dos camponeses e agricultores assujeitados em ganharem a sua vida coletando e vendendo estes produtos[20]. A penetração econômica igualmente exerceu uma influência nos gostos dos consumidores e, justamente no transcorrer do século XIX, expandiu-se especialmente o costume de beber chá fortemente adoçado.

Um importante mecanismo de fortalecimento dos intercâmbios com a economia mundial era representado pelo comércio transaariano, do qual haviam participado, durante séculos, mercadores saarianos, guias, transportadores e fornecedores de produtos, tais como gêneros alimentícios, peles de cabra para a fabricação de cantis, além de artigos de exportação, como as plumas de avestruz destinadas ao mercado europeu. As populações dos oásis setentrionais, especialmente aquelas do Tafilālet, do Mzab, de Ghadāmes, do Fezzān, de Awdjīla e de Sīwa, desempenhavam um decisivo papel no tocante à organização e ao financiamento do comércio. Talvez porque estes oásis ocupassem uma posição estratégica e em virtude de terem sido dependentes do comércio de tâmaras para

---

18 K. Brown, 1976, p. 9; A. Martel, 1965, vol. I, p. 125.
19 C. C. Stewart e E. K. Stewart, 1973, pp. 86-97, 119-120, 151-153.
20 S. Baier, 1977.

adquirirem cereais das zonas de cultura pluvial situadas mais ao Norte, os seus habitantes, desde um passado remoto dedicados ao comércio, passaram naturalmente a atuar no seio do comércio transaariano, com o passar dos séculos e em razão das oportunidades surgidas. Grupos de nômades, tais como os tuaregues do Hoggar e de Kel-Ewey, os tubus (toubous) e os zuwaya do Saara Central (grupos de beduínos a não confundir com as linhagens religiosas zāwiya, da Mauritânia), realizavam, de fato e por sua própria conta, o comércio de número reduzido de escravos e de pequenas quantidades de produtos diversos; todavia, o volume das suas trocas não era comparável com aquele dos mercadores sedentários dos oásis do Norte, os quais se beneficiavam do apoio de intermediários locados em portos mediterrâneos e também daquele proveniente dos intermediários de países da Europa, particularmente quando os preços e as condições, nas rotas comerciais, eram favoráveis. Consequentemente, o principal papel dos nômades cameleiros consistia em fornecer os animais para o transporte, os guias e as escoltas militares para as caravanas; em suplemento, estes nômades asseguravam serviços de entrega para aquelas mercadorias cujos proprietários não podiam ou não desejavam acompanhar as caravanas[21]. A maioria dos grupos

FIGURA 20.1 O comércio nos confins do deserto: "Mouros" realizando o comércio da goma na escala de Bakel, à margem do rio Senegal. [Fonte: Colonel Frey, *Côte occidentale d'Afrique*, 1890, Flammarion, Paris. Ilustração reproduzida com a autorização do Conselho de Administração da Biblioteca da Universidade de Cambridge.]

---

21 Sobre o comércio transaariano por Trípoli, conferir M. El-Hachaichi, 1912, pp. 200-202; H. Méhier de Mathuisieulx, 1904; T. S. Jago, 1902; no tocante aos acordos entre mercadores e linhagens tuaregues, relativos ao transporte, às escoltas e entregas, conferir M. Brulard, 1958.

nômades do Saara possuía interesses maiores no que dizia respeito ao comércio que transitasse pelo seu território: os regibat, na via que conduzia ao Marrocos Ocidental, os aït k͟habbas͟h (segmento dos aït atta), em relação à rota que ligava o Tafilālet ao Tūwāt, os chaambas, no tocante aos itinerários ao Norte do Tūwāt, os tuaregues relativamente ao trajeto Trípoli-Kano, os tubus, no que tange ao percurso de Borno até Fezzān, os mujabra e os zuwaya, em referência ao tráfego entre Benghazi e o Wadaī, e os khabbābīsh, finalmente, no concernente à *Darb al-Arba 'in* ("o caminho dos quarenta dias"), unindo o Dārfūr e o Nilo inferior.

Uma importante dinâmica na história do deserto, no curso do século XIX,

FIGURA 20.2 A kasba [citadela] de Murzuk, no Fezzān, em 1869. [Fonte: G. Nachtigal, *Sahara and Sudan* (trad. e org. A. G. B. e H. J. Fisher), vol. I, 1974, Hurst, Londres. © Hurst, Londres. Ilustração reproduzida com a autorização do Conselho de Administração da Biblioteca da Universidade de Cambridge.]

foram o fluxo e o refluxo do comércio que utilizava estas vias. Grande número de pesquisas ainda são necessárias, antes do detalhamento ou até mesmo da sua definição mais geral, para que este processo possa definitivamente ser assentado; porém, é possível presumir que as mudanças, às quais foi submetido o comércio, incidiram sobre as razões de migrações e guerras constantemente presentes na história do deserto. O controle de uma rota comercial, graças ao produto dos impostos ou serviços por ele assegurados, era uma enorme fonte de recursos e, com a mesma intensidade, aqueles que o exerciam eram obrigados a vencer a concorrência de nômades rivais. A concentração de riquezas em linhagens, segmentos sociais ou grupos étnicos inteiros, muito amiúde perturbava o curso natural dos assuntos políticos locais, apoiados sobre uma divisão, sensivelmente equânime, dos poderes exercidos por frações sociais, em dado nível da estrutura. Os grupos ricos possuíam melhores chances de preservação das suas posições; entretanto, a facilidade, mediante a qual as grandes caravanas, elas próprias, caíam em emboscadas nas mãos dos saqueadores, introduzia um fator de instabilidade. Finalmente, o declínio de uma rota comercial, outrora ativa, exigia readaptações. A escassez de documentos históricos, relativos a esta questão, não permite tirar conclusões; alguns grupos, à imagem dos chaambas, reagiram à decadência do comércio por eles praticado, aumentando a sua participação no comércio regional até os confins do deserto ou promovendo incursões junto aos seus vizinhos abastados; ao passo que outros, como os khabbābīsh do Nilo desértico, decididos a virarem a página após a ruína do "caminho dos quarenta dias", assim como a quase exclusivamente consagrarem-se à criação de animais, aparentam terem logrado melhor adaptação[22].

Primeiramente, o que se deve reter, em respeito à razão do deslocamento dos eixos comerciais e da variação no volume do comércio realizado através do deserto, é o fato de ter ocorrido, na Argélia, um distanciamento do fluxo comercial *vis-à-vis* dos franceses, trazendo assim a ruína – por ironia do destino – aos objetivos econômicos imperialistas. Nos primórdios da ocupação francesa, o comércio apresentou uma retomada: o tráfego das caravanas entre Fez e Tlemcen foi restabelecido, após 1833, e os produtos britânicos importados através do porto marroquino de Tétouan penetraram pelo Oeste da Argélia. O comércio entre Tétouan e os domínios de Abd al-Kādir aumentou, após 1837, e com maior ênfase após 1839; enquanto a demanda por armamento alimentava um ativo comércio. Contudo, após a queda do Estado de 'Abd al-Kādir, os intercâmbios comerciais conheceram um declínio, parcialmente imputável às proibitivas taxas de importação cobradas pelos produtos transaarianos em trânsito, originários do Sudão ocidental, assim como às restrições para a entrada na Argélia das mercadorias provenientes dos territórios circunvizinhos. Os franceses buscaram remediar estas duas situações nos anos 1850 e 1860; no entanto, assim mesmo o comércio não se restabeleceu[23]. Outro fator foi a profunda queda na demanda argelina por escravos; mas, conquanto este

---

22   Y. Tégnier, 1939, pp. 108 e seguintes; T. Asad, 1966.
23   J.-L. Miège, 1961-1963, vol. 2, pp. 158-163; vol, 3, pp. 74-75.

fenômeno seja frequentemente citado para explicar as dificuldades comerciais da Argélia, ele merece reavaliação à luz de recentes indicações segundo as quais o comércio argelino dos escravos não teria jamais sido importante, comparativamente a outras zonas de importação de escravos na África do Norte[24]. Enfim, convém observar que o território argelino não oferecia grandes vantagens quanto à segurança das caravanas, haja vista que, a qualquer momento, a hostilidade entre os franceses e um grupo qualquer no Saara argelino sempre fora capaz de ameaçar a segurança do comércio.

FIGURA 20.3   A sociedade oasiana: mulheres no mercado de Murzuk, 1869. [Fonte: G. Nachtigal, *Sahara and Sudan* (trad. e org. A. G. B. e H. J. Fisher), vol. I, 1974, Hurst, Londres. © Hurst, Londres. Ilustração reproduzida com a autorização do Conselho de Administração da Biblioteca da Universidade de Cambridge.]

24   R. A. Austen, 1979.

FIGURA 20.4 Os minaretes da mesquita de Agadès. [Fonte: J. Vansina, *Art history in Africa*, 1984, Longman, Londres, © Werner Forman Archive, Londres.]

A rota pelo Oeste da Argélia prosperou até o final dos anos 1870, quando teve início o seu declínio definitivo, sucedido pelo seu deslocamento para o Marrocos, anteriormente ao final do século XIX. Concomitantemente ao progressivo declínio da importância de Figuig, situada perto da fronteira argelina, aumentava a influência de Abū Am, localizada a aproximadamente 240km a Sudoeste; de tal modo que, este oásis tornou-se a porta de entrada para o essencial do comércio de escravos com destino ao Marrocos. A maior parte do comércio tradicional deslocou-se ainda mais rumo ao Oeste, em direção ao litoral atlântico, em consequência da construção do porto de Mogador. A sua posição estratégica permitiu-lhe absorver um crescente volume do comércio transaariano após os anos 1840[25]. Uma escala na rota de Mogador estabeleceu-se em Tindouf, no lugar de um *ksār*, quando uma aliança apoiada essencialmente sobre os tadjakant venceu os regibat, em meados do século. Uma aliança ampliada defendeu o oásis de Tindouf até 1884, no momento em que os regibat realizaram a sua revanche[26]. O declínio do comércio representou, indubitavelmente, um fator relevante nesta luta; o comércio direcionado a Mogador atingiu o seu apogeu em 1878, entretanto, começou a periclitar, atingindo o seu ocaso quando, em 1894, os franceses dominaram Tombouctou e outra rota, parcialmente fluvial, foi aberta entre Tombouctou e Saint-Louis, na foz do rio Senegal[27].

O comércio pela via Trípoli-Kano desenvolveu-se após a metade do século, sobretudo quando os otomanos lograram estabelecer a paz ao Sul de G̱hadāmes, após 1850. Os trinta anos seguintes representam a idade de ouro do comércio realizado através desta rota, pois que um súbito crescimento das exportações de plumas de avestruz, durante os anos 1870, elevou o volume das trocas a níveis que, provavelmente, foram o seu recorde absoluto. O comércio declinou temporariamente no decorrer da crise dos anos 1880, mas restabeleceu-se após 1890, graças ao aumento nas exportações de peles de cabra curtidas. Os tuaregues ajjer conduziam caravanas entre G̱hadāmes e Iférouane, escala situada na cadeia montanhosa de Aïr; cabendo aos tuaregues da confederação Kel-Ewey assegurarem a ligação entre Iférouane e Kano. Estes dois grupos deviam responder às ameaças dos seus vizinhos: ao Norte, os ajjers respondiam aos ataques dos chaamba e dos tuaregues do Hoggar, ao passo que, no Sul, os kel-ewey deviam enfrentar as ameaças dos imezureg do Damergou, grupo de tuaregues semissedentários cujos efetivos militares podiam contar com uma base

---

25   R. E. Dunn, 1977.
26   A. Pigeot, 1956; A. Laugel, 1959.
27   J.-L. Miège, 1961-1963, vol. 4, pp. 380-385.

fixa e asseguravam a taxação do comércio de plumas de avestruz produzidas em sua região. O comércio Trípoli-Kano foi mais duradouro, comparativamente àquele realizado com Mogador, em virtude de Kano estar mais protegida da concorrência representada pelas rotas marítimas; porém, taxas de frete marítimo pouco elevadas, combinadas com a crescente insegurança nas áreas desérticas da rota, provocaram o seu brutal declínio após 1900. Na Nigéria, os britânicos buscavam desviar o comércio Trípoli-Kano para o porto de Lagos, ao passo que no Níger, os franceses esforçavam-se para manter aberta a rota do deserto. O golpe final foi proferido contra a antiga rota através da chegada da estrada de ferro a Kano, em 1911[28].

Ao final do século, a rota de Benghazi até Wadaī era mais vital que qualquer outra. Este itinerário direto entre a Cirenaica e o Ouadaī fora descoberto na primeira metade do século; e os sultões do Ouadaī, cujo Estado tornara-se progressivamente mais poderoso após meados do século XVIII, demonstravam muita vontade em criar uma rota próspera, evitando o Borno, ao Oeste, e o Dārfūr, ao Leste. A partir de 1860, o futuro da rota comercial esteve intimamente ligado à sorte da Sanūsiyya, confraria muçulmana que atraiu para si os beduínos da Cirenaica, após 1843, estendendo-se posteriormente para o Sul, ao longo da rota comercial. O sucesso desta ordem religiosa teve forte impacto sobre o comércio, em virtude de uma única organização ter coberto toda a extensão da rota, oferecendo aos mercadores uma mesma infraestrutura legal, social e comercial, bem como um único serviço postal. Os dignitários da ordem esforçavam-se para favorecer o comércio, mantendo a paz na extensão do percurso e, para fazê-lo, postavam-se como mediadores nas diferentes disputas entre linhagens, segmentos sociais ou grupos étnicos inteiros, além de frequentemente procederem com sucesso em prol da restituição de mercadorias roubadas nos ataques contra as caravanas. O comércio, por sua parte, representava uma fonte de ganhos para os responsáveis pela Sanūsiyya, aos quais ele proporcionava receitas provenientes de impostos, do direito de armazenamento e das doações dos mercadores, trazendo um elemento de unidade aos vastos domínios sanūsī[29].

O comércio Benghazi-Ouadaī ainda sobreviveu após a virada do século, em razão da existência da Sanūsiyya e porque a rota cobria regiões muito mais distantes, comparativamente às destinações meridionais extremas do comércio Trípoli-Kano. A rota situada mais ao Leste, a *Darb al-Arba'īn*, caiu em declínio após a metade do século, em razão do desenvolvimento do comércio entre Ben-

---

28 M. Johnson, 1976*a*; S. Baier, 1977, 1980; C. W. Newbury, 1966.
29 D. D. Cordell, 1977, pp. 21-36.

ghazi e o Wadaī, assim como em função da formação do vasto império de pontos comerciais dos Djallāba. Após 1885, o Estado madista do Sudão desmantelou a *Darb al-Arba 'īn*, assim como as rotas do Nilo.

O tráfico transaariano de escravos igualmente influenciou, de diversos modos, a vida das populações nômades. As sociedades saarianas próximas ao Sahel oeste-africano realizavam incursões junto às populações sudanesas, para delas capturarem escravos; inclusive, foram registradas ocasionais incursões trans-saarianas, executadas com os mesmos objetivos, tal o caso dos awlād sulay-mān antes da sua migração rumo à bacia do Tchad, assim como aquele dos bani muhammad, no início do século XX. Por sua própria conta, os nômades realizavam o comércio de um limitado volume de escravos, além de negociarem pequenas quantidades de produtos transaarianos; porém, em seu conjunto, eles eram transportadores, muito mais que traficantes. O transporte de escravos era provavelmente, para os nômades, uma fonte de rentabilidade inferior, comparativamente a outras formas de comércio; pois que, embora os mercadores talvez não pagassem frete pelo transporte, não lhes era possível escapar ao pagamento dos impostos.

Para as sociedades saarianas, o mais importante efeito do tráfico de escravos foi, sem dúvida, o fato de ele facilmente prover-lhes uma mão de obra assujeitada, a qual se revelou preciosa durante os períodos de expansão, principalmente nas regiões limítrofes do deserto, onde os escravos podiam ser utilizados não somente no trato dos rebanhos, mas também na agricultura e no artesanato. Um caso especial é aquele dos tuaregues kel-ewey, os quais desenvolveram a sua economia durante o século XIX, época marcada a um só tempo por condições climáticas favoráveis na região, pela prosperidade do comércio transaariano e pela comercialização do sal, bem como por um crescente aporte de capitais em toda a região formada no eixo da ligação Aïr-Kano. Dispomos de pouca informação sobre a evolução dos sistemas de estratificação no deserto, com exceção de outros grupos de tuaregues. Mencionamos a nova escolha, como atividade essencial, da agricultura assentada na exploração do trabalho servil no Hoggar; assim sendo, constatamos que, junto aos kel-gress e tuaregues do Imannen, a mão de obra servil foi desde então empregada para o recolhimento de tributos dos agricultores sedentários, muito mais que na guarda dos rebanhos. Esta reorientação teve lugar quando guerreiros do deserto chegaram às zonas do Sahel onde a agricultura era possível e exigiram dos cultivadores locais o pagamento de tributos, além de realizarem incursões para capturarem escravos, os quais se fundiram, com o passar do tempo, à população sedentária e tornaram-se contribuintes fiscais[30]. A necessidade de uma mão de obra servil suplementar aparece em outro caso de expansão econômica, resultante do imperialismo dos aït atta, os quais, desde o século XVII e continuamente, dirigiam-se aos confins pré-saarianos do Marrocos. No século XIX, os aït khabbash, segmento dos aït atta, conduziram a vanguarda desta expansão no deserto, estendendo a sua influência sobre o comércio existente entre o Tafilālet e o Tūwāt, bem como extorquindo dinheiro da população do Tūwāt em troca da sua proteção[31].

Pouco sabemos a respeito do volume do tráfico de escravos através do deserto saariano; entretanto, Ralph Austen reuniu estimativas preliminares sobre este tema que, recolhidas de fontes muito diversas, reservam algumas surpresas. Segundo o autor, distante do declínio no século XIX, na realidade o comércio de seres humanos estava em progressão; o número de escravos trazidos às regiões de importação na África do Norte e no Oriente Médio era, à época, superior àquele de qualquer século precedente. As cifras indicadas por Austen mostram que, entre 1800 e 1880, cerca de 500.000 escravos foram introduzidos no Egito e 250.000 outros foram levados ao Marrocos. Poucos escravos chegaram à Argélia após a conquista francesa; no entanto, a Argélia jamais fora um mercado tão importante comparativamente a outros existentes[32]. Na Líbia, a rota Benghazi-Ouadaï continuou a prover escravos para o Egito e outras regiões do Oriente Médio, até as últimas décadas do século XIX, em virtude da menor vigilância dedicada pelos abolicionistas europeus a este itinerário, comparativamente à rota de Trípoli a Kano. Mais distante, rumo ao Leste e até os primeiros anos do século XX, o transporte de escravos prosseguia nas vias do Nilo[33].

O comércio de armas de fogo, destinadas ao deserto e transportadas através dele, continuou apesar das tentativas das potências europeias de impor-lhe um termo. Em Trípoli e sobretudo em Benghazi, um comércio ativo de armas de fogo era registrado no início dos anos 1880 e numerosos fuzis, introduzidos por contrabando, particularmente carabinas de repetição Winchester de dezoito tiros, foram importadas com o objetivo de serem utilizadas pelas escoltas das caravanas. Entretanto, algumas destas modernas armas muito provavelmente chegaram às mãos de outros grupos nômades, permitindo-lhes organizarem exitosas incursões,

---

30 P. E. Lovejoy e S. Baier, 1975; S. Baier, P. E. Lovejoy, 1977. Sobre a sedentarização e o pagamento dos impostos, conferir P. Bonte, 1976; e H. Guillaume, 1976.

31 R. E. Dunn, 1972.

32 R. A. Austen, 1979.

33 J.-P. Mason, 1971, p. 267; para o tráfico de escravos da África Equatorial com destino ao Egito, conferir D. D. Cordell, 1977b.

FIGURA 20.5 Artigos de marroquinaria tuaregue à venda em Tomboctou nos anos 1850. [Fonte: H. Barth, *Travel and discoveries in northern and central Africa*, 1857, Longman, Londres. Ilustração reproduzida com a autorização do Conselho de Administração da Biblioteca da Universidade de Cambridge.]

uma vez que o poder de fogo acrescia as vantagens táticas inerentes aos ataques surpresa, dos quais já se beneficiavam os saqueadores[34]. No deserto, a introdução de moderno armamento de repetição aparenta ter sobretudo acontecido ao longo da rota Benghazi-Ouadaï; no entanto, outras regiões foram igualmente servidas. Joseph Smaldone reuniu indicações segundo as quais uma reviravolta na distribuição de armas de fogo teria acontecido junto aos tuaregues do Hoggar, durante os anos 1890. No Noroeste, em território marroquino, as vendas do fuzil Remington, modelo 1860, com carregamento pela culatra, eram de tal ordem que, ao final do século, este fuzil tornar-se-ia a arma clássica de numerosos grupos em todo o país, inclusive dos nômades das zonas pré-saarianas. Embora as informações sobre este tema estejam distantes de uma mais completa apreensão, é cabível pensar que a crescente insegurança na rota Trípoli-Kano, após 1898, deva-se à multiplicação das armas de fogo nas fileiras dos saqueadores[35].

A região próxima à extremidade meridional da rota Trípoli-Kano é um exemplo da influência econômica, política e religiosa da população do deserto sobre o Sudão. Na savana, o século XIX marcou o término de um processo no qual a centralização das estruturas de Estado, a islamização e o crescimento econômico estiveram estreitamente ligados. Conquanto não representasse senão uma fase final deste longo processo, a *jihad* do início do século XIX cedeu lugar à formação do califado de Sokoto, vasto Estado que favoreceu o desenvolvimento econômico em sua região central, nas cercanias de Sokoto, de Katsina e de Zaria (e na sua região central secundária, no vale Sokoto-Rima), ali instalando populações capturadas como escravas, fruto de incursões realizadas além das suas fronteiras. No coração da região, ricas terras aráveis apropriadas às culturas de valor comercial eram cultivadas por camponeses ou escravos e esta produção suplementar encorajava o desenvolvimento de centros urbanos e atividades artesanais[36]. Kano e as cidades vizinhas criaram uma indústria têxtil artesanal que forneceu tecido a uma vasta área do Sudão Central, bem como à região dos tuaregues do Norte. O desenvolvimento econômico no deserto, especialmente no corredor entre Zinder e o maciço de Aïr, região sob o domínio dos tuaregues kel-ewey, acompanhava-se do desenvolvimento da savana. Os tuaregues trocavam tâmaras e sal, provenientes de Bilma e Fachi, além de animais e derivados, por grãos e artigos manufaturados do Sudão. Os kel-ewey e os seus aliados

---

34 P. Bettoli, 1882, p. 267.
35 J.-P. Smaldone, 1971, pp. 161-162, e 1977, pp. 100-101; H. J. Fisher e V. Rowland, 1971, pp. 233-234 e 240.
36 P. E. Lovejoy e S. Baier, 1975; P. E. Lovejoy, 1978; J.-P. Smaldone, 1977, pp. 39-68.

mantinham, na savana, uma complexa rede comercial que englobava centros urbanos de artesãos e comerciantes especializados, em sua maioria de origem servil, bem como propriedades rurais nas quais trabalhavam escravos ou os seus descendentes. Estas terras, situadas em toda a extensão do Sahel e da savana, forneciam parte dos cereais necessários aos nômades do deserto, eram lugares de repouso para os tuaregues em trânsito durante a estação seca, além de constituírem refúgios nos períodos de grande seca[37].

Conquanto as condicionantes da perenidade das relações mantidas entre os tuaregues e os seus vizinhos sedentários sejam prioritariamente pacíficas trocas econômicas, ao menos no corredor entre Kano e Aïr, a força econômica dos nobres tuaregues residia em sua posse de camelos e armas de fogo, assim como em sua mobilidade. Como primeira hipótese, os tuaregues podiam ser potentes aliados dos Estados sedentários, apreciados tanto pela sua colaboração em campanhas militares contra inimigos, quanto pelo seu potencial econômico, a exemplo do caso representado pelas relações com o Damagaram, Estado formado ao Norte do califado no início do século XIX, progressivamente mais potente e tornado insuportável ao final do período. Como segunda opção, os tuaregues podiam ser inimigos devastadores, como testemunham as destruições às quais eles se dedicaram no Borno, durante os primórdios deste mesmo século.

Por sua vez, o Saara Meridional desempenhou o papel de reservatório do saber islâmico, cujo impacto sobre a savana manteve-se contínuo no curso dos séculos, especialmente ao longo do século XIX[38]. Certo número de regiões limítrofes do deserto, notadamente o Sudão Central, a bacia do rio Senegal, o delta interno do Níger e a bacia do Tchad, forneceram cereais às populações vizinhas do interior do deserto; deste modo, estes laços econômicos favoreceram o intercâmbio de ideias. O traço característico das sociedades do Saara Meridional era uma divisão entre linhagens guerreiras e linhagens de santos: os primeiros, aspirantes à guerra e à política, os segundos, cultivadores de uma ideologia pacifista, experientes comerciantes e portadores de uma tradição intelectual comum. Em sua própria qualidade de estrutura segmentar, esta bipartição era um modelo de sociedade, muito mais que uma descrição da realidade; a tal ponto que somente os mais santos entre os santos efetivamente abstinham-se de participar dos combates e que famílias de guerreiros participavam do comércio, embora fossem menos especializadas nesta atividade que as famílias religiosas. Todavia, as linhagens religiosas *zāwiya* da Mauritânia, os religiosos kunta da

---

37 P. E. Lovejoy e S. Baier, 1975, pp. 564-571.
38 C. C. Stewart, 1976a.

curva do Níger e os *inislimin* junto aos tuaregues, eram todos formados nas duas ciências politicamente úteis do *fikh* (jurisprudência) e do *tasawwuf* (misticismo). À imagem das linhagens religiosas da Sanūsiyya ou marroquinas, elas exerciam a respeitosa função de mediação e arbitragem, além das suas atividades possuírem aspectos econômicos, políticos e de sabedoria. Os seus membros mantiveram e desenvolveram a ciência islâmica durante séculos e a sua influência estendeu-se para o Sul do deserto, onde a erudição saariana atuou simultaneamente sobre a tradição quietista e na propagação do islã por reformadores militantes.

Conclusão

O século XIX foi uma época de espetaculares mudanças no deserto. A ocupação da Argélia esfacelou a unidade econômica da África do Norte, levando o comércio transaariano a utilizar rotas situadas a Leste e Oeste da Argélia, e desorganizando o tráfego caravaneiro ao longo dos limites setentrionais do deserto. O avanço do exército francês na Argélia representou uma manifestação direta e imediata do impacto da Europa na região; mais distante e quiçá menos real, era a sua presença alhures, em virtude das variações do comércio transaariano, em seu volume e sua composição. Ao final do século, o comércio transaariano, com os rendimentos e a fácil obtenção de mão de obra que lhe eram próprios, praticamente se desmantelara. A sua importância na vida dos nômades tende a evidenciar a necessidade de pesquisas complementares acerca dos efeitos das mudanças às quais ele foi submetido, assim como sobre as razões do seu declínio: qual teria sido o efeito da formação do Estado governado por 'Abd al-Kādir, de parte a outra de uma grande rota leste-oeste? Como as populações do deserto teriam elas exatamente reagido às vicissitudes do comércio? De qual modo o declínio do comércio teria ele influenciado na resistência? A ocupação francesa do deserto introduziu, em suplemento, um novo fator militar no âmbito das relações entre os povos do deserto e o mundo exterior. Os nômades podiam, graças à sua mobilidade, escolher entre várias formas de resistência, capazes de se cristalizarem em torno dos chefes muçulmanos e das ordens religiosas; porém, a aridez do meio limitava, muito amiúde, a liberdade de grupos ou indivíduos cujos recursos eram comuns, oferecendo-lhes a escolha entre a resistência e a sobrevivência. Outro tema merecedor de pesquisas mais profundas é o efeito desigual e variado da penetração econômica europeia nas economias regionais situadas às margens do deserto: no Marrocos pré-saariano, dominado pela expansão dos aït atta; no Marrocos costeiro, onde as relações econômicas através do Atlas e do Saara estremeceram em suas bases; na Argélia, com o predomínio das atividades dos franceses; no Norte da bacia do Senegal, onde as exportações de goma exacerbavam os interesses concorrentes entre os grupos mouros; ao Norte da curva do Níger, no califado de Sokoto, onde a potência econômica deve ser considerada, levando-se em conta a abolição do tráfico negreiro atlântico, assim como a islamização e a centralização da região, na bacia do Tchad e, ao Leste, com a expansão do Wadaī que transformaria, a um só tempo, o deserto ao Norte e a floresta ao Sul. A história de cada uma destas regiões suscita uma série de questões tocantes a temas tais como as mudanças na estratificação social, as similaridades e diferenças da reação ao exército francês, bem como acerca do rumo da reorientação das economias regionais. Outra tarefa para os pesquisadores será, como sugerido por Charles Stewart, apresentar detalhes sobre os laços religiosos entre o Saara meridional e a África do oeste e Central, considerados sobre o prisma da unidade religiosa, política e econômica destas regiões às margens do deserto[39].

Um tema que invariavelmente se encontra ao longo da história do deserto é a influência universal do clima, a seca ou o superpovoamento, os quais expulsam os nômades das regiões áridas, lançando-os em direção a terras mais férteis, nos confins do deserto, ou rumo às zonas situadas em regiões de maior altitude e com maiores índices pluviométricos. Os dados climáticos existentes não autorizam senão as mais genéricas conclusões, no que tange ao século XIX: quando muito, pode-se dizer que este século não conheceu catástrofes como aquelas de meados dos séculos XVII e XVIII ou como as grandes secas ocorridas no Sahel, entre 1911 e 1914, bem como entre 1969 e 1973; que, malgrado a ausência de períodos de secas devastadoras, salvo na bacia do Tchad nos anos 1830, o início do século XIX foi mais seco que o período compreendido entre 1600 e 1800; e que certa umidade ressurgiu entre 1870 e 1895; mas que, no entanto, as condições climáticas degradaram-se aproximadamente ao final do século XIX até atingirem a grande seca do início do século XX[40]. Estas indicações gerais mascaram, evidentemente, múltiplas variações locais e regionais. Informações detalhadas permitiriam melhor compreender numerosos aspectos da atividade humana e, particularmente, as relações de causa e efeito entre a penúria, por um lado, e as guerras, migrações e a estratificação, por outra parte; contudo, não resta senão deplorar a falta, quase total, de tais informações.

---

39   C. C. Stewart, 1976a. Para um estudo dos laços econômicos entre o deserto e a savana ao Norte do médio-Níger, conferir R. Roberts, 1978.
40   S. E. Nicholson, 1976, pp. 98-158, 1980.

CAPÍTULO 21

As revoluções islâmicas do século XIX na África do oeste

Aziz Batran

O drama, cujo teatro seria a África do oeste, no século XIX, teve como palco principal esta estreita faixa territorial que os geógrafos e historiadores árabes da época clássica denominariam *Bilād al-Sūdān* (país dos negros). Localizada entre o deserto do Saara que a invade continuamente ao Norte e uma zona de clima inospitaleiro em sua face sul, esta região deve a sua importância histórica, a sua prosperidade e a sua estabilidade à manutenção de um frágil equilíbrio entre o *habitat*, o homem e o animal; entre os agricultores sedentários e os pastores nômades; entre os habitantes das cidades e as populações rurais; entre os homens livres e aqueles de condição servil; igualmente, entre os muçulmanos e as populações ainda fiéis às suas crenças tradicionais. Em suplemento, o *Bilād al-Sūdān* era, desde tempos remotos, um mercado internacional no qual eram trocadas as mercadorias locais e os produtos importados do estrangeiro; além de constituir-se em uma zona de passagem e extraordinária miscigenação populacional, como testemunha a expansão dos fulbe (peul), os quais, originários do Fouta-Toro, se haviam espalhado em um vasto território, estendido do lago Tchad e do Camarões, ao Leste, até o Oceano Atlântico, em direção ao Oeste. Tratava-se de uma região onde grandes Estados e impérios haviam conhecido a prosperidade e a posterior decadência; uma região que fora o primeiro *dār al-islām* (lar do islã) na África do oeste. É justamente neste contexto que, após uma lenta gestação – um longo período de aprendizado e predicação, desdobrado em explosões de violência – nasceriam três califados: Sokoto, no Norte da Nigéria, Hamdallahi, no Macina, e o califado *tijāniyya*, da Senegâmbia e do Macina.

O pano de fundo religioso dos movimentos reformistas

As *jihad*, cujo teatro foi a África do oeste no século XIX, eram essencialmente campanhas de inspiração religiosa, destinadas a concretizar os principais ensinamentos e práticas, características dos primórdios do islã; mas, como este último é uma religião total que engloba todos os aspectos da vida social, os diferentes móveis destes movimentos – religiosos, sociais, econômicos e políticos – são indissociáveis. Assim sendo, as revoluções islâmicas do século XIX foram a expressão de todo um conjunto de preocupações muito profundas, traduzidas por uma situação de crise no Sudão.

Os revolucionários da África do oeste, xeque (Shehu) 'Uthmān dan Fodio (Uthmān ibn Fudī), Seku Ahmadu (xeque Ahmad Lobbo) e Hadjdj 'Umar, eram homens de religião. Teóricos de imensa estatura e chefes carismáticos, cujas vidas e ações conformavam-se escrupulosamente ao exemplo de Muhammad, bem como às prescrições da *sharī 'a*[1]. Eles sinceramente acreditavam que lançando o seu apelo à restauração e à reforma (*tadjdīd*) e ao recorrerem, em último caso, à ação militante, estariam obedecendo às ordens de Alá, cumprindo as predições do Profeta, recebendo a aprovação dos seus pais espirituais e situando este conjunto, deste modo, na linha direta de ações similares, passadas ou contemporâneas. Eles igualmente se consideravam instrumentos escolhidos por Deus para executar a Sua vontade.

Os chefes das *jihad* invocavam vários versetos do Alcorão, as tradições proféticas (h*adīth*) e o consenso dos juristas (*idjmā'*), para insistirem na obrigação da *jihad* e nas numerosas recompensas que, no além, esperavam os *mudjāhidūn*[2].

---

1   Existem muitas obras de caráter geral sobre as revoluções islâmicas do século XIX na África do oeste, notadamente: J. R. Willis, 1967, p. 359-416; M. Last, 1974, p. 1-24; H. F. C. Smith, 1961, p. 169-185; B. G. Martin, 1976, p. 13-35 e 68-98; M. Hiskett, 1976, p. 125-169. Sobre a jihad de xeque 'Uthmān dan Fodio, conferir: M. Last, 1967*a*; H. A. S. Johnston, 1967; F. H. al-Mastri, 1963 e 1978; M. Hiskett, 1973. No tocante ao movimento de Seeku Ahmadu, ver: W. A. Brown, 1969; A. Hampaté Bâ, e J. Daget,1962. Sobre a jihad de al-Hadjdj 'Umar, conferir: J. R. Willis, 1940 e 1984; O. Jah, 1973; M. A. Tyam, 1961; B. O. Oloruntimehin,1972*a*.

2   Alcorão, s. II, v. 126: "É-vos ordenado o combate, mesmo se vós o repugnais; e é possível que vos desagrade o que é bom para vós, tanto quanto é possível que vós ameis o que é ruim para vós; Alá sabe e vós NÃO sabeis." Alcorão, s. II, v. 193: "E combatei-os até terminar a perseguição e seja restabelecido o culto a Alá. Caso eles parem, não mais haverá hostilidades, senão contra os injustos." O *hadīth* acrescenta:

Na África do oeste, como nas outras partes do *dār al-islām*, convém salientar, a guerra santa coloria-se de tendências sufi (místicas), enfatizando a mortificação e a observância de uma rigorosa moral. Os *mudjāhidūn* deviam levar uma vida absolutamente exemplar e por em prática aquilo que pregavam.

Além disso, a profecia de Muhammad: "Alá enviará a esta *umma* (comunidade muçulmana), no início de cada século, aquele que regenerará a sua religião", não era muito conhecida, senão no Sudão Ocidental. Na realidade, o conjunto da tradição escatológica, transmitida pelas gerações precedentes, influenciaria profundamente os programas e as ações dos chefes das *jihad*. A receptividade encontrada por esta tradição junto ao povo e as paixões que ela foi capaz de desencadear são fenômenos universalmente conhecidos: a figura messiânica encarnava, com efeito, as esperanças e aspirações das massas, e vinha trazer-lhes aquilo que elas acreditavam ser uma solução segura para a crise. O libertador esperado era considerado enviado de Alá, para intervir energicamente, através da língua (a predicação e o ensino) e, caso necessário, através da mão (a *jihad*), com vistas a aplicar o preceito corânico *al amr bil-ma 'ruf wal-nahi 'an al-munkar* (ordenar o bem e obstruir o mal). Ele devia eliminar a descrença, a injustiça e a opressão; ele era convocado a construir um mundo melhor e a dotar a *umma* de uma religião satisfatória.

Em lugar algum do *dār al-islām*, a noção de *tadjdīd* obteve um efeito mais profundo comparativamente ao ocorrido na África do oeste durante o século XIX. À época, os muçulmanos desta região esperavam impacientemente o advento do *mudjaddid* (reformador/renovador)[3]. Segundo uma profecia atribuída a Muhammad, ele próprio devia ter doze califas (*mudjaddidūn*) como sucessores; em seguida, viria uma era de anarquia, anunciadora do fim do mundo. As tradições locais defendiam orgulhosamente que o Profeta reservara ao Takrūr (África do oeste) a honra de engendrar os dois últimos *mudjaddidūn*. A opinião comumente admitida, no Sudão ocidental, consistia em dizer que os dez primeiros reformadores já haviam aparecido nos países muçulmanos do Oriente (cinco em Medina, dois no Egito, um na Síria e dois no Iraque), e que Askia al-Muhammad, o grande monarca songhai (1493-1528), fora o décimo primeiro. O décimo segundo e último *mudjaddid* era anunciado e faria a sua aparição no

---

"Caso alguém dentre vós perceber qualquer sorte de ação condenável, ele a modificará com a sua mão; caso não lhe for possível, ele o fará com a sua língua; caso não lhe for possível, ele o fará em seu coração; é o mínimo que a religião lhe determina."

3   J. R. Willis, 1967; A. Batran, 1983; M. A. al-Hajj, 1967, pp. 100-115.

Sudão Ocidental, durante o século XVIII, ou seja, entre 1785 e 1881[4]. No século XIX, os chefes oeste-africanos da *jihad* souberam explorar este clima messiânico. Como notaram alguns autores, xeque 'U<u>th</u>mān dan Fodio e Seku Ahmadu, ambos afirmavam serem o *mu<u>dj</u>addid* anunciado para o século XVIII, século este decisivo para a *hi<u>dj</u>ra*[5]. *A respeito de al-Ha<u>djdj</u> 'Umar*, ele jamais se atribuiu o título de *mu<u>dj</u>addid* ou *mahdī*, adotando entretanto uma versão sufi tijāni, atribuindo-se a denominação <u>Kh</u>alīfat <u>kh</u>ātim al-awliyā' (sucessor do Brasão dos Santos, em outras palavras Ahmad al-Tidjāni, fundador da *tarīka* tijāniyya)[6].

Prova suplementar da legitimidade e da validade das *jihad*, cada um dos três homens declarava ter sido investido da missão divina pelo Profeta e pelo fundador da *tarīka* (ordem ou confraria sufi), à qual eles pertenciam. Estas afirmações eram convincentes acerca da sinceridade do dirigente e estavam na vanguarda dos ataques contra as *jihad*, provindos dos céticos e detratores – aqueles chamados *'ulamā 'al-su'* (cartas devotadas e oportunistas). O xeque U<u>th</u>mān garantia àqueles vindos escutá-lo que a ordem de travar a *jihad* lhe fora pessoalmente dada pelo fundador da *tarīka kadiriyy*, 'Abd al-Kādir al-<u>D</u>jilānī (morto em 1166), em presença do Profeta, dos seus Companheiros e de todos os grandes santos. Ele tivera esta visão mística em 1794, dez anos antes de promover a sua guerra santa:

> Quando eu atingi a idade de 40 anos, 5 meses e alguns dias, Deus levou-me para Si, e eu vi o Senhor dos djinns e dos homens, o nosso Senhor Muhammad [...]. Consigo encontravam-se os Companheiros, os profetas e os santos. Então, eles me acolheram e me fizeram sentar entre eles. Em seguida [...], o nosso Senhor 'Abd al-Kādir al-<u>D</u>jilānī trouxe um manto verde [...] e um turbante! [...]. O Mensageiro de Deus manteve-os, por um momento, colados ao seu peito [...]. 'Abd al-Kādir al-<u>D</u>jilānī fez-me sentar, em seguida, vestiu-me e me colocou o turbante. Posteriormente, chamou-me "imame dos santos" e me comandou fazer o que é aprovado e me interditou fazer aquilo considerado desaprovado; concedeu-me a Espada da Verdade [Sayf al-Hakk], para que eu a empregasse contra os inimigos de Deus[7].

---

4   *Ibid.*
5   J. R. Willis, 1967; A. Batran, 1983, pp. 32-39; U. al-Naqar, 1972, pp. 77-78; B. A. Brown, 1969, p. 21.
6   O. Jah, 1973, p. 4 e p. 123 e seguintes. Selon J. R. Willis, 1984, e B. Martin (1963, pp. 47-57), os partidários de al- Ha<u>djdj</u> 'Umar reivindicavam o título de *mahdī* e o de *wazīr al-mahdī*.
7   M. Hiskett, 1973, p. 66.

Al-Hadjdj 'Umar teria recebido do seu guia espiritual, Muhammad al-Ghalī, da Meca, a ordem de levar a reforma ao Sudão Ocidental[8]. Quando, posteriormente, um violento enfrentamento com os seus adversários tornou-se inevitável, al-Hadjdj 'Umar, começou a ser tomado por visões místicas, ordenando-lhe lançar a *jihad*:

> Anteriormente, eu não fora autorizado por Muhammad e pelo xeque al-Tidjāni senão a reunir os descrentes do islã e a guiá-los na via correta [...]; em seguida, eu fui encarregado de lançar a *jihad* [...]. A autorização foi-me transmitida por uma voz divina que me disse: "Tu agora tendes a permissão para conduzir uma *jihad*." Isso se reproduziu na noite do vigésimo primeiro dia da Dhul-Qa'da, no ano 1268 [6 de setembro de 1852][9].

Profundamente ancorados na ortodoxia e nas ideias sufi, as *jihad* conduzidos na África do oeste, no curso do século XIX, não eram fenômenos isolados, mas as últimas manifestações de uma tradição reformista de longa data estabelecida no *Bilād al-Sūdān*, cujo objetivo consistia em instaurar, através da revolução, a equidade e a justiça prometidas pelo islã, todavia recusadas por regimes opressores, comprometidos e iníquos.

Certos autores tentaram ligar a uma origem comum as revoluções islâmicas ocorridas na África do oeste: a *jihad* de Nasīr al-Dīn (morto em 1677)[10], movimento almorávida do século XI[11] e, inclusive, a revolução kharidjite do século VIII, na África do Norte[12]. Este procedimento cronológico foi, a justo título, criticado em razão de "sugerir [...] laços fortuitos ligeiramente esquemáticos" com estas primeiras explosões de violência militante, muito mais que uma filiação direta[13]. Embora seja inegável que os chefes das *jihad* travados na África do oeste tivessem conhecimento dessas vitoriosas campanhas e, inclusive, de outras tentativas menos exitosas[14], é todavia antes plausível apostar que eles se tenham diretamente inspirado em exemplos mais próximos de si, no tempo e no espaço, assim como, particularmente, em sucessos obtidos pelos seus próprios ancestrais, os torodbe, no Bundu, no Fouta-Djalon e no Fouta Toro; em tentativas

---

8   J. R. Willis, 1984, cap. 6, pp. 1-2; O. Jah, 1973, p. 131-132.
9   *Ibid.*
10 P. D. Curtin, 1971, pp. 14-24.
11 M. A. al-Hajj, 1964, p. 58.
12 O. Jah, 1973, pp. 62-64.
13 C. C. Stewart, 1976a, p. 91.
14 Shaukh 'Uthmān teria se referido à *jihad* malsucedida e, inclusive desastroso, lançado por Ahmad ibn Abu Mahalli, originário do Tafilālet, no início do século XVII: conferir F. H. al-Masri, 1978, p. 32.

pacíficas de reforma do xeque al-Mukhtār al-Kuntī e de Muhammad ibn 'Abd al-Karīm al-Maghīlī; na reação do sufi aquando da inserção do fundamentalismo *wahhabite* na Arábia; e, no caso do xeque Ahmadu e de al-Hādjdj 'Umar, na recente *jihad* do xeque 'Uthmān, em território hauassa.

Os instigadores das *jihad* situavam as suas origens na região mais sagrada do *Bilād al-Sudān*, o famoso Takrūr (Fouta Toro), legendário berço do primeiro Estado islâmico da África do oeste[15]; mas, sobretudo, eles pertenciam todos a esta "sociedade" de *'ulamā'* (letrados), conhecida sob a denominação torodbe. J. R. Willis ensina-nos que os torodbe eram um grupo heterogêneo de muçulmanos oriundos de diversas famílias étnicas do Sudão Ocidental e Central[16]. A "sociedade" dos torodbe – acrescenta ele – era composta de grupos de origem fulbe, wolof, mande, hauassa, berbere, descendentes de escravos e indivíduos de castas. Entretanto, os torodbe eram semelhantes aos fulbe: eles falavam a sua língua (o fulfulde), aliavam-se a eles através do casamento e seguiam-nos em suas perpétuas migrações. Em todo o Sudão Ocidental, a palavra "torodbe" tornou-se sinônimo de "fulbe" e, de fato, os torodbe formavam a elite intelectual do povo fulbe.

O islã impregnava todos os aspectos da vida dos torodbe; eles nele encontravam, a um só tempo, o alimento espiritual e o seu meio de subsistência. Eles compartilhavam as suas preocupações religiosas com os clãs escolásticos *zāwiya*, vizinhos do Saara Ocidental[17]. Todavia, diferentemente dos clãs *zāwiya*, os quais constituíam, cada um deles, uma distinta unidade étnica na qual todos os membros estavam unidos pelos seus laços sanguíneos, os torodbe, por sua vez,

> ...se haviam libertado da noção equivalente a diferenças étnicas [...], para fundarem uma sociedade aberta a qualquer pessoa que desejasse assumir os seus costumes e crenças"[18]. Esta sociedade heterogênea de clérigos e discípulos podia, entretanto, orgulhar-se por ter originado dinastias de eruditos (*bayt al- 'ilm*), como os toronkawa de xeque 'Uthmān, os bari de xeque Ahmadu e a própria família de al-Hadjdj 'Umar, os tall. Em suplemento, os torodbe podiam orgulhosamente evocar todo um prestigioso passado – as *jihad* torodbe de Mālik Sī, nos últimos decênios do século XVII, de Karamoko Ibrāhīm Mūsā e de Ibrāhīm Sori, em meados do século XVIII e de Sulaymān Baal, durante os anos 1770, assim como os imamados torodbe do

---

15 J. R. Willis, 1978, pp. 195-196; 1984, cap. 2, pp. 1-4; B. Martin, 1976, pp. 15-16; J. S. Trimingham, 1962, pp. 161-162.

16 J. R. Willis, 1984, cap. 1, pp. 33-34; 1978, p. 196 e seguintes.

17 Sobre os zāwiya, conferir por exemplo: J. R. Wilis, 1979*b*, pp. 3-12; C. C. Stewart, 1976*a*, pp. 73-93; H. T. Norris, 1968; A. A. Batran, 1972.

18 J. R. Willis, 1984, cap. 3, p. 8.

Bundu, do Fouta-Djalon e do Fouta Toro, fundados no imediato posterior a estas guerras. Foi justamente a esta herança histórica que al-Hadjdj 'Umar fez alusão para despertar o espírito dos combatentes da fé que encontrava-se adormecido no coração dos banū toro (filhos do Fouta Toro). Relembrando-lhes que a guerra santa era uma tradição cara ao seu povo, al-Hadjdj 'Umar declarou: "os banū toro são semelhantes aos nossos primeiros ancestrais; trabalhadores e fortes, a fina flor da humanidade e justos. Banū toro [...] retornai às vossas origens: a *jihad* contra os inimigos de Alá [...]. O Monte Sinai é o vosso berço em virtude da *jihad* [...]. Banū toro [...], sede dignos de vossos ancestrais[19].

A tradição revolucionária dos torodbe foi igualmente evidenciada em um poema atribuído a Muhammad Bello, filho sucessor do xeque 'Uthmān dan Fodio. Caso suponhamos a sua autenticidade, este poema teria sido escrito por Bello antes da sua morte, em 1837. Após um longo elogio de al-Hadjdj 'Umar, genro de Bello, ele apresenta "gloriosos feitos" dos banū toro (os torodbe). Segundo dizeres, al-Hadjdj 'Umar anexava o poema às mensagens propagandísticas, por ele endereçadas aos dignitários dos Fouta Toro, com a evidente intenção de convencer os leitores que a família Fodio apoiava a sua *jihad* (torodbe): "Estes [banū toro/torodbe] são o meu povo; a origem do meu clã; [...] em defesa do islã, nós estamos ligados; [...] junto a eles, houve aqueles, excelidos em ciências religiosas [...] e aqueles em guarda contra a perfídia do inimigo, os quais proclamaram a *jihad*[20]."

Outra fonte distinta de inspiração, os chefes da África do oeste que convocavam para a *jihad* podiam encontrar um modelo no reformismo "quietista" de xeque al-Mukhtār al Kuntī (1729-1811). Aproximadamente de 1750 até a sua morte, em 1811, al Kuntī elevou fortemente o prestígio da *tarīka* kadirīyya na África do oeste; dela foi o pai fundador e o chefe espiritual[21]. Foi através da "pena" e não da "espada", que al Kuntī exerceu a sua inigualável influência no Sudão Ocidental. xeque 'Uthmān e xeque Ahmadu consideravam-no, ambos, como o seu chefe espiritual na via kādirī. Os chefes que convocavam para a *jihad* faziam muito amiúde referência à sua interpretação da lei sobre questões religiosas e invocavam o seu nome para avalizar e legitimar a ação revolucionária. Segundo os dizeres de Muhammad Bello, quando al Kuntī soube da *jihad* de xeque 'Uthmān, ele abençoou a empreitada e previu o seu sucesso. " 'Uthmān

---

19   J. R. Willis, 1970, pp. 98-100.
20   *Ibid.*, pp. 97-98.
21   A. A. Batran, 1973; 1974; 1979.

ibn Fūdī, teria ele declarado, é um dos santos consumados; a sua *jihad* é justa[22]." Com estas palavras, al Kuntī colocava todo o peso do seu imenso prestígio na balança, em favor do chefe torodbe. Embora adepto de outra confraria sufi, al-Hādjdj 'Umar mantinha al-Kuntī em alta estima e, também ele, guiava-se pelas suas opiniões[23].

Os reformadores foram igualmente influenciados pelas ideias radicais do letrado peregrino magrebino Muhammad ibn 'Abd al-Karīm al-Maghīlī (morto entre 1503-1506)[24]. Eles se apoiavam amplamente nos seus pontos de vista para distinguir o *dār al-islām* do *dār al-harb* (país da guerra/dos infiéis), para definir o Estado de *kufr* (descrença) e para reconhecer os *'ulamā' al-sū'*. Segundo al-Maghili: "Os habitantes de um país refletem os verdadeiros sentimentos religiosos do seu mestre. Se este último é muçulmano, o seu país é *Bilād al-islām*; caso ele for *kāfir* (infiel), seu país será *Bilād al-kufr*; tratando-se de uma obrigação expulsá-lo em benefício de um outro[25]."

O julgamento defendido por al-Maghīlī sobre soberanos sincretistas e *'ulamā' al-sū'* era claro: tratava-se de descrentes e os muçulmanos tinham o dever de conduzir a *jihad* contra eles. Estes chefes e letrados, afirmava ele, "envolveram a verdade com um véu de mentira, levando certo número de muçulmanos ignorantes a se desgarrarem"[26].

Os muçulmanos da África do oeste em nada estavam fechados às influências externas. Os acontecimentos religiosos e políticos, advindos nos países islâmicos do Oriente e, particularmente, aqueles que diretamente concerniam o berço do islã – a Arábia –, tinham repercussões em todo o *dār al-islām*. Um destes acontecimentos foi a reação do sufismo do Oriente perante a tomada de Meca (1803) e, em seguida, a conquista de Medina (1805), pelos fundamentalistas wahhabites.

Conquanto uma grande parcela do mundo muçulmano tenha rejeitado alguns dos seus aspectos doutrinários, a revolução wahhabite nele naturalmente interveio como um catalisador da ação militante. Ademais, condenando as suas crenças e práticas, os wahhabites haviam provocado uma vigorosa renovação do sufismo, cujos expoentes foram a *tarīka* khalwatiyya e o ilustre mestre sufi

---

22 A. A. Batran, 1973, pp. 349-350.
23 J. R. Willis, 1979c, p. 181.
24 M. Hiskett, 1962, pp. 578 e seguintes; M. A. al-Hajj, 1964, pp. 53 e seguintes; J. R. Willis, 1970, pp. 38-42 e 148-151.
25 M. A. al-Hajj, 1964, p. 50; J. R. Willis, 1970, p. 38.
26 M. A. al-Hajj, 1964, p. 56.

Ahmad ibn Idrīs al-Fāsi (morto em 1837)[27]. Esta renovação traduziu-se notadamente pelo nascimento da confraria tijāniyya, à qual al-Hadjdj 'Umar aderiu e, da qual, os ensinamentos programáticos ele propagou na África do oeste, na qualidade de califa de Ahmad al-Tidjāni. Al-Hadjdj 'Umar teria sofrido a influência dos xeques khalwatī, durante a sua passagem pelo Cairo, onde teria estado em contato direto com eles[28]. Segundo alguns autores, a *jihad* de xeque 'Uthmān igualmente ligava-se ao reformismo sufi khalwatī, por intermédio do seu mentor, Djibrīl 'ibn 'Umar[29].

Assim sendo, embora tenha sido possível para aquelas *jihad*, travadas na África do oeste, substituírem, no quadro mais geral, movimentos de reformas islâmicos militantes e "quietistas", havia igualmente incontestáveis laços de parentesco entre as três correntes. De fato, a *jihad* de xeque 'Uthmān, lançado em 1804, despertaria o fervor religioso revolucionário, latente sob as cinzas no Sudão ocidental. Os escritos relativos à *jihad* de Sokoto, "convocando os muçulmanos a derrubarem os regimes comprometidos e pagãos ou, ao menos, a livrarem-se da sua autoridade política, assim como as epopeias em fulfulde, celebrando os feitos dos fūdī e dos *mudjāhidūn* em território hauassa", eram muito conhecidas no *Bilād al-Sūdān*[30]. Os *mudjāhidūn* fulbe da curva do Níger teriam participado da *jihad* de xeque 'Uthmān e, quando retornaram, teriam levado a chama revolucionária aos seus respectivos países de origem. Alguns autores afirmam, sem muito fundamento, que xeque Ahmadu teria não tão somente sido aluno de xeque 'Uthmān, mas que ele igualmente teria participado ativamente do *jihad* lançado por este último[31], recebendo, em suplemento, o apoio e a benção dos chefes *jihad* de Sokoto. Ademais, xeque 'Uthmān lhe teria pessoalmente entregue uma bandeira, a ser conduzida à frente das suas tropas *mudjāhidūn*[32]. Enfim, *xeque* Ahmadu correspondia-se com 'Abdullaahi dan Fodio, irmão e sucessor de xeque 'Uthmān, requerendo-lhe a sua opinião de jurista sobre o estatuto dos letrados muçulmanos do Macina, os quais se

---

27 J. O. Voll, 1969, pp. 90-103; B. G. Martin, 1972, pp. 302-303. As reações ao antisufismo wahhabite foram muito intensas no Sudão Ocidental. Shaukh al-Mukhtar al-Kuntī publicou um *fatwā*, indicando que os muçulmanos não tinham a obrigação do *hadjdj* na situação que prevalecia na Arábia. Conferir U. al-Naqar, 1972, pp. 47-48; A. A. Batran, 1972, pp. 186-189.

28 M. Hiskett, 1976, pp. 161-162.

29 B. G. Martin, 1976, pp. 24-25. Djibrīl ibn 'Umar tentou sem sucesso incitar à *jihad* na região do Aïr. Conferir F. H al-Masri, 1963, pp. 438-439.

30 W. A. Brown, 1969, pp. 66-67; U. al-Naqar, 1972, p. 51.

31 J. S. Trimingham, 1962, p. 177. É verossímil que xeque Ahmadu não tenha jamais deixado o Macina.

32 U. al-Naqar, 1972, p. 51; W. A. Brown, 1969, pp. 17 e 22.

opunham à sua *jihad*. Além das *jihad* de xeque Ahmadu, as regiões setentrionais foram o teatro de, ao menos, três movimentos inspirados por Sokoto, entre 1816 e 1823. O primeiro, dirigido por um erudito haussa, Malam Sa'īd, visava os tuaregues do Guimbala. Em consequência da derrota das forças de Sa'īd, os chefes *jihad* haussa desapareceram da região, retornando sem dúvida ao país haussa. As duas chefes *jihad*, Fakīh al-Husayn Koita e Alfaa Ahmad Alfaka, eram fulbe de origem local. O movimento de Koita eclodiu no Fittuga e aquele de Alfaka no Farimaka. Temendo que estes dois movimentos ameaçassem diretamente a sua jovem *dina* (califado), xeque Ahmadu reagiu prontamente, venceu Koita e assegurou-se dos serviços de Alfaka, como agente de Hamdallahi[33]. Quanto ao terceiro chefe *jihad*, al-Hādjdj 'Umar, este permaneceu por muito tempo no califado de Sokoto, ali vivendo durante mais de seis anos. Ele esteve, em duas ocasiões, na rota da sua peregrinação e, posteriormente, no caminho de retorno. Durante estas estadas, ele prosseguiu as suas atividades como pregador e mediador, conquistando novos adeptos na confraria tijāniyya.

O substrato dos movimentos reformistas: motivações e circunstâncias

Instaurar uma autêntica sociedade islâmica e recuar as fronteiras do *dār al-islām*, tais eram portanto os objetivos dos chefes que travaram a *jihad* na África do oeste. O islã oferecia, acreditavam eles, um quadro ideal para a organização da comunidade, assim como um meio de garantir a salvação da sua alma no outro mundo. Todavia, para traduzirem concretamente estas convicções, faltava-lhes demonstrar capacidade em agruparem tropas totalmente devotas à sua causa, além de suficientemente fortes a ponto de operarem as mudanças desejadas.

Herdeiros de uma rica tradição escolástica, os futuros reformadores haviam seguido os ensinamentos de ilustres mestres, nas "academias" da sua cidade de origem ou até mesmo em distantes localidades. Eles ali haviam recebido uma intensiva formação, englobando as ciências exotéricas tanto quanto as esotéricas, tornando-se letrados perfeitos e xeques sufi dedicados ao ensino e à pregação, bem como à expansão das suas respectivas confrarias. Os alunos que chegavam às *zāwiya* itinerantes de xeque 'Uthmān e de xeque Ahmadu eram

---

33 W. A. Brown, 1969, pp. 66-67.

iniciados na Kadirīyya, ao passo que os de al-Hādjdj 'Umar recebiam o *wird* tijāni. Seriam estes grupos de devotos iniciados os constituintes do nódulo central dos *mudjāhidūn*. Perfeitamente instruídos acerca dos segredos da via mística (*asrar al-tarīk*), eles se conformavam fielmente aos ideais dos seus mestres. A sua absoluta e cega obediência aos seus guias espirituais, fruto da sua formação sufi, transformava-os em uma força potencialmente explosiva: eles estavam sempre prontos para responderem a um chamado do seu xeque, bem como a lutarem e morrerem por ele. Aos seus olhos, com efeito, os xeques eram, espiritual e intelectualmente, superiores a todos os outros 'ulamā'. Eles eram os santos favoritos de Alá, detentores da *baraka* (benção divina e poder milagroso), além de representarem os únicos laços entre os discípulos e os fundadores das *tarīka*. De fato, eles eram os salvadores e libertadores esperados neste XII século da hégira.

No Sudão Ocidental do século XIX, o islã encontrava-se, seguramente, bem distante de corresponder aos ideais dos reformadores e dos devotos discípulos, favoráveis à sua causa. Os reformadores deploravam o apoio manifestado por numerosos soberanos e pelos seus seguidores a certas práticas contrárias ao islã. Eles condenavam as injustiças e a opressão atribuídas às dinastias reinantes e acusavam-nas de mesclar o islã aos tradicionais costumes religiosos (*takhlit*), chegando a considerá-las totalmente descrentes. Eles atacavam os 'ulamā' que aprovassem ou mesmo tolerassem o estado de degenerescência no qual permanecera o islã. Um dos fatos mais irritantes a este respeito, aos olhos de al-Hādjdj 'Umar, era a agressiva expansão militar e econômica do franceses (infiéis), no Fouta Toro e nos territórios vizinhos.

A maioria destas reprovações, senão todas, eram com toda evidência fundadas. Foi sobretudo por intermédio dos comerciantes e eruditos muçulmanos locais que as influências islâmicas e o conhecimento da língua árabe se expandiram no *Bilād al-Sūdān*[34]. Entretanto, os seus sucessos não devem dissimular o fato de os novos convertidos não terem contudo negado a sua herança religiosa: com efeito, este proselitismo não violento derivou, como era devido, para uma aproximação com o islã e com as crenças africanas tradicionais. Este islamismo híbrido, sincrético, era praticado pelos membros das classes dirigentes e pelos seus assujeitados convertidos. Não satisfeitos em manifestarem veementemente a sua adesão ao islã, os soberanos do país hauassa, do Macina e da Senegâmbia, mantinham relações muito estreitas com as comunidades de mercadores e letra-

---

34   Conferir, por exemplo, N. Levtzion, 1973, pp. 183-199; J. S. Trimingham, 1969, pp. 13-28.

dos muçulmanos. Os eruditos muçulmanos, conhecedores do árabe e reputados por possuírem grandes poderes "mágicos", neste contexto vieram desempenhar um papel particularmente útil nas cortes reais, como conselheiros políticos ou funcionários. Os mercadores muçulmanos, os quais sempre e muito diretamente haviam tomado parte do comércio internacional do ouro, do sal, dos escravos e de outras mercadorias, constituíam uma importante fonte de riquezas. Igualmente, os grupos muçulmanos acolhiam favoravelmente a clientela e a proteção das dinastias no poder. Naturalmente, eles toleravam a excessiva condescendência que os soberanos permitiam-se perante o islã, estando inclusive preparados para justificá-la.

Aos olhos dos reformadores, o autêntico islã não deixava margem a nenhum compromisso. Igualmente, era necessário impor um termo ao conjunto das *bid'a* (as inovações, ou seja, as práticas religiosas tradicionais enxertadas no islã). Eles tentaram, primeiramente, alcançar o seu intento através da pregação – exortando os muçulmanos a voltarem a um islã intacto e puro. Esta pregação acabou por solapar o poder "constitucional" estabelecido, quando a virulência dos reformadores estabeleceu os soberanos e letrados das cortes como alvo. Eles repreendiam os *'ulamā'* pela sua moral relaxada e pelo seu cínico oportunismo, acusando-os de conhecerem-no parcialmente e desnaturarem o islã. Eles condenavam a opressão cuja responsabilidade recaía sobre os chefes, repudiavam a sua corrupção, os seus abusos de poder, os impostos não conformes à lei islâmica, através dos quais eles massacravam os seus assujeitados, além de especialmente reprovarem-lhes por "elevar a bandeira do reino temporal além da bandeira do islã"[35]. Al-Hadjdj 'Umar lançou esta advertência: "Que cada homem sensato, em todas as épocas da história da humanidade, saiba que aqueles que se imiscuírem nos assuntos temporais (*mukkibīn 'ala al-dunya*), como os cachorros infiéis, os reis traidores e os *'ulam'* corrompidos, conhecerão a humilhação e a desventura neste mundo e no além[36]." Tais propósitos constituem, com total evidência, um chamado à revolução. Perante o estrondo da tempestade, a reação das autoridades não tardou. Elas tentaram esmagar na casca do ovo o eminente levante.

Como era possível prever, os reformadores consideravam estas tentativas como manifestações de impiedade e os seus autores como infiéis. E, como fora prescrito: "Se o soberano é infiel, o seu país é *Bilād al-kufr*"; o Sudão Ocidental era desde então *dār al-harb*; e a sua conquista e anexação pelo *dār al-islām* tornava-se um dever para os muçulmanos. No período de alguns anos,

---

35 M. A. al-Hajj, 1964, p. 50.
36 O. Jah, 1973, p. 184.

os *mudjāhidūn* e os seus aliados suprimiram a autoridade dos *sarki* dos Estados hauassa, aquela dos *ardo* do Macina e dos *faama* de Ségou (Segu) e do Kaarta, assim como aquela dos *almaami* do Bundu, do Fouta-Djalon e do Fouta Toro. O país hauassa tornou-se um califado dirigido por 'Uthmān dan Fodio, *amīr al-mu'minīn* (comandante dos crentes); o Macina tornou-se uma *dina* (califado), à frente da qual estava xeque Ahmad Lobbo, carregando desde logo o título de *amīr al-mu'minīn*; em seguida, a Senegâmbia foi anexada ao Macina para formar um califado tijāni, sob a batuta de al-Hādjdj 'Umar, *Khalīfat khātim al-awliyā'*.

Os *mudjāhidūn*, os quais haviam humilhado os potentes regimes do *Bilād al-Sūdān*, provinham de horizontes sociais e étnicos muito diversos. Eles haviam sido recrutados junto aos fulbe, hauassa, mande, wolof e tuaregues, junto aos pastores nômades, nas comunidades sedentárias ou semissedentárias, nas fileiras dos *'ulamā'* e dos *murīd* (discípulos sufi) letrados, bem como nas classes iletradas, em meio aos indivíduos de casta, aos escravos e libertos. Cada grupo possuía as suas próprias queixas e compartilhava a esperança, segundo a qual, este questionamento da ordem estabelecida conceder-lhe-ia importantes vantagens.

A direção destes *mudjāhidūn* era formada pelos discípulos (*murīd/tālib*) que haviam seguido os xeques em suas pregações (*siyaha*) e, em seguida, em seu exílio forçado (*hidjra*) fora do país do *kufr*. Com os letrados independentes ou capazes de arcar com suas próprias necessidades, incorporados ao campo dos xeques, eles formavam a *Djamā'a* (a Comunidade dos crentes). Guiados pelo seu zelo religioso e pelas visões de xeques, os membros destas *Djamā'a* tornaram-se os mais devotados combatentes na via de Alá (*mudjāhidūn fī sabil Allāh*). Certamente, o fervor religioso suscitado pelos reformadores igualmente conquistou alguns elementos muçulmanos que não pertenciam à *Djamā'a*, propriamente dita, os quais, subjugados pelo carisma dos xeques, uniram a sua sorte à dos reformadores. Porém, estes "iniciados", pontas de lança da reforma, não eram em nada superiores, no plano numérico ou militar, aos exércitos que combatiam os soberanos da África do oeste. Igualmente, a vitória não se tornou possível, senão após a chegada dos elementos "externos", os quais reforçaram as fileiras da *Djamā'a*, formando, sem dúvida alguma, o maior componente dentre as forças engajadas. Estes elementos "externos" eram certamente sincretistas (*mu-khallitūn*), no entanto, a sua participação na *jihad* apagava, definitivamente, as diferenças sociais e religiosas que os haviam separado da *Djamā'a*. Os "imperfeitos" desde logo se incorporariam ao berço dos *mudjāhidūn*, cuja última recompensa era o paraíso.

A grande maioria dos "iniciados", quiçá igualmente dos elementos externos, era de origem fulbe. Os próprios reformadores mantinham estreitos laços com os fulbe e os dirigentes dos califados eram, do mesmo modo e muito amiúde, fulbe. Esta influência preponderante dos fulbe nos movimentos religiosos levou alguns autores a concluírem que as *jihad* haviam sido guerras étnicas, travadas com objetivo de assentar o domínio dos fulbe em seu países de adoção. Indubitavelmente, certo número dentre eles aderira às *jihad* em virtude de considerações de ordem etno-solidária; contudo, é evidente ter havido, entre eles, muitos que combateram junto às forças inimigas. Além disso, a *jihad* de xeque Ahmadu Lobbo e a de al-Hādjdj 'Umar foram, em grande parte, dirigidas contra os chefes políticos fulbe, do Macina e da Senegâmbia.

A diáspora fulbe se disseminara a partir do Fouta Toro, cerca de quatro e cinco séculos antes das *jihad*. Por toda a parte, estas populações, compostas majoritariamente por pastores, viviam fora dos centros urbanos e das comunidades camponesas. As suas migrações sazonais em busca de água e pastagens conduziam-nos, todavia, às regiões rurais do Sul e aos territórios tuaregues do Norte[37]. Durante a estação seca, os fulbe eram obrigados a levar os seus rebanhos a terras cultivadas. A pressão sazonal que eles assim exerciam sobre os camponeses, particularmente em épocas nas quais as colheitas ainda não estavam concluídas, suscitava tensões com as comunidades camponesas. Em suplemento, quando penetravam nas zonas controladas pelas autoridades urbanas, os fulbe eram submetidos a impostos e restrições que limitavam os movimentos dos seus rebanhos e a utilização das nascentes[38]. Eles igualmente eram submetidos a multas em razão dos danos causados pelos seus rebanhos às plantações. Durante a estação úmida, os fulbe conduziam os seus rebanhos para as regiões mais secas do Norte, onde se encontravam em concorrência pela água com os tuaregues. Durante este período, os seus animais eram as principais vítimas das incursões tuaregues[39]. Além disso, estes últimos multiplicavam as depredações e pressões sobre os nômades fulbe, sempre que a seca ou a fome se abatiam sobre o Sahel. Desde há muito tempo, os fulbe suportavam com dificuldades estas restrições, estes impostos, estas multas e a ameaça contínua sobre o seu rebanho. As *jihad* ofereciam-lhes uma bem-vinda oportunidade de escaparem aos impostos e multas, além de possibilitarem-lhes proteger-se das ações tuaregues.

---

37 W. A. Brown, 1969, p. 60; M. Last, 1967, pp. LXII-LXIII; M. Hiskett, 1976, p. 138.
38 M. Last, 1967, pp. LXII-LXXIV; M. Hiskett, 1976, p. 138.
39 W. A. Brown, 1969, pp. 35-36; M. Last, 1967, p. LXIII.

Os fulbe do Macina e da Senegâmbia, por sua vez, tinham outros motivos de insatisfação. Em meados do século XVIII, os bambara de Ségou haviam logrado estender a sua soberania sobre os fulbe do Macina. Todavia, os *faama* de Ségou não administravam diretamente esta região. Eles permitiam às dinastias reinantes locais – os *arma* (descendentes de marroquinos que haviam conquistado o Songhai) – controlarem, em seu lugar, as cidades de Djenné (Jenne), Tombouctu e Sungojo, e aos chefes militares fulbe e dikko, concediam-lhes governarem, por sua própria conta, o restante da curva do Níger. Os *faama* extorquiam dos fulbe um tributo anual correspondente, segundo estimativas, a "100 meninos, 100 meninas, 100 cavalos, 100 jumentos, uma medida de ouro" e um grande número de cabeças de gado[40]. Ademais, os rebanhos fulbe representavam uma presa ideal para os soberanos bambara e dikko, realizadores de frequentes incursões nos acampamentos fulbe. Os *arma* somavam-se a estas incursões. Segundo a tradição, foi no momento de uma destas expedições (1810-1811) que os bambara teriam permanecido cerca de quatro meses no Macina, roubando o rebanho dos fulbe e confiscando importantes quantidades de arroz dos agricultores. O assujeitamento dos fulbe e a pilhagem dos seus rebanhos, assim como a violência desenfreada perpetrada contra eles, pelos bambara e autoridades locais, constam entre as principais razões que levaram esta etnia a se aliar ao xeque Ahmadu.

Tudo leva a crer que a *jihad* de xeque Ahmadu não seja nada além de uma dentre as tentativas inspiradas pelos fulbe para quebrar a hegemonia bambara nesta região. Esta luta nacionalista teve como vencedores os dirigentes fulbe Hammadi Bodêjo e o seu filho Gelâjo. Em 1815-1816, apenas dois anos antes que xeque Ahmadu lançasse a sua *jihad*, Gelâjo conquistou a região de Kunari dos bambara. Xeque Ahmadu apressou-se em fazer uma aliança com estas forças patrióticas. A coalizão conquistou uma impactante vitória contra os dikko e os bambara, na batalha de Nukuma (Noukouma)[41].

O futuro dos fulbe da Senegâmbia não era menos inviável. Eles igualmente sofriam com as depredações e a implacável lei dos *almaami* torodbe que eles haviam apoiado em sua chegada ao poder, um ou dois séculos antes. Aproximadamente em meados do século XIX, com efeito, os *almaami* se haviam tornado oligarquias hereditárias tirânicas que oprimiam os seus sujeitos. Além disso, eles se associaram econômica e politicamente aos franceses, por eles autorizados a

---

40 W. A. Brown, 1969, p. 182, nota 25.
41 *Ibid., passim.* Foi em Nukuma que ocorreu a decisiva batalha, a qual permitiu a criação do califado de Hamdallahi.

construírem postos fortificados ao longo do vale do rio Senegal. A presença militar dos franceses e o seu crescente poderio militar na região afrontavam profundamente as convicções religiosas de alguns fulbe, para os quais estes estrangeiros eram *ahl al-dhimma* (populações protegidas), tolerados através do pagamento da *djizya* (imposto de captação ou tributo), prescrito pela lei islâmica, e mediante a condição de não exercerem influência alguma no *dār al-islām*[42]. A recusa dos franceses em pagarem a *djizya*, como de resto qualquer outro tributo, era julgada incompatível com o estatuto tributário a eles atribuído pelo direito muçulmano. Portanto, não causa espécie que os fulbe do Fouta Toro tenham respondido com entusiasmo quando al-Hadjdj 'Umar convocou-os a juntarem-se à sua *jihad*, travado contra os dirigentes locais corrompidos e "infiéis" franceses. Ao longo de todas as diferentes fases da *jihad*, o Fouta Toro, país de origem de 'Umar, não cessou o fornecimento da maior parte dos *mudjāhidūn* tijāni.

Igualmente, os reformadores encontrariam sólido apoio junto à imensa população de escravos e indivíduos de casta, estabelecidos no *Bilād al-Sūdān*. A aristocracia sudanesa do século XIX, ou seja, as dinastias reinantes e comunidades de letrados e mercadores, devia muito da sua riqueza e do seu prestígio à exploração e ao tráfico destes grupos servis. Os clãs endógamos constituintes das castas forneciam os artesãos, situados à base da escala social, tais como os ferreiros, pescadores, tecelãos e curtumeiros. Os escravos eram empregados em trabalhos agrícolas, nos rebanhos, nas tarefas domésticas e no combate (como guerreiros e guarda-costas).

A enorme reserva de escravos que existira no Sudão ocidental aparenta ter consideravelmente crescido às vésperas das *jihad*, em consequência da introdução das armas de fogo e da espetacular expansão das exportações de escravos, vendidos aos mercadores europeus estabelecidos na costa[43]. A aristocracia local escolhia as suas vítimas junto aos camponeses e pastores, capturando assim tanto os muçulmanos quanto os não muçulmanos. O temor em serem privados da sua liberdade e as violências das quais se acompanhava a caça aos escravos levaram grande número de vítimas potenciais a buscar refúgio junto aos xeques. Esperando obter a sua recompra ao arrolarem-se para as *jihad* e tornando-se membros da nova sociedade, os escravos, muçulmanos ou não, representavam

---

42   J. R. Willis, 1970, pp. 160 e seguintes; O. Jah, pp. 152-153, 179-181, 205 e seguintes.
43   J. R. Willis, 1978, pp. 208-210; W. A. Brown, 1969, pp. 114-115, 124-125; M. Hiskett, 1976, pp. 138--139; P. E. Lovejoy, 1983, pp. 188-199. Segundo algumas estimativas, a população de escravos do Fouta-Djalon representava, aproximadamente em meados do século XIX, cerca da metade da população total da região.

uma enorme proporção dos *mudjāhidūn* e da multidão de discípulos e iniciados que se agrupara em torno dos reformadores. Ambos com sucesso, xeque Ahmadu e al-Hadjdj 'Umar convocaram os escravos para combaterem junto de si. Xeque Ahmadu teria declarado: "Todos vós, *maccube* (escravos), vindos hoje a mim, vós sois livres. Todos os *maccube* encontrarão o paraíso ao meu lado⁴⁴." Não é indiferente que xeque Ahmadu tenha, contra os bambara e os dikko, tomado posição no Sebera, região onde os escravos e os indivíduos de casta eram muito numerosos.

Possuidores de uma imensa dívida junto a estas categorias servis, os reformadores recompensaram-nas generosamente. Os escravos foram libertos e receberam a sua parte do butim que lhes cabia de direito. Alguns ocuparam postos de prestígio no seio da administração. Assim, os califados apresentam "este estranho paradoxo equivalente a fazer ascender às mais altas funções do Estado, os representantes das ordens mais humildes da humanidade"⁴⁵.

A comunidade dos crentes no *dār al-hidjra*

Os reformadores prosseguiram o seu ensinamento e a sua pregação durante muitos decênios, antes que as autoridades começassem a perceber o perigo. Em contrapartida, logo que os ensinadores transformaram-se em agitadores políticos, os dirigentes e os seus 'ulamā' foram levados a exilá-los, a restringirem as suas atividades e a perseguirem os seus partidários⁴⁶. Violentos e inevitáveis enfrentamentos produziram-se em consequência da expulsão dos xeques e dos seus discípulos, cassados dos seus respectivos centros, Degel, em país hauassa, Kubi, no Macina, e Jegunko, no Fouta-Djalon, e após o seu ulterior estabelecimento no *dār al-hidjra*. Foi neste território, em Gudu (1804), Nukuma (1816-1817) e Dinguiraye (1849), que a *Djamā'a* tomaria a sua forma definitiva. Escapando, em razão do distanciamento, ao controle das autoridades, a *Djamā'a* preparou-se então para a eminente explosão, reunindo e estocando armas e erguendo defesas, enquanto 'Uthmān dan Fodio e Ahmadu Lobbo adquiriam o título de *amīr al-mu'minīn*. Al-Hadjdj 'Umar, se bem lembramos, já fora nomeado *Khalīfat khātim al-awliyā*.

---

44 W. A. Brown, 1969, pp. 188-189, nota 52.
45 J. R. Willis, 1984, cap. 3, pp. 23-24.
46 A. A. Batran, 1974, p.49.

Um fluxo contínuo de refugiados, respondendo aos apelos dos xeques ou em fugas das perseguições, chegava ao *dār al-hidjra*. Mestres acompanhados dos seus discípulos, escravos e homens livres, camponeses e nômades, amontoavam-se em torno dos chefes *jihad*, em uma atmosfera marcada por profundo fervor religioso e grandes esperanças. Os discípulos eram iniciados em ciências islâmicas, especialmente, no sufismo, e recebidos na confraria – Kadirīyya ou Tijāniyya, segundo o caso. Os acontecimentos que se haviam desdobrado na *hidjra* (êxodo) e o paralelo por ela sugerido relativamente à *hidjra* do Profeta, em sua fuga de Meca para Medina (622), sem dúvida constituíam o tema, ao mesmo título que os preparativos para a guerra, de infindáveis discussões.

A *hidjra* certamente representou a fase mais crítica da ação dos reformadores. Todavia, ela não foi absolutamente autoimposta e, contrariamente ao que leva a suscitar grande número de eruditos, tampouco foi conduzida, de modo deliberado, para legitimar a *jihad*[47]. A *jihad*, em oposição ao geralmente proferido, não foi uma necessidade fundamental para os movimentos reformistas oeste-africanos: com ou sem ela, as revoltas teriam eclodido. Certamente, a organização havia começado vários anos antes da *hidjra*. Citando *Taziyyn al-Warakat* de Abdullaahi dan Fodio, F. H. al-Masri diz-nos que os preparativos do *jihad* de Sokoto, especialmente a coleta de armas, remontariam a 1797[48]. Nesta data, a *jihad* adquirira um ímpeto quase irreversível; de todo modo, a ideia percorrera o seu caminho no espírito de xeque 'Uthmān: "a coleta das armas começara desde 1797. Quando a comunidade exigira uma *jihad* contra os descrentes, Dan Fodio aconselhara-lhe então a se armar. Ele próprio se voltara para as orações e solicitara ao seu xeque 'Abd al-Kādir al-Djailānī interceder, para que ele pudesse ver o país hauassa sob a lei islâmica[49]."

Igualmente, as atividades de al-Hadjdj 'Umar (recrutamento de partidários, agitação e coleta de armas), antes da sua *hidjra* em Dinguiraye (1849), haviam suficientemente inquietado as autoridades do Macina, de Ségou e de toda a Senegâmbia, a ponto de levá-las a prendê-lo, a planejarem o seu assassinato ou interditar-lhe a travessia dos seus territórios. Segundo Willis, não é fortuito que 'Umar tenha escolhido Jegunko para ali estabelecer a sua primeira "academia", "pois que a localização da cidade é ideal para que [o xeque] possa dedicar-se

---

47 O. Jah, 1973, pp. 180-185, afirma que não se sabe realmente se al-Hadjdj 'Umar teria voluntariamente deixado Jegunko ou se teria sido expulso pela força. Ele sustenta entretanto que os *almaami* do Fouta-Djalon teriam efetivamente decidido expulsar 'Umar e que poderiam ter forçado o xeque e a sua *djama* a partir, tornando-lhes a vida muito difícil.

48 F. H. al-Masri, 1978, p. 23.

49 *Ibid*.

ativamente ao comércio de armas e equipamentos militares"⁵⁰. Mesmo livre da sua piedosa aparência, segundo a *jihad*, a *hidjra* ou, antes, o exílio forçado dos reformadores, revelou-se extremamente preciosa. Ela permitiu a *Djamā'a* escapar ao perigo imediato, propiciando-lhe o tempo necessário à preparação para o inevitável enfrentamento.

Incontestavelmente, os reformadores dispunham de esmagadoras vantagens frente aos seus adversários. Profundamente convencidos do caráter sagrado da sua missão, eles souberam expressar o descontentamento e as decepções das massas; e, sobretudo, podiam contar com a absoluta lealdade da *Djamā'a*, pois o ensino do sufismo enfatizava a total e cega obediência à pessoa do *xeque al-tarīka*. Segundo os sufi: "O *murīd* (discípulo/iniciado) é aquele que não possui outro desejo senão o voto do seu xeque. Ele deve se perder no seu xeque, a ponto de nada restar-lhe de si mesmo. Ele [deve ser] como o cadáver nas mãos do seu embalsamador ou a pena entre os dedos do copista⁵¹."

Os reformadores ainda possuíam outro trunfo, o seu carisma religioso pessoal. Na qualidade de guias espirituais das confrarias sufi, eles eram considerados santos, detentores da *baraka* divina. Estes poderes, disso estavam convencidos os seus partidários, permitiam aos xeques remediarem catástrofes naturais tais como a seca e a fome, tornar fértil a terra e fecundos os animais e as mulheres, combater os inimigos, além de outros feitos. Os relatos dos milagres realizados pelos xeques circulavam e eram admitidos quase por toda a parte. Em uma sociedade na qual se acreditava na existência de forças sobrenaturais, os eficazes poderes "mágicos" atribuídos aos xeques, contribuíam consideravelmente para a sua popularidade⁵². Os múltiplos atentados, aos quais eles haviam escapado, eram a prova tangível da proteção divina usufruída por eles. Em suplemento, a sua superioridade intelectual, o seu estilo de vida ascético e a distância que os separava dos dirigentes "corrompidos", fortificavam a confiança neles depositadas pelas massas.

Os reformadores não mergulharam precipitadamente os seus seguidores em um temerário aventureirismo. Eles não começaram a responder às provocações senão quando estavam perfeitamente preparados e no momento por eles escolhido. xeque 'Uthmān, por exemplo, colocava os seus discípulos em guarda contra o aventureirismo, pois este último "não leva senão ao revés e conduz os muçulmanos frágeis à sua derrota"⁵³. Para conquistar tão vastos territórios,

---

50 J. R. Willis, 1970, p. 90.
51 A. A. Batran, 1974, p. 49.
52 M. Last., 1967, pp. 3-13; W. A. Brown, 1969, pp. 48, 116, 123; O. Jah, 1973, pp. 237 e seguintes.
53 F. H. al-Masri, 1978, p. 22.

era portanto peremptório que os xeques fossem minuciosamente preparados. Eles seguramente conquistaram as suas vitórias "a despeito da força dos seus adversários", em razão dos fatos em nada corroborarem a ideia, frequentemente admitida e segundo a qual, o sucesso das *jihad* explicar-se-ia, sobretudo pelas rivalidades entre as dinastias, assim como por um pretenso declínio geral do poder nos Estados sudaneses[54].

É interessante notar que, diferentemente das *jihad* de xeque 'Uthmān e de xeque Ahmadu, os quais não foram por eles estendidos além das suas respectivas regiões de origem, o país hauassa e o Macina, as campanhas de al-Hadjdj 'Umar, por sua vez, lançadas a partir da fronteira oriental do Fouta-Djalon, visavam conquistar a totalidade do Sudão Ocidental. 'Umar jamais logrou tornar-se mestre do Fouta Toro, o seu país natal, pois os franceses lá estavam já solidamente estabelecidos. Certamente, ele atacou as posições francesas em Medina (1857) e em Matam (1858-1859); mas as suas tropas foram rechaçadas e submetidas a pesadas perdas. Em seguida, ele se voltaria para o Leste e dominaria Ségou (1861) e, em seguida, o califado de Hamdallahi (1862).

Não é difícil imaginar até onde al-Hadjdj 'Umar pretendia estender o seu califado, ao Leste. O seu objetivo era simplesmente assentar a autoridade do *Khalīfat khātim al-awliyā'* em todo o *Bilād al-Sūdān*[55]. As suas conquistas "no estrangeiro" foram possíveis em virtude de 'Umar dispor de uma base militar mais ampla, comparativamente a xeque 'Uthmān ou a xeque Ahmadu. As suas forças, recrutadas em todas as regiões, eram compostas de adeptos da Tijāniyya, em sua maioria, bem treinados e equipados, os quais tinham sido por ele próprio iniciados durante as suas numerosas viagens em todo o Sudão Ocidental. Todavia, a sua trágica morte no Macina (1864) impôs um termo a esta progressão para o Leste.

Comentários sobre algumas consequências dos *jihad*

Foi a primeira e, talvez igualmente, a última vez que tão vastos territórios do *Bilād al-Sūdān* encontraram-se transformados em teocracias islâmicas centralizadas. Entretanto, esta centralização foi mais ou menos conduzida de um califado a outro. Aparentemente, somente o califado de Hamdallahi (1818--1862) talvez tenha conhecido um poder muito centralizado, porque se tratava de um território pouco extenso, habitado por uma pouco numerosa e homo-

---

54   M. Hiskett, 1976, p. 139.
55   O. Jah, 1973, *passim*.

gênea população, e contendo satisfatória comunicação. Por conseguinte, xeque Ahmadu e os seus sucessores foram capazes de levar a aplicação da *sharī 'a* além do que era possível em outros califados.

As responsabilidades supremas, de *amīr al-mu'minīn* (título que igualmente portava Ahmadu, o filho e sucessor de al-Hadjdj 'Umar) e de *xeque al-tarīka*, eram passadas aos descendentes dos reformadores residentes nas capitais. Os califados eram divididos em *imārāt* (emirados) cada qual governado por um *mudjāhid* de alto escalão. A maioria dos *amīr* (governadores de província) era composta de letrados; mas, igualmente, havia entre eles chefes de clã e escravos libertos (al-Hadjdj 'Umar teria demonstrado certa predileção pelos escravos). Posteriormente, a nomeação para cargos de alto escalão esteve, em grande parte, subordinada à existência de laços sanguíneos com a linhagem dos califas ou de ilustres *mudjāhidūn*.

Geralmente, o poder tradicional e o prestígio social foram transferidos para uma nova elite formada por *mudjāhidūn*. Os fulbe, principal elemento das tropas engajadas nas guerras santas, tornaram-se os aristocratas por excelência do Sudão Ocidental. Eles ocuparam a maioria dos postos administrativos; além de numerosos dentre eles terem sido estabelecidos em terras confiscadas ao longo das *jihad*. Os fulbe e outros proprietários fundiários necessitavam de escravos para o cultivo das suas terras[56] e estes últimos, tudo leva a crer, ainda eram tão numerosos, nos califados e relativamente aos homens livres, quanto o eram à época das *jihad*. Os escravos que haviam participado das guerras santas foram libertos; mas aqueles que não se haviam unido aos xeques foram novamente assujeitados. Escravos capturados, em incursões além das fronteiras e durante rebeliões, vieram engrossar as suas fileiras. O estatuto dos escravos capturados fora definido pela *fatwā* (decisão jurídica) de al-Maghīlī:

> Quanto àquele que vós encontrais em suas mãos (os descrentes), reduzido à escravatura e pretendente a ser um muçulmano nascido livre, vós deveis aceitar a sua palavra até que se tenha provado tratar-se de um escravo [...]. Qualquer um que vós libertais por pretender ser um muçulmano nascido livre, escravizai-o novamente caso torne-se evidente tratar-se de um descrente[57].

Todos os indivíduos ou grupos habitantes dos califados viram serem garantidas a sua proteção e segurança. Os deslocamentos dos grupos de pastores para

---

56 M. Last, 1974, p.28; P. E. Lovejoy, 1983, pp. 188-189. Segundo M. Last, os pastores fulbe estabeleceram-se em maior número em Sokoto, comparativamente aos outros califados.

57 F. H. al-Masri (org.), 1979, p. 119.

o Sul foram regulamentados de modo a reduzir as tensões com as comunidades camponesas. As fronteiras e as pastagens do Norte foram constantemente vigiadas para conter as incursões dos tuaregues. Impôs-se um termo aos ataques lançados contra as comunidades camponesas para a captura de escravos. Foram criados tribunais para a aplicação da *sharī 'a* e os *kādī* (juízes) foram nomeados pelos califas e pelos *amīr*. Numerosas práticas contrárias à lei islâmica foram banidas: o respeito à interdição do consumo de álcool foi garantido com rigor; os odiosos impostos, captados pelos regimes desacreditados, foram substituídos pelo *zakāt* (dízimo), pelos *kharādj* (impostos territoriais) e pela *djizya*, prescritos pela lei corânica; o número de esposas autorizado foi limitado a quatro e assim seguiam outras disposições[58]. Os impostos eram repartidos e recebidos pelos *amīr*, os quais, muito amiúde, cobravam-nos de modo arbitrário.

Foi na ação educativa e missionária que as revoluções representaram o maior sucesso, fundando escolas por toda parte nos califados e convencendo grande número de missionários a levarem o islã até as regiões ainda não convertidas. Um corpo de ensinadores sufi foi implantado. Alguns se estabeleceram nos centros de cultura e ensino recentemente criados, como Sokoto, Gwandu, Hamdallahi e Ségou ou em outras cidades e comunidades; enquanto outros perpetuavam a tradição venerada da *siyaha*. Porém, a maioria destes ensinadores e, sobretudo, aqueles dos distritos mais isolados, encontraram-se diante do eterno problema do *takhlit*. Numerosas normas tradicionais foram finalmente toleradas. Com efeito, uma vez derrubado o zelo inicial, alguns dos ideais originais foram progressivamente abandonados, o pragmatismo e o tempo atuaram favoravelmente. A própria extensão dos califados e a preponderância dos "elementos externos imperfeitos" no seio da *Djamā'a* tornavam inevitáveis estes compromissos. Não se deve esquecer que, embora o objetivo declarado dos reformadores fosse assegurar o advento de um islã ideal, a maioria dos *mudjāhidūn* obedecia a móbeis mais concretos. No mais, as *jihad* permitiram ao islã e às duas confrarias sufi rivais, a Kadirīyya e a Tijāniyya, implantarem-se duravelmente na África do oeste. A tradição revolucionária islâmica dos torodbe seria perpetuada por uma nova geração de chefes *jihad*, tais como Maba Diakhou, na Gâmbia (1809-1867), Mahmadou Lamine, na Senegâmbia (1885-1888) e Samori Touré, na Guiné (1879-1898), os quais se postaram em nome do islã contra os invasores estrangeiros e os seus aliados locais, porém foram finalmente esmagados pela potente máquina de guerra dos europeus[59].

---

58 A. G. Hopkins, 1973, p. 144, afirma que a interdição do consumo de álcool provocou um aumento na demanda por kola no país Hauassa, pois este estimulante não era proibido pela lei islâmica.

59 I. Hrbek, C. A. Quinn, Y. Person em J. R. Willis (org.), 1979.

CAPÍTULO 22

O califado de Sokoto e o Borno
Murray Last

Introdução

A região à qual pertenciam o califado de Sokoto e o Borno foi dominada pelo califado durante a maior parte do século XIX. Esta região igualmente compreendia outros Estados e populações que, voluntariamente ou não, desempenharam um considerável papel. Entretanto, o presente capítulo tratará somente do califado em questão e do Borno, cujas estruturas e evolução políticas influenciaram fortemente a história de toda a região.

Quase todos os Estados da região foram o objeto de ao menos um estudo histórico medianamente detalhado. Praticamente todos estes estudos limitaram-se à história política. Há interesse, outrossim e desde alguns há anos, em relação à história religiosa e, ainda mais recentemente, no tocante à história econômica; entretanto e malgrado a abundância dos materiais disponíveis, os nossos dados e a sua interpretação ainda apresentam consideráveis lacunas. Este capítulo não oferece uma síntese de todos estes estudos; a minha intenção consiste, antes, em propor um quadro que permita compreender a história da região entre 1820 e 1880, abrindo caminho para novas pesquisas.

O meu propósito versará, essencialmente, sobre o período 1820-1880, marcado por uma relativa estabilidade política posterior aos conflitos, de um lado, e pelas grandes fomes e pelo grande deslocamento da sociedade civil, desenrolados na região durante as guerras, ou *jihad*, por outra parte. Em termos introdutórios, o período, compreendido entre aproximadamente 1775 e 1820, será dividido em três partes: de 1775 a 1795, em Estados como o Gobir, o descontentamento observado no seio do partido reformista muçulmano é expresso de modo pacífico, embora eficazmente; aproximadamente de 1795 a 1810, a oposição de interesses e ideias torna-se tamanha, entre os diversos grupos participantes do poder, que os conduz a uma verdadeira guerra; finalmente, entre os anos 1810 e 1820, aproximadamente, os novos governos, buscando resolver os problemas resultantes da guerra, experimentam novos métodos administrativos ou tentam povoar novas regiões. Por volta de 1820, as administrações alcançam o seu maior sucesso ao novamente propiciarem uma estabilidade política para a região, o que permite um desenvolvimento econômico sem precedentes – um período de crescimento de amplitude inédita, jamais ocorrido nesta região desde os séculos XV ou XVI. A contrapartida social deste sucesso foi a perda, por esta região, de grande parte da sua independência política e econômica, assim como do seu modo de vida tradicional. Ela não os perdeu sem oferecer resistência, porém a história desta resistência ainda está por ser escrita.

O início das reformas (aproximadamente 1775-1795)

O partido reformista muçulmano era o mais forte e conquistou os seus mais notáveis sucessos não no Borno, mas nos Estados huassa e no Nupe, os quais haviam outrora feito parte de um "califado" ampliado do Borno. Homens essencialmente favoráveis a uma reforma religiosa chegaram ao poder, em um contexto urbano, por exemplo, em Nupe (o *etsu* Jibril), em Kano (o *sarki* Alwali), em Zaria (o *sarki* Ishāk) e em Katsina (o *sarki* Gozo). Inclusive no Gobir, no Kebbi e no Zamfara, onde o xeque 'Uthmān dan Fodio pregava a reforma junto a multidões progressivamente mais numerosas, os sultões, como Bawa Jan Gwarzo, em Alkalawa, estavam prontos para um entendimento com os reformistas. Entretanto, era nas campanhas que o movimento reformista apresentava maior profundidade e obtinha os mais espetaculares sucessos. Este movimento foi inicialmente dirigido, embora sem muita sutileza, por al-Hadjdj Jibril al Aqdasi (de Agadez); ele se desenvolveu, em seguida, sob a direção muito mais hábil do xeque 'Uthmān que cumpria, na região e à imagem de outros letrados, a função de conselheiro junto aos sultões. Primeiramente, o movimento teve como objetivo difundir a educação muçulmana e a prática do islã nos campos. Porém, aproximadamente após 1788, os reformistas esforçaram-se prioritariamente em fundarem comunidades autônomas, sobretudo na periferia dos Estados huassa,

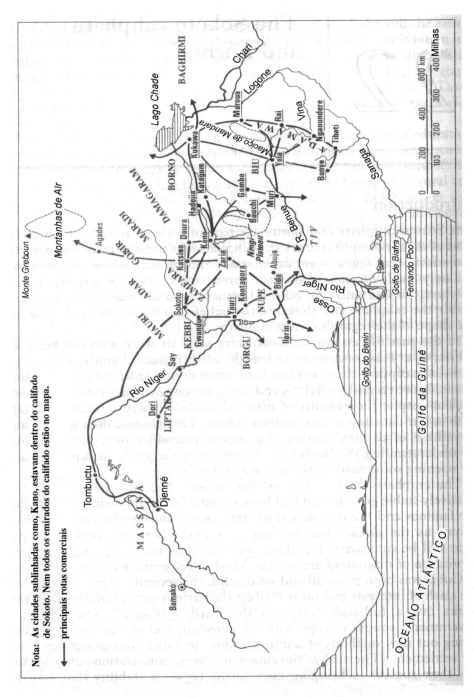

FIGURA 22.1   O califado de Sokoto, o Borno e os seus vizinhos (segundo M. Last).

além de pleitearem, para os muçulmanos habitantes das comunidades já existentes, o direito de formarem uma "casta" autônoma[1].

Este abandono da estratégia de reforma do Estado, em favor de uma estratégia de autonomia, no interior ou no exterior do Estado, acompanhou-se de outros acontecimentos no plano político. O Gobir cessara, em larga medida, de pagar o tributo ao Borno (talvez tivesse ele assim perdido, aos olhos dos reformadores, parte da sua legitimidade islâmica); do mesmo modo o sultanato do Mandara, na extremidade sul do Borno, dele tornara-se independente após um levante, por volta de 1781 ao passo que, no próprio Borno, o governador do Daya estava prestes a conquistar e afirmar a sua autonomia[2]. Nesta época de divisão política, os reformistas aparentemente compreendiam que seriam somente temporários os seus sucessos, caso eles se contentassem em fazer nomear sultões favoráveis à reforma; e que, mesmo se isso envolvesse maiores riscos, eles obteriam resultados mais duradouros, criando comunidades autônomas e lutando pelo reconhecimento dos seus direitos, como "casta" autônoma. Esta estratégia apresentava duas vantagens suplementares: primeiramente, ela já fora empregada não somente no Borno, mas igualmente alhures, na África Ocidental; em seguida e sobretudo, ela evocava a experiência do Profeta em Meca.

A confrontação militar (aproximadamente 1795-1810)

A reivindicação e a conquista de direitos particulares no seio do Estado muçulmano pelos muçulmanos adeptos de uma orientação particular (os huassa chamavam os reformistas "kadirawa" porque eles pertenciam à confraria da Kadirīyya) tiveram como consequência a privação dos poderes executivos e fiscais dos funcionários locais em algumas de suas administrações. Com a reivindicação de novos privilégios por parte crescente da população (aqui compreendidos os escravos), as autoridades locais rejeitaram muitas novas demandas e recorreram à força para restabelecerem o seu poder. Em meio a essa agitação,

---

1   Para uma bibliografia detalhada do xeque 'Uthmān b. Fūdī (ou "Dan Fodio" em huassa), consultar M. Hiskett, 1973. Encontraremos uma biografia do xeque, escrita por um dos seus companheiros em: U. F. Malumfashi, 1973. Para uma nova análise do movimento, reposicionado no contexto oeste-africano, consultar M. Last, 1988.

2   No tocante ao Mandara, conferir B. M. Barkindo, 1983. Sobre o Borno no século XVIII, referir-se a J. E. Lavers, 1980, pp. 206-209. Aparentemente, Daya finalmente entrou em rebelião aproximadamente em 1805, consultar S. W. Koelle, 1854, pp. 212-223. As mais profundas razões para o declínio do Borno, por um lado, e para a penetração do islã nos campos, por outra parte, são complexas e controversas. Uma das causas econômicas é o deslocamento do comércio rumo ao Sul, no século XVIII, aumentando a importância dos agricultores-comerciantes e levando-os a lutar pela liberdade comercial.

escravos fugiam, buscando a liberdade em novas comunidades autônomas que se recusavam devolvê-los aos seus mestres em razão dos fugitivos serem muçulmanos. As medidas, tomadas pelo governo para novamente impor a ordem e para recuperar as suas perdas, somente haviam agravado a divisão entre a sociedade urbana e a sociedade rural: os seus agentes vinham frequentemente aos mercados confiscar os produtos agrícolas e o gado. Ainda mais graves foram os ataques lançados – talvez a título de represália – contra os pastores fulbes (peul) para impor-lhes a escravidão e se apoderar do seu rebanho, acreditando que os reformistas (dentre os quais muitos falavam a língua dos fulbes, ou fulfulde) seriam assim levados a interromperem as suas atividades. Pode-se sustentar, retrospectivamente, que esta decisão, entre todas aquelas tomadas durante a guerra, teria as mais pesadas consequências: lançando os fulbes no campo dos reformistas, ela permitiu-lhes pouco a pouco reconstituírem as suas forças, após desastrosas derrotas e, em definitivo, ganharem a guerra com os seus aliados pastores; ela concedeu ao elemento militar formado pelos pastores uma influência imprevista no Estado criado após a *jihad*, modificando consideravelmente, por conseguinte, a administração do novo Estado. Finalmente, ela reforçou o clichê muito difundido entre os historiadores do Borno, segundo o qual a *jihad* não passava de uma guerra de fulbes, dando portanto crédito à fórmula "o Império Fulbe", empregada a propósito do califado[3].

A guerra foi oficialmente declarada em 1804, após o xeque 'U<u>th</u>mān, seguido pela sua comunidade, ter consumado a *hi<u>d</u>jra* de Degel à Gudum, onde ele foi eleito imã do novo "Estado". No início de 1806, estandartes já haviam sido distribuídos e chefes militares posicionados à frente das tropas nas respectivas regiões. Em cada um dos Estados huassa, a estratégia dos reformistas equivalia, primeiramente, a deixar as suas tropas operarem localmente para, em seguida, reuni-las com vistas a um ataque conjugado contra a capital. Deste modo, as forças armadas do xeque e a dos seus aliados de Kano, por exemplo, combatiam separadamente, ao passo que, propriamente em Kano, cada unidade conduzia as suas respectivas operações. A derrota de uma armada não provocava, portanto, aquela de todo o movimento; no entanto, a descentralização teria importantes repercussões políticas no futuro.

---

3   No que tange às acusações da época, segundo as quais, a *jihad* não dizia respeito senão aos fulbes, consultar as cartas provenientes do Borno, citadas por Muhammad Bello, 1951, e a carta do letrado 'Abd al-Salām, citada por Muhammad Bello, 1970, vol. 1, pp. 18-35. Os documentos de época não nos informam, em detalhes, senão sobre os combates da *jihad* desenrolados na região de Sokoto; encontramos resumos em M. Hiskett, 1973, e M. Last, 1967*a*.

Utilizando a tática e as armas da guerrilha, os reformistas gozavam de uma relativa segurança nos campos. Eles diziam perder menos homens em combate, comparativamente àqueles mortos pela fome e pelas epidemias. Contudo, a armada do xeque foi quase dizimada em pelo menos duas ocasiões (Tsuntsua, 1804; Alwassa, 1805), e as perdas sofridas, sobretudo quando elas atingiam letrados e estudantes, fizeram-lhes mais do que nunca depender do apoio dos pastores. Ademais, em razão da fome, os tuaregues dirigiam-se para o Sul em número sempre mais elevado, para comprarem víveres ou para se apossarem deles, além de disputarem as pastagens e os cereais – já raros – com os reformistas e os seus aliados pastores. Até então (aproximadamente em 1804), os reformistas, entre os quais havia letrados tuaregues aliados do sultão de Agadez, haviam logrado evitar qualquer conflito de maiores proporções com os tuaregues.

Para ganhar rapidamente a guerra era necessário tomar e conservar o palácio do sultão de cada Estado. Com efeito, a guerra tinha como desafio maior, neste estádio, muito mais a tomada do poder que o controle de um território. Somente no Borno a autoridade do *may* foi forte o suficiente para sobreviver à perda da sua capital, Birni Ngazargamo, em parte, porque os reformistas, após terem conquistado a cidade, foram eles próprios incapazes de ali se manterem, finalmente abandonando-a. No plano militar, a realeza era simbolizada – e defendida – pela cavalaria pesada, monopólio do Estado. Graças ao seu elevado moral e à sua tática superior, os arqueiros e lanceiros dos reformistas podiam, apoiados por alguns cavaleiros e assim que tivessem o controle do terreno, derrotar a relativamente ineficaz cavalaria real. Porém, para ganharem a guerra, os reformistas necessitavam da sua própria cavalaria e faltava-lhes modificarem, por conseguinte, a sua organização militar. As "guerrilhas" deviam transformar-se em governo.

Em janeiro de 1809, após quatro anos de combates intermitentes, os principais Estados huassa haviam capitulado e os seus sultões tomado o caminho do exílio. Os mais severos combates haviam sido travados pelas tropas do xeque em Gobir. Em que pese a sua inferioridade numérica e bélica, os reformistas muçulmanos haviam conquistado, nos anos 1807 e 1808, uma série de vitórias em todas as frentes, o que lhes aparentava ser um milagre e a prova da sua justa causa; igualmente, neste caso, o paralelo com a vitória do Profeta na batalha de Badr não fazia senão confirmar esta convicção.

As consequências da guerra (aproximadamente 1810-1820)

Após quatro anos de guerra, fome e epidemias, o maior problema era a reconstrução. Alguns dos vencidos, como os *may* do Borno e os antigos sultões huassa, tentaram no exílio reconstituir uma corte e um exército para reconquistarem os seus reinos. Os mais exitosos foram os *may* do Borno, quanto aos mais desaventurados, estes sem dúvida foram os antigos sultões de Kano; outros soberanos no exílio apenas concluíram um acordo com o novo regime. Em algumas regiões, como o Nupe, a guerra ainda não findara; em outras, a exemplo do Oyo, ela apenas começara.

Para os vencedores, a tarefa da reconstrução foi complicada em razão da necessidade de rigorosa observância da lei islâmica. Inicialmente, o xeque 'Uthmān demonstrava-se muito estrito em sua interpretação da lei; no entanto, após 1810, a sua atitude mudou progressivamente e ele passou a tolerar práticas (por exemplo, a música) anteriormente por ele condenadas[4]. Contudo, os chefes da *jihad*, o xeque 'Uthmān, o seu irmão 'Abdullāh e o filho do xeque, Muhammad Bello, dedicaram-se a nomear, para todos os escalões da administração, homens que possuíssem, simultaneamente, a instrução necessária para a compreensão da lei islâmica e a autoridade necessária para aplicá-la. Todavia, muitos letrados e estudantes haviam sido mortos durante a guerra e, mesmo na região de Sokoto, não restava suficiente número de homens instruídos para a ocupação, nos campos, de todos os postos de emir, juiz ou imã. Em outras regiões do califado, esta carência era ainda mais aguda, embora o xeque tivesse como política enviar estudantes às suas regiões de origem. Para compensar esta insuficiência, foi necessário, sob a supervisão da administração central, confiar postos vagos a familiares de funcionários que já estavam *in loco*.

Outra solução provisória consistia em recorrer a funcionários do antigo regime. Em princípio, alguns foram nomeados para postos da administração local ou do poder judiciário (em Kano, eles eram chamados "huassaua"), porém a sua fidelidade ao governo foi muito rapidamente posta em dúvida e muitos foram substituídos no nível local. Igualmente, colocava-se a questão relativa a saber se era necessário autorizar os comerciantes das antigas "regiões inimigas" a operarem nos mercados do califado. Tudo leva a crer que este comércio transfronteiriço tenha rapidamente despertado a desconfiança, colocando em uma delicada situação os comerciantes huassa, os quais haviam permanecido imóveis, bem como os funcionários huassa, dedicados a reerguerem uma economia fundada no comércio.

Haja vista a inexperiência da nova administração e a latente desconfiança, a direção dos assuntos do califado foi, inicialmente, uma tarefa muito difícil. O

---

4   Para maior detalhamento sobre esta mudança, verificar F. H. al-Masri 1978, pp. 13-33.

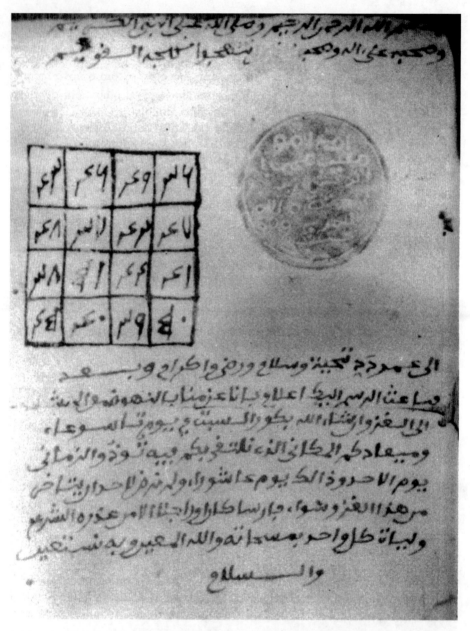

FIGURA 22.2 Carta de Muhammad Bello, califa de Sokoto, 1817-1837, ao 'Umar Dadi de Kanoma, fixando os detalhes de um encontro com vistas a uma campanha. [Fonte: J. F. A. Ajayi e M. Crowder (org., *History of West Africa*, vol. 2, 1974, 1ª edição Longman, Londres. Foto: para a nossa grande infelicidade, não encontramos vestígios do detentor dos direitos autorais desta foto; qualquer indicação permitindo cobrir esta lacuna será bem-vinda.]

xeque era confrontado a grande número de disputas, surgidas em todo o califado. Tratava-se, em primeiro lugar, de contendas opondo os chefes militares ou os letrados, os quais disputavam entre si o governo de territórios. Na realidade, boa parte destas disputas era resolvida pela força ou pela decisão da parte lesada de restabelecer a sua autoridade, sem considerar o seu adversário e levando o pleito diretamente ao xeque. Em segundo lugar, havia problemas referentes a queixas resultantes de abusos cometidos, durante a guerra, pelos exércitos da *jihad* – as questões ligadas ao assujeitamento injustificado ou à apropriação ilícita de bens ou terras. Finalmente, tinha lugar o problema relativo à decepção demonstrada por alguns letrados, parcialmente devida à adoção das ideias milenaristas pelo xeque, seguida da sua palinódia após 1810[5]. Ao menos um *mahdī* manifestou-se, encontrando adeptos no novo califado; mas ele foi queimado na fogueira. Todavia, outros letrados, como Dan Buya ou os partidários de 'Abdul-Salam, continuaram a entrar em dissidência.

As dissensões multiplicaram-se e se complicaram, a tal ponto que o xeque decidiu retirar-se para se consagrar ao ensino e à escrita; ele adoeceu por volta de 1815 e morreu dois anos mais tarde. Como desde 1812, ou seja, cinco anos antes, a tarefa de arbitragem fora compartilhada entre 'Abdullaahi dan Fodio e Muhammad Bello, filho do xeque, a morte deste último não provocou mudança brutal na orientação política do califado. A maioria dos desacordos referia-se, em parte, à estrutura dos emirados nesta época, caracterizada pela descentralização que marcara a organização militar da *jihad*. O emir, embora fosse o primeiro titular desta função e o seu "porta-estandarte", não era mais que o *primus inter pares*; em alguns casos, havia vários "porta-estandartes", ao passo que, em outros, o primeiro emir não lograva impor a sua autoridade. Em 1820, uma parte dos mais antigos "porta-estandartes" já estava morta ou se havia concluído um acordo.

À época, finalmente, os reformistas não dominavam sem compartilhamento senão um território relativamente limitado. No que tange estritamente a Sokoto, a zona habitada e controlada reduzia-se a uma faixa de 40 km de largura e 65 km de extensão, estendida em direção ao Sul de Sokoto. Igualmente, no tocante a Kano, Katsina, Daura e Zaria, eles apenas controlavam uma pequena parte do interior do país e a sua situação territorial era provavelmente ainda mais precária em emirados como aquele de Bauchi. O importante a reter é que, em 1820, não havia outro governo viável, usufruindo de aparente legitimidade ou

---

5   Para maior detalhamento sobre o mahdismo, conferir M. A. al-Hajj, 1973.

amplo apoio, que pudesse rivalizar com a nova administração. Por conseguinte, o problema desta última consistia em ampliar a sua autoridade para os campos, incorporando-os ao califado. No Borno, em contrapartida, o problema dos *may* equivalia a usufruir dos laços que eles haviam conservado com os campos, para reorganizar o Estado e salvaguardar a sua autonomia frente ao novo califado.

O califado de Sokoto de 1820 a 1880

Em 1820, o califado de Sokoto compreendia sete emirados principais e dois outros grandes emirados ainda estavam em formação. O Borno reconstituiu-se após ter perdido a sua capital e grande parte dos seus territórios a Oeste e Sul. Para permitir a compreensão das mudanças que significavam os termos "califado" e "emirado", cabe-nos descrever, rápida e esquematicamente, o sistema político que os reformistas haviam substituído.

O aspecto mais notável deste sistema era o papel nele representado pelo rei, designado pelo nome de *may, sarkin, etsu* ou *alafin*. Antes das mudanças políticas advindas ao final do século XVIII, o rei desempenhava funções rituais e tinha um papel que exigia certo isolamento perante o seu povo; o palácio real representava mais que uma simples morada; ele possuía algo de sagrado. O rei estava, por assim dizer, acima da política; ele simbolizava a autoridade suprema e todos os atos da vida pública eram realizados em seu nome; ele representava o Estado. Eunucos e escravos de ambos os sexos, sem pais ou herdeiros, asseguravam o serviço do palácio e da pessoa do reino, constituindo um setor da administração. Outra seção compunha-se de grandes famílias independentes, detentoras de títulos hereditários dos quais os titulares possuíam a sua própria sequência. Uma terceira seção era composta pela família do rei, em particular, pela sua mãe ou irmã, pelos seus irmãos e filhos. A composição dos conselhos dos órgãos, encarregados dos ritos ou investidos do comando militar, variava em seu detalhamento segundo os Estados; os escravos do palácio e os homens livres titulares de cargos eram frequentemente divididos em ordens, no seio das quais eles podiam gozar de promoções. A rivalidade política limitava-se às funções estabelecidas sob a autoridade do rei. É verossímil que, ao final do século XVIII, o rei tenha tendido a participar mais ativamente da vida política, a se conformar de modo mais exclusivo às exigências do islã e a promover reformas inspiradas em concepções políticas islâmicas[6]. Na esfera econômica, tudo leva

---

6   Para uma análise da estrutura política do Borno, antes da *jihad*, consultar J. E. Lavers, 1980, pp. 187-209; N. M. Alkali, 1978. Sobre os Estados huassa, antes da *jihad*, conferir A. Hassan e A. S. Naibi, 1962; M. G. Smith, 1960; e Y. B. Usman, 1981.

a crer que nesta mesma época o consumo, especialmente de tecidos em algodão, tenha aumentado, assim como a demanda por escravos; a necessidade de regulamentar e proteger este mercado em expansão era notável. Estas mudanças repercutiram nos campos, sobre os comerciantes, cultivadores e pastores, pois aqueles que entre si disputavam o poder político buscaram consolidar a base do seu poderio. Igualmente, as vítimas destas mudanças tomaram, em grande número, partido da *jihad*.

Os reformistas muçulmanos (que compreendiam ao menos um dos últimos reis huassa reformadores) pretendiam implantar um sistema político muito distinto. O rei foi substituído por um emir cuja pessoa e tampouco o palácio eram sagrados. A origem da sua autoridade não era mais o Estado, personificado pelo rei, mas Alá. Consequentemente, o emir era designado não em razão de um caráter sagrado hereditário, mas pela sua piedade. O emir era *primus inter pares*; os seus companheiros, tomados coletivamente, eram convocados a dividir o poder, sob a sua direção. Portanto, os escravos do palácio não tinham mais como atribuição senão o serviço pessoal do emir; as dignidades da rainha-mãe e da rainha-irmã foram abolidas. O emir fazia parte do mundo político e as suas funções podiam, teoricamente, ser ocupadas por qualquer candidato suficientemente pio. Em conformidade com o projeto dos reformistas, uma administração restrita, composta por ministros, juízes, inspetores, policiais e imames foi estabelecida; a *sharī'a*, tal qual interpretada pela escola *malikite*, deveria reger as relações entre os indivíduos e os grupos. Tratava-se de limitar e tratar os processos políticos, evitar os desvios das regras até então não escritas e restringir o papel político do palácio, cuja importância aumentava progressivamente. Os reis eram muçulmanos, embora detivessem um poder ritual fundado em crenças religiosas locais e tradicionais. Era necessário substituir este poder ambíguo por um poder fundado em Alá, não somente aceitável para a comunidade muçulmana, mas igualmente, responsável *vis-à-vis* desta comunidade. O projeto dos reformistas foi exposto, clara e nitidamente, por 'Abdullahi dan Fodio em sua obra o *Diya'al-hukkam*, destinada a familiarizar a comunidade de Kano com a nova constituição[7]. Concomitantemente ao surgimento dos problemas, Muhammad Bello e os califas seguidores escreveram aos dirigentes das novas comunidades para atraírem a sua atenção sobre os ele-

---

7 Para um estudo mais recente acerca das ideias de Abdullāh dan Fodio e do seu contexto, consultar A. A. A. Hamid, 1980. Para um estudo geral da teoria e da ação política do califado, conferir M. M. Tukur, 1977. Numerosos títulos tradicionais anteriores à *jihad* foram em seguida restabelecidos, inclusive, em certos emirados, títulos reservados às mulheres tendo desempenhado um importante papel na família reinante (por exemplo: *madaki*, em Kano e *inna*, em Sokoto). No tangente ao papel e à organização das mulheres no século XIX: referir-se a J. Boyd, 1982.

mentos essenciais do novo sistema e acrescentar detalhes práticos. Pode-se considerar a história política e intelectual da região, no século XIX, como um esforço prolongado para aplicar, por vezes com modificações, o projeto dos reformistas, além disso (o projeto também o justifica), como a história de desenvolvimento e integração deliberados das economias rurais da região e do estreitamento dos seus laços, primeiramente com as economias mediterrâneas e, posteriormente, com as economias atlânticas. Os reformistas tinham uma preocupação suplementar, revestida de um caráter premente e grave: era preciso reerguer a tempo a comunidade, material e espiritualmente, para a esperada vinda do Mahdī.

A função do califa

Uma das mais importantes inovações dos reformistas foi o estabelecimento da função de califa. No século XVIII, os Estados huassa e os seus vizinhos eram unidades políticas autônomas. Em diferentes épocas, o Borno exercera certa soberania sobre estes Estados, aludindo à noção de califado; o seu *may* permanecia, no século XVIII, na qualidade de mais antigo soberano e, provavelmente, o mais potente da região. O novo sistema explicitamente colocava os emirados sob a soberania do califado de Sokoto, designador dos detentores do poder nas diferentes regiões. Fundado na prática constitucional do islã, o poder do califado transcendia todas as especificidades locais ou étnicas, conferindo-lhe uma proeminência que nenhum soberano alcançara antes de si, haja vista a origem divina do seu poder, era preciso que ele tivesse um comportamento visivelmente diferente daquele dos soberanos do regime precedente, recusando o decoro, a ritualização e a riqueza ostentatória. Antes mesmo da morte do xeque 'Uthmān dan Fodio, em abril de 1817, o califado fora dividido em duas grandes regiões administrativas (Sifawa, 1812).

A divisão de um território em quadrantes é um procedimento assaz difundido; ele foi provavelmente empregado no Wadāi e no Borno. Os mapas simbólicos das cidades huassa eram concebidos segundo a mesma lógica. As quatro zonas, agrupadas em duplas, formavam duas grandes zonas administrativas cada qual dirigida por um chefe assistido por dois adjuntos.

Quando Bello tornou-se califa, em 1817, esta organização foi modificada. Antes de 1817, o califa, o xeque 'Uthmān delegava todos os seus poderes ao seu irmão 'Abdullāh, na qualidade de vizir, e ao seu filho Muhammad Bello, como āmir al-Sūdān ("Emir dos Negros"). Em 1817, o novo califa (Muhammad Bello) deixou, por sua vez, o governo dos emirados ocidentais ao seu tio 'Abdullāh, desde logo simplesmente chamado "o emir"; entretanto ele guardou para si

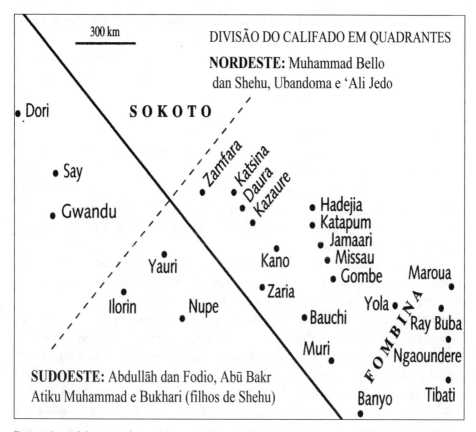

Divisão do califado em quadrantes. A maioria dos emirados indicados neste mapa foi fundada após 1812.

mesmo o governo dos emirados orientais, delegando somente poderes executivos ao seu amigo e servidor Gidado, quem recebeu o título de vizir.

Como a administração tinha como responsabilidade a cobrança do imposto, era normal que os mais ricos emirados fossem diretamente colocados sob a autoridade do califa. Os emirados orientais, em particular Kano e Zaria, durante o período inicial, podiam suprir as necessidades financeiras do califado. Sem a sua contribuição, teria sido difícil desenvolver a capital e as regiões interioranas ou até mesmo receber os visitantes com a devida generosidade. Estes dois emirados enviavam regularmente escravos a Sokoto, assim como tecidos e outros produtos. Estes escravos eram especialmente indispensáveis para expandir as terras cultivadas em torno de Sokoto e localidades vizinhas (pois esta região não era antes absolutamente cultivada), além de serem fundamentais para a construção de obras defensivas: muralhas em terra e prédios com tetos achatados à prova de fogo, bem como mesquitas permanentes destinadas às novas comunidades[8].

As relações entre Sokoto e Guandu eram demasiado complexas para que fosse aqui possível descrevê-las em detalhes; inclusive, elas dependiam em parte da personalidade dos emires. Contudo, elas derivavam do sistema dualista, tão expandido na África Ocidental: enquanto Guandu desempenhava o papel do tio e representava o poder ritual (os emires de Guandu eram conhecidos pela sua piedade), em Sokoto, por sua vez, o califa desempenhava o papel de sobrinho empreendedor, depositário da responsabilidade pelos negócios e detentor do real poder político. Uma relação deste gênero aparenta ter existido entre 'Abdullāh e Bello e entre Khalīl e 'Alī, inibindo qualquer conflito e explicando porque Guandu em nada se preocupou com o fortalecimento do seu poder sobre os emirados a ele subordinados.

As relações entre os emires e o califa, durante o período 1820-1845, assemelhavam-se muito mais àquelas que uniam antigos companheiros de armas ou antigos condiscípulos, comparativamente às verdadeiras relações hierárquicas. O emir Yakubu de Bauchi, companheiro de primeira ordem e de origem não fulbe, contrariamente aos demais emires, manteve com os califas, após a morte de Bello, relações particularmente estreitas, quase correspondentes àquelas de um tio com os seus sobrinhos. Os emires adquiriram inevitavelmente uma grande autonomia, consolidando as bases territoriais da sua autoridade; porém é difícil determinar com precisão se o califa não verificava ou não recomendava certas nomeações nos emirados (por exemplo, aquele de Kano), do mesmo modo que, durante a *jihad*, o xeque 'Uthmān as supervisionara minuciosamente, distribuindo com rigor os estandartes.

A administração do califado

Como Muhammad Bello acumulava três funções (califa, chefe dos emirados orientais e chefe da região de Sokoto), ele foi obrigado a estabelecer uma administração. Na qualidade de califa, ele era chamado a escrever livros e cartas de opinião; como chefe militar local, ele devia assegurar a defesa de Sokoto. Além disso, ele somente se movimentava entre Sokoto e Zamfara. A sua administração era, por conseguinte, em larga medida encarregada da administração dos

---

8 Não se sabe exatamente quando começaram estas fortificações, tampouco qual foi a sua dimensão. As somas requisitadas aumentaram brutalmente aproximadamente em 1850. Conferir M. G. Smith, 1960, pp. 154 e 157.

emirados orientais e, especialmente, da arrecadação dos impostos necessários ao califado.

O califa recrutava os seus funcionários nos cinco grupos seguintes: entre os seus domésticos, em sua maioria escravos ou eunucos, os quais se ocupavam, por exemplo, dos estábulos; entre os seus antigos companheiros de armas que agora desempenhavam as funções de conselheiros ou mensageiros extraordinários; entre os parentes próximos do seu pai, o xeque; entre os chefes de clãs fulbe; e, finalmente, entre as famílias que haviam pertencido à comunidade dirigida pelo seu pai, as quais agora formavam, em Sokoto, a classe dos letrados. A estes últimos foram confiadas funções jurídicas ou religiosas na nova administração, além de postos regionais subalternos, ao passo que as mais importantes responsabilidades, em Sokoto, eram atribuídas aos chefes de clãs e aos parentes do califa. Os conselheiros do califa, portadores de títulos tais como *waziri*, *magajin gari*, *magajin rafi* ou *galadima*, eram encarregados das relações do califa com os emirados, os quais dependiam, em sua maioria, da administração do vizir. Estes funcionários possuíam, eles próprios, empregados domésticos, sendo-lhes reservados alguns bairros de Sokoto; no entanto, eles inicialmente desempenharam um papel relativamente menor na administração da região, assim como na vida política local; pois eles estavam eclipsados pelo *sarkin yaki* ou pelos letrados da família do xeque. Contudo, durante o século e na justa medida em que a sua própria linhagem se desenvolvia e enriquecia, eles passaram a exercer uma crescente influência na política de Sokoto, particularmente no tocante à eleição do califa.

Uma das principais tarefas da administração do califado consistia em nomear os emires ou ratificar a sua nomeação, assim como regular as querelas sucessórias. O delegado do califa (por exemplo, o *waziri*) instalava o novo emir em suas funções; ele trazia consigo a carta apropriada, com o brasão do califa, na qual bastava inscrever o nome do emir. No ano seguinte, o novo emir ia pessoalmente a Sokoto para homenagear o califa. Como os interregnos podiam facilmente tornar-se períodos de anarquia e distúrbios, era importante não permitir o seu prolongamento além de uma semana. A responsabilidade dos delegados do califa era, portanto e em alguns casos, considerável. Deste poder, referente a nomear ou demitir os emires, derivava uma função de mediação, exercida pelo califa e pelos seus delegados: eles tratavam, em última instância, os graves diferendos com os quais estava envolvido um emir. Concomitantemente à ampliação das suas competências, o *waziri* foi necessariamente chamado a resolver problemas de mais e mais diversos, sobretudo porque este ministro, ele próprio possuidor de delegados residentes permanentes nos dois grandes emirados de Kano e Zaria, era o único delegado itinerante do califa[9].

Outra tarefa da administração consistia em receber ou coletar as doações, os impostos e os tributos destinados ao Tesouro de Sokoto. Os pagamentos ocorriam ao menos duas vezes por ano, por ocasião das duas festas do ano muçulmano; porém as contribuições eram invariavelmente cobradas nos emirados após as colheitas, qualquer fosse a data destas festas. Nós não sabemos em qual proporção as somas pagas em cada emirado eram enviadas a Sokoto. Em suplemento, quando morria um emir, o califa herdava parte da sua fortuna; e, aquando da sua posse, os novos emires lhe ofereciam um presente. O califa igualmente recebia uma parte do butim recolhido pelos emires após as suas campanhas; a parte do califa era então, ao que tudo indica, maior ou menor, segundo os emires e em função de insistência com a qual o seu delegado a tivesse reclamado. Como muito destes pagamentos não supunham nenhuma formalidade, não causa espécie que se tenha, muito amiúde, taxado a administração do califado como rapinante. Considerando o crescimento da dimensão política e da importância das suas funções, o *waziri* foi obrigado a exigir ainda mais riquezas, para distribuí--las e conservar a sua posição no sistema. Ao longo do século, quando começou a desempenhar um papel de maior importância na política interna do califado, ele se viu obrigado a basear a sua potência em recursos financeiros comparáveis àqueles dos outros notáveis, os quais, por sua vez, administravam diretamente os territórios. As necessidades financeiras do califa igualmente aumentaram durante o século, na justa medida em que aumentava o prestígio internacional do califado. Em razão da relativa pobreza da região de Sokoto, em virtude dos letrados estudantes serem particularmente numerosos na região, em função do pequeno número de agricultores e do elevado número de pastores – os quais escapavam todos do imposto, com exceção da *zakāt* (caridade legal) –, Sokoto representava um fardo para os emirados. Aparentara ser desejável, inicialmente, estabelecer a nova comunidade na região praticamente inabitada, com o objetivo de isolá-la das tentações do materialismo. Em consequência, o califado deveu constantemente contar com a generosidade dos emirados, bem como com a sua capacidade administrativa em mantê-la.

A própria extensão do califado impunha um problema; muito tempo era necessário para percorrer distâncias tão consideráveis: quatro meses para atravessar o país de Leste a Oeste e dois meses para percorrê-lo de Norte a Sul,

---

9   Para um estudo detalhado do vizirato, consultar M. Last, 1967*a*.

segundo cálculos de um contemporâneo. Um mensageiro podia superar a pé, em oito dias, os 650 km que separam Sokoto de Bauchi; porém funcionários como o vizir, não percorriam em média senão 25 km por dia. Por outro lado, a presença militar era fraca.

Atividades militares e diplomáticas

O califado não possuía exército permanente. Em realidade, comparado a outros Estados de superfície equivalente, o califado de Sokoto não representava, de modo algum, uma máquina de guerra[10]. Frequentemente, as manobras anuais não tinham outro objetivo senão manifestar a fidelidade da armada ao califa, impressionar os adversários do regime e manter a paz nas fronteiras. Após as campanhas iniciais, cujo objetivo fora estabelecer estas fronteiras, jamais as forças do califa se uniram para conquistar novos territórios; ademais, nenhum projeto foi concebido a este fim. As iniciativas de alguns emires e chefes militares independentes permitiram ao califado, pouco a pouco, estender-se a Sul e Leste; entretanto, esta expansão resultou tanto da política dos emires quanto daquela do califa. Além da obrigação religiosa da *jihad*, a única razão que podia, permanentemente, levar o califado a realizar ações militares nos emirados era a necessidade de sanar o constante *deficit* orçamentário de Sokoto. O califa então participou de numerosas campanhas na região de Sokoto e de Zamfara, jamais alhures. Importantes campanhas foram igualmente conduzidas, à época, nos emirados orientais; mas foi o vizir (ou, por duas vezes, o emir de Bauchi) quem dirigiu as forças de Sokoto.

Os soldados não eram profissionais nem escravos. Os funcionários recrutavam-nos junto aos seus domésticos e nas localidades por eles administradas. Em geral, não era o Estado que fornecia armas ou cavalos aos soldados e eles não recebiam outro salário senão aquele correspondente a uma parte do butim. O serviço militar era considerado um dever, conquanto não fosse obrigatório; inclusive, era certamente muito perigoso permanecer em sua localidade para defendê-la dos saqueadores e dos animais selvagens. As campanhas ocorriam na estação seca, mais frequentemente a partir da época das colheitas (mesmo

---

10 No tocante às questões militares, conferir os estudos que lhes foram dedicados por J. P. Smaldone, 1977; R. C. C. Law, 1980 (consultar, entretanto, R. Harris, 1982). O meu ponto de vista difere um pouco das análises de Smaldone e Law, sobretudo na medida em que acordo menor importância ao papel dos militares. Mme Jean Boyd amavelmente chamou-me a atenção para a formação, aproximadamente em 1850, de uma guarda pretoriana, aparentemente encarregada de proteger o califa tanto no exterior quanto no interior do palácio (Alhaji Junaidu, 1957, p. 54). Não há estudo sobre a organização da segurança no palácio e acerca dos homens dela encarregados, embora esta questão seja frequentemente evocada.

que faltassem voluntários), com o objetivo de destruir as colheitas do inimigo. Era praticamente impossível fazer a guerra durante a estação das chuvas, não somente porque era necessário então dedicar-se a outros trabalhos ou em razão do estado da terra, mas igualmente porque a chuva tinha um efeito desastroso sobre os escudos em couro e sobre as cordas dos arcos. A atividade militar diminuía ao final da estação seca, em virtude da escassez de água para os soldados e os seus cavalos, embora pequenos bandos pudessem executar ataques-surpresa durante todo o ano.

A maioria dos soldados era armada com lanças, arcos ou espadas; em cada regimento, alguns montavam cavalos ou camelos. Algumas etnias, especializadas no arco e flecha, envenenavam as suas flechas para compensar a insuficiente força de penetração. Outras utilizavam lanças farpadas. As espadas eram menos difundidas, pois que elas podiam representar antes uma deficiência, quando não produzidas em ferro local de boa qualidade ou aço importado. Os fuzis não surgiram senão ao final do período considerado; eles foram então, sobretudo utilizados pelas armadas particulares, semiprofissionais e, portanto, compostas de escravos; entretanto, a falta de treinamento impediu esta nova armada de produzir todos os seus efeitos. À imagem dos Estados do século XVIII, a cavalaria constituía a arma mais eficaz do califado. Durante a *jihad*, a falta de cavalos e camelos trouxera desvantagens aos reformistas, relativamente aos tuaregues e às armadas do Gobir. Contudo, a cavalaria não obteve sucesso algum frente aos soldados muito motivados da *jihad* e, tampouco, perante as cidades fortificadas e fortalezas situadas nas montanhas. A história do califado é composta, em igual medida, de derrotas e vitórias; as formações compostas somente por pequeno número de cavaleiros eram provavelmente muito mais eficazes. Às batalhas entre tropas enfileiradas (*daga*), geradoras de consideráveis perdas, opunham-se os assaltos (*hari*), dirigidos contra a população civil. Haja vista o caráter heterogêneo muito móbil da sociedade huassa, composta de mercadores, escravos e refugiados, era fácil introduzir espiões e elementos infiltrados em uma comunidade inconsciente do perigo e, deste modo, tomar de surpresa as cidades.

Em suma, o califado em nada inovou nos âmbitos da estratégia ou da técnica militar, não gozando de nenhuma vantagem determinante, salvo a abundância dos seus potenciais recursos – embora estes últimos não fossem jamais mobilizados em conjunto. Durante boa parte do século, ele sofreu com a guerrilha, originária nos sucessivos deslocamentos populacionais provocados pela *jihad*, nas disputas ocasionadas pela desorganização da agricultura ou, simplesmente, nos ganhos a serem obtidos com a venda de prisioneiros. Pode-se facilmente exagerar a importância da insegurança, mas é possível dizer que, ao menos em algumas regiões, era grande a possibilidade do indivíduo ser reduzido à escravidão durante parte da sua vida[11]. Certos prisioneiros pagavam um resgate, outros eram liberados, alguns conseguiam escapar; mas, como era frequente, se toda uma localidade ou família fosse dispersa em razão de um ataque, a sua liberdade efetivamente não lhes servia. A guerra não aparenta ter causado grande dano ao comércio, embora ela por vezes isolasse algumas regiões. Os mercadores deslocavam-se em caravanas armadas e alguns tinham, como principal atividade, fornecer cavalos e armas às forças armadas, em troca de prisioneiros, por eles vendidos em alguma localidade distante do seu lugar de origem.

Considerando as insuficiências do califado na esfera militar, a diplomacia possuía um importante papel em sua política[12]. Tudo leva a crer que os próprios califas se tenham encarregado do essencial da correspondência diplomática. Eles não estiveram jamais em visita oficial ao estrangeiro, tampouco enviaram qualquer importante funcionário em representação diplomática. Os viajantes – sábios, peregrinos, mercadores – atuavam como mensageiros e levavam informações acerca de acontecimentos políticos advindos no estrangeiro. A correspondência mantida com o Marrocos, Trípoli e a Inglaterra chegou ao nosso conhecimento; entretanto, não há dúvida que comunicações muito mais importantes, verbais ou escritas, não nos foram acessíveis. O interesse de Muhammad Bello pelas relações exteriores era de ordem intelectual, tanto quanto comercial ou política. Este califa, cobiçoso e capaz de se manter informado sobre os acontecimentos, ideias e inovações na África do Norte e no restante do mundo, preocupava-se em aproximar o califado dos outros países muçulmanos. Ademais, atento à ideia da proximidade do fim do mundo e ao possível imperativo de se estabelecer em Meca, esforçou-se em manter aberta a via que deveria para lá conduzi-lo, encarregando um parente distante do xeque de vigiar o trecho desta estrada que atravessava o Baguirmi.

A diplomacia também ocupava um importante posto no âmbito das relações do califado com os seus vizinhos do Norte e do Oeste. Na fronteira norte, as relações com os tuaregues eram tão ambíguas que a situação política era fluída. Um dos mais antigos aliados do califado era o sultão de Agadez, quem pretendia controlar as populações sedentarizadas, quiçá até mesmo as popula-

---

11 Encontraremos um testemunho direto e muito vivo sobre uma destas capturas, aproximadamente no ano 1850, em A. H. M. Kirk-Greene e P. Newman (org.), 1971, pp. 29-101.
12 Para estudos gerais sobre questões diplomáticas, consultar R. A. Adeleye, 1970, e M. Minna, 1982. As relações diplomáticas com os outros Estados sem dúvida caracterizam-se por uma importância secundária, em respeito a pessoas que acreditavam no eminente fim do mundo; isso talvez explique as razões pelas quais existam tão poucos vestígios nos arquivos de Sokoto.

ções nômades, da região. O califa igualmente possuía aliados entre os xeques e mercadores. Um destes xeques, Muhammad D̲jailani, o qual tentou iniciar um *jihad*, aparenta ter logrado maior êxito nesta ação que Jibril b. 'Umar, ao final do século XVIII[13]. Porém, a nobreza targui, especialmente os ulemiden, conseguiu, com a ajuda dos seus vassalos, impedir a formação de um potente grupo muçulmano. Consequentemente, o califado não pôde contar, nesta região, com a ajuda de uma rede de xeques, análoga àquela dos kunta, em Tombuctu. O califa tentou criar uma rede deste gênero em Sokoto e desempenhar o papel de mediador junto aos tuaregues; mas ele não obteve senão muito limitado sucesso. Em contrapartida, ele permitiu aos letrados tuaregues e aos seus partidários refugiarem-se em Sokoto.

Entretanto, as relações com os xeques kunta de Tombuctu eram excelentes. Como se tratava do principal centro muçulmano do Oeste, os letrados de Sokoto voltavam-se muito mais para esta região, comparativamente ao Borno. Poemas e visitas eram trocados. Os letrados de Sokoto tomaram por empréstimo dos kunta o seu *wird* kādirī e parte do seu *salasil*. No tocante à controvérsia relativa à Tijāniyya, os kunta de Tombuctu foram os campeões da ortodoxia kādirī[14].

O surgimento de um novo califado, no Macina, provocou problemas em Sokoto, tanto quanto para os xeques kunta. Ainda é insuficientemente conhecida a história das relações Sokoto-Macina, todavia, elas aparentam estar inextricavelmente ligadas aos problemas mais circunscritos do conflito entre o Macina e os kunta[15]. O califa de Sokoto podia pretender exercer a sua soberania além do Liptako, até as fronteiras do Macina, mas não sobre o próprio território do Macina, haja vista que o emir de Guandu não podia ali assegurar presença militar. A evidente impossibilidade de controlar o eixo Argungu-Mauri-Zaberma constituía o obstáculo maior, com o qual se confrontava a política das relações com o Oeste; entretanto, a reticência do emir de Guandu em organizar-se militarmente talvez igualmente representasse um sério obstáculo. Contrariamente ao califa de Sokoto, ele não podia em nada contar com Yauri, Nupe e Ilorin, todas vítimas de desordens civis desconhecidas dos emirados orientais. O emir de Guandu desempenhava o papel de mediador e conselheiro, inclusive dirigia-se pessoalmente a Nupe; porém as condições necessárias para a organização

---

13 No que tange à *jihad* de Muhammad D̲jailani, consultar H. T. Norris, 1975, capítulo 11; conferir D. Hamani, 1979.

14 Relativamente aos kunta, consultar A. Zebadia, 1974.

15 No tocante ao Macina, conferir W. A. Brown, 1969, e C. C. Stewart, 1979.

de um exército eficaz, bem como os meios para a sua manutenção, faltaram ao emirado de Guandu, ao menos até o final do século XIX.

Finalmente, na fronteira com o Borno, cujos territórios ocidentais constituíam os embrionários emirados do Hadejia, Katagum, Missau e Gombe, o fracasso da primeira tentativa de compromisso (na célebre correspondência trocada entre Muhammad Bello e o xeque al-Kanēmi durante a *jihad*) deveria dar o tom para o resto do século. Qualquer mediação foi rejeitada quando, de 1824 a 1826, o Borno invadiu o Leste do emirado de Kano e a paz jamais seria, futura e oficialmente, assinada entre os dois Estados. As hostilidades organizadas cessaram progressivamente, sem intervenção diplomática e sem que um dos adversários tivesse conquistado a vitória decisiva. Portanto, os dois Estados não trocaram "presentes", estes símbolos essenciais das relações internacionais.

O califado foi mais exitoso quando, combinando diplomacia e ação militar, obteve tréguas (por exemplo, o Lafiyar Togo com Kebbi, de 1886 a 1874) ou tratados com comunidades vizinhas de menor importância, às quais oferecia a sua proteção (*amana*), em contrapartida de um imposto. Em algumas regiões, este imposto, estabelecido em uma base coletiva, deveria ser pago na forma de escravos ou produtos têxteis, assemelhando-se portanto ao imposto pago pelos emirados. Entretanto, nós ignoramos em qual medida o montante do imposto (por habitante) diferia do montante cobrado junto aos muçulmanos do califado.

Além dos aspectos diplomático e militar, o instrumento mais comumente utilizado na política das relações entre Estados era o instrumento econômico. A destruição das colheitas e celeiros pelos soldados não representava senão um dos meios empregados. Alguns grupos, a exemplo dos tuaregues, podiam encontrar o bloqueio do seu acesso aos mercados, poços ou ao direito de comprar certos produtos, como cereais. Haja vista as variações pluviométricas anuais, tais medidas podiam ser muito eficazes. Menos eficazes eram, por exemplo, os embargos sobre a exportação ou importação de cavalos, armas, sal e alguns tipos de tecido, em virtude da enorme dificuldade em se manter o completo bloqueio de uma cidade ou região e dos elevados lucros gerados pelo consequente contrabando. Todavia, os danos causados ao comércio exterior do califado pelos ataques dos ningi e dos mbutawa, por exemplo, eram suficientemente sérios, a ponto de provocarem uma reação. As graves disputas e a interrupção do comércio dos cereais, produzidas durante a *jihad*, haviam transformado homens como Muhammad Bello, tornando-os extremamente sensíveis à importância consistente em facilitar as trocas, mantendo abertas as rotas comerciais, criando mercados e aplicando leis para garantir a honestidade das transações. Por conseguinte, como a economia do califado era pouco produtiva e os povos vizinhos dependiam de mais e mais do sistema comercial e dos mercadores do califado, a política econômica tornou-se progressivamente, para este último, um instrumento de dominação mais eficaz que a guerra.

A estrutura política dos emirados

Neste capítulo não seria cabível estudar separadamente a evolução de cada um dos emirados. A minha intenção consiste em compará-los, para permitir evidenciar as principais diferenças que existiam entre eles, assim como posteriormente formular algumas observações gerais sobre a sua estrutura social.

Embora, inicialmente, a função do emir fosse teoricamente acessível a numerosos candidatos, em todos os emirados – com exceção de somente um –, o emir era escolhido com base nos princípios de hereditariedade e ancianidade de uma determinada linhagem; em alguns emirados, muitas ramificações de uma linhagem "real" alternavam-se no trono. Foi somente em Zaria que o emir era escolhido, alternadamente, em três linhagens completamente distintas.

A natureza e a repartição dos cargos oficiais variavam em cada emirado; contudo, pode-se distinguir, por via de regra, dois tipos de estruturas políticas, cada qual subdividido em dois subtipos:

1. Os emirados apoiados em importantes e coerentes grupos, nos quais alguns dos mais importantes postos da administração central e regional eram repartidos entre os membros destes grupos ou entre aqueles a eles associados. Os titulares destes postos transmitiam-nos aos seus descendentes com o correlato patrimônio. Estes emirados, fundados na linhagem, eram subdivididos em duas subcategorias:
    a) Aqueles emirados, tais como Zaria e Kano, onde os principais funcionários (aqui compreendidos os parentes do emir) residiam na capital e formavam o conselho do emir, contando com recurso de delegados para administrarem os territórios sob a sua responsabilidade.
    b) Os emirados, outros, tais como Sokoto e Katagum, nos quais os funcionários da administração regional (aqui incluídos os parentes do emir) residiam fora da capital; o conselho do emir era, nestes casos, constituído por conselheiros designados a título pessoal e desligados dos grupos de pressão determinados; estes conselheiros atuavam como intermediários entre o emir e os potentes funcionários que residiam fora da capital.

2. Os emirados (uma pequena minoria) que não se apoiavam em um ou vários grupos importantes, mas sobre um conjunto heterogêneo de indivíduos, pessoalmente ligados ao serviço do emir, como amigos ou escravos. Não foi criada, nestes emirados, nenhuma dinastia de funcionários e, por conseguinte, nenhum posto permanente acompanhado de correlato patrimônio (com exceção, bem entendido, do caso do emir). Estes emirados (fundados na clientela) subdividiam-se em duas subcategorias:

   a) Em um emirado como aquele de Hadejia, o poder era estável e concentrado nas mãos do emir, em sua capital; a administração igualmente contava com grande número de escravos; o conselho do emir não tinha caráter oficial e não possibilitava o encontro de diversos grupos de interesse.

   b) Emirados, tais como Ilorin ou Nupe, ou a administração do al-Kanēmi, no Borno, foram, ao menos durante um curto período, diarquias: o soberano tradicional observava a sua corte, ao passo que o *mallam* (em Nupe e Ilorin) ou o xeque (no Borno) dirigia a sua própria administração centralizada, fundada em relações de clientela.

Os emirados do segundo tipo geralmente conheciam a guerra civil. Nas diarquias, o soberano tradicional foi rapidamente eliminado (nos anos 1830 em Nupe e Ilorin, e em 1846 no Borno), entretanto, a sua eliminação não trouxe necessariamente a paz. Guerras civis eclodiram entre pretendentes no seio da dinastia do emir, em Hadejia, Nupe e no Borno; nem Hadejia, nem Nupe, tiveram governos estáveis antes de 1860, aproximadamente. Uma estrutura política do tipo 1 (a) foi então estabelecida em Nupe (como em Zaria, embora aqui houvesse um *laço de parentesco* entre as linhagens mediante as quais o emir era escolhido alternadamente), ao passo que Hadejia e Borno conservaram um governo fundado nas relações de clientela, controlado por um emir possuidor do poder supremo e apoiado por um importante grupo de escravos reais.

Os emirados do primeiro tipo eram mais numerosos e, por conseguinte, mais variados. O lugar de residência dos funcionários ofereceu um critério cômodo, embora superficial, caso queiramos distinguir estes emirados entre si. A descentralização dos lugares de residência supunha a existência, na capital, de uma categoria de intermediários que podemos, à primeira vista, considerar como "clientes" do emir. Mas, neste sistema político, baseado na noção de linhagem, os intermediários constituíram suas próprias linhagens. Em consequência, o emir criou uma nova categoria de clientes entre aqueles que não podiam constituir linhagens, a saber, os escravos do palácio; todavia, eles desempenharam um papel de menor importância. A centralização dos lugares de residência, em contrapartida, não supunha intermediários entre o emir e a sua administração; no entanto, o emir finalmente transformou alguns escravos do palácio em seus agentes pessoais, confiando-lhes importantes funções políticas. A centralização dos lugares de residência igualmente significava que um funcionário podia administrar cidades, localidades ou populações muito dispersas (situação que impedia a formação de centros de poder regionais). Ao contrário, a sua descentralização geralmente significava que o alto-funcionário residia em uma região que lhe fora submetida em seu conjunto, com a possível exceção de algumas localidades ligadas a outra administração.

O lugar de residência dos funcionários não oferecia, portanto, um critério muito preciso. Numerosos emirados modificaram, no transcorrer do século, as suas regras relativas ao lugar de residência de diversos funcionários. No emirado de Bauchi, por exemplo, o *madaki*, que residia em Wase, exerceu novamente as suas funções na capital, a partir do início do século. Era frequente que os funcionários tivessem muitos lugares de residência e não se sabe exatamente quanto tempo eles passavam em cada uma delas, tampouco se conhece a frequência dos deslocamentos realizados pelos funcionários residentes fora da capital, com o objetivo de irem até ela e participarem de importantes reuniões. Finalmente, a importância relativa dos postos da administração podia evoluir; em um emirado, como aquele de Bauchi, tudo leva a crer que ora a administração central, ora administração de certas regiões tenham detido os mais relevantes poderes. O lugar de residência dos funcionários reflete melhor a situação de cada emirado no início da sua história e permite atrair a atenção sobre importantes diferenças, existentes entre os emirados nos planos econômico e político.

A estrutura política dos emirados do tipo 1 (b) (ou seja, aqueles nos quais os funcionários da administração regional residiam fora da capital) respondia à exigência fundamental da *jihad*, consistente em estabelecer e defender fronteiras no interior das quais a economia do emirado pudesse se reerguer. Estes emirados, desprovidos de cidades e de concentrações populacionais sedentárias sobre as quais pudessem se apoiar, estavam em uma situação muito precária no plano militar. Inicialmente, grande parte da mão de obra e do tempo disponíveis foi empregada na construção das fortalezas (tradicionalmente designadas no islã sob o nome *ribāt*, nas quais os habitantes eram chamados *murābitūn*), assim como na organização da agricultura frente aos ataques e às ameaças de ataques. Ademais, quando pastores deviam ser sedentarizados ou uma população não mulçumana devia ser assimilada no emirado, era preciso ajudá-los a adaptarem-

-se às atividades e regras da vida mulçumana nas *ribāt*. As obras dos dirigentes reformistas e as cartas trocadas entre eles oferecem uma excelente ideia sobre os problemas encontrados a este respeito.

No plano econômico, os emirados sofriam com uma penúria crônica de mão de obra. As rotas comerciais ainda não estavam bem estabelecidas e bem protegidas. Não havia terras suficientes, passíveis de cultivo sem incorrer no risco de ser atacado por populações em trânsito ou hostis. Em suma, não se deve subestimar a precariedade da situação de alguns emirados no início do período, nem tampouco e, por conseguinte, acordar demasiada importância à estrutura formal da administração ou da organização política. Haja vista esta fundamental instabilidade, o maior perigo, tanto no início quanto durante o restante do século, era que um funcionário potente buscasse tornar-se completamente independente, solicitando a Sokoto que lhe concedesse o título de emir. Neste caso, a diplomacia nem sempre lograva impedir um conflito armado.

Ao longo do século, os postos da administração central tenderam a ganhar maior importância, comparativamente àqueles da administração regional, com uma ou duas possíveis exceções. Por conseguinte, os funcionários desta última administração (particularmente os parentes do emir com pretensões relativas à sucessão) tenderam a residir preferencialmente na capital, visando preservar a sua situação. Esta tendência estava ligada ao crescimento demográfico e ao estabelecimento de uma maior segurança nas fronteiras, à assimilação progressiva, pela sociedade mais homogênea do califado, de grupos antes distintos, bem como à oficialização do papel do emir, na qualidade de única fonte do poder no emirado.

Os emirados do tipo 1 (a), cujos principais funcionários residiam na capital, oferecem um leque de situações muito heterogêneas no início do califado. Somente os emirados de Kano e Zaria apresentavam as condições exigidas para que uma "corte" importante pudesse se desenvolver na capital, porque esta última já estava construída, bem como em razão da produção agrícola e das redes comerciais já estarem bem organizadas. Embora as cidades, também neste contexto, tivessem sido batizadas *ribāt*, a defesa do território colocava menos problemas que alhures, pois que a vasta população sedentarizada não estava disposta à rebelião e os reis depostos de Kano e Zaria não representavam uma real ameaça em seu longínquo exílio.

A potência econômica destes emirados tornava-os financeiramente indispensáveis e estabelecia o risco, caso o emir lograsse estabelecer um poder indivisível, de incitá-los a se colocarem como rivais do califa. Eis a razão do objetivo da administração do califado, assim como dos grupos que não podiam alcançar a função do emir, relativo a impedir uma excessiva concentração do poder. Em Zaria, o problema foi resolvido através da escolha dos emires e de alguns importantes funcionários de modo alternado nas três distintas linhagens; além disso, o califa não hesitava em depor os emires de Zaria; finalmente, estes últimos jamais reinaram por muito tempo (os dois reinos mais duradouros não existiram além de quatorze anos). O inconveniente desta situação era que, por vezes, o emir tornava-se um incapaz. Em Kano, contrariamente, a longa guerra civil posterior à chegada do segundo emir, Ibrāhīm Dabo, bem como a duração do seu reinado (27 anos, de 1819 a 1846), interditaram o recurso à alternância para limitar a concentração do poder. O poder dos alto-funcionários nos territórios por eles administrados, a sua independência como conselheiros, bem como a sua influência na designação dos emires, estavam garantidos – todavia não completamente, haja vista que o segundo reinado de 27 anos, aquele do quarto emir, 'Abdullāh, filho de Dabo, ainda concentrou fortemente os postos e os recursos nas mãos dos seus familiares. Caso suponhamos que ele tenha detido o poder, o califa de Sokoto não tinha razão legítima para depor o emir de Kano. O número de pessoas, susceptíveis de ocuparem um cargo na administração, diminuiu portanto rapidamente (em razão deste direito ser transmitido de pai para filho). Os "excluídos" sofriam com um relativo empobrecimento e com uma perda de prestígio, os quais igualmente atingiam os seus descendentes e dependentes. Portanto, era forte a concorrência entre os membros da linhagem "real" e esta situação provocou uma guerra civil que rasgou o emirado de 1893 a 1895. A concentração da administração na capital não somente custava sempre mais, em razão da necessidade de se manter uma classe de funcionários cujo número aumentava rapidamente e com possibilidades de transformar-se em classe dirigente (inicialmente, talvez somente Kano e Zaria possuíssem os meios), mas, além disso, esta concentração podia igualmente provocar um conflito no coração do emirado. Em contrapartida, as guerras civis que atingiram, ao final do século, emirados do tipo 1 (b), aqueles de Gombe e Katagum, foram guerras centrífugas. Paradoxalmente, no emirado de Bauchi, foi necessário descentralizar a administração para prevenir revoltas centrífugas. Entretanto, ao diminuir ainda mais a importância dos postos que os parentes do emir podiam ocupar na capital (na qual, ao final de um período de centralização, a administração do palácio, composta de conselheiros pessoais do emir e de escravos-funcionários, tornara-se relativamente potente), a descentralização não provocou senão o aumento da concorrência para um único posto verdadeiramente importante que restara, o posto do emir. Deste estado de coisas resultou uma guerra desastrosa que devastou a capital e o seu entorno, aproximadamente em 1881-1882.

No caso de Katsina, a centralização inicial, relativamente limitada e fundada na linhagem, sob a influência do militarismo cedeu lugar a um poder palaciano, de mais em mais autocrático. Esta transformação operou-se sem desordens civis, parcialmente porque as zonas periféricas sempre haviam gozado de considerável autonomia; era precisamente a prosperidade econômica destas zonas que diminuía a importância dos funcionários da administração central.

Até o presente momento não consideramos senão os escalões superiores da administração. Em seus escalões inferiores, esta última apresentava uma maior uniformidade, assemelhando-se àquela das outras regiões da África Ocidental. As unidades menores – lares ou acampamentos – eram agrupadas no seio de unidades mais importantes, definidas territorialmente ou através das relações de parentesco, às quais era atribuída a maior relevância na sociedade pastoril, entre tuaregues e fulbes, comparativamente ao papel por elas desempenhado junto aos agricultores; igualmente, os pastores conservaram os seus próprios *ardo' en* ou *tambura* como chefes. A sua coesão conferia-lhes uma potência política da qual não dispunham os cultivadores, menos unidos; porém esta relativa superioridade não durou além de meados do século.

As cidades e as mais importantes localidades, criadas há muito tempo, estavam recortadas em setores cujos representantes subordinavam-se a um chefe escolhido entre eles, chamado *may gari, magaji, dagaci* ou *mukoshi*. A ligação entre estes representantes e o poder central era assegurada por serviços ou por agentes da administração local chamados *jakadu*. Igualmente, o contato entre a administração e o emir era garantido por mensageiros. A tarefa essencial da administração consistia em receber os tributos, embora, neste caso, a ação fosse tanto política quanto econômica: pagar o imposto representava, outrossim, um ato simbólico de submissão, ao passo que, recusar-se a pagá-lo representava um gesto de rebeldia. Naquilo que diz respeito à arrecadação do imposto, a administração era convocada a recolher informações de ordem política; a ratificar as nomeações; a recolher uma parte das heranças; a administrar os bens dos estrangeiros que, em trânsito, tivessem falecido no emirado; a encarcerar os criminosos e escravos fugitivos; a assegurar a presença dos defensores nas controvérsias judiciais civis; a conceder a liberdade às pessoas detidas injustamente ou constrangidas a pagarem fianças; a atuar como mediadora nos litígios insolúveis ou a comparecer, ela própria, perante o tribunal pessoal do emir, quando fosse acusada de malversação ou, finalmente, em tempos de guerra, a organizar as operações de recrutamento. Correspondências de funcionários, conservadas pelos seus descendentes, oferecem-nos uma imagem daquilo que seria a administração, ao final do século XIX, em Sokoto, Gombe e Bauchi.

A estrutura social

A sociedade própria ao califado compreendia, em linhas gerais, dois componentes. O primeiro, baseado nos funcionários, comportava além destes últimos, os seus parentes, letrados, clientes e escravos; o outro abrangia agricultores, comerciantes e diversos artesãos, cujo trabalho contribuía para a complexa e próspera economia do califado, assim como para os seus escravos. A demarcação entre as duas categorias jamais foi muito nítida e era possível transitar de uma categoria a outra. Letrados e escravos, em especial, podiam ligar-se a cada uma das duas categorias. Por exemplo, os letrados encontravam-se distantes de tenderem todos em favor da categoria dos funcionários; esta postura conduzia-os a um modelo de devoção segundo o qual as funções administrativas não possuíam o seu espaço, extraindo a sua inspiração junto ao fundador do califado 'Uthmān dan Fodio.

Os funcionários, bem como aqueles a eles eventualmente associados, caracterizavam-se pela sua fraca mobilidade. Quando eles deixavam o emirado, no qual tinham o direito de ocupar um posto oficial, perdiam este privilégio em seu exílio, inclusive nos casos em que eram autorizados, por concessão, a conservarem o seu título. Em contrapartida, nada impedia aos sujeitos ordinários de abandonarem um Emirado rumo a outro; atitude tomada sempre que eles se julgassem vítimas de uma repressão excessiva. Como os escravos dificilmente podiam mover-se sem evitar a sua captura como fugitivos, eram justamente os plebeus livres (*talakawa*) que detinham o controle sobre o comércio, os transportes e sobre todas as atividades exigidas pelos deslocamentos; caso necessário, eles eram acompanhados dos seus escravos, os quais lhes serviam como ajudantes ou carregadores.

Os funcionários, bem como aqueles a eles eventualmente associados, igualmente caracterizavam-se pelo seu interesse atribuído à genealogia, às alianças dinásticas e às regras, relativamente estritas, de sucessão patrilinear. Em contrapartida, os plebeus identificavam-se, por via de regra, com uma região ou grupo étnico determinado, pelos traços faciais e costumes específicos; embora não conhecessem detalhadamente a sua genealogia. Os plebeus exerciam, geralmente, o mesmo ofício que os seus pais; no entanto, não havia sistema rígido de castas, à imagem de outras regiões da África Ocidental. Ademais, enquanto as esposas dos alto-funcionários viviam confinadas nos cômodos da casa a elas reservados, de onde comandavam grande número de concubinas e serviçais, as mulheres dos plebeus gozavam de maior liberdade e, na maioria das regiões do califado, participavam do comércio, da produção artesanal e da agricultura.

É impossível avaliar com precisão qual proporção da população era representada pelos funcionários e pelo seu séquito. Todavia, estimou-se que os escravos representavam, relativamente aos homens livres, uma proporção variável entre vinte e cinco e cinquenta por cento; entretanto, não sabemos ao certo como esta proporção foi calculada. O número de escravos pertencentes a esta categoria social provavelmente cresceu ao longo do século; a importância dos cargos que alguns dentre eles ocupavam na administração certamente aumentou, na justa medida em que os emires tomavam consciência da sua necessidade de apoiarem-se em funcionários fiéis e desprovidos de ambição política. Nós não sabemos como a proporção de escravos variou nos campos; porém, é provável que o seu número tenha aumentado durante o século. Recorria-se ao trabalho dos escravos para compensar a penúria crônica de mão de obra, sobretudo nos territórios subpovoados, como Sokoto, fundado à margem dos antigos Estados da região. Igualmente, as regiões das grandes planícies, como Bauchi, requeriam homens para o trabalho da terra. A porcentagem de escravos reexportados, com vistas a serem revendidos na costa atlântica ou na África do Norte, não é conhecida; no entanto, sabemos que a revenda de certas categorias de escravos estava submetida a restrições e que o tráfico diminuiu no transcorrer da segunda metade do século[16].

Os escravos estavam autorizados a possuírem bens e podiam dispor do tempo para trabalhar por sua própria conta, esperando, com isso, o benefício da possibilidade de comprarem a sua liberdade. Os seus proprietários não tinham, invariavelmente, suficiente trabalho para atribuir-lhes, e estavam dispostos a permitir-lhes oferecerem os seus serviços a terceiros. Igualmente, era plausível que um proprietário concedesse a alforria a um dos seus escravos, para recompensá-lo ou para agradecer a Alá por um feliz acontecimento. Neste caso, tampouco sabemos quantos escravos puderam ser libertos ou qual o ritmo desta concessão.

As mulheres escravas podiam casar-se com outros escravos e as suas crianças, elas próprias escravas, em geral participavam do serviço ao mestre como domésticas. Uma escrava podia igualmente ter filhos com um homem livre, circunstância que conferia a liberdade a esta criança e à sua mãe, a quem a alforria seria dada na ocasião da morte do seu mestre. Tal qual nas famílias reinantes, os

---

16 Todavia, não existe estudo detalhado sobre a escravatura, em todas as suas formas, no califado de Sokoto; contudo, vários estudos tratam deste problema tal como ele se coloca em uma região e um período determinados. Por exemplo, no que se refere ao emirado de Kano, conferir P. Hill, 1977, capítulo XIII; para o emirado de Zaria, J. S. Hogendorn, 1977; no tangente ao Adawama, P. Burnham, 1980; em referência ao tráfico de escravos em geral, consultar D. C. Tambo, 1976.

homens apoderavam-se de concubinas antes do seu casamento oficial; os primogênitos eram, muito amiúde, filhos de concubinas. A lei islâmica, contrariamente à tradição dos pastores fulbes, não estabelecia, em matéria de sucessão, nenhuma distinção entre os filhos nascidos de uma esposa livre e aqueles nascidos de uma concubina. Por conseguinte, certo número de emires eram filhos de concubinas; de fato, a qualidade de filho de concubina era uma condição necessária para que eles se tornassem "verdadeiros" emires, porque neste caso, indubitavelmente, não haveria temor de uma possível influência da sua família materna. A lei islâmica tampouco reconhecia a distinção, frequentemente realizada na África Ocidental, entre escravos nascidos cativos e aqueles nascidos livres, segundo a qual os primeiros não poderiam, em princípio, ser separados dos seus pais para serem vendidos. Embora esta condição continuasse a vigorar em certas regiões e classes (a palavra huassa *cucenawa* era a mesma no Borno e no Fezzān, onde era sinônimo de *haratin*), aparentemente, os reformistas da *jihad* não interditaram a exportação de escravos nascidos cativos, senão nos casos de escravos muçulmanos, em particular quando eles deviam ser vendidos a Estados cristãos. Estes escravos pertenciam, desde o nascimento, não a uma linhagem determinada, mas à sociedade muçulmana como um todo. Esta modificação igualmente indica que os escravos eram mais facilmente comercializáveis e, por conseguinte, que a escravatura era mais amplamente difundida.

Os escravos não pagavam imposto. Eles geralmente trabalhavam com os filhos e mulheres do seu mestre, no quadro do *gandu* (ou seja, por conta do chefe da casa); à sua imagem, eles consagravam setenta e cinco por cento do seu tempo de trabalho ao serviço do seu mestre; todavia e contrariamente aos filhos do mestre, eles não podiam contar sucedê-lo: eles permaneciam sempre "filhos". Nas comunidades escravistas, pertencentes ao Estado ou a famílias, os escravos possuíam as suas próprias casas e trabalhavam sob a direção do seu chefe; nada aparentemente distinguia estas comunidades das outras.

Se os escravos não pagavam imposto, muitos dos seus mestres tampouco o faziam. Não sabemos exatamente quem eram os contribuintes e quanto eles pagavam em tal ou qual momento. Os habitantes de Sokoto, por exemplo, eram isentos do imposto fundiário geral, o *kurdin kasa*, também chamado *haraji* (*Kharadj*). Os pastores fulbes pagavam um imposto (*jangali*) referente aos rebanhos, ao qual se denominava ora pela nomenclatura oficial, *djizya*, ora pelo nome *zakāt* (esmola legal). Aproximadamente em 1850, no emirado de Kano, os agricultores huassa pagavam cada um cerca de 2500 cauris/ano; ao passo que, no emirado de Zaria, havia um imposto sobre as enxadas (sem dúvida porque as mulheres neste território desempenhavam um papel particularmente importante na agricultura); talvez pela mesma razão, os maguzawa (huassa não muçulmanos) pagavam a Kano impostos mais elevados que os outros habitantes do emirado. Inclusive, o imposto era mais oneroso para todas as comunidades não muçulmanas, haja vista o seu estatuto de comunidades tributárias dos Estados muçulmanos. Os comerciantes e alguns artesãos, como os tintureiros e os camponeses que cultivavam alguns produtos de luxo, pagavam impostos cobrados durante a estação seca. Em suplemento, doações anuais eram obrigatórias, por ocasião de festas ou lutos; era necessário depositar esmolas e, sem dúvida, fornecer víveres às armadas em trânsito pelo local. É evidentemente impossível avaliar o montante de todas estas contribuições, as quais, de todo modo, podiam variar muito sensivelmente. Contudo, caso possa permitir-me supor uma estimativa geral, eu diria que o imposto agrícola basal não representava senão uma fração relativamente pequena da renda anual; talvez sequer equivalesse a uma jornada de trabalho por semana, ao longo de toda a estação de trabalhos agrícolas.

A contribuição dos funcionários tomava sobretudo a forma de impostos sobre o direito de herança; impostos a pagar aquando do início do exercício funcional; além de presentes a oferecer ao emir ou ao califa, por ocasião da sua nomeação. Eles extraíam a sua própria renda através da cobrança de taxas sobre os impostos que eles arrecadavam, bem como sobre os butins e presentes por eles recebidos; entretanto, o essencial das suas fontes de renda provavelmente provinha da exploração das terras cultivadas pelos escravos, as quais constituíam o patrimônio ligado à sua função oficial ou eram pertencentes à sua família.

Os funcionários do califado não tinham despesas tão ostentatórias quanto aqueles dos outros Estados. Além dos cavalos e das vestimentas, os sinais mais visíveis de riqueza correspondiam ao número de homens "ociosos" do séquito e à amplitude da sua generosidade. Portanto, era necessário suficiente volume de alimentos; mas estes alimentos, salvo algumas raras especiarias, a carne, o mel, a noz de cola, não eram particularmente refinados. As funções oficiais, inclusive no caso do califa, tampouco exigiam aparato custoso: nenhum trono ou banquetas em ouro; nada de coroas ou joias preciosas; sequer fantasias, tais como a utilização de tecidos axânti (os altos dignitários deviam simplesmente vestir roupas brancas).

Havia, entretanto, grandes diferenças de fortuna, não somente entre os funcionários e os plebeus, mas, igualmente, entre os próprios plebeus; a repartição dos escravos constituía, quanto a isso, o melhor índice: alguns cultivadores (e certos escravos) possuíam uma centena ou mais destes escravos; todavia, o preço dos escravos era suficientemente reduzido, a ponto de permitir à maioria das famílias possuírem um ou dois. Os pastores fulbes, por exemplo, utilizavam-nos para guardar os seus rebanhos; os maguzawa integravam-nos às suas famílias. Contudo, a riqueza era algo muito precário. Uma família de cultivadores podia arruinar-se em poucos anos, à imagem daquela de Baba de Karo[17], caso devesse pagar um resgate e, além disso, na hipótese de fuga dos seus escravos. Ela podia, outrossim, ser arruinada pela perda de uma caravana. Em suplemento, em razão de no momento da morte do chefe da família a sua sucessão ser dividida entre todos os seus filhos, assim como em virtude dos ricos terem tendência a possuírem várias mulheres e, por conseguinte, filhos, era raro que uma família plebeia conservasse a sua fortuna durante várias gerações. Finalmente, como demonstram os escritos dos fundadores do califado e os poemas de inspiração popular dos letrados, a ética em vigor questionava o valor a ser atribuído, em última análise, à riqueza e ao luxo.

Portanto, parece-me provável que:

- o imposto pago pelos homens livres não fosse geralmente exorbitante; quanto aos escravos, as taxas incidentes sobre a sua produção, embora bem mais pesadas, não seriam insuportáveis, haja vista que provavelmente não ultrapassem a cota de contribuição cobrada de um filho a trabalho no *gandu* do seu pai;
- o nível de consumo dos funcionários fosse relativamente baixo; mesmo quando, em certas regiões como Sokoto, o volume de consumidores era provavelmente elevado;
- como a população do califado era relativamente densa (comparativamente aos séculos precedentes), a proporção entre o número de beneficiários do imposto e de contribuintes permanecesse suficientemente baixa, para que a soma das pequenas contribuições, pagas por grande número de indivíduos, fosse suficiente não somente para manter a administração, mas, igualmente, para financiar as despesas ostentatórias que, no califado, estavam na base das diferenças sociais;
- finalmente, conquanto os ganhos obtidos através do comércio exterior não constituíssem a principal fonte de renda, aqueles mais relevantes, que podia prover a exportação de escravos, fossem aparentemente suficientes para permitir enfrentar qualquer *deficit*. Entretanto, em que pese a demanda das exportações, muitos escravos permaneciam no califado. Por outro lado, este último não detinha, à imagem de outros Estados, o monopólio sobre a extração do ouro ou do sal e, tampouco, de certas culturas como aquelas

---

17   M. Smith, 1954. Baba evoca, bem entendido, acontecimentos posteriores a 1880.

da coleira e da palmeira; ele não possuía o monopólio sobre as licenças comerciais, os transportes e as importações (o que corresponderia impor um ponto de passagem obrigatória). Aparentemente, na realidade não houve sequer o monopólio da força. Caso esta análise da economia do califado esteja exata – baixo nível de exploração dos recursos e limitado controle estatal –, isso indica a existência de um potencial excedente de riquezas e força de trabalho, suficiente para favorecer o desenvolvimento das trocas e da produção durante a segunda metade do século.

O fundamento econômico desta expansão é a infraestrutura agrícola, implantada pelo califado graças a consideráveis investimentos em mão de obra cuja composição, inicialmente, devia-se em grande parte à importação de escravos. As terras foram desmatadas e progressivamente fertilizadas, através de uma drenagem metódica, pela rotação das culturas e graças ao emprego do esterco dos rebanhos que os novos cultivadores desde antes possuíam. As rotas seguidas pelos rebanhos foram delimitadas com cercas; poços foram escavados para suprimir a necessidade do transporte de água; as *ribāt*, recentemente fortificadas, asseguravam maior segurança. Contudo e provavelmente, a agricultura também se tornou relativamente mais produtiva em virtude de uma melhor divisão do tempo de trabalho, do estímulo à produção privada, bem como em razão da possibilidade de dispor de suficiente quantidade de ferro para produzir ferramentas agrícolas e utilizá-las em larga escala, com finalidades específicas. O *shadūf* surgiu em Sokoto e – outra inovação técnica – criou-se, aparentemente a partir de um modelo similar ao modelo brasileiro, pequenas plantações de cana-de-açúcar, assim como usinas de beneficiamento. Eu acredito que o aprimoramento da produção agrícola permitiu a extensão das culturas comerciais, como o algodão, a cebola e o amendoim (transformadas para rapidamente serem consumidas), além de crer que esta própria extensão tenha provocado um progressivo desenvolvimento da atividade dos artesãos e, igualmente, dos cultivadores, os quais ademais exerciam as funções relativas ao transporte e à comercialização. Em função da falta de documentos, é todavia difícil avaliar e datar, precisamente, estes progressos; porém, a importância do investimento global, na agricultura dos primórdios do califado, não poderia ser negligenciada.

A evolução do califado de Sokoto, de 1820 a 1880

Eu indiquei, em múltiplas passagens deste capítulo, as tendências e as evoluções. Talvez fosse útil, neste estádio, resumir as transformações ocorridas, dividindo o período 1820-1880 em três fases: uma fase de organização (1820--1845); uma fase de transição e agitação (1845-1855); e uma fase de expansão econômica (1855-1880).

1820-1845

O período de 1820-1845 foi dominado por dois imperativos: primeiramente, a necessidade de se defender contra os ataques dos povos vencidos ou deslocados por ocasião do estabelecimento do califado e, em segundo lugar, a necessidade não somente de reconstruir uma economia agrícola desorganizada pela guerra e pela pilhagem, mas, do mesmo modo, de integralmente criar unidades agrícolas e militares com indivíduos que, em muitas ocasiões, ainda não haviam conhecido similar experiência.

Para vencer esses desafios, eram necessários chefes de considerável carisma e com um espírito de corpo originado, junto aos muçulmanos, na sua fé comum e, no que diz respeito aos fulbes, em seu orgulho de pertencerem a este grupo. Existia, igualmente, um sentimento de urgência, pois que se acreditava no eminente fim do mundo e porque, em certos emirados, a vida era então muito precária.

A história deste período reduz-se, portanto e frequentemente, a uma crônica relatando as campanhas, à fundação de tal ou qual *ribāt* ou ao controle de tal ou qual cidade, indicando o número de mortos ou prisioneiros. O califado não conheceu, durante este período, as grandes fomes, as epidemias e as invasões de gafanhotos que haviam marcado os anos da *jihad*. Trata-se também de um período de relativa estabilidade política interna, durante o qual as administrações começaram a se formar e os cargos (os quais em geral conservam a sua antiga nomenclatura huassa) eram atribuídos a homens de cujas informações são escassas.

Kano, Zaria e Katsina são exceções, haja vista que a infra-estrutura constituída pelo antigo Estado huassa neles fora mantida intacta. Entretanto, o comércio destas regiões sofreu com as hostilidades em relação ao Borno e, ao Norte, com os tuaregues e os huassa. Em Kano (1819) e Zaria (1821), a ascensão de um novo emir provocou uma reorganização do sistema político. Em Zaria, esta reorganização produziu-se sem a transformação das ameaças em atos concretos de violência. Em Kano, o emir foi obrigado a reprimir um vasto movimento de revolta dirigida pelo seu próprio *galadima* e a caçar o chefe muçulmano Dan Tunku, quem posteriormente tornar-se-ia emir de Kazaure.

Ao final deste período, os emirados estavam solidamente implantados, com exceção de Nupe. Por toda parte, salvo no emirado de Hadejia, capitais haviam sido construídas e, segundo relatos de viajantes europeus concernentes ao Níger, o comércio era bem organizado, malgrado as incertezas relativas à situação em Nupe e apesar de uma certa inflação. A administração do califado se havia demonstrado ativa, intervindo em Zaria no tocante à nomeação de alguns funcionários do emirado. Finalmente, por volta de 1840, o perigo de invasão diminuíra consideravelmente.

A vida intelectual, durante este período, se reflete na produção ininterrupta de livros, poemas e cartas que o califa Muhammad Bello escreveu em árabe, versando sobre temas muito variados, desde o direito constitucional, passando pela medicina, até o misticismo. Porém, ele não é o único a escrever, o seu vizir Gidado escrevia obras de história e a sua irmã, Asma, poemas; em suplemento, deve-se grande número de escritos aos parentes e discípulos do xeque. Visitas, cartas e poemas enfatizando a adesão comum à Kadirīyya foram trocados com o xeques Kunta de Tombuctu e com Qamar al-Dīn. O califa igualmente recebeu a visita de al-Hadjdj 'Umar, quem logrou, após uma permanência de cerca de oito anos, traduzir alguns letrados de Sokoto e alhures para o *wird* tijānī. Durante todo este período, o espírito da *jihad* não deixou de inspirar os letrados, os quais continuaram a gozar de um papel importante na vida política da maior parte dos emirados. Um exemplo típico é aquele do emir de Kano, Ibrāhīm Dabo, quem encontrou tempo para escrever uma obra sobre a prática do misticismo, embora tenha sido, inclusive, assaz realista ao restabelecer, com a permissão do califa Muhammad Bello, alguns símbolos e práticas huassa anteriores à *jihad*, afim de fortalecer a sua autoridade sobre os huassa. Entretanto, este período foi sobretudo marcado pelo desenvolvimento da educação, tanto na cidade quanto nas localidades menores. Não dispomos de estatísticas para o século XIX; todavia, estimou-se a existência de 40.000 *mallam* em 1920 (portanto, provavelmente mais em 1900, antes da imigração); também sabemos, que grande número de letrados e estudantes haviam falecido durante a *jihad*, não somente em razão de guerra, mas, igualmente, em função de doenças e da fome[18]. O papel desempenhado pelas mulheres, no curso dos primeiros anos da educação corânica das crianças no seio das grandes famílias, é um dos fatores

---

18 O recenseamento de 1921 situa 34.903 *mallam* sob a rubrica "professores", indicando todavia cerca de 46.000 pessoas no exercício da profissão de *mallam* e embora reconhecendo que, bem entendido, as duas categorias estivessem, sobrepostas. Estes números devem naturalmente ser tratados com precaução. Conferir C. K. Meek, 1925, vol. II, pp. 218, 226 e 256-257.

deste desenvolvimento; no entanto, também devemos levar em conta a difusão da política consistente em copiar os manuais, derivada da aparente possibilidade em se obter papel em maior quantidade e a um custo inferior, comparativamente a períodos precedentes.

1845-1855

Estes dez anos representaram uma transição, marcada por grandes mudanças. Trata-se de um período decisivo, durante o qual o esforço realizado para estabelecer um Estado estável, baseado em princípios islâmicos, foi temporariamente ameaçado. A causa principal destas mudanças foi, tão simplesmente, o envelhecimento. Em 1840, os reformistas que haviam dirigido a *jihad* estavam envelhecidos e estes líderes morreriam, uns após os outros, ou aposentar-se-iam, após terem governado por mais de trinta anos: Buba Yero de Gombe, em 1841; Atiku de Sokoto, em 1842; Yakubu de Bauchi, em 1845; Sambo de Hadejia, em 1845, Dan Kawa de Katagum, em 1846; Ibrāhīm Dabo de Kano, em 1846; e Adama de Adamawa (Fombina), em 1848. Os emirados orientais foram os mais atingidos; por outro lado, no Oeste, o emir de Yauri perdeu o poder de 1844 a 1848 e aquele de Nupe foi substituído por um chefe de mercenários, de 1847 a 1856.

Na esfera militar, multiplicaram-se as ameaças e derrotas. Em 1843 e 1844, os katsinawa refugiados no Maradi desencadearam, no Oeste do emirado de Katsina, um grave levante, reprimido pelas forças aliadas de seis emirados; a zona rebelde foi com tamanha severidade punida pelo emir de Katsina que o califa foi obrigado a destituí-lo. Muito mais graves foram a sublevações em Zaberma, Kebbi e Gobir, de 1849 a 1854, as quais puseram em perigo Sokoto e Guandu; assim como a rebelião dirigida por Bukhari, em Hadejia, que ao final das contas levou à derrota de Sokoto. A autonomia de Hadejia, em vigor de 1843 a 1863, provocou a devastação e uma grande fome, em larga escala, bem como o assujeitamento de populações inteiras. Em 1847, o emirado de Kano pela primeira vez conhecera a fome, após várias décadas, de modo que as guerras travadas por Bukhari tiveram como efeito prolongar esta fome durante muitos anos ao leste do emirado.

Finalmente, movimentos intelectuais e religiosos provocaram emigrações durante o decênio 1845-1855. O lançamento do livro de al-Hadjdj 'Umar, em 1845, atiçou a controvérsia referente à confraria da Tijāniyya e, em particular, acerca do interesse que lhe teria conferido o califa Muhammad Bello – assunto que levou os vizires de Sokoto a redigirem longas cartas contestatórias[19]. O primeiro-ministro do emir de Guandu, Modibo Raji, quem igualmente era um eminente letrado da época da *jihad*, pediu demissão aproximadamente em 1850, revelando que pertencera secretamente à Tijāniyya e, posteriormente, partindo rumo ao Leste para estabelecer-se em Adamawa. Outros tijānī, vindos de Kano, juntaram-se a ele, ao passo que Zaria também se tornava um polo de atração para os letrados tijānī. Uma linhagem "real", os mallawa, aderiu à Tijāniyya, entretanto o único emir tijānī de Zaria no século XIX, Sīdī 'Abd al-Kādir, foi deposto após nove meses de reinado, em dezembro de 1854. Associados, talvez erroneamente, a este movimento, Mallam Hamza e quinze outros letrados deixaram Kano em sinal de protesto e, finalmente, estabeleceram-se no Ningi; em seguida, eles organizaram um Estado nessa região de onde incursões foram realizadas, com sucesso, contra os emirados de Kano e Bauchi. Por volta de 1855, um certo Ibrāhīm Sharīf al-Dīn, sem dúvida fortalecido em seus objetivos pela situação econômica reinante no Leste do emirado de Kano, logrou êxito em conduzir numerosos sujeitos de Kano e dos emirados orientais para uma vasta migração de inspiração mahdista rumo ao Leste, onde foram massacrados no Baguirmi.

Malgrado todas estas revoltas, certos sinais de estabilidade subsistiram. Justa e finalmente, esta estabilidade do sistema deve consistir em seu traço mais notável. Durante todo o período considerado, as duas principais figuras do califado, o emir de Guandu, Khalīl, cujo reinado durou de 1833 a 1858 sem contudo tomar parte nas operações militares a partir de 1849, e o jovem califa 'Alī b. Bello (1842-1859) permaneceram no exercício das suas funções, à imagem de vários jovens emires ao Leste do califado. Nós conhecemos, particularmente bem, a situação geral do califado no período em questão, graças ao diário do viajante Heinrich Barth, habitante da região de 1851 a 1855. Barth nota um sentimento de insegurança; entretanto, nada em seu relato indica o reinado da desordem, situação plausível em razão das revoltas acima evocadas. O ajudante huassa de Barth, Dorugu, nesta época escravo na fronteira entre o emirado Daura e o Damagaram, forneceram, todavia, um testemunho pessoal sobre os efeitos que as incursões e a fome exercem na vida dos cultivadores e das suas famílias[20].

---

19 U. al-Fūtī, 1845. Sobre a controvérsia, consultar M. Last, 1967a, pp. 215-219. No tangente a relações em certa medida divergentes sobre a carreira de al-Hadjdj 'Umar, conferir J. R. Willis, 1970, e O. Jah, 1973.

20 H. Barth, 1857. A autobiografia de Dorugu está reproduzida em: A. H. M. Kirk-Greene e P. Newman (org.), 1971, pp. 29-201.

Talvez seja simplista dizer que, ao longo deste período de transição, o poder tenha passado de uma geração à sua sucessora, não somente no califado, mas também junto aos seus inimigos, por exemplo no Borno e no Maradi. Mas o fato concreto é que, dos dois lados da fronteira, a maioria dos emires reinantes por volta de 1855 permaneceu no exercício das suas funções ainda durante quinze ou vinte anos, efetivamente constituindo em conjunto uma nova geração. Cabe observar que o califado e os seus vizinhos não eram os únicos Estados do mundo que, após terem vivido uma grande revolta no início do século, conheceram um período crítico nos idos de 1850; refiro-me, evidentemente, ao Egito, à França, à Áustria e à Itália. Aquilo que caracteriza a década, tanto no califado quanto nestes países, é o mal-estar intelectual que, tudo leva a crer, conduziu ao questionamento da legitimidade do Estado, em nome dos próprios princípios que este último supostamente deveria encarnar. Ainda não sabemos exatamente porque este mal-estar manifestou-se à luz do dia, nem qual foi a reação dos letrados ligados ao regime; porém, haja vista a natureza da controvérsia e dos antagonismos, certo número de documentos escritos chegaram às nossas mãos a este respeito. Tenho a impressão que nesta época a comunidade dos letrados dividiu-se, de forma duradoura, em dois campos, uns renunciariam doravante a ocuparem-se dos assuntos do Estado, outros tentariam preservar uma administração islâmica. Cinquenta anos mais tarde, quando as potências coloniais cristãs impuseram o seu domínio, um problema similar causou semelhante divisão, porém o desafio era então mais claro.

1855-1880

O mais notável resultado dos acontecimentos ocorridos entre 1845 e 1855 foi o estabelecimento do *status quo* político, aceito tanto pelo califado quanto por numerosos dentre seus inimigos. Em 1863, com a morte do emir rebelde Bukhari, Hadejia foi, automática e novamente, submetida à autoridade do califa. Inclusive em Nupe, as guerras civis interromperam-se ao final de 1859. Nupe tornou-se, pela primeira vez, uma entidade política estável: entretanto, este fato ocorreu em detrimento dos seus vizinhos do Norte, onde um novo emirado, Kontagora, formava-se na fronteira do emirado de Yauri, de Nupe e do emirado de Zaria. Kontagora atraiu os aventureiros, muitos dentre os quais de sangue "real", que não podiam satisfazer as suas ambições nos emirados existentes. Estes aventureiros eram igualmente atraídos por outras regiões, notadamente aquela da fronteira entre os emirados de Zaria e de Bauchi e, no Leste, pelos emirados semiautônomos de Adamawa. Entre os imigrantes, não havia peregrinos; porém não existiam somente guerreiros. Os elementos móveis da população, de origem tanto externa quanto interna ao califado, não mais praticavam os ofícios das armas; alguns viviam do transporte, do comércio ou da caça de elefantes, em razão do marfim e, posteriormente, da extração do látex. Estes homens, qual fosse a sua origem, eram geralmente chamados "huassa", o que indicava pertencerem não a um determinado grupo étnico, mas à sociedade mais ampla do califado, com a sua economia atomizada e complexa e a sua língua veicular[21].

Ao longo deste período, a história dos emirados apresenta duas características principais. A primeira é representada pela paz e pela estabilidade relativas das quais gozava a região. Incursões e ataques prosseguiram, no entanto, não se tratava de invasões capazes de colocar o califado seriamente em risco ou de derrubá-lo. Igualmente, os emires prosseguiram com as suas atividades militares, contudo, os adversários se neutralizavam. Os inimigos do califado haviam, eles próprios, estabelecido regimes políticos estáveis. Foi justamente após 1880 que a região recomeçou a viver crises.

A segunda importante característica é a expansão econômica do califado, da qual testemunham os seguintes fatos: a valorização de novas terras; o estabelecimento de novas comunidades e o prosseguimento da imigração de mão de obra livre ou servil; o crescimento quantitativo dos mercadores e transportadores estabelecidos em país huassa, nas principais vias comerciais e em atividade comercial ligada aos principais produtos, situação que aparentemente indica a vinda e a instalação de mercadores estrangeiros nas cidades huassa; o aumento do raio de ação dos mercadores huassa em direção a novas zonas situadas distante das fronteiras do califado, com a simultânea adoção do cauri como moeda nestas regiões; a elevação das exportações de tecidos processados e outras mercadorias para outras regiões do Sudão ocidental, assim como, por exemplo, das exportações de marfim e manteiga de carité para a Europa e o aumento nas importações de produtos muito apreciados, como a noz-de-cola e diversos produtos europeus. Tudo leva a crer que se teria facilmente encontrado a mão de obra suplementar necessária não somente para a produção, mas também para o transporte e o acondicionamento: por exemplo, embora Michael Mason tenha calculado serem necessários 1.500 potes para acondicionar somente 25 toneladas de manteiga de carité, as exportações de manteiga de Nupe passaram de 120 para 1.500 toneladas entre 1871 e 1878[22].

---

21 Sobre a diáspora huassa, consultar M. Adamu, 1978.
22 M. Mason, 1970, capítulo 3. No tocante aos tecidos, conferir P. J. Shea, 1974.

O desenvolvimento econômico foi acompanhado de inflação. Todavia, é impossível conhecer com precisão não somente as consequências sociais desta inflação, mas, inclusive, as suas características e, tampouco, as especificidades locais. As taxas de câmbio publicadas por Marion Johnson mostram que o dólar--moeda, equivalente a 2.500 cauris em 1855, era trocado por 5.000 cauris em 1890[23]. De acordo com os números fornecidos por M. G. Smith, os impostos aparentam ter aumentado quase no mesmo ritmo, ao passo que, segundo os preços mencionados por Barth e outros viajantes que posteriormente visitaram o califado, o custo de vida, ao menos para os ricos, teria aumentado duas vezes mais rapidamente[24]. Caso as estimativas estejam aproximadamente corretas, isso significaria que a baixa nobreza, captando recursos medianos, embora não provindos da esfera estatal, tampouco da venda de escravos ou do comércio exterior especializado, foi obrigada a sofrer uma redução no seu padrão de vida para progressivamente aproximar-se daquele próprio aos produtores primários – cultivadores e artesãos, escravos ou livres –, os quais provavelmente tiraram algum proveito da inflação. Esta evolução teria permitido avivar a concorrência pelos cargos administrativos e, simultaneamente, favorecido as ideias milenaristas que continuavam latentes no califado, a ponto de suscitar as imigrações e as guerras civis que marcaram os vinte últimos anos do século. Estas crises evidenciavam um fundamental problema do derradeiro período do califado: o perigo do aumento contínuo do número de funcionários, dos seus familiares e clientes, com as suas respectivas expectativas, a despeito de qualquer recessão econômica.

No plano intelectual, o período em questão está marcado pelo crescente emprego da língua huassa, em detrimento do uso do árabe e do fulfulde, nos livros e poemas. Familiares do xeque traduziram poemas da época da *jihad*, o que suscita pensar que as ideias e ações dos primeiros reformistas interessavam a um público relativamente vasto, com maior domínio do huassa transcrito em caracteres árabes, comparativamente ao árabe[25]. São menos numerosas as obras originais deste período às quais tivemos acesso, comparativamente àquelas dos

---

23   M. Johnson, 1970.
24   É muito difícil avaliar a elevação do custo de vida para tal ou qual grupo. Podemos, segundo indicações de H. Barth, 1857, estabelecer o preço de diversos produtos, entretanto, as informações que nos fornecem os relatos de viajantes são menos completas e precisas para os anos 1880 e 1890; consultar, por exemplo, P. Staudinger, 1889; P. L. Monteil, 1894; C. H. Robinson, 1895. O problema é ainda mais complexo em razão dos preços terem consideravelmente variado, segundo as regiões e estações climáticas. Estas variações são talvez acentuadas, no caso de Monteil, pelo grande número de pessoas que o acompanhavam e, em relação a Robinson, pela guerra civil no emirado de Kano. Sobre Kano, conferir M. G. Smith.
25   Sobre este movimento, consultar B. Sa 'íd, 1978.

períodos precedentes. Aparentemente, inclusive em Adamawa, houve certa tensão entre o governo e os letrados; o emir buscou impor a sua vontade no tocante aos livros a serem estudados; porém esta medida, sem dúvida dirigida contra os tijānī, foi revogada pelo seu sucessor, o emir Sanda, quem permitiu a entrada dos letrados no seu conselho. Como o século XIII da hégira alcançava o seu fim (1300 da hégira = 1883 da era cristã), é muito provável que tenha havido expectativas milenaristas; mas elas não ganhariam uma expressão política senão por volta de 1883, em Kano, sob o impulso de Liman Yamusa, na fronteira do Borno, sob o impulso de Jibril Gaini, assim como em Adamawa, sob a direção do bisneto do xeque Hayatu. Em outras regiões a situação permaneceu tranquila, em função da provável imigração dos habitantes do Oeste em direção a estes domínios do Estado para realizarem a sua última peregrinação, ocorrida somente em 1903.

O Borno de 1820 a 1880

A história do califado está inextricavelmente ligada àquela dos seus vizinhos e inimigos. Os pequenos Estados vizinhos do califado foram conduzidos, sob o efeito desta proximidade, a adotarem instituições políticas capazes de resistirem às pressões externas; estas instituições espelhavam-se, muito amiúde, naquelas dos Estados muçulmanos. Chefes ou "homens fortes" surgiram em sociedades que nunca haviam tido organização política unificada –, mas a história destas sociedades ainda está por ser escrita e é possível que ela jamais seja analisada. O sismo de cujo Sokoto foi o epicentro teve repercussões que alcançaram regiões muito distantes; os dependentes do califado voltaram-se contra os seus vizinhos mais fracos, contra os quais realizavam incursões e dos quais exigiam, eles próprios, um tributo. Entretanto, as relações não se traduziam em guerras. O comércio estava organizado há séculos, em que pese o fraco desenvolvimento demográfico e econômico dos Estados concernidos. Os mercadores do califado, à imagem do que haviam anteriormente feito aqueles de outros Estados dominantes, infiltraram-se sem se preocuparem com as fronteiras desta rede comercial, desenvolvida e transformada por eles.

Na realidade, a palavra "fronteiras", é de difícil emprego neste contexto; ela era aplicada, aparentemente, muito mais no âmbito do direito de imposição, comparativamente ao seu uso na esfera da movimentação dos indivíduos. Isso igualmente aplica-se à palavra "inimigo". Deste modo, o emir da Katsina, Siddiku, rechaçou invasões vindas de Maradi; posteriormente, após a sua deposição pelo califa, em

FIGURA 22.3 Artigos do artesanato huassa colecionados por Gustav Nachtigal, em 1870. [Fonte: G. Nachtigal, *Sahara and Sudan* (tradução de A. G. B. e H. J. Fisher), 1980, vol. II, Hurst, Londres. © Hurst, Londres. Ilustrações reproduzidas com a autorização do Conselho Administrativo da Biblioteca da Universidade de Cambridge.]

razão de ter demasiado severamente punido os aliados de Maradi, ele se refugiou em Maradi e com a sua ajuda invadiu o Zamfara, dependente do califado; finalmente, quando se retirou, foi novamente em Sokoto que escolheu estabelecer-se. Igualmente, qualquer rebelado contra um emirado podia refugiar-se no emirado vizinho, sem que isso provocasse tensão entre os dois emirados. Os mercadores huassa comercializavam frequentemente com o inimigo, em tempos de guerra, e seguiam qualquer armada invasora, prontos a comprarem os prisioneiros que ela fizesse com armas e cavalos, utilizados como moeda.

Em suma, as identidades fundadas com base nos nacionalismos locais ou na origem étnica serviam, caso necessário, para organizar as relações entre os grupos e não para isolá-los. O califado formava, por conseguinte, juntamente com os Estados e os povos circunvizinhos, um conjunto social e econômico, no qual – o que não causa surpresa – os acontecimentos políticos que se reproduziam em um Estado podiam provocar um eco praticamente imediato em outro, em cuja orientação geral e a cronologia destes acontecimentos eram similares.

A história do Borno oferece um exemplo desta interdependência. O Borno era o adversário e o mais importante vizinho do califado, o qual lhe usurpara a supremacia; o ocorrido no plano político em um desses dois Estados revestia-se de grande importância para o outro. Embora o modelo do Borno fosse muito diferente daquele do califado, ele oferecia uma solução alternativa à qual o xeque 'Uthmān quase recorrera.

Não é possível neste capítulo detalhadamente retraçar a *jihad* conduzido pelo xeque 'Uthmān dan Fodio e, tampouco, descrever os efeitos imediatos que ele teve no Borno[26]. Basta relembrar que o Borno resistiu aos ataques lançados contra as suas populações e, por conseguinte, perdeu temporariamente a sua capital – tomada pelos *mudjahindūn* – e, definitivamente, grande parte do seu território. O *may* de Borno adquiriu armas similares àquelas de Sokoto para enfrentar, simultaneamente, o desafio ideológico e o desafio militar: ele fez chamado ao xeque al-Hadjdj Muhammad al-Amīn al-Kanēmi, estimado letrado que conhecia bem a vida política do mundo mediterrâneo e possuía ligações no Fezzān; no próprio Borno, ele era ligado aos pastores árabes shuwa e o seu *entourage* compreendia indivíduos kanembu. Em suma, ele representava a ordem internacional estabelecida frente aos reformistas "fellata" (fulbes).

Após as vitórias militares de al-Kanēmi, um *may* concedeu-lhe o estatuto de chefe semiautônomo residente em Ngurno, uma espécie de vice-rei compa-

---

26 Para precisões sobre a *jihad*, conferir L. Brenner, 1973, pp. 26-47. O principal texto sobre a *jihad* escrito por um contemporâneo é aquele de Muhammad Bello, 1951 ou 1964.

rável ao tradicional *galadima* do Borno que, por sua vez, residia em Nguro. Ele não recebeu ou alcançou nenhum título oficial; embora tenha posteriormente sido qualificado como *waziri*, este título indicaria a sua aceitação não somente do regime político, mas, igualmente, do seu papel subordinado neste regime[27]. Ademais, como nenhum outro dignitário, anteriormente a ele, desempenhara funções tão abrangentes, haja vista que estava, a um só tempo, investido do comando militar e encarregado da administração de um território sobre o qual exercia uma autoridade mais pessoal, comparativamente às funções do *may* no resto do Borno. Dado este estado de coisas, al-Kanēmi delegou aos seus escravos o governo das cidades e estendeu o seu próprio poder, administrando diretamente as chefaturas semiautônomas a ele subordinadas. Ele muniu-se de uma armada permanente de lanceiros kanembu e estabeleceu nas fronteiras, sob o comando de escravos, guarnições comparáveis aos *murābitūn* de Sokoto. O seu conselho era composto de seis dentre os seus amigos, alguns por ele conhecidos desde a sua infância. Como o território sobre o qual ele exercia a sua autoridade era, nos primórdios, relativamente exíguo e pouco povoado, o comércio e a venda de escravos proporcionavam-lhe maior rendimento que os seus feudos, nos quais ele buscava atrair diversos grupos populacionais. A sua corte era restrita e ele confiava, preferencialmente, as tarefas oficiais a escravos, pois que estes últimos não pertenciam a grandes famílias, além de lhe serem eles totalmente fiéis e, igualmente, custarem menos.

Em contrapartida e ao conservar a sua corte, o *may* não mais extraía suficientes recursos do seu consideravelmente reduzido território, recursos estes capazes de permitirem-lhe manter e recompensar os seus cortesãos; em suplemento, ele não pôde ou não desejou amparar-se de uma chefatura semiautônoma como aquela de Marte, integrante do seu raio de influência. Porém, ele conservava a autoridade tradicional, graças à sua legitimidade dinástica, assim como à estabilidade e ao sentimento de identidade ligados a estas circunstâncias.

O primeiro período: a diarquia do Borno (1820-1845)

Em 1820, o Borno dividia-se politicamente em duas zonas que, por vezes, sobrepunham-se: o xeque e seus conselheiros, residentes desde então em Kakawa, exerciam a sua autoridade sobre o Sul, o Leste e o Oeste; o *may* e a sua corte, em Birni Kafela, exerciam-na sobre o restante do Borno. Em 1820, a posição

---

27 Consultar o documento traduzido por H. R. Palmer, 1928, vol. II, p. 119 (tratando da restauração de Dunama como *may* e da "déposition" de Ngnileroma).

FIGURA 22.4 O xeque Muhammad al-Amīn al-Kānemi. [Fonte: Denham, Clapperton e Oudney, *Narrative of travels and discoveries in northern and central Africa*, 1826, Londres. Ilustração reproduzida com a autorização do Conselho Administrativo da Biblioteca da Universidade de Cambridge.]

do xeque se fortalecera consideravelmente, tornando-se praticamente oficial. O *may* Dunama fora morto durante uma batalha travada contra o Baguirmi e al-Kanēmi presidira a ascensão ao trono de Ibrāhīm, filho caçula de Dunama. Justamente neste momento, al-Kanēmi adquiriu o título de xeque e o seu brasão exibia a data de 1235 (equivalente a 1819-1820 da era cristã), como ano da sua própria chegada ao poder, visto que esta era a data que ele primava em comemorar.

É habitual relatar a história do Borno como se fosse a partir deste momento que al-Kanēmi teria passado a exercer a autoridade suprema. Talvez esta apreciação seja exata, porém os documentos dos quais dispomos não são conclusivos. Trata-se notadamente dos relatórios de duas testemunhas oculares, os enviados britânicos Denham e Clapperton[28]. Estes relatórios manifestam tamanha parcialidade em favor de al-Kanēmi e contra o *may* Ibrāhīm que eles não podem absolutamente ser considerados como análises políticas objetivas[29]. Convidado de al-Kanēmi, amigo de mercadores norte-africanos que frequentavam a sua corte e viajavam sob a proteção de um tripolitano e habitual parceiro comercial do xeque, Denham manifesta consideráveis reservas contra o *may*, de quem ele não frequenta e em nada compreende a corte.

Aparente e retrospectivamente, há forte possibilidade que al-Kanēmi tenha alcançado assaz prematuramente a autoridade suprema; porém este domínio sem dúvida não se revelou tão nitidamente aos olhos dos seus contemporâneos. O *may* Ibrāhīm mantinha uma corte ainda muito numerosa: segundo Denham, de 260 a 300 cortesãos assistiam ao despertar do *may* e, entre eles, certamente havia feudatários acompanhados dos seus seguidores. O próprio al-Kanēmi devia, à imagem de todos os outros feudatários, enviar ao *may* uma parte das rendas que arrecadava dos seus feudos – a metade do total, segundo Denham. Alguns partidários do *may* mostravam-se particularmente hostis aos recém--chegados, por exemplo, os sugurti kanembu, os negros shuwa e renomados letrados, tais como Mallam 'Abdullāh, de Yale Garua, ou o Mallam Fanami, de Manga. Era igualmente previsível que os dignitários tradicionais, como o *galadima* ou o *martema* se opusessem ao aumento do poder de al-Kanēmi. Poder-se-ia igualmente mencionar os *chima jilibe*, comandantes dos clãs kanuri;

---

28 H. Clapperton, 1829.
29 L. Brenner, 1973, pp. 21-22 e 46-47, cita trechos de Denham e Clapperton, sobre al-Kanēmi e o *may* Ibrāhīm, nos quais a sua parcialidade nitidamente aparece. A maioria das informações que figuram nesta seção foi extraída desta obra de L. Brenner e do estudo de J. E. Lavers, 1977. Devo grande reconhecimento a John Lavers, pelos seus comentários sobre esta seção; todavia, ele não está de acordo com todas as minhas interpretações.

entretanto, os escritos dos historiadores não permitem saber em qual medida, inicialmente, estes chefes de clãs ainda eram nomeados pelo *may* ou se eles lhe permaneciam leais. Tampouco sabemos exatamente a partir de quando os responsáveis regionais (*chima chidibe*) foram nomeados por al-Kanēmi; no entanto, os pleitos posteriormente formulados concernentes à extensão do domínio dos shuwa (na província de Gazir, em 1842) levam a supor que esta extensão não tenha sido muito rápida e tampouco integral. Finalmente, a divisão do poder entre responsáveis regionais e chefes de clã podia facilmente ser adaptada ao tipo de diarquia por mim evocada. Eis a razão pela qual, embora não saibamos ao certo quais *chima* residiam na corte do *may* em Birni Kafela, estimo ser plausível supor que a maioria dos negros da "aristocracia kanuri" ali residisse, embora fossem simultaneamente representados em kukawa, junto ao xeque, por um familiar mais jovem.

Para melhor compreender a conduta de al-Kamēni, é necessário enxergar, na pessoa do *may* Ibrāhīm, não o personagem ridículo que Denham descreve-nos, mas o chefe de um Estado ainda potente. As funções de al-Kamēni, as quais faziam dele uma espécie de "super-*galadima*" ou vice-rei, compreendiam a vigilância fronteiriça não somente no sudoeste (ao *galadima* cabendo o encargo da fronteira do Oeste), mas, igualmente, no Sul. Ele tinha o direito de mobilizar tropas. Os norte-africanos instalados no Borno dele dependiam, do mesmo modo que as relações internacionais derivadas da presença destas populações. Em direção ao Oeste, de 1824 a 1830, al-Kamēni preocupou-se em menor grau com ataques contra o califado, comparativamente à atenção dedicada ao restabelecimento, em Nguderi, de um Borno ocidental que escapasse à autoridade do *galadima*. A sua provável intenção consistia em incluir, neste Estado, alguns dos emirados orientais de Sokoto e, quiçá, de Kano; todavia, ele não logrou êxito em seus planos. Entretanto, ele conseguiu caçar Muhammad Manga, um tributário do califa, além de, ao avançar até Kano, ter demonstrado a potência militar do Borno nesta região fronteiriça. Além disso, ele contribuiu para novamente estabelecer o Estado de Gumel, do qual obteve ajuda, ganhando apoio dos manga que ele recentemente derrotara. Assim acuado, o *galadima* evadiu-se para Sokoto e, posteriormente, voltou a se submeter a al-Kamēni, quem não lhe concederia senão um território muito reduzido. Em 1830, al-Kamēni possuía, portanto, o seu próprio Estado, o Borno ocidental, por ele governado com o concurso de escravos – os *katchella* –, no qual as diversas populações não demonstravam particular lealdade *vis-à-vis* do *may*.

A este "sub-Estado" ocidental acrescentava-se, ao Sul, uma zona similar, também administrada por escravos e compreendendo essencialmente as cidades kotoko e os mercados de Barguirmi. Inicialmente, de 1818 a 1824, al-Kamēni em vão ensaiara, com a ajuda dos norte-africanos, estabelecer no sudeste um grande protetorado do Kanem, contando com o Baguirmi como vassalo. As guerras que permitiram esta expansão atraíram certamente inumeráveis voluntários – cavaleiros vindos de Birni Kafela –, comparáveis aos voluntários de Sokoto que partiram para combater nos emirados de Zaria e de Bauchi. Contudo, a maior parte do Borno, propriamente dito, situada ao Leste do Lago Tchad, permanecia sob a tradicional autoridade dos chefes kanuri, fiéis ao *may*.

Inexistem razões para crer que esta divisão de poder não tenha sido exitosa: o *may* governava a maior parte do país kanuri, dele extraindo a sua renda, o xeque governava as zonas fronteiriças, do Oeste e do Sul, utilizando a cavalaria do Borno e enviando ao *may* a sua cota-parte das rendas. Na realidade, sob certos aspectos, eles se conformavam ao antigo modelo que prevê uma separação de alguns quilômetros da cidade real tradicional relativamente à cidade comercial, somente habitada por muçulmanos, com exceção de um bairro reservado aos estrangeiros. E, para estrangeiros como Denham e os seus amigos, toda atividade aparentava estar concentrada em Kukawa.

Pouquíssimas indicações chegaram-nos acerca das atividades da corte do *may* Ibrāhīm, tanto quanto foram raros aqueles que sobreviveram à destruição da dinastia em 1846. Durante a sua visita ao Borno, al-Hadjdj 'Umar converteu à Tijāniyya um importante membro da família do *may*, o que veio a trazer-lhe, segundo a tradição histórica, a hostilidade de al-Kanēmi (na realidade, ignoramos tratar-se de al-Kanēmi ou do *may*)[30].

Segundo a minha apreciação, uma das razões para o bom condicionamento do dispositivo implementado pelo *may* e por al-Kanēmi teria sido a notável ausência, no caso deste último, de qualquer dogmatismo ou ambição. Ele não aparenta ter planejado a transformação do Borno. Os seus escritos não contêm nenhum projeto de reforma. Ele não compartilhava nem as expectativas minerárias, nem a vontade de agir rapidamente, própria aos dirigentes de Sokoto, além de não atrair em torno de si homens com o mesmo sentimento referente a terem uma missão a cumprir. Ele repugnava a si mesmo informar sobre as razões que lhe obrigavam a permanecer no Borno. A sua curiosidade o conduzia para amplos horizontes e ele recusava fidelidade a uma etnia determinada. A ausência de ideologia, desta segurança e deste dinamismo que uma ideologia pode inspirar, confere ao Borno uma nítida distinção frente ao califado de Sokoto. A

---

30 U. al-Naqar, 1972, pp. 72-74 e 144.

FIGURA 22.5 Um dos lanceiros kanembu do xeque al-Kanēmi. [Fonte: Denham, Clapperton e Oudney, *Narrative of travels and discoveries in northern and central Africa*, 1826, Londres. Ilustrações reproduzidas com a autorização do Conselho Administrativo da Biblioteca da Universidade de Cambridge.]

poesia nele não cantava a glória dos "mártires". Embora tenha terminado com o monopólio do conjunto de facilidades das quais o *may* se havia beneficiado até então, al-Kanēmi não ofereceu nada em contrapartida, senão a nova facilidade em relação à sua própria pessoa, uma hostilidade comum *vis-à-vis* dos fulbes de

Sokoto e uma adesão ao mundo islâmico, em seu conjunto, ao qual ele mesmo tinha a sensação de pertencer. Ele soube se servir da realeza como uma instituição em torno da qual podia reunir todos os habitantes do Borno, transcendente aos interesses dos diferentes grupos; do mesmo modo, o *may* podia apoiar-se no xeque, precisamente porque este último não compartilhava o zelo reformista que teria destruído o Borno tradicional. Mesmo que tivesse desejado, al-Kanēmī provavelmente não era assaz poderoso, a ponto de derrubar o *may* e tampouco poderia introduzir reformas fundamentais por tanto tempo quanto necessitasse do *may* para preservar a unidade do Borno. Certamente, ele enviou durante os anos 1830 um representante diplomático junto à Porta, atitude que demonstra a sua rejeição à tradicional pretensão do *may* ao título de califa; entretanto, isso não teve consequência alguma à época. O Borno não se encontrou em dificuldades quando o Estado não pôde apoiar-se nas instituições tradicionais e tampouco em uma mobilização ideológica suficientemente forte; justamente a partir deste momento (e não antes, a meu juízo) é possível analisar a política do Borno em termos de relação patrão-cliente, considerando o interesse pessoal como a motivação essencial.

A relação de interdependência entre o *may* Ibrāhīm e al-Kanēmī devia-se à personalidade dos dois homens. Foi notável, aquando da morte de al-Kanēmī em 1837, a necessidade do estabelecimento, em novos parâmetros, das relações do *may* com o xeque; tudo leva a crer, foram os três conselheiros shuwa de al-Kanēmī, muito mais que o seu filho 'Umar, que propuseram, ou melhor, determinaram ao *may* as novas condições. O *may*, aparentemente a justo título, ordenou a vinda de 'Umar à sua corte para nela assumir as funções do seu pai; entretanto, os conselheiros kukawa ameaçaram o *may* com a possibilidade de atacarem Birni Kafela, caso ele próprio não viesse oferecer fidelidade ao novo xeque. Jamais, ao nosso conhecimento, o *may* teria antes visitado Kukawa e o significado simbólico deste ato não poderia ser subestimado. Naturalmente, o novo xeque não se contentou com esta afronta e depositou ao *may* um tributo inferior àquele anteriormente pago pelo seu pai. Os conselheiros de 'Umar comprometeram, deste modo, os resultados de vinte anos de cooperação com o *may*, o que lhes custou a vida, tal como sucedeu com o mais antigo conselheiro de al-Kanēmī, al-Hadjdj Sudani, quem teria sem dúvida preferido ver outro filho seu como sucessor do xeque, 'Abd al-Rahmān. A ascensão de 'Umar deveria, portanto, não somente opô-lo ao *may* Ibrāhīm, mas, igualmente, ao seu próprio irmão.

Borno (1845-1855): um período de transição

De 1845 a 1855, o Borno conheceu dificuldades ainda muito mais graves que o califado, em razão não somente das invasões, da guerra civil e das execuções, mas também pelas reviravoltas no sistema político. A dignidade do *may* foi abolida e a sua corte dissolvida; a corte do xeque, desprovida de brilho, embora mantivesse diversas relações internacionais, também ela desapareceu. Promovendo a fusão das funções do xeque e do *may*, 'Umar estabeleceu um novo modo de governo que não somente diferia dos regimes anteriores do Borno, mas, igualmente, do regime do califado de Sokoto.

Eis aqui, brevemente expostos, os acontecimentos deste decênio. Acompanhando a seriedade do questionamento à sua autoridade, em 1846, o *may* Ibrāhīm incitou o sultão de Wadaī a invadir o Borno. Deste modo, ele novamente incorria no erro que custara a vida ao seu pai Dunama, vinte e sete anos antes, quando este último chamara o sultão de Baguirmi para combater al-Kanēmi. Dois dentre os principais conselheiros do 'Umar, Mallam Tirab e Ahmad Gonimi, foram mortos durante uma batalha contra as forças do Wadaī; após esta batalha, 'Umar ordenou a execução do *may* Ibrāhīm e, em seguida, depôs o seu sucessor, o *may* 'Alī.

O novo vizir, al-Hadjdj Bashir, tornou-se o favorito do xeque, suplantando 'Abd al-Rahmān. Em 1853, este último depôs 'Umar e Bashir foi morto, porém no ano seguinte, ele próprio foi deposto e executado. 'Umar retomou o poder, exercendo-o durante vinte e seis anos, até a sua morte em 1881.

Eu creio que não se deva entrever uma simples coincidência no fato de a mesma década se ter revelado crítica, tanto para o califado quanto para o Borno. A *jihad*, opondo os dois Estados, neles havia conduzido ao poder homens com idades correspondentes; não causa, portanto espécie que os problemas sucessórios tenham surgido simultaneamente nos dois Estados. Em suplemento, o califado não mais exercia uma pressão tão relevante sobre o Borno: no plano ideológico, os espíritos estavam, durante os anos 1840, mais preocupados com o milenarismo e a Tijāniyya, comparativamente ao interesse demonstrado pela *jihad*; ao passo que, no plano militar, a distensão reinava, malgrado campanhas episódicas e limitadas nas fronteiras. Talvez tenha sido justamente esta distensão que permitiu a manifestação das rivalidades internas: a corte de Kukawa não mais necessitava do *may* como símbolo da unidade do Borno; sequer ainda havia necessidade de unidade em Kukawa. Uma reação em cadeia sobreveio: a guerra civil do Borno encorajou Bukhari a se revoltar contra Sokoto; a confusão reinante na fronteira ocidental do Borno conduziu Bashir a tomar riscos excessivos; e 'Abd al-Rahmān foi levado a ousar depor o 'Umar. O efeito destes acontecimentos nas massas manifestou-se pelo apoio por elas dedicado ao dirigente milenarista, Ibrāhīm Sharī al-Dīn, aquando da sua marcha para o Leste, atravessando o Borno em 1856. Entretanto, salta aos olhos que nenhum dos dois Estados tenha podido ou desejado tirar proveito das desordens que ocorriam em seu vizinho, bem como que a situação tenha rapidamente recuperado a normalidade após 1855.

O segundo período (1855-1880): o sistema político do Borno

O Borno foi, durante este período, um Estado unitário. 'Umar, embora conservasse o título de xeque e continuasse a residir em Kukawa, conferiu à sua função de chefe de Estado um caráter mais formal, fazendo-se acompanhar de uma corte mais numerosa. Ele nomeou um primeiro-ministro ao qual conferiu consideráveis poderes; entretanto, toda a autoridade estava concentrada em suas mãos e ele a delegava a quem julgasse convir. A corte era composta, como anteriormente, de parentes do xeque, notáveis livres e escravos funcionários; ademais, decidiu-se preservar os nomes dos conselheiros de al-Kanēmi para os novos títulos criados; porém os escravos, aqui compreendidos aqueles que constituíam um exército real composto por cerca de 3.000 homens, desempenhavam um papel mais relevante que outrora, embora os seus postos, a título puramente individual, estivessem totalmente submetidos à boa vontade do xeque. Era possível que o filho de um escravo herdasse o posto de seu pai; no entanto, os escravos não podiam pretender, em virtude de um direito hereditário, uma função ou um patrimônio determinados. O crescimento da proporção de escravos na administração teve um efeito no processo de recrutamento de funcionários livres: efetivamente, o título herdado por um funcionário livre não supunha forçosamente funções ou poderes específicos. Portanto, era impossível preservar o "equilíbrio de poderes" e não havia linhagens tradicionalmente fortes, dispondo de base própria; muitos personagens importantes não tinham título oficial. O avanço dos funcionários ocorria no quadro de uma hierarquia definida por relações de clientela, caracterizada, em seu topo, pela presença do xeque. No tocante a Sokoto, a concorrência era livre, sem que direitos relativos ao nascimento ou ao grau constituíssem obstáculos.

Caso esta análise, a caracterizar a política do Borno como um sistema de relações de clientela, esteja correta (ela é inclusive similar àquela de R. Cohen e L. Brenner), este sistema dataria da época de al-Kanēmi que, inicialmente, confiara a administração do Estado a escravos e alguns amigos[31].

Como os membros das linhagens mais antigas permaneciam, sem dúvida, fiéis ao *may*, o xeque não pôde recorrer a funcionários hereditários; posteriormente, a morte dos seus antigos conselheiros, durante as desordens de 1846--1854, interrompeu na raiz qualquer evolução neste sentido. Como, por outro lado, os funcionários do *may* caíram em descrédito após 1846, dificilmente podemos imaginar qual outro sistema de recrutamento poderia ter sido aplicado pelo xeque 'Umar. Todavia, talvez seja cometer um anacronismo considerar, no início do século XIX, as relações de clientela como o sistema tradicional do Borno ou mesmo como o seu sistema dominante. Os conselheiros de al-Kanēmi não eram seus clientes, mas, antes e sobretudo, associados seus, os quais gozavam de grande independência; de onde deriva o papel capital por eles desempenhado nos acontecimentos posteriores à sua morte. Ter-nos-ia ainda sido possível assistir à fundação de dinastias de ministros. Considerando este conjunto, eu creio poder dizer que importantes mudanças políticas efetivamente produziram-se após o período 1845-1855, entrementes, estas mudanças tornaram-se mais fáceis pela simples aplicação, ao conjunto do quadro político funcional, do princípio observado por al-Kanēmi no âmbito da designação dos escravos-funcionários.

Tão importantes quanto estas tendências políticas foram as transformações da economia que serviria de base ao sistema político. O fato marcante do período, como observamos, é o surgimento do comércio e da produção no califado, com a colonização das terras virgens no interior das fronteiras e, externamente, uma considerável extensão do raio de ação dos mercadores huassa. Não somente estes últimos dirigiam-se ao Borno, mas os mercadores do Borno tendiam a se instalar, em número cada vez maior, no país huassa. A distensão política e ideológica entre os dois Estados permitia este intercâmbio; finalmente, os embargos do início do século eram considerados medidas excepcionais, se contextualizados na longa história de trocas mantidas pelo Borno com os países situados ao Oeste. Porém, tudo leva a crer que o Borno, em concorrência com os pequenos centros comerciais do califado, tenha sido incapaz de oferecer variedade de produtos. Ele continuava a exportar natrão, embora sem dúvida enfrentasse a crescente concorrência de outros tipos de sal produzidos em outras regiões. Outra exportação básica, de escravos, aparentemente diminuiu de forma progressiva; embora seja possível que o emprego de mão de obra servil tenha aumentado no Borno,

---

31   L. Brenner e R. Cohen, 1988.

FIGURA 22.6 Blusa bordada de uma mulher do Borno, feita nos anos 1870. [Fonte: G. Nachtigal, *Sahara and Sudan* (tradução de A. G. B. e H. J. Fisher), 1980, vol. II, Hurst, Londres. © Hurst, Londres. Ilustrações reproduzidas com a autorização do Conselho Administrativo da Biblioteca da Universidade de Cambridge.]

a base produtiva da sua economia não aparenta ter se desenvolvido no mesmo ritmo que a sua correspondente no califado. À imagem das rotas utilizadas pelo comércio de natrão e escravos, a exportação ou a re-exportação das peles, do couro, do marfim ou das plumas de avestruz, ocorriam através dos mesmos itinerários comerciais dos huassa, enquanto novos produtos de importação eram buscados sob o controle do califado, como o marfim de Adamawa. Em suma, aparentemente o Borno foi levado a desempenhar, em relação à economia do califado, o papel de fornecedor de matérias-primas e consumidor de produtos de luxo; estado de coisas que provocou uma diminuição dos ganhos extraídos através do comércio pelos detentores do poder. Final e aproximadamente em 1850, a entrada do Borno na zona monetária do cauri, englobando a África Ocidental, simboliza esta evolução. Outro símbolo: as dificuldades encontradas pelos mercadores no sentido de receberem os seus créditos na capital – talvez o volume das trocas não mais justificasse estas despesas – levaram os mercadores norte-africanos a começarem a evitar o Borno. O comércio transaariano constituíra um importante elemento da política de al-Kanēmi e, por esta razão, o Borno retomara, ao longo dos anos 1840, o controle de Zinder, importante localidade do ponto de vista do comércio exterior. Todavia, esta vantagem não era suficiente a ponto de permitir ao Borno resistir à concorrência do califado.

Caso somarmos todos estes fatores – aumento do número de cortesãos (escravos e homens livres), aumento do preço dos produtos de luxo, insuficiência da produção destinada à exportação, fim da hegemonia comercial do Borno –, melhor compreenderemos as razões pelas quais a cobrança dos créditos comerciais se tenha tornado mais complexa ou porque, em 1883, tenha sido necessário confiscar a metade dos bens de cada contribuinte. Na justa medida em que este confisco foi a consequência da crônica incapacidade dos contribuintes em pagarem o seu imposto anual, podemos supor que a economia rural não mais produzia excedentes. Contudo, nada sabemos com precisão sobre o que se reproduziu nos campos, de 1855 a 1880, senão que não houve revoltas camponesas antes dos movimentos milenaristas dos anos 1880.

A estagnação da economia, provável e parcialmente, devia-se à incompetência do xeque 'Umar; mas ela sem dúvida possuía uma razão mais profunda, devida à relação existente entre a economia do Borno e a economia em expansão do califado.

Caso isso seja verdade, o Borno oferece uma esclarecedora ilustração dos efeitos exercidos pelo desenvolvimento econômico do califado sobre um Estado limítrofe, assim como um modelo que permite comparar a experiência de outros Estados em uma mesma situação periférica. Retrospectivamente, tudo leva a crer que, do ponto de vista político, a escolha das possibilidades, oferecidas ao xeque 'Umar e à sua administração, tenha sido limitada. O Borno, desde então com dificuldades em conservar o controle do Damagaram, no Nordeste, via as suas possibilidades de real expansão territorial limitadas, a Oeste e Sul, pela expansão do califado, bem como, no Leste, pelo Baguirmi e pelo Wadaī. Outra solução possível consistiria em reduzir o número de cortesãos e descentralizar a administração; entretanto, esta política chocar-se-ia com a tendência seguida há muitas décadas, solapando o sistema fundado em relações de clientela e requerendo uma expansão territorial ou das migrações. Neste caso, à estabilidade do reino do xeque 'Umar sucedeu um terceiro tipo de situação – a irrupção da violência na política e a eliminação dos rivais; porém estes acontecimentos ultrapassam o enquadramento proposto neste capítulo.

Conclusão

Malgrado as notáveis diferenças, no tocante à superfície e à população, existentes entre o Borno e o califado, a comparação entre estes dois Estados evidencia os fatores que explicam a divergência em suas respectivas evoluções históricas. Caso nos posicionemos ao nível mais reduzido, relativo às pessoas, a oposição inicial pode assim ser resumida:

- Al-Kanēmi devia dividir o poder com um *may* que, a despeito da sua fraqueza militar, possuía grande autoridade fundada no ritual; em contrapartida, o califado não tinha, à época de Muhammad Bello, um soberano tradicional deste gênero.
- Al-Kanēmi não dispunha da vasta rede de relações de clãs e familiares, sobre a qual tão eficazmente podia apoiar-se Muhammad Bello.
- Conseguintemente, al-Kanēmi apoiava-se em escravos e nos seus amigos, concentrando o poder em suas mãos, ao passo que Muhammad Bello foi obrigado a delegar parte dos seus poderes aos seus companheiros *mudjāhidūn* e *murābitūn*, os quais tinham tendência a constituírem linhagens ou grupos de pressão locais.
- Após as derrotas sofridas pelo Borno, al-Kanēmi foi levado, para unir o país, a recorrer à tradicional fidelidade perante o *may* e a contar com o seu próprio carisma, no sentido do interesse pessoal, e com o sentimento de hostilidade compartilhado *vis-à-vis* dos fulbes; ao passo que Muhammad Bello, após o espetacular sucesso da *jihad*, pôde unir os seus emires, muito dispersos, em torno da forte motivação milenarista do islã.

Para compensar a diminuição das suas rendas, o Borno dependia da exportação de escravos, parcialmente estimulada pelas privilegiadas relações mantidas entre o Borno e a África do Norte; Sokoto, dispondo de recursos mais diversificados, era em contrário comprador de escravos; esta demanda era estimulada pelas diversas linhagens e pela pequena nobreza, as quais necessitavam de mão de obra para a produção agrícola e artesanal, para grande proveito da economia do califado, a longo prazo.

Estas tensões entre os dois Estados, durante o primeiro período, constituem em suplemento um importante fator para a sua revolução política e ideológica. Inversamente, a relativa atenuação destas tensões favoreceu indiretamente as desordens do período 1845-1855 e a sua contenção.

Após 1885, quando a rivalidade tornou-se mais econômica que política, o sistema político do Borno tendeu a conceder importante espaço para as relações de clientela e para o crescimento individual; ao passo que o governo do califado favorecia a criação de grupos de interesse, preservando todavia a fidelidade ao islã que, embora não mais fosse dominada pela inspiração milenarista, permitia limitar estes interesses e propiciava uma regra moral. Em razão do relativo dinamismo do califado que, além de tudo, dispunha de riquezas naturais superiores, o Borno acompanhou o progressivo enfraquecimento da sua economia; embora a distensão tenha permitido aos agricultores e mercadores do Borno mais facilmente escoarem os seus produtos no mercado em expansão do califado. Se, no Borno, foram justamente os habitantes da capital que mais fortemente sofreram com o declínio econômico, no califado, por sua vez, foi a devota pequena nobreza quem aparenta ter sido a principal vítima da evolução do regime.

CAPÍTULO 23

O Macina e o Império Torodbe (Tucolor) até 1878

Madina Ly-Tall

O Macina

Como observamos nos capítulos 21 e 22, o final do século XVIII e o início do século XIX são marcados, quase por toda a África Ocidental, pela emergência de uma categoria social, até então dominada pelos sedentários, os fulbes nômades. Após o século XV, o seu número não cessou de aumentar graças às sucessivas ondas migratórias e, paralelamente, o seu peso econômico igualmente não cessou de crescer, desde que o ouro deixou de ser o motor da economia no Oeste africano.

Sucessivamente, no Futa Djalon e no Futa Toro, guiados pelas ideias de justiça e igualdade do islã, eles se libertaram do domínio dos sedentários. Nos primeiros anos do século XIX, o movimento ganhou as regiões haussas e, a partir destas regiões, o Liptako e o Macina. Desde anteriormente, nos últimos anos do século XVIII, sob o reinado do *faama* de Ségou, Ngolo Jara (Diarra) (1766-1790), uma primeira tentativa de emancipação dos fulbes do delta interno do rio Níger se consumara em derrota[1]. Porém, foi sobretudo no início do século

---

1 Durante oito anos, Ngolo Jara travou uma guerra sem trégua contra os fulbes. Muitos se refugiaram no Wasulu, conferir E. Mage, 1868, p. 401. Igualmente consultar L. Tauxier, 1942, p. 90. No que diz respeito às datas dos reinos dos *faama* de Ségou, nós adotamos em geral aquelas propostas por L. Tauxier, que delas faz um estudo crítico e comparado. Nós sabemos que todas estas datas não são senão muito aproximativas.

XIX, com Da Monzon (1808-1827), que a pressão bambara mostrou toda a sua força no delta interior do rio Níger, criando uma situação de insegurança para os fulbes.

A revolução islâmica muçulmana no Macina: O reino de Seku Ahmadu (xeque Ahmad Lobbo)

Situação de insegurança dos fulbes, no delta interior do rio Níger, no limiar do desencadeamento da revolução

Desde o reinado de Ngolo Jara, o poder de Ségou não cessou de expandir-se em direção a todas as regiões vizinhas. Sob Monzon Jara (1790-1808), ele manifestou-se até o Bundu (Boundou), no Oeste, e em país dogon, ao Leste[2]. Com Da Monzon, as exações dos *tonzon* de Ségou nos acampamentos fulbes somente aumentaram. Paralelamente, nos centros muçulmanos como Djenné (Jenne), o islã perdera toda a sua vitalidade, em razão da sua acomodação a práticas habituais e exigências do comércio[3]. Naquele período, desde a segunda metade do século XVIII, os sucessos das revoluções islâmicas fulbes, no Futa Djalon e no Futa Toro, haviam aberto novas perspectivas para toda a comunidade islâmica da África do oeste. Proximamente ao Macina, no Sokoto e no Liptako, as chefaturas tradicionais recém haviam sido derrubadas, de 1804 a 1810. Numerosos fulbes do delta interior do Níger haviam participado deste movimento. Aquando do seu retorno à sua terra de origem, eles contribuíram para a difusão das novas ideias revolucionárias.

Os primórdios da revolução islâmica no delta interior do Níger

Entre 1815 e 1818, muitos marabutos tentaram explorar a atmosfera revolucionária prevalecente no delta, para sacudir o jugo bambara. Foi primeiramente um letrado, vindo de Sokoto em 1815, Ibn Sa'īd, que logrou conquistar para a sua causa toda a província do Gimballa. Entretanto, ele finalmente fracassaria junto aos outros fulbes e sobretudo em meio aos tuaregues. Simultaneamente, no Farimaka, outro marabuto, Ahmadu Alfaka Kujajo, pregava pela *jihad*. Todos se

---

2   L. Tauxier, 1942, p. 101. Em 1796, todos os países compreendidos entre o Níger, o Kaarta e o Bundu foram devastados, os países mais próximos (Beledugu, Dedugu, Fuladugu) foram submetidos.
3   C. Monteil, 1932, pp. 52 a 54.

prevaleciam da fidelidade a 'U<u>th</u>mān dan Fodio[4]. Todavia, os dois candidatos de maior sucesso foram Ahmadu Hammadi Bubu Sangare, de Runde Siru (xeque Ahmad Lobbo), e al-Husayn Koyta, da província de Fittuga[5]. Justa e finalmente, foi o primeiro que se impôs como chefe da *jihad* no Macina.

Seku Ahmadu, fundador da Diina do Macina

Nascido aproximadamente no ano 1773, em Malangal, na província do Macina, ele era notável pela sua piedade, honestidade e humildade; qualidades que o tornavam uma excelente liderança para outros homens. De modesta origem social, ele recebera uma formação teológica das mais ordinárias[6]. Foi em idade avançada, por volta de vinte e dois anos, que ele começou a aprofundar os seus conhecimentos junto a um grande místico de Djenné, Kabara Farma. A sua reputação de santidade, bem como a sua pregação em favor do retorno a um islã puro, rapidamente atraíram para si uma multidão de *tālib* (discípulos), desde anteriormente conquistados para as ideias vindas de Sokoto. Em 1816, ele solicitou a devoção a 'U<u>th</u>mān dan Fodio, que lhe enviou um estandarte, concedendo-lhe o título de xeque[7]. Ele recebera de Sokoto, na mesma ocasião, muitos livros de direito muçulmano[8].

Foi justamente na forma de uma revolta, organizada por Seku Ahmadu contra as exigências da dinastia dos *ardo* e dos seus aliados de Ségou, que o movimento eclodiu em 1818[9]. O *faama* de Ségou, subestimando a amplitude do movimento, solicitou a uma das suas colunas, em movimento no Gimballa para uma operação policial, para que "punisse, de passagem, o marabuto e os seus partidários"[10]. A derrota da armada de Ségou em Nukuma (Noukouma) provocou um reagrupamento da grande maioria dos fulbes, em torno daquele

---

4   H. Diallo, 1979, p. 138, e F. B. S. Diarah, 1982, pp. 97, 98
5   L. Diallo, 1979, p. 140.
6   F. B. S. Diarah, 1982, p. 84.
7   Este nome tornou-se, nas línguas oeste-africanas, *Sheykhu*, *Saykhu* ou *Seeku*, que nós escrevemos *Seku*, para simplificar; de onde Seku Ahmadu, Sayku 'Umar.
8   Segundo algumas fontes, ele recebeu quatro livros que tratavam do comando, do comportamento do príncipe, das instruções em matéria de justiça e dos trechos difíceis do Alcorão; conferir H. Diallo, 1979, p. 138. Além desta fidelidade do chefe do *jihad* de Sokoto, ao menos inicialmente, Seku Ahmadu foi fortemente favorecido pela manipulação que ele impôs ao *Ta 'rikh al-Fattāsh*, para se fazer passar pelo décimo segundo califa, cuja chegada fora predita por Askiya Muhammad, aquando da sua peregrinação à Meca (consultar M. Ly-Tall, 1972). A crença das populações oprimidas do século XIX em um madhī já fora bem explorada por 'U<u>th</u>mān dan Fodio no país haussa.
9   Consultar A. Hampaté Bâ e J. Daget, 1962, pp. 29-31.
10 C. Monteil, 1932, p. 103.

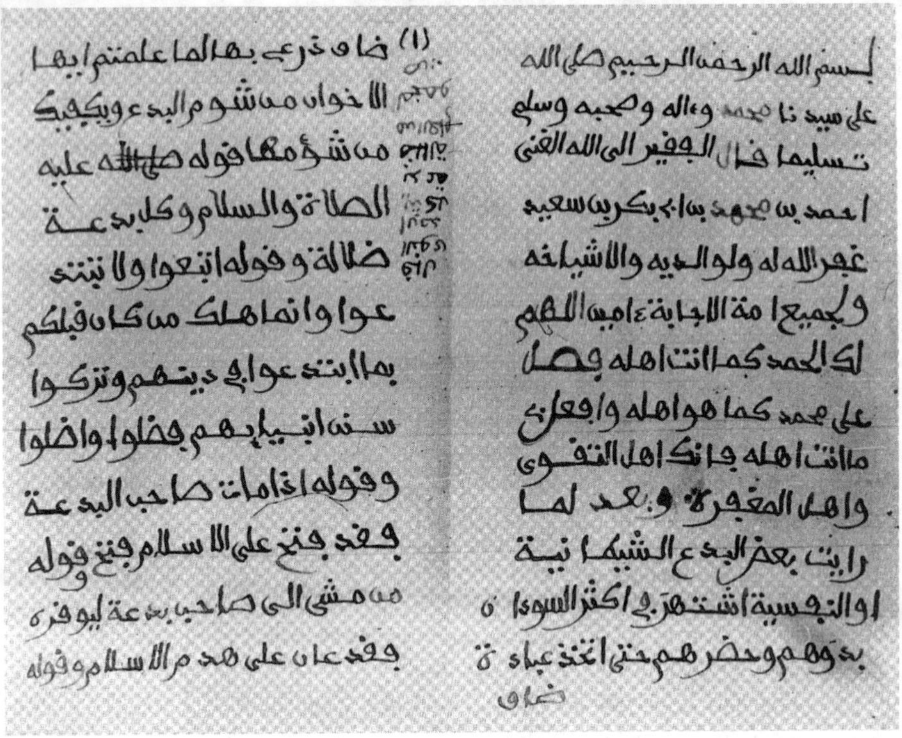

FIGURA 23.1 As páginas iniciais de al-Idtirar, supostamente o único livro escrito por Seku Ahmadu (xeque Ahmad Lobbo). [Foto: A. Batran.]

que desde então figurava como protetor contra a tirania bambara. Paralelamente, os marabutos de Djenné, os quais haviam desde a abordagem demonstrado grande hostilidade por Seku Ahmadu, foram reduzidos, em 1819, após um longo cerco. Os fulbes converteram-se em massa e, muito rapidamente, graças a um excepcional espírito de organização, o Macina impôs-se como um potente Estado muçulmano, às portas de Ségou. A guerra foi implacável entre os dois vizinhos, sob o reinado de Da Monzon. Ela ainda estava muito viva em março de 1828, quando René Caillié chegou a Djenné: "Ségo-Ahmadou, chefe do país de Jenné, ainda mantém um combate muito acirrado com os bambaras de Ségo que ele pretendia aliar sob o estandarte do Profeta; todavia, estes bambaras são belicosos e lhe demonstram resistência[11]."

---

11   R. Caillié, 1830, tomo II, p. 214.

A guerra não foi interrompida senão muito após a passagem do viajante francês, em consequência do esgotamento dos combatentes, provocado por uma grande penúria na região[12]. Os bambaras finalmente renderam-se à evidência e aceitaram a ideia da presença, em suas fronteiras, de um Estado muçulmano.

Mas Seku Ahmadu teria que enfrentar outra resistência mais insidiosa, referente aos fulbes do Fittuga, onde outro marabuto, al-Husayn Koita, dirigia um movimento que também tinha como vocação o lançamento de uma *jihad* no delta interior do rio Níger. Situado na rota que ligava Tombuctu a Guandu, o Fittuga tinha capital importância comercial, a um só tempo, para os kunta e para Sokoto. Muhammad Bello, o sucessor de 'Uthmān dan Fodio, apoiava com tamanha intensidade o movimento de al-Husayn Koita, que Seku Ahmadu, por sua vez, tirou proveito da crise de sucessão, advinda de modo explosivo no imediato posterior ao desaparecimento de 'Uthmān dan Fodio, para romper a obediência a Sokoto. O Fittuga, apoiado pelos kunta e por Muhammad Bello, resistiu a Seku Ahmadu, até 1823, data em que ele foi reduzido e o seu chefe executado[13]. A via estaria aberta, doravante, para a conquista de Tombuctu.

Desde o desmembramento do Império Songhai, nenhum poder político se impusera de modo durável em Tombuctu. Submetida ora à influência dos arma, ora àquela dos bambaras ou tuaregues, Tombuctu lograra manter a prosperidade do seu comércio graças à proteção dos kunta, "tribo moura" que se impusera na segunda metade do século XVIII. Finos comerciantes, eles se haviam tornado os protetores de todas as estradas que religavam as diferentes regiões do Saara a Tombuctu. Eles se beneficiavam, concomitantemente, de grande autoridade religiosa, em toda a região, desde quando um dos seus, Muhammad al-Mukhtar al Kuntī (1729/1730-1811), ali introduzira, no início do século XIX, a confraria Kadirīyya. O seu neto al-Mukhtar al-Saghīr, após o chamado dos comerciantes e chefes políticos de Tombuctu, foi ao socorro, em 1826, da célebre metrópole invadida pelas tropas do Macina:

> Em 1826, os fulbes do Macina dominaram Tombuctu e, prática e definitivamente, arruinaram o seu comércio, enquanto as exações dos conquistadores estendiam-se não somente sobre a população idólatra (mandingue, mossi, sonrhai), mas, igualmente, sobre os correligionários mercadores do Touat e de Gadamès. Estes últimos, considerando-se oprimidos, promoveram a vinda, de Azaouad, do xeque El-Mou-

---

12   L. Faidherbe, 1863, p. 11.
13   H. Diallo, 1979, pp. 138-142.

chtar, irmão mais velho de El-Bekhay, da tribo dos kunta, homem muito influente junto às populações berberes, e confiaram-lhe os seus interesses[14].

O xeque kunta não logrou impedir a conquista da cidade e a sua ocupação por uma organização militar, até a morte de Seku Ahmadu[15]. No imediato posterior a este desaparecimento, em 1845, a autoridade do Macina estendeu-se de Djenné até Tombuctu, assim como da região de Nampala ao país dogon[16]. Em vinte e cinco anos de reinado, Seku Ahmadu igualmente dotou o novo Estado teocrático, apelidado *diina* (a religião), de sólidas estruturas religiosas e administrativas.

As instituições da *diina*

Como no Futa Djalon, no Futa Toro e nas regiões haussas, a lei islâmica regia todos os setores vitais do Estado. Um grande conselho de quarenta membros, designados por Seku Ahmadu, concedia-lhe assistência em todas as esferas do exercício do poder. Para ser membro desta ilustre assembleia, era necessário ser casado, ter uma vida irrepreensível, gozar de uma boa cultura e ter quarenta anos. Dois dentre estes grandes conselheiros constituíam um conselho restrito, junto a Seku Ahmadu, com o qual examinavam todos os assuntos do Estado, antes de submetê-los ao grande conselho.

A justiça era invariavelmente exercida em primeira instância, pelos kādī. A organização judiciária suprema era, teoricamente, o grande conselho; entretanto, decorridos os primeiros anos durante os quais ele não lograra invariavelmente manter o seu poder junto a alguns velhos marabutos, mais instruídos que ele[17], Seku Ahmadu finalmente conquistou o apoio do grande conselho para todas as suas posições. Diversas anedotas, reportadas por A. Hampaté Bâ e J. Daget, tendem a mostrar que Seku Ahmadu não respeitava invariavelmente as instituições relativamente democráticas, por ele próprio estabelecidas. Ele se opôs, notadamente e de modo muito incisivo, à abolição das castas, decidida pelo grande conselho:

> Os marabutos do grande conselho, baseados no versículo corânico: "todos os crentes são irmãos", haviam demandado a abolição das castas. No dia seguinte, Seku Ahmadu

---

14 J. Ancelle, 1887, p. 114; conferir também H. Barth, 1863, vol. IV, pp. 32-33; P. Marty, 1920-1921, vol. I, p. 75; A. Raffenel, 1856, vol. II, pp. 352-353.
15 L. Faidherbe, 1863, p. 11; M. Delafosse, 1972, vol. II, pp. 236-239.
16 M. Delafosse, 1972, vol. II, pp. 236-237; igualmente consultar L. Faidherbe, 1863, p. 51.
17 A. Hampaté Bâ e J. Dage, 1962, p. 62.

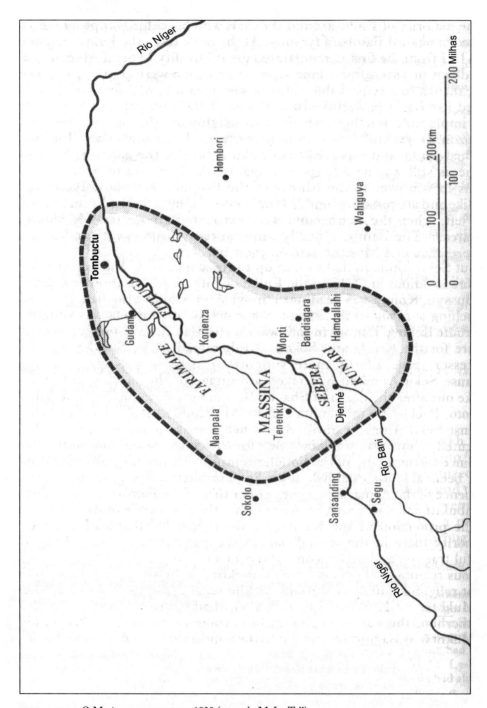

FIGURA 23.2 O Macina em seu apogeu, 1830 (segundo M. Ly-Tall).

ordenou o preparo de lagartos, rãs, peixes, frangos e carneiros, tudo ao mesmo tempo. Ele apresentou o prato aos marabutos e convidou-os a comerem. "Como, indagaram eles, tu queres nos fazer experimentar tal mistura?" "Entre estas carnes, haveria ao menos uma que seria proibida pelo Corão" replicou Sekou Ahmadu. "Não. Entretanto, embora o Livro não o proíba, ele nos desaconselha a comermos lagarto e rãs, bem como a misturarmos estas carnes com aquelas que temos o hábito de consumir". "Igualmente, embora o Livro não proíba, ele repugna misturar os nobres e os indivíduos de casta, assim como suprimir a barreira através da qual nós temos o hábito de separá-los"[18].

As sanções eram muito severas. Ahmadu-Hammadi Samba-Bukari, diz Hambarke Samatata, que desempenhava o ofício de representante do ministério público, era de um rigor implacável: "Ele sempre tinha ao alcance das suas mãos o seu livro de jurisprudência, o seu Alcorão, o seu sabre e o seu chicote. Durante todo o tempo de permanência da *diina* em Nukuma, ele fazia a justiça *in loco* e executava, ele próprio, a imediata sentença[19]."

Com o mesmo rigor, impostos e taxas eram cobrados por funcionários parcialmente remunerados com o fruto do seu trabalho. Além das obrigações ordinárias previstas pelo islã (*zakāt*, *muddu*, *usuru*), o grande conselho instituiu o *paabe*, ou esforço de guerra, para aqueles que não podiam dela participar fisicamente e para os camponeses vencidos e não islamizados[20]. Ademais, grandes superfícies eram cultivadas por cativos, em prol da *diina*. A província do Macina produzia muito arroz, painço e legumes diversos[21].

Em contrapartida, o comércio sofreu sobremaneira com o constante estado de guerra mantido com os vizinhos bambaras. Djenné, a grande metrópole comercial da região, não mais se relacionava com o Bure (Bouré) e os seus mercados estavam dizimados pelos mouros:

> Esta guerra traz muito prejuízo ao comércio de Jenné, porque ela intercepta toda espécie de comunicação com Yamina e Sansanding, Bamako e Bouré, de onde é retirado o ouro que circula em todo o interior [...]. Os mercadores e negociantes de Jenné sofrem muito com esta guerra, porém eles temeriam reclamar abertamente; eu creio, inclusive, que eles não ganhariam nada com isso. Muitos Negros disseram-

---

18 A. Hampâté Bâ e J. Daget, 1962, pp. 67-68. Sobre o caráter frequentemente pessoal do poder de Seku Ahmadu, consultar igualmente C. Monteil, 1932, p. 108 e pp. 112-113.
19 A. Hampâté Bâ e J. Daget, 1962, p. 65.
20 *Ibid.*, p. 67 e 280.
21 R. Caillié, 1830, vol. II, pp. 217-128.

FIGURA 23.3   Ruínas de uma torre de defesa do tatá [fortaleza] de Hamdallahi. [Foto: Institut fondamental d'Afrique noire (IFAN), Dakar.]

-me que, desde que ela eclodiu, os mouros desertavam desta posição comercial para dirigirem-se a Sansanding[22].

Administrativamente, o país foi dividido em cinco províncias militares, confiadas a parentes ou fiéis discípulos. No Jenneri, 'Uthmān Bukhari Hammadun Sangare, o seu primeiro discípulo, devia vigiar o tráfico no rio Níger e na fronteira entre o Níger e o Bani; ele portava o titulo de *amiiru-manngal*[23]. De Tenenku, o chefe da província do Macina, Bori Hamsala, sobrinho de Seku Ahmadu, devia zelar pela fronteira ocidental. O chefe de Fakala, Alfaa Samaba Fuuta, era encarregado de vigiar a margem direita do rio Bani. Finalmente, o chefes do Haïre, do Nabbe e Dunde, deviam respectivamente guardar as fronteiras orientais e a região dos Lagos.

A nova capital, Hamdallahi, criada em 1820, era a sede do poder central. Nukuma, situada em plena zona natural de inundações era muito vulnerável durante a estação das águas. Seku Ahmadu preferiu instalá-la em um sítio mais defensivo, a 25 quilômetros ao Sul/Sudeste da atual cidade de Mopti, em uma zona de contato, intermediária entre as terras inundáveis e as terras secas. Os trabalhos

---

22   *Ibid.*, pp. 214-215.
23   Tratava-se do general em chefe da armada.

durariam 3 anos. A mesquita, construída por pedreiros de Djenné, e o palácio de Seku Ahmadu eram os monumentos mais imponentes do lugar. A cidade popular, composta por aproximadamente vinte e oito bairros, era cercada por um muro fortificado atravessado por quatro portas. O serviço policial era garantido por setes marabutos assistidos por um grande número de cavaleiros que, em pequenos grupos, faziam a ronda nestes bairros. A cidade era reputada como limpa[24].

A vida em Hamdallahi era organizada por uma enorme austeridade. A utilização do tempo das diferentes categorias da sociedade era rigorosamente regulamentada. Após as orações da noite, por exemplo, qualquer pessoa encontrada na rua era obrigada a apresentar a sua identidade e, caso fosse casada, ela teria que comparecer perante a justiça. Na cidade, os cavaleiros não podiam, sob pena de graves sanções, lançar o olhar em direção ao interior das habitações que eles percorriam; as viúvas, jovem ou idosas, deveriam ser enclausuradas para evitar que os velhos rememorassem a sua juventude, etc.

A obra-prima de Seku Ahmadu foi, incontestavelmente, um esforço empreendido para sedentarizar os fulbes. Além de Hamdallahi, ele promoveu a construção de numerosas cidades, baseadas na plantação e no pastoreio. Esta última atividade, como era imaginada, reteve toda a atenção dos organizadores. As pastagens e o trânsito humano foram minuciosamente regulamentados. Encontrava-se igualmente um tipo de organização paramilitar[25].

Todas estas instituições não trouxeram os seus frutos senão sob Ahmadu-Seku.

O reinado de Ahmadu: 1845-1853

Este reino era considerado no Macina como o mais calmo e próspero, em oposição àquele do seu pai, repleto de guerras, assim como àquele do seu filho, profundamente marcado pelo conflito com Sayku 'Umar (al-Ha<u>dj</u>d<u>j</u> 'Umar)[26]. Entretanto, não foram fáceis os primeiros tempos deste reino. As primeiras dificuldades surgiram no momento da sucessão. Seku Ahmadu morreu no dia 19 de março de 1845. Segundo a tradição do Macina, os únicos critérios observados, em princípio, no tocante à nomeação de um novo chefe da *diina*, eram a ciência e a devoção. Se os partidários de uma sucessão dinástica em favor da família de Seku Ahmadu puderam, por sua vez, acalmar os apetites do seu sobrinho Balobbo, concedendo-lhe o posto de general-chefe do exército, por outro lado,

---

24 A. Hampaté Bâ e J. Daget, 1962, pp. 43-50; referir-se igualmente a F. B. S. Diarah, 1982, pp. 122-139.
25 A. Hampaté Bâ e J. Daget, 1962, pp. 81-103; conferir igualmente N. Waïgalo, 1977, pp. 8 e 9.
26 I. Barry, 1975, pp. 24-25.

FIGURA 23.4   Sepultura de Seku Ahmadu em Hamdallahi. [Foto: Institut fondamental d'Afrique noire (IFAN), Dakar.]

restavam outras pessoas, como Alfaa Nuhum Tayru e al-Hadjdj Modi Seydu, que não eram da família do falecido chefe, mas, no entanto, melhor cumpriam as condições exigidas, comparativamente ao primogênito deste último[27]. A nomeação de Ahmadu-Seku não deixaria de provocar certo mal-estar.

O rigor da *diina* tornava-se de mais e mais intolerável para os jovens. Do mesmo modo, assim que o novo chefe manifestou as suas intenções de prosseguir, sem modificar em nada, a política do seu pai, panfletos foram cantados em toda Hamdallahi, contra "estes velhos marabutos de turbante, sempre prontos a levarem à estrita aplicação das leis islâmicas, sem a menor indulgência"[28].

A estas dificuldades internas acrescentou-se, desde o anúncio da morte de Seku Ahmadu, o levante dos bambaras do Saro e dos tuaregues da região de Tombuctu: "quando anunciou-se a morte de Seku Ahmadu, enquanto o Macina sofria, tambores felizes ecoavam nas regiões bambaras e os próprios tuaregues,

---

27   *Ibid.*, p. 15.
28   *Ibid.*, p. 21; consultar igualmente A. Hampaté Bâ e J. Danget, 1962, p. 259.

precisamente aqueles do lago de Gossi, imediatamente organizaram festejos para agradecer aos céus por tê-los livrado do seu mais temido inimigo"[29].

Se a repressão em Saro, região de origem da mãe de Balobbo, jamais fora demasiado violenta contra os tuaregues, em contrapartida, ela foi empreendida com a maior energia pelo próprio Balobbo, que, dizia-se, pretendia aproveitar esta ocasião para provar ao grande conselho que este se enganara, ao preterir-lhe em prol do seu primo[30].

Tirando proveito da crise de sucessão em Hamdallahi, os tuaregues da região de Tombuctu se haviam livrado de Sansirfi que ali representava o poder central; eles haviam inclusive proclamado a sua independência. Desde o início do ano 1846, Balobbo marchou contra eles. Atacados de surpresa, eles foram retalhados em pedaços pelos lanceiros fulbes, nas proximidades do lago de Gossi. Eles solicitaram a intercessão da família Kunta em seu favor. Com a morte do xeque Sīdī al-Mukhtar, pouco após o falecimento de Seku Ahmadu, foi o seu irmão, o xeque Sīdī al-Bekkaay que esteve à frente das negociações com o Macina. Ilegalmente promovido ao título de xeque al-Kuntī, Sīdī al-Bekkaay decidira realizar todos os esforços com o objetivo de assumir a efetiva direção dos assuntos de Tombuctu[31]. Malgrado a oposição dos chefes de Hamdallahi, ele ali esteve em 1847; Sīdī al-Bekkaay logrou obter a dissolução da guarnição militar de Tombuctu; porém ele não conseguiu evitar a retorno de Sansirfi ao seu posto. Após os tuaregues, os bambaras de Monimpe representaram o segundo alvo prioritário de Hamdallahi, sob Ahmadu-Seku. Os derradeiros anos deste reinado foram todavia assaz tranquilos e, em seu conjunto, aliando a um só tempo firmeza e diplomacia, o sucessor de Seku Ahmadu logrou manter intactas as fronteiras do reino e estabelecer um certo entendimento em seu interior. No momento da sua morte, em fevereiro de 1853, as dificuldades tanto internas quanto externas ressurgiram, amplificadas.

Ahmadu-Ahmadu, último rei do Macina: 1853-1862

Este reinado iniciou-se com uma grande crise sucessória, confrontando os diferentes membros da família de Seku Ahmadu. Fora estabelecido o hábito de escolher o chefe da *diina* junto aos descendentes de Seku Ahmadu. Balobbo, à

---

29 I. Barry, 1975, p. 21.
30 A. Hampaté Bâ e J. Danget, 1962, pp. 259, 266-267.
31 Ele recém-afastara o seu irmão mais velho, xeque Sīdī Hammada, do título de xeque *al-Kuntī*, destinado de direito a este último. Barth, que todavia era seu amigo, identificaria entre os traços de caráter de Sīdī al-Bekaaya o fato de ele não hesitar em empregar todos os meios para alcançar os seus objetivos (H. Barth, 1863, vol. IV, p[p]. 86-87); conferir igualmente A. Hampaté Bâ e J. Daget, 1962, p. 274).

época certamente gozando de prestígio como chefe militar, tinha consciência da sua incapacidade em preencher todas as condições da escolha, notadamente em referência à erudição. Ele então conspirou com o jovem Ahmadu-Ahmadu, filho do falecido[32], alcançando convencê-lo a nomeá-lo para a suprema magistratura e esperando mantê-lo sob tutela[33], lançando assim os germes da discórdia no Macina. O candidato que preenchia todas as condições para se eleito, Abdullahi--Seku, irmão do falecido, não se deu por vencido:

> Ele decidiu, com o apoio dos kunta, das armadas do Kunari e do Haïrc, marchar em direção a Hamdallahi, por ele cercada. A capital dividiu-se entre partidários de Ahmadu-Ahmadu e de Abdulaye-Seku. A emoção era viva. O choque podia acontecer a qualquer momento; o pior foi evitado graças à intervenção da anciã Adya junto ao seu filho Abdulaye- Seku[34].

Entretanto, a partir deste momento, o Macina estaria dividido em partes inimigas, em guerra não declarada[35].

O reinado de Ahmadu-Ahmadu não produziu senão o agravamento destas divisões. Ele não possuía nem a cultura e tampouco a envergadura política dos seus antecessores. Desde a sua chegada ao poder, ele provocou profundas reviravoltas nos próprios fundamentos da *diina*: os veneráveis marabutos foram substituídos por jovens da sua idade e os hábitos foram liberalizados[36]. Quarenta anos após a fundação da *diina*, informa-nos Ibrahima Barry, o entusiasmo se dissolvera, "as rivalidades, as mesquinharias e os interesses pessoais estariam novamente à frente"[37]. Este mesmo autor reporta-nos uma anedota assaz significativa, relativa à atmosfera reinante em meio à classe dirigente do Macina: um dos membros do complô de Balobbo, detido por Sayku 'Umar, confidenciou um dia ao seu carcereiro que dele debochava, "independentemente da pena à qual eu for submetido [ele seria condenado à morte], eu a prefiro ao comando do pequeno". O pequeno era Ahmadu-Ahmadu[38].

---

32 A sua idade varia entre dezoito e vinte e quatro anos, segundo os informadores.
33 A. Hampaté Bâ e J. Daget, 1962, p. 286. Consultar também I. Barry, 1975, pp. 29-30; N. Waïgalo, 1977, pp. 1-2.
34 Tratava-se igualmente da mãe do morto e da avó de d'Ahmadu-Ahmadu. Ela deixava entrever uma preferência pelo seu neto.
35 N. Waïgalo, 1977, p. 2.
36 I. Barry, 1975, pp. 32, 36, 38-41; N. Waïgalo, 1977, p. 34. Igualmente consultar F. B. S. Diarah, 1982, pp. 321-332.
37 I. Barry, 1975, p. 42.
38 *Ibid*. Acerca das divisões internas do Macina sob o reinado de Ahmadu-Ahmadu, também conferir E. Mage, 1868, p. 263; al-Hajj 'Umar, 1983, pp. 52-53.

Compreende-se facilmente que ao Macina, minado pelas suas divisões internas, não lhe tenha sido possível opor resistência eficaz ao movimento de Sayku 'Umar.

O Império Torodbe (Tucolor)

No Sudão Ocidental, como no Sudão Central, o tráfico negreiro, ao abalar os tradicionais fundamentos da sociedade, criou uma situação de crise constante e favoreceu o quase generalizado surgimento de Estados que somente sobreviviam graças ao comércio de escravos. No Futa Djalon, no Futa Toro, em Sokoto e no Macina, regiões onde a comunidade muçulmana possuía relativa importância, a reação do islã a este estado de coisas revestiu-se do caráter de uma revolução nacional, dirigida pela etnia mais oprimida da época, os fulbes. A escravatura não foi suprimida, embora tenha sido regulamentada por um texto jurídico, o Alcorão. Ao Oeste do Níger, entre o Macina, o Futa Djalon e o Futa Toro, uma quantidade dispersa de pequenos Estados, mais ou menos dependentes de Ségou ou do Kaarta, ainda escapavam à lei islâmica. Fragmentados e em meio a divisões internas, não lhes seria possível opor resistência eficaz ao proselitismo combatente de uma jovem confraria islâmica, a Tijāniyya[39].

A jihad *de al-Hadjdj 'Umar e o nascimento do império muçulmano de Ségou, 1852-1864*

Após o sucesso do século XVIII e do início do século XIX, a islamização encontrava-se em relativa estagnação quase por toda parte. As novas teocracias haviam igualmente sido sacudidas pelas crises de sucessão às quais é necessário acrescentar, no tocante ao Sudão Ocidental, o perigo representado pela potência francesa, resoluta adversária da revolução muçulmana. Assim sendo, no Futa Toro, durante a primeira metade do século XIX, o islã também estava ameaçado internamente, tanto a Leste quanto Oeste. O movimento de Sayku 'Umar foi uma resposta a esta situação.

---

39 Do nome do seu fundador Ahmad al-Tijāni (1737-1815), esta confraria nasceu no Sul argelino, aproximadamente em 1782. Ela se expandiu muito rapidamente em toda a África do Norte, especialmente no Marrocos, onde a Zāwiya de Fez tornou-se o mais importante centro. Ela se diferenciava das outras confrarias pelo seu caráter relativamente mais liberal e pela simplicidade dos seus princípios de base. Foi através dos Idawa 'li que ela foi introduzida pela primeira vez no Sul do Saara; entretanto, ela não conheceria uma maior difusão nesta região senão através de Sayku 'Umar.

Os traços gerais da vida de 'Umar Saydu

'Umar Saydu (al-Ha<u>dj</u>d<u>j</u> 'Umar) nasceu aproximadamente no ano de 1796[40], em Halwar, no Toro, a mais próxima província da colônia francesa de Saint-Louis. Oriundo de uma família que participara ativamente da grande revolução islâmica no final do século XVIII, toda a sua infância repousa na cultura islâmica. A sua excepcional inteligência e a sua perspicácia fazem-lhe assimilar e muito precocemente aprofundar todas as ciências islâmicas. Ele tardou em rejeitar a velha confraria Kadirīyya[41], consequentemente à qual se haviam criado, de modo quase generalizado na Senegâmbia, verdadeiros feudos marabutos. Iniciado na jovem confraria tijāni, ele deixou o Futa em 1826 para investigar a fundo, diretamente na fonte, os princípios da sua nova confraria. Ele retornaria à sua localidade natal somente no início 1847[42].

Vinte anos de viagem, dos quais três em lugares santos do islã, proporcionaram-lhe um saber único na África negra desta época e uma grande experiência, tanto no tocante aos países muçulmanos percorridos, quanto em relação aos Estados não islâmicos visitados. Ele retornou com o título de califa da Tijāniyya[43], com a missão de concluir o processo de conversão da África negra ao islã.

Em Sokoto, onde permaneceria de 1830 a 1838[44], ele adquiriu junto a Muhammad Bello conhecimentos sobre a guerra santa. A sua vasta cultura e a sua forte personalidade transformaram-lhe em um dos personagens mais importantes do Estado muçulmano de Sokoto. Em 1838, convocado pelos seus, ele se dirigiria ao seu país. O Futa Toro, enfraquecido pelas intervenções sempre mais frequentes dos franceses e pelas incursões periódicas dos massassi nas províncias orientais, não mais podia representar uma base sólida para o lançamento de uma *jihad*. 'Umar fixou-se portanto no Futa Djalon, onde a Tijāniyya contava com numerosos adeptos e na qual, no próprio seio da Kadirīyya, ele sabia que poderia contar com o apoio dos *alfaayaa*, muçulmanos integralistas e fervorosos

---

40 As tradições do Futa sugerem o seu nascimento na véspera da batalha de Bungowi, travada em 1796 pelo Almami Abdul-Kadri para converter ao islã o *damel* do Kayor, Amari Ngone Ndella. Justamente, foi o eminente nascimento de 'Umar que impediu o seu pai Saydu 'U<u>th</u>man, um dos condiscípulos de Sulaymān Bal, de participar desta batalha. Consultar, entre outros, M. Kamara, 1975, p. 154, e F. Dumont, 1974, p. 4.

41 A kadirīyya é uma das mais antigas confrarias ao Sul do Saara, onde foi introduzida pelos kunta.

42 F. Carrère e P. Holle, 1855, p. 194.

43 Em outros termos, o comandante supremo da confraria para o país dos negros.

44 Estas são as datas consagradas pelos historiadores da Universidade Ahmadu Bello, em Zaria (Nigéria), após uma correspondência de 24 de dezembro de chefe de departamento da época, Mahdī Adamu.

partidários de um islamismo combatente⁴⁵. Malgrado a hostilidade do partido *soriyaa*, no poder à época, Sayku 'Umar fez de Jegunko a primeira base para as suas operações; recrutamentos e compra de armas intensificaram-se. Paralelamente, ele conclui, através da sua mais célebre obra, o *Rimah*, o instrumento ideológico da sua ação⁴⁶. Em seu retorno da campanha de esclarecimentos e recrutamento no Futa Toro, em 1847, ele acelera os preparativos e transfere a sua capital para Dinguiraye, em região jalonke, cujo chefe Gimba Sakho não tardaria em arrepender-se por ter-lhe concedido asilo. Todavia, convencido da sua superioridade militar, Gimba Sakho lançou as suas tropas contra Dinguiraye. Ele foi expulso e, após vários sucessos em pequenas localidades vizinhas, os *mudjāhidūn*⁴⁷ dominaram, em 1852, a temida fortaleza de Tamba, a capital do país jalonke.

O desencadeamento da *jihad*

Vindos da região de Ségou, os massassi fundaram, entre meados do século XVIII e o século XIX, um Estado cuja influência manifestou-se do Bakhunu (Bakhounou) até Gajaga.

A sua potência assentava-se sobre um temido exército profissional, essencialmente composto de cativos da Coroa, devotos de corpo e alma aos seus mestres. Sempre em primeira linha, eram eles os encarregados de abrirem brechas nos campos inimigos. O chefe desta força militar desempenhava um papel proeminente na corte do *faama*⁴⁸, sobretudo por ocasião das mudanças de reinado. Era ele quem dirigia todos os assuntos do país, entre a morte de um faama e a ascensão do presumido herdeiro⁴⁹. O segundo elemento que conferia este poder às tropas do Kaarta, foi justamente a sua cavalaria montada quase que exclusivamente por massassi. Finalmente, um certo domínio na fabricação da pólvora fazia desta armada uma das mais temidas do alto Senegal.

---

45 Conferir Tal, al Hajj 'Umar, sem datação *b*, T. Diallo, 1972, pp. 37, 38, 148 a 150. Os *soriyaa*, contrariamente, originados do chefe militar Ibrahima Sori-Mawdo, que deveu a sua entronização somente à pressão exercida pelos jalonke e fulbes sobre o novo Estado, aqueles eram mais políticos que religiosos.

46 Ele desenvolve, em uma linguagem simples que o coloca ao alcance dos seus compatriotas, as principais teses da Tijāniyya, enriquecidas pela sua experiência pessoal e pelos comentários de numerosos sábios desta nova confraria. Recopiado em numerosos exemplares, ele foi difundido em toda a África Subsaariana e mesmo além dela. F. Dumont (1974, pp. 64-75) diz-nos que o *Rimah* é ainda atualmente "o livro por excelência dos letrados tijāni, do mais modesto marabuto ao mais elevado guia".

47 Nome no islã atribuído aos combatentes da fé.

48 Trata-se do título que portavam os reis bambaras.

49 A. Raffenel, 1856, vol. I, p. 387.

O poder era organizado em uma espécie de monarquia absoluta, com sucessão em linha colateral no seio da família Kurubari (Kulibali). Uma justiça rápida e severa finalmente concedia a este Estado uma grande eficiência de intervenção, ao passo que, através de um criterioso sistema endogâmico, os massassi fortaleciam a sua potência graças a alianças matrimoniais devidamente planejadas.

Muito rapidamente, eles se haviam tornado os grandes árbitros de todos os conflitos da Senegâmbia[50]. O seu apoio era frequentemente requerido para regular as controvérsias que opunham um país a outro, estado de coisas que lhe permitia realizar frutuosas incursões. Muito mais bem formados na arte da guerra, comparativamente aos seus vizinhos, eles extraíam, em suplemento e graças a estes serviços prestados, um pesado imposto. Deste modo, uma a uma, todas as pequenas chefaturas da região, o Bundu, o Xaso e o Gajaga, foram desestabilizadas. A sua pressão era notável até nas províncias orientais do Futa Toro[51].

Assim prosseguiu a situação até a guerra civil que eclodiu, em 1843, no Kaarta, entre massassi e jawara (diawara). Quando eles chegaram à região, aproximadamente em meados do século XVIII, os primeiros comportaram-se como protetores dos segundos, os quais haviam sido encontrados *in loco*. Porém, uma vez à frente do país, eles não tardariam em comportarem-se como verdadeiros mestres, expulsando os jawara em direção ao Sul e impondo-lhes, doravante, pesados impostos e toda espécie de humilhações[52]. Em 1843, os jawara, expulsos da sua capital Nioro, revoltaram-se e mergulharam o Kaarta em uma guerra civil que duraria sete anos. Os massassi ganharam a guerra em 1850; no entanto, estariam desde então enfraquecidos e divididos[53].

Os massassi do Oeste (aqueles da região de Koniakary) não haviam aceitado participar da guerra contra os jawara, segundo eles, declarada por Mamadi Kandia, o último rei kurubari, por razões pessoais[54]. Após a tomada de Koniakary, os massassi reuniram-se em Yeliman, no mês de fevereiro de 1855, constituindo

---

50 A. Hampaté Bâ, gravações dos dias 10 e 11 de fevereiro de 1982. Referir-se igualmente a F. Carrère e P. Holle, 1855, p. 181; e a E. Mage, 1980, p. 97.

51 Os escravos, capturados aquando destas guerras e invasões, eram vendidos às autoridades de Saint-Louis ou da Gâmbia, das quais eles se haviam tornado os grandes fornecedores.

52 A. Raffenel, 1846, pp. 298-301, e 1856, vol. I, p. 337.

53 A. Hampaté Bâ, gravações dos dias 10, 11 e 15 de fevereiro de 1982; F. Carrère e P. Holle, 1855, p. 184.

54 O pretexto para o conflito foi o assassinato de um príncipe jawara pelo filho de Mamadi Kandia. Porém, a mais profunda razão era que os jawara não mais suportavam a dominação bambara, tornada insuportável (arrogância, tributos exorbitantes e, além disso tudo, a sua expulsão de Nioro), segundo o *jeli* bambara reportado por D. S. Diallo, 1977, p. 10.

a entrada triunfal dos *mudjāhidūn* em Nioro. As regras do islã foram impostas aos massassi.

Eles suportaram em seu cotidiano tamanhas reviravoltas que revoltas não tardariam a explodir de modo quase generalizado, mantendo as tropas muçulmanas em alerta até 1856. A repressão foi de extrema violência; o Mamadi Kandiae e grande número de massassi foram aniquilados. Aqueles que escaparam refugiaram-se nas fronteiras de Ségou.

Sayku 'Umar deixou a província sob a direção de Alfaa 'Umar Ceerno Baylaa e dirigiu-se rumo ao Khasso que os franceses haviam retirado da sua esfera de influência e onde haviam criado uma confederação dirigida pelo seu amigo Diouka Sambala, de Medina. O cerco desta cidade foi o mais difícil dentre os enfrentados pela armada muçulmana. Em que pese uma artilharia que a despedaçava, ela resistiu com uma disposição de tal ordem que gerou a admiração dos seus adversários. O desafio era relevante. Tratava-se, no que tange aos fuutanke, de devolver muitos anos de humilhação e vexações impostas pela nova política francesa praticada no Senegal. Não foi obra do acaso que o general de maior destaque em Medina tenha sido Mamadou Kuro, o chefe da localidade de Ngano, destruída pelas tropas francesas em 1854.

Toda a base ideológica da *jihad* repousava sobre a proteção divina; compreende-se, por conseguinte, que os discípulos de Sayku 'Umar, Mohammadou Aliou Tyam e Ceerno 'Abdul[55], tenham ensaiado justificar a derrota de Medina pela indisciplina dos *tālib* ou pelo fato do seu xeque não ter recebido a missão de combater os brancos. A duração do cerco, os sucessivos reforços encaminhados a Medina e a raiva demonstrada pelos *mudjāhidūn* durante os combates, demonstram perfeitamente a concordância do xeque. Inclusive, nos primeiros relatos dos quais dispomos sobre a batalha, em momento algum há referência de quaisquer reservas de Sayku 'Umar, acerca do desencadeamento do conflito. Em contrapartida, sabemos que Mohammadou Aliou Tyam teve, ao longo de toda a sua obra, a preocupação de justificar todas as derrotas da armada muçulmana pela indisciplina dos *tālib*[56]. O cerco durou três meses e a situação dos sitiados era quase desesperadora, quando uma alta inesperada das águas permitiu a Faidherbe, ele próprio, vir desbloquear a fortaleza, em 18 de julho de 1857.

O Futa perdeu, em Medina, muitos dos seus filhos, dentre os quais, os melhores. Fora dada a prova que os franceses se haviam tornado os senhores da Senegâmbia. Para recompor as suas forças, Sayku 'Umar prosseguiu a sua

---

55 Trata-se do principal informador de E. Mage sobre a vida de Sayku 'Umar.

56 As atuais tradições, pelas mesmas razões, não fazem senão retomar esta versão.

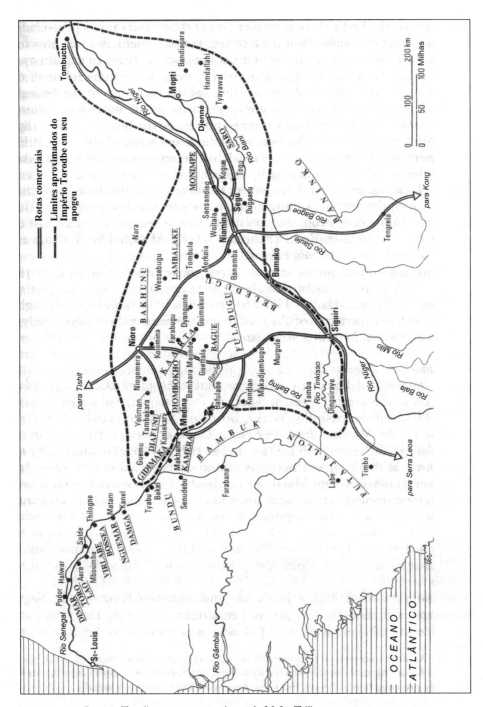

FIGURA 23.5   Império Torodbe em seu apogeu (segundo M. Ly-Tall).

marcha rumo ao Bundu e ao Futa. Por toda parte, ele exortou as populações a recusarem a coabitação com os brancos, emigrando rumo ao novo Estado muçulmano por ele recém-fundado no Leste. Desde então, produziu-se a luta sem piedade contra os franceses, em Ndium-du-Ferlo (fevereiro de 1858), em Matam (abril de 1859), bem como em Arundu (Arundou) e Gemu (Gémou) (outubro de 1859).

Acompanhado de uma força avaliada em ao menos 40.000 indivíduos, por ele trazidos do Futa em julho de 1859[57], que a luta contra os franceses não tenha sido a missão primordial assumida por Sayku 'Umar, quanto a isso não resta dúvida alguma; porém malgrado uma consciência muito nítida da superioridade do seu armamento, ele os combateu com vigor em Medina, Gemu, Ndium e Matam[58].

A marcha rumo a Ségou

Com maior intensidade que aqueles do Kaarta, os bambara do Beledugu (Beledougou) e de Ségou eram refratários ao islã. Aqueles de Ségou haviam especialmente resistido a muitos séculos de proselitismo dos marabutos marka (dafin), bozo, somomo e à *jihad* da *diina* do Macina. Fundada na primeira metade do século XVIII, em razão do vazio político criado pelo desmembramento dos impérios do Mali e do Songhai, o *fanga* (poder) de Ségou, era exercido com força sob Ngolo Jara (1766-1790), do Mande até Tombuctu. Guarnições de *tonjon* (os escravos da Coroa), estacionados nos diferentes pontos estratégicos, garantiam a segurança do país, ao passo que o restante da armada, através de incursões regulares nos vizinhos, provia escravos aos mercados de Kangaba e Sansanding. Era essa a principal fonte de renda dos *faama* e dos *tonjon*. No âmbito administrativo, o país estava dividido em cinco províncias, cada qual tendo à frente um filho do *faama*.

Sob Monzon, filho e sucessor de NgoloJara (1790-1808), a força de Ségou manifestou-se até a Senegâmbia. Em 1796, todos os países situados entre o Níger, o Kaarta e o Bundu, foram pilhados pelas suas forças armadas; os vizinhos imediatos, o Beledugu, o Dedugu (Dedougou) e o Fuladugu (Fuladougou), foram dominados[59].

---

57 Segundo as informações recolhidas por par E. Mage em Ségou, no ano 1864, numerosos contingentes o haviam precedido em Nioro. Mas não podemos piamente considerar estes números.

58 De modo generalizado, na África Ocidental, os franceses eram os agressores e não os agredidos. Foram eles que tomaram a iniciativa de combater os chefes que atrapalhassem os seus interesses econômicos.

59 L. Tauxier, 1942, p. 101.

Com o reinado de Da Monzon (1808-1827), iniciou-se uma longa decadência, especialmente marcada pela emancipação dos fulbes e pelo nascimento, nas fronteiras orientais de Ségou, de um Estado muçulmano de mais em mais ameaçador, a *diina* de Hamdallahi. Foi um país em crise, aquele visitado aproximadamente em 1839 por Sayku 'Umar, aquando do seu retorno da Meca. O *faama* reinante, Cefolo, estava muito doente, quase morto. A luta pelo poder já estava em curso no seio da família real. Um dos pretendentes ao trono, Torokoro Mari, inclusive aceitou, na prisão, a sua conversão pelo marabuto tucolor, mediante as suas bênçãos e orações[60]. Uma aliança entre eles selada deveria permitir, em momento oportuno, uma islamização pacífica de Ségou.

Entretanto, em 1859, Torokoro Mari, cujas resoluções haviam sido satisfeitas e reinante há seis anos, foi denunciado e executado pelos *tonjon*[61]. Sayku 'Umar, retornando do Futa, decidiu marchar sobre a capital bambara. Ele deixou Nioro em 12 de setembro de 1859, dirigindo-se rumo a Ségou, pregando e convertendo durante o percurso. No Beledugu, em 20 de novembro de 1859, a temida cidadela de Merkoïa, na qual haviam encontrado refúgio os fugitivos do Kaarta, opôs uma severa resistência a este avanço do islã e, pela primeira vez, os *mudjāhidūn* foram obrigados a empregar dois lança-morteiros tomados dos franceses em 1858. Desde logo, a progressão tornou-se lenta. Em 25 de maio de 1860, o Níger foi atacado em Niamina. A armada muçulmana assim penetrou no território de Ségou.

Na capital bambara, 'Alī Monzon Jara substituíra, em 1859, Torokoro Mari, julgado demasiado favorável aos funcionários; ele não foi empossado senão após ter jurado defender Ségou contra qualquer intrusão do islã[62]. Portanto e apesar do seu nome muçulmano, ele não podia sinceramente abraçar esta religião, como o fariam posteriormente os chefes do Macina. Ele reuniu uma poderosa armada sob o comando do seu próprio filho em Woïtala. A batalha travada nesta localidade é considerada como uma das mais mortíferas da *jihad*. Esta fortaleza foi tomada somente após quatro dias de combates, em 9 de setembro de 1859, abrindo caminho para a marcha sobre Ségou.

A única via de salvação para 'Alī Monzon era a aliança com os seus adversários de outrora, os chefes do Macina. Desde a revolução islâmica neste país, Hamdallahi e Ségou haviam sempre estado em guerra. Todas as tentativas dos diferentes chefes do Macina com vistas a submeterem Ségou se haviam tradu-

---

60   A. Koné, 1978, p. 62.
61   *Ibid.*; igualmente conferir E. Mage, 1868, pp. 234-246.
62   E. Mage, 1868, p. 246.

zido em derrota[63]. Tirando proveito inclusive das crises de sucessão no Macina, os bambaras ali haviam travado a guerra em múltiplas ocasiões[64]. Entretanto, o chefe de Hamdallahi demonstrara, à imagem daquele de Ségou, tamanha disposição em fazer tábula rasa do passado, que Sayku 'Umar, em razão da sua presença no Sudão nigeriano, questionava a um só tempo a sua hegemonia política e a sua supremacia religiosa. Porém, confrontados a profundas crises, ambos não seriam capazes de oferecer eficaz resistência frente à armada do xeque, mais unida, mais bem organizada e equipada. Em 9 de março de 1861, a armada muçulmana entrou em Ségou. 'Alī Jara, informado, somente teve o tempo necessário para salvar a sua cabeça, refugiando-se no Macina.

O conflito com o Macina

De Sokoto a Jegunko, o peregrino tucolor, com as suas imponentes forças, os seus numerosos bens e as suas mal veladas intenções de entrar em guerra contra os infiéis, não deixou de inquietar os soberanos, tradicionalistas ou não. Os muçulmanos espalhavam-se entre três grandes áreas de influência: o Futa Toro (no Nordeste), o Futa Djalon (no Sudoeste) e o Macina (no Leste). No interior deste triângulo, excetuado o Bundu, havia uma massa de regiões não muçulmanas, na qual, quando se apresentavam as condições, os muçulmanos lançavam expedições caracterizadas como guerras santas; entretanto, o seu móbil essencial era, muito amiúde, permitir a captura de escravos[65]. Não era menos frequente, de modo quase generalizado, que os soberanos muçulmanos, após os sucessos dos primeiros anos, antes estivessem na defensiva. Justa e notoriamente, era este o caso daqueles do Macina, no âmbito das suas relações com os seus vizinhos não muçulmanos.

Sayku 'Umar não podia deixar de ser visto como um perigoso rival. Após a sua vitória sobre os massassi, em abril de 1855, ele anunciou a "boa nova" a grande número de soberanos muçulmanos, dentre os quais aquele do Macina; a resposta deste último, ordenando o seu retorno aos seus domínios, não sugeria nada de positivo quanto às relações futuras entre as duas personalidades religiosas do Sudão nigeriano[66]. A partir do ano seguinte, em agosto de 1856, uma

---

63 M. Delafosse, 1972, vol. II, p. 293.
64 I. Barry, 1975, p. 27.
65 Encontramos este fenômeno igualmente nos países haussas, onde os soberanos muçulmanos dedicavam--se a islamizar todo mundo, com o objetivo de não se privarem de reservas de escravos.
66 Para Ahmadu-Ahmadu do Macina, todos os países não muçulmanos compreendidos entre o Níger e o Kaarta, estavam em sua zona de influência.

armada do Macina postou-se perante Sayku 'Umar. O confronto, em Kasakary, constituiu o ponto de partida de um conflito que duraria até 1864.

E, todavia, os chefes muçulmanos haviam tentado, através de várias correspondências, encontrar uma solução para as suas discórdias. No entanto, esta relação praticamente assemelhava-se a um diálogo de surdos: Sayku 'Umar apoiava-se em sua vasta cultura islâmica para demonstrar ao soberano do Macina que, distante de combatê-lo, este último deveria associar-se a ele para lutar contra os infiéis; Ahmadu-Ahmadu, quanto a ele, apresentava argumentos de ordem sobretudo política, considerando todo o território, de Ségou até Kaarta, como pertencente ao seu raio de influência[67].

Após a entrada da armada de Sayku 'Umar em Sansanding, em outubro de 1860, as forças armadas de Ségou e do Macina, coligadas, acampariam às portas desta cidade. Este face a face duraria dois meses e nenhuma das partes tomaria a iniciativa dos combates. Contudo, em meio a esta atmosfera de grande tensão, um pequeno incidente bastaria para provocar o choque, em fevereiro de 1861[68].

Entrevemos, portanto, que Sayku 'Umar até o último instante não aparenta ter desejado o conflito[69]. Ele próprio não teria condenado, em termos violentos, o conflito armado entre os sultões do Borno e de Sokoto? Aparentemente, era muito sincera a sua proposta sugerindo-lhe a ele se associar, endereçada ao soberano do Macina, o qual não lograra converter os bambaras de Ségou[70]. Porém, era igualmente difícil para Ahmadu-Ahmadu aceitar esta proposição, pois que ela equivaleria a reconhecer a supremacia daquele outro. Em que pese a troca de numerosas cartas, o conflito era, portanto e dificilmente, evitável, dada

---

67 Consultar, acerca desta troca de correspondências entre 'Umar e Ahmadu-Ahmadu, a recente tradução e anotação, em al-Hājj 'Umar Tal, 1983; podemos igualmente conferir, com interesse, F. Dumont, 1974; F. B. S. Diarah, 1982 e M. al-Hafiz al-Tidjani, 1983.

68 Tiros dos macinanke sobre os partidários de Sayku 'Umar que se banhavam, segundo F. Dumont, 1974, p. 126; trocas de tiro de fuzil entre os pescadores dos dois campos, segundo E. Mage. Quando Sayku 'Umar, informado, tentou conter as suas tropas, elas já haviam começado a atravessar o rio, E. Mage, 1980, p. 106.

69 Segundo todos os nossos informadores do Futa, ele não o quis (O. Bâ, sem datação, p. 109, verso; Tapsiru Ahmadu Abdul Niagane, gravação do dia 3 de maio de 1981; al-Hadj Ahmadu Ibrahima Datt, gravação do dia 4 de maio de 1981). No desencadeamento da grande *jihad*, em junho de 1854, o Kaarta e Ségou eram os únicos objetivos que se fixava 'Umar, segundo M. A. Tyam, 1935, p. 45. Igualmente do lado das tradições do Macina, N. Waïgalo (1977, p. 6) reporta-nos que a missão de Ahmadu Haimut de Haïré tinha o objetivo de evitar o conflito e de solicitar o apoio do chefe do Macina, para o prosseguimento do *jihad* em direção ao país Mossi.

70 Com a aproximação de Sayku 'Umar, algumas mudanças circunstanciais aconteceram; entretanto, elas em nada transformaram o fundo do problema: os bambaras de Ségou permaneciam profundamente ligados às suas religiões. Os numerosos símbolos de adoração encontrados em Ségou seriam expostos em Hamdallahi (M. A. Tyam, 1935, pp. 183-184). Sobre a religião dos bambaras antes do *jihad* do xeque, consultar E. Mage, 1868, M. Delafosse, 1972, L. Tauxier, 1942, C. Monteil, 1977 e al-Hājj 'Umar Tal, 1983.

a intransigência das respectivas posições[71]. A aliança do chefe do Macina com Ségou proporcionou a Sayku 'Umar o argumento jurídico para combatê-lo.

Após permanência de um ano na capital bambara, 'Umar marchou rumo ao Macina, em abril de 1862. Hamdallahi foi ocupada a partir do mês subsequente. Ahmadu-Ahmadu, ferido durante a batalha de Tyayawal (10 de maio de 1862)[72], foi rendido. Balobbo, que jamais renunciara ao trono do Macina, submeteu-se assaz facilmente, esperando assim alcançar os seus objetivos. Mas Sayku 'Umar jamais abandonava o poder àqueles seus antigos inimigos. Acreditando ter realizado, com o desaparecimento de Ahmadu-Ahmadu, a tão solicitada unidade com o Macina, ele abandonou todos os grandes dignitários no exercício das suas funções no país[73]; todavia, em janeiro de 1863, ele os forçou à dependência *vis-à-vis* do seu filho Ahmadu, propondo-se, ele próprio, a "continuar a operar contra os infiéis, à frente das suas tropas, acrescidas por aquelas do Macina"[74].

Balobbo, decepcionado, voltou-se para Tombuctu, em março de 1863; ele sabia ter encontrado, na pessoa de Sīdī Ahmad al-Bekkaay, um adversário resoluto contra Sayku 'Umar. Informado, este último arrestou-o, assim como numerosos dentre os seus partidários.

A coalizão Tombuctu-Macina e o fim de Sayku 'Umar

Vimos que Tombuctu formalmente dependia de Hamadallahi. A realidade do poder estava, efetivamente, nas mãos dos kunta, cujo chefe, Sīdī Ahmad al-Bekkaay, demonstrava particular apego por determinada supremacia religiosa, por ele mantida em todo o Sudão nigeriano. A progressão da armada do xeque não poderia deixar de inquietá-lo. Desde 1860, ele entrou em contato com os bambaras, oferecendo-lhes o seu apoio moral[75]. Dois anos mais tarde, em 1862, enquanto propunha a paz a Sayku 'Umar, ele simultaneamente oferecia o seu

---

71   Conferir os detalhes destas cartas em F. Dumont, 1974, pp. 141-182, e em al-Hājj 'Umar Tal, 1983.
72   Tyayawal era um bosque em uma zona de mangue que se encontrava nas proximidades de Sofara. Foi ali que aconteceu o último grande enfrentamento entre as armadas de Ahmadu-Ahmadu e Sayku 'Umar. Os macinanke defenderam-se com ardor, entretanto, alguns chefes militares do Macina se ausentariam voluntariamente do combate de Tyayawal (N. Waïgalo, 1977, p. 32) e, sobretudo, a armada do xeque dominava aquela do Macina, tanto pelo seu armamento quanto pela sua força organizacional. As ações de impacto individual tinham demasiado grande importância junto aos fulbes.
73   N. Waïgalo, 1977, p. 33.
74   E. Mage, 1868, p. 268.
75   Em 1860, ele envia uma carta neste sentido a 'Alī Monzon (C. Gerresch, 1976, p. 894).

apoio na revolta que rondava Hamadallahi⁷⁶. Balobbo e os seus partidários evadidos organizaram a revolta com o seu apoio. Primeiramente em Mani-Mani, seguidos pelo Kunari, os coligados impuseram à armada do xeque, severas derrotas; causando a perda dos seus melhores generais, Alfaa 'Umar Ceerno Baylaa e Alfaa 'U<u>th</u>mān, em maio e junho de 1863⁷⁷. Após oito meses de cerco, o restante da armada tentou uma saída, no dia 7 de fevereiro de 1864. Perseguido, Sayku 'Umar refugiou-se na gruta de Degembere, onde morreria em 14 de fevereiro de 1864, horas antes da chegada dos reforços enviados pelo seu sobrinho Tijjaani--Alfaa. Este último, enraivecido, permaneceu em furiosa luta contra os coligados, desde logo em total desentendimento (cada qual pretendendo a exclusividade do poder). Um a um, eles foram batidos. Em fevereiro de 1865⁷⁸, Sīdī al-Bekkaay, a alma da coalizão, foi morto, em um combate em Sare Dina, no Sebera. Tijjaani tornou-se o mestre do Macina e do Tombuctu. Após Kaarta e Ségou, esta se tornaria a mais importante província do império.

Estruturas políticas, econômicas e sociais do Império torodbe

Sayku 'Umar e o exército dos mudjāhidūn

Com a ocupação do Macina, o império atingiu os seus limites máximos, cruzando terras do Gidimaka a Tombuctu e de Dinguiraye ao Saara⁷⁹. Além de um Estado centralizado, este imenso território apresentava-se como uma sequência de fortalezas nas quais uma administração político-religiosa tinha como vocação consolidar a conversão ao islã. Sayku 'Umar, acima do prestígio sobre quem repousava toda esta construção, considerava-se exclusivamente um *mu<u>dj</u>āhid*, um combatente da fé. Ele não se preocupava sobremaneira com a organização ou a administração, contentando-se em nomear os tālib, em todas as localidades recém-convertidas. Esta escolha efetuava-se, por via de regra, baseada nos critérios da instrução e da moralidade⁸⁰.

---

76 C. Gerresch, 1976, p. 895. Toda a família kunta não compartilhava as posições de Sīdī Ahmad al-Bekkaay. Grande parte desta família era antes favorável a Sayku 'Umar (C. Gerresch, 1976, p. 893).

77 M. A. Tyam, 1935, pp. 190-192, notas 1092 e 1110.

78 E. Mage, 1868, p. 450.

79 E. Mage, 1980, p. 113, sugere como limites ocidentais, Medina e Tengrela; Dinguiraye e o Gidimala aparentam melhor corresponder à realidade.

80 Como bem demonstrou F. Dumont (1974, p. 121), tratava-se de um "anti-sultão". É significativo que tenha sido um estudioso do islã quem, pela primeira vez, tenha salientado este caráter fundamental de Sayku 'Umar. Infelizmente, numerosos escritos deste último ainda não foram traduzidos.

Coube aos *tālib* a tarefa da organização. Sayku 'Umar, ele próprio, era antes e sobretudo um místico[81], convencido da sua predestinação a uma missão divina consistente em concluir o processo de conversão dos negros ao islamismo. Durante a execução desta tarefa, nada o interrompia, nem a hostilidade de alguns soberanos muçulmanos e tampouco a feroz resistência dos não muçulmanos. À imagem do profeta, de quem estava convencido ser o herdeiro, os obstáculos encontrados, distantes de desestimulá-lo, fortaleciam a sua determinação: "O herdeiro herda tudo aquilo que possui aquele de quem ele é o herdeiro"[82]. No plano físico, o único testemunho ocular do qual dispomos, referente a ele, é pertencente a Paul Holle, que afirma tê-lo visto, em agosto de 1847, em Bakel; ele o apresenta como "um homem de notável presença, sobre a qual se delineiam viva inteligência e um sentimento de meditação e cálculo"[83]. Ele era brilhantemente auxiliado pelo seu mais importante general, Alfaa 'Umar Ceerno Baylaa Waan, com o qual ele dizia possuir, invariavelmente, total identidade de propósitos[84]. O segundo personagem que lhe era mais próximo, 'Abdullaahi Hawsa, seguira-o desde Sokoto. De um modo geral, em que pese a ascendência pessoal que tinha sobre os seus companheiros, a qual reforçava a doutrina da Tijãniyya referente às relações entre o xeque e os seus discípulos, ele associava os *tālib* a todas as grandes decisões. Esta situação inclusive não podia ser diferente neste meio predominantemente torodbe, no qual cada um zelava pela sua pequena personalidade. Justamente durante os seus retiros espirituais, ocorreu o amadurecimento de grande parte dos seus projetos, amplamente inspirados na experiência do profeta Muhammad e dos seus califas do islã, os seus predecessores. Em seguida, ele submetia as suas teses à aprovação do conselho dos *tālib*[85]. Com efeito, era muito importante, para o sucesso da *jihad*, conquistar a adesão permanente destes discípulos desgarrados, os quais haviam abandonado a família e a pátria para segui-lo. Igualmente, ele não media nenhum esforço para ligá-los à sua pessoa, tanto por meio de demonstrações dos seus poderes sobrenaturais, quanto através de distribuições de bens. As tradições guardaram a

---

81 Ele estava frequentemente em *khalwa*. Todas as grandes decisões eram tomadas após um dos seus retiros espirituais.
82 Al-Hājj 'Umar Tal, sem datação, (b).
83 F. Carrère e P. Holle, 1855, pp. 191-192.
84 Tapsiru Ahmadu Abdul Niagane, gravação do dia 3 de maio de 1982.
85 M. A. Tyam (1935) mostra-nos frequentemente em *khalwa*. Este mesmo autor traz-nos o conhecimento de desobediências dos *tālib*, embora sempre para justificar uma derrota. Igualmente não sabemos qual o crédito que se deve acordar a estes diferentes testemunhos; a sua quantidade basta para militar em favor da veracidade de alguns.

sua imagem, como a de um homem muito generoso[86]. Ele zelava especialmente pela manutenção da armada.

Foi nas regiões haussas que Sayku 'Umar recrutou os primeiros elementos deste exército, o qual não deixaria de crescer, de Sokoto até Dinguiraye. Multirracial, esta força compreendia os contingentes do Futa Toro, do Haussa, do Futa Djalon, do Khasso, do Kaarta e de Ségou. Os primeiros eram largamente os mais importantes: de Jegunko até a partida de Nioro em 1859, o Futa Toro não deixou de alimentar a armada da *jihad*[87].

Esta armada compreendia quatro batalhões organizados, cada qual em torno de um contingente do Futa: o batalhão do Toro compreendia o Toro, o Bundu, o Gidimaka, e uma parte do Futa Djalon; o batalhão dos yirlabe reunia os yirlabe, os habbiyabe, o Xaso, o Diafunu (Diafounou), o Bakhunu, os fulbes wolarbe; quanto ao batalhão do Ngenar, ele compreendia os ngenar, os bosseyabe, os jawara, os massassi; finalmente, o batalhão do Murgula reagrupava os malinke e uma parte dos futa-djalon. A guarda do xeque era garantida por um importante grupo predominantemente haussa[88]. Cada um dos batalhões era representado por uma bandeira distinta (preta para os yirlabe, vermelha e branca para os toro).

O armamento era essencialmente composto por fuzis de assalto e sabres: alguns raros privilegiados possuíam fuzis de dois tiros. Um importante grupo de ferreiros seguia a armada e a reabastecia de munição[89].

No mês de julho de 1858, em Ndium-du-Ferlo, partidários do Sayku 'Umar tomaram do capitão Cornu, naquele momento em debandada, dois obuses de campanha, em pane. Reparados pelo engenheiro militar Samba Ndiaye, eles desempenharam um importante papel nas campanhas do Beledugu e de Ségou. Porém, o que tornava fortes os mudjahidūn, era sobretudo a sua fé e uma estratégia relativamente elaborada. Regularmente, o xeque os entretinha com pro-

---

[86] Distribuição de bens em Nioro, antes da partida rumo a Medina, e em Ségou, antes da partida para o Macina.

[87] Em cada ocasião em que ele teve que reconstituir a sua armada, foi em direção ao Futa Toro que enviou os seus emissários: em 1849, para preparar o ataque de Tamba, em 1854, antes da grande *jihad*, e após a mortífera batalha de Teliman, em 1855 (M. A. Tyam, 1935, pp. 43, 44, 47). O movimento continuaria sob o seu filho Ahmadu. Ele próprio percorreu, em 1858-1859, antes de marchar sobre Ségou, um importante circuito, após o qual trouxe consigo, entre civis e militares, mais de 40.000 pessoas.

[88] O. Bâ, sem datação, p. 78 (verso). Nós observamos que os *sofa* ainda não existiam como batalhão.

[89] E. Mage faz-nos o inventário das munições de Ahmadu, na véspera da batalha de Toghu: 4.200 kg de pólvora local, 15 a 20 kg de pólvora europeia, 9 sacos grandes de pedra para fuzil, 150.000 balas (E. Mage, 1868, p. 415).

messas de deleite neste mundo e no outro, dirigidas aos combatentes da fé[90]. Nos momentos imediatamente precedentes aos mais difíceis combates, nós o acompanhamos redobrar a sua atividade. Bebendo na fonte do Alcorão e nos principais escritos sobre a vida do profeta Muhammad e dos seus companheiros, ele incentivava os seus homens a superarem bravamente todas as dificuldades. Assim aconteceu em Yaguinne,

> o Diferenciador ordenou aos gritadores para convocarem a armada; a armada reuniu-se, o xeque fez o sermão, o sábio que não se engana [...]. Lá, o único acolheu aos talibãs; atraiu a sua atenção para as promessas [de recompensas] e para as ameaças de [castigos eternos]; as tradições, [em respeito ao Profeta] e as máximas foram expostas. Ele pregou, preencheu o coração dos seus seguidores [de aspirações] rumo ao outro mundo, de tal modo que apresentou para eles este mundo como um rolo compressor e o outro mundo tornou-se [o seu] objetivo[91].

Do mesmo modo, durante o cerco a Medina, nós o acompanhamos desprender uma inesgotável energia para levantar o moral da suas tropas e assegurar-lhes a proteção divina no paraíso. E quando Paul Holle, para denegri-lo, disse a um jovem *tālib* moribundo: "Infeliz, porque o teu Al Aghi não marchou na linha de frente da incursão? O moribundo, lançando sobre Paul Holle um olhar de pura piedade, gritou: 'Meu Deus, meu Deus! Eu te agradeço, eu morro! Eu vejo o paraíso' [...]".

Esta fanática armada tinha diante de si adversários frequentemente divididos, tal foi o caso no Bambuk (Bambouk), no Kaarta, em Ségou e no Macina. Ela igualmente possuía uma nítida superioridade em relação à estratégia de combate: manobra de divisões, cerco ao inimigo, rapidez de movimento, todas técnicas militares que já haviam permitido ao Profeta e aos seus companheiros reconquistarem, em alguns anos, imensos territórios. Inclusive o terror era uma arma estratégica: massacres humanos, redução das mulheres e crianças à escravatura[92], quebrando a moral dos países ameaçados e conduzindo alguns à rendição sem combate. Na chegada a um país, o procedimento era sempre similar: emissários eram enviados junto ao chefe para convidá-lo à conversão; caso consentisse, se lhe raspavam a cabeça, davam-lhe um chapéu, um *satala*,

---

90 Segundo as tradições, ele pregava todas as noites (O. Bâ, sem datação, p. 86).
91 M. A. Tyam, 1935, pp. 56-57.
92 A lei muçulmana não permite matar em combate senão aqueles capazes de portar uma arma. As mulheres e crianças de menos de quinze anos eram poupadas.

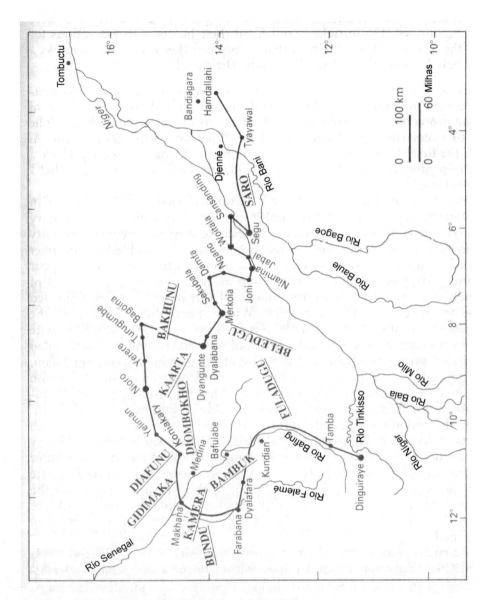

FIGURA 23.6 De Dinguiraye a Hamdallahi (segundo M. Ly-Tall).

ensinavam-lhe as regras elementares do islã, procedendo deste modo junto aos seus sujeitos; um *tālib* e uma pequena guarnição eram encarregados de concluir esta conversão. Este recurso à conversão pacífica permitiu-lhes evitar numerosas batalhas, dentre as quais, algumas poderiam ser difíceis. Assim sendo, a temida cidadela de Farabana foi tomada sem grande resistência em 1854. Em 1856, novamente Sayku 'Umar mostrou-se muito conciliador com os habitantes revoltados de Farabugu (Farabougou); e, após a tomada de Dyangunte no mesmo ano, ele não hesitou em negociar com os kamori, para conduzi-los a se conformarem às regras muçulmanas relativas às posses dos vencidos[93].

O combate não era levado a cabo senão quando havia recusa em abraçar o islã, caso infelizmente mais recorrente.

O grande general desta armada foi Alfaa 'Umar Ceerno Baylaa Waan. Certo dia, uma controvérsia eclodiu acerca da definição sobre quem, entre Alfaa 'Umar Ceerno Baylaa e 'Abdullaahi Hawsa, era o mais ligado a Sayku 'Umar. Para alguns, era o primeiro, para outros o segundo. Para definir a situação, as duas partes dirigiram-se junto ao próprio Sayku 'Umaṛ que, por sua vez, disse-lhes: "Se alguém aparece com um sabre e solicita que se escolha entre a sua cabeça e a cabeça de 'Umar, será 'Abdullaahi Hawsa que apresentará a sua. Caso eu tenha algo muito importante a realizar, Alfaa 'Umar terá integralmente a mesma opinião que a minha[94]."

Alfaa Umar Ceerno Baylaa Waan representou o braço forte da *jihad*; pode-se dizer que Sayku 'Umar dele não foi nada além do cérebro.

Outros chefes militares tornaram-se muito célebres na memória dos fuutanke. Tal foi o caso de Alfaa 'Umar Ceerno Molle Lii, um dos primeiros companheiros, morto em Merkoïa; de Alfaa 'Uṯhmān, morto em Macina; e de Mammadu Hamat Kuro Waan, um dos mais intrépidos. Originário da localidade de Ngano (perto de Kanel), onde se havia particularmente sofrido com as exações da nova política de intervenção das autoridades de Saint-Louis, este último juntou-se a Sayku 'Umar, acompanhado de todos os seus concidadãos, em Farabana, no ano de 1854. Tratava-se de um dos mais violentos adversários dos franceses. Foi ele quem, enfrentando as balas dos canhões, logrou escalar a fortaleza de Medina e ali cravar a bandeira muçulmana. Pouco após, ele foi derrubado por uma rajada de fuzil-metralhadora.

---

93 M. A. Tyam, 1935, pp. 81, 82, 98, 100, 124-126. Ele daria provas do mesmo espírito no Gidimala e no Diafunu.

94 Tapsiru Ahmadu Abdul Niagane, gravação do dia 3 de maio de 1981.

Malgrado a sua coragem e a sua organização, esta armada não escapava deste grave defeito próprio a todas armadas africanas da época: serem dependentes do butim de guerra. Embora a lei muçulmana concedesse certa ordem na partilha desses recursos, não era menos verdade que o butim tivesse uma crucial importância nos combates, a ponto de não poder condicionar os seus desdobramentos. A personalidade de Sayku 'Umar e a sua preocupação em dividir este espólio, equânime e regularmente, mantiveram a coesão da armada até a sua morte. Não sucedeu de modo semelhante durante o período de Ahmadu. Pois que a armada desempenhava um papel muito importante no sistema e dela especialmente dependia a submissão das diferentes províncias do império.

A administração das províncias: uma administração descentralizada

As províncias, como observamos, eram demarcadas por fortificações, a partir das quais o islã deveria exercer o seu poder de expansão. As mais importantes eram Dinguiraye, Kundian, Nioro, Koniakary, Dyangunte, Diala, Farabugu, Murgula e Ségou. Dinguiraye, Nioro, Koniakary e Ségou existiam na qualidade de capitais regionais.

Nos confins do Futa Djalon e do país Mande, Dinguiraye é a primeira província histórica do império. Foi ela que abrigou, durante muito tempo, toda a família de Sayku 'Umar, sob a direção do seu filho Mohammadu Habibu (neto de Muhammad Bello). Dela, igual e teoricamente, dependia a fortaleza de Kundian, no Bambuk, construída em 1858 sob o acompanhamento direto do próprio Sayku 'Umar; ela deveria assegurar o respeito de todos os países mande[95]. Mage, impressionado diz-nos "que ela imporia grandes dificuldades ao ataque de tropas regulares". A administração apresentava-se bicéfala: um liberto, Django, assistido por um *tālib*, e Racine Tall, primo de Sayku 'Umar.

O Nioro era a mais importante província sob Sayku 'Umar. Ele contava com numerosas fortalezas, dentre as quais as mais importantes eram aquelas de Farabugu, Dyangunte e do próprio Nioro. Uma forte colônia fulbe e torodbe ocupava maior parte das localidades das quais os massassi haviam sido expulsos. Concomitantemente ao aumento da opressão do poder colonial, intensificava-se o afluxo de imigrantes do Futa. A administração provisória, instaurada em 1857 sob a direção geral de Alfaa 'Umar Ceerno Baylaa, foi sensivelmente modificada

---

95 E. Mage, que passou por Kundian em 1863, descreve a fortaleza como "um quadrado de 60 metros protegido por seis torres, com altura de 4 a 8metros, com uma espessura na base de 1,5 metros" (E. Mage, 1868, p. 82-83).

em 1859 para permitir enfrentar as necessidades da campanha de Ségou[96]. Com a quebra definitiva da resistência massassi, Sayku 'Umar partiu de Nioro com numerosos chefes de distrito. Não restaram no Kaarta senão civis protegidos por pequenas guarnições. Em Dyangunte, Ceerno Buubakar Siree Lii substituiu 'Abdullaahi Hawsa; em Farabugu e no Nioro, os libertos Dandangura e Mustafã sucederam Khalidu Elimane Demba e Alfaa 'Umar Ceerno Baylaa.

O Diombokho era a província mais próxima de Medina e Bakel. O *tata* de Koniakary[97], construído em janeiro de 1857, devia proteger o Diombokho, simultaneamente contra os franceses e o seu aliado Diouka Sambala. Em 1866, o chefe dos *tālib*, Ceerno Muusaa[98], instigador da convenção local assinada em 1860 com o comandante de Bakel, nesta ocasião reservou uma cordial recepção a Mage; o governador militar, San Mody, em contrapartida não escondeu a sua hostilidade.

Nioro encontrava-se muito próximo dos franceses; e, no entanto, nós sabemos que Sayku 'Umar particularmente detestava a coabitação com eles. Eis o que certamente explica a importância adquirida por Ségou no Império Torodbe, do qual ela tornar-se-ia a capital sob Ahmadu. Anteriormente a 1864, ela não passava de uma capital provincial como as outras, tendo à frente, a partir de abril de 1862, o primogênito de 'Umar. Ele era assistido por alguns velhos companheiros do seu pai, como Ceerno 'Abdul Segu, Ceerno Ahmadu e Samba Ndiaye, engenheiro chefe da maioria das fortificações do império[99]. Porém, os mais influentes personagens da corte eram, sem dúvida, Baba Ulibo e Bobbo, respectivamente vice-rei e conselheiro diplomático[100]. No que tange à defesa da cidade e do seu entorno, ele não dispunha, no momento da partida de Sayku 'Umar em direção ao Macina, senão de 1.500 *tālib* e de um contingente jawara e massassi de *sofa*, sob a direção-geral de Ceerno Alasan Baa. Ahmadu deveu, portanto, tudo organizar nesta província, na qual, como sempre ocorrera alhures, Sayku 'Umar somente havia passado[101].

---

96 Eis como se apresentava esta administração em 1857 (O. Bâ, *op. cit.*, p. 96, verso): Thierno Djubaïru Bubu Haruna, no Diafunu, Thierno Ahmadu Umakala, no Kaniarene, Modi Mamadu Pakao, em Niogomera, Sulayman Baba Raki, em Diala, Kalidu Elimane Dema, em Farabugu, 'Umar Mamadu Lamine, em Gemukura, Abdulaye Hawsa, em Dyangute, 'Abdulaye 'Alī no Bakhunu. Igualmente consultar B. O. Oloruntimehin, 1972, p. 92.

97 Inteiramente erguida em pedra, ela tinha dois metros de espessura e muitos metros de altura; os vestígios que resistiram à artilharia de Archinard ainda são impressionantes.

98 Foi ele quem substituiu Thierno Djibi neste posto, em 1859.

99 E. Mage, 1868, p. 222.

100 O segundo era originário do Haussa. Ele desempenhou um papel muito importante nas negociações entre Mage e Ahmadu. Tratava-se do mais antifranceses dentre os colaboradores de Ahmadu. Quanto ao primeiro, filho de Ulibo Bâ, que acompanhara Sayku 'Umar desde Nioro; ele próprio era, em contrapartida, pró-franceses.

101 Ele permaneceu um ano em Ségou, tempo por ele empregado sobretudo para redigir a sua obra, le *Bayān mā waqa 'a*.

Em fevereiro de 1863, este vasto território teoricamente engrandeceu-se com o Macina. Porém, a revolta ali eclodida, desde o mês subsequente, impediu a completa concretização deste engrandecimento. Após o desaparecimento do 'Umar, a reconquista do Macina foi realizada por Tijjaani-Alfaa, em seu proveito.

Em todas as fortalezas muçulmanas dos territórios recém-convertidos, nos quais não se escondia a hostilidade frente ao islã, a administração era invariavelmente bicéfala, contando com um chefe religioso para dar continuidade à islamização, sob a proteção de um governador militar. Em cada uma delas, Sayku 'Umar possuía uma casa e abrigava uma parte da sua família. Portanto, não era concebível a existência de uma residência fixa, à moda dos chefes temporais.

Como no Futa Toro, cada uma das províncias estava organizada de modo autônomo; Sayku 'Umar era somente o chefe espiritual de todo este conjunto. O sistema era muito eficaz, caso dermos crédito ao testemunho de Mage, que visitou a maior parte delas, de 1863 a 1866. Malgrado a existência de alguns focos de revolta (dificilmente poderia ser diferente, considerando todas as reviravoltas que o novo poder trazia no tocante aos hábitos ancestrais das populações concernidas), o viajante francês impactou-se com a ordem e a segurança reinantes neste conjunto[102].

Em todas as províncias, a justiça era garantida segundo a lei corânica, através dos *kādī*, ao nível dos delitos civis; os crimes e delitos políticos eram levados à apreciação do chefe religioso da capital provincial. Assim sendo, em Ségou, Mage nos informa que os dois grandes justiceiros eram o *kādī* e o próprio Ahmadu e os seus julgamentos não admitiam recurso. As sanções eram idênticas àquelas de todos os países muçulmanos; os enforcamentos eram o método mais frequente, aos quais não escapavam sequer os altos-funcionários do império[103].

A economia e as finanças do Império

O objetivo autoatribuído por Sayku 'Umar deixava pouco espaço para o desenvolvimento econômico dos territórios conquistados. As riquezas acumuladas desde Sokoto e o butim de guerra cobrado das populações vencidas bastavam amplamente para por em marcha a máquina de guerra, cuja desmobilização não aconteceria senão por ocasião da sua morte. Portanto, incumbiu-se justamente às autoridades provinciais a decisão sobre as desavenças de ordem econômica.

---

102 E. Mage, 1868, p. 86. Ele não pôde deixar de comparar esta situação com aquela que prevalecia, por exemplo, no Xaso, segundo ele caracterizada por uma desordem e uma total insegurança, provocadas pelas múltiplas invasões organizadas por Diuku Sambala nos países vizinhos.

103 E. Mage, 1968, p. 344.

As consequências da guerra foram, por via de regra, relativamente nefastas para a economia dos países conquistados. No entanto, todas as províncias não haviam sido atingidas de modo semelhante. A agricultura, setor mais afetado pela *jihad*, aparentemente esboçou uma sensível retomada, nos anos 1863-1864. Os países mande, atravessados por Mage, eram particularmente ricos em algodão. Na província de Kita, as localidades eram circundadas pelas plantações de tabaco, legumes, melancias e vitelárias[104]. Em Guettala, no Bague, os kagoro, livres da intensa pressão dos massassi, haviam aumentado o seu vigor para o trabalho: "Eles me diziam estarem felizes, por não serem mais saqueados, pela tranquilidade em vigor no seu país e em virtude de todo mundo trabalhar graças às ordens determinadas pelo al-Hadjdj 'Umar"[105].

No Kaarta e no Dyangunte, Mage refere-se à existência de uma verdadeira abundância (boa colheita de painço, em Bambara Mutan e Madiaga). Porém, foi sobretudo a própria localidade de Dyangunte, rica com suas culturas de arroz, painço, milho, amendoim, algodão, feijão, tomate, cebola e tabaco, que impressionou o viajante francês: "Na realidade, à noite, os meus homens receberam um copioso cuscuz e a mim ofereceram seis litros de leite; nós recebemos ainda maior abundância de comida em virtude da nossa oferta de presentes a Fahmara"[106]. Inclusive os rebanhos, incluídos em grande proporção no butim da *jihad*, encontravam-se em abundância no Kaarta[107]. A província de Ségou, propriamente dita, não era menos próspera: a agricultura era relativamente variada[108] e numerosos rebanhos bovinos alimentavam o tradicional comércio em direção ao Bure (Bouré).

No Sudão Central, o estado de guerra jamais fora totalmente interrompido, pois que todos os beligerantes tinham os seus interesses nesta região. As principais rotas das caravanas, ligando o Sudão Central ao Norte e ao Sul, permaneciam ativas. Numerosas caravanas transportavam sal e animais de Nioro para o Bure, de onde traziam ouro e escravos[109]. Nioro, Koniakary, Kita, Banamba, Niamina e Ségou representavam importantes escalas para este comércio, cujo destino encontrava-se tradicionalmente em Bakel, Médine, Freetown, Bathurst ou na região moura. Após o conflito com os franceses, as relações com Medina e Bakel

---

104 *Ibid.*, pp. 89-100.
105 *Ibid.*, p. 116.
106 *Ibid.*, pp. 137-138.
107 *Ibid.*, p. 123.
108 *Ibid.*, pp. 148, 156, 161, 165.
109 *Ibid.*, pp. 105-123.

haviam sido suspensas[110]. Um dos objetivos da viagem de Mage era precisamente negociar o restabelecimento deste fluxo comercial. Todavia, é necessário notar o declínio de cidades tais como Niamina e Sansanding, decadência esboçada desde a revolução teocrática do Macina. Na qualidade de entreposto comercial de Tombuctu, Sansanding fora igualmente o primeiro mercado de escravos da região. Reis de Ségou e chefes cissé da cidade haviam enriquecido consideravelmente graças a este tráfico de escravos[111]. Ocupando-a em setembro de 1860, Sayku 'Umar eliminou os diversos impostos pagos a uns e outros (transformando Boubou Cissé em adversário) e substituiu-os por taxas mulçumanas. Todavia, desde março de 1863, no próprio momento em que os enviados de Sīdī Ahmad al-Bekkaay tentavam sublevar todo o Ségou e o Macina, Ahmadu foi desatento ao impor um imposto especial à cidade. A rica cidade soninquê basculou para o campo rebelde do qual não tardaria a tornar-se o centro nervoso.

Após cada vitória, todos os bens dos vencidos eram embargados e divididos em cinco partes, das quais uma era concedida ao Estado e as quatro restantes aos combatentes. Consideráveis reservas de ouro, rebanhos e suprimentos de toda espécie foram acumulados em Dinguiraye, Nioro e Ségou. Sayku 'Umar periodicamente delas fazia uma grande distribuição aos seus *tālib*[112], ele próprio não vivia senão dos seus próprios bens. O *zakāt*, ou dízimo, era arrecadado *in natura* e, exclusivamente, junto aos muçulmanos; ele servia para suprir as numerosas exigências referentes à hospitalidade e na ajuda aos indigentes e órfãos[113]. O *mudu*, ou doação anual, era cobrado de todo muçulmano na época da festa do Ramadã; ele era destinado aos funcionários do culto (*imām*, *kādī*, consultores jurídicos e leitores do Alcorão) e igualmente aos indigentes. O *usuru* era, inicial e unicamente, pago pelas caravanas, na proporção de um décimo do valor das mercadorias; ele seria posteriormente estendido aos criadores, na razão de uma cabeça de gado para cada trinta animais[114].

Embora as modalidades e o destino destas diferentes prestações fossem sempre perfeitamente respeitados durante a hegemonia do chefe da *jihad*, sob Ahmadu, elas seriam uma fonte frequente de revoltas[115]. Igualmente ocorreu

---

110 *Ibid.*, p. 120.
111 *Ibid.*, p. 126.
112 Tal foi o caso, primeiramente de Nioro, em 1859, e posteriormente de Ségou, em 1862.
113 Uma considerável parte servia para o abastecimento das famílias dos soldados mortos no *jihad*.
114 B. O. Oloruntimehin, 1972*a*, p. 117.
115 À imagem daquela da comunidade soninquê de Sansanding, em 1863, provocada pelo recolhimento de uma altíssima e excepcional contribuição (E. Mage, 1868, p. 275).

uma surda oposição dos *tālib*, os quais reprovariam ao sucessor de Sayku 'Umar por não ser tão generoso quanto o seu pai.

Uma sociedade dominada pelos tālib

Os *tālib*, ou discípulos de Sayku 'Umar, pertenciam a todas as etnias e a todo o país[116]. Eles eram provenientes dos mais diversos meios sociais. Em meio aos mais próximos companheiros, identificavam-se tanto príncipes quanto antigos escravos. Vimos que um dos objetivos do xeque era democratizar a sociedade contra o jugo das famílias feudais.

Portanto, quase generalizadamente no império, a tradicional aristocracia, fundada em laços sanguíneos, foi suplantada por essa nova elite político-religiosa recrutada com base nos seus conhecimentos e práticas islâmicos. Em todas as sedes provinciais, em todas as grandes localidades, lá estavam eles, em número sempre relativamente importante, para ajudar a população recém-convertida a familiarizar-se com os ritos da sua nova religião. Assim sendo, em Dyangunte, no mês de fevereiro de 1864, eles eram 540 indivíduos, vindos de todos os horizontes; alguns inclusive falavam um pouco de francês, o que leva a acreditar serem procedentes de Saint-Louis. Sob a direção de Ceerno Buubakar Siree Lii, eles passavam boa parte do seu tempo em um hangar, perto da mesquita, lendo e escrevendo ou ensinando o Alcorão[117]. Eles monopolizavam todas as funções do império. Igualmente, sob Ahmadu, eles não tardariam a constituírem-se como uma importante aristocracia. Ahmadu, que não possuía a envergadura religiosa ou militar, comparativamente a Sayku 'Umar, tinha dificuldades para se impor perante os antigos companheiros do seu pai; estado de coisas que lhe permitiu naturalmente apoiar-se sobre os *sofa*.

Esta última categoria social, possuidora de funções mais militares que religiosas, era constituída pela massa dos povos vencidos arrolados para servirem à armada da *jihad*. Recém-convertidos ao islã, apenas elementar era o seu conhecimento a este respeito[118]. Sob Sayku 'Umar, eles eram integrados ao batalhão do Ngenar. Entretanto, após a partida de grande parte da armada rumo ao Macina, Ahmadu necessitava reconstituir uma armada para si; os imigrantes do Futa preferiam permanecer no Kaarta, mais proximamente do seu país; não lhe res-

---

116 *Ibid.*, pp. 78-344.
117 *Ibid.*, p. 141.
118 A diferença entre *sofa* e *tālib* era uma simples diferença de nível de instrução. Os antigos escravos bem instruídos tornavam-se *tālib*.

tavam senão voluntários das regiões dominadas; eles foram organizados em um batalhão autônomo. Ahmadu lhes confiou inclusive algumas pequenas funções na administração, para reduzir a influência dos *tālib*. Esta rivalidade entre os *tālib* e os *sofa* foi uma das dificuldades com as quais o sucessor de Sayku 'Umar teve de confrontar-se ao longo do seu reinado.

Os problemas impostos pela sucessão de Sayku 'Umar: as tentativas de Ahmadu para prosseguir a obra do seu pai

Uma difícil sucessão: os primeiros anos do governo de Ahmadu (1862-1869)

No imediato posterior ao desastre de Degembere, Ahmadu, o primogênito de Sayku 'Umar, encontrava-se à frente de um imenso império muito descentralizado e organizado em torno de quatro províncias tão distintas quanto o Dinguiraye, com Mohamadou Habibu Sayku, o Kaarta, sob o comando de Mustafã, liberto do Bornouan, o Diombokho, com Ceerno Muusaa, e o Ségou, do qual ele próprio era o chefe. Cada um destes chefes de província devia periodicamente passar-lhe um relatório sobre a sua gestão[119]. Entretanto, embora o primeiro ano de sua instalação em Ségou tenha se passado sem problemas, desde março de 1863, simultaneamente a Hamdallahi, um complô foi descoberto. O bloqueio das comunicações com o Macina, desde o final de maio, impôs uma difícil situação a Ahmadu, levando-o ao isolamento em um país hostil, acompanhado de um punhado de homens (1.500 *tālib*). Para enfrentar esta situação, impostos excepcionais foram cobrados, provocando um aumento do descontentamento. A rica cidade soninquê, Sansanding, entrou em rebelião declarada, em dezembro de 1863; malgrado o reforço de mais de 2.000 homens enviados de Nioro, Ahmadu não logrou restabelecer a sua autoridade nesta localidade. Não resta dúvida que este novo contingente de imigrantes torodbe, recentemente chegados em Nioro, deixara o Futa muito mais para escapar ao poder colonial que para fazer a *jihad*. Não se tratando daqueles pessoalmente doutrinados pelo próprio xeque, eles estavam mais voltados para os bens desta terra. Mestres desde logo de Sansanding, a sede pelo butim fez-lhes perder a sua vitória[120].

---

119 Não há dúvida que Sayku 'Umar tenha deixado ao seu filho mais velho a totalidade da sua sucessão. E. Mage (1980, p. 113) obteve esta informação em Ségou, apenas um ano depois da primeira confirmação desta nomeação, em um momento onde não era certo que o próprio Ahmadu tenha duvidado desta decisão de Sayku 'Umar.

120 Conferir E. Mage, 1868, p. 279.

FIGURA 23.7 Entrada do palácio de Ahmadu, em Ségou-Sikoro. [Fonte: E. Mage, *Voyage au Soudan occidental*, 1868, Hachette, Paris. Illustration: © Hachette, Paris.]

Ahmadu encontrava-se, portanto, à frente de dois tipos de *tālib*, os antigos companheiros do seu pai, mais motivados pela fé, embora o considerassem como uma criança[121], e os novos *tālib*, menos desinteressados e mais disciplinados. Ele fez uso, para a sua infelicidade, de uma terceira carta, referente aos voluntários dos países dominados, os *sofa*[122].

Muito culto, Ahmadu fora formado pelo próprio Sayku 'Umar, que, segundo Mohammadou Aliou Tyam, dera-lhe tudo. Porém, em que pese uma notável inteligência e uma grande piedade, ele não soube impor-se, como o fizera o seu pai; ele era menos enérgico, como descreve Mage:

À primeira vista, eu atribuíra a Ahmadu dezenove ou vinte anos; na realidade, ele alcançara trinta anos. Sentado, ele aparentava ser pequeno; e ele era antes grande e tinha belos traços. Sua face era muito doce, seu olhar calmo e indicava ser inteligente [...]. Ele carregava à mão um chapéu que ele desfiava, resmungando

---

121 *Ibid.*, p. 318.
122 Sobre as dificuldades de Ahmadu com os *tālib* do seu pai, consultar E. Mage, 1868, pp. 222-305.

durante os intervalos da conversa. Diante de si, sobre a sua pele de cabra, estavam dispostos um livro em árabe e as suas sandálias, bem como o seu sabre[123].

Os primeiros anos do seu reinado foram anos marcadamente difíceis. Malgrado uma importante guarnição estacionada em Niamina, com o objetivo de assegurar as comunicações com o Nioro, e uma outra em Tenengu, a revolta ecoava de modo generalizado na região. Até 1866, as vitórias foram duvidosas; a existência mais resoluta provinha de Beledugu. Em alguns momentos, a rota de Nioro foi inclusive interrompida. A revolta de Belegudu, assim como aquela de Sansanding, apoiada por Mari Jara, mantiveram as populações em compasso de espera, até 1869. A agricultura e inclusive o comércio sofreram muito. De localidades tais como Tombula, cuja prosperidade impressionara Mage, em 1863, não restavam senão ruínas apenas dois anos depois. Entretanto, a situação estava longe de ser desesperadora. Em 1866, o emissário francês, a quem não escapava à percepção nenhuma fraqueza do regime de Ségou, acreditava que Ahmadu finalmente restabeleceria a sua autoridade, senão sobre todo o seu império, ao menos sobre toda a província de Ségou. Fato consumado em 1869.

Todavia, enquanto estava em conflito com a resistência bambara, Ahmadu era menos capaz de se ocupar das outras partes do império. Conquanto Mustafã, de Nioro, abastecesse assaz regularmente a sua guarnição (numerosos emissários de Nioro haviam chegado a Ségou enquanto Mage ali estava), o mesmo não aconteceu relativamente ao seu primo Tijjaani-Alfaa, que, após ter submetido o Macina, administrava-o de modo totalmente independente. Ele igualmente declarava-se legítimo sucessor de Sayku 'Umar, do qual exibia algumas relíquias para justificar a sua asserção. Ele soube habilmente lidar com a raiva nutrida pelos habés contra os seus antigos mestres fulbes. Um grande chefe militar fortalecido por um grande chefe religioso, Tijjaani-Alfaa perpetuou em Bandiagara, a sua nova capital, o fervor religioso do seu tio: "Em Bandiagara, a jornada se desenrola em meio a preces e poder-se-ia dizer que a cidade é um vasto seminário, do qual Tidjani era o superior. Nem um grito, sem cantos, música ou danças"[124].

Mas a oposição de maior fúria a Ahmadu proveio do seu irmão Mohammadu Habibu, que, após o desaparecimento do seu pai, tomara certo distanciamento[125].

---

123 *Ibid.*, p. 214.
124 Relatório do lugar-tenente de navio Caron, citado em Y. J. Saint-Martin, 1970, p. 103.
125 As relações entre os dois irmãos eram aparentemente boas antes que Habibu soubesse que o seu pai tudo deixara para Ahmadu. Assim, em fevereiro de 1864, Mage percorreu um bom trecho com mercadores soninquê, dentre os quais havia um encarregado de levar a Ahmadu ricos presentes de Habibu (E. Mage, 1868, p. 108).

Outro irmão, Mukhtar, instalara-se por sua própria conta em Koniakary e, em acordo com Habibu, aspirava substituir Mustafã em Nioro, todavia fiel a Ahmadu. Em 1869, a calma voltara à região de Ségou; Ahmadu ali deixou o seu irmão Agibu e dirigiu-se para o Kaarta, de onde Mustafã acabara de adverti-lo sobre a ameaça que os seus irmãos Mohammadu Habibu e Mukhtar faziam pesar sobre Nioro, onde muitos *tālib* já estavam ganhos para a sua causa. Ambos netos de Muhammad Bello, através da sua mãe, eles acrescentavam a esta ilustre filiação materna uma grande inteligência, assim como muita generosidade e *savoir-faire*[126].

Ahmadu fortalece a sua autoridade: 1869-1878

Ahmadu, por sua vez, não podia deixar um chefe hostil instalar-se em Nioro, localidade que representava o pulmão do Ségou. Ao final de 1869, ele chegou ao Kaarta. Na mesma época, um xerife marroquino da dinastia alawite, conferiu-lhe o importante título religioso de *amīr al-mu'minīn*, em outros termos, "chefe dos crentes". Ele poderia doravante impor-se sobre todos os seus outros irmãos. Durante quatro anos, ele conduziu uma árdua luta contra todos aqueles que haviam permanecido no Kaarta, habitantes que apoiavam Habibu e Mukhtar em suas reivindicações em favor de uma partilha da herança paterna. Paralelamente ele aumentou a sua autoridade em Gidimaka e no território xasonke do Logo[127], além de destruir alguns focos rebeldes bambara e soninquê.

Em 1874, ele estava no auge da sua potência[128]. Porém, embora ele tenha saído vitorioso desta guerra fratricida, o mal-estar persistiu durante muito tempo no Kaarta. Os *tālib* desaprovaram a ligação entre Habibu e Mukhtar. Ahmadu foi portanto obrigado a mostrar-se mais conciliador perante os seus dois outros irmãos e a muito mais levar em conta a sua vontade de participarem na administração do império estabelecido pelo seu pai. Deste modo, Mustafã foi confirmado à frente de Nioro, onde Ahmadu o designara desde março de 1873. Ele tornou-se o chefe de todo o Kaarta, mantendo sob a sua autoridade os seus irmãos Seydu, em Dinguiraye, Bassiru, em Koniakary, Daye, em Diala e Nuru, em Diafunu. Anualmente, por ocasião da festa da *tabaski*, todos deveriam

---

126 B. O. Oloruntimehi, 1972*a*, p. 179.
127 Os chefes do Logo jamais aceitaram a supremacia de Diouka Sambala, imposta pelos franceses.
128 Y. J. Saint-Martin, 1967, p. 150.

encontrar-se em Ségou para negociar[129]. Ainda em Ségou, Ahmadu reforçou a sua administração. O seu conselho informal, composto por autoridades militares e religiosas como Ceerno Alasan Baa, Ceerno Abdul-Qaadiri Baa, Baaba Ulibo e Bobbo, era acrescido dos seus parentes, como Seydu Jelyia e Muhammadu Jeliya. Nos confins, o sistema administrativo tradicional era geralmente mantido; Ahmadu teve somente que substituir os chefes recalcitrantes pelos seus parentes mais favoráveis e nomear junto a eles um quadro pessoal de fiscalização; localidades torodbe fortificadas, criadas de modo quase generalizado, reforçaram a segurança nas zonas dominadas[130].

Paralelamente à retomada dos fluxos comerciais tradicionais junto às casas comerciais francesas do alto Senegal[131], o comércio com os estabelecimentos ingleses desenvolveu-se, criando certa diversificação econômica[132]. O comércio haussa e o tráfico da noz-de-cola igualmente se intensificaram. Ao abrigo das ingerências dos franceses, voltados desde 1866 sobretudo para os rios do Sul, um novo equilíbrio desenhou-se no Sudão Central. Contudo, o processo foi brutalmente interrompido em 1878, em razão da intervenção francesa no Logo.

Conclusão

Em 1878, Ahmadu superara todos os obstáculos que se lhe haviam imposto, no imediato posterior ao desaparecimento do seu pai. Certamente, os bambara, sobretudo aqueles originários de Beledugu, ainda não haviam renunciado à defesa das suas crenças ancestrais. Mas eles não mais representavam um relevante perigo para a consolidação do império[133]. As numerosas guarnições, temidas à época, e a vocação universal do islã produziriam, neste grande conjunto, um cimento nacional. A aliança com todas as etnias e categorias sociais, inaugurada pelo próprio Sayku 'Umar, foi amplamente seguida pelos seus filhos e todos os torodbe, criando as condições para uma integração cultural. É significativo, neste particular, que o Sudão francês, país que não representava senão o antigo Império Torodbe, tenha sido, entre os Estados do Oeste africano, um dentre

---

129 Este sistema não funcionaria como devido e, em 1884, Ahmadu retornaria novamente ao Kaarta para lutar contra a dissidência dos seus irmãos.

130 Arquivos da antiga A. O. F., *Notice sur le cercle du Ségou*, 1 G320/I, 1904, pp. 15-16.

131 Ahmadu suspendera as relações comerciais durante toda a duração da luta contra os seus irmãos.

132 B. O. Oloruntimehin (1972a, p. 207) nota o envio de uma missão inglesa dirigida pelo próprio governador da Gâmbia até Ségou, em maio de 1876.

133 Y. J. Saint-Martin, 1970, p. 119.

FIGURA 23.8   *Ahmadu* recebendo a corte do seu palácio. [Fonte: E. Mage, *Voyage au Soudan occidental*, 1868, Hachette, Paris. Illustration: © Hachette, Paris.]

os quais havia menor volume de problemas étnicos. Assim sendo, embora a violência – através da qual o islã fora imposto a povos moldados durante vários séculos pela crença em suas religiões tradicionais – explicasse facilmente as suas reticências, o campo aparentava estar pronto para um mais pacífico proselitismo, fosse na Senegâmbia, na qual a potência colonial acreditava ter eliminado a sua influência, ou no Sudão Central, onde a maior parte dos grandes chefes religiosos, emergentes após Sayku 'Umar, de um modo ou de outro reclamaram-se da sua herança.

CAPÍTULO 24

Estados e povos da Senegâmbia e da Alta Guiné

Yves Person

Haveria unidade na história dos povos da costa ocidental da África, desde o Senegal até o Bandama[1]? Esta apreciação parece duvidosa, embora o período do pré-imperialismo, estendido do início do século, com o final do tráfico institucionalizado, até o período imediatamente anterior ao grande avanço colonial, apresente uma relativa homogeneidade. É precisamente porque o setor assim definido abrange zonas culturais muito diversas, de tal modo que o único fator de unidade que se impõe é justamente a influência europeia presente ao longo de toda a costa, em razão da formação dos primeiros enclaves coloniais, tema estudado em outro capítulo; justamente em razão disso, o presente capítulo deve necessariamente ser construído do ponto de vista dos povos africanos. Ele seguirá, portanto, um plano geográfico, abordando sucessivamente as grandes zonas culturais, a saber, a Senegâmbia, a Alta Guiné e o Fouta-Djalon, as regiões kru, os mande do Sul e, finalmente, os mande do Alto-Níger até o Bandama.

---

1 O autor gostaria de agradecer Charles Stewart, que generosamente leu a primeira versão deste capítulo à qual trouxe certo número de sugestões úteis.

A Senegâmbia

A Senegâmbia[2] é a única região na qual o antigo eixo cultural do Sudão Ocidental, caracterizado por grandes Estados, com um importante, porém minoritário islã, confluiu para as margens do Atlântico, com a zona onde a corrosiva potência da Europa era exercida desde séculos e manifestava-se especialmente pelo tráfico de negros para a América. Estas sociedades, cujo caráter sudanês e muçulmano as tornava mais estáveis comparativamente àquelas do Golfo da Guiné, não foram menos sacudidas pelo aumento da demanda externa, constituída pelas suas riquezas. O tráfico de negros começara a regredir nesta região desde 1760, em que pese uma breve retomada nos anos 1780. Nem a abolição do tráfico pela Inglaterra, em 1808, e sequer a efetiva aplicação da legislação francesa antiescravagista, em 1831, tiveram grande efeito sobre um comércio, já demonstrando indícios de declínio, mas que se manteve em escala reduzida, sob várias formas travestidas ou clandestinas, até 1880. A explosão dos preços representada pelos produtos da Senegâmbia marcou o principal ponto de inflexão econômico. Em 1830, o valor médio anual das exportações de Goma já se encontrava em níveis cinco vezes superiores àqueles que as exportações de escravos haviam atingido, no auge do tráfico. Paralelamente à retomada do comércio da goma, as exportações de ouro, couro, marfim e cera de abelha conheciam um notável desenvolvimento, ao passo que o amendoim, chamado a desempenhar em meados do século o papel de primeiro item de exportação, começa a surgir no mercado[3]. Esta reestruturação do comércio externo teve igualmente profundas repercussões na economia local, arruinando os antigos beneficiários do tráfico, em proveito de grupos bem posicionados com objetivo de tirar partido desta nova produção.

A partir do final do século XVIII e por razões, as quais ao menos parcialmente, não tinham nada em comum com o fator europeu, o islã adquirira novo dinamismo. As classes camponesas convertiam-se em massa, especialmente para protestar contra os excessos de uma aristocracia que buscava tirar proveito dos novos circuitos econômicos, arruinando o povo em lugar de protegê-lo. Portanto, as sociedades da Senegâmbia encontravam-se presas às garras de duas forças perturbadoras: o novo e agressivo islã e a profunda mutação em curso na economia mundial, sob o efeito da industrialização. As velhas estruturas políticas e sociais, devido à sua incapacidade de renovação,

---

2   J. Dubief, 1973, pp. 125-130.
3   A. Cauneille, 1968, pp. 108-109.

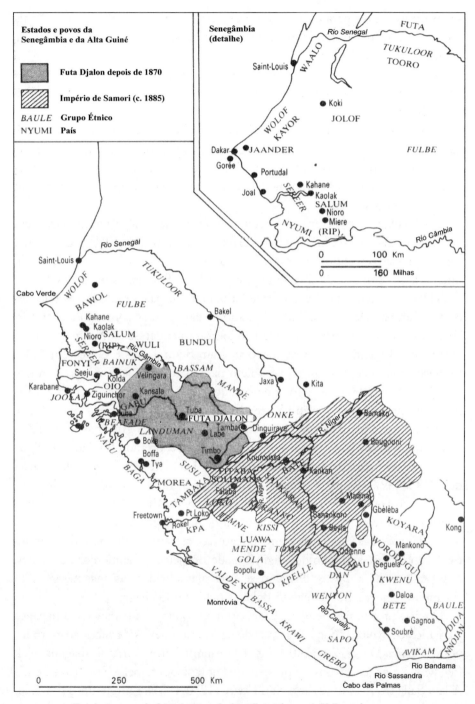

FIGURA 24.1 Estados e povos da Senegâmbia e da Alta Guiné (mapa de Y. Person).

seriam impotentes para enfrentar a grave crise que assim se inaugurava, cuja duração alcançaria o dia do estabelecimento do sistema colonial, imposto na qualidade de nova ordem.

Isso é particularmente nítido, ao Norte, no tocante aos reinos dos wolof e dos serere, pois que estas duas nacionalidades constituem uma unidade histórica bem distinta.

A derrota avassaladora de *almaami* Abdul-Kādiri Kaan, do Fouta-Toro, frente ao *damel* do Kayor (Cayor), Amari Ngone, em 1786, restabelecera o poder da aristocracia neste Estado e no Waalo. Mas, na justa medida em que os príncipes revelavam um retorno às práticas religiosas tradicionais, as massas acentuavam a sua conversão ao islã.

O Waalo era corroído em sua circunvizinhança imediata pela feitoria francesa de Saint-Louis, a qual cairia em mãos britânicas de 1809 a 1817. Ele igualmente sofria a pressão direta dos mouros trarza, aos quais recém havia cedido a margem direita do rio e dos quais ele não lograva repelir as frequentes incursões.

Justamente este país, fraco e transtornado, foi o palco onde novas relações com a Europa, não sem dificuldades, adquiriram os seus contornos. O tráfico ilegal organizava-se, entretanto, ele não logrou estender-se ao Norte da Guiné portuguesa. Quando os franceses reocuparam Saint-Louis e Gorée em 1817, foi necessário encontrar um novo objeto para as relações comerciais. A goma, as peles e a cera eram gêneros que qualquer camponês poderia produzir. Os franceses, no Senegal, a exemplo dos britânicos, mais ao Sul, em Serra Leoa, desejavam criar plantações em substituição àquelas das Antilhas. Este foi o objeto do grande esforço de colonização agrícola, sobretudo fundado no algodão, exercido pelo governador Schmaltz e o barão Roger à custa do Waalo, de 1819 a 1827. O projeto fracassou, por erros técnicos, falta de mão de obra, oposição ao comércio e hostilidade dos autóctones. Retornou-se então a uma política puramente comercial, mediante à qual os negociantes de Saint-Louis foram levados à acomodação, em função da crescente influência de grandes casas exportadoras, sobretudo originárias de Bordéus. Aquando das enchentes, os captadores de impostos dirigiam-se às escalas situadas nas duas margens do rio, moura e negra, rio-acima até Bakel, situada no Gadiaga.

Direitos progressivamente mais importantes foram momentaneamente pagos à aristocracia wolof, o que não fez senão agravar as guerras de sucessão, normais neste sistema. De 1827 a 1840, a luta é constante entre as matrilinhagens tejek (teedyekk) e os jos (dyoos), representados notadamente pelos *brak* Fara Penda Adam Sall (1827-1840) e Xerfi Xari Daaro (1830-1835). Entretanto, o povo não respondeu e tudo aparentemente arruinou-se em 1830, quando um movimento muçulmano, reprimido no Cayor, em 1827, e refugiado na fronteira do Waalo, passou a ser liderado por um homem de casta, o ferreiro Diile. Em algumas semanas, este último conquistou todo o país em nome de um islã igualitário e o sistema tradicional parecia destruído, porém ele seria brevemente restabelecido pelo governador de Saint-Louis, o qual interveio militarmente, massacrou Diile, arrestou-o e levou-o publicamente à forca.

Após isso, a França recusou-se a intervir na luta das facções, na qual se ingeriram progressivamente os trarza que atravessavam sistematicamente o rio e devastavam o Waalo. Renunciando ao combate, alguns dignitários formaram um partido mouro elevaram ao casamento, em 1833, a jovem *lingeer* Njambot (Ndyöböt), oriunda do clã tejek, com Muhammad al-Habīb, emir dos trarza, atitude que não conduziu à paz. O governador de Saint-Louis, furioso ao notar--se cercado por mouros, ofereceu desde então todo o seu apoio aos jos. Os tejek saíram entretanto vitoriosos e, com a morte de Njambot, em 1846, sob o manto de um *brak* fantoche, Mo Mbodj Maalik (1840-1855), o domínio do país passou para a sua irmã, Ndate Yalla.

Esta hostilidade na periferia de Saint-Louis tornava-se insuportável quando a França adotava uma atitude imperialista. A primeira tarefa de Faidherbe consistiu na total anexação do Waalo, em três campanhas militares, conduzidas de janeiro a junho de 1855. O país foi dividido em cinco regiões; entretanto, em que pese o despovoamento, o ocaso do velho reino seria mal assimilado. Em vão os franceses tentaram usar Léon Diop Sidia, herdeiro dos *brak* educado por eles: eles foram obrigados a deportá-lo para o Gabão. Entretanto, seria exatamente neste país, de 1855 a 1880, que os franceses poriam em prática os métodos administrativos e de conquista que demonstrariam a sua eficácia, pouco mais tarde em todo o Oeste africano.

Muito mais rico e povoado, comparativamente ao Waalo, e mais afastado de Saint-Louis, o Cayor primeiramente demonstrou fortíssima resistência. Desde meados do século XVIII até 1855, uma união pessoal passou inclusive a ligá--lo ao reino parcialmente seereer formado em Bawol (Baol). Neste caso e uma vez mais, a ascensão do islã, ao redor do centro de Koki, ameaçou a aristocracia tradicional. Malgrado a vitória real de 1786, os muçulmanos refugiaram-se em grande número no Cabo Verde, onde constituíram a "república" dos lébu. Os *damel* não lograram atingir a pequena costa senão pelo dificultoso porto de Rufisque; além disso, a província vizinha do Jaander (Diander), profundamente islamizada, não era segura. Após a repressão dos muçulmanos do Norte, em 1827, o reinado de Maisa Tenda Joor (1832-1855) foi, entretanto, um período de calmaria.

Porém, começa a seguir a crise derradeira. Os franceses, comprimidos em Gorée, ocuparam Dakar em 1857 e rapidamente projetaram uni-la a Saint--Louis por telégrafo. O Cayor encontrar-se-ia desde logo preso. Ele mergulharia na desordem durante os breves reinados de Makodu (1859-1861) e Majoojo (Madiodio) (1861-1864). Contudo, após 1862, o partido da resistência ao *damel* conduziu a eleição do jovem Laat Joor Ngone Latir Jop (Lat-Dior). Cassado pelos franceses, este último refugiou-se junto a Maba, o chefe muçulmano de Salum, convertendo-se ao islã em sua forma tijāni. A confraria de al-Ha<u>djdj</u> 'Umar Tal e diversos movimentos religiosos semelhantes proliferariam muito rapidamente em um país que não conhecia senão a velha Kādirīyya. Esta diversidade anunciou o fenômeno marabuto, marcante na região no período colonial e futuro constituinte de um dos aspectos da resistência africana. Sabemos que a crise europeia de 1867 e, com maior intensidade, o desastre de 1870 incitaram a França ao recuo além-mar/aquém-mar. Laat Joor, novamente em Cayor como chefe de cantão, conquistou o título de *damel* e imediatamente dedicou-se a concluir a islamização do país, com vistas a restabelecer a união entre a aristocracia e o povo. Ele articulou com a França, decidido a não ceder fundamentalmente em sua ação. Justamente com a ajuda dos franceses, em 1875, ele expulsou o marabuto tukuloor Amadu Sheku, do Jolof, para ali empossar o seu parente al-Buuri Ndyay.

Entretanto, já desde 1850, a cultura do amendoim expandiu-se em toda a Senegâmbia, estabelecendo assim a sua dependência perante o mercado mundial. Esta situação seria consumada, em 1879, pelo projeto da estrada de ferro Dakar-Saint-Louis, em princípio aceito por Laat Joor. Entretanto, ele percebeu estar em vias de perder o seu país e, após ter tergiversado, interrompeu os trabalhos em 1881, preferindo a resistência sem esperanças à submissão. A sua morte, após uma longa guerrilha, em 1886, marcaria o fim do reinado e a instalação da ordem colonial.

Pobre e isolado no interior do país, os jolof também enfrentaria a ascensão do islã, não sentindo tão diretamente a influência da Europa. A sua história está ligada àquela do Cayor, contudo, al-Buuri seria capaz de prolongar a sua resistência até 1890, ora ativa, ora passivamente. Recusando-se a aceitar a submissão, ele então se somou a Ahmadu de Ségou, filho de al-Ha<u>djdj</u> 'Umar, e com ele ganhou os confins de Sokoto, onde encontraria a morte, aproximadamente no ano 1900, em um dos últimos setores da África livre.

Apesar de uma língua muito diferente, muito mais próxima do fulfulde dos fulbes que do wolof, os seereer, com o seu notável sistema agro-pastoral, formaram, a partir do século XIV, sólidos reinos fundados no mesmo tipo de organização social que os reinos wolof. O Siin (Sine), puramente seereer, ignorou absolutamente o islã até a colonização francesa. O Salum, mais potente, era menos homogêneo. No século XVIII, ele estava em plena expansão militar e estendia o seu território até o Gâmbia. Todavia, estas terras a Leste eram exclusivamente povoadas pelos wolof e malinke. A autoridade dos *maad* (buur) impôs-se fora do Salum, ao Sul, sobre os velhos reinos malinke do Nyumi e do Baadibu (Rip). O islã, minoritário estava invariavelmente presente sob a sua forma wolof-tukuloor ou sob a sua forma malinke. O único setor puramente seereer que permaneceu ligado às tradições foi a província vizinha da capital, Kahane (região de Kaolack).

Nesta área, iniciou-se muito cedo a cultura do amendoim, exportada simultaneamente pelo Gâmbia e pela Pequena Costa (Joal, Portugal), onde as missões católicas atuavam desde 1849. Elas esperavam tirar proveito da ausência do islã e da existência de uma antiga comunidade luso-africana, a qual recém-abandonara o emprego do crioulo português.

A exemplo do Baixo Senegal, a aristocracia tradicionalista, seereer ou malinke, encontrava-se em uma difícil situação, acuada entre as exigências dos europeus e o islã contestador, o qual contra ela organizou os camponeses e as minorias. O dinamismo da Tijāniyya veio incorporar-se a este contexto, com a visita de al-Hadjdj 'Umar, aproximadamente em 1847, antes de iniciar a sua guerra. Seria um dos seus discípulos, Maaba Jaaxu (Maba), um marabuto tukuloor instalado nas comunidades wolof do Baadibu, que viria transtornar a antiga ordem. Em homenagem ao seu mestre, ele batizou a sua residência com o nome Nioro.

A "guerra dos marabutos" abatia-se desde 1845 sobre o Kombo, nos arredores de Banjul, ao Sul do rio, quando, em 1859, Faidherbe e o governador da Gâmbia, Benjamim d'Arcy, lançaram uma ação convergente sobre o Salum (ocupação de Kaolack) e no Baadibu. Em 1861, Maba levantou os muçulmanos do Baadibu, do qual brevemente ele seria o mestre, e em seguida interviria na guerra civil do Nyumi, onde limitou os seus sucessos, para não desagradar aos britânicos. Após unificar os muçulmanos do Salum oriental, ele lançar-se-ia em 1862 ao assalto deste Estado, cujo *buur*, Samba Laobe Fal, mostrar-se-ia incapaz de opor-lhe resistência, apesar do apoio dos franceses. A partir desta região, com o apoio de Laat Joor, ele se tornaria mestre de uma parte do Bawol e de todo o Jolof, em 1865. À ameaça sobre Cayor, os franceses reagiriam queimando Nioro, no Baadibu, após uma indefinida batalha.

O fim, entretanto, originou-se alhures. Em julho de 1867, Maba invadiu o Siin, enfrentando, todavia, neste país homogêneo sem muçulmanos, uma verda-

FIGURA 24.2 Chefes da região costeira de Mandinka na Gâmbia em 1805.

deira resistência nacional dos seereer. Ele foi então derrotado e morto pelo *buur* Kumba Ndofen Juuf (Diouf) (1853-1871).

O império mal unificado de Maba rapidamente enfraquecerá em meio às querelas dos seus sucessores, permitindo certa reconstrução do Salum, onde a intervenção dos franceses de Kaolack seria de mais em mais direta. Namur Ndari, sucessor de Maba, estendeu contudo a sua influência rio acima, na Gâmbia, atingindo Niani e o Wuli, porém as suas intervenções ao Sul do rio foram mal-sucedidas. Os franceses ocupariam a região sem dificuldades em 1887.

A Alta Guiné e o Fouta-Djalon

O Gâmbia, navegável em centenas de quilômetros, garantia há séculos o escoamento por via marítima da produção das minas de ouro em países mande, no Alto Senegal e no Alto Níger. Mais ao Sul, entramos em um mundo diferente, a Alta Guiné, onde povos de cultivadores sem tradição de centralização política, frequentemente empregando línguas oeste-atlânticas, controlaram durante muito tempo a costa. A zona sudanesa não estabeleceu de fato ligações com o mar, da Monróvia ao Gâmbia, senão a partir do século XVIII. Também nesta região estabeleceu-se um dos mais antigos centros de influência europeia, na Guiné-Bissau, berço da cultura crioula e, posteriormente, em Serra Leoa e na Libéria. Como a Senegâmbia, esta região teve certa importância para o tráfico negreiro desde o século XVI, embora o seu papel tenha declinado durante o século XVIII.

Além da zona costeira, os dois mais importantes povos eram os malinke, cujo império do Kaabu (Gabu) sem dúvida remontava ao século XIII e era independente do velho Mali desde o século XVI, e os fulbes, presentes ao menos desde o século XV embora não tivessem constituído o Estado muçulmano do Fouta-Djalon senão em 1727.

No início do século XIX, a influência portuguesa estava em declínio, porém o tráfico clandestino prosseguiria por um período relativamente longo, de parte a outra do centro antiescravagista de Serra Leoa. O Kaabu dos malinke dificilmente manteve a sua influência até as margens ao Sul do Gâmbia, mas os seus antigos vassalos, os costeiros bainuk, estavam a caminho da ruína. Os foa (balanta), camponeses sem tradição de centralização política, destruiriam a capital dos bainuk em 1830 e a maior parte dos sobreviventes seria assimilada pelos malinke ou pelos joola (diola), estes robustos rizicultores, tradicionalistas e "anarquistas", que controlavam toda a zona costeira ao Norte. Ao Leste, os fulbes do Fouta-Dijalon dominavam os malinke até a Gâmbia (Kantora). No Kaabu e dependências, a maioria fulbe ganhou maiores proporções, tendo dificilmente suportado a sua posição subordinada.

Justamente neste momento os franceses instalaram-se em Casamance, na Karabane, no ano 1836, em seguida em Seeju (Sediou), no ano 1838. O comércio de amendoim organizou-se rapidamente, com previsíveis consequências econômicas e sociais[4].

Entretanto, a perturbação da antiga ordem começou em 1859, quando o Fouta-Dijalon e, particularmente, o grande *alfaa-mo-Labe*, Yaya Mawdo, iniciaram uma decisiva luta contra o Kaabu, cujo rei Yargi Sayon foi assassinado. O velho império entrou em colapso no ano 1867, na catarata de Kansala (situada na futura Guiné portuguesa), após o *almaami* Umara de Timbo ter se juntado ao *alfaa-mo-Labe*. Dentre os reinos malinke vassalos, o Brasu rapidamente sucumbiria frente a Alfaa Moolo, mas o Oio manteria a sua liberdade até a conquista portuguesa em 1905.

A queda do Kaabu teve consideráveis repercussões, uma vez que os fulbes revoltaram-se contra os seus mestres malinke até as margens do Gâmbia. Em 1869, Alfaa Moolo, personagem de origem obscura, organizou o reino do Fuladugu, de Kolda a Velingara, rio acima a partir de Seeju. Ele reconheceu vagamente a autonomia de Timbo, aplicando uma política de assimilação sistemática dos seus sujeitos. Até a sua morte, em 1881, este neo-muçulmano seria o grande obstáculo dos malinke.

Estes últimos tentaram se organizar em torno de Seeju com Sunkari Kamara, cuja oposição ao comércio brevemente lançá-lo-ia contra os franceses. A revolta por ele desencadeada em 1873, contra a influência francesa, estaria contudo fadada à derrota, haja vista que os balanta e os fulbes de Muusa Moolo (filho de Alfaa Moolo) haviam cerrado fileiras junto aos franceses. Sunkari foi levado a submeter-se, antes de se lançar, em 1882, em uma derradeira e vã revolta que marcaria o fim da sua carreira.

Mais eficaz foi o reagrupamento dos malinke ribeirinhos da Gâmbia, realizado em torno de um chefe religioso de origem jaaxanke (dyakhanke, alto Senegal), o famoso Fobe Kaba Dumbuya. A partir de 1875, ele se transformou em chefe de guerra, com o apoio de indivíduos de Maba, para resistir a Alfaa Moolo. Entretanto, este último expulsou-o rumo ao Oeste e, a partir de 1878, Fode Kaba manter-se-ia dominante, ao conquistar os joola (diola, dyola, jola, djola) do Fonyi, os quais ele parcialmente converteria ao islã.

---

4   D. M. Hart, 1967, 1970; E. Gellner, 1972, 1969, pp. 35-69; E. E. Evans-Pritchard, 1949, pp. 29-61.

A resistência dos malinke da Casamance, constritos entre os fulbes e franceses, finalmente demonstrou-se eficaz, em razão deles terem logrado preservar a sua nacionalidade, aliando-se massivamente ao islã sob a influência de Sunkari e Fode Kaba. A aliança com a França, desde 1883, promovida por Muusaa Moolo, filho de Alfaa Moolo, seria contudo capaz de conceder certa vantagem aos fulbes. Tirando proveito das rivalidades franco-inglesas, o Fode Kaba seria capaz de se manter na fronteira da Gâmbia, até a sua derrota em 1901. Quanto à resistência armada dos "anarquistas", como os joola, ela manter-se-ia até 1913, quiçá até o imediato posterior à Primeira Guerra Mundial.

Da Gâmbia à Serra Leoa, a história de toda a região foi dominada, desde o início do século XVIII, pela evolução do grande Estado fulbe do Fouta-Djalon[5]. Graças a ele, o comércio de longas distâncias, caracterizado por influências sudanesas, desembocava fortemente no mar, onde ele se associava aos europeus, ao passo que, até o início do século XVIII, ele apenas dificilmente ocorria, neste mundo marcado por sociedades descentralizadas. Rotas de caravanas regulares desciam rio abaixo desde então do alto Níger, através dos altos planaltos do Fouta, em direção às feitorias portuguesas do rio Geba (Bissau, Buba), rumo ao rio Nuñez e ao rio Pongo, onde os franceses construíram Boke, em 1866, e Boffa, em 1867, assim como em direção a Serra Leoa. Nesta região, surgia novamente o amendoim, embora ele estivesse no limite da sua fronteira natural: tratava-se justamente da famosa costa dos rios, tão cara aos viajantes franceses do século XIX. Os ingleses, os quais a consideravam desde Serra Leoa, denominavam-na "os rios do Norte" (Northern Rivers). Em razão dos seus profundos recuos e das suas baías de difícil acesso, esta região foi um dos pontos onde o tráfico clandestino de negros prosseguiria de modo mais duradouro, até meados do século.

Esta persistência explica-se pela proximidade do Fouta-Djalon, uma vez que o grande Estado fulbe, muito ávido por escravos, pilhava e importava grande número destes últimos no interior do país ou deles apoderava-se como meio de pagamento cobrado junto às minorias costeiras. Alguns estavam então disponíveis para a exportação. No início do século XIX, a sociedade fulbe do Fouta-Djalon aparentava estar relativamente estabilizada. Os vencedores da guerra santa constituíram uma nova aristocracia, estabelecida à frente de uma sociedade extremamente rígida e hierarquizada. Ao nível do Estado e na esfera das amplamente autônomas nove províncias (*diiwal*) que o constituíam, tanto quanto no âmbito das "paróquias" (*misiide*), as quais uniam uma localidade "nobre" e

---

5   E. Gellner, 1978.

numerosas aglomerações de agricultores, era justamente uma classe altiva e certa de si que imperava. Os vencidos, sobretudo antigos jalonke (yalunke), foram oprimidos a ponto de perderem a sua língua; as suas fileiras foram acrescidas por escravos importados. Compondo ao menos três quartos da população, eles eram fortemente vigiados e duramente explorados. Em meio às redes desta cruel sociedade, encontramos os marginais, excluídos e no limite da legalidade. Foram especialmente as linhagens fulbe pobres que não puderam se amparar de terras durante a guerra, sobrevivendo de magros rebanhos nos intervalos territoriais localizados entre as *misiide*. No ativo, pode-se agregar uma notável difusão da cultura islâmica, acompanhada, fato raro na África negra, por um frequente emprego da língua fulfulde, em uma forma escrita. Embora fosse muito culta, a aristocracia caracterizava-se entretanto pela criação de animais e pela guerra, assim como por certas modalidades aventureiras de comércio. A tradição cultural, fundamento da construção política, permanecia viva e localizava-se no *diiwal* de Fugumba, no qual os marabutos arbitravam as lutas políticas, consagrando os *almaami*.

No entanto, os fulbes não preservaram o monopólio da função religiosa, inclusive dela confiaram o mais prestigiado exercício a alógenos, considerados neutros. Ela foi obra de uma minoria étnica muito bem conhecida, os jaaxanke, os quais cobriam, desde o século XVI, a Gâmbia, o Fouta e a Região dos Rios, com as suas empresas comerciais. Os joola (diola) do Oeste eram, primeiramente, homens de religião e, em princípio, não violentos. No Fouta, à margem do comércio de longas distâncias, eles tornaram-se os mestres da cultura religiosa desde que fundaram Tuba, nas proximidades de Labe, aproximadamente em 1810. A aristocracia encorajou-os, em razão da sua neutralidade política e a sua influência extensa de Kankan, na bacia do alto Níger, até as feitorias europeias de Serra Leoa.

A potência do Fouta-Djalon repousava a sua força militar sobre esta massa de cavaleiros vestidos de branco que desciam dos altos planaltos rochosos para executarem as incursões, a eles retornando logo após as ações. Entretanto, esta força dependia da sua unidade política, quase totalmente abalada em seus fundamentos pelas perturbações ao final do século XVIII. Em um reflexo de sobrevida, a aristocracia limitou os danos ao ratificar o compromisso de 1799. Cada uma das duas grandes famílias, *alffayaa* e *soriyaa*, designava simultaneamente um *almaami* e estes dois personagens reinavam alternadamente em Timbo onde cada qual exercia o seu poder de dois em dois anos. Este célebre compromisso não foi invariavelmente respeitado e provocou inumeráveis combates; porém, essencialmente, ele mostrou-se eficaz. As guerras civis eram na realidade um

FIGURA 24.3   Vista de Timbo, capital de Futa Djalon, c. 1815.

traço estrutural, uma via normal de acesso ao poder e a regra limitava a violência. Em razão destas circunstâncias, elas próprias, a explosão do Estado encontrava-se excluída: estava presente a clivagem entre os dois partidos ao nível de cada *diiwal* e de cada *misiide*. Assim sendo, embora o grande *diiwal* do Norte, o Labe, dominado pelos jallo (diallo), fosse sozinho mais potente que todo o restante do Fouta, ele não sonhou em nenhum momento, em separar-se deste último.

Embora não fossem menos profundas, estas divisões limitavam a potência de agressão do fulbes. Com efeito, no início do século XIX, o território do Fouta estava constituído e não mais se estenderia, cabendo ao Labe constituir a grande exceção. Aqueles dentre os jalonke que não haviam sido subjugados organizaram-se ao Leste e ao Sul, apoiados pelos malinke aos quais progressivamente assimilar-se-iam. Assim sendo, constitui-se o reino de Tamba que fecharia a rota do Níger e dominaria as minas de ouro do Bure. Deste modo, organizou-se o Solimana, entorno da fortaleza de Falaba, a qual fecharia a rota do Sul aos fulbes, igualmente barrada por Farana, instalado nos vaus do Níger, pelos malinke do Sankaran.

No início do século XIX, a única exceção a este bloqueio de fronteiras foi Labe que, à época, rumo ao Norte, não ultrapassaria o curso superior do rio Grande. Contudo, a partir dos anos 1810-1820, ele se lançaria além destes limites e rapidamente atingiria a alta Gâmbia, onde dominaria os malinke do Kantora. Esta expansão, responsável por um verdadeiro genocídio junto a diversos povos tradicionalistas da família badiar ou tanda (chapi, pakesi, bassari), foi obra dos potentes *alfaa-mo-labe*, na ocasião fortalecidos pelos próprios *almaami*, os quais convocariam às armas todo o Fouta para uma espécie de cruzada. Este seria especialmente o caso de Umaru, *almaamia* soriya, de 1840 à sua morte em 1869, que compensaria, com as suas guerras ao Norte, as suas derrotas frente aos hubbu. Vimos que esta expansão triunfou definitivamente com a destruição, em 1867, do Império Malinke do Kaabu e com a associação, ao menos provisória, do novo Estado fulbe de Alfaa Moolo.

Enquanto o Labe desenvolve-se ao Norte, a luta das facções entorno de Timbo primeiramente não passava de um jogo estéril e sangrento, ao longo da primeira metade do século. O detalhamento desta situação é bem conhecido, vão seria aqui retraçá-lo. Após a interminável luta que opôs, no início do século, 'Abdullaahi-Babemba (*alfaayaa*) e 'Abdul-Gadiri (*soriya*), o filho do primeiro, Bubakar Mawdo, manteve-se durante doze anos no poder, violando a alternância (1827-1839). A guerra civil atingiria o seu auge em 1844, quando al-Hadjdj 'Umar, retornando da sua famosa peregrinação, instalou-se no Fouta e impôs a aceitação da sua mediação.

O sistema funcionaria doravante quase regularmente; entretanto, não se poderia explicá-lo unicamente pelo crédito do marabuto da Tijāniyya, que inclusive abandonara o Fouta, aproximadamente em 1847. Na realidade, a partir de meados do século, a aristocracia do Fouta logrou calar as suas querelas, em razão da sua necessidade de enfrentar um perigo sem precedentes: a revolta dos hubbu.

Os *Hubbu rassul-Allaahi*, "aqueles que amam o Enviado de Deus", adquiriram um perfil de uma seita religiosa composta por membros extremistas e puritanos da Kādiriyya, os quais se distanciavam da aristocracia fulbe, no momento em que esta última passava, em grande parte, para a Tijāniyya, sob a influência de al-Hadjdj 'Umar, todavia incitando este último a deixar o país, temendo o seu radicalismo. Era certamente deste modo que o fundador, Hubbu Moodi Mamadu Juhe (Dyuhe), renomado sábio que estudara na Mauritânia junto a Shaykh Sidia, via as coisas. Embora as pesquisas fundamentais não tenham sido realizadas, pode-se entretanto avançar a hipótese segundo a qual esta efervescência religiosa permitiu aos excluídos da sociedade fulbe organizarem o seu protesto. Os hubbu aparentavam ter reunido fulbes marginais, excluídos da partilha, com servos de origem jalonke ou escravos recém-importados. O movimento estourou quase de modo generalizado atravessando o Fouta; em 1849, entretanto, ele foi julgado no conjunto do país, os insurrectos refugiaram-se na periferia, na zona costeira ou em direção ao alto-Níger. Estes últimos, sob a direção pessoal de Juhe, em seguida do seu filho Abal, protegeram-se no Fitaba, constituindo-se desde logo em uma temida ameaça, jamais eliminada pelos *almaani*. Malgrado a sua fraqueza numérica, eles atraíram para si marginais de toda origem, criando em sua fortaleza, Bokeeto, uma atmosfera de febril misticismo. Eles foram temidos combatentes e devem ter despertado algo na consciência dos fulbes, pois que os *almaani* não lograram, em absoluto, mobilizar estes últimos contra aqueles. Os hubbu poriam Timbo às chamas, em duas ocasiões, e todos os ataques lançados contra Bokeeto encontrariam o fracasso. Em 1871, o *almaani* alfaayaa, Ibraahiima Sori Daara, morreria tentando derrotar a fortaleza. Seria finalmente necessário que os fulbes apelassem a Samori, cujo acesso ao mar era perturbado pelos hubbu, para que este foco de contestação fosse esmagado, em 1884.

A aliança com Samori, chegado às suas fronteiras em 1879, mostrar-se-ia proveitosa para os fulbes do Fouta, os quais lhe venderiam bois em troca de escravos. Mesmo com a diminuição da ameaça, esta sociedade não seria todavia capaz de manter o equilíbrio entre as suas divisões, não oferecendo senão uma fraca resistência à conquista colonial.

Substituindo uma estrutura política esfacelada, a formação do Fouta-Djalon abrira um imenso espaço para o comércio sudanês direcionado ao caminho do mar, não obstante a segurança permanecesse relativa e embora a aristocracia fulbe tivesse uma curiosa concepção acerca da proteção às caravanas. René Caillié, que atravessou o país de Boke ao Níger, testemunhou desta situação desde 1827.

A abertura do litoral às influências sudanesas transformaria profundamente a civilização dos povos das terras baixas, com tamanha intensidade que muitos dentre eles seriam obrigados a aceitar a autoridade política da Fouta-Djalon[6].

Em direção Noroeste, os fulbes dominavam grande parte da atual Guiné-Bissau, este domínio foi ampliado em sua extensão após a queda de Kansala (1867). Mais ao Sul, eles controlavam a navegação do rio Nuñez, impondo a sua autoridade sobre os landuman de Boke, junto aos quais era feita a ligação

---

6   A. Martel, 1965, vol. 1, pp. 101-132. Sobre o papel dos britânicos no bloqueio da progressão francesa rumo a Ghadāmes, consultar: A. A. Boahen, 1964, pp. 132-212.

com os brancos. Embora tenham massacrado os comerciantes fulbe em 1840, os landuman foram incapazes de se libertar e se lançaram em uma longa guerra civil de 1844 a 1849. Em 1856, Faidherbe levou-os a precocemente entrar na era colonial, construindo um forte.

Na faixa marítima, os biafada na Guiné Bissau e os nalu no rio Nuñes escapavam à autoridade dos Fulbe em eu país alagado, porém em nada perturbavam o comércio com os brancos. Conquanto a sua cultura sequer se assemelhasse àquela dos mande, a linhagem nalu dos tawela reivindicava para si a mesma origem; tal estado de coisas foi ilustrado pela ambígua resistência do rei Dina Salifu frente à autoridade francesa.

Foi mais ao Sul, no rio Pongo, junto aos soso (susu), vizinhos de Boffa, que a autoridade de Timbo fora mais forte. Parentes próximos dos mande, os soso tinham então uma cultura profundamente marcada pelo substrato costeiro e florestano, bem como e especialmente pelos baga, parentes dos temne, os quais teriam sido assimilados pelos soso. Eles haviam sido fortemente atingidos pelo tráfico negreiro e a influência europeia caracterizava-se, em seu contexto social, pela existência de numerosas famílias de mestiços, originadas pela presença de mercadores de escravos americanos ou britânicos. Pela ação destes últimos, o tráfico clandestino não decidia extinguir-se. Posicionados nos confins do Fouta--Djalon, os soso percebiam no entanto a infiltração do islã e a sua cultura voltaria a ser fortemente influenciada pela cultura sudanesa, em ritmo crescente durante a era colonial. Aqueles do rio Pongo constituíam o reino de Tya, dominado pelo clã damba (kati). A "guerra dos mulatos", iniciada em 1865, saldou-se pela derrota do partido escravagista e pró-fulbe: os lightburn timbo recém se haviam resignado a este fracasso quando ocorreu a ocupação francesa em 1868.

Mais ao Sul, a autoridade do Fouta não se estendeu até o mar, mas a influência sudanesa não era menos profunda. Desde meados do século XVIII, o Moera (Melakori) era dominado por uma linhagem do clã ture, linguisticamente assimilado aos soso e proveniente graças ao comércio de Kankan, mantido todavia estritamente muçulmano[7]. Os *almaami* deste pequeno Estado impuseram-se com a ajuda dos jalonke do Solimana. A partir de 1865, uma interminável guerra civil dividiu-os, opondo o partido islamizante do *almaami* Bokari aos "malaguistas" de Maliki Gheli. A instalação dos franceses, não distantes, em Benty desde 1869, não traria nenhuma solução, pois que, este conflito tornar-se-ia um elemento da rivalidade fronteiriça franco-inglesa. Ele suscitaria a intervenção

---

7 Para uma história geral da Tripolitânia, conferir L. C. Féraud, 1927. Para uma história da Awdjila, consultar J. P. Mason, 1971, pp. 200-206, e a *Révue d'histoire maghrebine*, 1976, vol. 6, pp. 180-188.

dos temne de Satan Lahay e dos soso de Karimu, senhores do Tambaxa e grande inimigo dos ingleses. Samori, ele próprio, interviria após 1884 e o assunto não seria resolvido senão após a delimitação franco-inglesa de 1889.

O caso do Morea ilustra a contento o fenômeno sociocultural em curso, desde o século XVIII, na região costeira dos Rios. Os povos de línguas diversas que viviam em civilizações agrícolas costeiras haviam sofrido, no século XVI, um impacto proveniente do Norte, a invasão somba; porém, eles não o haviam absorvido. Desde então, com a chegada ao mar do comércio sudanês, estas culturas transformaram-se profundamente. Instalaram-se de modo generalizado linhagens malinke ou fulbe, impondo-se politicamente e introduzindo um novo conceito sobre a política. Assim sendo, sociedades igualitárias e pouco hierarquizadas aceitaram uma organização baseada em chefaturas guerreiras, quase Estados. Estes povos guardaram entretanto a sua particularidade cultural: estes recém-chegados, pouco numerosos, foram totalmente assimilados no plano linguístico. Este fenômeno cobriu essencialmente o Sul do país soso e os domínios dos limba, loko e temne. Ele se interrompeu nitidamente na altura de Serra Leoa, ou seja, no seio do domínio florestano do Sul, extremamente fechado às rotas do comércio sudanês. Fenômenos sociais maiores estenderam-se, no entanto, muito mais além. Deste modo, a vida social e política dos temne kpelle da Libéria era dominada por grandes sociedades de iniciação, dentre as quais a mais conhecida, própria aos homens, frequentemente denominada *poron* (a ser comparada com o *poro*, dos senufo)[8]. Trata-se portanto de um dado social fundamental, transcendente aos limites das zonas históricas logo acima por mim definidas.

Os loko, vanguarda dos mande, encontravam-se isolados entre os temne e os limba, fortemente acuados. Eles sobreviveriam sob a direção de uma linhagem de origem malinquê que lhes proveria um grande chefe, Pa-Koba, aliado de Samori[9].

Os temne, falantes de uma língua oeste-atlântica próxima do baga e do landuman, foram obrigados a ceder Serra Leoa, após 1787, à colônia inglesa que servia como base à cruzada anti-escravista e onde viria brevemente constituir-se

---

8   D. D. Cordell, 1977*a*; E. E. Evans-Pritchard, 1949.

9   Para uma exposição geral a obra a resistência no interior da Tripolitânia, consultar A. Martel, 1965, pp. 103-106; no que concerne uma história detalhada dos Awlād Sulaymān, sobre a qual apoia-se a exposição pré-citada, consultar D. D. Cordell, 1972, pp. 11-45. Neste caso, *soff* refere-se um pacto realizado entre os Awlād Sulaymān e um outro grupo de beduínos; porém, as alianças *soff*, à imagem das alianças *leff* no Marrocos, igualmente eram capazes de unir grupos no interior de uma cabilda e, eventual e parcialmente, substituir as relações de descendência ou se opôs a elas.

a etnia crioula (krio). O seu grande centro foi Porto-Loko, destino das caravanas do Fouta e do alto-Níger, onde os soso tomaram o poder ao final do século XVIII. Em 1818, indivíduos temne islamizados expulsaram os soso e seu chefe, o *alkali*, aliando-se aos britânicos a partir de 1825. O Norte do país temne era dominado por Kambia, onde reinava a família Satan Lahay que pretendia, malgrado a sua total assimilação, ser originária dos ture do Bate (kankan). Ao Sul do Rokel, os yoni, os quais compunham a vanguarda dos temne, sentiam-se isolados na justa medida do desenvolvimento do comércio de Freetown, em torno deles, e da expansão dos kpa mende, fechando-lhes o Sul. Eles se lançariam em longas guerras para se libertarem e a resolução do problema seria obra da armada britânica, em 1886.

Porém ao Sul do Rokel, entramos em um novo setor onde a imponência do maciço florestal impediu a manutenção das ligações sudanesas esboçadas no século XVI. O tráfico negreiro, em contrapartida, exerceu-se fortemente na região costeira e persistiria até 1845, na clandestinidade, em que pese a proximidade com Freetown e Monróvia. O interior não se estruturaria e tampouco se esclareceria aos nossos olhos, senão em meados do século, quando uma rede comercial animada pelos crioulos de Serra Leoa iria penetrá-lo, encetando a sua integração ao mercado mundial, todavia sem alcançar os destinos das pistas sudanesas, como ocorrido ao Norte. Este novo campo de forças multiplicaria os conflitos locais, imprimindo-lhes uma nova configuração.

Ao Sul dos temne, o século XVIII foi o momento da potente retomada da expansão de um grande povo mande do Sul, os mende, parentes próximos dos toma. Eles se aproximaram do mar ao terem absorvido os bulom, os quais se encontravam desde logo definitivamente separados dos kissi. Os mende constituíram grandes chefaturas guerreiras, quase pequenos Estados, cabendo às mulheres, em seu meio, um excepcional papel político. A sua vanguarda, os kpa-mende, aos quais a luta contra os yoni atrairia para a aliança britânica, seria governada, aproximadamente em 1880, pela famosa Madam Yoko. Em direção ao extremo leste do domínio mende, a grande chefatura de Luawa seria dominada, ao final do século, por um potente conquistador de origem kisse, Kai-Lundu, cuja armada de mercenários enfrentou as vanguardas samori e invadiu profundamente os países kpelle e toma, na atual Libéria[10].

---

10 A. Bernard, 1906, pp. 16-110; no que tange à região fronteiriça entre a Argélia e o Marrocos, referir-se a R. E. Dunn, 1977, pp. 137-175; em relação à vitória sobre os tuaregues, consultar J. Keenan, 1977, pp. 72-85.

O avanço dos mende separou dois povos mande muito próximos, os kono, encravados nas montanhas do interior, onde se escondiam diamantes até então desconhecidos, e os vai, estabelecidos o mais tardar em meados do século XV, na costa, no limite entre Serra Leoa e Libéria. Estes últimos mantinham chefaturas assaz importantes, oriundas do "Império" somba do século XVI, e participaram ativamente do crescimento do tráfico negreiro, marcante na região no século XVIII. Não causa espécie, portanto, que eles tenham colaborado com o tráfico clandestino cujo mais eminente representante em sua região foi o espanhol Pedro Blanco, até aproximadamente 1845. Estas relações ambíguas com o mundo exterior suscitaram uma forte aculturação dos vai, embora tenham igualmente valorizado a sua iniciativa criadora. Com efeito, foi por volta de 1818 que eles inventaram, em condições obscuras, um dos raros sistemas de escrita tipicamente africanos[11].

Contudo, após o século XVIII, os vai e os seus vizinhos a Leste, os de da Monróvia, falantes da língua kru, encontravam-se comprimidos na costa, em razão da extremamente vigorosa expansão de um povo do interior[12]. Tratava-se dos gola que, falantes de uma língua oeste-atlântica como os kissi, deixaram a sua pátria do Kongaba para expandirem-se em direção ao mar, empurrados para o Norte pelos mende e povos aparentados. No início do século XIX, a sua vanguarda, alcançando o contato com os kpelle, interpunha-se entre a costa e a rota do Sudão.

Atingimos, na realidade, o eixo do Saint-Paul que unia a costa da Monróvia às altas terras do Konyan, marcando o limite do mundo sudanês dos malinke. Em seu conjunto, a barreira florestal permanecera inviolada ao Sul do Rokel, assim como da ligação do alto-Níger e da costa de Serra Leoa, atravessando o Fouta-Dijalon, até o Bandama e inclusive no Comoé, bem além rumo ao Leste. Este eixo do Saint-Paul, abertura isolada entre a savana e o mar, determinante na configuração da Monróvia e na localização dos vai, foi valorizado em virtude da grande invasão somba no século XVI, entretanto, entrara posteriormente em inatividade. No século XVIII, quando o tráfico negreiro desenvolveu-se da Serra Leoa à costa dos kru, tal rota, ao permitir o escoamento dos escravos provenientes do interior, conheceu novo vigor. Assim sendo, ao final do século, um afluxo de malinquê vindos do Konyan constituiu o Estado guerreiro do Kondo, em

---

11 R. E. Dunn, 1972, pp. 106-107 e pp. 31-49, 137-175; E. Burke III, 1972, pp. 176-178, e 1976, pp. 1-40; J. M. Abun-Nasr, 1975, pp. 284-303; sobre os kunta, conferir A. Zebadia, 1974, e A. A. Batran, 1974.

12 C. R. Ageron, 1968, vol.1, pp.3-56, 239-265, 367-393, e vol. 2, pp. 737-858; A. Bernard e N. Lacroix, 1906, pp. 122-126.

torno da chefatura de Bopolu. Encarregados em manter aberta a via, os chefes de Bopolu organizaram, no baixo Saint-Paul, uma confederação de chefaturas loma (toma), kpelle (guerze), vai, de e gola. Pouco após 1820, Bopolu tornou-se a capital de um oficial por mérito, o famoso Sau Boso, que estreitamente ligar-se-ia, à imagem dos vai, aos fundadores da Libéria. Após 1830, no entanto, o seu poder foi ameaçado pelo chefe Gola Jenkins e, após a sua morte, em 1836, a hegemonia do Kondo sucumbiria[13]. Seriam justamente os gola, hostis e doravante hegemônicos, com os quais deveriam negociar os liberianos: notadamente, este estado de coisas estaria à origem da viagem de Anderson que alcançaria o Konyan, em 1869. Os samorianos interviriam para reabrir a rota, após 1885, e somente em 1898 uma parte dos gola aliar-se-ia ao governo do Monróvia.

O bloco kru

De Monróvia a Bandama, o último setor costeiro que nós devemos examinar serve como fachada ao enorme e maciço florestal, habitado pelos povos da família kru[14]. Cultivadores da floresta, caçadores e também notáveis marinheiros, sabemos que os kru distinguiam-se pela antropologia física (ausência de siclemia) e pelas línguas tonais por eles faladas, cuja tamanha originalidade impossibilitava a sua filiação a qualquer outro grupo conhecido.

Nesta ocasião, nenhuma comunicação entre o mar e a savana era possível a Oeste do Bandama, cujo vale inclusive foi fechado pelos baulê (baoulé), no início do século XVIII. Os rios eram pouco navegáveis. Neste país protegido, no qual as sociedades não conheciam nenhuma tradição de centralização política ou de comércio a longa distância, este último foi substituído por um sistema de intermediação que assegurava as trocas entre povos vizinhos. O passado deste país é, portanto, caracterizado pela existência de pequenos grupos que se cindiram ininterruptamente para ocupar o espaço, pelas suas trocas culturais e técnicas e pelas suas relações com o comércio marítimo europeu ao longo dos séculos precedentes. O nome kru aparenta representar uma deformação de krawi, nome de uma das etnias costeiras do grupo ocidental, entre os bassa e os grebo. Este nome foi estendido ao conjunto da família linguística do qual ele era o mais conhecido membro. Com efeito, em que pese a grande homogeneidade dos kru, pode-se

---

13 R. E Dunn, 1977, p. 225.
14 *Ibidem.*

FIGURA 24.4   *Barqueiros kru.* [Fonte: L. G. Binger, *Du Niger au golfe de Guinée*, 1892, Hachette, Paris.]

FIGURA 24.5   *Casas kru.* [Fonte: G. Brooks, *The Kru mariner in the nineteenth century*, 1972, Liberian Studies Association, Newark, N. J. (original em J. L. Wilson, *Western Africa*, 1856, New York).]

distinguir duas subfamílias, de parte a outra do Sassandra: o grupo bete-dida ao Leste e o grupo bakwe a Oeste, do qual primeiramente nos ocuparemos.

No início do século XIX, um movimento do Leste para o Oeste das linhagens wenyon (kran, gere) estava em marcha há séculos nas terras pouco povoadas do interior. Após expandir-se do Sassandra até Cavally, atravessando os planaltos de Guiglo e Toulepleu, ele encontraria o seu fim aproximadamente em meados do século, quando a sua vanguarda chocar-se-ia com os gio (dan), solidamente estabelecidos no alto-Cestos, ao passo que à sua esquerda, aqueles que tomaram o nome de sapo aproximar-se-iam do mar, em direção à foz do Sino, quase dividindo os krawi em dois. Grupos de mesma origem, estabelecidos rio Cavally abaixo, integraram-se ao grupo grebo, cujos componentes costeiros, vindos do Leste, pelo mar, estavam estabilizados ao menos desde 1701.

As mais espetaculares e conhecidas transformações produziam-se, entretanto, na costa marítima. A oposição entre camponeses e marinheiros, "bushmen" e "fishmen", era antiga; porém, a importância que tomou o tráfico negreiro, no século XVIII, nesta região relativamente poupada, reforçou a posição dos primeiros. Um particular papel foi entretanto desempenhado, neste tráfico, pelo famoso grupo das "cinco cidades kru", as quais aparentemente teriam chegado assaz recentemente do interior (século XVI) e onde as duas sociedades, camponesa e marinha, estavam fortemente integradas. Este distrito, coração do país krawi, em torno de Setta-Kru, estabeleceria muito em breve laços privilegiados com Serra Leoa, esboçando assim um processo de renovação cultural. Aparentemente, desde os anos 1780, numerosas embarcações habitualmente encarregavam "fishmen" como intérpretes ou práticos, antes de prosseguirem rumo ao golfo da Guiné. Este movimento, interrompido pelas guerras da Revolução e do Império, foi retomado com força após 1815, ao passo que o tráfico clandestino coexiste com o comércio legítimo em vias de implantação. Rapidamente, os kru instalaram-se em grande número na cidade de Freetown, posteriormente na Monróvia, como práticos ou lenhadores. Eles guardaram a sua coesão, impregnando-se contudo da cultura crioula. As linhagens costeiras ("fishmen" ou "krumen") utilizaram muito rapidamente seus laços com o interior para mobilizarem mão de obra. Durante todo o século XIX, as embarcações não mais passaram pela costa, em seu rumo para o Leste, sem contratar "krumen", desenvolvendo esta atividade até Sassandra. Ela mudaria um pouco de caráter, mas não de importância, a partir de 1850, quando o vapor substituiria a vela.

A atividade europeia aparentava inserir-se em uma antiga comunidade de pescadores costeiros, estendida até o Krawi a Leste a partir da Gold Coast, simbolizada pelo culto ao famoso "Big Devil" de Hedie, perto da foz do Cavally, onde se chega a partir do país alladian (Costa do Marfim). No caminho de volta, os veleiros que navegavam em direção ao Oeste, em geral afastavam-se da costa para evitar os ventos e correntes contrários. Porém, os "krumen", ao desembarcarem com os seus soldos muito distantes para o Leste, não encontraram dificuldade alguma em voltar ao país. O problema sequer estaria colocado à época dos vapores, visto que estes últimos faziam o caminho de volta ao longo da costa.

A partir de 1821, a faixa litorânea passou a ser relativamente dominada pelas autoridades do governo liberiano; o que não constitui objeto deste capítulo. Notaremos, entretanto, que a aculturação esboçada em Freetown acentuar-se-ia em algumas zonas sob a influência das missões protestantes, especialmente junto aos grebo, os quais começariam a escrever a sua língua e atingiriam o limiar de uma consciência nacional. Em 1871, após tomarem consciência da existência da confederação fanti, na Costa do Ouro, eles fundaram um "reino dos grebo", cujo domínio militar, em um primeiro momento, os liberianos demonstraram-se incapazes de levar a cabo. Somente em 1910, eles lograram-na efetivamente. Um dos inspiradores do nacionalismo grebo seria o futuro profeta Harris, célebre na Costa do Marfim[15].

---

15   C. R. Ageron, 1968, vol. 1, pp. 62-66; J. M. Abun-Nasr, 1975, pp. 240-246; e B. G. Martin, 1976, pp. 36-67.

Além do Sassandra, era possível encontrar as maiores concentrações humanas do país kru junto aos bete de Gagnoa e alguns dida, em regiões que haviam sido submetidas a um certo esmagamento em razão da expansão para o Norte dos povos pré-florestanos, como os mande do Sul, os guro ou os baule, os quais haviam sido dotados de sólidas estruturas políticas por uma minoria akan, no século XVIII, além do Bandama. Esta pressão e a instalação de outros akan, os avikan, vanguarda dos nnajan (alladian), na foz do Bandama, haviam provocado o encravamento dos Dida, inclusive penetrados por linhagens baule.

Em contrapartida, o eixo do Sassandra permanecia sob dominação kru: uma certa navegabilidade existia em seu curso e movimentos leste-oeste de linhagens, provenientes de Soubré ou de Gagnoa com o objetivo de conquistar a costa marítima, mostravam que a influência do comércio europeu era crescente. Estas linhagens fortaleciam, na foz do rio, o povo neyo, cuja cultura começara a se alterar pelo contato com navegadores europeus notadamente originários de Liverpool. Contudo, violentos incidentes mostraram que os marinheiros eram os herdeiros daqueles que, por muito tempo, haviam feito valer a esta região o nome de "Costa da Gente Ruim".

O Sul do mundo mande

Entre as savanas guineanas e os povos costeiros, estendia-se a faixa dos povos mande do Sul, mende, toma, kpelle (guerze), dan (yakouba) e kwenu (gouro), para não citar senão os principais dentre eles[16]. Habitantes das savanas pré-florestais ou profundamente embrenhados na grande selva, eles levaram as suas vanguardas até a costa atlântica. Oriunda dos confins da savana, a civilização desses povos, porém tinha muitos traços em comum com aquela das populações ribeirinhas, salvo com os kru. Na ausência de qualquer formação estatal centralizada, a vida política era dominada por grandes e secretas sociedades de iniciação, as quais produziam, entre outros objetos, máscaras espetaculares.

A história destes povos de transição é inseparável daquela dos habitantes costeiros, aos quais eles sempre se misturaram. Porém, ela não pode ser abordada sem entender os mande do Sul, os quais os delimitavam ao Norte e, há séculos, os haviam feito recuar, além de tê-los invadido e aculturado, sem contudo demonstrar consciência acerca do longínquo parentesco de todas as línguas mande.

---

16   J. Keenan, 1977, pp. 63-85, 139-140, e 1972; J. Dubief, 1947, pp. 15-16; G. Gardel, 1961, pp. 126, 144-156.

Os mande do Sul, em outros termos, negligenciando os kono e os vai, os malinke do alto-Níger, ocuparam um território que abrangia os confins do Fouta-Djalon até o Bandama, onde eles se depararam com os senufo ou com os baule. Eles pertenciam manifestadamente ao mundo sudanês das savanas. Esta zona meridional das savanas jamais pertencera ao Império do Mali, mas, no início do século XIX, há muito tempo, os malinke do Sul já haviam nesta região suplantado ou assimilado os mande do Sul ou voltaicos, cobrindo toda a região com um tecido social relativamente maleável, inervado pelas malhas de uma rede comercial de longa distância que dirigia, rumo ao eixo do Níger, os kola das florestas do Sul. Estas estradas meridianas desembocavam necessariamente na zona de grandes aldeias de comerciantes em contato com os habitantes da floresta. Graças às relações regulares que mantinham com os "bárbaros", o abastecimento em noz-de-cola, para os comerciantes ambulantes e as caravanas, estava assegurado. Importantes setores do artesanato, especialmente tecelagem, estavam ligados a estas atividades.

De Leste a Oeste, cada setor pré-florestano estava acoplado a uma zona de etapas situada mais ao Norte: os Sankaran e o Kuranko, pelo contato com os kissi, o Toron e o Konyan de Beyla, pelo contato com os toma e kpelle, o país de Odienné (Kabadugu) e o Maw de Touba, pelo contato com os dan, e, finalmente, o Worodugu de Séguéla e o Koyara de Monkono, pelo contato com os gouro. René Caillié muito bem descreveu este comércio notavelmente especulativo, pois a noz-de-cola não se conservava e a sua cotação estava submetida a variações extremas.

Nesta sociedade globalmente tradicionalista, dominada por uma aristocracia guerreira, o islã, minoritário embora necessário e invariavelmente presente, encontrava-se naturalmente ligado a esta rede comercial. Mas esta última esbarrava ao Sul perante a muralha intransponível representada pela floresta, de onde saíam os kola, pois que o traço mais notável da região, até a conquista colonial, era o seu isolamento relativamente à costa marítima. Vimos que o mar não era acessível senão pelo Oeste, do alto-Níger até o Fouta-Djalon, a Região dos Rios ou Serra Leoa, em menor escala do Konyan ao Cape Mount (região da Monróvia). Estas rotas somente adquiririam certa importância no século XVIII, com a ascensão do tráfico negreiro. A Leste, o Bandama outrora assegurara uma via de escoamento para o Worodugu e, mais além, ao país de Kong; mais este derivativo fora fechado pelos baule, aproximadamente em 1720, e foi necessário desde então dirigir-se até o Comoé ou a Kumasi para encontrar uma saída marítima. Portanto, o país dos mande do Sul representava um impasse, mirando tradicionalmente para o Sudão nigeriano, de cuja civilização provinha.

Somente em direção ao extremo oeste ele alcançaria o mar, graças ao Fouta-Djalon. Tirando proveito desta situação, a cidade de Kankan, no Milo, transformou-se ao longo do século XVIII em poderosa metrópole comercial, simétrica ao Kong, no Comoé. Kankan estava admiravelmente posicionada rio acima relativamente ao canal navegável após Bamako, no ponto de convergência das rotas mais curtas originárias da floresta, em país kissi, com o mar, através do Fouta-Djalon ou de Serra Leoa. Justamente, era este o berço dos famosos *maninka-mori*, ou malinke muçulmanos, cuja cultura impregnava todo o mundo dos juula (dioula), pobres comerciantes ambulantes ou ricos negociantes, os quais animavam as rotas do Sul. Os Kaba, dominantes em Kankan, eram uma família a um só tempo política, comerciante e religiosa, não obstante, nesta última atividade, houvesse a concorrência dos sherifu. Mamadu Sanusi Kaba, por muito tempo comandante da cidade (aproximadamente de 1810 a 1850), mantivera a aliança com Timbo e relativamente pouco combatera, senão contra os jalonke de Tamba, os quais haviam interrompido, em múltiplas ocasiões, o comércio pela rota do Ségou. Mas al-Hadjdj 'Umar visitara a cidade por volta do ano 1845, ao retornar de Meca, e os kaba por ele convertidos ajudaram-no, em 1851, no início da guerra santa, a destruir o reino jalonke de Tamba. Alfa Mamadu Kaba em seguida pretendeu impor a sua lei, através das armas, aos seus vizinhos tradicionalistas; mas Kankan, isolada, encontrava-se impotente. Os kaba conheceram graves revezes e a cidade foi submetida a um verdadeiro bloqueio comercial; o que explica, em 1874, o seu pedido de socorro junto ao novo conquistador muçulmano, organizador das terras ao Sul, Samori Touré.

Na realidade, a reviravolta da antiga ordem, junto aos malinke do Sul, começara ao Sul de Kankan, no Toron e no Konyan, antes da visita de al-Hadjdj 'Umar.

A explicação mais verossímil para este fenômeno indica que a abertura da Região dos Rios, no século XVIII, e das rotas em direção à costa, tenha acrescido o peso social e a importância do papel social dos comerciantes e muçulmanos. A exportação dos escravos produzidos pelas guerras locais prosseguiria até meados do século, no que diz respeito ao tráfico clandestino e, até a conquista colonial, no tocante ao Fouta-Djalon. Posteriormente, a necessidade de importação de tecidos e armas europeias muito bem se estabelecera. Indispensável à sociedade global, a crescente minoria juula encontrava-se, através do islã, sensibilizada pelas guerras santas e pelas teocracias muçulmanas do Norte. A influência do Fouta-Djalon avançava pelo Kankan e as caravanas de kola alcançavam inclusive o Macina, de Seku Ahmadu. Chegara o momento no qual a etnia juula muçulmana não mais aceitava o posto a ela atribuído pela sociedade global, ao passo que esta última, bloqueada pela tradição, era incapaz de se reformar. Assistimos então a uma série de conflitos localizados, do Noroeste da Costa do Marfim até o alto-Níger. Porém, a resistência permanecia insuperável. Fez-se necessário, para generalizar o movimento, o surgimento de um filho do país, quem visivelmente desejasse transformar e não destruir a sociedade da qual advinha, porém suficientemente aberto ao mundo exterior a ponto de promover novos métodos. Isso seria obra de Samori e eu propus denominar o conjunto do movimento como revolução juula; todavia, tratava-se então da segunda, caso igualmente se conceda esta denominação à formação do império de Kong, no início do século XVIII.

Muito distante em direção ao Sul, nos confins do Toron e do Konyan, a curta distância dos toma, produtores de kola, foi nesta região onde o primeiro movimento começou, aproximadamente em 1835. Isso foi obra de Moriwle Sise, homem de religião originário da região de Kankan, entretanto formado no Fouta, quem reuniu em torno de si aventureiros de toda origem, na nova cidade de Madina (Toron). Após um período de radicalismo destruidor, ele foi morto em 1845 e o seu Estado quase caiu em desgraça. Quando ele foi reconstruído pelos seus filhos Sere Burlay (Abdulaye) (1845-1859) e Sere Brema (Ibrahima) (1859-1881), a necessidade de um compromisso com os autóctones e de um relativo respeito às suas instituições era a todos imposta. Contudo, o seu domínio permaneceu invariavelmente estável e frágil. Conquanto tenham eles, durante certo tempo, amplamente expandido o seu poder em direção ao Sul, atravessando o alto-Konyan, até os confins florestais do país Kpelle, rumo ao Norte, eles jamais lograriam estabelecer a ligação com o Kankan. Nesta direção, no Sabadugu, um grande chefe de guerra tradicionalista, Nantenen-Famudu Kuruma, organizou a resistência contra as duas potências muçulmanas, entre as quais se interpôs (baixo-Toron).

No alto vale do Milo, a cavalo sobre o Toron e o Konyan, contrariamente, foi uma outra linhagem juula, os berete, quem constituiu, em nome dos tradicionalistas konate, uma hegemonia local que bloqueava o Oeste aos sise. Em duas ocasiões, estes últimos finalmente venceriam, porém isto aconteceria para preparar o terreno em proveito de Samori.

Moriwle fora eliminado por Vakaba Ture, um jovem juula originário da região de Odienné que, embora primeiramente tivesse combatido sob as suas ordens, viera defender a sua localidade materna. A região de Odienné estava ocupada desde o século XVIII por um Estado militar tradicionalista, o Nafana, o qual repulsara os senufo para proteger os juula. Vakaba soube mobilizar os muçulmanos e ganhar a adesão de numerosos tradicionalistas, com o objetivo de destruir Nafana e construir, sob as suas ruínas, o Kabadugu (ou Kabasarana). Mais bem enraizado, este novo reino mostrou-se muito mais estável e sólido que o domínio dos sise. Ele estendeu a sua autoridade ao longo das vias mediterrâneas de kola, até as portas do Touba. Vakaba morreu em 1857 e o mais guerreiro soberano da família foi o seu filho Vamuktar (1858-1875). Em duas ocasiões, ele incentivou o seu primo Bunu Mameri a conquistar um novo reino para os touré, nas estradas do Norte, no Wasulu de Bougouni (Mali) (1868-1870 e 1873-1875). A intervenção dos sise e a reação dos Wasulunke provocaram a derrota deste grande projeto, interrompido com a morte de Vamuktar.

O Kabadugu conheceu então uma grave crise, quando grande parte dos cantões vassalos revoltou-se com a ascensão de Mangbe Amadu, último filho de Vakaba (1875-1894). Um dos principais generais, Vakuru Bamba, patrocinou uma secessão e construiu perto de Touba um pequeno Estado militar que ele estenderia posteriormente em direção a Séguéla e Mankono. Ahmadu levou muitos anos para impor pelas armas a sua autoridade; assim compreende-se porque o Kabadugu, enfraquecido, tenha se aliado sem hesitar a Samori, desde a chegada deste último às fronteiras, em 1881. Alianças matrimoniais selaram esta submissão que se revelaria sincera e durável.

O espaço é aqui insuficiente para a abordagem de movimentos juula secundários, à imagem daquele de Fode Drame no Sankaran, no alto-Níger, de Mori-Sulemani Savane, nas grandes bordas florestais do país Kissi ou de Hedi Mori, no Koyara de Mankono (Costa do Marfim). Todos estão ligados, em diferentes aspectos, ao islã e ao mundo do comércio. Malgrado a sua diversidade, eles demonstram claramente que esta minoria não mais aceitava a posição que ela tradicionalmente ocupava e estava prestes a revolucionar a sociedade como um todo. Eles oferecem o quadro necessário para entender Samori, que conduziu o movimento ao seu ponto culminante, eliminando ou fazendo aliança com todos os seus rivais, além de ter tornado aceitável ou mesmo desejável a reviravolta por ele imposta ao conjunto dos malinke, aqui compreendidos os tradicionalistas aos quais ele estava estreitamente ligado.

Samori Touré era originário do baixo-Konyan, ou seja, do vale do alto-Milo, nos confins do Toron. Seus ancestrais eram comerciantes ambulantes vindos da região de Kankan, porém, isolados em um meio tradicionalista no qual se casavam, eles haviam pouco a pouco retomado práticas religiosas tradicionais, estabilizando-se como tecelãos, agricultores e criadores. Samori, nascido aproximadamente no ano 1830, em Manyambaladugu, descendia sobretudo de ancestrais de Kamara ou Konate, camponeses tradicionalistas, muito mais que de comerciantes muçulmanos.

De volta à atividade comercial para escapar da autoridade paterna, Samori descobriu a sua vocação guerreira engajando-se junto aos sise para libertar a sua mãe, capturada durante a guerra contra os berete (1848). Em seguida, estes últimos solicitaram as suas competências quando ele irritou-se com os mestres de Madina (1859-1861). Mas, finalmente em 1861, Samori encontrava-se só e coagido, sendo levado a começar a sua carreira pessoal na mais precária das situações.

Neste espaço não é cabível retomar e expor estes acontecimentos, tema de abundantes publicações.

Samori foi vitorioso, aliando os tradicionalistas do baixo-Toron, seus parentes maternos, os quais, sentindo-se impotentes diante dos conquistadores muçulmanos vindos de toda parte, fizeram chamado às competências militares deste brilhante "sobrinho". Este último efetivamente os protegeria até a invasão francesa, sem contudo deixar de diminuir em certa medida a sua liberdade. Em contrapartida, eles lhe ofereceram os meios para a conquista do seu primeiro domínio.

O seu estilo de comando e a transformação que ele impôs à sociedade malinke, colocando um fim aos conflitos, abrindo as estradas e libertando os juula muçulmanos sem assujeitar os tradicionalistas, brevemente fariam afluir os partidários e surgir as alianças. Assim sendo, posta em marcha a máquina de guerra, a expansão adquiriu toda a sua força com ímpeto crescente, de 1871 a 1881, e o apogeu se aproximava quando a irrupção imprevista dos franceses transformou o caráter do movimento.

Apoiado pela maioria dos Kamara e submetendo os demais, Samori, instalado em Sanankoro, tornou-se primeiramente mestre do alto-Milo, impondo a sua ação junto aos sise, os quais ele tão logo convocaria contra os berete. Uma vez eliminados estes últimos, Sere-Brema contudo inquietou-se com a nova potência e Samori evitou o conflito refugiando-se na floresta, juntos aos toma. Retornando em 1867 com novas forças, ele tirou proveito da mobilização dos sise no Wasulu, onde eles usavam a sua energia contra os touré.

Samori organizou-se então e cuidadosamente armou-se, abandonando o alto-Konyan aos Kamara tradicionalistas de Saxajiigi, contra os quais ele declarava não pretender combater, em razão do seu parentesco. Em 1871, ele marchou diretamente para o Norte, eliminando a tradicional hegemonia de Nantenen--Famudu, diante do qual os sise haviam definitivamente fracassado. Foi justamente nesta região recém-conquistada, em Bissandugu (Bissandougou), onde ele instalou a sua capital, para indicar que ele estava a criar o seu próprio império, independentemente dos seus pais e do seu país natal.

Em razão dos sise não reagirem, Samori aliou-se então, em nome do islã, com o Kankan, região que ele livrara do bloqueio comercial. Guardando para si a autoridade sobre os vencidos, ele amparou-se consequentemente do rico vale do alto-Níger, das fronteiras do Fouta-Djalon e de Kurussa (Kouroussa) até o Siguiri e o Bure.

Deste modo, ele encontrava-se à frente de um império, amplamente superior àqueles dos seus predecessores e vizinhos, cuja organização territorial suscitava, no imediato, difíceis problemas. Ele os solucionou inspirando-se no império tukuloor, do qual se tornara vizinho e ao qual tão logo oporia uma surda hostilidade. Era possível prever que lhe seria necessário eliminá-lo caso pretendesse prosseguir a sua expansão ao Norte.

Entretanto e primeiramente, esse crescimento demasiado acelerado desencadeou uma grave crise. Em 1878, os sise expulsaram Samori do Sankaran, planejando reconquistar o Oeste até Serra Leoa, com o objetivo de enfrentar e limitar o domínio do conquistador. Kankan, sob a influência dos tukuloor, quebrou a solidariedade com ele mantida. Então, em 1879, Samori voltou-se simultaneamente contra os seus dois vizinhos muçulmanos. Tirando proveito da dispersão do seu dispositivo, ele os eliminou em duas brilhantes campanhas (dezembro de 1879 a abril de 1881). Kankan finalmente submeteu-se relativamente sem oferecer grande resistência, com a fuga de uma parte dos kaba para o Ségou, de onde eles retornariam com os franceses. Os sise estiveram desde então cativos, Madina foi destruída e a sua população foi transferida para Bissandugu. Finalmente, Odienné também se aliou, abrindo os horizontes da alta-Costa do Marfim.

Foi precisamente nesta região, a Gbeleba, que Samori passou a invernada de 1881, quando o lugar-tenente senegalês Alakamessa vem apresentar-lhe o desafio proposto pelos franceses, então em marcha rumo ao Níger, em nome do comandante de Kita. Este último o proibiu de atacar Kenyeran, para onde haviam recuado os vencidos de Kankan. O confronto militar, desencadeado no início de 1882, duraria com intervalos de paz até 1896. O seu estudo ultrapassa o propósito deste volume, tanto temática quanto cronologicamente.

Em 1881, o Império de Samori estava essencialmente estabelecido. Tratava-se de uma hegemonia militar que transformara a sociedade malinke sem todavia destruí-la; neste caldo de cultura social, os elementos comercial e muçulmano tiveram seu espaço ampliado, embora o elemento tradicionalista tenha guardado a sua liberdade. O soberano, a quem fora atribuído, aproximadamente em 1868, o título de *faama*, denotando um poder militar, não adotaria a titulação *almaani*, inspirado no Fouta-Djalon, senão em 1884. Isso indica, inclusive, o crescimento da influência muçulmana após a anexação de Kankan; porém, a crise de identidade subsequente não pode aqui ser analisada: ela está ligada ao início da luta contra a França.

Em 1880-1881, o novo império, em que pese a sua direção ter sido assegurada por uma classe islamizada, não pode ser considerado como Estado muçulmano. Samori não era um muçulmano culto, não obstante tenha tardia e notavelmente empreendido esforços para se instruir. Ele estabeleceu um controle territorial militar, inspirando-se por vezes em algumas realizações dos fulbe ou dos tukuloor; no entanto, negligenciando o voluntarismo religioso destes últimos. Samori, um gênio empirista, lograra em vinte anos oferecer a esta sociedade um novo equilíbrio, mais favorável aos juula, encontrando assim uma solução para a crise que ela atravessava há meio século. Nós o deixamos aqui, no auge do seu triunfo, quando ele subitamente defrontou-se com a irrupção dos franceses, estado de coisas que conferiria um novo sentido a este seu final de carreira. Não mais se trataria de reconstruir uma sociedade africana, com contornos africanos, para responder a uma crise africana, mas de tentar repelir a irrupção estrangeira e, na justa medida do realizável, durar tanto quanto possível.

Conclusão

Portanto e a justo título, o único fator comum a toda a região estudada, durante o período precedente à conquista colonial da África, foi a progressão da influência europeia. Esta última era evidentemente forte na costa. O tráfico clandestino ali persistiu até meados do século; entretanto, o fato maior consistia no surgimento de novos produtos africanos, óleo de palma ou amendoim, os quais permitiram a difusão, nas massas, de produtos europeus reservados à aristocracia. A zona costeira encontrava-se assim integrada ao mercado mundial e submetida à dependência econômica muito antes que a conquista militar e a dominação política adquirissem atualidade.

Estas influências são muito menores no interior, onde a tradição sudanesa ligada ao islã prosseguia. Entretanto, o crescimento do comércio com o mundo exterior explica a revolução juula. Sem sabê-lo, foi em certa medida em resposta aos impulsos do mundo exterior que Samori construiu um império, logrando retardar em cerca de vinte anos o advento da conquista colonial.

CAPÍTULO 25

Estados e povos do Arco do Níger e do Volta

Kwame Arhin e *Joseph Ki-Zerbo*

Para os países do Arco do Níger e do Volta, o século XIX foi incontestavelmente um período de decisivas e multiformes reviravoltas, desmantelamentos políticos e institucionais que atingiram particularmente as estruturas estatais centralizadas, sobretudo quando elas estavam articuladas em impérios como o Ashanti, o Kong, e os reinos mossi e bambara. Estes distúrbios eram, bem entendido, o resultado de tensões internas, embora derivassem progressivamente de ações externas, notadamente as grandes mudanças nos fluxos comerciais. Assistimos a deslocamentos populacionais, sobretudo daqueles grupos não centralizados, *Völkerwanderungen*, os quais muito amiúde desenharam o mapa étnico tal qual ele apresenta-se ainda nos dias atuais. Mutações econômicas consagram o final de um mundo e anunciam uma nova era, o período colonial. Estas mudanças são frequentemente a causa e, por vezes, a consequência das reviravoltas políticas. Assistimos igualmente à acelerada expansão das religiões islâmica e cristã, favorecidas pelas hegemonias islâmicas estabelecidas nas regiões saheliaras ou pelo impulso colonizador dos europeus. Todos estes processos contribuem para remodelar vigorosamente a fisionomia desta região, para enfraquecê-la e facilitar, quiçá convocar, o estabelecimento do sistema colonial.

Reviravoltas políticas e institucionais

Os países da bacia voltaica e do Arco do Níger foram, durante o século XVIII, o berço de poderes políticos que extrapolaram a região e sucederam o vasto Império de Gao, derrubado ao final do século XVI, ou tentaram explorar as novas condições econômicas e políticas instauradas na Costa do Ouro através do tráfico negreiro. Entretanto, novas condições provocaram, no século XIX, o desmantelamento dos grandes reinos e desencadearam migrações junto aos povos não integrados pelos poderes centralizados.

O sistema ashanti: do apogeu ao declínio

Observamos, no volume precedente[1], os meios pelos quais as dinastias ashanti se haviam formado, no século XVIII, no coração da floresta e no Arco da Volta Negra, constituindo um vasto império. Graças a Osei Tutu, o fundador, a Opoku Ware e a Osei Kodjo, este conjunto estava fortemente integrado em seu nódulo central, em torno de Kumashi e da Banqueta de ouro (*sikadua*).

Ele exercia na costa, assim como nos reinos dependentes ao Norte, um incontestável poder político e econômico. Na região central, os reinos associados ao clã oyoko de Kumashi tornaram-se pouco a pouco subordinados e dependentes, graças às reformas estruturais realizadas por Osei Kodjo, primeiramente no reino de Kumashi, em seguida, à custa dos reinos akan vizinhos: Manpong, Nsuta, Dwaben, Bekwai, Kokofu, Bono, bem como, Denkyira, Ahafo, Sefwi, Adansi etc. Nesta região, o *kumasihene* (rei de Kumashi) tornou-se o *ashantihene*. A partir desta base, as dinastias ashanti controlaram política e economicamente os reinos akan da região costeira (Wassa, Nzima, Twifu, Akwamu, Akyem, Akwapim, Ga, Adangbe) e, sobretudo, a faixa litorânea das chefaturas fanti. Igualmente, ao Norte, os reinos de Gyaman (Abron), do Gonja, de Dagomba e inclusive do Mamprusi, tombaram sob dominação do Ashanti, sobretudo a partir do tratado de 1794, estado de coisas do qual derivaria um tributo anual (*ayibuade*) de dois mil escravos.

Eis que o século XIX inaugurar-se-ia com o reinado de um dos maiores *ashantihene*, Osei Bonsu (1801-1824). Em uma série de campanhas (1807, 1811, 1814), ele conduziria as suas forças militares vitoriosas até a costa. Os ingleses, à época envolvidos nas guerras napoleônicas e sem doutrina precisa para os seus estabelecimentos da Costa do Ouro, não tiveram outra opção, senão reconhece-

---

1 Consultar B. A. Ogot, 1992, capítulo 12.

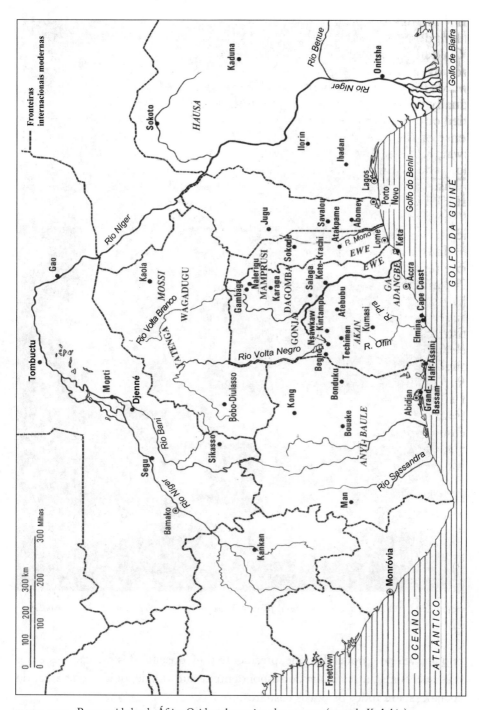

FIGURA 25.1   Povos e cidades da África Ocidental mencionados no texto (segundo K. Arhin).

FIGURA 25.2 A banqueta de ouro dos ashanti. [Foto realizada por K. Arhin, com a autorização do *ashantihene*.]

rem através do coronel Torrane, presidente do Conselho dos mercadores e dos seus sucessores, a realidade correspondente à autoridade, quiçá soberania, do Ashanti sobre todos os povos costeiros.

Os ashanti tiraram proveito para esmagar, ao Norte, uma rebelião do Gonja e, posteriormente, do Gyaman (Abron). Todavia, após ter ganho tempo, transferindo a responsabilidade das casas comerciais para a *London Company of Merchants* e expedindo para a corte do *ashantihene* emissários (Bowdich e Dupuis) portadores de projetos de tratados que praticamente permaneceriam letra morta, a Coroa britânica retomaria os fortes para confiá-los à autoridade do governador de Serra Leoa, sir Charles McCarthy. Este último, no curso da arriscada ofensiva em direção a Kumashi, sofreu o desastre de Nsamanku (1824), onde foi derrotado pelas forças ashanti[2]. Estimulados por este êxito, os ashanti retomaram a ofensiva rumo à costa, sendo todavia esmagados em Dodowa (1826) por uma grande coalizão de povos da costa, sob a égide dos ingleses. Era o anúncio do final da potência ashanti.

O período seguinte (1826-1874) foi marcado por algumas vitórias sem efeito decisivo para as tropas ashanti e, sobretudo, pela direção pacífica do governador George Maclean (1830-1843), assim como pelas notáveis tentativas dos fanti e de outros povos da costa no sentido de alcançarem uma real autonomia, frente às ameaças de Kumashi e às invasões dos europeus.

A carreira de Maclean[3] desenvolveu-se a partir da nova retirada das autoridades britânicas, as quais, acuadas entre os seus incômodos aliados da costa e o dinamismo batalhante dos ashanti, estimaram que a Costa do Ouro custava demasiado caro, em dinheiro e vidas humanas, em que pesasse a sua vitória de Dodowa. Assim sendo, Maclean, presidente do Conselho dos mercadores que herdara os fortes, pôde liberar, frequentemente ignorando as instruções de Londres, o seu agudo tino comercial e a sua capacidade de avaliação sobre os seres humanos. O seu objetivo era duplo: manter uma relação respeitosa com os ashanti e dominar os povos da costa. Deste modo, ele promoveu a assinatura de um tratado tripartite, fanti-inglês-ashanti, através do qual estes últimos reconheciam a independência dos países costeiros ao Sul do rio Pra, aceitavam encaminhar perante a parte inglesa os eventuais conflitos e engajavam-se a manter abertas as rotas comerciais. Maclean tentou familiarizar os fanti, paulatinamente, aos princípios jurídicos ingleses, através de uma hierarquia de tribunais com base nas cortes de chefes até alcançar a jurisdição por ele próprio presidida. As milícias locais, posicionadas junto aos chefes, ajudavam na aplicação das novas normas, ao passo que a introdução dos cauris para as transações de menor porte

---

2 No tocante a sir Charles MacCarthy, referir-se a A. A. Boahen, 1974, pp. 188-189.
3 Sobre a carreira de Maclean, conferir G. E. Metcalfe, 1962, pp. 33-34 e p. 45.

e o encorajamento à produção de óleo de palma começavam a transformar a estrutura econômica.

Mas o governo britânico decidira retomar o controle sobre os estabelecimentos da costa em 1843, regendo-os por uma convenção judicial que oficializava a lei britânica (Bond de 1844)[4]. Através da portaria municipal de 1858, a Costa do Ouro, na qualidade de protetorado, foi novamente separada de Serra Leoa e recebeu um governador que controlava um conselho legislativo e um conselho executivo.

Segundo o princípio geral mediante o qual as populações locais deveriam arcar com os custos do seu progresso material, social e intelectual, um imposto de captação de um *shilling* foi instaurado em 1852, sendo geralmente aceito, embora de modo efêmero[5]. Na realidade, a resistência contra o imposto rapidamente tornou-se muito viva, nem tanto porque os empregados encarregados da coleta suplantassem os chefes, mas, antes, porque somente 8% das receitas eram destinadas às escolas e estradas, servindo o essencial para pagar toda a gama de funcionários empregados na administração. Malgrado as tentativas ulteriores de reformas e as expedições punitivas, o governador Pine foi obrigado a renunciar ao imposto em 1864.

Justamente, este foi o primeiro movimento de resistência de caráter puramente social e nacional, ou seja, não étnico. Inclusive, ele foi muito rapidamente seguido por uma ação[6] de alcance muito mais considerável, pois que diretamente política.

Desde 1864, os chefes da Costa do Ouro enviavam um caderno de reclamações ao governador, protestando contra as usurpações dos seus direitos e interesses, mostrando-as através de exemplos concretos, como a sua subordinação a simples funcionários e a intensidade do questionamento à sua dignidade[7]. Pouco após, Aggrey, "rei" de Cape Coast, iria mais além, seguindo conselhos de um advogado, Charles Bannerman. Ele protestou contra o fato de se tratar os habitantes do seu território como indivíduos britânicos, exigiu que as relações entre os chefes e o governador fossem definidas e questionou sobre as razões pelas quais a ele não cabia nenhuma participação nas receitas fiscais[8]. Finalmente, ele

---

4   Lord Stanley ao lugar-tenente governador H. W. Hill, 16 de dezembro de 1843, nº 124, em: G. E. Metcalfe,1964.

5   The Poll Tax Ordinance, 19 de abril de 1852, nº 181, em: G. E. Metcalfe, 1964.

6   Conferir A. A. Boahen, 1974, p. 239.

7   Documento nº 243, em: G.E Metcalfe, 1964.

8   Carnavon a Blackhall, 23 de fevereiro de 1867, nº 258, em: G. E. Metcalfe, 1964.

ameaçaria montar uma milícia local para a segurança do seu território. Aggrey foi deportado para Serra Leoa.

No entanto, o movimento foi retomado com ainda maior intensidade, sob a inspiração dos intelectuais africanos que o Colonial Office já identificara, em 1855, como uma classe intermediária, semicivilizada, com ideias adquiridas junto aos missionários e de outras fontes. Eles impulsionavam a emancipação dizendo aos africanos: "Vós não sois cidadãos britânicos, portanto, nada vos obriga à obediência. Vós tendes direito a uma parcela do poder em vosso país. Somente a união levar-vos-á a alcançarem os vossos direitos." Tais eram as ideias de J. Africanus Horton, serra-leonês, de Joseph Smith, Henri Barnes, T. Hugues, F. L. Grant e R. J. Ghartey. No entanto, os chefes da região costeira estavam muito sensibilizados por estes argumentos, em virtude dos acontecimentos que se desenrolavam. Temendo os retornos ofensivos dos ashanti, eles estavam decididos a contribuírem em prol da sua própria defesa, embora reprovassem a impassibilidade dos holandeses perante Kumashi e o seu aliado local, Elmina. Portanto, estes chefes opuseram-se à troca de fortes que os ingleses haviam previsto com os holandeses, com vistas a homogeneizar os seus respectivos territórios. Mas eles igualmente temiam serem abandonados pelos ingleses, os quais os impulsionavam para a união contra o Ashanti, visando à defesa da costa, embora não lhes provessem os meios necessários. Duas experiências de autonomia foram então ensaiadas, no Oeste e ao Leste da costa.

No Oeste, a assembleia de Mankessim, composta pelos chefes fanti e, igualmente, de delegados do Denkyira, de Wassa, de Twifu e da Assínia, elaborou sucessivamente três constituições[9]: a primeira, em 1868, a segunda, assinada e selada por 31 chefes e reis, instaura um rei-presidente eleito pelos seus pares e que preside a Assembleia Nacional composta pelos chefes. Por sua vez, a Assembleia representativa, esta terceira, era constituída por delegações na proporção de dois membros (um chefe e um letrado) por reino e presidida pelo vice-presidente, quem igualmente dirigia o Conselho Executivo. Ora, desde 1872, esta constituição fora emendada para submeter à legitimidade da Confederação ao reconhecimento do governo britânico, o qual era solicitado, por outro lado, para fornecer a metade de orçamento da Confederação e, caso necessário, para assumir todas as suas responsabilidades, transformando a Costa do Ouro em colônia.

---

9   Quassie (Kwassi); Edoo e colaboradores ao sir A. F. Kennedy, 24 de novembro de 1871, documento contido no nº 278, em: G. E. Metcalfe, *op. cit.*

Em três anos, a Confederação alcançara funcionalidade, organizando um exército de 15.000 homens, estabelecendo as instituições e encarregando as personalidades, inclusive para a Corte Suprema, bem como instaurando um imposto cujos dois terços do total destinavam-se à Confederação e a terça parte restante cabia às chefaturas participantes.

Ela chegou a inspirar a Leste, no entorno de Accra, uma confederação simétrica, todavia muito tímida comparativamente à potência dos chefes desta região. No Oeste, por outro lado, o movimento autonomista esgotava-se desde 1872, haja vista que, neste ano, os holandeses finalmente haviam vendido os seus fortes e haviam deixado o litoral, atitude que suprimia um dos motivos do receio dos chefes confederados. Além disso, o exército destes últimos não era capaz de forçar a decisão contra o forte de Elmina, além de demonstrar-se a notória insuficiência de recursos financeiros. Mas, sobretudo, os britânicos utilizaram todos os meios para reprimir os intelectuais e dividir os chefes, até o esfacelamento da Confederação fanti.

Embora de curta duração, a Confederação fanti adquiriu muita importância. Último sopro de protesto na Costa do Ouro contra o avanço do colonialismo, ela tentava recriar a unidade fanti, destruída sob o efeito decisivo da presença europeia, e anunciava o papel que a elite instruída futuramente desempenharia nos negócios do litoral: guiar os chefes tradicionais, totalmente analfabetos. Portanto, ela mostrava como, ao instruir, o colonialismo fornecia a arma que conduziria um dia à sua derrota. A hostilidade, posteriormente manifestada pelos governos coloniais frente à elite destruída, encontra aqui a sua origem.

Após ter eliminado a Confederação e comprado a retirada dos holandeses, em 1872, os ingleses aproveitaram a primeira oportunidade para resolverem, em definitivo, a questão ashanti. A invasão ashanti, ocorrida naquele ano para reconquistar Elmina, há muito tempo considerada como sua pelo Ashanti, e para reivindicar novamente Assin, Denkyira e Akyem, forneceu-lhe o pretexto. Em 1874, eles enviaram um potente exército, comandado pelo general Wolseley, que capturou e incendiou Kumashi. No mesmo ano, Kofi Karikari foi obrigado a assinar o Tratado de Fonema, através do qual o Ashanti renunciava definitivamente a todos os seus direitos sobre o litoral.

No ano seguinte, o Ashanti enfraquecer-se-ia ainda mais, em razão da guerra entre Kumashi e Dwaben, a ponto de ser esmagado e ver os seus habitantes refugiarem-se no protetorado britânico. Na ocasião, Dwaben era um dos mais valorosos e fiéis centros ashanti. Desde então, a anarquia instalou-se em Kumashi e nos países tributários ao Norte, malgrado a política de consolidação de Kwaku Dwa III, dito Prempeh (o Gordo). Este último seria detido por extorsão, no momento da corrida colonial, e deportado. O que havia consolidado a incontestável potência do Ashanti, no século XVIII e início do século XIX, fora certamente a sua posição intermediária entre os polos representados pelo Arco do Níger e pela costa do golfo da Guiné; e, igualmente, o gênio da organização político-administrativa que possuíam os seus dirigentes[10].

No início do século XIX, este sistema atingira um alto grau de perfeição e eficiência que por si só justificava a sua crescente extensão até englobar os Estado fanti. O grande conjunto ashanti compreendia então três tipos de unidades territoriais.

Em primeiro lugar, o grupo de chefaturas ashanti, unidas de longa data sob a autoridade do *ashantihene*, graças à unidade linguística, à contiguidade geográfica, a uma vasta rede de laços de parentesco e afinidades, a um século de atividade e fidelidade militares comuns, assim como à sanção mística da fé na potência tutelar da Banqueta de Ouro dos ashanti e dos espíritos dos ancestrais do *ashantihene*[11]. Os testemunhos concretos do pertencimento à união eram os seguintes: participação dos chefes dos Estados membros na entronização do chefe de Estado de Kumashi, soberano ashanti; juramento de fidelidade a este último; participação na assembleia geral (*nhyamu*) dos chefes, na qual se deliberava acerca dos assuntos políticos mais relevantes (guerra, paz, tratados etc.); aceitação do grande juramento dos ashanti, como instrumento de justiça suprema sob todos os territórios do *ashantihene*[12].

Estas instituições integradoras constituíam as bases essenciais do aparelho de Estado. Elas eram encontradas em todos os Estados akan no exterior do Ashanti, situação que indicava a superação da ideia de identidade política fundada no parentesco e na religião pela ideia da legitimidade do poder através da guerra.

Assim sendo, a segunda categoria de Estados neste vasto império foi constituída por Estados akan limítrofes do país Ashanti. Os povos destes Estados compreendiam o significado destas instituições. Esperava-se deles que vivessem sob a autoridade do *ashantihene*, com objetivo de lhes extrair os mesmos benefícios que aqueles subtraídos dos próprios povos ashanti.

Finalmente, a terceira categoria de Estados compreendia territórios geográfica e culturalmente distantes, como o Dagomba, o Mamprusi e o Gonja. Eles eram essencialmente considerados como obrigados a contribuírem para o

---

10   Consultar B. A. Ogot, 1992.
11   Conferir R. S. Rattray, 1929, pp. 398-409; K. A. Busia, 1951; I. Wilks, 1975, capítulo 2.
12   I. Wilks, 1975; J. M. Sarbah, 1906; K. A. Busia, 1951, p. 78; R. S. Rattray, 1929, pp. 388-389.

desenvolvimento econômico ashanti. Estes Estados não akan do Norte estavam submetidos a um controle militar e político, em razão dos seus recursos econômicos. Eles igualmente forneciam, sob a forma de imposto, grande parte dos homens destinados às guerras e à agricultura do Ashanti[13]. Esta importante distinção foi contestada, pretendia-se que as motivações econômicas e políticas estivessem presentes em todas as guerras ashanti. No mesmo sentido, invocou-se a existência de representantes do Ashanti em todos os tipos de Estado, assim como foi sugerida a "ashantização" do exército do Dagomba ou as intervenções do *ashantihene* nas querelas sucessórias do Gonja e do Dagomba[14].

Todavia, é evidente que os comissários regionais possuíam mandatos diferentes, em cada caso específico. Nas regiões akan, eles deviam ocupar-se da solução dos conflitos, zelando pelo comprimento do juramento perante o *ashantihene*, de modo a confirmar a sua soberania sobre estes territórios; a cobrança dos impostos nestas regiões, considerada pelos observadores europeus da época como uma exploração, não suscitava problemas para o *ashantihene*, pois os mesmos encargos pesavam sobre os Estados ashanti, propriamente ditos[15]. O verdadeiro problema consistia na soberania territorial. Nas regiões não akan, os comissários dedicavam-se a fortalecer os termos do "tratado" entre o *ashantihene* e o Dagomba, por exemplo[16], no tocante ao tributo. Em contrapartida, nós não possuímos documentos que atestem a presença de contingentes do Gonja ou do Dagomba no exército ashanti, nem tampouco o pagamento, por estes países, do imposto de guerra ashanti (*apeatoo*). A solução dos conflitos sucessórios no Gonja e Dagomba devia, portanto, ser considerada como uma ação política de objetivo econômico: a paz nestes territórios garantia o pagamento do tributo, no mesmo sentido agia a "ashantização" do exército dagomba. Um velho informador ashanti declarava a este propósito: *Na yene wonom nko nhyiamu* ("Nós não participávamos do conselho com eles").

Com os Estados akan, o problema essencialmente consistia na questão da soberania. A dimensão econômica das conquistas ashanti no Sul é indubitável. Embora seja claro que, no início do século XIX, os ashanti interessavam-se essencialmente em dominar politicamente os outros povos akan, aos quais eles buscavam impor as suas próprias instituições centrais. Primeiramente, o tributo extorquido junto aos povos vencidos foi, neste caso, pouco a pouco transformado

---

[13] T. E. Bowdich, 1819, pp. 320-321.
[14] J. K. Fynn, 1974; I. Wilks rejeita esta categorização, 1975, pp.42-60.
[15] B. Cruickshank, 1853, vol. II, p. 143.
[16] T. E. Bowdich, 1819, p. 235.

FIGURA 25.3   A corte das finanças, Kumashi, 1817. [Fonte: T. E. Bowdich, *Mission from Cape Coast Castle to Ashantee*, 1819, Londres, John Murray. Ilustração reproduzida com a autorização do Conselho Administrativo da Biblioteca da Universidade de Cambridge.]

em imposto de guerra (*apeatoo*)[17]. Em seguida, o grande juramento ashanti, *Ntam Kesie*, considerado como o supremo instrumento da justiça, foi instituído junto aos povos akan e os seus próprios juramentos locais lhe foram subordinados[18]. Em terceiro lugar, a presença dos principais dirigentes akan da periferia era exigida aquando da festa anual do *Odwira*, na qual eles deviam homenagear o seu "soberano", o *ashantihene*[19]. Finalmente, contingentes de todos os Estados akan combatiam como forças ashanti nas guerras dos ashanti, no interior e no exterior do império. O problema da soberania estava na origem dos frequentes choques entre os ashanti e os outros akan ou contra os europeus. O fechamento das rotas comerciais com destino a Accra, decretada pelos akim e pelos akwapim, provocou guerras com o ashantihene, em razão deste último sobretudo tê-la interpretado como uma rebelião, uma recusa à dominação política dos ashanti. Os ataques destes últimos contra os fanti eram inspirados por esta mesma vontade de hegemonia política.

---

17   Ibid., p. 320.
18   Conferir Major Chisholm a sir Charles MacCarthy, em 30 de setembro de 1822, documento nº 56, em: G. E. Metcalfe, 1964.
19   J. M. Sarbah, 1906.

FIGURA 25.4   O primeiro dia da festa anual do Odwira, em Kumashi, 1817. [Fonte: T. E. Bowdich, *Mission from Cape Coast Castle to Ashantee*, 1819, John Murray, Londres. Ilustração reproduzida com a autorização do Conselho Administrativo da Biblioteca da Universidade de Cambridge.]

Como prova da sua soberania, o *ashantihene* citava documentos que engajavam os signatários a pagarem um aluguel pelo castelo de Cape Coast e pelo forte de Anomabo, os quais ele dizia ter adquirido por ocasião da conquista do país fanti, em 1807[20]. Após a derrota do Gyaman, em 1818, o *ashantihene* declarou que os habitantes de Kommenda e de Cape Coast deviam a *aseda*, contribuição a título de gratidão, como prova de alegria pela vitória do seu senhor e mestre[21]. Finalmente, em 1822, os comissários do *ashantihene* exigiram o julgamento e a punição de um sargento de polícia do forte de Anomabo, porque ele não reagiu corretamente quando um mercador ashanti pronunciara diante dele o juramento do *ashantihene*[22].

Os Estados mossi

O país Mossi, o qual desde o século XVI conhecera um notável desenvolvimento culminante no século XVIII[23], estava, no início do século XIX, em estado de decomposição que paralisou por dentro e desmantelou por fora os

---

20   T. E. Bowdich, 1819, pp. 47 e 68.

21   O governador e o Conselho para o comitê africano, 11 de janeiro de 1819, documento nº 39, em: G. E. Metcalfe, 1964; igualmente consultar o governador e o Conselho ao comitê, em 22 de março de 1819, documento nº 110, *ibid*.

22   Conferir o documento nº 63, *ibid*.; K. A. Busia (1951, p. 78) define um sermão como "uma fórmula estereotipada aludindo, muito obscuramente, a um evento trágico" na história da comunidade política à qual ele se refere e na qual o chefe é considerado "possuidor do sermão". Relembrando o evento em questão, o sermão seria supostamente capaz de perturbar os espíritos dos ancestrais falecidos da linhagem real; estes últimos deveriam ser apaziguados através de sacrifícios. Razão pela qual um sermão não devia ser pronunciado senão mediante regras prescritas, como instrumento judicial intimando uma parte de um conflito a comparecer perante o tribunal do dirigente ao qual o sermão era prestado ou na qualidade de meio para o recurso a um tribunal superior. Referir-se a R. S. Rattray, 1929, pp. 76, 102-104, 315 e seguintes.

23   Consultar B. A. Ogot, 1992, capítulo 12.

dois principais reinos de Uagadugu e do Yatenga. Somente o reino de Busuma (Boussouma) tirou proveito desta debacle para se ampliar e se consolidar. Dois exemplos bastarão para demonstrar a grave decadência na qual sucumbira o potente reino de Uagadugu: a guerra de Busuma e a guerra de Lallé.

O reino de Busuma, em plena expansão, chocou-se no início do século com o seu consorte de Uagadugu, então comandado por Mogho Naaba Dulugu. Foi imiscuindo-se na querelas intestinas do Salmatenga (região de Kaya) que Naaba Piga de Bussuma logrou colocar a mão sobre esta chefatura. Entretanto, ao acolher um exilado do reino de Uagadugu, ele sofreu a invasão das forças de Mogho Naaba Dulugu, sendo levado a refugiar-se em Mane, localidade na qual ele próprio guerreara contra o chefe do Zitenga, um protegido de Uagadugu. Tratava-se então de uma guerra circular, durante a qual numerosos príncipes descontentes com a campanha contra Mane desertaram e na qual Mogho Naaba Dulugu de Uagadugu foi mortalmente ferido. O sucessor de Naaba Piga, considerando que o chefe de Mane fora o responsável pela morte de Mogho Naaba Dulugu, obrigou o *naaba* de Mane a envenenar-se, enquanto o sucessor de Dulugu, Naaba Sawadogho, obrigava o chefe de Zitenga, o seu próprio irmão que ousara com ele disputar o trono, a se suicidar.

Cinquenta anos após, Uagadugu, aliado de Boulsa, atacaria uma vez mais Bussuma, aliado de Pisila. No entanto, Naaba Ligidi de Bussuma, embora atormentado, lograria organizar uma invasão com a sua cavalaria sobre a capital do *mogho naaba*, em Uagadugu, no curso da qual os danos materiais e humanos seriam consideráveis[24].

Por outro lado, as guerras entre o Bussuma e o reino de Riziam permitiram, não sem dificuldades, anexar as chefaturas do Salmatenga e de Pikutenga (Pikoutenga). Para estas mobilizações, Naaba Koabgha de Riziam solicitara o apoio de um chefe fulbe do Djelgodji.

Na ocasião, em 1881, Naaba Ligidi de Bussuma lançava uma expedição contra Koala, ao Norte do país gulmance e nas fronteiras do reino fulbe de Dori e do país mossi. As tropas de Bussuma dificilmente venceram a resistência da fortificação de Koala, localidade da qual o emir de Dori esperava a derrota para dela se apoderar. Naaba Ligidi tomou as devidas precauções para não favorecer este objetivo dos fulbes[25].

Aquando de sua morte, em 1890, Naaba Ligidi já levara as fronteiras do reino de Bussuma aos seus mais extremos limites. Ao preço de numerosos

---

24 Y. Tiendrebeogo, 1964, pp. 57-58.
25 P. Delmond, 1953, p. 39.

enfrentamentos, ele assegurara a sua preponderância na fronteira do país fulbe e gulmance.

Enquanto o Bussuma impunha-se ao Leste de Uagadugu, no Oeste, o mestre de Lalle, uma potente chefatura vizinha do país gurunsi, rebelava-se fortemente. Esta guerra, de longa duração, reiniciada após cinquenta anos, conduziria progressivamente os povos a tormentas, até a conquista francesa.

Ela começa sob Naaba Karfo (1842-1849) de Uagadugu a partir de um incidente banal, o que demonstra o grau de decrepidez do sistema mossi nesta época. Ela foi terrivelmente agravada pelo fato de, contra o *mogho naaba* de Uagadugu, terem se aliado um dos seus mais potentes vassalos e o seu principal "ministro", o *widi-naaba*[26]. Esta coalizão era temida, pois que ela reunia dois grupos sociais geralmente antagônicos: um elemento da nobreza posicionada à frente dos comandos territoriais e o mais eminente representante da casta "burocrática" de origem plebeia, o qual, em torno do soberano e todavia, gerenciava os grandes negócios do Estado. Nesta guerra civil que anunciava o ocaso do reino de Uagadugu, Naaba Wobgho de Lalle, cuja parte oriental do território estava demasiado encravada no meio de terras legalistas, apoiou-se de mais em mais na zona ocidental, em grande parte povoada por elementos gurunsi, os quais foram amplamente levados a colaborar, enquanto o *mogho naaba* de Uagadugu lograva, através de estratagemas, provocar o aniquilamento do seu "ministro" rebelde.

Entretanto, à época de Mogho Naaba Sanem de Uagadugu (1871-1889), o conflito foi retomado com maior intensidade com Naaba Wobgho de Lalle. Ele prosseguiu sob o *mogho naaba* de Uagadugu, também chamado Wobgho (1889-1897). A primeira batalha levou à debandada das forças reais. O *mogho naaba*, incapaz de abafar a rebelião, voltou-se, renunciando a combater, para os mercenários zamberma (zambarima) com o objetivo de resolver a questão.

Os zamberma haviam deixado o seu país (atual Níger) para escaparem das exações dos fulbes[27]. Eles se colocaram ao serviço de Ya Na, rei de Yendi, Na Abdoulaye, como caçadores de escravos. Eles marchavam sob as ordens de Alfa Hano, posteriormente de Gazari e, finalmente, de Babato. Em razão de discórdias com o rei de Yendi, eles empenharam-se em controlar o rico país gurunsi ao qual impuseram onerosos sacrifícios. Como Mogho Naaba Wobgho os convocara contra o Lalle, eles avançaram em país Mossi sem ninguém perdoar. Os "chefes" fiéis ao *mogho naaba* de Uagadugu opuseram-se a eles e barraram-lhes a estrada, como em Saponé, onde eles foram esmagados, e em Kayao. O próprio

---

26 Y. Tiendrebeogo, 1964, pp. 48-49.
27 M. Izard, 1970, tomo I, pp. 183 e seguintes.

exército do rei lhes infligiu pesadas perdas e o *tapsoba* (comandante em chefe) não os deixou passar senão a contragosto, após ter recebido a ordem de Uagadugu. Justa e posteriormente a muitos sangrentos combates, os enfraquecidos zamberma refugiaram-se em grande número na província rebelde do Lalle que os confinou nos pântanos onde foram dizimados. Somente fragmentos desta coluna de intervenção alcançariam Léo[28]. A macabra ironia do destino quis que a conquista europeia provocasse, ao final do século, a fuga do *mogho naaba* de Uagadugu, rumo ao território britânico em 1897, enquanto o seu vassalo e homônimo Wobgbo de Lalle era derrotado e executado pelos franceses em Uagadugu.

No país Mossi ao Norte, a preponderância do Yatenga era patente: porém, no transcorrer do século XIX, a decadência igualmente era evidente. Na realidade, salvo algumas operações de expansão com vistas à integração, como nos reinos de Yako e do Tatenga (Riziam), as outras ações do Yatenga consistiriam, durante este período, em reações contra as ameaças externas, dentre as quais os exemplos típicos residem nas operações de Djelgodji e na interminável guerra civil entre os pretendentes ao trono, após a qual a maioria não teria tempo para alcançá-lo.

Em matéria de integração pela conquista, as duas principais iniciativas foram aquelas de Naaba Tuguri (1806-1822) contra Yako[29]. Mas o mestre deste reino, intermediário entre o *mogho naaba* de Uagadugu e aquele do Yatenga, estava antes sob as ordens do primeiro. Naaba Silem de Yako, destituído por Naaba Tuguri do Yatenga, não se manteria durante mais de um ano. E, sem dúvida, com a ajuda do grande vizinho de Uagadugu, ele retomaria o seu comando.

Quanto à ação contra o Riziam, ela não podia senão produzir os seus frutos. Com efeito, este reino, cuja capital Sabce estava descentralizada na região Sul, havia conduzido todos os seus esforços nesta região, particularmente contra os potentes *naaba* de Bussuma. O Norte, cuja comunicação com a região Sul não era possível senão através de um estreito e pouco povoado corredor, não mais estava ligado à base meridional do reino. Em contrapartida, esta região setentrional estava, desde o reinado de Naaba Kango, sob a influência e a pressão do Yatenga. As campanhas dos *naaba* Totebalbo (1834-1850) e Yemde (1850--1877) desdobraram-se na anexação pura e simples dos territórios de Titao e de Toulfé, situação que isolou ainda mais a chefatura rumba de Mengao e aquela do Toulfé; na realidade, um chefe guerreiro de origem escrava, estabelecera-se em Titao. Com o chefe de Kossouka encarregado da vigilância, o mestre de

---

28 Y. Tiendrebeogo, 1964, pp. 70-71.
29 Conferir D. Nacanabo, 1982.

FIGURA 25.5 Personagens mascarados mossi, provavelmente "sacerdotes da terra" representando a autoridade aborígene, no início do século XIX. [Fonte: J. Vansina, *Art history in Africa*, 1984, Longman, Londres. Ilustração: © Frobenius Institute.]

FIGURA 25.6 Mogho Naaba Sanem festejado pelos seus sujeitos em 1888. [Fonte: L. G. Binger, *Du Niger au golfe de Guinée*, 1982, Hachette, Paris. Ilustração reproduzida com a autorização do Conselho Administrativo da Biblioteca da Universidade de Cambridge.]

Zitenga em Tiraké encontrava-se sob um severo controle; estado de coisas que o conduziria a reaproximar-se ainda mais do seu "irmão", o *naaba* do Datenga e até mesmo do rei de Riziam.

Por outro lado, as campanhas extremamente rudes do Riziam, país de colinas escarpadas, haviam custado muito caro ao Yatenga, inclusive a própria vida de Naaba Totebalbo. Os frutos das campanhas contra o Djelgodji igualmente teriam um preço muito elevado. Certamente, a fronteira com o Império do Macina fora então mais bem estabelecida; porém, o Djelgodji extraíra das intervenções mossi um anseio suplementar de independência *vis-à-vis* do Yatenga[30].

Finalmente, no tocante à anarquia e à guerra civil, elas já se encontravam potencialmente contidas na eleição de Naaba Tuguri, no início do século, contra a vontade dos seus numerosos irmãos. Frequentemente, dois concorrentes se sucederiam em curtos intervalos, reinando por alternância ou mesmo simultaneamente, cada qual com o seu clã e a sua capital. Foram estes os casos de Naaba Wobgho e Naaba Nyambemogho, por um lado, e de Naaba Korogho e Naaba Ragongo, por outra parte. Os príncipes compunham então as suas tropas junto aos povos san (samo) de Gomboro (fornecedores de arqueiros) e/ou fulbe de Tiou (fornecedores de cavaleiros), para forçar a decisão política através das armas[31].

Em seu conjunto, o processo histórico no Yatenga do século XIX mostrou-se, à imagem do século XVIII, muito extrovertido, com a particularidade dos desafios e riscos que se revelavam desde então muito mais graves. Sob Naaba Baogho (1885-1894), apoiado pelos filhos de Sagha (com exceção do clã de Tuguri), as lutas fratricidas se instalaram. Com efeito, os filhos de Sagha subdividiram-se, por sua vez, em um clã de Totelbalbo e outro de Yemde. Eles finalmente se entenderam para impor Naaba Baogho; porém, este último seria brevemente contestado pelos filhos de Tuguri: ocasião propícia à intervenção francesa[32].

Os planaltos voltaicos a Oeste e Sul

Nesta região, grupos e clãs de mesma linhagem, em sua maioria sem poder centralizado, resistiram relativamente bem às reviravoltas do tempo, cujos vetores, já há alguns séculos, eram os juula (dioula) ou os marka (dafin) que

---

30   M. Izard, 1970, tomo 2, p. 350.
31   *Ibid.*, pp. 331-333.
32   J. Ki-Zerbo, 1953. As guerras fratricidas entre "os filhos de Tuguri" e "os filhos de Sagha" geraram a possibilidade de intervenção francesa.

constituíam, juntamente com os autóctones, amálgamas biológicos, sociais e econômicos dentre os quais um dos protótipos seria o povo bobojuula. Inclusive, não é necessário traçar uma fronteira puramente teórica entre os povos com o poder centralizado e os demais. Na realidade, a centralização pôde tomar formas que não eram políticas, à imagem do *poro* de Senufo, comunidade de grande envergadura, de caráter religioso que determinou a hierarquia social. Era, portanto, normal que os povos pouco hierarquizados politicamente acusassem os golpes das convulsões do século XIX de modo diferente, comparativamente às sociedades politicamente pouco estruturadas. Estas observações ajudam a compreender a tumultuada história dos grupos voltaicos desta região, durante o século – invasões, incursões preventivas, resistências, adaptações e mestiçagens diversas. Em geral, embora repelindo mais ou menos vigorosamente as tentativas de dominação dos grupos mande, mossi, zarma, marka, fulbe, os povos mais sedentários, senão autóctones, acomodaram-se com a sua presença e com a sua atividade econômica, admitindo o risco de operar transferências geográficas quando a pressão política ou a punção econômica se tornavam demasiado fortes. Vejamos alguns exemplos a este propósito.

O Gwiriko e o Kenedugu (Kénédougou) eram ambos emanações do poder dos ouattara de Kong[33]. Eles seriam substituídos, aproximadamente ao final do século XIX, pelo deslocamento rumo ao Leste de outro império juula (dioula), aquele de Samori Touré[34].

O Gwiriko[35], formado no século XVIII no entorno de Bobo-Dioulasso e do arco norte do Volta Negro, florescia graças a revoltas matées, entre as sucessivas hegemonias do Arco do Níger (Ségou, Macina, Império Tucolor) e os reinos do planalto central mossi. Porém, após Maghan Oulé Outtara (1749-1809) e o seu filho, Diori Ouattara, o império se esfacelou de modo generalizado – em razão de resistências secessionistas dos povos submetidos pela imigração de pequenos grupos juula (dioula), os quais tentavam a seu turno alcançar a bonança. Os tiéfo, bobo-juula (dioula), bolon etc., estremeceram o jugo. Bako Morou (1839-1851) interrompeu momentaneamente a debacle, aliando-se aos tiéfo e aos bobo-juula (dioula) para esmagar as forças do Kenedugu em Ouléni, onde o futuro rei, Tiéba, seria capturado e vendido como escravo.

Após este período, a decadência prosseguiu. Assim sendo, ao redor de Boromo uma família de marabutos marka, proveniente de Djenné, instituiu um feudo

---

33   No tocante à ascensão do império de Kong, consultar B. A. Ogot, 1992, capítulo 12.
34   Conferir o capítulo 24, acima.
35   Referir-se a B. A. Ogot, 1992, capítulo 12.

que, sob as ordens de Mamadou Karantao, reuniu Marka, Mossi e Dagari-Juula (Dioula). Os kô autóctones foram expulsos de Boromo. Em seguida, desafiando a autoridade dos ouattara, Mamadou Karantao lançou-se à conquista do Bwamu (país dos bwaba) e fundou Ouahabou. O seu filho, Karamoko Moktar, prosseguiu a sua obra, não sem dificuldades e derrotas, no Bwamu e em terras dagari e wiile.

As intenções de Karamoko Moktar, ao Sul do Gwiriko, foram alcançadas pelo Kenedugu pelo Norte. Organizado no século XVIII em torno de Sikasso, tratava-se de uma extensão longínqua de Kong sob os traoré, Senufo dioulaïsés, ou seja, islamizados. Foi entre 1850 e 1860 que Laoula consolidou a potência dos traoré, com base em pequenas chefaturas senufo. Este poder seria confirmado a partir de 1875 pelo rei Tiéba, aliado dos franceses. Após se ter aproximado dos kiembagha de Korogho e ter vitoriosamente repelido o cerco de Samori, atrás da fortaleza fortemente construída de Sikasso, ele próprio fracassaria, em 1890, perante Sinématiali.

Os povos do Sudoeste do Alto Volta (Burkina Faso) viveram neste período em meio ao mesmo clima de pressões, instabilidades e conflitos. Migrações étnicas: tal é o esquema geral que prevalecia nesta região. Aqui os pwa, sissala, gan, dyan, birifor, dagara, dagara-juula sucederam-se, pressionados, repelidos, esposados e separados, sobretudo durante os primeiros decênios do século XIX. Bem entendido, não se tratava de um *tsunami* humano[36]. M. Père, citando os seus informadores, menciona grupos restritos, por vezes compostos de algumas unidades em movimento-relâmpago "para conferir se o lugar era bom"; posteriormente, outros, "ao perceberem realmente tratar-se de um lugar adequado", uniam-se aos primeiros. Fato notável aqui consiste em haver, entre estas etnias, o parentesco mais íntimo em meio à mais estrita diversidade. Eles se uniam, por exemplo, aos quatro grandes clãs matriarcais, adotando as suas matronímias[37]. Eles falavam todos línguas voltaicas, frequentemente próximas uma das outras. Eles tinham os mesmos hábitos culturais, funerários, matrimoniais e de iniciação, o mesmo *habitat* disperso, estruturas sociais similares, métodos agrários análogos (intensivos nas terras aluviais ou domésticas, extensivos alhures), entre outros. E, no entanto, em todas estas esferas, havia diferenças o bastante para que cada grupo mantivesse por todos os meios a sua própria identidade.

Na aurora do século XIX, os kulango, teese, gan, pwa e dyan já se encontravam presentes, sucederam-nos então os lobi, muito mais numerosos. Eles

---

36 Consultar H. Guilhem e J. Hébert, 1961, 1961, pp. 87 e seguintes.
37 M. Père, 1982. As matronímias eram: Hien/Da/Kambou-Kambiré/Sib-Sou-Palé.

atravessaram o Volta Negro, ao final do século XVIII, vindos do atual Gana em dois grupos: ao Norte, aqueles de Nako (os lobi da planície) e, ao Sul, os lobi montanheses. Eles repeliam os dyan, gan e teese em um processo contínuo, difuso e sem grandes choques; através de migrantes pioneiros e desmatadores, oriundos de regiões superpovoadas, à custa dos povos esparsos; situação que não excluía conflitos localizados em zonas marginais de fricção. Posteriormente, em três eixos principais e da mesma origem, chegaram os birifor. Eles se incrustaram entre Dagara-Wiile e Lobi, entre Dyan e Pwa, bem como em pleno coração do país lobi. Eles eram os protótipos, por excelência, da mestiçagem, aproximando--se dos lobi, no plano cultural, e dos dagara por intermédio da língua; eles eram, muito amiúde, trilíngues. Finalmente, foram os dagara que, por sua vez, atravessaram o Volta Negro, de Leste (margem esquerda) a Oeste (margem direita). Distinguimos junto a eles dois grupos: os dagara-wiile, instalados no Nordeste, e os dagara-lobi, estabelecidos às margens do rio.

Todos estes povos passariam a maior parte do seu tempo ocupados em implantarem-se e defenderem-se, não tanto contra os seus vizinhos imediatos, mas contra os contingentes juula (dioula), os quais os exploravam por toda parte, sem lograr assujeitá-los.

Outros povos

A mesma observação vale igualmente para os povos voltaicos de poder não centralizado, a exemplo dos gurunsi, bisa e samo (sanan), no século XIX. Vimos como os zamberma sangraram intensamente os gurunsi, os quais em tempos de normalidade pagavam um pesado tributo aos reinos mossi, assegurando todavia com estes últimos uma pronunciada mestiçagem, perene durante séculos. Os bisa não somente mantiveram as suas posições no Sudoeste do bloco moaga, mas, inclusive, aparentam ter migrado durante este período. "Para nós, tudo leva a crer que, distantes de serem repelidos pelos mossi, os bisa [...] teriam ganhado terreno sobre os seus vizinhos. A chefatura bisa de Garango seria, deste modo, muito recente[38]."

Quanto ao país san (samo) do Norte, na fronteira com o Yatenga, longe de ser conquistado, ele serviu em múltiplas ocasiões como base de recuo e "santuário" para as intermináveis lutas dinásticas do Yatenga, durante o período em questão. Eles e outros povos igualmente deviam contar com as chefaturas marka (dafin), recentemente instaladas à imagem daquelas chefaturas de Lanfiera. Em suma, ao final do século XIX, os povos de poder não centralizado apresentavam desem-

---

38 M. Izard, 1970, tomo 2, p. 226.

penhos relativamente consideráveis. Desde 1885, uma coalizão entre os bwaga, kô e gurunsi, similar às coalizões que se estabeleciam alhures contra Kong, Bobo ou Sikasso, infringiu aos zamberma uma derrota acachapante. Estas democracias baseadas em pequenas localidades africanas, adeptas da religião tradicional, possuíam um ímpeto notável, o qual se afirmaria brilhantemente frente aos colonizadores, porém a sua história não mereceu suficiente apreciação até os nossos dias.

As regiões orientais dos planaltos voltaicos

Aqui na região Norte, o Djelgodji e o Liptako formavam uma zona intermediária entre os novos poderes do Macina e do Sokoto, por um lado, e o envelhecido Yatenga, por outra parte. Seria o Liptako que tiraria maior proveito desta situação para repelir rumo ao Sul a presença recém-dominante dos gulmanceba.

No início do século, os fulbes aqui se apresentavam na forma de agrupamentos e acampamentos assujeitados, ao Norte, dos *ardo* fulbes do Arco do Níger, ou, ao Sul, dos chefes gulmanceba.

No Djelgodji, ao início do século, os fulbes djelgobe estavam dependentes dos jallube, para os quais eles pastoreavam os rebanhos em uma região povoada por indivíduos kurumba, eles próprios tributários dos jallube. Contra estes últimos, os djelgobe revoltaram-se e, final e possivelmente contando com o apoio do Yatenga, livraram-se da sua dominação. Simultaneamente, eles abalaram a tutela dos autóctones dirigidos pela aristocracia dos konfé, sob a égide do *ayo* (rei) do Lurum (Louroum) sediado em Mengao, fundando os principados de Djibo e Barbulle. No Liptako, os fulbes ferobe, também provenientes do Macina, instalaram-se em Weendu sob o comando de Birmali Sala Paté, na dependência dos gulmanceba de Koala, até aproximadamente 1810.

A vitória da *jihad* em Sokoto foi à ocasião considerada por estes fulbes como um assunto islâmico e fulbe. Ela lhes inspirou um levante etno-religioso contra os seus mestres gulmanceba, devotos da religião tradicional[39]. Brahima Saïdou Diandikko enviou então uma delegação a Sokoto para solicitar ao xeque 'Uthmān a sua benção. Ele traria um estandarte, legitimando a luta contra os gulmanceba. As artimanhas e exações dos senhores gulmanceba permitiram, na ocasião, a ação dos fulbes: gestantes mortas, leite derramado ou bebido por cães, mulher fulbe amarrada e com a cabeça raspada, confisco das heranças; tudo isso depunha contra o islã e a "via fulbe".

---

39 H. Diallo, 1979, pp. 97 e seguintes.

Brahima Saïdou, o *jooro* (chefe local) de Weendu, designado pelo chefe gulmance de Kaola, tornou-se *amiiru* (emir) e lançou uma *jihad* que se desdobrou no recuo dos gulmanceba para o Sul, embora deixando amplas zonas de povoamento misto.

Entretanto, os outros clãs fulbe (torodbe e kamba [akamba]) contestaram o crescente poder de Brahima Saïdou. Por conseguinte, eles enviaram uma delegação a Dan Fodio, quem lhes respondeu ser "de maior valia deixar o poder àquele a quem Deus o havia destinado", perguntando-lhes todavia por que, apesar da sua autoridade neste meio "pagão", comparativamente aos ferobe, eles não haviam declarado a *jihad*[40]. A influência político-religiosa de Sokoto sempre manteve a nova dinastia e interveio quando necessário, como em 1890, para apartar candidatos rivais do emirado. Em contrapartida, o emir de Dori ofereceu relativamente pouco a Sokoto: ele não lhe trouxe ajuda militar e, no tocante ao tributo anual em espécie (grãos, gado, escravos, tecidos), foi frequentemente impossível encaminhá-lo, em razão da falta de segurança das estradas, sobretudo quando, após a divisão do império, Dori dependeu do Gwandu. Efetivamente, o Kebbi rebelde, posteriormente o Arewa e os zamberma formavam uma temida cortina. A *jihad* do Macina, em contrário, não produziu um impacto relevante sobre as chefaturas de Djibo e Barbulle. Nestas regiões, as influências das religiões tradicionais persistiram, ao passo que, malgrado o tributo pago a Hamdallahi até 1858, Djibo e Barbulle não se consideravam dependentes do Macina[41], talvez em razão deste último não possuir nenhum representante *in loco*. Havia autonomia, ao menos de fato. Portanto, o tributo representava um ato de deferência, visando igualmente e sem dúvida prevenir uma eventual pretensão de conquista. No Macina, contrariamente, ele constituía indubitavelmente a materialização de um controle que se pretendia fortalecer. A ocasião surgiu em 1858[42], aquando de uma querela sucessória em Barbulle. Um corpo de intervenção foi enviado por Hamdallahi, sob o comando de Alhajji Modi. Este último esmagou as forças finalmente reconciliadas de Djibo, Barbulle e Tongomayel. O Yatenga e o Datenga, inquietos, responderam ao chamado de Djelgodji. Reunidos em Pobé Mengao, eles impuseram uma derrota cabal aos macinankobe. Estes últimos retornaram fortemente com Balobbo. Ora, neste ínterim, as exações e pretensões dos vencedores mossi haviam sido de tal ordem

---

40   *Ibid.*, p. 107.
41   *Ibid.*, p. 118.
42   A. Hampaté Bâ e J. Daget, 1962; M. Izard, 1970, tomo 2, 1970, pp. 334 e seguintes.

que os fulbes rebelaram-se, massacraram os mossi e estreitaram os seus laços com o Macina.

Na realidade, em Djibo, a exemplo de Barbulle, muitas famílias disputavam arduamente o poder entre si e, em razão disso, eram levadas a apoiarem-se sobre o Yatenga quando os rivais estavam próximos do Macina. Cabe acrescentar, neste contexto, as lutas intestinas entre as chefaturas e a surda resistência dos autóctones de Kurumba, o qual, sob o principado de Aribinda, tornou-se, ao final do século, um perigo suficientemente importante a ponto de provocar a coalizão entre Djelgodji e Liptako.

Seria igualmente necessário contar com os tuaregues. Desde 1804, os tuaregues oudalan se haviam instalado na região que levava o seu nome, extorquindo um tributo dos gulmanceba e dos Songhai. Sori Hamma (1832-1861) e, posteriormente, Bokar Sori (1890-1892), foram por eles batidos e levados a fortificarem Dori com muralhas. Efetivamente, a consolidação do Império do Macina expulsara os tuaregues para o Leste, onde eles se estabeleceriam ao longo do rio Béli.

A organização política do Liptako integrava nas suas próprias estruturas a vontade de equilíbrio entre os clãs. Com efeito, o poder transmitiu-se na descendência linear patriarcal de Saïdou, pai de Brahima, aquele que dirigiu a *jihad*. Porém, os ferobe finalmente decidiram ou aceitaram que os seus antagonistas, os torodbe, constituíssem o colégio eleitoral para designar o emir. Este colégio pronunciava-se, após efetuar levantamentos, sobre as qualidades pessoais (justiça, piedade), os serviços prestados, a importância dos laços matrimoniais etc., do candidato a emir. Mediante esta participação, os torodbe, embora excluídos do poder, exerciam uma espécie de arbitragem entre os pretendentes ferobe, integrando-se deste modo ao sistema[43].

O pretenso emir era submetido a uma entrevista e devia responder a questões capciosas. Em seguida, animais eram sacrificados para os gênios e para uma serpente fetiche. Procedia-se posteriormente à confecção de um novo tambor tradicional, integrado aos atributos do poder segundo o conselho de Sokoto[44]. Coberto com o turbante por um dos torodbe, perante o imã e o *kādī* e em frente ao estandarte, o novo emir jurava respeitar os costumes e princípios do islã e garantir a felicidade do seu povo. Havia neste contexto um ritual de revitalização político-ideológica de dimensões cósmicas, objetivando a conciliação com as forças sobrenaturais de toda ordem. As autoridades religiosas eram constituídas

---

43   H. Diallo, 1979, pp. 155 e seguintes.
44   *Ibid.*, p. 161.

pelo *kādī* de Dori e investidas do poder judiciário, na qualidade de tribunal de última instância. Por outro lado, uma rede de imames das localidades era coroada pelo grande imã de Dori.

O poder local era organizado para também associar os mais antigos clãs fulbes, os quais não podiam pretender ao emirado; na realidade, era junto aos chefes de família das mais antigas linhagens que se escolhia os *jooro* (chefes locais). Em Djelgodji, apresentava-se o mesmo sistema de integração dos clãs: o chefe era escolhido por um colégio eleitoral composto por notáveis anciãos da linhagem dos sadaabe, os quais dominavam o interior do país à chegada dos djelgobe, únicos pretendentes à chefatura. Esta última foi inclusive de fato monopolizada pela família de Nyorgo. A insígnia principesca era um bastão (simbolizando o pastoreio) adornado com gêneros agrícolas. Aqui, igualmente, sacrifícios realizados pelos autóctones kurumba garantiriam a prosperidade material do reino.

Os reinos bambara de Ségou e do Kaarta

Após terem atingido o seu auge durante o século XVIII, estes reinos sobreviveram marcados pelos aspectos mais negativos da sua política: ajudas consideradas como atos de bravura; incursões sem esforço de organização; assim como guerras fratricidas entre si e no interior de cada um dentre eles. Na realidade, os massassi do Kaarta, de linhagem real, consideravam os mestres de Ségou, ao menos a partir dos sucessores de Denkoro, filho de Biton Kulibali, como chefes militares escravos, profissionais da guerra. Na ocasião, o reino de Ségou era mais povoado e mais forte. Os reis de Ségou detestavam os massassi, os quais cordialmente os desprezavam. De onde derivam estes persistentes assaltos de Ségou contra o Kaarta, geralmente batido, porém jamais conquistado[45].

Este período foi igualmente marcado pela crescente importância adquirida pelos *tonjon* (libertos tornados guerreiros) que abusavam da sua força. Assim sendo, ao longo de uma guerra promovida por Toukoro Mari (1854-1856) contra o seu irmão Kégué Mari, em Massala, os *tonjon* mobilizados pelos dois irmãos decidiram atirar a esmo[46]. Percebendo não existirem feridos em meio aos invasores e tampouco junto aos sitiados, Toukoro espantou-se. Foi então que um *tonjon* declarou-lhe sem delongas: "Nós estamos fartos das vossas guerras fratricidas. É preciso que elas cessem!" E esta guerra cessou.

---

45   L. Tauxier, 1942, p. 143.

46   *Ibid.*, p. 99

FIGURA 25.7   Tipos de casa bambara, 1887. [Fonte: L. G. Binger, *Du Niger au golfe de Guinée*, 1982, vol. I, p. 17, Hachette, Paris. Ilustração reproduzida com a autorização do Conselho Administrativo da Biblioteca da Universidade de Cambridge.]

No reino de Ségou, Monzon Jara (1787-1808) distinguiu-se por campanhas contra o Kaarta e o Macina e igualmente contra os dogon e os mossi. O seu sucessor, Da Jara (1808-1827), foi derrotado por Seku Ahmadu do Macina, durante a tentativa de socorrer o seu próprio vassalo, o *ardo* Dikko, fulbe não muçulmano. Ele então compreendeu que o principal inimigo não era o reino "irmão" do Kaarta. Da Jara era um homem feroz e pérfido[47]. O seu sucessor, Cefolo (1827-1839), cometeu o erro de capturar um peregrino pouco ordinário vindo da Meca; tratava-se de al-Hadjdj 'Umar, quem jamais esqueceria esta humilhação mesmo após ter sido libertado mediante a insistência de notáveis muçulmanos dentre os quais o tucolor Ceerno 'Abdul.

---

47   A este respeito, vale lembrar o episódio de Mama Dyetoura, "o mais belo dos homens", segundo a apreciação das mulheres de Da Monzon, quem, mortalmente enciumado, lograria eliminá-lo em uma cilada. Conferir C. Monteil, 1977, pp. 92 e seguintes.

Os anos de anarquia posteriores ao reino de Cefolo foram marcados pela lendária figura e épica de Bakari Dyan, chefe dos deferobe (fulbes libertos para servirem ao Estado, porém não exclusivamente fulbes, longe disso). Bakari Dyan não somente resistiria vitoriosamente aos ataques provenientes do Macina, inclusive matando o temido Blissi, mas, inclusive, tomaria numerosas localidades, para a grande alegria dos habitantes de Ségou.

Sucedeu-lhe uma série de reis insignificantes até 'Alī Monzon Jara, quem seria vencido e morto por al-Hadjdj 'Umar. A resistência bambara continuaria todavia sob os chefes eleitos, a partir da margem direita do Bani.

O reino do Kaarta era obrigado a mover-se entre as bacias do Senegal e do Níger. Ao passo que Desse Koro, no início do século, tirou proveito dos distúrbios de Ségou para amparar-se de Nyamina; Moussa Koura Bo, o seu sucessor, aliou-se ao Bundu contra o 'Abd al-Kādir do Futa Toro, quem seria vencido e morto em 1807. Porém, ele igualmente operou contra os kagoro do Beledugu e o Mande. Sob Bodian Moriba le Grand (1815-1838), aconteceu a aliança com o Alto-Galam contra o *almaami* do Bundu, ligado ao Xaso. Os kaartanke alcançaram uma vitória decisiva em 1818, enquanto o filho de Moriba devastava o Fuladuu (região de Kita).

Perante o expansionismo fulbe e tucolor, Naniemiba (1839-1841) e Kirango Bâ (1841-1844), de Ségou, finalmente negociaram a reconciliação com Nyaralen Gran (1832-1843) e Mamadu Kandyan (1843-1854), os quais lutavam contra os jawara (Diawara). Demasiado tarde, eles seriam todos varridos – aqui incluso o adversário fulbe do Macina – pela *jihad* de al-Hadjdj 'Umar.

Assim sendo, no centro e no Norte das regiões concernidas pelo presente capítulo, vários conjuntos políticos degradaram-se a um ritmo acelerado no curso do século XIX, por vezes em proveito de novas hegemonias, particularmente aquelas produzidas pelas *jihad*. Estes últimos tiraram proveito da decomposição interna dos poderes estabelecidos para implantarem-se antes de serem rejeitados, a seu turno, por forças estrangeiras diferentemente temidas.

Como sempre, a explicação para tamanho declínio não poderia ser unívoca, por exemplo, sugerindo exclusivamente a existência de influências externas e uma espécie de predestinação para a colonização.

Certamente, no tocante aos reinos e aos povos de regime não centralizado, processos em curso há muito tempo haviam atingido o limiar da ruptura, tanto no plano interno quanto do ponto de vista dos impactos externos.

Sucessivamente, na realidade, os reinos mossi, bambara e juula haviam ensaiado garantir um espaço que incluía, a um só tempo, as margens do deserto e as bordas da floresta. Embora nenhum deles tenha persistido de forma durável nesta região, cada um dentre eles viu coincidir o seu apogeu com o máximo da sua extensão, a Norte e Sul, conquanto o império bambara de Ségou agregasse sobremaneira ao seu núcleo o eixo oeste-leste do vale do Níger. No entanto, com o século XIX, a instabilidade política e os deslocamentos populacionais prevaleceram. Os brutais extermínios e os fenômenos secessionistas provinham justamente daqueles que supostamente deveriam constituir os fundamentos do poder, como os *tonjon* de Ségou ou os ministros da corte de Uagadugu. Malgrado algumas brilhantes exceções, o ritmo e a amplitude dos conflitos se acentuaram. Esta tendência para o deslocamento estava indubitavelmente ligada à circunstância, em função da qual, com progressiva facilidade, os poderes periféricos e rebeldes podiam adquirir armas e, por conseguinte, desafiar os chefes reinantes.

Por outro lado, os cativos, dos quais estes reinos necessitavam, na qualidade de moeda de troca para comprarem os gêneros raros ou equipamentos de guerra, eram capturados a um ritmo cada vez menos compatível com a sobrevivência destas sociedades, inclusive e sobretudo quando eles eram arrancados de povos submetidos à tributação; pois esta ação esgotava as reservas dos poderes dominantes. No entanto, em consequência de uma decalagem normal, as decisões europeias, referentes à abolição do tráfico, não impediriam este último de atingir o seu paroxismo, durante o século XIX, em numerosos países do Arco do Níger e da bacia superior dos Voltas. A libertação pelo Estado ou a reintegração ao nível das linhagens, lograram apenas reduzir os efeitos destruidores desta desgraça que se abateria sobre a região até o final do século XIX. Efetivamente, estes países, cuja economia encontrava-se recentemente irrigada pelos "portos do deserto", estes pontos de chegadas das caravanas, estavam agora cercados e bloqueados, em razão de estarem separados da costa por outros Estados, no momento em que o essencial dos fluxos comerciais basculava. Portanto, eles não podiam senão declinar lentamente, porém inexoravelmente.

Nestas condições, como frequentemente acontece nos períodos de crise, as clivagens sociais agravaram-se, transformando as estruturas mais igualitárias que, até bem pouco, haviam marcado as sociedades do Sahel, em sua fase ascendente. A isso se acrescentava a evolução dos movimentos religiosos que, tolerantes em relação aos cultos tradicionais durante os séculos precedentes, transformaram-se sob a influência do rigorismo veiculado pelas *jihad*, os quais triunfaram em Liptako e varreram os Estados bambara. Embora os yarse do país mossi, até então muito flexíveis nos planos religioso e político, tivessem começado a endurecer as suas posições e fazer proselitismo. Mas os Estados muçulmanos sucessores seriam, eles próprios, efêmeros, pois que estavam dominados pelas mesmas condições objetivas que desde então condenavam ao fracasso o desenvolvimento autônomo dos Estados africanos.

Todavia, não esqueçamos que, sob a casca dos aparelhos de Estado que, durante este período foram enfraquecidos ou deslocados, numerosos povos prosseguiram, em razão das punções das quais foram vítimas e por vezes através de dramáticas migrações, por uma via tenaz de produção econômica e reprodução social. Esta evolução relembra-nos que, além dos sobressaltos endógenos ou provocados por forças externas, os grupos básicos estavam distantes do esgotamento, estado de coisas confirmado pela sua notável capacidade em superarem os maiores desafios, notadamente aquele representado pela intrusão colonial.

Tensões socioeconômicas

Produção e comércio

Durante este período, muito mais que atualmente, a base da atividade econômica era a agricultura. Na falta de estatísticas, pode-se dizer sem incorrer em erro que 99% da população desta região estava empregada nesta atividade, particularmente os povos sedentários e autóctones. A pequena minoria, além dos artesãos, que se dedicava ao comércio, era sobretudo composta de grupos originários dos povos mercadores ou atraídos pela conquista, eventualmente combinando estes dois perfis, a exemplo dos juula (dioula). A título de esquema geral, é possível dizer que, entre os países costeiros compradores essencialmente de escravos, de ouro e fornecedores de produtos europeus, por um lado, e o Sahel, consumidor de noz-de-cola, das suas armas e exportador sobretudo de sal, de gado e de escravos, por outra parte, havia zonas intermediárias de savana que vendiam, igualmente elas, escravos e gado (asnos para o comércio, cavalos para a guerra e para as cortes principescas), além de cereais e ouro.

Após a abolição da escravatura pela Inglaterra em 1807, um desequilíbrio estrutural ocorreu neste esquema, sobretudo no Sul, onde os controles foram os mais estritos e precoces, embora a escravatura doméstica fosse tolerada[48]. Assim sendo, durante a segunda metade do século XIX, sobretudo no Arco do Níger, a escravatura conheceu um enorme crescimento: como as armas eram vendidas a preços crescentes, era necessário em troca fornecer cada vez mais escravos.

---

48   A. A. Boahen, 1974, p. 179.

Compreendem-se as razões pelas quais grupos inteiros, como os zamberna, se tenham especializado nesta indústria de extração do "minério negro". Porém, os principais fornecedores não eram somente as grandes *jihad* dos líderes muçulmanos do Norte, nem tampouco os conflitos dos *mogho naaba*. O complexo escravista era alimentado por uma enormidade de canais coletores baseados nos povos, nas centenas de chefaturas, desde os territórios dos tuaregues até as proximidades das casas comerciais estabelecidas na costa. Durante os últimos decênios do século XIX, praticamente jamais houve época de paz em qualquer região, isso equivale a dizer que sempre houve cativos. As vítimas eram essencialmente as comunidades agrícolas sedentárias, verdadeiros viveiros para o tráfico. De onde derivavam as zonas de subpovoamento por vezes identificadas em algumas regiões literalmente sangradas. Os tributos pagos com cativos eram frequentemente muito pesados. E quando os autóctones se organizavam para se defenderem, não se hesitava em recorrer a eles como mercenários, para travar a guerra em outros setores; tal foi o caso de alguns gurunsi recrutados na horda dos zamberna e dos samo (sanan), engajados nas guerras dinásticas do Yatenga.

Os circuitos comerciais

No Sul da região considerada, como vimos, o Ashanti lutou desesperadamente para controlar as casas comerciais instaladas na faixa litorânea, verdadeiros balões de oxigênio para a sua sobrevivência, as quais lhe proporcionavam o domínio nas duas extremidades da cadeia comercial. Pois que a supressão do tráfico, responsável por nove décimos do total de exportações da Costa do Ouro no início do século, introduziu abruptamente uma mutação econômica. Desde 1840, o principal item de exportação da costa oriental fora o óleo de palma, especialmente graças à política de Maclean. A exportação de borracha começou entre os anos 1870 e 1880 e, juntamente com o óleo de palma, lançaria as bases para a transformação das estruturas econômicas na região sul da Costa do Ouro.

Enquanto o ouro ashanti e voltaico dirigia-se sobretudo para o Sul, a noz-de--cola destinava-se para o Norte. Entretanto, as rotas do Oeste, através de Kong e Buna, cedem progressivamente àquelas do Nordeste, através do país dagomba e haussa, como testemunha Thomas Bowdich. O comércio do Norte foi ativado, em suplemento, pela supressão do tráfico costeiro, pelo fechamento esporádico das rotas para o país fanti e pela estabilidade política do Borno após a *jihad* de 'Uthmān dan Fodio. Assim sendo, os produtos de luxo europeus chegavam através da África do Norte, do Fezzān e de Trípoli ou até mesmo pela costa do Daomé alcançando Kano e, a partir deste ponto, eram encaminhados para o

Arco do Níger. As sedas e tapetes da Turquia e de Trípoli, o natrão de Borno e as vestimentas haussas eram assim trocados pela noz-de-cola e pelo ouro, pelos tecidos em algodão do Dagomba, do Mossi e do Mande, pela manteiga de carité, bem como pelo gado do Sahel sudanês.

De onde derivou, nesta época, a expansão fulgurante de Salaga[49]. Este centro substituiu então Gbuipe, no Gonja. De Salaga ia-se rumo a Yendi, Sansanne--Mango e, deste ponto, em direção aos países voltaicos, haussa ou iorubá. Salaga, diz-nos Dupuis, possuía o dobro do tamanho de Kumashi, com uma população de 400.000 almas. Este desenvolvimento prosseguiria até a queda do poder ashanti, quando as rotas seriam desviadas em direção a Kintampo. Nas transações, geralmente prevalecia o escambo, mas igualmente o ouro em pó era empregado nas trocas mais importantes, assim como os cauris que Maclean legalizou na região costeira. J. B. Kietegha descobriu em Logofiela reservas de cauris vizinhas a fragmentos de jarros, os quais seria possível reconstituir assim como exumar a partir dos bancos de areia da região de Pura[50].

Além do ouro ashanti e lobi, a margem esquerda do alto-Volta Negro conheceu, sobretudo no século XIX, uma notável concentração de pioneiros de diversas origens: Dyan, Dagara, Bobo-Juula (Dioula), Bwaba e Mossi, além dos gurunsi autóctones. A exploração realizava-se com a ajuda de instrumentos rudimentares (alviões, picaretas, jarros, cabaças e gamelas). A divisão do trabalho reservava aos homens, exclusivamente, a prospecção, a escavação e a moagem do quartzo, além de serem eles os únicos que podiam "ver o ouro e matá-lo", ao passo que, às mulheres, cabiam o transporte e a lavagem do mineral. Ao final do século, a proporção de escravos nestas comunidades era considerável (sessenta por família de Pura)[51]. É notável aqui tratar-se de uma exploração familiar ou individual, não ligada a um Estado centralizado. A invasão dos zamberma em várias localidades do setor aurífero conduziu os camponeses a esconderem os seus instrumentos nas colinas e a se colocarem em pé de guerra; os homens capturados eram vendidos por 100.000 cauris e as mulheres pelo dobro deste valor. Com efeito, e em certa medida, havia contradições entre a produção de ouro e a caça aos escravos. Todavia, os grupos armados evidentemente preferiam os

---

49 K. Arhin, 1979, capítulo III.

50 Os pequenos cauris, preferidos em relação aos grandes, eram trocados contra estes últimos à razão de 10.000 por 11.000. De onde derivam as operações dos cambistas que nelas ganhavam 10%; conferir L.G. Binger, 1892, citado por J. B. Kietegha, 1983, p. 185.

51 J. B. Kietegha, 1983.

Estados e povos do Arco do Níger e do Volta

FIGURA 25.8 Um mercador ambulante mossi, 1888. [Fonte: L. G. Binger, *Du Níger au golfe de Guinée*, 1892, vol. 1, Hachette, Paris. Ilustração reproduzida com a autorização da Biblioteca Nacional, Paris.]

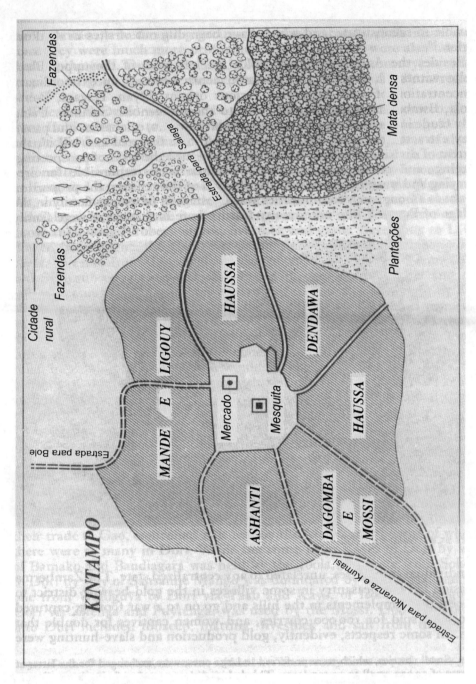

FIGURA 25.9   Mapa de Kintampo, cidade comercial do interior da Costa do Ouro. (segundo L. G. Binger, 1892).

Estados e povos do Arco do Níger e do Volta

Figura 25.10   Salaga em 1888.

escravos, os quais rendiam muito mais[52], além de igualmente serem utilizados no garimpo. Na primeira metade do século XIX, a produção anual de ouro atingia possivelmente 50 kg, somente na região de Pura[53].

Enquanto este ouro seguia sobretudo em direção ao Saara e ao Marrocos, o ouro do Lobi rumava para a Costa do Ouro ou para a Libéria. Este ouro era parcialmente entesourado sob a forma de pó ou pepitas, em cilindros de bambu ou peças de tecido, escondido nos sótãos ou enterrado em potes cerâmicos. Ele era transportado pelas rotas comerciais locais e regionais, quer seja rumo a Bobo, San, Djenée e Mopti ou para Kong e o Ashanti, quer seja para Gaoua (Lobi) ou Salaga, passando por Wessa e Wa, ou ainda rumo a Uagadugu, e de lá para Puytenga, Tenkodogo e Salaga. Nas trocas locais, ele servia para comprar o sal, a noz-de-cola, os bubus, os escravos e os grãos. Segundo L. G. Binger, o sal em barras do deserto, era excepcionalmente mais estimado; ele chegava de Taoudeni por Tombouctou, Mopti, Djenée, Bla e San, de onde era disseminado no Sahel e na savana. Igualmente ocorria em relação ao sal vindo por Adrār e

---

52   A venda de escravos teria proporcionado aos negreiros um ganho 90 vezes maior que o ouro, segundo V. Kachinsky, 1935, p. 192, citado por J. B. Kietegha, 1983, p. 155.
53   J. Sagatzky, 23 de julho de 1940, folha 5.

Tichitt com destino a Ségou. O sal marinho da costa e o sal em pó de Daboya eram direcionados até Kong. No Sahel voltaico, os chefes de Djibo tinham um meio astucioso para acumular os escravos. Se um escravo matasse alguém e fosse confidenciar-se junto ao chefe, ele seria absolvido e passaria a ser escravo deste último; em caso de roubo, se o ladrão fosse rico, o chefe apropriar-se-ia da sua riqueza[54]. Ao final do século, havia 50.000 cativos para cada 50.000 homens livres em Dori. No entanto, em sua passagem pela região, aproximadamente no ano 1853, Heinrich Barth, sempre tão preciso e perspicaz, não se refere a escravos. No entanto, na segunda metade do século houve um considerável crescimento do tráfico negreiro nesta região.

A concentração de estradas em torno de Dori oferece uma ideia da abertura do Sahel para todos os horizontes. Como a legislação do Império do Macina era muito dura em Tombouctou (pesadas taxas, interdição do tabaco), os mercadores desviaram as rotas para Gao, controlado pelos mouros e tuaregues, numerosos em Dori. Enquanto a rota de Kayes até Dori, passando por Bamako e Bandiagara, era controlada pelos juula (dioula), aquela ligando Sokoto a Dori, passando por Sansanné-Mango, era dominada pelos haussas. Aquelas de Ouahigouya até Dori, passando por Yako e Kaya, ou de Uagadugu a Dori, passando por Zitenga e Puytenga, estas eram praticadas pelos mossi. Importavam-se para Dori o tabaco, esteiras, gado, o sal do Norte, produtos fornecidos em troca de faixas de algodão, turbantes haussas e produtos manufaturados europeus. Do país haussa vinham as cangas e os bubus, trocados pelo gado e pelo sal. Do Mossi provinham escravos, faixas de tecido, cobre trabalhado e asnos, os quais eram trocados por noz-de-cola do Ashanti, sal e gado. Dos países juula (dioula) chegavam estopas da Guiné e quinquilharias trocadas por sal e gado. Em Djibo, onde abundavam comerciantes yarsé oriundos de Ouahigouya, prevalecia o escambo, ao passo que os cauris eram utilizados em Dori. Nesta cidade, os comerciantes estavam associados, em virtude da sua própria profissão, aos clãs aristocráticos, aos quais eles eventualmente se associavam através de casamentos; porém, instalados em bairros exclusivos, eles eram mantidos à margem da política.

Em seu conjunto, embora marginal relativamente ao conjunto da economia, a atividade dos mercadores teve um notável impacto qualitativo na vida de todos. Para convencermo-nos deste estado de coisas, basta relembrar a importância de localidades intermediárias, tais como Begho, Kafaba, Kintampo, Atebibi, nas quais sociedades pluri-étnicas rapidamente foram constituídas. Para Salaga,

---

54 H. Diallo, 1979, p. 169.

afluíam os gonja, juula (dioula), haussas, dagdon, ashanti, fulbes, iorubás, dendi, bornouan, bariba, kulango, gurunsi etc.[55]. Tratava-se de um verdadeiro microcosmos onde, comparativamente à sociedade autóctone mais homogênea, a divisão do trabalho era mais intensa, com proprietários, locatários, intermediadores e diversos artesãos[56].

Tensões sociais

As tensões sociais eram normais em períodos de reviravoltas. Tal foi o caso dos países do Arco do Níger e da bacia do Volta, no século XIX. Porém, em que pese a raridade de documentos sob este aspecto do processo histórico, aparentemente, abalos sociais afetaram muito mais os Estados centralizados que as sociedades fundadas com maior ênfase na auto-gestão, atingindo sobremaneira as regiões costeiras, comparativamente às zonas interioranas, e incidindo muito mais sobre as regiões islamizadas se confrontadas com as demais. Com efeito, as sociedades sedentárias com poder não centralizado, embora se apresentassem como as mais marcadas pelas convulsões da época, refugiavam-se na fidelidade ao seu código de vida tradicional, como antídoto para a agudez dos desafios.

A condição dos escravos e homens de casta era bem mais grave nos Estados centralizados. A mais radical reviravolta, indubitavelmente, foi aquela dos agrupamentos fulbes que, de nômades e assujeitados nos Gulmanceba, alguns anos após a *jihad*, transformaram-se em senhores dominantes perante populações autóctones ou reduzidas ao estatuto de plebeus, cativos e servos (*bellah* ou *riimaaybe*), fadados aos trabalhos agrícolas e ao pastoreio. Neste contexto, acrescentam-se os artesãos e griôs. Sociedade minuciosamente estratificada onde cada um possuía e reconhecia o seu posto. Além da quinta parte recolhida sobre o butim das invasões[57], o emir do Liptako recebia doações e cobrava um tributo sobre as colheitas batizado *zakāt*. Os chefes de Djibo igualmente recebiam presentes por ocasião das "saudações" e recolhiam o imposto sobre o sal junto aos comerciantes. Os aristocratas estavam por vezes rodeados de centenas de dependentes. Conquanto a sorte dos escravos melhorasse com a ancianidade (os *riimaaybe* podiam tornar-se proprietários), a condição dos cativos criaria problemas no Liptako. O próprio Dan Fodio recomendou ao emir a libertação dos escravos que tivessem participado dos combates contra os gulmanceba. Por outro

---

55 L. G. Binger citado em M. Johnson, sem datação, SAL/19/1.
56 K. Arhin, 1979, capítulo III.
57 Segundo a estrita ortodoxia, era o *kādi* quem deveria recebê-lo; conferir H. Diallo, 1979, p. 274.

lado, em 1861, o emir Seeku Saalu foi obrigado a enfrentar uma insurreição servil, estimulada pelo marabuto 'Abdul-Kaadiri, cuja intenção era amparar-se do poder. O emir não poderia livrar-se desta situação senão determinando a concessão das libertações.

Quanto aos artesãos, excluídos dos direitos pertinentes aos homens livres e nobres, eles foram reduzidos à endogamia. Enquanto um nobre podia casar-se com garotas escravas, o artesão não podia esposar a filha de um ferreiro[58]. E, no entanto, à imagem do griô, que através da magia do verbo consolidava o poder e também dele participava muito marginalmente, o ferreiro era temido em razão do caráter mágico da sua profissão. Este último igualmente exercia função similar àquela de um mediador, nos conflitos entre indivíduos e famílias. Neste contexto não faltariam temas criadores de tensões[59].

No reino mossi de Uagadugu, transformava-se escravos em eunucos em número suficiente para permitir a sua exportação em direção ao Norte. No tocante ao Ashanti, a massa de rebanhos humanos obtida através da tributação era tamanha que, quando o tráfico foi abolido, o *ashantihene* declarou ser-lhe impossível alimentar os 20.000 cativos que ele detinha, acrescentando: "Salvo matando-os ou vendendo-os, eles se multiplicarão e matarão os meus sujeitos[60]."

No entanto, as relações sociais entre os escravos e os seus proprietários, aparentemente, foram menos conflituosas nas sociedades sem poder centralizado. Há informações, segundo as quais, em uma localidade de Pura, os escravos eram alimentados "como todo mundo".

M. Père diz-nos que, no país lobi, cada subclã matriarcal era dividido em dois grupos: os weya de nascimento autêntico e os dea de origem cativa. Acrescentavam-se os indivíduos adotados em razão de serem fugitivos de uma grande fome ou de uma invasão; eles teriam sido encontrados pela manhã em frente à porta. Entretanto, tanto uns quanto os outros estavam intimamente integrados na estrutura social, na qualidade de força produtiva e reprodutiva. A este título, o escravo vivia na mesma habitação do seu mestre, a quem cha-

---

[58] Tal era a situação no Yatenga até meados do século XX.
[59] Foi reportado que caso fosse ordenado ao chefe da localidade para que ele trouxesse um cavalo e ele o pegasse de um ferreiro, todos os ferreiros do Liptako se reuniam. Eles pegavam as suas bigornas e vinham colocá-las diante do *amiiru*. Eles lhe diziam: "O país te pertence, mas as nossas ferraduras nos pertencem. Nós não fabricaremos nem enxada, nem enxadão, nem lança. Caso as pessoas queiram que elas não mais cultivem". Ao final o *amiiru* entendia-se com eles, enviava-lhes o cavalo e eles voltavam para a sua morada. (H. Diallo, 1979, p. 186).
[60] J. Dupuis citado por A. A. Boahen, 1974, p. 179.

mava "meu pai"; ele participava do mesmo grupo de parentes que o seu mestre, estava sujeito aos mesmos rituais e proibições, a trabalhos idênticos, dele recebia uma mulher, possuía um campo e podia fazer frutificarem os seus cauris, até novamente comprar ou comprar outro homem para substituí-lo[61]. Aqui se manifestava uma vontade de utilização da escravatura como um processo de fortalecimento dos grupos clânicos ou territoriais.

Outros tipos de tensão acentuaram-se nos Estados centralizados desta época; trata-se dos conflitos entre os senhores ou nobres e o soberano, tanto no Ashanti quanto nos reinos bambaras, no yatenga e no reino de Uagadugu ou no Gwiriko. No reino de Ouadagoudou, por exemplo, Mogho Naaba Karfo (1842-1849) decidiu distribuir aos pobres da plebe os bens confiscados dos ricos. Os nobres bem como os plebeus tinham igual acesso a ele, quando lhe cabia tomar medidas judiciais. É fortemente provável que esta política social tenha contribuído para a grande rebelião dos príncipes em seu próprio reino, instigada pelo seu principal ministro, o *widi-naaba*.

Finalmente, citemos o caso das regiões costeiras, nas quais as dinâmicas comercial e educacional produziam uma estratificação social de gênero qualitativamente novo. Na realidade, a partir do momento em que as transações não mais repousavam sobre o comércio de escravos, mas sobre a troca dos produtos europeus pelo ouro, o marfim, o óleo de palma e a borracha, desde logo uma nova classe comerciante emergia, operando a partir de créditos de campanha concedidos por companhias europeias, das quais na verdade ela era representante. Este foi o ponto de partida para o surgimento de numerosos atacadistas, estabelecidos nas ruas dos centros costeiros. Abaixo deles, um grande número de pequenos recolhedores de impostos, cujo papel consistia em agilizar os trâmites junto a fornecedores que gravitavam e dependiam dos negociantes[62]. Era igualmente necessário contar com os mercadores ashanti, os *akonkofo*[63], os quais controlavam a oferta de produtos africanos provenientes do interior.

Do mesmo modo, no âmbito educacional, categorias ou até mesmo classes sociais instalar-se-iam na costa. No topo da hierarquia, estavam os descendentes das grandes famílias comerciantes que, como os Bannerman da Costa do Ouro, haviam sido, desde o começo do século, educados na Europa ou no Fourah Bay College (Serra Leoa), fundado em 1827. Eles se faziam passar por "*gen-*

---

61 M. Père, 1982, pp. 214 e seguintes.
62 B. Cruickshank, 1853, vol. II, pp. 30-94.
63 I. Wilks, 1975, pp. 699-705.

tlemen ingleses" e se comportavam como tais. Aceitos no meio europeu, se lhes eram atribuídas responsabilidades na qualidade de magistrados, comandantes de fortificações etc. Na outra extremidade, havia um vasto grupo de indivíduos sumariamente instruídos, ironicamente chamados "os eruditos de Cape Coast". Empregados como secretários, mal pagos ou desempregados, eles se resignavam a percorrer a selva como representantes dos negociantes ingleses ou africanos. Eram tratados com desprezo, como caricaturas da civilização inglesa, como parasitas vivendo sobre as costas dos chefes não letrados e dos seus povos. Entre os dois encontravam-se os africanos que, sem terem levado muito adiante os seus estudos, haviam recebido uma razoável formação a ponto de permitir-lhes atuarem como comerciantes independentes ou gerentes em cidades litorâneas[64]. Desta forma, estabeleciam-se as bases das ulteriores contradições sociais. Todavia, deve-se notar que a Confederação fanti não teria sido possível sem a cooperação desta classe média instruída.

Expansão religiosa

O século XIX foi, nesta região, um período de acelerada progressão do islã, no Norte e no Centro, e de reimplantação do cristianismo no Sul. Como nunca, estas duas religiões foram ornamentadas pelo prestígio da educação, pelo domínio da escrita e associadas a um universo que ultrapassava sobremaneira o horizonte local.

Ao Norte da região, foi a propagação das *jihad* de eminentes personalidades ('Uthmān dan Fodio, de Sokoto, Seku Ahmadu, do Macina, e al-Hadjdj 'Umar Tal) que produziu efeitos intensos e duráveis, por exemplo, em razão da *jihad* e do emirado do Liptako.

Inclusive os reinos bambara e mossi foram atraídos ou influenciados por esse sobressalto de proselitismo islâmico. Com efeito, embora o clichê que descreve os bambaras e os mossi como "muralhas contra a expansão do islã" jamais se tenha mostrado verdadeiro, esta apreciação pode ser pertinente para o século XIX, durante o qual, o islã agiu nestes reinos, simultaneamente, no topo e sobre todas as camadas do corpo social. Para atermo-nos ao reino de Ségou, no início do século, sob Monzon Jara, a sua mãe Makoro recorreu aos marabutos de Ségou Sikoro e Tégou para reconciliá-lo com o seu irmão Nyanakoro Da. O seu sucessor, Monzon Jara, solicitou a um sábio marabuto dos seus amigos um

---

64   P. Foster, 1965, pp. 68-69.

talismã de vitória. Torokoro Mari (1854-1856) confiou a educação de um dos seus filhos a al-Ḥadjdj 'Umar. É verdade que os *sofa* (guerreiros do monarca) o abandonaram em razão disso, assassinando-o por afogamento e declarando ao seu sucessor: "Nós eliminamos o teu irmão porque ele pretendia nos forçar a tornamo-nos muçulmanos e porque ele desperdiçava os bens do Estado, em presentes aos marabutos[65]." Nos reinos mossi, os únicos muçulmanos até então eram os yarse. A partir do século XIX, os *mogho naaba* aderiram abertamente à fé islâmica, criando eles próprios centros de proselitismo.

Naaba Dulugu de Uagadugu construiu uma mesquita e transformou o imã em um importante personagem da corte. Entretanto, talvez para evitar uma mudança demasiado brutal, ele afastou o seu filho, o futuro Naaba Sawadogo, e destituiu Pwanda, chefe de Kombissiri. Estes dois adeptos inclusive recolheram-se em Basan-Waiga dela fazendo uma base religiosa. Quando Naaba Sawadogo tomou o poder, ele restabeleceu a chefatura de Kombissiri, a qual se tornou, por sua vez, um centro da religião, além de enviar o seu próprio filho à escola corânica de Sarabatenga Yarse.

Sob Naaba Karfo, o rebelde Naaba Wobgho de Lalle encontraria o imã de Uagadugu, para solicitar-lhe que intercedesse em seu favor junto ao rei. Ao final das contas, Naaba Kutu recebera uma verdadeira educação corânica. Renunciando conciliar a sua fé com as práticas rituais tradicionais, ele confiou estas últimas aos seus ministros, procedendo da mesma forma no tocante à justiça fundada nos costumes. Ele construiu uma mesquita na porta oriental (utilizada pelas mulheres e pelos cativos) do palácio, satisfez as prescrições islâmicas e enviou um dos seus filhos à escola corânica. Em contrapartida, Naaba Kutu ajudou Naaba Peogho de Bulsa (Boulsa) a reprimir um movimento rebelde de inspiração muçulmana, suscitado pelo fulbe Modibo Mamadou, oriundo do Futa-Djalon. Decepcionado com a atitude do *naaba* perante os seus apelos favoráveis à conversão, este personagem, auto-intitulado *walī* (santo), não hesitou em provocar uma insurreição especialmente sustentada por forças yarse, maranse (Songhai) e pelos fulbes. Ele foi obrigado a fugir e o seus *tālib* (discípulos) foram massacrados[66]. A bem da verdade, a partir do momento em que os mossi engajaram-se em maior número no comércio, eles não podiam deixar de ser levados à islamização. Esta última ganhara ímpeto há muito tempo no Oeste do Volta e prosseguia sob a égide de Kong, do Gwiriko, de Bobo-Dioulasso, e por um breve período, posteriormente, de Samori Touré. Este processo expandia-se em regiões bwa, san, gurunsi ou lobi,

---

65 C. Monteil, 1977, p. 100.
66 Consultar G. Chéron, 1924, p. 653; J. Withers-Gill, 1924; N. Levtzion, 1968, p. 170.

FIGURA 25.11 Uma oficina de carpintaria da missão de Balê, em Christiansborg (Accra). Gravura realizada segundo um clichê original, provavelmente em 1870.

relativamente refratárias, graças a comerciantes juula ou marabutos marka (dafin), como aqueles de Wahabu e Lanfiera.

No centro da região em questão, foi no século XIX que o islã tornou-se a principal religião do Dagomba e do Mamprusi, assim como em Sansanne Mango. Os imames eram personagens religiosos e políticos. No Ashanti, Osei Kwane (1777-1801) foi um simpatizante do islã. Seria essa a razão de sua destituição? Quanto a Osei Bonsu, ele declarava: "O Alcorão é forte, eu o amo, pois que se trata do livro do Grande Deus." Bowdich indica a existência de milhares de muçulmanos em Kumashi, sob a batuta de Muhammad al-Ghamba, dito Baba; tratava-se do filho do imã do Mamprusi; ele se valia de ser membro do Conselho Real. Bem entendido, os comerciantes muçulmanos vindos do mundo árabe afluíam para a capital e a cotação dos amuletos, sobretudo aquele do colete de guerra, preparado pelos marabutos, era elevada[67]. Certamente, não se deve superestimar o impacto exercido pelo islã sobre o sistema religioso autóctone do Império Ashanti, praticamente identificado com a estrutura política. Porém, esta influência existia e tinha como particular efeito desviar os príncipes dos

---

67 Conferir A. A. Boahen, 1974, vol. II, pp. 191 e seguintes.

missionários e da religião cristã, como igualmente era o caso no Buganda, aproximadamente na mesma época.

Conquanto tenha sido introduzido em Tombouctou, pelos padres missionários brancos, somente ao final do século XIX, o cristianismo ressurgiria após muito tempo na parte meridional da Costa do Ouro.

A missão evangélica de Bâle e a posterior missão de Brême estabeleceram-se, desde 1828, em todo o Sudeste da Costa do Ouro (costa akwapim, Accra, região akyem, Ada e nas regiões de Keta e Peki, de língua ewe), na qual eles implantaram unidades rurais modelo e escolas técnicas[68]. Sob a égide de George Maclean, os missionários metodistas concentravam os seus esforços na costa oeste, onde Cape Coast servia-lhes de base. Um homem de grande envergadura, Thomas Birch Freeman, esforçou-se para multiplicar as escolas metodistas nas regiões interioranas, até o país ashanti, e na região litorânea, alcançando o país iorubá[69].

Ele estava inspirado pelos ideais da Sociedade para a Abolição do Tráfico e pela Civilização da África, cujos objetivos eram os seguintes:

> Estudar os principais dialetos e línguas, assim como a transcrição dos mais importantes dentre estes últimos; introduzir a imprensa escrita e as manufaturas locais de papel; pesquisar o clima das diferentes localidades e introduzir a ciência médica; melhorar as estradas e as vias para os transportes e criar um sistema eficaz de drenagem com objetivos sanitários; compartilhar com os africanos os mais adiantados conhecimentos em matéria agrícola e fornecer-lhes equipamentos e sementes de qualidade, além de prover-lhes informações acerca das mais apropriadas culturas para o mercado mundial[70].

Os metodistas, a exemplo da missão de Bâle, criaram unidades agrícolas modelo no distrito de Cape Coast. Eles abriram vagas para meninas cujo número atingia frequentemente um terço dos efetivos em suas escolas[71]. Ainda melhor, com o objetivo de eliminarem a barreira linguística que impedia a evangelização, eles haviam, desde o século XVIII, traduzido os textos fundamentais do cristianismo para o idioma ga. O reverendo J. G. Christaller redigiu, em 1875, uma

---

68 H. W. Debrunner, 1967, capítulos VI-VII.
69 Referir-se a T. B. Freeman, 1843.
70 H. W. Debrunner, 1967, p. 104.
71 Testemunho do reverendo J. Beecham. Atos do Comitê Especial sobre o Relatório do Doutor Madden, 1842, em G. E. Metcalfe, 1964, p. 176.

gramática da língua twi; além disso, o seu dicionário da língua akan, publicado em 1881, ainda atualmente permanece o melhor nesta matéria[72].

Malgrado os esforços do cristianismo e do islã na região, a religião tradicional permaneceu amplamente majoritária, inclusive sobrevivendo no bojo das novas religiões.

Conclusão

Em seu conjunto, os países do Arco do Níger e da bacia do Volta prepararam, em razão dos seus conflitos fratricidas e intestinos, ocorridos durante todo o século XIX, as condições favoráveis para agressões externas que, eventualmente, chegaram ao ponto de serem suscitadas, com vistas à obtenção de uma arbitragem. Mas este processo, não estaria ele potencialmente contido nas contradições econômicas desencadeadas há séculos pelo tráfico negreiro? As migrações e a nova implantação dos povos, as tensões sociais e mesmo as expansões político-religiosas não são compreensíveis na ausência de referência a este fenômeno maior, dominante ao longo dos séculos precedentes, para o qual o século XIX constituiu, a um só tempo, o paroxismo e o arremate. Neste sentido, aqui e alhures na África, o século XIX é perfeitamente o final de um período muito longo.

---

72   J. G. Christaller, 1875, 1933.

CAPÍTULO 26

Daomé, país iorubá, Borgu (Borgou) e Benim no século XIX

A. I. Asiwaju

A região contida entre o Mono e o Níger como unidade de análise

A região estudada neste capítulo é delimitada a Oeste pelo rio Mono (atual fronteira entre o Benin e o Togo), a Leste e Norte pelo rio Níger e no Sul pelo golfo do Benin, frente o Oceano Atlântico. Essencialmente, ela é constituída pela planície ondulada, apresentando uma elevação geral da costa em direção ao interior, onde o relevo culmina com a cadeia montanhosa de Atakora e o Kukuru. Em seu conjunto, a vegetação pertence à família das herbáceas. As florestas úmidas, muito densas, são encontradas principalmente no Sudeste – ou seja, nesta parte do antigo Império do Benim onde atualmente encontra-se no Estado de Bendel, na Nigéria – e, em menor escala, ao longo dos vales dos principais cursos de água.

A região ocupa uma extensa parte da famosa zona de "anomalia" climática da África Ocidental, onde o cinturão de savanas do Sudão Ocidental e Central prolonga-se através da zona das florestas até o mar. A totalidade do antigo império fon de Daomé e a metade ocidental do país iorubá, assim como o Borgu, situam-se na mesma faixa. Diversos rios irrigam a região, dentre os quais Níger, Benin, Owena, Osun, Ogun, Yewa, Weme (Ouémé nos mapas franceses), Opara, Zou e o Mono.

Quatro grandes áreas culturais distintas, embora manifestadamente entrecruzadas, dividem a região: aja no Oeste, iorubá no centro, borgu (pronunciado bohou) ao Norte e edo a Leste. Como era previsto, cada uma das áreas apresenta várias subdivisões em função de traços culturais, como o dialeto, a ecologia ou a ocupação específica.

As populações de língua aja[1] dividem-se em três grandes subgrupos: os fon, dominantes no antigo império de Daomé; os gun, do vale do Weme e da área situada entre Porto-Novo e Badagri, em ambas as partes da atual fronteira entre a Nigéria e o Benin (antigo Daomé); e, finalmente, os ewe estabelecidos entre os rios Cufo (Coufo) e o Mono, no Sudoeste do atual Benin, a grande maioria dentre eles ocupando as regiões vizinhas do Sul do Togo e do Gana. A Norte e Leste do território fon, encontravam-se os mahi, concentrados no planalto de Abomé (Abomey) em Paouignan, Savalu Weze, Dassa-Zoumé, Jaluku e Kove (Cové), que igualmente apresentavam traços culturais secundários aja e conservavam a lembrança de um distante vínculo de parentesco com esta etnia.

A área cultural iorubá (nagô) é, consideravelmente, a mais importante da região Mono-Níger[2], porque engloba os Estados de Ogun, Lagos, Oyo e Ondo, na atual Nigéria, bem como quase a metade do Estado de Kwara, além de regiões contíguas, ao Leste do Benin, e, finalmente, aquelas do centro do Togo, mais ao Oeste. Ela inclui numerosas subdivisões, desde as menores como os ifé, formando um único império, até os ekiti, organizados em variadas monarquias autônomas. Na região da Nigéria, os principais subgrupos iorubás eram representados pelos oyo (o mais numeroso, em relação ao qual o território e a população dividiam-se entre os Estados de Oyo e Kwara); pelos ibarapa, estabelecidos em ambas as partes da fronteira entre os Estados de Oyo e de Ogun; pelos ifé e os ijesa, estabelecidos no atual Estado de Oyo; pelos ijebu, ocupantes de um território situado entre os Estados de Ogun e de Lagos; pelos egba e os egbado no Estado de Ogun; pelos ondo, ikale, ekiti, owo e akoko no Estado de Ondo; por fim, pelos awori e os subgrupos egbado que lhes eram aparentados, no Estado de Lagos. Na atual fronteira entre a Nigéria e o Benin sucediam-se, de Norte a Sul, os sabe (savé), os ketu, os ohori (holli), os ifonyin e os anagô. A esta lista, já bem longa, ainda é preciso acrescentar os ana, os fe (ifé) e os mayinbiri (manigri), os quais povoavam as porções medianas do Benin e a região de Atakpamé, no Togo.

---

1   A. I. Asiwaju, 1979.
2   D. Forde, 1951; J. Bertho, 1949; E. G. Parrinder, 1947 e 1955; P. Mercier, 1950.

FIGURA 26.1 Escultura representando um guerreiro sobre os ombros de um babalaô [feiticeiro-curandeiro], provavelmente proveniente do Nordeste do país iorubá, esculpida entre 1850 e 1875. [Fonte: W. B. Fagge e J. Pemberton III, *Yoruba sculpture of West Africa* (org.: Bryce Holcombe), 1962, New York. *Foto*: © National Museum, Lagos.]

A exemplo do país iorubá, nos dias de hoje o Borgu é uma área cultural fragmentada pelas fronteiras internacionais[3]. Busa e Illo (dois dos três grandes centros políticos tradicionais) situavam-se em uma faixa que corresponde, essencialmente, ao distrito atual de Borgu, no Estado de Kwara, e às porções vizinhas do Estado de Sokoto, na atual Nigéria, ao passo que Nikki, o terceiro e mais extenso dos Estados tradicionais, no presente momento é dividido em dois pela fronteira entre a Nigéria e o Benin: a cidade de Nikki e a metade ocidental do antigo império encontram-se em território beninense e a parte restante do lado nigeriano.

As subdivisões culturais correspondem aproximadamente ao perfil e aos níveis de diferenciação sociopolíticos tradicionais. Como a justo título nota Marjorie Stewart, o Borgu é descoberto, sem dúvida, ao final do século XV, como um conglomerado de Estados politicamente independentes, cujos grandes centros eram Busa, Nikki e Illo. Aparentemente, estes impérios nasceram muito cedo, a partir da fusão de um grupo de recém-chegados, muito provavelmente de língua mande, do Mali, e de uma população autóctone, resultando na formação de um novo Estado e de uma cultura distinta. Eis o que tenderiam a confirmar as tradições relativas à origem dos Estados do Borgu e o que aparenta perfeitamente ser corroborado pelo fato de duas grandes línguas serem faladas nesta região: o batonu (igualmente chamado baruba, bariba ou barba), língua voltaica em uso pela maior parte das massas, e o boko (igualmente chamado zugwenu), língua sul-oriental da família mande, empregada pela classe dirigente dos *wasangari*.

Cada uma destas duas grandes línguas formou diversos dialetos distintos. O boko, por exemplo, divide-se em quatro dialetos principais, dentre os quais o bokobusa (bisagwe), falado em Busa e Wawa; o boko-nikki, em Nikki, Segbana e Kandi, no atual Benin e em diversas chefaturas ligadas a Nikki (Yeshikera, Kaiama, Sandiru, Ilesa Bariba, Aliyara e Okuta, em território nigeriano); e o tienga ou kienga, em Illo, Dekala e ao Norte do distrito de Aliyara. A unidade linguística do Borgu será garantida pelo bilinguismo que permitiria superar o abismo existente entre o povo e as classes dirigentes tradicionais. A unidade cultural, aparente no emprego linguístico, é consolidada pelas tradições que atribuem uma origem comum aos diferentes impérios, convergindo para o reconhecimento de Busa como berço ancestral de todos os soberanos do Borgu.

---

3   O. Bagodo, 1979; M. Stewart 1984-1985.

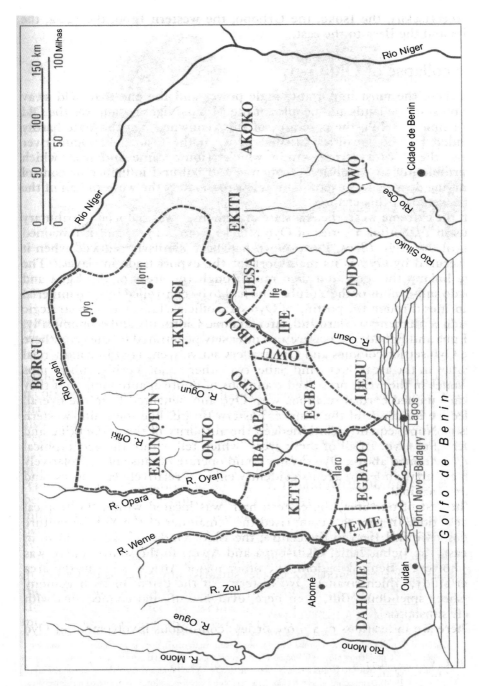

FIGURA 26.2   O país iorubá-aja e o antigo Império Oyo (início do século XIX). [Fonte: J. F. Ade. Ajayi e M. Crowder (org.), *History of West Africa*, Longman, 1974, p. 131.]

A quarta grande área cultural da região em questão é aquela composta pelos povos de expressão edo, no reino do Benin[4], a saber, não somente os edo da cidade de Benin e dos seus arredores, como também os povos que lhes são aparentados, simultaneamente pela língua e pela história: os ishan (esan), ivbiosakan e akoko edo ao Norte, e os itsekiri, urhobo e isoko a Sul e Sudeste.

Estas quatro áreas culturais não estavam voltadas para si mesmas. De fato, no início do século XIX, a interpenetração cultural ou étnica atingira tal ponto que não mais se discernia, senão uma única civilização, da qual, os iorubás, os aja, os povos do Borgu e os edo podem ser considerados como subconjuntos. Abstração feita da ideologia unitária, realçada pelas tradições que proclamam uma origem comum, procurando estabelecer relações ao menos entre as elites dirigentes tradicionais de quatro ramificações culturais, outros fatores, culturais – especialmente linguísticos –, econômicos e políticos explicam estas inter-relações. Estes laços, evidenciados por diversos estudos[5], indicam imigrações sucessivas, provocando afluxos e refluxos populacionais, persistentes até o século XIX, antes de serem formalmente desestimuladas pelo estabelecimento dos Estados coloniais europeus, cujos territórios eram rigorosamente delimitados por rígidas fronteiras. A história da região que se estende do Mono ao Níger deve, portanto, ser considerada sobretudo como aquela da interpenetração não somente entre os aja, iorubás, bariba e edo, entre si, mas, igualmente, de um ou vários dentre estes povos com os seus vizinhos – nupe, jukun, kanuri, gbari, hauassa e fulbe, ao Norte; ewe, ga, adangbe, krobo e fanti, no Oeste; e, finalmente, ijo, itsekiri, isoko, urhobo, igbo ocidentais, igala, igabira e basa, ao Leste.

A queda do antigo Oyo

No início do século XIX, o mais forte Estado, dominante em grande parte dos territórios e populações da região contida entre os rios Mono e o Níger, era o império do Oyo (Old Oyo)[6]. Embora o núcleo deste famoso Estado iorubá não se estendesse além das localidades situadas entre as bacias do Osun e do

---

4 R. E. Bradbury, 1957; A. F. C. Ryder, 1969.

5 As tradições dos kisra, relativas à sua origem, ligam os iorubá ao Borgu. Ife é reconhecido como o berço ancestral de todos os monarcas iorubá e beninenses, assim como os aja, por sua vez, situam a sua longínqua origem a Ife. Consultar os atos do Colóquio Internacional sobre a história dos povos ajaewe, realizado sob os auspícios da UNESCO, na Universidade Nacional de Benin, em Cotonou, no mês de dezembro de 1977 (F. de Medeiros, 1984), assim como aqueles da Conferência sobre a Civilização Iorubá, organizada na Universidade de Ifé, em julho de 1976 (I. A. AKinjogbin e G. O. Ekemode [org.], 1976).

6 R. C. C. Law, 1977a.

Ogun, território sobre o qual ele arrecadava tributos e onde, em diversos níveis, exercia uma influência ou um controle militar, político, econômico e cultural perceptível, esta porção territorial correspondia aproximadamente à metade ocidental da região que nos interessa.

Rumo ao extremo oeste, o Estado aja de Daomé fora forçado ao tributo em 1748, após uma série de ataques lançados por Oyo, aproximadamente a partir de 1740; situação mantida até o início dos anos 1820. Porto-Novo conhecera o mesmo destino quando Oyo dele se apoderou, tornando-o o seu principal porto para o tráfico de escravos[7]. A rota unindo este porto a Oyo atravessava os territórios dos subgrupos iorubás, egba e egbado, nos quais as autoridades imperiais de Oyo foram levadas, para controlá-los, a enviarem funcionários (ajele), especialmente a estabelecimentos egbado, tão importantes estrategicamente quanto Ilaro e, posteriormente, Ijanna. No plano cultural e econômico, os territórios egba e egbado foram igualmente submetidos a uma intensa penetração por parte de Oyo: colônias de Oyo seriam fundadas naquela região e comerciantes

FIGURA 26.3 A porta da cidade iorubá de Ipara, no país ijebu, aproximadamente em 1855. [Fonte: Church Mission of Gleaver, 1855. Ilustração reproduzida com a autorização do Conselho Administrativo da Biblioteca da Universidade de Cambridge.]

---

7   P. Morton-Williams, 1964.

do império ali exerceriam as suas atividades[8]. Dois outros importantes povos iorubás, fundadores a Oeste dos impérios de Ketu e Sabe, haviam preservado a sua tradicional autonomia política, mas, igualmente, mantinham relações de boa vizinhança com Oyo, beneficiando-se da influência protetora exercida pelo império sobre toda a região. O Borgu oriental, a exemplo do Sudoeste de Nupe, também reconhecia a autoridade do *alafin* (rei e imperador) de Oyo. Em todas estas regiões, situadas na área de "anomalia climática" já mencionada, a cavalaria oyo podia agir e os representantes do governo dispunham, evidentemente, de facilidades bem razoáveis de acesso e comunicação.

A outra parte da região, ou seja, a sua metade oriental, encontrava-se na área de florestas tropicais. Além do restante da área cultural iorubá – territórios dos ifé e ijesa, no centro, dos ekiti, ondo, akoko e owo, ao Leste, dos ijebu, ikale, okiti-pupa e awori, ao Sul –, ela englobava o império do Benin, o outro grande Estado africano da região, rival em poder hegemônico e esplendor frente ao império do Oyo; porém e inclusive neste caso, muitos indicadores atestam a existência de laços vitais com o império do Oyo. Alguns indicam que este último interveio, mais ou menos constantemente, na história dos ifé, ijessá, ekiti, ondo e dos ijebu. Além das tradições recolhidas por Samuel Johnson[9], há a opinião de S. A. Akintoye, segundo a qual, "em diferentes épocas e graus diversos, os ekiti, ijesa e igbomina igualmente foram submetidos à influência de Oyo"[10]. Conquanto nada permita afirmar, como o fez Peter Morton-Williams, que os ekiti, ijesa e akoko tenham servido como "reservas de escravos" para o império do Oyo[11], algumas indicações certamente provam que este último exerceu pressões militares sobre os ijesa – os quais vitoriosamente resistiram. A fundação de Ede pelo Oyo e de Osogbo pelos ijesa foram explicadas pela necessidade demonstrada pelos dois Estados iorubá de disporem de um posto militar avançado, para mutuamente vigiarem-se. As relações posteriormente estabelecidas entre as duas comunidades vizinhas testemunham o grau de interpenetração ao qual chegariam estas duas culturas iorubás.

As relações entre os impérios do Oyo e do Benin são ainda mais amplamente atestadas[12]. As dinastias reinantes nos dois Estados afirmavam ambas

---

8   H. Clapperton, 1829; R. Lander, 1830.
9   S. Johnson, 1921, citado em J. F. A. Ajayi e M. Crowder, 1974.
10   S. A. Akintoye, 1971, pp. 29-30.
11   *Ibid.*; P. Morton-Williams, 1964.
12   J. F. A. Ajayi e M. Crowder (org.), 1974, vol. II.

não somente serem originárias do Ifé, mas, igualmente, descenderem de um mesmo fundador: Oranyan. Portanto, ambas mantinham laços rituais com Ifé. Estes sentimentos fraternais recíprocos provavelmente eram tanto mais fortes quanto fossem reduzidos os riscos de conflito entre os dois Estados: a potência do Oyo era fundada em sua cavalaria e, de certo modo, limitada às áreas relativamente descobertas, a Oeste e Norte da região em questão; ao passo que, as táticas militares do Benin não se adequavam senão às famosas "florestas ombrófilas" da sua metade oriental. Inclusive, foi justamente em razão destas diferenças ecológicas que as atividades comerciais dos Estados também se mostraram complementares.

A principal conclusão a derivar destas observações é que o império de Oyo esteve, a esta altura, no coração da história de toda a região, do Mono ao Níger, e que a sua queda, no terceiro decênio do século XIX, não poderia deixar de provocar um turbilhão no plano social e político, não exclusivamente em país iorubá, mas, além, no Daomé, no Borgu e na região do império do Benin. Como observa tão oportunamente J. F. A. Ajavi, "a queda do império de Oyo [...] teria importantes consequências para os povos de língua aja, no Oeste, tanto quanto para o império do Benin, ao Leste"[13]. Efetivamente, ela marcou na região o início de um período quase ininterrupto de guerras e insegurança generalizada. Os seus inevitáveis efeitos negativos sobre o comércio europeu, ao longo do litoral atlântico no golfo do Benin, criaram nesta região condições propícias às intervenções rivais da Grã-Bretanha, da França e, posteriormente, da Alemanha, nos assuntos políticos da região.

É impossível e sem dúvida supérfluo[14] aqui relatar detalhadamente a queda do império de Oyo. Bastaria observar que, à imagem de outros Estados tão solidamente estabelecidos e antigos, este não foi um desmoronamento brutal. Os sinais do declínio já eram perceptíveis no século XVIII e somente intensificar-se-iam durante os dois primeiros decênios do século XIX.

Às causas internas, das quais a manifestação mais notável foi a luta pelo poder que opôs vários e sucessivos *alafin* a chefes de linhagem, a partir da segunda metade do século XVIII, acrescentaram-se progressivamente os efeitos de fatores externos: o declínio do tráfico de escravos com o ultramar e, com maior ênfase, a extensão rumo ao Sul da *jihad* de 'Uthman dan Fodio.

---

13 *Ibid.*; p. 129.
14 Ver J. F. A. Ajayi, 1974, pp. 129-166; R. C. C. Law, 1977; J. F. A. Ajayi e S. A. Akintoye, na obra publicada sob a direção de O. Ikime, 1980, pp. 280 a 302; I. A. Akinjogbin, 1965.

Desde o século XVIII, igual e paradoxalmente, época durante a qual ele conheceu a sua maior expansão e encontrou-se no cume da sua potência, o império de Oyo começara a apresentar sinais de vulnerabilidade e desintegração nos planos militar e territorial. Após a vitória da rebelião fomentada pelos egba, sob a direção de Lisabi, o seu legendário herói, aproximadamente em 1774, as forças militares de Oyo seriam vencidas pelo Borgu em 1783, e pelos nupe, em seguida, no ano de 1791. A debacle do império produziu-se por volta de 1835, ao término de um período de total desorganização política no curso do qual se sucedeu uma série de efêmeras *alafin*, em sua maioria impotentes, dentre as quais Aole e Maku, encerrando-se por um prolongado ínterim de cerca de duas décadas.

A revolta de Afonja, *are-ona-kakanfo* (comandante em chefe) da armada imperial, que tentou, com a ajuda dos iorubás muçulmanos de Oyo, proclamar-se soberano independente de Ilorin, precipitou a queda do reino. Como Afonja não tardou a perder o controle da *Djmā'a* - a força armada que os seus partidários muçulmanos iorubá haviam composto para sustentá-lo -, o fulbe muçulmano al-Sālih Alimi, pregador e místico itinerante com o qual Afonja se

FIGURA 26.4 Vista de Ibadan, em 1854, em primeiro plano as instalações da Church Missionary Society. [Fonte: A. Hinderer, *Seventeenn years in Yorubaland*, 1872, Londres. Ilustração: British Library, Londres.]

aliara para conduzir com êxito a sua revolta contra a autoridade do *alafin*, tomou a frente da *Djamā'a* e finalmente eliminou-o. Justamente, foi 'Abdul-Salām, filho e sucessor de Alimi, quem realizou a independência de Ilorin *vis-à-vis* de Oyo. Após ter obtido a benção do califado de Sokoto e se ter transformado no primeiro emir, ele fez de Ilorin, "província rebelde de Oyo, um posto avançado da *jihad* dos fulani"[15].

A queda de Oyo foi sentida muito mais profundamente na metade ocidental da região, onde o império, mais forte e diretamente, exercera a sua influência. Em linhas gerais, seria uma situação de guerra e, por conseguinte, insegurança generalizada que reinaria praticamente até o final do século, provocando finalmente a desorganização do comércio litorâneo e a intervenção dos europeus nos assuntos políticos das regiões interioranas. Uma vez mais, nós abordamos um episódio da história africana que foi tão satisfatoriamente explorado, sobre o qual dispomos de tamanha profusão de publicações, que somente um simples resumo deve bastar.

Após se ter estendido até Ilorin, em favor da crise que tomava o reino de Oyo, a *jihad* de 'Uthmān dan Fodio expandiu-se em outras direções, alcançando o Borgu e Sabe, Estado iorubá do Noroeste muito estreitamente ligado a ele, atingindo igualmente as regiões vizinhas de expressão aja[16]. Segundo algumas indicações, elementos considerados partidários da *jihad* fulbe pelas populações locais faziam incursões em comunidades egbado do Norte[17]. Fato característico, a ameaça fulbe levou os Estados do Borgu a cerrarem fileiras frente ao inimigo externo comum. O Borgu e Oyo fecharam uma aliança no bojo de um esforço desesperado, embora vão, de enfrentar os fulbes: trata-se da guerra de Eleduwe, em 1836. A ameaça de um prosseguimento da expansão do califado de Sokoto até o coração do país iorubá, ao Sul de Ilorin, não seria freada senão após a derrota decisiva que lhe foi imposta em Osogbo, no ano 1840.

Todavia, as mais devastadoras guerras não foram estas *jihad*, mas as lutas intestinas entre iorubás.

Elas podem ser decompostas em três grandes fases: a guerra de Owu, de aproximadamente 1820 a 1825; aquela de Ijaye, de 1860 a 1865; e aquela de Ekitiparapo ou Kiriji, com duração de dezesseis anos, de 1877 a 1893[18]. A primeira foi essencialmente uma luta pelo controle do mercado de Apomu entre, por um

---

15 J. F. A. Ajayi, 1974, p. 144.
16 D. Ross, 1967.
17 A. I. Asiwaju, 1976.
18 J. F. A. Ajayi e R. S. Smith, 1964; S. A. Akintoye, 1971; B. Awe, 1964.

lado, os ifé, aliados dos ijebu e, por outra parte, os owu, os quais se teriam beneficiado do apoio dos seus vizinhos egba. A coalizão dos ifé e dos ijebu tinha o apoio de guerreiros oyo que faziam parte da importante população de refugiados instalados ao Sul, em consequência de distúrbios ocorridos em Oyo.

A guerra de Owu desdobrou-se na destruição deste reino e no deslocamento rumo ao Oeste da totalidade das comunidades egba desde sempre estabelecidas na floresta. A fundação de Ibadan, complexo militar mantido pelos vencedores em Owu, por volta de 1829, bem como a fundação de Abeokuta, campo de refugiados egba, aproximadamente em 1830, foram descritas como consequências desta guerra. Igualmente nesta época, ou quase, situam-se a fundação de Ijaye, sob o reinado de Kurumi, assim como a reconstituição do império de Oyo, com uma nova capital em Ago-Oja (na localização da atual Oyo, a cerca de 50 km de Ibadan), pelo *alafin* Atiba. Estas aglomerações rapidamente tornar-se-iam novas potências em país iorubá, rivalizando para obterem a supremacia política e ocuparem o posto, por assim dizer, deixado vago com desaparecimento da antiga Oyo. A guerra de Ijaye, opondo principalmente Ijaye e o seu aliado Abeokuta, em Idaban, deve ser interpretada como um episódio maior desta luta pela hegemonia. Embora a destruição de Ijaye, em 1862, tenha dela sido o ponto culminante, as hostilidades não cessariam realmente senão após os derradeiros combates de Ikorodu, em 1865[19]. Como o nome indica, Ekitiparapo era uma coalizão que reunia, contra Ibadan, os ekiti, os ijesa e os igbomina que Ibadan conquistara e agregara ao seu império nascente, após o seu triunfo sobre Ijaye[20].

O surgimento do Daomé (Danxome) como reino independente, aproximadamente em 1820, e as suas frequentes incursões no país iorubá, ao longo de todo o século XIX, até a conquista francesa em 1892, também são consequências diretas do desaparecimento do antigo império de Oyo[21]. Estendendo a sua autoridade do Weme, ao Leste, até o Cufo, no Oeste e a 7 graus de latitude norte do Oceano Atlântico, o reino do Daomé representava, por volta do ano 1800, acerca da terça parte do território do atual Benin.

Todos os monarcas daomeanos desde Kpengla (1774-1789) haviam buscado livrar-se da tutela de Oyo; porém, o reino não se libertaria do jugo imperial senão nos primeiros anos do reino de Ghezo (1818-1858). A despeito dos ocasionais distúrbios e de violentos episódios na corte de Abomé – como o assassinato do rei Agonglo (filho e sucessor de Kpengla), em 1797, e a deposição

---

19 J. F. A. Ajayi e R. S. Smith, 1964, p.120.
20 B. Awe, 1964.
21 D. Ross, 1967; K. Folayan, 1967; S. O. Biobaku, 1957.

de Adandozan (reinante de 1797 a 1818) em favor de Ghezo (seu irmão caçula) –, o Daomé distinguiu-se do império de Oyo, nos séculos XVIII e XIX, pela notável duração dos reinados dos seus soberanos.

Esta estabilidade política era reforçada pelo bom funcionamento da administração, muito centralizada, objeto de fama para o reino. O movimento abolicionista conferiu um golpe na economia do país, fundada quase exclusivamente no tráfico de escravos. Ghezo, no entanto, continuou tanto quanto antes a satisfazer a demanda dos negreiros portugueses, aproveitando inclusive a possibilidade de exportar óleo de palma, produto finalmente destinado a substituir os escravos como principal item de exportação[22]. Estes sinais de relativa prosperidade política e econômica no Daomé tornaram-se perceptíveis exatamente na mesma ocasião em que os sintomas de um avançado declínio de Oyo ganhavam progressiva notoriedade. Justamente, foi a conjugação destes fatores que estimulou Ghezo a proclamar unilateralmente a independência do Daomé, no início dos 1820.

Segundo a versão geralmente aceita, Oyo teria respondido enviando um corpo expedicionário dirigido por um certo Balogun Ajnaku. No entanto, esta força armada teria sido levada à debandada pelo Daomé. Na realidade, tudo indica ser evidente que, nesta época, Oyo não estivesse, em hipótese alguma, em condições de enviar um exército digno deste nome, para acalmar uma rebelião em lugar tão remoto quanto o Daomé. Realmente, as pesquisas efetuadas sobre este tema indicam que, ao invés de exército imperial oficial, as tropas lançadas contra Daomé, sob a direção de Ajanaku, no início dos anos 1820, eram com maior probabilidade uma expedição conjunta entre Sabe e Ketu[23]. Elas eram compostas por guerreiros iorubá e mahi, e embora Ajanaku fosse frequentemente descrito como um *balogun* (chefe militar) de Oyo, ele era, caso considerarmos verdadeiras as mais confiáveis tradições locais dos fon, originário, na realidade, de Sabe. Esta operação militar inscrevia-se no quadro familiar de alianças que os iorubás e as comunidades aparentadas, as quais precedentemente se haviam beneficiado da proteção de Oyo contra o Daomé, formavam para se defender e lançarem ataques preventivos contra o inimigo comum, uma vez destruído o império[24]. De toda

---

22 Para um estudo da política econômica do reino independente do Daomé, referir-se a E. Soumoni, 1983.
23 D. Ross, 1967, pp. 37-40.
24 No século XIX, alianças deste tipo haviam sido notadamente firmadas entre os ketu e os ohori, bem como entre os okeodan e os ipokia. Consultar A. I. Asiwaju, 1976.

forma, as tropas de Ajanaku seriam desmobilizadas e ele próprio capturado e executado por Ghezo.

Foi então que o Daomé se lançou em uma série de invasões sistemáticas sobre o país iorubá, ditadas por considerações de segurança tanto quanto pela insaciável procura por escravos – para a exportação, as plantações comerciais ou a agricultura de subsistência, assim como para os sacrifícios humanos, comuns nos famosos rituais anuais –, estas invasões não se limitariam a toda a região do território iorubá, situada a Oeste do Ogun, porém estender-se-iam até as comunidades e Estados aja e mahi, situados a Leste de Weme, aqui incluso Porto-Novo[25].

Enquanto na década precedente, os mahi estabelecidos no Sudeste, proximamente ao Norte de Abomé (Abomey) e de Porto-Novo, seriam os invadidos, a partir de 1830, as campanhas daomeanas concentrar-se-iam, desta feita, em Ijanna e Refurefu, invadidas respectivamente em 1831 e 1836. Ijanna, como vimos, fora a residência do representante imperial de Oyo e o principal centro de arrecadação e encaminhamento de impostos, levantados junto aos egbado e territórios vizinhos. No decorrer dos anos 1840 e novamente nos anos 1880, Okeodan e Sabe seriam a seu turno devastadas. Igualmente, o reino de Ketu, invadido a partir do final dos anos 1870, seria de fato destruído em 1886, quatro anos após o incêndio de Imeko, outra grande cidade do império.

Nos anos 1850 e 1860, os ataques ativeram-se ao novo Estado egba-iorubá de Abeokuta, em cujo Agbome julgava perigoso o desenvolvimento, naquilo que dizia respeito à independência do Daomé. O perigo tornou-se real quando os egba engajaram-se em campanhas militares e estenderam a sua influência política até inclusive as regiões do Oeste do país iorubá, onde o Daomé igualmente executou incursões. O confronto travado na cidade awori de Ado-Odo, em 1844, e a derrota final do Daomé, estariam à origem de futuros rancores. Conquanto as duas ofensivas lançadas diretamente pelo Daomé contra Abeokuta, em 1851 e 1864, tenham se saldado por retumbantes derrotas, a expedição punitiva conduzida contra os egbado, aliados dos egba, desdobrou-se, em 1862, na destruição de Isaga e na devastação da região circundante. As incursões daomeanas nos territórios iorubá do alto-Ogun manter-se-iam durante os anos 1880 e o início dos anos 1890, não cessando realmente senão após a derrota imposta ao reino fon pelos franceses, em 1892.

---

25   A. I. Asiwaju, 1979; T. Moulero, 1966.

Não mais que as outras guerras da mesma época, aquelas conduzidas pelo Daomé não eram necessariamente conflitos entre etnias diferentes. Testemunham desta apreciação não somente a invasão das comunidades aja do vale do Weme, mas, igualmente, as mortíferas campanhas contra Porto-Novo, ao final dos anos 1880 e no início dos anos 1890, após a ruptura de um acordo que, concluído pouco após os ataques dos anos 1820, garantira, durante décadas, pacíficas relações entre os dois Estados aja e os seus satélites.

As guerras que, no século XIX, devastaram a metade ocidental da região Mono-Níger, provocariam deslocamentos populacionais e reviravoltas demográficas de considerável alcance. Em primeiro lugar, os iorubás e as populações aja a eles aparentadas foram massivamente reduzidos à escravatura e deportados para o Novo-Mundo e também rumo a Serra-Leoa, proximamente situada. No próprio seio das comunidades da África Ocidental concernidas, massivas migrações populacionais provocaram mudanças sociopolíticas de caráter revolucionário[26]. Em território iorubá, estas guerras desembocariam na destruição de numerosos estabelecimentos, anteriores ao século XIX, na fundação de toda uma série de novas cidades e no considerável desenvolvimento daquelas pré-existentes. Na região de Old Oyo, onde o despovoamento foi especialmente impressionante, cidades desde há muito estabelecidas, como a própria antiga capital Oyo e outras, como Igboho, Ikoyi, Igbon, Iresa e Oje, foram destruídas. Mais além, a mesma sorte abateu-se sobre outras cidades iorubás, como Sabe, Ketu, Owu e um grande número de estabelecimentos egba e comunidades remo aparentadas.

Deste modo, é possível explicar estas "cidades em ruína", observadas em país iorubá pelos viajantes do século XIX. O êxodo geral para o Sul, das populações em fuga das turbulentas regiões ao Norte, provocou a criação de numerosos estabelecimentos, especialmente Ibadan, Abeokuta, Sagamu, Okeodan e Aiyede. O litoral e as suas regiões mais próximas, no imediato interior do país, em seu conjunto menos povoadas por volta do ano 1800, tornaram-se, ao final do século, o formigueiro da região.

Na região linguística aja, as migrações realizaram-se, em sua maior parte, do Sul rumo ao Leste. No século XIX, os refugiados aja, em fuga do vale do Weme e da região de Porto-Novo, engordariam as fileiras das comunidades aparentadas, estabelecidas no século XVIII em territórios vizinhos dos Estados de Lagos e Ogun, na atual Nigéria, após a conquista dos Estados aja litorâneos de Allada e Ouidah pelo Daomé, respectivamente em 1724 e 1727[27]. Esta expansão para

---

26 P. Verger, 1955, pp. 3-11; C. Fyfe, 1962, pp. 292-293.
27 A. I. Asiwaju, 1979.

o Leste da área cultural aja, devida às guerras do século XIX, contribuiria fortemente para a mistura étnica da região.

Por via de regra, as guerras e as suas repercussões sociais derivaram para o surgimento de uma nova sociedade que, por sua vez, exigiu a elaboração de novos métodos e estilos de governo. Assim sendo, os guerreiros tornaram-se a classe dominante, banindo a antiga classe monárquica, especialmente na região iorubá, onde de modo generalizado os oba perderam o seu poder em proveito dos *balogun* ou chefes militares. As tentativas de instauração de uma ditadura militar em Ijaiye, sob Kurumi, de uma federação em Abeokuta, sob Sodeke, e de uma monarquia constitucional em Epe, sob Kosoko, ilustram perfeitamente os esforços empreendidos no século XIX, em país iorubá, para forjar novas constituições, mais bem adaptadas à administração política da nova sociedade nascida das guerras[28]. A posterior adoção, no século XX, do título e das funções da *oba*, segundo o modelo iorubá, por algumas comunidades aja da região da Nigéria, é um bom exemplo da continuidade deste processo de adaptação cultural[29].

O declínio do reino de Benin

A excepcional potência da sua monarquia e a solidez das suas instituições centralizadas evitaram que o Benin conhecesse, a exemplo do Oyo, um verdadeiro desmoronamento anterior à era da conquista europeia – estado de coisas que, todavia, não significa ter ele escapado das influências destrutivas do século XIX[30].

Por volta do ano 1800, o reino do Benin estendia-se sobre um território equivalente, por pouco que não, à metade oriental da região compreendida entre o Mono e o Níger, a Leste de uma linha norte-sul ligando Otun, em país ekiti, ao litoral. Este território englobava os Estados iorubá orientais de Ekiti, Ondo e Owo, as comunidades dos igbo ocidentais, a Oeste do delta do Níger, bem como os territórios dos urhobo, itsekiri e ijo, ao Sul. Enquanto os edo da cidade de Benin e arredores formavam o coração do reino, os outros povos deste grupo linguístico – como os esan e os edo setentrionais, no Nordeste, ou os urhobo e os isoko, no Sudeste – poderiam ser considerados como constituintes da progressão do reino, nos limites do território submetido à sua autoridade. Mais além, a influência do Benin, senão a sua soberania, era reconhecida em toda a

---

28 G. O. Oguntomisin, 1979; J. A. Atanda, 1984.
29 A. I. Asiwaju, 1979, pp. 22-23.
30 R. E. Bradbury, em D. Forde (org.), 1967; O. Ikime, 1980.

FIGURA 26.5   Altar no recinto do rei, Benim.

costa atlântica até Lagos, no Oeste, e mesmo além destes limites. À imagem do caso dos itsekiri, era geralmente muito aceito que as dinastias do Benin estivessem ligadas às elites dirigentes da maioria das chefaturas dos awori-iorubá e dos anago, as quais lhes eram aparentadas e cujos títulos e cerimoniais da corte (como aqueles de Ekiti, de Owo e Ondo) carregavam ainda nitidamente, inclusive, a marca da influência beninense[31].

O Benin dos séculos XVIII e XIX foi geralmente descrito como um reino em inexorável declínio. Caso seja verdadeiro que este declínio, longe de ter sido contínuo, como apontaram pesquisas recentes, tenha sido recortado por fases de renascimento e expansão territorial, entrementes, não aparenta ser nada duvidoso que os três ou quatro decênios, precedentes à perda da sua independência, tenham sido para o reino do Benin, atacado em três frentes, uma época de recuo radical.

A *jihad* fulbe, que vencera a resistência do império de Oyo, igualmente ganhou o Norte e o Nordeste do reino do Benin. Enquanto os fulbes estabele-

---

31   A. I. Asiwaju, 1976, pp. 18-19.

FIGURA 26.6   Vista da cidade de Benin na época da invasão britânica, 1897.

cidos em território nupe forçavam alguns grupos edo do Norte, como os esan e os ivbiosakon, a pagarem um tributo ao emir de Bida e tornarem-se permeáveis à islamização, a *Djamā'a* de Ilorin realizava incursões nos Estados ekiti do Norte. À ameaça fulbe, acrescentava-se a expansão para o Leste de Ibadan, novamente empenhada em conquistar os domínios do Benin situados no Leste do país iorubá. A impotência do Benin em socorrer estes Estados vassalos, assim assediados, provava nitidamente que o prestigioso Estado da floresta da África Ocidental atravessava um período sombrio.

Derradeira ameaça, a penetração europeia acontecia, simultaneamente, pelo Lagos, o mais importante centro litorâneo, situado na área de influência do Benin, e pelo Níger, no Sudeste. O reino do Benin dela sentiu os primeiros efeitos quando os privilégios dos quais ele gozava no comércio litorâneo, especialmente o controle do tráfico no Benin, no Oeste do delta do Níger, começaram a ser ameaçados pelos comerciantes europeus, em sua maioria britânicos e pelos seus intermediários africanos, particularmente itsekiri e ijo. O eclipse do seu porto fluvial de Ughoton (Gwato) representou, para o Benin, a dolorosa prova do fim da época equivalente ao seu quase monopólio sobre o comércio litorâneo.

Junto aos itsekiri, este comércio alimentou o desejo de autonomia política. Além da guerra que ele finalmente provocou entre o *olu*, de Warri, e o *oba*, do Benin, esta nova riqueza alimentou conflitos políticos no próprio seio do reino de Warri. Assim sendo, as rivalidades e hostilidades entre clãs, as querelas sucessórias desencadeadoras de migrações, assim como a criação de centros de poder independentes e rivais, multiplicaram-se a tal ponto que, até o final do século, foi impossível encontrar um sucessor, aceitável por todos, ao trono do *olu* de Warri, após a morte, em 1848, de Akengbuwa, o seu ocupante desde 1809. À imagem do reino de Itskiri, Agbor, Estado vassalo do Benin cuja monarquia estava organizada com base no modelo beninense, tornar-se-ia progressivamente um Estado autônomo, em grande parte favorável ao novo comércio litorâneo. Foi especialmente com a intenção de restaurar parte da potência do seu reino que Ovonramwen, o último *oba* do Benin independente, lançou uma expedição contra Agbor, com vistas a restabelecer a sua autoridade nesta região, todavia muito tardiamente: em 1897, as tropas beninenses estavam apenas recém-posicionadas em Obadan, quando chegou a notícia indicando que o corpo expedicionário britânico, enviado contra o próprio Benin, estava às portas da capital[32].

Enquanto o reino sofria estes ataques externos, a calma estava distante de reinar na capital. As querelas sucessórias desestabilizavam consideravelmente a monarquia. Embora por ocasião da morte do *oba* Osemwede, em 1851, Adolo o tenha sucedido, esta substituição não aconteceria senão após uma violenta crise sucessória. A multiplicação dos sacrifícios humanos em Benin, na capital, a partir do final dos anos 1880, pôde ser interpretada como um sinal do desespero dos dirigentes, os quais teriam buscado, através destas práticas rituais, conjurar o eminente esfacelamento político. A legitimidade do *oba* Ovonramwen aparenta ter sido abertamente contestada por Orokhoro, o seu próprio irmão, e alguns chefes de alto escalão, como Eriko, Oburaye e Osia. Determinado a consolidar a sua posição pessoal e a regenerar o seu reino, o *oba* foi obrigado a levar estes dignitários à execução. Para melhor medir o sentimento antieuropeu, reinante no Benin durante os anos 1890, às vésperas da conquista britânica, é necessário avaliá-lo a partir da perspectiva desta desesperadora situação interna.

A progressão dos interesses europeus

Para analisar a expansão dos interesses europeus na região da África Ocidental que nos ocupa, é adequado distinguir duas fases: uma época de livre-iniciativa, até 1861, data da anexação de Lagos à Coroa britânica, sucedida por

---

32 O. Ikime, 1980.

um período de rivalidades entre a França, a Grã-Bretanha e, após os anos 1880, a Alemanha, situação que não terminaria senão em 1889, com a partilha da região entre a Grã-Bretanha e a França. Aquilo que todavia merece ser sublinhado diz respeito, invariavelmente, à configuração das atividades dos europeus na região, realizadas em função das exigências das metrópoles europeias e das possibilidades locais.

Na primeira fase, os comerciantes, exploradores ou viajantes europeus, assim como os missionários cristãos, agiam na África sem que a sua nacionalidade fosse considerada. O célebre explorador alemão Heinrich Barth podia assim participar de uma "expedição oficial britânica", enquanto um explorador britânico da estatura de H. M. Stanley, tornado célebre no Congo, estava a serviço do rei Leopoldo da Bélgica.

As grandes missões cristãs, como a Church Missionary Society (CMS), anglicana, e a *Société des Missions Africaines* (SMA), católica e sediada em Lyon, recrutavam pastores europeus de diversas nacionalidades. O padre Boghero, que à frente da SMA esforçou-se, no século XIX, para reintroduzir a religião católica na África Ocidental, era italiano. Os padres da SMA, promotores de uma obra pioneira na maior parte da região hoje representada pela Nigéria, eram franceses, e foram missionários britânicos, como o metodista Thomas Birch Freeman ou o anglicano Samuel Ajayi Crowther, que implantaram as primeiras missões cristãs no território futuramente representado pelo Daomé francês (o atual Benin)[33]. Os comerciantes britânicos, franceses, alemães e portugueses estabeleciam-se lado a lado e, como testemunha o caso de Badagri, os grandes portos da costa do Golfo do Benin abrigavam bairros residenciais para europeus de diversas nacionalidades.

Os negociantes moviam-se de um porto a outro, em busca de condições mais vantajosas e em função da riqueza variável destes portos e Estados, cuja economia passou a progressivamente depender deste comércio.

A esta mobilidade na composição e nas atividades das diferentes categorias de europeus, correspondia uma não menos importante mobilidade na situação local que, como observamos, caracterizava-se muito mais por uma rede de relações e uma interpenetração históricas e culturais que por rígidas diferenciações. Foi em grande parte o movimento abolicionista que esteve à origem dos deslocamentos e das expedições dos comerciantes, viajantes e missionários, em virtude da sua compreensão, segundo a qual, o tráfico de escravos não poderia

---

33 A. O. Makozi e G. J. A. Ojo, 1982; E. G. Parrinder, 1967.

ser eficazmente jugulado senão em sua fonte de abastecimento, as regiões interioranas. A exploração da África pelos europeus, ilustrada na região que nos interessa por Mungo Park, Hugh Clapperton e os irmãos Lander, visava a recolher tanto dados científicos quanto informações de ordem político-estratégica, principalmente empregados pelo movimento abolicionista; igualmente por esta razão, missionários geralmente seguiam ou acompanhavam os exploradores. Bem entendido, esta nova corrente também deixava espaço para os interesses dos comerciantes europeus, pretendentes ao acesso direto aos mercados do interior, preferencialmente a continuarem a tratar com os intermediários litorâneos.

Em todas estas atividades, os europeus deviam considerar a situação local. Exploradores, missionários e comerciantes eram obrigados a utilizar os meios de transporte e os sistemas de comunicação existentes, além de levarem em conta a estrutura das interaçoes geográficas e etnográficas. Mungo Park encontrou a morte no rio Níger, a bordo de uma piroga – modo secular e tradicional de transporte –, não distante de Busa, no Borgu. Para as célebres expedições em busca da nascente do Níger, Hugh Clapperton e os irmãos Lander utilizaram uma antiga pista que ligava diferentes subgrupos iorubás aos seus vizinhos de língua aja, assim como o país iorubá no Borgu, ao país hauassa, no Borno, prosseguindo mais além. Os missionários cristãos não foram capazes de atravessar as vastas extensões iorubás de Norte a Sul e de Leste a Oeste, nem tampouco puderam mover-se entre o país iorubá e o Daomé, mesmo com a pregressa existência das vias necessárias para ligar estes territórios.

Em razão deste entrelaçamento de territórios e populações, o que acontecia em um setor jamais deixava de repercutir e ter consequências em outros. Assim sendo, os abolicionistas europeus deram-se conta que, para impor um termo ao tráfico de escravos e às guerras interioranas, era-lhes necessário contar não somente com os dirigentes do litoral, mas, em suplemento, com os diferentes soberanos do interior. Na primeira metade do século, as missões organizadas pelos abolicionistas britânicos ou franceses, a partir de diferentes pontos da costa da Baixa-Guiné, foram obrigadas com frequência a dirigirem-se a Abomé, junto aos reis do Daomé. Para desempenharem o papel de mediadores nas guerras entre o Daomé e os iorubás, eles foram levados a empreenderem visitas a Abeokuta e a Abomé. Do mesmo modo que os britânicos, os quais no século XIX esforçaram-se para pacificar os iorubás, foram conduzidos a praticamente percorrerem toda a correlata área cultural.

Infelizmente, a postura europeia foi um fator de divisão, haja vista que ela tendeu a traduzir-se por uma diferenciação ao nível das estruturas políticas. Este fenômeno era perceptível desde o final dos anos 1840 e início dos anos

1950. A nomeação de John Beecroft, em 1849, para o posto de cônsul britânico nos golfos do Benin e de Bonny (antigo Biafra) marcou o início de uma nova era. A Grã-Bretanha passou a proteger exclusivamente os seus próprios interesses frente àqueles dos outros países europeus, defendendo-os em detrimento daqueles dos africanos locais. Já assinalamos a penetração britânica na zona do Benin, a partir do delta do Níger, assim como o golpe que ela provocara em seu comércio no interior do país, a ponto de causar o abandono de Ughoton, o tradicional porto do reino. Mais a Oeste, os anseios políticos da Grã-Bretanha começaram a se precisar quando, em 1851, a esquadra antiescravista britânica bombardeou Lagos.

Todavia, o verdadeiro ponto de inflexão aconteceria com a oficial anexação de Lagos pela Coroa britânica, em 1861, e com o ataque lançado sobre Porto-Novo pela frota inglesa, pouco após, durante o mesmo ano[34]. Estas duas operações britânicas naturalmente acenderam os ânimos dos franceses, detentores de consideráveis interesses comerciais em Ouidah e Porto-Novo. Em 1863, atendendo a pedidos das próprias autoridades de Porto-Novo, eles declararam este Estado aja litorâneo um protetorado francês, visando bloquear qualquer nova expansão britânica rumo ao Oeste, pela costa. Os britânicos, como os franceses, não tardaram a se render à evidência: era o comércio com o interior iorubá e aja, por eles compartilhado, que conferia o verdadeiro interesse de Lagos e Porto-Novo. Esta intervenção da Grã-Bretanha e da França, respectivamente, nos assuntos comerciais e políticos destes dois portos, desencadeou entre estas duas potências uma espetacular fase de concorrência, cujo desafio era o controle do país iorubá, particularmente das suas partes ocidentais, assim como das comunidades vizinhas, de expressão aja. O Oeste do país iorubá tornou-se então o principal teatro desta rivalidade anglo-francesa, em razão da reação favorável das populações autóctones que percebiam nesta intervenção dos europeus a solução para o problema referente às contínuas invasões do seu território pelos seus mais potentes vizinhos.

Eis a razão pela qual, a partir dos anos 1860, quando os governos francês e britânico eram ambos hostis, em seu conjunto, a uma política de colonização e expansão na África, os dados particulares da situação local conduziram, desde logo, as duas nações mais ativas da Europa a uma luta pela posse de territórios nesta parte do continente. Pela convenção franco-inglesa de agosto de 1863, as duas potências chegaram a um acordo sobre a partilha deste setor, de parte

---

34 C. W. Newbury, 1961; A. I. Asiwaju, 1976.

a outra do rio Yewa, a cerca de vinte quilômetros a Oeste do futuro traçado fronteiriço de 1889. As declarações através das quais a França e a Grã-Bretanha instituíram protetorados nesta região, entre 1862 e 1863, jamais seriam oficialmente ratificadas e, durante os anos 1870, seriam consideradas nulas. A luta seria todavia retomada no século seguinte, reanimada, por um lado, em razão de novas invasões daomeanas, as quais incitariam os dirigentes de Porto-Novo e dos Estados da zona ocidental do país iorubá a buscarem a proteção dos franceses ou britânicos. A conquista francesa do Daomé, em 1892, a partilha do Borgu entre a Inglaterra e França, em 1895, a extensão da autoridade britânica até o restante do país iorubá e a conquista inglesa do Benin, em 1897, não podiam representar senão a conclusão lógica desta rivalidade que opusera as duas potências nos anos 1860, como consequência do isolamento pré-existente das regiões interioranas do país *vis-à-vis* dos portos, através dos quais elas buscavam garantir o domínio da costa.

Mudança socioeconômica e adaptação das instituições

A despeito do seu espetacular caráter, as guerras do século XIX e a consequente intervenção dos europeus nos assuntos políticos da região Mono-Níger não devem levar a esquecer as transformações internas, muito mais profundas embora menos marcantes, que conheceram as sociedades desta região, neste mesmo período. Já evocamos os efeitos dos massivos deslocamentos populacionais, tanto no interior deste setor quanto além dele. Estas migrações forçadas acentuaram a interpenetração e o amálgama dos diferentes grupos e subgrupos étnicos, além de terem provocado o desenvolvimento de novos estabelecimentos no seio da região, simultâneo a um afluxo de escravos e, por conseguinte, a um aumento da população de origem africana no Novo-Mundo, especialmente no Estado da Bahia, no Brasil. Esta chegada massiva de escravos ao continente americano, originários da zona Mono-Níger, desempenharia um importante papel na modernização desta região, com o retorno dos "Saros" e "Amaros" (brasileiros) e a chegada dos missionários cristãos.

Houve, como observamos, uma forte corrente migratória de povos de expressão aja do Oeste para o Leste, em particular, na segunda metade do século XIX, quando o Daomé novamente invadiu os Estados e as comunidades gun e iorubá situadas ao Leste do vale do Weme. Estes movimentos provocaram não somente o desenvolvimento, para o Leste, de estabelecimentos aja já existentes, mas, igualmente, a criação de numerosas novas localidades no Oeste e Sudoeste do atual território dos Estados de Lagos e Ogum, na Nigéria[35].

Um processo de colonização idêntico podia ser observado mais ao Leste. Em país iorubá, por exemplo, produzia-se uma interpenetração e uma mistura notáveis entre diferentes subgrupos étnicos. Nesta zona, o fenômeno mais marcante foi a diáspora oyo, esboçada nos dois primeiros decênios do século, quando a capital do antigo império tornou-se motivo de uma incontrolável instabilidade. Desde 1830, Ibadan, Ijaye e a atual cidade de Oyo, ao Norte de Ibadan, eram os principais focos de imigração oyo. Todavia, foi com a expansão imperialista de Ibadan, nas décadas de 1840 a 1860, que a diáspora oyo ganharia toda a sua amplitude. Muitas comunidades oyo, oriundas do Nordeste, estabeleceram-se assim junto aos igbomina, ijesa, ekiti, akoko, ondo, ikale e aos ilaje, do Leste e do Sudeste do país iorubá[36]. Em sentido inverso, alguns grupos orientais iorubá, como os ekiti e os ijesa, trazidos como cativos ou vindos por vontade própria, fixaram-se em Ibadan e em muitos outros estabelecimentos situados a Oeste e Sul, nos territórios dos osun, ijebu e dos egba. No Borgu, a *jihad* fulbe do século XIX desencadeou um movimento populacional orientado para o Sul, em direção à área cultural iorubá, comparável àquele produzido no século XVI, sob a pressão dos mande vindos do Norte, após a queda do Império Songhai[37]. As migrações do século XIX viriam fortalecer a rede pré-existente de relações de interpenetração entre o Borgu e algumas comunidades iorubás do Noroeste, como os oyo, os sabe e os ketu.

Este amálgama de grupos e subgrupos étnicos provocou consideráveis intercâmbios de ideias e materiais culturais. Como observamos, a expansão dos aja na área cultural iorubá deve-se às migrações do século XIX e dos séculos precedentes, justamente a elas devemos remeter a evolução que, no século XX, conduziu os aja, estabelecidos no território do atual distrito de Badagri, no Estado de Lagos, na Nigéria, a adotarem a instituição monárquica iorubá, denominada *oba*. Igualmente, é preciso reconhecer nas influências culturais oyo, identificadas na parte oriental do país iorubá – culto de Xangô, difusão do ofício tecelão masculino e do tambor com alça –, nem tanto uma prova da hegemonia exercida pelo Oyo antes de 1800, mas, sobretudo, uma consequência da diáspora desta etnia no século XIX, após a queda do império[38].

---

35 A. I. Asiwaju, 1979.
36 S. A. Akintoye, 1971, pp. 213 e seguintes.
37 T. Moulero, 1964; A. I. Asiwaju, 1973.
38 J. F. A. Ajayi, 1974.

A influência análoga exercida pelo Benin, notadamente sobre as cerimônias da corte, as insígnias da realeza e os títulos das chefaturas dos owo, ekiti, akoko, ondo e dos ijesa – tal como junto aos awori, estabelecidos de parte a outra da atual fronteira entre a Nigéria e o Benin –, mostra a amplitude dos fenômenos de interpenetração dos grupos e, consequentemente, da adaptação das instituições resultantes. A dimensão demográfica desta influência cultural do Benin exercida sobre os iorubás encontra-se facilmente em algumas tradições identificadas em estabelecimentos beninenses nas zonas iorubás em questão. A influência sociopolítica do Benin sobre as outras etnias de língua edo, assim como sobre os itsekiri, urhobo e isoko do Leste e do Norte, foi muito mais metodicamente estudada[39].

Acima de tudo, o século XIX seria marcado pela fundação de estabelecimentos de tipo moderno, os quais tiraram grandes vantagens da sua localização litorânea e das suas proximidades – testemunha, por exemplo, a elevação do prestígio de Warri no Benin; de Lagos em relação ao restante do país iorubá; e dos portos de Porto-Novo, Ouidah e, sobretudo, de modo particularmente espetacular, de Cotonou, sobre a costa aja. Este período também anunciaria as novas sociedades da era colonial e pós-colonial, através de uma mais estreita associação, senão integração, com a economia e a cultura europeias.

Estas mudanças resultavam da conjugação de múltiplos fatores: as guerras do século XIX que, por exemplo em país iorubá, haviam transformado as zonas litorâneas em focos de imigração relativamente seguros e atrativos para as populações do interior, onde se concentrava o essencial dos combates; o comércio marítimo que, com o abandono do tráfico de escravos em prol das trocas "legítimas", tomaram caráter permanente, assim conferindo às regiões costeiras uma vantagem econômica incontestável; finalmente, a contínua expansão dos interesses europeus, ampliadora do papel tradicional de muitas cidades do litoral, como Lagos, Porto-Novo e, posteriormente, Cotonou, na justa e proporcional medida em que elas assumiam novas e crescentes funções, tanto como portos quanto na qualidade de capitais dos nascentes Estados coloniais e das nações africanas independentes que lhes sucederiam.

De todo modo, foi o fator econômico que aparentemente desempenhou, nestas mudanças, o papel determinante, especialmente no referente à presença europeia. Foi o comércio que conduzira os europeus à África; ele foi o motivo da sua permanência.

---

39   S. A. Akintoye, 1969; A. I. Asiwaju, 1976, pp. 18 e 19.

O século XIX seria um período particularmente crítico em razão da abolição do tráfico de escravos ter abalado a estrutura de trocas, das quais ele fora o principal componente há três séculos. Designada nos documentos europeus anteriores à abolição sob a nomenclatura "costa dos escravos", a parte da África Ocidental que nos ocupa foi um dos mais ativos focos do tráfico negreiro; se a passagem para o comércio "legítimo" efetuou-se sem muitos choques, justamente e em última análise, esta situação deveu-se à capacidade de adaptação das sociedades autóctones, às quais cabe o mérito.

FIGURA 26.8 Estátua de um homem em pé, braço direito levantado e esquerdo dobrado, considerada uma representação simbólica do rei Ghezo (1818-1858).

FIGURA 26.9 O rei Glélé (1858-1889), simbolicamente sob a forma de um leão. [Ilustrações: Photothèque, Musée de l'Homme, Paris.]

Não existe, indubitavelmente, melhor exemplo a este respeito que o caso do Daomé, tradicionalmente considerado como o último país da África Ocidental a capturar e vender escravos. Se, em 1851, a esquadra antiescravista britânica, por sua vez, alcançara jugular o tráfico transatlântico ao longo da costa, na região de Porto-Novo, o porto daomeano de Ouidah, a seu turno, não abandonaria realmente este tráfico senão após abolição da escravatura no Brasil, em 1888[40]. Esta complacência do Daomé transformou a costa aja e, especialmente, a porção do litoral compreendida entre Weme e Mono, em um território preferencial para os negreiros portugueses (em sua maioria brasileiros) que haviam sido expulsos de portos como Lagos e Badagri, nos quais as medidas antiescravistas dos britânicos haviam muito cedo entrado em vigor. O Daomé continuou a praticar o tráfico de escravos, desde que houvesse clientela.

Na realidade, as autoridades daomeanas não podiam compreender as razões pelas quais muitas delegações, britânicas e francesas sucessivas, lhes houvessem solicitado impor um termo a este tráfico, enquanto os negreiros portugueses instalados no Brasil prosseguiam o seu tráfico nos portos daomeanos.

O Daomé seria todavia levado a compreender que as coisas cambiavam. Ele visivelmente iniciou a sua adaptação em face das novas realidades, aproximadamente em meados do século, ocasião em que, sob o impulso da feitoria francesa Victor Régis, o seu soberano, o rei Ghezo (aproximadamente nos anos 1818-1858), foi persuadido a desenvolver o comércio do óleo de palma, inicialmente de modo complementar e, posteriormente, como principal componente da sua atividade econômica voltada para a exportação[41]. Para passar do tráfico de escravos ao comércio "legítimo", ele foi obrigado a conservar maior volume de prisioneiros de guerra, com vistas a assegurar o bom andamento e a expansão da indústria do óleo de palma. Assim sendo, existiam escravos empregados no carregamento de mercadorias entre o interior e o litoral, em lugar de serem vendidos como itens de exportação. No momento da conquista francesa, nos anos 1892-1894, as bases da economia daomeana, fundada na monocultura dos eléis, já haviam sido lançadas. Este tipo de evolução desdobra-se em outras partes da região Mono-Níger, como em país iorubá, onde cativos que até muito recentemente seriam vendidos e deportados para o estrangeiro, estavam desde logo e em massa empregados na exploração das plantações ou no transporte das mercadorias entre as regiões interioranas e o litoral.

---

40   E. Soumoni, 1983; P. Verger, 1976.
41   E. Soumoni, 1983.

Em suplemento, o movimento abolicionista teve outras consequências de grande alcance para a região Mono-Níger, dentre as quais as mais importantes são incontestavelmente aquelas tocantes ao processo de modernização. O fator, a este respeito, mais determinante foi, manifestamente, o retorno dos escravos libertos – em sua maioria os "Saros" de Serra Leoa e os "Amaros", ou "brasileiros" da Bahia, porém igualmente de Cuba e outras regiões das Antilhas. Além de terem justificado originalmente a chegada dos missionários cristãos europeus, dos quais conhecemos a ação modernizadora no golfo da Guiné[42], estes africanos libertos desempenharam, nos primórdios, o papel crucial correspondente a representarem a primeira geração de classe média no continente. Em razão da sua submissão, segundo a fórmula de um autor, à "dura escola da escravatura"[43], os libertos em retorno de Serra Leoa constituíam uma "elite já formada" e profundamente ligada aos modelos culturais da Inglaterra vitoriana de então, ao passo que aqueles vindos do Brasil eram artesãos, comerciantes, mecânicos e "cultivadores experientes". Alguns atuaram como pioneiros, seja a serviço das Igrejas cristãs, à imagem do bispo Samuel Ajayi Crowther e do reverendo James Johnson (por vezes chamado "santo" Johnson), ilustres na região da Nigéria, seja no estudo das línguas africanas, no âmbito da atividade gráfica, na edição ou no desenvolvimento de outras atividades do mesmo gênero, a exemplo de outros menos proeminentes.

Primeiramente estabelecidos ao longo do litoral, em cidades como Ouidah, Agoué, Porto-Novo, Badagri e Lagos, eles todavia tornaram sensíveis à sua influência e à sua ação, em território muito mais distante, nos confins do países iorubá e aja, e além deles. Na realidade, a verdadeira inserção da diáspora dos "Saros" em país iorubá ocorreu sobretudo em Abeokuta, comparativamente a Lagos; e a influência da arquitetura brasileira – um dos principais marcos da presença dos brasileiros em Lagos, no século XIX – se havia estendido, fato público e notório, até Ijebu Ode, Ibadan e Ilesa. Os "Saros" e "Amaros" estabeleceram-se voluntariamente ao longo do golfo do Benin, sem sofrerem exclusão ou segregação: alguns "Saros" viviam e trabalhavam em Porto-Novo ou mais a Oeste[44], ao passo que, na colônia de Lagos – particularmente sob a administração de Alfred Moloney (em múltiplas ocasiões governador entre 1878 e 1890) –, a política britânica favorecia expressamente a implantação dos "brasileiros". No entanto, a cultura e a história representaram fatores de diferenciação entre os dois grupos,

---

42 J. F. A. Ajaya, 1969; E. A. Ayandele, 1966.
43 A. B. Aderibigbe, 1959, p. 174.
44 P. Verger, 1976, pp. 536-537.

suscitando o surgimento de áreas de efetiva concentração e de influência global bem distintas. Assim sendo, os "Saros" anglófonos, majoritariamente protestantes, marcaram sobremaneira a sua presença na região situada a Leste do vale do Weme, a qual se havia tornado, ao final do século, uma zona de influência colonial anglo-saxã, antes de passar para o controle britânico.

Rumo ao Oeste, os africanos do Brasil, em sua maioria católicos e lusófonos, primeiramente encontraram um ambiente cultural mais acolhedor em Porto-Novo e Ouidah, onde os havia precedido uma comunidade "brasileira", fundada por negreiros portugueses do Brasil, constrangidos a circunscreverem-se em sua totalidade nos limites da costa aja, em consequência das atividades desenvolvidas mais a Leste, pela esquadra antiescravagista britânica. A chegada dos franceses, substitutos dos portugueses nesta parte do golfo de Benin, a Oeste do Weme, suficientemente preservara a cultura latina, a ponto de conferir maior poder atrativo a esta região, aos olhos dos negros do Brasil, comparativamente ao exercido pelas regiões situadas mais a Leste, nas quais esta cultura estaria condenada a desaparecer. Outrossim, seria neste território do futuro Daomé francês – em outros termos, na parte ocidental da região que nos interessa – que os africanos do Brasil exerceriam a maior influência. Além de terem colaborado com os franceses com o objetivo de ajudá-los a conquistar o Daomé e transformá-lo em uma nova colônia, os "brasileiros" foram posteriormente os mais prestes a plenamente tirar proveito da educação colonial francesa, contribuindo assim, decisivamente, a fazer do Daomé o "*Quartier latin* da África Ocidental francesa"[45].

Não se deve todavia acreditar que esta dicotomia, ao nível dos focos de influência entre "Saros" e "brasileiros", em nada contradiga a ideia segundo a qual a região compreendida entre o Mono e o Níger desenvolveu-se, em seu conjunto, como um todo homogêneo. A força dos sentimentos de solidariedade, fundados em laços de parentesco específicos e afinidades histórico-culturais gerais, que uniam os descendentes dos da Silva, d'Almeida, dos Regos, de Souza, Pedro, Martin, Pereira e outros, de Lagos, como de Ouidah, Agoué ou Porto-Novo, deve prevenir contra tal interpretação. Com efeito, a perpetuação até os dias atuais dos laços de união entre as famílias dos brasileiros da África Ocidental às suas bases originais no Brasil, especialmente no Estado da Bahia, ilustra de modo impactante a unidade fundamental da África, não somente em respeito à sua história, mas, em suplemento, em referência aos contatos de importância vital que o continente manteve com a diáspora negra.

---

45 D. d'Almeida, 1973, capítulos 1 e 2.

CAPÍTULO 27

O delta do Níger e Camarões

Ebiegberi J. Alagoa
com as contribuições de *Lovett Z. Elango*
e de *Nicolas Metegue N'Nah*
para Camarões e Congo, respectivamente

O presente estudo dedica-se à região e ao litoral do golfo do Benin e da baía de Bonny, antigo Biafra, estendida do estuário do Benin, a Oeste, à bacia de Ogoué, a Leste. No Oeste, a maior parte da região costeira, aqui compreendidos as regiões alagáveis e os mangues do delta do Níger, era habitada pelos ijo; entretanto, vastas zonas do delta assim sofreram a influência do pequeno reino de Itsekiri, situado em sua porção mais ocidental. Foi nas terras interioranas, imediatamente a Oeste desta região, onde se estabeleceu o potente reino do Benin, no qual viviam diversos grupos a ele ligados por laços políticos ou culturais. O imenso interior igbo estendia-se de cada lado da porção norte do delta do Níger, nas duas margens do curso inferior do rio. O país igbo era muito mais vasto na parte ao Leste do rio, prolongando-se até o Norte da bacia do Cross.

Ao Leste do delta do Níger, corre o Cross, cujo estuário, no século XIX era dominado pelo Estado efik de Calabar. O resto do vale do Cross era e permanece essencialmente habitado por diversos grupos ibibio e, em sua parte setentrional, por um mosaico de povos aparentados aos bantos. A quarta sub-região compreendia a costa de Camarões e o seu interior, a Leste do Cross. A quinta região englobava a bacia do Ogoué e as regiões circunvizinhas da Guiné Equatorial e do Gabão.

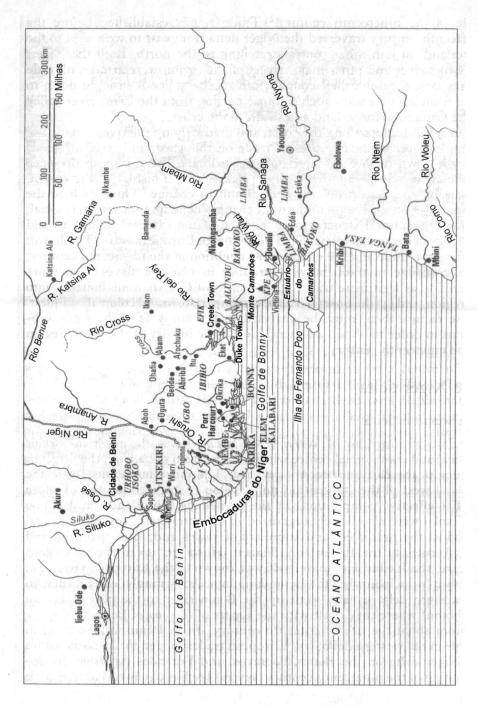

FIGURA 27.1 O delta do Níger e Camarões no século XIX (segundo E. J. Alagoa).

Todas as populações da região estavam ligadas entre si desde tempos pré-históricos; pertenciam todas, na realidade, à família linguística nígero-congolesa[1]. Os igbo e as outras populações da periferia do delta do Níger eram ligados à subfamília dos kwa, ao passo que as populações do vale do Cross e a maioria das populações litorâneas de Camarões e da Guiné Equatorial eram grupos bantos. Os ijo do delta constituíam uma subfamília distinta.

Antigos parentescos, atestados por semelhanças linguísticas, tradições ligadas à origem dos povos e migrações, foram reforçados, no século XIX, por contatos comerciais[2]. Anteriormente ao século XIX, as rotas comerciais atravessavam o delta do Níger de Leste a Oeste e penetravam rumo ao interior onde cruzavam outras rotas orientadas para o Norte. O Níger, o Cross e os outros grandes cursos d'água da região, eram artérias comerciais que serviam como elo entre as populações instaladas às suas margens, as quais recebiam as mercadorias que lhes eram encaminhadas através das rotas interioranas, tais como aquelas ligando o vale do Cross ao interior da região camaronesa e a costa, ao Sul.

O comércio europeu realizado ao longo da costa e, posterior e paulatinamente, rio-acima pelos cursos d'água, utilizava os antigos centros comerciais do litoral para receber as mercadorias do interior. A presença europeia na costa representou, por conseguinte, um novo fator de unidade na história da região, em razão da semelhança entre os problemas por ela provocados e pelas mudanças por ela incitadas. Assim sendo, cada uma das populações da região, em face das influências estrangeiras e do desafio da intrusão europeia, foi conduzida a adaptar as suas estruturas sociais, políticas e culturais. A influência europeia fez-se sentir nas seguintes esferas: no tráfico de escravos e nos efeitos da sua abolição, no século XIX; na passagem do tráfico de escravos para o comércio dos produtos locais, por vezes denominado "comércio legítimo"; na chegada dos missionários cristãos à região; e, finalmente, no início do imperialismo europeu e da conquista colonial. Desde logo, convém analisar estes diferentes aspectos da questão relativamente a cada sub-região, com o objetivo de extrair uma ideia geral da história do conjunto da região no século XIX.

---

1 J. H. Greenberg, 1966.
2 E. J. Alagoa, 1970; R. Harris, 1972; E. M. Chilver, 1961.

O delta do Níger

O Oeste do delta

O reino itsekiri de Warri (Ode Itsekiri) foi, do século XV ao início do século XIX, o mais importante centro comercial e político da parte ocidental do delta do Níger. Os ijo, estabelecidos de parte a outra dos itsekiri, eram mais numerosos; porém, não criaram entidades políticas centralizadas suficientemente fortes a ponto de lhes estabelecerem uma real concorrência. No interior mais próximo, os urhobo e os isoko estavam, igualmente e em certa medida, organizados em comunidades descentralizadas e forneciam escravos, assim como ulteriormente, óleo de palma e de palmiste aos intermediários itsekiri. Contudo, até o século XIX, os viajantes europeus consideravam o reino itsekiri como um simples "principado" do reino do Benin. Habitualmente, aqueles que se deslocavam para a parte ocidental do delta do Níger atravessavam portanto o Benin até o porto de Gwato (Ughoton), onde negociavam com os agentes da *oba* do Benin.

Aproximadamente a partir do final do século XVII, a influência direta do reino do Benin sobre a parte ocidental do delta do Níger começou a declinar e os comerciantes europeus emprestaram os portos do delta, Escravos e Forcados,

FIGURA 27.2 Uma localidade itsekiri no rio Benin, nos anos 1890. [Fonte: H. Ling Roth, *Great Benin, its custom, art and horrors*, 1903 (ilustração original publicada em *Globus*, vol. 1, p. XXII), Kings and Sons, Halifax, reproduzida com a autorização do Conselho Administrativo da Universidade de Cambridge.]

FIGURA 27.3   Nana Olomu de Itsekiri. [Fonte: O. Ikime, *Merchant Prince of the Niger delta: the rise and fall of Nana Olomu, last governor of the Benin river*, 1968, Heinemann, Londres.]

situados nos estuários do Benin. Por volta do início do século XIX, muitos chefes itsekiri deixaram Warri (Ode Itsekiri) para estabelecerem feitorias no estuário do Benin e, muito rapidamente, o porto beninense de Gwto (Ughoton) deixou de ser um centro para o comércio exterior. Deste modo, no curso do século XIX, os itsekiri tornaram-se os verdadeiros mestres do comércio do delta ocidental e foram eles que abasteceram o reino de Benin em mercadorias europeias[3]. O Benin, tentando manter o seu domínio sobre o reino itsekiri, exigia de *olu* de Warri o pagamento de um tributo, realizado com artigos oriundos do tráfico, sob pena de fechamento das rotas comerciais no interior do país. Olu Akengbuwa, contudo, soube resistir ao *oba* de Benin, inclusive a ponto de conceder asilo a um chefe dissidente beninense. Mas, aquando da morte de Akengbuwa, em 1848, os seus sujeitos acreditaram ter ele sido vítima de uma maldição do *oba*, à qual igualmente atribuiu-se o fato dos itsekiri terem sido privados de chefe, entre 1848 e 1936.

Olu Akengbuwa instalara agentes, os "governadores do rio", no estuário do Benin, com o objetivo de recolher os impostos junto aos comerciantes europeus e fixar o preço dos produtos. No início do século XIX, os "governadores do rio" eram de fato os mais elevados chefes na hierarquia, como o *iyatsere* (capitão de guerra) e o *uwangue* (porta-voz do chefe e guardião das insígnias reais). Porém, durante os anos 1840, Akengbuwa confiou estes postos aos seus filhos. Consequentemente, após 1848, o procedimento de nomeação para este cargo tornou-se impreciso e os cônsules e comerciantes britânicos intervieram em numerosos conflitos. Deste modo, eles empossaram Diare, em 1851, e depuseram Tsanomi, o seu sucessor, em 1879, em razão da sua tentativa de forçar os comerciantes britânicos a pagarem um preço justo pelo óleo de palma. Nana Olomu, o mais célebre e último dos "governadores do rio" Benin (1884-1894), foi obrigado a travar uma guerra sangrenta com fuzileiros navais ingleses, antes de ser capturado e exilado em Calabar, no ano 1894, vítima, entre outros, da conquista da Nigéria pelo Império Britânico.

Os *ijo* do Oeste do delta controlavam a maioria das vias navegáveis. Dada a sua impossibilidade de diretamente entrarem em contato com os comerciantes europeus, eles haviam recorrido à pirataria, perseguindo os navios dos europeus e dos itsekiri. Entrementes, algumas comunidades *ijo* continuavam a manter, em escala local, relações comerciais com os itsekiri e com os outros grupos. Os itsekiri forneciam cerâmica a comunidades *ijo*, como os Gbaramatu e os Bassan,

---

3   P. C. Llyod, 1963; O. Ikime, 1968; A. F. C. Ryder, 1961.

além de venderem sal aos comerciantes vindos do Leste do delta que, em seguida, subiam o Níger. Os *ijo* de Egbema e Olodiama, os quais viviam na região florestal deste curso superior do Benin, igualmente fabricavam pirogas e recolhiam, nas regiões de lagunas, madeira para pintura por eles vendida no Oeste, em país Ijebu e inclusive em Lagos (Eko). Em contrapartida, os ijebu forneciam-lhes tecidos de fabricação local. Outros *ijo* também trocavam peixe seco e sal, produtos igualmente preparados pelos itsekiri, juntamente com os urhobo, isoko e igbo, habitantes da periferia do delta e do curso inferior do Níger.

No século XIX, o Oeste do delta não desempenhou um papel tão importante, comparativamente ao Leste, no tocante à exportação de escravos, óleo de palma e palmiste. Assim sendo, nos anos 1840, somente duas empresas inglesas comercializavam nos portos de Bobi e Jakpa; três outras viriam agregar-se no curso da década seguinte. John Beecroft, primeiro cônsul da Grã-Bretanha para o golfo do Benin e a baía de Bonny, em 1849, instalou-se em Fernando Poo, proximamente ao litoral camaronês e à parte oriental do delta oriental do Níger. Somente em 1891, um vice-cônsul seria enviado a Sapele, no delta ocidental, para acompanhar a colonização desta região do interior do país nigeriano. A esta época, a corrida para os territórios africanos já começara e Nana Olomu deveu combater para tentar interrompê-la. Os missionários seguiram o movimento rumo ao delta ocidental do Níger.

O Leste do delta

Os grupos *ijo* do delta criaram instituições estatais em torno de algumas cidades ou aglomerações como Nembe, Bonny, Elem Kalabari e Okrika[4]. Estes Estados ou, para retomar a terminologia de K. O. Dike[5], estas "cidades-Estado" haviam baseado as suas instituições originais sobre um alicerce comum, a saber, as comunidades *ijo* com estruturas políticas descentralizadas, a Oeste e na parte central do delta, ação empreendida com o objetivo de responder às condições ecológicas dos mangues a Leste do delta, às necessidades comerciais dos distantes centros do interior do país igbo (troca de peixe e sal contra inhame, escravos e outros produtos) e às exigências do comércio do sal, dos objetos cerâmicos, de subprodutos da mandioca e pirogas, com a parte ocidental do delta.

Nestes Estados, o comércio longínquo e o tráfico atlântico de escravos estavam nas mãos dos dirigentes políticos, a saber, os reis ou *amanyanabo*, e os "chefes

---

4   R. Horton, 1969; E. J. Alagoa, 1917*a*.
5   K. O. Dike, 1956.

de casa" (chefes das *wari*, unidades políticas de caráter familiar que constituíam as cidadelas). Os critérios oficiais de promoção neste sistema administrativo facilitavam o recrutamento de novos membros, escravos ou refugiados.

É importante reconhecer esta situação dos Estados ao Leste do delta antes do século XIX caso desejarmos melhor compreender as repercussões às quais eles foram submetidos, em razão da influência e da intervenção europeias, sempre crescentes ao longo do século seguinte. Foram as diferenças entre as situações iniciais que determinaram as distinções entre os efeitos de influências externas semelhantes exercidas sobre os Estados do delta, bem como sobre Calabar e a região litorânea de Camarões.

A abolição do tráfico de escravos pela Grã-Bretanha, em 1807, representou um importante fator de mudanças. Os esforços dos ingleses para imporem um termo ao comércio dos escravos haviam conduzido comerciantes, cônsules e oficiais da marinha britânica a empreenderem novas atividades e, por conseguinte, estabelecerem um novo tipo de relação com os Estados do delta. Primeiramente, estes esforços provocaram um fortalecimento da presença inglesa na baía de Bonny. Assim sendo, por exemplo, em 1827, uma esquadra foi estacionada em Fernando Poo e, em 1849, foi nomeado o primeiro cônsul britânico, John Beecroft, para todos os territórios do golfo de Benin e da baía de Bonny. Além disso, o "Tribunal das Comissões Mistas" foi constituído em Freetown (Serra Leoa), para julgar os capitães de navios negreiros capturados e libertar os escravos. Para os Estados do delta, estes novos fatos implicavam a demonstração da potência britânica em suas águas e inauguravam a era da "democracia dos canhões": os cônsules britânicos serviam-se da potência naval para negociar melhores condições em benefício dos seus compatriotas comerciantes, missionários e exploradores. Na realidade, os cônsules continuaram uma política lançada no decorrer dos anos 1830 por Edward Nicolls, governador de Fernando Poo, inclusive intensificando-a, sobretudo após 1850, política esta consistente em assinar tratados com os chefes locais[6]. Estes tratados estipulavam que os chefes deveriam eliminar o tráfico de escravos e substituí-lo pelo "comércio legítimo" (ou seja, pelo comércio de gêneros diferentes dos escravos), eles enunciavam regulamentos para a realização do comércio legítimo e estipulavam as tarifas aduaneiras (*comey*) impostas aos comerciantes, assim como os subsídios que o governo britânico deveria conceder aos dirigentes locais que houvessem renunciado ao tráfico de escravos.

---

6 G. I. Jones, 1963, pp. 221-242; E. J. Alagoa e A. Fombo, 1972, pp. 90-121.

Todos estes aspectos da atividade britânica na costa testemunham da gradual degradação do poder dos dirigentes locais, erosão particularmente manifesta quando os cônsules e oficiais da marinha ajudaram os comerciantes ingleses a criarem o seu próprio sistema judiciário, superposto às leis locais, instituindo as "Courts of Equity", tribunais essencialmente compostos por comerciantes britânicos, dos quais participavam alguns chefes locais. Naturalmente, estes tribunais encontravam-se submetidos à autoridade dos ingleses e não àquela dos chefes locais.

Aos cônsules e oficiais da marinha britânica, instalados na costa, acrescentavam-se os comerciantes e missionários britânicos que tentavam penetrar no interior do país, por exemplo, patrocinando viagens de exploração. Os esforços empreendidos pelos ingleses, durante muitas décadas, para descobrirem o curso e a nascente do Níger, foram coroados de sucesso em 1830, quando Richard e John Lander foram a Aboh e Nembe (Brass), após convite do rei Boy Amain. Quando descobriram que os numerosos estuários do delta eram vias de acesso ao grande rio Níger, os ingleses redobraram o interesse por uma região que lhes abriria a rota, rumo às ricas extensões territoriais interioranas da Nigéria e da África Ocidental. Durante os anos 1830 e até o final dos anos 1850, comerciantes britânicos como McGregor Laird, homens guiados por um ideal humanitário e missionários tentaram subir a partir do delta rumo ao interior do país.

Na zona oriental do delta, sob a direção do bispo Ajayi Crowther, antigo escravo nigeriano, a *Church Missionary Society* criou missões em Bonny, no ano 1864, em Twon-Brass, no reino nembe, no ano 1868, em Elem Kalabari (nos documentos chamados New Calabar), no ano 1874, e em Okrika, no ano 1880. Em Bonny e Nembe, as autoridades locais convidavam os missionários por algumas razões específicas. Alguns pretendiam que eles abrissem escolas onde as suas crianças pudessem aprender a ler, escrever e falar inglês, para facilitar as suas relações comerciais com as empresas britânicas. Eles acreditavam que, ao autorizarem a instalação dos missionários, contribuiriam assim para melhorar as relações junto ao governo britânico, representado pelos cônsules e oficiais da marinha, assim como e consequentemente, para consolidar a sua posição em suas lutas intestinas pelo poder, travadas com os países vizinhos. Estas mesmas razões por vezes levaram à rejeição dos missionários em outras partes da zona oriental do delta. Foi assim que, após a instalação da *Chuch Missionary Society* em Bonny, Jaja de Opobo, que se separara de Bonny em 1869 para formar o seu próprio Estado, Opobo, sequer admitia menção a esta missão. A criação de missões cristãs chocava-se todavia com potentes interesses, haja vista que, no

FIGURA 27.4   O rei Jaja de Opobo. [Ilustração: Nigerian Information Service Centre, embaixada da Nigéria, Paris.]

século XIX em todos os Estados do delta, o cristianismo representou um fator de agitação social. Segundo o professor Dike, o cristianismo teria transformado os escravos em revolucionários, os quais estariam na origem de levantes nestes Estados; porém, trabalhos recentes mostraram ser necessário atribuir a outros fatores sociais e políticos os problemas que os Estados do delta conheceram no século XIX[7].

Os problemas sociais dos Estados do delta podem ser explicados em função das dificuldades equivalentes, para os grupos dirigentes, à passagem de uma economia fundada no tráfico de escravos para uma economia baseada no óleo de palma e de palmiste. Estes grupos, praticantes de longa data do tráfico, não estavam conscientes da força dos elementos externos, subjacentes ao movimento abolicionista, e não demonstravam capacidade em consagrarem-se inteiramente a um comércio novo e difícil. Esta reorientação supunha uma mudança de antigos hábitos e métodos comerciais, assim como das relações comerciais com novos comerciantes brancos. No plano interno, por outro lado, era relativamente difícil

---

7   K. O. Dike, 1956, notadamente capítulo V, pp. 135-165; E. J. Alagoa, 1971*b*; G. I. Jones, 1963, pp. 124--132, 150-161.

tratar o óleo de palma e quebrar o babaçu para dele extrair o óleo de palmiste. Os comerciantes do delta deviam penetrar mais profundamente no interior do país para atingirem as zonas de produção, além de ser-lhes necessário utilizar pirogas e uma mão de obra mais numerosa. Esta situação era capaz de provocar a queda de dirigentes há muito no poder e propiciar a ascensão de novos chefes empreendedores. Ela teve três grandes consequências: primeiramente, as exigências do novo comércio provocaram um recrudescimento do tráfico de escravos no interior do país, com vistas a satisfazer necessidades referentes à mão de obra, nos Estados do delta; em segundo lugar, o desenvolvimento de novas casas administrativas e novos chefes perturbou o equilíbrio político interno (consultar "As revoltas de escravos" de Dike); e, em terceiro lugar, a luta pelos mercados interioranos esteve na origem de muitas guerras entre os Estados do delta.

A introdução de escravos nas comunidades do delta começara bem antes do século XIX e cada Estado já estabelecera modalidades de integração para os novos componentes da sociedade. Entretanto, na maioria dos Estados durante o século XIX, aumentou o número de escravos a serem integrados e a sua aculturação foi realizada segundo novos e radicais métodos. Em quase todos os Estados do delta, raspava-se ritualisticamente o crânio do novo escravo como aquele de um recém-nascido, buscando assim simbolizar o seu renascimento na comunidade. Desde logo, ele tornava-se filho de um dos anciãos da família do chefe que o comprara. O escravo assim adquiria todos os direitos de um membro de uma unidade familiar, além de poder, segundo as suas capacidades, evoluir na hierarquia do grupo, bem como dele tornar-se um chefe.

Pertencer a sociedades secretas *ekine* ou *sekiapu* provocava uma rápida aculturação dos escravos, nos planos folclórico e linguístico. Em certos Estados, como Elem Kalabari, os membros de uma milícia, os *Koronogbo*, aterrorizavam aqueles que não adotassem, completa ou rapidamente, a sua cultura. Nestas condições, os escravos não tinham identidade social própria, não constituindo um grupo assaz distinto, nem tampouco suficientemente vítima de medidas discriminatórias, a ponto de serem levados à revolta ou serem capazes de empreendê-la.

Todavia, o recrutamento de mão de obra para o comércio do óleo de palma aumentou o número de pessoas dependentes de chefes secundários, as quais finalmente separar-se-iam do seu grupo familiar. O crescimento de algumas famílias, através da formação de novos ramos familiares, acontecia por vezes à custa de famílias mais antigas, abandonadas por alguns dos seus membros, em prol de outras mais prósperas, em razão de endividamento ou outras causas. Esta concorrência para o comércio e a mão de obra rapidamente provocou uma perturbação no equilíbrio das riquezas e do poder político em nível local.

Inclusive nas antigas famílias, o poder trocou de mãos. Assim sendo, ao longo do período crucial 1860-1870, Jaja e Oko Jumbo, ambos descendentes de escravos, tomaram a frente das duas facções reais de Anna Pepple e de Manilla Pepple, no reino de Bonny. A luta pelo poder no Estado de Bonny, durante os anos 1860, desdobrou-se na criação, em 1869, do novo Estado de Opobo, do qual Jaja foi o *amanyanabo* ou o rei. Convém notar que o monarca reinante de Bonny, George Pepple (1866-1888), foi incapaz de impor um termo à luta das facções.

Elem Kalabari conheceu, em 1882-1884, uma crise similar àquela de Bonny. Duas facções, ambas de ascendência real, lutavam pelo poder. A facção de Amakari saiu vitoriosa e aquela de Barboy ou de Will Braide foi obrigada a instalar-se na nova cidade de Bakana. No entanto, inclusive o grupo vitorioso foi obrigado a deixar Elem Kalabari, perigosamente próxima do Estado rival de Bonny. Duas novas cidades foram fundadas no imediato posterior ao desmembramento de Elem Kalabari: Buguma, onde residia Amakiri, o chefe superior de Kalabari, e Abonnema, ambas mais próximas dos planaltos das regiões interioranas.

Nos dois outros Estados ao Leste do delta, Nembe e Okrika, o sistema político não sofreu nenhuma perturbação importante. A única crise interna, jamais outrora ocorrida no Estado de Nembe, no século XIX, sobreveio aquando dos funerais do rei Ockiya, em 1879, durante os quais os cristãos e os adeptos da religião tradicional disputaram entre si o direito de praticar os ritos fúnebres sobre os restos mortais do defunto. O acordo produziu-se baseado em um compromisso, segundo o qual cada grupo praticaria os ritos isoladamente do outro. Os escravos e os homens livres não constituíam facções distintas. Durante o século XVIII, Nembe e Okrika haviam conhecido grandes crises políticas, com a chegada ao poder de novas dinastias, dos mingi, no Nembe, e aquela dos ado, no Okrika. Estas dinastias ainda estavam no poder no século XIX e nenhuma oposição relevante se constituíra. Convém notar que o comércio destes dois Estados com o estrangeiro não atingia nível similar àquele dos Estados de Bonny e de Elem Kalabari.

O reino de Elem Kalabari aparentava ser o pivô do equilíbrio de poder no Leste do delta. Em meados e ao final do século XIX, ele lutou contra Nembe, no Oeste, contra Bonny, no Sudeste, e contra Okrika no Leste. Estes outros Estados eventualmente formavam alianças, embora Okrika tenha dificilmente suportado a sua situação de aparente dependência perante o reino de Bonny, do qual ele utilizava o porto para exportar os seus produtos. O reino de Elem Kalabari, entretanto, teve um aliado, ao menos contra o Estado de Bonny, após a instalação de Jaja em Opobo, no ano de 1869. Até o final do século, Opobo tentou manter

Bonny distante dos seus tradicionais mercados no vale do Imo. Tornou-se, por conseguinte, ainda mais urgente para Bonny buscar outros mercados rio-abaixo, rumo à foz do New Calabar, na região de Obiatubo, reivindicada pelo Estado de Elem Kalabari, assim como no território dos kalabari, até o Baixo-Níger, ao Norte do país Nembe. Os Kalabari, também eles, subiram os rios Engenni e Orashi em territórios anteriormente submetidos à autoridade de Nembe.

Os cônsules ingleses do litoral tentaram tirar proveito destas guerras entre Estados para abrirem a rota rumo ao interior do país, em benefício dos seus compatriotas comerciantes e missionários. Eles se desdobraram para atuarem como mediadores entre os Estados concernidos, por ocasião da conclusão dos tratados de paz. Assim sendo, através da sua mediação, tratados foram assinados entre os Estados de Bonny e Elem Kalabari, em 1871, e entre Opobo e Bonny, no ano 1873, Bonny e Elem Kalabari, em 1879, Elem Kalabari e Okrika, no ano 1871, e Nembe e Elem Kalabari, em 1871. As guerras travadas entre os Estados não abalaram a sua resolução consistente em impedir que os comerciantes europeus se intrometessem em sua zona comercial ou ameaçassem a sua soberania. Desde 1854, os ingleses entraram em conflito com Willian Pepple, rei de Bonny, quem eles foram obrigados a exilar em Fernando Poo, Ascension, Serra Leoa e em Londres. A luta das facções lhes havia servido como pretexto. Em 1887, eles não mais podiam invocá-la no momento em que provocaram a queda de Jaja, rei de Opobo, quem se opunha à instalação de comerciantes britânicos no vale do Imo. Os dirigentes de Nembe (Brass), reino situado no Nun, principal afluente do Níger, estavam envolvidos em querelas que opunham, desde os anos 1830, os exploradores e os comerciantes ingleses às populações locais, quando alguns cidadãos britânicos haviam sido baleados, provocando a morte de alguns dentre eles. Contudo, foi em 1895 que ocorreu a derradeira prova de força, na ocasião em que os nembe atacaram e destruíram o principal depósito da *Royal Niger Company*, em Akassa, protestando contra as tentativas realizadas pela companhia com vistas a monopolizar o comércio entre Akassa (no delta) e Lokoja (na confluência do Níger e da Bénoué). No ano 1898, o rei de Okrika, Ibanichuka, foi capturado pelo cônsul britânico em razão de ter se recusado a obedecer às ordens da administração do novo protetorado da Nigéria do Sul. O rei de Nembe, Koko, logrou escapar da prisão escondendo-se nas longínquas localidades do seu reino.

Desta forma, por volta do final do século XIX, o poder passara às mãos dos britânicos na parte oriental do delta do Níger e, durante os vinte ou trinta primeiros anos do século XX, estes Estados não poderiam coroar novos reis; no entanto, a perda da sua soberania não provocaria o seu definitivo desaparecimento, tampouco dos seus valores culturais e sociais fundamentais.

No interior do país Igbo

Durante muito tempo, o país igbo aparentemente caracterizou-se por uma população relativamente densa e pela sua organização em pequenas unidades políticas. Estas características transformavam-no em um país especialmente vulnerável aos efeitos destruidores do tráfico de escravos, na justa medida em que não havia Estados assaz potentes a ponto de protegerem os seus residentes. Com efeito, as diversas comunidades igbo, tudo leva a crer, envolveram-se em guerras entre grupos, incursões e capturas de homens, por eles posteriormente vendidos aos Estados do delta e aos efik de Calabar, os quais atuavam como intermediários. Em outros termos, embora o país Igbo tenha fornecido a maioria dos escravos vendidos nos portos de Bonny, de Elem Kalabari, no delta do Níger, e em Calabar, no estuário do Cross, os igbo não entraram em contato direto com os europeus antes dos últimos anos do século XIX e no início do século XX. Quando houve o contato, ele ocorreu ao longo de vias navegáveis como o Níger, o Imo e o Cross. Assim sendo, os centros comerciais situados nestes rios, onde se encontravam os atravessadores do litoral e os comerciantes do interior do país, tornaram-se mais bem conhecidos que o restante do país. Os aro, controladores das rotas comerciais do interior e de alguns mercados nos quais os intermediários compravam escravos e posteriormente, óleo de palma e de palmiste, tornaram-se célebres pela sua aptidão para o comércio e pelos oráculos que eles ofereciam. Igualmente, as cidades ndoki de Akwete e Ohombele, no Imo, serviam como centros comerciais para os Estados de Bonny e Opobo. No Níger, os Estados de Aboh, Osomari, Oguta, Asaba e Onitsha transformaram-se em centros comerciais e, consequentemente, em focos de influência estrangeira e para contatos com o exterior.

O comércio transatlântico de escravos, embora oficialmente abolido pelos ingleses em 1807, persistiu no litoral até aproximadamente 1850. Durante a segunda metade do século, desenvolveu-se o tráfico interno em meio aos povos do litoral, em razão das exigências do comércio do óleo de palma. As demandas similares por mão de obra destinada à exploração do óleo de palma e de palmiste, à agricultura e aos serviços rituais, encorajaram a continuação do tráfico de escravos em país igbo[8]. O tráfico e a escravatura devem, por conseguinte, ser

---

8   W. R. G. Horton, 1954; E. Isichei, 1973.

considerados como um importante fator de mudança no país igbo, durante a maior parte do século XIX.

O comércio de escravos possuía um caráter eminentemente perturbador sob diversos aspectos. Primeiramente, a maneira através da qual os escravos eram obtidos tendia a destruir as estruturas sociais e políticas. Os fora da lei e delinquentes eram reduzidos à escravatura. Alguns indivíduos eram vendidos durante os períodos de grande fome ou para a quitação de uma dívida. Porém, é verossímil que a maioria dos escravos tenha sido obtida no decorrer de grandes capturas, incursões ou guerras. Sabe-se igualmente que o sacerdote dos aro vendia as pessoas sempre que as julgasse culpadas. Mas a rede comercial dos aro estendida sobre a maior parte do país igbo obtinha a maioria dentre os seus escravos em incursões efetuadas pelos seus aliados mercenários, os aham, ohaffia, abiriba e edda. Vemos, portanto, que a grande influência exercida pelos aro no país igbo, por intermédio do seu oráculo, não teve efeito unificador[9]. A influência dos aro distingue-se, conseguintemente, pelo caráter violento inerente ao tráfico de escravos, originado na influência religiosa precedentemente exercida pelos nri sobre vastas regiões do país igbo.

Igualmente, na esfera econômica, as atividades agrícolas normais devem ter sido consideravelmente perturbadas. Além disso, como era o caso entre os atravessadores do litoral e os europeus, o produto obtido pelos igbo em troca dos escravos que lhes eram fornecidos, não era proporcional a tudo que eles perdiam em razão do tráfico. Os escravos eram trocados contra sal, peixe, licores, armas de fogo, chapéus, colares e barras de ferro, cobre e bronze. As barras de metal eram transformadas em objetos de estanho, sinos rituais, espadas solenes, tornozeleiras ornamentais e outros adereços. Entretanto, o fornecimento destes produtos metálicos substituiu as indústrias locais, levando os ferreiros akwa a virarem as costas às suas fontes locais de metal. Do mesmo modo, a importação de sal e de tecidos pôs fim a indústrias locais.

Os primeiros relatos diretos sobre as regiões interioranas igbo foram reportados na Europa por Richard e John Lander, em 1830, quando passaram por Onitsha, Asaba e Aboh com o objetivo de alcançarem o delta do Níger. Eles foram seguidos por outros exploradores, comerciantes e missionários ingleses, em 1841 e 1854. Em 1856, MacGregor Laird criou a primeira casa comercial em Onitsha e, em 1879, a *United African Company* foi constituída em consequência da fusão de numerosas firmas britânicas rivais que tentavam se instalar ao longo

---

9 S. Ottenberg, 1958; F. I. Ekejiuba, 1972.

do Níger. Em 1886, uma carta real, transformando-a na *Royal Niger Company*, conferiu-lhe poderes administrativos. Ela estabeleceu um dos seus principais depósitos no território igbo, em Asaba, munindo-lhe de um posto policial e de uma casa comercial. A atividade das missões, junto aos igbo do Níger, começara desde 1856 em Onitsha, sob a direção do bispo Ajayi Crowther e de outros escravos libertos oriundos de Serra Leoa, dentre os quais alguns eram de origem igbo e membros da *Church Missionary Society*. Entrementes, a *Société de Missions Africaines* (SMA), vinda de Lyon, estabeleceu missões católicas rivais na margem ocidental do Níger, aproximadamente a partir de 1880, primeiramente em Asaba e, posteriormente, em Isele-Uku e Ibusa.

Foram os comerciantes e missionários que primeiramente penetraram em país igbo, seguindo o curso do Níger. Sabemos que eles se chocaram com a resistência da população[10]. Junto aos igbo ocidentais, a resistência tomou a forma de revoltas organizadas pelas sociedades secretas *ekumeku*, entre 1898 e 1911. Em um primeiro momento, a *Royal Niger Company* e, após 1900, o governo do protetorado britânico reprimiriam dura e brutalmente qualquer manifestação de resistência. O mais espetacular esforço dos ingleses foi, em 1900, a expedição contra os aro que ocupou 15.500 km^2 do território igbo, da qual participaram quatro unidades provenientes de Unwana, Itu, Akwete e Oguta, convergentes rumo a Bende e Arochukwu. Assim sendo, o país igbo foi oficialmente conquistado no curso de uma operação pouco gloriosa, pois que o sistema dos aro, militarmente atacado pelos britânicos, não passava, ao final das contas, de um grupo de padres e comerciantes trabalhando em colaboração. As forças britânicas não encontrariam nenhuma resistência armada. O desafio lançado pelos aro contra a autoridade britânica fora indireto, ou seja, comercial e ideológico.

Todos os atuais estudos sobre a conquista do país igbo pelos ingleses, os quais desmontaram o sistema dos aro fundado no oráculo e venceram a oposição da sociedade secreta *ekumeku*, no interior do país asaba, permitem compreender as razões pelas quais, posteriormente, a sociedade igbo se abriria amplamente às influências estrangeiras. A conversão para o cristianismo, por exemplo, tornar--se-ia "massiva" e "espetacular". Segundo F. K. Ekechi, "o movimento de massas mais desconcertante da primeira década do século XX foi atribuído parcialmente às tentativas realizadas pelos igbo com vistas a contornarem certos aspectos da dominação britânica", ao passo que, para Simon Ottenberg, os igbo se teriam demonstrado particularmente receptivos à mudança, em razão das suas estrutu-

---

10 F. K. Ekechi, 1972; P. A. Igbafe, 1971.

ras sociais, da sua mentalidade e da sua história[11]. Porém, nada comprova que os igbo tenham realmente abandonado a sua cultura e a sua religião tradicionais, para abraçar o cristianismo de modo mais amplo, comparativamente à postura de outros grupos da Nigéria e do restante da África.

A bacia do Cross

O Estado efik de Calabar, no estuário do Cross, controlava o comércio na região ribeirinha deste rio. Ao longo do litoral, a sua zona comercial encontrava a sua consorte no Estado de Opobo, situado na bacia do Ibeno e do Qua-Iboe. Entretanto, o mais importante grupo étnico da bacia era formado pelos ibibio, de onde provinha a maior parte dos escravos exportados a partir desta zona da costa. Os produtos agrícolas, originários do curso superior do Cross e do país igbo ao Nordeste, atingiam os mercados efik por intermédio dos aro, controladores do mercado ibibio de Itu. Contudo, alguns dos grupos do curso superior do Cross, os quais igualmente ensaiavam obter uma parte dos benefícios obtidos através do comércio com os efik, interceptavam as mercadorias ou impunham o pagamento de taxas. De modo que os itu, os umon e os akunakuna, entre outros, invariavelmente opunham-se, de forma ou outra, às feitorias de Calabar. Alguns dos grupos do curso superior do Cross mantinham diretamente, também eles, relações comerciais com as populações do Norte de Camarões, bem como com os Ikom, no Oeste, e com o Calabar, ao Sul.

Embora o Estado de Calabar tenha, também ele, à imagem dos Estados do delta, comercializado escravos, em seguida óleo de palma e de palmiste, ele teve uma história diferente, porque o seu meio ecológico e a sua estrutura social eram diferentes. As duas principais comunidades do Estado efik – Duke Town e Creek Town – estavam instaladas em terra firme, ao passo que, no Oeste, os seus vizinhos viviam em regiões de mangue do delta. Portanto, Calabar dispunha de unidades agrícolas nas quais trabalhavam escravos e através das quais eram satisfeitas algumas das suas necessidades, inclusive provendo-lhe alguns produtos de exportação como o óleo de palma. Porém, a estrutura social do Estado de Calabar não favorecia a integração dos escravos ao sistema político. Embora os escravos domésticos que viviam nas cidades igualmente participassem do comércio exterior e pudessem se tornar ricos e influentes, a sociedade secreta *ekpe* de Calabar interditava-lhes o acesso aos graus superiores e, consequentemente, ao

---

11   S. Ottenberg, 1959; F. K. Ekechi, 1972, p. XIII.

poder de Estado. Esta atitude contrastava com aquela das sociedades *ekine* ou *sekiapu* dos Estados do delta, as quais, abertas a todos, eram verdadeiras agentes de aculturação e integração dos escravos à comunidade.

Os fatores externos de mudança representados pelos comerciantes, cônsules e missionários europeus, exerceram uma influência maior em Calabar. Os comerciantes não foram imediatamente autorizados a criarem feitorias em terra firme; eles eram obrigados a viver sobre plataformas, navios cobertos e ancorados em permanência no rio, onde instalaram os seus alojamentos e escritórios. Eles tentavam exercer alguma influência oferecendo crédito aos mercadores efik e, por vezes, recorriam a sanções econômicas, interrompendo coletivamente qualquer comércio com um negociante efik que faltasse com as suas obrigações. No século XIX, quando os efik começaram a se desentender entre si, os comerciantes intervieram como árbitros e na qualidade de fazedores de reis.

Os missionários da Igreja da Escócia, instalados em Calabar, no ano de 1846, formavam uma pequena colônia autônoma, estabelecida em Duke Town e Creek Town, composta de cinco ou seis missionários brancos, professores, domésticas e convertidos. A missão servia como abrigo para os refugiados. Porém, os missionários igualmente observavam a vida local, endereçavam relatórios ao cônsul da Grã-Bretanha e tentavam exercer uma influência moral ou intervir por outros meios.

Como o estuário do Cross era muito acessível para a esquadra preventiva britânica, estacionada em Fernando Poo, foi relativamente fácil impor um termo ao tráfico de escravos em Calabar. Um tratado de abolição foi assinado, em 1842, em virtude do qual as autoridades de Calabar deviam receber uma subvenção anual. A partir de 1842, a influência britânica em Calabar gradualmente acresceu-se, até a criação de um protetorado no ano 1891[12].

O obong *de Calabar*

Uma das razões da intervenção britânica em Calabar foi a difícil posição do seu rei, o *obong*, devida ao relativo ineditismo da instituição real. Viajantes que percorreram o delta do Níger e seguiram o curso do Cross, no século XVIII, falam de um rei único para o país do delta, mencionando todavia "reis" (no plural) quando se trata de Calabar. Alguns destes dirigentes talvez fossem chefes de linhagem ou nobres *ekpe*. A posição do *obong* (ou rei) não começaria a consolidar-se senão a partir do início do século XIX. Duke Ephraïm (Efiom)

---

12 D. Forde (org.), 1956; K. K. Nair, 1972; A. J. H. Latham, 1973.

(aproximadamente 1800-1834) tornou-se o primeiro chefe superior de Duke Town e o mais potente chefe ribeirinho do Cross. Eyo Honesty I de Creek Town (morto em 1820) ocupava um posto semelhante em Creek Town. Em razão das suas imensas riquezas adquiridas graças ao comércio exterior, estes dois homens impuseram-se perante os seus pares.

A monarquia de Calabar, além do seu ineditismo, era muito frágil sob outros aspectos. Em primeiro lugar, dois reis rivais coexistiam, um em Duke Town e outro em Creek Town; em segundo lugar, vários dirigentes políticos membros da sociedade secreta *ekpe* lutavam pelo poder. A sua rivalidade os conduziu a solicitarem a arbitragem do cônsul da Grã-Bretanha, de comerciantes ou missionários britânicos e, sobretudo, no século XIX a função de *obong* finalmente identificar-se-ia com o comércio exterior. As tradicionais atribuições e autoridade do *obong* eram limitadas; toda a sua atividade balizava-se pelo comércio com o estrangeiro. Ele cobrava as taxas ou *comey* junto aos comerciantes estrangeiros, outorgava direitos de ancoragem e comércio aos sobrecargas e desencadeava os procedimentos judiciais tradicionais, caso o pedido lhe fosse endereçado. O poder de produzir leis e zelar pela sua aplicação pertencia ao chefe da sociedade secreta *ekpe*. A principal função do *obong*, no século XIX, era, portanto, servir como intermediário entre as comunidades locais e os brancos, de onde derivava o interesse acordado por estes últimos à sua nomeação.

Os poderes relativos dos reis de Duke Town e Creek Town variaram durante a primeira metade do século XIX. Duke Ephraïm de Duke Town (1800-1854) era não somente o mais rico chefe da região, mas, além disso, portava o título de *eyamba*, mais elevada titulação na hierarquia da sociedade *ekpe*. Cabia-lhe a maior parte do *comey*, do qual ele dividia o restante entre os outros chefes. Após a morte de Duke Ephraïm, Eyo Honesty I de Creek Town (1836-1858) tornou-se o mais influente comerciante. Em 1852, ele já recebia dois terços do *comey*, ao passo que o rei de Duke Town dele não arrecadava senão a terça parte. Malgrado a riqueza dos reis de Creek Town, aqueles de Duke Town geralmente lograram conservar o título *eyamba* da sociedade *ekpe*, reservando aos soberanos de Creek Town o segundo título, *obunko*.

Os conflitos sucessórios em Duke Town e Creek Town representavam uma seríssima fonte de dificuldades para o sistema político da região. A linhagem dos eyo muito cedo logrou consolidar a sua autoridade em Creek Town e a conservá-la até o final do século. A linhagem rival dos akabom imigrou e fundou Cobham Town. A situação era distinta em Duke Town. Quando Duke Ephraïm morreu, em 1834, ele teve como sucessor Eyamba V, em outros termos, o quinto *eyamba* da sociedade *ekpe* e não o seu filho ou de um membro da sua linhagem. Após a morte de Eyamba V, em 1847, as famílias do *eyamba* e de Duke Ephraïm disputaram o poder entre si. Os ingleses empossaram um terceiro candidato, Archibong I. Na ocasião da morte deste último, em 1852, os comerciantes e o cônsul reconheceram Ephraïm Duke, provocando um conflito entre as linhagens de Duke, de Eyamba e Archibong. Uns e outros se acusavam mutuamente de bruxaria e haviam recorrido a ordálias, utilizando com este objetivo um veneno extraído da semente do eserê ou fava-de-Calabar[13].

A sociedade ekpe *e os bloodmen*

A sociedade *ekpe* de Calabar estava ligada a um culto do leopardo, praticado por numerosos grupos florestanos do vale do Cross e de algumas regiões de Camarões. Este culto tomava a forma de uma dança mascarada da qual participavam jovens indivíduos vestidos com um manto em ráfia, cujo cerimonial exigia das mulheres e pessoas estranhas à sociedade a permanência em suas casas. Cabendo aos membros o papel essencial referente a examinarem questões sociais durante reuniões hebdomadárias.

A sociedade *ekpe*, composta nas localidades do interior por todos os anciãos, tornou-se, na sociedade comerciante de Calabar, uma organização secreta e fechada. Além disso, ela se hierarquizou progressivamente e as suas patentes, em número de cinco no ano 1828, passaram a dez em 1840 e a onze no ano 1858. Originalmente, os escravos estavam excluídos da sociedade; no entanto, os escravos da terceira geração nascidos em famílias dos seus membros finalmente seriam admitidos nas patentes inferiores. Todavia, como era necessário pagar para alcançar uma patente, os homens livres e afortunados da nobreza monopolizavam as patentes superiores, das quais as mais elevadas eram reservadas aos chefes políticos de Duke Town e Creek Town.

No século XIX a sociedade *ekpe* detinha os poderes legislativo e executivo em Calabar e, a este título, os europeus utilizaram-na. Assim sendo, em 1850, missionários, sobrecargas e o cônsul exerceram pressões sobre as autoridades de Calabar, para que elas promulgassem uma lei concernente à sociedade *ekpe*, proibindo sacrifícios humanos aquando da morte dos chefes. A sociedade *ekpe* pode ser considerada como um trunfo interessante no sistema político de Calabar, na justa medida que ela reagrupava todos os homens livres, ricos e influentes no próprio seio da organização. Porém, em meados

---

13 A. J. H. Latham, 1972.

do século XIX, o seu ostracismo perante os pobres e a numerosa população de origem servil, provocou distúrbios sociais, as "revoltas de escravos", mencionadas por Dike.

A associação dos Bloodmen, reagrupando escravos de plantações, esteve na origem de um grupo de pressão destinado a impedir os sacrifícios de escravos aquando da morte dos reis ou chefes de linhagem. Esta organização, fundada no pacto de sangue, pôde constituir-se em Calabar em razão da concentração de escravos nas plantações e dos males dos quais eles padeciam. Esta associação todavia não desencadeou revoltas pela emancipação dos escravos ou pela conquista do poder político controlado pela sociedade *ekpe*. O máximo que ela pôde fazer foi organizar uma grande reunião em Calabar toda vez que um notável estivesse convalescendo ou morrendo, assim como na ocasião em que escravos corriam o risco de serem sacrificados ou submetidos à prova do veneno. A sua agitação desdobrou-se na promulgação, pela sociedade *ekpe*, em 1850-1851, da lei contra os sacrifícios humanos; e o rei Archibong I julgou necessário assegurar o seu apoio na luta contra as facções pelo título de *obong*.

Portanto, Calabar conheceu uma história social e política similar àquela dos Estados do delta, pelos tipos de pressão externa aos quais estava exposto o sistema político, porém distinta no tocante à maneira pela qual os problemas eram internamente resolvidos. A sociedade *ekpe*, a situação da monarquia e os Bloodmen são fenômenos próprios a Calabar.

O litoral camaronês e as regiões interioranas[14]

A costa de Camarões, aqui incluídas algumas ilhas rochosas nela situadas, geralmente apresenta-se sob a forma de um labirinto de mangues, baías e braços de mar, aos quais imediatamente sucede a floresta tropical úmida. Ela era habitada pelos três principais grupos bantos do Nordeste, a saber, os kpe-mboko, os duala-limba e os tanga-yasa[15], divididos em numerosos clãs e subclãs. Estas populações que, segundo as suas tradições, teriam origens comuns e afinidades, eram essencialmente compostas por agricultores, pescadores e caçadores. Nos mercados, elas trocavam o peixe por produtos agrícolas. Elas estavam geralmente

---

14 Esta seção resume um estudo do Doutor Lovett Z. Elango, conferencista do departamento de história da Universidade de Yaoundé.

15 E. Ardener, 1956, p. 39.

organizadas em vilarejos, mas, eventualmente, tinham à sua frente chefes de mais baixo escalão, notadamente os bubi, dualas e isuwu. Relativamente aos dualas, aos isuwu e a outros povos, a sociedade secreta mais prestigiada era o *jengu*, fundada na veneração dos espíritos da água[16].

No século XIX, como no caso das populações do delta do Níger, todas estas sociedades bantas do Noroeste sofreram a pressão das missões cristãs, dos comerciantes e dos imperialistas europeus. Elas estiveram sobretudo expostas aos ataques dos abolicionistas[17], pois que, no início do século, elas compreendiam uma casta inferior de escravos e os esforços empreendidos para abolir a escravatura colocaram-nas em uma situação econômica crítica, obrigando-as a encontrarem, por um lado, produtos como o óleo de palma e de palmiste, capazes de substituir os escravos, e, por outra parte, a mão de obra necessária à sua produção e ao seu transporte.

Os dualas de Camarões provavelmente viviam no litoral desde o século XVI, todavia, não fundariam um Estado senão após terem submetido e integrado outros grupos bantos, a partir de aproximadamente 1706[18]. Eles possuíam um chefe superior; porém os comerciantes ingleses, instalados no rio, foram obrigados a intervir, desde 1792, em um conflito sucessório. Eles impuseram aos dualas um candidato de baixa linhagem, conhecido sob o nome de King Bell. Em 1814, Akwa, mais popular candidato e melhor nascido, proclamou a sua independência. Por conseguinte, durante a maior parte do século XIX, os dualas estiveram divididos em dois grandes grupos, os bell e os akwa; e era justamente em torno dos reis Bell e Akwa que gravitava a vida política dos dualas. Os grupos rivais eram subdivididos em "municípios" ou "distritos". Porém, para preservarem a sua solidariedade étnica em face da tendência à cisão, os dualas criaram uma nova sociedade, o *ngondo*, assembleia de notáveis dualas que compreendia representantes de todos os conselhos dos diferentes vilarejos dualas[19].

Na vertente oeste do monte Camarões e nas margens do Bimbia, afluente do Camarões, estava instalado o Estado isuwu de Bimbia, cuja principal atividade era o comércio. Este Estado, composto por três vilarejos à frente de cada qual havia chefes de linhagens assistidos por um conselho de chefes, era conhecido como centro comercial secundário, ao menos desde meados do século XVII. O poder e a autoridade destes chefes e do próprio Bimbia derivavam do seu papel,

---

16 R. Bureau, 1962, pp. 107-138.
17 L. Z. Elango, 1974.
18 E. Mveng, 1963.
19 V. T. Levine, 1971.

na qualidade de intermediadores, exercido no comércio exterior. Os chefes de Bimbia igualmente obtinham o seu prestígio do *jengu*, do qual eles eram membros e sobre o qual se apoiavam.

O mais rico e célebre dentre os príncipes comerciantes de Bimbia era Bile, chamado rei William pelos europeus. A sua mãe era oriunda da família dirigente de Bimbia; porém, em sua infância, ele vivera junto ao seu pai duala, na foz do rio Camarões. Conduzido a Bimbia por homens da sua família paterna, ele estabeleceu laços mais estreitos com o primogênito dos seus tios maternos, que lhe empregara como emissário para os assuntos ligados à sua relação com os europeus, em virtude da experiência por ele adquirida junto ao seu pai. Bile, fortalecido pelas suas riquezas, pela sua nova experiência e pela sua influência, foi designado como o sucessor lógico do seu tio. Em 1833, ele logrou convencer o coronel Nicolls, representante da Grã-Bretanha em Fernando Poo, a reconhecê-lo como rei de toda a região litorânea, estendida de Bimbia a Rio del Rey, incluindo as ilhas Bubi, oferecendo-lhe em contrapartida ceder esta região à Inglaterra sob a forma de protetorado. Malgrado a rejeição pelos ingleses a esta cessão voluntária, Bile conservou o título de rei até a sua morte, em 1879.

FIGURA 27.5   A casa do rei Bell, na década de 1840. [Fonte: Allen e Thompson, *Narrative of an expedition*, 1848, Londres. Ilustração reproduzida com a autorização do Conselho Administrativo da biblioteca da Universidade de Cambridge].

Portanto, os Estados de Duala e Bimbia estabeleceram relações no século XIX. Estes laços culturais foram fortalecidos tanto pela solidariedade dos membros do *jengu* quanto pela ascendência duala do rei William. Os negociantes de Bimbia e de Bell Town cooperavam para o desenvolvimento do comércio na região do Rio del Rey. Eles criaram duas rotas principais: a primeira foi a estrada costeira, atravessando as enseadas que ligam as duas zonas, ainda atualmente utilizada. Alguns comerciantes dualas ou originários de Bimbia se haviam instalado em diferentes vilarejos, situados ao longo da estrada, com o objetivo de fazerem escambo com as populações locais. A segunda estrada passava pelas terras e era usada quando a estrada das enseadas apresentava perigos, em razão do mau tempo e das condições marítimas. Esta rota, contornando o monte Camarões, escoava igualmente os recursos em marfim. A rede de estradas comerciais do interior das zonas comerciais de Bimbia e de Bell Town sobrepunha-se àquela dos comerciantes efik de Calabar e do Cross, em torno do Rio del Rey.

A unidade comercial da região Camarões-Bimbia-Rio del Rey era também intensificada pelas relações que cada uma destas partes mantinha com as pradarias de Bamenda, no interior do país[20]. Assim sendo, grande número de escravos que atingiram o litoral entre os anos 1820 e 1840 provinham desta região e alcançavam Bimbia e o Camarões passando pelo Rio del Rey. Entretanto, aproximadamente em meados do século XIX, os mercadores de Bell Town e de Bimbia, naquele momento já associados, haviam iniciado uma concorrência pacífica com os grandes negociantes do Rio del Rey.

Os escravos que alcançaram o litoral ao longo dos anos 1840, os quais, em sua maioria, haviam sido capturados durante invasões dos Bali-Chamba, nas pradarias de Bamenda, constituíam um elemento decisivo na passagem das sociedades costeiras, baseadas no tráfico de escravos, para o comércio legítimo. No estuário do Wouri e em Bimbia, tanto quanto em Calabar e no delta do Níger, os escravos eram empregados na extração do óleo de palma e de palmiste, bem como de outros gêneros comerciais legítimos. Em Bimbia e nas margens do estuário do Wouri, um sistema muito bem organizado permitia aos reis William e Bell alugarem os seus escravos para a *West African Company* de Fernando Poo. Este sistema era de caráter contratual e constituía uma fonte suplementar de riquezas para os dois monarcas. No entanto, em razão de abusos, ele provocou uma investigação do Parlamento Britânico e levou o rei William a protestar, não somente contra a não retribuição do trabalho dos

---

20 E. M. Chilver, 1961.

seus homens pela companhia, mas, igualmente, contra os maus tratos que ela lhes impunha.

O interesse que os ingleses atribuíam à abolição do tráfico de escravos e à instituição do comércio legítimo desdobrou-se na assinatura de tratados e na progressiva perda da soberania dos dirigentes locais. Em que pese a rejeição do tratado de 1833, concluído entre Nicolls e o rei William, agentes britânicos concluíram, em 1840 e 1844, tratados que legitimavam a sua intervenção na política local. Esta intervenção consistia, muito amiúde, em utilizar canhões para intimidar os chefes que violassem as cláusulas dos tratados ou com o objetivo de recuperar somas devidas a europeus. Em 1852, John Beecroft inclusive chegou ao ponto de presidir a eleição de um novo chefe para Akwa. A intervenção e a arbitragem dos ingleses eram eventualmente solicitadas pelos chefes locais. O rei William, por exemplo, a ela recorreu para consolidar a sua autoridade em Bimbia e Rio del Rey. Porém, as intervenções britânicas tinham mais frequentemente como pretexto a mediação das disputas que opunham europeus a comerciantes locais, aos quais eles haviam oferecido crédito. Em 1856, o sistema de arbitragem e solução de conflitos entre africanos e europeus fora institucionalizado e dependia de um tribunal denominado "Court of Equity", sediado em Duala.

Os missionários representavam um importante elemento da influência estrangeira. Em 1843, a *British Baptist Mission Society* enviou para Fernando Poo o mulato antilhano Joseph Merrick. Este último criou, no mesmo ano, uma missão em Bell Town e, posteriormente, em Bimbia[21], no ano 1844. Progressivamente, ele construiu igrejas, escolas e oficinas de marcenaria com os seus colaboradores, além de estabelecer uma gráfica em Bimbia. Muito rapidamente, o seu proselitismo suscitou a oposição das populações locais. Os conflitos com os missionários intensificaram-se, ao longo dos anos 1850, com as epidemias de varíola, as guerras interétnicas e as grandes fomes, a tal ponto que os ingleses foram obrigados a intervir para protegerem os missionários e os convertidos. Como o governador espanhol proclamara oficial o catolicismo em Fernando Poo, no ano 1858, a situação dos batistas tornou-se insustentável em Clarence. Consequentemente, Alfred Saker fundou, em junho de 1858, na baía de Ambas, uma nova colônia denominada Victoria. Entretanto, a oposição local aos batistas permaneceu muito viva, com ainda maior intensidade em razão de numerosos

---

21 S. N. Gwei, 1966.

colonos anglo-antilhanos de Victoria fazerem concorrência aos comerciantes de Bimbia.

No decorrer dos anos 1860 e 1870, o comércio do litoral de Camarões periclitou, criando um sentimento de insegurança junto aos dirigentes e a constante insubordinação dos pequenos chefes locais. A situação conduziu, por conseguinte, à solicitação da proteção da rainha Victoria. Foi mediante estas circunstâncias que os alemães anexaram Camarões em 1884. A resistência à anexação alemã foi quase imediata e sustentada, em certa medida, pelos ingleses. Ela se endureceu ainda mais, quando os chefes compreenderam que os alemães estavam determinados a penetrar no país e, por conseguinte, a destruir o seu monopólio na intermediação. A resistência e as tentativas de pacificação não cessariam senão com o desencadeamento da Primeira Guerra Mundial[22]. Os ingleses, por sua vez, demonstravam incapacidade em reverter a situação. Victoria permaneceu como um único ponto de apoio inglês; porém, uma vez mais, os missionários não estavam em condições de resistirem aos constantes ataques dos alemães. Victoria foi finalmente cedida à Alemanha, em 28 de março de 1887. Os alemães imediatamente penetrariam no interior, até a região de Bamenda, para assegurarem o controle sobre o comércio do interior do país e afastá-lo de Calabar que começara a atraí-lo.

A bacia de Ogoué e as regiões circunvizinhas[23]

Ao Sul de Camarões, a bacia do Ogoué e as regiões circunvizinhas (bacia do Woleu, da Noya e do Como, rumo ao Norte, bacia da Nyanga, em direção ao Sul) correspondiam, *grosso modo*, aos territórios da Guiné Equatorial e do Gabão. Em sua maior parte, coberta pela floresta equatorial, esta vasta região compreendida nos limites da bacia do Congo, a Norte e Leste, foi habitada pelo homem desde os mais remotos tempos da história, como atestam os vestígios de objetos em pedra talhada descobertos durante escavações arqueológicas conduzidas em diversos sítios do Gabão, há cerca de vinte anos.

Contudo, nada sabemos até o momento dos traços físicos e tampouco sobre os hábitos e o modo de vida destes primeiros habitantes da região. Talvez eles tenham sido os ancestrais dos pigmeus, atualmente encontrados de modo disperso em pequenos grupos na floresta, onde vivem da caça e da pesca cujo

---

22 H. R. Rudin, 1938; R. A. Joseph, 1974.
23 Esta seção resume um estudo de Nicolas Metegue N'Nhah, chefe do departamento de história da Universidade de Libreville.

produto alimenta as trocas, na forma de escambo, por eles mantidas com os vizinhos povos bantos.

Estes últimos formavam, no século XIX, numerosas entidades políticas mais ou menos importantes: cidades-Estado (Fang, Kélé, Séké, Benga), confederações (Mpongwé, Gisir, Punu, Obamba) e reinos (Nkomi, Orungu, Galwa, a partir de 1860)[24]. No interior destas entidades políticas, os diferentes povos dedicavam-se a diversas atividades: agricultura itinerante baseada em queimadas, caça, pesca e artesanato. Este último distinguia-se sobretudo pela qualidade dos seus produtos, tais como os objetos em ferro fabricados pelos fang – considerados, no século XIX, pelos viajantes europeus como os melhores ferreiros da região – e os tecidos dos povos do alto-Ngunyi (Gisir, Apindji e Mitsogo, notadamente). Os produtos destas atividades econômicas alimentavam importantes intercâmbios comerciais entre as diferentes comunidades. Assim sendo, entre a confederação mpongwé, no estuário do Como, e o reino orungu, no delta do Ogoué, realizava-se um ativo comércio de farinha de mandioca e peixe seco; do alto-Ngungyi provinham até a costa, passando por Ogoué e Rembo-Nkomi, os famosos *bongo*, produtos de tecelãos das regiões interioranas; finalmente, do litoral atlântico, partiam em direção ao interior do país, comboios carregados de fardos de sal, originado localmente. Após a chegada dos portugueses ao litoral, em 1471, estes intercâmbios comerciais intensificaram-se a ponto de se tornarem a principal atividade dos povos litorâneos nos séculos XVII, XVIII e XIX, época em que o conjunto dos produtos europeus (fuzis, bebidas alcoólicas, tecidos, artigos em vidro e diversos bibelôs) era sobretudo trocado por escravos, marfim, óleo de palma, borracha, ébano e sequóia.

Este desenvolvimento da atividade comercial no litoral teve importantes consequências. Por um lado, provocou a migração de alguns povos, como os fang, os quais, a partir da região englobando o Norte do Gabão, o Sul de Camarões e o Leste da Guiné Equatorial, onde estavam instalados há muito tempo, dirigiram-se rumo ao litoral, precedidos pelos kélé, continuando até Eliva Nkomi (laguna do Fernan-Vaz), alcançada ao final do século XIX. Por outro lado, ele esteve na origem de uma profunda mutação das sociedades autóctones. A antiga estrutura social, marcada por laços sanguíneos e permitindo em cada clã três classes sociais, a saber, os puro-sangue (*fumu*, em punu, *awo-ntche*, em amyene, *atem bo bayong*, em fang), os metecos (*awoga*, em omyene, *mintobe*, em fang) e os escravos, começou a ser substituída por outra estratificação social baseada na

---

24 Consultar N. Metegue N'Nhah, 1979. É necessário sublinhar que, até o século XVII, os reinos tyo e vili englobavam vastas regiões do atual Gabão.

FIGURA 27.6 Ouassengo, comerciante de Ogoué, empunhando presas de elefante, acompanhado das suas mulheres. [Fonte: E. M'Bokolo, *Noirs et Blancs en Afrique équatoriale*, 1981, Éditions de l'École des hautes études en sciences sociales, Paris. Ilustração reproduzida segundo Griffon du Bellay, "Le Gabon", *Le tour du monde*, 1865 (detentor dos direitos autorais desta foto desconhecido).]

fortuna, colocando em relevo, ao lado de uma classe média e das camadas mais inferiores, uma burguesia comerciante essencialmente composta por chefes e notáveis, os quais monopolizavam o grande comércio.

Esta evolução social, pouco evidente em meio aos povos interioranos do país, no início do século XIX, era mais acentuada no litoral, onde foram assinados, a partir de 1839[25], os tratados que deram origem à feitoria francesa do Gabão, da qual Libreville, fundada em 1849 na foz do Como, tornou-se a sede. Deste estabelecimento muito cedo partiriam numerosas missões de exploração que estenderam as possessões francesas em profundidade, rumo ao interior do país, transformando o Gabão na porta de penetração europeia para a África Central: viagens de Paul Belloni du Chaillu (1856-1859 e 1863-1865), de Serval

---

25 O primeiro tratado de ocupação colonial, assinado na região em questão, foi concluído no dia 9 de fevereiro de 1839, por E. Bouët-Willaumez e Antchuwe Kowe Rapontchombo, igualmente conhecido como "rei Denis".

FIGURA 27.7 *Antchuwe Kowe Rapontchombo* (o "rei Denis"), soberano das margens do Ogoué, com a sua grande mulher. [Fonte: E. M'Bokolo, *Noirs et Blancs en Afrique équatoriale*, 1981, Éditions de l'École des Hautes Études en sciences sociales, Paris. Ilustração reproduzida segundo Griffon du Bellay, "Le Gabon", *Le tour du monde*, 1865 (detentor dos direitos autorais desta foto desconhecido).]

e Griffon du Bellay (1862), de Aymes (1867), de Alfred Marche e do Marquês de Compiègne (1873-1874), de Pierre Savorgnan de Brazza (1875-1878, 1879-1882 e 1883-1885), de Paul Crampel (1888-1889), de Fourneau e Dolisie (1889). Rumo ao Norte, os franceses chocaram-se com os espanhóis que, estabelecidos em Fernando Poo desde 1778, lançaram várias expedições para o rio Muni, notadamente aquelas de Nicolas Mantorela e Guillemar de Aragon (1845), de Manuel Iradier, Ossorio e Montes de Oca (1884).

Enquanto avançava a exploração do país e malgrado a resistência empreendida pelos autóctones contra a penetração europeia, desde o seu início, tratados eram concluídos com alguns chefes, possibilitando a implantação de comerciantes e missionários ocidentais em diferentes regiões. Aproximadamente em 1882, a bacia do Ogoué e as regiões circunvizinhas comportavam mais de noventa estabelecimentos comerciais pertencentes, em geral, às companhias inglesas (John Holt, Hatton e Cookson), alemãs (Woermann, Schulze, Lübke, Küderling), espanholas (Transatlantica) e francesas (Dubarry Frères). Contava-se, em suplemento, mais de vinte estações missionárias e um número aproximadamente similar de escolas exclusivamente confessionais.

Porém, apesar desta profunda penetração da influência ocidental, as sociedades autóctones souberam conservar a sua originalidade. Com efeito, é necessário dizer que, aproximadamente ao final do século XIX, vastas regiões permaneciam pouco afetadas por estas influências externas. Além disso, onde estas influências já eram muito fortes, a exemplo da região litorânea, elas enfrentavam elementos irredutíveis que lhes opunham as culturas locais. Assim sendo, o maciço processo de evangelização das populações chocava-se com a prática de cultos autóctones, amplamente difundidos, à imagem do *Bwiti*, do *Bieri* e do *Ombwiri*, assim como com alguns hábitos, a exemplo da poligamia.

Conclusão

Deste modo, o século XIX viu os ingleses progressivamente expandirem a sua influência em uma grande parte da região, igualmente acompanharam-nos os franceses, sucedidos pelos alemães, ao fincarem os pés em Camarões. Todavia e nitidamente, o interior do país escapou da influência direta europeia até o final do século. Inclusive, até mesmo a conquista das regiões litorâneas, as quais haviam estado em contato direto com os comerciantes europeus, muito anteriormente ao século XIX, não ocorreu sem dificuldades; além disso, a sua história interna foi determinada por fatores locais e, muito amiúde, pelas suas relações com os Estados vizinhos. Assim sendo, embora todas as comunidades do litoral tenham tomado parte no comércio exterior, cada uma delas estabeleceu instituições diferentes para limitar o seu impacto e os problemas comuns foram resolvidos em contextos históricos e culturais distintos. A instituição dos *wari* ou casas, nos Estados do delta, era diferente daquelas dos efik do Cross River, os quais adaptaram a novas funções a sociedade *ekpe* das populações do interior. Em circunstâncias semelhantes, as populações litorâneas de Camarões criaram a sociedade dos *jengu*, diferente da sociedade secreta *ekpe* dos efik e da sociedade aberta dos mascarados *ekine* ou *sekiapu* dos Estados do delta, ou *bwiti*, *bieri* e *ombwiri* da bacia do Ogoué e do Gabão.

Ademais, não se deve perder de vista que, no século XIX, malgrado a importância do comércio exterior de escravos, em seguida, do óleo de palma e de palmiste, no desenvolvimento destas comunidades, a economia da maioria da população essencialmente repousava no comércio interno e na troca de produtos agrícolas entre os diferentes grupos. Na esfera política, os fatores culturais internos ainda predominavam, inclusive ao longo da costa: os itsekiri do delta ocidental do Níger ainda consideravam a maldição do *oba* do Benin como um fator histórico determinante, em que pese a soberania de fato e os sucessos do comércio exterior conquistados no século XIX pelo reino de Warri.

Em suma, a importância atribuída às forças externas – comércio europeu, ação dos missionários e conquista colonial – não suplantaria o primado dos fatores internos na história das populações instaladas entre o delta do Níger e a bacia do Ogoué no século XIX. Em outros termos, os fatores externos não tinham, em absoluto, profundas consequências imediatas e as populações continuaram a gozar de certa autonomia, na maioria dos aspectos da sua existência. Esta autonomia, essencial no referente ao nascente império do mundo ocidental, manter-se-ia durante todo o período colonial, de modo que as populações locais não perderiam inteiramente a sua cultura, as suas instituições e a sua identidade.

CAPÍTULO 28

A diáspora africana

Franklin W. Knight
com contribuições de *Yusuf Talib* e *Philip D. Curtin*

Em virtude da sua amplitude, a imigração dos africanos rumo às Américas, ao Oriente Médio e à Europa, em função dos diferentes itinerários, notadamente transatlânticos, empregados pelo tráfico de escravos, constitui um dos acontecimentos dominantes da história da África e do mundo[1]. Esta imigração, essencialmente consumada contra a vontade dos participantes, durou séculos e deixou, de modo generalizado na Europa, no Oriente Médio e nas Américas, comunidades residuais de proporções diversas[2].

O êxodo rumo à Ásia Menor e ao Levante Mediterrâneo é o mais antigo e durável dentre as correntes da diáspora africana. Provavelmente, ele teve início muitos séculos antes da era cristã, conhecendo o seu apogeu a partir do século VII, no curso da expansão do islã. A maior parte dos africanos assim chegou pelas diversas vias do tráfico transaariano, conquanto bom número tenha igualmente imigrado por sua própria vontade, como intelectuais, professores, comerciantes e

---

1 A obra de J. M. McPherson, L. B. Holland *et al* (1971) forneceu uma boa base inicial para o estudo da diáspora africana. Após a sua publicação, assistimos a uma verdadeira florada de excelentes monografias, tratando especialmente o tema afro-americano. Citemos, entre outros: D. B. Davis, 1975; R. W. Fogel e S. L. Engerman, 1974; H. G. Gutman, 1975; E. D. Genovese, 1974; S. L. Engerman e E. D. Genovese (org.), 1975; G. M. Hall, 1971; D. W. Cohen e J. P. Greene (org.), 1972; H. Hoetink, 1973; R. Anstey, 1975; J. Palacios Preciados, 1973; R. Sheridan, 1976; R. S. Dunn, 1972; C. A. Palmer, 1976, 1981; R. Bean, 1975; H. Klein, 1978; L. Rout, 1976; F. P. Bowser, 1974; W. Dean, 1976; B. W. Higman, 1976; M. Craton, 1978, 1979; O. Patterson, 1982; I. Berlin e R. Hoffman (org.), 1983; P. D. Curtin, 1979.

2 Consultar R. David, 1970, pp. 33-50; L. Bugner, 1980; M. Moreno Fraginals, 1977.

peregrinos vindos às cidades sagradas de Meca e Medina. Como o mundo mediterrâneo não praticava a agricultura extensiva, o número de africanos de origem subsaariana nele permaneceu invariável e relativamente fraco, provavelmente nada além de algumas centenas de imigrantes por ano. No Império Otomano, muitos eram empregados como soldados e marinheiros, eunucos, concubinas, administradores e, eventualmente, como ocorrido com Abū 'l-Misk Kāfūr do Egito (morto em 968), inclusive tornaram-se chefes de Estado. Nos Estados muçulmanos, o estatuto de escravo não era hereditário; houve exemplos nos quais africanos foram capazes de manter a coesão da sua cultura em interação com aquela dos seus anfitriões.

Os africanos seguiram o movimento de expansão do islã que alcançou, por via terrestre ou marítima, a Índia e o Extremo Oriente. Até os anos 1520 e 1530, havia cerca de 5.000 soldados africanos junto às tropas do sultão do Bahadur do Gujarat, ao passo que outros serviam em sua marinha. Havia, outrossim, certo número nas forças armadas do sultão de Delhi, bem como no Bengale e no Decão. Finalmente, a expansão do Império Otomano na Europa do Sudeste do mesmo modo trouxe africanos, como soldados e empregados administrativos.

O contato dos africanos com a Europa teve lugar no prolongamento da atividade comercial e militar no Mediterrâneo. No século XV, o tráfico de escravos africanos era um pequeno e muito próspero setor do comércio, encontravam-se, por conseguinte, africanos em bom número na Sicília, em Chipre, Creta, bem como no litoral meridional da Espanha. Sevilha possuía, no início do século XVI, uma população de aproximadamente 5.000 habitantes negros cujo número era igualmente relevante em Málaga, Huelva, Cádiz e Lisboa. As ligações marítimas diretas entre a Europa e a África aumentaram os seus efetivos, de modo que, por volta do final do século XVIII, havia 2.000 negros na França e 15.000 na Inglaterra. Estes são, bem entendido, números derrisórios se comparados às ondas de africanos despejados, na mesma época, nas Américas, conquanto e todavia fossem suficientes para preocuparem as autoridades dos dois países. Os casamentos inter-raciais foram proibidos na França, por decreto real, em 1777, ao passo que, na Inglaterra, o célebre decreto Mansfield instituía, em 1772, que os africanos não podiam ser mantidos como escravos.

No entanto, foi nas Américas que a diáspora africana teve a sua amplitude máxima. Os africanos e os seus descendentes, chamados em geral africanos-americanos (expressão recém-substituída por afro-americanos), desempenharam um papel de forte importância no desenvolvimento de todas as sociedades do Novo Mundo, desde a descoberta da região pelos europeus, ao final do século XV, até os tempos modernos. Qualquer tenha sido o número de africanos em tal ou qual país, a África imprimiu, na América, a sua marca profunda e indelével.

Escravos ou homens livres, os africanos e afro-americanos contribuíram para domesticar toda a extensão selvagem do continente americano, do Alaska até a Argentina. Eles atravessaram os grandes rios com os primeiros exploradores do Novo Mundo. Eles ajudaram a conquistar e a submeter as populações autóctones menos civilizadas e as evoluídas civilizações do México e do Peru. Eles participaram ativamente da criação das novas comunidades de onde nasceriam as sociedades heterogêneas e multilíngues da América. Eles ajudaram a construir as novas cidades dos espanhóis e portugueses: Santo Domingo em 1496; Cidade do México e Havana em 1522; Pernambuco e Lima em 1535; Buenos Aires e Valparaíso em 1536; Bahia em 1549; Rio de Janeiro em 1565. Igualmente, foram eles que ergueram as cidades portuárias dos colonos ingleses no século XVII e no início do século XVIII: Boston, Nova Iorque, Filadélfia, Jamestown e Charleston.

Do mesmo modo que os grupos de imigrantes livres vindos para as Américas entre os séculos XVI e XIX, os africanos trabalharam em todos os tipos de produção e desempenharam todos os papéis sociais. Eles foram pioneiros e conquistadores, piratas e bucaneiros, gaúchos, *llaneros*, bandeirantes, proprietários de escravos, negociantes, domésticos e escravos. Eles melhor se distinguiram em certos ofícios comparativamente a outros, mas, no entanto, o acesso às mais elevadas posições sociais lhes fora interditado pela lei. Após o século XVII, entretanto, os africanos eram os únicos escravos legais nas duas Américas e as populações africanas no seio das sociedades americanas estariam predestinadas a carregar, durante um longo período, os estigmas desta condição[3]. Antes da abolição definitiva da escravatura no Brasil, em 1888, a maioria dos africanos das Américas era escrava e eram eles quem cumpriam a maior parte dos trabalhos manuais e dos serviços que exigiam um esforço físico, frequentemente estafante, sem os quais as colônias, possessões e nações não teriam sido capazes de alcançar a prosperidade econômica.

Desde muito tempo associados, em importantes e variadas atividades, à evolução das sociedades americanas modernas, os africanos lograram impor peremptoriamente a sua marca nas línguas, culturas, economias, além de participar, quase invariavelmente, na composição étnica das comunidades do Novo

---

3   D. B. Davis, 1966, pp. 223-261.

FIGURA 28.1 Figura masculina de tipo negroide suportando nas costas o peso de um cris indonésio preso à cintura, provavelmente proveniente da região do atual Vietnã e datado, é verossímil, do século XVII. [Fonte e ©: *Arts of Asia*, março-abril 1978, Hong-Kong.]

Mundo[4]. A sua influência alcançou mais fortemente as regiões do latifúndio agrícola, em comunidades cujo desenvolvimento ocorreu nos territórios às margens do Atlântico e do mar das Antilhas, do Sudeste dos Estados Unidos da América do Norte até a porção nordeste do Brasil, e ao longo das costas do Pacífico, na Colômbia, Equador e no Peru.

O Oriente Médio e o Sudeste Asiático[5]

Os etíopes eram muito estimados na Arábia e na Índia, em razão da sua inteligência e do seu aspecto físico. Os escravos exportados da Etiópia no século XIX, para diversas regiões da Ásia, eram principalmente crianças com idade de oito a dezesseis anos. Alguns destes escravos eram cativos capturados no curso das guerras que o reino de Shoa, na Etiópia do Sul, travava contra os povos oromos (galla), habitantes das suas regiões fronteiriças; eles eram encaminhados às centenas em caravanas até a costa etíope, da qual embarcavam nos portos de Berbera, Zeila, Tajura, Assab, Obock e Massaoua, para atravessarem o Mar Vermelho e chegarem aos portos de Djeddah, Moka e Hoideida. Nestas regiões, eles eram vendidos aos compradores oriundos de muitas cidades do Iêmen e do Hedjāz, assim como a marinheiros mercantes de Hadramawt, Zanzibar, Omã, da Índia e do Golfo Pérsico. Este comércio estava em grande parte nas mãos dos árabes, apoiados por financistas indianos do Gujarat (os banianes)[6].

Todavia, a África Oriental era a principal fonte para o aprovisionamento deste tráfico de escravos. Como sublinhou J. B. Kelly[7], o tráfico de escravos provenientes de Zanzibar era praticamente monopolizado pelos árabes de Mascate e os seus chefes obtinham as suas rendas através das taxas aduaneiras recolhidas deste comércio. Mascate era, no início do século XIX, o maior mercado de escravos ao serviço do golfo, da Pérsia, do Iraque e da Índia; posteriormente, no transcorrer deste século, a sua preponderância foi nova e progressivamente posta em causa pela concorrência do porto de Sur, mais ao Sul. A maioria dos escravos desembarcados em Mascate

---

4   Edição especial de *Deadalus (Journal of the American Academy of Arts an Sciences)*, 1974, 103, nº 2; S. W. Mintz, 1971; B. Nuñez, 1980; R. M. Levine, 1980; N. Sanchez-Albornoz, 1974.
5   A necessidade de trabalhos mais aprofundados já foi sublinhada por B. A. Ogot, 1979, p. 175. No tocante aos arquivos turcos, consultar C. Orhanlu, 1972 e 1976-1977, pp. 145-156. Para os primeiros trabalhos de antropologia, consultar R. Skene, 1917; G. Pesenti, 1912, 1929; D. C. Philliot e R. F. Azoo, 1906-1907.
6   R. H. K. Darkwah, 1975, p. 168; J. B. Kelly, 1968, pp. 417-418.
7   J. B. Kelly, 1968, pp. 413-414.

FIGURA 28.2   O tráfico de escravos da África do leste nos anos 1850, visto por sir Richard Burton. [Fonte: R. F. Burton, First footsteps in East Africa, 1966, Routledge e Kegan Paul Ltd, Londres. Ilustração: British Library, Londres.]

era vendida em Omã. Os outros eram comprados por agentes dos Estados da Trégua, especialmente o Kawāsim, para serem revendidos no litoral e nos mercados da Pérsia, do Iraque, de Bahreïn, do Kuwait, de Hasa e de Najd. Os escravos também eram transportados de Mascate e de Sur, nos porões de barcos vindos de Bahreïn, do Kuwait e da Índia, rumo aos portos de Sindh, Kutch, Kathiawar e à presidência de Bombaim. Aqueles destinados à Pérsia eram desembarcados em Bushire ou enviados através do golfo até Lingah, a partir de Sharjah. Observamos quão era raro, no início do século XIX, que os escravos fossem transportados do Mar Vermelho atravessando toda a Arábia para serem vendidos na costa do golfo. Basra era o principal mercado para os escravos destinados ao golfo.

Os negreiros britânicos e holandeses igualmente tomaram parte neste lucrativo negócio. Escravos principalmente provenientes de Madagascar – conhecidos como "Kāfirs"[8] – eram importados pelas presidências de Bombaim e Madras, na

---

8   Da palavra árabe *kāfir* que significa: infiel, miserável, impiedoso, indivíduo que não reconhece os desígnios divinos; mas também quer dizer cobrir, dissimular, negar. Apelação em geral conferida pelos árabes a todos os não muçulmanos e, portanto, entre eles a determinados grupos. Conferir *The Oxford-English Dictionary*, Oxford, 1933, p. 18. A palavra era frequentemente usada na Índia e no arquipélago malaio para designar os escravos africanos, não cristãos e não muçulmanos. Consultar H. Yule e A. C. Burnell, 1886, pp. 141-142.

Índia, assim como em todos os primeiros estabelecimentos britânicos na costa oeste de Sumatra, para suprir as necessidades de mão-de-obra das suas respectivas fábricas[9]. Faz-se necessário sublinhar que toda a região do Oceano Índico foi, no século XIX, o teatro de movimentos não somente de populações africanas, mas, igualmente, de malaios, indianos, chineses, escravos ou trabalhadores contratados. Estas interações entre indivíduos vindos de diversos horizontes, inclusive, merecem ser estudadas mais profundamente[10].

Convém, outrossim, notar que a peregrinação anual a Meca desempenhou um importante papel, embora sazonal, nos movimentos populacionais voluntários e involuntários para o Oriente Médio. Numerosos peregrinos oeste-africanos chegavam a Meca em caravanas, pelo Cairo ou passando pelos portos de Suakin e Massawa, no Mar Vermelho, constituindo consequentemente pequenas comunidades da diáspora[11]. Desde a época do grande rei do Mali, Mansa Mūsā, estes ricos peregrinos africanos "levavam em sua companhia certo número de escravos dentre os quais alguns eram vendidos durante o trajeto como uma espécie de cheque-de-viagem, para pagar os custos da expedição"[12]. Portanto, não é fortuito que Meca tenha figurado como principal mercado de escravos da península arábica. A ela eram levados para venda não somente escravos africanos, mas, igualmente, escravos circassianos, malaios, indianos e da Ásia Central. Estes escravos eram, em seguida, dispersos pelos seus compradores em todo o mundo muçulmano[13].

Um pequeno número de africanos permanecia nas cidades santas da Arábia Ocidental para ali levarem mais adiante os seus estudos teológicos. Os mais numerosos eram africanos do Oeste, pertencentes à escola de direito maliquita[14]. Aqueles da África Oriental iriam sentar-se aos pés dos seus professores shāfi

---

9   H. H. Dodwell (org.), 1920, pp. 100, 104, 135, 159-160, 188, 202, 223; F. W. Mees (org.), 1928, p. 76.

10 Estas comunidades da diáspora não contavam exclusivamente com escravos; igualmente havia certo número de exilados políticos. Por exemplo, os chefes das revoltas anticoloniais abortadas na Indonésia, que foram deportados para estabelecimentos holandeses do Sri Lanka e para a Colônia do Cabo. Para estimativas relativas ao número de escravos transportados em direção à Ásia, referir-se a B. A. Ogot, 1979, p. 177. Para outros números, consultar J. B. Kelly, 1968, pp. 414-416; W. Wilburn, 1913, vol. 1, pp. 35, 60.

11 Para recentes estudos sobre os peregrinos oeste-africanos, conferir U. al-Naqar, 1972, e J. S. Berks, 1978.

12 B. Lewis, 1971.

13 Para maior detalhamento sobre o mercado de escravos de Meca, conferir J. S. Hurgronje, 1970, pp. 14-15; R. F. Burton, 1964, vol. 1, p. 252. Sobre a redistribuição dos escravos africanos, consultar R. Winstedt, 1958, p. 53; W. Ochsenswald, 1980.

14 J. S. Hurgronje, 1970, p. 182.

'ītes nas cidades iemenitas do Norte, como Zabid e Beit al-Fakīh, e nos célebres centros religiosos de Hadramawt-Tarim, como 'Ainat, Seiwun e Gaidun[15].

À imagem dos séculos precedentes, a mão-de-obra africana servil era indispensável em diversas esferas econômicas, políticas e sociais de numerosas sociedades da Ásia. Nas regiões dominadas pelas potências coloniais britânica e holandesa, particularmente na Índia e no arquipélago malaio, os escravos, sobretudo africanos, estavam na base de uma economia fundada no grande latifúndio agrícola, similar àquela encontrada nas Américas. No Oriente Médio, especialmente na Arábia, um grande número de escravos africanos ocupava profissões diversas, tais como domésticos, especialmente empregadas domésticas, marinheiros, soldados, empregados administrativos, ajudantes em boutiques etc. Nas regiões rurais, eles eram empregados como operários agrícolas, carregadores de água, cameleiros e pastores. Como já dissemos, os etíopes, em oposição aos núbios, sudaneses e africanos do Leste, eram os mais apreciados e foram encarregados das tarefas menos penosas[16]. J. L. Burckhardt, o viajante da época vitoriana, observava que lado a lado com os seus compatriotas assujeitados, peregrinos africanos pobres, vindos em sua maioria da África Ocidental – conhecidos *in loco* pelo nome "Tekrourys" –, se ocupavam durante a sua estadia como carregadores, estivadores, varredores de rua, lenhadores, barristas, tapeceiros, cesteiros e fabricantes de uma bebida embriagante chamada "bouza"[17].

Na Índia, os escravos africanos eram encarregados das tarefas junto aos ancilares, as quais os indianos não podiam (em razão das restrições de casta) ou não pretendiam desempenhar, e que os britânicos estimavam indignas para eles. Nos Estados principescos, os escravos, sobretudo africanos, em geral serviam como domésticos, concubinas, eunucos, carregadores de água, barbeiros, guarda-costas, estribeiros etc. Sabemos que o rei de Oudh (o atual Uttar Pradesh) tinha ao seu serviço, no início do século XIX, numerosos escravos etíopes, homens e mulheres, e que pagava somas principescas para adquiri-los. No momento da sua compra, eles eram todos convertidos ao islã. É-nos igualmente reportado que "os ricos aristocratas muçulmanos, em particular aqueles que viviam em cidades como Patna e Calcutá, possuíam, além dos escravos de ambos os sexos, um grande número de eunucos habshi[18]" (etíopes). À imagem das épocas pregressas, a posse de escravos africanos era um sinal externo de riqueza que con-

---

15 Referir-se à revista *Majalah al-Rabitah al-'Alawi*, 1350 de l'hégire, vol. IV, pp. 30-31.
16 J. S. Hurgronje, 1970, pp. 11, 13.
17 J. L. Burckhardt, 1829, pp. 258-275, 382.
18 A. K. Chattopadhyay, 1977, pp. 29, 40-41.

feria prestígio. A posição social de um proprietário era avaliada pela quantidade dos seus escravos, os quais compunham uma considerável fração do seu séquito e equivaliam a um indicador no estabelecimento dos níveis de riqueza e poder.

Nas presidências do Bengale, de Bombaim e de Madras, os escravos, notadamente malgaxes, além de serem naturalmente encarregados da obras, igualmente desempenharam papéis econômicos e militares essenciais no desenvolvimento destas colônias da Coroa Britânica, ainda embrionárias. Os livros da Companhia Inglesa das Índias Orientais, ao final do século XVIII e no início do século XIX, são testemunhos do rude labor realizado pelos escravos durante a construção das fortificações (por exemplo no forte Saint-David, no Sul da Índia), na qualidade de soldados, marinheiros, estivadores e operários agrícolas[19].

No arquipélago malaio, especialmente na costa oeste de Sumatra, a exemplo do estabelecimento britânico de Benkulen[20], os escravos africanos não somente efetuavam a triagem e o transporte da pimenta, mas, igualmente, estavam ocupados em todo tipo de função, como soldados, mecânicos, pedreiros, ou carpinteiros. Os mais desafortunados eram aqueles a trabalharem em condições desumanas, nas minas de ouro holandesas, especialmente em Salida[21].

A assimilação dos povos de origem africana às populações locais da Ásia não ocorreu com tamanha frequência, tal como usualmente sugerido, a despeito do ancestral costume da concubinagem[22]. Observavam-se, muito amiúde, traços característicos de um "modo de escravismo fechado", análogo àquele praticado

---

19   H. H. Dodwell (org.), 1920, pp. 104, 135.
20   F. W. Mees (org.), 1928 (Court to Fort Marlborough, 25 février 1773). Os escravos também trabalhavam na produção de açúcar e de arak.
21   Consultar J. Paulus (org.), 1917-1921, pp. 806-811.
22   Consultar o artigo de propaganda resumido em C. Doughty, vol. 1, 1926, pp. 554-555. "Junto aos africanos, não há vestígio de ressentimento pelo fato de terem sido reduzidos à escravatura – eles eram, frequentemente, cativos feitos prisioneiros em suas próprias guerras –, embora os ladrões de homens os tenham arrancado de suas famílias. Os senhores que os adquiriram empregaram-nos em suas dependências domésticas, os homens são circuncisos – fato que liberta as suas almas, mesmo na longa saudade do seu país – e Deus os visitou no penar; eles dizem: 'Isso foi a Sua Graça', haja vista que deste modo eles aderiram à religião salvadora. Eis, portanto, dizem eles, o melhor dos países". A comparar com as descrições de crueldade, discriminação, fugas e revoltas que abundam em todo tipo de documento, por exemplo: SFR (Fort Malb. to Court, 10 de abril de 1818); D. Lombard, 1971, p. 237; A. K. Chattopadhyay, 1977, pp. 42, 45, 53; P. H. Colomb, 1873, pp. 101-102; H. R. Dickson, 1941, p. 502, sobre as atitudes dos árabes concernentes ao tratamento dos escravos domésticos; e D. C. Philliot e R. F. Azoo, 1906-1907, pp. 431, 434, sobre os manifestos preconceitos dirigidos aos africanos no Hadramrawt. Sobre os ilês de Negrais, na foz do rio Bassein, na baixa Birmânia, um estabelecimento criado pelo governo do Forte Sait-George, na Índia, onde reinava, "em razão da postura inflexível e perversa" do seu superintendente, um clima de permanente ebulição. "Os escravos *cafres*, os quais haviam sido introduzidos para o cultivo da terra, levantaram-se contra os seus senhores e, dominando os barcos pertencentes à ilha, lograram fugir" (M. Symes, 1800, p. 10).

nos sistemas escravagistas das Américas. Era inconcebível que um africano, escravo ou liberto, pudesse ser aceito no sistema parental do seu mestre.

Os africanos eram "mantidos em grupos étnicos separados, nos quais a reprodução natural era completada por um constante recrutamento". Formidáveis barreiras sociais eram erguidas para impedir a sua introdução no principal corpo societário. Não somente eles não eram assimilados, mas, inclusive, eram "mantidos à distância unicamente em função da sua condição escrava, a estigmatizar-lhes"[23].

Nos vales e cidades da Arábia do Sudeste, ainda nos dias atuais há grupos populacionais muito diversos de origem africana: Akhdam, Subyan, Hudjūr e Gabart[24]. Eles dedicam-se à maioria dos ofícios inferiores, como lixeiros e varredores, julgados aviltantes e impuros pelos habitantes árabes. Eles eram praticamente considerados párias e viam-se obrigados a viver em bairros separados. Os peregrinos africanos pobres do Hedjāz não tinham absolutamente melhor sorte. Os relatos destes homens os apresentam, em sua maioria, amontoados em miseráveis barracos de "El Menakh", na cidade santa de Medina[25]. Caso dermos crédito a H. R. Dickson[26], nenhum árabe digno de si teria esposado uma escrava liberta. Isso equivaleria a sujar a honra e o sangue dos seus. Numerosos sidi viviam na cidade indiana de Bombaim, onde possuíam o seu próprio bairro, nos arredores da prisão municipal[27]. Os escravos da Companhia Inglesa das Índias Orientais, na ilha de Sumatra, eram forçados a habitar em "um pequeno vilarejo à beira-mar – separado das moradias malaias e do forte[28]".

É interessante notar que estas comunidades díspares da diáspora africana eram bem organizadas e conservavam vivas as suas próprias tradições nacionais. J. S. Hurgronje observa que os núbios da Meca não eram muçulmanos senão

---

23 Conferir a análise de M. I. Finley, 1976.
24 R. B. Serjeant, 1966, pp. 28-33.
25 J. L. Burckhardt, 1829, p. 382.
26 H. R. Dickson, 1941, p. 503.
27 *The Gazetter of Bombay City and Island*, Bombay, 1910, II, p. 262. O termo "sidis", em inglês da Índia, designa africanos e etíopes (NT).
28 J. Bastin, 1977, p. 43. No Império Britânico da Índias, o possuidor de escravos tinha, legalmente, a integral propriedade do seu bem. Julgava-se totalmente legítimo buscar recuperar os escravos em fuga. Era ilegal, para todo indivíduo, "Conceder asilo a estes fugitivos, assim como aceitar, com conhecimento de causa, um bem roubado". O escravo que fugisse era passível de castigo – em geral, o flagelo. Numerosos anúncios eram publicados na imprensa da época, oferecendo recompensas a quem recapturasse escravos em fuga, advertindo contra o possível emprego do escravo em questão. Conferir A. K. Chattopadhyay, 1977, p. 57. Na Idade Média, os casos de escravos fugitivos eram recorrentes e remontavam, tanto quanto se pode saber com segurança, ao Iraque do século X. Para maior detalhamento, consultar C. Pellat, 1953, pp. 233-234. Para Sumatra, referir-se a J. Bastin, 1977, p. 89.

FIGURA 28.3   Serviçal negra e eunuco negro com a criança do seu mestre na Índia Oriental, no século XIX.
[Fonte: J. S. Hurgronje, *Mekka in the latter part of the ninettenth century: daily life, customs and learning: the Muslims of the East-Indian Archipelago*, 1970, E. J. Brill, Leyde. Ilustração: © E. J. Brill.]

superficialmente, falavam pouco o árabe e "fazem a festa de quinta-feira após o almoço até sexta-feira pela manhã, entregando-se aos prazeres da música, dos cantos e danças típicos do seu país. Cada uma destas comunidades negras tem o seu próprio xeque, a quem cabe promover a justiça, e um subalterno, armado com um bastão, mantido ao seu lado para executar as sentenças[29]".

A diáspora na Europa

Embora a diáspora africana essencialmente explique-se pela matriz do tráfico de escravos, muito amiúde, africanos abriram um caminho fora dos limites áfricos, como homens livres, independentemente do tráfico, ou, em uma nova etapa da sua existência, posterior a um período de escravidão nas Américas. De fato, a presença dos africanos na Europa Ocidental remontava à Antiguidade Clássica, conquanto o seu número somente se tenha sensivelmente elevado, a partir do século XV, quando os africanos negros surgiram, primeiramente como escravos e, posteriormente, como libertos, no Sul da Espanha e de Portugal, onde chegaram, sobretudo, através do tráfico transaariano em direção à África do Norte. Em seguida, quando começou a se abrir a rota comercial marítima direta com a Europa, na segunda metade do século, os africanos estiveram progressivamente em maior número na Europa[30].

Muitos dentre eles foram escravos em um primeiro momento, sobretudo em Portugal, país este que, aproximadamente na metade do século XVII, era a única potência europeia substancialmente dedicada ao tráfico de escravos. Após certo tempo, contudo, numerosos dentre eles abriram um caminho na sociedade europeia, embora isso acontecesse no mais baixo escalão da hierarquia social, pois que a sua condição assemelhava-se àquela dos seus irmãos africanos, sobre os quais recaía a maior parte do labor físico executado nas colônias tropicais. O seu estatuto jurídico era igualmente ambíguo. No conjunto da Europa do Norte, a lei não mais reconhecia a condição escrava, conquanto a aceitasse em suas colônias. Após 1685, a residência na França supostamente conferiria a liberdade, tal qual na Inglaterra, após o decreto legal, antes mencionado e assinado pelo lorde Mansfield em 1772. Todavia, nestes dois países, os escravos vindos das colônias eram sempre, em muitos casos invariavelmente, escravos de fato, até o momento em que as potências europeias aboliriam a escravatura nas próprias

---

29   J. S. Hurgronje, 1970, pp. 11-12. Igualmente conferir M. B. Hashim, 1350 de l'hégire, pp. 42-43.
30   A. C. de C. M. Saunders, 1982.

colônias, em 1834, no tocante à Grã-Bretanha, no ano 1848, para a França, e em 1888, no caso do Brasil.

Em que pese toda a ambiguidade deste estatuto jurídico, havia ainda um considerável número de africanos livres no conjunto da Europa do Oeste, ao menos a partir da metade do século XVIII. As estimativas são variáveis, porém, aproximadamente em 1800, certamente deles havia alguns milhares por país, na Espanha, em Portugal, na França e na Grã-Bretanha; na Espanha e em Portugal, provavelmente houvera maior número no passado. De todo modo, estes efetivos eram fracos, relativamente ao total das populações europeias; entretanto, os imigrantes africanos tendencialmente concentravam-se nas grandes cidades, especialmente as portuárias, de forma que a sua presença era mais notável que a impressão proporcionada pelos números[31]. Obviamente, em qualquer época anterior aos anos 1840, era possível encontrar muito mais indivíduos originários da África tropical na Europa, comparativamente aos europeus estabelecidos na África tropical.

Esta comunidade de africanos na Europa exercia igualmente as suas atividades em determinadas funções, especialmente o serviço doméstico, em parte porque se tratava de uma das tradicionais ocupações dos africanos vindos das Antilhas, onde eram escravos, e também por outro lado devido à inclinação dos europeus pelos serviçais exóticos. As frotas mercantis igualmente contavam, à época, com numerosos marinheiros africanos, embora marcassem maior presença em Portugal, comparativamente à França e Grã-Bretanha. Outro grupo notável, embora menor, era formado pelos estudantes, os quais começaram a chegar em número relativamente importante à Europa, a partir de meados do século XVIII, e cujos efetivos cresceram ao longo de todo o século XIX. Em uma época na qual as relações comerciais entre a Europa e a África intensificavam-se progressivamente, era notoriamente necessário para os negociantes africanos saberem ler e escrever uma língua europeia e possuírem algumas noções sobre os sistemas europeus de contabilidade. Muitos destes estudantes chegavam portanto através dos bons ofícios dos mercadores de escravos europeus e estudavam sob a sua proteção nos principais portos do tráfico, tais como Liverpool ou Nantes.

Outra particularidade das comunidades africanas na Europa corresponde a serem elas compostas, quase exclusivamente, por homens, fato de importantes consequências. A comunidade africana não se renovava por si mesma. O seu efetivo seria

---

31 P. D. Curtin (org.), 1967, em particular pp. 3-16; W. Rodney, 1975; W. B. Cohen, 1980, especialmente pp. 110-152.

e era constantemente mantido com a chegada de novos imigrantes. Esta situação não significa que os africanos não mantivessem relações sexuais com mulheres europeias; entretanto, o fruto destas relações tendia a se agregar à cultura europeia, muito mais que à africana. Após algumas gerações, os traços físicos africanos tinham uma inclinação a fundirem-se na massa do patrimônio genético europeu.

Outrossim, alguns africanos infiltraram-se até a Europa Oriental, conquanto as ligações marítimas com a África nesta região fossem muito menos intensas. A principal rota era o tráfico otomano de escravos, no qual os africanos do Norte não eram os únicos concernidos, pois que ela incluía africanos subsaarianos, conduzidos através do Saara até os portos associados ao Império Otomano, a exemplo de Trípoli, ou trazidos do atual Sudão Meridional, rumo ao Norte, descendo o Nilo[32].

Em alguns raros casos, pequenos bolsões de cultura africana mantiveram-se em algumas localidades do Império Otomano, até o século XX: podemos citar, notadamente, uma pequena comunidade de língua haussa ainda existente na ex-Iugoslávia.

A diáspora africana nas Américas: situação geral no século XIX

A diáspora africana foi muito mais importante nas Américas que na Europa e na Ásia. No início do século XIX, a população afro-americana total, livre e assujeitada, correspondia a cerca de 8,5 milhões de pessoas. Deste total, mais de 2 milhões, ou seja, aproximadamente 25%, viviam nos Estados Unidos da América do Norte, a sua grande maioria nos "Estados escravocratas" às margens do Atlântico, do Delaware até a Flórida, com pequenas concentrações repartidas em todos os Estados setentrionais e do interior, ao Leste do Mississipi, especialmente nas grandes cidades, como Nova Iorque, Boston e Filadélfia. Em 1810, havia cerca de 2 milhões de africanos e afro-americanos nas ilhas do mar das Antilhas. Pouco acima de um milhão encontrava-se nas ilhas das Antilhas inglesas: Jamaica, Saint-Christophe, Antígua, Nevis, Anguilla, Sainte-Lucie, Saint-Vicent, Barbados, Granada e Trinidad. Aproximadamente 450.000 viviam no Haiti, a antiga e florescente colônia francesa de Santo Domingo, produtora de açúcar. Cuba comportava 400.000 e Porto Rico 280.000. O Brasil abrigava

---

32 E. R. Toledano, 1982.

2,5 milhões e a América espanhola continental um total combinado de 1,3 milhão. A maioria dos afro-americanos de Porto Rico era liberta, assim como grande parte dos 400.000 residentes no México, dos 400.000 estabelecidos na Venezuela, dos 200.000 habitantes na Colômbia, dos 50.000 do Equador, dos 30.000 do Chile e dos 30.000 locados na Argentina[33].

A situação geral na qual se encontrava a população africana e afro-americana, no século XIX, dependia consequentemente de múltiplos fatores. Um dentre estes consistia na relativa importância da população não branca. Outro era o número de escravos proporcionalmente aos libertos. As características do tráfico, a gênese de cada colônia e as transformações socioeconômicas advindas com o passar do tempo, igualmente influenciaram a situação dos negros nas Américas. Esta influência era muito variável em todo o Novo Mundo, não devendo ser considerada como um vetor único e estável em todas as colônias e regiões. A sociedade afro-americana modelou-se sempre em função das condições locais, embora seja possível discernir, dos Estados Unidos da América do Norte ao Brasil, esquemas sociais que ilustrem uma uniformidade ou uma similaridade fundamentais[34].

As divisões essenciais da sociedade e da cultura afro-americanas originaram-se em menor grau nas fronteiras coloniais, influentes na evolução das sociedades americanas, comparativamente à influência das circunstâncias fortuitas do lugar, da exploração agrícola e das estruturas socioeconômicas. Em todo o continente americano, os africanos – escravos ou libertos – que viviam e trabalhavam nas cidades, aparentemente, beneficiavam-se de mais amplos contatos e tinham maiores oportunidades de ascensão social e maiores possibilidades de alcançarem a liberdade, comparativamente àqueles cujos indivíduos compunham grandes grupos de trabalho, nas plantações, fazendas e usinas de cana-de-açúcar. Esta generalização aparentava ser válida além das divisões coloniais convencionais. Por outro lado, salvo nos Estados Unidos da América do Norte, a expectativa de vida dos escravos era muito inferior àquela da população livre, o que significava que todas as sociedades escravagistas americanas estabelecidas ao Sul do Rio Bravo (denominado Rio Grande nos Estados Unidos da América do Norte) computavam um declínio em termos absolutos da população assujeitada, no seio do setor não liberto[35].

---

33 Os números populacionais, arredondados e ajustados em alguns casos, foram extraídos de J. H. Franklin, 1969, pp. 120, 145-149, 171, 174, 186; F. Tannembaum, 1946, pp. 8-14; R. Conrad, 1972, p. 283; D. Lombardi, 1971a, p. 35; P. D. Curtin, 1969, p. 22; G. Aguirre Beltran, 1972, pp. 233-234; F. P. Bowser, 1974, p. 333; D. W. Cohen e J. P. Greene (org.), 1972, pp. 4, 10, 14.

34 M. Harris, 1964; H. Hoetink, 1973; R. B. Toplin (org.), 1974, 1981; P. Villiers, 1982.

35 P. D. Curtin, 1969; S. L. Engerman e E. D. Genovese (org.), 1975.

Os latino-americanos tinham maior experiência que os seus homólogos colonos da América francesa ou britânica, no concernente à instituição da escravidão e dos seus efeitos sociais. Independentemente da sua experiência nos confins ibéricos, os colonos espanhóis e portugueses utilizaram o africano como escravo durante mais de cem anos antes da criação, pelos ingleses e franceses, das suas colônias escravistas em Barbados, na Jamaica, em Plymouth, na Virgínia, na Carolina, na Louisiana e em Santo Domingo[36].

Contudo, no início do século XIX, os regimes escravistas do continente americano apresentavam entre si diferenças de grau, muito mais que distinções fundamentais de natureza. Em todos estes regimes, a libertação do escravo era relativamente rara, as mulheres dispunham de um tratamento legal mais favorável que os homens, a integridade familiar permanecia frágil, assim como a cor e a origem constituíam fatores dominantes no tocante às considerações estatutárias.

Teríamos uma ideia do triste destino ao qual, por via de regra, foi submetida a população afro-americana, durante os séculos da sua existência nas Américas, caso considerássemos que o efetivo total de 8,5 milhões de africanos e afro-americanos habitantes do Novo Mundo, no início do século XIX, era provavelmente inferior ao total de africanos transportados pelo Atlântico a partir do ano 1600[37].

O Brasil foi o maior importador de africanos. Ao longo de todo o período de tráfico negreiro, este país recebeu cerca de 38% do efetivo total de africanos introduzidos no Novo Mundo. A região, a qual atualmente compreende a América Latina e as Antilhas, absorveu ao total 86% do tráfico de escravos, cabendo às ilhas do mar das Antilhas receberem 36%. Porém, não se pode formular uma opinião sobre a história dos africanos no Novo Mundo unicamente considerando números absolutos do tráfico, como se estivéssemos lidando com algum carregamento de produtos a granel descarregado em diversos Estados das Américas. Melhor avaliaríamos as repercussões, maiores ou menores, da presença dos africanos e das suas possibilidades diversas de desenvolvimento, caso examinássemos o peso relativo destas regiões, século a século. As variações de efetivos no ponto inicial do tráfico transatlântico e as flutuações da aceitação

---

36 L. Hanke, 1970; M. Crahan e F. W. Knight (org), 1979.

37 A estimativa relativa ao número de africanos que chegaram às Américas, através do tráfico de escravos, varia de um mínimo de 3,5 milhões a 25 milhões. P. D. Curtin (org.), 1969, é quem oferece a melhor imagem global da grandeza deste fluxo, sugerindo uma cifra de aproximadamente 10 milhões. Esta estimativa foi recentemente aumentada de 2 a 3%, com base em dados muito numerosos surgidos após 1969. Consultar J. E. Inikori, 1976*a*; E. Vila Vilar, 1977; S. L. Engerman e E. D. Genovese (org.), 1975, pp. 3-128; H. A. Gemery e J. S. Hogendorn (org.), 1979 e, sobretudo P. E. Lovejoy, 1982.

na outra extremidade, desempenharam um papel determinado nas formações demográficas e culturais que surgiriam nas Américas, ao final do século XIX.

Anteriormente a 1600, as Américas eram, propriamente ditas, exclusivas dos ibéricos; os espanhóis e os portugueses dividiam os africanos que chegavam ao Novo Mundo, aos primeiros coube obterem cerca de 60% do total, ou seja, 125.000[38]. Estes africanos contribuíram para manter a viabilidade da sociedade quando as novas doenças, introduzidas pelos europeus e africanos, dizimaram as populações indígenas autóctones, sobretudo nos planaltos do México e do Peru[39]. Quando se conhece a história ulterior dos africanos no Novo Mundo, é interessante notar que, ao final do século XVI, em geral os africanos consideravam-se superiores aos indígenas, tratando-os com uma arrogância e uma condescendência iguais àquelas dos conquistadores espanhóis na América espanhola[40].

Aproximadamente um milhão e meio de africanos desembarcaram na América durante o século XVII. Deste total, 41% foram ao Brasil, 35% para as colônias recém-fundadas pelos britânicos, holandeses e franceses (sobretudo no conjunto da região das Antilhas) e 22% tiveram como destino a América espanhola. Este período foi marcado pelo início do tráfico negreiro atlântico, perfeitamente organizado e fortemente alimentado por capitais. O número médio anual de africanos importados, cujo total fora de apenas 1.800 durante o século XVI, passou para mais de 17.000. A diminuição da parte relativa aos espanhóis resultava da recomposição demográfica das populações indígenas do continente. Entretanto, esta inflexão no setor espanhol era mais que compensada pela crescente demanda de mão-de-obra, devida à expansão das zonas açucareiras do Nordeste brasileiro e ao desenvolvimento do complexo socioeconômico açucareiro nas ilhas orientais do mar das Antilhas.

O século XVIII correspondeu ao apogeu da migração dos africanos para as Américas. As sociedades baseadas no latifúndio agrícola da América e o tráfico negreiro que satisfazia as suas necessidades em mão-de-obra, atingiram à época o seu pleno desenvolvimento. Número superior à metade dos africanos vindos ao Novo Mundo, ao longo de toda a história, nele desembarcaram entre 1700 e 1810. Eles foram talvez mais de seis milhões. Do ponto de vista demográfico, este provavelmente foi o período de mais profundo impacto recíproco entre a

---

38 P. D. Curtin, 1969; E. Vila Vilar, 1973, 1977; J. Palacios Preciados, 1973.
39 W. M. Denevan (org.), 1976; E. Wolf, 1959, pp. 194-196; C. Gibson, 1967, pp. 140-159; A. W. Crosby, 1972.
40 J. Lockhart, 1968, pp. 171-198.

África e o vasto mundo, graças aos laços comerciais estabelecidos tanto através do Oceano Índico, quanto com a Europa e as Américas.

Do conjunto impressionante de africanos importados no século XVIII, a parte do Brasil foi de 31,3%, ou seja, mais de 1,8 milhão de indivíduos. À sua consorte das Antilhas britânicas correspondeu 23,2% – ou seja, cerca de 1,4 milhão de escravos –, dos quais mais de 600.000 tiveram como destino a Jamaica, principal ilha produtora de açúcar. As Antilhas francesas receberam 22,3% do total, mais de 1,3 milhão de africanos, dos quais cerca de 800.000 em sua principal colônia produtora, Santo Domingo, a parte ocidental do Haiti. A América espanhola importou 9,6%, 600.000 escravos, sobretudo dirigidos às ilhas antilhanas de Cuba e Porto Rico, para as colônias da costa setentrional da América do Sul e rumo ao interior do Peru, através da região do Rio de la Plata. As Antilhas holandesas e dinamarquesas importaram 8% do total de africanos, aproximadamente 450.000 indivíduos, e os Estados Unidos da América do Norte – os quais, até 1776, englobavam as colônias da América do Norte britânica – absorveram cerca de 5,8%, em outros termos, pouco menos que 400.000 africanos[41].

Tabela 28.1 Importação de escravos de 1700 a 1810

Região	Percentagem aproximada do total de africanos*	Número aproximado de africanos
Brasil	31,3	1.800.000
Antilhas britânicas	23,2	1.400.000
Antilhas francesas	22,3	1.300.000
América espanhola	9,6	600.000
Antilhas holandesas e dinamarquesas	8,0	450.000
América do Norte britânica/Estados Unidos da América do Norte	5,8	350.000
TOTAL		5.900.000

* O total não é igual a 100 porque os números foram arredondados.

---

41 Estes números são baseados naqueles de P. D. Curtin, após ajustes, 1969 e 1976.

Portanto, o século XVIII representou por excelência o período do desenvolvimento das sociedades baseadas no latifúndio agrícola, fundado na escravatura do Novo Mundo. Os exemplos clássicos são as plantações de açúcar, anileira, café e ervas da região das Antilhas e do Brasil, assim como as florescentes plantações de algodão do Sul e do sudoeste dos Estados Unidos da América do Norte, após 1790. Este período foi aquele durante o qual a revolução agrícola estava em pleno desenvolvimento nas Américas, simultaneamente ao desenvolvimento e à estabilização das economias locais de exportação[42]. Além disso, ao final do século, as sociedades locais haviam atingido um determinado grau de solidez, segurança e maturidade, as quais influenciariam as suas atitudes e os seus modos de vida nos últimos anos do século XIX. Estas atitudes determinaram as tendências para a inclusão ou não inclusão de todos os imigrantes vindos posteriormente às Américas, estabelecendo definitivamente as características de todos os grupos nas sociedades locais. Não causa espanto que, no próprio momento durante o qual as colônias americanas dos europeus quebravam, em nome da liberdade, os laços que as prendiam à sua metrópole, elas se tenham dedicado a restringir, rigorosa e progressivamente, a liberdade, as esperanças e os direitos da população não branca. Seria justamente no século XVIII que começaria o mais sombrio período de aviltamento e exploração dos africanos no Novo Mundo[43].

O período do abolicionismo

Entretanto, em 1810, a situação começara a inexoravelmente evoluir para a sociedade escravagista americana, cujas instituições pouco a pouco desabariam, tanto interna quanto externamente. A liberdade política que conferia aos americanos brancos uma maior margem de gestão dos seus próprios assuntos, o interesse econômico, os sentimentos humanitários e a incompatibilidade com o colonialismo, estes componentes formavam um curioso amálgama que, ao se combinar com a sede permanente de liberdade das populações assujeitadas, finalmente destruiu o sistema escravista americano[44]. A independência política dos Estados Unidos da América do Norte, após 1776, do Haiti, no ano 1804, das colônias espanholas do continente, a partir de 1825, e do Brasil, em 1822,

---

42 R. Davis, 1973.
43 F. W. Knight, 1974; R. B. Toplin (org.), 1974.
44 I. Berlin e R. Hoffman (org.), 1983.

modificou profundamente, em sua dimensão política, o sistema escravagista e o tráfico negreiro, repercutindo além do quadro das particularidades de cada império, colônia ou Estado.

A perda das colônias norte-americanas pela Coroa Britânica, em 1783, e o término do comércio britânico de escravos, no ano 1808, tiveram profundas incidências sobre a escravatura e o destino dos africanos. O mais importante e eficaz fornecedor retirava-se do mercado por iniciativa própria, empreendendo uma ativa campanha com o objetivo de incitar os outros Estados europeus a seguirem o seu exemplo. A campanha antiescravista britânica reduziu fortemente o número de africanos levados para as Américas no curso do século XIX, embora o total permaneça impressionante. Até o final do tráfico, em 1870, o seu perfil permaneceu o mesmo que prevalecia em seus primórdios[45]. As colônias espanholas e portuguesas voltaram a ser os principais importadores. De um total de quase dois milhões de africanos que pisaram no Novo Mundo no transcorrer deste período, mais de 1,1 milhão ou 60% foram para o Brasil. Mais de 600.000, aproximadamente 31,9%, desembarcaram nas Antilhas espanholas, majoritariamente em Cuba. Os demais foram para as Antilhas francesas e apenas alguns se dirigiram aos Estados Unidos da América do Norte.

O tráfico transatlântico de escravos e, por conseguinte, a migração dos africanos respondia às crescentes demandas por mão-de-obra, com vistas ao desenvolvimento do potencial agrícola das terras recém-descobertas e igualmente explicavam-se em razão da possibilidade em se obter africanos na África[46]. A maioria dos africanos que chegaram às Américas foi portanto utilizada em complexos latifundiários agrícolas.

Contudo, haja vista a diversificação dos sistemas agrícolas, os fatores de desenvolvimento das relações sociais, mediante as quais seria moldada a cultura americana própria aos africanos, igualmente variavam. Por conseguinte, de parte a outra das Américas, o amálgama cultural ocorreu segundo os mais diversos modos.

Este fenômeno é certamente visível no tocante à evolução do culto de Xangô, provavelmente a mais difundida variante da religião africana no Novo Mundo[47]. Embora jamais houvesse dúvida que este culto seria originário da Nigéria, mais precisamente junto aos iorubás, Xangô tomou formas muito

---

45 H. Hoetik, 1979, pp. 20-40.
46 H. S. Klein, 1978, pp. 239-245; S. Miers e I. Kopytoff (org.), 1977, pp. 3-78.
47 W. R. Bascom, 1972; R. G. Hamilton, 1970; M. Schuler, 1980, pp. 30-44; G. E. Simpson, 1978, pp. 75-82 e 190-192.

diversificadas segundo o lugar onde o seu culto era praticado, em Cuba, Trinidad, Haiti ou no Brasil. Especificamente em Cuba, o culto foi profundamente catolicizado e o Xangô africano, em sua origem masculino, tornou-se feminino, ao passo que outras formas do ritual, assim como do simbolismo, eram transpostas e transformadas em algumas regiões. O que ocorreu em relação ao culto de Xangô igualmente atingiu outros aspectos da vida e da organização das comunidades. Tornou-se progressivamente mais difícil para os africanos, quão numerosos fossem eles, conservarem no Novo Mundo as suas formas sociais originais, em razão do estabelecimento de uma estrutura, estabilizada no início do século XIX, da qual eles foram obrigados a fazer parte, consentindo o necessário esforço de adaptação.

Os africanos vindos ao Novo Mundo, no século XIX, não podiam escapar da realidade, segundo a qual, simultaneamente à sua influência – sempre por eles exercida – sobre as formas de transmissão cultural, eles próprios sofreram, em larga medida, as repercussões das profundas transformações que a escravatura e o tráfico negreiro haviam suscitado na África, na América e na Europa. Estas transformações tinham, naturalmente e por sua vez, efeitos na cultura destas três regiões, contribuindo para uma distinção e uma discriminação mais nítida da cultura específica de cada região[48].

Evidentemente, um aspecto desta realidade consistia na extrema diversidade de situações nas quais podia encontrar-se um africano no momento da sua chegada. Nas Antilhas, os africanos compunham a maioria da população, portanto o fenótipo era negro. Nos Estados Unidos da América do Norte, em contrapartida, os fenótipos negros eram minoritários em meio à população nacional, qualquer fosse a sua concentração nos diversos Estados. Em muitas regiões da América Latina, notadamente no Equador, Chile e na Argentina, os negros se haviam, por assim dizer, geneticamente dissolvidos nos grupos indígenas americanos e junto aos europeus, estado de coisas que derivou em uma grande variedade de miscigenações biológicas[49].

Por outro lado, a evolução demográfica das diferentes regiões não seguiu a lógica da participação no tráfico transatlântico dos negros. O componente afro-americano das sociedades americanas não necessariamente correspondia à proporção de africanos importados ao longo dos séculos de tráfico. O Brasil, por exemplo, importou cerca de quatro milhões de escravos durante o período do tráfico, número que representa, como observamos, aproximadamente 38% do

---

48 H. L. Shapiro, 1953.
49 G. R. Andrews, 1980.

tráfico transatlântico[50]. Em 1890, momento da abolição da escravatura, este país possuía uma população afro-americana de cerca de quatro milhões de pessoas, representando 33% da população brasileira local e por volta de 36% do total da população afro-americana no continente. A região das Antilhas importou cinco milhões de escravos, aproximadamente 43% do tráfico; e, no entanto, quando a última das ilhas a abolir a escravatura, Cuba, o fez em 1886, a região contava menos de três milhões de afro-americanos, os quais, embora constituíssem 60% da população local, não representavam senão 18% dos afro-americanos. Os Estados Unidos da América do Norte receberam, através do tráfico, aproximadamente meio milhão de africanos, correspondentes a cerca de 4,5% do tráfico; mas, quando determinaram o final da escravatura, em 1865, eles tinham uma população afro-americana de aproximadamente 4,5 milhões de indivíduos. Este grupo não equivalia senão a 7% da população local, embora representasse 40,5% do total de afro-americanos do continente.

Tabela 28.2 Importações de escravos e populações no século XIX

Região	Escravos (milhões)	Percentagem do tráfico	População afro-americana (milhões)		Percentagem da população Local Continental
Brasil	4,0	38,0	4,0 (1890)	33,0	36,0
Antilhas	5,0	43,0	2,2 (1886)	60,0	18,0
Estados Unidos da América do Norte	0,5	4,5	4,5 (1865)	7,0	40,5

Os números acima realçam nitidamente as diferenças marcantes, segundo as regiões, relativas à aptidão das populações negras em se desenvolverem durante o período do tráfico negreiro e da escravatura. Por via de regra, com exceção daquelas dos Estados Unidos da América do Norte, as populações afro-americanas estiveram estagnadas ou em situação de incapacidade de crescimento natural. Na América Latina e nas Antilhas, as populações escravas diminuíram na espantosa proporção de 2 a 4% ao ano, de modo que, no momento da abolição da escravatura, o total da população assujeitada era muito inferior ao número

---

50 Números relativos à importação de escravos segundo P. D. Curtin, 1969; populações afro-americanas extraídas de D. W. Cohen e J. P. Greene (org.), 1972, pp. 4-14.

total de escravos importados para as colônias, diminuição esta que não poderia ser compensada pelo crescimento sadio e normal da população livre.

Alguns exemplos ilustram perfeitamente esta tendência geral. Somente no transcorrer do século XVIII, a Jamaica importou mais de 600.000 escravos. Em 1838, momento da abolição da escravatura, a população assujeitada correspondia a menos de 250.000 indivíduos e a população negra total sequer alcançava 350.000. Santo Domingo importou mais de 800.000 escravos, ao longo do século XVIII e, no entanto, a população servil não ultrapassava 480.000 indivíduos em 1790, às vésperas da revolução nesta colônia. A população não branca não alcançava, em seu conjunto, meio milhão de indivíduos. Entre 1810 e 1870, Cuba importou aproximadamente 600.000 escravos africanos. Em 1810, a população livre não branca atingia cerca de 114.000 indivíduos. Em 1880, a população escrava era estimada em 200.000 e a população livre não branca em pouco mais de 269.000.

O brutal declínio das populações de escravos no continente americano (com exceção do caso dos Estados Unidos da América do Norte) constitui a acusação de maior gravidade que possa ser formulada contra o escravismo, dada a sua terrível incapacidade, tanto para criar uma sociedade naturalmente viável e capaz de se reproduzir por si mesma, quanto para prover, de modo eficaz e seguro, a mão-de-obra necessária. Em suplemento, as sequelas da escravatura comprometeram por muito tempo as possibilidades das populações afro-americanas em ocuparem, de fato, um espaço nas estruturas políticas, econômicas e sociais dos países onde elas não constituíam a esmagadora maioria da população.

O impacto da África

Quando, durante o século XIX, os sistemas escravistas americanos se desintegraram, as formas institucionais e as posturas sociais das sociedades já estavam, essencialmente, estabelecidas. De modo geral, as sociedades americanas foram hostis aos africanos e à cultura africana.

Todavia, a África não poderia deixar de exercer influências sobre numerosos aspectos da sociedade americana: fenótipo, língua, música, religião, culinária, artes, agricultura e arquitetura. Em alguns casos, as influências africanas foram suficientemente fortes e penetrantes para que se constituísse uma autêntica cultura afro-americana, capaz de concorrer e, por vezes, completar as formas derivadas da cultura europeia.

Nos Estados Unidos da América do Norte, a estrutura política impunha na população uma peremptória distinção entre brancos e negros, segundo a qual todo indivíduo que minimamente tivesse sangue africano nas veias era relegado à categoria dos negros[51]. Em contrapartida, no restante de todo o continente prevalecia uma estrutura social com três escalas, correspondentes aos principais grupos: negros, mulatos e brancos. Como as pessoas de raça branca, ocupantes do topo da pirâmide social, eram relativamente pouco numerosas em grande parte das sociedades, as maiorias africanas não tiveram dificuldade alguma em impor os seus valores e as suas culturas ao restante da sociedade.

No interior desta estrutura de três níveis, cada casta tinha o seu próprio sistema de direitos legais e privilégios sociais, assentados em uma combinação de parâmetros de cor, fortuna e profissão. Nas áreas de economia açucareira e latifundiária do Brasil, das Antilhas e das planícies do México, da Colômbia e do Peru, os direitos dos escravos e aqueles das pessoas de cor livres tinham tendência a serem limitados, em função das exigências gerais do seu trabalho. Nas áreas cafeeiras e nas regiões de criação de gado e de pesca, do Sudeste do Brasil, de Porto Rico e do Leste de Cuba, assim como nas províncias do interior da Venezuela e da Argentina, a tendência era para uma maior mobilidade social, para a redução das distâncias sociais e para diferenciações internas, de classe e casta, menos rígidas e sistemáticas, comparativamente às zonas de plantação extensiva. Entretanto, em cidades como Buenos Aires, Lima, São Paulo, Caracas, Havana, Vera Cruz, Puebla e México, os africanos gozavam, em ampla medida, de uma ausência de obstáculos e podiam frequentemente postular certos empregos, do mesmo modo que outros membros livres da sociedade. Estas disposições sociais influenciaram mas não determinariam as relações entre os afro-americanos e o restante da população, ao final do século XIX e durante o século XX.

Durante todo o período de escravatura, a maioria dos africanos e afro-americanos foi utilizada quer seja como trabalhadores agrícolas ou na função de domésticos. Porém, 20% desta população exerceu a profissão de marinheiros, salgadores, artesãos, arreiros, babás, amas-de-leite, negociantes, proprietários (inclusive de escravos), comerciantes, mestres mineiros ou açucareiros, peixeiros, vendedores de condimentos e alimentos. Com efeito, por exemplo, ao final do século XVIII, Edward Long deplorava que, na Jamaica, o dinheiro estivesse em grande parte nas mãos desta fração da população e que ela monopolizasse os meios de transporte, tanto nas regiões interioranas quanto ao longo do litoral[52].

---

51   L. Foner, 1970; W. Jordan, 1968; P. Mason, 1970.
52   E. Long, 1774.

Esta situação em nada mudou após a abolição da escravatura, embora o número de camponeses, agricultores de ascendência africana, tenha fortemente aumentado nas Antilhas. A atividade exercida e a herança biológica podiam aumentar, e efetivamente fizeram-no, a mobilidade de classe e de casta, durante e após a escravatura. Um indivíduo ou uma família podia abrir caminhos fora da servidão e, frequentemente, melhorar a sua condição social em liberdade ou, ainda, passar da condição de negro para aquela de mulato (especialmente no Brasil e na América espanhola) ou, até mesmo, da condição de mulato para aquela de branco (feito excepcional que exigia muito dinheiro), quando os sinais distintivos da raça eram mais fortemente culturais que biológicos. Ao final do século XVIII, alguns plantadores e comerciantes hispano-americanos, incertos acerca do seu estatuto, compraram da Coroa certificados chamados de *limpieza de sangre*, os quais garantiam que eles não possuíam nenhum traço de sangue mouro ou judeu desde, ao menos, quatro gerações. Em última instância, todavia, a mobilidade social interna e a qualidade geral de vida dependiam do contexto imediato da comunidade: fatores demográficos, econômicos e jurídicos, filosofia política e social, bem como grau de pluralismo cultural. Tanto menos estável e madura fosse a sociedade, tanto mais os africanos e afro-americanos influenciariam a sua estrutura e conquistariam um espaço para si mesmos e para os seus descendentes.

Quando lhes era possível – caso não lhes restasse outro recurso –, os africanos e afro-americanos adaptavam-se às condições nas quais se encontravam. Em um ambiente de simbiose cultural, a contribuição dos africanos era ao menos igual àquela que eles aceitavam do restante da sociedade. Evidentemente, tanto mais estavam eles desmunidos e abandonados à sua própria sorte, maior era o estímulo à sua criatividade, como revelam os patoás falados nas antigas ilhas francesas do Leste antilhano e o papiamento das antigas Antilhas holandesas. A criatividade tornava-se particularmente necessária quando um pequeno número de europeus vivia em meio a um grande número de africanos, a exemplo de muitas colônias de exploração, como a Jamaica, Barbados, Trinidad e Santo Domingo. Quando a população europeia não atingia uma determinada massa crítica, os africanos eram levados a construir uma sociedade a partir de uma coletividade heteróclita, cujos indivíduos nada possuíam em comum senão a cor da sua pele e a sua servidão. A adoção dos seus costumes e do seu comportamento pela fração não africana da população indica a medida do seu sucesso.

Os africanos nem sempre se acomodaram à sociedade na qual se encontravam introduzidos. Durante séculos, a *"marronnage"*, em outros termos, a fuga de escravos, foi parte integrante do universo escravista[53]. No Nordeste do Brasil, o exemplo foi o Quilombo dos Palmares, com quase um século de duração e cujo aniquilamento exigiu o recurso à mais potente força militar jamais reunida na América, pelos portugueses e brasileiros. Cidades de escravos "*marrons*" existiram, durante períodos igualmente duradouros, na província de Esmeraldas, no Equador, e em algumas partes das Blue Mountains e da Cockpit Country, na Jamaica. A "*marronnage*" não somente indicava um desejo de ser livre; ela era uma eloquente e visível condenação do sistema escravocrata pelos africanos.

Quando a escravização dos africanos foi abolida em toda a América, a situação da fração africana da população dramaticamente piorou, relativamente ao que fora um século antes. A reconstrução política e econômica subsequente à guerra de Secessão nos Estados Unidos da América do Norte foi acompanhada de um movimento de discriminação legalizado e de exclusão econômica e social da população não branca, caracterizado pela existência de instituições separadas, linchamentos, sociedades e organizações abertamente racistas, as quais perduraram até meados do século XX[54]. A condição dos negros americanos era então, em seu conjunto, comparável àquela que conheceram, até recentemente e em grau mais extremo, os negros da África do Sul.

Nos Estados Unidos da América do Norte, os afro-americanos compunham uma pequena minoria quase impotente em matéria política. No Haiti, contrariamente, eles tomaram o comando do Estado a partir da revolução de 1789 e, ao longo de todo o século XIX, o renascimento da cultura africana tornou-se o mais sólido cimento social, unificando este país empobrecido e isolado, como prova, por exemplo, o culto sincrético do vodu. Alhures, como em Cuba, Barbados, na Jamaica e no Brasil, um pequeno número de afro-americanos atingiu posições que conferia prestígio social e poder político aos seus membros. As guerras civis, duradouras, árduas e difíceis travadas em Cuba, entre 1868 e 1898, transformaram alguns afro-cubanos em heróis nacionais e figuras internacionais da luta pela independência política, à imagem de Antonio Maceo e Maximo Gomez. Entretanto, em 1912, Cuba ainda permanecia rasgada por uma guerra racial e a hostilidade relativa aos afro-cubanos não seria desarmada senão após a revolução castrista de 1959.

As realizações individuais e coletivas dos afro-americanos foram notáveis, no decorrer do século XIX. Malgrado as vias divergentes seguidas pela África

---

53 Y. Debbasch, 1961-1962, pp. 1-112, 1962; M. Schuler, 1970; R. Price, 1973.
54 G. Myrdal, 1944.

e pelas Américas, apesar da monumental incapacidade da qual padeciam nos planos jurídico e social, mesmo com as suas enormes desvantagens econômicas, em que pese o agressivo antagonismo dos americanos de raça branca, os africanos lograram com sucesso criar comunidades em toda a extensão do continente americano. Eles fundaram instituições educacionais, a exemplo dos colégios Mico na Antígua e na Jamaica, do Colégio Codrington, em Barbados, assim como de alguns colégios universitários nos Estados Unidos da América do Norte: Virginia Union University (1864), Atlanta University e Fisk University (1865), o Hampton Insitute e Howard University em 1867. Afro-americanos desempenharam um papel importante no âmbito da inovação tecnológica norte-americana. Benjamin Banneker, matemático e editor de almanaques, nativo de Maryland, ajudou a criar o distrito de Columbia. Entre 1835 e 1836, Henry Blair, escravo de Maryland, patenteou duas moendas para milho. Durante os anos 1850, Benjamin Montgomery, escravo pertencente a Jefferson Davis, presidente dos Estados Confederados do Sul, inventou uma hélice para barcos. Norbert Rilleux, nascido em Nova Orleans e formado em Paris, em 1846 inventou a cuba para evaporação a vácuo, geradora de consideráveis progressos nos métodos de refino de açúcar. Em 1852, Elijah McKoy inventou um sistema que permitia lubrificar máquinas em estado de funcionamento. Jan Matzeliger, nascido na Guiana holandesa, inventou a máquina que revolucionaria de modo duradouro a indústria do calçado, na Nova Inglaterra. George Washington Carver, químico-agrônomo do Tuskegee Institute, inventou mais de 300 produtos derivados do amendoim, conferindo novo vigor à economia agrícola de numerosas regiões do Sul norte-americano[55].

A diáspora foi uma cruel e difícil experiência para os africanos transferidos. Arrancados do seu ambiente e transportados para terras estrangeiras, submetidos à mais penosa servidão e, muito amiúde, inseridos em meio a uma população hostil, estes africanos provaram possuir uma paciência, uma perseverança, uma capacidade de adaptação e uma criatividade heróicas. Em suma, eles tornaram-se, por força das circunstâncias, parte integrante da maioria das sociedades americanas. Atravessando guerras civis e internacionais, em períodos prósperos ou de crise econômica, em meio a todo tipo de mudanças políticas, os africanos trabalharam, combateram e, finalmente, conquistaram um espaço no seio das diferentes nações que compõem as Américas e a Europa.

---

55 J. H. Franklin, 1969, p. 197.

FIGURA 28.4 Toussaint Louverture, líder da revolução de Santo-Domingo e patrono da independência do Haiti. [Fonte: gravura de Rainsford. Foto: Harlingue-Viollet, Paris.]

A diáspora e a África

Entrementes, o pensamento africano permaneceu um tema constante, mantido com maior ou menor aplicação por americanos, brancos e negros. Nos Estados Unidos da América do Norte, a ideia da repatriação dos africanos fora eventualmente emitida, ao longo de todo o século XVIII e, especialmente, em 1777, quando Thomas Jefferson assumiu a defesa de um relatório sobre a questão perante uma comissão do corpo legislativo da Virgínia. Porém, não seria senão a partir de 1815 que efetivamente iniciar-se-ia o repatriamento, quando um pequeno grupo de 38 americanos negros retornou à África conduzido por Paul Cuffe. Em 1830, sob o impulso da *American Colonization Society* e com o apoio financeiro do Estado Federal e dos governos de numerosos Estados da União, a Libéria tornar-se-ia o espaço para uma colônia geral de africanos repatriados, antigos escravos em sua maioria. Em 1860, somente cerca de 15.000 indivíduos haviam retornado à África. Após a Guerra de Secessão, a despeito da rápida deterioração das condições de vida dos afro-americanos nos Estados Unidos da América do Norte, sequer 2.000 fizeram a viagem.

Houve ainda duas outras correntes migratórias de retorno. A primeira era composta de um número desconhecido de escravos "*marrons*" e de africanos retirados dos navios negreiros confiscados durante o século XIX, os quais seriam reembarcados para a África pelos britânicos que tentavam, com muito zelo, colocar um ponto final no tráfico de escravos com vistas a substituí--lo por um "comércio legítimo". A segunda corrente migratória de africanos de retorno compreendia um número ainda menos relevante de missionários recrutados nas Antilhas e nos Estados da América do Sul, principalmente pelos irmãos morávios e pelos presbiterianos, para ajudar a evangelizar a África do oeste. O exemplo mais conhecido desta política talvez tenha sido a iniciativa de Bâle nos montes Akwapim, em Gana, entre 1830 e 1840, e a sua decisão, em 1843, de empregar jamaicanos em lugar de missionários alemães ou suíços, cujo índice de mortalidade revelava-se demasiado elevado para que a evangelização fosse eficaz.

Enquanto os africanos desembarcados no Novo Mundo são contados aos milhões, os seus descendentes retornados à África não passariam de alguns milhares[56]. Existem várias razões para esta disparidade, a menos importante não era a indubitável falta de meios financeiros que permitissem criar um sistema

---

56 T. Shick, 1980.

de transporte análogo àquele precedente que facilitava o tráfico transatlântico de Leste a Oeste. No decorrer do século XIX, o repatriamento oferecia poucas perspectivas de vantagem material para os europeus e não europeus e, em 1900, o contraste entre a África e a América do Norte tornara-se demasiado elevado. Os americanos de descendência africana não estiveram imunes à onda nacionalista xenófoba da época que deixava de conferir à África boa parte do seu poder de atração. Além disso, o interesse suscitado pela África, após o final do tráfico negreiro, derivava de apetites nacionais por potência e riqueza; ora, os afro-americanos não possuíam a potência política e tampouco a riqueza necessárias para estimular o seu próprio interesse ou para influenciar aqueles que estavam em vias de dividir a África em domínios coloniais. As aspirações afro-americanas concentraram-se, antes e sobretudo, nas novas perspectivas que eram oferecidas em seu continente. As migrações internas e inter-regionais, assim como a luta pela conquista de melhores condições de vida, perante novos e perturbadores desafios, absorveram a sua atenção. O laço africano tornou-se impreciso embora não tenha desaparecido. O movimento de retorno à África encontrou promotores individuais que foram capazes, em certos momentos, de insuflar uma nova vitalidade ao projeto. Em 1897, Henry Sylvester Williams, jurista nascido em Trinidad e habitante de Londres, fundou a *Pan-African Association*, cujos membros posteriormente teriam entre si: George Padmore, Kwame Nkrumah e C. L. R. James. No curso dos anos 1920, Marcus Garvey fundou a *Universal Negro Improvement Association* cujo objetivo consistia em promover a descolonização da África e unir os africanos de todo o mundo. A organização de Garvey possuía antenas no Canadá, nos Estados Unidos da América do Norte, nas Antilhas, na América Latina e na África[57]. Quando esta associação pereceu, em 1927, a África, muito particularmente em referência à questão etíope, já começava a desempenhar um papel de primeira grandeza nas questões mundiais.

---

57   T. Martin, 1976; E. D. Cronon, 1962; R. A. Hill (org.), 1983.

CAPÍTULO 29

Conclusão: a África às vésperas da conquista europeia

J. F. Ade. Ajayi

Neste último capítulo, nós gostaríamos de lançar luz sobre as grandes correntes da evolução histórica que conduziu a África ao princípio do último quarto do século XIX. Tendências estas particularmente originadas no curso do período 1875-1885, durante o qual acompanhamos o redirecionamento do interesse suscitado pela África na Europa, com a Conferência de Berlim sobre a África do oeste encaminhando uma trajetória que desembocaria na partilha e, finalmente, na conquista do continente. Um olhar sobre o conjunto da África, às vésperas da conquista europeia, permite entrever assaz nitidamente, por um lado, uma tendência dominante que se afirma a despeito do número e da diversidade dos Estados, povos e regiões, e, por outra parte, algumas tendências quiçá divergentes. Aparentemente, a tendência dominante seria aquela que conduz os diversos detentores do poder na África a dedicarem-se deliberadamente ao fortalecimento da sua potência e dos seus meios de defesa dos territórios e interesses africanos. Estes esforços foram todavia sistematicamente solapados e, ao final das contas, anulados pela presença europeia.

Tal como demonstraram os sucessivos capítulos deste volume, o século XIX foi na África um período de rápidas e, por vezes, contraditórias transformações. Até o terceiro quarto deste século, as mais profundas mudanças, aquelas de maior amplitude, estiveram ligadas a fatores de ordem interna. Outras mudanças produziram-se em grande parte sob a influência ou mesmo provocadas pela incidência das atividades dos negociantes, missionários ou cônsules europeus, primeiramente concentrados nas regiões litorâneas e posteriormente, sobretudo a partir de 1850, penetrando progressivamente nas regiões interioranas. Algumas iniciativas transformadoras, à imagem dos esforços realizados pelos soberanos da Etiópia para unificar o país e reformar as instituições, não tiveram senão alcance local. Alhures, atividades a exemplo daquelas próprias aos ambiciosos quedivas do Egito, no vale do Nilo, repercutiram sobre toda uma região. O Mfecane, fenômeno originalmente local, não tardou a expandir-se, propagando-se em toda a África austral e Central, assim como em algumas partes da África do leste, com tamanha intensidade que, às vésperas da conquista europeia, a história destas regiões correspondia, em larga medida, àquela de Estados que haviam surgido deste fenômeno ou que haviam sofrido reviravoltas em função dele[1].

A *jihad* estendeu os seus movimentos pela reforma islâmica à totalidade do Sudão e ao Saara Oriental, até a Cirenaica; eles se prolongaram para o Sul, até os limites da zona das florestas, atingindo a Senegâmbia, as regiões do Volta e aquelas ocupadas pelos malinquês do Sul, pelos iorubás do Norte e pelas populações de língua edo. Juntamente com o crescimento da demanda europeia por óleo de palma, amendoim, marfim, sisal e borracha, e na justa medida que uma rede interna de rotas comerciais de longa distância permitia responder a esta demanda, o comércio, do qual dependiam a aquisição de armas de fogo e a acumulação de riquezas, tornou-se um fator essencial e capaz de determinar a ascensão e a queda de Estados, em vastas regiões da África. Em decorrência desta expansão do comércio europeu, bem como das atividades dos missionários europeus e norte-americanos, o cristianismo e as ideias europeias relativas à organização social e política tornaram-se igualmente fatores de transformação, atravessando uma vasta zona estendida de Serra Leoa até a África austral, alcançando Madagascar.

O aspecto mais impactante destes diferentes movimentos é o esforço empreendido, no século XIX, por grande número de soberanos africanos para reformarem a sua sociedade, em diferentes partes do continente. Algumas dentre as suas iniciativas tinham como fonte a herança cultural africana; outras eram animadas pelas ideias reformistas do islã. Na maioria dos casos, os chefes não demonstravam grande inclinação para tirar proveito das possibilidades oferecidas pela nova dimensão dos intercâmbios comerciais e pelas atividades dos europeus, fossem estes últimos negociantes, missionários ou caçadores de animais ou concessões.

---

1   Consultar I. N. Kimambo, capítulo 10 do presente volume.

Outro traço, igualmente marcante, é o modo através do qual os projetos reformistas dos dirigentes africanos foram sistematicamente solapados pelas próprias atividades destes comerciantes, missionários e caçadores, das quais os dirigentes africanos pretendiam tirar proveito.

É espantoso que este aspecto do século XIX africano – o esforço interno por reformas sistematicamente abafado pela intervenção externa – tenha até os nossos dias retido tão pouca atenção. Convencidos que o colonialismo e a integração ao sistema capitalista mundial representavam as condições necessárias para a modernização, a maioria dos historiadores não percebeu a enorme vontade de autodesenvolvimento que animava o esforço dos africanos ao longo deste século e tampouco a qual ponto a conquista europeia e o colonialismo constituíram uma subversão deste esforço.

As estruturas políticas

A esfera na qual mais fortemente manifestou-se o esforço de autodesenvolvimento talvez tenha sido aquela referente às estruturas políticas e ao poder estatal. A grande lição que os povos da África Central e do Oeste tiraram do tráfico de escravos, à época já antiga – justamente esta lição que a África do leste reteve, por sua vez, no transcorrer do século XIX –, equivaleu a saber que o meio de sobreviver ao tráfico, quiçá dele tirar proveito, era reforçar as estruturas e a base militar do poder de Estado.

Ao início do século XIX, como nós observamos, "as estruturas políticas e econômicas em grande parte da África aparentavam caracterizar-se por certa fragilidade. Os limites dos sistemas estatais indicavam estarem submetidos a um perpétuo movimento de fluxo e refluxo e os centros administrativos, por sua vez, a movimentos alternados de ascensão e queda[2]". O grau de submissão, as contribuições materiais e o serviço militar que o Estado exigia do povo em troca da sua proteção reduziam-se ao estrito necessário. Em grande parte dos casos, a vida cotidiana dos indivíduos inscrevia-se em larga escala em um tecido de relações nas quais intervinham os laços de parentesco e as instituições religiosas, jurídicas e econômicas que, muito amiúde, não se circunscreviam às fronteiras dos Estados. O Magreb e o Egito eram as únicas regiões onde se haviam de longa data estabelecido estruturas políticas relativamente duráveis, derivadas de vários séculos de aplicação da lei islâmica. Invariavelmente, alhures no conti-

---

2 Consultar, acima, o capítulo 1.

nente, havia no século XIX um enorme esforço para instaurar novas estruturas políticas, capazes de se manterem por certo tempo. No jogo de intensas rivalidades políticas, resultantes destes esforços, algumas dentre as ações foram, sem sombra de dúvida, ineficazes e, em determinadas localidades, o seu mais nítido resultado foi a desintegração dos impérios e a descentralização, por vezes fragmentação, da autoridade. Como observam J. Ki-Zerbo e K. Arhin no tocante às regiões voltaicas:

> O século XIX acompanhou a generalização da instabilidade política e dos deslocamentos populacionais; certo número de massacres e movimentos secessionistas reproduziram-se sob a responsabilidade daqueles, propriamente aqueles, que supostamente deveriam representar a autoridade; embora tenha havido notáveis exceções, por via de regra, a frequência e a amplitude destes conflitos acentuaram-se; a tendência para o deslocamento das sociedades esteve, indubitavelmente, ligada ao fato de as potências periféricas e rebeldes terem progressiva possibilidade de adquirirem armas e delas servirem-se contra os chefes reinantes[3].

Esta tendência foi especialmente ilustrada pelo impacto inicial do Mfecane e do comércio, assim como pelo domínio conquistado pelos chokwe e ovimbundus sobre os territórios dos Estados luba e lunda[4]. Muitos Estados e impérios desapareceram. Porém, ainda mais impactante é o surgimento de novos centros de poder nos quais eram experimentadas novas estruturas administrativas que tendiam, com maior frequência: a um fortalecimento dos meios disponíveis ao soberano; a uma mais nítida definição dos seus poderes; a um mais estrito controle sobre os dignatários do Estado, os quais deviam a sua condição muito mais ao príncipe que aos seus direitos hereditários; e finalmente, para um aperfeiçoamento do sistema fiscal e de outras reformas da mesma ordem[5].

Alguns historiadores identificaram estes movimentos de reforma com as atividades de "protonacionalistas e fundadores de impérios" africanos, uma espécie de corrida africana que teria parcialmente provocado ou, ao menos contribuiria, para explicar a corrida dos europeus[6]. Na realidade, estas atividades reformistas de modo algum constituíram um acesso febril, comparável à corrida europeia. A África buscara estruturas políticas mais estáveis ao longo de todo o século XIX e, inclusive, anteriormente a esta época; o estado de coisas reproduzido

---

3   K. Arhin e J. Ki-Zerbo, acima no capítulo 25.
4   Consultar acima nos capítulos 4, 5 e 11.
5   Conferir T. C. McCaskie, 1980.
6   Referir-se, por exemplo, a R. Robinson, 1985.

no continente não era senão o prolongamento de uma tendência constituinte da evolução geral destes povos. Talvez tenha havido uma aceleração no século XIX e as mudanças associadas até então à ascensão de Estados como o antigo Oyo, no século XVII, ou o Ashanti, o Daomé, o Fouta-Djalon, o Fouta Toro e o Bondu, no século XVIII, generalizar-se-iam muito mais nesta época. Em todo caso e aparentemente, houve um esforço mais deliberado para institucionalizar as transformações políticas, inscrevendo-as em estruturas de caráter mais permanente e apoiando-se em novos dispositivos militares, econômicos e sociais.

Dentre os principais Estados sobreviventes ao século XVIII, raros seriam aqueles que alcançariam esta condição sem realizarem grandes reformas internas. Com efeito, as rivalidades políticas eram de tamanha intensidade e a necessidade de canalizar o desenvolvimento das relações comerciais impunha problemas a tal ponto que cada Estado devia escolher entre um esforço reformista e expansionista à custa dos seus vizinhos ou as perspectivas da desintegração e da fragmentação. Reduzidos em seu número foram os Estados que, à imagem do Benin, puderam sobreviver simplesmente voltando-se para si[7]. A maioria foi obrigada, a exemplo do Ashanti, do Daomé, do Buganda, entre outros, a zelar constantemente pela preservação e inclusive pelo aumento da eficácia do poder – em amplo grau proporcionada pela capacidade do chefe em centralizar este poder, enfraquecer os seus subordinados e impor crescentes contribuições a estes últimos; monopolizar os principais recursos econômicos e estratégicos; instituir uma função pública e hierarquizada na qual as nomeações, as promoções e a disciplina estivessem submetidas ao controle do monarca; e consolidar estes poderes através da criação e do enquadramento de uma força armada permanente e comandada por oficiais similarmente submetidos à autoridade do chefe de Estado. Tratava-se então de uma verdadeira revolução, eventualmente exitosa e sem aparente mudança do sistema político; em alguns casos, tal como o Borno, ela não pôde realizar-se sem uma mudança de dinastia[8]. Frequentemente, esta revolução derivou de um compromisso, "novos homens" eram nomeados à frente de antigas chefaturas conduzidas a respeitarem o estilo burocrático recém-introduzido na administração ou, ainda, novas funções adotavam parcialmente os ritos ligados aos títulos tradicionais.

O Mfecane expandiu e difundiu amplamente o novo modelo de Estado nguni do Norte, tal como revolucionado por Shaka. O novo Estado equivalia, essencialmente, a uma adaptação do sistema de grupos etários, com vistas a criar uma

---

7   A. I. Asiwaju, acima no capítulo 26.
8   M. Last, acima no capítulo 22.

força armada quase constantemente em pé-de-guerra que recrutava em todo o reino jovens homens a mobilizar, além de mulheres como esposas; todos estavam ao serviço do rei, ao qual pertencia a totalidade dos recursos, inclusive o gado e a produção agrícola; pois era necessário alimentar a força armada e uma corte de mais em mais numerosa. O sistema igualmente organizava a aculturação dos povos conquistados, integrando-os à cultura dominante, além de introduzir uma concepção totalmente nova das relações entre o soberano e os seus assujeitados[9]. A personalidade do soberano e a sua capacidade em governar aparentemente continuavam a desempenhar um papel mais importante, comparativamente às estruturas de Estado, além deste último, ele próprio, estar muito amiúde rasgado por conflitos opondo famílias rivais no seio das dinastias reais.

Entretanto, é incontestável que, além das devastações e da confusão geral pelas quais ele foi inicialmente responsável, o Mfecane logrou criar muitos grandes Estados, mais fortes e eficazes que os seus precedentes e assentados sobre estruturas mais duráveis. Os novos Estados igualmente possuíam fronteiras mais nítidas, senão porque as exigências por eles impostas aos seus assujeitados não deixavam dúvida alguma quanto à extensão ou aos limites dos territórios submetidos à sua autoridade. Em suplemento, o soberano eventualmente podia valer-se da função suprema na realização de diversos rituais; no entanto, manifesta e progressivamente, ele deixava de ser unicamente um chefe religioso. As suas capacidades de organização e administração, bem como a sua aptidão para o comando militar, em sua função de chefe do executivo no seio do aparelho de Estado, tendiam a sobressair em detrimento das considerações de parentesco e de laços rituais, este estado de coisas não impedia que, em alguns casos, estes últimos conservassem um importante papel no plano ideológico e na qualidade de fontes de reconhecida legitimidade.

No caso etíope, o objetivo da reforma não consistia em criar um novo Estado ou reforçar o Estado existente, mas em fazer reviver um Estado muito ancião, o antigo império de inspiração cristã copta que, sob a dupla pressão dos oromos muçulmanos e dos cristãos na Europa, decompusera-se em várias chefaturas rivais. Os chefes, assim opostos entre si, tinham sempre o mesmo objetivo: reivindicar pessoalmente e impor a autoridade do imperador; restabelecer a sua aliança com a Igreja; reformar esta última, dotando-a de novos meios e utilizando a sua influência para levar as potências rivais, fossem elas cristãs ou muçulmanas, a renderem fidelidade ao imperador. As tradições históricas do

---

9   L. D. Ngcongco, acima no capítulo 5.

império, a quantidade de chefes rivais entre si e as relações de força existentes entre eles não concediam senão estreita margem de manobra aos imperadores Tewodros II e Yohannès IV para o restabelecimento do império. Além disso, inclusive não se podia imaginar o estabelecimento de novas estruturas enquanto a supremacia militar não estivesse assegurada. A ação sucessiva dos dois imperadores foi assaz exitosa, no tocante aos resultados, a ponto de despertar a consciência nacional; porém, ela se demonstrou insuficiente para monopolizar os recursos econômicos e estratégicos ou para totalmente reduzir as ambições das potências vassalas, inclinadas a colaborarem com os inimigos vindos do Egito pelo Norte ou com os invasores europeus pela costa[10].

Trata-se, exatamente e em certa medida, desta mesma nostalgia do passado que encontramos nos esforços realizados pelos quedivas do Egito com o objetivo de transformarem os seus poderes mantidos em uma potente monarquia hereditária e nacional, estenderem o domínio do Egito no vale do Nilo e, senão para fazê-la renascer, ao menos para rivalizar com a antiga glória dos faraós ou com aquela mais recente, do Egito dos califas fatímidas. O objetivo de Muhammad 'Alī era solapar o poder dos mamlūk e dizimá-los, reorganizar a função pública e os seus conselhos, bem como levar a cabo uma reforma agrária com uma redistribuição das terras que permitisse fortalecer o controle exercido pelo soberano sobre as regiões rurais e a agricultura; conjunto de ações que deveria permitir uma maior extração de recursos deste setor e assim criar os meios para a construção de uma economia industrial moderna, para manter uma força armada e organizada e para se libertar, através da negociação, da tutela otomana. O quediva Ismā'īl reacendia e levou adiante este espírito reformista: ele engajou europeus para dirigirem empresas abolicionistas e comerciais no Sudão, concluiu a abertura do canal de Suez e construiu outros canais, realizou obras de irrigação, assim como abriu vias férreas e outras redes de comunicação. O seu objetivo era, tanto quanto permitisse a tutela otomana, explorada pelas potências europeias para imporem tratados desiguais que garantiam os seus interesses, adquirir uma tecnologia europeia que modernizasse as estruturas e as instituições egípcias[11].

O objetivo declarado dos movimentos da *jihad* era fazer renascerem as clássicas instituições islâmicas da época dos califas ortodoxos. Na prática, tratava-se de instaurar Estados islâmicos teocráticos, em lugar das tradicionais sociedades governadas por muçulmanos e tradicionalistas. Era imperioso levar ao poder dirigentes escolhidos pelas suas sapiência e piedade, consagrados à gestão dos

---

10   R. Pankhurst, acima no capítulo 15. Consultar igualmente R. A. Caulkc, 1972.
11   A. Abdel-Malek, acima no capítulo 13.

assuntos do Estado, segundo os preceitos do Alcorão e das leis islâmicas, e dedicados a estabelecerem instituições autenticamente islâmicas. Durante os anos 1870, os sucessores dos fundadores de Sokoto haviam em larga medida alcançado os seus fins. Os emires, atuando sob a autoridade comum do califa, haviam incontestavelmente logrado estabelecer estruturas políticas mais duráveis que aquelas dos reis huassa, anteriormente por eles eliminados. Certamente, os soberanos e as classes aristocráticas que os rodeavam haviam assimilado boa parte da nobreza huassa, além de terem retomado para si grande parte dos privilégios dos feudais e dos príncipes-mercadores. Entretanto, a paz relativa usufruída pelo califado, o esforço de desenvolvimento dos mercados, indústrias, artesanato e rotas comercias, os poderes conferidos aos juízes e outros funcionários, bem como o controle exercido pelos emires sobre a função pública eram fatores relevantes que concorriam para consideravelmente reforçar a autoridade no seio do Estado.

Ahmadu Sayku, sucessor de al-Hadjdj 'Umar Tal, pouco após a incorporação do Macina ao império, foi obrigado a simultaneamente enfrentar rivalidades dinásticas internas e a hostilidade dos franceses, os quais encorajavam, pela sua postura, os grupos dissidentes do interior. Malgrado estas dificuldades e obstáculos, o império fornecera o quadro geral de um Estado, dotado de princípios jurídicos e estruturas administrativas que consolidavam a unidade das populações muito diversas que viviam neste vasto território. Inclusive independentemente das estruturas de Estado, a ordem tijāni introduzia o suporte de uma religião e de um modo de vida que constituíam um fator suplementar de unidade e fidelidade ao soberano. O exemplo da revolução do Dinguiraye incitou muitos chefes religiosos a levarem a *jihad* a outras regiões, a fim de nelas substituir os muçulmanos de tendência secularista e os tradicionalistas, através de clérigos dispostos a criarem Estados teocráticos islâmicos. Assim sendo, no império desmembrado do Jolof, os Estado do Kayor e do Jolof, em razão de terem passado para o raio de influência dos clérigos, dedicaram-se a propagar o islã como fermento para a reforma na Senegâmbia. Junto aos malinquês do Sul, região na qual os muçulmanos constituíam uma minoria, Samori Touré, guerreiro juula (dioula) com passado de negociador, decidiu servir-se do islã para unificar as populações do seu país, fossem elas inicialmente muçulmanas ou tradicionalistas[12]. Nós assim descobrimos o islã sendo utilizado com os mesmos fins em Nupe e Ilorin, onde os soberanos aderiram a esta religião, à sua tradição escrita e ao seu modelo de

---

12   Y. Person, acima no capítulo 24.

instituições políticas e sociais, não tão somente porque pretendiam transformar uma realeza de tipo ritual tradicional em Estado teocrático funcional, mas, igualmente, em virtude de identificarem no islã um fator de expansão, através das conversões, junto aos povos não muçulmanos.

O cristianismo respondeu a uma necessidade análoga, fornecendo o quadro cultural para a criação de uma sociedade crioula a partir de um conjunto díspar de povos que se haviam fixado em Freetown e nas localidades circunvizinhas, assim como em diversos estabelecimentos do litoral liberiano ou ainda em Libreville, Freretown e em outros estabelecimentos de escravos libertos. Em diversos lugares, missionários vindos para obterem conversões receberam frequentemente um caloroso apoio da parte dos soberanos africanos, os quais demonstravam, todavia, muito zelo pela sua independência e pouca inclinação a permitirem a conversão do seu povo; porém, aos olhos deste último as atividades dos missionários ofereciam uma possibilidade de acesso à educação europeia: alfabetização e aquisição de algumas capacidades técnicas, especialmente em matéria de marcenaria, impressão gráfica e, caso possível, igualmente de fabricação de armas de fogo e da pólvora para canhão. Os soberanos de Madagascar, a seu turno, tentaram manter o equilíbrio entre protestantes ingleses e católicos franceses, em seguida, rejeitaram ambos e ensejaram proibir as suas atividades religiosas e, finalmente, viram a corte e a elite administrativa tornarem-se protestantes, ao passo que o catolicismo progredia sensivelmente em algumas das províncias. Os soberanos desejaram se inspirar nas ideias europeias em matéria de diplomacia, reforma judicial e reorganização das forças armadas, assim como para estabelecerem uma monarquia constitucional[13]. De modo semelhante, certo número de novos Estados da África austral, a exemplo do reino sotho de Moshoeshoe, os quais enfrentavam as ações agressivas do nacionalismo branco, aceitaram missionários como conselheiros e defensores da sua causa *vis-à-vis* do mundo exterior, eles os protegeram e inclusive tomaram medidas de ordem legislativa para ajudá-los em seu trabalho de conversão[14]. Nos Estados fantis da Costa do Ouro e em alguns importantes centros missionários, especialmente Abeokuta, no Sudoeste do país Iorubá, alguns chefes africanos, possuidores de uma educação ocidental, esforçavam-se para tirar proveito da sua instrução e das suas relações na Europa para introduzirem reformas nas estruturas do Estado tradicional: por exemplo, criando uma chancelaria dirigida por africanos instruídos, com vistas a regulamentar as relações diplomáticas com os europeus

---

13   P. H. Mutibwa, acima no capítulo 16.
14   N. Bhebe, acima no capítulo 7.

e as relações inter-Estados; reformando os sistemas fiscais para a introdução de impostos regulamentares destinados a substituírem o tributo ou as taxas; e aperfeiçoando o sistema judicial, graças ao registro dos atos e à introdução de leis escritas[15].

A organização militar

Em última análise, a solidez das estruturas políticas repousava no aparato militar. Jamais isso foi tão verdadeiro quanto no século XIX. Até então, os laços entrecruzados das relações de parentesco e das relações religiosas provavelmente contavam muito mais que a organização militar. A tal ponto que esta última consistia em, episodicamente, decretar a mobilização em massa da população que, ela própria, trazia as armas e provisões com vistas à defesa das localidades, quando atacadas, situação que se reproduzia somente durante breves períodos, na estação das secas e nos intervalos da atividade agrícola normal. A armada tinha maior importância para as relações com os povos vizinhos que para a estrutura do poder no próprio seio do Estado. A capacidade de mobilizar tropas era função do senso político do soberano e, raramente, este último pôde atribuir-se o monopólio sobre ela. A formação de um corpo de cavalaria teve como efeito a criação de uma elite na armada e, geralmente, aconteceu simultaneamente à constituição de uma classe aristocrática que dividia com o soberano o acesso aos recursos necessários para adquirir e equipar cavalos, recrutar cavaleiros e abastecer a tropa.

Sabemos atualmente que, até meados do século XIX, o emprego do mosquete de carregamento pelo canhão ou dos seus derivados (o fuzil Darne, por exemplo), quer fossem eles importados ou de fabricação local, não modificou senão muito pouco o desfecho dos combates e as estruturas de Estado na África. Indubitavelmente ele propiciou às tropas disciplinadas, durante um período, ganharem vantagem sobre adversários que não estivessem habituados ao emprego das armas de fogo; tal foi o caso de soldados egípcios no Sudão Meridional, ao longo dos anos 1840. Todavia, os mosquetes em nada eram capazes de enfrentar uma cavalaria disciplinada, armada de lanças ou flechas envenenadas, haja vista que os cavaleiros podiam, tão logo lançada a primeira salva de tiros, contra-atacar os mosqueteiros antes que eles recarregassem os mosquetes. Os *impis* de Shaka demonstraram a superioridade da curta lança sagaie, para o combate corpo-a-

---

15 Consultar A. Pallinder-Law, 1974; igualmente conferir A. A. Boahen, acima no capítulo 3.

-corpo, quando ela estava nas mãos de soldados disciplinados. Os guerreiros egba de Abeokuta adquiriram armamento europeu, inclusive alguns canhões, contribuindo para a sua resistência contra as invasões daomeanas; entretanto, durante os anos 1860, eles não puderam fazer frente aos soldados de Ibadan, mais disciplinados e combatentes, em sua maioria munidos de um equipamento de fabricação local. Do mesmo modo, Téwodros, à frente de soldados dotados de um equipamento leve, venceu em várias ocasiões, através de ataques-surpresa e de avanços frontais, tropas que possuíam, no entanto, a vantagem de estarem armadas com mosquetes[16].

A maior revolução ocorrida na arte da guerra, no século XIX, foi o surgimento do guerreiro profissional. A força das lutas políticas e a frequência das guerras haviam criado tal situação que um pequeno número de indivíduos permanecia constantemente armado; deste modo surgiu o guerreiro profissional, na qualidade de membro de pleno direito na sociedade. Por via de regra, não existia armada propriamente permanente. A guerra era, de certo modo, uma empreitada entre outras ou um aspecto da ação conduzida para a conquista do poder político e para dispor dos recursos econômicos. O guerreiro era, muito amiúde, um empreendedor que, após ter acumulado certa fortuna graças aos negócios, encontrava-se em condições de se juntar aos guerreiros ou de recrutar/ capturar escravos, por ele mobilizados em sua armada privada. Assim preparado, ele se lançava em busca dos seus interesses; em outros termos, à procura da conquista do poder político, quer fosse para si próprio ou porque este poder lhe garantiria uma parte dos recursos econômicos dos quais normalmente dispõe um Estado. Caso lograsse êxito, ele adquiriria os títulos de uma função que lhe permitia integrar-se a um sistema político. Por vezes, um soberano, a exemplo de Moshoeshoe, era ele próprio o empreendedor que melhor alcançava reunir os meios necessários para formar uma armada de recrutas e clientes; quanto aos outros empreendedores de menor envergadura, estes não tinham outra escolha senão aceitarem a integração segundo as condições ditadas pelo soberano[17].

Shaka foi o protótipo de um rei que se impôs como chefe de guerra. Sozinho, ele formou os seus regimentos em grupos etários, organizou o seu treinamento e a sua provisão, fixou as regras disciplinares e decidiu acerca do equipamento necessário, de modo a constituir um exército profissional. Ele dotou os seus guerreiros de novos equipamentos, cuja fabricação, *in loco*, foi por ele determinada. A

---

16   Conferir em *JAH*, 1971, vol. XII, 2 e 4, os artigos concernentes às armas de fogo na África Subsaariana, I e II, 1971. Igualmente referir-se a J. P. Smaldone, 1972, e R. A. Caulk, 1972.
17   B. Awe, 1973; L. D. Ngcongco, acima no capítulo 5.

armada tornou-se, deste modo, o principal sustentáculo do Estado. Numerosos generais secessionistas levaram consigo uma fração da armada, à qual impuseram o seu comando; pilharam vastos territórios e, consequentemente, engrossaram as suas fileiras com novos recrutas durante o percurso; adquiriram gado, mulheres; e, finalmente, serviram-se das suas tropas para agrupar, sob a sua autoridade, comunidades muito diversas, constituindo um reino. A principal força dos guerreiros profissionais residia em menor grau no seu armamento que em sua disciplina, seu treinamento e na organização do seu abastecimento. Mesmo quando eles deviam sobreviver com os recursos locais, a requisição era uma operação organizada que não degenerava em pilhagem. Em meio às armadas permanentes africanas do século XIX, as mais eficazes apoiavam-se nos recursos locais, em todos os níveis – treinamento, equipamento, comando. Elas assim se situavam, em oposição àquelas forças armadas que se buscava moldar segundo o modelo europeu, quer fosse no tocante aos uniformes, à vida na caserna, ao perfil de treinamento ou às patentes. No caso de Madagascar, chegou-se ao ponto de adotar, relativamente às reformas, a prática da compra de patentes, assim como outras práticas habituais nas armadas europeias do início do século XIX.

Como o exemplo das armadas europeias causara grande impressão, o uso do mosquete europeu expandiu-se; numerosas foram as novas armadas que o adotaram, algumas em razão do seu poder de fogo (caso dos fuzis Enfield), outras em virtude do poder de detonação e da eficácia do efeito produzido por uma salva de mosquetes, cujo estrondo, somente ele, podia semear o pânico à distância em um regimento de cavalaria. Numerosos soberanos africanos igualmente pretenderam adquirir peças de artilharia. Em função do peso dos canhões e da quantidade da pólvora que eles consumiam, eles tentaram com muito pouco sucesso, produzi-los *in loco*. Aproximadamente nos anos 1870, teve início a importação de um equipamento de guerra mais aperfeiçoado – fuzis com carregamento pela culatra, carabinas de repetição, metralhadoras e canhões – cujo *nec plus ultra* era a metralhadora Maxim que os europeus lograriam monopolizar. Alguns chefes, à imagem dos chefes egba, empregaram canhões europeus, antes e sobretudo como arma psicológica, muito mais que na guerra propriamente dita. Na realidade, desde antes do século XIX, numerosos soberanos haviam buscado importar armas de fogo europeias. Entretanto, foi necessário esperar a segunda metade do século, época na qual se começou a importar armas de fogo mais eficazes, para que os armamentos europeus fossem incontestavelmente vistos como capazes de decidirem o desfecho dos combates na África. Como as armas europeias se haviam tornado um fator indiscutível de superioridade, era desde logo imperioso poder importá-las em tempos de guerra; por conseguinte, os esforços realizados para adquiri-las tornaram-se um aspecto essencial do comércio, da diplomacia e da arte de governar.

A revolução ligada a esta crescente importância é ilustrada pela diferença de comportamento entre os imperadores da Etiópia, Téwodros e Yohannès. Téwodros tentara produzir *in loco* canhões de pólvora através de técnicos europeus; contudo, ele provou ser capaz, mesmo sem isso, de vencer armadas mais bem equipadas que a sua e munidas de mosquetes. Contrariamente, Yohannès – e com maior ênfase Ménélik, posteriormente a ele – compreendeu não lhe ser possível livrar-se dos seus inimigos do Tigre e das planícies litorâneas, senão na justa medida do incremento da sua capacidade em tirar proveito da situação para adquirir armamento europeu em maior quantidade e de melhor qualidade, comparativamente ao que dispunha. Com este mesmo espírito, os soberanos da África do Norte e igualmente do Saara e do Sudão dedicaram-se, através do comércio e da diplomacia, a constituir estoques de armas europeias, principalmente importadas pela África do Norte, mas, igualmente, pelas vias comerciais da costa da África do oeste e do Leste. Os dirigentes de Madagascar procederam do mesmo modo. No centro e ao leste da África, a principal atividade comercial era a caça ao elefante; portanto, o marfim, constituindo uma razão suplementar para a importação das armas de fogo, pela mesma ocasião fortaleceu a tendência à militarização da sociedade.

Uma das consequências maiores desta crescente importância das armas de fogo foi o relativo declínio da cavalaria como corpo de elite e tropa de choque, bem como a sua substituição por uma infantaria armada à moda europeia. Nas regiões florestais e naquelas onde havia a influência militar nguni, a força de elite era tradicionalmente a infantaria. A tendência, no século XIX, consistiu essencialmente em intensificar o treinamento desta infantaria, progressivamente transformada em armada profissional e, ulteriormente, dotada de um armamento europeu. Em meio a vastos deslocamentos populacionais que se produziram, por exemplo, após o Mfecane e o esfacelamento do antigo Império oyo, era possível que um povo da mata, até então defendido por cavaleiros, penetrasse em região de mata mais densa onde a guerra a cavalo era mais difícil; estado que coisas que acentuava o declínio da cavalaria. Em contrapartida, em alguns Estados diretamente confrontados com colonos europeus, tradicionalmente defendidos por cavaleiros equipados com armas de fogo, iniciou-se a criação de pequenos cavalos, com o objetivo de formar novas tropas, capazes de realizarem movimentos rápidos, assim como a importação de armas europeias; permitindo deste modo a estes Estados garantirem, por algum tempo, a sua superioridade militar. Quase invariavelmente alhures na África e, particularmente no Sudão, onde durante séculos a cavalaria fora o núcleo e a elite das forças militares, soldados de infantaria profissionais, bem treinados e armados de fuzil, tornaram-se o principal componente armado e impuseram-se, a seu turno, como elite. A cavalaria começava então a ser relegada à segunda linha defensiva e à reserva. Este fator suplementar da revolução ocorrida nas forças armadas africanas não deixaria de produzir importantes efeitos sociais e econômicos, todos tendencialmente convergentes para o fortalecimento da posição do soberano, na qualidade de chefe do poder executivo do Estado.

A transformação econômica e social

O que sabemos sobre o século XIX na África evidencia que a reprodução, neste continente, de mutações sociais de primeira grandeza, notadamente a transformação do caráter da escravatura, o surgimento de uma classe de guerreiros e de uma classe de mercadores politicamente muito influente. Estas transformações facilitaram e, em certa medida, provocaram as mudanças ocorridas – como mencionado acima – nas estruturas políticas e na organização militar, tanto quanto foram, em parte, estas mesmas transformações o resultado destas últimas. Além disso, havia uma crescente demanda por mão-de-obra, exercida além dos tradicionais limites do grupo familiar, das pequenas comunidades locais ou dos grupos etários organizados. Como no passado, as diversas sociedades africanas repugnavam a ideia segundo a qual seria possível para um homem livre vender o seu trabalho; e a tendência dominante, no século XIX, era promover a utilização de escravos, o trabalho obrigatório e o emprego da mão-de-obra importada. A tendência global, no terceiro quarto do século XIX, era para uma generalização da prática escravocrata, inclusive nas zonas rurais; para o aumento do número de escravos em cada grupo familiar; e para o incremento da sua utilização, com vistas a alcançar uma produção organizada segundo um modo quase-capitalista, mediante o qual, as suas condições tornar-se-iam piores que nunca[18].

A partir do início do século, as tensões causadas pelas rivalidades políticas agravaram-se progressivamente, tornando-se corriqueiro que os litígios referentes a terras, gado e, até mesmo, diferenças doutrinais, fossem resolvidos pela eliminação pura e simples de um dos adversários ou, ao menos, da sua personalidade própria. Comunidades inteiras foram assim absorvidas por estruturas políticas existentes, salvo quando eram dispersas, situação que levava à captura

---

18 G. M. McScheffrey, 1983.

dos jovens de ambos os sexos. Estes prisioneiros serviam para satisfazer a crescente demanda por mão-de-obra nos setores agrícola, artesanal e no trabalho nas minas, além de igualmente contribuírem para prover guerreiros às armadas em vias de constituição. As novas estruturas estatais e militares afirmavam-se a despeito das velhas aristocracias, cuja influência, no triplo plano social, político e econômico, era garantida pelo grande número de esposas e pela importância da rede familiar; outrossim, simultaneamente e como consequência destas novas estruturas, constituíram-se novas categorias sociais, compostas de funcionários, os quais seriam liberados das tarefas agrícolas ordinárias. Estas novas aristocracias não se apoiavam em redes parentais, propriamente ditas, mas, antes, em vastas "famílias" de "clientes" e cativos que exploravam terras cuja superfície crescia progressivamente para assegurar não somente a subsistência do grupo familiar expandido, mas, igualmente, a manutenção dos contingentes de guerreiros, quando a armada estivesse em campanha. Todos estes indivíduos eram também empregados na produção de mercadorias destinadas à venda no mercado local e no grande comércio, com vistas a se adquirir os recursos financeiros necessários para atrair mais clientes e comprar armas e munições importadas.

Quando terminou o tráfico atlântico e aumentou a demanda por ouro, óleo de palma, semente de palmiste e amendoim, na África do oeste, a demanda por cana-de-açúcar, nas Ilhas Maurício, na Reunião e em Comores, no Oceano Índico, assim como aquela por marfim e cravo, na África Oriental e Central, houve necessidade de crescente volume de mão-de-obra cativa, não somente para produzir estes artigos, mas, igualmente, para transportá-los, por carregadores ou pirogas, até o litoral. A escravatura ligada às plantações surgiu, quer seja sob a forma de comunidades de escravos organizados segundo o direito consuetudinário, na costa da Guiné; com base na lei islâmica, nas regiões muçulmanas; ou, tal o caso das ilhas do Oceano Índico, de formas análogas às plantações de tipo americano. Considerando o crescente número de escravos mobilizados nos exércitos ou em funções administrativas junto a diversas cortes, alguns estimaram que, em numerosas regiões africanas, a população de escravos teria atingido entre 20 e 50% da população total[19]. Embora existissem casos de revoltas entre os escravos, notadamente aquele dos lozi, os quais se liberaram dos seus senhores kololo[20], as populações reduzidas à escravidão não constituíam, por via de regra, uma classe distinta. Certamente, a maioria dos escravos estava encarregada de tarefas subalternas, geralmente agrícolas. Todavia, havia outros grupos relati-

---

19   Consultar igualmente K. Arhin e J. Ki-Zerbo, acima no capítulo 25.
20   W. G Clarence Smith, 1979b.

vamente importantes, a saber, os guerreiros e escravos domésticos, aos quais se acrescentavam aqueles que, em número reduzido embora considerável, haviam logrado assumir postos de confiança ou responsabilidade em virtude de se terem destacado na guerra, no comércio ou na administração. A condição e o modo de vida destes últimos eram muito variáveis, tornando muito difícil a constituição de uma classe de escravos homogênea. Somente em algumas regiões, como, por exemplo, no antigo Calabar, onde os escravos viviam em perpétuo estado de alienação, onde praticamente nada era feito para integrá-los culturalmente e onde, tradicionalmente, os membros da elite dirigente vangloriavam-se da sua fortuna aumentando o número de escravos sacrificados em cerimônias fúnebres[21], unicamente sob tais condições ocorreu o reagrupamento dos escravos em torno de rituais secretos para exigirem uma melhoria em sua condição. Alhures, a tendência era a aculturação e a integração à sociedade no seio de lares aristocráticos. Certamente, esta integração não ultrapassava determinado nível – como atesta o número daqueles que aspiravam serem libertados ou daqueles que, emancipados pelas leis coloniais, pediram para retornar ao seu lugar de origem –, conquanto fosse ela real, de todo modo e suficientemente, a ponto de permitir supor que a dinâmica da mudança, na maioria das comunidades africanas, seria regida pelas oposições entre os grupos etários e os sexos, no quadro de cada "casa", assim como por questões estatutárias e ligadas à rivalidade na luta pelo poder entre linhagens e grupos parentais, muito mais que por tensões entre as classes sociais *lato sensu*.

Não é fácil apreciar, do ponto de vista quantitativo, os efeitos do desenvolvimento das atividades comerciais nas formações sociais. Não há dúvida que os efetivos e a força da classe dos mercadores tenham aumentado. Menos nítida é a medida da pertinência em se poder falar de surgimento de uma classe mercantil ou capitalista. O comércio longínquo, com os seus centros de caravanas e a sua organização, sob todos os aspectos e especialmente aqueles ligados à segurança, ao reabastecimento, às facilidades de crédito e do transporte, era praticado de longa data na África do Norte e do Oeste e esta atividade expandia-se rapidamente no século XIX, na África Central e do Leste. Este fenômeno produziu-se, tanto em regiões islamizadas, onde a contabilidade era feita em árabe, quanto nas regiões da África do oeste, onde se praticava há muito tempo o tráfico de escravos e nas quais as línguas comerciais eram as europeias, assim como nas regiões da África do leste, onde o kiswahili ganhava espaço, por sua vez, como

---

21 K. K. Nair, 1972, p. 48; igualmente conferir acima o capítulo 27.

língua do negócio. É bem provável que, em algumas partes do litoral oeste-africano, a utilização da mão-de-obra servil começasse a ser complementada por antigas formas de trabalho forçado, em curso de expansão, como o empréstimo de recursos mediante "refém", prática na qual o trabalho do "refém" representava os interesses do tomador de empréstimo e a sua pessoa uma garantia para o provedor do capital. O considerável desenvolvimento desta forma de trabalho forçado era um sinal da crescente influência dos grupos mercantis e da função do banqueiro. Diz-se que na Costa do Ouro, durante os anos 1870, esta prática ganhou uma amplitude comparável àquela da escravatura propriamente dita, esta última permitindo recrutar mão-de-obra além da circunvizinhança imediata da comunidade, ao passo que o sistema de "reféns" consistia no meio de recrutamento de trabalhadores no interior da própria comunidade[22]. Entretanto, fora das cidades litorâneas da África do Norte, os mercadores levaram muito tempo para se constituírem como classe distinta. Nas regiões submetidas à influência do cristianismo e das ideias europeias, começava a surgir um grupo de mercadores comparável à classe média vitoriana. Contudo, mesmo nesta região, excetuando-se a Serra Leoa e a Libéria, os mercadores que pretendiam ganhar influência e poder no interior dos Estados tradicionais, alcançavam-no principalmente adquirindo títulos de chefia no seio das estruturas estatais em formação. Em muitas regiões do Sudão e da Senegâmbia, o grupo dominante de mercadores estava estreitamente ligado aos chefes religiosos muçulmanos, a tal ponto que não havia uma classe distinta de mercadores, mas, antes e sobretudo, uma classe de religiosos que praticavam comércio. Alhures, não existia distinção nítida entre os mercadores ou guerreiros e a elite dirigente. Numerosos dentre aqueles que, em sua juventude, lançavam-se em projetos comerciais, posteriormente, tornavam-se suficientemente prósperos para financiarem os projetos similares de outros, comprando, com a fortuna alcançada, funções tradicionais que lhes conferiam poderes oficiais, por eles exercidos simultaneamente à sua administração das terras, dos rebanhos e de outros bens e à organização, mediante uma estrutura paramilitar, dos seus clientes e partidários.

Desde os anos 1870, na África austral, as necessidades da agricultura comercial, sobretudo praticada pelos bôeres, mas, igualmente, por alguns britânicos, haviam criado uma insaciável demanda por mão-de-obra. A colônia do Cabo pudera dispor de escravos libertos, "aprendizes" e trabalhadores do exterior, a exemplo dos mfengu, os quais haviam fugido do Mfecane, ao passo que o Natal,

---

22 G. M. McSheffrey, 1983.

o Estado livre de Orange e o Transvaal obtiveram os seus contingentes sobretudo entre os seus vizinhos africanos espoliados das suas terras, cuja liberdade de deslocamento era restringida pelas *Pass Laws*. Quando foram descobertas as jazidas de diamante do Griqualand Ocidental, aumentou sobremaneira a demanda por mão-de-obra e fez-se necessário trazer de regiões mais distantes os trabalhadores imigrantes. Embora oficialmente não tenha havido escravatura na África do Sul e tampouco sistema de "reféns", era notável o nascimento de um processo de proletarização, ainda pior e cuja receita era a seguinte: arrancar dos Estados africanos as suas melhores terras, criando populações sem-terra, as quais não possuíam outra escolha senão trabalharem nas rigorosas condições fixadas pelos seus impiedosos rivais. Deste modo, a sinistra disputa entre as colônias brancas e os Estados africanos, desenvolvida com arbitragem parcial do soberano britânico, não mais e tão somente possuía como objeto terras ou gado, mas, desta feita, a supremacia total, o poder de obrigar as pessoas a trabalharem a partir de uma posição de força inexpugnável. Tal combate não poderia encontrar desfecho em uma federação no seio de um "império informal". Contudo, ao passo que esta situação começava a tornar-se progressivamente mais nítida para os europeus, fossem eles colonos, funcionários coloniais ou membros do governo imperial, os chefes dos diferentes Estados africanos, por sua vez, não percebiam a qual ponto a regra do jogo mudara com a aproximação do último quarto do século XIX.

A evolução das relações de força

Houve, ao longo dos anos 1870, transformações capitais não somente na estrutura interna dos Estados africanos, mas, igualmente, no tocante ao respectivo papel dos europeus na África e no âmbito dos meios dos quais dispunham estes últimos. Em 1870, as repercussões da Revolução Industrial e da guerra na Europa sobre a organização dos Estados e o seu poderio militar tornavam-se evidentes. Entre as nações europeias e os Estados africanos, as relações de força começavam a adquirir contornos progressivamente desiguais. Naquele ano, a Alemanha e a Itália tornaram-se Estados unificados, desde logo mais fortes, cujos cidadãos não tardariam a exigir uma participação mais ativa na obtenção dos recursos africanos. Em 1870-1871, Bismarck selou a unidade alemã através de uma vitória sobre a França, no desfecho de uma guerra que inaugurara o emprego de novas técnicas militares, especialmente no tocante aos armamentos, ao treinamento das tropas e à tática. O efeito destas novidades rapidamente foi sentido na África, onde se iniciou a importação de armas de fogo mais aperfeiçoadas. Na França, a necessidade de recuperação após a derrota mencionada traduziu-se pela vontade de erguer um império na África, tanto pelo valor intrínseco da empreitada quanto pelas suas repercussões no estado moral da nação. A França lançou-se portanto em uma nova política de expansão dinâmica e defesa dos seus interesses nacionais na África, política geralmente aplicada através de agentes comerciais ou missionários e, mais especificamente, graças ao fortalecimento da posição francesa na Argélia e na Senegâmbia. A revolta ocorrida na Kabília foi violentamente reprimida. Ela ofereceu oportunidade de confisco de consideráveis superfícies de terra cultivável junto aos árabes e de pastagens a serem distribuídas entre os colonos europeus, ao passo que os árabes sem-terra foram reduzidos a constituírem uma mão-de-obra barata. Aos colonos franceses, espanhóis, italianos, malteses ou gregos, cristãos ou judeus, se lhes foi atribuída a cidadania francesa, situação privilegiada em relação aos árabes que, por sua vez, eram sujeitos franceses.

Estes acontecimentos tiveram globalmente como efeito o fortalecimento da concorrência existente entre os europeus. Em face da ação incisiva e deliberada da França, os britânicos não se mostravam menos pretensos a consolidarem e defenderem as suas próprias posições. A descoberta de diamantes, em 1869-1870, na Griqualand Ocidental e a perspectiva de descoberta de ouro em grande quantidade elevaram a febre por concorrência e profundamente modificaram as bases sobre as quais repousavam as relações entre europeus na África, assim como as relações entre europeus e africanos. Diversas atividades às quais os europeus se haviam aparentemente dedicado até então, de modo desinteressado ou com fins humanitários, passaram a ser consideradas segundo o que elas eventualmente pudessem oferecer aos interesses nacionais europeus. Já se fora o tempo em que os exploradores agiam simplesmente movidos pela curiosidade científica; neste período tratar-se-ia sobretudo de agentes encarregados de recolherem informações estratégicas e segredos comerciais. Os missionários não eram somente servidores de Deus, obedecendo à vocação de evangelização, doravante seriam agentes organizados em prol de um esforço nacional de aculturação que tinha como objetivo exclusivo enfraquecer a posição cultural e comercial dos seus anfitriões. Os mercadores não buscavam unicamente o lucro; eles preparavam o terreno com vistas à instalação do seu país nos postos de comando. Desta forma, a frequente colaboração entre africanos e europeus que, até bem pouco, aparentemente tendia a colocar as ideias e as técnicas ao serviço do fortalecimento das nações africanas, durante a situação revolucionária do século XIX, transformava-se em um plano de subversão que contribuía diretamente para sistematicamente levar ao aborto os esforços empreendidos pelos dirigentes africanos com vistas a reformar e modernizar as suas sociedades.

Seguindo a mesma lógica, os soberanos africanos geralmente consideravam as atividades dos abolicionistas como negativas. Em muitos casos, após resistirem e contemporizarem, eles finalmente aceitaram contribuir para o término do tráfico transatlântico, na justa medida em que outras possibilidades de exportação (produtos agrícolas, ouro, marfim etc.) eram-lhes ofertadas em substituição e mediante a condição de poderem, eles próprios, continuar a possuir escravos, bem como recorrer a outras formas de trabalho forçado. Existia, portanto, uma base de cooperação. Tratava-se, como indicamos anteriormente, da crescente utilização da mão-de-obra escrava. Os europeus reconheceram o estado de fato, porém, ao longo dos anos 1870 e sem contudo renunciarem à sua postura, eles passaram a utilizar a emancipação como um fator de natureza a enfraquecer as bases econômicas dos Estados africanos. Deve-se expressamente notar, a este respeito, que a maioria das tropas levadas pelos europeus à África, nesta época, eram compostas por escravos africanos emancipados e que estes últimos permaneciam leais aos seus libertadores, os quais os armavam e comandavam.

A maioria dos dirigentes africanos estava igualmente muito preocupada com os missionários europeus. Por conseguinte, numerosos foram aqueles que finalmente ofereceram-lhes bom acolhimento, conquanto estes missionários colocassem, em sua tarefa, menor ênfase sobre as conversões comparativamente àquela dedicada à educação. Numerosos soberanos demonstravam-se felizes com a possibilidade oferecida a alguns dos seus escravos ou, inclusive aos seus próprios filhos, de aprenderem a ler e escrever, capacidade considerada a chave do saber do homem branco, além de um elemento essencial nas relações comerciais. Os missionários recebiam ainda melhor acolhimento quando ensinavam novas técnicas, tais como a impressão gráfica, a construção de habitações, a agricultura mecanizada, a vacinação etc. Eventualmente se lhes solicitava o ensino da arte de fabricação das armas de fogo e da pólvora, assim como de outros artigos de importância estratégica ou, ao menos, se lhes requeria assistência na importação destes artigos. No curso dos anos 1870, já era possível constatar que o processo de aculturação tinha como efeito o enfraquecimento da identidade dos países de acolhida e o despertar da sua vontade em manterem a sua independência. As atividades missionárias igualmente tornaram-se um fator de divisão, na justa medida em que elas incitaram tal ou qual Estado africano a apoiar os habitantes locais europeus, ao passo que outros se opunham a eles.

A mais subversiva dentre todas as atividades europeias talvez tenha sido o comércio. Os intercâmbios comerciais normalmente compunham a base da cooperação entre africanos e europeus, os quais demonstravam, ambos, todo o interesse em promover o desenvolvimento. Cabia aos soberanos africanos, por razões estratégicas, regulamentar o comércio e permitir aos Estados e mercadores africanos dele extraírem as maiores vantagens possíveis. Os comerciantes europeus igualmente dedicavam-se, bem entendido, a negociar condições que lhes garantissem os maiores lucros possíveis. Na África do Norte, eles haviam explorado as fraquezas do imperador otomano para provocar a concessão aos europeus de privilégios exorbitantes, através de tratado, engajando-se em contrapartida a contribuírem para o fortalecimento da tutela otomana; situação esta que enfraquecia a capacidade dos dirigentes norte-africanos em regulamentarem o comércio nos seus próprios territórios. Os europeus reservavam-se, outrossim, o direito de se atribuírem tal ou qual parte do Império Otomano, sempre que isso parecesse oportuno para o concerto das potências europeias. A França impôs uma derrota ao dei de Argel, em 1830, fazendo valer pretensões sobre o conjunto do beilhique e, posteriormente, em 1878, ela reclamou a Tunísia, do mesmo modo que a Grã-Bretanha o faria em relação ao Egito, no ano de 1882.

Durante os anos 1870, o livre comércio era a palavra de ordem com a qual os europeus opunham-se ao direito dos chefes africanos de regulamentarem o comércio[23]. Em nome do livre comércio, eles se esforçavam em obter maiores privilégios para os seus negociantes. Eles encorajavam os soberanos africanos a endividarem-se pesadamente junto aos bancos europeus e a aventureiros europeus de passado duvidoso. Eles manipulavam o serviço da dívida de modo a adquirirem, com anos de antecedência, direitos sobre a produção agrícola e as receitas aduaneiras. Eles assinavam acordos desiguais para a cobrança das dívidas e, fortalecidos com estes privilégios, além de outros que haviam sido concedidos aos seus negociantes, empenhavam-se no enfraquecimento da economia dos Estados, assim como e sobretudo, dedicavam-se a debilitar o controle que os soberanos africanos eram capazes de exercer sobre os mecanismos econômicos. No Egito e na Tunísia, os europeus impuseram a vigilância de comissões internacionais da dívida, cuja ação atingia gravemente a autonomia dos dirigentes, além de provocarem levantes, bloquearem as reformas e conduzirem, em linha reta, para a perda da independência, praticamente sem combate. Porém, o livre comércio não passava de um *slogan* que marcava o desejo de passar as rédeas da economia aos negociantes europeus para que estes

---

23 A mais nítida expressão deste estado de espírito está contida no Ato Geral da Conferência de Berlim, no qual o princípio da "porta aberta" foi proclamado para o Congo e o Níger, constituindo o prelúdio da política de monopólio praticada pela Associação Internacional Africana, patrocinada por Léopold da Bélgica e pela Companhia Real do Níger.

pudessem excluir não somente os negociantes africanos, mas, igualmente, outros habitantes de origem europeia.

A razão da confiança e da agressividade recém-demonstrada pelos europeus, a partir dos anos 1870, era a industrialização e um capitalismo em plena maturidade, situação atestada, por exemplo, pelos novos tipos de armas de fogo, as quais fizeram pender o equilíbrio de forças para o lado dos exércitos conduzidos pelos europeus. Esta mudança não ocorrera da noite para o dia e os próprios europeus não forçaram a aceleração do processo. Certamente, até 1871, talvez em grande parte pela proximidade do país, os franceses mobilizaram até 110.000 homens na guerra por eles travada na Argélia. Entretanto, caso excetuarmos o caso referente à guerra anglo-bôer de 1899-1902, a qual aparenta efetivamente ser uma exceção na qual a Grã-Bretanha engajou um contingente militar ainda maior, nenhuma outra potência podia manter forças tão importantes na África. A Grã-Bretanha utilizou até 12.000 homens (em sua maioria tropas indianas) na invasão da Etiópia, em 1868; no entanto, não mais que 2.500 soldados britânicos foram comandados por *sir* Garnet Wolseley, quando o Ashanti foi invadido e Kumasi saqueada. Posteriormente, os europeus empregariam preferencialmente escravos emancipados, recrutados e treinados por eles. Várias armadas africanas – à imagem dos *impis* zulu, dos *amazonas* do Daomé e dos *balouchis* de Zanzibar – eram reputadas pela sua disciplina e pela qualidade do seu treinamento. Havia igualmente generais africanos capazes de rivalizarem com os chefes militares europeus, além de estarem, os primeiros, mais familiarizados com o terreno. Os europeus logravam, invariavelmente, não somente recrutar tropas africanas em número suficiente, mas, igualmente, realizavam alianças. Os serviços de informação militares, bem como os mercadores e missionários, sempre forneciam bons indicativos para a abordagem junto a eventuais aliados. Todavia, se os oficiais europeus e as suas tropas africanas conservavam um moral elevado, isso se devia antes a um novo sentimento: a confiança nascida da certeza, segundo a qual, enquanto conservassem a superioridade quanta e qualitativa no tocante ao armamento, mesmo em caso de possível derrota em batalhas aqui ou acolá, a guerra finalmente teria um desfecho favorável a eles.

A herança das guerras

Podemos dizer à guisa de conclusão que, nos anos 1870, os esforços empreendidos em diferentes partes do continente, para integralmente reconstruir a sociedade, haviam produzido grandes transformações, as quais, além das tendências divergentes, em seu conjunto haviam reforçado a capacidade dos africanos em se defenderem e preservarem os seus interesses. Igual e nitidamente, durante este período, a presença europeia operava solapando estas estruturas e fazendo pesar uma grave ameaça futura; situação exacerbada em razão do altíssimo preço pago pelos chefes africanos em suas vitórias, ao qual podemos denominar herança das guerras.

Acompanhamos o surgimento de Estados mais extensos e fortes, nos quais o poder executivo tinha tendência a se concentrar nas mãos de certo número de elementos que, a título individual ou na qualidade de detentores de tal ou qual função, dependiam muito mais diretamente da autoridade do soberano e de funcionários que deviam as suas atribuições, sobretudo, ao seu mérito, aos seus atos pregressos e à ação do príncipe, comparativamente à interferência de antigos direitos hereditários. O processo que conduzira à instauração destes Estados mais fortes, onde esta concentração tornara o poder executivo mais eficaz, dilapidara outros Estados, mais fracos. Diversas categorias de indivíduos em risco de perda do poder, sobre as quais pesava uma ameaça a interesses de toda espécie por eles anteriormente adquiridos, haviam reagido e a guerra tornara-se um fenômeno endêmico. Tanto mais os europeus tomavam consciência do aumento do poder estatal na África, mais eles demonstravam decisão em lhe impor obstáculos; e a sua tarefa era facilitada pela possibilidade que se lhes oferecia de explorar a herança deste constante estado de guerra para suscitarem divisões e criarem oportunidades de intervenção.

Os Estados formados haviam constituído instituições políticas mais estáveis e geralmente mais eficazes que todas as instituições precedentes, com objetivo atingir a satisfação das exigências do soberano em sua relação com os seus sujeitos. Isso supunha, como indicamos anteriormente, uma definição mais precisa da autoridade, além de um traçado mais nítido das fronteiras. Talvez este fator tenha igualmente favorecido uma tomada de consciência mais precisa sobre o valor do solo. De todo modo, os conflitos tornaram-se mais implacáveis que no passado e tenderam para a guerra total. Eles não tinham simplesmente como objetivo determinar os limites dos poderes respectivos dos chefes em conflito, pois que, desta feita, colocava-se em jogo o destino de sociedades inteiras. Não é raro observar o vencedor fazer prisioneira toda a população ativa, amparar-se das terras, dos rebanhos e, por vezes, anexar a comunidade inteira, levando-a à consequente perda da sua identidade.

É imperioso aqui sublinhar que, em larga escala, as guerras do século XIX não fortaleceram o poder de Estado senão em detrimento de outras formas de solidariedade. As rivalidades políticas e a concorrência econômica, colocadas em jogo por estas guerras, eram de tamanha intensidade que sequer respeitavam aquilo que nós denominaríamos atualmente etnicidade – ou seja, as afinidades culturais criadas pelo emprego de uma mesma língua, pela crença nos mesmos mitos sobre a origem do homem ou do grupo, assim como pelas redes parentais ou pela interconexão de crenças religiosas que, por via de regra, haviam no passado transcendido as fronteiras de poder dos Estados. Se este declínio da etnicidade sem dúvida não era novo, ele certamente jamais fora tão generalizado quanto no século XIX. Nos enfrentamentos e processos de formação dos Estados ligados ao Mfecane ou às guerras iorubás, ashanti ou massai deste século, o poder de Estado sem dúvida alguma desempenhou um papel muito mais importante que a etnicidade. Com efeito, caso considerarmos a amplitude das guerras e dos deslocamentos populacionais, ligados ao tráfico de escravos e ao processo de formação ou reconstrução dos Estados, é paradoxal que tenha sido possível, no tocante aos povos africanos às vésperas da conquista colonial, evocar a velha noção antropológica de tribo, cujas características seriam aquelas de uma entidade biológica imutável. Muito em contrário, na realidade, as novas estruturas estatais que não repousavam sobre a etnicidade se haviam tornado mais importantes que a solidariedade étnica, no que dizia respeito a determinar a reação dos diversos povos africanos frente ao desafio europeu.

A estratégia dos europeus, quando tomaram consciência do fortalecimento do poder estatal na África, equivaleu primeiramente a cerrar fileiras sob o imperativo do interesse nacional. Os missionários, mercadores, exploradores e agentes consulares europeus, outrora pretensos a agirem de forma dispersa e, muito amiúde, oposta entre si, começaram a se unir sob a bandeira dos interesses nacionais. A situação ao início do século, época em que era possível observar missionários alemães patrocinados por instituições britânicas ou ainda negociantes franceses e britânicos cooperarem na corte de Zanzibar, era progressiva e dificilmente imaginável nos anos 1870. Esta estratégia dos europeus todavia mostrou-se ineficaz, haja vista que os soberanos africanos passaram a considerar que todos os habitantes europeus, fossem eles missionários, comerciantes ou exploradores, serviam em última análise aos mesmos interesses. Além disso, estes reis se haviam tornado peritos na arte de jogar as nações europeias umas contra as outras, de tal modo que os europeus decidiram comportarem-se diferentemente.

Como observamos, o fator que definitivamente fez pender o equilíbrio de forças na África, nos anos 1870, não foi a natureza das armadas ou a excelência do seu treinamento, da sua disciplina ou do seu comando, mas a qualidade e a quantidade das armas de fogo. A última palavra, na luta pelo poder na África, pertenceria portanto àqueles que tivessem o controle das armas e munições. A situação tenderia a permanecer incerta por tanto tempo quanto os europeus buscassem separadamente satisfazer os seus interesses nacionais e os chefes de Estado africanos pudessem jogar as potências umas contra as outras. Ademais, os europeus, com absoluta necessidade de terem aliados, resignar-se-iam a fornecer armas de fogo para a obtenção de tratados, concessões, garantias de neutralidade ou, em contrário, para conseguirem a participação ativa em guerras que os opunham a Estados africanos rivais. Portanto, se lhes tornou essencial submeterem a corrida para a África a certas regras baseadas em acordos internacionais e, muito especialmente, limitarem o fornecimento de armas e munições. A mais intensa rivalidade colocava em disputa britânicos e franceses. Os britânicos tentaram, para garantir os seus interesses, constituir-se em protetores, inclusive dos interesses portugueses, situação que ofereceu a Bismarck a oportunidade de se intrometer de modo interessado, reunindo em Berlim uma conferência internacional. O encontro de Berlim, por sua vez, concedeu ao rei Léopold da Bélgica a ocasião de obter o aval da comunidade internacional acerca das suas pretensões no Congo, razão pela qual ele proclamou, em alto e bom tom, o livre comércio e as ideias humanitárias antiescravagistas[24]. Esta evolução abriria caminho para o Ato de Bruxelas, o qual, em nome da campanha antiescravista, interditou o fornecimento de armas aos chefes de Estado africanos.

O fato é que, invocando a limitação dos armamentos e a campanha contra o escravismo, os britânicos puderam isentar os colonos "autônomos" da África do Sul da aplicação dos dispositivos adotados em Bruxelas. Segundo a mesma lógica, sem deixar de combater tal ou qual Estado da África e negociar múltiplos tratados e convenções com soberanos africanos, eles igualmente puderam sustentar que, em razão de possuírem escravos e serem comerciantes, os Estados africanos não eram reconhecidos pelo direito internacional. Portanto, foi possível declarar no Ato Geral da Conferência de Berlim (1885) e no Ato de Bruxelas (1889) que, segundo o direito internacional, a África era *terra nullius* e que somente as potências europeias e os seus colonos nela possuíam interesses, os quais deviam ser protegidos.

Em outros termos, enquanto na África os países europeus tratavam com tal ou qual Estado africano, reconhecendo-os, aliando-se com alguns ou combatendo outros, na Europa, ao contrário, eles cerravam fileiras como irmãos de raça e formavam um cartel para regulamentar o fornecimento dos principais armamentos aos africanos. Os chefes africanos não tinham nenhum meio de

---

24   S. Miers, 1971.

resposta a tal estratégia. A luta pelo poder na África encontrava-se portanto entrelaçada à política internacional do concerto das potências europeias, domínio no qual a diplomacia africana sofria de uma grave desvantagem. É duvidoso que os africanos se tenham dado conta, antes que fosse tarde demais, da gravidade do perigo que os ameaçava. Habitualmente, eles contavam com o fato dos europeus estarem, na África, distantes das suas bases e, especialmente, com a invariável vantagem numérica dos africanos. Eles preservaram a sua conduta como se pudessem indefinidamente jogar as potências europeias umas contra as outras. Na África austral, eles inclusive acreditaram serem capazes de apelar à rainha da Inglaterra e aos seus representantes diretos para fazer respeitar as obrigações decorrentes dos tratados, contra a vontade dos colonos anglo-bôeres e de alguns aventureiros. A mil léguas de imaginar o contrapeso que poderia ter representado a solidariedade africana, cada Estado comportava-se como julgava adequado fazê-lo, isoladamente e em seu próprio interesse.

Caso pretendamos encontrar a explicação para este estado de coisas, é necessário invocar, aparentemente, não somente os talentos diplomáticos das estratégias europeias, mas, igualmente, a herança das guerras, aspecto indissociável das situações revolucionárias que caracterizaram a África no século XIX. Foi a intensidade e a crueldade das guerras que impediu os dirigentes africanos de a tempo compreenderem que a resposta à investida europeia deveria tomar a frente das oposições existentes entre Estados africanos, os quais deveriam se unir para enfrentar esta ameaça.

Membros do Comitê Científico Internacional para a Redação de uma História Geral da África

Prof. J. F. A. Ajayi (Nigéria) – 1971 *Coordenador do volume VI*

Prof. F. A. Albuquerque Mourão (Brasil) – 1975

Prof. A. A. Boahen (Gana) – 1971 *Coordenador do volume VII*

S. Exa. Sr. Boubou Hama (Níger) – 1971-1978 (Demitido em 1978; falecido em 1982)

S. Exa. Sra. Mutumba M. Bull, Ph. D. (Zâmbia) – 1971

Prof. D. Chanaiwa (Zimbábue) – 1975

Prof. P. D. Curtin (EUA) – 1975

Prof. J. Devisse (França) – 1971

Prof. M. Difuila (Angola) – 1978

Prof. Cheikh Anta Diop (Senegal) – 1971 Prof. H. Djait (Tunísia) – 1975

Prof. J. D. Fage (Reino Unido) – 1971-1981 (Demitido)

S. Exa. Sr. M. El Fasi (Marrocos) – 1971 *Coordenador do volume III*

Prof. J. L. Franco (Cuba) – 1971

Sr. Musa H. I. Galaal (Somália) – 1971-1981 (Falecido)

Prof. Dr. V. L. Grottanelli (Itália) – 1971

Prof. E. Haberland (República Federal da Alemanha) – 1971

Dr. Aklilu Habte (Etiópia) – 1971

S. Exa. Sr. A. Hampaté Ba (Mali) – 1971-1978 (Demitido)

Dr. I. S. El-Hareir (Líbia) – 1978

Dr. I. Hrbek (Tchecoslováquia) – 1971 *Codiretor do volume III*

Dra. A. Jones (Libéria) – 1971

Pe. Alexis Kagame (Ruanda) – 1971-1981 (Falecido)

Prof. I. M. Kimambo (Tanzânia) – 1971 Prof. J. Ki-Zerbo (Alto Volta) – 1971 *Coordenador do volume I*

Sr. D. Laya (Níger) – 1979

Dr. A. Letnev (URSS) – 1971

Dr. G. Mokhtar (Egito) – 1971 *Coordenador do volume II*

Prof. P. Mutibwa (Uganda) – 1975

Prof. D. T. Niane (Senegal) – 1971 *Coordenador do volume IV*

Prof. L. D. Ngcongco (Botsuana) – 1971 Prof. T. Obenga (República Popular do Congo) – 1975

Prof. B. A. Ogot (Quênia) – 1971 *Coordenador do volume V*

Prof. C. Ravoajanahary (Madagascar) – 1971

Sr. W. Rodney (Guiana) – 1979-1980 (Falecido)

Prof. M. Shibeika (Sudão) – 1971-1980 (Falecido)

Prof. Y. A. Talib (Cingapura) – 1975

Prof. A. Teixeira da Mota (Portugal) – 1978-1982 (Falecido).

Mons. T. Tshibangu (Zaire) – 1971

Prof. J. Vansina (Bélgica) – 1971

Rt. Hon. Dr. E. Williams (Trinidad e Tobago) – 1976-1978 (Demitido em 1978; falecido em 1980)

Prof. A. Mazrui (Quênia) *Coordenador do volume VIII* (não é membro do Comitê)

Prof. C. Wondji (Costa do Marfim) *Codiretor do volume VIII* (não é membro do Comitê)

Secretaria do Comitê Científico Internacional para a Redação de Uma História Geral da África

Sr. Maurice Glelé, Divisão de Estudos e Difusão de Culturas, Unesco, 1, rue Miollis, 75015 Paris

Dados biográficos dos autores do volume VI

Capítulo 1   J. F. ADE. AJAYI (Nigéria). Especialista em história da África Ocidental no século XIX; autor de vários artigos e publicações sobre a história africana; antigo vice-reitor da Universidade de Lagos; professor emérito do Departamento de História da Universidade de Idaban.

Capítulo 2   I. WALLERSTEIN (E.U.A.). Especialista em sociologia africana e nos sistemas econômicos mundiais; autor de vários artigos e publicações; foi professor de sociologia na University College de Dar es Salaam, na Universidade Columbia de Nova-Iorque e na Universidade McGill de Montreal; diretor do Fernand Braudel Center for the Study of Economies, Historical Systems and Civilizations, SUNY, Binghamton.

Capítulo 3   A. ADU BOAHEN (Gana). Especialista em história colonial oeste-africana; autor de numerosas publicações e artigos sobre a história africana; anteriormente professor e chefe do Departamento de História na Universidade de Gana.

Capítulo 4   S. DAGET (França). Especialista em história do tráfico de escravos africanos no século XIX; autor de vários artigos e publicações sobre o tráfico de escravos africanos; anteriormente professor de história na Universidade de Nantes. Falecido em 1992.

Capítulo 5   L. D. NGCONGO (Botsuana). Especialista em história da África austral; publicou inúmeros estudos a respeito do Botsuana pré-colonial; anteriormente diretor do National Institute of Development, Research

	and Documentation; professor e chefe do Departamento de História da Universidade de Botsuana.
Capítulo 6	E. K. MASHINGAIDZE (Zimbábue). Especialista em história da África austral; foi professor titular na Universidade Nacional do Lesoto e embaixador do Zimbábue junto à Organização das Nações Unidas, secretário permanente em Harare.
Capítulo 7	N. M. BHEBE (Zimbábue). Especialista em história da África austral; autor de várias obras sobre os ndebele; anteriormente professor titular na Universidade da Suazilândia; "Senior Lecturer" na Universidade do Zimbábue.
Capítulo 8	A. F. ISAACMAN (E.U.A.). Especialista em história da África; autor de várias obras sobre a história social de Moçambique nos séculos XIX e XX; professor de história na Universidade do Minnesota.
Capítulo 9	A. I. SALIM (Quênia). Especialista em história da África Oriental, autor de numerosos artigos sobre os povos falantes de kiswahili; professor e presidente do Departamento de História na Universidade de Nairóbi.
Capítulo 10	I. N. KIMAMBO (República Unida da Tanzânia). Especialista em história da África Oriental; autor de várias publicações sobre a história pré-colonial da Tanzânia; foi administrador universitário; professor do Departamento de História da Universidade de Dar es Saalam.
Capítulo 11	D. W. COHEN (E.U.A.). Especialista em antropologia histórica africana, aplicando as técnicas da antropologia e da história social à exploração dos problemas históricos da região dos Lagos no século XIX; interessa-se pelas antropologias e histórias que os próprios africanos produziram fora dos círculos acadêmicos; professor de história e antropologia na Universidade John Hopkins de Baltimore.
Capítulo 12	J.-L. VELLUT (Bélgica). Especialista em história da África Central; autor de diversos artigos e publicações sobre o Congo, ex-Zaire, e Angola; professor de história na Universidade de Louvain.
Capítulo 13	A. ABDEL-MALEK (Egito). Especialista em sociologia e filosofia social do mundo árabe; autor de diversos artigos e publicações sobre o mundo árabe e afro-asiático segundo a abordagem da teoria política e social; diretor de pesquisa no Centro Nacional de Pesquisa Científica (CNRS) de Paris; anteriormente coordenador de projeto e diretor-geral de publicações (SCA-NST) na Universidade das Nações Unidas de Tóquio; autor de livros e crônicas, Cairo.
Capítulo 14	H. A. IBRAHIM (Sudão). Especialista em história do Egito e do Sudão nos séculos XIX e XX; autor de diversos artigos e publicações;

professor de história e decano da Faculdade de Artes da Universidade de Cartum.

B. A. OGOT (Quênia). Especialista em história africana; pioneiro em técnicas de história oral, autor de numerosas publicações sobre a história da África Oriental; anteriormente diretor do International Louis Leakey Memorial Institute e professor de história na Universidade Kenyatta de Nairóbi; diretor do Institue of Research and Postgraduate Studies em Maseno University College, Maseno.

Capítulo 15　R. PANKHURST (Reino Unido). Especialista em história da Etiópia; autor de diversas publicações sobre a história e a cultura etíopes; anteriormente diretor do Institute of Ethiopian Studies de Addis-Abeba; professor de estudos etíopes no Institute of Ethiopian Studies de Addis-Abeba.

Capítulo 16　P. M. MUTIBWA (Uganda). Especialista em história de Madagascar no século XIX e autor de várias publicações a esse respeito; anteriormente professor de história e diretor de pesquisa na Universidade de Makerere, em Kampala; secretário da Uganda Constitutional Commission em Kampala.

F. V. ESOAVELOMANDROSO (Madagascar). Especialista em história de Madagascar nos séculos XVIII e XIX; professor de história na Faculdade de Letras da Universidade de Antananarivo.

Capítulo 17　M. H. CHÉRIF (Tunísia). Especialista em história social e política norte-africana; autor de vários artigos sobre a história norte-africana; professor e decano da Faculdade de Ciências Humanas e Sociais de Túnis.

Capítulo 18　A. LAROUI (Marrocos). Especialista em história do Magreb; autor de várias obras sobre a história do Marrocos e da África do Norte no século XIX; professor de história contemporânea na Universidade de Rabat.

Capítulo 19　N. A. IVANOV (Federação Russa). Especialista em história medieval e contemporânea da África do Norte; autor de várias publicações sobre a história contemporânea da África do Norte; encarregado de pesquisa no Instituto de Estudos Orientais da Academia de Ciências da Rússia, Moscou.

Capítulo 20　S. BAIER (E.U.A). Especialista em história econômica da África Ocidental e, em particular, da história do Sahel Oeste-africano; autor de várias publicações sobre as economias sahelianas; anteriormente diretor adjunto do African Studies Center da Universidade de Boston; engenheiro de software junto a Access Technology, Natick (Massachusetts).

Capítulo 21   A. A. BATRAN (Sudão). Especialista em história do islã na África; autor de obras e artigos sobre as confrarias religiosas sufis e sobre a evolução da erudição na África Ocidental e do Norte; professor de história africana na Universidade Howard, Washington D.C.

Capítulo 22   M. LAST (Reino Unido). Especialista em história e sociologia africanas; autor de várias obras sobre a história e a cultura haussas, bem como sobre a vida inteletual no Sudão Ocidental; professor de antropologia social no University College de Londres.

Capítulo 23   M. LY-TALL (Mali). Especialista em história do Mali; autor de obras sobre o Império do Mali e a vida de al-Hadjdj 'Umar Tall; anteriormente professor adjunto no IFAN da Universidade de Dakar; embaixador extraordinário e pleinipotenciário, delegado permanente do Mali junto à UNESCO.

Capítulo 24   Y. PERSON (França). Especialista em história da África e, notadamente, do mundo mande; autor de várias obras sobre a história da África; professor de história na Universidade de Paris-I, Panthéon-Sorbonne. Falecido em 1982.

Capítulo 25   K. ARHIN (Gana). Especialista em antropologia social, principalmente no que diz respeito à história e à cultura dos akan; autor de várias obras sobre os ashanti; professor de estudos africanos no Institute of African Studies da Universidade de Gana.

J. Ki-ZERBO (Burkina Faso). Especialista em história africana e sua metodologia; autor de numerosos trabalhos sobre a África negra e sua história; professor de história na Universidade de Dakar; diretor do CEDA de Uagadugu e deputado na Assembléia Nacional do Burkina Faso.

Capítulo 26   A. I. ASIWAJU (Nigéria). Especialista em história da África; autor de várias obras relativas aos povos de língua ioruba e aja, assim como ao impacto da partilha territorial colonial sobre os povos africanos; professor de história na Universidade de Lagos.

Capítulo 27   E. J. ALAGOA (Nigéria). Especialista em história africana e sua metodologia; autor de numerosos estudos sobre os ijo, as técnicas de história da tradição oral e a arqueologia; professor de história na Universidade de Port Harcourt.

L. Z. ELANGO (Camarões). Especialista em história de Camarões; professor titular do Departamento de História de Yaoundé.

N. METEGUE N'NAH (Gabão). Especialista em história da África Central; chefe do Departamento de História da Universidade de Libreville.

Capítulo 28   F. W. KNIGHT (Jamaica). Especialista em história da diáspora africana; autor de diversas publicações sobre Cuba, a sociedade escravagista e a diáspora africana; professor de história da Universidade John Hopkins de Baltimore.

Y. A. TALIB (Cingapura). Especialista do islã, do mundo malaio e do Oriente Médio, e mais especificamente da Arábia do Sudoeste; autor de várias obras a esse respeito; chefe do Departamento de Estudos Malaios da Universidade Nacional de Cingapura.

P. D. CURTIN (E.U.A.). Especialista em história da África e do tráfico de escravos; autor de várias publicações a esse respeito; professor de história na Universidade John Hopkins de Baltimore.

Capítulo 29   J. F. ADE. AJAYI (Nigéria).

M. A. OMOLEWA, da Universidade de Idaban, ajudou o professor J. F. Ade. Ajayi na fase final de preparação do presente volume.

Abreviações e listas de periódicos

AHS — *African Historical Studies* (*IJAHS* em 1972); Boston University, African Studies Center
BCEHSAOF — *Bulletin du Comité d'Etudes Historiques et Scientifiques de l'Afrique occidentale française*, Dakar
BI FAN — *Bulletin de l'Institut Français (Fondamental* em 1966*) de l'Afrique Noire*, Dakar
BSOAS — *Bulletin of the School of Oriental and African Studies*, Londres
CEA — *Cahiers d' Etudes Africaines*, Paris: Mouton
CJAS — *Canadian Journal of African Studies*, Canadian Association of African Studies, Department of Geography, Carleton University, Ottawa
CUP — Cambridge University Press
EALB — East African Literature Bureau, Nairóbi
EAPH — East African Publishing House, Nairóbi
HA — *History of Africa: A Journal of Method*, Waltham, Massachusetts
HMSO — Her (His) Majesty's Stationery Office, Londres
HUP — Harvard University Press
IAI — International African Institute, Londres
IFAN — Institut Français (*Fondamental* em 1966) de l'Afrique Noire, Dakar
IJAHS — *International journal of African Historical Studies*, Boston University, African Studies Center
IRSH — Institut de Recherches Humaines, Niamey
IUP — Ibadan University Press

JAH — *Journal of African History*, Cambridge: CUP
JHSN — *Journal of the Historical Society of Nigeria*, Ibadan
JHUP — Johns Hopkins University Press, Baltimore
JICH — *Journal of Imperial and Commonwealth History*, Institute of Commonwealth Studies, Londres
JRAI — *Journal of the Royal Anthropological Institute*, Londres
JSAS — *Journal of Southern African Studies*, Londres: OUP
KUP — Khartoum University Press
MUP — Manchester University Press
NEA — Nouvelles Editions Africaines, Dakar
NUP — Northwestern University Press
OUP — Oxford University Press
PUF — Presses Universitaires de France, Paris
PUP — Princeton University Press
RFHOM — *Revue française d'Histoire d'Outre-mer*, Paris
ROMM — *Revue de l'Occidem Musulman et de la Méditerranée*, Aix-en-Provence
SFHOM — Société française d'Histoire d'Outre-mer, Paris
SNR — *Sudan Notes and Records*, Khartoum
SOAS — School of Oriental and African Studies, University of London
SUP — Stanford University Press
TAJH — *Transafrican Journal of History*, Nairóbi: EAPH
THSG — *Transactions of the Historical Society of Ghana*, Legon
TNR — *Tanzania Notes and Records*, Dar es Salaam
UCP — University of California Press
UJ — *Uganda Journal*, Kampala
UPP — University of Pennsylvania Press
UWP — University of Wisconsin Press
YUP — Yale University Press

Referências bibliográficas

ABDALLAH, YOHANNA B. (1973) *The Yaos. Chiikala cha Wayao* (ed. and tr. by Meredith Sanderson, 2nd edn, London: Frank Cass).
ABD AL-MALIK, A. (1962) *Egypte. Société militaire* (Paris).
ABD AL-MALIK, A. (1969) *Idéologie et renaissance nationale: L'Egypte moderne* (Paris: Anthropos).
ABIR, M. (1965) 'The emergence and consolidation of the monarchies of Enarea and Jimma in the first half of the nineteenth century', *FAH*, 6, 2, pp. 205-19.
ABIR, M. (1968) *Ethiopia. The Era of the Princes. The Challenge of Islam and the Reunification of the Christian Empire 1769-1855* (London: Longman).
ABIR, M. (1977) 'Modernisation, reaction and Muhammad Ali's "Empire"', *Middle Eastern Studies*, 13, 3, pp. 295-313.
ABITBOL, M. (1979) *Tombouctou et les Arma de Ia conquête marocaine du Soudan nigérien em 1591 à l'hégémonie de l'Empire du Maçina en 1833* (Paris: Maisonneuve & Larose).
ABRAHAM, D. P. (1966) 'The roles of Chaminuka and the Mhondoro cults in Shona political history', in E. Stokes and R. Brown (eds), pp. 28-42.
ABUBAKAR, S. (1970) *The Lamibe of Fombina: A Political History of Adamawa 1809--1901* (Zaria: Ahmadu Bello University Press).
ABUN-NASR, J. M. (1962) 'Some aspects of the Umari branch of the Tijanniyya', *JAH*, 3, 2, pp. 329- 31.
ABUN-NASR, J. M. (1971) *A History of the Maghrib* (Cambridge: CUP).
ABUN-NASR, J. M. (1975) *A History of the Maghrib* (2nd edn, Cambridge: CUP).

ACOCKS, J. P. H. (1953) *Veld Types of South Africa* (Pretoria: Department of Agriculture).

ADAMS, CHARLES C. (1933) *Islam and Modernism in Egypt, a Study of the Modern Reform Movement Inaugurated by Muhammad* 'Abduh (London: OUP).

ADAMU, M. (1978) *The Hausa Factor in West African History* (Zaria: Ahmadu Bello University Press).

ADAMU, M. (1979) 'The delivery of slaves from the central Sudan to the Bight of Benin in the eighteenth and nineteenth centuries', in H. A. Gemery and J. S. Hogendorn (eds), pp. 163-80.

ADDIS HIWET (1975) *Ethiopia: From Autocracy to Revolution* (London: Review of African Political Economy).

ADERIBIGBE, A. B. (1959) 'The expansion of the Lagos Protectorate 1861-1900', (PhD thesis: University of London).

AFAWARQ-GARBA YASUS (1901) *Daqmawi Menilek* (Rome).

AGAR-HAMILTON, J. A. I. (1928) *The Native Policy of the Voortrekkers: An Essay on the History of the Interior of South Africa, 1836-1858.* (Cape Town: Miller).

AGERON, C-R. (1964) *Histoire de l'Algérie contemporaine, 1830-1964* (Paris: PUF).

AGERON, C-R. (1968) *Les Algériens musulmans et la France, 1871-1919,* (2 vols, Paris: Faculté des Lettres et Sciences Humaines, Sorbonne).

AGERON, C-R. (1972) *Politiques coloniales au Maghreb* (Paris: PUF).

AGERON, C-R. (1977) 'Abdel-Kader', in *Les Africains* (Paris: Jeune Afrique) I, pp. 19-49.

AGERON, C-R. (1979) *De l'insurrection de 1871 au déclenchement de la guerre de libération (1954)· Histoire de l'Algérie contemporaine,* 2 (Paris: PUF).

AGUIRRE BELTRAN, G. (1972) *La población negra de México* (2nd edn, Mexico City: Fondo de Cultura Económica).

AHMED, J. M. (1966) *The Intellectual Origins of Egyptian Nationalism* (London: OUP).

AJAYI, J. F. A. (1969) *Christian Missions in Nigeria, 1841-1891. The Making of a New Elite* (Evanston: NUP).

AJAYI, J. F. A. (1974) 'The aftermath of the collapse of Old Oyo', in J. F. A. Ajayi and M. Crowder (eds), pp. 129-66.

AJAYI, J. F. A. AND CROWDER, M. (eds) (1974) *History of West Africa,* Vol. 2 (London: Longman).

AJAYI, J. F. A. AND CROWDER, M. (eds) (1988) *History of West Africa,* Vol. 2 (2nd edn, London: Longman).

AJAYI, J. F. A. AND OLORUNTIMEHIN, B. O. (1976) 'West Africa in the anti--slave trade era', in J. E. Flint (ed.), pp. 200-21.

AJAYI, J. F. A. AND SMITH, R. S. (1964) *Yoruba Warfare in the Nineteenth Century* (Cambridge CUP).

AKINJOGBIN, I. A. (1965) 'The prelude to the Yoruba civil wars of the nineteenth century', *Odu*, 2, 2, pp.81-6.
AKINJOGBIN, I. A. (1967) *Dahomey and Its Neighbours, 1708-1818* (Cambridge: CUP).
AKINJOGBIN, I. A. AND EKEMODE, G. O. (eds) (1976) *Proceedings of the Conference on Yoruba Civilization Held at the University of Ife, Nigeria, 26-31 July 1976.*
AKINTOYE, S. A. (1969) 'The north-eastern districts of the Yoruba country and the Benin kingdom', *JHSN*, 4, 4, pp. 539-53.
AKINTOYE, S. A. (1971) *Revolution and Power Politics in Yorubaland, 1840-1893* (London: Longman).
ALAGOA, E.J. (1964) *The Small Brave City State: A History of Nembe-Brass in the Niger Delta* (Madison: University of Wisconsin Press).
ALAGOA, E.J. (1970) 'Long-distance trade and states in the Niger Delta', *JAH*, II, 3, pp. 319-29.
ALAGOA, E.J. (1971a) 'The development of institutions in the states of the Eastern Niger Delta', *JAH*, 12, 2, pp. 269-78.
ALAGOA, E.J. (1971b) 'Nineteenth-century revolutions in the states of the eastern Niger Delta and Calabar', *JHSN*, 5, pp. 565-73.
ALAGOA, E.J. AND FOMBO, A. (1972) *A Chronicle of Grand Bonny* (Ibadan: IUP).
ALI, A. I. M. (1972) *The British, the Slave Trade and Slavery in the Sudan, 1820-1881* (Khartoum: KUP).
ALIEN, J. DE VERE (ED.) (1977) *Al-Inkishafi. Catechism of a Soul* (Nairobi, Kampala and Dar es Salaam: EALB)
ALPERS, E. A. (1967) *The East African Slave Trade* (Historical Association of Tanzania, Paper no. 3, Nairobi: EAPH).
ALPERS, E. A. (1969) 'Trade, state and society among the Yao in the nineteenth century', *JAH*, 10, 3, pp. 405-20.
ALPERS, E. A. (1972) 'Towards a history of the expansion of Islam in East Africa: the matrilineal peoples of the southern interior', in T. O. Ranger and I. Kimambo (eds), pp. 172-96.
ALPERS, E. A. (1974) 'The nineteenth century: prelude to colonialism', in B. A. Ogot (ed.), pp. 229-48.
ALPERS, E. A. (1975) *Ivory and Slaves in East Central Africa* (London: Heinemann).
ALPERS, E. A. (1976) 'Gujarat and the trade of East Africa', c.1500-1800', *IJAHS*, 9, I, pp. 22-44.
AMULREE, LORD (1970) 'Prince Alamayou of Ethiopia', *Ethiopia Observer*, 13, pp. 8-15.

ANCELLE, J. (1887) *Les explorations au Sénégal et dans les contrées voisines* (Paris: Maisonneuve).

ANDREWS, G. R. (1980) *The Afro-Argentines of Buenos Aires 1800-1900* (Madison: UWP).

ANONYMOUS (nd) 'Histoire des Bahunde' (unpublished manuscript, Bukavu, Zaire, CELA-White Fathers' Language Institute).

ANSTEY, R. (1975) *The Atlantic Slave Trade and British Abolition, 1760-1810* (London:Macmillan).

ARCIN, A. (1911) *Histoire de la Guinée Française* (Paris: Chalamel).

ARDENER, E. (1956) *Coastal Bantu of the Cameroons* (London: IAI).

ARHIN, K. (1967) 'The structure of Greater Ashanti *(1700-1824)*', *JAH*, 8, I, pp.65-85.

ARHIN, K. (1970) 'Aspects of the Ashanti northern trade in the nineteenth century', *Africa*, 40, 4, pp. 363-73.

ARHIN, K. (1979) *West African Traders in Ghana in the Nineteenth and Twentieth Centuries* (London: Longman).

ARNOT, F. S. (1889) *Garenganze or Seven Years' Pioneer Mission Work in Central Africa* (London: Hawkins).

ASAD, T. (1966) 'A note on the history of the Kababish tribe', *SNR*, 47, pp. 79-87.

ASIEGBU, J. U.J. (1969) *Slavery and the Politics of Liberation, 1787-1861: A Study of Liberated African Emigration and British Anti-Slavery Policy* (London: Longmans Green).

ASIWAJU, A.I. (1973) 'A note on the history of Sabe: an ancient Yoruba kingdom', *Lagos Notes and Records*, 4, pp. 17-29.

ASIWAJU, A.I. (1976) *Western Yorubaland Under European Rule, 1889-1945: A Comparative Analysis of French and British Colonialism* (London: Longman).

ASIWAJU, A. I. (1979) 'The Aja-speaking peoples of Nigeria: a note on their origins, settlement and cultural adaptation up to 1945', *Africa*, 49, I, pp. 15-28.

ATMORE, A. AND MARKS, S. (1974) 'The imperial factor in South Africa in the nineteenth century: towards a reassessment', *JICH*, 3, I, pp. 105-39.

AUSTEN, R. A. (1970) 'The abolition of the overseas slave trade: a distorted theme in West African history', *JHSN*, 5, 2, pp, 257-74.

AUSTEN, R. A. (1979) 'The trans-Saharan slave trade: a tentative census', in H. A. Gemery and J. S. Hogendorn (eds), pp. 23-76.

AWE, B. (1964) 'The rise of Ibadan as a Yoruba power, 1851-1893' (DPhil thesis, Oxford University).

AWE, B. (1973) 'Militarism and economic development in nineteenth century Yoruba country: the Ibadan example', *JAH*, 14, I, pp. 65-78.

AYACHE, G. (1958) 'Aspects de la crise financière au Maroc après l'expédition espagnole de 1860', *Revue historique*, 220, 2, pp. 271-310.

AYACHE, G. (1965) 'La crise des relations germano-marocaines, 1894-1897', *Hespéris--Tamuda*, 6, pp. 159-204.
AYACHE, G. (1979) *Etudes d'histoire marocaine* (Rabat: SMER).
AYACHE, S. (1963) *L'acession au trône (1828) de Ranavalona I: à travers Le témoignane de Raombana (1854)* (Tananarive: Imprimerie Nationale).
AYACHE, S (1975) 'Esquisse pour Le portrait d'une reine: Ranavalona Ière, *Omaly sy Anio*, I-2, pp. 251-70.
AYACHE, S. (1977) 'Jean Laborde vu par les témoins malgaches', *Omaly sy Anio*, 5-6, pp. 191-222.
AYANDELE, E. A. (1966) *The missionaire Impact on Modern Nigeria 1842-1914: A political and Social Analyis* (London: Longmans Green).
AYLIFF, J. AND WHITESIDE, J. (1962) *History of the Abambo, Generally known as Fingos*, (Ist edn, 1912, Cape Town).
D'AZEVEDO, W. L. (1969-71) 'A tribal reaction to nationalism', *Liberian Studies Journal*, 1, 2, pp. I-21; 2, I, pp. 43-63; 2, 2, pp. 99-115; 3, I, pp. 1-19.
BA, A. H. AND DAGET, J. (1962) *L'Empire peul du Macina (1818-1853)* (Paris: Mouton).
BA, O. (1976) *La penetration française au Cayor, 1854-1861* (Dakar: Oumar Ba).
BAER, G. (1961) 'The village shaykh in modern Egypt', in U. Heyd (ed) *Studies in Islamic History and Civilization* (Jerusalem: Hebrew University).
BAER, G (1962) *A History of Landwnership in Modern Egypt 1800-1950* (London: OUP).
BAETA, C. G. (ed.) (1968) *Chrislianity in Tropical Africa* (London: OÜP).
BAGODO, O. (1979) 'Le royaume Borgu Wassangari de Nikki dans la première moitié du XIXe siècle: essa d'histoire politique' (Mémoire de Maitrise d'Histoire, Université Nationale du Benin, Abomey-Calavi).
BAIER, S. (1977) 'Trans-Saharan trade and the Sahel: Damergu 1870-1930', *JAH*, 18, I, pp. 37-60.
BAIER, S. (1980) *An Economic History of Central Niger* (Oxford: Clarendon Press).
BAIER, S. AND LOVEJOY, P. E. (1977) 'The Tuareg of the Central Sudan: gradations of servility at the desert edge (Niger and Nigeria)', in S. Miers and I. Kopytoff (eds), pp. 391-411.
BAIN, A. G. (1949) *Journal of Andrew Gtddes Bain* (Cape Town: Van Riebeeck Society).
BAKER, S. W. (1879) *Ismailia* (2nd edn, London: Macmillan).
AL-BARAWI, R. AND ELEISH, M. H. (1944) *AI-tatawwor al-iqtisadi fi Misr fil--asr al-hadīth* (Cairo: Maktabat al-Nahdah al-Misriyyah).
BARBAR, A. (1980) 'The Tarabulus (Libyan) resistance to the Italian invasion: 1911--1920' (PhD thesis, University of Wisconsin, Madison).

BARGAOUI, S. (1982) 'Al milkiya wa alakāt el- 'amal fi nāh'iyati Tūnis fi awākhir al-karn al-tāsa' 'ashar wa bidāyat al-karn al 'ishrīn' (Thèse de doctorate de 3ème cycle, Université de Tunis).

BARGAOUI, S. (1983) 'Le phénomène de l'usure dans la Tunisie de 1881, in *Reáctions à l'ocupation française de la Tunisie en 1881* (Tunis: CNUDST).

BARKINDO, B. M. (ed.) (1978) *Sludies in The History of Kano* (Ibadan: Heinemann).

BARNES, J. A. (1951) *Marriage in a Changing Society: A Study in Structural Change among the Fort Jameson Ngoni* (London: OUP).

BARRETT, D. B. (1968) *Schism and Renewal in Africa* (Nairobi: OUP).

BARRY, B. (1972) *Le royaume du Waalo. Le Sénégal avant conquête* (Paris: Maspero).

BARTELS, F. L. (196,) *The Roots of Ghana Methodism* (Cambridge: CUP).

BARTH, H. (1857) *Travels and Discoveries in North and Central Africa* (5 vols, London: Longman, Brown, Green, Longmans and Robens).

BARTH, H. (1863) *Voyages et découvertes dans l'Afrique septentrionale et centrale pendant les annés 1849 à 1855* (4 vols, Paris: Bohné).

BASCOM, W. R. (1972) *Shango in The New World* (Austin: University of Texas Press).

BASTIN, JOHN (1965) *The British in West Sumatra, 1685-1825* (University of Malaya Press: Kuala Lumpur).

BASTIN, J. (1977). *A History of Modern Southeast Asia* (2nd edn, London: Prentice-Hall).

BATHURST, R. C. (1967) 'The Ya'rubi Dynasty of Oman', (DPhil. thesis, Oxford University).

BATRAN, A. A. (1972) 'Sidi al-Mukhtar al-Kunti and the recrudescense of Islam in the Western Sahara and the Middle Niger' (PhD thesis, University of Birmingham).

BATRAN, A. A. (1973) 'An introductory note on the impact of Sidi al-Mukhtar al-Kunti (1729-1811) on west African lslam in the 18th and 19th centuries', *JHSN*, 6, 4, pp. 347-52.

BATRAN, A. A. (1974) 'The Qadiriyya-Mukhtariyya Brotherhood in West Africa: the concept of Tasawwuf in the writings of Sidi al-Mukhtar al-Kunti', *TAJH*, 4, 1/2, pp. 41-70.

BATRAN, A. A. (1983) *Islam and Revolution in Africa: A Study in Arab-Islamic Affairs* (Brattleboro: Center for Arab and Islamic Studies).

BAYRAM, V. M. (1885) *Gafwat al-i'tibār* (Cairo).

BAZIN, J. AND TERRAY, E. (1982) *Guerres de lignages et guerres d'États en Afrique* (Paris: Archives contemporaines).

BDIRA, M. (1978) *Relations internationales et sous-développement: La Tunisie, 1857--1864* (Uppsala: Acta Univers Upsal.).

BEACH, D. (1977) 'The Shona economy: branches of production', in R. Palmer and N. Parsons (eds), pp. 37-65.

BEACH, D. (1980) *The Shona and Zimbabwe, 900-1850* (New York: Macmillan).

BEACHEY, R. W. (1967) 'The East African ivory trade in the nineteenth century,' *JAH*, 8, 2, pp. 269-90.

BEAN, R. (1975) *The British Trans-Atlantic Slave Trade, 1650-1775* (New York: Arne Press).

BEEMER, H. (1937) 'The development of the military organisation in Swaziland', *Africa*, 10, pp. 55- 74·

BEHRENS, C. (1974) *Les Kroumen de la côte occidentale d'Afrique* (Bordeaux CNRS, centre d'études de géographie Tropicale, Talence).

BEKE, C. T. (1867) *The British Captives in Abyssinia* (2nd edn, London: Longman, Green, Reader & Dyer).

BELLO, M. (1951) *Infaq al-Maisur* (ed. C. E.J. Whitting, London: Luzac).

BELLO, M. (1964) *Infaq al-Maisur* (ed. 'Ali 'Abd al- 'Azim, Cairo).

BELROSE-HUYGHES, V. (1975) 'Un exemple de syncrétisme esthétique au XIXe siècle: le Rova de Tananarive d'Andrianjaka à Radama Ier', *Omaly sy Anio*, I-2, pp. 273-307.

BELROSE-HUYGHES, V. (1977) 'Considération sur l'introduction de l'imprimerie à Madagascar', *Omaly sy Anio*, 5-6, pp. 89-105.

BELROSE-HUYGHES, V. (1978a) 'Le contact missionnaire au féminin: Madagascar et la LMS, 1795- 1835', *Omaly sy Anio*, 7-8, pp. 83-131.

BELROSE-HUYGHES, V. (1978b) 'Historique de la pénétration protestante à Madagascar jusqu' en 1829' (Thèse de 3ème cycle, Paris-Antananarivo).

BENACHENHOUR, A. (1966) *L'Etat algérien en 1830. Ses institutions sous l'émir Abd-el-Kader* (Algiers). Benedict, B. (1965) *Malritius: Problems of a Plural Society* (New York: Praeger).

BENNETT, N. R. (1968) 'The Arab impact', in B. A. Ogot and J. A. Kieran (eds), pp. 216-37.

BENNETT, N. R. (1974) 'The Arab impact', in B. A. Ogot (ed.), pp. 210-28.

BENNETT, N. R. (1978) *A History of the Arab State of Zanzibar* (London: Methuen).

BENNETT, N. R. (1981) *Mirambo of Tanganyika, 1840-1884* (New York: OUP).

BEN SALEM, L. (1982) 'Intérêt des analyses en termes de segmentarité pour l'étude des sociétés du Maghreb', *ROMM*, 33, pp. 113-35.

BERGER, I. (1981) *Religion and Resistance in East African Kingdoms in the Precolonial Period* (Tervuren: Musée Royale de l' Afrique Centrale).

BERLIN, I. AND HOFFMAN, R. (eds) (1983) *Slavery and Freedom in the Age of the American Revolution* (Charlottesville: University Press of Virginia).

BERNARD, A. (1906) *La pénétration saharienne (Algiers: Imprimerie Algérienne).*

BERNARD, A. AND LACROIX, N. (1906) *L'évolution du nomadisme en Algérie* (Paris: Challamel).

BERNTSEN, J. L. (1979) 'Pastoralism, raiding and prophets: Maasailand in the nineteenth century' (PhD thesis, University of Wisconsin, Madison).

BERQUE, J. (1978) *L'intérieur du Maghreb, XVe-XIXe siècle* (Paris: Gallimard).

BERTHO, J. (1949) 'La parenté des Yoruba aux peuplades du Dahomey et du Togo', *Africa*, 19, pp. 121-32.

BETHELL, L. (1970) *The Abolition of the Brazilian Slave Trade. Britain, Brazil and the Slave Trade Question, 1807-1869* (Cambridge: CUP).

BETTOLI, P. (1882) 'Tripoli commerciale', *L'Esploratore*, 6.

BHILA, H. H. K. (1972) 'Trade and the survival of an African polity: the external relations of Manyika from the sixteenth to the early nineteenth century', *Rhodesia History*, 3, pp. 11-28.

BIANCHI, G. (1886) *Alla terra dei Galla: narrazione della Spedizione Bianchi in Africa nel 1879-80* (Milan: Treves).

BIEBER, F. J. (1920-3) *Kaffa: ein altkuschilisches Volkstum in Inner Afrika* (Munster: W. Aschendorffsche Verlagsbuchhandlung).

BINGER, L.-G. (1892) *Du Niger au golfe de Guinée par le pays de Kong et le Mossi (1887-1889)* (2 vols, Paris: Hachette).

BIOBAKU, S. O. (1957) *The Egba and Their Neighbours* (Oxford: Clarendon Press). Bird, J. (ed.) (1888) *The Annals of Natal 1495-1845* (2 vols, Pietermaritzburg: Davis).

BIRKS, J. S. (1978) *Across the Savannahs to Mecca: The Overland Pilgrimage Route from West Africa* (London: Hurst).

BIRMINGHAM, D. (1976) 'The forest and the savanna of Central Africa', in J. E. Flint (ed.), pp. 222-69.

BIZZONI, A. (1897) *L'Eritrea nel passato e nel presente* (Milan: Sonzogno).

BLANC, H. (1868) *A Narrative of Captivity in Abyssinia* (London: Smith, Elder).

BOAHEN, A. A. (1964) *Britain, the Sahara, and the Western Sudan, 1788-1861* (Oxford: Clarendon Press). Boahen, A. A. (1966) *Topics in West African History* (London: Longman).

BOAHEN, A. A. (1974) 'Politics in Ghana, 1800-1874', in J. F. A. Ajayi and M. Crowder (eds), pp. 167-261.

BOAHEN, A. A. (1975) *Ghana: Evolution and Change in the Nineteenth and Twentieth Centuries* (London: Longman).

BOGDANOVITCH, M. N. (1849) *Algirija v novejchee vrenja* (St Petersburg).

BONNER, P. (1983) *Kings, Commoners and Concessionaires: The Evolution and Dissolution of the Nineteenth-Century Swazi State* (Cambridge: CUP).

BONTÉ, P. (1976) 'Structures de classe et structures sociales chez les Kel Gress', *ROMM*, 21, pp. 141-62.Bontinck, F. (1974) 'La double traversée de l'Afrique par trois Arabes de Zanzibar (1845-1860)', *Etudes d' Histoire africaine*, 6, pp. 5-53.

BOSWORTH, C. E., VAN DONZEL, E., LEWIS, B., PELLAT, C. (eds) (1978) *The Encyclopedia of Islam*, new edn., Vol. 4 (Leiden/London: Brill/Luzac).

BOTTE, R. (1982) 'La guerre interne au Burundi', in J. Bazin and E. Terray (eds). pp 269-317. Boudou, A. (1940-2) *Les jésuites à Madagascar aux XIXe siècle*. (Paris: Beauchesne).

BOUDOU, A. (1943) 'Le complot de 1857', in *Collection de Documents conçernant Madagascar et les pays voisins* (Paris: Académie Malgache).

BOUËT-WILLAUMEZ, E. (1846) *Description nautique des côtes de l'Afrique occidentale comprises entre le Sénégal et l' Equateur* (Paris: Imprimerie Nationale).

BOUËT-WILLAUMEZ, E. (1848) *Commerce et traite des noirs aux côtes occidentales d'Afrique* (Paris: Imprimerie Nationale).

BOULARD, M. (1958) 'Aperçu sur le commerce caravanier Tripolitaine-Ghet-Niger vers la fin du XIVe siècle', *Bulletin de Liaison Saharienne*, 9, pp. 202-15.

BOURDIEU, P. (1970) *Sociologie de l'Algérie* (3rd edn, Paris: PUF).

BOWDICH, T.E. (1819) *A Mission from Cape Coast Castle to Ashantee* (London: John Murray). Bowring, J. (1840) *Report on Egypt and Candia* Cmd Paper, (London).

BOWSER, F. P. (1974) *The African Slave in Colonial Peru, 1524-1650* (Stanford: SUP).

BOYD, J. (1982) 'The contribution of Nana Asma'u Fodio to the jihadist movement of Shehu Dan Fodio from 1820 to 1865' (MPhil thesis, North London Polytechnic).

BOYER, P. (1970a) 'Des pachas triennaux à la révolution d'Ali Khodja Dey (1571--1817)', *Revue Historique*, 244, 495, pp. 99-124.

BOYER, P. (1970b) 'Le problème kouloughli dans la Régence d'Alger', *ROMM*, numéro spécial, pp. 79-94.

BOYER, P. (1971) 'L'Odyssée d'une tribu saharienne: les Djerama, 1881-1929', *ROMM*, 10, pp. 27-54. Brasseur, P. (1975a) 'A la recherche d'un absolu missionnaire Mgr Truffet, vicaire apostolique des Deux-Guinées (1812-1847)', *CEA*, 15,2, pp. 259-85.

BRASSEUR, P. (1975 b) 'Missions catholiques et administration française sur la côte d' Afrique', *RFH OM*, 62, 3, pp. 415-46.

BRÉHIER, L. (1901) *L'Egypte de 1798 à 1900* (Paris: Combet). Brelsford, W. V. (1956) *The Tribes of Northern Rhodesia* (Lusaka). Brenner, L. (1973) *The Shehus of Kukawa* (Oxford: Clarendon Press).

BRENNER, L. AND COHEN, R. (1988) *Bonno in the 19th century* in J. F. A. Ajayi and M. Crowder (eds), *History of West Africa*, Vol. 2 (2nd edn, London, Longman) Bridge, H. (1845) *Journal of an African Cruiser* (London: Wiley & Putnam). Brignon, J. et al. (1967) *Histoire du Maroc* (Paris: Hatier).

BROADBENT, S. (1865) *A Narrative of the First Introduction of Christianity amongst the Barolong Tribe of Bechuanas, South Africa* (London: Wesleyan Mission House).

BROOKES, E. H. (1974) *White Rule in Southern Africa 1830-1910* (Pietermaritzburg: University of Natal Press).

BROOKES, E. H. AND WEBB, C. DE B. (1965) *A History of Natal* (Pietermaritzburg: University of Natal Press).

BROOKS, G. E. (1972) *The Kru Mariner in the Nineteenth Century* (Newark, Delaware: University of Delaware).

BROOKS, G. E. (1975) 'Peanuts and colonialism: consequences of the commercialization of peanuts in West Africa, 1830-70', *JAH*, 16, I, pp. 29-54.

BROWN, K. (1976) *People of Salé: Tradition and Change in a Moroccan City, 1830-1930* (Cambridge, Mass.: HUP).

BROWN, L. C. (1974) *The Tunisia of Ahmad Bey, 1837-1855* (Princeton: PUP). Brown, M. (1977) 'Ranavalona I and the missionaries 1828-40', *Omaly sy Anio*, 5-6, pp. 191-222. Brown, M. (1978) *Madagascar Rediscovered: A History from Early Times to Independence* (London: Damien Tunnacliffe).

BROWN, W. A. (1968) 'Towards a chronology of the caliphate of Hamdullahi (Māsina)', *CEA*, 7, 31, pp. 428-43.

BROWN, W. A. (1969) 'The caliphate of Hamdullahi, c.1818-1864: A study in African history and traditions' (PhD thesis, University of Wisconsin, Madison).

BROWNLEE, C. (1896) *Reminiscences of Kaffir Life and History, and Other Papers* (Lovedale: Lovedale Mission Press),

BRUNSCHWIG, H. (1963) *L'Avènement de l'Afrique Noire* (Paris: Colin).

BRYANT, A. T. (19²9) *Olden Times in Zululand and Natal* (London: Longmans, Green). Bryant, A. T. (1964) *A History of the Zulu and Neighbouring Tribes* (Cape Town: C. Strvik). Bugner, L. (ed.) (1980) *The Image of the Black in Western Art* (New York: William Morrow). Bull, M. M. (1972) 'Lewanika's achievement', *JAH*, 13, 4, pp. 463-72.

BUNDY, C. (1979) *The Rise and Fall of the South African Peasantry* (Berkeley: UCP). Burckhardt, J. L. (1829) *Travels in Arabia* (London: H. Colburn).

BUREAU, R. (1962) 'Ethno-sociologie religieuse des Duala et apparentés', *Recherches et Etudes Camerounaises*, 7/8, pp, 1-372.

BURKE III, E. (1972) 'The image of the Moroccan state in French ethnological literature: a new look at the origins of Lyautey's Berber policy', in E. Gellner and C. Micaud (eds).

BURKE III, E. (1976) *Prelude to the Protectorate in Morocco: Precolonial Protest and Resistance 1860-* 1912 (Chicago: Chicago University Press).

BURMAN, S. (1981) *Chiefdom Politics and Alien Law: Basutuland under Cape Rule, 1871-1884* (New York: Africana Publishing).

BURTON, R. F. (1860) *The Lake Regions of Central Africa* (2 vols, London: Longman, Green, Longman & Roberts).
BURTON, R. F. (1872) *Zanzibar; City, Island and Coast* (2 vols, London: Tinsley Brothers). Burton, R. F. (1894) *First Footsteps in East Africa* (London: Tylston & Arnold).
BURTON, R. F. (1964) *Pilgrimage to al-Madinah and Meccah* (2 vols, London: Dover).
BUSIA, K. A. (1951) *The Position of the Chief in the Modern Political System of Ashanti* (London: OUP). Butler, G. (1974) *The 1820 Settlers. An Illustrated Commentary* (Cape Town: Human & Rousseau).
CACHIA, A.J. (1975) *Libya Under the Second Ottoman Occupation, 1835-1911* (Tripoli).
CAILLÉ, J. (1951) *Charles Jagerschmidt, chargé d'affaires de France au Maroc (1820--1894)* (Paris: Larose).
CAILLÉ, R. (1830) *Journal d'un voyage à Tombuctou et à Jenné dans l'Afrique Centrale* (3 vols, Paris: Imprimerie Royale).
CAILLON-FILIET, O. (1978) 'Jean Laborde et l'Océan Indien' (thèse de 3e cycle, Université de Aix-en- Provence).
CAMERON, V. L. (1877) *Across Africa* (2 vols, 4th edn, London: Daldy, Isbister). Campbell, G. (1981) 'Madagascar and the slave trade, 1850-1895', *JAH*, 22, 2, pp. 203-28. Caplan, G. L. (1970) *The Elites of Barotseland 1878-1969* (Berkeley: UCP).
CARREIRA, A. (1947) *Mandingas da Guiné Portuguesa* (Bissau: Centro de Estudos da Guiné Portuguesa. Memórias n. 4).
CARRÈRE, F. AND HOLLE, P. (1855) *De la Sénégambie française* (Paris: Librairie de Firmin Didot Frères, Fils & Cie).
CASALIS, E. (1861) *The Basutos* (London: Nisbet).
CASSANELLI, L. V. (1982) *The Shaping of Somali Society* (Philadelphia: UPP).
CAULK, R. A. (1966) 'The origins and development of the foreign policy of Menilek II,1865-96' (PhD thesis, University of London).
CAULK, R. A. (1972) 'Firearms and princely power in Ethiopia in the nineteenth century', *JAH*, 13, 4, pp. 591-608.
CAUNEILLE, A. (1968) *Les Chaamba (leur nomadisme): évolution de la tribu durant l'administration française* (Paris: CNRS).
CECCHI, A. (1886-7) *Da Zeila alle frontiere del Caffa* (Rome: Loescher).
CERULLI, E. (1942) 'Gli Emiri di Harar dal secolo XVI, alia conquista egiziana', *Rassegna di Studi Etiopici*, 2.
CERULLI, E. (1943-47) *Etiopi in Palestina* (Rome: Libreria dello Stato).
CERULLI, E. (1957-64) *Somalia. Scritti vari editi ed inediti* (3 vols, Rome: Amministrazione Fiduciaria Italiana di Somalia).

CHAINE, M. (1913) 'Histoire du règne de Iohannès IV, roi d'Ethiopie (1868-1889)', *Revue Sémitique*, 21, pp. 178-91.

CHAMBERLIN, C. (1979) 'Bulk exports, trade tiers, regulation, and development: an economic approach to the study of West Africa's "Legitimate Trade"', *Journal of Economic History*; 39, 2, pp. 419-38.

CHATER, K. (1984) *Dépendance et mutations précoloniales. La Régence de Tunis de 1815 à 1857* (Tunis: Publications de l'Université de Tunis).

CHATTOPADHYAY, A. K. (1977) *Slavery in the Bengal Presidency; 1772-1843* (London).

CHAUDHURI, K. N. (1966) 'India's foreign trade and the cessation of the East India Company's trading activities, 1828-40', *Economic History Review,,* 2nd ser., 19, 2, pp. 345-63.

CHÉRIF, M. H. (1970) 'Expansion européenne et difficultés tunisiennes de 1815 à 1830', *Annales ESC,* 25,3, pp. 714-45.

CHÉRIF, M. H. (1977) 'Pays du Maghreb en voie de stabilisation', in A. Soboul et al. *Le siècle des Lumières. L'essor/1715-1750* (Paris: PUF), Vol. 2, pp. 907-21.

CHÉRIF, M. H. (1978) 'H'ammuda Pacha Bey et l'affermissement de l'antonomie tunisienne', in *Les Africains* (Paris: Jeune Afrique), Vol. 7, pp. 99-127.

CHÉRIF, M. H. (1979a) 'Pouvoir et société dans la Tunisie de H'usayn bin Ali, 1705--1740' (Thèse de doctorat d'Etat, Université de Paris, Sorbonne).

CHÉRIF, M. H. (1979b) 'Propriété des oliviers au Sahel dee débuts du XVIIe à ceux du XIXe siècle', in *Actes du Premier Congrès d' Histoire et de la Civilisalion du Maghreb* (Tunis: Centre d'Etudes et de Recherches Economiques et Sociales) Vol. 2, pp. 209-52.

CHÉRIF, M. H. (1980) 'Les mouvements paysans dans la Tunisie du XIXe siècle', *ROMM,* 30, pp. 21- 55.

CHÉRIF, M. H. (forthcoming) 'Al-lizma wal-lazzāma bi-Tūnis fī l-karn al-thāmin ashar', *Cahiers de Tunisie*.

CHÉRON, G. (1924) 'Contributions à l'histoire du Mossi: traditions relatives au cercle de Kaya', *BCEHSAOF,* 7, 4, pp. 634-91.

CHILDS, G. M. (1970) 'The chronology of the Ovimbundu Kingdom', *JAH,* II, 2, pp. 241-57.

CHILVER, E. M. (1961) 'Nineteenth century trade in the Bamenda Grassfields, Southern Cameroons', *Afrika und Übersee,* 14.

CHITTICK, H. N. AND ROTBERG, R. I. (1975) *East Africa and the Orient: Cultural Synthesis in Pre-colonial Times.* (New York: Africana Publishing).

CHRÉTIEN, J. P. (1981) 'Le commerce du sel de l'Uvinza au XIXe siècle: de la cueillette au monopole capitaliste', in *Le sol, la parole et l'écrit. Mélanges en hommage à Raymond Mauny* (2 vols, Paris: SFHOM), Vol. 2, pp. 919-40.

SFHOM), VOL. 2, PP. 919-40.

CHRISTALLER, J. G. (1875) *A Grammar of the Asante and Fante Languages* (Basel: Basel Evangelical Missionary Society).
CHRISTALLER, J. G. (1933) *Dictionary of the Asante and Fante Language* (2nd edn, first edn 1881, Basel: Basel Evangelical Missionary Society).
CLAPPERTON, H. (1829) *Journal of a Second Expedition into the Interior of Africa* (London: Murray).
CLARENCE-SMITH, W. G. (1979a) *Slaves, Peasants and Capitalists* in *Southern Angola, 1840-1926* (Cambridge: CUP).
CLARENCE-SMITH, W. G. (1979b) 'Slaves, commoners and landlords in Bulozi c.1875 to 1906', *JAH*, 20, 2, pp 219-34.
CLARENCE-SMITH, W. G. AND MOORSOM, R. (1975) 'Underdevelopment and class formation in Ovamboland, 1845-1915', *JAH*, 16,3, pp. 365-81.
COHEN, D. W. (1977) *Womunafu's Bunafu: A Study of Authority in a Nineteenth Century African Community* (Princeton: PUP).
COHEN, D. W. (1983) 'Food production and food exchange in the pre-colonial lakes plateau region of East Africa', in R. I. Rotberg (ed.) *Imperialism, Colonialism, and Hunger: East and Central Africa* (Lexington, Mass.: Lexington).
COHEN, D. W. (?) *Busoga, 1700-1900.*
COHEN, D. W. AND GREENE, J. P. (eds) (1972) *Neither Slave nor Free: The freedmen of African Descent in the Slave Societies of the New World* (Baltimore: JHUP).
COHEN, R. AND BRENNER, L. (1974) 'Bornu in the nineteenth century', in J. F. A. Ajayi and M. Crowder (eds), pp. 93-128.
COHEN, W. B. (1980) *The French Encounter with Africans: While Responses to Blacks, 1530-1880* (Bloomington: Indiana University Press).
COLEMAN, J. S. (1958) *Nigeria: Background to Nationalism* (Berkcley & Los Angeles: UCP).
COLLINS, R. O. (1975) *The Southern Sudan in Historical Perspective* (Tel Aviv, University of Tel-Aviv Students Association).
COLLINS, R. O. AND TIGNOR, R. L. (1967) *Egypt and the Sudan* (Englewood Cliffs, NJ: Prentice-Hall).
COLOMB, P. H. (1873) *Slave-Catching in the Indian Ocean* (London: Longmans, Green).
COLVIN, L. G. (1974) 'Islam and the state of Kajoor: a case of successful resistance to jihad', JAH, 15, 4, pp. 587-606.
COLVIN, L. G. (1981) *Historical Dictionary of Senegal* (Metuchen, NJ: Scarecrow Press).
COLVIN, L. G. (1982) *Kajor and the French. A Study of Diplomacy from the Slave Trade through the Conquest* (New York: Nok).
COMBES, E. AND TAMASIER, M. (1838) *Voyage en Abyssinie, dans le pays des Galla, de Choa et d'Ifat:* (4 vols, Paris: L. Dessessart).

CONRAD, R. (1972) *The Destruction of Brazilian Slavery, 1850-1888* (Berkcley: UCP). Conti Rossini, C. (1921) 'L'editto di ras Gugsa sui feudi', *Rassegna Coloniale*, I.

CONTI ROSSINI, C. (1947) 'Nuovi documenti per la storia d'Abissinia nel secolo XIX', *Atti del Accademia Nazionale dei Lincei*, 2.

COOPER, F. (1977) *Plantation Slavery on the East Coast of Africa* (New Haven and London: YUP). Coquery-Vidrovitch, C. (1971) 'De la traite des esclaves à l'exportation de l'huile de palme et des palmistes au Dahomey: XIXe siècle', in C. Meillassoux, (ed.), pp. 107-23.

COQUERY-VIDROVITCH, C. (1972) 'Research on an African mode of production', in M. A. Klein and G. W. Johnson (eds), pp. 33-52.

COQUERY-VIDROVITCH, C. (1976) 'La mise en dépendance de l'Afrique noire: essai de périodisation historique', *CEA*, 16, 1-2, pp. 7-58.

COQUERY-VIDROVITCH, C. AND MONIOT, H. (1974) *L'Afrique noire de 1800 à nos jours* (Paris: PUF). Cordell, D. D. (1972) 'The Awlad as Sulayman' (MA dissertation, University of Wisconsin, Madison). Cordell, D. D. (1977a) 'Eastern Libya, Wadai and the Sanūsīya: A tariqa and a trade route', *JAH*, 18, I, pp. 21-36.

CORDELL, D. D. (1977b) 'Dar al-Kuti: a history of the slave trade and state formation on the Islamic frontier in northern Equatorial Africa (Central African Republic and Chad) in the nineteenth and early twentieth centuries' (PhD thesis, University of Wisconsin).

CORNEVIN, R. (1962) *Histoire du Dahomey* (Paris: Berger-Levrault).

CORWIN, A.F. (1967) *Spain and the Abolition of Slavery in Cuba, 1817-1886* (Austin and London: University of Texas Press).

COUPLAND, R. (1933) *The British Anti-Slavery Movement* (Oxford: Clarendon Press). Coupland, R. (1938) *East Africa and its Invaders* (Oxford: Clarendon Prcss). Coupland, R. (1939) *The Exploitation of East Africa, 1856-1890* (London: Faber). Coursac, J. de (1926) *Une page de l'histoire d' Ethiopie. Le règne de Yohannès* (Romans).

COUSINS, W. E. (1895) *Madagascar of Today: A Sketch of the Island* (London: Religious Tract Society).

CRABITÈS, P. (1933) *Gordon, the Sudan and Slavery* (London: Routledge).

CRAHAN, M. AND KNIGHT, F. W. (eds) (1979) *Africa and the Caribbean, the Legacies of a Link* (Baltimore: JHUP).

CRATON, M. (1978) *Searching for the Invisible Man: Slaves and Plantation Life in Jamaica* (Cambridge, Mass: HUP).

CRATON, M. (ed.) (1979) *Roots and Branches: Current Directions in Slave Studies* (Oxford: Pergamon). Cronon, E. D. (1962) *Black Moses: The Study of Marcus Garvey* (Madison: UWP).

CROSBY JR, A. W. (1972) *The Columbian Exchange: Biological and Cultural Consequences of 1492* (Westport, Conn.: Greenwood Press).

CROUCHLEY, A. E. (1937) 'The development of commerce in the reign of Mohammad Ali', *L'Egyptte contemporaine*, 28.

CROUCHLEY, A. E. (1938) *The Economic Development of Modern Egypt* (London: Longmans, Green). Crurnrney, D. (1969) 'Tēwodros as reformer and modernizer', *JAH*, 10, 3, pp. 457-69.

CRURNRNEY, D. (1971) "The violence of Téwodros', *Journal of Ethiopian Studies*, 9, 2, pp. 107-25. Crurnrney, D. (1972) *Priests and Politicians: Protestant and Catholic Missions in Orthodox Ethiopia, 1830-1868* (Oxford: Clarendon Press).

CURNRNINGS, R. (1975) 'Aspects of human porterage with special reference to the Akamba of Kenya' (PhD thesis, University of California at Los Angeles).

CUNNISON, IAN (1959) *THE LUAPULA PEOPLES OF NORTHERN RHODESIA* (MANCHESTER: MUP).

CUNNISON, IAN (1966) 'KAZEMBE AND THE ARABS TO 1870', IN E. STOKES AND R. BROWN (EDS), PP. 226-37.

CURTIN, P. D. (ed.) (1967) *Africa Remembered* (Madison: UWP).

CURTIN, P. D. (1969) *The Atlantic Slave Trade: A Census* (Madison: UWP).

CURTIN, P. D. (1971) 'Jihad in West Africa: early phases and inter-relations in Mauritania and Senegal', *JAH*, 12, I, pp. 11-24.

CURTIN, P. D. (1975) *Economic Change in Pre-Colonial: Senegambia in the Era of the Slave Trade* (Madison: UWP).

CURTIN, P. D. (1976) 'Measuring the Atlantic slave trade once again: a comment', *JAH*, 17, 4, pp. 595- 605.

CURTIN, P. D. (1979) 'The African diaspora', in M. Craton (ed.), pp. 1-17.

CURTIN, P. D. (1981) 'The abolition of the slave trade from Senegambia', in D. Eltis and J. Walvin (eds), pp. 83-97.

CURTIN, P.D., FEIERMAN, S., THOMPSON, L. AND VANSINA, J. (1978) *African History* (Boston: Little, Brown).

CUYPERS, J. B. (1970) *L'alimentation chez les Shi* (Tervuren: Musée royal de l'Afrique centrale).

DACHS, A. (1972) 'Politics of collaboration: imperialism in practice', in B. Pachai (ed.) *The Early History of Malawi* (London: Longman), pp. 283-92.

DAGET, S. (1973) 'Les mots esclave, nègre, Noir et les jugements de valeur sur la traite négrière dans la littérature abolitionniste française, de 1770 à 1845', *RFHOM*, 60, 4, pp. 511-48.

DAGET, S. (1975) 'Long cours et négriers nantais du trafic illégal (1814-1833)', *RFHOM*, 62, 1-2, pp. 90-134.

DAGET, S. (1979) 'British repression of the illegal French slave trade: some considerations', in H. A. Gemery and J. S. Hogendorn (eds), pp. 419-42.

DAGET, S. (1980) 'Rôle ct contribution des états-côtiers dans l'évolution des rapports entre Africains et Européens du XVe au XIXe siècle', *Annales de l' Université d' Abidjan* sér. *D. (Lettres)*, 13, pp. 311- 36.

DAGET, S. (1983) *Catalogue analytique des armements français soupçonnés de participation au trafic négrier illégal, 1814-1867* (Paris: SFHOM).

D'ALMEIDA, D. (1973) 'Le Dahomey et l'administration coloniale française' (Diplôme des Sciences Economiques et Sociales, Viè section, Université de Paris, Sorbonne).

DARKWAH, R. H. (1975) *Shewa, Menilek and the Ethiopian Empire, 1813-1889* (London: Heinemann). Davenport, T. R. H. (1969) 'The consolidation of a new society: the Cape Colony', in M. Wilson and L. Thompson, (eds), pp. 272-333.

DAVENPORT, T. R. H. (1978) *South Africa: A Modern History* (2nd edn, London: Macmillan). David, R. (1970) 'Negro contributions to the exploration of the globe', in J. S. Roucek and T. Kiernan (eds) *Thee Negro Impact on Western Civilization* (New York: Philosophical Library).

DAVIS, D. B. (1966) *The Problem of Slavery in Western Culture* (Ithaca: Cornell University Press). Davis, D.B. (1975) *The Problem of Slavery in the Age of Revolution, 1770-1823* (lthaca: Cornell University Press).

DAVIS, R. (1973) *The Rise of the Atlantic Economies* (Ithaca: Cornell University Press).

DAVIS, R. W. (1976) *Ethnolinguistic Studies on the Kru Coast, Liberia* (Newark, Delaware: Liberian Studies Association).

DE COSSON, E. A. (1877) *The Cradle of the Blue Nile* (London).

DE KIEWIET, C. W. (1937) *The Imperial Factor in South Africa* (Cambridge: CUP).

DE KIEWIET, C. W. (1968) *A History of South Africa, Social and Economic* (London: OUP). Dean, W. (1976) *Rio Claro: A Brazilian Plantation System, 1820-1920* (Stanford: SUP).

DEBBASCH, Y. (1961-2) 'Le marronage: essai sur la désertion de l'esclavage antillais', *L'Année Sociologique.*

DEBRUNNER, H. W. (1967) *A History of Christianity in Ghana* (Accra: Waterville).

DECARY, R. (ed.) (1939) *Les Voyages du lieutenant de vaisseau Frappaz dans les mers des Indes* (Tananarive: Académie malgache).

DECARY, R. (1960) *L'île Nosy Bé de Madagascar: histoire d'une colonisation* (Paris).

DEGLER, C. (1971) *Neither Black nor White: Slavery and Race Relations in Brazil and the United States* (New York: Macmillan).

DELAFOSSE, M. (1972) *Haut-Sénégal-Niger* (2 vols, Paris: Maisonneuve & Larose).

DELIUS, P. (1980) 'Migrant labour and the Pedi, 1840-80', in S. Marks and A. Atmore (eds), pp. 293-312.

DELIVRÉ, A. (1974) *L'Histoire des rois d'Imerina, Interprétation d'une tradition orale* (Paris: Klincksieck).

DELMOND, P. (1953) 'Dans la Boucle du Niger. Dori, ville peul', in *Mélanges ethnologiques* (Mémoires d'IFAN, 23, Dakar: IFAN), pp. 9-109.

DELVAL, R. (1964) *Radama II: Prince de Ia Renaissance Malgache, 1861-1863* (Paris: Editions de l'Ecole).

DENEVAN, W. M. (ed.) (1976) *The Native Population of the Americas in 1492* (Madison: UWP). Deng, F. M. (1978) *Africans of two Worlds* (New Haven & London: YUP).

DENIS, P. (1961) *Histoire des Mangbetu et des Matshaga jusqu'a l'arrivée des Belges* (Tervuren: Musée royal de l' Afrique eentrale).

DENOON, D. (1973) *Southern Africa since 1800* (New York: Praeger).

DERMAN, W. (1973) *Serfs, Peasants, and Socialists* (Berkeley & Los Angeles: UCP).

DERRICOURT, R. (1974) 'Settlements in the Transkei and Ciskei before the Mfecane', in C. Saunders and R. Derricourt (eds), pp. 39-82.

DESCHAMPS, H. (1951) *Madagascar, Comores, Terres australes* (Paris: Berger-Levrault). Deschamps, H. (1960) *Histoire de Madagascar* (Paris: Berger-Levrault).

DESCHAMPS, H. (1965) *Quinze ans de Gabon: Les débuts de l'etablissement français 1839-1853* (Paris: SFHOM).

DEZ, J. (1967) 'Le Vakinankaratra, esquisse d'une histoire régionale', *Bulletin de Madagascar*, 256, pp.657-702.

DIALLO, D. S. (1977) 'Origines de la guerre civile au Kaarta sous le règne de Mamary Kandia (1842- 1855*)', Notes Africaines*, 53, pp. 9-10.

DIALLO, H. (1979) *Le Jelgooji et le Liptako.*

DIALLO, T. (1972) *Les institutions politiques du Fouta Djalon au XIXe siècle (Fifi Laamu Alsilaamaaku Fuuta Jallo)* (Dakar: IFAN, Initiations ct Etudes Africaines, 28).

DIARAH, F. B. S. (1982) 'L'organisation politique du Maçina (Diina) 1818 -1862' (Thèse de 3ᵉ eycle, Université de Paris I).

DIAS, J. R. (1981) 'Famine and disease in the history of Angola c.1830-1930', *JAH*, 22, 3, pp. 349- 79.

DICKSON, H. R. (1941) *The Arab of the Desert* (London: Allen & Unwin).

DIKE, K. O. (1956) *Trade and Politics in the Niger Delta, 1830- 1885: An Introduction to the Economic and Political History of Nigeria* (Oxford: Clarendon Press).

DJEGHLOUL, A. (1976) 'La formation sociale algérienne à la veille de la colonisation', *La Pensée*, 185, pp.61-81.

DJIRDJIS, F. (1958) *Dirāsāt fī tārīkh Misr al-siyāsī mundhou-'l 'asr al-Mamlūkī* (Cairo: Al-Dar al-Micriyyahli'-l-Kotob).

DODWELL, H. H. (ed.) (1920) *Records of Fort St. George: Calendar of Madras Despatches* (Madras: Government Press).

DODWELL, H. H. (1931) *The Founder of Modern Egypt; a Study of Muhammad 'Ali* (Cambridge: CUP). Doughty, C. (1926) *Travels in Arabia Deserta* (London: Cape).

DOUIN, G. (1933-41) *Histoire du règne de Khédive Ismaïl* (3 vols, Rome: Soeiété Royale de Géographie d'Egypte).

DRACHOUSSOFF, V. (1947) 'Essai sur l'agriculture indigène au Bas-Congo', *Bulletin agricole du Congo belge et du Ruanda-Urandi*.

DRAKE, B. K. (1976) 'Continuity and flexibility in Liverpool's trade with Africa and the Caribbean', *Business History*, 18, I, pp. 85-97.

DRESCHER, S. (1976) 'Le "déclin" du système esclavagiste britannique et l'abolition de la traite', *Annales ESC*, 31, 2, pp. 414-35.

DRESCHER, S. (1977) *Econocide. British Slavery in the Era of Abolition* (Pittsburgh: Pittsburgh University Press).

DUBIEF, J. (1973) 'Les pluies, les crues et leurs effets au Sahara', in *Maghreb et Sahara: études geographiques offertes à Jean Despois* (Paris: Société de Géographie), pp. 125--30.

DUFTON, H. (1867) *Narrative of a Journey through Abyssinia in 1862-3* (London: Chapman & Hall). Dugmore, R. H. (1958) *The Reminiscences of an Albany Settler* (ed. by E. Van der Riet and L. A. Hewson, Cape Town: Grocott & Sherry).

DUMETT, R. E. (1971) 'The rubber trade of the Gold Coast and Asante in the nineteenth century: African innovation and market responsiveness', *JAH*, 12, I, pp. 79-101.

DUMINY, A. AND BALLARD, C. (eds) (1981) *The Anglo-Zulu War: New Perspectives* (Pietermaritzburg: University of Natal Press).

DUMONT, F. (1974) *L'Anti-Sultan ou Al-J-Hajj Omar Tal du Fouta, Combattant de la foi* (Dakar and Abidjan: NEA).

DUNN, R. E. (1971) 'The trade of Tafilat: commercial change in south-east Morocco on the eve of the Protectorate', *AHS*, 4, 2, pp. 271-304.

DUNN, R. E. (1972) 'Berber imperialism: the Ait Atta expansion in southeast Morocco', in E. Gellner and C. Micaud (eds), pp. 85- 107.

DUNN, R. E. (1977) *Resistance in the Desert: Moroccan Responses to French Imperialism, 1881-1912* (London: Croom Helm).

DUNN, R. S. (1972) *Sugar and Slaves: The Rise of the Planter Class in the English West Indies, 1624-1713* (Chapel Hill: University of North Carolina Press).

DUPRE, G. AND MASSALA, A. (1975) 'Marchés et pouvoir chez les Beembe', *Annales ESC*, 30, 6, pp. 1447,6.

DUPUIS, J. (1824) *Journal of a Residence in Ashantee* (London: Henry Colburn).

DURAND, P. (1930) 'Boujad, ville sainte', *Renseignements Coloniaux*, February 1980, pp. 65-77. Dye, W. McE. (1880) *Moslem Egypt: and Christian Abyssinia* (New York: Atkin & Prout).

ECHARD, N. (1975) 'L'expérience du passé: histoire de la société paysanne hausa de L'Ader', *Etudes nigériennes*, Niamey (IRSH). 36.

EHRENSAFT, P. (1972) 'The political economy of informal empire in pre-colonial Nigeria, 1807-1884', *CJAS*, 6,3, pp. 451-90.

EKECHI, F. K. (1972) *Missionary Enterprise and Rivalry* in *Igboland 1857-1914* (London: Frank Cass). Ekejiuba, F. I. (1972) 'The Aro systems of trade in the nineteenth century', *Ikenga*, I, I, pp. II-26; I, 2, pp. 10-21.

EKMAN, E. (1975) 'Sweden, the slave trade and slavery', *RFHOM*, 62, 226-7, pp. 221-31.

ELANGO, L. Z. (1974) 'Bimbia and British in the nineteenth century, 1833-1879. A study in Anglo- Bimbian trade and diplomatic relations' (unpublished PhD, Boston University)

ELISSEEV, A. V. (1896) *Po belu svetu. Otcherki i Kartiny iz poutechestvii pe trjom tchastjam starogo sveta* (St Petersburg: Sejkin).

ELLENBERGSR, D. AND MACGREGOR, J. (1912) *A History of the Basuto, Ancient and Modern* (London). Ellis, S. (1980) 'Resistance or collaboration: the Menalamba in the kingdom of Imerina, 1895-1899' (DPhil thesis, Oxford University).

ELLIS, W. (1838) *History of Madagascar* (2 vols, London: Fisher).

ELLIS, W. (1858) *Three Visits to Madagascar During the Years 1853-1854-1856* (London: Murray). Ellis, W. (1867) *Madagascar Revisited: Describing the Events of a New Reign and the Revolution which followed* (London: Murray).

ELLIS, W. (nd, preface 1869) *The Marty Church: A Narrative of the Introduction, Progress and Triumph of Christianity* in *Madagascar* (London: Snow).

ELTIS, D. (1977) 'The export of slaves from Africa, 1821-1843', *Journal of Economic History*; 37, 2, pp. 409-33.

ELTIS, D. (1979) 'The direction and fluctuation of the transatlantic slave trade, 1821--1843: a revision of the 1845 Parliamentary Paper', in H. A. Gemery and J. S. Hogendorn (eds), pp. 273-302.

ELTIS, D. AND WALVIN, J. (eds) (1981) *The Abolition of the Atlantic Slave Trade. Origins and Effects in Europe, Africa and the Americas* (Madison: UWP).

ENGERMAN, S. L. AND GENOVESE, E. D. (eds) (1975) *Race and Slavery in the Western Hemisphere: Quantitative Studies* (Princeton: PUP).

ERCKMANN, J. (1885) *Le Maroc moderne* (Paris: Challamel).

ESOAVELOMANDROSO, M. (1978a) 'Notes sur l'enseignement sous Ranavalona Ière: l'instruction réservée à l'élite', *Ambario*, 2-3, pp. 283-90.

ESOAVELOMANDROSO, M. (1978b) 'Religion et politique: l'évangélisation du pays betsimisarka à la fin du XlXe siècle,' *Omaly sy Anio*, 7-8, pp. 7-42.

ESTERMANN, C. (1956-61) *Etnografia do sudoeste de Angola* (3 vols, Lisbon: Junta de Investigações do Ultramar).

ETHERINGTON, N. A. (1979) 'Labour supply and the genesis of South African confederation in the 1870S', *JAH*, 20,2, pp. 235-53.

ETHERINGTON, N. A. (1981) 'Anglo-Zulu relations, 1856-78', in A. Duminy and C. Ballard (cds), pp. 13-52.

EVANS-PRITCHARD, E. E. (1949) *The Sanusi of Cyrenaica* (London: OUP).

FAGE, J. D. (1959) *An Introduction to the History of West Africa* (2nd edn, Cambridge: CUP).

FAGE, J. D. (1975) 'The effect of the export slave trade on African population', in R. P. Moss and R. J. Rathbone (eds), *The Population Factor in African Studies* (London: University of London Press), pp. 15-23.

FAHMY, M. (1954) *La révolution de l'industrie en Egypte et ses conséquences sociales au XIXe siècle (1800-1850)*, (Leiden: Brill).

FAIDHERBE, L. (1863) *L'Avenir du Sahara et du Soudan* (Paris: Librairie Challamel Aine).

FANTAHUN BIRHANE (1973) 'GOJJAM 1800--1855' (FOURTH-YEAR STUDENT ESSAY, HAILE SELLASSIE I UNIVERSITY, ADDIS ABABA).

FARSY, A. S. (1942) *Seyyid Said bin Sultan* (Zanzibar: Mwongozi Printing Press). Fauroux, E. (1970) 'Le royaume d'Ambohidranandriana', *Taloka*, 3, pp. 55-83. Feierman, S. (1974) *The Shambaa Kingdom: A History* (Madison: UWP).

FEO CARDOSO, J. C. (1825) *Memorias contendo a biographia do vice almirante Luiz da Motta Feo e Torres* (Paris: Fantin).

FÉRAUD, L. C. (1927) *Annales tripolitaines* (Tunis /Paris: Tournier/ Vuibert).

FERRANDI, U. (1903) *Seconda spedizione Bòttego, Lugh, emporio commerciale sul Giuba* (Rome: Società geografica italiana).

FERRET, P. V. AND GALINIER, J. G. (1847-8) *Voyage en Abyssinie* (Paris: Paulin).

FILLIOT, J. M. (1974) *La traite des esclaves vers les Mascareignes au XVIIIe siècle* (Paris: ORSTOM). Finley, M.I. (1976) 'A peculiar institution', *Times Literary Supplement*, 3877, pp. 819-21.

FISHER, H.J. AND ROWLAND, V. (1971) 'Firearms in the Central Sudan', *JAH*, 12, 3, pp. 215-39. Flint, E. (1970) 'Trade and politics in Barotseland during the Kololo period', *JAH*, 11, I, pp. 71-86. Flint, J. E. (1963) 'The wider background to partition and colonial occupation', in R. Oliver and G. Mathew (eds), pp, 352-90.

FLINT, J. E. (1974) 'Economic change in West Africa in the nineteenth century', in J. F. A. Ajayi and M. Crowder (eds), pp. 380-401.

FLINT, J. E. (ed.) (1976) *The Cambridge History of Africa, Vol. 5, from c.1790 to c.1870* (Cambridge: CUP).

FLORENT, H. (1979) *Le gouvernement de Tamatave de 1864 à 1882. Développement economique* (Tananarive: TER, Département d'histoire).

FOGEL, R. W. AND ENGERMAN, S. L. (1974) *Time on the Cross: The Economics of American Negro Slavery* (2 vols, Boston: Little, Brown).

FOLAYAN, K. (1967) 'The Egbado and Yoruba-Aja power politics, 1832-1894' (MA thesis, University of Ibadan).
FOLAYAN, K. (1972) 'Tripoli and the war with the USA, 1801-5', *JAH*, 13, 2, pp, 261-70.
FONER, L. (19870) 'The free people of color in Louisiana and St Dominique: a comparative portrait of two three-caste slave societies', *Journal of Social History;* 3, 4, pp. 406-30.
FORDE, D. (1951) *The Yoruba-speaking Peoples of South-Western Nigeria* (London: IAI). Forde, D. (ed.) (1956) *Efik Traders of Old Calabar* (London: OUP).
FORDE, D. (ed.) (1967) *West Africa. Kingdoms in the Nineteenth Century* (London: OUP).
FORDE, D. AND JONES, G.I. (1950) *The Ibo and Ibibio-speaking Peoples of South-Eastern Nigeria* (London: IAI).
FOSTER, P. (19⁶5) *Education and Social Change in Ghana* (London: Routledge, Kegan Paul). Franklin, J. H. (19⁶9) *From Slavery to Freedom: A History of Negro-Americans* (3rd edn, New York: Knopf).
FREEMAN, R. A. (1898) *Travels and Life in Ashanti and Jaman* (London: Constable).
FREEMAN, T. B. (1843) *Journal of Two Visits to the Kingdom of Ashantee in Western Africa* (London: Mason).
FREEMAN-GREENVILLE, G. S. P. (1962) *The East African Coast: Select Documents* (Oxford: Clarendon Press).
FREEMAN-GREENVILLE, G. S. P. (1963) 'The coast, 1498-1840', in R. Oliver and G. Mathew (eds), pp. 129-68.
FREEMAN-GREENVILLE, G. S. P. (1965) *The French At Kilwa Island* (Oxford: Clarendon Press). Freund, W. M. (1974) 'Thoughts on the study of the history of the Cape eastern frontier zone', in C. Saunders and R. Derricourt (eds), pp. 83-99.
FROST, J. (1974) 'A history of the Shilluk of the southern Sudan' (PhD thesis, University of California, Santa Barbara).
FULTON, R. M. (1968) 'The Kpelle traditional political system', *Liberian Studies Journal,* I, I, pp. 1-19.
FYFE, C. (1962) *A History of Sierra Leone* (Oxford: Clarendon Press).
FYFE, C. (1963) *Sierra Leone Inheritance* (London: OUP).
FYFE, C. (1972) *Africanus Horton, 1835-1883* (New York: OUP).
FYFE, C. (ed.) (1978) *African Studies since 1945: A Tribute to Basil Davidson* (London: Longman). Fyle, C. M. (1981) *The History of Sierra Leone: A Concise Introduction* (London: Evans).
FYNN, H. (1888) in J. Bird (ed.) *Annals of Natal 1495-1845* (2 vols, Pietermaritzburg: Davis).

FYNN, J. K. (1974) 'The structure of Greater Ashanti: another view', *THSG*, 15, I, pp. 1-22.

GABIRA MADIHIN KIDANA (1972) 'YOHANNES IV: RELIGIOUS ASPECTS OF HIS INTERNAL POLICY' (FOURTH-YEAR STUDENT ESSAY HAILE SELLASSIE I UNIVERSITY, ADDIS ABABA).

GALBRAITH, J. S. (1970) 'Myth of the "Little England" era', in A. G. L. Shaw (ed.) *Great Britain and the Colonies, 1815-1865* (London: Methuen), pp, 27-45.

GALLAGHER, J. AND ROBINSON, R. (1953) 'The imperialism of free trade', *Economic History Review*, 6, I.

GALLISOT, R. (1965) 'Abdelkader et la nationalité algérienne', *Revue Historique*, 89, 2, pp. 339-68. Gallisot, R. and Valensi, L. (1968) 'Le Maghreb précolonial: mode de production archaique ou mode de production féodal', *La Pensée*, 142, pp. 57-93.

GANIAGE, J. (1959) *Les origines du protectorat français en Tunisie (1861-1881)* (Paris: PUF).

GANN, L. (1972) 'The end of the slave trade in British Central Africa: 1889-1912', in M. Klein and G. W. Johnson (eds).

GANN, L. H. AND DUIGNAN, P. (eds) (1969) *Colonialism in Africa, 1870-1960, Vol. I: The History and Politics of Colonialism 1870-1914* (Cambridge: CUP).

GANN, L. H. AND DUIGNAN, P. (eds) (1970) *Colonialism in Africa, 1870-1960, Vol.2: The History and Politics of Colonialism 1914-1960* (Cambridge: CUP).

GARDEL, G. (1961) *Les Touareg Ajjer* (Algiers: Baconnier).

GBADAMOSI, T. G. (1979) *The Growth of Islam among the Yoruba* (London: Longman). Gellner, E. (1969) *Saints of the Atlas* (London: Weidenfeld & Nicolson).

GELLNER, E. (1972) 'Religious and political organisation of the Berbers of the central High Atlas', in E. Gellner and C. Micaud (eds), pp. 59-66.

GELLNER, E. (1978) 'Review of C. L. Brown, *The Tunisia of Ahmed Bey, 1837-1855*', *Middle Eastern Studies*, 14, I, pp. 127-30.

GELLNER, E. AND MICAUD, C. (eds) (1972) *Arabs and Berbers. From Tribe to Nation in North Africa* (London: Duckworth).

GEMERY, H. A. AND HOGENDORN, J. S. (eds) (1979) *The Uncommon Market. Essays in the Economic History of the Atlantic Slave Trade* (New York: Academic Press).

GENOVESE, E. D. (1968) *Economie politique de l'esclavage* (Paris: Maspero).

GENOVESE, E. D. (1974) *Roll, Jordan, Roll: The World the Slaves Made* (New York: Pantheon). Gerresch, C. (1976) 'Une lettre d'Ahmed al-Bakkay de Tombouctou à Al-Hajj Umar', *BIFAN (B)*, 28, pp. *890-903*.

GHÜRBAL, M. S. (1928) *The Beginnings of the Egyptian Question and the Rise of Mehemet Ali: A Study in the Diplomacy of the Napoleonic Era based on Researches in the British and French Archives* (London: Routledge, Kegan Paul).

GHURBĀL, M. S. (1944) *Mohammad- 'Ali al-Kabir* (Cairo: Dar Ihya al-Kotob al-'Arabiyyah). Gibb, H. A. R. and Bowen, H. (1950) *Islamic Society and the West* (London: OUP). Gibson, C. (1967) *Spain in America* (New York: Harper).

GIRARD, S. (1873) *Souvenir d'un voyage en Abyssinie* (Paris).

GIRAULT, L. (1959) 'Essai sur les religions des Dagara', *BIFAN*, 21, pp. 329-56. Gluckman, M. (1963) 'The rise of a Zulu empire', *Scientific American*, 202.

GOBAT, S. (1834) *Journal of a Three Years' Residence in Abyssinia* (London: Hatchard and Son). Godelier, M. (1975) 'Modes of production, kinship and demographic structure', in M. Bloch (ed.), *Marxist Analysis and Social Anthropology* (London: Malaby), pp. 3-29.

GOERG, O. (1980) 'La destruction d'un réseau d'échange précolonial: l'exemple de la Guinée', *JAH*, 21,4, pp. 467-84.

GOOD, C. M. (1972) 'Salt, trade and disease: aspects of development in Africa's northern great lakes region', *IJAHS*, 5,4, pp. 543-86.

GOODFELLOW, C. F. (1966) *Great Britain and South African Confederation 1870--1881* (Cape Town: OUP).

GORDON, C. G. (1902) *Letters of General C. C. Gordon to his sister M. A. Gordon* London: Macmillan and Co; New York: The MacMillan Company

GOUROU, P. (1955) *La densité de la population rurale au Congo belge* (Brussels: ARSC).

GOUROU, P. (1971) 'Favourable or hostile physical environments', in *Leçons de géographie tropicale*, (The Hague-Paris: Mouton), pp. 89-90.

GOW, B. A. (1979) *Madagascar and the Protestant Impact: The Work of the British Missions, 1818--95* (London: Longman).

GRAN, P. (1979) *Islamic Roots of Capitalism: Egypt 1760-1840* (Austin & London: University of Texas Press).

GRANDIDIER, A. AND GRANDIDIER, G. (eds) (1942) *Histoire Physique, Naturelle et Politique de Madagascar* (36 vols, Paris: Imprimerie Nationale).

GRAY, J. M. (1947) 'Ahmed b. Ibrahim - the first Arab to reach Buganda', *UJ*, II, pp. 80-97.

GRAY, J. M. (1957) 'Trading expeditions from the coast to Lakes Tanganyika and Victoria before 1857', *TNR*, 2, pp. 226-47.

GRAY, J. M. (1962) *History of Zanzibar from the Middle Ages to 1856* (London: OUP).

GRAY, J. M. (1963) 'Zanzibar and the coastal belt, 1840-1884', in R. Oliver and G. Mathew (eds), pp. 212-51.

GRAY, R. (1965) 'Eclipse maps', *JAH*, 6, 3, pp. 251-62.

GRAY, R. (1970) *A History of the Southern Sudan, 1839-1889* (Oxford: Clarendon Press).

GRAY, R. AND BIRMINGHAM, D. (eds) (1970) *Pre-colonial African Trade: Essays on Trade in Central and Eastern Africa before 1900* (London: OUP).
GREAT BRITAIN, HOUSE OF COMMONS (1868) *CORRESPONDENCE RESPECTING ABYSSINIA 1846--1868* (LONDON).
GREEN, A. H. (1978) *The Tunisian Ulama, 1873-1915* (Leyden: Brill).
GREEN, W. A. (1974) 'The West Indies and British West African policy in the nineteenth century: a corrective comment', *JAH*, 15,2, pp. 247-59.
GREEN-PEDERSEN, S. E. (1975) 'The history of the Danish slave trade, 1733--1807', *RFHOM*, 62, 226- 7, pp. 196-220.
GREENBERG, J. H. (1966) *Languages of Africa* (Bloomington: Indiana University Press). Greenfield, R. (1965) *Ethiopia: A New Political History* (London: Pall Mall).
GROVES, C. P. (1954) *The Planting of Christianity in Africa*, Vol. 2 (London: Lutterworth).
GUÈBRÈ SELLASSIÉ, G. (1930-2) *Chronique du règne de Ménélik II, roi des rois d' Ethiopie* (Paris: Maisonneuve).
GUILHEM, H. AND HEBERT, J. (1961) *Précis d'Histoire de Ia Haute-Volta* (Paris: Ligel).
GUILLAIN, C. (1845) *Documents sur l'histoire, Ia géographie et le commerce de la partie occidentale de Madagascar* (2 vols, Paris: Imprimerie Royale).
GUILLAIN, C. (1856) *Documents sur l'histoire, Ia géographie et le commerce de l'Afrique Occidentale* (2 vols, Paris: Bertrand).
GUILLAUME, H. (1976) 'Les liens de dépendance à l'époque précoloniale, chez les Touaregs de l'Imannen (Niger)', *ROMM*, 21, pp. 111-29.
GULLIVER, P. H. (1955) 'A history of the Songea Ngoni', *TNR*, 41, pp. 16-30.
GULLIVER, P. H. (1963) *Social Control in an African Society: A Study of the Arusha Agricultural Maasai of Northern Tanganyika* (London: Routledge, Kegan Paul).
GUTMAN, H. G. (1975) *Slavery and the Numbers Came. A Critique of Time on the Cross* (Urbana: University of Illinois Press).
GUY, J. (1977) 'Ecological factors in the rise of Shaka and the Zulu kingdom', (paper read at the Conference on Southern African History, National University of Lesotho, 1-6 August 1977).
GUY, J. (1980) *The Destruction of the Zulu Kingdom. The Civil War in Zululand 1879--1884* (London: Longman).
GUY, J. (1981) 'The role of colonial officials in the destruction of the Zulu kingdom', in A. Duminy and C. Ballard (eds), pp. 148-69.
GWEI, S. N. (1966) *History of the British Baptist Mission in Cameroons with beginnings in Fernando Po 1841-1866* (unpublished mémoire de maitrise, Séminaire de théologie baptiste, Rushlikon-Zurich).
AL-HACHAICHI, M. (1912) *Voyage au pays senoussiya* (Paris: Challamel).

HAFKIN, N. (1973) 'Trade, society and politics in northern Mozambique' (PhD thesis, Boston University).
HAIR, P. (1963) 'Notes on the discovery ofthe Vai script', *Sierra Leone Language Review*, 2. al-Hajj, M. A. (1964) 'The Fulani concept of jihad', *Odu*, I, pp. 45-58.
AL-HAJJ, M. A. (1967) 'The 13th century in Muslim escatology: Mahdist expectations in the Sokoto caliphate', *Research Bulletin, Centre for Arabic Documentation* (Ibadan), 3, 2, pp. 100-15.
HALIBURTON, G. M. (1971) *The Prophet Harris* (London: Longman).
HALL, G. M. (1971) *Social Control in Slave Plantation Societies: A Comparison of St Domingue and Cuba* (Baltimore: JHUP).
HAMANI, D. (1975) *Contribution a l'étude de l'histoire des états Hausa: l'Adar précolonial* (Niamey: IRSH).
HAMANI, D. (1979) 'Adar, the Touareg and Sokoto', in Y. B. Usman (ed.) *Studies in the History of the Sokoto Caliphate* (Sokoto: State History Bureau), pp. 392-407.
HAMID, A. A. A. (1980) 'Abdullah b. Fudi as an exegetist' (PhD thesis, Ahmadu Bello University, Zaria). Hamilton Jr, R. G. (1970) 'The present state of African cults in Bahia', *Journal of Social History*, 3, 4, pp. 356-73.
HAMMOND, R.J. (1966) *Portugal and Africa, 1815-1910* (Stanford: SUP).
HAMMOND, R.J. (1969) 'Uneconomic imperialism: Portugal in Africa before 1910', in L. H. Gann and P. Duignan (eds), pp. 352-82.
HANCOCK, W. K. (1942) *Survey of British Commonwealth Affairs, Vol. 2: Problems of Economic Policy, 1918-39* (London: OUP).
HANKE, L. (1970) *Aristotle and the American Indians: A Study in Race Prejudice in the Modern World* (Bloomington: Indiana University Press).
HARDYMAN, J. T. (1977) 'Malagasy refugees to Britain, 1838-41', *Omaly sy Anio*, 5-6, pp. 141-89. Harries, L. (1961) *Swahili Poetry* (Oxford: Clarendon Press).
HARRIES, P. (1981) 'Slavery, social incorporation and surplus extraction: the nature of free and unfree labour in south-east Africa', *JAH*, 22, 3, pp. 309-30.
HARRIS, M. (1964) *Patterns of Race in the Americas* (New York: Walker).
HARRIS, R. (1972) 'The history of trade at Ikom, Eastern Nigeria', *Africa*, 63, 2, pp. 122-39.
HARRIS, R. (1982) 'The horse in West African history', *África*, 52, I, pp. 81-5. Harris, W. c. (1844) *The Highlands of Ethiopia* (London: Longman).
HART, D. M. (1966) 'Segmentary system and the role of "five-fifths" in tribal Morocco', *ROMM*, 3, pp. 65-95.
HART, D. M. (1970) 'Conflicting models of Berber tribal structure in the Moroccan Rif: the segmentary alliance systems of the Aith Waryachar', *ROMM*, 7, pp. 93-100.
HARTWIG, G. W. (1970) 'The Victoria Nyanza as a trade route in the nineteenth century', *JAH*, 11, 4, pp. 535-52.

HARTWIG, G. W. (1976) *The Art of Survival in East Africa: The Kerebe and Long--Distance Trade, 1800-* 1895 (New York: Africana Publishing).

HARTWIG, G. W. (1978) 'Social consequences of epidemic diseases: the nineteenth century in eastern Africa', in G. W. Hartwig and K. D. Patterson (eds), pp. 25-42.

HARTWIG, G. W. AND PATTERSON, K. D. (eds) (1978) *Disease in African History* (Durham, N. C, Duke University Press).

HASAN, Y. F. (1967) *The Arabs and the Sudan* (Edinburgh: Edinburgh University Press).

HASSAN, A. AND NAIBI, A. S. (1962) *A Chronicle of Abuja* (Lagos: African Universities Press).

HAY, J. D. (1896) *A Memoir* (London: Murray).

HAY, M.J. (1975) 'Economic change in late nineteenth century Kowe, western Kenya', *Hadith, 5,* pp. 90-107.

HEBERT, J. ET AL. (1976) *Esquisse monographique du pays dagara* (Diebougou: roneo).

HEDGES, D. (1978) 'Trade and politics in southern Mozambique and Zululand in the eighteenth and early nineteenth centuries' (PhD thesis, University of London).

HEROLD, J. C. (1962) *Bonaparte en Egypte* (Paris: Plon).

HERSKOVITS, M.J. (1938) *Dahomey, an Ancient West African Kingdom* (New York: J.J. Augustin). Hertslet, E. (1894) *The Map of Africa by Treaty* (2 vols, London: Harrison).

HICHENS, W. (ed.) (1939) *Al-Inkishafi: The Soul's Awakening* (London: Sheldon Press). Higrnan, B. W. (1976) *Slave Economy and Society in Jamaica 1807-1832* (New York: CUP). Hill, G. B. (1887) *Colonel Gordon in Central Africa* (London).

HILL, P. (1977) *Population, Prosperity and Poverty. Rural Kano 1900 and 1970* (Cambridge: CUP). Hill R. (1965) *Sudan Transport* (London: OUP).

HILL, R. (1966) *Egypt in the Sudan* (London: OUP).

HILL, R.A. (ed.) (1983) *The Marcus Garvey and Universal Negro Improvement Association Papers,* Vols I and 2 (Berkeley: UCP).

HISKETT, M. (1962) 'An Islamic tradition of reform in the Western Sudan from the sixteenth to the eighteenth century', *BSOAS,* 25, pp. 577-96.

HISKETT, M. (1973) *The Sword of Truth* (New York: OUP).

HISKETT, M. (1975) *A History of Hausa Islamic Verse* (London: SOAS).

HISKETT, M. (1976) 'The nineteenth-century jihads in West Africa', in J. E. Flint (ed.), pp. 125-69. Hitchcock, R. and Smith, M. R. (eds) (1982) *Settlement in Botswana* (London: Heinemann). Hobsbawm, E.J. (1977) *Industry and Empire* (new edn, Harmondsworth: Penguin).

HODGKIN, T. (1956) *Nationalism in Colonial Africa* (London: Muller).

HOETINK, H. (1973) *Slavery and Race Relations in the Americas: Comparative Notes on their Nature and Nexus* (New York: Harper & Row).

HOETINK, H. (1979) 'The cultural links', in M. Crahan and F. W. Knight (eds).
HOGENDORN, J. S. (1977) 'The economics of slave use on two "plantations" in the Zaria emirate of the Sokoto caliphate', *IJAHS*, 10, 3, pp. 369-83.
HOLLAND, T. J. AND HOZIER, H. M. (1870) *Record of the Expedition to Abyssmia* (London: HMSO). Holsoe, S. E. (1967) 'The cassava-leaf people: an ethno--historical study of the Vai people with a particular emphasis on the Tewo chiefdom' (PhD thesis, Boston University).
HOLT, P. M. (1970) *The Mahdist State in the Sudan 1881-1898* (2nd edn, Oxford: Clarendon Press). Holt, P. M. (1973) *Studies in the History of the Near East* (London: OUP).
HOLT, P. M. (1976) 'Egypt and the Nile Valley', in J. E. Flint (ed.), pp. 13-50.
HOPKINS, A. G. (1970) 'The creation of a colonial monetary system: the origins of the West African Currency Board', *African Historical Studies*, 3, I, pp. 101-32.
HOPKINS, A. G. (1973) *An Economic History of West Africa* (London: Longman). Hopkins, A. G. (1980) 'Africa's Age of Improvement', *HA*, 7, pp. 141-60.
HOPKINS, T. K. AND WALLERSTEIN, I. (1982) 'Structural transformations of the world-economy', in T. K. Hopkins, I. Wallerstein, et al., *World-Systems Analysis: Theory and Methodology* (Beverly Hills: Sage), pp. 104-20.
HORTON, J. A. (1969) *West African Countries and Peoples* (ed. by G. Shepperson, Edinburgh: Edinburgh University Press).
HORTON, R. (1954) 'The ohu system of slavery in a northern Ibo village-group', *Africa*, 24, 4, pp. 311-6. Horton, R. (1969) 'From fishing village to city-state: a social history of New Calabar', in M. Douglas and P. Kaberry (eds) *Man in Africa* (London: Tavistock), pp. 37-58.
HOURANI, A. (1962) *Arabic Though: in the Liberal Age 1798-1939* (London: OUP).
HOWARD, A. M. (1976) 'The relevance of spatial analysis for African economic history: the Sierra Leone-Guinea system', *JAH*, 17,3, pp. 365-88.
HOZIER, H. M. (1869) *The British Expedition to Abyssinia* (London: Macmillan).
HRBEK, I. (1968) 'Towards a periodisation of African history', in T. O. Ranger (ed.), pp. 37-52. Hrbek, I. (1979) 'The early period of Mahmadu Lamin's activities', in J. R. Willis (ed.), pp. 211-32. Hughes, A.J. B. (1956) *Kin, Caste and Nation amongst the Rhodesian Ndebele* (Rhodes-Livingstone Papers, 25, Manchester: MUP).
HULSTAERT, G. (1976) *Proverbes Mongo*, no. 49, Relations commerciales de l'Equateur, *Enquêtes et documents d' histoire africaine* (Louvain: mimeograph).
HUMAYDA, B. K. (1973) 'Malamih nin Ta'rikh al-Sūdān fi 'ahd al-Kidiwi Ismā'īl, 1863-1879' (PhD thesis, University of Khartoum).
HUNT, D. R. (1937) 'An account of the Bapedi', *Bantu Studies*, 5.
HUNTINGFORD, G. W. B. (1955) *The Galla of Ethiopia: The Kingdoms of Kafa and Janjero* (London: IAI).

HURGRONJE, J. S. (1970) *Mekka m the Latter Part of the 19th Century: Daily Life, Customs and Learning of the Moslims of the East-Indian Archipelago* (Leiden: Brill).

IBN ABI-DHIYAF, A. (1963-4) *Ith'āf ahl al-zamān bi-akhbar muluk Tunis wa'ahb al-aman* (Tunis: SEACI).

IBN ZAÍDĀN (1929-33) *ITHAR A'LĀM AL-NĀS BI-JAMĀL AKHBĀR HĀDIRAT MAKNĀS* (5 VOLS, RABAT). IBN ZAIDĀN (1961-2) *AL-'IZZ WA AL-SAMLA FI MA'ĀLIM NUDHUM AL-DAWLA* (2 VOLS, RABAT).

IBRĀHIM, H. A. (1973) *Muhammad 'Ali fi "al-Sudān: dirāsah li-ahdāf alfath al-Turki--al-Misrī* (Khartoum: KUP).

IBRĀHĪRN, H. A. (1980a) *Muhammad Alī fiīal Sūdān 1838-1839* (Khartoum). Ibrāhīm, H. A. (1980b) *Rihlat Muhammad 'Alī ila al-Sūdan 1838-9* (Khartoum).

INIKORI, J. E. (1977) 'The import of firearms into West Africa, 1750-1807 a quantitative analysis', *JAH*, 18, 3, pp. 339--68.

INIKORI, J. E. (ed.) (1982a) *Forced Migration. The Impact of the Export Slave Trade on African Societies* (London: Hutchinson).

INIKORI, J. E. (1982b) 'Introduction', in J. E. Inikori: (ed.), pp. 13--60.

INSKEEP, R. R. (1969) 'The archaeological background', in M. Wilson and L. Thompson (eds) Vol. I, pp. 1-39.

ISAACMAN, A. (1972a) *The Africanization of a European Institution; the Zambezi Prazos, 1750-1902* (Madison: UWP).

ISAACMAN, A. (1972b) 'The origin, formation and early history of the Chikunda of South-Central, Africa', *JAH*, 13, 3, pp. 443--62.

ISAACMAN, A. (1973) 'Madzi-Manga, Mhondoro and the use of oral traditions - a chapter in Barue religious and political history', *JAH*, 14, 3, pp. 395-409.

ISAACMAN, A. (1976) *The Tradition of Resistance in Mozambique: Anti-Colonial Activity in the Zambesi Valley 1850-1921* (Berkeley: UCP).

ISAACMAN, A. AND ISAACMAN, B. (1977) 'Resistance and collaboration in Southern and Central Africa, c. 1850-1920', *IJAHS*, 10, I, pp. 31-62.

ISENBERG, C. W. AND KRAPF, J. L. (1843) *Journals... detailing their Proceedings in the Kingdom of Shoa* (London: Seeley, Burnside & Seeley).

ISICHEI, E. (1973) *The Ibo people and the Europeans: The Genesis of a Relationship to 1906* (London: Faber).

ISSAWI, C. P. (1963) *Egypt in Revolution, an Economic Analysis* (London: OUP).

ISSAWI, C. P. (1966) *Economic History of the Middle East 1800-1914; a Book of Readings* (Chicago: University of Chicago Press).

ITALY, MINISTERO DEGLI AFFARI ESTERI (1906) *TRATTATI, CONVENZIONI, ACCORDI, PROTOCOLLI ED ALTRI DOCUMENTI DLL' AFRICA* (ROME).

IVANOV, N. A. (1976) 'Tunisia' and Libya', in V. G. Solodovnikov (ed.) *Istorija natsionalno-osvo-boditelnoi bordy narodou Afriki v Novoe uremja* (Moscow: Naouka).

IZARD, M. (1970) *Introduction à l'histoire des royaumes Mossi* (2 vols, Recherches Voltaiques, 12, Paris/Ouagadougou: CNRS/CVRS).

AL-JABRI, M. A. (nd) *Fi Sha'n Allah* (Cairo).

JACKSON, K. A. (1972) 'An ethnohistorical study of the oral traditions of the Akamba of Kenya' (PhD thesis, University of California, Los Angeles).

JACOB, G. (1977) 'Influences occidentales en Imerina et déséquilibres économiques avant la conquête française', *Omaly sy Anio*, 5-6, pp. 223-31.

JACOBS, A. H. (1965) 'The traditional political organization of the pastoral Massai' (DPhil thesis, Oxford University).

JAENEN, C. J. (1966) 'Theodore II and British intervention in Ethiopia', *Canadian Journal of History*, I, 2, pp. 26-56.

JAGO, T. S. (1902) 'Report on the trade and economy of the Vilayet of Tripoli in Northern Africa in the past forty years', in Great Britain, *House of Commons Sessional Papers*, Vol. 103.

JAH, O. (1973) 'Sufism and nineteenth century jihad movements: a case study of al-Hajj Umar al- Futi's philosophy of jihad and its sufi bases' (PhD thesis, McGill University).

JAKOBSSON, S. (1972) *Am I not a Man and a Brother? British Missions and the Abolition of the Slavery in West Africa and the West Indies, 1756-1838* (Uppsala: Gleerup).

JÉSMAN, C. (1958) *The Russians in Ethiopia. An Essay in Futility* (London: Chatto & Windus). Jésman, C. (1966) 'The tragedy of Magdala: a historical study', *Ethiopia Observer*, 10.

JOHNSON, M. (1970) 'The cowrie currencies of West Africa', *JAH*, II, I, pp. 17-49; 3, pp. 331-53. Johnson, M. (1976a) 'Calico caravans: the Tripoli-Kario trade after 1880', *JAH*, 17, I, pp. 95-1 17. Johnson, M. (1976b) 'The economic foundations of an Islamic theocracy - the case of Masina', *JAH*, 17, 4, pp. 481-95.

JOHNSON, M. (nd) *Salaga Papers* (2 vols, Legon: Institute of African Studies). Johnson, S. (1921) *History of the Yorubas* (London: Routledge).

JOHNSTON, C. (1844) *Travels in Southern Abyssinia* (London: J. Madden and Co) Johnston, H. H. (1902) *The Uganda Protectorate* (London: Hutchinson and Co) Johnston, H. A. S. (1967) *The Fulani Empire of Sokoto* (London: OUP).

JONES, A. (1981) 'Who were the Vai?', *JAH*, 22, 2, pp. 159,78.

JONES, G. I. (1963) *The Trading States of the Oil Rivers: a Study of Political Development in Eastern Nigeria* (London: OUP).

JORDAN, W. (1968) *White over Black: American Attitudes Towards the Negro, 1550--1812* (Chapel Hill: University of North Carolina Press).

JOSEPH, R. A. (1974) 'Settlers, strikers and *Sans-Travail:* the Douala riots of September 1945', *JAH*, 15,4, pp. 669-87.

JULIEN, C. A. (1964) *Histoire de l'Algérie contemporaine*, Vol. I, *La conquête et les débuts de la colonisation* (Paris: Presses Universitaire de France).

JULIEN, C. A. (1967) *Les Africains* (Paris: Jeune Afrique).

JULY, R. (1967) *The Origins of Modern African Thought* (New York: Praeger). Juneidu, Alhaji (1957) *Tarihin Fulani* (Zaria).

KACHINSKY, V. (1935) *Les aspects historiques et sociaux de la question de l'or du Togo* (Paris). al-Kadir (1903) *Tuhfat as-airfī maathir al-amīr Abd-al-Kadir* (Alexandria).

KAGAME, A. (1961) *L'histoire des armées bovines dans l'ancien Rioanda* (Brussels: Académie Royale des Science d'Outre-Mer).

KAGAME, A. (1963) *Les Milices du Rwanda précolonial* (Brussels: Académie Royale des Science d'Outre- Mer).

KAMARA, M. (1975) *La vie d'El Hadji Umar* (trans. by Amar Samb, Dakar: Editions Hilal). Kamuhangire, E. M. (1972a) 'Migration, settlement and state formation in the south-western Uganda salt lakes region, 1500-1800' (seminar paper Makerere University).

KAMUHANGIRE, E. M. (1972b) 'Pre-colonial trade in south-western Uganda' (seminar paper Makerere University).

KAMUHANGIRE, E. M. (1976) 'The precolonial economic and social history of East Africa, with special reference to the south-western Uganda salt lakes region', *Hadith*, 5, pp. 66-89.

KANYA-FORSTER, A. S. (1969) *The Conquest of the Western Sudan* (Cambridge: CUP).

KAPLOW, S. B. (1977) 'The mudfish and the crocodile: underdevelopment of a West African bourgeoisie', *Science and Society;* 41, pp. 313-33.

KAPLOW, S. B. (1978) 'Primitive accumulation and traditional social relations on the nineteenth century Gold Coast', *CJAS*, 12, I, pp. 19-36.

AL-KARDŪDĪ, M. (nd) *Kash al-Ghumma bi-Bayān anna Harb al-Nidhām haqq 'alā al-Umma* (Fez). Kasirye, J. (1959) *Abateregga Ku Namulondo ya Buganda* (London).

KASOZI, A. B. (1974) 'The spread of Islam in Uganda, 1844-1945' (PhD thesis, University of California, Santa Cruz).

KATZEN, M. F. (1969) 'White settlers and the origin of a new society, 1652-1778', in M. Wilson and L. Thompson (eds), pp. 187-232.

KEENAN, J. (1972) 'Social change among the Tuareg', in E.Gellner and C. Micaud (eds), pp. 345-60. Keenan, J. (1977) *The Tuareg: People of Ahaggar* (London: Allen Lane).

KELLENBENZ, H. (1981) 'Zanzibar et Madagascar dans le commerce allemand, 1840-1880', *Colloque de Majunga sur l'histoire et la culture du nord-ouest*.

KELLY, J. B. (1968) *Britain and the Persian Gulf, 1795-1880*. (Oxford: Clarendon Press). Kenny, M. (1979) 'Pre-colonial trade in eastern Lake Victoria', *Azania*, 14, pp. 97-107.

KENT, R. K. (1962) *From Madagascar to the Malagasy Republic* (London: Thames and Hudson). Kevalevskii, M. M. (1879) *Obchinnoje zemlevladejije pritahiny, khod i posledstvija ege razlogenija* (Moscow).

KHALLAF, H. (1962) *Al-tagdid fi'l-iqticad al-Micri al-hadith* (Cairo: 'Issa al-Babi al-Hababi & Colo Khanki, G. (1948) 'Ibrāhīm bāshā', *AI-kitāb*, 6.

KIETEGHA, J. B. (1983) *L'or de la Volta Noire* (Paris: Karthala).

KIMAMBO, I. N. (1969) *A Political History of the Pare of Tanzania C. 1500-1900* (Nairobi: EAPH). Kimambo, I. N. (1970) 'The economic history of the Kamba 1850--1950', *Hadith*, 2, pp. 79-103. Kimambo, I. N. (1974) 'The Eastern Bantu peoples', in B. A. Ogot (ed.), pp. 195-209.Kimambo, I. N. and Temu, C. W. (eds) (1969) *A History of Tanzania* (Nairobi: EAPH). Kimble, O. (1963) *A Political History of the Gold Coast* (Oxford: Clarendon Press).

KISTNER, W. (1952) 'The anti-slavery agitation against the Transvaal Republic, 1852-1868', in *Archives Year Book for South African History* (Pretoria: Ministry of Education, Arts and Science), 2, pp. 193- 225.

KITTLER, G. O. (1961) *The White Fathers* (New York: ImageBooks). Kiwanuka, M. S. N. (1967) *Mutesa of Uganda* (Nairobi: EAPH). Kiwanuka, S. N. (1972) *A History of Buganda* (London: Longman).

KI-ZERBO, J. (1953) 'La pénétration française dans les pays de la Haute-Volta' (pre--doctoral dissertation, Université de Paris).

KJEKSHUS, H. (1977) *Ecology Control and Economic Development in East African History* (London: Heinemann).

KLEIN, H. S. (1972) 'The Portuguese slave trade from Angola in the eighteenth century', *Journal of Economic History;* 32, 4, pp. 894-918.

KLEIN, H.S. (1976) 'The Cuban slave trade in a period of transition 1790-1843', *RFHOM*, 62, 226- 7, pp. 67-89.

KLEIN, H. S. (ed.) (1978) *The Middle Passage. Comparative Studies in the Atlantic Slave Trade* (Princeton: PUP).

KLEIN, M. A. (1968) *Islam and Imperialism in Senegal Sine-Saloum, 1847-1914* (Stanford: SUP). Klein, M. A. (1972) 'Social and economic factors in the Muslim revolution in Senegambia', *JAH,* 13, 3, pp. 419-41.

KLEIN, M. A. (1975) 'The study of slavery in Africa', *JAH*, 19, 4, pp. 599-609.

KLEIN, M. A. AND JOHNSON, G. W. (eds) (1972) *Perspectives on the African Past* (Boston: Boston University Press).

KNIGHT, F. W. (1970) *Slave Society in Cuba during the Nineteenth Century* (Madison: UWP).

KNIGHT, F. W. (1974) *The African Dimension in Latin America and the Caribbean: An Historical Dictionary and Bibliography* (Metuchen, NJ: Scarecrow Press).

KOLMODIN, J. (1912-15) *Traditions de Tsazzega et Hazzega* (3 vols, Rome: C. de Luigi).

KONÉ, A. (1978) 'La prise de Segu et la fin d'el Hadj Ornar', *Notes Africaines*, 159, pp. 61-3. Kraiem, A. (1983) 'Ali ben Khalifa', in *Réactions à L'occupation française de la Tunisie en 1881* (Tunis: CNUDST), pp. 145-58.

KRAPF, J. L. (1860) *Travels, Researches and Missionary Labors during an Eighteen Years' Residence in Eastern Africa*. (Boston: Ticknor & Fields).

KRIECKEN, G. S. VAN (1976) *KHAYR AL-DIN ET LA TUNISIE (1850-1881)* (LEIDEN: BRILL).

KUPER, H. (1947) *An African Aristocracy: Rank among the Swazi of Bechuanaland* (London: OUP). Kuper, L. (1971) 'African nationalism in South Africa, 1910--1964', in M. Wilson and L. Thompson (eds), pp.424-76.

LACHERAF, M. (1978) *L'Algérie, nation et société* (2nd edn, Algiers: SNED).

LAITIN, D.D. (1982) 'The international economy and state formation among the Yoruba in the nineteenth century', *International Organization*, 26, 4, pp. 657-714.

LANCASTER, C. S. (1974) 'Ethnic identity, history and "tribe" in the middle Zambesi valley', *American Ethnologist*, I, pp. 707-30.

LANDA, R. G. (1976) *Borba algirskogo naroda protiv europejskoi kolonisatsii, 1830-1918* (Moscow: Naouka).

LANDAU, J. M. (1953) *Parliaments and Parties m Egypt* (Tel Aviv: Israel Publishing House). Landau, J. M. (1958) *Studies in the Arab Theater and Cinema* (Philadelphia: University of Pennsylvania Press).

LANDER, R. (1830) *Records of Captain Clapperton's Last Expedition* (London: Colburn & Bentley). Landes, David S. (1958) *Bankers and Pashas: International Finance and Economic Imperialism in Egypt* (London: Heinemann).

LANGWORTHY, H. W. (1971) 'Conflict among rulers in the history of Undi's Chewa kingdom', *TAJH*, I, pp. 1-24.

LANGWORTHY, H. W. (1972) *Zambia Before 1890* (London: Longman).

LANGWORTHY, H. W. (nd) 'Swahili influence in the area between Lake Malawi and the Luangwa river' (unpublished manuscript).

LAROUI, A. (1970) *L'histoire du Maghreb. Un essai de synthèse* (Paris: Maspero). Laroui, A. (1975) *L'histoire du Maghreb*, Vol. 2 (Paris: Maspero).

LAROUI, A. (1977) *Les origines sociales et culturelles du nationalisme marocain (1830--1912)* (Paris: Maspero).

LAST, M. (1967a) *The Sokoto Caliphate* (London: Longman).

LAST, M. (1967b) 'A note on the attitudes to the supernatural in the Sokoto jihad', *JHSN*, 4, I, pp. 3- 13.

LAST, M. (1974) 'Reform in West Africa: the jihad movements of the nineteenth century', in J. F. A. Ajayi and M. Crowder (eds), pp. 1-29.

LAST, M. (1988) 'Reforrn in West Africa: the jihad movements of the nineteenth century' in J. F. A. Ajayi and M. Crowder (eds) *History of West Africa*, Vol. 2, (new edn, London: Longman).

LAST, M. AND AL-HAJJ, M. A. (1965) 'Attempts at defining a Muslim in 19th century Hausaland and Bornu', *JHSN,* 3, 2, pp. 231-40.

LATHAM, A.J.H. (1972) 'Witchcraft accusations and economic tension in pre--colonial Old Calabar', *JAH,* 13, 2, pp. 249-60.

LATHAM, A.J. H. (1973) *Old Calabar, 1600-1891. The Impact of the International Economy upon a Traditional Society* (Oxford: Clarendon Press).

LATHAM, A.J.H. (1978) 'Price fluctuations in the early palm oil trade', *JAH,* 19, 2, pp. 213-18.Laugel, A. (1959) 'Les Tadjakant, caravaniers du désert', *Bulletin de Liaison Saharienne,* 10, 6, pp. 301-10.Lavers, J. E. (1977) 'El-Kanemi (1775-1837)', in C. A. Julien (ed.) *Les Africains* (Paris: Editions Jeune Afrique), Vol. 7, pp. 45-71.

LAVERS, J. E. (1980) 'Kanern and Borno to 1808', in O. Ikime (ed.) *Groundwork of Nigeria History* (Ibadan: Heinemann), pp. 187-209.

LAW, R. (1977) *The Oyo Empire, c. 1600-c. 1836: A West African Imperialism in the Era of the Atlantic Slave Trade* (Oxford: Clarendon Press).

LAW, R. (1980) *The Horse in West African History* (London: IAI).

LEARY, F. A. (1969) 'Islam, politics, and colonialism. A political history of Islam in the Casamance region of Senegal (1850-1919)' (PhD thesis, Northwestern University).

LEBEL, P. (1974) 'Oral traditions and chronicles on Guragé immigration', *Journal of Ethiopian Studies,* 12, 2, pp. 95-106.

LEFÈBVRE, T. (1845-54) *Voyage en Abyssinie* (6 vols, Paris: A. Bertrand).

LIHĪTA, M. F. (1944) *Tarīkh Mii'r al-iktisādī fi'l-'usūrr al-hadītha* (Cairo: Maktabat al-Nabdah al-Micriyyah).

LEJEAN, G. (1865) *Théodore II: Le nouvel empire d'Abyssinie* (Paris: Amyot). Lejean, G. (1872) *Voyage en Abyssinie* (Paris: Hachette).

LEONE, E. DE (1882) *The Khedive's Egypt* (2nd edn, London).

LEONE, E. DE (1965) *La colonizzazione del'Africa dei Nord (Algeria, Tunisia; Morocco, Libia)* (Padua: CEDAM).

LESSEPS, F. DE (1869) *Egypte et Turquie* (Paris: Plon).

LEVEEN, P. E. (1971) 'British slave trade suppression policies, 1821-1865: impact and implications' (PhD thesis, University of Chicago).

LÉVI-PROVENÇAL, E. (1922) *Les historiens des Chorfa: essai sur la Iittérature historique et biographique au Maroc du XVIe au XIXe siècle* (Paris: Larose).

LEVINE, D. N. (1965) *Wax and Gold: Tradition and Innovation in Ethiopian Culture* (Chicago and London: University of Chicago Press).

LEVINE, D. N. (1974) *Greater Ethiopia. The Evolution of a Multiethnic Society* (Chicago and London: University of Chicago Press).

LEVINE, R. M. (1980) *Race and Ethnic Relations in Latin America and the Caribbean: An Historical Dictionary and Bibliography* (Metuchen, NJ: Scarecrow Press).

LEVINE, V. T. (1971) *The Cameroon Federal Republic* (Ithaca: Cornell University Press). Levtzion, N. (1968) *Muslims and Chiefs in West Africa* (Oxford: Clarendon Press).

LEWIS, B. (1971) 'Hadjdj', in B. Lewis, V. L. Ménage, C. Pellat and J. Schacht (eds), pp. 37-8. Lewis, B., Ménage, V.L., Pellat, C. and Schaeht, J. (eds) (1971) *The Encyclopedia of Islam*, Vol. 3 (new edn, Leidenj London: Brill/Luzac).

LEWIS, B., PELLAT, C. AND SCHACHT, J. (eds) (1965) *The Encyclopedia of Islam*, Vol. 2 (new edn, Leiden/London: Brill/Luzac).

LEWIS, H. S. (1965) *A Galla Monarchy: Jimma Abba Jifar, Ethiopia, 1830-1932* (Madison: UWP). Lewis, I. M. (1955) *Peoples of the Horn of Africa* (London: IAI).

LEWIS, I. M. (1965) *The Modern History of Somaliland* (London: OUP).

LIESEGANG, G. (1967) 'Beitrage zur Geschichte des Reiches der Gaza Nguni im sudlichen Mocambique' (PhD thesis, University of Cologne).

LIESEGANG, G. (nd) 'Famines and smallpox in southeastern Africa' (unpublished manuscript). Linant de Bellefonds, A. (1872-3) *Mémoires sur les principaux travaux d'utilité publiqwue exécutés en Egypte, depuis la plus haute Antiquité jusqu'à nos jours* (Paris).

LINDBLOM, G. (1920) *The Akamba in British East Africa* (2nd edn, Uppsala: Appelbergs). Little, K. (1951) *The Mende of Sierra Leone* (London: Routledge & Kegan Paul).

LITTLE, K. (1965-6) "The political function of the Poro', *Africa*, 35, 4, pp. 349-65; 36, I, pp. 62-72. Little, K. (1970) *The Mende of Sierra Leone* (London: Routledge & Kegan Paul).

LIVINGSTONE, D. (1857) *Missionary Travels and Researches in South Africa* (London: Murray). Lloyd, C. (1949) *The Navy and the Slave Trade. The Suppression of the African Slave Trade in the Nineteenth Century* (London: Longman).

LLOYD, P. C. (1963) 'The Itsekiri in the nineteenth century: an outline social history', *JAH*, 4, 2, pp. 207-31.

LOBATO, A. (1948) *Historia da Fundação de Lourenço Marques* (Lisbon: Edições da Revista "Lusitania"). Lockhart, J. (1968) *Spanish Peru, 1532-1560: A Colonial Society* (Madison: UWP).

LOEPFE, W. (1974) *Alfred Ilg und die äthiopische Eisenbahn* (Zurich: Atlantis).

LOMBARDI, D. (1971) 'Un 'expert' Saxon dans les mines d'or de Sumatra au XVII e siècle', *Archipel*, 2, pp. 225-42.

LONG, EDWARD (1774) *THE HISTORY OF JAMAICA*, (3 VOLS, LONDON: LOWNDES). LOUTSKII, V. L. (1965) *Novaja istorija arabskih stran* (Moscow: Naouka).

LOVEJOY, P. E. (1974) 'Interregional monetary flows in the precolonial trade of Nigeria', *JAH*, 15, 4, pp. 563-85.

LOVEJOY, P.'E. (1978) 'Plantations in the economy of the Sokoto caliphate', *JAH*, 19, 3, pp. 341-68. Lovejoy, P. E. (1982) 'The volume of the Atlantic slave trade: a synthesis', *JAH*, 23, 3, pp. 473-501. Lovejoy, P. E. (1983) *Transformations in Slavery: A History of Slavery in Africa* (Cambridge: CUP). Lovejoy, P. E. and Baier, S. (1975) 'The desert-side cconomy of the Central Sudan', *IJAHS*, 8, 4, pp.553-83.

LOW, D. A. (1963) 'The northern interior, *1840-84*', in R. Oliver and G. Mathew (eds), pp. 297-331. Lutsky, V. (1965) *Modern History of the Arab Countries* (Moscow: Progress Publishers).

LY, M. (1972) 'Quelques remarques sur le *Tarikh el Fettach*', *BIFAN* (B), 34, 3, pp. 471--93.

LYE, W.F. (1967) 'The Difaqane: the Mfecane in the southern Sotho area, 1822-24', *JAH*, 8, I, pp. 107-31.

LYE, W. F. (1969) 'The distribution of the Sotho peoples after the Difaqane', in L. Thompson (ed.), pp. *190-206*.

LYE, W. F. (ed.) (1975) *Andrew Smith's Journal of his expedition into the interior of South Africa 1834- 36* (Cape Town: Balkem).

LYNCH, H. (1967) *Edward Wilmot Blyden, Pan-Negro Patriot, 1832-1912* (London: DUP).

LYON, G. F. (1821) *A Narratiue of Travels in Northern Africa in the years 1818,1819 and 1820* (London: Murray).

MAGE, E. (1868) *Voyage au Soudan Occidental* (1863-1866) (Paris: Hachette).

MAGUBANE, B. M. (1979) *The Political Economy of Race and Class in South Africa* (New York: Monthly Review Press).

MAHJOUBI, A. (1977) *L'établissement du Protectorat français en Tunisie* (Tunis: Publications de l'Université).

MAINGA, M. (1973) *Bulozi Under the Luyana Kings: Political Evolution and State Formation in Pre- colonial Zambia* (London: Longman).

MAKOZI, A. O. AND OJO, G. J. A. (eds) (1982) *The History of the Catholic Church in Nigeria* (London: Maemillan).

MALAISSE, F. ET AL (1972) 'The miombo ecosystem: a preliminary study', in P. Golley and F. Golley (eds), *Tropical Ecology* (Athens, Georgia: University of Georgia Press), pp. 363-405.

MALORTIE, BARON DE (1882) Egypt: *Native Rulers and Foreign Interference* (Luondon: Ridgway). Malumfashi, U. F. (1973) 'The life and ideas of Shaikh Uthman dan Fodio, being an edition, translation and analysis of Rawd al-jinan and al-Kashf wa 'l-hayan' (MA thesis, Bayero University, Kano).

MANDALA, E. (1979) 'The Kololo interlude in Southern Africa, 1861-1891' (MA thesis, University of Malawi).

MANE, M. (1974-5) *Contribution à l'histoire du Kaabu, des origines au XIXe siècle* (Dakar, Mémoire de l'Université de Dakar).

MANGESTU LAMMA (1959) *Mashafa Tizita* (Addis Ababa).

MANNING, P. (1979) 'The slave trade in the Bight of Benin, 1640-1890', in H. A. Gemery and J. S. Hogendorn (eds), pp. 107-41.

MARCHAL, J. Y. (1967) 'Contribution à l'étude historique du Vakinankaratra, évolution du peuplement dans la Cuvette d' Ambohimanambola, sous-préfecture de Batafo', *Bulletin de Madagascar,* 250, pp. 241-80.

MARCUS, H. G. (1975) *The Life and Times of Menilek II, 1844-1913* (Oxford: Clarendon Press).

MARKHAM, C. R. (1869) *A History of the Abyssinian Expedition* (London: Prideaux).

MARKS, S. (1967a) 'The rise of the Zulu kingdom', in R. Oliver (ed.), pp. 85-91.

MARKS, S. (1967b) 'The Nguni, the Natalians and their history', *JAH,* 8,3, pp. 529--40.

MARKS, S. AND ATMORE, A. (eds) (1980) *Economy and Society in Pre-industrial South Africa* (London: Longman).

MARSHALL, J. P. (1968) *Problems of Empire: Briiain and India, 1757-1813* (London: Allen & Unwin).

MARTEL, A. (1965) *Les confins saharo-tripolitains de la Tunisie, 1818-1911* (Paris: PUF).

MARTIN, B. G. (1963) 'A mahdist document from Futa Jallon', *BIFAN* (B), 25, 1-2, pp. 47-57. Martin, B. G. (1972) 'A short history of the Khalwati order of dervishes', in N. Keddie (ed.) *Scholars, Suints and Sufis* (Berkeley: UCP), pp. 275-305.

MARTIN, B. G. (1976) *Muslim Brotherhoods in Nineteenth Century Africa* (Cambridge: CUP).

MARTIN, T. (1976) *Race First: The Ideological and Organizational Struggles of Marcus Carvey and lhe Universal Negro Improvement Association* (Westport, Conn.: Greenwood Press).

MARTY, P. (1920-1) *Etudes sur l'Islam et les Tribus du Soudan* (4 vols, Paris: Leroux).

MASON, J. P. (1971) 'The social history and anthropology of the Arabized Berbers of Augila oasis in the Libyan Sahara Desert' (PhD thesis, Boston University).

MASON, J. P. (1978) 'Desert strongmen in the East Libyan Sahara *(c.* 1820): a reconstruction of local power in the region of the Augila oasis', *Revue d' histoire maghrébine,* 6, pp. 180-8.

MASON, M. (1970) 'The Nupe Kingdom in the nineteenth century; a political history' (PhD thesis, University of Birmingham).

MASON, P. (1970) *Race Relations* (London: OUP).

MASON, R.J. (1973) 'The first Early Iron-Age in South Africa: Broederstroom 24/73', *South African Journal of Science,* 69.

AL MASRI, F. H. (1963) 'The life of Shehu Usman dan Fodio before the jihad', *JHSN,* 2, 4, pp. 435-48.

AL MASRI, F. H. (ed. and trans.) (1978) *Boōyan Wujūbal-Hijra 'ala' I-Ibed by* 'Uthman Ibn Fūdī (Khartoum: KUP).
MASSAIA. (1921-30) *I miei trentacinque anni di missione nell' alta Etiopia* (Rome: Coop tipografrica Manuzio (12 vol.).
MATSEBULA, J. S. M. (1972) *A History of Swaziland* (Cape Town: Longman).
MATTHEWS, T. I. (1981) 'Portuguese, Chikunda and the people of the Gwembe valley: the impact of the "Lower Zambezi Complex" on Southern Zambia', *JAH,* 22, I, 23-42.
MAURA Y GAMAZO, G. (191 I) *La question marocaine du point de vue espagnol* (Paris: Challamel). Maxwell, W. E. (1932) 'The law relating to slavery among the Malays', *Journal of the Malayan Branch of the Royal Asiatic Society,* 10, I.
M'BOKOLO, E. (1981) *Noirs et blancs en Afrique équatoriale: Les sociétés côtières et la pénétration française (vers 1820-1874)* (Paris: Mouton).
MCCALL, D. F. AND BENNETT, N. R. (eds) (1971) *Aspects of West African Islam* (Boston: Boston University African Studies Center).
MCCARTHY, M. (1938) *Social Change and the Growth of British Potwer in the Gold Coast: the Fante states 1807-1874* (Lanham, Md: University Press of America).
MCCASKIE, T. C. (1980) 'Office, land and subjects in the history of the Manwere *fekuo* of Kumase: an essay in the political economy of the Asante state', *JAH,* 21, 2, pp. 189-208.
MCCOAN, J. C. (1887) *Egypt as it is* (London: Cassell).
MCGAFFEY, W. (1970) *Custom and Government in the Lower Congo* (Berkeley and Los Angeles: UCP). McKay, W. F. (1975) 'A precolonial history of the southern Kenya coast' (PhD thesis, Boston University).
MCPHERSON, J. M., HOLLAND, L. B., ET AL. (1971) *Blacks in America: Bibliographical Essays* (New York: Doubleday).
MCSHEFFREY, G. M. (1983) 'Slavery, indentured servitude, legitimate trade and the impact of abolition in the Gold Coast, 1874-1901', *JAH,* 24, 3, pp. 349-68.
MEARS, W. G. A. (1970) *Wesleyan Baralong Mission in Trans-Orangia, 1821-1884* (2nd edn, Cape Town: Struik).
MEDEIROS, F. DE (1984) 'Peuples du golfe du Benin Aja-ewe', in *Colloque de Cotonou* (Paris: Karthala). Meek, C. K. (1925) *The Northern Tribes of Nigeria* (2 vols, London: OUP).
MÉHIER DE MATHUISIEULX, H. (1904) 'Une mission en Tripolitanie', *Renseignements Coloniaux,* January 1904, pp. 20--34.
MEILLASSOUX, C. (1971a) 'Introduction', in C. Meillassoux (ed.), (London: OUP), pp. 3-86. Meillassoux, C. (ed.) (1971b) *The Development of Indigenous Trade and Markets* in *West Africa* (London: OUP).
MEILLASSOUX, C. (1974) 'From reproduction to production. A Marxist approach to economic anthropology', *Economy and Society,* 3, pp. 315-45.

MEILLASSOUX, C. (1975) *L'esclavage en Afrique précoloniale* (Paris: Maspero). Meillassoux, C. (1981) *Maidens, Meal and Money* (Cambridge: CUP).

MEMMI, A. (1963) *La poésie algérienne de 1830 à nos jours (Approches socio-historiques)* (Paris: Mouton). Mendes Moreira, J. (1948) *Fulas do Cabu* (Bissau: Centro de Estudos da Guiné Portuguesa). Merad, A. (1978) 'Islāh', in C. E. Bosworth, E. Van Donzel, B. Lewis and C. Pellat (eds), pp. 141-63. Mercer, P. (1971) 'Shilluk trade and politics from the mid-seventeenth century to 1861', *JAH*, 12, 3, pp. 407-26.

MERCIER, P. (1950) 'Notice sur le peuplement Yoruba du Dahomey-Togo', *Etudes Dahoméennes*, 4, pp. 29-40.

METCALFE, G.E. (1962) *Maclean of the Gold Coast* (London: OUP).

METCALFE, G. E. (1964) *Great Britain and Ghana: Documents of Ghana History, 1807-1957* (London: Nelson).

METEGUE N'NAH, N. (1979) *Economies et sociétés au Gabon dans la première moitié du XIXe siècle* (Paris: L'Harmattan).

MEYER-HEISELBERG, R. (1967) *Notes from the Liberated African Department in the Archives at Fourah Bay College, Freetowm, Sierra Leone* (Uppsala: Scandinavian Institute of African Studies).

MICHAILIDIS, G. (1950) 'Le désert et la civilisation égyptienne', *Cahiers d'Histoire Egyptienne*. Michaux-Bellaire, E. (1921) 'Essai sur l'histoire des confréries religieuses, *Hespéris*, I, pp. 141-58. Middleton, J. and Campbell, J. (1965) *Zanzibar: Its Society and Its Politics* (London: OUP). Miège, J.L. (1961-3) *Le Maroc et l'Europe (1830-1894)* (4 vols, Paris: PUF).

MIÈGE, J. L. (1975) 'La Libye et le commerce transsaharien au XIXe siécle', *ROMM*, 19, pp. 135- 68.

MIERS, S. (1971) 'Notes on the arms trade and government policy in Southern Africa between 1870 and 1890', *JAH*, 12, 4, pp. 571-8.

MIERS, S. (1975) *Britain and the Ending of the Slave Trade* (London: Longman).

MIERS, S. AND KOPYTOFF, I. (eds) (1977) *Slavery in Africa: Historical and Anthropological Perspectiues* (Madison: UWP).

MILLER, J. C. (1973) 'Slaves, slavers and social change in nineteenth century Kasanje', in F. W. Heimer (ed.) *Social Change in Angola* (Munich: Weltforum Verlag), pp. 9-29.

MILLIOT, L. (19II) *L'Association agricole chez les Musulmans du Maghreb, (Maroc, Algérie, Tunisie)* (Paris: Rousseau).

MINNA, M. (1982) 'Sultan Muhammad Bello and his intellectual contribution to the Sokoto Caliphate', (PhD thesis, London University).

MINTZ, S. W. (1971) 'Towards an Afro-American history', *UNESCO Journal of World History*, 13, 2, pp. 317-32.

MOFFAT, R. (1945) *The Matebele Journals* (ed. J. P. R. Wallis, 2 vols, London: Chatto & Windus). Moffat, R. and Moffat, M. (1951) *Apprenticeship ai Kuruman* (ed. I. Schapera, London: Chatto & Windus).

MONDON-VIDAILHET, F. M. C. (1905) *Chronique de Theodoros II* (Paris: Bibliotheque Nationale). Montagne, R. (1930) *Les Berbères et le Makhzen dans le sud du Maroc* (Paris).

MONTEIL, C. (1932) *Une cité soudanaise, Djenne, métropole du Delta central du Niger* (Paris: Soeiété d'Editions géographiques, maritimes et coloniales).

MONTEIL, P. L. (1894) *De Saint-Louis à Tripoli par le Tchad* (Paris: Alcan). Monteil, V. (1966) *Esquisses Sénégalaises* (Dakar: IFAN).

MONTEIL, V. (1977) *Les Bambara de Segou et de Kaarta* (1st edn, 1924, Paris: Maisonneuve). Moreno Fraginals, M. (ed.) (1977) *Africa en America Latina* (Mexico: UNESCO).

MORENO, M. (1942) 'La cronaca di re Teodoro attribuita al dabtarà "Zaneb"', *Rassegna di Studi Etiopici*, 2, pp. 143-80.

MORGAN, M. (1969) 'Continuities and traditions in Ethiopian history. An investigation ofthe reign of Tewodros', *Ethiopia Observer*, 12.

MORTON-WILLIARNS, P. (1964) 'The Oyo Yoruba and the Atlantic trade, 1670-1830', *JHSN*, 3, 1. Moulero, T. (1964) 'Histoire et légende de Chabi', *Etudes Dahoméennes*, 2, pp. 51-93.

MOURSY, M. K. (1914) *De l'étendue du droit de propriété, étude historique, juridique et comparée* (Paris: Recueil Sirey).

MOUSER, B. L. (1973) 'Traders, coasters and conflict in the Rio Pongo from 1790--1808', *JAH*, 14, I, pp. 45-64.

MOUSER, B. L. (1975) 'Landlords - strangers: a process of accommodation and assimilarion', *IJAHS*, 8, 3, pp. 425-40.

MOYER, R. A. (1974) 'The Mfengu, self-defence and the Cape frontier wars', in C. Saunders and R. Derricourt (eds), pp. 101-26.

MUDENGE, S. I. (1974) 'The role of foreign trade in the Rozvi empire: a reappraisal', *JAH*, 15, 3, pp. 373-91.

MULLER, C. F.J. (ed.) (1974) *Five Hundred Years: A History of South Africa* (2nd edn, Pretoria and Cape Town: University of South Africa).

MUNRO, J. F. (1976) *Africa and the International Economy* (London: Dent).

MUNTHE, L. (1969) *La Bible à Madagascar, les deux premières traductions du Nouveau Testament malgache* (Oslo: Egede Instututtet).

MUNTHE, L., RAVOAJANAHARY, C. AND AYACHE, S. (1976) 'Radama Ier et les Anglais: les négociations de 1817 d'après les sources malgaches', *Omaly sy Anio*, 3-4, pp. 9-104.

MURRAY, D. R. (1971) 'Statistics of the slave trade to Cuba, 1790-1867', *Journal of Latin American Studies*, 3, 2, pp. 131-49.

MUSTAFA, A. A. (1965) *Micr wa'l-mas'alah al-Micriyyah* (Cairo: Dar al-Ma'aref).

MUTIBWA, P. M. (1972) 'Trade and economic development in nineteenth-century Madagascar', *TAJH*, 2, I, pp. 32--63.

MUTIBWA, P. M. (1974) *The Malagasy and the Europeans: Madagascar's Foreign Relations, 1861-1895* (London: Longman).

MVENG, E. (1963) *Histoire du Cameroun* (Paris: Présence Africaine). Mworoha, E. (1977) *Peuples et rois de l'Afrique des lacs* (Dakar: NEA). Myatt, F. (1970) *The March to Magdala* (London: Leo Cooper).

MYRDAL, G. (1944) *An American Dilemma* (2 vols, New York: Harper and Row).

NACANABO, D. (1982) 'Le royaume maagha de Yako' (doctoral thesis, Université de Paris). Nachtigal, G. (1967) *Sahara und Sudan, Ergebnisse Sechsjahriger Reisen in Afrika* (Graz).

NAIR, K. K. (1972) *Politics and Society in South Eastern Nigeria 1841-1906: A Study of Power, Diplomacy and Commerce in Old Calabar* (London: Frank Cass).

AL-NAQAR, U. (1972) *The Pilgrimage Tradition in West Africa: An Historical Study with Special Reference to the Nineteenth Century* (Khartoum: KUP).

NARDIN, J. C. (1965) 'Le Libéria et l'opinion publique en France, 1821-1847', *CAE*, 6, I, pp. 96- 144.

AL-NASĪRĪ, A. (1954-56) Al-Istiqsā li-Akhbār Duwal al-Maghrib al-Aqsā, 9 vol. (Casablanca).

NAYENGA, F. P. B. (1976) 'An economic history of the lacustrine states of Busoga, Uganda, 1750-1939' (PhD thesis, University of Michigan).

NEEDHARN, D. E. (1974) *From Iron Age to Independence: History of Central Africa* (London: Longman). Neumark, S. D. (1954) *Foreign Trade and Economic Development in Africa: A Historical Perspective* (Stanford: Food Research Institute).

NEWBURY, C. W. (1961) *The Western Slave Coast and Its Rulers: European Trade and Administration Among the Yoruba and Adja-Speaking Peoples of South-Western Nigeria, Southern Dahomey and Togo* (Oxford: Clarendon Press).

NEWBURY, C. W. (1966) *North African and Western Sudan trade in the nineteenth century: a reevaluation, JAH*, 7, 2, pp. 233-46.

NEWBURY, C. W. (1968) 'The protectionist revival in French colonial trade: the case of Senegal', *Economic History Review*, 21, 2, pp. 337-48.

NEWBURY, C. W. (1972) 'Credit in early nineteenth century West African *trade*', *JAH*, 13, I, pp. 81-95.

NEWBURY, D. S. (1975) 'Rwabugiri and Ijwi' *Etudes d'Histoire Africaine*, 7, pp. 155-73.

NEWBURY, D. S. (1980) 'Lake Kivu regional trade during the nineteenth century', *Journal des Africanistes*, 50, 2, pp. 6-30.

NEWBURY, D. S. (nd) 'Lake Kivu regional trade during the nineteenth century' (unpublished paper). Newbury, M. C. (1975) 'The cohesion of oppression: a century of clientship in Kinyaga, Rwanda' (PhD thesis, University of Wisconsin).

NEWITT, M. D. D. (1973a) *Portuguese Settlement on the Zambesi, Exploration, Land Tenure and Colonial Rule in East Africa*, (London: Longman).

NEWITT, M. D. D. (1973b) 'Angoche, the slave trade and the Portuguese c. 1844--1910', *JAH*, 13, 4, pp.659-73.

NGCONGCO, L. (1982a) 'Irnpact of the Difaqane on Tswana states', in R. Hitchcock and M. R. Smith (eds), pp. 161-71.

NGCONGCO, L. (1982b) 'Precolonial migration in south-eastern Botswana' in R. Hitchcock and M. R. Smith (eds), pp. 23-9.

NICHOLLS, C. S. (1971) *The Swahili Coast: Politics, Diplomacy and Trade on the East African Littoral. 1798-1856* (London: Allen & Unwin).

NICHOLSON, S. E. (1976) 'A climatic chronology for Africa: synthesis of geological, historical and meteorological information and data' (PhD thesis, University of Wisconsin).

NICHOLSON, S. E. (forthcoming) 'Saharan climates in historic times', in H. Faure and M. E.J. Williams (eds) *The Sahara and the Nile*.

NICOL, F. (1940) 'Les traitants français de la côte est de Madagascar, de Ranavalona I à Radama II, *Mémoire de l'Académie Malgache*, 33.

NOLDEKE, T. (1892) *Sketches from Eastern History* (London & Edinburgh: A. & C. Black). Norris, H. T. (1968) *Shinqiti Folk Literature and Song* (Oxford: Clarendon Press). Norris, H. T. (1975) *The Tuaregs* (Warminster: Aris & Philips).

NORRHRUP, D. (1976) 'The compatibility of the slave and palm oil trades in the Bight of Biafra', *JAH*, 17, 3, pp. 352--64.

NUÑES, B. (1980) *Dictionary of Afro-Latin American Civilization* (Westport, Conn.: Greenwood Press). Nwani, O. A. (1975) 'The quantity theory in the early monetary system of West Africa with particular emphasis on Nigeria, 1850-1895', *Journal of Political Economy*, 83, I, pp. 185-93.

OCHSENWALD, W. (1980) 'Muslim-European conflict in the Hijaz: the slave trade controversy, 1840-1895', *Middle Eastern Studies*, 16, I, pp. 115-26.

ODED, A. (1974) *Islam in Uganda* (New York: Halsted Press).

OGOT, B. A. (1967) *A History of the Southern Luo People, 1500-1900* (Nairobi: EAPH).

OGOT, B. A. (1968) 'Kenya under the British, 1895 to 1963', in B. A. Ogot and J. A. Kieran (eds), pp. 255-89.

OGOT, B. A. (ed.), (1974) *Zamani: A Survey of East African History* (2nd edn, Nairobi: EAPH). Ogot, B. A. (ed.) (1976) *Kenya Before 1900* (Nairobi: EAPH).

OGOR, B. A. (1979) 'Population movements between East Africa, the Horn of Africa and the neigh-bouring countries', in *The African Slave Trade from the Fifteenth to the*

Nineteenth Century (Unesco, General History of Africa, Studies and Documents, 2, Paris), pp. 175-82.

OGOT, B. A. AND KIERAN, J. A. (eds) (1968) *Zamani: A Survey of East African History* (Nairobi: EAPH).

OLANIYAN, R. (1974) 'British desires for legitimate trade in West Africa, 1860-1874: I, the Imperial dilemma', *Odu*, 9, pp. 23-44.

OLIVEIRA MARTINS, F.A. (ed.) (1952) 'Hermenegildo Capelo e Roberto Ivens, vol. II', in *Diarios da viagem de Angola a contra-costa* (Lisbon), pp. 366-83.

OLIVER, R. (1952) *The Missionary Factor in East Africa* (London: Longmans, Green). Oliver, R. (ed.) (1967) *The Middle Age of African History* (London: OUP).

OLIVER, R. (1965) *The Missionary Factor in East Africa* (2nd edn, London: Longman). Oliver, R. and Fage, J. D. (1962) *A Short History of Africa* (Harmondsworth: Penguin).

OLIVER, R. AND MATHEW, G. (eds) (1963) *A History of East Africa, Vol. I* (Oxford: Clarendon Press). Oloruntirnehin, B. O. (1972a) *The Segu Tukulor Empire* (London: Longman).

OLORUNTIRNEHIN, B. O. (1972b) 'The impact of the abolition movement on the social and political development of West Africa in the nineteenth and twentieth centuries', *Ibadan*, 7, I, pp. 33-58.

ORNER-COOPER, J. D. (1966) *The Zulu Aftermath, A Nineteenth Century Revolution in Bantu Africa* (London: Longman).

ORNER-COOPER, J. D. (1969) 'Aspects of political change in the nineteenth century Mfecane', in L. Thompson (ed.), pp. 207-29.

ORNER-COOPER, J. D. (1976a) 'The Nguni outburst', in J. E. Flint (ed.), pp. 319--52.

OMER-COOPER, J. D. (1976b) 'Colonial South Africa and its frontiers', in J. E. Flint (ed.), pp. 353-92. Onneken, A. (1956) *Die Konigskultur Kalfas und der verwandten Konigreiche* (Frankfurt).

OPPEL, A. (1887) 'Die religiosen Verhaltnisse von Afrika', *Zeitschrift der Gesselschaft fur Erdkunde zu Berlin*, 21.

ORHANLU, C. (1972) 'Turkish archival sources about Ethiopia', *IV Congresso Internazionale di Studi Etiopici* (Rome).

ORHANLU, C. (1976-7) 'Turkish language publications and records about Africa' [in Turkish], *Tarih Institusu Dergisi*, 7-8, pp. 145-56.

OTTENBERG, S. (1958) 'Ibo oracles and intergroup relations', *Southmestern Journal of Anthropology;* 14, 3, pp. 295-317.

OTTENBERG, S. (1959) 'Ibo receptivity to change', in W.R. Bascom and M.J. Herskovits (eds), *Continuity and Change in African Culture* (Chicago: University of Chicago Press), pp. 130-43.

PACKARD, R. M. (1981) *Chiefship and Cosmology: An Historical Sludy of Political Competition* (Bloomington: Indiana University Press).

PAGE, M. E. (1974) 'The Manyena hordes of Tippu Tip: a case study in social stratification and the slave trade in East Africa', *IJAHS*, 7, I, pp. 69-84.

PALACIOS PRECIADOS, J. (1973) *La Trata de Negros por Cartagena de Indias, 1650--1750* (Tunja, Colombia: Universidad Pedagogica y Technologica).

PALLINDER-LAW, A. (1974) 'Aborted modernization in West Africa? The case of Abeokuta', *JAH*, 15, I, pp. 65-82.

PALMER, C. A. (1976) *Slaves of the White God: Blacks in Mexico, 1570-1650* (Cambridge, Mass: HUP). Palmer, C. A. (1981) *Human Cargoes: The British Slave Trade to Spanish America, 1700-1739* (Urbana: University of Illinois Press).

PALMER, H. R. (1928) *Sudanese Memoirs* (Lagos: Government Printer).

PALMER, R. AND PARSONS, N. (eds) (1977a) *The Roots of Rural Poverty in Central and Southern Africa* (London: Heinemann).

PALMER, R. AND PARSONS, N. (1977b) 'Introduction: historical background', in R. Palmer and N. Parsons (eds), pp. 1-32.

PANKHURST, R. K. P. (1961) *An Introduction to the Economic History of Ethiopia from early times to 1800* (London: Lalibela House).

PANKHURST, R. K. P. (1964) 'Ethiopia and the Red Sea and Gulf of Aden ports in the nineteenth and twentieth centuries', *Ethiopia Observer*, 8.

PANKHURST, R. K. P. (1966a) 'The Emperor Theodore and the question of foreign artisans in Ethiopia' in *Boston University Papers in African History*, Vol. 2 (Boston: African Studies Centre, Boston University).

PANKHURST, R. K. P. (1966b) 'The Saint-Simonians and Ethiopia', *in Proceedings of the Third International Conference of Ethiopian Studies* (Addis Ababa: Haile Sellassie I university, Institute of Ethiopian Studies).

PANKHURST, R. K. P. (1966c) *State and Land in Ethiopian History* (Addis Ababa: Haile Sellassie I University, Institute of Ethiopian Studies).

PANKHURST, R. K. P. (1967) 'Menilek and the utilisation of foreign skills', *Journal of Ethiopian Studies*, 5, I, pp. 29-42.

PANKHURST, R. K. P. (1968) *Economic History of Ethiopia 1800-1935* (Addis Ababa: Haile Sellassie I University, Institute of Ethiopian Studies).

PANKHURST, R. K. P. (1972) 'Yohannes Kotzika, the Greeks and British intervention against Emperor Tewodros in 1867-8', *Abba Salama*, 3, pp. 87-117.

PANKHURST, R. K. P. (1973a) 'Popular opposition in Britain to British intervention against Emperor Tewodros of Ethiopia (1867-1868)', *Ethiopia Observer*, 14, pp. 141-203.

PANKHURST, R. K. P. (1973b) 'The library of Emperor Tewodros at Maqdala (Magdala)', *BSOAS*, 36, pp. 17-42.

PANKHURST, R. K. P. (1974) 'Tewodros. The question of a Greco-Romanian or Russian hermit or adventure in nineteenth century Ethiopia', *Abba Salama*, 5, pp. 136-59.

PANTUCEK, S. (1969) *Tounisskaja literatoura. Krathu etcherk* (Moscow: Nauka). Parkinson, C. N. (1937) *Trade in the Eastern Seas, 1793-1813* (Cambridge: CUP). Parkyns, M. (1854) *Life in Abyssinia* (New York: Appleton).

PARRINDER, E. G. (1947) 'The Yoruba-speaking peoples of Dahomey', *Africa*, 17, pp. 122-48. Parrinder, E. G. (1955) 'Some western Yoruba towns', *Odu*, 2, pp. 4-10.

PARRINDER, E. G. (1967) *Story of Ketu* (Ibadan: IUP).

PATTERSON, O. (1982) *Slavery and Social Death: A Comparative Study* (Cambridge, Mass.: HUP).

PAULUS, J. (ed.) (1917-21) *Encyclopaedie van Nederlandsch-Indië* ('s-Gravenhage: Nijhoff/Leiden: Brill).

PELLAT, C. (1953) *Le milieu basrien et le formation de Gahit* (Paris).

PENNEC, P. (1964) *Les transformations des corps de métiers de Tunis* (Tunis: ISEA--AM).

PÈRE, M. (1982) *Les deux bouches. Les sociétés du rameau Lobi entre la tradition et le changement* (Paris: TI). Perini, R. (1905) *Di qua del Mareb* (Florence).

PERSON, Y. (1968-75) *Samori, unu Révolution Dyula* (3 vols, Dakar: IFAN).

PERSON, Y. (1971) 'Ethnic movements and acculturation in Upper Guinea since the fifteenth century', *IJAHS*, 4, pp. 669-89.

PERSON, Y. (1972) 'Samori and resistance to the French', in R. Rotberg and A. Mazrui (eds), *Protest and Power in Black Africa* (New York: OUP), pp, 80-112.

PERSON, Y. (1974) 'The Atlantic Coast and the northern savannas, 1800-1880', in J. F. A. Ajayi and M. Crowder (eds), pp. 262-307.

PERSON, Y. (1979) 'Samori and Islam', in J. R. Willis (cd.), pp. 259-77. Person, Y. (1981) 'Communication: who were the Vai?', *JAH* 23, I, p. 133. Pesenti, G. (1912) *Di alcumni canti arabici e somalici*.

PESENTI, G. (1929) *Canti sacri e profani, danze e ritmi degli Arabi, dei Somali e dei Suahili* (Milan: L'Eroica).

PETERSON, J. (1969) *Province of Freedom. A History of Sierra Leone, 1787-1870* (London: Faber). Petherick, J. and Petherick, K. (1869) *Travels in Central Africa and Exploration of lhe Western Tributaries* (London).

PHILLIOT, D. C. AND AZOO, R. F. (1906-7) 'Some Arab folk tales from the Hadramout', *Journal of lhe Royal Asiatic Society of Bengal*, pp. 399-439.

PHILLIPSON, D. W. (1969) 'Early iron-using peoples of Southern Africa', in L. Thompson (ed.), pp. 24- 49.

PHIRI, K. M. (1975) 'Chewa history in Central Malawi and the use of oral traditions, 1600-1920' (PhD thesis, University of Wisconsin).

PIGEOT, A. (1956) 'Les français à Tindouf', *Bulletin de Liaison Saharienne* 7, 23, pp. 85-94. Pirone, M. (1961) *Appunli di Storia dell'Africa* (Rome: Edizioni Rioerche).

PLOWDEN, W. C. (1868) *Travels in Abyssinia and lhe Galla Country* (London: Longmans, Green). Porter, A. (1963) *Creoledom: A Study of the Development of Freetown Society* (London: OUP). Porter, D. H. (1970) *The Abolition of the Slave Trade in England, 1784-1807* (New York: Archon). Price, R. (1973) *Maroon Societies* (New York: Doubleday-Anchor).

PRIESTLEY, M. (1969) *West African Trade and Coast Society, A Family Study* (London: OUP).

PRINS, A. H. (1962) *The Swahili-Speaking Peoples of Zanzibur and lhe Fast African Coast* (London: IAI).

PRINS, A. H. (1971) *Didemic Lamu: Social Stratification and Spatial Structure in a Muslim Maritime Town* (Groningen).

QUINN, C. A. (1972) *Mandingo Kingdoms of the Senegambia: Traditionalism, Islam and European Expansion* (London: OUP).

QUINN, C. A. (1979) 'Maba Diakhou and the Gambian jihād, 1850-1890', in J. R. Willis (ed.), pp. 233- 58.

RABARY, LE PASTEUR (1957) *Ny Maritiora Malagasy* (Tananarive: Imprimerie Luthérienne). al-Rafe'i, A.-R. (1948a) *Al-thawrah al-'Arabiyyah* (Cairo).

AL-RAFE'I, A.-R. (1948b) *Asr Isma'il* (2nd edn, Cairo: Mataba at al-Nahdah al-Micriyyah). al-Rafe'i, A.-R. (1948c) *Micr wa'l-Soudan fi awa'el 'ahd al-ihtilal (tarikh Migr al-qawmi min sanat 1882 ila sanat 1892)* (2nd edn, Cairo: Maktabat al-Nahdah al-Micriyyah).

AL-RAFE'Ī A.-R. (1951) *'Asr Mohammad-Alī* (3rd edn, Cairo: Maktabat al-Nahdah al-Micriyyah). Raffenel, A. (1856) *Nouveau voyage dans le pays des nègres* (2 vols, Paris: N. Chaix). Rainihifina, J. (1975) *Lovantsaina, I, Tantara betsileo* (2nd edn, Fianarantsoa).

RAISON, F. (1970) 'Un tournant dans l'histoire religieuse merina du XIXe siècle: la fondation des temples protestants à Tananarive entre 1861 et 1869', *Annales de l' Université de Madagascar* (série Lettres et Sciences humaines), II, pp. 11-56.

RAISON, F. (1977) 'L'échange inégal de la langue, la pénétration des techniqucs linguistiques dans une civilisation de l'oral (Imerina au début du XIXe siècle)', *Annales ESC*, 32, 4, pp. 639-69.

RAISON, F. (1979) 'Temps de l'astrologie, temps de l'histoire: le premier almanach de LMS en lmerina, 1864', *Omaly sy Anio*, 9, pp. 41-78.

RAKOTOMAHANDRY, S. (1981) *L'armée royale sous Ranavalona Ière, aspects sociaux et économiques. Essai de description statistique* (Tananarive: TER Département d'histoire).

RALIBERA, D. (1977) 'Recherches sur la conversion de Ranavalona II', *Omaly sy Anio*, 7-8, pp. 7-42. Ramanakasina, V. (nd) *Medicine and Doctors in the Anglo-Malagasy Civilisation* (Tananarive: TER, Département des Langues Vivantes).

RANGER, T. O. (1963) 'The last days of the empire of the Mwene Mutapa' (unpublished paper presented at the History of Central African Peoples Conference, Lusaka).
RANGER, T. O. (ed.) (1968) *Emerging Themes of African History* (Nairobi: EAPH).
RANGER, T. O. (1973) 'Territorial cults in the history of Central Africa', *JAH*, 14, 4, pp. 581-98. Ranger, T. O. (1975) *Dance and Society in Eastern Africa 1890-1970: The Beni Ngoma* (London: Heinemann).
RANGER, T. O. AND KIMAMBO, I. (eds) (1972) *The Historical Study of African Religion* (Berkeley: UCP).
RANGLEY, W. H. J. (1959) 'The Makololo of Dr Livingstone', *Nyasaland Journal*, 12, pp. 59-98. Rantoandro, G. (1981) 'Une communauté mercantile du Nord-Ouest: les Antalaotra', *Colloque sur l'historie et la culture du nord-ouest, Majunga*.
RAOMBAHA (1980) *Histoires I* (edn and French trans. by S. Ayache, Fianarantsoa).
RASAMUEL, D. (1980) *Traditions orales et archéologie de Ia basse Sahatorendrika: Etude de sources concernant le peuplement* (2 vols, TER, Département d'histoire).
RASMUSSEN, R. K. (1977) *Mzilikazi of the Ndebele* (London: Heinemann).
RASOAMIORARAMANANA, M. (1974) *Aspects économiques et sociaux de la vie à Majunga 1862-1881* (TER, Département d'histoire).
RASOAMIORARAMANANA, M. (1981a) 'Un grand port de l'Ouest: Majunga (1862-1881)', *Recherches, Pédagogie, Culture,* Jan 1981, pp. 78-9.
RASOAMIORARAMANANA, M. (1981b) 'Pouvoir merina et esclavage dans le Boina dans la deuxième moitié du XIXe siècle, 1862-1883', *Colloque sur l'histoire et la culture du nord-ouest, Majunga*.
RASSAM, H. (1869) *Narratiue of the British Mission to Theodore, King of Abyssinia* (London:
MURRAY).
RAVISSE, P. (1896) (Ismail Pacha, Khedive d'Egypte (1830-1895), extract from the *Revue d'Egypte* (Cairo).
REDMAYNE, A. (1968a) 'Mkwawa and the Hehe wars', *JAH*, 9, 3, pp. 409 36. Redmayne, A. (1968b) 'The Hehe', in A. D. Roberts (ed.), pp. 37-58.
RENAULT, F. (1976) *Libération d' esclaves et nouvelle sertntude* (Abidjan-Dakar: NEA).
RENAULT, F. AND DAGET, S. (1980) 'La traite des esclaves en Afrique', *Etudes Scientifiques* (Cairo). Rennie, J. K. (1966) 'The Ngoni states and European intrusion', in E. Stokes and R. Brown (eds), pp. 302-31.
REVOIL, G. (1885) 'Voyage chez les Benadirs, les Comalis et les Bayouns en 1882--1883', *Le Tour du Monde,* 49.
REY, A. (1978) 'Mohammed Bin 'Abdallah ou le combat du chérif de Ouergla', in *Les Africains,* Vol. 12 (Paris: Jeune Afrique).
REY-GOLDZEIGUER, A. (1977) *Le royaume arabe* (Paris).

REYNOLDS, B. (1968) *The Material Culture of the Peoples of the Gwembe Valley* (Manchester: MUP). Reynolds, E. (1974a) *Trade and Economic Change on the Gold Coast, 1807-1874* (London: Longman). Reynolds, E. (1974b) 'The rise and fall of an African merchant class on the Gold Coast, 1830-1974', *CEA*, 14, 2, pp. 253-64.

REYNOLDS, E. (1975) 'Economic imperialism: the case of the Gold Coast', *Journal of Economic History*, 35, I, pp. 94-116.

RICHARDS, A. R. (1977) 'Primitive accumulation in Egypt, 1798-1882', *Review*, 1, 2, pp. 3-49. Ritter, E. A. (1955) *Shaka Zulu* (London: Longman).

RIVIÈRE, P. L. (1924-5) *Traités, codes et lois du Maroc* (Paris: Recueil Sirey).

RIVLIN, H. A. B. (1961) *The Agricultural Policy of Muhammad 'Ali in Egypt* (Cambridge, Mass.: HUP). Roberts, A. D. (ed.) (1968) *Tanzania before 1900* (Nairobi: EAPH).

ROBERTS, A. D. (1969) 'Political change in the nineteenth century', in I. N. Kimambo and A.J. Temu (eds), pp. 57-84.

ROBERTS, A. D. (1970a) 'Pre-colonial trade in Zambia', *African Social Research*, 10, pp. 715-46. Roberts, A. D. (1970b) 'Nyamwezi trade', in R. Gray and D. Birmingham (eds), pp. 39-74.

ROBERTS, A. D. (1973) *A History of the Bemba* (Madison: UWP).

ROBERTS, R. (1978) 'The Maraka and the economy of the middle Niger valley, 1790--1908' (PhD thesis, University of Toronto).

ROBERTS, R. (1980) 'Long distance trade and production: Sinsani in the nineteenth century', *JAH*, 21, 2, pp. 169-88.

ROBERTSON, A. F. (1978) *Community of Strangers: A Journal of Discovery in Uganda* (London: Scolar Press).

ROBINSON, C. H. (1895) *Hausaland* (London: Sampson Low Marston).

ROBINSON, R. (1985) 'The Berlin Conference of 1884-85 and the Scramble for Africa', in *Proceedings of the Conference on the Berlin West African Conference* (Berlin, February 1985, edited by the German Historical Institute, London).

ROBINSON, R. AND GALLAGHER, J. (1961) *Africa and the Victorians: The Oificial Mind of Imperialism* (London: Macmillan).

ROCHE, C. (1976) *Conquête et résistance des peuples de la Casamance* (Dakar: NEA).

ROCHET D'HÉRICOURT, C. F. X. (1841) *Voyage sur la côte orientale de la mer Rouge, dans le pays d'Adal et le royaume de Choa* (Paris: Bertrand).

ROCHET D'HÉRICOURT, C. F. X. (1846) *Second voyage sur les deux rives de la mer Rouge, dans le pays des Adels et le royaume de Choa* (paris: Bertrand).

RODNEY, W. (1970) *A History of the Upper Guinea Coast 1545-1800* (Oxford: Clarendon Press). Rodney, W. (1972) *How Europe Underdeueloped Africa* (London: Bogle l'Ouverture).

RODNEY, W. (1975) 'Africa in Europe and the Americas' in R. Gray (ed.) *The Cambridge History of Africa, Vol 4, From c. 1600 to c. 1790* (Cambridge: CUP), pp. 578-622.

ROHLFS, G. (1883) *Meine Mission nach Abessyinien auf Begfehl Sr. Maj. des deutschen Kaisers, im Winter 1880-81* (Leipzig).

RONCEK, J. S. AND KIERNAN, T. (eds) (1970) *The Negro Impact on Western Civilization* (New York: Philosophical Library).

RONEN, D. (1971) 'On the African role in the trans-Atlantic slave trade in Dahomey', *CEA*, II, I, pp. 5-13·

ROSS, D. (1967) 'The rise of the autonomous kingdom of Dahomey, 1818-1894' (PhD thesis, U niversity of London).

ROSSI, E. (1968) *Storia di Tripoli e della Tripolitania* (Rome: Istituto per l'Oriente).

Roux, E. (1964) *Time Longer than Rope* (2nd edn, Madison: UWP).

ROUT, L. B. (1976) *The African Experience in Spanish America, 1502 to the Present Day* (Cambridge: CUP).

ROWLEY, H. (1867) *The Story of the Universities' Mission to Central Africa* (London: Saunders, Otley). Rubenson, S. (1966) *King of Kings: Tetwodros of Ethiopia* (Nairobi: OUP).

RUDIN, H.R. (1938) *Germans in the Cameroons, 1884-1914* (New Haven: YUP).

RUEDY, J. (1967) *Land Policy in Colonial Algeria. The Origins of the Rural Public Domain* (Berkeley and Los Angeles: UCP).

RUSSEL, S. (1884) *Une mission en Abyssinie et dans la mer Rouge* (Paris: Plon, Nourrit).

RYDER, A. F. C. (1961) 'Missionary activities in the kingdom of Warri to the early nineteenth century', *JHSN*, 2, 2, pp. 251-7.

SABRY, M. (1930) *L'Empire égyptien sous Mohamed-Ali et la question d'Orient (1811--1849)* (Paris: Paul Geuthner).

SABRY, M. (1933) *L'empire égyptien sous Ismail et l'ingérence anglo-française (1863--1879)* (Paris: Paul Geuthner).

SA'DALLAH, A. (1983) *Al h'araka al wat'aniya al-jazâ'iriya* (3rd edn, Algiers: SNED).

SAGATZKY, J. (1940) 'Problèmes d'organisation de l'industrie aurifère dans l'ex-Haute Volta, II, domaine politique' (unpublished manuscript, Abidjan, 23 July 1940).

SAÏDOUNI, N. (nd) *Al-niz'ām al-māli li-l Jazā ir.*

SAINT-MARTIN, Y. (1967) *L'empire toucouleur et la France, un demi-siècle de relations diplomatiques (1846-1893)* (Dakar: Publications de la Faculté de lettres et sciences humaines).

SALIM, A.I. (1973) *The Swahili-Speaking Peoples of Kenya's Coast, 1895-1965* (Nairobi: EAPH). Salt, H. (1814) *A Voyage to Abyssinia* (London: Rivington).

SAMMARCO, A. (1935) *Précis de l'histoire d'Egypte par diuers historiens et archéologues, Vol. 4: Les règnes de 'Abbas, de Sa'id et d'Ismail (1848-1879)* (Rome: Istituto Poligrafico del Stato).

SANCHEZ-ALBORNOZ, N. (1974) *The Population of Latin America: A History* (Berkeley: UCP). Sanders, P. (1975) *Moshoeshoe: Chief of the Sotho* (London: Heinemann).

SANTI, P. AND HILL, R. (eds) (1980) *The Europeans in the Sudan 1834-1878* (Oxford: Clarendon Press). Saran, P. and Burton-Page, J. (1965) 'Darībah' in B. Lewis, C. Pellat and J. Schacht (eds), pp. 142-58. Sarbah, J. M. (1906) *Fanti National Constitution* (London: Clowes).

SARI, D. (1970) *Les villes précoloniales de l'Algérie occidentale* (Algiers: SNED).

SAUNDERS, A. C. DE C. M. (1982) *A Social History of Black Slaves and Freedmen* in *Portugal, 1441- 1555* (Cambridge: CUP).

SAUNDERS, C. AND DERRICOURT, R. (eds) (1974) *Beyond the Cape Frontier, Studies in the History of the Transkei and Ciskei* (London: Longman).

SCHNAPPER, B. (1961) *La politique et le commerce français duns le golfe de Guinée de 1838 à 1871* (Paris and The Hague: Mouton).

SCHNAPPER, B. (1959) 'La fin du régime de l'Exclusif: Le commerce étranger dans les possessions françaises d'Afrique tropicale (1817-1870)', *Annales Africaines*, pp. 149-99.

SCHNERB, R. (1957) *Le XIXe siècle. L'apogée de l'expansion européene (1815-1914)* (Paris: PUF). Schoffeleers, M. (1972a) 'The history and political role of the M'bona cult among the Mang'anja' in T. O. Ranger and I. Kimambo (eds), pp. 73-94.

SCHOFFELEERS, M. (1972b) 'The Gisumphi and M'bona cults in Malawi: a comparative history', (unpublished paper presented at the Conference on Religious History, Lusaka).

SCHRODER, G. AND SIEBEL, D. (1974) *Ethnographic Survey of Southwestern Liberia: The Liberian Kran and the Sapo* (Newark: University of Delaware, Department of Anthropology).

SCHULER, M. (1970) 'Ethnic slave rebellions in the Caribbean and the Guianas', *Journal of Social History* 3, 4.

SCHULER, M. (1980) *Alas, Alas Kongo: A Social History of Indentured African Immigration into Jamaica,* 1841-1865 (Baltimore: JHUP).

SCHWAB, G. AND HARLEY, G. W. (1947) *Tribes of the Liberian Hinterland* (Cambridge, Mass.: HUP). Schwartz, A. (1973) *Mise en place des populations Guere et Wobe* (Abidjan: duplicated). Schweinfurth, G. (1873) *The Heart of Africa* (London: Low, Marston, Low & Searle).

SCOTT, E. P. (1978) 'Subsistence, markets and rural development in Hausaland', *Journal of Developing Areas,* 12, 4, pp. 449-70.

SEDDON, D. (1978) 'Economic anthropology or political economy? (I): Approaches to the analysis of pre-capitalist formation in the Maghreb', in J. Clammer (ed.), *The New Economic Anthropology* (London: Macmillan), pp. 61-109.

SELOUS, F. (1893) *Travels and Adventures in South-East Africa* (London: Ward).

SERJEANT, R. B. (1966) 'South Arabia and Ethiopia - African elements in the South Arabian population', *Proceedings of the 3rd International Conference of Ethiopian Studies* Vol. I, pp. 25-33.

SHACK, W. A. (1966) *The Gurage* (London: OUP). Shapiro, H. L. (1953) *Race Mixture* (Paris: UNESCO).

AL-SHARQĀWĪ, M. (1958) *Misr ji'l-qarn al-ithamen 'ashar* (3 vols, Cairo).

SHEA, P. J. (1974) 'Economies of scale and the dyeing industry of precolonial Kano', *Kano Studies*, ns, 1, 2, pp. 55--61.

SHEA, P.J. (1978) 'Approaching the study of production in rural Kano', in B.M. Barkindo (ed.). Shea, P.J. (?) *Black Cloth*.

SHEPHERD, A. F. (1868) *The Campaign in Abyssinia* (Bombay 'Times of India' Office).

SHEPPERSON, G. (1968) 'Ethiopianism: past and present', in C. G. Baeta (ed.), pp. 249-68. Shepperson, G. and Price, T. (1958) *Independent African: John Chilembwe and the Origins, Setting and Signijicance of the Nyasaland Native Uprising of 1915* (Edinburgh: Edinburgh University Press).

SHEPSTONE, T. (1888) 'The early history of the Zulu-Kafir race of south-eastern Africa', in J. Bird (ed.), *The Annals of Natal, 1495-1845* (2 vols, Pietermaritzburg: Davis), pp. xxx-xxx.

SHERIDAN, R. (1974) *Sugar and Slavery: An Economia History of the British West Indies, 1623-1775* (Baltimore: John Hopkins University Press).

SHERIFF, A. M. H. (1971) 'The rise of a commercial empire: an aspect of the economic history of Zanzibar, 1780-1873' (PhD thesis, University of London).

SHERIFF, A. M. H. (1980) 'Tanzanian societies at the time of partition', in M. H. Y. Kaniki (ed.) *Tanzania Under Colonial Rule* (London: Longman), pp. 11-50.

SHIBAYKA, M. (1957) *Al-Sudan fi Qarn* (Cairo). Shorter, A. (1969) *Nyungu-ya-Mawe* (Nairobi: EAPH).

SHORTER, A. (1972) *Chiefship in Western Tanzania: A Political History of the Kimbu* (Oxford: Clarendon Press).

SHUQAYR, N. (1967) *Jughrà fiyat-wa-Tārikh ai Sūdan* (Beirut).

SHUKRI, M. F. (1937) *Khedive Ismail and Slavery in the Sudan, 1863-1879* (Cairo). Shukri, M. F. (1946) *Misr wal Sayada ala al-Sudan* (Cairo).

SHUKRI, M. F. (1948) *Al-Hukm al-Misrī fil Sūdān 1820-1885* (Cairo).

SHUKRI, M. F. (1958) *Misr wal Sudan, Ta rikh Wahdat, Waoil Nil al-Siyasis il Qarn. al-Tesi-a Ashar* (Cairo).

SILLERY, A. (1952) *The Bechuanaland Protectorate* (Cape Town: OUP). Sillery, A. (1954) *Sechele* (Cape Town: OUP).

SIMPSON, G. E. (1978) *Black Religions in the New World* (New York: Columbia University Press). Skene, R. (HjI7) 'Arab-Swahili dances and ceremonies', *JRAI*, 47, pp. 413-34.

SKINNER, E. P. (1964) *The Mossi of Upper Volta: The Political Development of a Sudanese People* (Stanford: SUP).
SLAMA, B. (1967) *L'insurrection de 1864 en Tunisie* (Tunis: Maison tunisienne de l'édition).
SLOUSCH, N. (1908) 'La Tripolitaine sous la domination des Karamanli', *Revue du Monde Musulman*, 6, pp. 58-84, 211-32, 433-53.
SMALDONE, J. P. (19971) 'The firearms trade in the Central Sudan in the nineteenth century', in D. F. McCall and N. R. Bennett (eds).
SMALDONE, J. P. (1972) 'Firearms in the Central Sudan: a revaluation', *JAH*, 13,4, pp. 591-608.Smaldone, J. P. (1977) *Warfare in the Sokoto Caliphate* (Cambridge: CUP).
SMITH, A. (1963) 'The southern section of the interior, 1840-84', in R. Oliver and G. Mathew (eds), pp. 253-96.
SMITH, A. K. (1969) 'The trade of Delagoa Bay as a factor in Nguni politics 1750--1835', in L. Thompson (ed.), pp. 171-89.
SMITH, A. K. (1973) 'The peoples of Southern Mozambique: an historical survey', *JAH*, 14,4, pp. 565-80.
SMITH, E. W. (1956) 'Sebetwane and the Makalolo', *African Studies*, 15,2, pp. 49-74.
SMITH, H. F. C. (1961) 'A neglected theme of West African history; the Islamic revolutions of the 19th century', *JHSN*, 2, 2, pp. 169-85.
SMITH, I. R. (1972) *The Emin Pasha Relief Expedition 1886-90* (Oxford: Clarendon Press). Smith, M. G. (1960) *Government in Zazzau* (London: OUP).
SMITH, M. G. (1978) *The Affairs of Daura* (Berkeley: UCP).
SOLEILLET, P. (1887) *Voyage à Segou, 1878-1879* (Paris: Challamel).
SOUMONI, E. (1983) 'Trade and politics in Dahomey 1841-1892, with particular reference to the House of Regis' (PhD thesis, University of Ife).
SOURIAN-HOEBRECHTS, C. (1969) *La presse maghrebine Libye, Tunisie, Algérie; èvolution historique, situation en 1965, organisation et problèmes actvels* (Paris: Editions du Centre National de la Recherche Scientifique).
SOUSBERGHE, L. DE (1961) *DEUX PALABRES D'ESCLVAVES CHEZ LES PENDE* (BRUSSELS: ARSC). SOW, A. I. (1966) *La femme, la vache et la foi* (Paris: Julliard).
SOW, A. I. (1968) *Chroniques et récits du Fuuta Jallon* (Paris: Klincksieck).
SPEAR, T. (1972) 'Zwangendaba's Ngoni 1821-1890: a political and social history of a migration' (Occasional Paper No. 4 of the African Studies Program, University of Wisconsin, Madison).
SPEAR, T. (1974) 'The Kaya complex: a history of the Mijikenda peoples of the Kenya coast to 1900'. (PhD thesis, University of Wisconsin).

SPEAR, T. (1981) *Kenya's Past: An Introduction to Historical Method in Africa* (London: Longman). Spitzer, L. (1974) *The Creoles of Sierra Leone* (Madison: UWP).
STAMM, A. (1972) 'La société créole à Saint-Paul de Loanda dans les années 1838--1848', *RFHOM*, 217, pp. 578--610.
STANLEY, H. M. (1872) *How I Found Livingstone* (London: Sampson, Low, Marston, Low & Searle). Stanley, H. M. (1874) *Coomassie and Magdala* (London: Sarnpsen, Low, Marston, Low & Searle). Stanley, H. M. (1878) *Through the Dark Continent* (2 vols, London: Low, Marston, Searle & Rivington). Staudenraus, P.J. (1961) *The African Colonization Movement, 1816-1863* (New York: Columbia University Press).
STAUDINGER, P. (1889) *Im Herzen der Haussa Länder* (Berlin: Landsbcrgcr).
STEFANISZYN, B. AND DE SANTANA, H. (1960) 'The rise of the Chikunda condottieri', *Northern Rhodesian Journal*, 4, pp. 361-8.
STENGERS, J. (1962) 'L'impérialisme colonial de la fin du XIXe siècle; mythe ou réalité', *JAH*, 3, 3, pp. 469-91.
STEVENSON-HAMILTON, J. (1929) *The Low-Veld. Its Wild Life and its People* (London: Cassell). Stewart, C. C. (1976a) 'Southern Saharan scholarship and the Bilād al-Sūdān', *JAH*, 17, I, pp. 73- 93·
STEWART, C. C. (1976b) 'Frontier disputes and problems of legitimation: Sokoto--Masina relations, 1817-1837', *JAH*, 17,4, pp. 495-514.
STEWART, C. C. AND STEWART, E. K. (1973) *Islam and the Social Order in Mauritania: A Case Study from the Nineteenth Century* (Oxford: Clarendon Press).
STEWART, M. (forthcoming) 'The Borgu people of Nigeria and Benin: the disruptive effect of partition on tradition and political and economic relations', *JHSN*.
STITZ, V. (1974) *Studien zur Kulturgeographie Zentraläthiopiens* (Bonn: Dümmlers).
STOKES, E. AND BROWN, R. (eds) (1966) *The Zambezian Past: Studies* in *Central African History* (Manchester: MUP).
SUNDKLER, B. G. (1961) *Bantu Prophets in South Africa* (2nd edn, London: OUP).
SWAI, B. (1984) 'Precolonial states and European merchant capital in Eastern Africa', in A. Salim (ed.), *State Formation in Eastern Africa* (London: Heinemann), pp. 15-35.
SYMES, M. (1800) *An Account of an Embassy to the Kingdom of Ava* (London: Bulmer).
SZYMANSKI, E. (1965) 'La guerre hispano-marocaine 1859-1860', *Rocznik orientalistyczny*, 2, pp. 54-64.
TAGHER, J. (1949) 'Bibliographie analytique et critique des publications françaises et anglaises relatives à l'histoire du règne de Mohammad Ali', *Cahiers d'histoire égyptienne*, 2, pp. 128-235. al-Tahtaw☒, R. R. (1869) *Manāhedj al-albāb al-Misriyya fi mabāhedj al-ādāb al-'asriyya*.

TAKLA YASUS (nd) *Tarika Nagast Za Ityopiya* ms in the Institute of Ethiopian Studies Library, Addis Ababa).

TAL, AL-HAJJ 'UUMAR (nd[a]) *Les Rimah* (trans. Maurice Puech, Dakar, Diplômes d'Etudes Supérieures).

TAL, AL-HAJJ 'UUMAR (nd[b]) *Safinat al-saada* (trans. M. Gueye).

TAL, AL-HAJJ 'URNAR (1983) *Bayān Mawaha* (trans. S. M. Mahibou and J. L. Triaud, (Paris: Editions du CNRS).

TAMBO, D. C. (1976) 'The Sokoto caliphate slave trade in the nineteenth century', *IJAHS*, 9, 2, pp. 187-217.

TANNENBAUM, F. (1946) *Slave and Citizen* (New York: Vintage). Tasūlī, A. (nd) *Jawāb 'alā su'al al-Amīr 'Abd al-Qādir* (Fez).

TEDESCHI, S. (1874) L'emirato di Harai Secondo un documento inedito', *Accademia Nazionale dei Lincei, Atti dei IV Congresso Internazionale di Studi Etiopici* (Rome).

TÉGNIER, Y. (1939) *Les petit-fils de Touameur. Les Chaamba sous le régime français, leur transformation* (Paris: Editions Domat-Montchrestien).

TEIXEIRA DA MOTA, A. (1954) *Guiné Portuguesa* (2 vols, Lisbon: Agência Geral do Ultramar). Temini, A. (1978) *Le beylik de Constantine et Hadj Ahmed Bey (1830--1837)* (Tunis: Publications de la RHM).

TEMPERLEY, H. (1972) *British Anti-Slavery, 1823-1870* (London: Longman).

TERRAY, E. (1969) *L'organisation sociale des Dida de Côte d'Ivoire (Dijon, Imprimerie Darantiére)*. Terray, E. (1972) *Marxism and 'Primitive' Societies* (New York: Monthly Review Press). Theal, G. M. (1891) *History of South África, 1795-1834* (London: Swan, Sonnenschein).

THEAL, G. M. (1900) *History of South Africa: The Republics and Native Territories from 1854 to 1872* (London: Swan, Sonnenschein).

THEBAULT, E. (1960) *Code des 305 articles* (Etudes malgaches, Tananarive: Centre de Droit Privé). Thiers, H. (1867) *L'Egypte ancienne et moderne à l'Exposition Universelle* (Paris: Drarnard-Baudry). Thomas, R. and Bean, R. (1974) 'The fishers of men: the profits of the slave trade', *Journal of Economic History*, 34, 4, pp. 885-914.

THOMPSON, L. (1969a) 'Co-operation and conflict: the Zulu kingdom and Natal', in M. Wilson and L. Thompson (eds), pp. 334-90.

THOMPSON, L. (1969b) 'Co-operation and conflict: the High Veld', in M. Wilson and L. Thompson (eds), pp. 391-446.

THOMPSON, L. (ed.) (1969C) *African Societies in Southern Africa* (London: Heinemann). Thompson, L. (1971a) 'The subjection of the African chiefdoms, 1870--1898', in M. Wilson and L. Thompson (eds), pp. 245-86.

THOMPSON, L. (1971b) 'The compromise of Union', in M. Wilson and L. Thompson (eds), pp. 325- 64.

THOMPSON, L. (1975) *Survival in Two Worlds: Moshoeshoe of Lesotho 1786-1870* (Oxford: Clarendon Press).

THOMPSON, V. AND ADLOFF, R. (1965) *The Malagasy Republic: Madagasear Today* (Stanford: SUP). Thomson, J. (1885) *Through Masai Land* (London: Low, Marston, Searle & Rivington). Thornton, J. (1977) 'Demography and history in the kingdom of Kongo, 1550-1750', *JAH*, 18, 4, pp. 507-30.

TIENDREBEOGO, Y. (1964) *Histoire et coutumes royales des Mossi de Ouagadougou* (Ouagadougou: Naba). Toledano, E. (1982) *The Ottoman Slave Trade and Its Suppression, 1840-1890* (Princeton: PUP). Tonnoir, R. (1970) *Giribuma. Contribution à l'histoire et à la petite histoire du Congo équatorial* (Tervuren: Musée royal de l'Afrique centrale).

TOPLIN, R. B. (ed.) (1974) *Slavery and Race Relations in Latin Ameriea* (Westport, Conn.: Greenwood Press).

TOPLIN, R. B. (ed.) (1981) *Freedom and Prejudice: The Legacy of Slavery in lhe United States and Brazil* (Westport, Conn.: Greenwood Press).

TOSH, J. (1970) 'The northern interlacustrine region', in R. Gray and D. Birmingham (eds), pp. 103- 18.

TOSH, J. (1978) 'Lango agriculture during the early colonial period: land and labour in a cash-crop economy', *JAH*, 19,3, pp. 415-39.

TOSH, J. (1980) 'The cash-crop revolution in tropical Africa: an agricultural reappraisal', *African Affairs,* 79, 314, pp. 79-94.

TOWNSEND, W.J. (1892) *Madagascar: Its Missionaries and Martyrs* (London: Partridge and Co). Trapiols, S. (1964) 'The origins ofthe Cape franchise qualifications of 1853', *JAH,* 5, I, pp. 37-54. Trimingham, J. S. (1952) *Islam in Ethiopia* (London: OUP).

TRIMINGHAM, J. S. (1962) *A History of Islam in West Africa* (London: OUP).

TRIMINGHAM, J. S. (1969) 'The expansion of Islam', in J. Kritzeck and Lewis (eds), *Islam in Africa* (New York: Van Nostrand-Reinhold Co), pp. 13-28.

TRIMINGHAM, J. S. AND FYFE, C. (1960) 'The early expansion of Islam in Sierra Leone', *Sierra Leone Bulletin of Religions,* 2.

TUKUR, M. M. (1977) 'Values and public affairs: the relevance of the Sokoto Caliphal experience to the transformation of the Nigerian polity' (PhD thesis, Ahmadu Bello University).

TURC, N. (1950) *Chronique d'Egypte, 1798-1804* (Cairo: G. Wiet).

TURYAHIKAYO-RUGYEME, B. (1976) 'Markets in pre-colonial East Africa: the case of the Bakiga', *Current Anthropology,* 7, 2, pp. 286--90.

TWADDLE, M. (1966) 'The founding of Mbale', *UJ,* 30, I, pp. 25-38.

TYAM, M.A. (1935) *La vie d'El Hadj amar, qacida en poular* (trans. H. Gaden, Paris: Institut d'Ethnologie).

TYARN, M. A. (1961) *La Vie d'El-Hadj Omar (Qacida en Poular)* (trans. H. Gaden, Paris). Tylden, G. (1950) *Rise of the Basuto* (Cape Town: Juta and Co).

TZADUA, P. (1968) *The Petha Nagast, The Law of Kings* (Addis Ababa).

ULLENDORFF, E. (1960) *The Ethiopians* (London: OUP).
UNOMAH, A. C. (1972) 'Economic expansion and political change in Unyanyembe (c. 1840-1900)' (PhD thesis, University of Ibadan).
UNOMAH, A. C. AND WEBSTER, J. B. (1976) 'East Africa: the expansion of commerce', in J. E. Flint (ed.), pp. 270-318.
UZOIGWE, G. N. (1973) 'The slave trade and African society', *THSG*, 14, 2, pp. 187-212.
VAIL, H. L. (1972) 'Suggestions towards a reinterpreted Tumbuka history', in B. Pachai (ed.), *The Early History of Malawi* (Evanston: NUP).
VAIL, H. L. (1977) 'Ecology and history: the example of Eastern Zambia', *JSAS*, 2, p. 129-55. Valensi, L. (1969a) *Le Maghreb avant la prise d'Alger 1790-1830* (Paris: Flammarion).
VALENSI, L. (1969b) 'Islam et capitalisme: production et commerce des chéchias en Tunisie et en France aux 18e et 19e siècles', *Revue d'histoire moderne et contemporame;* 17, pp. 376-400.
VALENSI, L. (1977) *Fellahs tunisiens. L'économie rurale et la vie des campagnes aux 18e et 19e siècles* (Paris & The Hague: Mouton).
VALENSI, L. (1978) 'Pays avancés et pays domines', in L. Bergeron (ed.), *Inerties et révolutions 1730- 1840* (Paris).
VALENTIA, G. (1809) *Voyages and Travels to India, Ceylon, the Red Sea, Abyssinia and Egypt* (London: W. Miller).
VALETTE, J. (1960) *Les Relations extérieures de Madagascar au XIXème siècle* (Tananarive: Imprimerie officielle).
VALETTE, J. (1962) *Etude sur le règne de Radama I* (Tananarive: Imprimerie nationale).
VALETTE, J. (1971) 'Madagascar', in H. Deschamps (ed.), *Histoire de l'Afrique Noire,* Vol. 2 (Paris). Van Jaarsveld, F. A. (1961) *The Awakening of Afrikaner Nationalism 1868-1881* (Cape Town: Human & Rousseau).
VAN JAARSVELD, F. A. (1975) *From Van Riebeeck to Vorster 1652-1947: An Introduction to the History of the Republic of South Africa* (Johannesburg: Perskor).
VAN WARMELO, J.J. (1935) *A Preliminary Survey of lhe Bantu Tribes of South Africa* (Pretoria: Government Printer).
VANSINA, J. (1966) *Kingdoms of the Savanna* (Madison: University of Wisconsin Press). Vansina, J. (1973) *The Tio Kingdom of the Middle Congo, 1880-1892* (London: OUP).
VANSINA, J. (1978) 'Finding food and the history of pre-colonial Equatorial Africa', *African Economic History,* 7, pp. 9-19.
VATIN, J. C. (1974) *L'Algérie politique. Histoire et société* (Paris: A. Colin).
VELLEZ CAROÇO, J. (1948) *Monjur, o Gabú e a sua história* (Bissau: Centro de Estudos de Guiné Portuguesa).

VELLUT, J.-L. (1972) 'Notes sur le Lunda et la frontiere luso-africaine (1700-1900)', *Etudes d'Histoire Africaine,* 3, pp. 61-166.

VELLUT, J.-L. (1975) 'Le royaume de Cassange et les réseaux luso-africains *(ca.* 1750- -1810)', *CAE,* 15, I, pp.117-36.

VERBEKEN, A. (1956) *Msiri, roi de Garenganze l'homme rouge du Katanga* (Brussels). Verger, P. (1955) 'Yoruba influences in Brazil', *Odu,* 1,3.

VERGER, P. (1968) *Flux et reflux de la traite des nègres entre le golfe de Bénin et Bahia de Todos los Santos, du XVIIe au XIXe siècle* (Paris: Mouton).

VERGER, P. (1976) *Trade Relations between the Bight of Benin and Bahia* (Ibadan: Ibadan University Press).

VILA VILAR, E. (1973) 'Los asientos portugueses y el contrabando de negros', *Anuario de Estudios Americanos,* 30, pp. 557-9.

VILA VILAR, E. (1977) 'The large-scale introduction of Africans into Vera Cruz and Cartagena', in V. Rubin and A. Tuden (eds), *Comparatiue Perspectives on Slavery in Neto World Plantauon Societies* (New York: New York Academy of Sciences), pp. 267-80.

VILLARI, L. (1938) 'I "gulti" della regions di Axum', *Rassegna Economica dell' Africa Italiana,* 26. Villiers, P. (1982) *Traite des noirs et navires négriers au XVIIe siècle* (Paris: Seigneurs).

VIS, H. L., YOURASSOWSKY, C. AND VAN DER BORGHT, H. (1975) *A Nutritional Survey in the Republic of Rwanda* (Tervuren: Musée royal de l' Afrique centrale).

VOLL, J. O. (1969) 'A history of the Khatmiyyah tariqa', (PhD thesis, Harvard University).

WAGNER, R. (1980) 'Zoutpansberg: the dynamics of a hunting frontier, 1848-67', in S. Marks and A. Atmore (eds), pp. 313-49.

WAHIDAH, A. F. S. (1950) *Fi usul as-mas'alah al-Misriyyah* (Cairo: Matba' at Misr). Wa☒galo, N. (1977) Le Maçina de 1853 à 1896 (dissertation, Bamako).

WALDMEIER, T. (1886) *The Autobiography of Theophilus Waldmeier* (London: Partridge). Walker, E. A. (1957) *A History of Southern Africa* (3rd edn, London: Longmans, Green). Wallace, D. M. (1883) *Egypt and lhe Egyptian Question* (London: Macmillan).

WALLERSTEIN, I. (1970) 'The colonial era in Africa: changes in the social structure', in L. H. Gann and P. Duignan (eds), pp. 399-421.

WALLERSTEIN, I. (1973) 'Africa in a capitalist world', *Issues,* 3, 3, pp. I –II.

WALLERSTEIN, I. (1974) *The Modern World-System: Vol. I, Capitalist Agriculture and the Origins of the European World-Economy in the Sixteenth Century* (New York: Academic Press).

WALLERSTEIN, I. (1976) 'The three stages of African involvement in the world--economy', in P. C. W. Gutkind and I. Wallerstein (eds), *The Political Economy of Contemporary Africa* (Beverly Hills: Sage), pp. 30-57.
WALLERSTEIN, I. (1980) *The Modern World-System: Vol. 2, Mercantilism and the Consolidation of the European World-Economy, 1600-1750* (New York: Academic Press).
WASTELL, R. E. P. (1944) 'British imperial policy in relation to Madagascar, 1810--1896' (PhD thesis, University of London).
WEBB, C. DE B. (1981) 'The origins of the war: problems of interpretation', in A. Duminy and C. Ballard (eds), pp. 1-12.
WELD, H B. (1922) *The Royal Chronicle of Abyssinia* (Cambridge: CUP).
WERE, G. S. (1967) *A History of the Abaluyia of Western Kenya c. 1500-1930* (Nairobi: EAPH). Were, G. S. (1968) 'The Western Bantu peoples from AD 1300 to 1800', in B. A. Ogot and J. A. Kieran (eds), pp. 177-97.
WHEELER, O. L. (1964) 'A note on smallpox in Angola, 1670-1875', *Studia*, 13-14, pp. 351-62. Wheeler, O. L. (1968) 'Gungunhana', in N. R. Bennett (ed.) *Leadership in Eastern Africa* (Boston: Boston University Press).
WHEELER, O. L. (1972) 'The first Portuguese colonial movement, 1835-1875', *Iberian Studies*, I, I, pp. 25-7.
WHEELER, O.L. AND PÉLISSIER, R. (1971) *Angola* (New York: Praeger). Wilburn, W. (1813) *Oriental Commerce* (London).
WILKINS, K. ST. C. (1870) *Reconnoitrmg in Abyssinia* (London).
WILKS, I. (1975) *Asante in the Nineteenth Century: The Structure and Evolution of a Political Order* (Cambridge: CUP).
WILLIAMS, E. (1944) *Capitalism and Slavery* (London: Deutsch).
WILLIS, J. R. (1967) 'Jihād fī sabīl Allāh - its doctrinal basis in Islarn and some aspects of its evolution in nineteenth-century West Africa', *JAH*, 8, 3, pp. 395-415.
WILLIS, J. R. (1970) 'Al-Hājj 'Uma r Sa'id al-Fūtī al-Tūrī *(c.* 1794-1864) and the doctrinal basis ofhis Islamic reformist movement in the Western Sudan' (PhD thesis, University of London).
WILLIS, J. R. (1978) 'The Torodbe clerisy: a social view', *JAH*, 19, 2, pp. 195-212.
WILLIS, J. R. (ed.) (1979a) *Studies in West African Islamic History: The Cultivators of Islam* (London: Cass).
WILLIS, J R. (1979b) 'Introduction: reflections on the diffusion of Islam in West Africa', in J. R. Willis (ed.) (1979a), pp. 1-39.
WILLIS, J. R. (1979c) 'The writings of al-l;Hājj 'Umar al-Fūtī and Shaykh Mukhtār b. Wadī' at Allāh: literary themes, sources and influences', in J. R. Willis (ed.) (1979a), pp. 177-210.
WILLIS, J. R. (?) *The Umarian Jama'a*.
WILLS, A.J. (1964) *An Introduction to the History of Central Africa* (London: OUP).

WILLS, A.J. (1967) *An Introduction to the History of Central Africa* (2nd edn, London: OUP). Wilson, A. (1972) 'Long-distance trade and the Luba Lomani empire', *JAH*, 13, 4, pp. 575-89. Wilson, M. (1958) 'The early history ofthe Transkei and Ciskei', *African Studies*, 18, 4.

WILSON, M. (1969a) 'The Sotho, Venda, and Tsonga', in M. Wilson and L. Thompson (eds), pp. 131- 82.

WILSON, M. (1969b) 'Co-operation and conflict: the Eastern Cape Frontier', in M. Wilson and L. Thompson (eds), pp. 233-71.

WILSON, M. (1971) 'The growth of peasant communities', in M. Wilson and L. Thompson (eds), pp. 49-103.

WILSON, M. AND THOMPSON, L. (eds) (1969) *The Oxford History of Soum Africa. Vol. I: South Africa to 1870* (Oxford: Clarendon Press).

WILSON, M. AND THOMPSON, L. (eds) (1971) *The Oxford History of South Africa. Vol. 2: South Africa 1870-1966*. (Oxford: Clarendon Press).

WINSTEDT, R. (1958) *The Malays, a Cultural History* (5th edn, London: Routledge and Kegan Paul). Withers-Gill, J. (1924) *The Moshi Tribe* (Accra: Government Printer).

WOLF, E. (1959) *Sons of the Shaking Earth* (Chicago: University of Chicago Press). Wylde, A. B. (1901) *Modern Abyssinia* (London: Methuen).

WYLIE, K. C. (1970-1) 'Notes on Kailundu's campaign into Liberia in 1889', *Liberian Studies Journal*, 3, 2, pp. 167-72.

WYLIE, K. C. (1977) *The Political Kingdom of the Temne. Temne Coternment in Sierra Leone, 1825- 1910*, (New York: Africana Publishing).

YLVISAKER, M. (1975) 'The political and economic relationship of the Lamu archipelago to the adjacent Kenya coast in the nineteenth century' (PhD thesis, Boston University).

YLVISAKER, M. (1983) *Lamu in the Nineteenth Century: Land, Trade and Politics* (Boston: Boston University Press).

YODER, J. C. (1974) 'Fly and elephant parties: political polarization in Dahomey, 1840-1870', *JAH*, 15, 3, pp. 417-32.

YULE, H. AND BURNELL, A. C. (1886) *Hobson-Jobson: being a glossary of Anglo--Indian colloquial words and phrases* (London: John Murray).

ZEBADIA, A. (1974) 'The career and correspondence of Ahmed al-Bakkāy of Tombuctu: an historical study of his political and religious role from 1847 to 1866' (PhD thesis, University of London). el-Zein, A. (1974) *Sacred Meadows: Structural Analysis of Religious Symbolism in an East African Town* (Evanston: NUP).

ZEWDE GABRE-SELLASSIE (1975) *Yohannes IV of Ethiopia* (Oxford: Clarendon Press). Ziadeh, N. (1958) *Sanūsīyah: A Study of a Revivalist Movement in Islam* (Leidcn: Brill).

Referências bibliográficas

Índice remissivo

África Central, 4-5, 7, 28; tendências e processos, 47-75.

África equatorial, 48, 69, 868-870.

África meridional, 38-39, 169-210; Colônia do Cabo e Natal, 169-210; economia mundial, 27-46; expansão britânica, 169-210; no início do século, 1-26; relações dos bôeres com os africanos, 169; República dos bôeres, 169; retirada britânica do interior, 170; tendências e processos, 47-75.

África Ocidental, no início do século 1-26; abolição do comércio de escravos, 77-104; tendências e processos, 47-75; retorno de escravos, 835-41; e economia mundial, 27-46.

África Oriental e interior (1845-1880), 275; abolição do comércio de escravos, 77-104, 275, 481; comunidades costeiras (c. 1800) 249-274; diáspora da, 875; efeitos socioeconômicos da expansão comercial, 263; invasão Nguni, 298; europeus, 307; tendências e processos, 47-75; Massai, 303.

Agricultura/ocupação do solo, África meridional, 169-210; África Oriental, 275-342; bacia do Congo e Angola, 342-376; delta do Níger e Camarões, 843; diáspora, 875-930; Egito, 377-410; Etiópia e Somália, 435-476; Grandes Lagos, 317-342; Madagascar, 477-516; Magreb, 525-548;

Marrocos, 549-570; Macina e Torodbe, 706-741; e Mfecane, 105-146, 147-168; no início do século, 1-26; tendências e processos, 47; Saara, 591-618; Senegâmbia e Alta Guiné, 741-750; tráfico de escravos e abolição, 77-104; Sokoto e Borno, 665-697; Sudão, 416; Zambeze, 215-6.

Comércio, no início do século, 1-26, 435-476; África Ocidental, 619-640; África Oriental, 254-274, 275-316; África meridional, 158-168, 189-210; bacia do Congo e Angola, 342-376; bacia do Zambeze, 216-247; conquista europeia, 905-930; curva do Níger e bacia do Volta, 771-812; delta do Níger e Camarões, 843-873; depois da abolição da escravatura, 98; Egito, 389-410; Grandes Lagos, 320-342; Madagascar, 481-516; Magreb, 519-548; Marrocos, 557-570; Macina e Torodbe, 699-741; região do Níger, 771-812, 813-841; sultanato de Omani, 260-274; Saara, 591-618; Senegâmbia e Alta Guiné, 741-760; Sokoto e Borno, 641-697; Sudão, 413-434; Transkei, 132, 149,179; Transvaal, 53, 109, 119, 125, 167, 175-210; Mfecane, 107-146.

Comércio de escravos, 77-104, 905-930; no início do século, 1-26; aprendizado, 158, 182; bacia do Congo e Angola, 345-376; África Oriental, 250-274; Etiópia e Somália, 443-476; Grandes Lagos, 324-340; Madagascar, 481-3, 511-516; Macina e Torodbe, 712-735; região do Níger e Camarões, 771-812, 843-873; Saara, 592-605; Senegâmbia e Alta Guiné, 699-741; Sokoto e Borno, 650-697; Sudão, 430-434; economia mundial, 27-46; bacia do Zambeze, 218-247.

Comércio de sal, 324-342, 595-617; África Ocidental, 798-812, 843-873.

Costa da África Oriental e interior, 211-247, 249-274; abolição do comércio de escravos, 78-104, 307-316; comunidades costeiras (c. 1800) 249-251; diáspora africana da, 886-904; efeitos socioeconômicos da expansão comercial, 263-274; europeus, 307-316; invasão Nguni, 298-303; Massai, 303-7; tendências e processos, 47-75.

Línguas, Adaré, 448; Aja, 814, 821, 827, 833; Akan, 812; Amárico, 439,441; Árabe, 385, 443, 446, 585, 592, 600, 629; Batonu, 816; Boko, 816; Edo, 818, 837, 906; Europeias, 920; Fulfulde, 624, 627, 645; Ge'ez, 436, 443; Grebo, 760; Katicho,

449; Kissi, 758; Kiswahili, 266, 267; Kololo, 127, 135; Kru, 759; Luo, 333; Mande, 763, 816; Ndebele, 128; Nguni, 55, 105-6; Niger-Congo, 843-873; Nkonde, 55; Nyanja, 55; Patoá, 899; Shona, 127, 144; Sindebele, 128; Suaíli, 267, 279, 286; Tigrinya, 436; Tumbuka, 244; Turco, 592; Twi, 812; Voltaica, 816; Xhosa, 113, 159.

Mapas, África Central, 214; missões cristãs, 54; bacia do Congo e Angola, 346, 358; África Oriental, 251, 256, 277, 282, 300, 304; Egito, 380; Etiópia, 437; Grandes Lagos, 297, 319, 331; Oceano Índico, 277; Islã, 54, 552; Kintampo, 802; Madagascar, 479, 483, 488; Macina, 705; rotas migratórias, 300; região do Níger, 817; Marrocos, 552; curva do Níger e bacia do Volta, 773, 802; delta do Níger e Camarões, 844; Norte da África, 380; Senegâmbia e Alta Guiné, 743; comércio de escravos, 86; Sokoto e Borno, 643; África meridional, 172; Sudão, 412; Torodbe, 717, 727; rotas comerciais, 86, 251, 256, 277, 319, 331, 643, 717; vegetação, 346; África Ocidental, 86, 344, 643, 705, 717, 727, 743, 773; bacia do Zambeze, 214.

Política/políticos/poder/lei/conflitos, bacia do Congo e Angola, 349-276; África Oriental, 249-307; Egito, 377-410; Etiópia e Somália, 435-466; Grandes Lagos, 317-339; Madagascar, 477-511; Magreb 518-546, 551-570; Macina e Torodbe, 699-741; região do Níger, 771-831; tendências e processos, 68-72; delta do Níger e Camarões, 846-873; Saara, 591-617; Senegâmbia e Alta Guiné, 744-770; Sokoto e Borno, 641-697; África meridional, 178-210; Sudão, 413-434; bacia do Zambeze, 211-247; conquista europeia, 905-930.

Sociedade e estrutura social, África Oriental, 249-274, 274-316; bacia do Congo e Angola, 349-376; bacia do Zambeze, 223-243; conquista europeia, 905-930; curva do Níger e bacia do Volta, 787-812; diáspora, 875-904, delta do Níger e Camarões, 843-873; efeitos do comércio Omani 264-269; Egito, 389-405; Grandes Lagos, 320-342; Madagascar, 477-496; Magreb, 572-589; Macina e Torodbe, 704-735; Mfecane, 105-113; Marrocos, 551-570; região do Níger, 771-812, 813-841; Saara, 592-613; Senegâmbia e Alta Guiné, 744-763; Sokoto e Borno, 664-673.